徽学文库

从新安理学到皖派朴学

——徽州学术流变

上册

张成权 詹向红◎著

北京师范大学出版集团
BEIJING NORMAL UNIVERSITY PUBLISHING GROUP
安徽大学出版社

图书在版编目(CIP)数据

从新安理学到皖派朴学:徽州学术流变:上、下册/张成权,詹向红著.—合肥:安徽大学出版社,2023.2

(徽学文库)

ISBN 978-7-5664-1814-2

Ⅰ.①从… Ⅱ.①张… ②詹… Ⅲ.①学术思想—思想史—研究—徽州地区 Ⅳ.①B2

中国版本图书馆 CIP 数据核字(2019)第 062812 号

从新安理学到皖派朴学

——徽州学术流变(上、下册)

Cong Xin'anlixue Dao Wanpaipuxue:Huizhou Xueshu Liubian 张成权 詹向红 著

出版发行: 北京师范大学出版集团
安徽大学出版社
(安徽省合肥市肥西路 3 号 邮编 230039)
www.bnupg.com
www.ahupress.com.cn

印　　刷: 合肥创新印务有限公司
经　　销: 全国新华书店
开　　本: 710 mm×1010 mm 1/16
印　　张: 53.5
字　　数: 767 千字
版　　次: 2023 年 2 月第 1 版
印　　次: 2023 年 2 月第 1 次印刷
定　　价: 99.60 元(全 2 册)

ISBN 978-7-5664-1814-2

策划编辑: 李加凯
责任编辑: 李加凯
责任校对: 龚婧瑶
装帧设计: 张 浩 李 军
美术编辑: 李 军
责任印制: 陈 如 孟献辉

序 言

时历数载，稿经三易，我们终于为本书画上了句号。至于这个句号画得圆满不圆满，就只好请专家和读者评判。在本书中，我们主要做了三件事：

第一，对徽州学术的流变作了梳理。

梳理徽州学术流变是我们撰写本书的目的。梳理的时限，是从南宋至晚清。这一时限包括了徽州学术发展史上具有明显不同特征的两个阶段，即新安理学阶段和皖派朴学阶段。我们据此将本书分为上下两编。

徽州学术的产生和发展，总是与外部环境有密切关系；徽州学术的演变，总是与外部学术思想的传入息息相关。它不仅受到宏观政治形势、文化政策等因素的直接或间接的影响，还受到朱学、陆学、王学、湖湘学和婺学等外部学术思想的直接影响，只是影响的程度不同而已。故我们在本书的副标题中用了“流变”一词，以表达徽州学术演变的这一特点。

不过，徽州学者并不是单向的学术接受者，他们也回馈过、影响过全国学术界。如徽州的“四书学”“易学”，就曾卓立于元代的学术界；皖派朴学更是在乾嘉时代的学术界留下深刻的印记，甚至可以说没有皖派朴学，乾嘉时代的学术就会显得十分暗淡。

虽然徽州学术曾向外辐射，影响到很多非徽州籍的学者，但由于本书梳理的对象是“徽州学术”的流变，所以，本书关注的重点也就自然是徽州籍学者。只有两个例外：一是对饶州籍学者的介绍较为多些。之所以对饶州籍学者给予较多笔墨，那是因为饶州与徽州的学术联系太密切了，且朱熹去世后，朱学再次传入徽州地区，得力的就是饶州学者。二是对皖派朴学新群体的介绍也超出了徽州籍学者的范围。这是因为皖派朴学已经走向了全国，不叙述不足以反映皖派朴学的面貌。

第二，对徽州学术的精神或特质作了探寻。

现当代学术界常常认为新安理学最突出的学术特征是“一以朱子为归”，皖派朴学最重要的学术特征是重训诂考据，“汉学”也就成了皖派朴学的学术归宿。我们在梳理徽州学术流变时，总感到这些看法与徽州学术的实际相去甚远。在徽州，不仅有不少宗陆学、宗王学的学者，而且“新安理学”概念就是由宗湛（若水）王（阳明）之学的徽州学者首先提出来的，即使一些宗朱学的徽州学者也标榜要做朱熹的“忠臣”而不做朱熹的“佞臣”。至于将皖派朴学看作“汉学”，连戴震本人都不同意，他根本不认同以“汉学”和“宋学”对学术所作的二分，自然也不会认为自己是“汉学家”。而训诂考据在皖派朴学看来都是工具性的，是“明道”的方法和途径。所以，将新安理学视为“一以朱子为归”的学派，或将皖派朴学视为“汉学”的一个派别，都很难说是徽州学术的精神或特质。

那么，徽州学术的精神是什么呢？通过对徽州学术的梳理就不难发现，从新安理学的建构到皖派朴学的终结，徽州学者始终打出的主要旗号是“求是”。在“求是”的旗号下，徽州学者对其他学派和学术思想的主流态度是审视和包容，而持门户之见的学者只是少数。因此，我们认为徽州学术最突出的精神或特质就是包容性，或者说是以“求是”为学术追求的包容性。

第三，澄清徽州学术史料中的一些讹误。

近来，徽州学术的研究似乎热了起来，但是，在记述徽州学术的一些史料中的讹误，似乎未能得到完全的纠正。比如，朱熹第三次回婺源，并主持天宁讲会，就属于子虚乌有，江永当年就曾给予辩驳，但还是有人视之为史实。与此相关的是朱熹回婺源收有“十二高弟”，也纯系虚构，而不少人还是信以为真。至于将陆、王之学排除在“新安理学”之外，将戴震等朴学家视为“汉学家”，其中也存在需要对史料加以鉴别的问题。此外，记述学者行实的一些史籍，也有不少讹误。对于这些问题，我们都尽可能地作了辨析。

以上几件事做得成效如何，我们不敢妄言。好在拙作具在，读者自不难评定。

展现在读者面前的这部书，篇幅显然有点大，若要通读一遍，显然要费不少时日，这可以说是本书的一弊。直到结项时，我们才发现这个问题。但古人云：“家有敝帚，视之千金。”已经辛辛苦苦打出来的文字，使我们难以割舍，于是，便写了一篇《引论》冠于书前，既作本书的纲要，也使无暇通读本书者，仅看《引论》便可以大体了解本书的基本内容和观点。不知如此处理，是否可以稍减篇幅过长之弊？

本书之所以付梓，目的之一是想听取各方的批评。若得时贤通人不吝赐教，则幸甚，感甚。

是为序。

作者

二〇二二年五月十八日

总　目

ZONGMU

目　录

MULU

引 论

一

我们撰写本书，是想对徽州地区学术文化的流变作一次较为系统的梳理。徽州古代亦称“新安”，领有歙县、黟县、休宁、绩溪、婺源、祁门等六县①。在明清之际，顾炎武(1613—1682)曾这样描述过徽州：

> 徽之为郡，在山岭川谷崎岖之中。东有大鄣之固，西有浙岭之塞，南有江滩之险，北有黄山之阨。即山为城，因蹊为隍，三面距江，自睦至歙，皆鸟道萦纡，两旁峭壁，仅通单车。

① 按，徽州地区在晋太康元年(280)、隋大业三年(607)、唐天宝元年(742)，先后设置过新安郡，而在唐代大部分时间内，都称歙州。唐代宗时，歙州曾领歙、黟、休宁、婺源、北野、绩溪、归德、祁门等八县，大历四年(769)废北野县，大历五年(770)废归德县，将其地并入休宁，遂形成徽州“一府六县”的格局。而徽州的得名则始于宋徽宗宣和三年(1121)，此年，将歙州改为徽州。需要注意的是，历史上有两个称为“新安”的地方并不在徽州地区。一是梁武帝承圣二年(553)，将晋时的新安郡一分为二，以遂安、始新、寿昌三县为新安郡，而将原属新安郡的海宁(休宁古名)、黎阳(今属黄山市屯溪区)、歙、黟划归新宁郡管辖，故在徽州地区的是新宁郡，而不是新安郡；二是隋文帝开皇九年(589)，将歙、黟二县并入海宁为歙州，州治在海宁，而将始新县改为新安县，将原来的遂安、寿昌并入新安县，划归婺州(今浙江金华)管辖，此新安亦不在徽州。在本书中，凡提到新安，均指徽州所辖之六县，不包括六县之外亦称“新安”的地区。

……………

> 郡之地隘，斗绝在其中。厥土骍刚而不化，高水湍悍，少潴畜，地寡泽而易枯。十日不雨，则仰天而呼，一骤雨过，山涨暴出，其粪壤之苗，又荡然空矣。①

他还说：

> 徽郡保界山谷，土田依原麓，田瘠确，所产至薄，独宜菽麦、红虾籼，不宜稻粱。壮夫健牛，田不过数亩，粪壅缛栉，视他郡农力过倍，而所入不当其半。又，田皆仰高水，故丰年甚少，大都计一岁所入，不能支什之一。②

这就是顾炎武笔下的徽州，一个群山耸峙、四界阻隔、道路崎岖、地瘠民贫的徽州。

但是，正是这个闭塞而贫瘠的徽州，为中国古代文化研究提供了一系列独特的课题：徽派建筑、徽派三雕、新安画派、新安版画、徽派篆刻、徽州刻书、新安医学、徽商乃至徽剧、徽墨、歙砚、徽菜等，它们与徽州宗族、徽州土地制度、徽州古村落、徽州教育、徽州文书等课题一起，集聚成为一个独特的文化领域：徽学。

同时，处于“山岭川谷崎岖之中”的徽州地区，还产生了数以百计的学者，形成了两大学术文化景观：新安理学和皖派朴学。它们构成了徽学领域的学术文化部分，是徽州地区文化的集中体现。

新安理学和皖派朴学绵延了七八百年，它们的历史便是徽州地区的学术史。我们所要梳理的徽州学术流变的对象主要就是新安理学和皖派朴学。

---

① 顾炎武：《天下郡国利病书·凤宁徽备录》，《顾炎武全集》第13册，上海：上海古籍出版社，2011年版，第1012、1014页。

② 顾炎武：《天下郡国利病书·凤宁徽备录》，《顾炎武全集》第13册，上海：上海古籍出版社，2011年版，第1024页。

二

新安理学的建构，是我们讨论徽州学术流变的起点。

新安理学的建构始于南宋时期。于是，我们讨论徽州学术，便从南宋开始。

南宋之前，中国学术文化的历史长河已经涌现过一波又一波的巨浪：先秦时代的子学、两汉时代的经学、魏晋时代的玄学、唐代的佛学、北宋的理学（新儒学）等，为什么回溯徽州地区学术文化的历史，却要从南宋开始呢？

这是由徽州地区学术文化的发展状况所决定的。

徽州的历史虽然悠久，但其学术文化却形成较晚。若要了解徽州学术文化的形成，则不妨先走进新安理学产生以前徽州学术文化的历史，或者说，走进徽州学术文化的“史前史”。

在中国古籍中，有关徽州的记载出现很早，《山海经》所说的“三天子都”，就在徽州的黟县[①]。即使是行政建制，也很早就出现在徽州地区。根据宋代徽州学者罗愿（1136—1184）所纂修的《新安志》记载，秦始皇统一中国时，就在现在的徽州境内设置了黟、歙二县，时属鄣郡，鄣郡的治所在吴（今江苏苏州市），汉武帝时改为丹阳郡；到汉末三国时，徽州地区便有了郡的设置，建安十三年（208），吴王孙权派遣威武中郎将贺齐占据黟、歙，并从歙分出始新、新定、黎阳、休阳四县，加上黟、歙为六县，从丹阳郡中析出，置为新都郡，这是徽州地区设郡之始，晋武帝在太康元年（280）平吴后，又将新都郡改为新安郡[②]，徽州地区习称新安，便缘于此。

---

① 按，佚名所著《山海经》卷一三《海内东经》载：“浙江出三天子都，在其东，在闽西北，入海，余暨南。庐江出三天子都，入江，彭泽西。一曰天子鄣。”郭璞注曰：“按《地理志》，浙江出新安黟县南蛮中，东入海，今钱塘浙江是也。黟即歙也。”见袁珂《山海经校注·海经新释》卷八，成都：巴蜀书社，1992 年版，第 384、386 页。

② 以上均据罗愿：《新安志》卷一《州郡·沿革》，见《宋元方志丛刊》第 8 册，北京：中华书局，1990 年版，第 7602～7603 页。

但是，设县或设郡并没有使徽州地区产生学术文化。

罗愿曾经指出，无论是秦汉时代的鄣郡和丹阳，还是三国时代孙吴的新都、晋代的新安，都隶属于扬州。他所说的扬州，不是后来靠徽商的经营而繁华起来的扬州，而是传说大禹治水之后分天下为九州的扬州。这个横跨大江南北广袤区域的扬州，直到三国时还是百越所居的蛮荒之地，所以清代学者孙诒让（1848—1908）说："此州地苞百越。"[①]三国及此之前时期，徽州所处的便是这个扬州，而徽州原住民也就属于百越族，史称"山越"，如《后汉书》载："建宁二年（169）九月，丹阳山越贼围太守陈夤，夤击破之。"[②]孙吴时，贺齐、全琮、诸葛恪、徐琨、邓当等都曾讨伐过山越，《三国志》作者陈寿甚至认为"山越好为叛乱，难安易动"，以至于牵制孙权，使他"不遑外御，卑词魏氏"[③]。

当徽州居民还以越族为主的时候，自然谈不上什么学术活动，"尚武"则成为最流行的社会风尚。这一风尚影响至深至远，直到清初，顾炎武在谈论徽州习俗时还说：

> 新安古昔称材武，或扼腕倡义，或应募勤王，务为高行奇节，其天性然也。然耻于自荐，多潜伏山谷。守土者能如吴玠激厉蜀士，必有如海宁程灵洗之拒侯景，绩溪汪华之平婺寇，休宁程沄、祁门王璧、郑传之扼黄巢，歙钱岜、蒋果之破金虏云。[④]

顾炎武所说的徽州"称材武"，很可能就是"山越"族的遗风。程敏政辑撰的《新安文献志》为徽州地区著名"材武"人物所立的传就占三卷，约三十人。直到清代，这种"尚武"习俗仍然余风犹存。据说，王茂荫的曾祖王洪烈（一作王德修，字洪烈）就颇好武，他不仅靠拳棒弓马之类武艺在乾隆十七年（1752）中

---

① 孙诒让：《周礼正义》卷六三《夏官·职方氏》，北京：中华书局，1987年版，第10册，第2641页。

② 《后汉书》卷八《灵帝纪》，北京：中华书局，1965年版，第2册，第330页。

③ 《三国志》卷六〇《吴书》第一五《贺全吕周钟离传》，北京：中华书局，1964年版，第5册，第1395页。

④ 顾炎武：《天下郡国利病书·凤宁徽备录》，《顾炎武全集》第13册，上海：上海古籍出版社，2011年版，第1017页。

过恩科武举，而且勇力过人，一次夜晚经过溪桥时，王洪烈的马突然从桥上坠下，他居然拽着马尾将马儿提上桥来。

徽州的"尚武"习俗虽然在宋代以后仍有遗存，但已经淡化，主流习俗已经由"尚武"转向"崇文"，读书逐渐比务农、经商、习武更受到重视，出现了"自井邑田野以至于远山深谷、民居之处，莫不有学、有师、有书史之藏"①的文化新景观。

使徽州习俗出现转变的重要原因是移民。在徽州历史上，出现过三次大的移民潮，即两晋之际"永嘉之乱"所带来的移民、唐代"安史之乱"和黄巢起义所带来的移民以及两宋之际"靖康之乱"所带来的移民。当战乱打破了人们生活的安宁，威胁到人们生命财产安全时，迁徙避乱就成为不得已的选择，而"溪山环绕"、交通阻塞的徽州，便自然地成为避乱的桃花源。于是，中原的世家大族往往大规模地迁徙到徽州，在这里择地聚族而居，使徽州成为一个罕见的移民社会。徽州地区所谓汪、程、吴、舒、戴、胡、江、洪等大姓，就大多是由中原地区迁徙而来的。

世家大族迁入徽州，给徽州带来了中原文化，也使徽州习俗发生了变化，所以道光时所编纂的《徽州府志》说：

> 其人自昔特多以材力保捍乡土为称，其后寖有文士。黄巢之乱，中原衣冠避地保于此，后或去或留，俗益向文雅。宋兴，则名臣辈出。②

徽州地区习俗"益向文雅"，即由"尚武"转向"崇文"，在唐代就显出端倪。我们从《新安文献志》可以看出，程敏政很想将徽州地区的"先贤"追溯到更久远的年代，但唐代之前，他只能在南北朝的齐、梁时期找到程茂父子两人；而到唐代，程敏政便可以列举出吴少微、程谏等十一人。在《全唐诗》中，我们也

---

① 赵汸：《商山书院学田记》，《东山存稿》卷四，见《文渊阁四库全书》第1221册，台北：台湾商务印书馆，1983年版，第287页。

② 马步蟾等纂修：《（道光）徽州府志》卷二之五《舆地志·风俗》，见《中国地方志集成·安徽府县志辑》第48册，南京：江苏古籍出版社，1998年版，第159页。

可以看到徽州诗人吴少微、吴巩(少微之子)、汪万於、汪极、王希羽、徐宣平、查文徽、查元方(文徽之子)等人的诗作①。

徽州虽然从唐代就“益向文雅”,出现了一批文士,但当时的文士们热衷的是诗文创作,对学术研究似乎没有多大兴趣,所以看不到他们留下什么学术著作。而到了北宋,情况则开始改变,士人们对学术关心起来。这时,徽州地区不仅出现一批诗文作家,还涌现了一批学者,产生了一批学术著作,如南唐状元、歙县人舒雅(?—1009)在入宋后不仅参与编纂《文苑英华》《续通典》、校订《七经疏义》,还纂有《孝经论语正义》;休宁人洪中孚(1049—1131)著有《春秋解义》二十卷;歙县人程祁(生卒年不详,只知他于徽宗政和二年[1112]知吉州)著有《世谱》三十卷;休宁人凌唐佐(?—1132)著有《易解》一卷;绩溪人胡舜陟著有《论语义》《孔子编年》;歙县人程瑀(迁浮梁程山[在今江西景德镇],1087—1152)著有《论语说》四卷、《四书集解》十卷、《周礼义》十卷、《尚书说》一卷以及《两汉索隐》等;歙县人程俱(1078—1144)著有《麟台故事》五卷、《默说》三卷;婺源人朱弁(朱熹叔祖,1085—1144)著有《尚书直解》等;休宁人金安节(1094—1170)著有《周易解》。此外,休宁人曹汝弼(生卒年不详)“以经术德义高蹈州里”;黟县人丘濬(998—1079)也以“精太乙象数之学”而闻名②。这样一批学者和学术著作的出现,表明徽州地区的学术活动开始萌动。

北宋时期,徽州虽然出现了一批学者和学术著作,但我们看不出他们的学术著作有什么独到之处,更看不出谁是引领徽州地区学术的核心人物。也就是说,北宋时期徽州学者的学术活动对徽州地区学术发展或许有一定的推动作用,但其时的徽州学术不过是中原学术的移植和复制,而没有显示出自己的特点。

---

① 陈尚君:《唐诗人占籍考》,见《唐代文学丛考》,北京:中国社会科学出版社,1997年版,第160页。

② 以上均据程敏政辑撰的《新安文献志·先贤事略》(上),见《新安文献志》卷首,第1册,合肥:黄山书社,2004年版,第9~14页。

进入南宋时期，情况便不同了。南宋初年，徽州地区就活跃着李缯、程鼎、滕恺、俞靖、滕洙等本土学人。他们不仅热衷诗歌唱和，而且提出将陆学与蜀学糅合起来的学术主张（尽管这一主张受到朱熹反对，但毕竟是徽州本土学者所提出的），同时，还出现了程大昌、吴儆等著名学者，建构起属于他们的学术思想。也就在这个时候，朱熹第二次婺源之行将朱学传入徽州地区，形成了以朱学为宗旨的学术群体，开启了新安理学的建构。正因为如此，大多数学者都把南宋视为新安理学发展的起点，也视为徽州学术的起点。

不过，也有学者将徽州学脉推前到北宋。如明代学者程曈就将"新安学系"推衍到北宋的程颢、程颐，他说："孟子没而圣人之学不传千有余岁，至我两夫子始得之于遗经，倡以示人，辟异端之非，振俗学之陋，而孔孟之道复明。又四传至我紫阳夫子，复溯其流、穷其源，折衷群言，集厥大成，而周程之学益著。"①程曈所说的"两夫子"便是程颢、程颐。在《新安学系录》的正文中，他首先叙述的就是二程的生平和学术，俨然有将二程视为新安理学开山的意思。

程曈将新安理学的源头追溯到程颢、程颐，主要理由是二程原籍在徽州，即"新安为程子之所出"。他以欧阳修的《冀国公元白神道碑》为据，说："先生（即程颢）之先，新安休宁人，忠壮公灵洗之裔。见欧阳文忠公撰《冀国公元白神道碑》及后建祠祀典。"②《冀国公元白神道碑》即《袁州宜春县令赠太师中书令兼尚书令程公神道碑铭》，欧阳修在此碑铭中写道："远矣程侯，颛顼之苗。始自重黎，历夏商周。惟伯休父，声施孔昭。世不绝闻，盛于有唐。程分为七，三祖安乡。广平、中山，以暨济阳。中山之程，出自灵洗。实昱裔孙，仕于陈季。陈灭散亡，播而北迁。公世中山，为博野人。道德家潜，孝悌邦闻。

---

① 程曈：《新安学系录序》，见《新安学系录》卷首，合肥：黄山书社，2006年版，第1页。

② 程曈：《明道先生程纯公·行状》按语，见《新安学系录》卷一，合肥：黄山书社，2006年版，第8页。

不耀自躬，以贻后昆。”[①]

欧阳修的《程公神道碑铭》虽然为确定二程远祖籍贯在徽州提供了线索，但并不能由此说明二程是徽州人。早在隋文帝灭陈(589)时，程灵洗[②]的四世孙程育就已经迁徙至博野，故欧阳修说他“为博野人”。到二程(程颢生于1032年、程颐生于1033年)时，已相隔近20代，历时400余年，仅仅据二程远祖籍贯在徽州便断言新安理学的源头为二程，自然难以让人们采信。四库馆臣就曾对此提出异议，他们说：“至程子一生，无一字及新安，而遥遥华胄，忽尔见援。以例推之，则朱出于邾，姓源可证。今峄山之士不又引朱子为乡党乎？此真为夸饰风土而作，不为阐明学脉而作也。”[③]其实，朱熹早已回答过这个问题。当婺源县建三先生(“三先生”指周敦颐、程颢、程颐三人)祠时，县令周师清曾致书朱熹，请他为三先生祠作记，朱熹说：“熹惟三先生之道则高矣，美矣，然此婺源者非其乡也，非其寓也，非其所尝游宦之邦也。且国之祀典，未有秩焉而祀之，于礼何依？而于义何所当乎？则具以告且识不敢。”[④]朱熹曾整理过二程的著作，对程氏的世系很清楚，二程即使不是婺源人，但若是歙人，也可以徽州人的名义祠祀他们。但朱熹并没有提到他们是歙人，而是接连用三个“非其”(“非其乡也，非其寓也，非其所尝游宦之邦”)否定了二

---

① 欧阳修：《袁州宜春县令赠太师中书令兼尚书令程公神道碑铭》，《欧阳修全集·居士集》卷二一，北京：中华书局，2001年版，第2册，第341页。按，“仕于陈季”“播而北迁”的是程灵洗的四世孙程育，程育生程皆、程富，程皆便是中山博野程氏的始祖、二程的直系祖先。到二程高祖程羽时，宋太宗曾赐第于京师(今河南开封市)泰宁坊，子孙遂迁至河南。二程的曾祖程希振曾为尚书虞部员外郎，死后葬于伊川，其后裔始居河南伊川。学者之所以称程颐为“伊川先生”，就因他曾长期家居伊川讲学。

② 按，程灵洗(514—568)字玄涤，海宁(安徽休宁的古称)人。少以勇力闻，梁时以拒侯景乱，授谯州刺史。入陈，官兰陵太守，以讨伐战功拜都督、郢州刺史，封重安县公。去世后，追赠镇西将军、开府仪同三司，谥“忠壮”。太建四年(572)，配享陈高祖庙庭。南宋嘉定时敕建世忠庙，追封广烈侯。元泰定三年(1326)，加封忠烈显惠灵顺善应公。新安程氏即以程灵洗为始祖。

③ 永瑢、纪昀等：《四库全书总目》卷六一《新安学系录》提要，北京：中华书局，1965年版，上册，第551页。

④ 朱熹：《徽州婺源县学三先生祠记》，见《朱子全书》第24册，上海：上海古籍出版社，合肥：安徽教育出版社，2002年版，第3760页。

程与徽州地区的关系。与徽州地区已经没有实际关系的学者，怎么会成为新安理学的创始者呢？

我们觉得，在讨论新安理学形成时，与其纠结于与新安理学毫无关系的二程，倒不如关注与新安理学关系较为密切的另一位学者，他就是朱熹高弟也是朱熹女婿的黄榦。黄榦虽然不是徽州人，不在新安理学家之列，但他是朱熹身后传播朱学的重要学者，宋元之际将朱学再度传入徽州地区的，几乎都是他的弟子。

由黄榦传播的朱学主要有两支，一支在浙江金华，形成了以何基、王柏、金履祥与许谦为代表的金华学派，习称“北山四先生”；另一支则在江西饶州，此支又有两个分支，一是以饶鲁为代表，一是以董梦程、沈贵珤为代表。黄榦之学便是通过董梦程、沈贵珤和饶鲁等人传入徽州地区的，许月卿、胡方平、范启等徽州学者便是董梦程、沈贵珤的弟子，而程若庸以及汪克宽的祖父汪华、其叔祖汪相等则师从饶鲁。大概是因为饶州与徽州毗邻，学者之间又有师承关系，且均系朱学一脉的缘故，黄宗羲(1610—1695)在撰写《宋元学案》时，便将饶州学者与徽州学者一起纳入“新安学案”(全祖望①在修改《宋元学案》时，将“新安学案”改题为“介轩学案”)，视为新安学派的学者。

三

新安理学似乎也有自己的“生命周期”，有着产生、成长、成熟、衰退的发展过程。经过南宋时期的孕育和成长，到了元代，新安理学便进入了“成熟期”，或被称为兴盛期。

值得注意的是，新安理学的兴盛，恰恰是朱学在学界处于低谷的时期，它

---

① 按，全祖望(1705—1755)字绍衣，号谢山，鄞县(今浙江省宁波市鄞州区)人，乾隆元年(1736)进士，为翰林院庶吉士，次年即辞官归里，专心致学，曾主讲绍兴蕺山书院，从者云集，后主讲广东端溪书院，对南粤学风影响很大。全祖望在学术上推崇黄宗羲，自称“梨洲私淑弟子”。特别留意乡邦文献，著有《鲒埼亭集》《汉书地理志稽疑》《古今通史年表》《经书问答》《句余土音》等，并补辑《宋元学案》。

们之间存在着明显的反差。

经过“庆元党禁”打击而衰微的程朱理学，虽在宋理宗时获得官方的认可和尊崇，但到元代前期①，随着科举制度的废止，又重新成为靠“家学”和“师承”在民间流传的“私学”，以致朱学在学界呈现“老成凋谢……古学寖衰，沉浸浓郁于文公之学者百无一二”②的景象。而此时的徽州地区，却“老儒犹数十人，其学一以朱子为宗”③，同时，继许月卿、程若庸等人之后，还涌现出胡一桂、胡炳文、陈栎、倪士毅等一大批著名学者，在易学、四书学等学术领域成就斐然，成为名著一时的学者。

程朱理学与新安理学出现上述反差，一个重要原因是宋、元的改朝换代，在元王朝的前期实行了歧视儒生、蔑视程朱理学的文化政策。

宋、元的改朝换代，与此前的任何一次改朝换代都不同，它是由一个马背上的民族——蒙古族取代汉人而建立起来的全国性政权。元王朝的建立，虽然结束了中国自唐末至南宋400余年的分裂、征战局面，为南北方文化、经济的交往和民族的融合创造了条件，但是，元军在征服南宋的战争中并没有控制他们在攻城略地中所表现出来的贪欲，尤其是遇到强烈的抵抗时，更是不惜大肆抢掠，甚至“屠城”。灭宋之后，元王朝又对南方的汉人（时称“南人”）实行了残酷的民族歧视政策④，甚至没有放弃劫掠、屠戮。如元代作家胡祗遹（1227—1295）就说：“自收附以来，兵官嗜杀，利其反侧。叛乱已得，从其掳

---

① 按，元王朝先后历十一帝，历史学家习惯将其分为三个时期，即元代初期（忽必烈时期）、元代中期（成宗、武宗、仁宗、英宗、泰定帝、天顺帝、明宗、文宗、宁宗时期）、元代末期（顺帝时期）。但我们在本书中则从学术史角度考虑，将元代分为前后两个时期，从忽必烈至元武宗（1260－1311）为前期，从元仁宗至元顺帝为后期（1311－1368）。对前、后期的划分，大体是以元代恢复科举制度为界。

② 胡炳文：《与古逸汪先生炎昶书》，《云峰文集》卷一，见《元人文集珍本丛刊》第4册，台北：新文丰出版公司，1985年版，第166页。

③ 陈栎：《汪古逸先生行状》，《东山存稿》卷七，见《文渊阁四库全书》第1221册，台北：台湾商务印书馆，1983年版，第336页。

④ 如清末民初学者屠寄（1856－1921）说：“以江南后服，猜防南人，视若殷之顽民。”屠寄：《蒙兀儿史记》卷一二〇，《元史二种·蒙兀儿史记》，上海：上海古籍出版社，上海书店1989年影印1934年刊本，第733页。

掠。货财子女，则入于军官；壮士巨族，则殄歼于锋刃。一县叛，则一县荡为灰烬；一州叛，则一州莽为丘墟。”[①]在他看来，正由于元军的嗜杀，才引发了人民的“叛乱”，而“叛乱”又带来了元军更大规模的劫掠和屠杀，导致“货财子女，则入于军官；壮士巨族，则殄歼于锋刃”。胡祗遹对元军残暴行为的描述，虽然是为了提醒元王朝任其发展下去会激化社会矛盾和民族矛盾，但也反映了南方地区人民当时所承受的苦难。

南方士人同样逃脱不了悲惨的命运。虽然在大蒙古国[②]时期，窝阔台汗曾听取耶律楚材（1190—1244）的建议，在汉地（指原金国统治的地区）推行了“汉法”，并在灭金后的次年进行过“乙未籍户”[③]，开始编制“儒户”，规定儒户可以与“和尚每（按：‘每’即‘们’）、叶尔羌每（‘叶尔羌’一作‘也里可温’，指基督教及其教士）、先生（指德高望重的道士）、达什爱满每（‘达什爱满’一作‘答失蛮’，对伊斯兰教士的称谓）”一样，“不拣什么差发摇役不教当”[④]，对儒士有一定的优待；至元八年（1271），忽必烈又将儒户的编制定制化，让儒户继续享有不负担杂役的待遇，但实行起来却并不是那么回事。如至元三十年（1293），浙西道肃政廉访司就反映说：“各处官司，故纵胥吏违背诏书，舞文弄墨，往往将儒人户计与民一体当差。”[⑤]元成宗大德五年（1301），更是明令儒户与“诸色”户一样，“应当杂泛差役，永为定例”[⑥]。

“与民一体当差”，不仅使居于“四民”（士农工商）之首的士人跌落到社会底层，还常常受官吏之辱而斯文扫地。而当时“指缺愿去”南方郡县的官属，

---

① 胡祗遹：《民间疾苦状》，《紫山大全集》卷二三，见《文渊阁四库全书》第1196册，台北：台湾商务印书馆，1983年版，第417页。

② 按，大蒙古国或称蒙古汗国，指成吉思汗统一蒙古部落后所建立的政权。1260年，忽必烈与阿里不哥争位，大蒙古国走向分裂，并随之解体。

③ 按，“乙未籍户”指1235年（乙未年，蒙古人称“羊儿年”）窝阔台灭金后，对中原地区户籍的全面清理。

④ 佚名：《庙学典礼》卷一《秀才免差发》，杭州：浙江古籍出版社，1992年版，第10页。

⑤ 佚名：《庙学典礼》卷四《辨明儒人难同诸色户计》，杭州：浙江古籍出版社，1992年版，第79页。

⑥ 《通制条格》卷一七《赋税·主首里正》，杭州：浙江古籍出版社，1986年版，第213页。

多为不识汉字的蒙古、色目人，甚或“半为贩缯屠狗之流、贪污狼藉之辈”[①]。他们对南方士人往往侮辱备至，甚至“多于路、府、州、县学舍命妓张乐，喧嚣亵慢，习以为常，无敢谁何”[②]。这对士人来说，无疑是蔑视，是侮辱。

上述种种，使得南方士人不仅深受战乱流离之苦，更饱尝亡国奴之痛，原本“华夷之辨”意识就很浓厚的南方士人，一部分参与了武装抗元，而相当一部分则采取与元王朝不合作的态度，他们隐于林泉，成了故国的“遗民”。在这些士人眼中，元蒙贵族统治下的中国，传统的礼法伦常几乎荡然无存，再去探讨“理欲”“性命”等理学命题已没有什么意义，而只有“诗于道最大，与宇宙气数相关”[③]。于是，他们不复关注理学，而以诗歌抒发愤懑，表达心声。

改朝换代之后的元王朝，在前期还中止了科举考试。隋唐之后，科举考试便成为国家选拔人才的主要渠道，也成为士人重要的晋身之阶。到宋代，“大兴文治，专尚科目”，更使士人热衷于走科举入仕的路子。但到元代则形势陡变。虽然窝阔台为大蒙古国汗时，曾经想“用耶律楚材言，以科举选士”，史称“戊戌选试”[④]，但恢复科举的尝试因受到蒙古贵族的激烈反对而失败。忽必烈建立元王朝之后，虽有“王鹗献计，许衡立法”，拟恢复科举制度，但同样因为蒙古贵族的反对而“事未果行”[⑤]。这次动议的流产，遂使科举考试在

① 程钜夫：《吏治五事·通南北之选》，《雪楼集》卷一〇，见《文渊阁四库全书》第1202册，台北：台湾商务印书馆，1983年版，第116页。

② 佚名：《庙学典礼》卷二《文庙禁约骚扰》，杭州：浙江古籍出版社，1992年版，第41页。

③ 谢枋得：《与刘秀岩论诗》，《叠山集》卷二，见《文渊阁四库全书》第1184册，台北：台湾商务印书馆，1983年版，第865页。按，以上关于“遗民”和士人的叙述，主要参考了方勇《南宋遗民诗人群体研究》一书的第一章第一节《宗国的覆亡与士人命运的恶化》。

④ 按，元太宗九年(1237)，窝阔台接受耶律楚材等人建议下诏，令中原诸路以论、经义、词赋三科考试儒生，中选者蠲免赋役，且可“与各住处达噜噶齐、管民官一同商量公事勾当”(佚名：《庙学典礼》卷一《选试儒人免差》，杭州：浙江古籍出版社，1992年版，第9页)。由于诸路考试均于次年(戊戌年)举行，故习惯将此次考试称为“戊戌选试”。此次选试虽然合格者有4000余人，但由于选试遭到当权的蒙古贵族激烈反对，遂使中选儒生绝大多数未能入官，于是有人认为“戊戌选试”是耶律楚材恢复科举制度的一次失败尝试。其实，“戊戌选试”仅在各路进行，最多相当于乡试，并非严格意义上的科举考试。

⑤ 《元史》卷八一《志第三十一·选举一》，北京：中华书局，1976年版，第7册，第2015页。

元代前期中止了40余年。

科举考试的中止，阻断了士人“学而优则仕”之途，使他们彻底失去仕进之念。于是，原来的士人队伍便开始分流，如王鹗(1190—1273)等在请行贡举法时就说：“贡举法废，士无入仕之阶，或习刀笔以为吏胥，或执仆役以事官僚，或作技巧贩鬻以为工匠商贾。”[①]揭傒斯(1274—1344)也说：“自科举废，而天下学士大夫之子弟不为农，则为工为商。”[②]或有一部分士人流连山林，寄情吟咏，这使得元代出现了庞大的诗人队伍，留下数量惊人的诗歌作品[③]，就如“遗民”刘辰翁(1233—1297)所说：“科举废，士无一人不为诗。于是废科举十二年矣，而诗愈昌。”[④]元末学者谢升孙也说：“方科举未兴时，天下能言之士，一寄情性于诗。”[⑤]此外，还有一部分士人走进勾栏瓦舍，成为“书会才人”，也使得元杂剧创作有了一支文学修养较高的作家队伍。不论士人如何分流，都意味着很多士人不再致力于包括《四书》在内的儒学经典的研习，理学队伍自然便锐减了。

改朝换代还带来官方对理学态度的改变。刚刚受到南宋王朝推崇的程朱理学，到元代前期便遭到摒弃。虽然元王朝建立之前，窝阔台曾认可耶律

---

① 《元史》卷八一《志第三十一·选举一》，北京：中华书局，1976年版，第7册，第2017页。

② 揭傒斯：《送伊苏达尔齐序》，《文安集》卷九，见《文渊阁四库全书》第1208册，台北：台湾商务印书馆，1983年版，第227页。

③ 按，据杨镰统计，元代诗人约4000人，留下诗歌约134000首，而《全唐诗》所收的诗人为2200人、收入诗歌48900首，《全宋诗》所收的诗人约9000人，诗歌作品约270000首(参见杨镰《元诗文献研究》，《文学遗产》2001年第1期)。若考虑到元王朝的历史不及百年，则元代诗人及作品确实不算少。

④ 刘辰翁：《程楚翁诗序》，《须溪集》卷六，见《文渊阁四库全书》第1186册，台北：台湾商务印书馆，1983年版，第523页。

⑤ 谢升孙：《皇元风雅·前集后序》，载于元刻本傅习采集、孙存吾编类《皇元风雅·前集》之后。按，虞集的《皇元风雅》序及谢升孙的后序，均作于至元二年(1336)(按，此“至元”为元顺帝年号，因忽必烈也使用过“至元”年号，故习称元顺帝的“至元”为“后至元”)，则《皇元风雅》的刊刻年代当在至元二年之后。又，以《皇元风雅》名书者有三种，除傅习采集、孙存吾编类者外，尚有蒋易辑《皇元风雅》，范氏天一阁所藏《元朝野诗集》亦名《元风雅》，为免混淆，特说明。

楚材"以儒治国,以佛治心"[①]的治国安民思想,接纳了儒学。忽必烈更是在潜邸时就招揽了一批来自辽金的儒士,建立元王朝之后,他也"喜衣冠,崇礼乐,乐贤下士"[②],尊崇儒学。但他们尊崇的儒学,只是孔孟之学,而对理学并不感兴趣,甚至将理学视为"亡国"之学。

早在窝阔台执政时期(1229—1241),耶律楚材表达过对理学的不满。他在为金国学者李纯甫《鸣道集说》[③]所作的序中就说:"江左道学,倡于伊川昆弟,和之者十有余家,涉猎释老,肤浅一二著《鸣道集》。食我园椹,不见好音;诬谤圣人,聋瞽学者。噫,凭虚气,任私情,一赞一毁,独去独取,其如天下后世何?"他又说:"鸣道诸儒,钻仰藩垣,莫窥户牖,辄肆浮议,不亦僭乎?"[④]"诬谤圣人,聋瞽学者""莫窥户牖,辄肆浮议",耶律楚材对理学的鄙视由此可见。

忽必烈对理学同样不感兴趣。他虽然推重儒术,但并不重视理学。至元八年(1271),在围绕徒单公履[⑤]"欲行贡举"的建议进行"廷辩"时,忽必烈就清楚地表明了对理学不满乃至摒弃的态度。姚枢之侄、许衡的弟子姚燧(1238—1313)曾对这次"廷辩"有过记述,他写道:

侍讲徒单公履欲行贡举,知上于释崇教抑禅,乘是隙言:"儒亦

---

① 耶律楚材:《寄万松老人书》,《湛然居士集》卷一三,北京:中华书局,1986年版,第293页。

② 郝经:《再与宋国两淮制置使书》,《陵川集》卷三七,见《文渊阁四库全书》第119册,台北:台湾商务印书馆,1983年版,第434页。

③ 按,《鸣道集说》是金代作家、学者李纯甫(1177—1223)为批评《诸儒鸣道集》所撰写的专著。《诸儒鸣道集》不知为谁所编纂,亦不知初刻于何时(现存者为宋端平二年[1235]闽川黄壮猷修补本,山东友谊书社1992年影印者,即此本)。它收录了周敦颐、司马光、张载、二程、谢良佐、刘安世、江公望、杨时、刘子翚、张九成等的语录性著作10余种,共72卷。其书在蒙古灭金之前,便传到金国。编纂者以"诸儒鸣道"名书,不加选择地收录了各家著作,可能是想客观地反映宋代各家的理学思想。李纯甫去世后,其友人敬鼎臣曾携其《鸣道集说》请时任大蒙古国中书令的耶律楚材作序,耶律楚材便于元太宗六年(1234)作此序。

④ 耶律楚材:《屏山居士鸣道集说序》,《湛然居士文集》卷一四,北京:中华书局,1986年版,第308页。

⑤ 按,徒单公履(生卒年不详)字云甫,号颙轩,获嘉(今属河南新乡市)人。金代进士,入元后,官至翰林侍讲学士。徒单公履在元初曾建议恢复科举制度与在原南宋地区推广中统钞(元代纸币),但忽必烈没有采纳。

有是科，书生类教，道学类禅。”上怒，已，召先少师文献公（即姚枢）、司徒许文正公（即许衡）与一左相庭辩。公（即董文忠）自外入，上曰：“汝日诵《四书》，亦道学者！”公曰：“陛下每言士不治经、究心孔孟，而为赋诗，何关修身？何益为国？由是海内之士稍知从事实学。臣今所诵皆孔孟言，乌知所谓道学哉？而俗儒守亡国余习，求售己能，欲锢其说，恐非陛下上建皇极，外修人纪之赖也。”事为之止。[①]

在元王朝的君臣看来，理学不过是“俗儒”所守的“亡国余习”，绝不可靠它“上建皇极，外修人纪”。于是，这次“廷辨”不仅是官方对恢复科举制度动议的否定，也是对理学的否定。直到元顺帝时，曾任学官的袁桷（1266—1327）在谈到朱学时还说：“自宋末年，尊朱熹之学，唇腐舌弊，止于《四书》之注，故凡刑狱簿书，金谷户口，靡密出入，皆以为俗吏而争鄙弃，清谈危坐，卒至国亡而莫可救。”[②]这俨然是将“学术误国”的罪名加之于朱学。所以，元王朝虽然没有采取行政手段厉禁理学，但官方的摒弃态度毕竟抑制了理学的发展。

当理学本身已经不能表现出理论创造力的时候，遇到上述种种因素交集的环境，呈现衰微之态已是不可避免。但上述因素并没有成为新安理学发展的障碍，相反，却成为新安理学走向兴盛的契机。徽州士人大多以生于朱熹之乡为荣、以阐发朱学为己任。而在改朝换代之际，徽州士人更看重朱熹倡导的“风节”，正如黄宗羲在评论许月卿时所说的那样：“新安之学，自山屋（即许月卿）一变而为风节，盖朱子平日刚毅之气，凛不可犯，则知斯之为嫡传也……先师尝言：‘东汉之风节，一变至道。’其有见于此乎！”[③]在被沦为“遗民”和科举中止的情况下，置身于山峦环抱之中的徽州士人，往往选择将毕生精力投向研习朱学、传授朱学、弘扬朱学。这就为徽州地区学者辈出创造了条件。

---

① 姚隧：《董文忠神道碑》，《牧庵文集》卷一五，见《文渊阁四库全书》第1201册，台北：台湾商务印书馆，1983年版，第555页。

② 袁桷：《国学议》，《清容居士集》卷四一，见《文渊阁四库全书》第1203册，台北：台湾商务印书馆，1983年版，第549页。

③ 黄宗羲原本、全祖望修定：《宋元学案》卷八九《介轩学案》，《黄宗羲全集》第6册，杭州：浙江古籍出版社，1992年版，第501页。

元代后期，官方对待理学的态度发生了一百八十度的转变。皇庆二年(1313)，元仁宗下诏恢复科举，并诏“以宋儒周敦颐、程颢、颢弟颐、张载、邵雍、司马光、朱熹、张栻、吕祖谦及故中书左丞许衡从祀孔子庙廷”[①]。延祐二年(1315)，便正式开科考试。元代的科举虽然规模很小，录取的人数很少，并未从根本上改变元王朝的官员选拔方式，但影响至为深远，这就是将程朱理学定为科举考试的主要依据，如在会试中规定，对凡出自《论语》《孟子》《大学》《中庸》的试题，答题时均需依据朱熹的《四书章句集注》；在汉人、南人的试题涉及《五经》的，除了《礼记》可用古经诠释、《春秋》可用“三传”诠释外，其余一律以理学家的解释为准，如《周易》需用二程和朱熹的诠释、《书经》需用朱熹学生蔡沈的诠释，而《春秋》，也提倡用自称私淑程颐的胡安国的诠释。程朱理学也就由此成为官学，而它的官学地位一直延续到清朝。元代在理学史上的意义便主要在此。

然而，元王朝虽然通过恢复科举制度使程朱理学成为官学，但恢复科举制度并不是理学的福音。正是科举制度的恢复，又使士人重回场屋，以呻吟占哔为学，重蹈了时文空疏之陋。如袁桷当时就说：

> 近者江南学校教法，止于《四书》，髫龀诸生，相师成风，字义精熟，蔑有遗忘，一有诘难，则茫然不能以对，又近于宋世之末尚。甚者知其学之不能通也，于是大言以盖之，议礼止于诚敬，言乐止于中和。其不涉史者，谓自汉而下皆霸道；其不能词章也，谓之玩物丧志。又，以昔之大臣见于行事者，皆本于“节用而爱人”之一语。功业之成，何所不可，殊不知通达之深者，必悉天下之利害，灌膏养根，非终于《六经》之格言不可也。又，古者教法，春夏学干戈，秋冬学羽钥，若射御书数皆得谓之学，非若今所谓《四书》而止。儒者博而寡要，故世尝以儒诟诮。[②]

---

① 《元史》卷二四《仁宗一》，北京：中华书局，1976年版，第2册，第557页。

② 袁桷：《国学议》，《清容居士集》卷四一，见《文渊阁四库全书》第1203册，台北：台湾商务印书馆，1983年版，第549～550页。

这样的学风自然无法为理学的发展注入新的活力。所以有学者说，元代理学只是“介于宋代朱子学和明代阳明学两大高峰之间的转折低谷”，而不可能在学术思想上“有重大发展”，它充其量不过是理学发展过程中的“承上启下环节”[①]，而无法使理学兴旺起来。

但回望新安理学，却是另一番景象。其时，新安理学的发展势头丝毫未减，不仅涌现了郑玉、朱升、汪克宽、赵汸、倪士毅等一大批著名学者，而且他们还接过了朱熹“求真是之归”[②]的学术主张，擎起“求是”“求真”的旗帜，对朱学作出了新的阐释，并将学术研究的领域由易学、四书学扩展到《春秋》学。这都使得处于低谷之际的朱学在徽州地区还可以看到亮色。

四

直到明初，新安理学依然给人留下“兴盛”的印象。

新安理学之所以在明初依然给人以“兴盛”印象，可能与《五经大全》《四书大全》及《性理大全》等的编纂有关。

永乐十二年(1414)，明成祖朱棣命翰林学士胡广(1370—1418)、侍讲杨荣(1371—1440)及金幼孜(1367—1431)等纂修《五经大全》《四书大全》及《性理大全》(合称“三部《大全》”)。永乐十三年(1415)九月，三部《大全》告成，朱棣亲自制序弁于卷首，命礼部刊赐天下，作为科举考试的依据。

胡广等人所编纂的三部《大全》曾大量采用徽州学者的著作。如朱彝尊(1629—1709)说：

胡广诸人止就前儒之成编一加抄录，而去其名，如《诗》则取诸

① 张立文、祁润兴：《中国学术通史·宋元明卷》，北京：人民出版社，2004年版，第438页。

② 朱熹：《答胡季随》，《晦庵先生朱文公文集》卷五三，《朱子全书》第22册，上海：上海古籍出版社，合肥：安徽教育出版社，2002年版，第2516页。按，“求真是之归”一语亦见于《吕氏家塾读诗记后序》，见《晦庵先生朱文公文集》卷七六，《朱子全书》第24册，上海：上海古籍出版社，合肥：安徽教育出版社，2002年版，第3655页。

刘氏，《书》则取诸陈氏，《春秋》则取诸汪氏，《四书》则取诸倪氏，《礼》则于陈氏集说外，增益吴氏之《纂言》，《易》则天台、鄱阳二董氏，双湖、云峰二胡氏，于诸书外全未寓目。①

朱彝尊所说的"《书》则取诸陈氏"，指的是陈栎的《尚书集传纂疏》；所说的"《春秋》则取诸汪氏"，指的是汪克宽的《胡传纂疏》；所说的"《四书》则取诸倪氏"，指的是倪士毅的《四书辑释》；所说的"《易》则……双湖、云峰二胡氏"，指的则是胡一桂的《周易本义附录纂疏》、胡炳文的《周易本义通释》等。朱彝尊这段话虽然意在批评胡广等人以极不负责任的态度编纂三部《大全》，但也道出了徽州学者著作在学界的地位和影响。在官修的三部《大全》中，取自徽州一郡学者的著作有如此之多，这表明徽州学者经学研究的成绩之大；如此多的著作进入三部《大全》，自然也扩大了新安理学在学界的影响。

但是，三部《大全》的编纂对理学来说，实际上是一把双刃剑。它一方面巩固了程朱理学的官学地位，扩大了程朱理学的影响，另一方面又成为程朱理学发展的桎梏，正如侯外庐所说，朱棣命胡广等编纂三部《大全》，旨在"以钦定的形式，使程朱理学成为统治思想"，所以这些编纂者"对于程朱的经传、集注和接近程朱的其他注解，也只是加以辑集，整齐划一，其目的并不在于发明。这就是章懋说的'自程朱后，不必再论，只遵闻行知可也'，和薛瑄说的'自考亭以后，斯道大明，无烦新著'"②。这一编纂主旨虽然使士人将程朱理学奉为圭臬，但也导致士人失去了对理论创新的追求。

三部《大全》的问世，对新安理学的发展同样没有起到推进的作用。从此，在徽州地区便没有出现对理学作出新的阐发的学者和著作。从明代中期至清初，新安理学式微的趋势更是不可逆转。

不过，在明代中叶到清初这个时段内，新安理学史上还是有几件事需要一提。这几件事分别是：

---

① 朱彝尊：《经义考》卷四九，见《文渊阁四库全书》第677册，台北：台湾商务印书馆，1983年版，第541页。

② 侯外庐等主编：《宋明理学史》下册，北京：人民出版社，1987年版，第3页。

第一，徽州学者对新安学术进行了历史性的回顾。

明代中期，程敏政辑撰的《新安文献志》和程曈编撰的《新安学系录》的出现，为了解新安理学的历史和成就提供了不可或缺的重要资料。

《新安文献志》是一部资料价值颇高的文献集，它搜辑了自南北朝至明中叶有关徽州地区的诗文，“征引繁博，条理淹贯，凡徽州一郡之典故，汇萃极为赅备，遗文轶事，咸得借以考见大凡。故自明以来，推为巨制”①，保存徽州学人的资料十分丰富。而《新安学系录》则以“人物志”的形式，通过对 110 余位徽州学人学行的记述，展示了徽州地区的学术“谱系”。

程敏政、程曈分别撰著《新安文献志》《新安学系录》的初衷，或许是为了保存乡邦文献，弘扬乡邦学术，并表达对乡先贤的景仰之思，但同时也是对迄至明代中叶徽州学术的一次“盘点”，是对徽州学术的一次总结，全面展示了徽州学术的发展历程。

第二，“朱陆异同”之争。

在元代，“和会朱陆”的主张开始流行。所谓“和会朱陆”，就是主张将朱熹思想与陆九渊思想融汇起来。在“鹅湖之会”的辩论中，朱熹与陆九渊表现出在“尊德性”与“道问学”上的不同学术倾向。“鹅湖之会”后，他们都对各自思想进行了反思，在一定程度上肯定了对方的学术思想。有学者便据此认为朱熹与陆九渊在学术上走向趋同，并进而提出“和会朱陆”说。

将“和会朱陆”说带进徽州地区的是吴澄②。郑玉则是继吴澄之后主张“和会朱陆”的徽州著名学者，与他同时的赵汸也提出了朱、陆“合并于暮岁”说。到明代，程敏政又提出朱、陆“先异后同”说，并编纂了《道一编》一书，陈述了这一思想。

---

① 永瑢、纪昀等:《四库全书总目》卷一八九《新安文献志》提要，北京:中华书局，1965 年版，下册，第 1715 页。

② 按，吴澄是“和会朱陆”思想传播者，但不是“和会朱陆”思想的发轫者。全祖望曾说:“草庐出于双峰(即饶鲁)，故朱学也，其后亦兼主陆学。盖草庐又师程氏绍开，程氏常筑道一书院，思和会两家。”(黄宗羲原本、全祖望修定:《宋元学案》卷九二《草庐学案》，《黄宗羲全集》第 6 册，杭州:浙江古籍出版社，1992 年版，第 572 页)吴澄“和会朱陆”思想即源于程绍开。

吴澄的“和会朱陆”说问世之后，曾受到坚持朱学的徽州学者的反对，由此导致了“朱陆异同”之争。在《道一编》问世之前，“朱陆异同”之争虽然已经发生，但还只表现于学者们的随文表述，少见于专门的文字。程敏政《道一编》的刊出，便出现了宣扬“和会朱陆”的专著。于是，程曈与程敏政针锋相对，又编纂了《闲辟录》一书，遂使“朱陆异同”之争激化起来。所以施璜特别关注程曈与程敏政的争论，他说：“程篁墩著《道一编》，谓朱陆早异晚同。先生(指程曈)深以为非，乃采朱子《年谱》《文集》《语类》有辨陆学者，考其岁月先后，以明《道一编》之颠倒，名其书曰《闲辟录》。”①

四库馆臣在评论《闲辟录》时曾说，其书在驳斥“和会朱陆”论时，“门户之见太深，词气之间激烈已甚，殊非儒者气象”②。“门户之见太深”往往是一个学派后学的特点，也是一个学派走向衰微的表征。对徽州学术来说，门户之见直接损害了它的包容性，使它不愿去自我反思，削弱了求真求是的学术精神，减弱了学术的自我调适和创新能力。

朱门后学的门户之见，在清初的《紫阳书院志》中又一次得到表现。《紫阳书院志》是康熙年间由施璜编纂，吴瞻泰、吴瞻淇兄弟增补的一部书院志。它不仅较为详细地记载了紫阳书院的创建、沿革、生源、管理以及祀典等情况，为书院史研究提供了很好的个案，同时，其“人物志”等部分也为徽州学术史的研究提供了线索和资料。但编纂者为了与陆九渊、王阳明之学相抗衡，在《紫阳书院志》中不仅极力贬斥陆王之学，还不惜编造朱熹三次婺源之旅、虚构朱熹的“十二高弟”等。这些不实的编造和虚构，更使他们的“门户之见”表现得更加明显。

第三，王阳明、湛若水之学在徽州的流行。

明代中期是学术形态发生明显变化的时期。从明代中期到明末，理学的

---

① 施璜等：《紫阳书院志》卷九《程莪山先生》，见赵所生等主编：《中国历代书院志》第9册，南京：江苏古籍出版社，1995年影印本，第554页。

② 永瑢、纪昀等：《四库全书总目》卷九六《闲辟录》提要，北京：中华书局，1965年版，上册，第810页。

主导形态不再是程朱之学，而是王(阳明)学。

这一学术趋势也波及徽州地区。以王阳明、湛若水为代表的心学问世不久，就在徽州地区流行开来，宣扬湛王之学的“讲会”遍及徽州六邑。徽州学者汪佑在谈到王学盛行于徽州地区时曾这样说：

> 自阳明树帜海内，其徒驱煽熏炙，侈为心学，狭小宋儒。嗣后，新安大会多聘王氏高弟阐教，如心斋(即王艮)、绪山(即钱德洪)、龙溪(即王畿)、东廓(即邹守益)、师泉(即刘邦采)、复所(即杨起元)、近溪(即罗汝芳)诸公迭主齐盟。自此，新安多王氏之学，有非复朱子之旧者。①

而在徽州地区传播心学更力的则是湛若水，他在明嘉靖年间曾亲临徽州参与讲会活动，讲学于徽州六邑。

湛王之学在徽州地区的流行，使新安理学的命运与湛王之学特别是王学的兴衰联系在一起。随着明末王学的衰落，新安理学也就萎缩了。在清初，施璜、汪佑等徽州学者曾想重振新安理学，但他们的努力并没有改变新安理学的命运，正如周晓光所说：“曾经盛极一时、人才辈出的新安理学，至此已经是明日黄花，芬芳不再了。”②

到清代中期，新安理学便无声无息，它让位给了皖派朴学。

五

从南宋后期建构到清朝初年终结的新安理学，前后延续了600余年。一个存续时间如此之长的学术现象，却长期处在现当代学者的视野之外，直到20世纪80年代才开始受到学界的关注。

---

① 转引自施璜等：《紫阳书院志》卷一六《会纪》，见赵所生等主编：《中国历代书院志》第9册，南京：江苏古籍出版社，1995年影印本，第587页。引文中括注内容为编者所加，后同。

② 周晓光：《新安理学》，合肥：安徽人民出版社，2005年版，第208页。

新安理学虽然很晚才受到学界的关注，但“新安理学”概念却出现很早，它至迟在明代万历年间就已经出现。

万历年间，是湛王之学涌入徽州的高峰期，宣扬湛王之学的“讲会”遍布徽州六邑。万历二十一年(1593)，韩梦鹏等人就将这些“讲会”上的言论及有关文献辑录成册，名之曰《新安理学先觉会言》[①]。这是“新安理学”这一概念第一次出现在文献上。

“新安理学”这一概念在正式出版物上的出现，是万历四十四年(1616)。此年，由朱升的五世孙朱时新“阅辑”、朱时登“参阅”及范涞校订的《朱枫林集》刊印时，在扉页上署有“新安理学名儒《朱枫林集》”字样。《朱枫林集》扉页上所题写的“新安理学”，可能出自范涞之手，在学宗朱子的范涞看来，“新安理学”概念用于朱升似乎更适合一些。

将“新安理学”视为一个学派，大概始于黄宗羲。他在《宋元学案》中曾拟立“新安学案”条目，这表明黄宗羲不仅认可“新安理学”这一概念，也将新安理学视为一个学派。稍晚于黄宗羲的徽州籍学者赵吉士，在《寄园寄所寄》一书中确立了“新安理学”这一条目。在此条目下，他介绍了朱熹、程大昌、吴儆、汪莘、程若庸、胡方平、胡炳文、陈栎、倪士毅、汪克宽、赵汸、潘荣[②]、朱升、郑玉等十余位徽州学者，将他们作为新安理学的代表人物。在赵吉士看来，就是上述学者奠定了新安理学的基础，传承了新安理学的学脉。

---

① 按，现存的由韩梦鹏、谢文烨等编纂的《新安理学先觉会言》，为20世纪30年代安徽通志馆的手抄本，现藏于安徽省图书馆，原稿是否刊印，已无从知道。

② 《(光绪)婺源县志》的《潘荣传》载：“潘荣字伯诚，号节斋，隐居，博学，通诸经，尤长于史，笃志厉行，学者宗之。值宋革命，秉节不履元地，楼居二十载。著《□□(通鉴)总论》，大要：治天下有三，曰明、曰断、曰顺而已。明则君子进而小人退，断则有功劝而有罪惩，顺则万事理而人心悦而天下和，三者之要，在身。身端心诚，不令而行矣，其说反复数千言。又尝集苏句百篇以自见。祀乡贤。”吴鹗总纂：《(光绪)婺源县志》卷一九《人物二·儒林》，光绪九年刊本。按，我们在本书中没有介绍潘荣，一是因为没有看到潘荣的著作，二是从《婺源县志》的《潘荣传》中看不出他对新安理学的贡献。赵吉士之所以将潘荣视为新安理学代表人物，可能是因为潘荣在宋元更替之际，与许月卿一样也“秉节不履元地，楼居二十载”，十分看重“风节”。

与“新安理学”概念并行的还有“新安之学”。在赵汸的《东山存稿》、黄宗羲的《宋元学案》及纪昀等所撰的《四库全书总目》中，都曾用过“新安之学”概念。他们所说的“新安之学”，与“新安理学”差不多是同质的概念。如赵汸在《商山书院学田记》一文中说：“夫有国家者，化民成俗之方莫先于学，而学之为道，又非可以私意苟且而妄为之者。矧新安之学本乎郡先师者，父兄师友之授受犹或有传也，其可一旦废而不讲乎。”①他这里所说的“郡先师”，指的是朱熹，则他所说的“新安之学”指的自然也就是以朱学为主流的徽州学术了。

不过，比之于“新安之学”，“新安理学”似乎更能清楚表明徽州主流学术的性质，且不会与有时仅指朱熹学术的“新安之学”概念相混②，所以我们与当代大多数学者一样，还是用“新安理学”这一概念表述徽州地区自南宋至清初的主流学术。

六

“新安理学”这一概念虽然早已出现，但对它作出明确界定，则是当代的事。当代学者几乎众口一词地将新安理学界定为朱学或朱学在徽州地区的分支，将其特点概括为“一以朱子思想为归”。作出这样的概括，依据或许是赵汸的论述。他曾说：

> （新安之学）一以郡先师子朱子为归，凡六经传注、诸子百氏之书，非经朱子论定者，父兄不以为教，子弟不以为学也。是以朱子之

---

① 赵汸：《商山书院学田记》，《东山存稿》卷四，见《文渊阁四库全书》第1221册，台北：台湾商务印书馆，1983年版，第288页。

② 按，“新安之学”有时亦仅指朱学，南宋的陈亮、吕祖谦，明代的邹元标，明末清初的黄宗羲，清代的毛奇龄、纪昀等都曾用过“新安之学”指称朱熹的学术思想。如邹元标在《学庸或问选序》中说：“且‘格物’一训为后儒所异同，新安之学遂少晦。”其“新安之学”指的就是朱学。

学虽行天下，而讲之熟、说之详、守之固，则惟新安之士为然。[①]

朱熹学术在徽州地区确实受到尊崇，但徽州学者是不是真的都“一以郡先师子朱子为归”，则是一个可以讨论的问题。由于这个问题涉及对新安理学特质的理解，而新安理学又是本书频繁使用的一个概念，或者说它是本书所要讨论的主要对象之一，这就不能不对它加以辨析，以澄清其含义。

在我们看来，“新安理学”这一概念的内涵包含着“一般”与“特殊”两个方面。

从“一般”方面来讲，新安理学具有理学的普遍特性。所谓理学的普遍特性，包括以下三个层面：从为学目标的层面上看，理学是希圣希贤之学，它遥承孔孟之道，欲从百姓的寻常日用着手，将人们提升到圣贤的境界。理学家们认为人们本来具有善的本性，都有成圣成贤的内在可能，所以程颐在《颜子所好何学论》中就提出了“圣人可学而至”的命题，而在朱熹、王阳明的眼中，则“满街都是圣人”。从形而上的“体”的层面看，理学是以心、性、理、气等为基本范畴所建构的哲学体系，具有形而上的性质，只是不同学者在建构自己的哲学体系时重心不同，有的偏于理（或“天理”），有的偏于心，有的偏于气，于是便形成理学（指以程朱为代表的性理学）、心学、气学。从形而下的“用”的层面看，理学主张从个人修养入手，为齐家、治国、平天下奠定道德的基础，即由“内圣”而开出“外王”之花来。他们认为，个人修养的前提是“本于天而备于我”（朱熹语）的天地万物之理，于是便由此出发，提出各自的“工夫论”。只是有人主张由外至内的“格物”“致知”而证入，有人主张由内而外的“体验”而悟出，形成了在“道问学”与“尊德性”上的侧重不同。理学的特征还可以举出一些，但我们认为，不论它具有多少特征，只要是本体贯通、体用兼具的义理之学，我们就可以称之为“理学”。据此反观新安理学，将其视为理学，是毋庸置疑的。

---

① 赵汸：《商山书院学田记》，《东山存稿》卷四，见《文渊阁四库全书》第1221册，台北：台湾商务印书馆，1983年版，第287页。

从“特殊”方面来讲，新安理学是在徽州地区所形成的理学，它虽然以朱学为主干，但同时也对进入徽州地区或在徽州地区产生的各派理学乃至其他学派进行融合，形成了极具包容性的特点。

在南宋时期，与朱学并行的理学派别，其著名者还有以张栻为代表的湖湘学、以吕祖谦为代表的婺学、以陆九渊为代表的心学。虽然新安理学在创建中，汲取了各派学术，但起主导作用的是朱学，而此后的徽州学者也选择了以朱学为学术基点，这就使朱学在新安理学中处于主干的地位。

新安理学以朱学为主干，不言而喻的原因自然是徽州为朱熹的桑梓之地。这使得徽州学者不仅引以为荣，更认为弘扬朱学是义不容辞的责任。如元代徽州学者胡炳文就说：“我辈居文公乡，熟文公书自是本分中事。”[①]清代徽州学者吴曰慎也说，朱熹“集诸儒之大成，发先儒之蕴奥，教育英才，四方辐辏，而新安发祥之地，及门私淑，兴起尤多”[②]。正因为“及门私淑，兴起尤多”，所以进入元代，朱学在徽州地区依然影响甚大，就像陈栎所说，“新安自朱子后，儒学之盛称天下，号东南邹鲁。宋亡，老儒犹数十人，其学一以朱子为宗。其论议风旨，皆足以师表后来；其文采词华，皆足以焜煌一世”[③]。在陈栎看来，新安理学其时大有成为朱学乃至整个理学的中流砥柱之势。

朱学能够成为新安理学的主干，除徽州学者与朱熹有桑梓之情外，还因为朱熹学术所具有的理论影响力、信奉朱学的地方官员对朱学的倡导和宋元王朝对朱学的褒扬等。

朱熹在整合“北宋五子”（周敦颐、张载、程颢、程颐、邵雍）学术思想的基础上，吸纳了佛、道和其他学派的思想，建立了体大思精的思想体系，以致当时和此后的思想家都无人能出其右。如宋代学者周密在谈到理学（他称为“道学”）时就说，“伊洛之学行于世，至乾道、淳熙间盛矣。其能发明先贤旨

---

① 胡炳文：《答定宇陈先生栎并辞求遗逸诏》，《云峰集》卷一，见《文渊阁四库全书》第1199册，台北：台湾商务印书馆，1983年版，第742页。

② 吴曰慎：《新安学系录序》，《新安学系录》卷首，合肥：黄山书社，2006年版，第6页。

③ 陈栎：《汪古逸先生行状》，《东山存稿》卷七，见《文渊阁四库全书》第1221册，台北：台湾商务印书馆，1983年版，第336页。

意，溯流徂源，论著讲解，卓然自为一家者，惟广汉张氏敬夫（即张栻）、东莱吕氏伯恭（即吕祖谦）、新安朱氏元晦（朱熹）而已”，而“朱公尤渊洽精诣，盖以至高之才、至博之学，而一切收敛，归诸义理。其上极于性命天下之妙，而下至于训诂名数之末，未尝举一而废一”[①]。朱学所达到的难以企及的学术高度，不仅使得朱熹在朝野名声籍甚，也使得朱学在桑梓之地的徽州地区具有其他学派无法比拟的影响力。在朱熹身后，朱熹的不少弟子或朱学的不少信奉者曾任职于徽州地区。他们以地方官员身份大力倡导朱学，对朱学成为徽州学术主干也起了促进作用。最早在徽州地区倡导朱学的地方官员是太守孟植，他于宋宁宗嘉定元年（1208）在府学学宫建晦庵祠堂，这是徽州地区祠祀朱熹之始，也是在府学中倡导朱学之始。继而是朱熹弟子、太守赵师端[②]，他于嘉定七年（1214）因“视其祠（指晦庵祠堂）褊且狭，不足以称邦人思慕之意，改创于讲堂之北”，称文公祠堂[③]。文公祠堂的创建，为紫阳书院的创立奠定了基础。宋理宗淳祐六年（1246），郡守韩补建书院于城南门外，宋理宗赐额曰“紫阳书院”[④]。自此之后，立祠办学便成为徽州守令尊崇朱熹、弘扬朱学的重要形式。

南宋后期，不仅徽州地方官员倡导朱学，朝廷也开始褒奖朱熹和朱学。宁宗嘉定元年（1208）朝廷谥朱熹曰“文”，嘉定三年（1210）又追赠朱熹“中大夫”“宝谟阁直学士”。嘉定五年（1212），还将朱熹《论语集注》立于学官，这是朱熹著作立于学官之始。理宗宝庆三年（1227）正月，特赠朱熹“太师”，并追封为“信国公”，绍定二年（1229）改封“徽国公”。淳祐元年（1241）正月，理宗

---

① 周密：《齐东野语》卷一一《道学》，北京：中华书局，1983年版，第202页。

② 按，赵师端（生卒年不详）字知道，宋燕王七世孙伯说次子，黄岩（今为浙江台州市黄岩区）人。淳熙十四年（1187）进士，为朝散郎，转朝请郎，迁司农丞，嘉定六年（1213）为歙州太守。淳熙元年（1174）朱熹主管台州崇道观，曾至黄岩讲学，黄榦说“师端与其兄弟皆从游于文公先生之门”，大概即在此时。

③ 黄榦：《徽州朱文公祠堂记》，《勉斋先生黄文肃公文集》卷一七，见《宋集珍本丛刊》第68册，北京：线装书局，2004年版，第718页。

④ 赵宏恩等监修：《江南通志》卷九〇《学校志·书院》，见《文渊阁四库全书》第509册，台北：台湾商务印书馆，1983年版，第533页。

在诏书中评价朱熹道:“朕惟孔子之道,自孟轲后不得其传,至我朝周敦颐、张载、程颢、程颐,真见实践,深探圣域,千载绝学,始有指归。中兴以来,又得朱熹精思明辨,折衷融会,使《大学》《论》《孟》《中庸》之旨本末洞彻,孔子之道益以大明于世。朕每观五臣论著,启沃良多。今视学有日,其令学官列诸从祀,以副朕崇奖儒先之意。”①至此,朱学乃至理学的官学地位便正式确立了。元代后期恢复科举之后,又使“朱子之学,上入于经筵,下遍于村塾,国家以之取士,以之治国平天下”②。明代沿用了元代的科举政策,仍以宋代理学家对《四书》《五经》的诠释为科举考试的依据,并编纂了三部《大全》,使得朱学的官学地位进一步得以强化。宋、元、明时期对朱学的“崇奖”,使朱学在徽州地区更受崇敬,也巩固了朱学在新安理学中的主干地位。

但是,朱学在新安理学中处于主干地位,并不意味着新安理学就“一以郡先师子朱子为归”或“一以朱子为宗”。纵观新安理学的历史便不难看出,新安理学从创建开始,就注意吸收和融合朱学以外的各派理学,表现出“包容性”。如在新安理学的创建中,朱熹及朱学虽然起了决定性作用,但程大昌和吴儆也有不可忽略的贡献。程大昌虽然与朱熹私交甚笃,但他“援道入儒”的学术思想,特别是重文献、重考据的学术趋向,则与吕祖谦的学术思想较为接近,而与朱熹不同;吴儆与朱熹从未谋面,他最后师从的是湖湘派代表人物张栻,其思想自然也就与湖湘派接近。但这都没有妨碍程大昌与吴儆成为新安理学的奠基者。

元明时期,新安理学的包容性则表现得更为明显。新安理学代表人物赵汸、朱升、郑玉以及程敏政等人所主张的“和会朱陆”说,就突出表现了新安理学对陆学的兼容。明代中期,也是由于新安理学具有包容性的特点,湛王之学能够蜂拥进入徽州地区。当时的徽州士人甚至把接受湛王之学看作对朱

① 陈邦瞻:《宋史纪事本末》卷八〇《道学崇黜》,北京:中华书局,1977 年版,第 3 册,第 880 页。

② 程应鹏:《莪山先生新安学系录跋》,见《新安学系录》卷首,合肥:黄山书社,2006 年版,第 4 页。

学的赓续，如谢存仁在《新安理学先觉会言》序言中虽然肯定“郡人士”及“旁郡诸名公”在宣扬王学的“讲会”中“所为文若所称说”，“亦彬彬足述”，但他同时又强调：“新安自徽国文公倡道，遂得称文献地。今其俗尚仰高山、景哲行，不致悬然若绝。”①言下之意就是他们接受湛王之学，是为了绍继朱学，使朱学“不致悬然若绝”。

新安理学的包容性与以朱学为主干的特点并不矛盾。朱学本身就是对北宋时期各种理学思想继承的结果，也是对佛学和道家批判性吸收和改造的结果。这就是朱学“包容性”的体现。如果朱熹仅仅为二程背书而不能广泛吸纳各种思想，从而形成体大思精的学术体系，那么，他充其量只能算是二程之学的传人，而不能成为学术史上的巨擘。朱熹不仅批判地继承了北宋理学各派的思想，也注重与同时代诸多理学家的互激互荡、交流切磋。其中较为突出的是他与张栻、吕祖谦的学术交往。张栻、吕祖谦虽然是朱熹的挚友，但他们又分别是湖湘学和婺学的领军人物，与朱熹并不属于同一学派，而朱熹丝毫没有排拒他们的意思。朱熹在谈到张栻时就这样说过：“余窃自悼其不敏，若穷人之无归。闻张钦夫得衡山胡氏学，则往从而问焉。钦夫告余以所闻，余亦未之省也。退而沉思，殆忘寝食。”②“退而沉思，殆忘寝食”，可见朱熹对湖湘学的思考是如何认真。在与吕祖谦的交往中，朱熹同样接受了吕祖谦的意见，他曾对吕祖谦说：“向来所闻诲谕诸说之未契者，今日细思，吻合无疑。大抵前日之病皆是气质躁妄之偏，不曾涵养克治，任意直前之弊耳。自今改之，异时相见，幸老兄验其进否而警策之也。”③

即使对与朱学分歧甚大的陆九渊思想，朱熹也不是断然排斥。如在“鹅湖之会”之后，朱熹就曾多次对这次辩论作了反思，承认了自己的偏颇。他

---

① 谢存仁：《新安理学先觉会言序》，《新安理学先觉会言》卷首，安徽通志馆手抄本，安徽省图书馆藏。

② 朱熹：《中和旧说序》，《晦庵先生朱文公文集》卷七五，《朱子全书》第 24 册，上海：上海古籍出版社，合肥：安徽教育出版社，2002 年版，第 3634 页。

③ 朱熹：《答吕伯恭》，《晦庵先生朱文公文集》卷三三，《朱子全书》第 21 册，上海：上海古籍出版社，合肥：安徽教育出版社，2002 年版，第 1467 页。

说:“今子静所说,专是尊德性之事,而熹平日所论,却是问学上多了。所以为彼学者多持守可观,而看得义理全不子细,又别说一种杜撰道理遮盖,不肯放下。而熹自觉虽于义理上不敢乱说,却于紧要为己为人上多不得力,今当反身用力,去短集长,庶几不堕一边耳。”①当朱熹说“当反身用力,去短集长,庶几不堕一边”时,他要以陆学纠正自己的偏颇、弥补自己的不足,不是表白得很清楚吗?其后,朱熹不仅对自己的学术进行反思、对陆九渊的观点进行慎重思考,他还请陆九渊在白鹿洞书院讲学。而当滕璘出仕四明时,朱熹特别叮嘱他要亲仁择善,为讲学修身之助,并指出:“杨敬仲、吕子约、沈叔晦、袁和叔此四人者,皆子所宜从游者也。”②所谓“从游”,就有“转益多师”的意思。而朱熹所说的四人中,杨敬仲(杨简)、沈叔晦(沈焕)、袁和叔(袁燮)恰恰都是陆九渊的高足。

因此,拒绝“包容性”而持“门户之见”,反而是对朱学精神的背离。

七

日本学者荒木见悟曾经讲过一段很有意思的话,他说:“中华民族自古以来就保持着深刻的思索能力和改革能力,如果觉悟到一个思想已到了它的极限,就一定会创造出超越它的新思想。”③王学起初就是作为消除程朱后学弊端的“新思想”而出现的。

王阳明曾对当时的士大夫状况和学术风气作过如下的描述:

> 圣人之学日远日晦,而功利之习愈趋愈下。其间虽尝瞽惑于

---

① 朱熹:《答项平父》,《晦庵先生朱文公文集》卷五四,《朱子全书》第23册,上海:上海古籍出版社,合肥:安徽教育出版社,2002年版,第2541页。

② 真德秀:《滕公墓志铭》,《西山文集》卷四六,见《文渊阁四库全书》第1174册,台北:台湾商务印书馆,1983年版,第730页。

③ [日]荒木见悟:《心学与理学》,《复旦学报(社会科学版)》1998年第5期。按,荒木见悟(1917—2017)为广岛县人,以研究明代思想史而著称,主要著作有《佛教与儒教》《大慧书》《明代思想研究》《明末宗教思想研究》《明清思想论考》等。

佛、老，而佛、老之说卒亦未能有以胜其功利之心；虽又尝折衷于群儒，而群儒之论终亦未能有以破其功利之见。盖至于今，功利之毒沦浃于人之心髓，而习以成性也几千年矣。相矜以知，相轧以势，相争以利，相高以技能，相取以声誉。其出而仕也，理钱谷者则欲兼夫兵刑，典礼乐者又欲与于铨轴，处郡县则思藩臬之高，居台谏则望宰执之要。故不能其事，则不得以兼其官；不通其说，则不可以要其誉。记诵之广，适以长其敖(傲)也；知识之多，适以行其恶也；闻见之博，适以肆其辨也；辞章之富，适以饰其伪也。是以皋、夔、稷、契所不能兼之事，而今之初学小生皆欲通其说，究其术。其称名僭号，未尝不曰吾欲以共成天下之务；而其诚心实意之所在，以为不如是则无以济其私而满其欲也。①

王阳明的上述描述，实际上是对程朱后学弊端的揭示。其时，程朱理学已经沦为读书人进入仕途的敲门砖，成为一些士大夫满足私欲的工具。到了这个地步的程朱之学，的确是到了“它的极限”，已经无法发挥社会政治功能，需要一个“新思想”来替代它。王阳明所提出的“致良知”说和“知行合一”说，就是为了超越程朱之学而创造的新思想。王阳明学说提出后，很快风靡学界，致使学界出现“笃信程朱、不迁异说者，无复几人”②的局面。

不过，王学的风行并没有改变理学的命运。王阳明的“致良知”理论认为，“良知”是人人具有、个个自足的，所谓“致良知”，就是发现内在的“良知”(用陆九渊的话说，就是“发明本心”)，并将它扩充到事事物物。在“致良知”的理论中，儒学经典也成为发明“本心”、印证“良知”的工具。既然研习儒学的目的只是为了发明“本心”、印证“良知”，那么，直接反躬内求就可以了，何必借助于儒学经典？所以，随着王学的风行，一股“束书不观、游谈无根”的“清谈”风气便在晚明知识界弥漫开来。这股“清谈”风气，更甚于程朱后学的

① 王阳明：《答顾东桥书》，《王阳明全集》卷二《传习录》中，上海：上海古籍出版社，1992年版，第56页。

② 《明史》卷二八二《儒林传序》，北京：中华书局，1974年版，第24册，第7222页。

空谈性理、不务经世的学风，因此，“清谈”的蔓延与程朱后学空谈性理以及将理学看作“敲门砖”一样，都严重弱化了儒学的社会政治功能。

于是，儒学又面临危机。有危机感的学者们又开始了对儒学命运作新一轮的反思。反思的对象自然是王学。如吕坤(1536—1618)等思想家便指责王学，认为王学的盛行导致了“终日谈本体，不说工夫。才拈工夫，便指为外道”[①]这类风气的流行。在王学内部也出现了批评王学的声音，如王学的浙中学派传人周汝登就批评泰州学派王艮，说他的“淮南格物”说“舍却家国天下心意，另求一物”[②]。

对王学批评最激烈的是东林学派。他们还把王学以“发明本心”为中心的理论称为“虚病”，提出了从“虚”返“实”的主张。如东林学派著名学者高攀龙说:“古今学术于此分歧……便分两路去了:一者在人伦、庶物、实知、实践去;一者在灵明、觉知、默识、默成去。……宇内之学，百年前是前一路，百年来是后一路，两者递传之后，各有所弊。毕竟实病易消，虚病难补。今日虚病见矣，吾辈当相与稽弊而反之于实。知及仁守，莅之以庄，动之以礼，一一着实做去，方有所就。”[③]为了克服“虚病”，他与顾宪成等东林学者开始倡导“实学”。他们所说的“实”学，虽然主要是指程朱理学，但不是指理学高谈“性命”的方面，而是希望唤起理学的经世致用精神。几社创始人陈子龙等人还编辑了《皇明经世文编》，为提倡经世“实学”张本。

但是，在“实学”还未能形成气候的时候，明朝便灭亡了。明朝的灭亡又引起学界对王学更激烈的批判。清初各派学者几乎众口一词得出了“学术误国”的结论，将明朝的亡国归咎于晚明的学风，归咎于王学。如陆陇其就说:“至于启、祯之际，风俗愈坏，礼义扫地，以至于不可收拾。其所从来，非一日矣。故愚以为明之天下，不亡于寇盗，不亡于朋党，而亡于学术。学术之坏，

① 吕坤:《呻吟语》卷一《谈道》，南京:江苏古籍出版社，2002年版，第74页。

② 周汝登:《与赵学博怀莲》，《东越证学录》卷一〇，见《四库存目丛书·集部》第165册，济南:齐鲁书社，1997年版，第619页。

③ 高攀龙:《讲义·知及之章(庚戌)》，《高子遗书》卷四，见《文渊阁四库全书》第1292册，台北:台湾商务印书馆，1983年版，第397页。

所以酿成寇盗朋党之祸也。”[①]顾炎武也说：“五胡乱华，本于清谈之流祸，人人知之，孰知今日之清谈，有甚于前代者！昔之清谈谈老庄，今之清谈谈孔孟。未得其精而已遗其粗；未究其本而先辞其末……以明心见性之空言，代修己治人之实学。股肱惰而万事荒，爪牙亡而四国乱，神州荡覆，宗社丘墟。”[②]在王学内部，也有一些学者主张以“实学”纠正王学的“虚”病，如居于明清之际三大儒之首的孙奇逢说：“门宗分裂，使人知反而求之事物之际，晦翁之功也。然晦翁殁，而天下之实病不可不泄。词章繁兴，使人知反而求之心性之中，阳明之功也。然阳明殁，而天下之虚病不可不补。”[③]颜李学派主要代表人物之一的李塨同样主张由“虚”返“实”，在他看来，“天地之道，极则必反。实之极必趋于虚，虚之极必归于实”，而“今之虚学可谓盛矣，盛极将衰，则转而反之实”[④]。

随着清王朝政权的逐步稳定、对文化政策的调整，“实学”思潮也渐渐平息下来，程朱理学再度被确立为官学，理学家对《四书》《五经》的诠释再度成为科举考试的权威依据。朱学尤其受到重视，朱熹被提升到十哲之列，配享孔子，《朱子全书》被官方刊行全国，康熙帝还以帝王之尊亲撰《理学论》一文以推崇朱学。同时，魏裔介、魏象枢、熊赐履、李光地、张伯行、张鹏翮、陆陇其等一大批理学家进入庙堂，成为“理学名臣”。

清王朝将程朱理学确立为官学，一大批“理学名臣”的出现，确实使理学呈现复兴之势，也使施璜、汪佑、吴曰慎等徽州学者以为新安理学遇到了振兴的良机。他们便试图乘机起衰振弊，振兴新安理学，这也是施璜等人著《紫阳书院志》的目的之一。

---

① 陆陇其：《学术辨上》，《三鱼堂文集》卷二，见《文渊阁四库全书》第1325册，台北：台湾商务印书馆，1983年版，第15～16页。

② 顾炎武：《日知录》卷七，黄汝成《日知录集释》上册，上海：上海古籍出版社，2006年版，第402页。

③ 转引自嵇璜等：《清朝文献通考》卷二二五《经籍考一五》，见《十通》，杭州：浙江古籍出版社，1988年版，第6878页。

④ 李塨：《送黄宗夏南归序》，《恕谷后集》卷一，上海：商务印书馆，1935年版，第1～2页。

但是，清王朝对文化政策所作的调整，并没有能够左右学术的发展。理学虽然得到清王朝的扶掖而一度有复兴之势，但这一势头并没有维持多久。而其后实际引导清代学术发展的，则主要是顾炎武的学术主张，尤其是他所提出的“经学即理学”命题。在顾炎武看来，存在于儒学经典中的“经义”就是理，理学所秉承的就是经义，因此，理学正是由经学所出，是由经学所派生的。

顾炎武提出“经学即理学”命题的本意，是试图使儒学回归原典，而以经学济理学之穷，达到“通经致用”的目的。为了真正“通经”，避免出现前人由“六经注我”而导致对儒学经典误解、曲解乃至“祸经”的后果，顾炎武还提倡以声音文字的训释、典章制度的考证作为治经的途径，并付诸实践。他著《音学五书》，就是为研究音韵所作的探索；著《日知录》，也为典章制度的考证作出了示范。

“经学即理学”命题的提出，为清代学术转型提供了指导思想。在顾炎武回归儒学原典的倡导下，一些学者转向了经学的专门研究。其中，阎若璩《尚书古文疏证》和胡渭《禹贡锥指》的问世，对清代学术转型起到了关键作用。阎若璩《尚书古文疏证》影响尤大，四库馆臣赞之曰：“反复厘剔，以祛千古之大疑，考证之学，则固未之或先。”[①]

阎若璩不仅以《尚书古文疏证》一书震撼了学界，将一股疑古之风吹进学坛，他还对学界流行的“今人信孔子不如信孟子，信孟子不如信程朱”[②]的风尚提出批评，对程朱之学颇有微词，在对前人学术的取舍上选择了“主汉不主宋”[③]的立场。这一切都直接推动了清代的学术转型。《尚书古文疏证》《禹贡锥指》的问世，便成了清代主流学术转型开始启动的标志。

---

① 永瑢、纪昀等：《四库全书总目》卷一二《尚书古文疏证》提要，北京：中华书局，1965 年版，上册，第 102 页。

② 阎若璩：《又与石企斋书》，《潜邱札记》卷六，见《文渊阁四库全书》第 859 册，台北：台湾商务印书馆，1983 年版，第 544 页。

③ 阎若璩：《与吴亦韩书》，《潜邱札记》卷六，见《文渊阁四库全书》第 859 册，台北：台湾商务印书馆，1983 年版，第 529 页。

八

转型之后的清代学术在学界的称谓一直没有得到统一，学者们或称之为“考据学”，或称之为“汉学”，或称之为“朴学”。

何谓“考据学”？“考据学”是指运用训诂考据等方法对语义、名物、典章等进行研究的一门学问。“考据学”的概念最早出现于宋代，周必大在南宋庆元四年(1198)便使用过“考证之学”一词[①]。在明代中晚期，考据学为一些学者所关注，并出现了杨慎(1488—1559)、梅鷟(1483？—1553)、陈耀文(1524？—1605)、焦竑(1540—1620)、陈第(1541—1617)、胡应麟(1551—1602)、方以智(1611—1671)等一批著名的考据学者。

清代学者较早使用“考据学”概念的可能是阎若璩，他在《尚书古文疏证》一书中说：“天下事，由根柢而之枝节也易；由枝节而返根柢也难。窃以考据之学亦尔。”[②]故四库馆臣在评论阎若璩的《尚书古文疏证》时说“考证之学，则固未之或先”。人们常常把乾嘉时期看作清代考据学的极盛时期，甚至提出了“乾嘉考据学”的概念。翁方纲还对“乾嘉考据学”作了细分，指出：“有训诂之考订，有辨难之考订，有校雠之考订，有鉴赏之考订。古之立言者欲明义理而已，不知后之人有考订也；古之为传注者欲明义理而已，不知后之人有考订也。”[③]四库馆臣在学术评论中也常常使用“考据学”概念，把精于考据看作学有专门的突出表现。如在评论宋人张淏的《云谷杂记》时就说：“此书专为考据之学，其大旨见自跋中。故其折衷精审，厘订详明，于诸家著述，皆能析

---

① 周必大《毛拔萃洵文集序》说：“大抵考证之学易差难精，亦在乎秉笔者审之而已。”《文忠集》卷五二，见《文渊阁四库全书》第1147册，台北：台湾商务印书馆，1983年版，第557页。

② 阎若璩：《尚书古文疏证》卷八，见《文渊阁四库全书》第66册，台北：台湾商务印书馆，1983年版，第475页。

③ 翁方纲：《考订论中之一》，《复初斋文集》卷七，见《续修四库全书》第1455册，上海：上海古籍出版社，2002年版，第414页。

其疑而纠其缪。”①

以“考据学”概括有清一代的学术，则始于梁启超。他在谈论学术思潮时指出：“自秦以后，确能成为时代思潮者，则汉之经学，隋唐之佛学，宋及明之理学，清之考证学，四者而已。”②梁启超所说的“考证学”即考据学，是指通过对经史文本的注疏和诠释、对典章制度的考证、对典籍真伪的审定和对经史著作的校勘等方式进行文献学研究的一门学问。

何谓“汉学”？

“汉学”一词最早也出现在宋代，如在南宋诗人赵师秀(1170—1219)的《秋夜偶成》一诗中就有这样的诗句：“辅嗣《易》行无汉学，玄晖诗变有唐风。”③南宋著名诗人刘克庄(1187—1269)也说过：“至王辅嗣出，始研寻经旨，一扫汉学，然其弊流而为玄虚矣。”④他们所说的“汉学”概念，显然是指汉代重文字训诂和典章制度考据的古文经学。在清代，最早使用“汉学”一词的或是惠栋，直接见于他的《易汉学》书名。他也是把“汉学”概念理解为汉代古文经学的，如其在《易汉学》一书的序中说：“六经定于孔子，毁于秦，传于汉。汉学之亡久矣，独《诗》《礼》二经犹存毛、郑两家，《春秋》为杜氏所乱，《尚书》为伪孔氏所乱，《易经》为王氏所乱。杜氏虽有更定，大较同于贾、服，伪孔氏则杂采马、王之说，汉学虽亡而未尽亡也。惟王辅嗣以假象说《易》，根本黄老，而汉经师之义荡然无复有存者矣。”⑤而以“汉学”作为学术规范，可能始于惠

① 永瑢、纪昀等：《四库全书总目》卷一一八《云谷杂记》提要，北京：中华书局，1965年版，上册，第1019页。

② 梁启超：《清代学术概论》，见朱维铮校注《梁启超论清学史二种》，上海：复旦大学出版社，1985年版，第1页。

③ 赵师秀：《秋夜偶成》，《清苑斋诗集》，见《文渊阁四库全书》第1171册，台北：台湾商务印书馆，1983年版，第203页。

④ 刘克庄：《季父易稿序》，《后村集》卷二四，见《文渊阁四库全书》第1180册，台北：台湾商务印书馆，1983年版，第250页。

⑤ 惠栋：《易汉学原序》，《易汉学》卷首，见《文渊阁四库全书》第52册，台北：台湾商务印书馆，1983年版，第303页。

氏弟子臧琳[1]，如刘师培说："武进臧琳，闭门穷经，研覃奥义，根究故训，是为汉学之始。"[2]

刘师培可能发现治"汉学"者未必就全用汉儒之说，于是他对"汉学"又作了以下的说明："古无汉学之名，汉学之名始于近代，或以笃信好古该汉学之范围。然治汉学者未必尽用汉儒之说，即用汉儒之说，亦未必用以治汉儒所治之书。是则所谓汉学者，不过用汉儒训故以说经，及用汉儒注书之条[例]以治群书耳。"[3]在刘师培看来，所谓"汉学"不过就是"用汉儒训故以说经，及用汉儒注书之条[例]以治群书"。他把"汉学"看作"用汉儒注书之条[例]以治群书"，实际上是将"汉学"看作治学的原则和方法。

自"汉学"概念在清代出现之后，学界便将宋代的理学称为"宋学"，而与"汉学"对立起来。纪昀甚至还将汉代以后的学术史归纳为"汉学"与"宋学"互为胜负的历史，他说："自汉京以后垂二千年，儒者沿波，学凡六变。……要其归宿，则不过汉学、宋学两家，互为胜负。"[4]

何谓"朴学"？

"朴学"一词的出现，比"考据学""汉学"要早得多。它初见于《汉书》，《汉书・儒林传》说："（倪）宽有俊材，初见武帝，语经学。上曰：'吾始以《尚书》为朴学，弗好，及闻宽说，可观。'"[5]这里的"朴学"一语，指的便是以质朴的形式对儒学典籍作出的阐释。到唐、宋时代，则进而将"朴学"概念理解为以质朴的形式所阐释的经学。如唐代诗人杜牧（803－852?）说："上知自得，不器难

---

① 参见朱昌荣：《皖派朴学述论》，《清史论丛》，2005 年。

② 刘师培：《近儒学术统系论》，《刘师培史学论著选集》，上海：上海古籍出版社，2006 年版，第 399 页。

③ 刘师培：《近代汉学变迁论》，《清儒得失论》，北京：中国人民大学出版社，2004 年版，第 271 页。

④ 永瑢、纪昀等：《四库全书总目》卷一《经部总叙》，北京：中华书局，1965 年版，上册，第 1 页。

⑤ 《汉书》卷八八《儒林传・欧阳生》，北京：中华书局，1964 年版，第 11 册，第 3603 页。

名。既擅高文，兼通朴学，掌言纶阁，典贡春闱。”[①]再如《宋史》在评述杨大雅(965—1033)时也说：“大雅朴学自信，无所阿附。直集贤院二十五年不迁，有出其后者，往往至荣显。或笑其违世自守，大雅叹曰：‘吾不学乎世，而学乎圣人，由是以至此。吾之所有，不敢以荐于人，而尝自献乎天子矣。’”[②]

在清代，最早使用“朴学”一词的，可能是钱大昕。他曾说：“《礼经》十七篇，以朴学人不能读，故郑君之学独尊。”[③]但钱大昕显然是在否定意义上使用“朴学”一词的，在他那里，“朴学”是质朴到不可卒读的意思，故曰“以朴学人不能读”。此后，李光地之孙李清馥(1703—?)也使用过“朴学”一词，他说：

> 尝考紫阳之书，明训诂，溯师传，力行一生，使后人知圣功由下学以上达者，其效于今益光矣。今曰：不问师承，不稽传注，目空前辈，簧惑后人，是宜贤者之所为戒。譬犹守家之子，忘厥高曾椝矱，其可乎。吾乡先正，素尚朴学，自唐宋迄元明，传经说理之盛，溯厥渊源，粹然者不少，而所以奋起作兴者，皆耆贤宿学启迪之功为多。考其旨归，大都崇奖典型，共趋敦厚，师传友授，饬躬厉行。[④]

李清馥所说的“朴学”，显然指的也是经学，他认为，经学研究总是采取质朴的形式。龚自珍也曾使用过“朴学”概念，如他在评论阮元时就曾说：“公(指阮元)毓性儒风，励精朴学，兼万人之姿，宣六艺之奥。”[⑤]龚自珍将“朴学”与“宣六艺之奥”相联系，显然也是认为“朴学”即经学。但当龚自珍说把“宣六艺之

---

① 杜牧：《崔璪除刑部尚书、苏涤除左丞、崔玙除兵部侍郎等制》，《樊川文集》卷一四，见《文渊阁四库全书》第1081册，台北：台湾商务印书馆，1983年版，第664～665页。

② 《宋史》卷三〇〇《杨大雅传》，北京：中华书局，1977年版，第28册，第9980页。按，从杨大雅说“学乎圣人”可知，文中的“朴学”，指的是经学。

③ 钱大昕：《与凌次仲书》，见凌廷堪：《校礼堂文集》嘉庆十八年(1813)刊本卷首，引自《凌廷堪全集》第四册，合肥：黄山书社，2009年版，第290页。

④ 李清馥：《闽中理学渊源考原序》，《闽中理学渊源考》卷首，见《文渊阁四库全书》第460册，台北：台湾商务印书馆，1983年版，第3页。

⑤ 龚自珍：《阮尚书年谱第一序》，《龚自珍全集》第三辑，上海：上海人民出版社，1975年版，第225页。

奥”也纳入“朴学”概念时，他所说的“朴学”就不仅是指研究经学所使用的训诂考据等质朴方法，也指揭示儒学经典所蕴含的经义，如阮元所阐发的“性道之学”；还包括由“六艺”衍发出的各类知识，如阮元所阐述的“史学”“九数之学”及“典章制度之学”“目录之学”“校勘之学”“金石之学”等①。也就是说，龚自珍所说的“朴学”同时也包括讨论“性道”的义理之学和与经学相关的知识。

上述的介绍表明，“考据学”“汉学”与“朴学”是略有区别的概念，但大概从清末民初开始，不少学者便把“考据学”“汉学”与“朴学”视为同质概念，不加区分地用于表述清代中期达到鼎盛的主流学术。并且直到现今，在学界仍然可以看到上述几个概念互用的情况。既然如此，我们在本书中为什么要将“朴学”与“考据学”“汉学”相区分而主张采用“朴学”概念表述徽州学术呢？

首先，“考据学”“汉学”两个概念在清代就曾受到学者的质疑。如焦循便认为“考据学”是“不典之称”，他说：“本朝经学盛兴，在前如顾亭林、万充宗、胡朏明、阎潜邱，近世以来，在吴有惠氏之学，在徽有江氏之学、戴氏之学，精之又精，则程易畴名于歙、段若膺名于金坛、王怀祖父子名于高邮、钱竹汀叔侄名于嘉定，其自名一学、著书授受者，不下数十家，均异乎补苴掇拾者之所为，是直当以经学名之，乌得以不典之称之所谓考据者混目于其间乎！”②江藩的《国朝汉学师承记》问世之后，龚自珍也对“汉学”概念提出过异议，在给江藩的信中，他说：“夫读书者实事求是，千古同之，此虽汉人语，非汉人所能专，一不安也。本朝自有学，非汉学，有汉人稍开门径，而近加邃密者，有汉人未开之门径，谓之汉学，不甚甘心，不安二也。……若以汉与宋为对峙，尤非大方之言，汉人何尝不谈性道？五也。宋人何尝不谈名物训诂？不足概服宋儒之心，六也。……本朝别有绝特志士，涵泳白文，创获于经，非汉非宋，亦惟其是而已矣，方且为门户之见者所摒，九也。国初之学，与乾隆初年以来之学

① 参见张寿安：《龚自珍论乾嘉学术：专门之学》，《学海》2001年第2期。

② 焦循：《与孙渊如观察论考据著作书》，《雕菰楼集》卷一三，上海：商务印书馆，1936年《丛书集成》本，第4册，第214页。

不同，国初人即不专立汉学门户，大旨欠区别，十也。”[①]于是，龚自珍建议江藩将《国朝汉学师承记》改名为《国朝经学师承记》。

其次，更主要的是使用“朴学”概念则避免了与徽州学者的学术主张相冲突。

“考据学”“汉学”概念是以学术二分或学术对立为前提的，使用它们自然地会引发“考据学”与“义理学”、“汉学”与“宋学”的二分与对立。这正是徽州学者所反对的。戴震就曾说过：“言者辄曰：‘有汉儒经学，有宋儒经学，一主于故训，一主于理义。’此诚震之大有不解也者。”[②]明确反对“歧故训、理义二之”。他始终将训诂考据置于治学方法的位置，强调“义理”与“考据”的统一，戴震的学术继承者也同样反对学术二分，强调考据训诂与义理的统一。

而“朴学”概念则不同，它既有治学方法，也有其义理。“朴学”之“朴”，也就既指朴实无华的学术风尚，也指不追求形而上的玄理的学术风格。正因为“朴学”既有方法层面，也有义理层面，则使用“朴学”概念也就避免了学术的二分乃至学术的对立，而不致与转型后的徽州学术相冲突。

需要说明的是，本书所使用的“朴学”概念包含两层意思：一是指学术形态，一是指学术派别。所谓朴实无华和不追求形而上的玄理的学术风尚，指的就是转型后的徽州学术形态，而作为学派的“朴学”，则是指以江(永)、戴(震)为核心的徽州学术群体。

作为学术派别的“朴学”，过去一直被称作汉学派。如梁启超说：“因为乾隆、嘉庆两朝，汉学思想正达于最高潮，学术界全部几乎都被他占领。但汉学派中也可以分出两个支派：一曰吴派，二曰皖派。吴派以惠定宇栋为中心，以信古为标志……皖派以戴东原震为中心，以求是为标志。”[③]在本书中，我们

---

① 龚自珍：《与江子屏笺》，《龚自珍全集》第五辑，上海：上海人民出版社，1975 年版，第 346～347 页。

② 戴震：《题惠定宇先生授经图》，《戴氏杂录》，《戴震全书》第六册，合肥：黄山书社，1995 年版，第 505 页

③ 梁启超：《中国近三百年学术史》，朱维铮校注《梁启超论清学史二种》，上海：复旦大学出版社，1985 年版，第 115 页。

赞成吴派、皖派的区分，但仅将“汉学”称谓留给吴派，而以“朴学”称呼皖派，作“皖派朴学”。

不过，我们虽然用“朴学”一语称谓徽州学术及以江、戴为中心的学术群体，但在行文中(主要是引文中)还会出现“汉学”“考据学”概念。这是因为古人和今人的表述习惯已经无法改变，我们只好一仍其旧。

九

作为学术形态的皖派朴学，是通过两条路径形成的：一是直承明代的训诂考据之学而走向朴学，如黄生便是如此；一是从朱学走向朴学，如汪绂、江永就是这样。

黄生虽然研习过程朱理学，但他后来离开了程朱理学的路子，而走上了杨慎等明代学者所开辟的以训诂考据为主要方法的治学路子，著有《字诂》《义府》。这两部著作，颇受乾嘉学者的青睐，四库馆臣在评论《字诂》时说：“盖生致力汉学，而于六书训诂尤为专长，故不同明人之剿说也。”[①]在评论《义府》时又说：“虽篇帙无多，其可取者要不在方以智《通雅》下也。”[②]

姚际恒则是由词章之学转向朴学的。据吴焯说，姚际恒直到五十岁时，方“尽弃词章之学，专事于经”，他用了十四年时间，著成《九经通论》。后又著《庸言录》，此书不存，仅其中所附的《古今伪书考》传世[③]。

姚际恒对徽州学术的影响，突出表现于对怀疑精神的张扬。《古今伪书

---

① 永瑢、纪昀等：《四库全书总目》卷四〇《字诂》提要，北京：中华书局，1965年版，上册，第343页。

② 永瑢、纪昀等：《四库全书总目》卷一一九《义府》提要，北京：中华书局，1965年版，上册，第1029页。

③ 转引自阮元、杨秉初辑《两浙辒轩录补遗》卷三，见《续修四库全书》第1684册，上海：上海古籍出版社，2002年版，第575页。按，台湾学者林庆彰辑有《姚际恒著作集》六册，收集姚际恒的《九经通论》有《诗经通论》《古文尚书通论》辑本、《礼记通论》辑本、《春秋通论》等。可能是编辑出版时间较早的缘故(初版于1994年)，未收陈祖武于1995年发现的《仪礼通论》顾颉刚的抄本。

考》便是他疑古辨伪精神的集中体现，而他的《九经通论》在辨析九经源流时，更将怀疑的目光投向了儒学经典，从而直接影响了徽州后世学者的经学研究。

自从四库馆臣说姚际恒论学“谓周、张、程朱皆出于禅，……至谓程朱之学不息，孔孟之道不著”[①]之后，在人们心目中，姚际恒就成了高举反程朱旗帜的徽州学者。这其实有点误解。姚际恒是一位以怀疑精神审视一切而不主一家的学者，他不仅对朱学有所批评，对汉儒也“不假辞色”，故林庆彰说他是“不阿附汉、宋，独立治学的典型”[②]。“不阿附汉、宋”也正是此后戴震所倡导的治学态度。

汪绂一直被视为“汉、宋儒兼容”的学者。他虽然重视朱学，但在谈论《礼经》时则说：“《礼》之迹存乎器数、节文，器数与俗更革，去古日远，其迹日湮，数千百年而失亡尽，……非若《易》之定象、定理，《诗》之歌咏性情，《书》之纪载政事，可以会心得之，千百年可通寤寐。”在汪绂看来，若研究《礼经》，则不能不依据汉儒，因为“汉儒去周未远，周之所遗车服、礼器或有存者，汉初犹及见之，而孔壁逸《礼》五十篇，孔、郑犹得而参考焉。虽其杂引谶纬，不无失之诬妄，而器数、名物迄今可考，则非孔、郑、马、贾不为功”[③]。

汪绂肯定了汉儒的礼学，对汉儒的整个经学也是肯定的，如他说，“汉儒经学，口传心识，故授受类有专门”，不若“后世经学，贪多务得，涉猎不精，而经学益多庞杂”。他还认为文字音韵之学也是不可或缺的学问，曾对江永说：“至于字学、韵学，则正为好古者所当详，此王者属象胥、谕言语、协辞命、属瞽

---

① 永瑢、纪昀等：《四库全书总目》卷一二九《庸言录》提要，北京：中华书局，1965年版，上册，第1109页。

② 林庆彰：《姚际恒著作集序》，《姚际恒著作集》第一册，台北：“中央研究院中国文哲研究所”，2004年版，第6页。

③ 汪绂：《参读礼志疑》卷上，见《文渊阁四库全书》第129册，台北：台湾商务印书馆，1983年版，第597页。

史、谕书名、听声音同文之大典，而学者或杜社承讹、鲁鱼袭谬，安可不一正之。"[①]从汪绂的这些论述中，我们已经可以依稀听到日渐兴起的朴学声音。

十

一般认为，江永是皖派朴学的奠基者、创始者。

为什么皖派朴学的创始者不是黄生、姚际恒、汪绂，而是江永呢？因为本书所使用的"皖派朴学"概念不仅指学术形态，也指学派。而作为学派，不仅要有学术领军人物、独特的学术思想，还必须有一个遵循一定学术思想的学术群体。而黄生、姚际恒、汪绂并没有造就一个奉行朴学的学术群体，这个学术群体直到江永的时候才出现。

作为学派的皖派朴学，其正式形成当从乾隆十七年(1752)或十八年(1753)算起。其时，江永应徽州太守何达善之邀，讲学于紫阳书院的怀古堂，不久，他又受不疏园主人汪泰安的礼聘，馆于不疏园。在江永讲学紫阳书院及不疏园期间，郑牧、汪肇龙、程瑶田、方矩、金榜、汪梧凤等也先后投其门下，并与戴震成为志同道合的学侣。于是，皖派朴学群体的雏形由此形成，不疏园也因此成了皖派朴学的摇篮。

如果说是江永将朴学带进不疏园，从而奠定了皖派朴学的基础，那么，将朴学带出不疏园，使皖派朴学发扬光大，成为全国性学派的，则是戴震。

戴震于乾隆九年至十二年(1744—1747)师从江永。乾隆十七年(1752)，戴震应汪梧凤之聘教其子汪烨、汪灼，进入不疏园，此时，他再次见到正在紫阳书院任教的江永。次年，江永也馆于不疏园，这更使他们有了学术切磋的良机。戴震见到江永，即取平日所学就正于他，江永见其盛年博学，甚为赞赏，戴震对江永也更为倾心。两位学者从容质疑问难，相得甚欢，戴震的律历声韵之

---

① 均引自汪绂《与江慎修论学书》，《双池文集》卷三，见《续修四库全书》第1425册，上海：上海古籍出版社，2002年版，第63页。

学，即由江永发之[①]。在不疏园与江永之会更坚定了戴震走朴学的路。

乾隆二十年（1755），戴震离开不疏园进入京都，“寄旅于歙县会馆”[②]。此后，程瑶田、洪榜等人也相继去了京师，并在京师常住。于是皖派朴学便不限于徽州一隅，而在京师及各地传播开来。

就皖派朴学的传播来说，作用最大的无疑是戴震，影响最广的也无疑是戴学。戴震至京师，曾携其所著《考工记图注》见钱大昕。大昕与戴震谈论竟日，叹为奇才，并荐于秦蕙田。秦蕙田“即日命驾访之，延主其邸，与讲观象授时之旨，以为闻所未闻”。王安国亦延戴震为其子念孙之师。“一时馆阁通人”如纪昀、王鸣盛、王昶、朱筠等，先后与戴震订交，“于是海内皆知有戴先生”[③]。

但是，当时“海内皆知”的“戴先生”，其实是被片面理解了的戴震。大概戴震当时还未发现自己被曲解，以为那些与自己相交的学者都是同调。直到他在扬州与惠栋见面之后，才发现自己与他们的学术追求并不完全一样。

还在皖派朴学尚未形成的时候，惠周惕、惠士奇、惠栋祖孙三代早在大力提倡“汉学”。惠栋更集惠氏学术的大成，成为吴派“汉学”领袖。所以惠栋的挚友、著名学者沈彤就说：“吾友惠君定宇淹通经史，于《五经》并宗汉学，著述多而可传。”[④]

惠栋学术不仅在江浙地区有广泛的影响，也通过钱大昕、纪昀、王鸣盛、王昶、朱筠等新科进士传播于京师。戴震在京师所订交者，主要就是这些尊崇惠学的学者。乾隆二十二年（1757），戴震离京南下，途经扬州，访问了时任都转运使的卢见曾（1690—1768），并逗留于扬州四年。其间经卢见曾的引

---

① 洪榜：《戴先生行状》，《戴震全书》第7册，合肥：黄山书社，1997年版，第7页。

② 段玉裁：《戴东原先生年谱》，《戴震文集》附录，北京：中华书局，1980年版，第220页。按，段玉裁《戴东原先生年谱》记戴震入都为乾隆二十年（1755），而杨应芹《东原年谱订补》则定为乾隆十九年（1754）。

③ 钱大昕：《戴先生震传》，《潜研堂文集》卷三九，《钱大昕全集》第9册，南京：江苏古籍出版社，1997年版，第671～672页。

④ 沈彤：《古文尚书考序》，《果堂集》卷五，见《文渊阁四库全书》第1328册，台北：台湾商务印书馆，1983年版，第325页。

见，戴震得以结识三年之前就已入卢见曾幕的惠栋。与年长27岁的惠栋会见以及与其弟子的接触，给戴震留下了深刻印象，使他对“汉学”有了进一步的了解。9年后的乾隆三十年（1765），戴震去苏州，还缅怀了这位学界前辈，并作了《题惠定宇先生授经图》一文。

不少学者将《题惠定宇先生授经图》一文视为戴震与惠栋在学术上相契合的证据，其实，正是在此文中戴震透露出与惠栋的学术分歧。如戴震在此文中就明确反对“有汉儒经学，有宋儒经学，一主于故训，一主于理义”而“歧故训、理义二之”。戴震还自述过与惠栋的学术分歧，谓“定宇求古，吾求是”①。众所周知，惠栋打出“汉学”旗号、重视汉儒的训诂，就表现出明显的“求古”倾向。联系戴震对惠栋学术的评论就不难看出，戴震的《题惠定宇先生授经图》明显表现出对惠栋及其所开创的吴派的不满。为了克服“歧故训、理义二之”的学术弊端，戴震于是提出“十分之见”的学术目标。

乾隆三十七年（1772）十一月，安徽学政朱筠提出做《永乐大典》辑佚工作的建议，乾隆皇帝立表赞同，并诏令将所辑佚书与“各省所采及武英殿所有官刻诸书”汇编一起，名曰《四库全书》。乾隆三十八年（1773），四库全书馆开馆。由刘统勋、于敏中等人的疏荐，戴震也“奉召充纂修官”。乾隆帝允准戴震等以举人身份“特召”为四库馆纂修官，时人赞为“旷典”。这无异于更强化了戴震作为皖派朴学领军人物的地位。

戴震卒后，学界多认为“其小学，则高邮王念孙、金坛段玉裁传之；测算之学，则曲阜孔广森传之；典章制度之学，则兴化任大椿传之：皆其弟子也”②。王念孙、段玉裁、孔广森、任大椿等人虽然皆为一时俊彦，但传承戴震之学并不止他们。其他传戴震之学的徽州学者，同样也蜚声学坛，如刘师培说：“戴氏既殁，皖南学者各得其性之所近，治数学者有汪莱（作《衡斋算学》），治韵学者

---

① 王鸣盛《古经解钩沉序》说：“间与东原从容语：‘子之学于定宇何如？’东原曰：‘不同。定宇求古，吾求是。’”《西庄始存稿》卷二四，见《续修四库全书》第1434册，上海：上海古籍出版社，2002年版，第316页。

② 《清史稿》卷四八一《儒林二》，北京：中华书局，1977年版，第43册，第13200页。

有洪榜(作《示儿切语》,厥后汪有诰尤深韵学),治《三礼》者有金榜(作《礼笺》)、胡匡衷(作《仪礼释官》),以凌廷堪(作《礼经释例》)、胡培翚(作《仪礼正义》)为最深。歙人程瑶田亦深于《三礼》之学(作《宗法小记》诸书),作《考工创物小记》《磬折古义》,以证工学必原数学;复作《水地小记》,多祖述上海徐氏之书,明于测量之法;而释谷(作《九谷考》)、释虫,尤足裨博物之用,可谓通儒之学矣。"①由于本书梳理的是徽州地区学术流变,故我们更多关注的徽州学者。

十一

皖派朴学自江永开启建构之后,经戴震、程瑶田、金榜、凌廷堪、俞正燮、胡培翚等学者承继和弘扬,到清末,延续约百年之久。作为一个学派,皖派朴学必然有其独特的学术特征。

一个学派的学术特征往往是由它的创始者或领军人物奠定的。追溯一个学派创始者或领军人物的学术思想,也就自然成为了解这个学派学术特征的主要途径。对走出不疏园的皖派朴学来说,最有影响的领军人物无疑是戴震。因此,从戴震入手也就自然成为了解皖派朴学学术特征的重要途径。

钱大昕曾对戴震的学术特征作过阐述,他说:

> (戴震)少从婺源江慎修游,讲贯《礼经》,制度名物及推步天象,皆洞彻其原本,既乃研精汉儒传注及《方言》《说文》诸书,由声音、文字以求训诂,由训诂以寻义理,实事求是,不偏主一家。②

钱大昕这段阐述较为简要地概括了戴震的学术特征③。下面,我们便以钱大

---

① 刘师培:《南北学派不同论》,《刘师培史学论著选集》,上海:上海古籍出版社,2006 年版,第 195 页。引文中括注的小字为原著本有,后同。

② 钱大昕:《戴先生震传》,《戴震全书》第 7 册,合肥:黄山书社,1997 年版,第 12 页。

③ 按,学者一向将钱大昕视为吴派,但近来王记录等学者不同意这一论断,而认为"钱大昕的思想与学术渊源是多方面的",参见《钱大昕是吴派吗?——兼谈乾嘉学术派别问题》,《河南师范大学学报》1995 年第 5 期。

昕的归纳为基础，尝试阐述皖派朴学的主要学术特征。

特征之一：以“故训明则古经明”为治经方法。

钱大昕说，戴震的治经方法是“由声音、文字以求训诂，由训诂以求寻义理”，如果将钱大昕的话换成戴震的话，那就是“故训明则古经明”①。

乾隆三十四年(1769)，戴震在为惠栋弟子余萧客的《古经解钩沉》所作的序中说：“后之论汉儒者，辄曰故训之学云尔，未与于理精而义明。则试诘以求理义于古经之外乎？若犹存于古经中也，则凿空者得乎？呜呼，经之至者，道也；所以明道者，其词也；所以成词者，未有能外小学文字者也。由文字以通乎语言，由语言以通乎古圣贤之心志，譬之适堂坛之必循其阶，而不可以躐等。”②戴震所说的“由文字以通乎语言，由语言以通乎古圣贤之心志”，虽然是在评论余萧客，但也是戴震自己治经主张的体现。这一主张所表述的也就是“故训明则古经明”的意思。

“故训”即训诂。“故训明则古经明”，也就是从训诂考据入手以揭示经义的治经方法。它几乎成为皖派学者一致遵循的治经方法。如程瑶田著《通艺录》就很注意“涵咏经文，得其真解”；金榜研究礼学，则采取寓义理于名物制度考辨之中的方法；而凌廷堪治《礼经》，则自称遵循“证以群经，合者取之，离者则置之；信者申之，疑者则阙之”的原则；胡培翚也号为“经学湛深，考据邃密。所论礼制名物，皆直求之经文传注，融会钩稽，实有所得”。这都是“故训明则古经明”的治经方法在治学实践中的体现。

在“故训明则古经明”的原则下，训诂考据就只是手段、途径和方法，“古经明”即揭示蕴涵于古经中的“古圣贤之心志”，这才是目的。

特征之二：以超越“汉、宋学”为学术取向。

钱大昕说戴震“实事求是，不偏主一家”，主要是指戴震对汉儒与宋儒、

---

① 戴震：《题惠定宇先生授经图》，《戴氏杂录》，《戴震全书》第6册，合肥：黄山书社，1995年版，第505页。

② 戴震：《古经解钩沉序》，《东原文集》卷一〇，《戴震全书》第6册，合肥：黄山书社，1995年版，第378页。

“汉学”与“宋学”不分轩轾，而以实事求是的态度看待它们。

乾隆年间，汇聚在惠栋所举起的“汉学”旗帜下的一批才俊，不仅使“汉学”流传于江浙地区，而且钱大昕、纪昀、王鸣盛、王昶、朱筠等一批新科进士还把“汉学”带进京师。经这批学术新锐的鼓吹，“汉学”便在乾嘉时期风行起来。当戴震走出不疏园、进入京师时，在学界“汉学”与“宋学”相对立的格局就已经形成。

戴震初到京师，“汉学”家们一见他的《考工记图》就极其赞赏，并纷纷把他引为同调。与“汉学”家们的广泛接触，特别是在扬州与惠栋的会面，引发了他对“汉学”与“宋学”的思考。已经与“宋学”开始疏离的戴震，又对“汉学”的提法困惑、不满起来。首先，他不同意对经学作“汉儒经学”和“宋儒经学”的划分，不同意“有汉儒经学，有宋儒经学，一主于训故，一主于理义”的提法，认为汉儒并非不讲“理义”，宋儒也并非不讲训诂。其次，他认为无论汉儒还是宋儒，同样“得失中判”，其“失”同样在于“不至乎闻道”。于是，他提出了自己的学术目标——“十分之见”：

> 先儒之学，如汉郑氏，宋程子、张子、朱子，其为书至详博，然犹得失中判。其得者，取义远，资理闳。书不克尽言，言不克尽意。学者深思自得，渐近其区；不深思自得，斯草莽于畦而茅塞其陆。其失者，即目未睹渊泉所导，手未披枝肆所歧者也。而为说转易晓，学者浅涉而坚信之，用自满其量之能容受，不复求远者闳者。故诵法康成、程朱不必无人，而皆失康成、程朱于诵法中，则不至乎闻道之过也。诚有能志乎闻道，必去其两失，殚力于其两得。既深思自得而近之矣，然后知孰为十分之见，孰为未至十分之见。①

戴震认为，“所谓十分之见，必征之古而靡不条贯，合诸道而不留余议，巨细毕究，本末兼察。若夫依于传闻以拟其是，择于众说以裁其优，出于空言以定其

---

① 戴震：《与姚孝廉姬传书》，《东原文集》卷九，《戴震全书》第 6 册，合肥：黄山书社，1995 年版，第 372～373 页。

论，据于孤证以信其通，虽溯流可以知源，不目睹渊泉所导；寻根可以达杪，不手批枝肆所歧，皆未至十分之见也。以此治经，失‘不知为不知’之意，而徒增一惑，以滋识者之辨之也”[①]。

戴震为了阐发他的“十分之见”，于是著《原善》《孟子字义疏证》等书。由于这类著作既不同于“汉学”（其功力不表现在考据上），也不同于“宋学”（其义理不同于理学），所以它们问世后既受到“宋学”家的反对，也受到“汉学”家的反对。当戴震自以为是他“生平著述最大者”的《孟子字义疏证》问世后，坚持宋学立场的彭绍升[②]、翁方纲[③]等学者便起而批判之，而曾经非常赞赏戴震的纪昀，见到《孟子字义疏证》时则不屑地“攘臂扔之”[④]，朱筠也认为“戴氏可传者不在此”。这都反证了戴震之学既不同于“宋学”，也不同于“汉学”。程瑶田、金榜、凌廷堪、胡培翚等人，同样既重视训诂考据，又重视义理阐发，也超越了所谓“汉学”“宋学”。

特征之三：以礼学为经学研究的主要领域。

钱大昕说，戴震“少从婺源江慎修游，讲贯《礼经》”。所谓《礼经》，指的是《仪礼》。我们可以把钱大昕的评述看作皖派朴学将以礼学为经学研究主要领域的预示。

皖派朴学的先驱者黄生、姚际恒等学者，就很重视礼学。黄生著有《三礼会龠》（已佚）；姚际恒著有《九经通论》，其中尚存的礼学著作有《礼记通论》

---

① 戴震：《与姚孝廉姬传书》，《东原文集》卷九，《戴震全书》第 6 册，合肥：黄山书社，1995 年版，第 372 页。

② 按，彭绍升（1740－1796）字允初，号尺木，法名际清，江苏长洲人。彭家数世清华，其祖彭定求（1645－1719）字勤止，号南畇，康熙二十五年（1686）状元，官侍讲；其父彭启丰（1701－1784）字翰文，号芝庭，自号香山老人，雍正五年（1727）状元，官至兵部右侍郎。彭绍升自幼聪颖，年十六，为诸生，次年举于乡，又次年中进士，以进士终于家。彭绍升原不信佛，后读佛书，爽然曰“道之所归在是矣”，始信佛。

③ 按，翁方纲（1733－1818）字正三，一字忠叙，号覃溪，晚号苏斋，直隶大兴（今属北京）人，乾隆十七年（1752）进士，授编修。历督广东、江西、山东学政，官至内阁学士。精通金石、谱录、书画及词章之学，著有《复初斋诗文集》《粤东金石略》《苏米斋兰亭考》等。

④ 参见章太炎：《释戴》，《太炎文录初编·文录》卷一，《章太炎全集》（四），上海：上海人民出版社，1985 年版，第 123 页。

(辑本)、《仪礼通论》;汪绂也著有《礼记章句》等。他们的著作皆以训诂、考据为途径探索古礼,并表现出“弃理言礼”趋向。这一趋向在姚际恒的《仪礼通论》中,表现得尤为明显。

皖派朴学的创建者江永同样十分重视礼学。江永的《礼书纲目》《周礼疑义举要》《深衣考误》《礼记训义释言》《仪礼释例》《仪礼释宫谱增注》等礼学著作,奠定了皖派朴学的礼学基础。自此之后,皖派朴学的学者无不重视礼学研究。如戴震便是以礼学著作《考工记图》一举享誉京师,他虽然没有诠释“三礼”的专著,但在他所筹划的《七经小记》中就包括《学礼篇》。据段玉裁说,戴震文集中《记冕服》《记皮弁服》《记爵弁服》《记朝服》《记玄端》《记深衣》《记中衣裼衣襦褶之属》《记冕弁冠》《记冠衰》《记括发免髽》《记绖带》《记缫藉》《记捍决极》诸篇,就表现了《学礼篇》的“体例”[①]。

程瑶田、金榜同样继承了江永重视礼学的传统。程瑶田早年著有《周礼札记》,这是他以《周礼注疏》为基础所作的札记,可能是初习《周礼》之作。在其名著《通艺录》中,更以对“三礼”中名物制度的考证为重点,故支伟成说:“(程瑶田)所撰《通艺录》十九种、《附录》七种,凡义理、训诂、制度、名物、声律、象数,无所不赅。”[②]而且《通艺录》还表现出程瑶田考据不拘泥汉儒、义理不依附宋儒的特点,显示出皖派朴学的学术风格。金榜更是专门研礼的徽州学者,他的《礼笺》一问世,就引起学界的极大关注和高度评价。金榜对汉儒所采取“悉信亦非,不信亦非”的态度,他寓义理于名物制度考辨的治经方法等,都体现了皖派朴学的学术特点。凌廷堪也是以礼名家的徽州学者,他的代表作《礼经释例》同样是皖派朴学的礼学名著。凌廷堪在《礼经释例》中主要阐述了三个问题:第一,确立《仪礼》作为礼的“本经”的地位。虽然朱熹就提出了《仪礼》为《礼经》的观点,但他并没有详加阐释,虽然朱熹著有《仪礼经

---

① 参见段玉裁:《戴东原先生年谱》,《戴震文集》附录,北京:中华书局,1980年版,第242页。

② 支伟成:《清代朴学大师列传·皖派经学家列传第六》,长沙:岳麓书社,1998年版,第79页。

传通解》,但这部著作在朱熹生前并未完成,而是经其弟子黄榦、杨复续撰、订定而成。《仪礼经传通解》曾为徽州学者所不满,姚际恒、江永作《仪礼通论》和《礼书纲目》,便是“为纠正朱熹《仪礼经传通解》之失”[①],因此,《仪礼》的《礼经》属性尚非定论,还有重新定位的必要。凌廷堪的《礼经释例》便是为《仪礼》重新定位之作。第二,以“礼例”作为研习《仪礼》的途径。四库馆臣曾说,《仪礼》“素称难读,儒者罕通”[②]。凌廷堪认为,《仪礼》之所以难读,是因为没有找到读《仪礼》的途径。而“礼例”便是读通《仪礼》的途径。他于是打破了《仪礼》原书的次序,按“礼例”对《仪礼》进行阐释,以便为人们研读《仪礼》提供一个可读的文本。第三,通过礼仪、礼文的探究以揭示礼意。凌廷堪曾说:“廷堪年将三十始肆力于是经,潜玩既久,知其间同异之文与夫详略隆杀之故,盖悉体夫天命民彝之极而出之,信非大圣人不能作也。学者舍是,奚以为节性修身之本哉?”[③]他“证以群经,合者取之,离者则置之;信者申之,疑者则阙之”[④]的目的就在于准确地揭示礼意。

随着徽州学者与理学的日益疏离,以“礼”代“理”的观念便日渐形成。如凌廷堪指出:“《论语》记孔子之言备矣,但恒言礼,未尝一言及理也。”于是,他强调:“夫《论语》,圣人之遗书也。说圣人之遗书,必欲舍其所恒言之礼,而事事附会于其所未言之理,是果圣人之意邪?后儒之学本出于释氏,故谓其言之弥近理而大乱真。不知圣学‘礼’也,不云‘理’也,其道正相反,何近而乱真之有哉!”[⑤]“以礼代理”便是人们对凌廷堪等学者这类论述的概括。

---

① 徐道彬:《从“理”到“礼”:明清徽州礼学的转型与建构》,《中国社会科学报》2015 年 7 月 27 日第 4 版。

② 永瑢、纪昀等:《四库全书总目》卷一九《礼类一》序言,北京:中华书局,1965 年版,上册,第 149 页。

③ 凌廷堪:《礼经释例序》,《礼经释例》卷首,《凌廷堪全集》第 1 册,合肥:黄山书社,2009 年版,第 3 页。

④ 凌廷堪:《礼经释例序》,《礼经释例》卷首,《凌廷堪全集》第 1 册,合肥:黄山书社,2009 年版,第 3～4 页。

⑤ 凌廷堪:《复礼下》,《礼经释例》卷首,《凌廷堪全集》第 1 册,合肥:黄山书社,2009 年版,第 17、19～20 页。

清代后期，礼学仍然是徽州学者的主要研究领域。俞正燮虽然没有留下礼学专著，但他在其代表作《癸巳类稿》和《癸巳存稿》两部论文集中，对礼文、礼仪及礼器作了大量考证，显示出俞正燮对礼学的高度重视。自从戴震说“礼之设，所以治天下之情，或裁其过，或勉其不及，俾知天地之中而已矣”①之后，徽州学者在礼学研究中便对“礼”与“情”的关系十分重视，他们特别强调“礼本人情”的观念。俞正燮便继承了戴震的观点，他特别重视“礼本人情”说，强调“礼本人情，必各遂之，其义始备”②。“礼本人情”几乎成为他论礼的主旋律，他的《节妇说》《贞女说》等关于妇女问题的名文的出发点，就是“礼本人情”说。

其时，徽州地区又出现一部礼学名著，这便是胡培翚的《仪礼正义》。自江永的《礼书纲目》等礼学著作问世之后，虽然出现了戴震的一系列专文，出现了金榜的《礼笺》、凌廷堪的《礼经释例》等礼学名著，但它们还不是全面阐述礼学的著作，特别是在确立《仪礼》为礼的“本经”之后，以《仪礼》为基础的礼学体系还有待建构，而胡培翚的注疏体著作《仪礼正义》则完成了这一体系的建构。在这部著作中，他虽然以郑注为主要依据，但在诠释过程中，广泛吸收了前人和同时代人的注释、校勘成果；提出了“汉、宋学”是不同“运会”产物的观点，而将汉、宋儒置于历史的框架中，摒弃了汉、宋学的畛域之见，以“义理即从训诂名物而出”的观点对汉、宋学作了整合；在名物制度的考证和礼意的阐释中，体现了皖派朴学“求真”“求是”的学术传统。

从江永到胡培翚，徽州地区在一个世纪内涌现出如此多的礼学家，出现如此密集的礼学著作，取得如此高的学术成就，使礼学俨然成为徽州地区一个有独立性的学术领域。

---

① 戴震：《孟子字义疏证》卷下《仁义礼智》，《戴震全书》第 6 册，合肥：黄山书社 1995 年版，第 206 页。

② 俞正燮：《癸巳类稿》卷三《娣姒义》，《俞正燮全集》第 1 册，合肥：黄山书社，2005 年版，第 118 页。

十二

徽州的新安理学为什么会走向朴学？要回答这个问题，需要廓清对朱学的一个误会或偏见：朱学是对汉代儒学特别是古文经学的否定。

在明代中后期，曾出现这样一种观念，即认为宋代理学之失“在废汉儒而自用己见”。如杨慎说：“或问杨子曰：‘子于诸经多取汉儒，而不取宋儒，何哉？’答之曰：‘宋儒言之精者，吾何尝不取？顾宋儒之失，在废汉儒而自用己见耳。吾试问汝，《六经》作于孔子，汉世去孔子未远，传之人虽劣，其说宜得其真；宋儒去孔子千五百年矣，虽其聪颖过人，安能一旦尽弃旧而独悟于心邪？’”①

其实，这是一种偏见，至少对朱学来说，这是偏见。

朱熹确实批评过汉儒，但他绝没有否定过汉儒的训诂、考据之学，恰恰相反，他曾说：

> 汉、魏诸儒正音读、通训诂、考制度、辨名物，其功博矣。学者苟不先涉其流，则亦何以用力于此？②

朱熹还认为，即使对于心性之学来说，也需要吸纳汉儒的成就：“治经者必因先儒已成之说而推之。借曰未必尽是，亦当究其所以得失之故，而后可以反求诸心而正其谬。此汉之诸儒所以专门名家、各守师说，而不敢轻有变焉者也。”③

在谈论易学时，朱熹还特别指出，读《易》乃至读任一经典，都要注意文

---

① 杨慎：《日中星鸟》，《升庵集》卷四二，见《文渊阁四库全书》第1270册，台北：台湾商务印书馆，1983年版，第290页。

② 朱熹：《论孟集义序》，《晦庵先生朱文公文集》卷七五，《朱子全书》第24册，上海：上海古籍出版社，合肥：安徽教育出版社，2002年版，第3631页。

③ 朱熹：《学校贡举私议》，《晦庵先生朱文公文集》卷六九，《朱子全书》第23册，上海：上海古籍出版社，合肥：安徽教育出版社，2002年版，第3360页。

字、音韵的训释，他说：

> 字画音韵，是经中浅事，故先儒得其大者，多不留意。然不知此等处不理会，却枉费了无限辞说牵补，而卒不得其本义，亦甚害事也。非但易学，凡经之说，无不如此。①

在他看来，如果对经典的“字画音韵”不予注意，则不能准确地把握经典的本义，导致对经典的误读曲解，这就“甚害事”而不是“浅事”了，而“字画音韵”正是汉儒之所长。

朱熹不仅肯定汉儒的治经方法，还点名赞扬了汉儒，特别赞扬了汉代经学集大成者郑玄，他说：“郑康成是个好人，考礼名数大有功，事事都理会得，如汉律令亦皆有注，尽有许多精力。东汉诸儒煞好，卢植也好。”在谈到《礼记》的古注时，他说：“郑注自好，看注看疏，自可了。”②

朱熹重视汉儒的训诂考据，与他对待儒学经典要“就文求意”的主张有密切关系。他曾对诸生说过：“某患学者读书不求经旨，谈说空妙，故欲令先通晓文义，就文求意。”③在朱熹那里，主张“就文求意”与反对“谈说空妙”是一个问题的两个方面。正因为他主张“就文求意”，所以对汉儒的注疏就较多肯定，而对晋人的解经则较多批评，如他说：“自晋以来，解经者却改变得不同，如王弼、郭象辈是也。汉儒解经，依经演绎，晋人则不然，舍经而自作文。”④

所谓“舍经而自作文”，是指不顾典籍的本义，而将注疏变成注疏者本人思想的发挥。他认为汉儒的解经长处就在于“依经演绎”，这就不容易脱离经典的本意，而晋人解经则不然，他们把经典的诠释看作阐释自己思想的手段，

---

① 朱熹：《答杨元范》，《晦庵先生朱文公文集》卷五〇，《朱子全书》第 22 册，上海：上海古籍出版社，合肥：安徽教育出版社，2002 年版，第 2289 页。

② 均引自黎靖德辑：《朱子语类》卷八七，《朱子全书》第 17 册，上海：上海古籍出版社，合肥：安徽教育出版社，2002 年版，第 2942 页。

③ 黎靖德辑：《朱子语类》卷一二一，《朱子全书》第 18 册，上海：上海古籍出版社，合肥：安徽教育出版社，2002 年版，第 3823～3824 页。

④ 黎靖德辑：《朱子语类》卷六七，《朱子全书》第 16 册，上海：上海古籍出版社，合肥：安徽教育出版社，2002 年版，第 2245 页。

这就自然会把经典放到一边，他们的诠释自然也就离开了经典的本意。

为避免晋人解经的弊端，朱熹提出了“不可令注脚成文”的诠释要求，他说：“凡解释文字，不可令注脚成文。成文，则注与经各为一事，人唯看注而忘经。不然，即须各作一番理会，添却一项功夫。窃谓须只似汉儒毛、孔之流，略释训诂、名物及文义理致尤难明者。”[①]所谓“注脚成文”，是指在注文中作长篇大论。朱熹反对“注脚成文”，不只是认为长篇大论会将注疏引向繁琐，会使注疏与经典文本脱节，更主要的还是反对将注疏变成阐述自己思想、观点的手段，所以他又说：“传注，惟古注不作文，却好看。只随经句分说，不离经意最好。疏亦然。”而“注脚成文”正是时人解经的一大毛病，人们在长篇大论中，固然将自己的意思发挥得淋漓尽致，但喧宾夺主，使“注与经各为一事”，连程颐也存在这样的毛病。“今人解书，且图要作文，又加辨说，百般生疑，故其文虽可读，而经意殊远。程子《易传》亦成作文，说了又说。故今人观者更不看本经，只读《传》，亦非所以使人思也。”[②]而朱熹认为，“不作文”的正是汉儒，他们“只随经句分说，不离经意”。

值得注意的是，朱熹肯定汉儒，肯定汉代的经学，不是随意说说的，而是出自他的体系性的追求。他曾说过：

> 经之有解，所以通经。经既通，自无事于解；借经以通乎理耳。理得，则无俟乎经。[③]

这一段颇近乎《庄子》“得鱼忘筌”“得意忘言”的论述表明，对朱熹来说，训诂考据不是治学的终极目标，他所追求的是“训诂考据—通经—明理”的经学理路，训诂考据只是研究经学的入手处。从朱熹这一“经学理路”，很容易

---

① 朱熹：《纪解经》，《晦庵先生朱文公文集》卷七四，《朱子全书》第 24 册，上海：上海古籍出版社，合肥：安徽教育出版社，2002 年版，第 3581 页。

② 均引自黎靖德辑：《朱子语类》卷一一，《朱子全书》第 14 册，上海：上海古籍出版社，合肥：安徽教育出版社，2002 年版，第 351 页。

③ 黎靖德辑：《朱子语类》卷一一，《朱子全书》第 14 册，上海：上海古籍出版社，合肥：安徽教育出版社，2002 年版，第 350 页。

联想起戴震所说的“故训明则古经明，古经明则贤人圣人之理义明，而我心之所同然者乃因之而明”①。

由于朱熹将训诂考据视为治经的必要途径，所以他对当时以训诂考据而著称的学者及其著作，非但不排斥，还给予赞扬。如在评论吴棫、洪兴祖时，他就赞扬了他们的训诂考据工作，指出：“近世考订训释之学，唯吴才老、洪庆善为善。”②对程大昌以考据见长的《演繁露》也予以肯定：“程泰之《演蕃露》其零碎小小议论亦多可取，如辨‘罘罳’之类是也。”③

由此可见，虽然朱熹对汉儒有所批评，但说他主张“废汉儒”显然是没有根据的。朱熹不仅没有提出“废汉儒”的主张，还要求学者治学必须“先涉”汉儒的“正音读、通训诂、考制度、辨名物”。

朱熹不仅肯定汉儒的训诂考据之学，还将源自汉儒的训诂考据方法用于诠释儒学经典的实践，从而为后世留下了丰富的学术遗产。

朱熹留下的朴学遗产较为突出地表现于以下几个方面：

“通训诂”“正音读”

《四书章句集注》是朱熹阐发理学思想的最具代表性著作。朱熹在撰著《四书章句集注》时，对《四书》的训释下过一番功夫，他在谈到《论语集注》时就说：“某所集注《论语》，至于训诂皆子细者，盖要人字字与某着意看，字字思索到，莫要只作等闲看过了。”④“训诂皆子细”是朱熹的一贯精神，他在撰述《论语训蒙口义》时，就确定了如下的注释原则：

> 本之注疏，以通其训诂；参之《释文》，以正其音读。然后会之于

---

① 戴震：《题惠定宇先生授经图》，戴震《戴氏杂录》，《戴震全书》第六册，合肥：黄山书社，1995年版，第505页。

② 黎靖德辑：《朱子语类》卷一三八，《朱子全书》第18册，上海：上海古籍出版社，合肥：安徽教育出版社，2002年版，第4266页。

③ 黎靖德辑：《朱子语类》卷一三八，《朱子全书》第18册，上海：上海古籍出版社，合肥：安徽教育出版社，2002年版，第4265页。

④ 黎靖德辑：《朱子语类》卷一一，《朱子全书》第14册，上海：上海古籍出版社，合肥：安徽教育出版社，2002年版，第349页。

诸老先生之说，以发其精微。一句之义，系之本句之下；一章之指，列之本章之左。又以平生所闻于师友而得于心思者，间附见一二条焉。①

“通训诂”“正音读”正是汉儒诠释儒学经典的方法。在《四书章句集注》中，这些方法就运用得很充分。所谓“正音读”，就是给经典文本准确注音。朱熹注音的主要方法是反切、直音及“叶音”②，而反切、直音便始于汉代，是汉儒使用的注音方法，在《四书章句集注》中，运用反切注音有600余处，直音使用也很普遍，仅《论语集注》就用了100多处③。所谓“通训诂”，是指训释经典的词义和文意。朱熹在《四书》的训释中，很重视吸收汉儒的训释成果，直接援引了孔安国、马融、郑玄、服虔等汉儒的注释和许慎的《说文》，他常常使用的因音求义的训释方法，也是在汉代趋于成熟的训诂方法。

朱熹不仅注意训诂考辨，还以此要求学生，如他曾将以下一段话亲自写给学堂学者：“学者观书，先须读得正文，记得注解，成诵精熟。注中训释文意、事物、名义，发明经指，相穿纽处，一一认得，如自己做出来底一般，方能玩味反复，向上有透处。”④

辨伪

朱熹曾说：“读书玩理外，考证又是一种工夫。所得无几而费力不少，向

---

① 朱熹：《论语训蒙口义序》，《晦庵先生朱文公文集》卷七五，《朱子全书》第24册，上海：上海古籍出版社，合肥：安徽教育出版社，2002年版，第3614～3615页。

② 按，“叶(xié)音”也称“叶韵”“叶句”。汉魏之后，人们读《诗经》《楚辞》等上古韵文，感到押韵不够协调，于是临时改读字音以就韵，这就是所谓“叶音”。据张民权说，“叶音”概念最早是唐人公孙罗在《文选音决》中提出来的(参见张民权：《清代前期古音学研究》，北京：中国广播电视出版社，2002年版，第9页)，经宋代吴棫、朱熹等得以传播开来。但由于“叶音”说认为古、今各有一套语音系统，没有看到古、今语音的历史演进，因而受到明代杨慎、陈第和清代顾炎武、段玉裁等学者的批判。

③ 参见舒拥军：《朱熹集注集传训诂研究》，华中师范大学2007学位论文。

④ 黎靖德辑：《朱子语类》卷一一，《朱子全书》第14册，上海：上海古籍出版社，合肥：安徽教育出版社，2002年版，第349页。

来偶自好之,固是一病,然亦不可谓无助也。"[①]

朱熹的考证工作突出表现在典籍辨伪上。我国古代典籍浩如烟海,蕴藏着丰富的史料。但浩瀚典籍往往真伪掺杂,正如朱熹所说:"天下多少是伪书,开眼看得透,自无多书可读。"[②]因此,古籍考辨也就成为研究工作的基础。朱熹虽然自称对考证"偶自好之",但实际上花的气力并不少,而且成绩斐然可观。经他考辨过的古籍,遍及经史子集及道经、内典等各个方面,仅据白寿彝辑录的《朱熹辨伪书语》记载,经朱熹考订的就有《春秋三传》《世本》《孔丛子》《中说》《元经》《潜虚》《子华子》《龙城杂记》《吕祖谦集》《正易心传》《维摩诘经》等 60 余种,考辨古籍数量之多、范围之广,为前人和同时代人所不及。朱熹对《尚书》《孝经》《诗经》的考辨尤其值得注意,经过他的考辨,《诗经》中"国风"部分的民歌风貌,撇开了经生们长期牵强附会的解说,开始显现出来;《孝经》开始失去了由神学和权力编织起来的神圣外衣;对《尚书》的考订也为此后揭开古文《尚书》和《书序》的作伪奠定了基础。

朱熹不仅以考辨的实绩奠定了他在考据学史上的地位,而且提出了考证辨伪的基本原则或方法。他说:"熹窃谓生于今世,而读古人之书,所以能别其真伪者,一则以其义理之当否而知之,二则以其左验之异同而质之。未有舍此两涂,而能直以臆度悬断之者也。"[③]"义理之当否""左验之异同"便是朱熹考辨古籍的基本原则和方法。朱熹所说的"义理",相当于现代考据学所说的思想性证据,而他所说的"左验",则相当于非思想性证据。朱熹虽然十分强调思想性证据,但他更多的还是使用非思想性证据,即"以其左验之异同而质之",这就较能保障证伪的客观性,减少主观性。如朱熹在辨《书序》时说:

---

① 朱熹:《答孫季和》,《晦庵先生朱文公文集》卷五四,《朱子全书》第 23 册,上海:上海古籍出版社,合肥:安徽教育出版社,2002 年版,第 2538 页。

② 黎靖德辑:《朱子语类》卷八四,《朱子全书》第 17 册,上海:上海古籍出版社,合肥:安徽教育出版社,2002 年版,第 2888 页。

③ 朱熹:《答袁机仲》,《晦庵先生朱文公文集》卷三八,《朱子全书》第 21 册,上海:上海古籍出版社,合肥:安徽教育出版社,2002 年版,第 1664 页。

“孔书至东晋方出，前此诸儒皆不曾见，可疑之甚。”[①]这就是以书籍的流布情况为依据；考辨《诗序》时说：“《后汉·卫宏传》明言‘宏作《诗序》’，则《序》岂得为与经并出，而分于毛公之手哉？”[②]这是以史志记载为依据；在考订《左传》时说：“秦始有腊祭，而《左氏》谓‘虞不腊矣’，是秦时文字分明。”[③]这又是以典章制度为依据。朱熹还认为，语言文字与文章风格体制均有明显的时代特征，“大抵古今文字皆可考验”[④]。所以他很注意从语言文字和文章风格上考辨古籍的真伪，判断其产生的时代，如在辨《书序》时，他说：“《尚书序》不似孔安国作，其文软弱；不似西汉人文，西汉文粗豪；也不似东汉人文，东汉人文有骨肋；也不似东晋人文，东晋如孔坦疏也自得。他文是大段弱，读来却宛顺，是做《孔丛子》底人一手做。”[⑤]考证《麻衣心易》时又说：“此书所谓‘落处’、‘活法’、‘心地’等语，皆出近年，且复不成文理。计其伪作，不过四五十年间事耳。”[⑥]对于同时代的作伪，他还运用了实地调查的方法，如在考辨《麻衣心易》时，他就根据其书的传人为戴师愈这一线索，“问之邦人”，“后至其家，因复扣之”[⑦]，从而揭开戴师愈作伪的真相。

朱熹所说的“左验”材料，虽然不限于文献资料（如他对金石资料也颇关注），但主要还是文献资料，特别是在《四书章句集注》《楚辞集注》《韩文考异》

---

① 黎靖德辑：《朱子语类》卷七八，《朱子全书》第16册，上海：上海古籍出版社，合肥：安徽教育出版社，2002年版，第2635页。

② 朱熹：《书临漳所刊四经后·诗》，《晦庵先生朱文公文集》卷八二，《朱子全书》第24册，上海：上海古籍出版社，合肥：安徽教育出版社，2002年版，第3889页。

③ 黎靖德辑：《朱子语类》卷八三，《朱子全书》第17册，上海：上海古籍出版社，合肥：安徽教育出版社，2002年版，第2835页。

④ 黎靖德辑：《朱子语类》卷一三七，《朱子全书》第18册，上海：上海古籍出版社，合肥：安徽教育出版社，2002年版，第4254页。

⑤ 黎靖德辑：《朱子语类》卷一二五，《朱子全书》第18册，上海：上海古籍出版社，合肥：安徽教育出版社，2002年版，第3906页。

⑥ 朱熹：《书麻衣心易后》，《晦庵先生朱文公文集》卷八一，《朱子全书》第24册，上海：上海古籍出版社，合肥：安徽教育出版社，2002年版，第3834页。

⑦ 朱熹：《再跋麻衣易说后》，《晦庵先生朱文公文集》卷八一，《朱子全书》第24册，上海：上海古籍出版社，合肥：安徽教育出版社，2002年版，第3834页。

《参同契考异》等著作中，朱熹使用的都是文献资料。正因为如此，朱熹很重视文献资料的搜求，把多读书看作从事考据的必要准备。如在谈到他对礼学研究的体会时便说："礼学多不可考，盖为其书不全，考来考去考得更没下梢，故学礼者多迂阔。一缘读书不广，兼亦无书可读。如《周礼》'仲春教振旅，如战之陈'，只此一句，其间有多少事？其陈是如何安排？皆无处可考究。其他礼制皆然，大抵存于今者，只是个题目在尔。"①他在这里正是把"读书不广"与"无书可读"视为礼学考证难以深入的原因之一。

"求真"

在反对"舍经而自作文"或"注脚成文"这类背离经典本义的注疏之习时，朱熹提出了"精思明辨以求真"的治学原则。朱熹这一原则虽然是针对汉儒过于拘守师说而发的，是对汉儒的批评，即"其守之太拘，而不能精思明辨以求真，是则为病耳"，但同时也是针对当时流行的抛弃先儒传注的风气，如他说："近年以来，习俗苟偷，学无宗主。治经者不复读其经之本文与夫先儒之传注，但取近时科举中选之文，讽诵摹仿，择取经中可为题目之句，以意扭捏，妄作主张，明知不是经意，但取便于行文，不暇恤也。"②

"求真"是朱熹颇为重视的治学原则。他在谈读书时曾说："近日看得读书别无他法，只是除却自家私意，而逐字逐句只依圣贤所说白直晓会，不敢妄乱添一句闲杂言语，则久久自然有得。凡所悟解，一一皆是圣贤真实意思。如其不然，纵使说得宝花乱坠，亦只是自家杜撰见识也。"③他还认为，治学目的主要就是"求真是之归"："闲中时有朋友远来讲学，其间亦有一二可告语者。此道之传，庶几未至断绝，独恨相望之远，不得聚首尽情极论，以求真是

① 黎靖德辑：《朱子语类》卷八四，《朱子全书》第 17 册，上海：上海古籍出版社，合肥：安徽教育出版社，2002 年版，第 2876 页。

② 朱熹：《学校贡举私议》，《晦庵先生朱文公文集》卷六九，《朱子全书》第 23 册，上海：上海古籍出版社，合肥：安徽教育出版社，2002 年版，第 3360 页。

③ 朱熹：《答吴伯丰》，《晦庵先生朱文公文集》卷五二，《朱子全书》第 22 册，上海：上海古籍出版社，合肥：安徽教育出版社，2002 年版，第 2457 页。

之归，尚此悢悢耳。”①

朱熹求“真是”有两个方面的含义：一是在义理上求“真是”。元代朱升等人就是在这个意义上接过朱熹“求真是之归”的思想，打出求“真是”的旗号对朱学作出修正的。二是通过训诂考据以求“真是”，即对儒学经典本意的准确理解，揭示“圣贤真实意思”，这一“求是”正是戴震走向朴学时所打的旗号之一。正因为求“真是”包含了后者，所以我们也把它视为朱熹留给后世朴学的学术遗产。

朱熹的这份学术遗产，曾为其后学所继承。南宋末、元代初，便出现了李心传的《旧闻证误》、黄震的《黄氏日抄》、王应麟的《困学记闻》、史绳祖的《学斋占毕》以及徽州学者方回的《续古今考》等“考证经史疑义”②之作。在明清之际，汪绂、江永等徽州学者由此而走向朴学。

因此，新安理学走向朴学，也就有着内在的必然性。

十三

本书对徽州学术流变作全程的梳理，虽然在徽州学术研究中是第一次，但也不是空无依傍，而是在吸取前贤今彦成果的基础上进行的。

徽州学术虽然绵延800余年，但徽州学术的研究史却很短，而且研究对象还主要局限于徽州学术中历时100余年的皖派朴学阶段，而存续时间长得多的新安理学则直到20世纪80年代前后才进入研究者的视域。

对皖派朴学的研究始于嘉庆时期。其时，江藩在《汉学师承记》中对“汉学家”所作的介绍，就包含了江永、戴震所开创的皖派朴学，只是江藩将他们

① 朱熹：《答胡季随》，《晦庵先生朱文公文集》卷五三，《朱子全书》第22册，上海：上海古籍出版社，合肥：安徽教育出版社，2002年版，第2516页。

② 永瑢、纪昀等：《四库全书总目》卷一一八《学斋占毕》提要，北京：中华书局，1965年版，上册，第1024页。

的学术与惠栋一派一样，均视为“汉学”[①]。

清末民初，章太炎在江藩《汉学师承记》的基础上，正式提出吴派、皖派概念，他说：“其(清学)成学箸系统者，自乾隆朝始。一自吴，一自皖南。吴始惠栋，其学好博而尊闻。皖南始戴震，综形名，任裁断。此其所异也。”[②]并认为“凡戴学数家，分析条理，皆参(缜)密严瑮，上溯古义，而断以己之律令，与苏州诸学殊矣”[③]。章太炎所说的“与苏州诸学殊”，是指以戴震为代表的皖派与以惠栋为代表的吴派有差异。

继章太炎之后关注皖派的学者是梁启超。他虽然与章太炎一样，将鼎盛时期的清代学术视为“汉学”，并将“汉学”分为吴、皖两派，但他对“汉学”的看法则与章太炎不同：第一，在他看来，吴、皖两派是历时性的学术派别，即“清代汉学，阎、胡作之，惠氏衍之，戴氏成之”[④]，而非共时性的学术派别；第二，他认为戴震接受了惠栋的思想，即“复从定宇游，传其学”[⑤]；第三，梁启超对戴震的理欲观似乎不满，他说：“二百年来学者，记诵日博，而廉耻日丧，戴氏其与有罪矣。”[⑥]这与此后他对戴震的评价可谓判若两人。

与章太炎、梁启超相先后的刘师培，也关注过皖派，他说：

> 时皖南学者，亦以经学鸣于时。……婺源汪绂，兼治汉学、宋学，又作《物诠》一书，善于即物穷理，故士学益趋于实用。江永崛起穷陬，深思独造，于声律、音韵、历数、典礼之学，咸观其会通，长于比勘。弟子千余人，以休宁戴震为最著。

---

① 江藩说：“至本朝，三惠之学盛于吴中，江永、戴震诸君继起于歙，从此汉学昌明，千载沉霾，一朝复旦。”江藩：《汉学师承记》卷一，北京：中华书局，1983年，第6页。

② 章太炎，《訄书(重订本)·清儒第十二》，《章太炎全集》(三)，上海：上海人民出版社，1984年，第156页。

③ 章太炎，《訄书(重订本)·清儒第十二》，《章太炎全集》(三)，上海：上海人民出版社，1984年，第157页。

④ 梁启超：《论中国学术思想变迁之大势》，上海：上海古籍出版社，2001年，第121页。

⑤ 梁启超：《论中国学术思想变迁之大势》，上海：上海古籍出版社，2001年，第121页。

⑥ 梁启超：《论中国学术思想变迁之大势》，上海：上海古籍出版社，2001年，第122页。

又说：

> 戴氏既殁，皖南学者，各得其性之所近。治数学者有汪莱，作《衡斋算学》。治韵学者有洪榜，作《示儿切语》。厥后汪有诰尤深韵学。治《三礼》者有金榜，作《礼笺》；胡匡衷，作《仪礼释官》。以凌廷堪作《礼经》释例，胡培翚作《仪礼正义》，为最深。歙人程瑶田亦深于《三礼》之学，作《宗法小记》诸书。作《考工创物小记》，磬折古义，以证工学必原数学；复作《水地小记》，多祖述上海徐氏之书，明于测算之法；而释谷，作《九谷考》。释虫，尤足裨博物之用，可谓通儒之学矣。戴氏弟子，舍金坛段氏外，段氏治《说文》，精锐明畅，于古本多所改易，则仍戴氏校定《毛诗》《春秋经》之例也。《六书音韵表》亦由心得。以扬州为最盛。高邮王氏，传其形声训故之学；兴化任氏，传其典章制度之学。王氏作《广雅疏证》，其子引之申其义，作《经传释词》《经义述闻》，发明词气之学，于古书文义诎诘者，各从条例，明析辨章，无所疑滞，于汉魏故训，多所审更。任氏长于《三礼》，知全经浩博难罄，因依类稽求，博征其材，约守其例，以释名物之纠纷，所著《深衣释例》《释缯》诸篇，皆博综群书，衷以己意，咸与戴氏学派相符。①

刘师培这里介绍的虽然是“皖南学者”，但从其所介绍的内容看，他实际上是将“皖南学者”作为一个学派看的，而他所说的“皖南”虽然包含宣州地区，但主要是指徽州，故他常称之为“徽州学派”。

五四之后，关注皖派的学者主要有梁启超、胡适、钱穆等。梁启超此时撰述了两部清学史名著：《清代学术概论》和《中国近三百年学术史》。《清代学术概论》系为蒋方震《欧洲文艺复兴时代史》一书所作的序，因篇幅过大，遂独立成书。这是一部较为系统地总结清代学术史的著作。他把清学看作一个

---

① 刘师培：《南北学派不同论》，《刘师培史学论著选集》，上海：上海古籍出版社，2006年，第194～195页。

有机体，按启蒙期、全盛期、衰落期、蜕变期的学术“生命周期”对清代学术作了评述，其“全盛期”所评述的主要就是吴、皖两派。

1921年，梁启超开始专注于中国学术史的教学与研究，并于1924年在《东方杂志》上刊载了他的《中国近三百年学术史》。《中国近三百年学术史》是梁启超又一部系统阐述清学史的著作。当代学者雷平在评论该书时说：“相对于（以‘论’为特色的）《清代学术概论》而言，《中国近三百年学术史》更注重‘史’的叙述。”[①]

1924年，对戴震研究来说是重要的一年。这一年，不仅有梁启超的《中国近三百年学术史》一书问世，而且梁启超、胡适还利用戴震200周年诞辰之机发起了“戴东原200年生日纪念会”，并为此分别撰写了《戴东原哲学》（梁启超）和《戴东原的哲学》（胡适），引起了学界对戴震的广泛注意。由于“科学”成为五四之后的主流话语之一，故在梁、胡的著作中特别注重揭示戴震思想中的“科学性”因素。

继章太炎、梁启超之后关注皖派学术的著名学者当数钱穆。钱穆不太同意梁著《中国近三百年学术史》的观点，他也在1931年于北京大学开设了《中国近三百年学术史》的选修课，后又对自编讲义加以修订，出版了与梁启超著作同名的《中国近三百年学术史》一书。钱穆在这部著作中谈到吴、皖两派关系时，与章太炎、梁启超观点不同。钱穆不是着眼于惠、戴两人的学术差异，而是注重两人的互相“推尊”，强调两者并非“分帜”。如他说：“然则惠、戴论学，求其归极，均之于《六经》，要非异趣矣。江藩《汉学师承记·洪榜传》，称榜为卫道儒，又全录其与朱笥河发明东原论学一书，可证其时不徒东原极推惠，而为惠学者亦尊戴，吴、皖非分帜也。”[②]他甚至认为戴震“尊汉抑宋”是受惠栋影响的结果：“盖乾、嘉以往诋宋之风，自东原起而益甚，而东原论学之尊

① 雷平：《20世纪清代学术史研究述略》，《湖北大学学报（哲学社会科学版）》，2004年第5期。

② 钱穆：《中国近三百年学术史》上册，北京：商务印书馆，1997年，第357页。

汉抑宋，则实有闻于苏州惠氏之风而起也。”[①]

自《戴东原哲学》与《戴东原的哲学》这两部著作问世之后，有关戴震研究逐渐发生了变化。学者们往往不再以皖派和徽州学术的视野研究戴震，而是从中国思想史、哲学史的视角看待戴震，把戴震视为中国思想史和哲学史上的著名思想家、哲学家。只有在徐世昌等撰述的《清儒学案》和支伟成所著的《清代朴学大师列传》中，尚保存着对皖派的叙述[②]。

20 世纪 40 年代之后，皖派研究曾一度沉寂（戴震研究除外）。虽然张舜徽 1962 年出版的《清代扬州学记》中涉及皖派问题，认为在清代学术中“吴学最专，徽学最精，扬州之学最通。无吴、皖之专精，清学不能盛；无扬州之通学，则清学不能大”[③]；杨向奎在 1964 年发表了《谈乾嘉学派》一文，提出对于吴、皖两派来说，“与其按地域划分，还不如从发展上看它前后的不同，倒可以看出他们的实质”[④]，与梁启超所说的“清代汉学，阎、胡作之，惠氏衍之，戴氏成之”相近，但是，他们的文章并没有唤起人们对皖派研究的兴趣。

到 20 世纪 90 年代，人们开始对乾嘉学术再认识，并在对乾嘉学派的研究中涉及吴派和皖派。如陈祖武 1992 年发表《乾嘉学派吴皖分野说商榷》一文，认为戴震“发展了惠学”，并“对惠栋学术进行了创造性的解释”[⑤]；暴鸿昌于同年发表了《乾嘉考据学流派辨析》，对乾嘉学术分为吴、皖两派的观点质疑[⑥]，等等。汪世清则在 1997 年发表了《不疏园与皖派汉学》一文，这是最早对皖派学术作初步梳理的论文[⑦]。

20 世纪 90 年代之后，学者们还出版了一批涉及皖派学术的专著，如漆

---

① 钱穆：《中国近三百年学术史》上册，北京：商务印书馆，1997 年，第 355 页。

② 据有学者（学者为谁，已记不起）说，其时讨论过“汉学”的学者还有陈钟凡（著有《清代三百年总趋势》，刊载于 1931 年 1 月《暨大文学院集刊》）、邢立言（著有《清代汉学概说》，刊载于 1936 年《北平晨报艺圃》）。

③ 张舜徽：《清代扬州学记》，上海：上海人民出版社，1962 年版，第 6 页。

④ 杨向奎：《谈乾嘉学派》，《新建设》1964 年第 7 号（后收入《绎史斋学术文集》）。

⑤ 陈祖武：《乾嘉学派吴皖分野说商榷》，《贵州社会科学》第 7 期。

⑥ 暴鸿昌：《乾嘉考据学流派辨析》，《史学集刊》1992 年第 3 期。

⑦ 汪世清：《不疏园与皖派汉学》，《江淮论坛》1997 年第 2 期。

永祥的《乾嘉考据学研究》，陈祖武、朱彤窗的《乾嘉学派研究》，郭康松的《清代考据学研究》，黄爱平的《朴学与清代社会》，徐道彬的《“皖派”学术与传承》，孙钦善的《清代考据学》，陈功文的《胡培翚〈仪礼正义〉研究》等，而洪湛侯的《徽派朴学》更是对皖派朴学的系统研究。台湾学者张寿安的《以礼代理：凌廷堪与清中叶儒学思想之转变》《十八世纪礼学考证的思想活力》也是这一时期的重要学术成果。20 世纪 90 年代末，台湾“中研院文哲研究所”经学组组织了以“乾嘉学者义理学”为课题的学术研讨。这一研讨推动了两岸学界对乾嘉义理学的研究，其研究的成果主要集中于林庆彰、张寿安主编的《乾嘉学者义理学》上下两册。其中收录有讨论戴震、王念孙等乾嘉学者义理观的论文多篇。

随着 20 世纪 80 年代徽学研究的勃兴，新安理学也逐渐为学界所重视，一大批论文、论著相继出现。从已经发表的论文和出版的论著看，新安理学研究主要包括了以下几个方面：

新安理学的产生与发展研究

周晓光 1993 年发表的《宋元明清时期的新安理学》、1997 年发表的《新安理学源流考》，王国良 2003 年发表的《朱熹与新安理学》，李琳琦 2004 年发表的《明中后期心学在徽州的流布及其原因分析》，陶清 2008 年发表的《新安理学盛衰始终的内因探微》，刘成群 2010 年发表的《元代新安理学从“唯朱是宗”到“和会朱陆”的转向》、2011 年发表的《“求真是”与新安理学、皖派考据学间的学术演变》、2011 年发表《元代新安理学的四个“转向”》、2012 年发表的《元代新安理学从“羽翼朱子”到“求真是”的转向》等，可以视为这方面的代表。

徽州学者与著作研究

周晓光 1993 年发表的《宋元明清时期的新安理学》、1994 年发表的《论新安理学家程大昌》、2003 年发表的《程敏政〈道一编〉评议》，陈寒鸣 2000 年发表的《程敏政的心性之学及其在儒学史上的地位》，张健 2000 年发表的《程瞳及其〈新安学系录〉》、2003 年发表的《论明代徽州文献学家程敏政》，何庆善2004年发表的《论〈新安文献志〉的文献价值》，解光宇2006年发表的《论新安理学家程洵》，解光宇、王凡2008年发表的《论新安理学家汪循》，顾永新2006年发表的《从〈四书辑释〉的编刻看四书学学术史》，苏惠慧2005年发表的《论元代新安理学家陈栎》，张平平2008年发表的《略论元代新安理学家胡炳文》，蒲霞2012年发表的《从〈朱枫林集〉看朱升的学术思想——兼论朱升学术活动的特点》，吴晓欣2019年发表的《程大昌〈易原〉思想探微》，谢辉2015年发表的《胡炳文〈周易本义通释〉版本考略》等，代表了这一方面的成果。

新安理学的专题研究

庄华峰1993年发表的《明清徽州书院考述》，赵华富1999年发表的《元代的新安理学家》，刘伯山2002年发表的《徽州文化的基本概念及历史地位》，王国良2003年发表的《朱熹与新安理学》，李琳琦2004年发表的《明中后期心学在徽州的流布及其原因分析》，周晓光2005年发表的《徽州学术文化理念的历史变迁》，顾永新2006年发表的《从〈四书辑释〉的编刻看四书学学术史》，钱明2008年发表的《王学在新安地区的遭遇与挫折》，常桂兰、刘成群2009年发表的《元代新安理学的〈易〉学思想》，刘成群2011年发表的《元代新安理学的四个"转向"》，康宇2011年发表的《论元代"四书学"之经典解释特色》，谢辉2010年发表的《简论朱子易学在元代发展的基本面貌》等，则是这方面的主要成果。

与上述专题论文发表的同时，学界还出版了一批专著，如漆永祥的《乾嘉考据学研究》、周春健的《元代四书学研究》、史甄陶的《家学、经学和朱子学》、刘成群的《元代徽州理学家群体与新安理学的传承发展》、章毅的《理学、士绅和宗族》、谢辉的《元代朱子易学研究史》等，周晓光所著的《新安理学》则是对新安理学的较为系统的梳理。

除了上述论文与专著外，21世纪初还出现了一大批有关徽州学术的学位论文。我们不一定赞同这些论文、论著和学位论文的观点，但它们毕竟为我们梳理徽州学术提供了具有不同价值的资料和线索，因此，还是应该感谢它们的作者的。

上编　新安理学

第一章　朱熹的婺源之旅

宋孝宗淳熙三年（1176），对于研究中国哲学史、思想史乃至宋明理学史的学者来说，是一个未必会加以留意的年份，但是，对于新安理学史的研究者来说，却是不能也不会忽略的一年。

就在这一年，朱熹第二次回到他的祖籍婺源，将朱学带进徽州地区，新安理学便由此肇始。

我们追溯徽州地区学术文化的流变，尤其是新安理学的形成，也就从这一年开始。

一、朱熹的婺源之行

淳熙三年（1176）三月，朱熹在蔡元定[①]的陪同下，从云谷晦庵草堂（在今福建南平市建阳莒口镇）启程，取道浦城（今属福建南平市），经常山、开化（今

---

① 按，蔡元定（1135—1198）字季通，号西山，建阳（今属福建）人。幼从其父蔡发学，后师从朱熹。朱熹奇其学，以为不当在弟子列，视为讲友。蔡元定一生不涉仕途，潜心著述，学长于天文、地理、乐律、历数、兵阵之说。著有《大学说》《律吕新书》《燕乐原辨》《皇极经世指要》《太玄潜虚指要》《洪范解》《阴符经解》等，并协助朱熹完成《近思录》《易学启蒙》《太极图说解》《资治通鉴纲目》《周易参同契考异》等。因韩侂胄制造“伪学之禁”，蔡元定被当作朱熹的羽翼，庆元三年（1197），被编管于湖南道州。次年，蔡元定病逝于道州。

均属浙江衢州市)，于四月①十二日抵达徽州婺源。

婺源是朱熹的祖居之地。婺源朱氏的始祖可以追溯到朱瓌。大概在唐乾符年间(874—879)，曾任殿中丞的朱师古为避黄巢之乱，奉其祖父朱光迪由吴郡(今苏州)迁居歙县黄墩(今黄山市歙县篁墩)。朱师古有四子，次子即朱瓌。唐昭宗天佑三年(906)，歙州刺史陶雅②任命时为州衙前指挥的朱瓌为婺源县制置，主管赋税与戍防事务。朱瓌便总率 3000 人戍婺源，巡辖婺源、浮梁、德兴、祁门四县，他也因此而定居在婺源，成为婺源茶院③朱氏的一世祖。

茶院朱氏自朱瓌传至八世，为朱熹之父朱松。

朱松(1097—1143)字乔年，号韦斋，宋徽宗政和八年(1118)上舍④登第，以迪功郎调任建州⑤政和(今属福建省南平市)县尉。这是朱松入闽之始，也是茶院朱氏入闽之始，从此之后，朱松除了几度在京短暂任职外，大部分时间

---

① 按，朱熹学生李方子的《(朱子)年谱》作“二月，如婺源”，清代学者王懋竑的《朱熹年谱》作“春三月，如婺源”，但朱熹在《祭汪尚书文》中说：“维淳熙三年岁次丙申三月朔二十七日壬申，从表侄宣教郎、主管台州崇道观朱熹，谨以香茶清酌，致祭于近故端明殿学士尚书汪公之灵。”汪尚书即汪应辰，为朱熹从表叔，据《宋史》本传载，汪应辰“以端明殿学士出知平江府，连贬秩，遂致仕不起”，“于淳熙三年二月卒于家”。朱熹于淳熙三年三月二十七日祭汪应辰，当在赴婺源途中，故其抵达婺源的“十二日”，当为四月十二日。束景南也将朱熹抵达婺源的时间定在四月，参见束景南《朱熹年谱长编》卷上，上海：华东师范大学出版社，2001 年版，第 561 页。

② 按，陶雅(857—913)字国华，庐州合肥人。他自幼与同乡杨行密友善，后为杨行密将，善用兵，为政亦宽厚。历任歙州刺史、淮北巡抚，终西安招讨使，加同平章事。

③ 按，人们多以为“制置茶院”为官名，束景南据明人戴廷明、汪尚宽等所撰的《新安名族志》“朱”姓条“唐天佑中，茶院府君瓌领卒制置婺源，因家焉”的记载认为，凡称“某某府君”之“某某”，均为地名，故“茶院”当为地名，“在明代属浙源乡嘉福里，在唐五代应该属万安乡松岩里”，所以朱熹才称祖籍“万安乡松岩里”，而称朱瓌为“茶院府君”。参见束景南《婺源茶院朱氏始祖朱瓌新考》，见《朱熹年谱长编》(修订本)上卷卷首，上海：华东师范大学出版社，2014 年版，第 23～38 页。

④ 按，宋代的太学分外舍、内舍和上舍，学生按一定年限和条件依次而升。明清时，“上舍”则仅为监生的别称。

⑤ 按，绍兴三十二年(1162)，建州升为建宁府，辖建安县、浦城县、嘉禾县、松溪县、崇安县、政和县、瓯宁县，府治建安。

便在福建度过，他也就成为在闽朱氏的始祖。由于在闽的朱氏一支与徽州朱氏的关系十分密切，故朱熹提议“徽、建二族，自今每岁当以新收名数更相告语而附益之，庶千里之外，两书如一，传之永远，有以不忘宗族之谊”[①]，也便于两地的族谱能够完全一致。

朱松之父朱森曾说：“吾家五世积德业儒，当有显者。”[②]在他心目中，早就表现出聪慧和才干的朱松，颇有条件成为朱门的“显者”。然而朱松没有成为朱森所期盼的“显者”，但他为朱门的真正“显者”——朱熹登上历史舞台作了重要的铺垫。

朱松后来感到，沉浸于诗文写作会远离于道，于是他转而研读经子史书，考究历代兴衰治乱，以期在事业上有所建树。此后，他又游于罗从彦（1072—1135）之门，罗从彦是著名理学家杨时（1053—1135）的弟子，而杨时则是“程门四大弟子”之一，是将程学带入江南的第一人，程颢目送杨时南归时，曾欣然地说：“吾道南矣。”于是，朱松也就从罗从彦那里获闻二程之学，并拳拳服膺。也就在这个时候，朱松结识了师从罗从彦的李侗（1093—1163），他们情谊甚笃，这也成为此后朱熹师从李侗的缘由。

绍兴七年（1137），朱松丁母忧，服阕后复出，宋高宗多次召见了他。他在被召见时都应对得体，因而屡屡迁转，但也因此卷入朝廷政争的漩涡。

宋室南渡之后，对金的和、战问题一直是朝廷最重要的议题之一。绍兴八年（1138）五月，金使乌陵思谋、石庆充到杭州，与南宋王朝讨论和谈问题，这使朝廷中主和的声浪又高涨起来。就在这年末，朱松与史官胡珵、张广、凌景夏、常明、范如圭等上疏极论和议不便。次年，朱松再次上书反对和议，由此触怒了秦桧，秦桧遂讽右谏议大夫何铸弹劾朱松。绍兴十年（1140），朱松被命出知饶州（今江西鄱阳）。朱松知道这是对他反对和议的报复，于是愤而

---

① 朱熹：《婺源茶院朱氏世谱序》，见束景南辑录：《婺源茶院朱氏世谱》，《朱子全书》第26册，上海：上海古籍出版社，合肥：安徽教育出版社，2002年版，第40页。

② 周必大：《史馆吏部赠通议大夫朱公松神道碑》，《文忠集》卷六九，见《文渊阁四库全书》第1147册，台北：台湾商务印书馆，1983年版，第733页。

请祠，由此改主台州(今浙江临海)崇道观，任了这个无需视事的闲职。这年四月，朱松离开临安，暂寓在建阳他二姐之子丘羲的家里，秋后，定居于建安城南的紫芝上坊。此时朱熹十岁左右，朱松很想趁有闲之便亲自课子，但没有想到的是，绍兴十三年(1143)他便卒于建安寓舍，时年四十七岁。

朱松虽然自踏入仕途之后便没有回过原籍，但他一直没有忘记在徽州的岁月。朱熹曾说过："先君子故家婺源，少而学于郡学，因往游而乐之。既来闽中，思之独不置，故尝以'紫阳书堂'者刻其印章，盖其意未尝一日而忘归也。"[①]朱松自己也说，婺源是"先庐所在"，"兴寐未尝忘"。他本想等到"国家克复中州，南北大定"后再去婺源[②]。然而，他没有也永远不会等到这一天。

朱松对祖籍的眷念也感染了朱熹，使朱熹一直渴望探访祖居之地的婺源。在《对月思故山夜景》一诗中，朱熹怀着深情抒发了这一渴望：

沉沉新秋夜，凉月满荆扉。露泫凝余彩，川明澄素晖。中林竹树映，疏星河汉稀。此夕情无限，故园何日归。[③]

绍兴二十年(1150)春，二十一岁的朱熹终于如愿回到婺源[④]。这是朱熹第一次回婺源，也是他中进士后的衣锦荣归。在婺源期间，朱熹告祭家庙，拜谒宗族、姻党和乡贤，封识先茔，并到歙县拜望了外家的亲属，探访了其父早

---

① 朱熹：《名堂室记》，《晦庵先生朱文公文集》卷七八，《朱子全书》第 24 册，上海：上海古籍出版社，合肥：安徽教育出版社，2002 年版，第 3730～3731 页。

② 朱松：《与祝公书》，转引自朱熹：《韦斋与祝公书跋》，《晦庵先生朱文公续集》卷八，上海：上海古籍出版社，合肥：安徽教育出版社，2002 年版，第 25 册，第 4794 页。

③ 朱熹：《对月思故山夜景》，《晦庵先生朱文公文集》卷二，《朱子全书》第 20 册，上海：上海古籍出版社，合肥：安徽教育出版社，2002 年版，第 275 页。

④ 按，朱熹第一次回婺源的时间，系据清代学者王懋竑所著的《朱熹年谱》。朱熹在《跋李参仲行状》中曾说："绍兴庚午岁，予年二十余，始得一归故乡。""庚午岁"即绍兴二十年，由此可印证王懋竑说。但束景南认为，朱熹此次回婺源是在绍兴十九年(1149)十二月，参见束景南：《朱熹年谱长编》上册，上海：华东师范大学出版社，2001 年版，第 130 页。

年的求学之地。他还决定将百亩先业田的租入作为祖墓省扫祭祀之用[①]。

在朱熹所拜谒过的"宗族、姻党和乡贤"中，有程鼎、董琦、俞靖、洪撙、李缯等人。他们在乡里之中颇有名望，而朱熹对他们的拜谒则出于对前辈的敬重，多是礼节性的。虽然朱熹也参与了他们的讲论诗赋、歌诵吟唱活动，但与他们所交甚浅，更谈不上学术交流，何况朱熹此时还热衷"杂学"，沉溺释道[②]，远不能以有学术造诣的学者身份出现在乡贤、前辈面前。因此，朱熹第一次回婺源自然也就谈不上在徽州地区产生什么学术影响，只是以翰墨和吟诵受到乡贤的赞许。

26年后的淳熙三年(1176)朱熹再次来到婺源，情况就不同了。这时的朱熹已经在师从李侗之后实现了从沉溺"杂学"向皈依二程之学的转变。他不仅完成了对周敦颐《太极通书》、张载《横渠集》以及二程《遗集》《外书》等著作的整理，接受了程颐的主"敬"说、"理一分殊"等思想，还对理学有了自己的领悟，阐发了他的"中和新说"，并著有《论孟精义》《太极图说解》《通书解》《伊洛渊源录》等一系列著作，与吕祖谦一起编辑了展现北宋理学家思想精髓的《近思录》等。也就是说，此时的朱熹已经是很有名望的大儒。大儒回乡，自然又是一番景象。一到婺源，朱熹便陷入冗繁的应酬之中，他很无奈地对吕祖谦说，十二日早"达婺源，乍到，一番人事冗扰所不能免"[③]。

朱熹回婺源的主要目的是展墓。因此，他花了不少时间在修整坟茔和祭扫上，先后封识了连同、官坑、杨村、王桥、镇下、小港等地的祖茔，尤其是为恢复一世祖朱瓌的坟茔颇费了一番周折。朱瓌的坟茔不仅"岁久弗修"，而且坟

---

① 按，朱松为筹入闽之资，曾将田地抵押给他人，绍兴三年(1133)，张敦颐赎回了朱家所抵押的百亩先业田，并以十年田租抵作赎田之费。朱松去世时，张敦颐归还了田地。朱熹所处置的即为此田。

② 按，朱熹曾说："某旧时亦要无所不学，禅、道、文章、《楚辞》、诗、兵法，事事要学。"参见黎靖德辑：《朱子语类》卷一〇四，《朱子全书》第17册，上海：上海古籍出版社，合肥：安徽教育出版社，2002年版，第3438页。

③ 朱熹：《答吕伯恭》，《晦庵先生朱文公文集》卷三三，《朱子全书》第21册，上海：上海古籍出版社，合肥：安徽教育出版社，2002年版，第1467页。

地早已“为他人所有”，为了收回坟地，朱熹不得已“乃言于有司”，经过一番周旋，收回了坟地，再经过“伐石崇土，加修葺焉”，才使朱瓌的坟茔得以恢复旧观[①]。朱熹曾在《又祭告远祖墓文》中记述了此事，他写道：“维年月日，远孙熹谨率侄某侄孙某等，以酒果告于远祖二十一公制置府君、祖妣杜氏夫人之墓。惟昔显祖，作镇兹邦。开我后人，载祀久远。封茔所寄，奉守弗虔。它人有之，莫克伸理。兹用震怛，吁于有司。乡评亦公，遂复其旧。伐石崇土，俾后弗迷。即事之初，敢谢其谴。谨告。”[②]朱熹祭扫祖墓时，曾植树于墓地，据说现在尚存于其四世祖朱惟甫之妻程氏墓地中的16株杉树，就是朱熹当年手植的24株杉树的遗存。

朱熹在展墓和人事冗扰之余，还要应对乡人子弟的“执经请问”。知名大儒回乡，自然是乡人子弟问学的极好机会，于是众人纷纷前来“执经请问”。他下榻之处的“汪氏敬斋”便成为“日与乡人讲学”之所[③]。

“汪氏”即汪清卿，号复庵，居于婺源“邑隅”(西郊)的集贤坊。戴廷明、程尚宽在《新安名族志》一书中曾说，朱熹“归自考亭，常主之，(朱熹)扁其斋曰‘爱日’，又为作《敬斋箴》。时一族儒雅相望，邑宰编为儒籍”[④]。不过，戴、程的介绍有几处不确：第一，朱熹不是“归自考亭(按，王懋竑《朱熹年谱》：绍熙三年[1192]‘始筑室于建阳之考亭’)”，而是“归自云谷(按，王懋竑《朱熹年谱》：淳熙二年[1175]秋七月，‘云谷晦庵成’)”。第二，《敬斋箴》并不是为汪清卿而作，朱熹此文的“小序”很明确地说，他作此文是因“读张敬夫《主一箴》，掇其遗意”，并在作后还“书斋壁以自警”[⑤]。所以有学者指出，朱熹《敬

---

① 王懋竑：《朱熹年谱》卷二，北京：中华书局，1998年版，第72页。

② 朱熹：《又祭告远祖墓文》，《晦庵先生朱文公文集》卷八六，《朱子全书》第24册，上海：上海古籍出版社，合肥：安徽教育出版社，2002年版，第4051页。

③ 李方子：《(朱子)年谱》，见施璜：《紫阳书院志》卷五，赵所生等主编：《中国历代书院志》第9册，南京：江苏古籍出版社，1995年影印本，第501页。

④ 戴廷明、程尚宽等：《新安名族志》前卷，合肥：黄山书社，2004年版，第229页。

⑤ 朱熹：《敬斋箴》，《晦庵先生朱文公文集》卷八一，《朱子全书》第24册，上海：上海古籍出版社，合肥：安徽教育出版社，2002年版，第3839页。

斋箴》并不是作于婺源时，很可能只是将《敬斋箴》抄赠汪清卿[①]，我们认为这是有道理的。不过，朱熹在婺源时一直下榻于地处“邑隅”的汪宅，新安士子问学也多在汪宅，这是不错的。当然，说朱熹“日与乡人讲学”，则有点夸张，因为朱熹在婺源的很多时间得花在展墓和人事冗扰上，是无法“日与”的。

朱熹一回婺源，邑宰张汉便率县学诸生诚请朱熹到县学讲学，但朱熹却婉拒了。后来，张汉又请朱熹为县学的藏书阁写一篇记，他答应了，并在离开婺源的前夕写了《徽州婺源县学藏书阁记》一文。他在该文中写道：

> 熹故邑人也，而客于闽，兹以事归，而拜于其学，则林侯已去而仕于朝矣，学者犹指其书以相语感叹久之。一旦，遂相率而踵门，谓熹盍记其事，且曰：“比年以来，乡人子弟愿学者众，而病未知所以学也。子诚未忘先人之国，独不能因是而一言以晓之哉！”熹起对曰：“必欲记贤大夫之绩，以诏后学，垂方来，则有邑之先生君子在，熹无所辱命。顾父兄子弟之言，又熹之所不忍违者，其敢不敬而诺诸！”于是窃记所闻如此，以告乡人之愿学者，使知读书求道之不可已而尽心焉，以善其身、齐其家而及于乡，达之天下，传之后世，且以信林侯之德于无穷也。[②]

这是一篇地道的“劝学文”。文中所说的“林侯”，是指前任县令林虙[③]，他曾为县学购书1400余卷，庋藏于县学的藏书阁。朱熹便借此发挥，讲了“自伏羲以降，列圣继作，至于孔子，然后所以垂世立教之具，粲然大备。天下后世之人，自非生知之圣，则必由是以穷其理，然后知有所至而力行以终之，固未

---

① 束景南认为《敬斋箴》作于乾道八年(1172)冬，淳熙三年(1176)朱熹在婺源时手书赠汪清卿(见束景南：《朱子大传》上册，北京：商务印书馆2003年版，第386页注①)。

② 朱熹：《徽州婺源县学藏书阁记》，《晦庵先生朱文公文集》卷七八，《朱子全书》第24册，上海：上海古籍出版社，合肥：安徽教育出版社，2002年版，第3735页。

③ 林虙(生卒年不详)字祖德，号大云翁，哲宗绍圣四年(1097)进士，为太学录。大观年间教授常州，后迁宣教郎，任徐州知州、申州知州，累官至开封府左司录。著有《易说义》《礼记解》等。

有饱食安坐，无所猷为而忽然知之，兀然得之者”①等道理，阐发了“读书求道”的主题。

朱熹写这篇“劝学文”是有针对性的。他到婺源之后，对乡里的学风问题颇有感触，三年后，即淳熙六年(1179)，他还说：

> 熹故县人，尝病乡里晚学见闻单浅，不过溺心于科举程试之习；其秀异者，又颇驰骛乎文字纂组之工，而不克专其业于圣门也。是以儒风虽盛而美俗未纯，父子兄弟之间其不能无愧于古者多矣。②

所以他希望改变乡里的学风，特别强调“读书求道之不可已而尽心焉，以善其身、齐其家而及于乡，达之天下，传之后世”。通过正学风而达到变民俗的目的，是朱熹的一贯主张。

朱熹在婺源盘桓了将近两个月，六月初，他便离开了婺源，又经过一个月左右的跋涉，于七月中旬到家，结束了他的婺源之旅。此后，他虽然眷念祖籍，却没有再回来了③。

二、朱熹为何婉拒邑宰讲学之请

朱熹一向重视讲学，他在任同安主簿时，就在县学讲过学；乾道三年(1167)秋，他在长沙与张栻举行著名的“朱张会讲”之余，也曾在岳麓书院、城南书院讲过学；乾道六年(1170)，他亲手创建的第一所书院——寒泉精舍，在建阳崇泰里(今福建南平市建阳莒口镇)后山的寒泉坞建成，更是以独立办学

---

① 朱熹：《徽州婺源县学藏书阁记》，《晦庵先生朱文公文集》卷七八，《朱子全书》第24册，上海：上海古籍出版社，合肥：安徽教育出版社，2002年版，第3734页。

② 朱熹：《书徽州婺源县中庸集解板本后》，《晦庵先生朱文公文集》卷八一，《朱子全书》第24册，上海：上海古籍出版社，合肥：安徽教育出版社，2002年版，第3839页。

③ 按，施璜说，朱熹于庆元二年(1196)九月曾第三次到新安，并在天宁山房主持新安大会的会讲。参见《紫阳书院志》卷一六《会纪》，见赵所生等主编：《中国历代书院志》第9册，南京：江苏古籍出版社，1995年影印本，第586页。其实，所谓“天宁之会”纯系子虚乌有。这个问题，后面还要谈到。

的形式创设了一片讲学的新天地。此后,朱熹一生在讲学上所用的时间显然远远多于他做官的时间。

然而令人奇怪的是,一向重视讲学的朱熹,却唯独在他祖籍之地的婺源婉拒了邑宰张汉的讲学邀请。

朱熹为什么婉拒邑宰张汉的讲学邀请?朱熹没有对此作过解释,他的后学也没有作过解释,历来的朱熹研究者们同样没有作过解释,似乎这已经成了一个无人去解的谜。我们想试着解开这个谜。

不满婺源的学风

朱熹第二次婺源之行,最使他感到不快的事,既不是远祖坟茔为他人所占,也不是冗扰的人事应酬,更不是乡人子弟纷纷上门执经请问,而是前面所提到的婺源学风,是"乡里晚学"热衷"驰骛乎文字纂组之工,而不克专其业于圣门"的学风。

朱熹所批评的学风问题虽然表现在"乡里晚学"那里,但他很清楚,在婺源流行这股学风的作俑者是李缯、程鼎、滕恺等乡前辈。直到朱熹晚年,那些乡前辈已经过世,他才说:"大抵数十年来,乡人子弟多自好而善于文词,亦其师友渊源之有自也。"[①]所谓"其师友渊源之有自",指的就是李缯、程鼎、滕恺等一批乡前辈,他们正是婺源不良学风的源头。

李缯等之所以能够影响婺源学风,不仅是因为他们都是乡前辈,还在于他们形成了一个声气相通、颇具影响力的士人群体。朱熹大概在第一次回婺源时就发现了这个士人群体的存在。李默在他所编撰的《朱熹年谱》中,对朱熹第一次回婺源曾有如下一段记述:"时董琦尝侍先生于乡人之坐,酒酣,坐客以次歌诵。先生独歌《离骚经》一章,吐音洪畅,坐客竦然。"[②]这就是朱熹所亲遇的婺源士人群体一次饮酒吟诵的聚会。

---

① 朱熹:《跋李参仲行状》,《晦庵先生朱文公文集》卷八三,《朱子全书》第 24 册,上海:上海古籍出版社,合肥:安徽教育出版社,2002 年版,第 3935 页。

② 王懋竑:《朱熹年谱》卷一,北京:中华书局,1998 年版,第 8 页。

朱熹表弟程洵对滕洙社会交往的记述，更清楚地展现了这个士人群体的成员及其学术倾向。他说："君（滕洙）未冠而孤，自力学问。叔父信州司户参军恺儒学决科，尝从豫章罗公仲恭、其弟叔恭传眉山苏氏之学，又从神崧吕公节夫及其弟仁夫传伊洛程氏之学，皆得其旨，文辞卓伟，声名动一时。君幼闻家庭之训，已知所趋向。乡先生有俞靖、宋祐者，多见前辈大老，学有师承，亦司户公之师友也，君复从之。又从它知名士俞允若顺卿、李缯参仲、江介邦直、汪廷祐子乡及洵先君子（即程鼎）磨砻浸灌，久益完粹。"①李缯、程鼎、滕恺、俞靖以及滕恺之侄滕洙等，都是这个群体中较为活跃的成员。

这个士人群体有两个突出的特征：第一，喜爱诗歌吟诵，或曰"务记览，为词章"。如李缯"雅好文词，既老不衰"，他还说过："文者所以载道，言之不文，行之不远。而世儒或以文为不足学，非也，顾其言于道何如耳。"②再如程鼎，他曾至福建从朱松游，回婺源前，朱松"书六言以赠之，皆事亲、修身、为学之要。君拜受其言以归，益自树立，务记览，为词章，思所以大其门户者"③。也就是说，程鼎回婺源之后，实际是企图靠"务记览，为词章"以"大其门户"。滕洙也是以"文词卓伟"而"声名动一时"④，他"长从乡先生俞君、宋祐及一二知名士游，益务记览，其蓄甚富。为举子文，亦精致有程度"，其叔父滕恺则"蚤以文学论议有闻于时"⑤。朱熹在用"务记览，为词章"等词语评述程鼎、程洙、程恺等人学术时，看似没有褒贬，其实是寓褒贬于其中的。若对照朱熹的《白鹿洞书院揭示》，则其褒贬之意就很明显了。朱熹在《白鹿洞书院揭示》中

---

① 程洵：《滕府君行状》，《尊德性斋小集》卷三，见《知不足斋丛书》，上海：古籍流通处，1921 年版。

② 程洵：《钟山先生行状》，《尊德性斋小集》卷三，见《知不足斋丛书》，上海：古籍流通处，1921 年版。

③ 朱熹：《韩溪翁程君墓表》，《晦庵先生朱文公文集》卷九〇，《朱子全书》第 24 册，上海：上海古籍出版社，合肥：安徽教育出版社，2002 年版，第 4173 页。

④ 程洵：《滕府君行状》，《尊德性斋集》卷三，见《知不足斋丛书》，上海：古籍流通处，1921 年版。

⑤ 朱熹：《滕君希尹墓志铭》，《晦庵先生朱文公文集》卷九四，《朱子全书》第 25 册，上海：上海古籍出版社，合肥：安徽教育出版社，2002 年版，第 4333 页。

曾说:“熹窃观古昔圣贤所以教人为学之意,莫非使之讲明义理,以修其身,然后推以及人,非徒欲其务记览、为词章,以钩声名、取利禄而已也。”[①]在朱熹那里,“务记览、为词章”背后的潜台词便是“钩声名、取利禄”。对于那些乡前辈来说,“取利禄”或未必,“钩声名”或有之。

第二,在学术上主张糅合程学和蜀学。“蜀学”是指北宋苏洵、苏轼和苏辙所创立的学派,其时,黄庭坚、晁补之、秦观、张耒、吕陶等一大批著名作家都是三苏的追随者,接受了蜀学。这一以三苏为代表的学派,熟悉经史,兼取佛、道,形成了以“三教”兼容为特色的思想体系,在北宋晚期,该学派与以程颐为代表的伊洛之学相对立,形成了长时间的蜀、洛之争的学术局面。蜀学虽然在理论的思辨性方面不如伊洛之学,但它在文坛极具影响力(在唐宋八大家的宋代六人中,就有苏氏父子三人),以至于以苏氏父子为中心的蜀学的社会影响并不下于伊洛之学。直到南宋,一些学者特别是蜀地学者如张栻、魏了翁[②]等,仍然受到蜀学的影响。

李缯等婺源士人虽然都接触过二程的学术,但同时又热衷于苏氏之学。如滕恺、滕洙就于眉山苏氏之学、伊洛程氏之学“皆得其旨”,俞靖也是“出入坡、洛间”[③],至于李缯,则一方面从尹惇弟子吕广问、吕和问兄弟游,从他们那里接受了“伊洛致知笃敬之学”,同时又热衷于蜀学。据说,李缯对苏轼的文章似乎有天然的鉴赏力,年轻时就能从闽中所刻的“真赝相杂”的苏轼“大

---

① 朱熹:《白鹿洞书院揭示》,《晦庵先生朱文公文集》卷七四,《朱子全书》第24册,上海:上海古籍出版社,合肥:安徽教育出版社,2002年版,第3587页。

② 魏了翁(1178—1237)字华父,号鹤山,邛州蒲江(今属四川)人。庆元五年(1199)进士,授签书剑南西川节度判官,历任国子正、武学博士、试学士院,因忤韩侂胄,改秘书省正字,出知嘉定府。史弥远执政后,起知汉州、眉州,历知遂宁府、泸州府、潼川府。端平元年(1234),召权礼部尚书兼直学士院,以端明殿学士、同签书枢密院事督视江淮京湖军马。卒谥“文靖”。他推崇朱学,但也怀疑过朱注各经的可靠性。提出“心者人之太极,而人心已又为天地之太极”,强调“心”的作用,和陆学接近。著有《鹤山全集》《九经要义》《古今考》《经史杂钞》《师友雅言》等。

③ 程洵:《滕府君行状》,《尊德性斋集》卷三,见《知不足斋丛书》,上海:古籍流通处,1921年版。

全集"中将苏轼的文章准确地鉴别出来，令比他年长的滕恺很惊异。他还"每为学者诵眉山(即苏轼)之言曰：'物固有是理，患不能知之；知之，患不能达之于口于手。辞者，达是理而已矣。'以为此最论文之妙"①。这批士人不仅"出入坡、洛间"，而且主张"合苏、程为一家"②，想把伊洛之学与蜀学糅合起来。

无论是"务记览，为词章"、热衷于诗歌吟诵，还是主张糅合蜀、洛之学，都为朱熹所不取。但这个士人群体对朱熹来说，都是乡前辈，他若到县学讲学，势必要谈学风问题，要对诸多乡前辈予以批评。这使朱熹很为难，似乎只有婉拒才是最好的选择。

不过，朱熹表达了自己的态度：他以赠予县学《程氏遗书》《外书》《经说》《司马氏书仪》《高氏送终礼》《吕氏乡仪》《乡约》等书籍的方式表达了提倡伊洛之学的愿望，同时表明了伊洛之学是涵养修身的希圣希贤之学，是需要付诸践履力行的学问，而与"务记览，为词章"走的是不同路径。

学术反思

如果说朱熹婉拒县宰的讲学邀请的外在原因，是不满婺源流行的学风而又不便批评的话，那么，内在的原因或许是朱熹当时正处于学术反思过程之中，他不愿在思考尚未成熟的时候发表自己的学术见解。

朱熹体大思精的思想体系不是一步到位的，而是在不断探索、不断反思、不断修正中逐渐建构起来的。这使他成为一位不断进行学术反思的思想家。朱熹回婺源之前的一年左右时间中，他曾与陆九渊、吕祖谦先后发生了两次学术争论。正是这两次学术争论，引发了他的学术反思。

第一次争论发生在淳熙二年(1175)。淳熙二年春末，吕祖谦来到寒泉精舍，造访朱熹。吕祖谦(1137—1181)字伯恭，世称东莱先生(为与其伯祖吕本

① 程洵：《钟山先生行状》，《尊德性斋集》卷三，见《知不足斋丛书》，上海：古籍流通处，1921年版。

② 周必大：《程洵尊德性斋小集序》，《文忠集》卷五四，见《文渊阁四库全书》第1147册，台北：台湾商务印书馆，1983年版，第569页。

中相区别，习称之"小东莱先生"），婺州（今浙江金华）人，是一位出身于官宦世家兼学术世家[①]的著名学者，家学十分深厚。他最早师从林之奇[②]——林之奇也是其伯祖吕本中的弟子，故所习依然是家学，所以史称"祖谦之学本之家庭，有中原文献之传"[③]，他的求实、重史的学术取向大概即源于此。吕祖谦后随父至临安，又师从汪应辰[④]、胡宪[⑤]，这显然拉近了与朱熹的距离，因为汪应辰是朱熹的从表叔，而朱熹早年也曾师从胡宪。

吕祖谦与朱熹的这次会面，最重要的活动是共纂《近思录》。他们共同研读了周敦颐、程颢、程颐、张载的著作，掇取了四位理学家"关于大体而切于日用者"的言论 622 条，分为 14 卷，纂为《近思录》一书。朱熹对《近思录》的编

---

① 按，吕氏家族既是官宦世家，又是学术世家，在宋代任宰相的先后就有吕蒙正、吕夷简、吕公弼、吕公著、吕希哲诸人，故有"累朝辅相"之称；而以学者登《宋元学案》者，则七世有十七人之多。王梓材认为吕氏入《宋元学案》者尚不止十七人，他说："谢山《札记》：'吕正献公（即吕公著）家，登《学案》者七世十七人。'考正献子希哲、希纯，为安定（按指胡瑗）门人，而希哲自为《荥阳学案》。荥阳子切问，亦见《学案》。又和问、广问及从子稽中、坚中、弸中，别见《和靖（按指尹焞）学案》。荥阳孙本中及从子大器、大伦、大猷、大同，为《紫微学案》。紫微之从孙祖谦、祖俭、祖泰又别为《东莱学案》。共十七人，凡七世。然荥阳长子好问，与弟切问，历从当世贤士大夫游，以启紫微，不能不为之立传也。"见黄宗羲原本、全祖望修定：《宋元学案》卷一九《范吕诸儒学案》，《黄宗羲全集》第 4 册，杭州：浙江古籍出版社，1992 年版，第 11 页。

② 按，林之奇（1112—1176）字少颖，号拙斋，福州侯官（今属福州市）人。绍兴二十一年（1151）进士，授长汀尉，曾任秘书省校书郎。因患痹疾，乞祠家居。著有《尚书集解》《春秋周礼论》《孟子讲义》《论语注》《扬子解义》《道山纪闻》及《拙斋文集》等。

③ 《宋史》卷四三四《儒林四·吕祖谦传》，北京：中华书局，1977 年版，第 37 册，第 12872 页。

④ 汪应辰（1118—1176）初名洋，字圣锡，信州玉山（今江西省玉山）人。绍兴五年（1135），他 18 岁时中状元，授镇东军签判，召为秘书省正字。因不同意和议，忤秦桧，出为通判，秦桧死后，召为吏部郎官，迁右司，出知婺州。丁母忧后，除秘书少监，迁权吏部尚书。宋孝宗时知福州，后升敷文阁待制，举朱熹自代，出为四川制置使，知成都府。再除吏部尚书，寻兼翰林学士并侍读。又因事以端明殿学士知平江府（今江苏苏州）。因连贬秩，请祠，自是卧床不起，卒于家。谥文定。

⑤ 胡宪（1085—1162）字原仲，崇安（在今武夷山市）人。学者称之"籍溪先生"。幼年从学叔父胡安国，绍兴中以乡贡入太学，遇"伪学逆党"之禁，返回崇安籍溪，耕作卖药，供养父母。绍兴六年（1136）诏赐进士，授左迪功郎、建州教授，后以亲老请准回乡，奉祠南岳庙。时值秦桧当权，他无出山之念，遂潜心理学。秦桧死后，召为秘书省正字，时已 75 岁，他抱病毅然进京，疏陈若金人毁约，老臣宿将中唯张浚、刘琦可用。疏上即回乡，诏命为左宣教郎，主管崇道观，卒谥靖肃公。著有《论语合议》《南华真经解》等。

纂似乎很满意，他曾对学生说："修身大法，《小学》备矣；义理精微，《近思录》详之。"[①]也就是说，尽管《近思录》只是周敦颐、程颢、程颐和张载等北宋理学家语录的掇辑，但也反映了朱熹此时对理学"义理精微"的理解。

朱熹本以为经过《近思录》的编纂，他对理学的"义理精微"已经把握，但没有想到不久之后所发生的"鹅湖之会"冲击了他所把握的"义理精微"。

朱熹申明编纂《近思录》是"以为穷乡晚进有志于学，而无明师良友以先后之者，诚得此而玩心焉，亦足以得其门而入"[②]，其实，真正的目的还是为了回应陆九渊心学的广为流传。如束景南说："陆九渊的心学很快由江西扩大到两浙，……到淳熙元年(1174)，陆学在江西和两浙一带的影响已经十分引人注目。这些都发生在朱熹也在著书讲学建立自己的学派的时候，他和吕祖谦都面临着一个如何对待这些江西两浙新出现的学派的尖锐的问题。"[③]这就不难理解为什么在《近思录》编成之后，朱熹一度想删去专论哲学问题的第一卷"道论"，后来却保留了这一卷。他说："《近思录》近令抄作册子，亦自可观。但向时嫌其太高，去却数段(如太极及明道论性之类者)，今看得似不可无。如以颜子论为首章，却非专论道体，自合入第二卷。"[④]他之所以思之再三还是保留了"道论"，就是因为在"道论"中可以看出二程的理学思想(也是他当时的思想)与陆九渊心学的最主要分歧。

陆九渊(1139—1193)字子静，号象山，抚州金溪(在今江西)人。他提出"宇宙便是吾心，吾心即是宇宙"命题，以"心即理"为中心，创立了与二程以"性即理"为核心的理学不同的心学体系。陆九渊的心学在当时甚有影响。他于乾道八年(1172)中进士后客居临安，便"一时俊杰咸从之游"，使他"朝夕

---

① 黎靖德辑：《朱子语类》卷一〇五，《朱子全书》第 17 册，上海：上海古籍出版社，合肥：安徽教育出版社，2002 年版，第 3449 页。

② 朱熹：《书近思录后》，《晦庵先生朱文公文集》卷八一，《朱子全书》第 24 册，上海：上海古籍出版社，合肥：安徽教育出版社，2002 年版，第 3826～3827 页。

③ 束景南：《朱子大传》上册，北京：商务印书馆，2003 年版，第 349 页。

④ 朱熹：《答吕伯恭》，《晦庵先生朱文公文集》卷三三，《朱子全书》第 21 册，上海：上海古籍出版社，合肥：安徽教育出版社，2002 年版，第 1460 页。

应酬答问，学者踵至，至不得寝者余四十日”。最早向他问学的就有著名学者杨简。这年秋，陆九渊回金溪，更是“远迩闻风而至，求亲炙问道者日盛”①。陆九渊授徒讲学，很快便扩大了心学的影响，与二程之间形成了“心本”论的本体论与“理本”论的本体论的对立。

吕祖谦在寒泉精舍逗留了十余天，与朱熹作了广泛的交谈，自然了解朱熹与陆九渊的学术分歧。他“虑朱与陆犹有异同，欲会归于一，而定其适从”②，即为了调和朱熹与陆九渊的学术分歧，他很想让两人当面进行一次学术交流。朱熹此时尚未与陆九渊谋面，而吕祖谦则与陆九渊早已相识，与陆九龄、陆九渊兄弟均有交往，他还是陆九渊考进士时的考官。于是，便由吕祖谦出面约请陆氏兄弟与朱熹相会于江西铅山鹅湖寺。

大概是在淳熙二年(1175)的五月底③，朱熹、蔡元定等及吕祖谦一行抵达鹅湖寺，陆九龄、陆九渊也率领朱泰卿等弟子如约到了鹅湖，参会的临川太守赵景明还邀约了刘清之、赵景昭等一同与会。

鹅湖之会大致经过两个阶段：前三天，朱、陆围绕“为学之方”展开的激烈辩论，是第一阶段；此后的五六天，他们讨论了《易经》等经学问题，是第二阶段。在第一天的会晤中，陆九龄首先吟诗一首，表达了他的学术观点，陆九渊接着吟诵了他那首引发激烈争辩的《鹅湖和教授兄韵》：

> 墟墓兴哀宗庙钦，斯人千古不磨心。涓流积至沧溟水，拳石崇成泰华岑。易简工夫终久大，支离事业竟浮沉。欲知自下升高处，真伪先须辨只今。④

陆九渊用“易简”和“支离”表达了他与朱熹在“为学之方”上的区别，也表达了他对朱熹的批评。

---

① 杨简：《象山先生行状》，见《陆九渊集》卷三三，北京：中华书局，1980 年版，第 389 页。

② 《陆九渊集》卷三六《年谱》，北京：中华书局，1980 年版，第 491 页。

③ 关于“鹅湖之会”的时间，历来有不同说法，这里系据束景南说。参见《朱子大传》上册，北京：商务印书馆，2003 年版，第 355 页。

④ 陆九渊：《鹅湖和教授兄韵》，《陆九渊集》卷二五，北京：中华书局，1980 年版，第 301 页。

陆九渊“易简工夫终久大，支离事业竟浮沉”两句诗一吟出，不仅立即引起了朱熹的恼怒，也使辩论激烈化起来。陆九渊的学生朱泰卿在回顾这一阶段的争论情况时说：“鹅湖之会，论及教人，元晦（朱熹）之意，欲令人泛观博览，而后归之约。二陆之意，欲先发明人之本心，而后使之博览。朱以陆之教人为太简，陆以朱之教人为支离，此颇不合。”[①]实际上，他们理论分歧的真正焦点是：“理本”还是“心本”的本体论和以“格物穷理”还是以“发明本心”作为入学门径的方法论。即使在较为平和地讨论经学问题的第二阶段，朱、陆在本体论上的差异也表现得很清楚。本体论和方法论上的差异自然不是一次争辩就能够消解的。“鹅湖之会”也就在朱、陆各执己见之中结束了。

第二次学术争论则发生在朱熹与吕祖谦之间。在寒泉精舍编纂《近思录》时，吕祖谦与朱熹的学术观点看上去似乎取得了一致，实则不然，只是他们的学术分歧还没有明显表露出来而已。到“鹅湖之会”的第二年，即淳熙三年（1176），他们的学术分歧便明朗化了。

朱熹在去婺源之前，曾与吕祖谦相约在衢州会面。朱熹与蔡元定到达衢州时，吕祖谦也从金华赶到衢州，相会于开化县北的汪观国、汪杞兄弟的听雨轩。他们在这里盘桓了七八天。因衢州有三衢山，故衢州亦称“三衢”，所以有学者便将朱、吕这次会晤称为“三衢之会”。在“三衢之会”中，朱熹与吕祖谦讨论了《诗经》《尚书》和《春秋》等儒学经典，争论也就围绕着这些儒学经典而展开。

朱熹与吕祖谦的争论集中表现在两个问题上：第一，《诗序》和古文《尚书》的真伪问题。朱熹这时开始怀疑毛苌《诗序》和古文《尚书》为伪作，而与笃信《诗序》和古文《尚书》的吕祖谦意见不合。第二，由《春秋》问题而延伸的经、史关系问题。朱熹认为经高于史，史书应该“道义理”而不应该“说事功”，经书《春秋》便是一部“明道正义”之书，而《左传》《史记》则好讲权谋利害，因此不足为法；但吕祖谦却推崇《左传》《史记》以事功致用的治史目的[②]。如果

---

① 《陆九渊集》卷三六《年谱》，北京：中华书局，1980 年版，第 491 页。

② 参见束景南：《朱子大传》上册，北京：商务印书馆，2003 年版，第 377 页。

说第一个问题的争论只是促使朱熹对古籍真伪进一步考辨的话，那么，第二个问题的争论则涉及对事功之学的态度。从后来朱熹与倡导事功之学最力的永康学派陈亮和永嘉学派叶适的长期辩论可以看出，朱熹对事功主张是持反对态度的，这可能与他对王安石“新学”的否定有关。但吕祖谦则有着兼容义理与事功的学术倾向，朱熹对此很不满。直到此后在谈到陈亮时，朱熹还连带责怪了吕祖谦：“说同父，因谓：‘吕伯恭乌得为无罪？’”①

在“鹅湖之会”“三衢之会”上，虽然朱熹与陆九渊、吕祖谦的争辩颇为激烈，但会后朱熹则对自己的学术思想进行了自我审视。“鹅湖之会”不久，他就说：“今子静所说，专是尊德性之事，而熹平日所论，却是问学上多了。所以为彼学者多持守可观，而看得义理全不子细，又别说一种杜撰道理遮盖，不肯放下。而熹自觉虽于义理上不敢乱说，却于紧要为己为人上多不得力，今当反身用力，去短集长，庶几不堕一边耳。”②朱熹承认了自己的偏颇。他又说：“熹亦近日方实见得向日支离之病，虽与彼中证候不同，然其忘己逐物、贪外虚内之失则一而已。”③经过检讨，朱熹认为只是“务反求”或只是“务博观”都是“学者之大病”：“务反求者，以博观为外驰；务博观者，以内省为狭隘。堕于一偏，此皆学者之大病也。”④自此之后，他便期望克服支离之病，希望将“道问学”与“尊德性”统一起来，认为“圣人之教学者，不越博文约礼两事尔。博文，是‘道问学’之事，于天下事物之理，皆欲知之；约礼，是‘尊德性’之事，于吾心固有之理，无一息而不存”⑤。

---

① 黎靖德辑：《朱子语类》卷一二三，《朱子全书》第 18 册，上海：上海古籍出版社，合肥：安徽教育出版社，2002 年版，第 3871 页。

② 朱熹：《答项平父》，《晦庵先生朱文公文集》卷五四，《朱子全书》第 23 册，上海：上海古籍出版社，合肥：安徽教育出版社，2002 年版，第 2541 页。

③ 朱熹：《答吕子约》，《晦庵先生朱文公文集》卷四七，《朱子全书》第 22 册，上海：上海古籍出版社，合肥：安徽教育出版社，2002 年版，第 2205 页。

④ 黎靖德辑：《朱子语类》卷九，《朱子全书》第 14 册，上海：上海古籍出版社，合肥：安徽教育出版社，2002 年版，第 312 页。

⑤ 黎靖德辑：《朱子语类》卷二四，《朱子全书》第 14 册，上海：上海古籍出版社，合肥：安徽教育出版社，2002 年版，第 834 页。

“三衢之会”后，朱熹再次思考了“道问学”与“尊德性”问题，并在去婺源途中与蔡元定进行了讨论。经过一番思索，他承认自己不但“向来涵养功夫全少”，而且“讲说又多强探”，于是立即给吕祖谦去信，说：

> 道间与季通讲论，因悟向来涵养功夫全少，而讲说又多强探，必取寻流逐末之弊，推类以求，众病非一，而其源皆在此。恍然自失，似有顿进之功。若保此不懈，庶有望于将来。然非如近日诸贤所谓顿悟之机也。①

所谓“向来涵养功夫全少”，是承认他在“尊德性”上做得不够，而“讲说又多强探，必取寻流逐末之弊”，则承认在“道问学”上也有问题，“寻流逐末”一语更是对陆九渊所批评的“支离”的认可。

对陆九渊批评的认可，还反映在朱熹为程洵所作的《尊德性斋铭》上。在婺源期间，程洵曾请朱熹为他作一篇斋铭。朱熹在所作的《尊德性斋铭》的小序中说：“内弟程允夫以‘道问学’名斋，予谓当以‘尊德性’易之。允夫请铭，因为作此。”②注重“道问学”而忽视“尊德性”，正是“鹅湖之会”上陆九渊对朱熹的指责之一，而朱熹恰恰要将“道问学”易为“尊德性”，这表明他对陆九渊的批评是以很郑重的态度对待的。

上面所说的都是关于“尊德性”与“道问学”的关系问题。这一问题，在朱熹那里似乎不难解决，并且他也确实很快就解决了。不过，朱熹的反思似乎不止于此，他还有更深入的思考，只是答案还不明确，所以他说：“恍然自失，似有顿进之功。若保此不懈，庶有望于将来。”也就是说，两次学术争论虽然对他有触动，对他的反思有推进，但答案还没有明朗化，这使他还处于“恍然自失”状态，还只能“庶有望于将来”。

当他还未走出“恍然自失”状态时，自然也就不便作公开的讲学，宣示自

---

① 朱熹：《答吕伯恭》，《晦庵先生朱文公文集》卷三三，《朱子全书》第 21 册，上海：上海古籍出版社，合肥：安徽教育出版社，2002 年版，第 1467 页。

② 朱熹：《尊德性斋铭》，《晦庵先生朱文公文集》卷八五，《朱子全书》第 24 册，上海：上海古籍出版社，合肥：安徽教育出版社，2002 年版，第 3991 页。

己的学术观点。这或许也是朱熹婉拒邑宰张汉讲学之邀的又一个原因。

三、超越程学

朱熹所说的“怳然自失，似有顿进之功”，是颇值得玩味的两句话。

他“自失”的是什么？“顿进”的又是在哪里？朱熹没有说，但从字里行间却可以隐约感觉到，他的思想正在发生新的变化，有的思想在动摇，有的思想在萌生。

朱熹自婺源返回福建之后，他的“怳然自失”感觉似乎便明朗了。我们从他立即着手修改《论孟精义》的举动中发现，他在婺源时所作的思考，便是如何跳出北宋理学家特别是二程的窠臼，走出一条属于自己理学思想的路子。

梁启超常“不惜以今日之我，难昔日之我”[①]。这句话也适用于朱熹。朱熹的思想同样是在不断反思、不断修正中发展和演变的。

从朱熹思想演变的轨迹看，他的思想变化，小的不说，大的就有三次：第一次是绍兴十三年(1143)，朱松将他托付给刘子羽，并受学于籍溪胡宪、白水刘勉之、屏山刘子翚，其时，朱熹“无所不学，禅、道、文章、《楚辞》、诗、兵法，事事要学”，且出入佛、老十余年。朱熹这时的学术，用自己的话来说，便是“杂学”。第二次是绍兴三十年(1160)冬，朱熹又一次见李侗于延平，正式受学于李侗，开始由原来热衷于“杂学”特别是禅学转向二程之学。第三次便是淳熙三年(1176)，他经过“鹅湖之会”“三衢之会”后的学术反思，特别是婺源之旅前后的思考，感觉到此前所作的《论孟精义》需要进行彻底的修改，以重建他的四书学。

朱熹的四书学经历了从崇信二程到独立建构两个阶段。在崇信二程阶段，朱熹四书学的代表作为《论孟精义》。《论孟精义》撰成于乾道八年(1172)，后改名为《论孟集义》。朱熹在此书的《序》中说：

---

① 梁启超：《清代学术概论》，见朱维铮校注：《梁启超论清学史二种》，上海：复旦大学出版社，1985 年版，第 70 页。

> 《论》《孟》之书，学者所以求道之至要，古今为之说者，盖已百有余家。然自秦汉以来，儒者类皆不足以与闻斯道之传。其溺于卑近者，既得其言而不得其意；其骛于高远者，则又支离踳驳，或乃并其言而失之，学者益以病焉。宋兴百年，河洛之间有二程先生者出，然后斯道之传有继。其于孔子、孟氏之心，盖异世而同符也。故其所以发明二书之说，言虽近而索之无穷，指虽远而操之有要，使夫读者非徒可以得其言，而又可以得其意；非徒可以得其意，而又可以并其所以进于此者而得之。其所以兴起斯文，开悟后学，可谓至矣。①

从这篇《序》中可以看出，二程思想是他编纂《论孟精义》的依据。当时，在朱熹的心目中，二程是深得“孔子、孟氏之心”的思想家，他们对《论语》《孟子》的诠释，是“兴起斯文，开悟后学”的极致。如果回溯朱熹的学术历程更可以看到，他自绍兴三十年(1160)见李侗于延平、放弃禅学而走向理学开始，直到《近思录》的编纂，就一直潜心研习周敦颐、张载与二程的著作，回旋于北宋几位理学家之间，更是奉二程学说为圭臬，他的学术活动主要就是对二程著作的整理和对周敦颐、张载代表作的诠释。

但是，朱熹从婺源回到寒泉精舍，便立即着手对《论孟精义》这部以二程诠释为依据的著作进行修改，并于淳熙四年(1177)六月完成了《论孟集注》和《论孟或问》。

为什么仅仅相隔四年时间，朱熹就要对《论孟精义》进行修改呢？我们先来看看《论孟集注》与《论孟精义》究竟有什么不同。

首先，两书注文引述对象不同。朱熹在《论孟精义》的《序》中说：“间尝搜辑条疏，以附本章之次，既又取夫学之有同于先生者，与其有得于先生者，若横渠张公，若范氏、二吕氏、谢氏、游氏、杨氏、侯氏、尹氏，凡九家之说，以附益

---

① 朱熹：《论孟集义序》，《晦庵先生朱文公文集》卷七五，《朱子全书》第 24 册，上海：上海古籍出版社，合肥：安徽教育出版社，2002 年版，第 3630 页。

之，名曰《论孟精义》，以备观省。”[①]也就是说，在《论孟精义》中，注文只取二程一家之说，即使不是二程之说，也是与二程“学之有同”的学者的论述。但《论孟集注》则不同，在《论语集注》中，朱熹辑录了25家之说，在《孟子集注》中辑录了34家，去其重复，合计辑录了35家。这35家中，属于宋代之前的有8家，属于宋代非理学家的有9家，属于宋代理学家的有18家[②]。正因为囊括范围如此之广，所以朱熹将书名定为《集注》。

尤其值得注意的是，朱熹在引述诸家之说时，不仅引述与自己观点相同学者的诠释，也引述了与自己学派不同的学者的诠释，如王安石、刘敞、刘安世、吴棫、苏轼等，其中，对范祖禹观点的引述尤多，除《尧曰》一篇外，几乎每篇都有。朱熹对古今各家各派有关《论语》《孟子》注释的整合，是否意味着他不但要集宋代理学的大成，而且要把视野放到整个儒学史上，要使他所阐发的理学思想成为对整个儒学思想的继承和弘扬呢？不论其目的是什么，修改后的《论孟集注》已经不再仅仅限于二程对《论语》《孟子》的诠释，而是一部以儒学史的视野所撰的著作。

其次，《论孟集注》对二程之说的权威性有所怀疑。如有人问朱熹，《论孟集注》为什么会两说并存，哪个诠释为长？他说：

> 使某见得长底时，岂复存其短底？只为是二说皆通，故并存之。然必有一说合得圣人之本意，但不可知尔。[③]

又说：

> 《集注》中有两说相似而少异者，亦要相资。有说全别者，是未

---

① 朱熹：《论孟精义序》，《论孟精义》卷首，《朱子全书》第7册，上海：上海古籍出版社，合肥：安徽教育出版社，2002年版，第11页。

② 参见周元侠：《〈论语集注〉的“集注”体例及其意义》，《中国哲学史》2013年第1期。

③ 黎靖德辑：《朱子语类》卷一九，《朱子全书》第14册，上海：上海古籍出版社，合肥：安徽教育出版社，2002年版，第656页。

定也。[①]

从朱熹的这些自述可以看出，他虽然在《论孟集注》卷首的《读论语孟子法》中仍然辑录了二程的论述，但实际上他已经不再将二程之说视为对《论语》《孟子》的标准诠释，更不再视为对《论语》《孟子》的唯一正确诠释。因此，他说："使某见得长底时，岂复存其短底?"也就是说，他在注文中引述诸家之说，只考虑对不对，而不考虑出自谁。他甚至明确表示与二程解经的不同："程先生经解，理在解语内。某集注《论语》，只是发明其辞，使人玩味经文，理皆在经文内。"[②]所谓"理在解语内"，是说程颐所阐释的"理"只是他自己的"理"，与经文所蕴含的"理"未必相干，这无异于说程颐是"六经注我"，而朱熹的《集注》则意在引导人们玩味经文，引导人们从经文中去体味"理"。他还直截了当地说过，程颐对《论语》的有些理解未必正确，如："程子说'居敬而行简'，只作一事。今看得来，恐是两事。居敬是自处以敬，行简是所行得要。"[③]并认为程颐的解释是他自己的意思，并不是《论语》的原意："程子曰：'居敬则所行自简'，此是程子之意，非仲弓本意也。"[④]从《论孟精义》到《论孟集注》可以看出，二程对经典诠释的权威性在朱熹心目中正淡化。

再次，朱熹在《论孟集注》中发出了自己的声音。正是这一点，使得《论孟集注》在撰述体例上与《论孟精义》很不一样。如在《论孟精义》中，朱熹先列二程的诠释作为主体，再列横渠张公、范氏、二吕氏、谢氏、游氏、杨氏、侯氏、尹氏等九家之说作为二程诠释的佐证或补充，他自己则不赞一词。《论孟集注》则不然。在《论孟集注》中，朱熹首先提出自己的观点，然后才列举诸家注

---

① 黎靖德辑：《朱子语类》卷一九，《朱子全书》第14册，上海：上海古籍出版社，合肥：安徽教育出版社，2002年版，第656页。

② 黎靖德辑：《朱子语类》卷一九，《朱子全书》第14册，上海：上海古籍出版社，合肥：安徽教育出版社，2002年版，第656页。

③ 黎靖德辑：《朱子语类》卷三〇，《朱子全书》第15册，上海：上海古籍出版社，合肥：安徽教育出版社，2002年版，第1087页。

④ 黎靖德辑：《朱子语类》卷三〇，《朱子全书》第15册，上海：上海古籍出版社，合肥：安徽教育出版社，2002年版，第1086页。

释。如他在诠释《论语·学而》篇首章首句“学而时习之”时，首先是他自己阐释：“学之为言效也。人性皆善，而觉有先后，后觉者必效先觉之所为，乃可以明善而复其初也。习，鸟数飞也。学之不已，如鸟数飞也。说，喜意也。既学而又时时习之，则所学者熟，而中心喜说，其进自不能已矣。”然后才是程颐与谢氏的解释：“程子曰：‘习，重习也。时复思绎，浃洽于中，则说也。’又曰：‘学者，将以行之也。时习之，则所学者在我，故说。’”“谢氏曰：‘时习者，无时而不习。坐如尸，坐时习也；立如齐，立时习也。’”①这显然与《论孟精义》只引程颐及诸家之说、自己不赞一词迥然不同。特别是朱熹以“效”释“学”，乃是对“学”的新解，与二程不同，这表明朱熹已经不需处处借助于二程来表述自己的思想。

同时，朱熹撰《论孟集注》还表现出他有意识克服“支离”之弊的意向。朱熹后来曾说过：“某于《论》《孟》，四十余年理会，中间逐字称等，不教偏些子。学者将注处宜子细看。”所谓“中间逐字称等，不教偏些子”，意味着他力求准确全面地理解和诠释《论语》《孟子》。又说：“解说圣贤之言，要义理相接去，如水相接去，则水流不碍。”②所谓“要义理相接去，如水相接去，则水流不碍”，实际上就是要确切把握《论语》《孟子》的要领，以其要领为统率，在此基础上做解说，从而避免“支离”之弊。朱熹曾对《论语》《孟子》的要领作过归纳，他说：“《论语》之书无非操存涵养之要，《七篇》之书，莫非体验扩充之端。”③“操存涵养”“体验扩充”大概就是朱熹统领《论孟集注》的解说、克服“支离”之弊的要领。

众所周知，包括《论孟集注》在内的《四书章句集注》，是朱熹学术思想最终成熟的标志。因此，《论孟精义》的修改和《论孟集注》的完成，则意味着朱

---

① 朱熹：《四书章句集注·论语集注》卷一，《朱子全书》第6册，上海：上海古籍出版社，合肥：安徽教育出版社，2002年版，第67页。

② 黎靖德辑：《朱子语类》卷一九，《朱子全书》第14册，上海：上海古籍出版社，合肥：安徽教育出版社，2002年版，第655页。

③ 黎靖德辑：《朱子语类》卷一九，《朱子全书》第14册，上海：上海古籍出版社，合肥：安徽教育出版社，2002年版，第664页。

熹开始建构属于自己的“四书学”。

总而言之，从婺源回到寒泉精舍之后，朱熹便不再依托二程阐述自己的理学思想，而开始了对自己思想的直接阐发，也开始了对北宋理学家的观点进行审视。这表明他开始超越程学，建构属于自己的学术思想。这个学术转变正是在第二次婺源之行期间进行反思的成果。

所以朱熹将近两个月的婺源之行，不仅对新安理学的形成有重要意义，也是他自身学术思想发展历程中的一个重要节点。

当然，对于徽州学术来说，我们之所以关心朱熹的婺源之行，主要还是因为朱熹此行将朱学的种子播撒在徽州大地，为新安理学的形成提供了思想和人才的条件。

第二章 朱学群体的形成

新安理学作为学派，其形成起码需要具备三个条件，即学术领军人物、共同崇奉的学术思想、崇奉共同学术思想的学术群体。

淳熙三年(1176)朱熹的婺源之行，就为新安理学的形成创造了这三个条件：朱熹来到徽州，自然成为新安理学的学术领袖；朱学也自然成为人们共同崇奉的学术思想；与此同时，崇奉朱学的学术群体(简称“朱学群体”)也开始形成。

本章讨论的就是朱学群体的形成。

一、朱熹在徽州的入门弟子

淳熙三年(1176)之前，朱熹的弟子已经遍及徽州周边地区。如在福建，有同安的许升，建阳的范念德、蔡元定，建安的李宗思，崇安的吴楫、刘爚、刘炳、詹体仁，邵武的何镐、冯允中、连嵩卿，古田的林用中、林允中，莆田的方耒、方士繇，南剑的廖德明，长汀的杨方，闽县的黄榦等；在江西，有庐陵的刘清之[1]，金溪的刘尧夫，建昌的李燔、周谟等[2]。唯独在朱熹祖居之地的徽州地区，却没有一名朱熹弟子，正如滕璘所说，朱熹弟子在徽州周边是“户外履满”，而在徽州则“乡人未有至者”[3]。

这种状况直到淳熙三年(1176)开始发生变化。这一年，已经名著学界的朱熹回到婺源，给徽州学人进入朱门提供了极好的机会。徽州地区朱学群体的形成，也就由此开始。

朱熹初在徽州时的弟子

朱熹在徽州的弟子包括两部分，一是亲炙弟子，一是私淑弟子。在亲炙弟子中，又有两种情况，一是他在婺源时所收的弟子，一是婺源之行以后所收的弟子。徽州地区最初的朱学群体，便主要由这两部分弟子组成。先看他在婺源之行时所收的弟子。

汪清卿附汪子卿

提到朱熹婺源之行时所收的弟子，首先当提的是汪清卿(字湛仲，号复庵，生卒年不详)。我们首先提到汪清卿，倒不是因为他在朱熹的徽州弟子中特别著名或学术成就特别高，而是朱熹淳熙三年(1176)回婺源，就下榻在汪清卿家，为他向朱熹问学提供了近水楼台之便。

---

① 按，全祖望说：“朱、张、吕三先生讲学时，最同调者清江刘氏兄弟也。……近有妄以子澄(刘清之字)为朱子弟子者，谬矣。”参见黄宗羲原本、全祖望修定：《宋元学案》卷五九《清江学案》序录，《黄宗羲全集》第5册，杭州：浙江古籍出版社，1992年版，第339页。陈荣捷在《朱子门人》一书中即据此将刘清之视为朱熹讲友。但朱熹在乾道四年(1168)所作的《刘氏墨庄记》的文末说：“子澄与熹游，尤笃志于义理之学。”则将刘清之视为弟子。参见朱熹：《晦庵先生朱文公文集》卷七七，《朱子全书》第24册，上海：上海古籍出版社，合肥：安徽教育出版社，2002年版，第3714页。

② 有学者认为浙江黄岩的林伯和、林叔和、赵师渊、赵师端、赵师夏、池从周、杜烨、杜知仁、杜贯道，天台的潘时举，临海的林恪、赵恭父，仙居的吴梅卿、郭磊卿等皆为朱熹淳熙元年(1174)主管台州崇道观时所收弟子。但多数学者认为以上诸人是朱熹淳熙九年(1182)提举浙东之后所收的弟子。我们赞同后说。

③ 滕璘：《题晦庵先生真迹后》，见程敏政辑：《新安文献志》卷二二，合肥：黄山书社，2004年版，第500页。

朱熹之所以下榻于汪清卿家，很可能是因为汪宅所在的集贤坊地处婺源西郊，十分僻静的缘故。由于汪清卿得与朱熹朝夕相处，他们的关系也就显得很亲密。朱熹曾书“爱日”二字匾其斋，对汪清卿的事亲至孝表示赞赏；又因汪清卿宅内的敬斋是朱熹经常接待来访者的地方，他又抄录了原先所作的《敬斋箴》赠予汪清卿，这都显示出他们关系的亲密。

不过，汪清卿向朱熹问学的情况，文献记载甚少，仅在朱熹一封短札中略见些许。其札说：“所喻五常，即是五行之性，初无异义。此性本善，但感动之后，或失其正，则流于恶耳。此等处反之于身，便自见得，不必致疑。只是自家感动善恶之端，须常省察持守耳。”①

尽管汪清卿受教于朱熹的情况不甚清楚，但他因与朱熹的关系密切而颇受人们敬重。如徽州府学教授、被丞相留正誉为“当今第一教官”的舒璘②在敦请汪清卿到府学任教的函中就说：“退惟曩日沦胥之患，实赖师友拯溺以返其初，故亦欲以其所同然者淑诸人。学力单微，罔孚众听，思欲得渊源之友，相与共明此道，以兴起士心。访之侪辈，居敬修己，勉焉不怠，诚后进所矜式。故不量浅陋，妄意屈临，以庶几切偲之益。”③在舒璘的心目中，汪清卿俨然成了学界前辈，成为“居敬修己，勉焉不怠”，可以为“后进所矜式”的学者。

大概是因为汪清卿与朱熹年纪相仿的缘故，也有人认为汪清卿是朱熹的学侣而非弟子。如清代学者王子材、冯云濠在《宋元学案补遗》中就持这一观

---

① 朱熹：《答汪清卿》，《晦庵先生朱文公文集》卷五〇，《朱子全书》第 22 册，上海：上海古籍出版社，合肥：安徽教育出版社，2002 年版，第 2321 页。按，在《晦庵先生朱文公续集》卷八中，也保存有《答汪清卿》一书，但此信只是通报友朋信息，与论学无关。

② 按，舒璘(1136—1199)字元质，一字元宾，被学者称为“广平先生”，奉化(今属浙江宁波市)人。乾道八年(1172)中进士，得授四明郡学教授，未赴。后任江西转运使干办公事，继为徽州府教授，被丞相留正称为“当今第一教官”。后任平阳县令，官终于宜州通判。其学宗陆九渊，与陆九渊弟子杨简、袁燮、沈焕并称“四明四先生”，但也曾学于朱熹、吕祖谦。著有《诗学发微》《广平类稿》《诗礼讲解》《舒文靖集》等。

③ 舒璘：《与汪清卿》，《舒文靖集》卷上，见《文渊阁四库全书》第 1157 册，台北：台湾商务印书馆，1983 年版，第 520～521 页。

点[①]，陈荣捷在《朱子门人》这部专门研究朱熹后学的著作中也采纳了此说。不过陈荣捷又说："然朱子《题落星寺》举陪行者程端蒙、程士直等门人七名，岂独清卿非门人耶?"[②]对"学侣"说又有动摇。我们认为，就汪清卿的学识来说，他只能成为朱熹的学术追随者，而不能成为朱熹的学术对话者，所以还是将他视为朱熹的门人。

至于汪清卿之兄汪子卿是不是朱熹弟子，则在疑似之间。汪子卿(生卒年不详)字廷佑，他曾以"《鲁论》言仁及五帝之性质疑于朱子"[③]，并托朱熹弟子程端蒙带两封信给朱熹。朱熹在给他的复信中说："窃味来书所引《论语》数条，言仁甚悉，而所论反复亦不为不详，独于仁之一字，义理意味与其所以用力之方皆未之及。岂其于此固有以默契而忘言也耶？不然，则仁之所以为仁者，初未尝晓然有见于心而的然有得于己，吾恐所谓不违不害者之茫然，如捕风系影之无所措，而所以处夫穷通得丧之际者，或未能泰然无所动于其中也。长者之明，虽不至此，然以所谓变通之术者观之，则有以见其未免于彼之重而此之轻也。昔子贡无谄无骄之问，盖自以为至矣，而夫子以为未若乐与好礼，何哉？无谄无骄，则尚局于贫富之中；乐且好礼，则已超然乎贫富之外也。然其所以至此，则必尝有所用其力矣，非规规于两者之间，有所较计抑遏而求出于此也。又况于自料其必有所不安，而预为变通之计，则恐其所立又将出于无谄无骄之下也，无疑矣。"[④]朱熹在信中实际上是批驳了汪子卿的看法，大概因为汪子卿年长的缘故("熹犬马之齿虽在贤者之后")，他讲得很委婉。

---

① 王子材、冯云濠合撰，张寿镛校补：《宋元学案补遗》卷四九，上海：上海书店1994年影印《四明丛书》本，《丛书集成续编》第34册，第76页。

② 陈荣捷：《朱子门人》，台北：台湾学生书店，1982年版，第131页。按，陈荣捷所说的陪同朱熹游落星寺的七名弟子，为蔡季通、汪清卿、程正思、邓邦老、陈彦忠、万正淳、俞季清等七人。参见朱熹：《题落星寺》，见《晦庵先生朱文公别集》卷七，《朱子全书》第25册，上海：上海古籍出版社，合肥：安徽教育出版社，2002年版，第4984页。

③ 马步蟾等纂修：《(道光)徽州府志》卷一一之三《人物·儒林》，见《中国地方志集成·安徽府县志辑》第49册，第304页。

④ 朱熹：《答汪子卿》，《晦庵先生朱文公文集》卷五四，《朱子全书》第23册，上海：上海古籍出版社，合肥：安徽教育出版社，2002年版，第2572页。

舒璘也曾托滕璘请汪子卿到府学任教，汪子卿以正在教授乡邑子弟为由婉拒了[①]。但汪子卿既然有资格到府学任教，则表明他还是学有所成的，不过他究竟是不是朱熹弟子，我们尚不敢断言。

滕璘、滕珙

汪清卿虽为朱熹弟子，但就对朱学的传播来说，其所起的作用远不及滕璘、滕珙兄弟和程永奇。

滕璘(1150—1229)字德粹，号溪斋，婺源人。宋孝宗淳熙八年(1181)进士，调鄞县尉，又教授鄂州，不久，因丁父母之忧家居。服除，先后任四川制置司干官、绍兴府嵊县知县、签书庆元府节度判官、主管官告院奉仙都祠、通判隆兴府，后任浙东、福建帅司参议官，以朝奉大夫致仕。著有《溪斋类稿》(已佚)。

根据真德秀[②]《滕公(璘)墓志铭》的记述，滕璘的治学大体经历了三个阶段。第一阶段是家学阶段。真德秀说，滕璘"少笃学，诵书至丁夜[③]弗倦"，其父滕洙虽然没有接受朱学，也不是纯粹的程学信奉者，但"其蓄甚富""文词卓伟"而"声名动一时"，且与徽州学者交往密切，这使得滕璘"早亲有道，明于义利取舍之分"[④]。

第二阶段是从学于朱熹的阶段。滕洙虽然与朱熹在学术趋向上不同，但他对朱熹还是景仰的，曾命滕璘兄弟致书朱熹自通以谒教，朱熹在给滕璘的

---

① 舒璘：《与汪子卿》，《舒文靖集》卷上，见《文渊阁四库全书》第1157册，台北：台湾商务印书馆，1983年版，第513页。

② 按，真德秀(1178—1235)字实夫，后改字景元、希元，号西山，世称西山先生，浦城(今福建浦城县)人。庆元五年(1199)进士，得授南剑州判官。开禧元年(1205)中博学鸿词科，入闽帅幕，旋被召为太学正。嘉定元年(1208)，史弥远执政，召为博士。后改任秘书省正字，被劾落职。理宗时，起知泉州、福州。端平元年(1234)，入朝为户部尚书，改翰林学士、知制诰。次年，拜参知政事，旋卒。他推崇朱熹，尊之为"百代宗师"，并自谓对朱学"尝私涉而有所得"。著有《大学衍义》《读书记》《文章正宗》《心经》《政经》及《西山先生真文忠公文集》等。

③ 按，丁夜即四更时。《资治通鉴·魏邵陵厉公嘉平元年》"自甲夜至五鼓"句，胡三省注曰："夜有五更，一更为甲夜，二更为乙夜，三更为丙夜，四更为丁夜，五更为戊夜。"

④ 真德秀：《滕公璘墓志铭》，《西山文集》卷四六，见《文渊阁四库全书》第1174册，台北：台湾商务印书馆，1983年版，第730页。

复信中说:“夫学者患不知其所归趣与其所以蔽害之者,是以徘徊歧路而不能得所从入。今足下既知程氏之学不异于孔孟之传而读其书矣,又知科举之夺志、佛老之殊归皆不足事,则亦循是而定取舍焉尔,复何疑而千里以问于仆之不能耶?意者于其所欲去者,既未能脱然于胸中,所欲就者又杂然并进,而不无贪多欲速之意,是以虽知其然而未免于茫然无得之叹耳。足下诚若有志,则愿暂置于彼而致精于此,取其一书,自首而尾,日之所玩不使过一二章,心念躬行,若不知复有他书者。如是终篇,而后更受业焉,则渐涵之久,心定理明,而将有以自得之矣。《论语》一书,圣门亲切之训,程氏之所以教,尤以为先。足下不以愚言为不信,则愿自此书始。”①

此信是朱熹对滕璘兄弟的一次“函授”。他在信中就治学问题讲了三点:一是不仅要明确治学归趣,更要坚持不懈;二是不能贪多欲速,而要“取其一书”“致精于此”“心念躬行”;三是建议从《论语》入手研习圣门之训,即使研习二程之学,也应该以《论语》为先。朱熹对他们像对弟子一样谆谆教诲,或许是出于对后生的期许,但也可能包含着对故乡子弟的一份情谊。

朱熹回婺源,滕璘立即拜见,成为朱熹弟子。真德秀对滕璘从学于朱熹的过程有如下的记述:“后数年,子朱子自寓里来归,始以弟子礼见。于是得《大学中庸章句》而熟复焉。既而往仕四明,又教之以亲仁择善,为讲学修身之助,且曰:‘杨敬仲、吕子约、沈叔晦、袁和叔此四人者,皆子所宜从游者也。’居数年,子朱子于潭溪之上留止四旬,问辨弥笃。盖公于师友渊源所渐如此,故终身践行不离名教之域。至其用之而弗究,则君子以为有命焉。”

滕璘可能听从了朱熹从《论语》入手研习圣门之训的教导,他曾作有《论语说》。但朱熹见了之后又告诫他:“为学以变化气质为功,而不在于多立说。”滕璘听后“愯(同悚)然”,“自是不敢轻论著终其身”。

据王懋竑《朱子年谱》所记,朱熹在婺源期间,“尝与滕璘游,见水山幽静,曰:‘俨余畴昔梦中所见也。’问其地,对曰:‘名绯塘,璘业也,先冢在此。’曰:

① 朱熹:《答滕德粹》,《晦庵先生朱文公文集》卷四九,《朱子全书》第22册,上海:上海古籍出版社,合肥:安徽教育出版社,2002年版,第2273页。

‘故与子有神交者在。’因命作亭于其上，书草堂二字与之”[①]。许月卿后来也记述过朱熹游绯塘（即朱塘）的事，他在《次韵朱塘三首》的序中说：“淳熙之三年，朱文公归故乡，游朱塘，山深水静，荷华其间，慨然曰：‘是吾梦游所也。此谁之土？’于是先大夫拱而进曰：‘先业也，先冢在此。’文公曰：‘是宜为亭，以领山水，子取幅纸，吾为若书以告同志者，共成之。’先大夫雅谨畏，时又少，四顾无楮笔，则已。异时为铅、钧言，以为恨。”[②]只是许月卿所记与王懋弘的《朱子年谱》所述略异。

第三阶段则是不拘朱学而广收博取的阶段。朱熹是学术胸襟非常开阔的学者，他虽然特别强调学术归趣，但并没有门户之见。滕璘仕于四明时，朱熹建议滕璘“所宜从游者”的四人中，吕子约系吕祖谦之弟吕祖俭，曾从其兄学，为婺学学者；而杨敬仲（杨简）、沈叔晦（沈涣）、袁和叔（袁燮）则是陆九渊的高足，属心学派的学者。朱熹不但没有要求滕璘回避他们，还建议滕璘与之游。

滕璘是否与杨简等人有学术交往，因史缺有间，我们不得而知，但他曾向陈傅良问学是有记载的。如真德秀在记述滕璘后期学术时就说：“公既从子朱子得为学大旨，异时至永嘉，又从故中书舍人陈公傅良问《左氏》要义，陈公告语甚悉，大略谓《左氏》本依经为传，纵横上下，旁行溢出，皆所以解驳经义，非自为书。且告以六经之义，兢业为本。公佩服焉。其他与当世知名士更切磨，不胜纪。”[③]陈傅良（1137—1203）字君举，号止斋，被称为“止斋先生”，瑞安（今温州瑞安市）人。他前承薛季宣，后启叶适，为永嘉学派承上启下的学者。他在学术上又主张“经世致用”，反对空谈性理，这与永康学派代表者陈亮的观点相近，故世称“二陈”。尽管滕璘服膺与朱熹学术不同的陈傅良，而朱熹后来还与永嘉学派和永康学派进行过长期的学术争论，但朱熹并未对滕璘与

---

① 王懋弘：《朱熹年谱》卷二，北京：中华书局，1998 年版，第 72 页。

② 许月卿：《次韵朱塘三首》，《先天集》卷三，见《续修四库全书》第 1320 册，上海：上海古籍出版社，2002 年版，第 557 页。

③ 真德秀：《滕公璘墓志铭》，《西山文集》卷四六，见《文渊阁四库全书》第 1174 册，台北：台湾商务印书馆，1983 年版，第 730 页。

陈傅良之间的学术交往有过异议。

滕璘晚年可能还有对“杂学”感兴趣的倾向，所以真德秀说他“自少嗜学，老而弗衰。在蜀得官书数千卷，载与俱东，益求平生所未见，即溪东为堂贮之，命曰‘博雅燕居’，无事蚤莫翻阅，间及浮屠、《老子》、稗官小说，惟意所适。竹间为亭，扁以‘清心’。风日恬畅，辄挟册徜徉其间，自谓如鱼纵壑、鸟脱笼，乐不胜”①。这种“惟意所适”的读书，虽然可以充分享受读书之乐，但与朱熹所强调的治学取向多少有些相悖。不过，滕璘对“杂学”的兴趣并没有妨碍他成为朱熹的高足，这不仅是因为他“终身践行不离名教之域”，出处语默之间没有违背朱熹的教诲，也因为朱熹对弟子的求学并没有“门户”的约束。

朱熹对弟子没有“门户”约束，同样表现在他自己与滕珙的关系上。滕珙（生卒年不详②）字德章，号蒙斋，为滕璘之弟。程曈在记述其生平时说，滕珙“幼受学家庭，闻伊洛之绪”，“弱冠，入上庠……屡不利场屋，君子惜之。淳熙丁未（1187）举王荣榜进士。程文一出，人争传诵。授旌德县主簿”，“寻丁内外艰”，“服阕，知合肥县，卒”③。滕珙著有《蒙斋集》若干卷（已佚），另辑有朱熹论学的言论《经济文衡》一书。

在朱熹回婺源之前，滕珙虽然已与其兄滕璘一起致书朱熹以自通，但在朱熹回婺源时，他并未随其兄晋谒朱熹，更没有投在朱熹门下。这在朱熹向吕祖谦推荐滕珙而写的信中说得很清楚。滕珙入上庠后，曾由其兄滕璘托朱熹介绍就学于吕祖谦，朱熹在致吕祖谦的信中说：“偶婺源滕秀才珙在上庠，其兄来为求书请见，因得附此致谢。滕生未相见，闻资质颇佳，亦知向学，得

---

① 真德秀：《滕公璘墓志铭》，《西山文集》卷四六，见《文渊阁四库全书》第 1174 册，台北：台湾商务印书馆，1983 年版，第 731 页。

② 按，滕珙之母卒于绍熙三年（1192），其父卒于绍熙四年（1193），则滕珙服阕、知合肥县，应为庆元二年（1196），他卒年当为庆元三年（1197）左右。

③ 参见程曈：《（滕蒙斋）事述》，《新安学系录》卷七，合肥：黄山书社，2006 年版，第147～149 页。

与其进为幸。”[①]朱熹离开婺源后，滕珙方入上庠，此时朱熹尚说“滕生未相见”，这表明朱熹在婺源时，与滕珙并未谋面，因此，滕珙拜在其门下就不可能了。此后滕珙是否见过朱熹，也不见记载。

不过，这并未妨碍滕珙成为朱熹的弟子。他虽然师从吕祖谦，但曾多次致书朱熹问学，接受了朱熹的教诲，成为朱熹的“函授”弟子。学成回乡后，滕珙致力教授乡里，颇为朱熹所称许，朱熹在给他的信中说：“知教授里门，来学者众，甚善甚善。大抵今日后生辈以科举为急，不暇听人说好话，此是大病。须先与说破此病，令其安心俟命，然后可教，告以收拾身心，讨论义理，次第当有进耳。”[②]滕珙“教授里门”，使他与程永奇一起成为最早以朱学教授徽州子弟的徽州学者。

朱熹还曾赞赏过滕珙的治学功力。如他在研读《大学》时曾致函朱熹，提出自己对《大学》的理解，朱熹在复信中说：“示喻《大学》之说，甚善。熹旧所为书，近加修订，稍有条理，补阙处正如来喻矣，令人抄写，未得奉寄也。”[③]由朱熹的复信可见，滕珙对《大学》的理解与朱熹的不期而同，显示了他治学的一定功力。

滕珙对朱学的传播最有意义的是对《经济文衡》的纂辑。四库馆臣在《经济文衡》一书的提要中说：“与兄璘俱游朱子之门，朱子铭其父墓，称二子皆有声州县间，又称珙廷对甚佳。盖亦新安高弟也。今观是书，取朱子《语录》《文集》分类编次，前集皆论学，后集皆论古，续集则兼二集所遗而补之。每一论必先著其缘起，次标其立论之意，条分缕析，条理秩然，视他家所编《经世大训》之类，或简而不详，或繁而少绪者，迥乎不同。……要非学有渊源者不办

① 朱熹：《答吕伯恭》，《晦庵先生朱文公文集》卷三四，《朱子全书》第21册，上海：上海古籍出版社，合肥：安徽教育出版社，2002年版，第1473～1474页。

② 朱熹：《答滕德章》，《晦庵先生朱文公文集》卷四九，《朱子全书》第22册，上海：上海古籍出版社，合肥：安徽教育出版社，2002年版，第2278～2279页。

③ 朱熹：《答滕德章》，《晦庵先生朱文公文集》卷四九，《朱子全书》第22册，上海：上海古籍出版社，合肥：安徽教育出版社，2002年版，第2279页。

也。”并认为“朱子平生学问大端，具见于此”[①]。在朱学史上，第一次将朱熹“平生学问大端”作出较为全面的总结的是《经济文衡》。它的编撰对朱学的传播无疑是有贡献的。

程永奇

在朱熹最早所收的徽州弟子中，最能笃守朱学的，当数程永奇。

程永奇（1151—1221）字次卿，号格斋，休宁人。其父程先爱其“渊颖，有受道之资”，亲自督课。程永奇本人也“励志于诸经子史，悉含英咀华，而卒以反躬实践为事”，这为程永奇此后的学业发展奠定了一定的基础。

朱熹在婺源省墓时，程先亲挈永奇往谒，请受教于朱熹。朱熹回福建，程先又令永奇随侍，得以在朱熹身边“问难究诘”，故“所造益邃”。逾年而归，朱熹手书“持敬明义”之说百余言勉之。

程永奇回徽州后，“遂以‘敬义’名其堂”，邑人子弟从其学者云集，他也因此成为徽州地区最早的朱学传播者之一。此时，“郡县大夫有稽古礼文之事，悉来咨访，一言之下，罔不敬服。江西制阃请为白鹿洞书院山长，浙东帅专书币聘为塾师，皆辞不赴”。程先晚年得痹疾，永奇“孝养备至，务适其欢”。其兄程永正官带御器械、清远军承宣使，永奇“恒以国耻未雪，勉之尽瘁，以嗣世烈”。程永奇乡居时，还“用伊川先生宗会法以合族人，举行吕氏乡约，而凡冠昏丧祭，悉用朱氏礼。乡族化之”。

“伪学”难作后，程永奇则隐于邑之东山，“文公讣至，合同志者设位恸哭，曰：‘吾道已矣！’或传其挽章于有司，被系数月乃免”。所谓“挽章”，大概是指程永奇所作的挽诗。其诗曰：

> 忽闻摧岱岳，吾党更何依？敛枕看炊黍，登楼送落晖。祥麟伤史笔，山鸟怪儒衣。此道终难绝，他年有是非。[②]

---

① 永瑢、纪昀等：《四库全书总目》卷九二，北京：中华书局，1965 年版，上册，第 785 页。

② 程永奇：《闻考亭先师之讣时党禁方严》，见程敏政辑撰《新安文献志》卷五三，合肥：黄山书社，2004 年版，第 2 册，第 1189 页。

在“此道终难绝，他年有是非”句中清楚地表达了程永奇对“庆元党禁”的不满和对朱学的笃信，这也自然就成为他“被系数月”的原因了。

嘉定十四年(1221)十二月五日，程永奇“终于正寝”。疾革前一日，他“沐浴正衣冠而坐，门人交入问疾，久之，曰：‘吾不能多言。’呼纸笔至，大书一‘敬’字，曰：‘守此足矣。’”

程永奇曾倾尽心力于经传的“玩索”，他“有疑误者必谨识之。晚岁订其大义所系者为《六经疑义》二十卷，《四书疑义》十卷；又以明道《定性书》、伊川《好学论》当与《太极图说》《西铭》并行，各为之注释一卷；文公《语类》出于众手，纯驳不一，自加诠择，为《朱子语粹》十卷；‘中和’之说，文公盖有遗憾，为集其语为《中和考》三卷”。“以大学工夫始于格物，自号格斋。所著诗文曰《格斋稿》四十卷”①。遗憾的是程永奇的著作基本散佚，我们只能根据零星记载了解他的学术思想。

就现有文献记载来看，程永奇的学术思想主要表现于以下几个方面：

第一，对“敬义”之说的笃信力行。

真德秀在《敬义斋铭》的小序中说：“新安程君次卿，从学晦庵夫子于考亭。夫子告以持敬明义之说，君受教焉，且请以敬义名堂，兼名其斋，将出入顾瞻而示警也。夫子善之，又为书敬义堂三大字。中更党事，不复出，而授徒于家，抱道以老。若君于敬义之说，可谓笃信力行者矣。”②

作为理论范畴的“敬”“义”二字，出自《易》传《坤》卦《文言》之“六二”：“直其正也，方其义也。君子敬以直内，义以方外。敬义立而德不孤。”程颐据此提出“敬义夹持，直上达天德自此”③的内外兼修功夫论。朱熹接受了程颐的“敬义夹持”思想，他说：“最是他下得‘夹持’两字好。敬主乎中，义防于外，二

---

① 有关程永奇生平及著作的介绍，均据叶秀发《格斋先生程君永奇墓志铭》，见程敏政辑撰：《新安文献志》卷六九，合肥：黄山书社，2004年版，第2册，第1702～1704页。

② 真德秀：《敬义斋铭》，程敏政辑：《新安文献志》卷六九，合肥：黄山书社，2004年版，第2册，第1705页。

③ 程颢、程颐：《二程集·河南程氏遗书》卷五，北京：中华书局，1981年版，第1册，第78页。

者相夹持，要放下霎时也不得，只得直上去，故便达天德。”[①]真德秀认为，“敬义”之说是程朱学说的精髓，故在《敬义斋铭》的铭文中说：“大哉敬乎，一心之坊；至哉义乎，万事之纲。敬义夹持，不二不忒；表里洞然，上达天德。”[②]他还进而认为“敬义”内含有对“怠”与“欲”的否定与抑制，认为只有克服了“怠”与“欲”才能做到“持敬明义”：“敬与怠分，义与欲对。一长一消，祸福斯在。怠心之萌，阘焉沉昏；欲心之炽，荡兮狂奔。惟此二端，败德之贼。必壮乃猷，如敌斯克。怠欲既泯，敬义斯存。”

第二，以“理寓于气”诠释人性善恶。

程敏政在《新安文献志》中收录有《性原》一文，署名为程永奇。此文若果为程永奇所作，则由此文可以看出，他在人性论上是以“理寓于气”来诠释人性善恶根源的。

“性原”就是“原性”，即追究人性的根源。程永奇在《性原》中说，“自孟子言性善，而荀子言性恶，扬雄言性善恶混，韩文公言性有三品，学者疑焉”，“至横渠张子分天地之性、气质之性，而后诸子之说始定”。但是，程永奇对张载所说的“性善者天地之性也，余则所谓气质者”的观点，也“尝疑之”。他认为“天地之性”实际上是“命”，而“气质之性”才是性：“所谓气质之性，形而后有，则天地之性乃未受生以前，天理之流行者……如此则可谓之命，而不可谓之性。”既然“天地之性指命而言”，那么，“于人性果何预”呢？程永奇认为，虽然“天地之性”在“未受生以前”就是“天理之流行”，但是，它又不可离开“气质”而存在，即天地之性“未尝离乎气质之中”。凡说“性”，都是“天地之性”与“气质”的统一，人性同样是天地之性“寓乎气质之中”才形成的，不存在离开“气质”的人性。

程永奇接着从“天地之性”与“气质”的统一出发进一步谈人性的善恶问题。他认为“天地之性”即“命”是“天理之流行”的“理”，它本身是“善”。而

① 黎靖德辑：《朱子语类》卷九五，《朱子全书》第17册，上海：上海古籍出版社，合肥：安徽教育出版社，2002年版，第3220页。

② 按，《敬义斋铭》中的“敬义夹持”，意指在道德修养中既要“主敬”又要“集义”。

“天地之性”寓于“气质”之中时，“理”就会受到“气”的左右，而“气”有偏正，就会导致“理”有偏正：“气有偏正，则所受之理随而偏正；气有昏明，则所赋之理随而昏明。”“气”对“理”的影响，便成了人性善恶的根源。

程永奇在讨论人性善恶的根源之后，还解释了《中庸》所说的“未发之中”问题。它设问道：“既言气质之性有善恶，则不复有天地之性矣。子思子又有未发之中，何也？”然后解释说：“性固为气质所杂矣，然方其未发，中心湛然，物欲不生，则气虽偏而理自正，气虽昏而理自明，气虽有赢乏，而理则无胜负。及其感物而动，则或气动而理随之，或理动而气挟之，由是至善之理，听命于气，善恶由之而判矣。”“善恶之判”仍然是“气”的原因。最后，它援引朱熹的话证明其观点：“愚尝以是而质之先师矣，曰：‘未发之前，气不用事，所以有善而无恶。’至哉言乎。”①

程永奇在《性原》中所阐释的人性观实际上是对朱熹的继承。朱熹曾说：“天地之性，是理也。才到有阴阳五行处，便有气质之性，于此便有昏明厚薄之殊。‘得其性而最灵’，乃气质以后事。”②又说：“人物未生时，只可谓之理，说性未得，此所谓‘在天曰命’也。‘才说性时，便已不是性’者，言才谓之性，便是人生以后，此理已堕在形气之中，不全是性之本体矣。故曰‘便已不是性也’，此所谓‘在人曰性’也。大抵人有此形气，则是此理始具于形气之中，而谓之性。才是说性，便已涉乎有生而兼乎气质，不得为性之本体也。然性之本体，亦未尝杂。要人就此上面见得其本体，元未尝离，亦未尝杂耳。”③

第三，程永奇对“事”“理”关系的理解。

程永奇在“事”“理”关系上没有留下论述，我们只是在朱熹给程永奇的信中看出其观点。朱熹说：“示喻存心之说，此固为学之本，然来喻又有所谓有

---

① 以上未注出处的引文，均引自署名程永奇的《性原》，见程敏政辑：《新安文献志》卷三一，合肥：黄山书社，2004年版，第1册，第665～666页。

② 黎靖德辑：《朱子语类》卷九四，《朱子全书》第17册，上海：上海古籍出版社，合肥：安徽教育出版社，2002年版，第3134页。

③ 黎靖德辑：《朱子语类》卷九五，《朱子全书》第17册，上海：上海古籍出版社，合肥：安徽教育出版社，2002年版，第3196页。

是事必有是理者，不知又何从而察之耶？若如所谓‘当应事然后思是事之理，当接物然后思是物之理’，则恐思之不豫而无所及。若豫讲之，则又陷于所谓出位而思、念虑纷扰之病。窃意用力之久，必有说以处此矣，幸明告我，得以反复之。”①

这是现存的唯一一封朱熹给程永奇的信。程永奇的原信已不可见，只是从朱熹的复信看出，程永奇谈了他对《孟子》“存心”之说的看法，朱熹对此是赞同的；程永奇还讲到“事”“理”关系问题，“当应事然后思是事之理，当接物然后思是物之理”可能就是程永奇的观点，朱熹对此则不大赞同。

朱熹为什么不赞同，他没有展开说。我们揣测，可能是因为程永奇的观点在两个问题上与朱熹不一致：

一是“格物”问题。朱熹说过：“夫格物者，穷理之谓也。盖有是物必有是理，然理无形而难知，物有迹而易睹，故因是物以求之，使是理了然心目之间而无毫发之差，则应乎事者自无毫发之缪。”②他强调是物之“理”需要“因是物以求之”，这与程永奇的观点是一致的。但朱熹又认为，从具体事物中所体悟的“理”并不是至极的“理”，所以他说：“必使学者即凡天下之物，莫不因其已知之理而益穷之，以求至乎其极。至于用力之久，而一旦豁然贯通焉，则众物之表里精粗无不到，而吾心之全体大用无不明矣。此谓物格，此谓知之至也。”③在朱熹看来，“格物”既是“因其已知之理而益穷之”的过程，也是“一旦豁然贯通焉，则众物之表里精粗无不到，而吾心之全体大用无不明”的过程，这就不能停留于“应事然后思是事之理”“接物然后思是物之理”。

二是“理一分殊”问题。“理一分殊”是朱熹从他的老师李侗那里接受的程颐的思想。朱熹曾说：“伊川说得好，曰：‘理一分殊。’合天地万物而言，只

---

① 朱熹：《答程次卿》，《晦庵先生朱文公文集》卷五九，《朱子全书》第 23 册，上海：上海古籍出版社，合肥：安徽教育出版社，2002 年版，第 2812 页。

② 朱熹：《癸未垂拱奏札一》，《晦庵先生朱文公文集》卷一三，《朱子全书》第 20 册，上海：上海古籍出版社，合肥：安徽教育出版社，2002 年版，第 631 页。

③ 朱熹：《四书集注章句·大学章句》，《朱子全书》第 6 册，上海：上海古籍出版社，合肥：安徽教育出版社，2002 年版，第 20 页。

是一个理；及在人，则又各自有一个理。”[①]还说：“世间事虽千头万绪，其实只一个道理，‘理一分殊’之谓也。”[②]他沿着“理一分殊”的思路，不仅建立了“理”的本体论，还解释了世界的多样性统一问题。而程永奇所说的“应事然后思是事之理”“接物然后思是物之理”，显然看重的是“分殊”的“理”，而没有重视“理一”的“理”，而后者正是朱熹所重视的。

朱熹对程永奇在“事”“理”看法上的纠正，程永奇有什么反应，我们不知道，只是由此看出，他们师生之间在根本理论问题上是毫不容让的。师生之间可以有分歧、有争论，这是朱熹与其弟子之间在学术关系上的常态。不过，这并不影响朱熹弟子对朱学的坚守和忠诚。所以程永奇临终时还大书一个“敬”字，以表明他终身未忘朱熹的教诲。

朱熹去世之后，程永奇则主要致力于朱熹的易学研究，所以朱彝尊将他视为朱熹的易学传人[③]。只是他没有易学著作流传下来，我们也就无法知道他在易学上究竟取得哪些成就。

淳熙之后朱熹的徽州弟子

所谓淳熙之后朱熹的徽州弟子，是指朱熹离开婺源之后所收的徽州弟子。朱熹回婺源，执经请问的徽州子弟不止上述诸人，但真正进入朱门的仅以上数人。不过，朱熹离开婺源之后，仍有一些徽州子弟师从他。金朋说、李季札、吴昶等便是朱熹离开婺源之后进入朱门的徽州弟子。

金朋说

金朋说（生卒年不详）字希博，休宁人。《江南通志》曾记载时任鄱阳县知县的金朋说事迹：“时厉‘伪学’之禁，凡荐举改官，悉令漕帅取状方得擢用。

---

① 黎靖德辑：《朱子语类》卷一，《朱子全书》第 14 册，上海：上海古籍出版社，合肥：安徽教育出版社，2002 年版，第 114 页。

② 黎靖德辑：《朱子语类》卷一三六，《朱子全书》第 18 册，上海：上海古籍出版社，合肥：安徽教育出版社，2002 年版，第 4222 页。

③ 参见朱彝尊：《经义考》卷二八三，见《文渊阁四库全书》第 680 册，台北：台湾商务印书馆，1983 年版，第 636、637 页。

朋说应荐上状言:‘素师朱熹,讲孔孟及程氏《遗书》,实不知为伪。’遂解职归。”[①]为表达对“伪学”之禁的不满,金朋说毅然放弃了仕途,回到故里。

《江南通志》载金朋说“素师朱熹”,但没有讲清楚他是什么时候进入朱门。而《休宁县志》的“金朋说传”载:“先是,从晦翁问学信州时,晦翁尝称:‘希博实吾乡古博君子,不当在弟子列。至于论辨义理,穷极精微,吾甚重之。’”[②]这里所记的大概就是他初入朱门之事,时间应在淳熙六年(1179)。淳熙五年(1178)八月,朱熹因史浩荐差知南康军,他虽屡辞,但不果,便于淳熙六年正月起行,于二月四日至铅山。朱熹在铅山时,就教的士子甚多,金朋说问学于朱熹可能就在此时。故可将金朋说视为朱熹淳熙三年(1176)之后所收的徽州弟子。

黄宗羲在《宋元学案》中曾说:“新安之学,自山屋一变而为风节。”[③]从金朋说面对“伪学”之禁的态度来看,重“风节”似乎不始于许月卿,而是朱门的传统。

李季札

继金朋说之后进入朱门的徽州子弟是李季札。

李季札(生卒年不详)字季子,号明斋,婺源人,李缯之子。黄宗羲据《徽州府志》说,李季札“从朱子学,有《问答》,见《朱子语录》。著有《近思续录》《字训续编》诸书”[④]。此外,李季札还著有《明斋蛙见录》《肤说》《仁说》及《会遇集》《家塾纪闻》诸作[⑤]。李季札的著作虽多,可惜均散佚不传。

黄宗羲所说的李季札“从朱子学”,没有说明是在何时。施璜在《紫阳书

① 赵宏恩等监修、黄之隽等撰:《江南通志》卷一六四,见《文渊阁四库全书》第511册,台北:台湾商务印书馆,1983年版,第702页。

② 转引自束景南:《朱熹年谱长编》卷上,上海:华东师范大学出版社,2001年版,第616页。

③ 黄宗羲原本、全祖望修定:《宋元学案》卷八九《介轩学案》,《黄宗羲全集》第6册,杭州:浙江古籍出版社,1992年版,第501页。

④ 黄宗羲原本、全祖望修定:《宋元学案》卷六九《沧州诸儒学案》,《黄宗羲全集》第5册,杭州:浙江古籍出版社,1992年版,第782页。

⑤ 参见程曈:《新安学系录》卷八《李季子》,合肥:黄山书社,2006年版,第162页。

院志》中则说："文公自闽还婺源省墓，季札师之。"①一些学者即据此断言李季札是朱熹淳熙三年(1176)回婺源时所收的弟子。其实，施璜的说法是不确切的。

朱熹回婺源时，曾在李缯弟子程洵的陪同下游览了李缯的钟山书院，李季札当时也确实在旁陪侍。但能否由此表明李季札此时已入朱熹之门呢？我们认为是不可以的。因为朱熹在庆元元年(1195)提到李缯、李季札父子时，还这样说："靖康之乱，中原涂炭，衣冠人物萃于东南。吕公广问仁父来主婺源簿，而奉其兄和问节夫以俱，又有维扬罗公靖仲共、竦叔共亦来客焉，于是李氏父子得从之游。"②也就是说，在时隔将近 20 年后，朱熹仍然认为李氏父子是从学于吕和问的。黄宗羲就是根据朱熹这段话，在《宋元学案》中将李缯、李季札父子视为尹焞之学的传人，并列出如下的传学世系："尹焞—吕和问—李缯—子季札"③。

又，朱熹在回顾与李缯的交往时还说过："予之先世家婺源，与公为同县人，而客于建也久矣。绍兴庚午岁，予年二十余，始得一归故乡，拜其坟墓宗族姻党，于是乃获识公，而听其余论，心固已知其贤，然是时年少新学，未能有以扣也。中年复归而再见公，然后从游益亲，而公已营钟山所住，为将老焉之计矣。两林之间，渠清沼深，竹树蒙密，时命予与程弟允夫徜徉其间，讲论道义，谈说古今，觞咏流行，屡移晷刻。间乃出其平生所为文词，使予诵之，则皆高古奇崛，而深厚严密如其为人。予以是心益敬公，而自恨其不能久留，以日相与追逐于东阡北陌之间也。"④朱熹这段回忆的重点是淳熙三年(1176)在程洵陪

① 施璜等:《紫阳书院志》卷八《李明斋先生》，见赵所生等主编:《中国历代书院志》第 9 册，南京:江苏古籍出版社，1995 年影印本，第 542 页。

② 朱熹:《跋吕仁甫诸公帖》，《晦庵先生朱文公文集》卷八三，《朱子全书》第 24 册，上海:上海古籍出版社，合肥:安徽教育出版社，2002 年版，第 3935 页。

③ 黄宗羲原本、全祖望修定:《宋元学案》卷二七《和靖学案》，《黄宗羲全集》第 4 册，杭州:浙江古籍出版社，1992 年版，第 268、256 页。

④ 朱熹:《跋李参仲行状》，《晦庵先生朱文公文集》卷八三，《朱子全书》第 24 册，上海:上海古籍出版社，合肥:安徽教育出版社，2002 年版，第 3934～3935 页。

同下游钟山书院的过程。他与程洵徜徉于钟山书院，与李缯“讲论道义，谈说古今，觞咏流行，屡移晷刻”，李缯“间乃出其平生所为文词”，使朱熹“诵之”。从朱熹的回忆可以看出，随侍的李季札当时是没有置喙的时机的。

施璜将李季札进入朱门的时间定为淳熙三年(1176)，很可能是受《朱子语类》的误导。《朱子语类》收有李季札所记的朱熹语录30余条。《朱子语类》编者认为这30余条语录是李季札分别录于“丙申”(即淳熙三年，1176)、“乙卯”(即庆元元年，1195)①两年。《朱子语类》编者所说的录于“丙申”年的朱熹语录，指的大概是下面这条：“先生游钟山书院，见书籍中有释氏书，因而揭看。先君问：‘其中有所得否?’曰：‘幸然无所得。吾儒广大精微，本末备具，不必它求。’”②《朱子语类》编者没有注意到，在李季札的记述中，不仅称朱熹为“先生”，还称李缯为“先君”，这表明这段语录是李季札在李缯去世之后的追记，而不是当时的记录。所以根据《朱子语类》并不足以证明淳熙三年(1176)李季札已入于朱熹门下。

我们认为，李季札从学于朱熹的时间，最有可能是庆元元年(1195)。这一年，李季札带着程洵所撰写的李缯行状到考亭拜见朱熹，欲请朱熹为李缯铭墓(李季札此行还带有家藏的吕广问等人手迹以及《二程先生语录》。朱熹的《跋吕仁甫诸公帖》《书李参仲家藏二程先生语录后》二文即作于此时)。朱熹在《跋李参仲行状》一文中，就曾提到李季札请其作墓志铭事，他说：“钟山先生李公参仲之子季札奉其先君子行状一通，不远数百里谒予于建溪之上，拜起垂泣，而以铭墓为请。”朱熹则以“病衰，心力凋耗，把笔欲下，而神已不俱

---

① 参见黎靖德辑：《朱子语类·姓氏》，《朱子全书》第18册《附录一》，上海：上海古籍出版社，合肥：安徽教育出版社，2002年版，第4347页。

② 黎靖德辑：《朱子语类》卷一二六，《朱子全书》第18册，上海：上海古籍出版社，合肥：安徽教育出版社，2002年版，第3937页。

来"[①]为辞，仅书"有宋钟山先生李公之墓"与之[②]。虽然李季札请朱熹铭墓的目的没有达到，但此行为他师从朱熹提供了机会。

李季札入朱熹之门后，大概研习《孟子》《论语》颇下功夫，所以《朱子语类》中由李季札所记的朱熹语多为对《孟子》《论语》的阐发。朱熹去世后，他与程永奇一样，继续致力于朱熹易学的研讨。方岳[③]在《过李季子丈》一诗中就提到李季札曾经注《易》。其诗曰：

> 《易》在床头注未成，晦庵往矣与谁评。深衣静对山逾好，语录重抄眼尚明。春晚有诗供杖屦，日长无事乐锄耕。家风终与常人别，只听芭蕉滴雨声。[④]

朱彝尊将李季札视为朱熹的传《易》弟子[⑤]，依据的可能就是此诗。而方岳在诗中所说的"语录重抄眼尚明"，是指重抄李季札所录、收于《池州语录》又被黎靖德等转收于《朱子语类》中的那 30 余条语录，还是指重抄已刊印的朱熹语录，不得而知。

吴昶

朱熹回婺源，率先谒见他的不是滕璘兄弟，也不是程永奇，而是吴昶。

吴昶(？—1219)字叔夏，自号友堂，被学者称为"友堂先生"，歙县人(朱彝尊《经义考》作休宁人)。据《(吴氏)家乘》的"吴昶传"载，他"少刻志为学，

---

① 朱熹：《跋李参仲行状》，《晦庵先生朱文公文集》卷八三，《朱子全书》第 24 册，上海：上海古籍出版社，合肥：安徽教育出版社，2002 年版，第 3934 页。

② 黎靖德辑：《朱子语类》卷一〇七，《朱子全书》第 17 册，上海：上海古籍出版社，合肥：安徽教育出版社，2002 年版，第 3508 页。

③ 方岳(1199—1262)字巨山，号秋崖，祁门人。理宗绍定五年(1232)进士，曾为文学掌教，后任袁州太守，官至吏部侍郎。因忤权要史嵩之、丁大全、贾似道诸人，仕途颇为坎坷。他善于诗词，其诗质朴自然，其词风格清健，多爱国忧时之情。著有《秋崖先生小稿》，明嘉靖本为 83 卷，四库馆臣改编为 40 卷，题为《秋崖集》。

④ 方岳：《过李季子丈》，《秋崖集》卷九，见《文渊阁四库全书》第 1182 册，台北：台湾商务印书馆，1983 年版，第 231 页。

⑤ 参见朱彝尊：《经义考》卷二八三，见《文渊阁四库全书》第 680 册，台北：台湾商务印书馆，1983 年版，第 637 页。

通《五经》，时罗鄂州端良（即罗愿）、洪内翰景庐（即洪迈）、程尚书泰之（即程大昌）皆负重名当世，先生悉与之友，文名藉甚”。淳熙三年（1176），朱熹以扫墓归婺源时，吴昶“幡然悟俗学之陋，率先执经馆下，获闻伊洛至论”。

有学者据《家乘》所载的“率先执经馆下，获闻伊洛至论”，即断言吴昶于朱熹回婺源时即为朱熹弟子，这是不确切的。其时的吴昶，已经“通《五经》”，并与著名学者罗愿、洪迈、程大昌等为友，他本人也“文名藉甚”，似乎不至于一见朱熹即拜入他的门下[①]。而就学术交往来说，吴昶当时可能与程大昌的关系更接近，程大昌著《雍录》《禹贡图》《演繁露》诸书，吴昶皆“为之折衷”，这也是吴昶未入朱门之证。吴昶在《奉和晦翁梅花诗》一诗中还写道：“玉蕊开何早，吟身赏却迟。”[②]此诗句或即寓有他入朱门较迟之意。

吴昶真正入朱熹门下，当在庆元二年（1196）。《家乘》载，此时，“‘伪学’党作，弟子多更名他师，而先生志益坚，徒步走寒泉精舍[③]，就正所学，得文公心印。文公深嘉之，书翰往来不辍，待之与滕德粹、德章、程允文相等”。在朱熹承受着“‘伪学’党作”的打击之时，吴昶却能徒步跋涉，向朱熹“就正所学”，朱熹对吴昶的印象也就可想而知了，更何况吴昶的学业原有根基，又尽能得其“心印”，朱熹“深嘉之”也就很自然了。吴昶回徽州时，还“请得文公亲笔《四书注》稿以归”，他也“终身守其师说，造诣愈深”。回新安后，吴昶则“安贫守道，意薄进取，以荐征为郡校书，弗就”。他著有《易论》《书说》《史评》及《诗文集》等[④]，朱彝尊在《经义考》中亦将吴昶列为朱熹传《易》门人。

---

① 按，束景南也说“吴昶淳熙三年方识朱熹，庆元中始来受学”。参见束景南：《朱熹年谱长编》卷下，上海：华东师范大学出版社，2001 年版，第 1244 页。

② 吴昶：《奉和晦翁梅花诗，时胡氏卒，借韵写怀》，转引自署赵汸辑：《程朱阙里志》卷首《汇增》，雍正三年（1725）重刊本。

③ 按，当为沧州精舍（后名考亭书院）。绍熙三年（1192），朱熹于考亭建竹林精舍，绍熙五年（1194）加以扩建，更名沧州精舍。绍熙三年（1192）至去世，朱熹大部分时间便讲学著述于此。

④ 按，吴昶生平皆据佚名《（吴氏）家乘·友堂吴先生（昶）小传》，见程敏政辑：《新安文献志》卷六九，合肥：黄山书社，2004 年版，第 2 册，第 1701 页。

二、朱熹在徽州的私淑弟子

孟子说:“予未得为孔子徒也,予私淑诸人也。”此后便将虽未受到某人亲自教授但钦仰其学识、视其为师者,称为“私淑弟子”。

在徽州地区,除了上述朱熹的亲炙弟子外,还有虽未进入朱门但同样崇奉朱学者,这便是朱熹的私淑弟子。朱熹在徽州地区最早的私淑弟子主要有汪莘、谢琎、许文蔚等,他们也应该是徽州地区朱学群体的一部分。

汪莘

汪莘(1155—?)字叔耕,休宁人。李以申[①]在其所作的《汪居士莘传》中说:“(莘)自幼不羁,寖长,卓荦有大志,不肯降意场屋声病之文,乃退安丘园,读《易》自广。凡韬钤之书、释老之典,靡不究习。屏居黄山,稍遂高蹈意。”又说:“西山真公德秀在直院日,尝欲其俯屈以访诸贤,其自重如此。徐贰卿谊帅江东,谓其履行素高,移檄本郡,使备书史笔札抄录著述,欲以遗逸引荐于朝,不果。筑室柳溪之上,圃以方渠,自号方壶居士。每醉必浩歌赋诗,以宣其郁积。有《柳塘诗词》传于世。”[②]这就是李以申笔下的汪莘,一位举止不羁、高蹈遗世的学者。

其实,这并不是汪莘的真实写照。汪莘虽然自负,但不是不问世事的隐者。绍熙五年(1194)[③],宁宗下诏求言,汪莘“遂三叩天阍,论天变人事、民穷

---

① 按,李以申(生卒年不详),四明人,曾知溧水县。端平二年(1235)任徽州府学教授,时为徽州郡守的刘炳,请李以申续撰新安志(参见朱同:《重编新安志序》,《覆瓿集》卷四,《文渊阁四库全书》本),于是撰成《新安续志》八卷。

② 李以申:《汪居士莘传》,见程敏政辑:《新安文献志》卷八七,合肥:黄山书社,2004年版,第3册,第2131、2132页。

③ 据束景南说。参见束景南:《朱熹年谱长编》卷下,上海:华东师范大学出版社,2001年版,第1155、1156页。按,束景南指出,汪莘于“嘉定间上书,乃误”。嘉定(1208－1224)为宋宁宗最后一个年号,此时朱熹已经去世多年,汪莘自不可能通书于朱熹。《紫阳书院志》乃承李以申的“汪莘传”之误。

吏污之弊，行师布阵之法，不报。慈湖杨公简见其书，曰：'真爱君忧国之言也。'"[①]

其时，朱熹正奉召赴经筵，尚未至，汪莘即"逆通书"，言：

> 先生劝讲经筵，实居师保之职。前日责在大臣，今日责分先生矣。财不待先生而富，兵不待先生而强，惟主上父子之间，诸公所不能济者，待先生而济。先生道大而德粹，才高而义精，其必有以处此。惜乎非莘之所得闻也。虽然，徐徐乎其为主上感动之实，而汲汲乎其为泰安之居，恐不可得而遂也。惮于为父子深爱之本，而利于为体貌臣工之末，以是为治，未有能久者也。莘平生闻先生之风，慕悦之，父母如也；尊敬之，神明如也，想象愿见而不获者，凡二十年。具有本末，以二十年尊敬、慕悦、想象之心，幸而一旦天与之获见之便，岂欲以背时之言，挠其亲而慢其神哉。

又说：

> 今日之事，先生建明稍缓，窃恐言者已伺其后，是非特不能为天下学道者之地，亦不能为后世学道者之地矣。[②]

汪莘这番进言，可能得到朱熹的认可，故李以申说"朱子深重之，用其言"[③]。

从汪莘此信可以看出，他对朱熹仰慕之深、期待之切，但能不能由此就断言汪莘为朱熹的弟子[④]？恐怕不行。汪莘曾写有《怀朱晦庵先生》一诗，他在

---

① 李以申：《汪居士莘传》，见程敏政辑：《新安文献志》卷八七，合肥：黄山书社，2004年版，第3册，第2131页。

② 汪莘：《辞晦庵朱侍讲书》，《方壶存稿》卷一，见《文渊阁四库全书》第1178册，台北：台湾商务印书馆，1983年版，第120页。

③ 李以申：《汪居士莘传》，见程敏政辑：《新安文献志》卷八七，合肥：黄山书社，2004年版，第3册，第2131～2132页。

④ 按，施璜等在《紫阳书院志》中说："方壶先生在紫阳弟子之列。"但在陈荣捷的《朱熹门人》一书中，就没有将汪莘列为朱熹弟子。

诗的最后写道："自怜晚辈服膺久，亦许杖屦来相寻？"[①]"杖屦"一语表明此诗作于汪莘晚年，也就是说，尽管汪莘自称"晚辈"，并且一直"服膺"朱熹，但直到晚年，他依然希望能够"杖屦相寻"，入于朱熹之门，可见他并未成为朱熹弟子。而此时朱熹已经去世多年，他的"杖屦相寻"，也就只能是一种愿望的表达罢了[②]。

朱熹在文集中保存有他给汪莘的两封信，这或许是人们将汪莘视为朱熹亲炙弟子的依据。其实，从朱熹的这两封信中依然看不出他们有师生关系。如在第一封信中，朱熹说："顾惟衰晚，于道既无所闻，不足以堪见予之意；而少日粗亲笔研，终不能窥作者藩篱，且自觉其初无补于身世，遂用绝意，弃去不为，今数十年矣，又无以知所论之中失而上下其说也。然私窃计之，乡道之勤、卫道之切，不若求其所谓道者而修之于己之为本；用力于文词，不若穷经观史以求义理而措诸事业之为实也。盖人有是身，则其秉彝之则初不在外，与其乡往于人，熟若反求诸己？与其以口舌驰说而欲其得行于世，孰若得之于己而一听其用舍于天耶？至于文词，一小伎耳。以言乎迩，则不足以治己；以言乎远，则无以治人，是亦何所与于人心之存亡、世道之隆替，而校其利害，勤恳反复，至于连篇累牍而不厌耶？足下志尚高远，才气明决，过人远甚，而所以学者未足以副其天资之美，熹窃惜之。又念其所以见予之厚而不忍忘也，不敢不尽其愚。足下试一思之，果能舍其旧而新是图，则其操存探讨之方，固自有次第矣。"[③]所引这段文字的最后数语，就不像师生之间的对话。

在第二封信中，朱熹一则说："今承来喻，将欲捐其逐末玩华之习，而加反本务实之功，则善矣。然所论周、程传授次第，恐亦有未易言者。而以《太极

① 汪莘：《怀朱晦庵先生》，见程敏政辑：《新安文献志》卷五四，合肥：黄山书社，2004年版，第2册，第1234页。按，"服膺"一作"膺服"。

② 按，汪莘的"杖屦相寻"句表明他写《怀朱晦庵先生》一诗是在"筑室柳溪"后。而汪莘"筑室柳溪"当在真德秀"直院日"引荐汪莘于朝不果之后。真德秀任礼部侍郎兼直学士院、侍读，是在嘉定十七年(1224)，此时朱熹已经去世20余年。

③ 朱熹：《答汪叔耕》，《晦庵先生朱文公文集》卷五九，《朱子全书》第23册，上海：上海古籍出版社，合肥：安徽教育出版社，2002年版，第2813～2814页。

图》为有单传密付之三昧，则又近世学者背形逐影、指妄为真之弊也。”

再则说：“《不欺论》中所谈儒、佛同异得失，似亦未得其要。至论所以求乎儒者之学，而以平其出入之息者参之，又有忘心忘形、非寐非寤、虚白清镜、火珠静月每现辄变之说，则有大不可晓者。不知儒者之学，自《六经》、孔孟以来，何尝有是说？而吾子何所授受而服行之哉？所以求之者如是之杂，无怪乎愈求而愈不得也。而反自谓将从主静持敬、应事接物以求之，则有没世而不能达者，是岂应事接物、主静持敬之罪哉？如此不已，不唯求之不得而已，愚恐其必将有狂易丧心之患，窃为吾子忧之，不敢不以告也。”[①]

从朱熹这两封信可以看出，汪莘与朱熹的思想相去甚远，其不同尤其表现在口称“乡道之勤、卫道之切”而不能“修之于己”，只是“用力于文词”而不能“求义理而措诸事业”，以及将儒者之学混于“忘心忘形”“虚白清镜”的佛学这两方面。从朱熹信中的语气看，对汪莘点拨、告诫则有之，若说是对弟子的教诲则非，否则，怎会有“窃为吾子忧之，不敢不以告也”之语？

然则，汪莘对朱熹的仰慕是真诚的，只是等他领悟朱学之时，已经来不及在朱熹生前进入朱门了。尽管如此，但他仍愿“杖屦相寻”，追随朱学，所以我们将汪莘视为朱熹的私淑弟子。

谢琎

谢琎（1162—1238）字公玉，号彦德，别号竹山，祁门人。宝庆二年（1226），由特奏名授迪功郎、龚州（今广西平南县）助教。绍定二年（1229）归里，讲学于所筑之虚直楼。著有《语录》《日录》及《竹山遗略》等。

人们多认为谢琎是从朱熹“讲性命之旨，遂受学焉”[②]的亲炙弟子。从现存文献看，最早将谢琎视为朱熹弟子的或为张应龙，他曾说：“先生刻志问学，

---

① 朱熹：《答汪叔耕》，《晦庵先生朱文公文集》卷五九，《朱子全书》第 23 册，上海：上海古籍出版社，合肥：安徽教育出版社，2002 年版，第 2814～2815 页。

② 施璜等：《紫阳书院志》卷八《谢公玉先生》，见赵所生等主编：《中国历代书院志》第 9 册，南京：江苏古籍出版社，1995 年影印本，第 544 页。按，史志所载的谢琎从朱熹“讲性命之旨”一说，最早见于《江南通志》卷一六四《人物志・儒林二》。

气质不凡。从游朱夫子之门。”[①]此后，谢琎五世孙谢温于明初曾携谢琎墓中所存的圹志一通谒著名学者汪克宽，请其表谢琎之墓，并说：“余祖常游紫阳朱夫子之门，学行醇正，为时名儒，所著有《语录》《日录》若干卷藏于家。壬辰兵变，挈家逃难入山，遗文散逸，不复得而见矣。”汪克宽后来“尝考诸先世遗录及宋元间邑乘”，对谢琎的为学作了如下的概括：“尝从朱夫子讲性命之旨。盖其学始于格物致知，而继之诚意正心以修其身；始于齐家，而终于治国平天下；始于成己，而终至于成物。其才识学行足臻远大，而官不配德，使公不得展其所蕴，同志咸惜之。”[②]这也是人们说谢琎曾从朱熹“讲性命之旨”的根据之一。

但是，无论是谢温所说的谢琎“常（通‘尝’）游紫阳朱夫子之门”，还是汪克宽所说的谢琎“尝从朱夫子讲性命之旨”，其可靠性都是令人怀疑的。因为汪克宽在文中谈到谢琎的生平时说过，谢琎“嘉泰初，尝佐邑宰林侯士谦兴建庙学”。嘉泰（1201—1204）是宋宁宗的第二个年号，林士谦是嘉泰二年（1202）知祁门县的[③]，谢琎佐林士谦“兴建庙学”即在此年。这时，朱熹已经去世，而谢琎尚为诸生[④]，实在看不出他有与朱熹“讲性命之旨”并成为朱熹弟子的可能。

谢琎虽然没有机会与朱熹“讲性命之旨”，但并非没有接触朱学的可能。林士谦便是朱熹弟子[⑤]。《朱子语类》曾记林士谦初见朱熹问“仁智自得处”，朱熹当时作了如下的回答：“仁者得其为仁，智者得其为智，岂仁智之外更有

---

① 张应龙：《虚直楼记》，《竹山遗略》附录，安徽省图书馆藏咸丰蛾术斋刊本。

② 以上引文，均引自汪克宽：《宋故迪功郎敕授龚州助教谢公墓表》，《环谷集》卷八，见《文渊阁四库全书》第1220册，台北：台湾商务印书馆，1983年版，第719页。

③ 按，林士谦（生卒年不详）为永嘉人，嘉泰二年（1202），林士谦知祁门县（参见《（弘治）徽州府志》卷四），并于此年重建县学大成殿，绘从祀者于四壁，谢琎佐之（参见《（弘治）徽州府志》卷五）。

④ 按，《（弘治）徽州府志》载：“嘉泰初，尝以诸生佐邑宰林士谦兴建邑学及夫子庙。”参见彭泽主修、汪舜民等纂：《（弘治）徽州府志》卷七《人物一・硕儒》，上海：上海古籍书店，1982年影印《天一阁藏明代方志选刊》本。

⑤ 陈荣捷说，《考亭渊源录》《理学通录》《儒学宗派》均将林士谦“列为弟子”。参见《朱子门人》，台北：台湾学生书店，1982年版，第142页。

自得？公此问不成问。且去将《论语》从‘学而时习’读起，《孟子》将‘梁惠王’读起，《大学》从‘大学之道在明明德’读起，《中庸》从‘天命之谓性’读起。某之法是如此，不可只摘中间一两句来理会，意脉不相贯。”①因此，虽然谢琎未必是林士谦的弟子，但林士谦有可能成为谢琎走向朱学的桥梁。谢琎在治学上能够“始于格物致知，而继之诚意正心以修其身；始于齐家，而终于治国平天下；始于成己，而终至于成物”，与朱熹所倡导的治学之道相合，未必不是得益于林士谦。当然，谢琎积极佐林士谦“兴建庙学”，与他对朱熹的崇敬也不无关系。

汪克宽还说：“当朱夫子倡道之时，海内豪杰之士闻而从之者日众，而祁之人士得及其门者惟公一人而已。故自公殁而其传泯焉，然数世之下，犹有闻风而兴起者，未必不自公始也。”②虽然汪克宽说谢琎为朱熹及门弟子不确切，但他说谢琎是在祁门弘扬朱学的第一人，是不错的。据说，谢琎还在龚州（广西平南县的古称）助教任上，“阐明紫阳之道，俾龚人士流衍浸灌，风一道同，媲美中土”③，也就是说，谢琎还为朱学传播于岭南作过贡献。由于我们没有证据证明谢琎为林士谦弟子（即无法确定谢琎为朱熹的再传弟子），故将谢琎视为朱熹的私淑弟子。

许文蔚

许文蔚（生卒年不详）字衡甫，号环山，休宁人。《（弘治）徽州府志》说，许文蔚“幼贫苦学，绍熙庚戌（1190）以上舍擢第，教授通州，丁内艰。服阕，为海陵丞，明达善断，裁剖如流。有旨审察，文蔚耻于呈身干进，杜门不出者六年。朝廷嘉其恬退，以户部架阁召，未至，除国子学录，迁国子博士，徙秘书郎，兼庄文府教授、秘书丞兼兵部郎官，迁著作郎，卒。文蔚自早岁从吕东莱、朱晦

---

① 黎靖德辑：《朱子语类》卷一二〇，《朱子全书》第18册，上海：上海古籍出版社，合肥：安徽教育出版社，2002年版，第3792页。

② 汪克宽：《宋故迪功郎敕授龚州助教谢公墓表》，《环谷集》卷八，《文渊阁四库全书》本。

③ 《（同治）祁门县志》卷二三《人物志一·儒林》，见《中国地方志集成·安徽府县志辑》第55册，南京：江苏古籍出版社，1998年版，第272页。

庵讲学，发为文辞，皆根源道义，粹然自胸中流出。平生笔耕，所储倒橐买田百亩为义庄，以赡宗族，申省立约，为悠久计”[①]。《万姓统谱》在谈到许文蔚的学术渊源时也说，他“尝从朱熹、吕祖谦游”[②]，《宋元学案补遗》因此既将他列为朱熹弟子，又将他视为吕祖谦门人[③]。

许文蔚的同乡程珌[④]曾为许文蔚撰写过墓志，在墓志中对许文蔚评价甚高。程珌说：“士林之论，以公有不可学者三焉：权势，人之所趋也，方权臣擅柄之日，诣其门者立登丞弼，公恶其为人，至不篮铨部。富贵，人之所欲也，公以小宰梁公荐，有掌故之命矣，乃五年卧家，不以姓名自达。张参政开督府，辟公为属，公力辞避，且极言调发之非。贫贱，人之所恶也，自壮至老，布衣蔬食，一室萧然，疏帏败席，有野人之所不堪者。五十年官学之积，委诸橐中，居乏寸椽，耕无尺地，而经理曾不及焉。盖公之学，一出于诚。壮从诸公游，晚授学学者，一言一行，悉以不欺为主。故凡出公之门者，质而不华，诚而不伪，垕而不薄，望而知其为公之徒也。”[⑤]既然程珌说这是“士林之论”，自然就是当时的公论了。

不过，程珌在墓志中并没有说许文蔚“从朱熹、吕祖谦游”，而只是说他“壮从诸公游，晚授学学者”。这引起陈荣捷的注意，他由此怀疑许文蔚为朱熹弟子，说：“然《补遗》所引程洺水墓志曰：‘壮从诸公游，晚授学者。’并未明言与朱子游。考其年岁，与朱子相若。苟尝从游，为时必暂，否则不至墓志只

① 彭泽主修、汪舜民等纂：《（弘治）徽州府志》卷七《人物一·文苑》，上海：上海古籍书店，1982年影印《天一阁藏明代方志选刊》本。

② 凌迪知：《万姓统谱》卷七六，见《文渊阁四库全书》第957册，台北：台湾商务印书馆，1983年版，第129页。

③ 参见陈荣捷《朱子门人》，台北：台湾学生书店，1982年版，第201页。

④ 按，程珌（1164—1242）字怀古，号洺水遗民，休宁人。绍熙四年（1193）进士，授昌化主簿。先后任建康府教授，知富阳县，主管官诰院，任宗正寺主簿、枢密院编修官及浙西提举常平、秘书丞，累迁礼部侍郎兼直学士院、礼部尚书。淳佑二年（1242）以端明殿学士致仕，封新安郡侯，赠特进少师。著有《洺水集》60卷（已佚），明嘉靖三十五年（1556）程元昞辑为26卷。

⑤ 程珌：《许郎中墓志铭》，《洺水集》卷一四，见《宋集珍本丛刊》第71册，北京：线装书局，2004年版，第126页。

泛言‘诸公’，而《文集》《语录》全无影迹也。恐《万姓统谱》附会‘诸公’之语，便以为朱、吕二公耳。故是否文公弟子，尚有可疑。”[①]

程珌与许文蔚是大体同时代的人，并且是同乡，他的记述应该是可靠的，更何况朱熹、吕祖谦都是一代硕儒，从他们游，也并不是受辱没的事，如果确有其事，本是可以直书的[②]。因此，我们也认为许文蔚“是否文公弟子，尚有可疑”，故暂将他视为朱熹的私淑弟子。

汪楚材

汪楚材（生卒年不详）字太初，又字南老，休宁人。绍熙元年进士（1190），历官承直郎、湖南安抚司干办公事、广西运司干官。人们一直把他视为朱熹弟子，甚至认为他是朱熹的“及门弟子”。

视汪楚材为朱熹弟子的依据，可能是程敏政的《新安文献志》，他在此书中曾明确说汪楚材“师朱子”[③]。后来，程曈《新安学系录》的《汪运干》一目在介绍汪楚材时，附载了朱熹答复汪楚材的信[④]，他似乎想借此暗示汪楚材是朱熹的弟子。其实，将汪楚材视为朱熹弟子的看法，还可以追溯到南宋时期的方岳，他在跋赵漕元的文稿时说：“今子之先君子学于汪太初，太初学于紫阳夫子。”[⑤]

但是，在现存文献中，我们却找不到汪楚材师从朱熹的证据，仅《（弘治）徽州府志》“汪楚材传”载：“楚材喜问学，尝以书通朱晦庵、吴竹洲，二公俱器

---

① 陈荣捷：《朱子门人》，台北：台湾学生书店，1982年版，第201页。

② 按，程敏政在《新安文献志》中收录的程珌所作的许文蔚墓志，仍作“壮从诸公游，晚而授学者”，而清人施璜等在《紫阳书院志》中摘引程珌所作许文蔚墓志时，则改为“壮从文公游，晚而授学者”（参见施璜等：《紫阳书院志》卷八《许衡甫先生》，见赵所生等主编：《中国历代书院志》第9册，南京：江苏古籍出版社，1995年影印本，第545页）。施璜之改，或许是为了迁就他的所谓“十二高弟”说。

③ 程敏政：《新安文献志・先贤事略上》，合肥：黄山书社，2010年版，第1册，第21页。

④ 参见程曈《新安学系录》卷八《汪运干》，合肥：黄山书社，2006年版，第162～164页。

⑤ 方岳：《跋赵漕元文稿》，《秋崖集》卷三八，见《文渊阁四库全书》第1182册，台北：台湾商务印书馆，1983年版，第603页。

之，告以圣门为学工夫次第及佛老之弊，遂以儒硕知名。”[①]

汪楚材给朱熹、吴儆的信已经无法看到，但朱熹和吴儆给汪楚材的复信尚保存在他们各自的文集中。朱熹在复信中说：“四月八日，同郡朱熹顿首复书汪君太初茂材足下：熹于足下虽得幸同土壤，而自先世流落闽中，以故少得从故里之贤人君子游，顾其心未尝一日而忘父母之邦也。属随宦牒来官庐阜，同郡诸生间有肯相过者，而足下乃以手书先之，三复诲谕，喜幸无穷。又承示以文编，益钦德学之盛，而恨其未得少奉从容也。”[②]从朱熹所说的“官庐阜”来看，他的复信应该写于南康。朱熹是淳熙六年（1179）三月三十日到南康任、交接郡事的，那么，他给汪楚材的复信也写于此年的四月八日了。

朱熹在信中指出了当时士人的两种倾向，即：“天下之士不志于学，则泛然无所执持而徇于物欲”；“幸而知志于学”，则又“溺于老佛之说”。最后告诫汪楚材：“抑尝闻之，学之杂者似博，其约者似陋。惟先博而后约，然后能不流于杂而不掩于陋也。故《中庸》明善居诚身之前，而《大学》诚意在格物之后。此圣贤之言可考者然也，足下其试思之。未即会晤，惟进学自爱为祷。”[③]朱熹在复信中，虽然谆谆教导汪楚材在为学上要防止“徇于物欲”“溺于老佛”两种倾向，又指出在治学方法上“先博而后约”，以便能“不流于杂”“不掩于陋”，但总还是一般的奖掖后学之意，而不是教导弟子的语气。最后所说的“未即会晤，惟进学自爱为祷”，更表明他并未把汪楚材视为入门弟子。

汪楚材在给朱熹去信的同时，也给吴儆去了信，吴儆也有复信，而且吴儆的复信可能还不止一封，只是在吴儆的文集中仅保存了一封。汪楚材与吴儆的书信往来，与汪楚材是不是朱熹弟子已经没有什么关系，这里就姑且不去讨论（吴儆给汪楚材的复信，在下一章中我们还要谈到）。

---

① 彭泽主修、汪舜民等纂：《（弘治）徽州府志》卷八《人物二・宦业》，上海：上海古籍书店，1982 年影印《天一阁藏明代方志选刊》本。

② 朱熹：《答汪太初》，《晦庵先生朱文公文集》卷四六，《朱子全书》第 22 册，上海：上海古籍出版社，合肥：安徽教育出版社，2002 年版，第 2118 页。

③ 朱熹：《答汪太初》，《晦庵先生朱文公文集》卷四六，《朱子全书》第 22 册，上海：上海古籍出版社，合肥：安徽教育出版社，2002 年版，第 2118～2119 页。

因为实在无法找到汪楚材是朱熹弟子的佐证，所以陈荣捷方说汪楚材“实未足以当学侣，遑云弟子”①。既然没有证据证明汪楚材是朱熹弟子，何以方岳又说“太初学于紫阳夫子”呢？为稳妥起见，我们暂将汪楚材视为朱熹的私淑弟子。

三、“十二高弟”：虚构的徽州朱学群体

讨论徽州朱学群体时，自然会碰到所谓“十二高弟”问题。

什么叫“高弟”？司马贞的《史记索隐》在解释《史记》所说的“自子夏，门人之高弟也”句时说：“言子夏是孔子门人之中高弟者，谓才优而品第高也。”②据此，则所谓“高弟”，就是弟子中“才优而品高”者。

有人认为，朱熹回婺源时从学者甚多，其中“才优而品高”的“高弟”就有十二位。以他们为中心构成了最初的徽州朱学群体。

徽州地区真的存在所谓“十二高弟”吗？

难以“论定”的“十二高弟”

“十二高弟”初见于清代学者施璜等所编的《紫阳书院志》。施璜说：“文公归里，乡先正受学者甚众。今论定高弟弟子十二人，列于从祀。”③这“十二高弟”分别是程先、程洵、滕璘、祝穆、李季札、程永奇、滕珙、吴昶、汪莘、谢琎、汪清卿、许文蔚。施璜是如何“论定”这“十二高弟”的，我们不得而知，但从施璜的叙述来看，“十二高弟”不仅应符合是朱熹弟子且“才优而品高”的条件，还应受到“文公归里”这个条件的限制。

如果在朱熹“归里”时“高弟”就已经有十二位，那么，当时的徽州地区就

① 陈荣捷：《朱子门人》，台北：台湾学生书店，1982年版，第131页。

② 《史记》卷二三《礼书》，北京：中华书局，1959年版，第4册，第1159页。

③ 施璜等：《紫阳书院志》卷八，见赵所生等主编：《中国历代书院志》第9册，南京：江苏古籍出版社，1995年影印本，第540页。

应该存在一个颇为庞大的朱学群体了。

但是,经对“十二高弟”逐一考察,结论却很令人失望。如果用施璜所预定的尺子来衡量,在所谓“十二高弟”中,真正符合条件的大概只有滕璘、程永奇两人。前面已经说过,滕珙是否曾受朱熹当面教诲,已经是个问题;祝穆则在朱熹“归里”之前就已经受教于朱熹,且他生于福建,终生未回徽州,显然不属于朱熹返婺源所收的弟子[①];李季札、吴昶虽然是朱熹弟子,但进入朱门都在朱熹离开婺源之后,也就不能算朱熹“归里”时所收的弟子;汪清卿虽然可算作朱熹“归里”时所收的弟子,但他无论如何是谈不上“才优”的,据《新安名族志》记载,由于朱熹归婺源,汪氏才“一族儒雅,邑宰编为儒籍”[②],也就是说,他是沾了朱熹的光才进入儒籍的;至于谢琎、许文蔚,与朱熹谋面的可能性都不存在,自然也就不可能是朱熹在婺源所收的弟子了。

现在只剩下两位需要讨论:一是在所谓“十二高弟”中最为年长的程先,一是与朱熹最为亲近的程洵。下面就看看他们是不是朱熹的弟子。

与朱熹并无师生关系的程先

程先(生卒年不详)字傅之[③],是程永奇之父。据《(弘治)徽州府志》载,程先之父程全为团练使,在抗金中战死于池州,程先“痛父死节于金,誓守先墓不仕”,隐居于休宁的东山,故号东隐。著有《东隐集》(已佚)[④]。元代徽州

---

① 按,朱熹表弟祝康国随朱熹之母祝氏居崇安,其子祝穆(穆少名丙,字伯和,又字和甫,晚年自号“樟隐老人”,著有《古今事文类聚》前后续别四集、《方舆胜览》七十卷)、祝癸兄弟均从朱熹受业。祝穆、祝癸原籍虽在徽州歙县,但他们生于崇安,且一直居于崇安,故说不上是在徽州的朱熹弟子。

② 戴廷明、程尚宽等:《新安名族志》前卷《汪·集贤坊》,合肥:黄山书社,2004 年版,第 229 页。

③ 按,程先的字,在标点本《新安文献志》中有“傅之”“传之”并存的情况。我们根据《朱子全书》本,作“傅之”。

④ 参见彭泽主修、汪舜民等纂:《(弘治)徽州府志》卷九《人物三·隐逸》,上海:上海古籍书店,1982 年影印《天一阁藏明代方志选刊》本。

学者方回[①]对程先的评价颇高，他说："先生之行，大者有三：初，团练公以偏师御金人于池州，死国难，当录其嗣，先生哀痛固让不受，庐墓三年，有异征，其孝也；先生自以出伊洛后，为学务躬行，不事占毕。隐居东山，既老，犹请教不已。闻晦庵夫子为世儒宗，以扫墓还婺源，担簦[②]见之，夫子示以圣学大要。时先生年已七十余，不能从，遣其子侍入闽，夫子称之，其学也；先生痛父死节，以衣冠窆焉。念当时无义士还其榇，乃立司徒庙于家山。司徒者，梁茅胜，尝纠义士五人窃忠臣王琳之丧于陈而葬之。故先生感激为此，其义也。"[③]

程先与朱熹的交往有两次。第一次是书信交往，程先"自以先世与伊川子孙南渡者通谱，有志圣贤之学"，在给朱熹的信中，他大概讲了两个问题：一是佛老之言不得称道；二是关于儒者（或二程）之道问题。朱熹在回信中说："熹与足下为同郡人，然彼此未相识面，而足下以书先之，此意厚矣。夫佛老之言，不得以道名，足下之说是也。至于吾之所谓道，与其所以求之之方，则足下之言有略而未究其蕴者。无从面讲，临风怅然。异时因来，有以见语，千万甚望。过此则有非衰拙之所敢知者，不知所以报也。"[④]朱熹在信中重点是说"吾之所谓道，与其所以求之之方，则足下之言有略而未究其蕴者"，但《（弘治）徽州府志》却说"朱子嘉之"，这可能正像陈荣捷所说的那样，是"婉言之

① 按，方回（1227—1305）字万里，歙县人，景定三年（1262）进士。他初献诗取媚贾似道，待见其势败，又上贾似道"十可斩"之疏，得任严州（今浙江建德）知府；元兵将至，他极倡死守封疆，而元兵至又望风迎降，得任建德路总管，故其节操向为世所讥。罢官后，往来于歙、杭间，晚年卖文于杭州。著有《桐江集》，另选唐、宋近体诗，辑为《瀛奎律髓》。

② 按，"簦"是一种有柄的笠，形似现代的伞。"担簦"的字面意思是背着簦，转为奔走、跋涉之意。

③ 方回：《东隐程先生先墓表》，见程敏政：《新安文献志》卷六九，合肥：黄山书社，2010年版，第2册，第1700页。

④ 朱熹：《答程傅之》，《晦庵先生朱文公文集》卷六四，《朱子全书》第23册，上海：上海古籍出版社，合肥：安徽教育出版社，2002年版，第3122页。

耳”[①]。其实，朱熹对程先的学术实在没有“嘉之”之意[②]。

程先与朱熹的第二次交往是在朱熹回婺源时。可能因朱熹信中有“异时因来，有以见语，千万甚望”之语，朱熹一到婺源，程先便立即携程永奇“担簦见之”。这次与朱熹见面究竟谈了什么，不见记载，也就不得而知。方回也只是笼统地说“夫子示以圣学大要”，并说程先“以老病不能卒业，遣子永奇从学于闽”。能将其子托付给朱熹，表明他对朱熹的服膺。

有了这两次交往，是否就可以把程先视为朱熹弟子呢？程敏政曾说“（程先）与子永奇俱从学朱子”[③]，似乎是把程先看作朱熹弟子，但《（弘治）徽州府志》等史志只是说“以老病不能卒业，遣子永奇从学于闽”，并未说他本人曾师从朱熹。此时的程先已经70余岁，以老迈之年师从朱熹，似乎也不太可能，所以程曈说：“然恐其未必在弟子之列。”[④]陈荣捷则说：“《补遗》（《宋元学案补遗》）列为朱子学侣，未尝不可。”[⑤]其实，程先与朱熹仅有一面之缘，不久，他大概就卧病，也就与朱熹不通音问，因之恐怕是连学侣也算不上的。所以我们还是从程曈说，未将程先视为朱熹弟子，当然也就不能视为朱门高弟了。

与朱熹道不同的程洵

人们最不会怀疑，程洵可能是朱熹的弟子。然而，又确实不能不怀疑程洵为朱熹弟子。到2010年，终于有人怀疑了。如当代学者许家星说：“不可否认，程洵受到了表兄朱子的影响，但不可以拔高。其实给予程洵最大影响的是乡贤李缯。”[⑥]

---

① 陈荣捷：《朱子门人》，台北：台湾学生书店，1982年版，第243页。

② 有人引朱熹《答程允夫》中的“然细看亦不甚满人意，不若程传之厌饫充足”一语，说是朱熹对程先“赞赏有加”，实在是过于误读。其“程传之厌饫充足”的“程传”明显是指程颐的《易传》，而与程先无涉。《朱子全书》本于此处标点不误，可参看《朱子全书》第22册第1872页。

③ 程敏政：《新安文献志·先贤事略上》，合肥：黄山书社，2010年版，第1册，第18页。

④ 程曈：《新安学系录》卷一六《程东隐》，合肥：黄山书社，2006年版，第287页。

⑤ 陈荣捷：《朱子门人》，台北：台湾学生书店，1982年版，第243页。

⑥ 许家星：《朱子门人补证》，《中国哲学史》2010年第4期。

程洵(1134—1196)原字钦国,后改为允夫,号克庵,婺源人,程鼎之子,朱熹的内弟。《(弘治)徽州府志》"程洵传"载:"(程洵)以诗文求教表兄朱晦庵,答书曰:'如欲为文章士而已,自应不在他人后,如果有志古人之学,则所示犹未得其门。'尝以'道问学'名斋,晦庵易其扁曰'尊德性',因为作铭。其他往复问答累数十书,载于《大全集》者仅十三书耳。初任衡阳主簿,士友云集,登其门者如出晦庵之门。再调庐陵录参,与新使君不协,台章有云'吉州知录程洵亦在伪学之流'之语,晦庵答曰:'今日方见吾弟行止分明。'又云:'滕公兄弟谓与吾弟为中表,因其有志,宜善诱之,乡里稍知此学,得从事者渐以成风,亦非细事。'洵没,晦庵祭之云:'中外兄弟,盖无几人。有如允夫,尤号同志。学与时背,仕皆不逢。尤冀暮年,更相勉励。卒其旧业,以毕余生。何意允夫,而遽止此。'有《克庵尊德性斋集》十卷,周益公序之曰'平正和粹',杨诚斋爱之,谓'如宝玉大弓'云。"①

从《(弘治)徽州府志》的"程洵传"可以看出,朱熹与程洵的关系确实很密切,朱熹也颇寄希望于程洵,不仅说过"中外兄弟,盖无几人,有如允夫",且写有这样的诗句:"外家人物有吾子,我乃平生未见尝。文字只今多可喜,江湖他日莫相忘。"②有学者据此认为程洵当时即已师从朱熹。

其实,亲情是一回事,师生又是一回事。朱熹与程洵之间有着非常深厚的情谊,但不存在师生关系,因为他们在学术追求上不仅不尽相同,甚或相左。

程洵的学术倾向是什么呢?且看周必大③对程洵学术的论述:"盖尝记

---

① 彭泽主修、汪舜民等纂:《(弘治)徽州府志》卷七《人物三·儒硕》,上海:上海古籍书店,1982年影印《天一阁藏明代方志选刊》本。

② 朱熹:《赠内弟程允夫三首(之一)》,见程洵:《尊德性斋集·补遗》,见《知不足斋丛书》,上海:古籍流通处,1921年版。

③ 周必大(1126—1204)字子充,一字洪道,自号平园老叟,庐陵(今江西吉安)人,绍兴二十一年(1151)进士,二十七年(1157)举博学宏词科,官至左丞相,封益国公。卒谥文忠。周必大时以诗文著称,为文坛盟主,与陆游、范成大、杨万里等关系均密切。著有《省斋文稿》《平园集》等,后人辑为《益国周文忠公全集》。

其师里人李缯之言曰：‘道有远近，学无止法，不可见其近而自止，必造深远然后有成。’此程氏学也；又曰：‘文以载道，物有是理，辞者达是而已。’此苏氏学也。君之所得，寔本于缯，学者果可无渊源乎。”[①]从周必大的论述可以看到，程洵的学术渊源在李缯，他所走的是李缯“合苏、程为一家”[②]的路子。

但朱熹认为，苏、程之间在理论上是根本对立而不可调和的。程颐曾提出主“敬”说，主张“涵养须用敬，进学在致知”[③]。朱熹对此特别欣赏，他说：“程先生所以有功于后学者，最是‘敬’之一字有力。人之心性，敬则常存，不敬则不存。”[④]而苏轼则极力反对程颐的主“敬”说，扬言要打破程颐的“敬”字。朱熹虽然对苏轼的天资、议论和文词颇有肯定，但当苏轼要颠覆程颐的主“敬”说时，朱熹便无法接受了，当有人向他提出“东坡若与明道同朝，能顺从否”之问时，朱熹便说：“当时诸公之事，……只看是因甚么不同，各家所争是争个甚么。东坡与荆公固是争新法，东坡与伊川是争个甚么？只看这处，曲直自显然可见，何用别商量？只看东坡所说，云‘几时得与他打破这“敬”字’，看这说话，只要奋手捋臂，放意肆志，无所不为便是。只看这处，是非曲直自易见。”[⑤]

朱熹没有想到的是，与他关系最亲密的表弟却看不到蜀学与洛学的根本分歧，而追随其师李缯，赞同其“合苏、程为一家”的学术主张。在给程洵的信中，朱熹曾连篇累牍地劝告程洵放弃糅合苏、程的学术主张，告诉程洵：“圣门

---

① 周必大：《程洵尊德性斋小集序》，《文忠集》卷五四，见《文渊阁四库全书》第1147册，台北：台湾商务印书馆，1983年版，第569～570页。

② 周必大：《程洵尊德性斋小集序》，《文忠集》卷五四，见《文渊阁四库全书》第1147册，台北：台湾商务印书馆，1983年版，第569页。

③ 程颢、程颐：《河南程氏遗书》卷一八，《二程集》第1册，北京：中华书局，1981年版，第188页。

④ 黎靖德辑：《朱子语类》卷一二，《朱子全书》第14册，上海：上海古籍出版社，合肥：安徽教育出版社，2002年版，第371页。

⑤ 黎靖德辑：《朱子语类》卷一三〇，《朱子全书》第18册，上海：上海古籍出版社，合肥：安徽教育出版社，2002年版，第4051页。

之学别无要妙，彻头彻尾只是个‘敬’字。”[①]他劝告程洵的言辞有时甚至激烈到“伤直”（即伤感情）的程度：“因笔及此，似伤直矣。然不直则道不见，吾弟察之，幸甚。”[②]

而程洵并没有接受朱熹的劝告。对此，程洵自己讲得很清楚，他说：“洵，新安书生也，少时不自料，妄有意于禄仕，因业进士，求之授经之暇，则取所谓时文者嗫嚅诵习而学焉，然非其好也。间独取眉山苏氏、河南程氏之书读之，则心开目明，耸然增敬，恍然若与数先生者对于卷中，而亲闻声欬也。久之，今秘阁修撰朱公自七闽还，一见以为可教，因勉使成就。朱公于洵为外兄，其见爱甚笃，而所以启迪之者亦甚力。然洵天分自卑，凡所辛苦而仅有之者，终不足以进于圣贤之域。而所谓进士业者，又益荒唐，自志士言之，弃去不复为，而一意学问可也，而洵忍穷不固，又不能然。”[③]

程洵用“忍穷不固”解释他不能“一意学问”，用“天分自卑”解释他“不足以进于圣贤之域”，其实均为“托词”。实际情况是，程洵此时已经开始撰写《苏氏纪年》。他前后用了10余年时间撰成此书。书成后，程洵曾寄给周必大看过，但瞒了朱熹。直到程洵去世之后，朱熹才看到此书，于是写了一篇题为《读〈苏氏纪年〉》的长文，对此书逐条批驳。在此文的开头，朱熹写道：“程弟允夫雅好苏学，盖尝以讲于余，而终不能无异同之论。故其为此书也，用心甚苦，而独不以见视。比其既没，乃得见之，则有甚陋而可愧者，恨不及与之反复其说也。姑掇其尤者一二论之，以为死者有知，尚当有以识余之意尔。”[④]由此可见，程洵终生都未接受朱熹的劝告而走向朱学，怎么能断言他

---

① 朱熹：《答程允夫》，《晦庵先生朱文公文集》卷四一，《朱子全书》第22册，上海：上海古籍出版社，合肥：安徽教育出版社，2002年版，第1873页。

② 朱熹：《答程允夫》，《晦庵先生朱文公文集》卷四一，《朱子全书》第22册，上海：上海古籍出版社，合肥：安徽教育出版社，2002年版，第1864页。

③ 程洵：《上周丞相书》，《尊德性斋集》卷二，见《知不足斋丛书》，上海：古籍流通处，1921年版。

④ 朱熹：《读〈苏氏纪年〉》，《晦庵先生朱文公文集》卷七〇，《朱子全书》第23册，上海：上海古籍出版社，合肥：安徽教育出版社，2002年版，第3385～3386页。

是朱熹的弟子呢？

人们说程洵是朱熹弟子，主要证据是程曈在《新安学系录》中所作的"程洵小传"。程曈在"程洵小传"中曾说："'伪学'难作，（程洵）与新使君不协，台章有'吉州知录程洵，亦是伪学之流'等语。先生与文公书曰：'滥得美名，恐为师门之辱。'文公答曰：'今日方见吾弟行止分明。'"①其实，程曈所引程洵给朱熹的信乃断章取义。程洵在信中说了"滥得美名，恐为师门之辱"之后，接着还说："老不解事，愧贻老兄之忧。"②程洵将"师门"与"老兄"对举，则"师门"显然是指李缯，而不是指朱熹；而"愧贻老兄之忧"者，正道出他未接受朱熹的学术主张。

我们对所谓"十二高弟"的辨析，目的在于说明新安理学的形成不是一哄而起的。朱熹在婺源逗留不到两个月，还要忙于展墓和人事应酬，他不可能在短时间内收揽那么多弟子；同时也想表明，现存有关新安理学的文献，大多出自新安学者之手，他们出于对朱熹的崇敬和乡土之情，其著述难免有为"夸饰风土而作"③之嫌，需要慎重使用。

---

① 程曈：《新安学系录》卷七《程克庵》，合肥：黄山书社，2006年版，第135页。按，李心传在《道命录》卷七中也有同样的记载。程曈对程洵的叙述，或依据的就是《道命录》。

② 朱熹在《祭程允夫文》中说："此月之初，得吾弟九月六日书于便中。首言'滥得美名，恐为师门之辱'，次言'老不解事，愧贻老兄之忧'。予盖深有味乎其言，如接笑谈之适也。"《晦庵先生朱文公文集》卷八七，《朱子全书》第24册，上海：上海古籍出版社，合肥：安徽教育出版社，2002年版，第4092页。

③ 永瑢、纪昀等：《四库全书总目》卷六一《新安学系录》提要，北京：中华书局，1965年版，上册，第551页。

第三章　程大昌、吴儆与新安理学

讨论新安理学的形成，不可忽略两位徽州学者。他们就是程大昌和吴儆。这两位学者以自己的学术活动和学术影响力对新安理学的形成起了一定的作用，所以赵吉士在《寄园寄所寄》的“新安理学”这一条目中，把他们两人与朱熹一起看作新安理学初期的代表人物[①]。

不过，程大昌是学术上自成一家的学者，而吴儆则属于以张栻为代表的湖湘学，他们与朱熹的学术主张都不一样，但都为新安理学的形成作出贡献。这使新安理学从一开始就表现出包容性的特点：既尊崇朱学，又接纳了朱学以外的学术思想。

一、程大昌及其学术思想

南宋时期的徽州地区，不仅出现了朱松这样的理学家，也活跃着李缯、程鼎、滕恺、俞靖、滕洙等士人。然而，朱松离开徽州到了福建，对徽州地区学术的影响甚微，这就使得热衷于诗文写作、执着于“合苏、程为一家”学术主张的李缯等人主导着徽州的学坛。

---

① 参见赵吉士：《寄园寄所寄》卷一一《泛叶寄・新安理学》，见《四库全书存目丛书・子部》第 155 册，济南：齐鲁书社，1995 年版，第 439 页。

就在李缯等人热衷诗歌唱和、倡导“合苏、程为一家”之际，一位颇具影响力的学者出现于徽州地区，他便是程大昌。

程大昌的生平与著作

程大昌(1122—1195)字泰之，休宁人。史载，他十岁就能属文，绍兴二十一年(1151)中进士，授吴县主簿，因丁父忧未至任。服除，著《十论》言当世事，献于朝，为宰相汤思退所欣赏。绍兴二十六年(1156)，擢太平州教授。次年，召为太学正。绍兴三十年(1160)，试馆职，为秘书省正字。

绍兴三十二年(1162)高宗内禅，孝宗即位，程大昌迁著作佐郎。孝宗初政，曾诏百官言事，程大昌针对“贵近或预密议”奏曰：“汉石显知元帝信己，先请夜开宫门之诏。他日，故夜还，称诏启关，或言矫制，帝笑以前诏示之。自是显真矫制，人不复言。国朝命令必由三省，防此弊也。请自今被御前直降文书，皆申省审奏乃得行，以合祖宗之规，以防石显之奸。”又说：“去岁完颜亮入寇，无一士死守，而兵将至今策勋未已。惟李宝捷胶西，虞允文战采石，实屠亮之阶。今宝罢兵，允文守夔，此公论所谓不平也。”孝宗称善，选为恭王府赞读，后迁国子司业，兼权礼部侍郎、直学士院。在选德殿孝宗提出“治道不进，奈何”之问时，程大昌曾以“求贤纳谏、修政事”对，并提出“设险莫如练卒，练卒莫如择将”主张，认为淮上择将为当务之急，孝宗亦称善，除浙东提点刑狱。时遇岁丰，酒税逾额，有挟朝命请增额者，程大昌力拒，曰：“大昌宁罪去，不可增也。”逾年，徙江西转运副使，程大昌认为任其职“可以兴利除害，行吾志”。遇到岁歉，程大昌出钱十余万缗，代输吉、赣、临江、南安夏税折帛，又在清江县修复破坑、桐塘二堰，以捍江护田及民居。

淳熙二年(1175)，程大昌进秘阁修撰，召为秘书少监，兼权中书舍人、崇政殿说书。其时，六和塔寺僧以镇潮为功，求内降给赐所置田产仍免科徭，大昌奏曰：“僧寺既违法置田，又移科徭于民，奈何许之！况自修塔之后，潮果不啮岸乎?”遂“寝其命”。淳熙三年(1176)，大昌权刑部侍郎，升侍讲，兼国子祭酒。淳熙四年(1177)，兼给事中。此时，江陵都统制率逢原纵部曲殴百姓，守帅辛弃疾以言状徙帅江西，大昌因极论“自此屯戍州郡，不可为矣”。逢原由是坐削两官，降本军副将。淳熙五年(1178)，同知礼部贡举，淳熙六年(1179)，权吏部尚书，同修国史。其时，实行中外更迭制度，大昌于是请任外郡，遂以敷文阁直学士出知泉州。淳熙八年(1181)春，汀州沈师作乱，戍将萧统领与战，死，闽部震惊，漕檄统制裴师武讨之。师武以未得帅符，不敢擅离泉州，大昌手书趣之，曰:“事急矣，有如帅责君，可持吾书自解。”当是时，沈师谋攻城，而先使谍者衷甲纵火为内应。会师武军至，漳州得以保全。淳熙十三年(1186)，迁知建宁府。

绍熙元年(1190)光宗嗣位，加大昌宝文阁直学士，徙知明州，寻奉祠。绍熙四年(1193)，超进龙图阁直学士。绍熙五年(1194)，大昌请老，以龙图阁学士致仕。庆元元年(1195)卒，谥文简①。

由程大昌上述简历可见，他中进士之后，绝大部分时间都处在宦途。但是，他在仕宦同时，一直笔耕不辍，因而著述甚多。其主要著作有《禹贡论》《(禹贡论)后论》《山川地理图》《易原》《易老通言》《雍录》《考古编》《续考古编》《演繁露》《续演繁露》《北边备对》等。此外，《江南通志》卷一九〇著录有《尚书谱》(已佚)，《说郛》卷六七下及清人储大文《存研楼文集》卷五、卷七引有《函潼关要志》，焦竑《老子翼》引有《潜藩盛德录》，《宋史・艺文志》著录有《程大昌文集》(已佚)，《彊村丛书》的《典雅词钞》收录有《文简公词》等②。从程大昌学术著作的著录情况看，他虽然“于古今事靡不考究”，但关注的重点则是经学与史地学。

程大昌的易学思想

程大昌有关经学的著作，有《易老通言》《易原》《尚书谱》《禹贡论》以及

---

① 按，程大昌的生平介绍，系据《宋史》卷四三三《儒林三・程大昌传》，北京:中华书局，1977年版，第37册，第12858～12860页。

② 按，在人们熟知的程大昌著作中，还有《诗论》一卷。自朱彝尊之后，虽将它视为自成一书，但实为《考古编》前三卷的单行本，故未在程大昌的著作中单独列出。

《考古编》的考经部分(如《考古编》中的《诗论》就属于《诗经》学的研究、《中庸论》则是《中庸》的专论)。但其中《易老通言》《尚书谱》已佚[①],而《禹贡论》虽属《尚书》研究,但其侧重于史地学方面,在《考古编》中考经与订史并存,因此,在程大昌的现存诸作中,纯粹的经学著作就只有《易原》一书。我们考察程大昌的经学,也就集中在《易原》所阐述的易学方面。其实,程大昌在经学研究中最精到的也就是易学。如清代诗人、学者李调元[②]说:"大昌深于经术,学问湛深,于诸经皆有论说,于易学尤精,所著《易原》一书,苦思力索,四年而成,其学力可知矣。"[③]

"图也,书也,皆《易》原也"

程大昌以《易原》名书,意在为《易》溯源,即探讨《易》的源头究竟在哪里。

但在易学领域中,不同的易学派别对《易》的源头的看法并不相同。了解程大昌对《易》的源头的看法,则需要了解程大昌的易学属于哪个派别。

从《易》进入人们的视野之后,《易》便受到各类人群、各个领域的关注,于是,形成了形形色色的《易》,不仅有儒家的《易》、道家的《易》,还有医学《易》、气学《易》、占卜《易》、星相《易》、堪舆《易》等。而从经学角度对《易》的研究,大体可以分为两个派别,即象数派和义理派。着重以阴阳奇偶之数、卦爻之象以及八卦所象征的物象诠释《易》的经、传,便是象数之学,此派学者便成为象数派;而着重从卦名的意义、卦的性质诠释《易》的经、传,注重阐发卦爻象、卦爻辞蕴涵的,便是义理之学,此派学者则被称为"义理派"。从各个历史时期的易学主流看,汉代流行的便是象数之学,魏晋时期流行的则是义理之学,宋代是象数之学与义理之学并存的时代,而清代则有着明显的恢复汉代易学的倾向。

---

① 按,《易老通言》今有严灵峰辑本,收入《无求备斋老子集成初编》。

② 按,李调元(1734—1803)字美堂,号雨村,别署童山蠢翁,罗江(现属四川德阳市)人。诗人、戏曲理论家,乾隆年间进士,曾任广东学政。与张问陶(即张船山)、彭端淑合称"蜀中三才子"。

③ 李调元:《考古编序》,《考古编》附录《考古编题跋选录》,北京:中华书局,2008年版,第187页。

《易》的象数之学发展到宋代时，还衍生出新的形态——图书之学，所以四库馆臣说："汉儒言易，多主象数，至宋，而象数之中复岐出图书一派。"他们进而指出，此派源于陈抟，成于刘牧："牧在邵子之前，其首倡者也。牧之学出于种放，放出于陈抟，其源流与邵子之出于穆（修）、李（之才）者同。"四库馆臣还认为，程大昌《易原》就是对刘牧观点的发挥："时黄黎献作《略例隐诀》、吴秘作《通神》、程大昌作《易原》，皆发明牧说。"[①]

所谓"图书之学"，指的是以河图、洛书解《易》，特别是解释八卦来源的易学研究。以河图、洛书解《易》的观念出现得很早，在《易·系辞上》中就有"河出图，洛出书，圣人则之"[②]的说法。到汉代，很多学者都参与了河图、洛书的讨论，但往往众说纷纭，汉代出现的纬书甚至说河图、洛书是两部书，以致有《河图》九篇、《洛书》六篇的说法。但是，谈河图、洛书者虽多，并没有谁拿出过河图、洛书的图式。河图、洛书图式直到宋代才出现，相传最早提出河图、洛书图式的是陈抟，此后的河图、洛书图式就是由陈抟传下来的，如朱震在叙述河图、洛书图式的传承系统时就说："国家龙兴，异人间出，濮上陈抟以先天图传种放，放传穆修，穆修传李之才，之才传邵雍。放以河图、洛书传李溉，溉传许坚，许坚传范谔昌，谔昌传刘牧。穆修以太极图传周敦颐，敦颐传程颢、程颐。是时张载讲学于二程、邵雍之间，故雍著《皇极经世书》，牧陈天地五十有五之数，敦颐作《通书》，程颐作《易传》，载造《太和》《参两》篇。"[③]也就是说，直到刘牧时人们才真正看到河图、洛书的图式。

程大昌是相信河图、洛书说的。他著《易原》的目的，就是要证明《易》的

---

① 永瑢、纪昀等：《四库全书总目》卷二《易数钩隐图》提要，北京：中华书局，1965年版，上册，第5页。

② 孔颖达：《周易正义》卷七《系辞上》，见阮元校刻：《十三经注疏》，北京：中华书局，1980年版，上册，第82页。

③ 朱震：《汉上易传表》，《汉上易传》卷首，见《文渊阁四库全书》第11册，台北：台湾商务印书馆，1983年版，第5页。

源头为河图、洛书，即“图也，书也，皆《易》原也”[1]。他还根据《系辞》所说的“河出图，洛出书，圣人则之”，认为“《易》于图、书固所兼法也”[2]。程大昌所说的河图、洛书的图式，便来自刘牧，他在《易原》中就移录了刘牧的河图、洛书图式。其图式如下[3]：

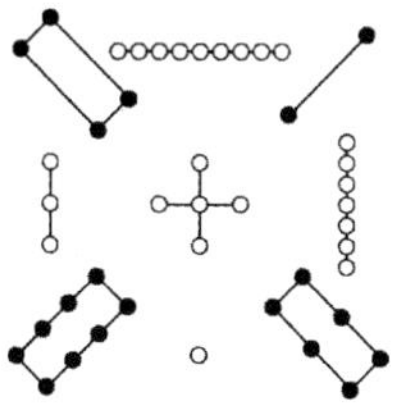

河 图

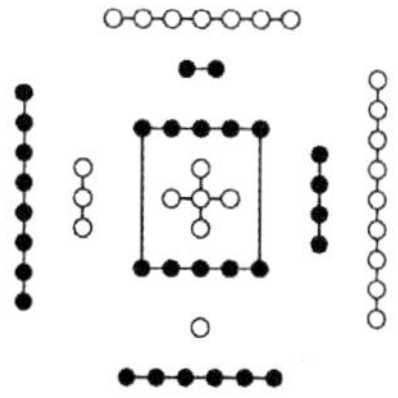

洛 书

刘牧在《易数钩隐图》中曾对河图的图式作过如下阐述：“昔虑牺氏之有天下，感龙马之瑞，负天地之数出于河，是谓龙图者也。戴九履一，左三右七，二与四为肩，六与八为足，五为腹心，纵横数之皆十五。盖《易系》所谓参伍以变错综其数者也。”[4]此后，朱震又说：“洛书刘牧传之。一与五合而为六，二与五合而为七，三与五合而为八，四与五合而为九，五与五合而为十。一六为水，二七为火，三八为木，四九为金，五十为土，十即五五也。”[5]

程大昌援引刘牧“河图之图”和“洛书之图”的目的是探究“《易》原”。他在探讨《易》的根源时，以“图也，书也，皆《易》原也”为前提，提出了三个观点：一、河图、洛书是真实的存在，它们是“非人智所能伪为”[6]的。二、图、书是卦

① 程大昌：《易原》卷一《五行生克异序》，见《文渊阁四库全书》第 12 册，台北：台湾商务印书馆，1983 年版，第 509 页。

② 程大昌：《易原》卷一《河图所起》，见《文渊阁四库全书》第 12 册，台北：台湾商务印书馆，1983 年版，第 507 页。

③ 河图、洛书两图分别载于程大昌《易原》卷一《河图洛书论》第一节、第四节。

④ 刘牧：《易数钩隐图・遗论九事》，见《文渊阁四库全书》第 8 册，台北：台湾商务印书馆，1983 年版，第 160 页。

⑤ 朱震：《汉上易传・卦图》卷上，见《文渊阁四库全书》第 11 册，台北：台湾商务印书馆，1983 年版，第 310 页。

⑥ 程大昌：《易原》卷一《河图洛书论・河图所起》，见《文渊阁四库全书》第 12 册，台北：台湾商务印书馆，1983 年版，第 508 页。

画之原，卦画是文字之原，即“典籍之字生于卦画，卦画之智发于图书”①。他认为孔安国所说的“龙马出河，伏羲则其文”之“文”，是“数著乎象而错综可观”②的图像，而不像刘歆所说的那样，洛书是有文字的。三、河图、洛书的出现，乃是天地以生克之理对圣人的启示，即“天地以此互写生克之理而启悟圣人”③。

有学者认为，“程大昌以黑白点图式的河图洛书为天地所写，将圣人作《易》看成是天地用心以数启悟人智的结果，无疑为《周易》的起源抹上了浓厚的神秘色彩”④。这是有道理的。不过，“河龙图发，洛龟书感”⑤，河图、洛书从产生之日起就带有神秘色彩，它们与卦画的关系，也是难解的谜。但在河图、洛书的神秘色彩中也给人们留下了遐想的空间：星象图？地理图？抑或从其他事物那里获得的启示？同时，如果注意到程大昌所说的河图、洛书本身是“数著乎象”，那么，剥去河图、洛书的神秘色彩，则它们就只是以一定图式所排列的数。这样就可以将程大昌所理解的“《易》原”看作数的排列，也就是说，特殊的数的排列便是《易》产生的根源。

说河图、洛书是数的特殊排列，是因为它们的排列确实有其系统性、规则性。在刘牧的河图中，从一到九的九个数字的排列，无论是纵、是横，还是斜的三条线，其三个数字的和都等于十五；在刘牧的洛书中，从一到十的数字排列，可分为五组，五与十的一组居中，七与二居上、九与四居右、六与一居下、八与三居左，形成如图十字阵(一)的图形：

① 程大昌：《易原》卷一《河图洛书论·河图所起》，见《文渊阁四库全书》第12册，台北：台湾商务印书馆，1983年版，第507～508页。

② 程大昌：《易原》卷一《河图洛书论·河图所起》，见《文渊阁四库全书》第12册，台北：台湾商务印书馆，1983年版，第507页。

③ 程大昌：《易原》卷一《河图洛书论·五行生克之原》，见《文渊阁四库全书》第12册，台北：台湾商务印书馆，1983年版，第511页。

④ 郭振香：《论程大昌的易学思想》，《中国哲学史》2008年第4期。

⑤ 孔颖达：《周易正义》卷七《系辞上》疏，见阮元校刻：《十三经注疏》，北京：中华书局，1980年版，上册，第82页。

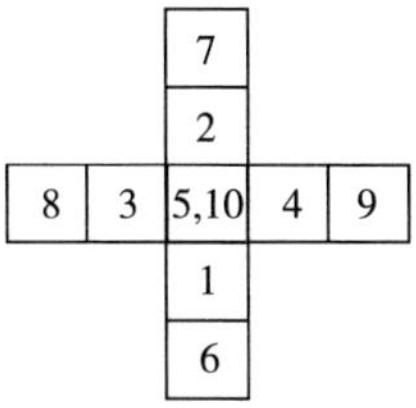

“十字阵”(一)

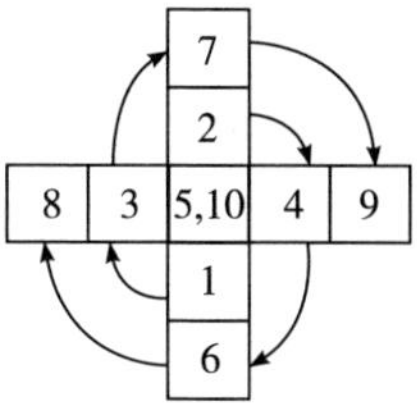

“十字阵”(二)

从图示不难发现，其一，在五组数字之间存在等差关系，各组数字之差，即七减二、九减四、六减一、八减三、十减五，均等于五。其二，在“五，十”这组数字的周边四组数字中，存在着等和关系(即横向或纵向的奇数之和等于其偶数之和，即 8＋4＝3＋9，7＋1＝2＋6)。英国学者李约瑟据此认为，河图、洛书的数字排列就是数学上简单“幻方”和“十字阵”[①]。其三，在这四组数字中，其奇数与偶数之和相等，即均等于二十，如十字阵(二)所示：1＋3＋7＋9＝20，2＋4＋6＋8＝20。河图、洛书也就是这些数字奇妙的组合。

如果说，被誉为中国文化之源的《易》就出自这样的数字组合，那么，是不是意味着在中国古代也存在像毕达哥拉斯那样，认为数是宇宙万物本原的思想呢？程大昌将作为“《易》原”的河图、洛书看作“数著乎象”，即以图式表现的数的排列。

“阴阳未分为一”

程大昌不仅提出“数著乎象”的命题，还认为宇宙原初状态是“一”。他曾援引《老子》“道生一，一生二，二生三，三生万物”的论述表达他对宇宙生成的看法：

> 天地图书之外，别有一二三者焉，非复五行之一二三矣，是谓圣人设为之数也。此之谓二也，一阴一阳是其总也，尚其有节可求也，至于一之立总而生二也，三之合二而出也，则皆虚。虚而难究，故太极之一，予既不惮辞费矣。而三之为三，凡易之合两起变者，莫不属焉，可谓要且该矣。而予之论数未暇亟言者，虑其名称相汩，反以紊

① ［英］李约瑟：《中国科学技术史》第三卷《数学》，北京：科学出版社，1978 年版，第 127 页。

经也。然则孰为三？曰：一生二，二生三，三生万物。其语虽始老氏，而理本《易》出也。[①]

在程大昌看来，“一生二，二生三，三生万物”虽然是《老子》所说的，但其道理则出于《易》。

不过，程大昌认为《老子》所说的“一”并不是数[②]，而就是“太极”，是指宇宙的一种原初状态，他借用《列子》的话把这种原初状态称为“混沦”：“列子尚虑若语之简而难明也，则自作之问而自为之答，以究极其详也。曰：圣人因阴阳以统天地，夫有形生于无形，则天地安从生？于是列叙未有天地之先，形气体质具而未离者命为浑沦也[③]。浑沦之动而为形气也，体质之具而为形变也。其轻清而上者，自名为天；重浊而下者，别名为地，则夫浑沦之函阴阳者，出焉而二矣。夫惟有清而又有浊、有上而又有下，是向者一而今者二矣。然则清浊未分而浑沦无间，其非一欤？”[④]这种“混沦”即混沌状态，也就是阴阳未分时的状态，所以他又说“阴阳未分为一”[⑤]。

程大昌还说，以太极为“一”的观点在孔子那里就有了，只是在《五经》《论》《孟》中没有明说。为什么没有明说？他认为凡是“超出象表而究出天地之所从施”，圣贤“则皆未之肯言也”，“此非圣贤有所靳秘也，寓道于器而藏性、天于文章，以期天下之自得焉耳”，老子“既已穷极造化而又虑夫学者之迷本”，于是就把“道生一，一生二，二生三，三生万物”说了出来，这是老子为了

---

① 程大昌：《易原》卷四《卦序·一生二、二生三、三生万物》，见《文渊阁四库全书》第12册，台北：台湾商务印书馆，1983年版，第546页。

② 程大昌：《易原》卷五《一非数》，见《文渊阁四库全书》第12册，台北：台湾商务印书馆，1983年版，第554页。

③ 程大昌所述《列子》之语意，参见张湛注《列子》卷一《天瑞》，见《诸子集成》第三册，上海：世界书局，1935年版，第2页。

④ 程大昌：《易原》卷五《一非数》，见《文渊阁四库全书》第12册，台北：台湾商务印书馆，1983年版，第555页。

⑤ 程大昌：《易原》卷五《阴阳未分为一》，见《文渊阁四库全书》第12册，台北：台湾商务印书馆，1983年版，第553页。

“穷究始末而竭告”的，所以，“一太极也，二两仪也。《易》之太极，理当为一”[①]。他甚至认为《老子》所说的“一”原本就出自《易》，只是人们都没有看出，只有王弼看出了这一点[②]。

说“一太极也，二两仪也”，都可以顺理成章地加以解释，那么，由“二”所生的“三”是什么呢？历来解《老》的学者在这个问题上都很难自圆其说。程大昌则别出蹊径，用“阴阳相交”来解释，他说：“凡有血气者，则皆以牝牡相二也，而构精者自参其间也。其在日月、雨露、霜雪、山川、水火、草木，凡因气凝聚者，则以阴阳为二，而二之交，亦即为三也。”[③]又说：“原其始，则皆阴阳而交焉者也。故老氏于三已生物之后，又尝即其所形而明其所始矣，曰：‘万物负阴而抱阳，冲气以为和。’夫且负且抱，是二之相交者也。负抱之中有和焉，则万物之所从为物者也。”[④]

到这里，程大昌便完成了他的“宇宙生成论”的建构：原初的混沌状的“太极”在运动中产生了阴阳，阴阳相交便产生了第三者，万物也就由此产生。但若梳理程大昌的“宇宙生成论”便不难发现，他的“宇宙生成论”虽然是借助于《老子》的“道生一”等论述建立起来的，却始终没有对“生一”的“道”加以阐述，似乎作为“太极”的“一”就是宇宙的最原初状态。它能“生”却不被“生”。而表现为“混沦”状态的“太极”或“一”，则只能是“气”。这就给我们留下这样的印象：程大昌似乎是一位“气论”者。

“无为无不为”：“一”的功能的规定

程大昌不仅将“一”即太极视为“混沦”，同时还用“无为无不为”规定

① 程大昌：《易原》卷五《老子明一为太极》，见《文渊阁四库全书》第12册，台北：台湾商务印书馆，1983年版，第554页。

② 程大昌：《易原》卷四《老子说一本易惟王弼能知》，见《文渊阁四库全书》第12册，台北：台湾商务印书馆，1983年版，第540页。

③ 程大昌：《易原》卷四《天地男女兑艮》，见《文渊阁四库全书》第12册，台北：台湾商务印书馆，1983年版，第547页。

④ 程大昌：《易原》卷四《阴阳之合为三》，见《文渊阁四库全书》第12册，台北：台湾商务印书馆，1983年版，第549页。

“一”，认为“一能无为无不为”。他援引《列子》论“生化”时所说的“生物者不生，化物者不化。自生自化、自消自息、自智自力、自形自色，谓之生化、消息、智力、形色者，非也”，认为“此正指太极之运，生化而能无为者也”[①]。

“无为而无不为”本是道家命题，但程大昌认为这一思想出自《易·系辞》，是儒家的命题。他说：

> 其语盖出于《易》也。《下系》之论曰：天下何思何虑？同归而殊途，一致而百虑，天下何思何虑？日往则月来，日月相催而明生焉；暑往则寒来，寒暑相催而岁成焉。往者屈也，来者信也，信屈相感而利生焉。推其极致，则穷神知化者，可以由此其有得也。此《易》之言一以达乎神，而《列子》得之者也。[②]

先秦时代，“无为”是道、儒、法各家都有的思想，如“无为而治”这一被视为典型的道家命题，最初就出自孔子之口，孔子说：“无为而治者，其舜也与。夫何为哉？恭己正南面而已矣。”[③]但在程大昌时代，“无为而无不为”已经被公认为道家命题，程大昌却仍然以先秦时代无为思想在各家之间而理论边界不清的状况，证明“无为而无不为”是“一”的功能。这更表明，在程大昌心目中道家与《易》的界限是模糊的(或许他正想以此掩盖其援道入《易》的理论倾向)。

“无为”不是程大昌偶然表现出来的思想，这一思想在《考古编》中也有所表现。如他在《考古编》中说：

> 夫惟察知事物情状，而循理以行，不自作为，其斯以为无为也欤。……《易》之无思无为，箕子之无作好恶，成王之无作聪明，圣人

---

① 程大昌：《易原》卷四《一能无为无不为》，见《文渊阁四库全书》第12册，台北：台湾商务印书馆，1983年版，第543页。按，程大昌所引的《列子》，见《列子·天瑞》。

② 程大昌：《易原》卷四《一能无为无不为》，见《文渊阁四库全书》第12册，台北：台湾商务印书馆，1983年版，第543页。

③ 何晏集解、邢昺疏：《论语注疏》卷一五《论语·卫灵公》，见阮元校刻：《十三经注疏》，北京：中华书局，1980年版，下册，第2517页。

之无常心，皆一致也。[①]

他在这里不仅使用了"无为"一词，还直接引用了《老子》"圣人无常心"一语。

不过，程大昌并不认为无为就是毫不作为，所以他接着又说："若曰心思作为、言语好恶，悉屏除谢绝，付之无有，直偶人矣，而治道安所自出也！"那么，如何作为才是无为呢？他认为："方其理不当作，则忘世自适，非独不异野人，亦将不异于土石，无为之至矣。"所以，只要在明白事理、了解客观情势的基础上度能量力，做到"不强其所不能为，不致其不可遂"，便是无为。否则，就像"世之言无为者"一样，"不入于扬子，便入于释氏"[②]。

用"不强其所不能为，不致其不可遂"表述无为，这或许是程大昌赋予无为的新规定，但我们由此联想到他对当时时局的看法。程大昌的时代，是南宋王朝面临着十分严重的内忧外患的时代，特别是江北的半壁江山已经在金国的占领之下，讨论"恢复之计"成为庙堂的主要议题，围绕战、和问题不断发生激烈的争议。程大昌根据南宋王朝的政治、军事和经济情势，以"为君分忧，为民解难"为出发点，主张"求贤纳谏，使政事日修"，而"不必用迎合之言求奇策，以幸速成"[③]。他赋予无为以"不强其所不能为，不致其不可遂"的度能量力含义，可能与他在政治上主张不求"奇策"、不幸"速成"有关联，或者说，他对无为的理解为他的政治主张提供了理论的基础？

为了说明"无为"并不是毫无作为，程大昌还援引汉文帝与西晋为例证明这一点。当光宗还在潜邸时，曾向程大昌索其所著《易老通言》。大昌在交著述时曾上一札，说：

夫老子之可重者何也？秉执枢要，而能以道御物，是其长也；贵

---

① 程大昌：《考古编》卷五《舜论》，《考古编 · 考古续编》，北京：中华书局，2008 年版，第 72 页。

② 程大昌：《考古编》卷五《舜论》，《考古编 · 考古续编》，北京：中华书局，2008 年版，第 72～73 页。

③ 周必大：《程公大昌神道碑》，《文忠集》卷六二，见《文渊阁四库全书》第 1147 册，台北：台湾商务印书馆，1983 年版，第 657 页。

无贱有，而罕(罕)言世故者，亦非其或短于此也。故师老子而得者，为汉文帝。盖其为治，大抵清心寡欲，而渊默朴厚，以涵养天下，其非不事事之谓也。则汉以大治，而基业绵固者，得其要、用其长故也。至于西晋，则闻其言常以无为为治本，而不知无为者如何。其无为也，意谓解纵法度、拱手无营，可以坐治。无何，纪纲大坏，而天下因以大乱。故王通论之曰：清虚长而晋室乱，非老子之罪也，盖不得其要，而昧其所长也。区区之意，深望殿下采其秉要之理，而以西汉为法，鉴其谈治之略，而以西晋不事事为戒，则老子之精言妙道，皆在殿下运用之中矣。[①]

他告诉光宗，无为绝不是“解纵法度、拱手无营，可以坐治”。

“五行相生，遇三致克”

程大昌在《易原》中说：“刘牧《易数钩隐图》所载河图九位，朱震曰：本出陈抟，四传而牧受之。此图之附着五行者，则予之所明也。”[②]程大昌说由他“所明”的“五行”图，指的应是下面这幅《五行相生遇三致克之图》：

五行相生遇三致克之图[③]

在现存的《易》图中，程大昌这幅五行生克图确实是一幅很独特的图式。它的独特之处主要在于，让五行生克呈现为生克互存的动态状况，用他的话

① 引自焦循：《老子翼》卷三，见《文渊阁四库全书》第1055册，台北：台湾商务印书馆，1983年版，第431页。

② 程大昌：《易原》卷一《河图所起》，见《文渊阁四库全书》第12册，台北：台湾商务印书馆，1983年版，第507页。

③ 图载程大昌：《易原》卷一《五行相生遇三致克之图并说》，见《文渊阁四库全书》第12册，台北：台湾商务印书馆，1983年版，第513页。

来说，就是“互生互克，往来交午”。什么叫“五行相生，遇三致克”？程大昌举例说：“自水至木，自木至火，凡更三德，则皆以序相生者也。相生之序及三，则其第三位遂见克于初生之位，故三生而克见也。”他的意思是，五行有着相生的次序，但在相生的过程中，到第三位时，就会被第一位所克，如水能生木，但又能克木所生之火。就像“冬之能生而夏，实受克也。既取其能先春以导阳，而又能先秋以变阴也”[①]。在他看来，在事物发展的链条中，生成的自然过程也就是它走向对立面的过程。由此可见，程大昌对五行的生克确实与传统的理解不同。

五行的概念出现很早。一般认为，最早提出五行概念的是《尚书·洪范》。《洪范》说，在上天赐给大禹的“洪范九畴”（即治理国家的九个方面大法）中，第一项便是“五行”，即“一曰水，二曰火，三曰木，四曰金，五曰土”[②]。这时的五行，还只是五种物质材料或物质元素，所以相传为伏胜著的《尚书大传》在诠释“五行”时便说：“水火者，百姓之所饮食也；金木者，百姓之所兴作也；土者，万物之所资生也，是为人用。”[③]春秋时期的柳下惠（展禽）也说：“及地之五行，所以生殖也。”[④]战国时代，《黄帝内经》和《管子》是谈“五行”的代表。在这些著作中，“五行”表现出由表述宇宙构成论概念向表述本体论和方法论概念发展的趋向。

到汉代，开始出现五行“相生相胜”的观念，如班固说：“五行所以更王何？以其转相生，故有终始也。木生火，火生土，土生金，金生水，水生木。是以木王，火相，土死，金囚，水休。……五行所以相害者，天地之性。众胜寡，故水胜火也；精胜坚，故火胜金；刚胜柔，故金胜木；专胜散，故木胜土；实胜虚，故

---

① 均引自程大昌：《易原》卷一《汉志五行生克谱凡五》，见《文渊阁四库全书》第 12 册，台北：台湾商务印书馆，1983 年版，第 513～514 页。

② 参见孔颖达：《尚书正义》卷一二《洪范》疏，见阮元校刻：《十三经注疏》，北京：中华书局，1980 年版，上册，第 187～188 页。

③ 孔颖达：《尚书正义》卷一二《洪范》疏，见阮元校刻：《十三经注疏》，北京：中华书局，1980 年版，上册，第 188 页。

④ 《国语》卷四《鲁语上》，上海：上海古籍出版社，1978 版，上册，第 170 页。

土胜水也。”[1]相胜即相克。这样，五行的“相生相胜”关系便可以图示如下：

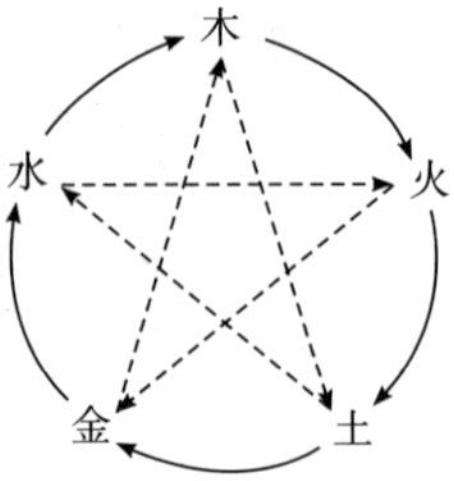

五行“相生相胜”示意图（实线表示相生、虚线表示相胜）

如果用文字表述，则五行的“相生”关系就是木生火，火生土，土生金，金生水，水生木；五行“相胜”或相克就是水克火，火克金，金克木，木克土，土克水。这便是对五行生克关系的一般理解。在这一理解中，生、克关系似乎成了两个各自独立的链条，看不到生、克之间的联系。而程大昌似乎想说明，生、克是相互联系的过程，在生的过程中就会产生克、走向克，产生相克的对象，走向对立面，“其隔三而资生，故亦隔三而受制”[2]，似乎是不可更改的规律。

五行问题本来与河图、洛书并无关系。人们可能由《易・系辞上》所说的“天数五，地数五。五位相得，而各有合”以及“天一地二，天三地四，天五地六，天七地八，天九地十”等而产生联想，才在洛书（朱熹之后则以洛书为河图）与五行之间建立起联系，认为在《易・系辞上》所说的十个“天数”“地数”中，“一二三四五”与“六七八九十”这两组数字分别与水、火、木、金、土之间存在着对应的关系。“一二三四五”因与“水、火、木、金、土”的产生有联系，被称为“生数”；“六七八九十”因与“水、火、木、金、土”的完成有联系，被称为“成数”。这才使五行与洛书（即朱熹所说的河图）搭配起来，使五行进入易学的

① 班固：《白虎通义》，吴则虞《白虎通疏证》卷四《五行》，北京：中华书局，1994 年版，第 187～189 页。

② 程大昌：《易原》卷一《汉志五行生克》，见《文渊阁四库全书》第 12 册，台北：台湾商务印书馆，1983 年版，第 512 页。

研究领域[①]。五行与洛书(即朱熹所说的河图)的关系便可以图示如下:

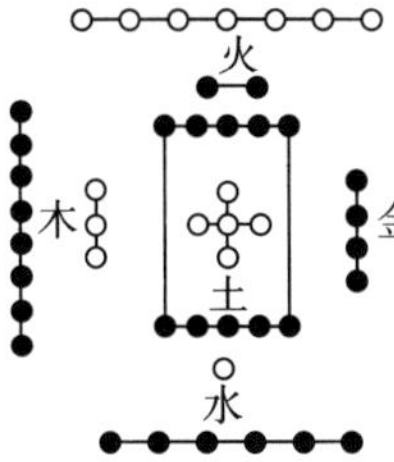

五行与洛书(朱熹称之为河图)对应图

初读《易原》时,我们对程大昌花那么多篇幅讨论五行问题而不直接进入《易》图,颇为不解。直到细味他的"五行相生,遇三致克"论断以及相关论述之后才感觉到,他似乎不仅想表达《易》图固有五行之意,更想借此表达他的忧患意识。忧患意识本是《易》的蕴涵之一,《易・系辞下》说:"《易》之兴,其于中古乎?作《易》者,其有忧患乎?"[②]但程大昌的忧患似乎更迫切,更有现实感:他生活的时代,大宋王朝已经经历过从建立到兴盛的时期,现在,就只能偏居江南一隅了;即使是南宋王朝,也经历过高宗和孝宗两代,"相生"之后会否面临"相克"呢?

程大昌的史地研究

程大昌的忧患意识不仅渗透在易学研究中,更突出表现在他的史地学研究中。程大昌的史地学研究,较为集中地表现于《禹贡论》《雍录》和《北边备对》等几部著作。

---

① 孔颖达说:"《易・系辞》曰:天一地二、天三地四、天五地六、天七地八、天九地十,此即是五行生成之数。天一生水,地二生火,天三生木,地四生金,天五生土,此其生数也。如此,则阳无匹、阴无偶,故地六成水,天七成火,地八成木,天九成金,地十成土,于是阴阳各有匹偶,而物得成焉,故谓之成数也。"参见《尚书正义》卷一二《洪范》疏,见阮元校刻:《十三经注疏》,北京:中华书局,1980年版,上册,第188页。

② 孔颖达:《周易正义》卷八《易・系辞下》,见阮元校刻:《十三经注疏》,北京:中华书局,1980年版,上册,第89页。

《禹贡论》

孝宗淳熙四年(1177),大昌以侍讲身份在宫中讲授《尚书》。《禹贡》便是《尚书》中的一篇。

据说,“禹别九州,随山浚川,任土作贡”,于是,便有了《禹贡》之作。它将天下划分为九州,而以地域区划为经,论列了当时人们心目中的天下山脉、河流、土壤、田地、物产等。

《禹贡》虽然仅1000余字,但其文字简古,涉及面颇广,且古今地理区域变更颇大,以致历来解释不一。于是,程大昌便潜心研究、系统探索,著论52篇(王应麟《玉海》说53篇)上孝宗,这便是《禹贡论》;同时上孝宗的还有《后论》8篇、图31幅(今存图28幅),其图便是《禹贡山川地理图》。孝宗遂将程大昌所进的《禹贡论》等书“诏付秘阁”。

在程大昌的地理著作中,大概以论《禹贡》这一组著作最能代表其地理研究的水平,故朱熹当时便说:“《禹贡论》得之,开豁甚多,叹服无已。”[①]周必大也说:“(程大昌)别著《禹贡论》五十二篇,辨江、河、淮、济、汉、弱水、黑水甚详,凡诸儒舍经泥传注、失禹本旨者,一皆正之。又为《山川地里图》。端明殿学士汪公应辰博洽重许可,读之大叹服,谓不可及。”[②]四库馆臣在《禹贡论》等的提要中更作了较为具体的评述,说:“大昌喜谈地理之学,所著《雍录》及《北边备对》皆刻意冥搜,考寻旧迹,是书论辨尤详。……以诂经而论,则考证不为无功,其《前论》于江水、河水、淮水、汉水、济水、弱水、黑水,皆纠旧传之误,《后论》则专论河水、汴水之患。……援据厘订,实为博洽,至今注《禹贡》者,终不能废其书也。”[③]

程大昌与朱熹不同,他入仕30余年,少有闲暇,为什么在为宦之余竟花

① 朱熹:《答尤尚书袤》,《晦庵先生朱文公续集》卷五,《朱子全书》第25册,上海:上海古籍出版社,合肥:安徽教育出版社,2002年版,第4743页。

② 周必大:《程公大昌神道碑》,《文忠集》卷六二,见《文渊阁四库全书》第1147册,台北:台湾商务印书馆,1983年版,第660页。

③ 永瑢、纪昀等:《四库全书总目》卷一一,北京:中华书局,1965年版,上册,第91页。

如许时间、如许精力对《禹贡》作详细的论辩考订呢？如果结合《雍录》来看，他的著述动机可能就较为清楚了。

《雍录》

《雍录》10 卷，是程大昌的又一重要学术著作。它以图、说结合的形式记载了中国古代周、秦、汉至隋、唐、五代时期雍州之地的历史地理沿革，既具有史学价值，又具有地理学价值。

《雍录》之“雍”，是指《禹贡》所说的禹分天下为九州的雍州之地，其范围相当于今天陕西、甘肃及青海部分地区。四库馆臣在评述《雍录》时说：“是编考订关中古迹，以《三辅黄图》《唐六典》、宋敏求《长安志》、吕大防《长安图记》及绍兴《秘书省图》诸书互相考证，于宫殿、山水、都邑皆有图有说。谓《三辅黄图》由唐人增续，初非亲生汉时、目睹汉事，故随事立辨，不以其名古而不敢置议。《长安志》最为明晰，然亦时有驳复。吕大防《图》，凡唐世邑屋、宫苑，已自不存，特其山川、地望悉是亲见，今故本而言之。若与古记不合，亦复订正。其参校亦可谓勤矣。今考其书……搜罗既富，辨证亦详，在舆记之中，固为最善之本也。”①

雍州之地远在西北边陲，已经为金国占据，程大昌为什么对研究雍州的史地感兴趣呢？四库馆臣对此作了回答：“考大昌之时，关中已为金土，而隔越江表为邻国著书，殊为无谓。盖孝宗锐思恢复，有志中原，大昌所作《北边备对》一书即隐寓经略西北之意，此书犹此志焉耳。第五卷中特创‘汉唐用兵攻取守避要地’一图，其图说多举由蜀入秦之迹，与郭允蹈《蜀鉴》所谓由汉中取关陕者大旨相合。其微意固可见矣。”②四库馆臣所言，正道出程大昌撰写《雍录》的深意，也道出他研究《禹贡》的本意。在具体对待与金国的战、和问题上，程大昌虽然主张度能量力，主张不求“奇策”、不幸“速成”，但他没有忘记失去的广袤国土，并以文、图将失去的大片国土展现在人们面前，于是便有《禹贡论》及《后论》《禹贡山川地理图》之作。

---

① 永瑢、纪昀等：《四库全书总目》卷七〇，北京：中华书局，1965 年版，上册，第 620 页。

② 永瑢、纪昀等：《四库全书总目》卷七〇，北京：中华书局，1965 年版，上册，第 620 页。

《北边备对》

引发程大昌史地研究的契机，是孝宗关于“塞外山川”之问。

淳熙二年(1175)，程大昌向孝宗进讲《禹贡》，孝宗向他询问了塞外山川，程大昌未能详对，引以为憾。绍熙间他奉祠家居时，便摭史传旧文，补撰此书。由于撰写此书是由讲筵对问所引起的，所以就以“备对”为书名。

《宋史·艺文志》《文献通考》《直斋书录解题》著录《北边备对》均为6卷，但现存于《古今说海》中的《北边备对》仅21则，《四库全书总目》著录此书，也称“凡二十一则”，大概到清代中叶，此书已经散佚不少。现存的21则虽然如四库馆臣所说的，是“皆摭史传旧文，无所考正”[①]，但仍可看出程大昌史地研究的缘起。他在《北边备对》的序中说：“淳熙二年，臣大昌备数讲官，因讲《禹贡》。寿皇(即孝宗)问曰：‘卿言中国山川悉矣，北方地里亦能详知之否?’大昌对曰：‘塞外无文史，间有可传者，多弗详实，臣安敢强以不知为知也!’后暨绍熙，大昌乃得奉祠家居，无为，常愧前此浅学，无以酬塞顾问，追采古来中华北狄枢纽相关者，条列而推言之，则北方事虽不尽知，而亦可云涉猎矣。初时奉训指问者，惟北狄，故专主北以言，不容杂举他方也。”[②]从程大昌此序可以看出，他的治学，最为关注的乃“经世”之学。正如四库馆臣在评论《雍录》时所说的，当时“孝宗锐思恢复，有志中原”，对北方情况很关注，这是政治的需要。程大昌为了满足这一需要，一直没有忘记对北方的研究。当《北方备对》完成后，他又感到“初时奉训指问者，惟北狄，故专主北以言，不容杂举他方也”，这大概就是他又转而研究西北史地，撰述《雍录》的原因。

所以，尽管程大昌的几部史地研究著作中也存在一些考证上的失误，但他在治学中所表现出的“经世”精神，还是值得充分肯定的。

---

① 永瑢、纪昀等：《四库全书总目》卷七五，北京：中华书局，1965年版，上册，第656页。

② 程大昌：《北边备对序》，见《古今说海》卷一〇，见《文渊阁四库全书》第885册，台北：台湾商务印书馆，1983年版，第284页。

程大昌的经史考订

程大昌的学术研究，在易学和史地学领域之外的第三个领域，便是考经订史。这方面的代表作是《考古编》及其《续编》。程大昌著《演繁露》，虽然是由《春秋繁露》一书的真伪引起的，但书中同样“名物典故，考证详明”①，我们也就此作讨论。

《考古编》及《续编》

宋代学界曾兴起一股“疑古”之风，这股风同样出现在经学领域，甚至首先就是在经学领域刮起来的，故清代学者皮锡瑞说：“宋人不信注疏，驯至疑经，疑经不已，遂至改经、删经，移易经文以就己说。”②为使“疑古”不致凭空臆说，考经订史也就随之而起。宋代因此出现一大批考经订史之作，程大昌的《考古编》就是其中之一。

大概因为程大昌先后担任过秘书省正字、著作佐郎以及王府赞读、直讲等官职的缘故，考据订讹几乎成为他的学术自觉。在《易原》《禹贡论》《雍录》等著作中，他就进行过大量的考证工作，《考古编》更是他精心撰述的考经订史之作。

《考古编》计10卷，对经义异同和记传谬误多所考订。在对经义、记传的考订中，他阐幽抉微，新见迭出。如在《诗论》的17篇中，他就对《诗经》“六义”中“风”“雅”“颂”提出独特的看法，反复阐述《诗经》只有《南》《雅》《颂》，而无《国风》之名，他说：“《诗》有《南》《雅》《颂》，无《国风》。其曰‘国风’者，非古也。夫子尝曰：‘《雅》《颂》各得其所。’又曰：‘《大雅》云。’又曰：‘人而不为《周南》《召南》。’未尝有言‘国风’者。予于是疑此时无‘国风’一名，然犹恐夫子偶不及之，未敢遽自主执也。《左氏》记季札观乐，历叙《周南》《召南》《小雅》《大雅》《颂》，凡其名称与今无异，至列叙诸国，自邶至豳，其类凡十有三，率皆

---

① 永瑢、纪昀等：《四库全书总目》卷一一八，北京：中华书局，1965年版，上册，第1020页。

② 皮锡瑞：《经学历史·经学变古时代》，见周予同注释：《经学历史》，北京：中华书局，1959年版，第264页。

单纪国土，无今《国风》品目也。”[①]认为“《国风》之名，汉人盛言之”[②]，意思是“国风”之名是出自汉儒的附会。程大昌之说一出，立即引起人们的关注，也带来了《诗经》研究史上几个世纪的争论[③]。此外，程大昌还论《诗序》、辨删诗等，皆提出与前人及时人不同的观点。

在论“正朔”的 6 篇中，他指出“周人虽首子以命月，而占星、命算、修词、举事仍用夏时”[④]，他认为之所以会如此，是因为“惟夏时得天，不敢屈天以徇己也”[⑤]。所谓“正朔”本是决定年月起始的历法问题，但在中国古代，“改正朔、易服色”则是改朝换代的重要标志，如孔颖达《礼记正义》在疏《大传》篇的“改正朔、易服色”句时就说：“改正朔者，正，谓年始；朔，谓月初，言王者得政示从我始，改故用新，随寅丑子所损也。周子、殷丑、夏寅，是改正也；周半夜、殷鸡鸣、夏平旦，是易朔也。”[⑥]由此可见，程大昌考论“正朔”虽然是学术研究，实际上已经触动了封建王朝的敏感神经。

在论“象刑”的 5 篇中，程大昌则“摒弃‘画衣冠、异章服’使人蒙羞的旧观点，考得古司寇之职，实乃‘垂刑象之法于象魏，使万民观刑象，挟日而敛之’。持论新奇而又言之有据。清康熙皇帝就曾称赞《象刑》‘疏解甚精’，‘发挥文意无遗意’（见《御制文集》第三集卷四三）”[⑦]。

---

① 程大昌：《考古编》卷一《诗论一》，《考古编·续考古编》，北京：中华书局，2008 年版，第 11 页。

② 程大昌：《考古编》卷一《诗论五》，《考古编·续考古编》，北京：中华书局，2008 年版，第 16 页。

③ 参见刘尚荣：《考古编·续考古编前言》，《考古编·续考古编》卷首，北京：中华书局，2008 年版，第 4 页。

④ 参见永瑢、纪昀等《四库全书总目》卷一一八，北京：中华书局，1965 年版，上册，第 1020 页。

⑤ 程大昌：《考古编》卷三《正朔三》，《考古编·续考古编》，北京：中华书局，2008 年版，第 43 页。

⑥ 孔颖达：《礼记正义》卷三四，见阮元校刻：《十三经注疏》，北京：中华书局，1980 年版，下册，第 1506 页。

⑦ 刘尚荣：《考古编·续考古编前言》，《考古编·续考古编》卷首，北京：中华书局，2008 年版，第 4 页。

此外，程大昌在《考古编》还论舜、论禹、论孔子、论《中庸》，在这些论述中，他面对圣贤、经典，均能放言直议，毫无忌讳；从卷七至卷十，则为散考经史的笔记，其中也新论频出，且“典确明晰，非泛为征摭”。故四库馆臣说《考古编》“虽亚于《容斋随笔》，要胜于郑樵辈之横议”①。

在《续考古编》10卷中，程大昌则将考辨的重心放在史书上。他的考史涉及古代圣贤、汉唐君臣、典章制度、宫殿城池、山川形胜、遗闻轶事等。虽然在考史中，他旁征博引，发隐钩沉，但正如某学者所指出的，“他不是埋头于故纸堆的老学究，而是密切关注时局，也想有所建树的史学家。《续考古编》的有些篇章，透露了作者的苦衷。如卷五载汉武帝时‘嵩呼万岁’，是‘人主之欲’，而有人‘献谀’，无人‘敢明证其伪’，这是借古喻今为宋帝敲响警钟；同卷又引苏轼语重提‘仁宗崩，厚葬过礼，公私骚然’，卷十《契丹称叔侄》叹‘中国无辞以拒’，皆能不为尊者讳，实话实说而直刺宋君隐痛，显示出作者非同凡响的学术勇气与现实参考意义”②。

《演繁露》与《续演繁露》

宋高宗绍兴年间(1131—1162)，董某曾进上《春秋繁露》17卷。程大昌任职秘书省时，见到此书，以为是伪书。他说：“臣观其书，辞意浅薄，间掇取董仲舒策语杂置其中，辄不相伦比，臣固疑非董氏本书。又班固记其说《春秋》凡数十篇，《玉杯》《繁露》《清明》《竹林》各为之名，似非一书，今董某所进本，通以《繁露》冠书，而《玉杯》《清明》《竹林》特各居其篇卷之一，愈益可疑。他日，读《太平寰宇记》及杜佑《通典》，颇见所引《繁露》语言，顾今书皆无之。《寰宇记》曰‘玉皇驱车抵谷口’，《通典》曰‘剑之在左，苍龙之象也；刀之在右，白虎之象也；韨之在前，朱雀之象也；冠之在首，玄武之象也。四者人之盛饰也’。此数语者，不独今书所无，且其体致全不相似，臣然后敢言今书之非本真也。”同时，他以为《繁露》原书的写作体例是“皆句用一物，以发己意”，而董

① 永瑢、纪昀等：《四库全书总目》卷一一八，北京：中华书局，1965年版，上册，第1020页。

② 刘尚荣：《考古编·续考古编前言》，《考古编·续考古编》卷首，北京：中华书局，2008年版，第7页。

某所进的《繁露》在体例上也不类①。

《春秋繁露》一书的出现,引发了程大昌的《演繁露》之作。“演”本为“演绎”之意,但其实《演繁露》与《春秋繁露》并无联系,可能只是因为程大昌以为《春秋繁露》原书的撰写体例是“句用一物,以发己意”,而《演繁露》便是用此体例撰写的,故以《演繁露》为名。四库馆臣就是这样看的,说:“谓董仲舒原书必‘句用一物,以发己意’,乃自为一编,拟之而名之以《演繁露》。”②

现存《演繁露》正编16卷、续编6卷,其正编不分类,续编则分为制度、文类、诗事、谈助四类。由于该书的正续编是以“句用一物,以发己意”的体例撰写的,它也就成为一部札记式的学术著作,习称“笔记体”。

《演繁露》与《考古编》一样,涉及面颇广,举凡经学、史学、文学、政治、经济、文字、音韵、训诂乃至自然科学等诸多方面,均在程大昌的论述之列,他旁征博引,详为考证,使该书成为他考经订史的又一部力作。朱熹当时就称赞程大昌《演繁露》“亦多可取”,他说:“程泰之《演蕃(繁)露》,其零碎小小议论亦多可取,如辨‘罘罳’之类是也。某顷因看《笔谈》中辨某人误以屏为反坫,后看《说文》‘坫’字下乃注云‘屏也’,因疑存中所辨未审。后举以问泰之,泰之曰:‘存中辨是,然不是某人误,乃《说文》误耳。’”③四库馆臣则认为“大昌所演,虽非仲舒本意,而名物典故,考证详明,实有资于小学”④。

“贵乎至当不易”:考据的原则和目标

我们从程大昌的学术著作中看到,他特别重视考据。不仅在考经订史的专门著作中,如《考古编》《演繁露》,即在易学著作如《易原》、史地著作如《禹贡论》《雍录》中,都对所论述的对象详加考证。他几乎考据成癖。

---

① 参见程大昌:《秘书省书繁露后》,见祝穆:《古今事文类聚·别集》卷二,见《文渊阁四库全书》第927册,台北:台湾商务印书馆,1983年版,第540页。

② 永瑢、纪昀等:《四库全书总目》卷一一八,北京:中华书局,1965年版,上册,第1020页。

③ 黎靖德辑:《朱子语类》卷一三八,《朱子全书》第18册,上海:上海古籍出版社,合肥:安徽教育出版社,2002年版,第4265~4266页。

④ 永瑢、纪昀等:《四库全书总目》卷一一八,北京:中华书局,1965年版,上册,第1020页。

程大昌为什么如此热衷考据？首先，是出于他的学术偏好。他曾说过：“予赋性朴拙，琴弈博射，法书名画，凡可以娱暇消日者，一皆不能。又全真委命，雅不信祈禬可以得福，卜相推占之可以择利避害，故缁黄方技之士，无因而前。间因莅官接物之隙，兀坐无为，则所为交际酬酢者，惟古今新旧书册而已。自古至今，若圣君贤臣，有作有述，有释有驳，至予而精言高义，略无遗讥矣。予方奉训不暇，而敢赘出其见哉！若诸儒训传、历代故实，循其所传，稽其所起，苟或未至安惬，则默识诸心。若有结未释者，旁求参考，久忽究竟，揆诸本始而明，协诸旁证而合，则遂忻然自幸，如暗处见晓，不知其笔之疾而书之彻也。”①

其次，他认为是读懂经典的需要。他说：“大学致知必始格物，圣人之教初学，亦期其多识鸟兽草木之名也。麟、雎、驺、鹊，荇、苹、棠、朴，岂遽是道？若未明八者之为何物，八物之为何似，而曰‘吾能得《周南》《召南》之所以言’，盖望而知其为罔也。”②也就是说，不搞清典章名物的究竟及其来龙去脉，就无法读懂经典。

再次，对程大昌来说，更重要的目的是以求是精神改变学界的泥古风气。他说：“三代以下，儒者孰不谈经，而独尊信汉说者，意其近古，或有所本也。若夫古语之可以证经者，远在《六经》未作之前，而经文之在古简者，亲预圣人援证之数，则其审的可据，岂不愈于或有师承者哉？而世人苟循习传之旧，无能以其所当据，而格其所不当据，是敢于违古背圣人，而不敢于是正汉儒也。”③又说：“呜呼，固有乐于创发古义而跃如不制者矣，亦安知无讳非伏、郑而诮其多事也欤。知我罪我，吾非所恤，姑从务实求是者而行其志焉，斯已矣。古语曰：‘有弗辨，辨之弗明，弗措也。’则贵乎至当不易也。”④

---

① 程大昌：《考古编序》，《考古编·续考古编》，北京：中华书局，2008年版，第9页。

② 程大昌：《演繁露序》，《演繁露》卷首，见《文渊阁四库全书》第852册，台北：台湾商务印书馆，1983年版，第68页。

③ 程大昌：《考古编》卷一《诗论序》，《考古编·续考古编》，北京：中华书局，2008年版，第11页。

④ 程大昌：《考古编序》，《考古编·续考古编》，北京：中华书局，2008年版，第9页。

“务实求是”“贵乎至当不易”，这就是程大昌从事考据的原则和目标。

二、吴儆及其学术思想

吴儆是与程大昌先后登上南宋学坛的徽州本土学者。他虽然与朱熹不属于同一个理学派别，但他与程大昌一样，也以其学术辅翼了朱学，为新安理学的形成起了奠基作用。

吴儆的生平

吴儆(1125—1183)字益恭，原名偁，为避宋孝宗之父秀安僖王赵子偁之讳，改为儆，休宁人。中国古籍在记述著名学者的生平时，往往都会说其人生有“异禀”或“早慧”，有关吴儆的记述也是这样，说他生而颖悟，日诵千余言，10 岁就能属文，并能够道出老生宿儒之所不能道的见解。

大约 16 岁时，吴儆与其兄吴俯游太学[①]。时在太学中，四方之英俊聚萃，月与角笔墨短长，吴儆兄弟往往居首选，侪辈相与叹服，为之语曰：“眉山三苏，江东二吴。”其时，朝廷设“逻卒”廉察中外，一日将至太学，吴儆曰：“此曹挟小忠簸弄耳。今闯足至此，异时六馆之士以非所宜言与大不敬论报，岂不上累圣朝?”执而笞之，并说：“国有令，汝无故乌得辄入!”卒噤，受笞去不复至。他年少时就表现出如此峻整果决的风裁。

绍兴二十七年(1157)，吴儆以上舍高选，登进士第，调明州鄞县(现为宁波市鄞州区)尉。鄞县是海盗经常出没的濒海城市，往往掠民家辄去，鬼神难测踪迹，虽宿将重兵不能禁。吴儆则潜布耳目，海盗所至辄知之，及时防备。他还单马径造盗窟，让捕者随即潜至，海盗惊谓“神卒”。有先登被创者，则解驼裘以衣之，亲与敷药，士卒皆感慨争奋，愿空贼以报，终于解决了海盗问题。

---

① 按，程卓的《行状》及《(弘治)徽州府志》等文献均说吴儆“弱冠”入太学，但吴儆在《见蒋枢丐祠书》中则自述道：“某不肖，廪食太学十有六年矣。”他绍兴二十七年(1157)登进士第，则入太学当为绍兴十一年(1141)前后，时约 16 岁。

绍兴三十二年(1162),吴儆遇恩升修职郎。隆兴元年(1163),因获盗功,改承事郎。次年差充婺州教授,未赴。乾道二年(1166),差知饶州安仁县(即今余江县)。安仁素称“冷邑”,吴儆到任后,肃吏厚民,薄征缓赋,并注重发展商业。此前,安仁是少有负贩至的地区,吴儆就任后,则设立“会市”,会之日,官无征敛,市不二价,约束明肃,于是商贾四集,井邑因此饶富,江东壮县或愧不如。安仁及周边地区曾遇大旱,吴儆估计民将艰食,便预计一县户口所需米若干,令富民储蓄以备,境内赖以不饥。其时,旁境饥民百十为群,攫食偷活,恶少年乘机为盗,势骎骎将犯境,州人以为忧,吴儆遣兵数百戍之。有人劝吴儆暂避盗锋,他奋然曰:“吾为令,顾委命若等,是谓草间求活。吾宁与贼死,况不必死乎。”于是,籍丁壮,他则驰马横槊其间,声势甚壮。有无赖子袭旁邑,吴儆则将所为者“法外出新意杀之”,以令盗闻之。盗皆恐惧缩颈不敢犯。事后他未报此事,被人“媒蘖”(喻借端诬罔构陷),因此坐累数年。

乾道四年(1168),吴儆转宣教郎。七年(1171),丁母艰。服阕,于淳熙元年(1174)转奉议郎,通判邕州(治所在今南宁)。邕州为少数民族聚居地,稍不得意则反侧。其时郡阙守,由吴儆摄郡事。他经营3年,使州境得以平静,两江50余洞首领皆告戒部落,无有犯者,且曰:“吾宁贫穷,毋犯吴公。”

此时,张栻恰经略广右,他颇留意人才,发现吴儆才干之后,每有疑事,悉向他咨询。邮筒则是交换意见的主要方式,有时邮筒一天内再至、三至,吴儆均曲为之擘画,毕就条理。张栻对吴儆卓越能力和认真态度十分赞赏,曾在给朱熹的信中说:“吴益恭忠义果断,缓急可仗,未见其匹。”

淳熙五年(1178),吴儆任满,张栻向朝廷力荐,使吴儆得以被召陛对。去之日,士民吏兵合数千人遮道流涕,极力劝留。张栻则授以胡宏的《知言》,且书“孔子之刚,曾子之勇,南方之强”三言以赠。

吴儆在陛对时,首陈天下大计。他说:“恢复天下之大势有二,天下之大计亦有二:有纷纭未定之势,有立国相持之势。纷纭未定之势,利疾战;立国相持之势,宜缓图。方逆亮就戮,中原之势几至纷纭,诸将反不能渡淮而发一矢;及葛虏定位,南北之势复成勍敌,张浚、虞允文乃欲长驱以定中原,进退缓急，皆两失之，此功业所以未建。今之议者不察，持苟安之说者，欲保守江左；为欲速之计者，便谓中原可平。臣未尝不痛惜于斯也。臣愿陛下治兵积粟，涵勇韬力，俟彼之势寖以陵夷，乃以舟师出其东，蜀兵出其西，且战且守，稍稍前进，东自齐以图晋，西自陇以图秦，为祖逖、谯梁战守之谋，而无桓温、刘裕深入远斗之患。迨其坏乱，纠合诸侯之兵，而以天声震之，一戎衣而天下定矣。若彼之势未至，虽一兵一骑不可轻动。”吴儆对战、守的观点，与程大昌度势量力的看法几乎一致。

同时，吴儆还极论大臣宜待之以诚，而使之任天下之责；对左右贵近之臣，宜待之以恩，而勿令预朝廷之事。他还说，广西帅臣任三面备边之策，漕臣专一路煮海之利，州郡财计皆仰漕司，帅臣权轻。当令漕臣协力措置边事，帅臣兼知漕计，庶几两相通融，彼此任责。

吴儆进言虽受到孝宗嘉奖，但并未被重用，只是授为广南西路安抚。吴儆以亲老丐祠，得以主管台州崇道观。淳熙六年(1179)，转朝奉郎。次年，转朝散郎，差知泰州，他仍丐祠，复主管台州崇道观。淳熙十年(1183)致仕，即于此年去世。

吴儆所居屋之前有洲，广数亩，旧种竹，苍翠可爱，其父乐之，他于是结庐其上，环以秋冬不凋之木，日奉觞酒，怡愉其父于其中。又以余闲与从游之友穷经论史，考德订业，四方之士闻之，负笈而至，岁数百人，居不足以容，或相率结茅其傍，因号为竹洲。吴儆则分斋肄业，如胡瑗在湖州办学之法以教之①，士由以成材者，有方恬(礼部试第一)、汪义端(探花)，其他簪佩满州县，凡言有章、行有操、官有业、问有学，未有不自竹洲之门者。著有《竹洲集》及

① 按，胡瑗(993—1059)字翼之，海陵(现为江苏泰州海陵区)人，祖籍陕西路安定堡，故世称“安定先生”。他以“圣贤自期许”，注重“明体达用之学”，为宋代理学先驱之一。景祐元年(1034)在苏州设学授徒，翌年范仲淹聘于郡学，他以“使诚明者达，昏愚者励，而顽傲者革”为办学宗旨。滕宗谅设立湖州州学，延聘胡瑗主持，他设经义、治事二斋，其经义斋择疏通有器局者居之；治事则包括讲武、水利、算术、历法等，人各治一事，开中国古代分科办学的先声。胡瑗的办学模式，被时人称为“湖学”。

《棣华小录》等[①]。

吴儆的治学历程

吴儆曾自述其治学经历，他说："某未第时，常从陈阜卿先生学为举子之文；历仕后，常见尹少稷论古文，二先生于古今之文，盖习矣而察者。晚而后见薛士龙，言王伯(霸)之略；见南轩先生，论诚明之妙。而志气已衰，精力已惫，方且茫然自失，未知所以为根本之计。诗云：'譬彼舟流，莫知所届。心之忧矣，不遑假寐。'益深用力益至，则其所志当益大，毋若某之学，终于无所归宿焉，则善。"[②]

吴儆所说的"毋若某之学，终于无所归宿"，显然是自谦之辞，他的学术是有"归宿"的，只是不同学者对他的学术"归宿"有不同看法。归纳起来，主要有三种：一是以周、张、程、朱之学为归宿。如明代学者张宁[③]说："使公奏议、书启尽见诸用，则纲纪四方、扶正抑邪之功，当不在时百执事之下。如此而犹谓公非圣人之徒，谓其文章不足以承濂、洛、关、闽之余绪，非知人也。"[④]这是把周、程、张、朱之学视为吴儆的学术"归宿"，当代有学者说吴儆"奉程朱为正统"，大概承袭的就是这一看法。

二是以吕祖谦的婺学为归宿。这是程敏政的观点，如他说："先生初在太学，即有志当世，而于俗学之陋蔑如也。龙川陈公、稼轩辛公咸奇其人而友

---

① 按，上述吴儆的生平介绍，主要参考程卓《竹洲先生吴公儆行状》(程敏政辑：《新安文献志》卷六九，合肥：黄山书社，2004年版，第2册，第1682～1687页)；《(弘治)徽州府志》卷七《人物一・硕儒》的"吴儆传"(上海：上海古籍书店，1982年影印《天一阁藏明代方志选刊》本)等。

② 吴儆：《答吴益深书》，《竹洲文集》卷八，见《宋集珍本丛刊》第46册，北京：线装书局，2004年版，第538页。按，所引诗见《诗经・小雅・小弁》；"历仕"二字系据万历刻本《吴文肃公文集》校改。

③ 按，张宁(1426—?)字靖之(一作静之)，号方洲，海盐(今属浙江嘉兴市)人，景泰甲戌(1454)进士，官礼部给事中，曾两度奉使朝鲜，升都给事中，因性情刚直，受排挤，出知汀州，后乞归，家居30年，寄情山水，以琴书自娱。

④ 张宁：《吴文肃公竹洲文集序》，《方洲集》卷一六，见《文渊阁四库全书》第1247册，台北：台湾商务印书馆，1983年版，第407页。

之。先生盖不以自足，又与止斋陈公、水心叶公、石湖范公上下其议论，而参请于东莱为归宿。”又说：“昔我两夫子倡此道于河洛间，门墙之士比于邹鲁。盖自龟山三传得文公朱子，自上蔡三传得南轩张子，而东莱吕氏自荣公以来，世受程学，一时及门者与河洛相望，若吾邑竹洲先生吴文肃公，其一人焉。”[①]

三是以张栻的湖湘学为归宿。如黄宗羲高足万斯同[②]便认为吴儆是“张氏（即张栻）门人”[③]，即把以张栻为代表的湖湘之学视为吴儆的学术归宿。

若参考吴儆的自述，我们认为万斯同的看法似乎最接近事实。根据吴儆的自述，可将其治学历程分为三个阶段：第一阶段为师从陈阜卿、尹少穑，学举子文和古文阶段；第二阶段为与“薛士龙，言王伯之略”阶段，即致力于事功之学阶段；第三阶段为“见南轩先生，论诚明之妙”阶段。在第一阶段所师从的尹少穑，我们不了解，但陈阜卿在当时是颇为知名的。他曾为教官，出守过吴兴，而最为人们称道的，是他不阿权贵。在任两浙转运司期间，陈阜卿曾担任考官，秦桧孙子秦埙与陆游同时与试，秦桧曾向他“打招呼”，欲置秦埙为第一，但陈阜卿仍取成绩最优的陆游为第一，秦桧为此很恼怒，于次年显黜了陆游，陈阜卿也几蹈危难，幸好秦桧去世，他才免于此劫。陈阜卿不阿权贵，在政界和学界颇受称赞，但朱熹对陈阜卿的古文主张则很不以为然，曾说：“陈阜卿教人看柳文了，却看韩文。不知看了柳文便自坏了，如何更看韩文？”[④]这时的吴儆，自不会“奉程朱为正统”。

---

① 程敏政：《竹洲文集序》，《篁墩文集》卷二八，见《文渊阁四库全书》第1252册，台北：台湾商务印书馆，1983年版，第502页。

② 按，万斯同（1638—1702）字季野，号石园，浙江鄞县（今宁波市鄞州区）人，师事黄宗羲。康熙间荐博学鸿词科，不就。他精于史学，康熙十七年（1678），清廷诏请黄宗羲修《明史》，被黄宗羲拒绝。大学士徐元文出任《明史》总裁，荐万斯同入史局。经黄宗羲劝说，他方以不署衔、不受俸为前提，以布衣身份进入史局，《明史》500卷多经其手定。著有《历代史表》《纪元汇考》《儒林宗派》《群书辩疑》《石园诗文集》等。

③ 万斯同：《儒林宗派》卷一一，见《文渊阁四库全书》第458册，台北：台湾商务印书馆，1983年版，第563页。

④ 黎靖德辑：《朱子语类》卷一三九，《朱子全书》第18册，上海：上海古籍出版社，合肥：安徽教育出版社，2002年版，第4315页。

第二阶段“见薛士龙，言王伯之略”，他也不会“奉程朱为正统”。薛士龙即薛季宣(1134—1173)，号艮斋，永嘉(今浙江温州)人。在学术上，薛季宣反对空谈义理，注重经世之学，对田赋、兵制、地形、水利等实务的研究很重视，成为主张事功的永嘉学派的创始人物，对此后的叶适很有影响。吴儆所谓与薛季宣“言王伯之略”，就是指他们讨论事功之学。

朱熹对浙东事功之学是颇不以为然的，但其与薛季宣一直未见过面，只是乾道七年(1171)末、八年(1172)初，在薛季宣知湖州时，才与他有过短暂的书信往来，故朱熹对薛季宣的学术并不了解。直到薛季宣去世后，朱熹读到薛季宣的著作[①]，才意识到永嘉学派的源头原来在薛季宣这里。

其实，“言王伯之略”的不止是永嘉学派的学者，永康学派学者尤其是这个学派的代表人物陈亮，更关注“王伯”问题。陈亮(1143—1194)字同甫，号龙川，学者称之“龙川先生”，婺州永康(今属浙江)人。他自称“独好伯王大略、兵机利害，颇若有自得于心者”[②]，主张“义利双行、王霸并用”，将事功的旗帜举得很高。陈亮的好友陈傅良曾这样概括陈亮的思想：“‘功到成处，便是有德；事到济处，便是有理’，此老兄之说也。”[③]陈亮与朱熹还曾围绕“义利”和“王霸”问题进行过两次大的辩论。

而吴儆与陈亮的关系，则远比与薛季宣密切。从陈亮《与吴益恭安抚》的信中就可以看出他们关系的密切程度。在此信中，陈亮不仅对他与吴儆聚少离多发出“人生会聚之难乃如此”的感慨，而且还回忆了他与吴儆初识的情景：“回思向来大醉井亭桥上，无一时放手，固是人间乐事也。”吴儆陛见时，陈亮对吴儆陛对及其结果十分关心，原以为“必有非常遇合”而“日日以冀”，后

---

① 按，朱熹在《答吕伯恭》一函中说：“叔度寄得薛士龙行状，读之使人慨叹不已。不知所著诸书尝见之否？今有书吊其家，烦为致之。欲求《中庸》《大学》《论语说》及《阴符》《握奇》《揲蓍》《本政叙》凡七书，不审能为致之否？”《晦庵先生朱文公文集》卷三三，《朱子全书》第21册，上海：上海古籍出版社，合肥：安徽教育出版社，2002年版，第1450页。

② 陈亮：《酌古论序》，《陈亮集》(修订本)卷五，北京：中华书局，1987年版，上册，第50页。

③ 陈傅良：《答陈同甫三》，《止斋集》卷三六，见《文渊阁四库全书》第1250册，台北：台湾商务印书馆，1983年版，第782页。

“乃知奏疏甚伟，九重所以相期待者亦甚至，然竟不免为邕筦之行”，于是感慨道：“吾侪之命忒煞不是当耳。”[①]吴儆与陈亮等主张事功的学者关系密切，大概与他少年时代就有“事功之志”[②]有关。

“见南轩先生，论诚明之妙”是吴儆治学的第三阶段，即接受张栻湖湘学阶段。张栻(1133—1180)字敬夫，后改为钦夫，号南轩，被学者称为“南轩先生”，汉州绵竹(今四川绵竹市)人。他师从胡宏，接受了湖湘之学，并对周敦颐的《太极图说》十分推崇，认为“太极”是万物的本原。他还主张格物致知、知行互发，提倡学以匡时济世，表现出事功的倾向。在治学原则上，张栻则主张“使学者知夫儒学之真，求之有道，进之有序，以克于异端之归”[③]。

吴儆与张栻相识，是在他倅邕州期间，张栻对他很赏识，并传他湖湘之学，吴儆也视张栻为师：“自愧妄庸，有辜奖拔，某敢不益坚素守，祗服诲词？誓全节于始终，是为报知己之赐；敢呈身以侥幸，而重辱我师之门！”[④]查阅现存的《竹洲集》就可以看到，吴儆明确称“师”的只有张栻一人。

结识张栻之后，吴儆就没有放弃过湖湘之学。在他请祠居家期间，就曾刊印过张栻所赠的胡寅《知言》，并宣称刊印《知言》的目的是要将胡寅之学传入徽州地区，使徽州学者知“终身根本之地”：“五峰先生《知言》一书传于世实甚久，凡后学之自伊洛者，皆知敬信服行，如洙泗之有孔氏，而吾乡学者或未见焉。某受此书于南轩先生，谨诿诸同志汪伯虞锓木以广其传。异时，吾党之士有文词者，有学问者，有才有智而可与立事者，有刚正不挠、恬退有守、温厚而寡过者，皆知以此道为终身根本之地，如萧何之守关中、寇恂之守河内，

---

① 陈亮：《与吴益恭安抚》，《陈亮集》(修订本)卷二九，北京：中华书局，1987年版，下册，第387～388页。

② 按，吴儆在《上张南轩书》中说：“某不才无善状，少时尝不自揆度，妄有事功之志。”《竹洲文集》卷八，见《宋集珍本丛刊》第46册，北京：线装书局，2004年版，第536页。

③ 张栻：《三先生祠记》，《南轩先生文集》卷五，上海：商务印书馆，1936年版《丛书集成初编》本，第2册，第75页。

④ 吴儆：《谢南轩举状启》，《竹洲文集》卷四，见《宋集珍本丛刊》第46册，北京：线装书局，2004年版，第526页。

则庶几乎知所税驾。不然，吾惧其终身之无所归也。”[①]以《知言》为“终身根本之地”，不正表明湖湘之学是吴儆的学术“归宿”吗？

而朱熹对《知言》则颇不以为然，认为“《知言》之书用意精切，但其气象急迫，终少和平。又数大节目亦皆差误，如性无善恶、心为已发、先知后敬之类，皆失圣贤本指。顷与钦夫、伯恭论之甚详”[②]。将朱熹对《知言》的评论与吴儆对《知言》的推崇加以比较，就不难看出他们学术归趣的不同。

至于程敏政以吕祖谦为代表的婺学为吴儆的学术归宿，是没有根据的。吕祖谦与朱熹一样，经张栻函告才知吴儆其人，如他说：“近得桂林报书，甚称益恭，殊倚信之也。”[③]所谓“桂林报书”，就是张栻的来信。此时吴儆已在邕州，这表明吕祖谦此前与吴儆并未见过面。他们两人见面的唯一机会是吴儆赴京陛见时，此时吕祖谦恰在临安。但他们很可能并未见面，因为陈亮在给吴儆的信中只是说：“伯恭、君举（即陈傅良）于兄极相知，但其力不能有所及。在临安亦尝数数款语否？”[④]连陈亮都不清楚吴儆与吕祖谦是否在京师见过面，说吴儆“参请于东莱为归宿”，自是揣测之词。

吴儆的学术思想

吴儆没有像程大昌那样，既有《易老通言》《易原》这类形而上的论道之作，又有《考古编》《演繁露》这样致力于考据的专著，但吴儆为学，同样是“学该体用”，他“上下数千年间世变升降、制度因革，灿然若指诸掌，而能剂量之

---

① 吴儆：《题五峰先生知言卷末》，《竹洲文集》卷一二，见《宋集珍本丛刊》第46册，北京：线装书局，2004年版，第552页。

② 朱熹：《答刘子澄》，《晦庵先生朱文公文集》卷三三，《朱子全书》第21册，上海：上海古籍出版社，合肥：安徽教育出版社，2002年版，第1439页。

③ 吕祖谦：《与陈同甫》，《东莱集·别集》卷一〇，见《文渊阁四库全书》第1150册，台北：台湾商务印书馆，1983年版，第279页。

④ 陈亮：《又与吴益恭书》，《陈亮集》（修订本）卷二九，北京：中华书局，1987年版，下册，第388页。

以道。出入诸子百家，天官稗说，靡不洞究，而能折衷之以圣人之经”[①]。只是他对此没有集中论述，我们也就只能到《竹洲集》中去梳理。

“本末具举、先后有序”的治学原则

前面提到汪楚材曾致函吴儆问学，吴儆在复信中说：

> 前书论学伊川者之敝，非好为异，以伊洛之所以异于释老者，正以其本末具举，先后有序。故自格物致知、正心诚意、修身齐家，而后治国平天下。孔子亦自志学积而至耳顺、从心。若说才有所见便易吻合，想非今之学者所能。非惟今之学者不能，虽孔夫子亦五十而学《易》，盖《易》穷天地阴阳、人情、物理之变。且如孟子论治，始于田桑、鸡豚之畜，瞰要理会在。若一有所见，便与之吻合，虽孔夫子亦不能。[②]

吴儆的复信表明，他在治学上强调的是从认知和修养入手，然后博学详说，涵泳体味，身体力行，依次而进，从而获得治国平天下的见识和能力。所以他不仅反对徒事占哔，将求学停留于文字的吟诵；也反对躐等而学，在求学中违背循序渐进的原则；更反对像“学佛之人”那样“窥见一斑，便谓‘天上地下，唯我独尊’”，对儒学一知半解就以为能治国平天下的盲目狂妄。吴儆写此信是在他倅邕州时。他的“本末具举，先后有序”的治学原则，与张栻“使学者知夫儒学之真，求之有道，进之有序，以克于异端之归”的治学主张是一致的，这表明他已经接受了张栻的思想。

吴儆说“前书论学伊川者之敝”，说明他在写此信前已经给汪楚材去过一

---

① 程卓：《竹洲先生吴公儆行状》，见程敏政辑：《新安文献志》卷六九，合肥：黄山书社，2004年版，第2册，第1683页。

② 吴儆：《答汪楚才书》，《竹洲文集》卷八，见《宋集珍本丛刊》第46册，北京：线装书局，2004年版，第538～539页。

封信。但其信未收在《竹洲集》中，也就无法知道他是如何“论学伊川者之敝”[①]的。但此信使我们感到，他所说的“论学伊川者之敝”，似乎是针对朱熹、吕祖谦的，因为他在此信中说：“近来学伊洛者，无如朱南康、吕东莱，……不知南康曾有回书否？以某所见，必不合也。”所谓“不合”，就是指不同于他所主张的“本末具举，先后有序”，或者说他们离开了程颐“本末具举，先后有序”的治学原则。只是近来，朱熹、吕祖谦在“实用事业”上有所关注，尚能“本末”结合，否则就将伊洛之学流为禅家：“二公近来大段做实用事业，自三代圣人制田、治兵，以至制礼、作乐，皆穷其本末，可以措而行之天下。不然，伊洛之学遂流而为禅家矣。”

看来，吴儆在为学“先后有序”上是将朱熹与二程相区别的。他对二程十分肯定，曾说过：“《记》曰：‘莫见乎隐，莫显乎微。故君子谨其独也。’子思没数千年，读其书者莫之或察，至河洛两程夫子始指是为入德之门。然当是时，虚荒诞谩之言盈天下，远方学者未尝知有河洛之学也。”[②]吴儆对二程之学如此推崇，或因湖湘之学衍生于二程。但他认为，朱熹在为学次序上却背离了二程的主张。其实，朱熹也并不如吴儆所说的那样不讲为学次序。他虽然要求“为学须先立得个大腔，当了，却旋去里面修治壁落教绵密”[③]，但朱熹也反对为学“躐等”，如他说：“愚尝深患近世学者躐等之弊，发言立论，不问其理之当否，而惟恐其说之不高。”[④]不过，从吴儆强调指出“二公近来大段做实用事业”来看，他对朱熹的不同看法可能主要还是认为朱熹多谈“性理”而少说“经

---

① 胡寅曾说：“伊洛老师为人，心切标题，‘天理人欲’一句，使人知所以保身、保家、保国、保天下之道。而后之学者多寻空言，不究实用，平居高谈性命之际，亹亹可听，临事茫然，不知性命之所在者，多矣。”胡寅：《与樊茂实书》，《五峰集》卷二，见《文渊阁四库全书》第1237册，台北：台湾商务印书馆，1983年版，第131页。吴儆所论“学伊川者之敝”，或与胡寅相类。

② 吴儆：《隐微斋记》，《竹洲文集》卷一〇，见《宋集珍本丛刊》第46册，北京：线装书局，2004年版，第545页。按，文中所谓“《记》”即《中庸》。

③ 黎靖德辑：《朱子语类》卷八，《朱子全书》第14册，上海：上海古籍出版社，合肥：安徽教育出版社，2002年版，第277页。

④ 朱熹：《记疑》，《晦庵先生朱文公文集》卷七〇，《朱子全书》第21册，上海：上海古籍出版社，合肥：安徽教育出版社，2002年版，第1439页。

世”，直到近来才有所改变。

“人爵、天爵”之辨

在《尊己堂记》一文中，吴儆曾极论“人爵、天爵”，他说：

> 夫天爵义荣，己所有也，可常尊也；人爵势荣，得失在命，予夺在人，不可常也。士大夫丧其可常之尊，而无以自重，且无以取重于人也，乃切切然藉夫不可常尊者，以华其身，得之则荣不自胜，失之则忧莫能堪，甚至于汩丧廉耻。惟其得之，扬扬然峨其冠，高其盖，良自适也。世俗之人亦从而尊荣之，莫知反而思其所从得之为可耻也。①

“天爵”“人爵”概念出自《孟子》。《孟子》曾说：“有天爵者，有人爵者。仁义忠信，乐善不倦，此天爵也；公卿大夫，此人爵也。古之人修其天爵，而人爵从之。今之人修其天爵以要人爵，既得人爵而弃其天爵，则惑之甚者也，终亦必亡而已矣。”②孟子所说的“爵”，指的是尊贵、尊荣。所谓“天爵”，是指自然的尊荣，它是靠人的自身修养、自身道德提升所获得的；所谓“人爵”，则是指依靠权位获得的尊荣，这是别人授予，也是不能常保的。孟子认为，古人靠道德完满获得尊荣，同时也就自然地获得权位的尊荣，而当代人则把修养道德看作获得权位尊荣的台阶，一旦获得权位的尊荣，就会放弃道德修养，抛弃道德自律。这种人最终会连职位的尊荣也将失去。

孟子的“天爵、人爵”说历来受到关注，成为批评某些士大夫将道德修养异化为追求世俗权势的依据。吴儆就是这样看的。他认为，“天爵”本是人们的道德情操理所当然就具有的尊荣，也是能够常保的尊荣；而“人爵”则是依靠权势所获得的尊荣，这种尊荣得自他人的赐予，是不可长保的。但是，一些士大夫把获得“人爵”即权势作为道德修养的动机，得之则洋洋自得，失之则

---

① 吴儆：《尊己堂记》，《竹洲文集》卷九，见《宋集珍本丛刊》第 46 册，北京：线装书局，2004 年版，第 543 页。

② 赵岐注、孙奭疏：《孟子注疏》卷一一下《告子章句上》，见阮元校刻：《十三经注疏》，北京：中华书局，1980 年版，下册，第 2753 页。

忧心忡忡，为了获得“人爵”，甚至寡廉鲜耻。这些士大夫的行为已经成为世俗的价值尺度，世俗之人也不认为那些士大夫为了获得“人爵”而“丧其可常之尊，而无以自重，且无以取重于人”为可耻。于是，吴儆提出“自重”问题，他借金安节[①]之口说：“士大夫多失其身者，皆不知所以自重也。”

吴儆所说的“自重”，是以道德为本位的价值取向作为出发点的。在他看来，依靠道德所获得的尊荣，与依靠权势所获得的尊荣，是不同性质的尊荣；看重道德修养，追求人格崇高，是人们本应追求的人生目标，也是主观可以确定的、自然获得尊荣的途径，而道德绝不是沽名钓誉、获取权势的手段，士大夫更应该靠自我道德修养而“自得与自立”，当“出仕于朝”的时候，也不能忘记“不失其身”，即坚守道德自律。

在以道德为本位方面，吴儆与朱熹是相通的，所以朱熹在读到吴儆的《尊己堂记》后说：“邕州使君，往见张荆州、吕著作，皆称其才。今读记文，又有以见其所存者，益恨未得一听议论之余也。”[②]

“立法更制”

在吴儆的文集中，我们很少看到他讨论形而上的问题，更多的是申述他对治国理政的看法，他论“恢复大计”、论战守、论官吏、论理财、论军备等，似乎有关政治的问题，无不关心。从吴儆的一系列论述中，可以看出他对政事的关注和学以经世的治学精神，看出他的政治抱负和政治责任感，也可以看出他的政治思想。

在吴儆的政治思想中，主张“立法更制”是一大亮点。吴儆认为：

---

① 按，金安节（1094—1170）字彦亨，休宁人。宣和六年（1124）擢进士第，调新建县主簿，累迁殿中侍御史，因劾秦桧兄梓附丽梁师成，致梓罢，桧衔之。未几，丁母忧去，不出者18年。桧死，起知严州，累迁侍讲给事中、权吏部尚书兼侍读，以敷文阁学士致仕。著有文集30卷及奏议、表疏、《周易解》等，史称“中兴以来全名高节，鲜有其比”。《宋史》卷三八六《金安节传》，北京：中华书局，1977年版，第34册，第11861页。

② 朱熹：《与汪伯虞》，《晦庵先生朱文公文集》卷四六，《朱子全书》第22册，上海：上海古籍出版社，合肥：安徽教育出版社，2002年版，第2117页。

法久而必敝，敝久而必革，此理势之常然，圣人之所不能易也。[①]

这里所说的“法”，既含体制、制度方面，也包括具体政策措施。吴儆实际上是把革弊易法看作一种必然。

吴儆的革弊易法并不是泛泛而言。他从“法久而必敝”观点出发，提出了一系列革弊易法的主张和措施。如他所提出的“漕臣协力措置边事，帅臣兼知漕计”主张，就涉及革弊易法。大家都说赵匡胤建立宋王朝之后，鉴于唐代藩镇跋扈和自己“黄袍加身”的经历，上演了一出“杯酒释兵权”的戏剧。其实，赵匡胤要收回的不只是节度使们的兵权，他还派遣文臣知军州县事，限制了节度使节制郡县的权力；设置转运使，接管了节度使的财政权；设置提点刑狱，收回了节度使掌握的地方司法权，等等，全面实施了赵普所建议的“削夺其权，制其钱谷，收其精兵”的十二字方针，并确立了在中央集权之下的文官治国体制。在这一体制下，漕臣自然不能过问军事，帅臣也自然不能过问漕务。但吴儆认为军、政分立的体制已经带来了很大的弊端，主张改变这一状况，他说：“诸州诸道兵民财赋之权，自晋唐以来，帅臣得以兼制而专有之。本朝惩唐末五代藩镇之祸，始分财赋之权属之漕臣，所谓帅臣者，虽名为一路兵民之寄，其实一大郡守耳。平居无事之时，所部州县既不知帅臣之威，一旦有盗贼意外之警，帅臣之权复为宪漕所夺，调兵赋粟，莫之适从。方今诸路之敝莫不皆然，而沿边诸路其敝为甚。”[②]他要求使“漕臣协力措置边事，帅臣兼知漕计”，协同军政和漕务，这显然是带有制度性改变的建议。

又如，宋代在选人任官方面曾实行荐举制度，朱熹屡屡任官就是通过荐举，吴儆本人也是由张栻的荐举才得以陛对的。举官制度对举主不仅有资格的限制，还有责任要求和责任追究的规定。但是，这项制度在实施过程中也

---

① 吴儆：《论选人改官》，《竹洲文集》卷一，见《宋集珍本丛刊》第46册，北京：线装书局，2004年版，第514页。

② 吴儆：《论广西帅臣兼知漕计》，《竹洲文集》卷二，见《宋集珍本丛刊》第46册，北京：线装书局，2004年版，第517页。

弊端频现，吴儆同样也要求改变，他说："窃见选人改官之法，行之已久，而流敝之极，在今日为尤甚。此议论之臣每以为言，而陛下之所深察也。夫选人改官限之考第，欲试之以事，而责之举者，盖欲审知其才，试之以事，而无赃私之过，举之得其人，而无请托之患，此固立法者之所深愿，而亦天下士大夫之幸也。然流弊之极，至于今日，士大夫无特立独行之操、慷慨有为之志者，皆自选人经营。举状之时，立身根本固已摧坏委靡，无有能自立于流俗之中而不求举于人者，甚至于摇尾纳赂，挟势强取，无所不至。而谓天下之贤才可以由此而得，此臣之所不识也。"[①]其实，举官甚至还会成为结党营私、扶植个人势力的根源。所以吴儆认为，"国家进用贤才之大权付之举官之私意，不若付之台谏、宰相之公议，而取决于陛下之睿鉴"，即将举官之权交给谏官和宰相共同议决，再由皇帝审察决定。这也是一种制度性的改进。

吴儆在提出革弊易法主张的同时，还提出了革弊易法的时机问题。他说：

> 圣贤之将欲有为也，必因夫民之所甚病，与其所乐为，而后为之立法更制。民情之所未病，法虽善而不为。民情之所欲为，事虽难而必举。[②]

因应民情以"立法更制"，这就是他要求革弊易法的时机和条件。这里显示出吴儆政治举措最重要的出发点就是以民为本。民本思想是贯穿在吴儆政治思想中的一条主线。

"民不必治，财不必理"

在中国古代，"治民""理财"一直被视为国家的要务、地方官员的主要职责，在积贫积弱的宋代尤其如此，但吴儆却提出"民不必治、财不必理"的观点。这在当时，倒是石破天惊之语。

---

① 吴儆：《论选人改官》，《竹洲文集》卷一，见《宋集珍本丛刊》第46册，北京：线装书局，2004年版，第514页。

② 吴儆：《富国强兵策序》，《竹洲文集》卷三，见《宋集珍本丛刊》第46册，北京：线装书局，2004年版，第519页。

吴儆的“民不必治、财不必理”观点到底是什么意思呢？他说：

何谓民不必治？夫民莫不有自安之理。方今兵革休息，水旱无有，天下之民亦各安业，为州县者但奉法循理，无事搔动。词讼到官，早与了决，官物抄书，早与印给；税苗出入，早与过割；保正户长，亲与定差；赋税之外，不得横敛；强梁害民，盗贼窃发，力与惩治。如此，则民自安矣。何谓财不必理？盖天下有足用之财。臣尝为小邑。窃见天下州县初无小大，各有财赋源流，可以自足。为州县者但能严察簿书，勿使欺蔽；关防出纳，勿使陷失；谨守期会，勿使拖欠；总括科名，勿使隐匿；措置场务，勿使败坏。如此，则财自丰矣。①

在吴儆看来，做到“民不必治、财不必理”并不难，只要“奉法循理，无事搔动”就可以了。他为此列举了很多方面的措施，这些措施归结起来，就是利民而不扰民。为什么很容易做到的事却难以做到呢？吴儆认为原因有三，即“为守令者昏懦不立，则不能行；赃私不法，则不敢行；谨畏自全，则不肯行”。

吴儆提出“民不必治、财不必理”的观点，是有其现实的针对性的。他凭借做地方官的经验感到，“天下治安之日久矣，水旱不作，赋敛有常，而闾里之间犹有愁叹之声；宽恤之诏，吏（史）不绝书，而遐陬之民或不被上之泽，天下有治安之势，而斯民不获治安之福”，原因在于长令、黠吏、豪民的残民，他说：“盖权之所在，利之所在也。权在长令，则长令得以为私；权在黠吏，则黠吏得以为奸；权在豪民，则豪民得以为横。天子以天下之民付之长令，而长令以其一邑之权，与豪民、黠吏争长而更为之。凡所以使民之不安其生，而泽之不被于民者，皆此三人者之为也。”②因此，吴儆主张整顿吏治，使长令“奉法循理，无事搔动”，并“去黠吏、抑豪民，以养平民”。这就可以实现“民不必治、财不

---

① 吴儆：《论治民理财》，《竹洲文集》卷一，见《宋集珍本丛刊》第46册，北京：线装书局，2004年版，第513页。

② 吴儆：《刍言三篇·县令》，《竹洲文集》卷三，见《宋集珍本丛刊》第46册，北京：线装书局，2004年版，第520页。

必理”的治民理财目的。

吴儆的观点使我们联想到叶适的主张。叶适曾说:“恭惟宋有天下,肇立基本,不以智力为治,不以甲兵为强,不以险要为固,功德茂盛,渊源深远。圣人继作,因时制事,微有变更,而其为国之大意,常增益而不废,天下之人受其阴利厚泽,不知其所从来。”[①]叶适所说的“天下之人受其阴利厚泽,不知其所从来”,与吴儆所说的“民不必治、财不必理”则“民自安”“财自丰”相较,其论调何其相似。吴儆与叶适观点的接近不仅表明他与事功之学在思想上是共通的,也表明他们都汲取了道家“无为而治”的思想。

三、程大昌、吴儆与新安理学

无论是朱熹,还是程大昌、吴儆,都无意于创立一个学派,但他们确实又为一个新的理学派别——新安理学的形成奠定了基础。

在新安理学的形成过程中,如果说朱熹所起的是主导作用的话,那么,程大昌、吴儆则是朱熹的辅翼,他们的作用主要表现在以下几个方面:

政治上的互相呼应

程大昌、吴儆之所以能够辅翼朱熹,为新安理学的形成起到奠基作用,主要是因为他们在政治上有共同语言。他们不是政治上的结盟者,而是政治上的同道者。就在朱熹感到“比来同志虽不为无人,然更事既多,殊觉此道之孤,无可告语,居常郁郁”的时候,他听到了吴儆的陛对之事,不禁兴奋地说:“吴儆者闻对语亦能不苟,不易!不易!此等人材与温良博雅之士,世间不患无之,所恨未见。”[②]朱熹的兴奋,便是遇到同道者时的兴奋。

---

① 叶适:《国本上》,《叶适集·水心别集》卷二,北京:中华书局,1961年版,第3册,第646页。

② 朱熹:《答张敬夫》,《晦庵先生朱文公文集》卷三二,《朱子全书》第21册,上海:上海古籍出版社,合肥:安徽教育出版社,2002年版,第1390～1391页。

程大昌、吴儆与朱熹在政治上的一致，是多方面的。下面略举几例。

他们都关心“恢复大计”，但都主张要从宋金力量对比的实际出发，选择合适时机采取合适的应对。如程大昌主张度能量力而不求“奇策”、不幸“速成”，吴儆提出“纷纭未定之势，利疾战；立国相持之势，宜缓图”的观点，而朱熹也说：“论国计者大概有三，曰战、曰守、曰和而已。……三者之中又各有两端焉。盖战诚进取之势，而亦有轻举之失；守固自治之术，而亦有持久之难；至于和之策则下矣。”提出“非战无以复雠，非守无以制胜”的合战、守为一计的构想[①]。程大昌、吴儆在“恢复大计”上的观点与朱熹何其相似。

他们都一方面主张尊君，一方面主张任臣以诚，使君权在实际上有所限制。如程大昌说：“官制世异，而委寄常同，理极其当，虽圣人复起，有不能易者，殆此制之类也。”[②]主张按制度设置职位、择任授责，他认为各代的官职名称虽然不同，但“委寄”是一样的。吴儆则说：“为天下国家者，必有朝廷大臣，亦必有左右贵近之臣。二者其职不同，而圣人所以待之之体亦异。朝廷大臣，当待之以诚，而使之任天下之责。”[③]而朱熹也说：“朝廷纪纲，尤所当严。上自人主，以下至于百执事，各有职业，不可相侵。盖君虽以制命为职，然必谋之大臣，参之给舍，使之熟识，以求公议之所在，然后扬于王庭，明出命令而公行之。”[④]程大昌、吴儆在限制君权方面虽然说得比较委婉，不如朱熹讲得明确，但他们的意思是一样的。

他们都以“民本”思想作为治国理政主张和实践的出发点。如程大昌就将人民视为国家社稷的根本，损害人民利益，就是动摇国家的根本，所以他在

① 朱熹：《垂拱奏札二》，《晦庵先生朱文公文集》卷一三，《朱子全书》第20册，上海：上海古籍出版社，合肥：安徽教育出版社，2002年版，第633～634页。

② 程大昌：《考古编》卷五《三宅三俊三》，《考古编·续考古编》，北京：中华书局，2008年版，第71页。

③ 吴儆：《论大臣近臣》，《竹洲文集》卷二，见《宋集珍本丛刊》第46册，北京：线装书局，2004年版，第516页。

④ 朱熹：《垂拱奏札二》，《晦庵先生朱文公文集》卷一四，《朱子全书》第20册，上海：上海古籍出版社，合肥：安徽教育出版社，2002年版，第680页。

做地方官时，宁可“得罪”，也不愿加税而加重人民的负担。吴儆则写道：“问君有社稷，亦复有人民。奈何独自苦，学道则爱人。”①更明确地主张，政策措施的制定和更改都必须“因夫民之所甚病，与其所乐为”。这与朱熹的“盖邦本厚，则邦宁而君安”②的思想，也是一致的。

他们还从“民本”思想出发，提出“不扰民”的“无为而治”主张。如程大昌主张“循理以行，不自作为”，吴儆提出“民不必治、财不必理”的观点，并写道：“邑民本无事，君亦何所为。治己物自治，化行风荐移。”③这与朱熹的观点也是共通的，朱熹在答“‘为政以德’，如何无为”之问时便说：“只是不生事扰民，但为德而民自归之。”④

程大昌、吴儆在政治上与朱熹相通、相近的思想和主张还可以举出很多。仅从上面所略举的几例中便不难看出，他们确为政治上的同道者。正是这种“同道”，成为他们为新安理学共同奠基的政治基础。

学术上的相辅相成

程大昌、吴儆虽然在政治上与朱熹有很多共同点，但在学术上并不完全一致。朱熹与吴儆没有见过面，也没有书信往来，他对吴儆的学术是如何评论的，我们不得而知。但如前所述，吴儆在谈到“论学伊川者之敝”时，对朱熹是有微词的。在他看来，朱熹在学术上并没有做到程颐所要求的“本末具举，先后有序”。吴儆之所以对朱熹的学术有微词，可能是因为他认为朱熹过分地强调对“理”或“天理”的体悟，而没有严格地像《大学》所说的那样，从认知

① 吴儆：《寄题淳安陈令君读书林》，《竹洲文集》卷一六，见《宋集珍本丛刊》第 46 册，北京：线装书局，2004 年版，第 563 页。

② 黎靖德辑：《朱子语类》卷一六，《朱子全书》第 14 册，上海：上海古籍出版社，合肥：安徽教育出版社，2002 年版，第 560 页。

③ 吴儆：《寄题淳安陈令君读书林》，《竹洲文集》卷一六，见《宋集珍本丛刊》第 46 册，北京：线装书局，2004 年版，第 563 页。

④ 黎靖德辑：《朱子语类》卷二三，《朱子全书》第 14 册，上海：上海古籍出版社，合肥：安徽教育出版社，2002 年版，第 792 页。

和修养入手,依次而进,以获得治国平天下的识力和能力。

程大昌与朱熹在学术上的差异,主要表现在学术倾向上,与朱熹特别看重"义理"的探寻不同,他更重视史事的考证。这使他的大量学术成果是史学的和文献学的,而不像朱熹那样主要是义理学的。

程大昌虽然与朱熹一样,很重视易学研究,但他与朱熹在易学上也有明显不同,最突出的不同便是对河图、洛书的看法。程大昌接受了出自陈抟一系的学者刘牧的观点,认为以从一到九的九个数字所组成的图式为河图,以从一到十的十个数字所组成的图式为洛书,而"至蔡元定则以为与孔安国、刘歆所传不合,而以十为河图、九为洛书。朱子从之,著《易学启蒙》"①。即程大昌所说的河图,朱熹认为是洛书;而程大昌所说的洛书,朱熹则认为是河图。程大昌与朱熹在河图、洛书看法的差异,表明他们在易学研究中并不相互依傍,而是各自独立进行的。

同时,程大昌在《易》研究中,常常援引老子、庄子、列子等道家人物的言论以论《易》。而当程大昌援道入《易》之际,恰恰是朱熹抨击佛老之时。

尽管程大昌、吴儆与朱熹走着各自的学术道路,但并没有妨碍朱熹在学术上对他们的肯定。如朱熹并不因为程大昌援道入《易》而否定《易老通言》,他仍然说:"病中得窥《易》《老》新书之秘,有以见立言之指,深远奥博,非先儒思虑所及矣。"②他对程大昌《禹贡论》的评价也是很正面的,如说:"熹昨闻《禹贡》之书已有奏篇,转借累年,乃得其全,犹恨绘事易差,间有难考究处。近乃得温陵印本,披图按说,如指诸掌。幸甚,幸甚。此书之传,为有益于学者。"③吴儆的作品朱熹仅看到《尊己堂记》一篇,但如前所述,他一见此篇也立即予以赞扬。

程大昌、吴儆的学术不仅得到朱熹的肯定,他们的学术也与朱学一起在

---

① 参见永瑢、纪昀等:《四库全书总目》卷二,北京:中华书局,1965年版,上册,第5页。

② 朱熹:《答程泰之》,《晦庵先生朱文公文集》卷三七,《朱子全书》第21册,上海:上海古籍出版社,合肥:安徽教育出版社,2002年版,第1651页。

③ 朱熹:《答程泰之》,《晦庵先生朱文公文集》卷三七,《朱子全书》第21册,上海:上海古籍出版社,合肥:安徽教育出版社,2002年版,第1650页。

徽州地区传播，成为新安理学的学术源头。同时，正因为他们的学术与朱学不尽相同，这就使新安理学在形成阶段就具有了学术多元性和学术兼容性的特点。

参与新安理学学术群体的缔造

程大昌、吴儆学术思想在徽州地区的影响，除了通过他们的著作外，办学与讲学也是重要的渠道。

程大昌曾任国子司业，他的学生应该是不少的，但其中是否有徽州弟子，则不清楚。不过，绍熙五年(1194)程大昌致仕回乡，创办了"西山书院"，并亲自讲学，不少徽州后学拜在程氏门下，使新安理学的阵营得以壮大①，这则是有史可据的。

吴儆生前在徽州地区的学术影响更有史可寻。程卓在吴儆的《行状》中曾说，"(吴儆)以余闲与从游之朋穷经论史，考德订业，四方之士闻之，负笈而至，岁数百人"，并说："簪佩满州县，凡言有章、行有操、官有业、问有学，未有不自竹洲之门者。"这或许有些夸大，但从学之士当不在少。

程大昌、吴儆对学术人才的培育，使他们与朱熹一起在徽州地区缔造了以研习和践行理学为宗旨的学术群体，直接推动了新安理学的形成。

在程大昌、吴儆所培育的人才中，程卓、黄何则是佼佼者。朱熹去世后，徽州学术便靠着他们和程永奇、滕璘、李季札、吴昶等朱熹后学一起支撑。

程卓(1153—1223)字从元，休宁人，程大昌之侄。淳熙十一年(1184)试礼部第一，授扬州司户参军。历官抚州崇仁县丞、吉州龙泉知县、司农寺丞、刑部郎中、泉州知州、秘书少监、权工部侍郎兼权礼部侍郎、同知枢密院事等，封新安郡侯，卒谥正惠。嘉定四年(1211)曾充贺金国正旦使，"议论不屈，金人惮之"。

由于程卓的学术渊源于程大昌，故《(弘治)徽州府志》载，程卓"潜心经

---

① 参见周晓光:《论新安理学家程大昌》,《安徽师大学报》1994年第3期。

术，尽得伯父文简公大昌之学”[①]。傅伯成说他“天分素高，加笃学力行，本之以忱（一作‘诚’），养之以厚，守之以正，以是立身，以是事君，以是治民，出入中外几五十年，名节全莹，终始如一日”。程卓能“名节全莹”，与他受到程大昌的熏陶不无关系。程卓对理学在徽州地区的传播也作过贡献，故傅伯成又说：“公初第而归，四方学子，不远千里执经席下。一经师承，其所得必粹，其文必有体制可观。门人多达者，如右史吴公格，则与公偕显于朝。余登桂籍、预乡举、升列贤关者接武，骎骎殆莫胜数，师友渊源，特盛于江左。”[②]

黄何（生卒年不详）字景肃，休宁人，乾道二年（1166）进士，先后任吉州泰和、饶州鄱阳主簿，兴国、大冶知县，处州、岳州知州，所至皆以廉白称，阶至朝议大夫，封休宁县开国男。程珌在所撰的黄何《行状》中说，黄何之祖垂殁时，将黄何托付给他的内弟吴舜选，吴舜选则使黄何与其二子吴俌、吴俯游。此后，黄何又从游于程大昌，“所得益超诣”。程珌在谈到黄何的学术时说：“其学赡博无涯，惟以格物穷理为宗。如论《洪范》‘五行’，谓：‘水性寒，出于水者宜愈寒，而其味乃作咸，咸温也；火性烈，出于火者宜愈烈，而其味乃作苦，苦，凉也。是皆物以极而反，味以激而生，故寒不生寒而一阳生，暑不生暑而一阴生。’其讲学为后进宗师。”[③]他所表述的阴阳消长的观点，或就源自程大昌。总之，吴儆、程大昌都对黄何之学产生了深刻影响。

---

① 彭泽主修、汪舜民等纂：《（弘治）徽州府志》卷七《人物一・硕儒》，上海：上海古籍书店，1982年影印《天一阁藏明代方志选刊》本。

② 傅伯成：《程公卓行状》，见程敏政辑：《新安文献志》卷七四，合肥：黄山书社，2004年版，第2册，第1815、1824页。按，傅伯成（1143—1226）字景初，其先济原（今属河南）迁居晋江（今属福建）。少从朱熹学，隆兴元年（1163年）登进士第，曾任福建路连江知县、将作监丞，后被贬为漳州知州，调任湖广总领，之后起用为提点两浙东路刑狱、工部侍郎，以沮开边出为湖广总领，嘉定元年（1208）拜左谏议大夫，以不附和史弥远出知建宁府，移知镇江府，八年（1215）致仕，宝庆二年（1226）卒。

③ 程珌：《母舅黄公行状》，《洺水集》卷一五，见《宋集珍本丛刊》第71册，北京：线装书局，2004年版，第137、139～140页。

第四章　新安理学的兴起:南宋后期

本章将要讨论的是南宋后期(即庆元时期到元王朝建立之前)的徽州学术。

这一时期,是朱学乃至整个理学遭受“庆元党禁”之厄而呈现衰微之势的时期,也是以朱学为主干的新安理学在徽州地区开始兴起,并与呈现衰微之势的朱学乃至南宋的理学形成明显反差的时期。

这时的徽州学术还有两个值得注意的现象:一是饶州诸儒将朱学再次传入徽州地区,为徽州学术注入了新的活力;二是陆学进入徽州地区,开始融进新安理学。

一、从“伪学”到官学:朱学在南宋后期的命运

南宋前期的孝宗乾道、淳熙年间(1165—1189),理学曾呈现兴盛的局面。其间,出现了朱熹、张栻、吕祖谦、陆九渊等一批理学宗师,以朱熹为代表的朱学派,以张栻为代表的湖湘学派,以吕祖谦为代表的婺学派和以陆九渊为代表的陆学派,同时争鸣于学坛。此外,陈亮所代表的永康学派、叶适所代表的永嘉学派也正在崛起。正是这种学说纷呈、学派纷立的局面,使乾、淳时期成为中国学术史上思想活跃、学术繁荣的时期之一。

但是，这个学术繁荣时期为时实在太短暂了。不久便发生了“庆元党禁”，一大批学术精英受打压，一个个学术派别受摧残，南宋的学界由此陷入了消沉的境地，朱学更是首当其冲。

“庆元党禁”与朱学的厄运

“庆元”是宋宁宗的年号，从 1195 年到 1201 年。

宋宁宗是在一次“准政变”中登上皇位的。淳熙十六年(1189)，宋孝宗禅位于赵惇，是为宋光宗。光宗继位不久便病重，大权旁落到历史上著名的“悍后”李凤娘手上。绍熙五年(1194)，随着光宗病势日重，政局开始动荡不安，知枢密院事的宗室赵汝愚(1140—1196)“忧危不知所出”，便拥戴光宗次子、嘉王赵扩继位，这就是宋宁宗，光宗也就被“尊”为太上皇，史称“绍熙内禅”。

正是这场“内禅”，使一场政治风暴悄然到来，也为理学埋下了厄运的种子。

为获得“绍熙内禅”的合法性，赵汝愚曾托时为掌知阁门事的外戚韩侂胄通过内侍取得太皇太后吴氏的允准。于是，韩侂胄也就有了“拥立”之功，他也以此“意望节钺”。但赵汝愚却对他说：“吾宗臣，汝外戚也，岂可言功！惟爪牙之臣，则当推赏。”[①]只让韩侂胄得到一个汝州防御使的职位，此后虽迁任宜州观察使兼枢密都承旨，但他仍不满意。特别是赵汝愚在不到两个月的时间内，由知枢密院事而兼参知政事，升任右丞相，更引起韩侂胄的怨恨。就在赵汝愚忙于裁抑侥幸、召收四方知名之士，为执政进行布局的时候，韩侂胄开始紧锣密鼓地为打击赵汝愚做准备，他先后起用京镗、何澹、刘三杰、刘德秀、胡纮等人，聚集了一股反对赵汝愚的势力。

赵汝愚是理学的支持者和推崇者。他掌权之后，立即将朱熹从潭州召到临安，任焕章阁待制兼侍讲，做了宁宗皇帝的老师。在应召途中，朱熹就“闻近习已有用事者”，当时便具奏说：“幸门一开，其弊将不可复塞。”到了临安，

① 陈邦瞻：《宋史纪事本末》卷八二《韩侂胄专政》，北京：中华书局，1977 年版，第 3 册，第 911 页。

他在进讲时，除了“务积诚意以感动上心”之外，又复奏言：“陛下即位未能旬月，而进退宰臣，移易台谏，皆出陛下之独断，中外咸谓左右或窃其柄，臣恐主威下移，求治反乱矣。”朱熹所奏显然是针对韩侂胄的，“侂胄由此大恨，使优人峨冠阔袖象大儒，戏于上前，因乘间言熹迂阔不可用”。于是，“罢熹经筵，除宫观”[①]，结束了朱熹短短 40 天的“帝师”生涯。

将朱熹逐出朝廷后，韩侂胄“益无忌惮”。“其党复为言，凡相与异者，皆道学之人也。阴疏姓名授之，俾以次斥逐。或又为言，以道学目之，则有何罪？当名曰‘伪学’。由是有‘伪学’之目。”[②]这就把“帽子”和名单都准备好了，就等着清洗行动了。

首先提出清洗方案的是刘德秀。庆元元年(1195)，他进言道：“邪正之辨无过于真与伪而已，彼口道先王之言，而行如市人所不为，在兴王之所必斥也。昔孝宗锐意恢复，首务核实，凡言行相违者，未尝不深知其奸。臣愿陛下以孝宗为法，考核真伪，以辨邪正。”宁宗于是“诏下其章”，而何澹、糜师旦则继续跟进，复请“考核真伪”。所谓“考核”不过是官样文章，真正意图则是给站在对手一边的士人戴上“伪学”的帽子。博士孙元卿、袁燮，国子正陈武，便因此而被罢去。司业汪逵上札为孙元卿等辩解，刘德秀说其“狂言”，也将他罢斥[③]。一场打击“伪学”的运动便由此正式登场。

其次是禁书。庆元二年(1196)二月，端明殿学士叶翥与刘德秀奏言：“伪学之魁，以匹夫窃人主之柄，鼓动天下，故文风未能丕变。乞将语录之类，尽行除毁。”而在实施中则远远超过禁语录的范围，“稍涉义理者悉皆黜落，《六

① 陈邦瞻：《宋史纪事本末》卷八〇《道学崇黜》，北京：中华书局，1977 年版，第 3 册，第 872 页。

② 陈邦瞻：《宋史纪事本末》卷八〇《道学崇黜》，北京：中华书局，1977 年版，第 3 册，第 872～873 页。

③ 陈邦瞻：《宋史纪事本末》卷八〇《道学崇黜》，北京：中华书局，1977 年版，第 3 册，第 873 页。

经》《语》《孟》《中庸》《大学》之书，为世大禁”[①]。

同年八月，又进一步“申严道学之禁”。曾受学于吴儆的中书舍人汪义端[②]竟然上疏，言“高宗圣训，不用宗室以为宰执”，此疏被留中不发，他又“以伪学之党皆名士，欲尽除之”。太后闻而非之，宁宗于是诏台谏、给舍：“论奏不必更及旧事，务在平正，以副朕建中之意。”此诏一下，“韩侂胄及其党皆怒”，刘德秀遂与御史张伯垓、姚愈、胡纮、邵褎然等纷纷上疏，要求严禁伪学，以“杜其根原”。在胡纮的授意下，沈继祖甚至说朱熹“剽窃张载、程颐之绪余，寓以吃菜事魔之妖术，簧鼓后进，张浮驾诞，私立品题，收召四方无行义之徒，以益其党伍，潜形匿迹，如鬼如魅”，要求对朱熹“加少正卯之诛，以为欺君罔世、污行盗名者之戒”[③]。什么是“吃菜事魔”？“吃菜事魔”是指宋代民间流传的明教，此教以一人为“魔头”，信徒竭诚事之，由于其信徒皆菜食，不茹荤，故被官书称为“吃菜事魔”。北宋末年，方腊起义可能利用过该教，故为官方所禁。明代学者邱濬曾说：“汉末之五斗米贼、宋之吃菜事魔、元之弥勒佛出世，皆是假神以作乱也。”[④]因此，说朱熹“寓以吃菜事魔之妖术”，也就无异于暗示他在“假神倡乱”。宁宗于是下诏：“伪学之党，勿除在内差遣。”并诏监司、帅守，在荐举改官时，均要在奏牍前声说“非伪学之人”[⑤]。这年十二月，还削去朱熹尚未免去的秘阁修撰职务，朱熹最为器重的弟子蔡元定则被编管道州，备受摧残的蔡元定次年便去世于道州。

---

① 陈邦瞻：《宋史纪事本末》卷八〇《道学崇黜》，北京：中华书局，1977年版，第3册，第873～874页。

② 按，汪义端（生卒年不详）字子充，一字充之，黟县人。乾道五年（1169）进士，殿试第三人，授奉国军节度推官，历官吏部员外郎、舒州知府、监察御史、中书舍人、大理寺丞等。著有《盘隐集》《奏议》等。汪义端跻身反“伪学”阵营反映了吴儆之学与朱学的不同。不过，吴儆可能也没有想到，他的高徒竟然会成为反“伪学”的积极参与者。

③ 陈邦瞻：《宋史纪事本末》卷八〇《道学崇黜》，北京：中华书局，1977年版，第3册，第875页。

④ 丘濬：《大学衍义补》卷五四，北京：京华出版社，1999年版，中册，第474页。

⑤ 陈邦瞻：《宋史纪事本末》卷八〇《道学崇黜》，北京：中华书局，1977年版，第3册，第874～875页。

韩侂胄自然知道，打击“伪党”只是剪除赵汝愚的羽翼，他不会忘记打击的最主要对象是赵汝愚。故在庆元元年（1195），他同时又唆使秘书监李沐上奏，说赵汝愚“以同姓居相位，将不利于社稷，乞罢其政，以奠安天位，杜塞奸源”，使赵汝愚被罢相，“以观文殿大学士出知福州”。为赵汝愚申辩的吕祖俭、李祥、杨简等也都被斥。太学生杨宏中、周端朝、张道、林仲麟、蒋傅、徐范闻讯伏阙上书，请求宁宗“念汝愚之忠勤，察祥、简之非党，灼李沐之回邪，窜沐以谢天下，还祥、简以收士心”[①]。结果，他们都被“编管”于五百里外。

将赵汝愚逐出朝廷，韩侂胄并没有就此收手。庆元元年（1195）十一月，监察御史胡纮又进言，说“汝愚倡引伪徒，谋为不轨，乘龙授鼎，假梦为符”，并“条奏其十不逊”，于是，又将赵汝愚贬为宁远军节度副使、永州（今湖南零陵）安置。庆元二年（1196），赵汝愚行至衡州（今湖南衡阳）时病发，而“衡守钱鍪承侂胄风旨”，对赵汝愚“窘辱备至”，赵汝愚便“暴卒”于衡州[②]，留下了赵汝愚之死的谜。

胡纮所说的“乘龙授鼎，假梦为符”，是指赵汝愚曾说他“尝梦孝宗授以汤鼎，背负白龙升天。后翼嘉王以素服即位，盖其验也”。赵汝愚所说的梦，只不过是宣扬他扶持嘉王即位乃“天意”，与“谋为不轨”实不相干。但韩侂胄之党还是借此大做文章，庆元三年（1197）闰六月，朝散大夫刘三杰“论伪学之党变为逆党，防之不可不至”[③]，又借机把“伪学”升级为“逆党”。

朱熹被逐、赵汝愚“暴卒”，还不是韩侂胄打击政敌的终结。庆元三年（1197）十二月，绵州知州王沇上疏，“乞置伪学之籍”，宁宗从之，于是，仿照

---

① 陈邦瞻：《宋史纪事本末》卷八二《韩侂胄专政》，北京：中华书局，1977 年版，第 3 册，第 915、917 页。

② 陈邦瞻：《宋史纪事本末》卷八二《韩侂胄专政》，北京：中华书局，1977 年版，第 3 册，第 918 页。

③ 沧洲樵叟：《庆元党禁》，见《文渊阁四库全书》第 451 册，台北：台湾商务印书馆，1983 年版，第 29 页。

“元祐党人碑”[①]的一份“伪学逆党”名单便正式出炉了。在这份名单中，“宰执则有赵汝愚、留正、周必大、王蔺等四人；待制以上则有朱熹、徐谊、彭龟年、陈傅良、薛叔似、章颖、郑湜、楼钥、林大中、黄由、黄黼、何异、孙逢吉等十三人；余官则有刘光祖、吕祖俭、叶适、杨芳、项安世、李埴、沈有开、曾三聘、游仲鸿、吴猎、李祥、杨简、赵汝说、赵汝谈、陈岘、范仲黼、汪逵、孙元卿、袁燮、陈武、田澹、黄度、张体仁、蔡幼学、黄灏、周南、吴柔胜、王厚之、孟浩、赵巩、白炎震等三十一人；武臣则有皇甫斌、范仲壬、张致远等三人；士人则有杨宏中、周端朝、张道、林仲麟、蒋傅、徐范、蔡元定、吕祖泰等八人，共五十九人”[②]。这份“伪学逆党籍”的出炉，将“庆元党禁”推向高潮，也使“庆元党禁”成为继北宋“元祐党籍案”之后又一次以国家名义对学术的严厉打击。

庆元六年(1200)，朱熹去世，右正言施康年又上奏：“四方伪徒，聚于信上，欲送伪师之葬，会聚之间，非妄谈时人短长，则谬议时政得失，乞下守臣约束。”[③]宁宗从之。因此，为朱熹送葬的弟子便仅有李播等寥寥数人。但就在“门生故旧至无送葬者”的情况下，辛弃疾还是“为文往哭之”，他在文中说：“所不朽者，垂万世名。孰谓公死，凛凛犹生。”给朱熹以高度的评价[④]。

“庆元党禁”虽然是一场政争，但这场政争以反“伪学”为开端、为旗号，必然会严重影响学界，朱学更不会例外。黄榦曾对“党禁”给朱学造成的影响作过如下描述：

> 自先生去国，侂胄势益张，鄙夫憸人，迎合其意，以学为伪，谓贪

---

① 按，“元祐党人”是指北宋徽宗时蔡京专权，把元祐、元符间司马光、文彦博、苏轼、黄庭坚、秦观等309人列为奸党一事。当时，曾将这批“奸党”的姓名刻石于端礼门，并颁布天下，这便是所谓“元祐党人碑”。

② 陈邦瞻：《宋史纪事本末》卷八〇《道学崇黜》，北京：中华书局，1977年版，第3册，第876页。

③ 陈邦瞻：《宋史纪事本末》卷八〇《道学崇黜》，北京：中华书局，1977年版，第3册，第877页。

④ 《宋史》卷四〇一《辛弃疾传》，北京：中华书局，1977年版，第35册，第12165～12166页。按，有人说，朱熹去世，送葬的弟子和友人几达千人，这一说法可能出于传闻，在“伪学”“逆党”尚未解禁之时，说“门生故旧至无送葬者”，可能还是写实的。

黩放肆，乃人真情，洁廉好礼者皆伪也。科举取士，稍涉经训者悉见排黜。文章议论，根于理义者并行除毁。《六经》《语》《孟》悉为世之大禁，猾胥贱隶，顽钝无耻之徒，往往引用，以至卿相，绳趋尺步、稍以儒名者，无所容其身。从游之士特立不顾者，屏伏丘壑。依阿巽懦者，更名他师，过门不入，甚至变易衣冠，狎游市肆，以自别其非党。[①]

他还说：

伪学之禁方严，有平日从学而不通书问者，有讳言其学而更名他师者，有变节改行、狂歌痛饮、挑达市肆以自污者，有昔尝亲厚恨不荐己而反挤之者，至其深相爱者，亦勉以散遣生徒为远害计。诸生虽从学，亦有为之摇动欲托辞以告归者。[②]

当年王安石被罢斥、新学被否定之时，人们对王安石避之唯恐不及的“今日江湖从学者，人人讳道是门生”[③]的景象，现在又出现在朱熹的门人之中。

对朱门弟子来说，“庆元党禁”也是一次求学动机的甄别。当朱熹在学界名声大振之时，士人蜂拥而至，未必都是为了研习和传承朱学。当朱学受到权势者的打击，承受着巨大的政治压力，依靠朱学不仅不能获取名利，甚至还要承担政治风险的情况下，鱼龙就不难分辨了。朱熹对此很清楚，他就曾说过：“前此常患来学之徒真伪难辨，今却得朝廷如此开大炉鞴煅炼一番，一等浑殽夹杂之流，不须大段比磨勘辨，而自无所遁其情矣。”[④]

直到嘉泰二年(1202)，“伪学党禁”才有所松动。这时，力主打击“伪学”

---

① 黄榦：《朱先生行状》，《勉斋先生黄文肃公文集》卷三四，见《宋集珍本丛刊》第 68 册，北京：线装书局，2004 年版，第 127 页。

② 黄榦：《董县尉墓志铭》，《勉斋先生黄文肃公文集》卷三五，见《宋集珍本丛刊》第 68 册，北京：线装书局，2004 年版，第 141 页。

③ 张舜民：《哀王荆公》之三，《画墁集》卷四，见《文渊阁四库全书》第 1117 册，台北：台湾商务印书馆，1983 年版，第 25 页。

④ 朱熹：《答黄直卿》，《晦庵先生朱文公续集》卷一，《朱子全书》第 25 册，上海：上海古籍出版社，合肥：安徽教育出版社，2002 年版，第 4658 页。

“逆党”的京镗已死，何澹、刘德秀、胡纮三人被罢，张孝伯[①]知道“韩侂胄已厌前事”，“因谓之曰：‘不弛党禁，恐后不免报复之祸。’”韩侂胄的姻亲、籍田令陈景思“亦谓侂胄，当勿为已甚”[②]，韩侂胄则出于为北伐争取舆论支持的需要，于是稍弛“伪学党禁”，已去世的，如赵汝愚“追复资政殿学士”、朱熹“以待制致仕”；尚在世的，如周必大“复少傅”，留正“复少保”，徐谊、刘光祖、陈傅良诸人均“先后复官自便”；并且荐官也无须说明“不系伪学”之人。一场使南宋学术受到严重摧残的“庆元党禁”，至此暂告一段落。

“端平更化”与朱学的官学化

弛“伪学党禁”并不是“庆元党禁”的彻底解除。直到开禧三年（1207），韩侂胄为“立盖世功名以自固”而举行的北伐宣告失败，他本人也为史弥远、皇后杨氏及杨氏之兄杨次山等所杀，才使“庆元党禁”真正结束。

韩侂胄被杀之后，南宋朝廷函其首与金朝实现了和议，史弥远也于其时登上相位，开始了他长达26年的执政。史弥远曾师从陆九渊的弟子杨简、袁燮，大概也因此之故，他在清除韩侂胄势力时大量启用了理学人士。嘉定五、六年（1212、1213）间，“汪逵、黄度、刘爚、蔡幼学、陈武、杨简、袁燮、柴中行、赵方、储用、陈刚、廖德明、钱文子、杨方、杨楫诸君子，布满中外，一时气象，人以为小庆历、元祐”[③]。宁宗也于嘉定元年（1208）二月下诏，依条与致仕遗表恩泽，赐朱熹谥曰文。嘉定三年（1210）五月，追赠朱熹为中大夫、宝谟阁直学

---

① 按，张孝伯（1137－？）字伯子，号笃素居士，和州（今安徽和县）人。孝宗隆兴元年（1163）进士，先后任江宁县知县、监察御史、权刑部侍郎兼实录院同修撰、权礼部尚书、知隆兴府兼江南西路安抚使、知镇江府、同知枢密院事、参知政事。

② 徐乾学：《资治通鉴后编》卷一三一，见《文渊阁四库全书》第344册，台北：台湾商务印书馆，1983年版，第546页。

③ 吴潜：《上史相书》，《履斋遗稿》卷四，见《文渊阁四库全书》第1178册，台北：台湾商务印书馆，1983年版，第434页。

士[①]。嘉定十三年（1220），朝廷又从魏了翁、任希夷[②]之请，“追谥周敦颐曰元、程颢曰纯、程颐曰正、张载曰明”[③]。至此，理学得以彻底平反。

理宗即位后，朱熹更受尊崇。宝庆三年（1227）正月，诏曰：“朕观朱熹集注《大学》《论语》《孟子》《中庸》，发挥圣贤蕴奥，有补治道。朕方励志讲学，缅怀典刑，深用叹慕。可特赠熹太师，追封信国公。”绍定二年（1229）九月，又改封朱熹徽国公[④]。

绍定六年（1233），史弥远病死，宋理宗亲政，改元“端平”。此后，实施一系列改革措施，革除了史弥远执政时期的很多弊端，史称“端平更化”。也就在“端平更化”中，朱学乃至理学正式提升为官学。

实际上早在嘉定四年（1211），秘书省著作佐郎李道传[⑤]就建议“诏有司取《四书》（指朱熹《论语孟子集注》《大学中庸章句》《或问》）颁之太学”[⑥]，试

---

① 沧洲樵叟：《庆元党禁》，见《文渊阁四库全书》第 451 册，台北：台湾商务印书馆，1983 年版，第 43～44 页。

② 按，任希夷（1156—？）字伯起，其先眉州（今四川眉山）人。四世祖伯雨为谏议大夫，后仕于闽，因家邵武（今福建南平市之邵武市）。淳熙三年（1176）进士，调建宁府浦城簿（今福建南平市浦城县）。尝从朱熹学，笃信力行，熹器之。开禧（1205—1207）初，主太常寺簿，后迁礼部尚书兼给事中，曾奏言：“周敦颐、程颢、程颐为百代绝学之倡，乞定议赐谥。”著有《斯庵集》（已佚）。

③ 陈邦瞻：《宋史纪事本末》卷八〇《道学崇黜》，北京：中华书局，1977 年版，第 3 册，第 879 页。

④ 陈邦瞻：《宋史纪事本末》卷八〇《道学崇黜》，北京：中华书局，1977 年版，第 3 册，第 879～880 页。

⑤ 按，李道传（生卒年不详）字贯之，隆州井研（今四川乐山）人。庆元二年（1196）进士，授利州司户参军，徙蓬州教授，历官太学博士、沂王府小学教授、秘书郎、著作佐郎。求补郡，先后知真州、摄宣州守，出知果州时，至九江得疾卒。李道传早年读河南程氏书，玩索义理，至忘寝食。虽未及朱熹之门，但曾访求从朱熹学者与讲习，尽得朱熹遗书，嘉定八年（1215）编《池录》33 卷，为最早的朱熹《语录》。

⑥ 徐乾学：《资治通鉴后编》卷一三四，见《文渊阁四库全书》第 344 册，台北：台湾商务印书馆，1983 年版，第 587 页。

图将朱熹著作立为官学，但未及施行。次年冬，朱熹弟子、时任国子司业的刘爚[①]再次“乞以朱熹《论语集注》立于学官”，宁宗才“从之”。这就使朱熹著作开始立为官学。

“端平更化”之后，宋理宗不仅擢用真德秀、魏了翁等理学家，还“诏进士何霆编类朱熹解注文字，有补经筵，授上文学”[②]，使朱熹“语录”之类的论述进入经筵。

淳祐元年(1241)正月，理宗再次下诏：“朕惟孔子之道，自孟轲后不得其传，至我朝周敦颐、张载、程颢、程颐，真见实践，深探圣域，千载绝学，始有指归。中兴以来，又得朱熹，精思明辨，折衷融会，使《大学》《论》《孟》《中庸》之旨本末洞彻，孔子之道益以大明于世。朕每观五臣论著，启沃良多。今视学有日，其令学官列诸从祀，以副朕崇奖儒先之意。”三天后，理宗又“封周敦颐为汝南伯、张载为郿伯、程颢为河南伯、程颐为伊阳伯”。此年正月，理宗还亲书《白鹿洞学规》赐国子监，并以朱熹从祀孔子。于是，包括朱学在内的理学的官学地位便正式确立。

此后，南宋王朝便没有改变以国家名义对朱熹及朱学的尊崇。

但是，朱学成为官学，并未改变它的凋零局面，黄榦当时就曾感慨道：

> 向来同学之士，今凋零殆尽。闽中则潘谦之、杨志仁、林正卿、林子武、李守约、李公晦，江西则甘吉父、黄去私、张元德，江东则李敬子、胡伯量、蔡元思，浙中则叶味道、潘子善、黄子洪，大约不过此数人而已。[③]

---

① 按，刘爚(1144—1216)原名诏，字晦伯，自号云庄居士。建宁崇安(今属福建)人。乾道六年(1170)正月，与弟刘炳一起从学朱熹于寒泉精舍，后经朱熹推荐，曾从学于吕祖谦。乾道八年(1172)进士，任山阴县(今属浙江省)主簿，官至工部尚书。著有《东宫诗解》《易经说》《礼记解》《四书集成》《云庄外稿》《云庄续稿》《经筵故事》《讲堂故事》等。

② 徐乾学：《资治通鉴后编》卷一三四，见《文渊阁四库全书》第344册，台北：台湾商务印书馆，1983年版，第688页。

③ 黄榦：《复李贯之兵部》，《勉斋先生黄文肃公文集》卷一四，见《宋集珍本丛刊》第67册，北京：线装书局，2004年版，第679页。

当然,“庆元党禁”之后,朱门弟子远不止如此之少,黄榦所举的仅是朱熹亲炙弟子中可传朱学者。不过,由此也多少反映出朱熹弟子的凋零、研习朱学者日少。当代有学者根据万斯同的《儒林宗派》整理出朱熹、陆九渊、陈亮、叶适、陈傅良、吕祖谦、张栻等人各代弟子的数额,以分析“庆元党禁”之后的学派大势。据统计,在朱熹的五代弟子中,第一代有438人,而第二代就锐减到93人,第三代则只有76人,第四代、第五代分别仅有48人和47人[①]。这里的统计数字未必十分精确,但大体可以反映出朱门弟子变化的趋势。从第一代弟子到第二代弟子,数量骤减,与“庆元党禁”应该有密切关系,而“庆元党禁”打压所造成的朱学凋零状况,则一直到宋亡都没有得以改变。

二、“庆元党禁”与徽州学术

“庆元党禁”虽然沉重打击了朱学乃至整个理学,甚至连永康学派和永嘉学派也受到牵连而消失于学坛,但是这场学术厄运似乎并未动摇徽州士人对朱学的信念。在朱熹的追随者、信奉者之中,不仅没有出现黄榦所描述的“庆元党禁”期间与朱熹“不通书问”或“更名他师”“变节改行”等现象,相反,他们还以自己的言行表达了对“庆元党禁”的不满。“庆元党禁”之后,朱学更是在徽州地区进一步传播,朱学群体也在此时逐步得以扩大。

“庆元党禁”时的徽州士人

“伪学”之禁从一开始就遭到徽州士人尤其是朱熹后学的抵制和反对。如前所述,金朋说面对“厉‘伪学’之禁”,他在“应荐上状”中公然宣布:“素师朱熹,讲孔孟及程氏《遗书》,实不知为伪。”并毅然辞职,回归乡里;其时,知庐陵录事参军的程洵,也是在听到他“在伪学之流”的传闻而辞职,同样以自己的行动表达了对“党禁”的抗争;吴昶则是当“‘伪学’党作,弟子多更名他师”

① 何俊:《庆元党禁的性质与晚宋儒学的派系整合》,《中国史研究》2004年第1期。

之时,“志益坚,徒步走寒泉精舍,就正所学”,拜入朱熹门下,似乎有意识地与“党禁”对着干;李季札师从朱熹,虽然与“党禁”没有直接关系,但他在反“伪学”声浪日高的时候选择了朱熹,说明在他的心目中并未将反“伪学”当作一回事。据真德秀说,滕璘当时宁可到边远的四川任职,而不愿走韩侂胄的路子以留任京师①。

徽州士人对抗“党禁”的更普遍形式是“隐居”不仕。作为朱熹回婺源所收弟子之一的程永奇,在“伪学”难作之后便隐于邑之东山。当朱熹去世消息传来,他则“合同志者设位恸哭,曰:‘吾道已矣!’或传其挽章于有司,被系数月乃免”,并且在挽诗中表达了对朱学的坚定信念:“此道终难绝,他年有是非。”此后,他便一直在隐居中研讨易学。

“隐居”原是古代士人在出处上的一种选择。但人们往往以为凡归隐都是出于道家的理念,其实不然。无论是道家还是儒家,都曾为“出世”提供过“理论”依据。庄子所说的“我宁游戏污渎之中自快,无为有国者所羁。终身不仕,以快吾志焉”,固然是一些隐士的思想出发点,而儒家所说的“天下有道则见,无道则隐”,同样是士人隐居的“理由”。所以,《册府元龟》在谈论“隐居”问题时,就不分道家和儒家,它说:“夫隐居以求志,遁世而无闷,含华匿耀,高翔远引,非夫德充而义富、学优而诚笃,又孰能怀道自晦,绝俗而孤举哉?故仲尼之序逸民,马迁之述隐君子,班范而下,罔不论次焉。观其明哲兼茂,卷怀自得;洁己而无污,亢节而弥屈;遗荣去羡,保和养素;忘机委顺,达天遂命,得丧不婴其虑,悔吝靡集其躬,乃至形于话言,晦其名氏,混于屠钓,同其出处,辞避征聘,转造穷僻,屏迹长往,流风莫挹,人遐室迩,形于叹息。斯

① 按,据真德秀《滕公璘墓志铭》载,滕璘赴京候调时,“余丞相将以掌故处公,议未决。时韩侂胄阴操国柄,或劝公一见宜可得,公曰:‘彼以伪学诬一世儒宗,以邪党锢天下善士,恨位卑不能为万言书疏其罪,顾可谒之以干进乎?’卒请入蜀。及自蜀还,有欲引之班列者,君终不为侂胄诎,复固辞”。《西山文集》卷四六,见《文渊阁四库全书》第1174册,台北:台湾商务印书馆,1983年版,第730页。

固'素履'之君子，《考槃》之硕人，视富贵如浮云，入山林而不返者欤！"①

其实，隐居是一种复杂的社会现象。从士人隐居的原因来看，对儒家士人而言，其隐居的原因至少有以下几种：一是出于"高尚其志"的自觉选择；二是生于乱世的被迫选择；三是出仕后而不能行其志、展其才的忿然选择；四是政治上不得意，特别是科举失意时的无奈选择；五是受家族隐居传统的影响。此外，在改朝换代时，一些士人不忘故国、不仕新朝，也往往选择隐居。

中原地区世家大族迁居徽州，原本就是为了避乱，这种迁徙很容易与隐居联系起来，《（弘治）徽州府志》的《隐逸》一节就把徽州地区的"隐逸"追溯到南北朝时的梁朝，其所谓"隐逸"往往就是避乱。两宋之际是一个动乱的年代，徽州地区又是很好的避乱之所，隐居者也就多了起来。《（弘治）徽州府志》所列举的南宋初年的隐居者就有祝确、许润、俞靖、程鼎、汪汉、程先、吴大用、李缯等知名士人。他们大多是因为身处宋室南渡的乱世，而选择了隐居。与朱熹同时或之后的徽州隐居者，除了程永奇之外，还有汪清卿、汪端雄、程柭、汪莘、吴自牧、范启、朱之纯、孙松、鲍云龙、胡敏中、胡则修、胡致绍、江凤山、吴豫等。这些人不少都与朱熹或朱学有瓜葛。如汪清卿就直接受学于朱熹；汪莘则是朱熹的私淑弟子；吴自牧早年从学于朱熹私淑弟子许文蔚；程柭为程洵的从子，曾向朱熹、张栻问学，后师从朱熹弟子董铢，"深达性命之理"；范启也从学于朱熹再传弟子沈贵珤；吴豫是朱熹弟子吴昶之孙，他"一守学行规训"，接受的也是朱学；朱之纯②则为郡守韩思轩选入以传授朱学为宗旨的紫阳书院，并"领袖诸生"，等等。

但是，对于徽州学者来说，隐居并非意味着消沉，他们中的一些人由此走上了专意著述、授徒讲学之路，而绝意仕进也使他们有了闲暇时间思考、著述和授徒讲学。这对徽州地区存续朱学、传播朱学、发展学术显然起到积极的作用。

---

① 王钦若等：《册府元龟》卷八〇九《总录部·隐逸》，见《文渊阁四库全书》第916册，台北：台湾商务印书馆，1983年版，第318页。

② 按，朱之纯（生卒年不详），休宁人。宋理宗宝祐年间，他在太学颇有声望。当时宦官董宋臣之党用权，天下侧目，他曾率诸生抗疏请斥妖邪，以肃朝纲。后隐居不出。

其时，徽州地区还出现一个值得注意的趋向，即程大昌、吴儆的后学也皈依了朱学。据《（弘治）徽州府志》载，吴俯之子、吴儆之侄吴垕，就是在反“伪学”之际转向朱学的。吴垕（1151—1218）字基仲，以“自胜”名斋，隐居不仕，被称为“自胜先生”。吴垕虽称“学有源委”，即继承了吴儆之学，但后来还是“私淑考亭之说，虽党事起，笃好不移”[①]，而与吴儆弟子汪义端投入反“伪学”阵营不同。再如黄何的族孙黄智孙，早年曾就学于家，接受了黄何传授的程大昌、吴儆之学，后来也接受了朱学，成为朱学的传播者。

“党禁”解禁后的徽州学术

“庆元党禁”彻底解禁之后，朝廷褒奖了朱熹及朱学，这虽然没有使朱学得以振兴，但在徽州地区激起人们对朱熹更高的认同感和荣耀感，促使徽州地区兴起祠祀朱熹、兴办书院之风。祠祀朱熹、兴办书院之风的兴起，为朱学在徽州地区传播创造了十分有益的氛围。

祠祀朱熹增进了徽州人对朱熹的崇敬。庆元六年（1200）朱熹刚去世，徽州士人就“即州学绘而祠之”。嘉定元年（1208），郡守孟植始建晦庵祠堂于学宫，这是徽州地区第一座纪念朱熹的建筑物。嘉定六年（1213）五月，朱熹弟子赵师端为徽州郡守，他拜谒晦庵祠时感到其祠“褊且狭，不足以称邦人思慕之意”，又于府学讲堂之北重新创建了朱夫子祠[②]。此后，休宁、婺源、祁门、黟县、绩溪等县也先后在县学或文庙建起朱文公祠。此外，婺源人胡煛还以他个人之力创建了晦庵祠，他曾这样表白建晦庵祠的动机和目的：“晦庵之于吾乡，实鲁夫子也。且先生归故乡，加意于乡人子弟甚至，合拟小宗之法，肖

---

① 参见彭泽主修、汪舜民等纂：《（弘治）徽州府志》卷七《人物一·文苑》，上海：上海古籍书店，1982年影印《天一阁藏明代方志选刊》本。

② 黄榦：《徽州朱文公祠堂记》，《勉斋先生黄文肃公文集》卷一七，见《宋集珍本丛刊》第68册，北京：线装书局，2004年版，第718页。

先生道德之容于堂,使里之学者瞻仰而兴起,于名教实有所补。"[①]也就是说,尊崇朱熹、弘扬朱学是他建晦庵祠的主要目的,这大概也是徽州各地兴建朱夫子祠的共同目的。

创建书院为弘扬朱学创建了平台。第一所以弘扬朱学为目的的书院,是上饶人韩补创建的紫阳书院。曾任太府寺丞的韩补,于淳祐五年(1245)十二月至徽州任郡守,次年,他便请建书院,且选址于府城南门外的紫阳山麓。书院建成,理宗赐额"紫阳书院"。这所官民合建的书院,也就成为徽州地区弘扬和传播朱学的主要阵地,它的建成和理宗赐匾,带动了徽州地区书院的创建,先后出现了歙县的西畴书院、易安书院,婺源的万山书院,休宁的柳溪书院、秀山书院,祁门的白杨书院、绩溪的槐溪书院等。淳祐十年(1250),时任徽州郡守的谢堂还打破了宋代倚郭之县不置学的惯例,创建了歙县县学。

经过乡里的推重、官府的倡导,朱学遂在徽州地区兴盛起来,逐渐形成了陈栎所说"新安自朱子后,儒学之盛称天下,号东南邹鲁"[②]的局面。

朱洪范的学术传授

朱学在徽州地区的兴盛,主要表现于尊崇和研习朱学的学者日多。吴曰慎曾说,紫阳夫子"集诸儒之大成,发先儒之蕴奥,教育英才,四方辐辏,而新安发祥之地,及门私淑,兴起尤多"[③]。陈栎更指出以朱学为宗的徽州学者之多:"宋亡,老儒犹数十人,其学一以朱子为宗。其论议风旨,皆足以师表后

---

① 胡升:《晦庵先生祠碑阴记》,见葛韵芬、江峰青纂《(民国)重修婺源县志》卷六七,转引自史甄陶《家学、经学和朱子学》,上海:华东师范大学出版社,2013 年版,第 27～28 页。按,胡叟(生卒年不详)字然明,登绍定五年(1232)第,授迪功郎,调江州湖口尉,改监江陵府户部大军库,曾知德安府,积官至朝奉大夫。《(弘治)徽州府志》载,"乡邑庙学灾,竭力成礼殿,又割腴田三十亩廪土,建晦庵祠"。所谓"乡邑庙学",实为祠祀周敦颐、程颢、程颐、朱熹的"四先生祠",他在捐资修复四先生祠的同时,又捐地建了晦庵祠,其子胡升作《晦庵先生祠碑阴记》。

② 陈栎:《汪古逸先生行状》,《东山存稿》卷七,见《文渊阁四库全书》第 1221 册,台北:台湾商务印书馆,1983 年版,第 336 页。

③ 吴曰慎:《新安学系录序》,《新安学系录》卷首,合肥:黄山书社,2006 年版,第 6 页。

来；其文采词华，皆足以焜煌一世。"[①]"宋亡，老儒犹数十人，其学一以朱子为宗"，这都表明徽州地区的朱学在朱熹身后一直传承不绝。

那么，究竟谁在徽州地区传承朱学呢？在徽州地区授徒讲学的，除朱熹的亲炙弟子程永奇、李季札、吴昶以及程大昌与吴儆的弟子程卓、黄何诸人外，著名的就数朱洪范及滕珙之子滕铅、滕璘之子滕钧了。

朱洪范（生卒年不详）字小翁，婺源人，朱熹的从孙。据《（弘治）徽州府志》载，他自幼家贫，但能苦学，为时文不肯作俗士语。宝祐元年（1253）进士，历任县尉、临江军教授、武夷书院山长。他为官期间，"一以古道，齑盐度日，月俸有余，辄以裨公用"。朱洪范曾说："士大夫居官，得如假馆授徒，足矣。"他后来果然馆于胡舜卿之门。

胡舜卿（生卒年不详）名师夔，舜卿为其字，婺源人。由于他"行实无传"[②]，我们对其生平与学术也就无从了解，只是从《（弘治）徽州府志》的胡斗元传中得知，他"号易简居士，通《五经》，尤精于《易》，撰《易传》《史纂》"[③]。至于程曈等在《新安学系录》中所说的"先正谓其（指胡舜卿）尝登朱子之门"[④]，恐怕只是传闻之词。

馆于胡舜卿家，对朱洪范来说有着双重意义：一是胡舜卿精于《易》，朱洪范由此得其易学之传。二是舜卿卒前，其子年尚幼，未能亲自授《易》，而由朱洪范授之，这使朱洪范成为将胡舜卿的易学传递给其子的桥梁，也使胡氏得以成为一个习《易》和传《易》的世家。故朱洪范曾感慨地说："学不可私，教不可吝。使胡舜卿不授予《易》，其子能世《易》邪？"[⑤]

---

① 陈栎：《汪古逸先生行状》，《东山存稿》卷七，见《文渊阁四库全书》第1221册，台北：台湾商务印书馆，1983年版，第336页。

② 程曈：《新安学系录》卷八，合肥：黄山书社，2006年版，第168页。

③ 彭泽主修、汪舜民等纂：《（弘治）徽州府志》卷九《人物三·隐逸》，上海：上海古籍书店，1982年影印《天一阁藏明代方志选刊》本。

④ 程曈：《新安学系录》卷八，合肥：黄山书社，2006年版，第168页。

⑤ 参见彭泽主修、汪舜民等纂《（弘治）徽州府志》卷八《人物二·宦业》，上海：上海古籍书店，1982年影印《天一阁藏明代方志选刊》本。

胡舜卿之子便是以易学名家的胡斗元。胡斗元(1233—1295,一说为1224—1295)字声远,号勉斋。据戴表元[①]所撰的《孝善胡先生墓志铭》载,斗元“少孤,师朱文公从孙小翁,受《书》说。年十四,始从小翁闻居士(即胡舜卿)所授易学,刻意探述,日玩一爻,至七日则通玩六爻,循环习之无穷,白首以为常,亦以此教其徒”。胡斗元多次参加乡试,均落第,“乃径归,闭门养志以自乐。然慕从之游者,遐迩如归,餐华茹实,人人去为良儒。尝曰:‘乾专言善,坤兼言善不善。乾之善世,吾无及已;坤之积善,吾庶几勉之。’”[②]临终之时,“复属诸子:‘我家明经胡氏子孙,汝辈幸力学积善,毋辱我。’”卒时,“其门人弟子俞洪等一百十五人相与考次公平生言德,用古隐君子私谥例,尊称之为孝善先生”[③]。

胡斗元从朱洪范那里所接受的究竟是什么样的《书》说和易学,我们已经无从知道,也不理解胡斗元怎么将“性”“性情”与“乾”“坤”挂起钩来,只是觉得胡斗元在临终时特别叮嘱子孙,要他们不坠“明经胡氏”的家声,倒值得我们注意。

胡斗元特别看重“明经胡氏”的家声,当然是出于他引以为傲的家族传统。戴廷明、程尚宽等撰的《新安名族志》载,胡斗元所出自的这支胡氏,“其先出陇西李唐宗室之后。朱温篡位,诸王播迁,曰昌翼者逃于婺源,就考水胡氏以居,遂从其姓。同光乙酉,以明经登第,义不仕,子孙世以经学传,乡人习称‘明经胡氏’。七世曰绍,绍圣元年进士,为剡县簿。八世曰伋、曰伸,并登

① 按,戴表元(1244－1310)字帅初,一字曾伯,号剡源,庆元奉化(今浙江宁波市奉化区)人。宋咸淳七年(1271)进士,元大德八年(1304),被荐为信州教授,再调婺州,因病辞归。戴表元当时被称为“东南文章大家”,他论诗主张宗唐,诗风清深雅洁,多伤时悯乱、悲忧感愤之辞。著有《剡源集》等。

② 汪幼凤的《胡云峰炳文传》作:“尝谓乾专言善,性也;坤兼言善不善,性情也。乾之善世,吾无及已;坤之积善,吾庶几勉之。”见程敏政辑:《新安文献志》卷七一,合肥:黄山书社,2004年版,第2册,第1742页。按,汪幼凤(生卒年不详)婺源人,至正元年(1341)进士,授衢州学正,转采石长,仕终州照磨。著有《星源续志》。

③ 戴表元:《孝善胡先生墓志铭》,《剡源文集》卷一六,见《文渊阁四库全书》第1194册,台北:台湾商务印书馆,1983年版,第216～217页。

绍圣四年进士，仮历登金部郎中，知南康军，与同邑汪藻[①]齐名，时人语曰：'江南二宝，胡伸、汪藻。'曰侔，改名侃，崇宁二年进士；曰如愚，号澹翁，有隐德，门人谥曰'隐德先生'。九世曰抟，绍兴二十一年进士，知永丰县；曰持，隆兴元年进士，为永州佥判。十世曰永济，为乡校正，迁郭东集贤里。十一世曰自厚，开禧元年进士，知泸州军事；曰师夔，著有《易传》《史纂》。十二世曰斗元，精易学，门人私谥'孝善先生'；曰次焱，咸淳四年进士，为贵池县尉，著有《四书注》《唐诗绝句附注》《文公感兴诗注》；曰万，为太学生。十三世曰炳文，……为时硕儒"[②]。由此可见，胡氏确实是"一门十余叶，缃素相传"的家族，故"徽之他胡虽多，而独考水之宗号'明经胡氏'"[③]。胡斗元所看重的家族传统，就是这样一个世代业儒的家族传统。徽州地区的学术传承，在很大程度上便是借助于这类家族作为载体、作为纽带，形成所谓"家学"。于是，"家学"也就与"师承"一起，成为徽州地区学术传承的普遍形式。"明经胡氏"的学术绵延，则又成为"家学"与"师承"相交错的学术传承的典型。

胡斗元对不坠"明经胡氏"家声的期待没有落空。其子胡炳文，没有辜负他的嘱托，终于成为一代大儒，在易学方面尤享盛名，使婺源的"明经胡氏"成为"四世（从胡永济到胡炳文）有通《五经》，尤精《易》传"[④]的世家，传承了"一门十余叶，缃素相传"的辉煌家史。

如果说胡斗元是朱洪范的传《易》弟子的话，那么，程复心便是朱洪范四书学的传人。程复心在四书学方面的代表作，便是他历时30余年所完成的《四书章图》（一作《四书章图总要》）。由于程复心的学术活动是在元代，所以

---

① 按，汪藻（1079—1154）字彦章，号浮溪，又号龙溪，饶州德兴（先世籍贯婺源，后移居德兴）人。崇宁二年（1103）进士，任婺州观察推官、宣州教授、宣州通判等。南宋时，先后知湖、抚、徽、泉、宣等州，官至显谟阁大学士、左大中大夫，封新安郡侯，卒赠端明殿学士。与胡伸俱有文名，时称"江左二宝"。著有《浮溪集》等。

② 戴廷明、程尚宽等撰：《新安名族志》，合肥：黄山书社，2004年版，第303页。

③ 戴表元：《孝善胡先生墓志铭》，《剡源文集》卷一六，见《文渊阁四库全书》第1194册，台北：台湾商务印书馆，1983年版，第216页。

④ 戴表元：《孝善胡先生墓志铭》，《剡源文集》卷一六，见《文渊阁四库全书》第1194册，台北：台湾商务印书馆，1983年版，第216页。

我们将他放在后面相关的章节中介绍。

滕铅、滕钧对朱学的传承

朱熹身后传授朱学的徽州学者，除了胡舜卿—朱洪范—胡斗元、程复心这一系外，还有二滕—黄智孙—陈栎一系。

二滕是指滕铅、滕钧堂兄弟二人。滕铅（生卒年不详）字文叔，号万菊，系滕珙之子，宝祐元年（1253）进士，调绍兴府民曹，未赴去世。滕钧（生卒年不详[①]）字和叔[②]，为滕璘之子。

滕钧著有《尚书大意》，书成，请其友方岳作序。方岳在序中说："吾州以经名家者多矣，《书》为最；以《书》名家者加多矣，滕为最。《书》自程文（大）昌、王大监（即王炎）皆有所论著，天下所谓程泰之《禹贡图志》、王晦叔《尚书小传》者也。至溪斋先生与其弟合淝令君同登晦翁之门，学者谓之新安两滕。和叔渐涵于二父之渊源，披剥于百家之林薮。"又说："（滕钧）教予曰：'子亦知夫，凡书之有大意乎？犹之木焉，本而非节目也；犹之水焉，源而非派别也。若《书》之大意，则一中字而已。"允执厥中"，《书》所以始；"咸中有庆"，《书》所以终。以此一字读此一书，迎刃解矣。'予受而读之，既请曰：'以中为《书》之大意，吾未之前闻也，子于何有所闻？'曰：'予闻之先君子，先君子闻之紫阳翁，紫阳翁闻之濂洛诸老，而予发其秘者也。'"[③]这表明，滕钧是既继承其家学，又有所创获的。

朱熹第二次回婺源时，曾由滕璘陪同游览滕家的绯塘（即朱塘），并建议

---

① 按，宝祐三年（1255），滕钧之友方岳序其《尚书大意》说："盖自与予别三十有五年矣。一日，访予崖底，出其所著书曰《尚书大意》者十二万言。"则其年岁当与方岳相当。

② 按，程瞳《新安学系录》载，滕文叔名武子、滕和叔名廷（参见程瞳：《新安学系录》卷八，合肥：黄山书社，2006年版，第172、173页），与《宋元学案》等文献所说不同。但从许月卿《次韵朱塘三首》诗序记述的滕和叔所说的"先大夫（滕璘）雅谨畏，时又少，四顾无楮笔，则已。异时为铅、钧言，以为恨"等语来看，其钧、铅当为滕璘子、侄之名，只是不知他们是否又分别名为滕武子、滕廷。

③ 方岳：《滕和叔〈尚书大意〉序》，《秋崖集》卷三六，见《文渊阁四库全书》第1182册，台北：台湾商务印书馆，1983年版，第588～589页。

作亭于其处。但直到淳熙七年(1247)才由二滕兄弟及其子侄建成,名曰"晦庵亭",并于亭西建祠祀朱熹,以滕璘、滕珙陪祀,滕钧因请许月卿作晦庵亭及祠堂碑记。这也是滕氏兄弟承继家学的一证。故徽州学者程以忠①称二滕为"学之有渊源者",他说:"时婺源和叔、文叔二滕公讲明理学,户外之牖常满,公之先璘、珙为徽国文公之高弟嫡嗣,学之有渊源者也。"②

在二滕的弟子中,值得注意的是黄智孙。这倒不是因为他的学术成就特别高,而是因为他的门下出了陈栎这么一位弘扬朱学的著名学者。黄智孙(生卒年不详)字常甫,休宁人,黄何的族孙。他早年就学于家,弱冠游于乡校,籍籍有声称,尤喜谈兵,尝以古豪杰自期。黄智孙颇自负,自谓取功名犹探囊中物。从二滕学后,二滕看了黄智孙所作的文章,说:"足下取科第,持是以往,如合左券,翘足可待。"他不禁喜形于色,但二滕又说:"足下之才,而以是自画耶?"黄智孙矍然久之,说:"某愚,志不出此,幸教之。"于是,二滕告诉他:"理学之不明,时文障之也;义利之不明,功名害之也。人之为学,当察夫此而后可庶几焉。"并授以古人为己之学及他们得乎家庭者,黄智孙于是慨然痛革故习,而以求道修身为务,视前日之所为殆若两人。景定五年(1264),黄智孙入太学,当时太学之士皆以辞藻为工,以时文相角,黄智孙则"独用心于朱氏之学"。丞相马廷鸾曾将他荐之于朝,是时贾似道专权,贪风大盛,黄智孙叹曰:"时可仕乎!"于是谢病告归,杜门不出,以教学为务,"远近士子从之游者雾滃云集"③。宋亡之后,黄智孙结茅于深山穷谷,日与弟子以讲明"正学"为事。著有《易经要旨》《春秋三传会要》(未脱稿)、《草窗集》及《四书讲义》等。

在黄智孙的弟子中,以程显道、陈栎最为著名。程显道(1247—1331)字元吉,号松谷,婺源人。他"经史子传通贯无隐,阴阳医卜亦靡不究",从黄智

---

① 按,程恕(生卒年不详)字以忠,号桂岩,休宁人,与方回、汪宗臣等为诗友。

② 程以忠:《黄草窗行实略》,见程曈:《新安学系录》卷一〇,合肥:黄山书社,2006年版,第202页。

③ 程以忠:《黄草窗行实略》,见程曈:《新安学系录》卷一〇,合肥:黄山书社,2006年版,第202~203页。

孙学后,“明性理之说,遂成通儒”。程显道尝因朱熹《孝经刊误》,采古天子、诸侯、卿大夫、庶人之孝有行事者充实之,成《孝经衍义》[①],汪宗臣[②]誉为“足以翼圣经而助风化”[③]。此外,黄智孙之侄黄麟(字求心,生卒年不详)也曾从黄智孙学[④]。

程显道、陈栎等黄智孙的弟子都是元代著名的徽州学者,这再一次表明南宋时期徽州学者对元代新安理学的兴盛起到了重要的铺垫作用。

三、饶州学者与新安理学

黄宗羲在撰写《宋元学案》时,曾立有《新安学案》一目,而被他视为新安学术的代表人物,却是董梦程、沈贵珤等饶州学者。这是否告诉我们,讨论新安理学的发展,不可忽视饶州学者的作用?

饶州学者与徽州学术

饶州学者之所以会影响徽州学术,主要是因为两地的关系特别密切。在宋代,德兴、乐平等地虽然隶属于鄱阳郡的饶州府(故有文献将董梦程、沈贵珤等视为鄱阳人),但不仅其地毗邻徽州,与徽州犬牙交错[⑤],宗族联系也甚

---

① 李祈:《程松谷墓志铭》,见程曈:《新安学系录》卷一三,合肥:黄山书社,2006 年版,第 239～240 页。

② 按,汪宗臣(1239－1330)字公辅,号紫岩,婺源人。幼学于本族老儒梅涧先生,两中亚选,遭宋末造,入元不仕。著有《世乘窥斑》《紫岩集》(均佚)。其师梅涧学于沈贵珤,故汪以直称“其学渊源实自考亭”(参见汪以直《紫岩先生汪公宗臣行状》,见程敏政辑:《新安文献志》卷八七,合肥:黄山书社,2004 年版,第 3 册,第 2145 页)。

③ 汪宗臣:《景蘧存稿》,转引自程曈:《新安学系录》卷一三《(程松谷)遗事》,合肥:黄山书社,2006 年版,第 241 页。

④ 程曈:《新安学系录》卷一六,合肥:黄山书社,2006 年版,第 296 页。

⑤ 按,如戴表元在《故玉林项君墓志铭》中说:“当是时,徽婺源与饶乐平、德兴相犬牙。”见《剡源文集》卷一五,见《文渊阁四库全书》第 1194 册,台北:台湾商务印书馆,1983 年版,第 203 页。

为紧密，如朱熹就指出："盖新安、番阳、信安诸程，皆出梁镇西将军忠壮公灵洗。"[①]而程灵洗即为休宁人。不少德兴、乐平学者的原籍也是徽州（如程时登便是由歙迁乐平的，汪深则由歙迁至鄱阳，其鄱阳或即鄱阳所属的德兴、乐平等地）。因此，在当时学者的心目中，德兴、乐平之学与徽州之学是不可分的。这就不难理解饶州学者将徽州称为"吾乡"[②]；也不难理解黄宗羲在拟立《新安学案》时，将籍贯德兴的董梦程、沈贵瑶等作为新安学派的代表人物了。

当然，饶州学者之所以能够影响徽州学术，主要是因为饶州有着深厚的朱学基础。仅据《宋元学案》及《（同治）德兴县志》所载，在饶州德兴，朱熹的亲炙弟子就有程端蒙、董铢、王过、程实之（程端蒙之子）、程珙（程端蒙的从曾孙）、余深诗、张垌等人。此外，朱熹后学还有董梦程、董琮、沈贵瑶、王希旦、余芑舒、董鼎、董真卿、齐梦龙、程葆舒等。由此可见，当时德兴的朱学阵容要比徽州地区大得多。这便使饶州地区具备了朱学向徽州地区流动的"势能"。

不过，德兴的朱熹后学却不是直接从朱熹或朱熹在德兴的弟子那里接受朱学的，而是受学于黄榦。在德兴的朱熹亲炙弟子中，最著名的是程端蒙、董铢。但程端蒙去世早于朱熹，而董铢在"庆元党禁"解禁不久也去世，故董梦程等人虽师从董铢与程端蒙，但人们之所以将董梦程视为朱熹的再传弟子，主要还是因为他的学术出于黄榦一脉。

黄榦（1152—1221）字直卿，号勉斋，祖籍长乐县，徙居闽县（在今福州市区）。淳熙二年（1175），黄榦往见刘清之，清之奇其才，书荐于朱熹。黄榦自见朱熹后，便夜不设榻，衣不解带，遂成高弟。淳熙九年（1182），朱熹以仲女妻之。宁宗即位时，朱熹遣黄榦奉贺表至行在，补将仕郎，后任监台州酒务，再知汉阳军及安庆府。朱熹去世后，黄榦则为朱学的主要传人，故全祖望说：

---

① 朱熹：《环溪翁程君墓表》，《晦庵先生朱文公文集》卷九〇，《朱子全书》第 24 册，上海：上海古籍出版社，合肥：安徽教育出版社，2002 年版，第 4174 页。

② 按，如德兴人张纯愚在给陈栎的信中，就以"吾乡"人称许月卿、朱洪范等徽州学者。参见张纯愚：《又答先生书》，见陈栎《陈定宇先生文集》卷一七《别集》，《元人文集珍本丛刊》第 4 册，台北：新文丰出版公司，1985 年版，第 484 页。

“嘉定而后，足以光其师传，为有体有用之儒者，勉斋黄文肃公其人与！”[①]全祖望还指出黄榦传播朱学的路径，认为黄榦传播朱学主要在两处，一是浙江的金华，即“勉斋之传，得金华而益昌”[②]。黄榦在金华的传人有何基、王柏、金履祥与许谦等，习称“北山四先生”。一是江右的饶州，饶州又分为两支，一支以饶鲁为代表。“双峰（即饶鲁）亦勉斋之一支也，累传而得草庐（吴澄）”[③]。其实这一支是先由饶鲁传于程若庸，再由程若庸传于吴澄的。另一支便是以董梦程为代表，即《宋元学案》所说的“勉斋之传，尚有自鄱阳流入新安者，董介轩一派也”[④]。

其时，徽州学者也有从“北山四先生”学的，如江润身便曾师从何基。江润身（1217—1269）字明德，号民斋，婺源人。他未第前，尝伏阙上书，谏治兵等三事。咸淳元年（1265）登进士第，授庐州梁县尉，次年，兼簿事。既第之后，他“锐志及物”，遂号民斋。咸淳五年（1269）卒于宝应，门人私谥曰事天。江润身在壮岁时曾师事过陆九渊的门人，他后来转师何基，在学问上“造诣益粹”。咸淳四年（1268），江润身在给其子江心宇的信中曾说：“吾十岁见朱子祭张敬夫文，心慕之。癸巳得《近思录》，丙申得周、程诸书，旁求于张、吕、陆氏，近始自信。……蔡谓《四书》梯阶六经，《近思录》梯阶《四书》，勉斋不谓然。吾今专守勉斋学。”[⑤]也就是说，他是从学何基转向学黄榦的。但影响徽州学术的饶州学者，主要还是董梦程、沈贵瑶和饶鲁。

董梦程（生卒年不详）字万里，号介轩，德兴人。开禧元年（1205）进士，官

---

① 黄宗羲原本、全祖望修定：《宋元学案》卷六三《勉斋学案》序录，《黄宗羲全集》第5册，杭州：浙江古籍出版社，1992年版，第429页。

② 黄宗羲原本、全祖望修定：《宋元学案》卷八二《北山四先生学案》序录，《黄宗羲全集》第6册，杭州：浙江古籍出版社，1992年版，第215页。

③ 黄宗羲原本、全祖望修定：《宋元学案》卷八三《双峰学案》序录，《黄宗羲全集》第6册，杭州：浙江古籍出版社，1992年版，第312页。

④ 黄宗羲原本、全祖望修定：《宋元学案》卷八九《介轩学案》序录，《黄宗羲全集》第6册，杭州：浙江古籍出版社，1992年版，第498页。

⑤ 参见曹泾《江公润身墓志铭》，见程敏政辑：《新安文献志》卷九五上，合肥：黄山书社，2004年版，第3册，第2397～2400页。

朝散郎、钦州（今广西境内）通判。其从父董铢[①]为朱熹弟子，梦程初学于董铢及程端蒙，后方从学于黄榦，成为朱熹的再传弟子。他一生潜心学术，著有《诗经通释》《书经通释》《大尔雅通释》等，学者称之“介轩先生”。

沈贵瑶（一说名汝励，生卒年不详）字诚叔，号毅斋，也是德兴人。他从学于董梦程，著有《正蒙疑解》《四书要义》等，学者称之“毅斋先生”。

董梦程、沈贵瑶影响徽州学术，主要通过徽州籍弟子。他们在徽州地区的弟子，著名的有许月卿、胡方平、范启等人。

许月卿的学术思想

许月卿（1217—1286）字太空，后改字宋士，婺源人。据月卿季子许飞所作的《许公月卿行状》说，许月卿十五岁时就“从介轩先生董公梦程游”，后来，他因其父许大宁“以学问见知于鹤山先生魏文靖公（魏了翁）”，又受学于魏了翁。嘉熙四年（1240），许月卿“以易学魁江东”，淳祐四年（1244），“试省别院第二”，“有旨升甲，赐进士及第，授濠州司户参军”。但许月卿性格耿介，不愿依附权贵，故其一直未能受到重用，只担任过临安府学教授、江西提举常平公事之类的官职，最终还是“步归故里，杜门著书”。

许月卿归里之后，“游从者屦满门外，当时翕然师尊之”，声望更高。德祐元年（1275），徐元杰之子许直谅荐许月卿与刘辰翁于朝，认为他们“有将相才，宜膺重寄”，朝廷方议以许月卿开阃东南，但不久，元兵下徽州，至元十八年（1281），元兵又攻下钱塘，于是，许月卿便“深居一室，但书‘范粲寝所乘

① 按，董铢（1153－1214）字叔重，嘉定年间进士，为婺州金华县尉，学者称之“盘涧先生”。黄榦在《董县尉墓志铭》中说：“叔重天资警敏，励志于学，自其少年已为乡闾所称道，叔重亦自负以功名可唾手致也，既冠从乡之儒先程公洵游，公语以晦庵先生所以教人者，叔重尽弃所学，取《大学》《中庸》《语》《孟》诸书，日夜玩习，裹粮入闽，抠趋函丈，不惮劳苦，先生亦爱其勤且敏，不倦以教之。”著有《性理注解》《易书注》，与程端蒙合著《学则》。

车’[①]数字,于是不言,五年而卒”[②]。著有《百官箴》《书经注》及《先天集》等。

黄宗羲曾高度评价许月卿,他说:“新安之学,自山屋一变而为风节,盖朱子平日刚毅之气,凛不可犯,则知斯之为嫡传也……先师尝言:‘东汉之风节,一变至道。’其有见于此乎!”[③]大概是因为黄宗羲生活于易代之际,故对“风节”尤为看重,因而在评论许月卿时,只说他的“风节”,而未涉及他的学术。但黄宗羲由“风节”所推断的许月卿为朱熹“嫡传”,则是不错的。从许月卿的师承看,他所从学的董梦程、魏了翁,或为朱熹的再传弟子,或为朱熹的私淑,他确实当得起朱熹的“嫡传”[④]。故黄百家说:“新安为朱子之学者不乏人,而以程蒙斋为首。蒙斋之后,山屋以节著,双湖以经术显,其后文献蒸蒸矣。”[⑤]

许月卿走向朱学,也与其“家学”有密切关系。许月卿的父亲许大宁与魏了翁交往密切,据许飞说,许大宁曾“以学问见知于鹤山先生魏文靖公,文靖以‘友仁’扁其堂”。许月卿也说,其父“故签书枢密院事,鹤山先生魏文靖公尝友其仁,曰:‘天下仁人也。’以小篆扁其堂曰‘友仁’,对客称为‘友仁先生’”。这成为许月卿后来从学于魏了翁的因由。他还说“家传紫阳夫子之学”[⑥],即其父也是朱学的崇奉者。

对许月卿学术道路的选择最有影响的,则是其母亲李淑英。据许月卿

① 按,范粲(202—285)字承明,三国时魏国陈留外黄(今河南省商丘市民权县)人,官至武威太守、太宰中郎、侍中。司马师废魏帝曹芳时,范粲素服拜送,从此称病,住于所乘车上,足不落地亦不说话三十六年而死。

② 参见许飞:《许公月卿行状》,见程敏政辑:《新安文献志》卷六六,合肥:黄山书社,2004年版,第2册,第1605～1607页。

③ 黄宗羲原本、全祖望修定:《宋元学案》卷八九《介轩学案》,《黄宗羲全集》第6册,杭州:浙江古籍出版社,1992年版,第501页。

④ 按,湛若水在《先天集序》中说,许月卿从魏了翁那里接受的是心学:“先生……盖尝受心学于魏鹤山先生而有所自得。”见许月卿:《先天集》卷首,见《续修四库全书》第1320册,上海:上海古籍出版社,2002年版,第540页。

⑤ 黄宗羲原本、全祖望修定:《宋元学案》卷六九《沧州诸儒学案》(上),《黄宗羲全集》第5册,杭州:浙江古籍出版社,1992年版,第747页。

⑥ 许月卿:《友仁先生圹记》,《先天集》卷七,见《续修四库全书》第1320册,上海:上海古籍出版社,2002年版,第573、574页。

说，其母“雅嗜子朱子之书，饮食以之。每曰：后世以郑卫之音教女妇，邦家安得昌乎？供重币以礼师儒，遣其子从介轩先生董子、鹤山先生子魏子游”[①]。也就是说，许月卿之师从董梦程、魏了翁，是出于其母的决定。

明嘉靖二十四年(1545)，生员方瓘、汪大伦、吴文光等在《请建山屋书院文移》中曾说，许月卿“其经传著述之精，理学得之真传”[②]，这表明许月卿是有“经传著述”的，但历代文献所著录的许月卿的“经传著述”，只有《书经注》一种，而且散佚，我们对许月卿的经学研究也就无从知其详，其现存的《百官箴》49篇，则是“仿扬雄《官箴》，分曹列职，各申规戒”[③]，属于“职官”之类的著作，而在《先天集》中也没有属于“性理”一类的文章，故只能从零散记述中略知其学术思想。

许月卿是以易学登科的，且后又以易学传授，程荣秀(一作程乐秀)就曾从许月卿学《易》，如陈祖仁在所作的程荣秀墓志铭中说，程荣秀“亦以童子游虚谷(即方回)之门。宋之讫箓也，虚谷以睦州内附，将致公仕版，公心薄之，力辞去，从婺源山屋许公受《周易》，许公奇之。学成而归，以讲授为事。每自谓：伊洛之后从游考亭，非程朱之书，盖不之好也”[④]。据此，则许月卿当对易学颇有研究，但他没有留下易学著作，对其易学思想不得而知，只是在程直方[⑤]《观易堂随笔》中有一条关于许月卿谈《易》的记载：

山屋先生许月卿，字太虚，以易学登科，为世名士。予年二十

---

① 许月卿：《李太安人行状》，《先天集》卷一○，见《续修四库全书》第1320册，上海：上海古籍出版社，2002年版，第585页。

② 方瓘等：《请建山屋书院文移》，《先天集》附录《山屋许先生事录》，见《续修四库全书》第1320册，上海：上海古籍出版社，2002年版，第598页。

③ 永瑢、纪昀等：《四库全书总目》卷七九《百官箴》提要，北京：中华书局，1965年版，上册，第687页。

④ 陈祖仁：《元故江浙等处儒学提举程公荣秀墓志铭》，见程敏政辑：《新安文献志》卷七一，合肥：黄山书社，2004年版，第2册，第1733～1734页。

⑤ 按，程直方(生卒年不详)字道大，婺源人。少笃学，曾读书十年不下楼。他通诸经，尤深于《易》。入元，绝意仕进。行部至者，必造请，或延至学宫，执礼受教。著有《观易堂随笔》《蔡传辨疑》《春秋诸传考正》等。

> 时,尝从之游。为言近世习举业者不明字训,多以敬训诚,不知中有所主则虚,虚则外邪不能居,是敬;中有所主则实,实则外邪不能入,是诚。《乾》六画皆实,故曰闲邪存其诚;《坤》六画皆虚,故曰敬以直内。《坎》中实,故有孚,维心亨。孚者,信也,诚也。《离》中虚,故履错然,敬之,终吉。先生融贯理义,横探直取,无所不合,凡有言《乾》虚《坤》实者,安得起先生于九京以诲之邪。①

许月卿的议论虽然是对"习举业者不明字训"而发,但也表明了他对易学确能"融贯理义"。而从许月卿的议论还可看出,他谈《易》有着不离《易》象而谈义理的特点。

另外,程复心还有一条关于许月卿讲《中庸》首章前三句的记述。这条记述如下:

> 山屋许先生月卿为江西仓干时,临汝书院讲《中庸》首章三句,谓文公所谓"阴阳五行之气、健顺五常之理",本于汉时郑氏注,曰:木神则仁,金神则义,火神则礼,水神则智,土神则信,以为水火木金土,气也,仁义理智信,理也,而有神之一字,贯乎其间。理,形而上者;气,形而下者;神形,上下之间。理不外乎气,气不外乎理,而有神以贯乎其间。提絜康成,而不悖圣贤之学,真能发先儒未发之蕴,宜乎为萧大山诸公所敬叹也。②

许月卿对《中庸》的论述显然是根据朱熹的阐释。朱熹在《四书或问》中曾说,"人禀五行之秀以生,故其为心也,未发则具仁义礼智信之性,以为之体;已发则有恻隐羞恶恭敬是非诚实之情,以为之用。盖木神曰仁,则爱之理也,而其

---

① 程直方:《观易堂随笔》,见程敏政辑:《新安文献志》卷三五,合肥:黄山书社,2004年版,第1册,第747页。按,引文断句、标点有改动。

② 程复心:《临汝书院讲义》,见《先天集·附录上》,见《续修四库全书》第1320册,上海:上海古籍出版社,2002年版,第588页。按,萧大山(生卒年不详)江西临江(府治清江,今江西樟树市临江镇)人,诗人、书画家,曾任新兴令及太史。他以"好奇"著称,尝名其堂曰"堂堂堂",名其亭曰"亭亭亭"。

发为恻隐；火神曰礼，则敬之理也，而其发为恭敬；金神曰义，则宜之理也，而其发为羞恶；水神曰智，则别之理也，而其发为是非；土神曰信，则实有之理也，而其发为忠信。是皆天理之固然，人心之所以为妙也”①。许月卿的论述便依据于此，故程复心说他“不悖圣贤之学”；但许月卿又指出朱熹的诠释是本于郑玄的注，故程复心说他“提絜康成”。在程复心看来，许月卿或不拘于程朱理学，对汉唐经学也有认可之意②。

在许月卿的《先天集》中，为什么极少看到谈论性理的文章，台湾青年学者史甄陶曾以许月卿对讨论“性理心性”持批判态度作为解释③。她的解释不无道理。许月卿曾说：

> 汉唐之儒以闻道之难而学无本，近世之儒以闻道之易而学无实。窃道德性命之说以为哗众取宠之资，俗日以益薄，治日以益卑，职此之故欤。嘉定以来，士大夫专以朱氏之学为仕途捷径。④

南宋后期，随着官方对朱熹的推崇，朱学逐步成为一些士大夫“哗众取宠之资”和“仕途捷径”。惩于当时学风败坏对社会习俗和政风的不良影响。许月卿于是反对空谈“性理心性”，主张“立志以定其本，居敬以持其志，穷理以致其知，反躬以践其实”⑤。

许月卿《先天集》中，不仅谈性理的文章极少，谈性理之外的纯“学术”文章也不多，《书〈楚辞〉后》算得是其中一篇。这虽然是一篇题跋性质的文章，但从中可看出许月卿对朱学的态度和他的学术取向。

《书〈楚辞〉后》是朱熹《楚辞集注》的跋。在文中，许月卿没有对《楚辞集

---

① 朱熹：《四书或问·论语或问》卷一，《朱子全书》第6册，上海：上海古籍出版社，合肥：安徽教育出版社，2002年版，第612页。

② 参见史甄陶：《家学、经学和朱子学》，上海：华东师范大学出版社，2013年版，第33页。

③ 参见史甄陶：《家学、经学和朱子学》，上海：华东师范大学出版社，2013年版，第32页。

④ 许月卿：《婺源朱塘晦翁祠碑》，《先天集》卷九，见《续修四库全书》第1320册，上海：上海古籍出版社，2002年版，第583页。

⑤ 许月卿：《婺源朱塘晦翁祠碑》，《先天集》卷九，见《续修四库全书》第1320册，上海：上海古籍出版社，2002年版，第583页。

注》作出评论,没有一句肯定《楚辞集注》之语,却以 7 个段落对《楚辞集注》进行“正讹”。

许月卿的“正讹”主要在以下几个方面:

第一,认为朱熹对《楚辞》的解释,并非屈原的本意。如朱熹在注《楚辞·远游》的“虚以待之兮,无为之先”句时说:“皆虚以待之于无为之先。”许月卿则认为:

> 恐两“之”字当作一样看。虚以待事于无为之先,无为事先也。无为之先,犹言勿为事始,事来然后应之,不先以事累吾心也,恐屈原本意如此。①

在许月卿看来,屈原“虚以待之兮,无为之先”句的本意是“勿为事始,事来然后应之,不先以事累吾心也”,而不是朱熹所说的“虚以待之于无为之先”。再如,朱熹注《楚辞·橘颂》“淑离不淫”句曰:“淑,善也;离,如离立,言孤特也。”许月卿认为朱注也不符合屈原本意,他说:

> “离立”出《戴记》“离坐离立,毋往参焉”。“离立”者,不出中间,则离,为两人相丽,明矣。屈原本意恐谓丽者易淫,惟橘丽而不淫,此所以为善丽也。“离”当训“丽”,恐不当引“离立”,若引“离立”,则“离坐”岂亦孤特乎。②

许月卿认为朱熹援引《礼记·曲礼》的“离坐离立,毋往参焉”以注“离”是不对的,在《橘颂》中,“离”当训为“丽”,是对橘“丽而不淫”的赞颂。

第二,认为朱熹没有注意字义的演变。如谓:

> “哀民生之多艰”“终不察夫民心”,民,人也,原自谓也。《集注》以为“众人”,恐非是,但味语脉则可知矣。古者民与人通,《骚》经一

---

① 许月卿:《书〈楚辞〉后》,《先天集》卷七,见《续修四库全书》第 1320 册,上海:上海古籍出版社,2002 年版,第 575 页。

② 许月卿:《书〈楚辞〉后》,《先天集》卷七,见《续修四库全书》第 1320 册,上海:上海古籍出版社,2002 年版,第 575 页。

篇，此类甚众，如民生各有所乐，《集注》以为人生；观民之计极，《集注》以为人事；民好恶其不同，《集注》以为人性。民之训人，《集注》既有明证，“哀民生之多艰”“终不察夫民心”此二“民”字，亦当训人，盖原自人也。①

许月卿这里显然是说，朱熹没有注意到“民”与“人”在古代的意义相通，所以把“民”解释为“众人”，于是，“哀民生之多艰”“终不察夫民心”便不是屈原对自己的表白，而是对“众人”的关注。又，《楚辞集注》注《离骚》“历吉日乎吾将行”句之“历”字曰：“历，遍数而实选也。”许月卿认为朱熹将“治历”之“历”误为“经历”之“历”，他说：

恐此“歷”字只是治历明时之“歷”，不当作“经历”字解。盖古者只有此一“歷”字，“经历”用此“歷”字，“治历明时”亦用此“歷”字，后世以经历为“歷”，历象为“曆”，乃后世创立此字，以别于经历耳。如《尧典》“曆象”，亦后世所改。②

这是说朱熹未考虑古代由于文字数量的有限而造成字的多义性，而以为后起字是古已有之，因而导致字义理解的错误。

第三，认为朱熹没有搞清楚古代的音韵。如《离骚》“帝高阳之苗裔兮，朕皇考曰伯庸。摄提贞于孟陬兮，惟庚寅吾以降。皇览揆余于初度兮，肇锡余以嘉名。名余曰正则兮，字余曰灵均。纷吾既有此内美兮，又重之以修能。扈江离与辟芷兮，纫秋兰以为佩”六句，朱熹的《楚辞集注》注曰“降，叶乎攻反”；“能，叶奴代反”。许月卿认为以上六句实际是一韵，而按朱熹的注音，则分为三韵，他说：

此六句一韵也，文公以为三韵，恐非是。“庸”与“降”叶，如“君

---

① 许月卿：《书〈楚辞〉后》，《先天集》卷七，见《续修四库全书》第 1320 册，上海：上海古籍出版社，2002 年版，第 576 页。

② 许月卿：《书〈楚辞〉后》，《先天集》卷七，见《续修四库全书》第 1320 册，上海：上海古籍出版社，2002 年版，第 576 页。

子至止，福禄既同。君子万年，保其家邦”、“子之丰兮，俟我乎巷兮，悔予不送兮”之类是也。“江”与“庸”叶，则“降”岂不可与“庸”叶乎？盖四声通同也。“庸”与“名”叶，如“尔牧来思，以薪以蒸，以雌以雄。尔羊来思，矜矜兢兢，不骞不崩”之类是也。“名”与“均”叶，如“山有榛，隰有苓。云谁之思？西方美人”之类是也。“能”与“佩”叶，如“啬于[时，惠于]财，亲贤而任能”（此成王冠祝词也）之类是也。“财”与“能”叶，则“佩”岂不可与“能”叶乎？盖四声通同也。“我送舅氏，悠悠我思。何以赠之？琼瑰玉佩”，盖“思”亦与“财”叶也，观于《诗》可见。①

这是引《诗》以证已说。

许月卿对朱熹《楚辞集注》的“正讹”，并不一定表明他的观点就一定正确，朱熹的注释就一定错误。其实，朱熹有的注释也并非没有根据，如他注《离骚》“瞻前而顾后”句的“瞻”字曰“临视也”，以“临视”释“瞻”，便是根据《说文》②，原亦可备一说，但许月卿认为朱熹的解释与《诗》“靡瞻匪父”“民具尔瞻”“鲁邦所詹”“瞻仰昊天”及《论语》“瞻之在前”等意义不合，并认为“临”有“以上临下”之义，因而否定了朱熹的注释③。

许月卿的《书〈楚辞〉后》表明，宋末元初，徽州学者虽然尊崇朱熹及朱学，但已经不再盲目地信从。他们已经开始对朱熹予以“是正”，从而开启了元代新安理学“求是”的风气。

胡方平、范启等的学术思想

胡方平（生卒年不详）字师鲁，号玉斋，婺源人。据汪幼凤的《胡玉斋方平

① 许月卿：《书〈楚辞〉后》，《先天集》卷七，见《续修四库全书》第1320册，上海：上海古籍出版社，2002年版，第575～576页。

② 许慎《说文》卷四上：“瞻，临视也。”北京：中华书局，1963年版，第71页。

③ 参见许月卿《书〈楚辞〉后》，《先天集》卷七，见《续修四库全书》第1320册，上海：上海古籍出版社，2002年版，第576页。

传》记述，胡方平的曾伯祖胡昪在政和(1111—1118)间与朱松有同年之好，其曾祖胡溢则因胡昂得以交于朱松而获闻“河洛之论”，这便为胡方平走向朱学提供了家学方面的条件。

胡方平对朱学的兴趣主要在易学方面。所以汪幼凤特别指出，胡方平先受《易》于董梦程，继而师事沈贵珤，沉潜反复 20 余年，特别研精于《易》旨。胡方平也一直把阐释朱熹易学作为最主要的学术活动，“尝因文公《易本义》著《启蒙通释》，又有《外翼》四卷，考象求卦，明数推占。又有《易余闲记》”。他曾说：“《本义》(即朱熹的《易本义》)阐象数理义之原，示开物成务之教。朱子言《易》，开卷之初先有一重象数，而后《易》可读。《启蒙》四篇，其始明象数，以为读《本义》而设者与？象非卦不立，数非蓍不行。象出于图书，而形于卦画，则上足以该太极之理，下足以济生人之事，而《易》非荒于无用。明乎此，则《本义》一书如指诸掌。”[①]从这里可以看出，胡方平治《易》侧重于象数。后人对胡方平的易学有很好的评价，如明人杨士奇说：“朱子《易学启蒙》，惟胡方平本最善。”[②]当胡方平精研易学之后，易学便成为他的家学。其子胡一桂便通过对其家学的传承，成了元代弘扬朱熹易学的又一位著名的徽州学者。

范启(生卒年不详)字弥发，号求迩，休宁人，曾师从沈贵珤。范启虽然以“博学穷理”著称[③]，但他“高尚不乐仕进，理宗尝征之，不起”。据说，范启家资巨万，曾创建风月亭，讲学自娱于其中。理宗征之不起，于是赐号“风月居

---

① 汪幼凤：《胡玉斋方平传》，见程敏政辑：《新安文献志》卷七〇，合肥：黄山书社，2004 年版，第 2 册，第 1723～1724 页。按，黄山书社版《新安文献志》的《胡玉斋方平传》讹误较多，这里所引的文字，据彭泽主修、汪舜民等纂《(弘治)徽州府志》卷七《人物一·硕儒》的《胡方平传》及《四库》本《新安文献志·胡玉斋方平传》作了校改。

② 杨士奇：《易学启蒙·跋》，《东里集·续集》卷一六，见《文渊阁四库全书》第 1238 册，台北：台湾商务印书馆，1983 年版，第 579 页。

③ 按，范启著作已不可见，仅《新安文献志》录有《井观杂说》两则，一则辨两“子我”，一则考柳宗元“欸乃一声山水绿”句之“欸乃”。就此来看，则范启似乎有考据的兴趣。

士”。著有《鸡肋漫录》《管锥志》《井观杂说》等[①]。由于范启一直过着隐居生活,他在学界的影响也就不像胡方平和许月卿那么大。

董梦程、沈贵珤之学的传承并没有止于胡方平、许月卿。其中,许月卿的弟子尤多,较著者有江恺[②]、程乐秀等。

其时,徽州学者较为著名的尚有汪复、胡次焱。如元人张纯愚在给陈栎的一封信中追述新安学人时说:“吾乡自式车姜(按:‘姜’为‘董’之误)介轩先生开其源,式车吴菊园先生、贡士沈毅斋先生浚其流,提干许山屋先生、考亭山长朱小翁先生、式车齐怡堂先生兄弟、太常寺簿汪溪阳先生、主簿胡余学先生数老先后相续,不但文辞古雅,而以《近思录》为四子之阶梯,以四子为《六经》之阶梯,必使人人习之。”[③]其中“太常寺簿汪溪阳先生”即汪复、“主簿胡余学先生”即胡次焱。

汪复(生卒年不详)字晞颜,号溪阳,婺源人。景定三年(1262)进士,历官太常簿、扬州通判,咸淳六年(1270)去官,宋亡不仕。元至元二十年(1283),“行台访求耆德,江东得九人,以复为首,复潜使辞焉。后部使者卢公挚至邑,强请见,因劝以仕,复愀然曰:‘亡国之大夫,犹踽踽为世用,公何取焉?’”[④]

胡次焱(生卒年不详)字济鼎,号梅岩,晚号余学,婺源人。少孤贫,母氏策励以学,咸淳四年(1268)进士,任贵池县尉。德祐元年(1275),元兵至贵池,都统制张林纳款附降,次焱借口公事离开贵池,过东流县时,他“作冢其道周,书木为表识,曰‘贵池尉死葬此下’,用杜张猜疑,令不相寻。迹归婺源,以

① 黄宗羲原本、全祖望修定:《宋元学案》卷八九《介轩学案》,《黄宗羲全集》第6册,杭州:浙江古籍出版社,1992年版,第508页。

② 按,《宋元学案》对江恺生平记述道:“江恺,字伯几,婺源人,为许月卿之婿。不求仕进,所居号雪矼,有涧泉林木之胜,与其友汪炎昶赋诗饮酒,上下古今以相娱乐。盖有宋遗民也。”黄宗羲原本、全祖望修定:《宋元学案》卷八九《介轩学案》,《黄宗羲全集》第6册,杭州:浙江古籍出版社,1992年版,第514页。

③ 张纯愚:《又答先生书》,陈栎:《陈定宇先生文集》卷一七《别集》,见《元人文集珍本丛刊》第4册,台北:新文丰出版公司,1985年版,第484页。

④ 洪焱祖:《汪常簿复传》,见程敏政辑:《新安文献志》卷八七,合肥:黄山书社,2004年版,第3册,第2142页。

《易》教授乡里，往来从学者常百许人”[①]。著有《梅岩文集》等。

至于汪复、胡次焱与董梦程、沈贵珤等德兴学者是否有师承关系，因未见记载，故不得而知。

饶鲁与程若庸的学术传承

饶鲁(1193—1264)字伯舆，一字仲元，号双峰，被门人私谥文元，饶州余干(今属江西上饶市)人。他年幼时曾从乡贤柴元裕、柴中行学，稍长，师从朱熹高弟黄榦、李燔。赴试不第，遂专意经学。其学以持守涵养为主，学问思辨为先，而终之于笃行。饶鲁曾受诸道部使之聘，历主白鹿洞、濂溪、建安、东湖、西涧、临汝诸书院。归里后，建朋来馆，广聚学者，互相切磋，后又筑石洞书院，聚徒讲学，远近从学者甚众。宋理宗宝祐二年(1254)，补授饶州教授。著有《五经讲义》《语孟纪闻》《春秋节传》《学庸纂述》《太极三图》《庸学十二图》《西铭图》《近思录注》等。

饶鲁的徽州门人甚多，如汪克宽的祖父汪华及其族弟汪相便是饶鲁在祁门的弟子。而在其弟子中，最著者则是程若庸。

程若庸(生卒年不详)字达原，休宁人，咸淳四年(1268)进士，为福建武夷书院山长，淳祐七年(1247)为湖州安定书院山长，淳祐十年，冯去疾[②]创临汝书院于抚州，聘程若庸为山长，并置田宅居之。程若庸在徽州时，号勿斋，被学者称为“勿斋先生”；在抚州时号徽庵，以寓不忘桑梓之意，被学者称为“徽庵先生”。著有《增广性理字训》及《太极图说》《近思录注》等[③]。

程若庸先后从学于饶鲁及沈贵珤，得闻朱子之学。元代学者陈栎对程若

① 洪焱祖：《胡主簿次焱传》，见程敏政辑：《新安文献志》卷八七，合肥：黄山书社，2004年版，第3册，第2143～2144页。

② 按，冯去疾，号北山，朱熹门人。理宗时知兴国军，刊定本《四书》于沧浪亭，号兴国本。淳祐九年(1249)，冯去疾提举江南西路，以朱熹尝临是邦，故立书院祠之。

③ 参见洪焱祖：《程山长若庸传》，见程敏政辑：《新安文献志》卷八七，合肥：黄山书社，2004年版，第2册，第1725页。

庸十分推崇,曾说,“学朱子之学而精到似程勿斋甚少”[1]。程若庸在当时及后世最有影响的著作则是《增广性理字训》。《增广性理字训》之所以被称为“增广”,是因为它是对程端蒙的《性理字训》加以扩展而成的缘故。

德兴学者程端蒙曾与董铢合撰《学则》。这是继朱熹白鹿洞学规之后,由朱门弟子所作的书院条规一类作品。朱熹在《跋程董二生学则》中说:“凡为庠塾之师者,能以是而率其徒,则所谓成人有德、小子有造者,将复见于今日矣。”[2]《学则》对后世教育影响颇大,清初张伯行[3]曾将程、董《学则》与朱熹的《白鹿洞学规》、真德秀的《教子斋规》、胡居仁的《续白鹿洞规》等一起,合刻为《学规类编》一书[4],以规范官学和私学。除《学则》外,程端蒙曾与董铢另撰有《性理字训》(亦名《小学字训》)。朱熹对《性理字训》也甚为赞许,说:“《小学字训》甚佳,言语虽不多,却是一部大《尔雅》也。”[5]

其实,《性理字训》并不像《尔雅》那样一般的辞书,而是一篇对理学主要范畴进行简介的作品。它选择了命、性、心、情、才、志、仁、义、礼、智、道、德、诚、信、忠、恕、中、和、敬、一、孝、悌、理、欲、谊、利、善、恶、公、私等 30 个理学范畴,对每个范畴都作了简要的解释,如对“命”“性”“心”“情”解释道:“天理流行,赋予万物,是之谓命。人所禀受,莫非至善,是之谓性。主于吾身,统乎

---

① 陈栎:《随录》,《陈定宇先生文集》卷八,见《元人文集珍本丛刊》第 4 册,台北:新文丰出版公司,1985 年版,第 355 页。

② 朱熹:《跋程董二生学则》,《晦庵先生朱文公文集》卷八二,《朱子全书》第 24 册,上海:上海古籍出版社,合肥:安徽教育出版社,2002 年版,第 3879 页。

③ 按,张伯行(1651—1725)字孝先,号恕斋,晚号敬庵,河南仪封(今河南兰考)人。康熙二十四年(1685)进士,累官至礼部尚书。历官 20 余年,以清廉刚直称。其学宗程朱,及门受学者数千人。去世后,朝廷追赠其为太子太保,谥清恪,光绪初从祀文庙。

④ 参见蔡世远:《叙鳌峰学约》,《二希堂文集》卷一一,见《文渊阁四库全书》第 1325 册,台北:台湾商务印书馆,1983 年版,第 811 页。

⑤ 朱熹:《答程正思》,《晦庵先生朱文公文集》卷五〇,《朱子全书》第 22 册,上海:上海古籍出版社,合肥:安徽教育出版社,2002 年版,第 2330 页。按,《宋史 · 艺文志》《文献通考》《浙江通志》《千顷堂书目》等所著录的《小学字训》,皆系《性理字训》,其书初名或即为《小学字训》。

性情，是之谓心。感物而动，斯性之欲，是之谓情。”①

《性理字训》字句整齐（大体以四字一句，仅释“仁、义、礼、智”超过四字），易学易记，对理学的普及颇有意义，同时也开启了专论理学范畴的先例，与其几乎同时，便有陈淳的《北溪字义》之作。只是程端蒙撰述《性理字训》的目的是为启蒙理学，文字较为通俗，故四库馆臣在《北溪字义》一书的提要中说：“考淳同时有程端蒙者，亦撰《性理字训》一卷，其大旨亦与淳同，然书颇浅陋，故赵汸《答汪德懋〈性理字训〉疑问书》（案：赵汸《东山集》误作《性理字义》）称其为初学者设。”②

当然，朱熹对《性理字训》也有不太满意之处：该书没有完全表达朱熹对一些理学范畴的理解，如朱熹在与黄榦谈论到此书时说：“因说正思《小学字训》，直卿云：‘此等文字亦难做，如“中”，只说得无倚之中，不曾说得无过不及之中。’曰：‘便是此等文字难做，如“仁”，只说得偏言之仁，不曾说得包四者之仁。’”③

《性理字训》所收的理学范畴毕竟太少，于是程若庸将其加以扩展为《增广性理字训》。《增广性理字训》是以《性理字训》为基础增订而成的。他将程端蒙所选的30条理学范畴扩展到183条，到明初，朱升又增“善”字一条，摭袁甫之说以补之，共为184条④。程若庸在扩展《性理字训》的同时，还将183个理学范畴加以分类，分为造化、性情、学力、善恶、成德、治道等6门。各门所包含的范畴如下：

---

① 程端蒙：《性理字训》，见熊节编、熊刚大注：《性理群书句解》卷二（题作《字训》），见《文渊阁四库全书》第709册，台北：台湾商务印书馆，1983年版，第101页。

② 永瑢、纪昀等：《四库全书总目》卷九二，北京：中华书局，1965年版，上册，第787页。

③ 黎靖德辑：《朱子语类》卷一一七，《朱子全书》第18册，上海：上海古籍出版社，合肥：安徽教育出版社，2002年版，第3676页。

④ 永瑢、纪昀等：《四库全书总目》卷九五，北京：中华书局，1965年版，上册，第805页。按，经程若庸扩展的《性理字训》亦称《性理字训讲义》。

造化第一

包含太极、元气、阳、阴、天、地、乾、坤、五行、五材、元、亨、利、贞、道、器、天、帝、魂、魄、鬼神、易、变化、神化、道体、造化等。

性情第二

包含天道、人道、命、分、理一、分殊、气、质、人、物、天命、人事、性、心、情、良知、良能、魂、魄、灵、才、志、意、仁、礼、义、智、道、理、德、业、诚、信、中、和、大本、达道、大德、小德、体、用、体、文、彝、庸、明德、至善、浩气等。

学力第三

包含教、学、习、小学、大学、格物、致知、力行、敬、一、忠、恕、孝、弟、主静、慎独、养正、致曲、博文、约礼、尊德性、求放心、知言、养气、刚、勇、存、养、动心、忍性、克己、复礼等。

善恶第四

包含天理、人欲、道心、人心、义、利、公、私、上达、下达、善、恶、过、柔善、柔恶、自暴、自弃、骄、吝、尤、悔、狂、狷、强、弱、小道、异端、吉、凶、几、复等。

成德第五

包含知至、知止、知崇、礼卑、尽性、尽心、意诚、心正、止、定、弘、毅、充、达、生知、安行、圣、贤、践形、至命、不动心、不逾矩、道统、一贯、天德、良贵等。

治道第六

包含善政、善教、礼、乐、经、权、典、则、法、正己、新民、时中、絜矩、过化、存神、皇极、天子、大顺、小康、王、霸等。

朱升在评论《性理字训》时曾说:"晦庵门人程正思《字训》二十条(按,当为三十条),勿斋增广之,为六门一百八十三条,今增'善'字,补以蒙斋之训,凡一百八十四条。德、业、尽性、心正四条,训有未妥,僭易数字,余皆原文。

程敬叔[①]《读书日程》八岁未入小学，教之读此甚善。但此书四字成言，其语既简约，而题目多涉性命，其理又幽深，若非根据出处本义，而旁取世俗事物以开喻之，未见其有益也。”[②]

《性理字训》用简要语句及四言韵语，深入浅出地诠释了理学的诸多概念，对人们掌握理学的基本精神提供了方便。但若作为“未入小学”之前的启蒙读物，确如朱升所言，“未见其有益”。不过，从对理学范畴进行梳理的角度看，《性理字训》还是有价值的。其价值的突出表现是，它第一次对理学的基本概念作了全面的梳理和归纳，囊括了理学的宇宙论、心性论、认知论、人性论、成德论、政治论等方面，建立起较为完备的理学范畴体系。

程若庸在理学范畴的梳理中，是把朱熹看作儒家道统的继承者和理学的集大成者，所以他扩展《性理字训》的目的也主要是弘扬朱学。如他说：

> 五帝三王，继天立极，道传大统，时臻盛治。道学不传，治本不立，讫可小康，民不见德，猗欤休哉！斯文在天，五星集奎，一生圣贤，惟周与程，统接孟子，继以朱子，疏源浚委，斯道大明，如日方中，匪盲匪瞶，宁不率从。[③]

朱熹与吕祖谦在合编《近思录》时，将周敦颐、程颢、程颐、张载等人关于太极、阴阳、理气等论述编为首卷，称之为“道论”。朱熹曾一度想删去此卷，但思考再三，还是认为要保留[④]。大概受朱熹的启示，程若庸尽管明白“造化

---

① 按，程端礼（1271—1345）字敬礼、敬叔，号畏斋，原为歙人，后迁庆元（今浙江宁波市鄞州区），遂为庆元人。治朱子之学，累任建平、建德县教谕，台州路、衢州路教授等，生徒甚众，后以将仕郎、台州路儒学教授致仕归里。著有《程氏家塾读书分年日程》《春秋本义》《畏斋集》等。

② 朱升：《跋〈性理字训〉后》，《朱枫林集》卷三，合肥：黄山书社，1992 年版，第 45 页。

③ 程若庸：《增广性理字训》，见《四库全书存目丛书·子部》第 4 册，济南：齐鲁书社，1995 年版，第 797 页。

④ 按，如朱熹在《答吕伯恭》一函中说：“《近思录》近令抄作册子，亦自可观。但向时嫌其太高，去却数段（如太极及明道论性之类者），今看得似不可无。”《晦庵先生朱文公文集》卷三三，《朱子全书》第 21 册，上海：上海古籍出版社，合肥：安徽教育出版社，2002 年版，第 1460 页。

本原，广大精微，进学之始，未易骤窥"，他还是认为："夫苟茫然，不知梗概，求端用力，何所底止？列诸篇端，究其名义，终身向望，是谓极致。"[①]首列《造化》篇，阐述了有关宇宙本体及宇宙生成的范畴，以其作为掌握理学其他范畴的基础。

程颐曾提出"性即理"命题，于是，在天为理，在人为性，便成为理学家所普遍接受的观点，同时，理学家还将"性"与作为"天道"的"元亨利贞"相对应[②]，将仁义礼智看作"性"在"人道"中的主要表现。程若庸在谈论"性情"说时，就是由此入手的，他说："元亨利贞，自然之理，是曰天道。人伦日用，当然之则，是曰人道。"[③]又说：

> 禀命之元，具爱之理，为心之德，其端恻隐，是之谓仁。禀命之亨，具恭之理，为心之敬，其端辞让，是之谓礼。禀命之利，具宜之理，为心之制，其端羞恶，是之谓义。禀命之贞，具别之理，为心之觉，其端是非，是之谓智。[④]

朱熹曾就《中庸》的"未发""已发"问题讨论性情关系，认为性为未发，情为已发："情之未发者，性也，是乃所谓中也，天下之大本也；性之已发者，情也，其皆中节，则所谓和也，天下之达道也。"[⑤]程若庸也说："性之所存，中而不偏，天下之理，皆由此出，是曰大本。情之所发，和而不乖，古今人物，所共

---

① 程若庸：《增广性理字训》，见《四库全书存目丛书·子部》第 4 册，济南：齐鲁书社，1995 年版，第 791 页。

② 朱熹曾说，"元亨利贞，性也"，《元亨利贞说》，《晦庵先生朱文公文集》卷六七，《朱子全书》第 23 册，上海：上海古籍出版社，合肥：安徽教育出版社，2002 年版，第 3254 页。

③ 程若庸：《增广性理字训》，见《四库全书存目丛书·子部》第 4 册，济南：齐鲁书社，1995 年版，第 791 页。

④ 程若庸：《增广性理字训》，见《四库全书存目丛书·子部》第 4 册，济南：齐鲁书社，1995 年版，第 792 页。

⑤ 朱熹：《太极说》，《晦庵先生朱文公文集》卷六七，《朱子全书》第 23 册，上海：上海古籍出版社，合肥：安徽教育出版社，2002 年版，第 3274 页。

由之，是曰达道。”[①]同时，程若庸还谈到张载、朱熹的“心统性情”的命题：“主于吾身，统乎性情，是之谓心。”[②]这都表明程若庸的“性情”论是本于朱学的。

在《学力》篇中，程若庸谈的主要是学习和认知问题。他解释“教”“学”“习”，道：

> 修道明伦，以觉乎人，是之谓教；未知未能，必效诸人，是之谓学；已知已能，必熟诸己，是之谓习。[③]

从程若庸对“教”“学”“习”的解释可以看出，他已经将学习问题纳入理学体系之中，认为“教”“学”“习”的出发点和归宿都是“修道明伦”。正是在这一前提下，他展开了对有关认知和践履的各个范畴的诠释。

在对有关认知范畴的诠释中，程若庸突出了两个方面：“格物致知”和“力行”。他说：

> 事事物物，研穷其理，表里精粗，欲无不察，是曰格物。心所觉悟，推诣其极，全体大用，欲无不明，是曰致知。身所践履，百倍其功，变易气习，弗笃弗措，是曰力行。[④]

程若庸将“格物”界定为“事事物物，研穷其理，表里精粗，欲无不察”，看似从认识论角度对“格物”作出规定，但他“格物”的目的是“致知”，而“致知”又是“心所觉悟，推诣其极”，即对内心所固有的“理”的体认，并将此“理”推至极致，以明其“全体大用”，也就是所谓“穷理”。

程若庸十分重视“力行”，但他所说的“力行”主要不是与“知”相对应的

---

① 程若庸：《增广性理字训》，见《四库全书存目丛书・子部》第4册，济南：齐鲁书社，1995年版，第793页。

② 程若庸：《增广性理字训》，见《四库全书存目丛书・子部》第4册，济南：齐鲁书社，1995年版，第792页。

③ 程若庸：《增广性理字训》，见《四库全书存目丛书・子部》第4册，济南：齐鲁书社，1995年版，第793页。

④ 程若庸：《增广性理字训》，见《四库全书存目丛书・子部》第4册，济南：齐鲁书社，1995年版，第793～794页。

“行”，即现代意义上的社会实践，而是“变易气习”的“践履”，更多地具有道德实践的含义，即将“力行”看作“践履”的同义语。这与程颐、朱熹的观点很接近，程颐就曾以“礼”释“履”：“履，礼也。礼，人之所履也。”[①]朱熹也说：“礼者，履也，谓昔之诵而说者，至是可践而履也。”[②]正因为程若庸将“力行”界定为道德实践，所以在《学力》篇中诠释了“忠”“恕”“孝”“悌”“主敬”“慎独”以及“存”“养”等概念，也就是很自然的了。

此外，程若庸还在《善恶》篇中诠释了有关理欲观问题的诸范畴，在《成德》篇中诠释了有关德性观的诸范畴，在《治道》篇中诠释了有关政治观的诸范畴。这些诠释反映的大体是朱熹的观点。

但程若庸与许月卿一样，并未完全拘泥于朱学。如他在论述有关宇宙论范畴时说：

> 至理浑然，冲漠无联。造化枢纽，品汇根柢，是曰太极。
>
> 一气块然，充塞太虚。动静周流，造化发育，是曰元气。
>
> 气动而健，能始万物，其数也奇，是之谓阳。
>
> 气静而顺，能成万物，其数也偶，是之谓阴。[③]

程若庸虽然也将“太极”视为宇宙论的最高范畴，认为“太极”是“造化枢纽，品汇根柢”，但他更看重“元气”，将“元气”视为宇宙万物的生成者。宇宙万物的生成过程也就是“气动”“气静”交互作用的过程，而“气动”“气静”便是“阳”“阴”，“阳”“阴”也是“气”。这些论述给我们的印象是，他似乎已经由“理本”论走向了“气本”论。

程若庸在诠释“性”“情”时，虽然根据朱熹的观点，将“元亨利贞”看作

---

① 程颢、程颐：《二程集·河南程氏外书》卷一，北京：中华书局，1981年版，第二册，第359页。

② 朱熹：《讲礼记序说》，《晦庵先生朱文公文集》卷七四，《朱子全书》第24册，上海：上海古籍出版社，合肥：安徽教育出版社，2002年版，第3585页。

③ 程若庸：《增广性理字训》，见《四库全书存目丛书·子部》第4册，济南：齐鲁书社，1995年版，第790页。

"性",但他同时又将孟子所说的"四端"(恻隐、辞让、羞恶、是非)与"元亨利贞"一起看作"仁礼义智"的根据,于是,"四端"也就成了"性"的根源。这与朱熹的观点显然不同。朱熹认为"元亨利贞""仁义礼智"是"性",而"恻隐、羞恶、辞让、是非"则是"情":"仁义礼智,性也;恻隐、羞恶、辞让、是非,情也。"①

程若庸也是"及门之士最盛"的徽州学者。据洪焱祖②的《程山长若庸传》说,其较著名的弟子,在新安的有范[元]奕、金[若]洙、吴锡畴等;在抚州的高弟则有吴澄、程钜夫等。范宽(生卒年不详)字元奕,号栎山,是范启之子。金若洙(生卒年不详)字子方,号东园,休宁人。受《书》于程若庸之门,弱冠掇乡荐,官绍庆府黔江县令,宋亡不仕。著有《东园集》《四咏吟编》《性理字训集义》③。吴锡畴(1214—1276)字元伦,休宁人,吴儆之从孙、吴垕之子。他四岁而孤,能刻志于学。性喜艺兰,自号曰兰皋子。师事程若庸后,"研核性命之赜,上探考亭之绪"④。其子吴浩,字义夫,号直轩,"敏颖庄重,隐居不仕,专务性理之学"⑤,继承的也是朱学,著有《大学口义》《直轩稿》等。此外,程逢午(字信叔,休宁人,曾任海盐州教授,著有《中庸解义》)也与程若庸过往甚密。

在程若庸的弟子中,后来成为显宦的是程钜夫。程钜夫(1249—1318)名文海,因避元武宗讳,以字行,号雪楼,又号远斋。其叔父程飞卿在宋时通判建昌(今江西南城),钜夫侍奉其父及祖母就养于飞卿。元世祖时,飞卿以城

① 朱熹:《元亨利贞说》,《晦庵先生朱文公文集》卷六七,《朱子全书》第23册,上海:上海古籍出版社,合肥:安徽教育出版社,2002年版,第3254页。

② 按,洪焱祖(1262—1328)字潜夫,歙县人。学问博洽,历任平江路儒学录、长芗书院山长、绍兴路儒学正、衢州路儒举教授、遂昌县主簿,后以休宁县尹致仕。焱祖自号杏亭,曾为罗愿《尔雅翼》作音释及继罗愿《新安志》后作《续新安志》,自著有《杏亭摘稾》。

③ 彭泽主修、汪舜民等纂:《(弘治)徽州府志》卷七《人物一·文苑》,上海:上海古籍书店,1982年影印《天一阁藏明代方志选刊》本。

④ 参见吴浩:《家谱·吴兰皋传》,见程曈《新安学系录》卷九,合肥:黄山书社,2006年版,第184~185页。

⑤ 参见彭泽主修、汪舜民等纂《(弘治)徽州府志》卷七《人物一·文苑》"吴垕传",上海:上海古籍书店,1982年影印《天一阁藏明代方志选刊》本。

降，钜夫随飞卿朝于开平（忽必烈所建的都城之一，在今内蒙古自治区锡林郭勒盟正蓝旗境内），遂留宿卫，授宣武将军，管军千户。元世祖曾试以笔札，甚称旨，改授应奉翰林文字，后迁集贤直学士，历任福建闽海道、江南湖北道及山南江北道肃政廉访使，官至翰林学士承旨，并参与《成宗实录》的编修。卒后，追封楚国公，谥文宪。撰有文集 45 卷（今存《雪楼集》30 卷）。

程若庸为程钜夫族叔祖，在为抚州临汝书院山长时，程钜夫与吴澄同学于程若庸。但程钜夫的高祖就已举家迁居郢州，此后便与徽州没有关联，且程钜夫自号“雪楼”（因郢州有白雪楼之故），也表明他对籍贯为郢州的认同。因此，程钜夫是否可以视为徽州学者，就值得讨论了。

四、陆学在徽州地区的传播

陆学与新安理学的关系是研究新安理学史无法回避的问题。但很多学者往往把朱陆之争看作仅在元明时期发生的新安理学与陆学的外部之争，即将陆学视为新安理学的对立面。其实不然。陆学几乎是与朱学同时传入徽州地区的，它在传入徽州的初期并未与朱学发生冲突。同时，陆学在徽州地区的影响虽然远比不上朱学，但它一直存在。

最早将陆学传入徽州地区的是曾为徽州府学教授的舒璘。

由于舒璘“耻以一善自名”①，所以他学术思想的构成较为复杂。舒璘曾自言：“南轩开端，象山洗涤，老杨先生（指杨简之父杨庭显）琢磨，璘融会诸公之学，且乐于教人。”②其实，他最早通过同里（也是他的妇翁）童大定（杨时弟子）接触的是伊洛之学。入太学后，张栻恰在京师，他又向张栻请益，其所谓“南轩开端”就是指此。朱熹与吕祖谦在婺州讲学时，舒璘曾徒步往从之。此

① 黄宗羲原本、全祖望修定：《宋元学案》卷七六《广平定川学案》，《黄宗羲全集》第 6 册，杭州：浙江古籍出版社，1992 年版，第 5 页。

② 罗濬撰：《宝庆四明志》卷九，见《文渊阁四库全书》第 487 册，台北：台湾商务印书馆，1983 年版，第 145 页。

后方与其兄舒琥、其弟舒琪受业于陆九渊，而与四明同乡（奉化属四明）杨简、袁燮、沈焕一起被尊为“四明四先生”，或称“甬上淳熙四先生”。

舒璘自师从陆九渊后，即以陆学为宗，如他说：“此间尊晦翁学甚笃，某不暇与议。良心既明，往往不告而知，用是益知自反，不致尤人。”①但舒璘虽然以陆学为宗，对陆学也有所修正。他的修正主要表现于更多地关注现实，而使陆学转向平实。所以黄宗羲引述文天祥的评论说：“广平之学，春风和平。”②

舒璘任徽州府教授，似乎是他很重要的经历，所以全祖望在《宋元学案》中突出记述了舒璘这一段的事迹。全祖望说：

> 徽之士习久坏，先生奋然曰：“士之美恶，独不在我乎！”则以身率之，教以日用常行之道，诸生渐知所向方。先生不惮勤劳，日日诣讲，隆冬酷暑，未尝少怠。筑风雩亭，以时会集，暮夜亦间往，日有讲求涵泳之功。质有顽钝不善者，循循善诱，不敢加忿疾，端矩矱以感格之。谓诸生曰：“某亦幼不知学，及壮入成均，借师友发明，以拯沦胥之患。今欲以其所同然者，公之君辈。”新安宿儒楚椿、汪廷佑等，先生以书币延之为学正。有辞不至者，卑词宛转，托其亲友以致之，使学者知所矜式。又著《诗》《礼》二解以授学者。③

全祖望还说：“先生素以天下为己任，虽居冷官，未尝忘世事，时时为徽之牧守言荒政、茶盐、常平、义仓、役法，皆凿凿可见之施行。牧守虽不能尽用，间有所采。”④由于舒璘对发展徽州教育和学术成绩卓著，故丞相留正说他是“天

---

① 舒璘：《广平类稿・与杨敬仲》，转引自黄宗羲原本、全祖望修定：《宋元学案》卷七六《广平定川学案》，《黄宗羲全集》第6册，杭州：浙江古籍出版社，1992年版，第10页。

② 黄宗羲原本、全祖望修定：《宋元学案》卷七六《广平定川学案》，《黄宗羲全集》第6册，杭州：浙江古籍出版社，1992年版，第16页。

③ 黄宗羲原本、全祖望修定：《宋元学案》卷七六《广平定川学案》，《黄宗羲全集》第6册，杭州：浙江古籍出版社，1992年版，第5页。

④ 黄宗羲原本、全祖望修定：《宋元学案》卷七六《广平定川学案》，《黄宗羲全集》第6册，杭州：浙江古籍出版社，1992年版，第5页。

下第一教官”，徽州人也说:“吾乡学问之途，赖先生窒而复通。”[①]并在徽州府学祀之。

另一位曾在徽州传播陆学的著名学者是袁甫。袁甫(生卒年不详)字广微，号蒙斋，鄞县人，是“四明四先生”之一的袁燮之子。嘉定七年(1214)进士第一，授秘书省正字。十一年(1218)任湖州通判，迁秘书郎，后改著作佐郎，出知徽州、衢州。绍定三年(1230)任江东提点刑狱，后移司鄱阳。袁甫曾讲学于学宫，并修葺庐山白鹿洞书院、创建贵溪象山书院。端平元年(1234)，任福建转运判官，迁秘书少监，因反对丞相史嵩之，被外放知江州，再改知婺州，后升任起居郎、中书舍人兼国子祭酒，终官于兵部侍郎兼吏部尚书，卒谥正肃。著有《孝说》《孟子解》《江东荒政录》《蒙斋中庸讲义》《蒙斋集》等。

袁甫既承继父学，又师事杨简，是陆九渊的后学，在学术上受其父的影响尤多。袁燮曾说:“大哉心乎！与天地一本，精思以得之，兢业以守之，则与天地相似。”[②]他从陆九渊的“心本体”出发，推廓到人与天地一体。袁甫也从“万物与我心契”出发，主张人与天地一体，他说:“颜渊问仁，孔子告以克己复礼。夫具耳目口鼻四肢百骸而有此身，此身本与天地相似，与万物一体，如之何而克己？曰，己与天地万物本无隔也，而认八尺之躯为己，则与天地万物始隔矣，故惟克己，则洞然大公，不见有己矣。何谓克？曰:以《艮卦》所谓‘艮其背，不获其身，行其庭，不见其人’观之，则是内不见己，外不见物，而克己之义了然矣。”[③]同时，他与其父一样，虽接受陆学，但不拘于陆学。如他主张学者

---

① 黄宗羲原本、全祖望修定:《宋元学案》卷七六《广平定川学案》，《黄宗羲全集》第6册，杭州:浙江古籍出版社，1992年版，第5页。

② 袁燮:《絜斋粹言》，转引自黄宗羲原本、全祖望修定:《宋元学案》卷七五《絜斋学案》，《黄宗羲全集》第5册，杭州:浙江古籍出版社，1992年版，第1015页。

③ 袁甫:《经筵讲义》，转引自黄宗羲原本、全祖望修定:《宋元学案》卷七五《絜斋学案》，《黄宗羲全集》第5册，杭州:浙江古籍出版社，1992年版，第1021页。

当师圣人，但以自得为贵，这就颇有袁燮的“道不在他”之意[①]。

嘉定十六年(1223)八月，袁甫以著作佐郎知徽州，次年闰八月，他便因丁父忧而离任。袁甫在徽州虽然为时很短暂，但颇有政声。据《宋史》载，他“治先教化，崇学校，访便民事上之：请蠲减婺源绌绢万七千余匹，茶租折帛钱万五千余贯，月桩钱六千余贯；请照咸平、绍兴、乾道宽恤指挥，受纳徽绢定每匹十两；请下转运、常平两司，豫蓄常平、义仓备荒，兴修陂塘，创筑百梁”[②]在新安留下很多政绩。为了敦化风俗、培育人才，袁甫还聘请钱时在府学“讲经迪士”[③]。

钱时(1175—1244)字子是，号融堂，歙人。其幼奇伟不群，读书不为世儒之习，曾参加漕试，既而绝意科举，究明理学。后虽徙临近淳安之蜀阜[④]，犹承祖业。他曾从学杨简，杨简深爱之，曾书“融堂”二字以赠。丞相乔行简特荐之朝，且曰：“时夙负才识，尤通世务，田里之休戚利病，当世之是非得失，莫不详究而熟知之，不但通《诗》《书》、守陈言而已。”授秘书阁校勘，未几，出佐

---

① 按，如《宋元学案》说：“象山即指本心洞彻通贯，先生(袁燮)遂师事，而研精覃思，有所未合，不敢自信。居一日，豁然大悟，因笔于书曰：‘以心求道，万别千差。通体吾道，道不在他。’”见黄宗羲原本、全祖望修定：《宋元学案》卷七五《絜斋学案》，《黄宗羲全集》第5册，杭州：浙江古籍出版社，1992年版，第1014页。

② 《宋史》卷四〇五《袁甫传》，北京：中华书局，1977年版，第35册，第12238页。按，《宋史》所说的“创筑百梁”，《(弘治)徽州府志》作“积钱伐石甃渔梁”，钱时的《新安建石梁记》说：“嘉定十七年秋，著作都官袁公甫解郡符且东归，慨念利兴而害不除非便，必大锢石为不朽计乃可，于是籍缗钱万五千闻于上。绍定二年，将指庾台始克议兹役，推官赵希愬董之。”(见程敏政辑：《新安文献志》卷一三，合肥：黄山书社，2004年版，第1册，第355页。)则《宋史》所说的“百梁”(或为“石梁”之误)、《府志》所说的“渔梁”，应即现存的有“江南都江堰”之称的渔梁坝。

③ 彭泽主修、汪舜民等纂：《(弘治)徽州府志》卷四《名宦》，上海：上海古籍书店，1982年影印《天一阁藏明代方志选刊》本。

④ 按，《宋史》卷四〇七《钱时传》及《宋元学案》卷七四《慈湖学案》的“钱时传”，均说钱时为淳安人，但钱时在《新安建石梁记》一文之末署曰“绍定四年十有二月既望，郡人钱时记”(见程敏政辑：《新安文献志》卷一三，合肥：黄山书社，2004年版，第1册，第356页)；在《钱母墓记》中记其七世祖钱隐之妻时说“夫人实新安始祖妣”，据此，则钱时自认为他为新安歙人。《(弘治)徽州府志》说钱时“徙临近淳安之蜀阜”，是指钱时后来的迁居之地，而《宋史》及《宋元学案》可能因他迁居蜀阜，故以他为淳安人。

浙东仓幕,太史李心传奏召史馆检阅,转对敷陈剀切,皆圣贤之精微。旋以国史宏纲未毕,求去,授江东帅属以归。其学大旨在发明人心,议论宏伟,指摘痛快,闻者皆感有得。著有《周易释传》《尚书演义》《学诗管见》《春秋大旨》《四书管见》《两汉笔记》《蜀阜集》《冠婚记》《百行冠冕集》,被学者称为"融堂先生"[①]。钱时的弟子甚多,主要在淳安,洪扬祖、夏希贤、吕人龙等皆是其高弟。

袁甫任江东提刑时,建象山书院,便招钱时主讲席,一时学者兴起。钱时对政事也多所裨益,徽州及绍兴郡守皆礼请开讲郡庠。

在徽州的陆学学者,不止钱时一人。前面提到的江润身,就曾师事陆九渊的门人,受过陆学的影响。另据《(弘治)徽州府志》载,歙人刘伯谌(字谌甫)也是宗奉陆学的徽州学者。他曾师从杨简,不屑为举子业,而与钱时为友,著有《理学正传》《四书讲说》等[②]。

陆学进入徽州地区,既在徽州地区引发了"朱陆异同"之争,也成为元明时期"和会朱陆"主张得以在徽州地区流行的基础。

---

① 参见彭泽主修、汪舜民等纂:《(弘治)徽州府志》卷七《人物一・硕儒》,上海:上海古籍书店,1982年影印《天一阁藏明代方志选刊》本。

② 彭泽主修、汪舜民等纂:《(弘治)徽州府志》卷七《人物一・文苑》,上海:上海古籍书店,1982年影印《天一阁藏明代方志选刊》本。

第五章 新安理学的兴盛:元代前期

经过南宋后期的人才培育和学术酝酿,进入元代,新安理学便迈进兴盛阶段。

新安理学在元代前期走向兴盛,是在特殊的背景下发生的。其背景的突出之点就是,从忽必烈公元1271年改国号为“元”到元仁宗延祐二年(1315)正式开科取士,在这40余年的时间内,朱学一直处于失去国家力量支持的状态[①],学界“老成凋谢……古学寖微,沉浸浓郁于文公之学者百无一二”[②],显得一片惨淡。但在徽州地区,如陈栎所说,“宋亡,老儒犹数十人,……其论议风旨,皆足以师表后来;其文采词华,皆足以焜煌一世”,朱学呈现出兴盛景象,在易学和四书学领域,成果尤为丰硕。其中,胡一桂、胡炳文的易学,胡炳文、陈栎、程复心的四书学更加引人注目。

一、胡一桂的易学研究

《易经》素称诸经之首,历来受到学者的注意。朱熹也很重视《易经》,他

① 参见史甄陶:《家学、经学和朱子学》,上海:华东师范大学出版社,2013年版,第1页。

② 胡炳文:《与古逸汪先生炎昶书》,《云峰文集》卷一,见《元人文集珍本丛刊》第4册,台北:新文丰出版公司,1985年版,第166页。

不仅在《朱子语类》中留下了讨论《易经》的大量言论,还留下了《周易本义》《易学启蒙》等易学著作。

易学也是徽州学者研究的重要对象、著述的重要领域。较早承继朱熹研究易学的是朱熹的亲炙弟子。朱彝尊认为,吴昶、程永奇、滕璘、李季札等都是朱熹的“传《易》弟子”[①],只是他们没有易学著作存世。

此后,关注易学的徽州学者还有胡舜卿、朱洪范、胡斗元、胡方平、胡次焱、许月卿、程直方、程龙等,他们都曾研习易学,大多有易学著作。而其时在易学研究中最为著名的则是胡方平之子胡一桂和胡斗元之子胡炳文,他们的易学著作,是元代易学著述的杰出代表,对后世易学有深刻影响。

胡一桂及其家学

胡一桂(1246—?)字庭芳,婺源人。据汪幼凤所撰的胡方平与胡一桂父子的合传说,胡一桂生而颖悟,好读书,尤精于《易》。景定甲子年(即景定五年,1264),年十八,领乡荐,试礼部不第,退而讲学,得朱氏源委之正。尝入闽博访诸名士,以求文公绪论。建安熊禾[②]去非方读书武夷山中,与之上下议论。归,则裒集诸家之说,疏朱子之言,为《易本义附录纂疏》《本义启蒙翼传》。其言曰:“《易》为卜筮作也,辞以象著,占以变推,故象有未明,则占有未莹。是故《易》道有四象为要,易学有四占为难。朱子《启蒙》《本义》专主卜筮,《本义》又专以象占示训,盖皆引而不发,待学者自悟尔。”去非曰:“更得《诗》《书》《春秋》《周礼》《仪礼》一如《易纂》,以复六经之旧,岂非文公所望于吾辈者乎?”胡一桂还撰有《诗传附录纂疏》《十七史纂》《人伦事鉴》《历代编

---

① 参见朱彝尊《经义考》卷二八三,见《文渊阁四库全书》第680册,台北:台湾商务印书馆,1983年版,第636、637页。按,程洵是否为朱熹弟子,待商榷,参见本书第二章。

② 按,熊禾(1247－1312)字去非(亦名钚,字位辛),号勿轩,晚号退斋,建阳(今为福建南平市建阳区)人。咸淳十年(1274)进士,任汀州(今属福建)司户参军。曾师朱熹门人辅广,后又受业于辅广弟子刘敬堂,得朱熹晚年与黄榦的论学要旨。宋亡后,誓不仕元,遂束书入武夷山。著有《易经讲义》《易学图存》《周易集疏》《书说》《大学尚书口义》《三礼考略》《春秋通解》《春秋论考》《四书标题》《大学广义》《四书小学集疏》《文公要语》等。

年》诸书，并行于世。胡一桂因住宅之前有两小湖，故自号“双湖居士”，远近师之，称之为“双湖先生”①。

胡一桂的易学出自家学，是对其父胡方平易学的继承。他继承胡方平易学主要在以下几个方面：第一，以“羽翼”朱学为易学研究动机或出发点。无论是胡方平著《易学启蒙通释》，还是胡一桂著《易本义附录纂疏》《本义启蒙翼传》，目的都是阐发朱熹的《周易本义》《易学启蒙》。第二，胡一桂与胡方平一样，坚持朱熹对《易经》定性，将其视为“卜筮”之作。第三，胡一桂继承了胡方平的研究思路，同样基于象、占以探究“理”或太极之理，是象、理的统一论者，只是在象、理关系上，胡一桂比胡方平作了更充分的阐发。当然，胡一桂也提出了一些朱熹未说或与朱熹不一样的观点，显示了元代新安理学的特点：不株守朱学。

胡一桂的易学思想

胡一桂在谈到他研究易学的缘起时曾说：

> 朱子于《易》，有《本义》有《启蒙》，其书则古经，其训解则主卜筮，所以发明四圣人作经之初旨。至于专论卦画蓍策，则本图书以首之，考变占以终之，所以开启蒙昧而为读《本义》之阶梯，大抵皆《易经》之传也。先君子惧愚不敏，既为《启蒙》通释以诲之，愚不量浅陋，复为《本义附录纂疏》，以承先志。今重加增纂之余，又成《翼传》四篇者，诚以去朱子才百余年，而承学浸失其真。如《图》《书》已厘正矣，复仍刘牧之旧者有之；《本义》已复古矣，复循王弼之乱者有之；卜筮之教炳如丹青矣，复祖尚玄旨者又有之。若是者，讵容于得已也哉！②

---

① 汪幼凤：《胡玉斋方平传（子一桂）》，见程敏政辑：《新安文献志》卷七〇，合肥：黄山书社，2004年版，第2册，第1724～1725页。

② 胡一桂：《周易启蒙翼传原序》，《周易启蒙翼传》卷首，见《文渊阁四库全书》第22册，台北：台湾商务印书馆，1983年版，第200页。

胡一桂的易学研究便是由此激发的。也就是说,胡一桂研究《易》的最初动机就是捍卫朱熹的易学。

当代学者朱伯昆曾指出,人们一直把《易经》看作义理之书,讲天道及人事教训的著作。在这方面有两派,即象数派和义理派。所谓"象"是指卦象、八卦所取的事物之象以及卦辞和爻辞所讲到的物象;所谓"数",是指《系辞》传中提到的天地之数和大衍之数等。象数派便是主张通过研究这些"象"和"数"来弄清《易经》真实内容的一派。而义理派则主张抛开"象""数",而以卦爻辞等为重点阐发哲理。朱伯昆特别指出,无论是象数派,还是义理派,由于它们都把《易经》和《易传》混同起来,因此,都有把《易经》一书哲理化的倾向,即都倾向于认为《易经》是一部义理之书。这种情况,到了南宋大哲学家朱熹那里,有了根本的改变。朱熹不同意程颐继承王弼的观点,继续把《易经》视为义理之书,他反复强调《易经》原本是供卜筮用的书①。

强调《易经》是卜筮之书,是朱熹易学的一个基本点。他说:"《易》本卜筮之书,后人以为止于卜筮;至王弼用老、庄解,后人便只以为理,而不以为卜筮,亦非。想当初伏羲画卦之时,只是阳为吉、阴为凶,无文字。某不敢说,窃意如此。后文王见其不可晓,故为之作彖辞;或占得爻处不可晓,故周公为之作爻辞;又不可晓,故孔子为之作十翼。皆解当初之意。今人不看卦爻,而看《系辞》,是犹不看《刑统》而看《刑统》之序例也,安能晓?今人须以卜筮之书看之,方得。不然,不可看《易》。"②

朱熹对《易》的上述论述,是对《易》的复原。他认为,伏羲画卦,只有阴阳两种符号(即"- -""—")及其组合,也只用于卜筮,文王作彖辞、周公作爻辞、孔子作十翼,都是后来的逐步诠释。朱熹这段论述值得注意的有两点:一是追溯了《易》的原始面貌及逐步演进的过程。在朱熹看来,最初的《易》只有伏羲所画的卦,而文王、周公、孔子的诠释则是对《易》的卦、爻意蕴的逐步揭示。

① 参见朱伯昆主编:《易学基础教程》,北京:九州出版社,2003年版,第19~20页。

② 黎靖德辑:《朱子语类》卷六六,《朱子全书》第16册,上海:上海古籍出版社,合肥:安徽教育出版社,2002年版,第2181~2182页。

二是他肯定《易》是卜筮之书，并不否定它所包蕴的“理”，而是认为其中寓有“天下后世无穷无尽事理”：“《易》不比《诗》《书》，它是说尽天下后世无穷无尽底事理，只一两字便是一个道理。”[①]又说：“《易》是个有道理底卦影，《易》以占筮作，许多理便也在里，但是未便说到这处。”[②]以卦、爻为依据揭示其义理，便成为研究《易》的必然途径。

胡一桂在《易》的定性上坚持了朱熹的观点，也认为《易》是卜筮之书。如他说：

> 《易》所以知为卜筮书者，以《周礼》三易皆掌于太卜之官而知之。伏羲《易》无文字，只是教人随所占得卦爻，就卦爻之阴阳上看吉凶。文王周公始有辞，分明说吉凶，说利不利，又说神怪之象，如载鬼一车、见豕负涂之类以示人，大概是教人以忠孝正顺，如所谓贞则利，不贞则不利；贞则吉，不贞则不吉，无非此意。《本义》坤卦六五爻“黄裳元吉”之义便可见当时占法大旨。横渠先生谓《易》为君子谋，不为小人谋，正谓此也。后之学者不说《易》为卜筮书者，以为卜筮流于技艺，为《易》耻谈，故只就理上说。虽说得好，但非《易》之本旨，与《易》初不相干。朱子尝谓卜筮之顷，上通鬼神，下通事物，精及于无形，粗及于有象，天下道理无不包罩在其中，开物成务之学，正有赖此，奈何以为非卜筮之书乎？夫子《文言》《彖传》之类，虽多发明道理，然而《系辞》中教人大衍之数、河图之数，教人卜筮，《象传》《说卦》中教人说象，极详且备，人皆由之而未察尔。[③]

胡一桂在论证《易》为卜筮之书时，一方面吸取朱熹的观点，以“《周礼》三

① 黎靖德辑：《朱子语类》卷六七，《朱子全书》第 16 册，上海：上海古籍出版社，合肥：安徽教育出版社，2002 年版，第 2227 页。

② 黎靖德辑：《朱子语类》卷六七，《朱子全书》第 16 册，上海：上海古籍出版社，合肥：安徽教育出版社，2002 年版，第 2213 页。

③ 胡一桂：《周易启蒙翼传》下篇《易为卜筮书》，见《文渊阁四库全书》第 22 册，台北：台湾商务印书馆，1983 年版，第 294 页。

易皆掌于太卜之官”作为根据[①]，一方面又指出，虽然到文王、周公始有辞，但他们同样“说吉凶”，没有摆脱卜筮的路数，这就认为《易》的经、传都是用于卜筮。既然《易》的经、传都是为卜筮而作，那么，人们为什么讳言《易》的卜筮性质呢？胡一桂认为，人们讳言《易》是“卜筮”之书，是担心一说卜筮，便流于技艺，使《易》失去“经”的地位，降低了《易》的身价。

如果只说《易》是卜筮之书，确实有将《易》视为“技艺”之嫌，必须如朱熹所言，承认“天下道理无不包罩在其中”，方可避免使《易》沦为“技艺”。所以胡一桂又说：“其曰圣人作《易》，生蓍倚数，立卦生爻，以和道德，以顺性命，此言圣人不徒画为一定之卦，而用《易》有蓍如此。”[②]也就是说，卜筮的目的在于揭示“以和道德，以顺性命”之理，不只是“说吉凶”而已。这样，《易》虽为卜筮之书，也就不会流于“技艺”了。

胡一桂在对《易》定性的基础上，还提出了“《易》之理”和“《易》之书”的概念，他说：

> 《易》有以理言者，有以书言者。以理言，即太极是也；以书言，即两仪、四象、八卦、六十四卦、三百八十四爻，与夫文王之卦辞、周公之爻辞，皆书名者也。曰“《易》有太极”，此“易”字以书言，谓《易》书之中原其始具此太极之理，所以能生仪象卦也。曰“《易》与天地准”，此“易”字不专以书言矣，谓《易》之道与天地准，所以能弥纶天地之道也。[③]

他所说的“以书言”的《易》，是指“两仪、四象、八卦、六十四卦、三百八十四爻，与夫文王之卦辞、周公之爻辞”等易学的具形方面，是凭借视觉就可以

---

① 按，朱熹曾说：“故先王设官掌于太卜，而不列于学校，学校所教《诗》《书》《礼》《乐》而已。”朱熹：《答黎季忱》，《晦庵先生朱文公文集》卷六二，《朱子全书》第23册，上海：上海古籍出版社，合肥：安徽教育出版社，2002年版，第3006页。

② 胡一桂：《易附录纂注》卷一五《易十翼论》，见《文渊阁四库全书》第22册，台北：台湾商务印书馆，1983年版，第193页。

③ 胡一桂：《周易启蒙翼传》下篇《易》，见《文渊阁四库全书》第22册，台北：台湾商务印书馆，1983年版，第288页。

感知的部分；而"以理言"的《易》，则蕴涵于具形部分之中，它"能生仪象卦"，但并不诉诸视觉，像"太极之理""弥纶天地之道"之类。这就把《易》看作两种形态的统一，一是可视的两仪、四象、八卦、六十四卦、三百八十四爻及卦辞、爻辞，一是隐藏在可视部分之后的理或道。如果套用《系辞》"形而上者谓之道，形而下者谓之器"的说法，则前者可视为"形而下"的方面，后者则属于"形而上"的方面，《易》便是"形而上"与"形而下"的统一体，也就是"书"与"理"的统一体。研究《易》的目的主要就是从"书"达"理"，揭示其中所蕴含的"太极之理""弥纶天地之道"，或如胡方平所说的，"上足以该太极之理，下足以济生人之事"。

《易》既然是"形而上"的"理"和"形而下"的"数""卦""象"的统一，那么，它们的内在关系是什么呢？胡一桂认为，从揭示《易》的蕴涵的角度说，是由"形而下"的"象""数""卦"等揭示其"太极之理""弥纶天地之道"；而从它们的产生过程来说，则是先有"理"，而后才有"数""卦""象"，他说：

> 《易》有理而后有数，有数而后有卦，有卦而后有象。理者何？太极是也；数者何？河图、洛书、蓍、大衍之数是也；卦者何？由八卦重为六十四卦是也；象者何？乾天、坤地，乾马、坤牛之类是也。[①]

"《易》有理而后有数，有数而后有卦，有卦而后有象"，是胡一桂易学的基本框架。他从生成过程的逻辑角度认为，《易》也是先有"理"，然后才派生出"数""卦""象"，而"理"便是"太极"，是先天地而存在的本体。

从胡一桂对《易》的生成逻辑的描述来看，他在易学上也是持朱熹的"理本"论的。朱熹说过："未有天地之先，毕竟也只是理。有此理，便有此天地；

① 胡一桂：《周易启蒙翼传》下篇《三圣取象例》，见《文渊阁四库全书》第22册，台北：台湾商务印书馆，1983年版，第292页。

若无此理，便亦无天地，无人无物，都无该载了。”[1]他还说“但理是本”[2]。胡一桂将朱熹对“理”的论述移植到易学上，认为“理”是《易》的本原，他甚至还接过朱熹对“理”“气”关系的论述，明确地说：“有理而后有气。”[3]而就“理”和“数”“卦”“象”的关系来说，则是对朱熹所说的“太极者，象数未形而其理已具之称”[4]的推衍。

基于“理”与“数”“卦”“象”的关系，胡一桂还提出“天地自然之《易》”和“天地自然之数”的概念。他说：

> 日月继照，真天地自然之《易》；《图》《书》迭出，真天地自然之数。作《易》之原虽肇于《图》《书》，而《易》之为义，尤著明于日月。[5]

古人认为“易”字（）是日月二字的合体，如《说文》说：“秘书曰：日月为易，象阴阳也。”[6]《说文》所说的“秘书”不知是何书，现在能见到“日月为易”之说的最早典籍是《参同契》[7]。朱熹是研究过《参同契》的，自然知道“易”字的此解，所以他也说：“日月为易，易便是阴阳。”[8]胡一桂也采用了“易”字是“日”“月”合体的解释，并进而认为，“日”“月”之形表达了天地自然之《易》

① 黎靖德辑：《朱子语类》卷一，《朱子全书》第14册，上海：上海古籍出版社，合肥：安徽教育出版社，2002年版，第114页。

② 黎靖德辑：《朱子语类》卷一，《朱子全书》第14册，上海：上海古籍出版社，合肥：安徽教育出版社，2002年版，第114页。

③ 胡一桂：《周易启蒙翼传》下篇《气（阴阳气之始）》，见《文渊阁四库全书》第22册，台北：台湾商务印书馆，1983年版，第287页。

④ 朱熹：《易学启蒙》卷二，《朱子全书》第1册，上海：上海古籍出版社，合肥：安徽教育出版社，2002年版，第218页。

⑤ 胡一桂：《周易启蒙翼传》上篇《天地自然之易·日月为易》，见《文渊阁四库全书》第22册，台北：台湾商务印书馆，1983年版，第201页。

⑥ 许慎：《说文解字》卷九下，北京：中华书局，1963年影印，第198页。

⑦ 按，俞琰《读易举要》卷三《易字义》说：“魏伯阳《参同契》云‘日月为易’，虞翻注云：‘易字从日，下从月。’”见《文渊阁四库全书》第21册，台北：台湾商务印书馆，1983年版，第441页。

⑧ 朱鉴：《文公易说》卷二〇，见《文渊阁四库全书》第18册，台北：台湾商务印书馆，1983年版，第826页。

(理);而日月的照临,也正是天地自然之《易》(理)的显现;《图》《书》的出现,则是将天地自然之《易》(理)化为可视的"数"。因此,"天地自然之《易》"也就成为《图》《书》的内涵,而《图》《书》则是以"数"的形式对"天地自然之《易》"的具形化。正因为如此,他与朱熹一样很重视《图》《书》。

朱熹在将《易》定性为"卜筮"之书的同时,还将《易》的经、传加以区分。在《周易本义》中,他将上、下经立为二卷,《十翼》分别立为十卷,就是以经、传分列作为该书体例的,这也是区分《易》的经、传的具体体现,并认为这是对古《易》面貌的恢复。胡一桂赞同朱熹对经、传的区分,他在解释《汉书·艺文志》"《易经》十二篇"时说:

> 经则伏羲卦、文王卦下辞、周公爻下辞,翼则孔子传上下、彖上下、象上下、系辞、文言、说卦、序卦、杂卦,共为十翼之辞。经分上、下则二篇矣,翼而有十,则十篇矣。故总曰"《易经》十二篇"。施雠、孟喜、梁丘贺三家皆然也。但自费氏至郑、王乱经之后,古经失其传,而十翼之次说者亦多不同,今唯当以朱文公《本义》为据。①

胡一桂所说的费氏,即汉代的费直,他是汉代古文经学家。据说《五经》的"传"原来都是独立流传的,后来才"以传附经",形成现存的面貌。而《易》的"以传附经"就是从费直开始的,后经汉末时郑玄、魏晋时王弼的"经""传"合诂,"经""传"合一的面貌遂为学人普遍认可。朱熹虽然否定流传较广的王弼本《周易》,而力主将"经""传"区分开来,但响应者不多,并未改变得了王弼本受学者重视的状况。胡一桂不禁慨叹道:"呜呼,数圣人之经何其变之易而复之难,复之难而再变之愈易也!由是观之,乱经本末,康成、辅嗣之罪为尚小,以其未见正于文公也;世儒之罪为尤大,以其既见正于文公,故为而叛之也。"②

---

① 胡一桂:《周易启蒙翼传》中篇《周易(古初本)》,见《文渊阁四库全书》第22册,台北:台湾商务印书馆,1983年版,第239页。

② 胡一桂:《周易启蒙翼传》中篇《周易本义(朱文公本)》,见《文渊阁四库全书》第22册,台北:台湾商务印书馆,1983年版,第245页。

其实,胡一桂并非不知道,区分“经”“传”以恢复古《易》之难,一个很重要的原因就是程颐撰《易传》即以王弼本为依据。在二程被尊崇的时代,程颐的易学自然会深刻影响学界,一些学者甚至包括朱熹的后学在内,往往都因受二程的影响而看重王弼本《周易》,只是胡一桂对此没有直说罢了。

胡一桂与朱熹易学的异同

四库馆臣在胡一桂《易本义附录纂疏》一书的提要中说:“是编以朱子《本义》为宗,取《文集》《语录》之及于《易》者附之,谓之《附录》;取诸儒《易》说之合于《本义》者纂之,谓之《纂疏》。其去取别裁,惟以朱子为宗。”①“惟以朱子为宗”虽然道出了胡一桂易学的基本情况,但也不尽全面,其实,胡一桂对朱熹的易学还是有所修正的,下面且举两例以说明这一点。

如胡一桂在对待汉代今古文《易》的态度上便与朱熹有所不同。南宋时,古《易》问题曾为学界所关注,而在对古《易》看法的背后,便涉及汉代经今古文之争的问题。其时,包括吕祖谦在内的一些学者认为,古文经学家费直的《易》便是古《易》,如吕祖谦说:“汉兴,言《易》者六家,独费氏传古文《易》而不立于学官。刘向以中古文《易经》校施、孟、梁丘经,或脱去‘无咎’‘悔亡’,惟费氏经与古文同。然则真孔氏遗书也。”②朱熹也认为,以传附经并不始于费直,而是由郑康成初改,再由王弼继之的,他说:“古《易》十二篇,人多说王弼改今本,或又说费直初改。只如乾卦次序,后来王弼尽改彖、象各从爻下。近日吕伯恭却去后汉中寻得一处,云是韩康伯(韩康伯当为郑康成之误③)改,

① 永瑢、纪昀等:《四库全书总目》卷二,北京:中华书局,1965年版,上册,第22页。

② 吕祖谦:《书所定古周易十二篇后》,《东莱集》卷七,见《文渊阁四库全书》第1150册,台北:台湾商务印书馆,1983年版,第65页。

③ 朱熹曾说:“吕伯恭顷尝因晁氏本更定古《易》十二篇,考订颇详。然据淳于俊之说,便以今王弼《易》为郑康成《易》,尝疑其未安。今得所示,分别郑、王二本,乃有归着。甚善,甚善。”(参见朱熹:《答吴斗南·别纸》,《晦庵先生朱文公文集》卷五九,《朱子全书》第23册,上海:上海古籍出版社,合肥:安徽教育出版社,2002年版,第2834页)按,“韩康伯”当为郑康成之误,同时,韩康伯在王弼之后,也不可言“初改”。

都不说王弼。据某考之，其实是韩康伯(应为郑康成)初改，如乾卦次序。其他是王弼改。”[①]由此可见，他也认为费直《易》便是古《易》，他要恢复的古《易》，也就是费直的古文《易》了。这表明朱熹对古文《易》经是认可的。但胡一桂则认为，最初错乱古《易》的就是费直，这样，费直之前属于今文经学的施、孟、梁邱的《易》便成为古文《易》了。胡一桂以今文《易》为古《易》，这表明他对今文《易》的认可，而与朱熹对待汉代经今古文之争的态度不同。

朱熹在易学研究中，还要求在区分《易》的经、传的基础上，根据《易》的演进过程读《易》："今人读《易》当分为三等：伏羲自是伏羲之《易》，文王自是文王之《易》，孔子自是孔子之《易》。读伏羲之《易》，如未有许多《彖》《象》《文言》说话，方见得《易》之本意，只是要作卜筮用。……及文王、周公分为六十四卦，添入'乾，元亨利贞'，'坤，元亨利牝马之贞'，早不是伏羲之意，已是文王、周公自说他一般道理了。……及孔子系《易》，作《彖》《象》《文言》，则以'元亨利贞'为乾之四德，又非文王之《易》矣。"[②]朱熹主张"读《易》当分为三等"，是鉴于《易》演进的三个阶段：第一阶段是伏羲画卦，这是伏羲之《易》；第二阶段是文王、周公重卦和加上卦爻辞，这是文王、周公之《易》；第三阶段是孔子作《十翼》，这是孔子之《易》。

朱熹所阐释的这一《易》的"演进史"几乎成为人们的"共识"，成为"常识"。但胡一桂却不赞成，他认为重卦者是伏羲[③]，并为此作了"伏羲重卦图"，还对"重卦"过程作了如下阐述：

---

① 黎靖德辑：《朱子语类》卷六七，《朱子全书》第16册，上海：上海古籍出版社，合肥：安徽教育出版社，2002年版，第2232页。

② 黎靖德辑：《朱子语类》卷六六，《朱子全书》第16册，上海：上海古籍出版社，合肥：安徽教育出版社，2002年版，第2190～2191页。

③ 孔颖达说："重卦之人，诸儒不同，凡有四说，王辅嗣等以为伏牺画卦，郑玄之徒以为神农重卦，孙盛以为夏禹重卦，史迁等以为文王重卦。"(《周易正义》卷首，见阮元校刻：《十三经注疏》，北京：中华书局，1980年版，上册，第8页)据此，则胡一桂采用的是王弼说，而朱熹采用的是司马迁说。但朱熹在《周易本义》中，对"重卦"的说法有不同，他说："六画者，伏羲所画之卦也。"似乎又认为"重卦"者是伏羲。

> 此明伏羲于前八卦上因而重之为六十四卦,大成之易也。伏羲重卦,亦不是连将三画安顿在上,只是因八卦既成,又自八卦上逐卦各生一阳一阴,则八分为十六卦;十六卦上又各生一阳一阴,则十六分为三十二卦;三十二卦上又各生一阳一阴,则三十二分为六十四卦,而六画卦成矣。①

胡一桂对"重卦"的看法也与朱熹不同。朱熹对"重卦"的看法是:"于八卦之上各加八卦,以成六十四卦也。"②朱熹的看法代表了传统对"重卦"的看法。而从胡一桂对六十四卦生成过程的描述看,他讲的"重卦"则"不是连将三画安顿在上",在他看来,"重卦"是通过不断地产生"一阴一阳",经过自太极至两仪、自两仪至四象、自四象至八卦、再至十六卦、三十二卦、六十四卦的衍生过程。这一观念似乎来自邵雍③。胡一桂的看法对不对,不是这里讨论的问题,我们只想指出,胡一桂虽然尊重朱熹和朱学,但并不唯朱是从。

顺便再说一事。林栗④曾与朱熹讨论《易》,但因观点不合,从而由学术上的对立转成为政治上的对手,在朱熹的文集、语录中,便从无肯定林栗易学

---

① 胡一桂:《周易启蒙翼传》上篇《四圣之易·伏羲易》,见《文渊阁四库全书》第22册,台北:台湾商务印书馆,1983年版,第209页。

② 朱熹:《周易本义·周易上经》,见《文渊阁四库全书》第12册,台北:台湾商务印书馆,1983年版,第717页。

③ 按,邵雍曾说:"太极既分,两仪立矣。阳下交于阴,阴上交于阳,四象生矣。阳交于阴,阴交于阳,而生天之四象,刚交于柔,柔交于刚,而生地之四象,于是八卦成矣。八卦相错,然后万物生焉。是故一分为二,二分为四,四分为八,八分为十六,十六分为三十二,三十二分为六十四。故曰'分阴分阳,迭用柔刚,易六位而成章也'。"《皇极经世书》卷一三,见《文渊阁四库全书》第803册,台北:台湾商务印书馆,1983年版,第1064页。

④ 按,林栗(生卒年不详)字黄中,福清(今属福建)人。绍兴十二年(1142)进士,调崇仁尉,教授南安军,后召为太学正。孝宗即位,迁屯田员外郎、皇子恭王府直讲。曾先后出知湖州、兴化军、南剑州、夔州、潭州、隆兴府,淳熙十五年(1188)召对,除兵部侍郎。孝宗召对朱熹,拟任其为兵部郎官,林栗上疏极力反对,劾熹本无学术,妄自尊大。

之辞[①]。但胡一桂在介绍林栗的《周易经传集解》时则说："愚谓林于说象及文义处多有可采，只是象数之源、画卦之大纲领自不能晓云。"[②]胡一桂在这里似乎并没有顾及朱熹对林栗的态度。他不持门户之见也于此可见。

二、胡炳文的易学、四书学研究

在元代前期易学界，与胡一桂合称"二胡"的另一位徽州学者是胡炳文。

胡炳文(1250—1333)字仲虎，号云峰，婺源人，胡斗元之子。据汪幼凤所撰的"胡炳文传"载，炳文幼嗜学，年十二，夜读不辍，父母恐其成疾，欲止之，炳文乃以衣蔽窗隙，终夜默诵。既长，笃志朱子之学，上溯伊洛，凡诸子百氏、阴阳医卜、星历术数，靡不推究，四方学者云集。尝为信州道一书院山长，其族子淀为建明经书院，以馆四方来学之士，炳文归，署山长，为课试以训诸生，成材者多。再调兰溪州学正，不赴[③]。著有《四书通》《周易本义通释》，此外，尚有《大学指掌图》《四书辨疑》《五经会意》《纯正蒙求》《尔雅韵语》《云峰笔记》，讲议200篇、文集20卷等。

胡炳文的易学研究

对《易》的研究，是胡炳文学术活动的重要方面。胡炳文的易学，实得自家传。如前所述，其祖父胡师夔及其父胡斗元便精于易学，胡炳文又受《易》于胡斗元，遂使胡氏易学得以绵延并发扬光大。

---

① 按，朱熹评论林栗的《易》说，仅见一处，他说："古易既画全卦，系以彖辞；又再画本卦，分六爻而系以爻辞。似涉重复，且覆卦之法不知何所考据。近岁林栗侍郎乃有此说，然其法又与所论小异。"朱熹：《答吴斗南·别纸》，《晦庵先生朱文公文集》卷五九，《朱子全书》第23册，上海：上海古籍出版社，合肥：安徽教育出版社，2002年版，第2833页。

② 胡一桂：《周易启蒙翼传》中篇，见《文渊阁四库全书》第22册，台北：台湾商务印书馆，1983年版，第276页。

③ 参见汪幼凤：《胡云峰炳文传》，见程敏政辑：《新安文献志》卷七一，合肥：黄山书社，2004年版，第2册，第1742页。

胡炳文早年曾撰有《六爻反对论》《二体相易论》《二十四气论》等易学专论，但这三篇专论，现仅存《二十四气论》。从这几篇专论的标题可以看出，胡炳文在易学研究中曾经对“卦变”和“卦气”[1]等问题很关注。直到晚年，他才转向对朱熹《周易本义》的系统阐释，撰述了其易学的代表作《周易本义通释》。

朱伯昆曾指出，在对《易》的经、传的理解上，“朱熹在欧阳修的影响下，重新研究了《易经》和《易传》的关系，一方面区别了经和传，提出了‘《易》本卜筮之书’；另一方面，又探讨了《周易》作为占筮典籍的理论思维的内容和形式，提出‘易只是个空的事物’，对《周易》经传的研究做出了超越前人的贡献”[2]。

胡炳文的易学就是以朱熹的易学为基础建构起来的。他现存的易学著作，有《周易本义通释》《辑录云峰文集易义》两种。胡炳文在《周易本义通释例》中说，他撰述《通释》的原则是既“一以《本义》为主”，同时又“依朱子《集注》例，盖集诸家之注为之”[3]。这表明，胡炳文与胡一桂一样，著《周易本义通释》的目的是“羽翼”朱熹的易学，因此，他从易学思想到易学著述体例都受到朱熹的影响。

在胡炳文的易学架构中，“《易》本卜筮之书”这一观点同样是他的立足点。他继承了朱熹“《易》本卜筮之书”的观点，认为“《易》之所以作，由于卜

① 按，“卦变”“卦气”最初都是汉代易学家的用语。所谓“卦变”，是指两卦之间或一卦之内爻的互换就成为另一卦象。虞翻是汉代“卦变”说的代表，他认为《易经》的八卦是以乾、坤两卦为基础，乾(☰)、坤(☷)卦的二、五爻如果互换，便成为坎(☵)、离(☲)两卦，而坎、离两卦又分别含有其他四卦。“卦气”是汉代易学以《易》解释节气变化的用语，相传文王序《易》，以《坎》《离》《震》《兑》为四时卦，其二十四爻分主二十四节气；以《复》《临》《泰》《大壮》《夬》《乾》《姤》《遁》《否》《观》《剥》《坤》配十二地支，为十二月消息卦，其七十二爻分主七十二候。其余四十八卦，分布于十二月，每月加消息卦共五卦，其三十爻，以配一月的日数。因“卦”是解释的基本单元，故被称为卦气。西汉孟喜、京房是这一主张的代表。

② 朱伯昆主编：《易学基础教程》，北京：九州出版社，2003年版，第163页。

③ 胡炳文：《周易本义通释例》，《周易本义通释》卷首，见《文渊阁四库全书》第24册，台北：台湾商务印书馆，1983年版，第306页。

筮"[1]，并对这一观点作了发挥，说："天地有此理，不能以告人，圣人作为卜筮之书，明则谋诸人，幽则谋诸鬼，百姓亦得以与其能。"[2]在胡炳文看来，圣人之所以会作《易》这一"卜筮之书"，是因为天地之理无法告人，只好作《易》以"明则谋诸人，幽则谋诸鬼"。但《易》所能告人的并不是文字，而是象数，就像朱熹所说，"此书本为卜筮而作，其言皆依象数，以断吉凶"[3]。这就决定了在胡炳文的易学架构中，象数占据了重要地位。所以他特别强调"《易》言于象数，而天者具焉；《易》作于卜筮，而天者寓焉"[4]。

胡炳文还认为，圣人作《易》，并不是出自圣人的主观意愿，他们不过是对自然之《易》的揭示和说明而已。这就形成了"自然之《易》"的观念，如他在诠释《说卦》中"观变于阴阳而立卦，发挥于刚柔而生爻，和顺于道德而理于义，穷理尽性以至于命"等句时说："蓍本自神明，圣人幽赞之而已；天圆地方之象自其一二之数，圣人不过参之两之而已；其为数也，自有阴阳之变，其为变也自成刚柔之爻，圣人不过观其变而发挥之尔。于蓍卦之德，则和顺之而一无所逆；于六爻之义，则条理之而各有其序。穷天地之理，尽人物之性，圣人作《易》之功，至是与天命为一矣。天命自然而然，圣人之《易》亦非心思智虑之所为也。"[5]由此可以看出，胡炳文是力图以"天命自然"消除《易》的神秘性和圣人作《易》的主观性。也正因为《易》不是圣人"心思智虑之所为"，也才使《易》能够穷天地之理、尽人物之性、成圣人制作之功。

在对待朱熹所阐发的《易》的"演进史"上，胡炳文则与胡一桂不同，他很

---

① 胡炳文：《周易本义通释》卷五，见《文渊阁四库全书》第 24 册，台北：台湾商务印书馆，1983 年版，第 513 页。

② 胡炳文：《周易本义通释》卷六，见《文渊阁四库全书》第 24 册，台北：台湾商务印书馆，1983 年版，第 528 页。

③ 朱熹：《答刘君房》，《晦庵先生朱文公文集》卷六〇，《朱子全书》第 23 册，上海：上海古籍出版社，合肥：安徽教育出版社，2002 年版，第 2886 页。

④ 胡炳文：《周易本义通释序》，《云峰集》卷三，见《文渊阁四库全书》第 1199 册，台北：台湾商务印书馆，1983 年版，第 760 页。

⑤ 胡炳文：《周易本义通释》卷八，见《文渊阁四库全书》第 24 册，台北：台湾商务印书馆，1983 年版，第 539 页。

赞成朱熹对《易》的演进过程的阐发,曾说:"善乎,子朱子之言曰:'伏羲《易》自是伏羲《易》,文王、周公《易》自是文王、周公《易》,孔子《易》自是孔子《易》。'乌乎,此其所以为羲、文、周、孔之天也。必欲比而同之,非天也。"[①]在胡炳文看来,如果"以为羲、文、周、孔"的《易》是共时的("比而同之"),则《易》就不成为自然的《易》("非天也")。这一演进史也成为胡炳文的易学的构成,成为他考察《易》的出发点,如他在释《乾》卦的卦辞"元、亨、利、贞"时说:"当伏羲时有《乾》卦画,未有元、亨、利、贞卦辞,想占得《乾》卦者,即《乾》六画之象。"[②]他认为伏羲画卦时,只有卦象,没有卦辞;在评论《乾》卦《彖辞》的"首出庶物,万国咸宁"句时又说:"文王本从卜筮上说,夫子则从义理上说。"[③]对孔子《易》与文王、周公《易》作了区分。

《周易本义通释》在诠释朱熹《周易本义》时,对"人事""世事"的发挥也颇引人注意。如他诠释《泰》卦九三道:

> 阳居于内为平,往而外则为陂,阴出于外为往,返于内则为复。阳之平也,已有陂之几;阴之往也,已有复之几,况九三将过乎中。其陂其复,此天运之必至,而有孚者也。处其交,履其位,能存艰苦贞固之心,不必忧天运之必至,则泰之福可长享矣。谓泰否之非天,不可也;不尽人事而一诿诸天,亦不可也。况自《乾》《坤》而后,历六《坎》,险阻备尝,然后循至于《泰》,而《泰》第三爻已有《否》《渐》焉。立身难而失之易,创业难而败之易,致治难而乱之易,如此哉![④]

《易·系辞下》曾说:"作易者其有忧患乎?"作《易》若有忧患,那是历史的忧

---

① 胡炳文:《周易本义通释序》,《云峰集》卷三,见《文渊阁四库全书》第1199册,台北:台湾商务印书馆,1983年版,第760页。

② 胡炳文:《周易本义通释》卷一,见《文渊阁四库全书》第24册,台北:台湾商务印书馆,1983年版,第308页。

③ 胡炳文:《周易本义通释》卷一一,见《文渊阁四库全书》第24册,台北:台湾商务印书馆,1983年版,第551页。

④ 胡炳文:《周易本义通释》卷一,见《文渊阁四库全书》第24册,台北:台湾商务印书馆,1983年版,第339页。

患，胡炳文在这里则将历史的忧患转换成人事、世事的忧患，现实的忧患。在他看来，“谓泰否之非天，不可也；不尽人事而一诿诸天，亦不可也”，也就是说，人事、世事的泰否，既决定于客观的情势，也取决于主观的努力。

胡炳文在诠释《革》卦时又说：

> 初有可革之才，无其时。二无其才，且非其时，必待巳日乃可。三有其才，且在巳日可革之时，故为三就之有孚。四在巳日之后，则为改命之有孚。九五为革之主，亦在巳日之后，则为虎变[1]之有孚，上为受革者。至此则君子小人皆变革，道之成也。[2]

他对《革》卦的讨论，实际上是在谈变革的条件和时机。他认为，只有具备“可革之才”、抓住“可革之时”并有“为革之主”，才能“虎变之有孚”。至于胡炳文说“君子小人皆变革，道之成也”是什么意思，成的“道”是什么，我们不清楚，只能就字面去理解，即到了上层精英、下层人民都要求、都参与变革的时候，变革的目标才可以实现。

在诠释《既济》卦时，胡炳文说：

> 《易》之道一阳一阴，天下之生一治一乱。阳一而阴二，故治常少而乱常多。创业之主以忧勤而吉，守成之君以逸乐而乱。初吉不几时，终乱乃迭见。圣人所以于既济之时，深戒之也。[3]

“济”原意为渡水，引申为“完成”“成功”，故朱熹解释“既济”道：“既济，事之既成也。为卦水火相交，各得其用，六爻之位各得其正，故为既济。”[4]所谓“水火相交”是指《既济》卦象是“离下坎上”（䷾），“坎”为水、“离”为火。胡炳

---

① 按，“虎变”指虎皮花纹斑斓，以喻因时制宜、革新创制，则将斐然可观。

② 胡炳文：《周易本义通释》卷二，见《文渊阁四库全书》第 24 册，台北：台湾商务印书馆，1983 年版，第 426 页。

③ 胡炳文：《周易本义通释》卷二，见《文渊阁四库全书》第 24 册，台北：台湾商务印书馆，1983 年版，第 457 页。

④ 朱熹：《周易本义·周易下经第二》，《朱子全书》第 1 册，上海：上海古籍出版社，合肥：安徽教育出版社，2002 年版，第 86 页。

文则告诫人们,《易》之道虽然是一阳一阴,但由于“阳一而阴二”,所以“治常少而乱常多”。而治是由于“创业之主以忧勤”,乱则因为“守成之君以逸乐”。这显然是以历史经验告诫人们保持勤勉、不忘忧患。

胡炳文对世事关注的出发点,是他所说的“泰否之非天,不可也;不尽人事而一诿诸天,亦不可也”。这种既重“天”又重“人”的观念,成为胡炳文论《易》的一大特点。正是这一特点,使他在易学上不致堕入“宿命论”。

胡炳文在易学上与胡一桂一样,虽然尊崇朱学,但不盲从朱学,对朱学同样有“折中是正”的一面。

在诠释《睽》卦时,胡炳文曾说:

> 或曰火泽性异,谓睽可也。以中女、少女志不同归为睽,长女、中女亦不同归,而名家人,何也?[①]

胡炳文认为,《家人》(䷤)一卦中,“长女、中女亦不同归”,却称为“家人”,而到了《睽》(䷥)卦中,“中女、少女志不同归”就叫做“睽”,这是为什么呢?胡炳文此问,似乎是对朱熹《周易本义》而发的。《周易本义》在释《家人》时说:“家人者,一家之人。卦之九、五、六、二,内外各得其正,故为家人。”[②]但在释《睽》卦时则说:“睽,乖异也。为卦上火下泽,性相违异。中女、少女志不同归,故为睽。”[③]胡炳文的诠释显然揭示了《周易本义》中的这一矛盾现象。

又如胡炳文在诠释《需》卦的“九三”时说:

> 《需》(䷄)与《渐》(䷴)皆取有待而进之义。《需》内卦于郊、于沙、于泥,由平原而水际,水际非人所安也;《渐》内卦于干、于盘、于

---

① 胡炳文:《周易本义通释》卷二,见《文渊阁四库全书》第 24 册,台北:台湾商务印书馆,1983 年版,第 401 页。

② 朱熹:《周易本义 · 周易下经第二》,《朱子全书》第 1 册,上海:上海古籍出版社,合肥:安徽教育出版社,2002 年版,第 64 页。

③ 朱熹:《周易本义 · 周易下经第二》,《朱子全书》第 1 册,上海:上海古籍出版社,合肥:安徽教育出版社,2002 年版,第 65 页。

陆，由水际而平原，平原非鸿所安也。皆以三危地故也。[①]

“九三”的爻辞是“需于泥，致寇至”，《周易本义》释曰：“泥，将陷于险矣；寇，则害之大者。九三去险愈近，而过刚不中，故其象如此。”[②]《周易本义》只是就爻辞而释，胡炳文则将《需》卦与《渐》卦相联系，从地理环境角度说明《需》卦是“由平原而水际，水际非人所安也”，而《渐》则是“由水际而平原，平原非鸿所安也”，解释了“《需》之三逼《坎》而曰致寇”的原因。胡炳文以《需》与《渐》相联系以释《需》，固然表现了胡炳文援引有关联的卦以释本卦的释《易》风格，同时也是对朱熹的纠正。

再如《涣》(䷺)卦的《彖》辞“涣，亨，刚来而不穷，柔得位乎外而上同”句，“涣”是卦名，“亨”是卦辞，“刚来而不穷，柔得位乎外而上同”则是对卦辞的阐释。高亨对其解释道：“《涣》之内卦九二为阳爻，为刚，为内卦之主爻(内卦为坎，坎为阳卦，凡阳卦以阳爻为主爻)；外卦九五为阳卦，为刚，居一卦之尊位。刚在内为主，在外居尊，是为‘刚来而不穷’，乃象王居位用权，而不穷困。其次，六四为阴爻，为柔，居外卦之阴位(第四爻为阴位)，是为‘柔得位乎外’，乃象臣民处于朝外……言行上同于君王，是为‘上同’。综之，《涣》之爻象是王居位用权而不穷困，臣民得位尽职以从其君，如此则政教通行而无阻，如水流四散而无阻碍矣，是以卦名曰《涣》，卦辞云‘亨’也。”[③]简言之，即在《涣》卦中，阳爻在内卦为主爻，在外卦居尊位，而阴爻又居外卦的阴位，这是畅通无碍之象，所以说是“亨”(通达、亨通)。

但是，《周易本义》释曰：“以卦变释卦辞。”胡炳文认为《周易本义》的解释不确，于是说：“《彖》，《本义》曰其变，本自《渐》来。三之九来居二，故曰：‘刚来而不穷’。盖如《讼》自《遁》来，三之九来居二，亦曰‘刚来而得中’也。或谓

---

① 胡炳文：《周易本义通释》卷二，见《文渊阁四库全书》第 24 册，台北：台湾商务印书馆，1983 年版，第 322 页。

② 朱熹：《周易本义·周易上经第一》，《朱子全书》第 1 册，上海：上海古籍出版社，合肥：安徽教育出版社，2002 年版，第 36 页。

③ 高亨：《周易大传今注》卷四《涣第五十九》，济南：齐鲁书社，1979 年版，第 467 页。

《讼》与《涣》皆下卦三与二之变，《涣》之六二往居三，曰‘柔得位乎外而上同’，则《讼》六二往而为三，亦可以言也，而不言者，《涣》之柔得位者，二往居外卦之四，故曰‘得位乎外’。所谓‘上同’者，上同于五也。《讼》以六居三，则不得位矣。要之，《本义》以二爻相比者为变，故朱子虽有是疑而不及改正也。”①

胡炳文的意思是，《周易本义》说“以卦变释卦辞”，是将《涣》卦看作由《渐》卦经卦变而成的，即《渐》(䷴)第二爻(六二)与第三爻(九三)这两爻互易，便得出《涣》卦，但这是不对的。他认为朱熹也发现了这个问题，只是来不及改正。其实，胡炳文是在纠正朱熹的解释，他这样说，不过是为尊者讳而已。

通过以上几例可以看出，胡炳文与胡一桂一样，虽然尊崇朱学，但也有自己独立的研究和思考。新安理学正是在徽州学者不断地独立研究和思考中发展的。一旦这种研究和思考终止了，也就意味着新安学术开始走向终结。

胡炳文的四书学研究

易学和四书学是朱学的两个突出领域。胡炳文不仅想“羽翼”朱熹的易学，同时也要“羽翼”朱熹的四书学。《四书通》便是他为“羽翼”朱熹四书学而作。

朱熹四书学的代表作是《四书章句集注》。该书的问世，是朱熹四书学最终确立的标志，更是朱学最终形成的标志。四库馆臣说：“考古无《四书》之名，其名实定于朱子。朱子注《诗》、注《易》，未必遽凌跨汉、唐，至诠解《四书》则实亦无逾朱子。”②而在南宋末和元初的学者看来，《四书章句集注》是朱熹得以跻身于圣贤之列的重要著作，阐发道统的经典，研习儒学经典最终只有

① 胡炳文：《周易本义通释》卷一二《彖下传》，见《文渊阁四库全书》第24册，台北：台湾商务印书馆，1983年版，第573～574页。

② 永瑢、纪昀等：《四库全书总目》卷三七《四书本义汇参》提要，北京：中华书局，1965年版，上册，第318页。

落脚到《四书章句集注》，才可以“言学”。如元代学者邓文原[①]就说：“《四书》之学，初表章于河南二程先生，而大阐明于考亭朱夫子。善读者先本诸经，而次及先儒论著，又次考求朱夫子取舍之说，可以言学矣。”[②]

于是，《四书章句集注》问世之后，便形成四书学研究蜂起的局面，也使四书学逐渐成为宋元时代学术领域的“显学”。徽州学者对《四书》研究同样特别重视，研究《四书》的专著甚多。据朱彝尊的《经义考》载，在朱熹亲炙弟子程永奇著《四书疑义》(佚)之后，先后出现了胡升的《四书增释》、刘伯谌的《四书说》(佚)、胡一桂的《四书提纲》(佚)、胡炳文的《四书通》及《四书辨疑》、陈栎的《四书发明》与《四书考异》、江恺的《四书讲义》(佚)、张存中的《四书通证》、程复心的《四书章图》、汪九成的《四书类编》、倪士毅的《四书辑释》、汪炎昶的《四书集疏》等。在大量的四书学著作中，以胡炳文的《四书通》、陈栎的《四书发明》、程复心的《四书章图》和倪士毅的《四书辑释》最为突出。

胡炳文的《四书通》完成于元泰定元年(1324)。胡炳文说他曾潜心于《四书》五十余年[③]，则《四书通》的撰写当远在泰定元年之前，也可以说这是他竭毕生之力而完成的著作。

胡炳文在自述撰写《四书通》的目的时曾说：“《四书通》何为而作也？惧夫读者得其(按：‘其’即指朱熹的《四书章句集注》)辞未通其意也。”[④]也就是说，他著《四书通》，是为了使人们准确解读朱熹的《四书章句集注》，而不至于

---

① 按，邓文原(1258—1328)字善之，一字匪石，人称素履先生，原籍绵州(今四川绵阳)，其父邓漳早年避兵入杭，遂寓杭州，故习称为杭州人。他年十五，即通《春秋》。后曾历官江浙儒学提举、江南浙西道肃政廉访司事、集贤直学士兼国子监祭酒、翰林侍讲学士，卒后赠江浙行省参知政事，谥文肃。其从政有政声，尤以廉吏著；其为文，亦著称于文坛；其书法与赵孟頫、鲜于枢齐名，尤善章草。著有《素履斋稿》《内制集》等。

② 邓文原：《四书通序》，《四书通》卷首，见《文渊阁四库全书》第203册，台北：台湾商务印书馆，1983年版，第2页。

③ 胡炳文：《四书通序》，《四书通》卷首，见《文渊阁四库全书》第203册，台北：台湾商务印书馆，1983年版，第3页。

④ 胡炳文：《四书通序》，《四书通》卷首，见《文渊阁四库全书》第203册，台北：台湾商务印书馆，1983年版，第3页。

“得其辞未通其意”。不过,胡炳文所谓“得其辞未通其意”是有所指的,他主要指向《纂疏》《集成》两书。《纂疏》即《四书纂疏》,为南宋赵顺孙所著;《集成》即《四书集成》,为南宋吴真子所著。邓文原即指出,胡炳文在《四书通》中,“悉取《纂疏》《集成》之戾于朱夫子者删而去之,有所发挥者则附己说于后,如谱昭穆,以正百世不迁之宗”[①]。胡炳文在《四书通》中,除保留朱熹《四书章句集注》所引用的贾谊、董仲舒、周敦颐、二程等 56 家之说以及赵顺孙《纂疏》所引用的黄榦、辅广等 13 家之说外,又增加了胡瑗、曾巩、张载、邵雍之说,以及祝洙《四书附录》、王柏《批点标注四书》、程若庸《字训》、饶鲁《石洞纪闻》等著作,将收录范围扩展到 73 家之多[②]。其澄清对《四书章句集注》理解讹误的主要对象,是赵顺孙的《四书纂疏》和吴真子的《四书集成》。

胡炳文澄清对《四书章句集注》理解的讹误,为什么要选择《四书纂疏》和《四书集成》这两部著作作为对象?胡炳文认为,这两部著作是当时诠释《四书章句集注》最为流行的著作,而正是这两部著作,不仅有笔误者,有注释不当者,更有舛谬者。胡炳文举例说,在《论语》“子游洒扫应对”章注释中,《四书章句集注》记程子之说凡五条,末曰:“后四条皆以明精粗本末,其分虽殊,其理则一,学者当循序而渐进,不可厌末而求本。盖与第一条之意实相表里,非谓末即是本,但学其末而本便在此也。”而赵顺孙说:“学其末而本便在此者,理贯于万事,不以事之近小而理有不该也。”胡炳文认为“其说正与《集注》相反”,原因是赵顺孙“不看上文有‘非谓’两字,即以下文‘学其末而本便在此’为是也”。而在《纂疏》《集成》中,这样的问题“不可胜举”,于是,他在《四书通》中便对这类问题“皆删之”。胡炳文虽然感到“指擿前人,深愧非是”,但认为“不明言之,恐误后学,盖亦不得已而为尔”[③]。

不过,胡炳文撰著《四书通》可能还有更重要的目的,那就是邓文原所说

---

① 邓文原:《四书通序》,《四书通》卷首,见《文渊阁四库全书》第 203 册,台北:台湾商务印书馆,1983 年版,第 2 页。

② 参见周春健:《元代新安学派的四书学》,《中国哲学史》2007 年第 2 期。

③ 胡炳文:《四书通凡例》,《四书通》卷首,见《文渊阁四库全书》第 203 册,台北:台湾商务印书馆,1983 年版,第 4 页。

的“正百世不迁之宗”，即维护朱熹在儒学道统中的地位。胡炳文在《周易本义通释序》中就说过：“学必有统，道必有传。溯其传，羲、文、周、孔之《易》，非朱子不能明；要其统，凡诸家解《易》，非《本义》不能一。然其统其传，非人之所能为也，亦天也。予此书融诸家之格言，释《本义》之奥旨，后之学者或由是而有得于《本义》，则亦将有得于羲、文、周、孔之天矣。”[①]在《四书通》中，胡炳文同样关注道统问题，他说：

> 《六经》，天地也；《四书》，行天之日月也。子朱子平生精力之所萃，而尧、舜、禹、汤、文、武、周、孔、颜、曾、思、孟之心之所寄也。其书推之极天地万物之奥，而本之皆彝伦日用之懿也。合之尽于至大，而析之极于至细也。言若至近，而涵至永之味；事皆至实，而该至妙之理。[②]

在胡炳文看来，朱熹的《四书章句集注》不仅“涵至永之味”“该至妙之理”，还凝聚了尧、舜至思、孟的“心之所寄”，体现了“圣圣相传”的道统。而由历代圣贤所阐发的道统曾一度湮没，虽经二程的接续，但真正大明则在朱熹。朱熹在《中庸》序中曾说“虽于道统之传，不敢妄议”，胡炳文在诠释朱熹这两句时说：“《孟子》末章若不敢自谓已得道统之传，而实有不得辞者。朱子此语亦然。”[③]他认为朱熹虽然自谦地说“于道统之传，不敢妄议”，其实他与孟子一样，是“得道统之传”的圣贤，他著《四书章句集注》，就是为使“圣圣相传”的道统得以延续；诠释《四书章句集注》，也是对朱熹所承接的道统的弘扬。

由于胡炳文在《四书通》中将有“戾于朱夫子者删而去之”，故有人便据以断言“新安诸儒于授受源流，辨别尤甚”[④]，甚至认为胡炳文撰《四书通》，就是

---

① 胡炳文：《周易本义通释序》，《云峰集》卷三，见《文渊阁四库全书》第 1199 册，台北：台湾商务印书馆，1983 年版，第 760～761 页。

② 胡炳文：《四书通序》，《四书通》卷首，见《文渊阁四库全书》第 203 册，台北：台湾商务印书馆，1983 年版，第 3 页。

③ 胡炳文：《四书通・中庸通・中庸朱子序》，见《文渊阁四库全书》第 203 册，台北：台湾商务印书馆，1983 年版，第 44 页。

④ 永瑢、纪昀等：《四库全书总目》卷四，北京：中华书局，1965 年版，上册，第 22 页。

为了纠正饶鲁对朱熹《四书章句集注》的背离，是胡炳文欲“深正其非”之作。如《元史》在谈到胡炳文《四书》研究时就说:“胡炳文……于朱熹所著《四书》，用力尤深。余干饶鲁之学，本出于朱熹，而其为说，多与熹抵牾。炳文深正其非，作《四书通》，凡辞异而理同者，合而一之;辞同而指异者，析而辩之，往往发其未尽之蕴。”[①]

胡炳文在《四书通》中确有批驳饶鲁之语。如朱熹《大学章句》在释《大学》“在止于至善”句时说:“至善则事理当然之极也。”饶鲁不同意朱熹的诠释，他说:“至善只是事物当然之则，非指造极之地而言也。”胡炳文则批驳道:“然则，所谓事理当然之极者，事理当然之则也。下文曰:‘有以尽夫天理之则也。’曷尝以造极之地为言哉!”[②]再如朱熹在释《中庸》“诚者自成也，而道自道也”句时说:“言诚者，物之所以自成，而道者人之所当自行也。诚以心言，本也;道以理言，用也。”饶鲁也不同意朱熹的解释，他说:“诚者自成，不必添入一物字，诚即道也，似不必分本与用。”[③]胡炳文则对饶鲁之说驳斥道:

> 饶氏疑“诚者自成，不必添入一物字，诚即道也，似不必分本与用”，殊不知程子曰:“诚者，物之终始，犹俗语彻头彻尾。不诚，更有甚物也。”饶氏之病，正坐于便以诚为己所自成，而欠一物字。愚谓诚有以实理言者，有以实心言者。以实理言，诚即道也，似不必分本与用;以实心言，必实有是心，然后能实有是理。况“诚者，物之所以自成”，本下文“诚者，物之终始”，泛指物之所以自成者言也。诚以心言，本下文“不诚无物，君子诚之为贵”，专指人之有以自成者言也。泛指在物者，则以物之所以自成者为本，而以人之所当自行者为用，亦可专指在人者，如下文《章句》所谓“人之心能无不实，乃为

---

① 《元史》卷一八九《儒学一》，北京:中华书局，1976年版，第14册，第4322页。

② 胡炳文:《四书通·大学通》，见《文渊阁四库全书》第203册，台北:台湾商务印书馆，1983年版，第13页。

③ 王朝璩编辑:《饶双峰讲义》卷一〇《中庸下》，《四库未收辑刊》第2辑第15册，北京:北京出版社，2000年版，第430页。

有以自成，而道之在我者，亦无不行矣”。若是，则以心之诚为本，而道之行为用，又何疑之有。[①]

在《四书通》中，诸如此类的情况甚多。但是，能不能据此就认为《四书通》是为了刊正饶鲁之非而作的呢？显然不能。因为在《四书通》中，胡炳文同样多处吸取了饶鲁之说而没有采纳朱熹的观点。比如朱熹在《书〈中庸〉后》一文中曾将《中庸》分为三节，史甄陶还指出，“若是再细读朱熹章末的按语，可以看见他认为‘首章’与‘末章’有独立存在的条件。这就将《中庸》分为五大节”[②]。也就是说，朱熹对《中庸》全文在结构上分为三节或五节，但饶鲁认为应分为六节，胡炳文在《四书通》中则赞成饶鲁的看法，他引述饶鲁之言道：“《中庸》当作六大节看。”[③]又说：“《中庸》约之，凡六大节。”[④]

在解释《四书》文意时，胡炳文同样没有一味反对饶鲁。如在解释《中庸》“民鲜能久矣”句时，胡炳文说：

《章句》谓世教衰所以民鲜能，饶氏谓民气质自偏故鲜能。愚谓气之偏，故不能知；质之偏，故不能行。世教又衰，无以矫其气质之偏，使之能知能行。[⑤]

朱熹认为很少有人具有“中庸”精神，是因为“世教衰”，而饶鲁不同意朱熹的看法，他认为具备“中庸”精神的人之所以很少，是因为人的“气质”出了问题。胡炳文虽然列举了朱熹的解释，但他承接的是饶鲁的观点，是从“气质”角度说明人们对“中庸”的不能知、不能行，可见他并非刻意排斥饶鲁。

---

① 胡炳文：《四书通·中庸通》卷三，见《文渊阁四库全书》第203册，台北：台湾商务印书馆，1983年版，第88页。

② 史甄陶：《家学、经学和朱子学》，上海：华东师范大学出版社，2013年版，第108页。

③ 参见胡炳文《四书通·中庸通》卷一，见《文渊阁四库全书》第203册，台北：台湾商务印书馆，1983年版，第45页。

④ 胡炳文：《四书通·中庸通》卷一，见《文渊阁四库全书》第203册，台北：台湾商务印书馆，1983年版，第51页。

⑤ 胡炳文：《四书通·中庸通》卷一，见《文渊阁四库全书》第203册，台北：台湾商务印书馆，1983年版，第53页。

其实，胡炳文在《四书通凡例》中，对饶鲁的态度已经讲得很清楚。他说：

双峰饶氏之说，于朱子大有发明。其间有不相似者，辄辨一二，以俟后之君子择焉。①

胡炳文明确肯定了饶鲁对《四书章句集注》“大有发明”处，说《四书通》是针对饶鲁的《四书讲义》“深正其非”，显然无据。我们认为，《四书通》只是把饶鲁的观点看作“一家言”，对饶鲁的观点有驳有从，既没有刻意驳斥，也没有全盘接受。

四库馆臣还说，胡炳文在《四书通》中，“凡朱子以前之说，嫌于补朱子之遗，皆斥不录。故所取于《纂疏》《集成》者仅十四家，二书之外又增入四十五家，则皆恪守考亭之学者也。大抵合于经义与否，非其所论，惟以合于《注》意与否定其是非”②，他们还得出胡炳文在《四书通》中“坚持门户，未免偏主一家”③的结论。其实，四库馆臣的看法是同样需要加以“是正”的。

《四书通》虽然是诠释《四书章句集注》的著作，但在诠释中并非“偏主一家”，不仅对与朱熹不同的观点同样有所采纳，同时还附以己意，提出与朱熹不尽相同的观点。因此，《四书通》倒很像是一部自成一家的四书学专著。

胡炳文与朱熹观点的不同，不仅表现在《四书》的文字诠释上，还表现在宇宙观上。如胡炳文在阐发《中庸》大旨时说：

《中庸》全体大用之书。首言一理，中散为万事，是由体之一而达于用之殊，末复合为一理，是由用之殊而归于体之一。放之则弥六合，感而遂通天下之故，心之用也。卷之则退藏于密，寂然不动，心之体也。此乃孔门传授心法，故于心之体用备焉。其用无穷，终

① 胡炳文：《四书通凡例》，《四书通》卷首，见《文渊阁四库全书》第203册，台北：台湾商务印书馆，1983年版，第4页。

② 永瑢、纪昀等：《四库全书总目》卷三六，北京：中华书局，1965年版，上册，第299页。

③ 永瑢、纪昀等：《四库全书总目》卷三六，北京：中华书局，1965年版，上册，第299页。

身用之不能尽,用如此,体可知矣。①

在这段话中,胡炳文虽然也用了类似朱熹的语言,说“首言一理,中散为万事,末复合为一理”,即以“理一分殊”阐述《中庸》的理论脉络、理论框架,但他转而又将《中庸》归结为“心”的体用。

不过,讲“心”、讲“心”的体用,还不足以表明胡炳文与朱熹观念的不同。早在乾道二年(1166)朱熹提出“中和说”时,他就开始讨论这些问题。所谓“中和说”,是指对《中庸》“未发已发”问题的理解和阐释。因为其年为丙戌年,故朱熹将这次提出的“中和说”称为“丙戌之悟”。后在与张栻的讨论中,他对“丙戌之悟”产生了动摇,于是,在乾道五年(1169)又作了新的阐释,他把这次阐释称为“中和新说”,“丙戌之悟”便成为“中和旧说”。由于这一年为己丑年,故“中和新说”又被称为“己丑之悟”。“新说”与“旧说”相较,最主要的区别在于,它否定了“旧说”以“性”为未发、“心”为已发的观点,根据张载的“心统性情”的观点,提出了“性”为未发,“情”为已发,“心”则贯通于未发、已发的思想。朱熹提出“中和新说”的目的在于防止空谈本体而轻视工夫的倾向,主张将持敬涵养、穷理致知的工夫贯穿于未发、已发之中,真正体现体用不二的原则。朱熹“中和新说”的提出,显然提高了“心”的范畴在其理论中的地位,也为他的理学体系的建立奠下了一块基石。

此后,朱熹虽然一直坚持“理本”论,但也没有忘记谈“心”。如他说,“自古圣贤皆以心地为本”,“圣贤千言万语,只要人不失其本心”②,甚至作出“吾以心与理为一”③的论断。他还接过程颐对“道心”“人心”的诠释,认为:“所谓‘人心惟危,道心惟微,惟精惟一,允执厥中’者,尧、舜、禹相传之密旨也。夫人自有生而梏于形体之私,则固不能无人心矣。然而必有得于天地之正,

① 参见胡炳文《四书通·中庸通》卷一,见《文渊阁四库全书》第203册,台北:台湾商务印书馆,1983年版,第45页。

② 黎靖德辑:《朱子语类》卷一二,《朱子全书》第14册,上海:上海古籍出版社,合肥:安徽教育出版社,2002年版,第358页。

③ 朱熹:《答郑子上》,《晦庵先生朱文公文集》卷五六,《朱子全书》第23册,上海:上海古籍出版社,合肥:安徽教育出版社,2002年版,第2689页。

则又不能无道心矣。日用之间,二者并行,迭为胜负,而一身之是非得失、天下之治乱安危,莫不系焉。是以欲其择之精,而不使人心得以杂乎道心;欲其守之一,而不使天理得以流于人欲,则凡其所行,无一事之不得其中,而于天下国家无所处而不当。夫岂任人心之自危,而以有时而泯者为当然;任道心之自微,而幸其须臾之不常泯也哉。”①

但是,朱熹讲“心”、讲“心”的体用,并未突破他的“理本”论,没有将“心”上升为最高本体。这里需要注意的是,讨论朱熹的“理”“性”“心”这类范畴时,不可忘记他所持的“理一分殊”命题。对朱熹来说,“理一分殊”不仅是一个理论命题,也是一个方法问题,他正是借助于“理一分殊”的方法建立起以“理本”为中心的理学体系。在这个理学体系中,“理一”之“理”是最高范畴,他所说的在宇宙之间,无论是“自下推而上去”还是“自上推而下来”,“都只是此一个理”②,还有“宇宙之间,一理而已”③,指的都是“理一”之“理”,即宇宙的本体;而“分殊”的“理”,则是存在于具体事物之中的“理”,是“即物穷理”所得之“理”。这个“理”对于天地之间的物来说,就是“性”,所以朱熹在说了“宇宙之间,一理而已”之后,接着便说:“天得之而为天,地得之而为地,而凡生于天地之间者,又各得之以为性。”④这个“性”,对于人来说,同样是“本体”,但它为“心”所统摄:“性,本体也,其用,情也。心统性情,该动静而为之主宰也。”⑤“心”之所以能够统摄性情,是因为“心”具有感知“理一”之“理”的能力,感知了“理”,便可以说“心与理一”了。所以朱熹强调:“心固是主宰底意。

① 朱熹:《答陈同甫》,《晦庵先生朱文公文集》卷三六,《朱子全书》第 21 册,上海:上海古籍出版社,合肥:安徽教育出版社,2002 年版,第 1586 页。

② 黎靖德辑:《朱子语类》卷九四,《朱子全书》第 17 册,上海:上海古籍出版社,合肥:安徽教育出版社,2002 年版,第 3126 页。

③ 朱熹:《读大纪》,《晦庵先生朱文公文集》卷七〇,《朱子全书》第 23 册,上海:上海古籍出版社,合肥:安徽教育出版社,2002 年版,第 3376 页。

④ 朱熹:《读大纪》,《晦庵先生朱文公文集》卷七〇,《朱子全书》第 23 册,上海:上海古籍出版社,合肥:安徽教育出版社,2002 年版,第 3376 页。

⑤ 朱熹:《孟子纲领》,《晦庵先生朱文公文集》卷七四,《朱子全书》第 24 册,上海:上海古籍出版社,合肥:安徽教育出版社,2002 年版,第 3584 页。

然所谓主宰者，即是理也，不是心外别有个理，理外别有个心。”[①]于是，朱熹便建立起“一”与“多”相统一的理本体论，而“心”则是连结“一”与“多”的桥梁和纽带。因此，朱熹所说的“心”之体用，与他以“理”为本体并不冲突。

但胡炳文则不同，他常常将“心”推及天地，如他接过程颐“天地生物之心”的概念，认为“天地生物之心”即是人的“本心”：“天地生物之心，即人之本心也。”[②]胡炳文不仅将“心”推及天地，并且进而认为“圣圣相传，只传此心”[③]，也就是说，尧、舜、禹、汤、文、武、周、孔、颜、曾、思、孟相传的道统，实际上是以“本心”相传，于是“道统”也就成了“心统”。陆氏兄弟当年参与“鹅湖之会”时，陆九渊之兄陆九龄曾吟有“古圣相传只此心”[④]之句。胡炳文所说的“圣圣相传，只传此心”，与陆九龄的“古圣相传只此心”是何等相似。这种相似表明，胡炳文在思想上已经受到了陆学的影响。

胡炳文在论“心”时，还有一点与朱熹不同，即他认为“主敬”的涵养工夫，只是对“心”之“用”而言的，对于“心”之“体”来说，是不存在“主敬”问题的：“吾心之体，本无不正。欲正其用，宜主乎敬。”而“心”之体，也就是他所说的“本心”，主要是看其存在与否：“密察吾心，或存或否。吾心之存，可检吾身。吾失此心，失吾为人。”若失去“本心”就谈不上对圣人精神的继承：“舍此一心，曷承三圣？”[⑤]胡炳文在这里似乎采用的是孟子“求放心”说。而在朱熹的“中和新说”中，一个重要思想是在“心”之“未发”时，就需要省察存养，而不是等到“心”与“物”相交而接受外物干扰，造成昏乱状态时，才用敬涵养。

---

① 黎靖德辑：《朱子语类》卷一，《朱子全书》第 14 册，上海：上海古籍出版社，合肥：安徽教育出版社，2002 年版，第 117 页。

② 胡炳文：《周易本义通释》卷一—《彖上传》，见《文渊阁四库全书》第 24 册，台北：台湾商务印书馆，1983 年版，第 560 页。

③ 胡炳文：《四书通・论语通》卷一，见《文渊阁四库全书》第 203 册，台北：台湾商务印书馆，1983 年版，第 124 页。

④ 陆子静：《鹅湖示同志》，《陆象山集》卷三四《语录上》，北京：中华书局，1980 年版，第 427 页。

⑤ 胡炳文：《正心斋铭》，《云峰集》卷七，见《文渊阁四库全书》第 1199 册，台北：台湾商务印书馆，1983 年版，第 792 页。

《四书通》对饶鲁不同于朱熹的观点的吸收,以及“圣圣相传,只传此心”观点的提出,都表明了胡炳文虽然以“羽翼”朱学的姿态出现于元代学坛,但他实际上并不是处处遵循朱熹对《四书》的阐述,相反,独自立说的趋向十分明显。

胡炳文不株守朱熹的观点,是不是意味着对朱学的背离呢?那也不是。在宋元之际,对朱学采取独立思考的态度,似乎已经成为学界的普遍风气。如程钜夫就认为只有采取“不阿随又不诡异”的态度,才是“善学”朱学。《饶双峰讲义》一书的编辑者王朝璩也说:“双峰于《章句》最善发明,若此等处(指与朱熹观点的不同之处)非立异也,意所未安,弗苟附和,斯之谓忠而非佞。”[①]正是在这样的学术风气下,连人们认为捍卫朱学最坚定的陈栎,在阐述《四书章句集注》时也采纳了饶鲁的观点[②]。因此,胡炳文在诠释《四书》时,提出不同于朱熹的看法,确实可以说是对朱学“忠而非佞”的表现。真正的继承应该是发扬光大,而不是亦步亦趋。

三、陈栎的四书学研究

在元代的新安理学家中,与胡炳文同时且在四书学领域颇有名气的另一位学者,是陈栎。

据《元史》的《陈栎传》载,陈栎(1252—1334)字寿翁,休宁人。他 3 岁时,即由祖母吴氏口授《孝经》《论语》,并且听辄成诵。5 岁入小学,即涉猎经史,7 岁通进士业,15 岁时,乡人即师之。宋亡,科举废,陈栎慨然发愤致力于圣人之学,涵濡玩索,贯穿古今。他认为有功于圣门者,莫若朱熹。熹没未久,而诸家之说往往乱其本真,乃著《四书发明》《书传纂疏》《礼记集义》等书。凡

① 王朝璩辑:《饶双峰讲义》卷一〇《中庸下》,《四库未收辑刊》第 2 辑,第 15 册,北京:北京出版社,2000 年版,第 430 页。

② 按,如史伯璇就指出,陈栎的《四书发明》在诠释《论语》“温良恭俭让章”时,就采纳了饶鲁的解释。参见史伯璇:《四书管窥》卷二,见《文渊阁四库全书》第 204 册,台北:台湾商务印书馆,1983 年版,第 711 页。

诸儒之说有畔于朱氏者，刊而去之；其微辞隐义，则引而伸之；而其所未备者，复为说以补其阙。于是朱熹之说大明于世。延祐初，诏以科举取士，栎不欲就试，有司强之，试乡闱中选，遂不复赴礼部，而教授于家，不出门户者数十年。他性孝友，尤刚正，日用之间，动中礼法。与人交，不以势合，不以利迁。善诱学者，谆谆不倦。临川吴澄尝称栎有功于朱氏为多，凡江东人来受学于澄者，尽遣而归栎。栎所居堂曰"定宇"，学者因以"定宇先生"称之。卒后，揭傒斯志其墓，乃与吴澄并称，曰：澄居通都大邑，又数登用于朝，天下学者四面而归之，故其道远而章，尊而明。栎居万山间，与木石俱，而足迹未尝出乡里，故其学必待其书之行天下，乃能知之。及其行也，亦莫之御，是可谓豪杰之士矣。世以为知言①。

陈栎的四书学

陈栎是以捍卫朱学态度坚决而著称的学者。他在研习和阐发朱学中，涉及面颇广，犹如他自己所说，"发挥先儒之所未尽言，诸经几遍"②，而其阐述朱学的重点则是朱熹的《四书章句集注》，故汪炎昶③说："（陈栎）至若朱子《四书》，则贯穿出入，尤所用意。"④

陈栎有关《四书》的著述，最早的应是《论语训蒙口义》。他本人在谈到此书著述缘由和原则时说：

> 栎沉酣《四书》三十年余，授徒以来，可读《集注》者，固授之唯

---

① 《元史》卷一八九《儒学一》，北京：中华书局，1976年版，第14册，第4321页。

② 陈栎：《上秦国公书》，《陈定宇先生文集》卷一〇，见《元人文集珍本丛刊》第4册，台北：新文丰出版公司，1985年版，第374～375页。

③ 按，汪炎昶(1261—1338)字懋远，自号古逸民，被人称为"古逸先生"，婺源人。据说，他于学无所不窥，尤得程朱性理之要，曾取朱熹《四书章句集注》，采择群书，发挥微旨，撰《四书集疏》。宋末，尝从太学生孙嵩元游，遂不仕，常与江恺赋诗饮酒，纵论上下古今以相娱乐。著有《古逸民先生集》。

④ 汪炎昶：《定宇先生行状》，见陈栎：《陈定宇先生文集》卷一七《别集》，《元人文集珍本丛刊》第4册，台北：新文丰出版公司，1985年版，第487页。

谨,遇童生钝者,困于口说,乃顺本文、推本意,句释笔之。其于《集注》,涵者发,演者约,略者廓,章旨必揭,务简而明。旬积月累,累以成编,袭名《论语训蒙口义》,自《集注》外,朱子之《语录》、黄氏之《通释》、赵氏之《纂疏》,洎余诸儒之讲学可及者,咸采之,广汉张氏说亦间取焉。栎一得之愚,往往附见。或有发前人未发者,实未尝出朱子窠臼外。①

从陈栎的自述中可以看出,他著《论语训蒙口义》,是出于讲授《四书章句集注》的需要,也是讲授《四书章句集注》的成果。《论语训蒙口义》虽然是为"训蒙"而撰写的,但其中也有他自己的研究心得,并且心得还"或有发前人未发者",故当时就为学者所赞赏,如徽州学者曹泾②见到此书,就称陈栎是"文公忠臣":"休宁陈君寿翁为《论语训蒙口义》以示曹泾,曰:'吾以是诏其子若童子生,句释之,章旨亦具。不敢繁,欲训蒙也;不敢求异,一本文公之说。'泾得寿翁于文字间,敛衽久之,恨未识其面,一见心降,亟读之,其于文公之说,如李光弼代子仪军,营垒、士卒、麾帜无所更,而气象加精明焉。寿翁于是为文公忠臣矣。《集注》外,元有《或问》,其后又有勉斋黄公《通释》,寿翁疏而贯之,且不费辞,是其可尚也已。卷首《学习》《孝弟》二章,联以警语,殊有理于上智下愚不移,谓是只言气质,非言变化气质,大是清峭。他皆此类。至'山梁、雌雉'上下文一段,能坦然明白通言之,又可喜也。予所见仅九篇,窥豹一斑如此,寿翁宝之,岂惟可以训蒙,将白首纷如者亦为之醒。"③

---

① 陈栎:《论语训蒙口义自序》,《陈定宇先生文集》卷一,见《元人文集珍本丛刊》第 4 册,台北:新文丰出版公司,1985 年版,第 268～269 页。

② 按,曹泾(生卒年不详)字清甫,自号弘斋。其先休宁人,曾祖曹然时始迁于歙。他不专攻举业,而穷研经学,尤精诣于朱熹之书。咸淳四年(1268)进士,授迪功郎、昌化县主簿。咸淳七年(1271),丞相马廷鸾尝招致宾塾,教其诸子,其子马端临之学,实出于曹泾。入元,为紫阳书院山长。至元十九年(1282)辞职归养,自是不出州里。著有《讲义》《书稿》《文稿》《韵稿》《俪稿》及《服膺录》《读书记》《杂作管见》《泣血录》《过庭录》等(参见《(弘治)徽州府志》卷七《文苑》)。

③ 曹泾:《曹弘斋四书发明序》,见《陈定宇先生文集》卷一七《别集》,《元人文集珍本丛刊》第 4 册,台北:新文丰出版公司,1985 年版,第 475 页。

但《论语训蒙口义》还不是陈栎四书学的最终成果，他在四书学方面最有代表性的著作，是完成于延祐三年(1316)的《四书发明》。陈栎撰《四书发明》的缘起，与胡炳文相类，也是出于对《纂疏》《集成》的不满，或曰出于维护《四书章句集注》的目的。如他说："坊中四种，《附录》为最，《纂疏》多不满人意，《集成》依样画葫芦而已，不堪视览，故不得已而有《发明》之编。"①

陈栎对《四书发明》颇为自负，在《自咏百七十韵》这首自述性长诗中，他写道："十五已励志，熟诵精思维。钻研五十年，熟考洞毫厘。不获一时用，遂欲百世垂。四书精发明，妙处茧抽丝。如举标月指，出彼黑暗迷。"②由于《四书发明》现已散佚，仅在倪士毅的《四书辑释》、史伯璇的《四书管窥》中有所征引，从而看到陈栎对《四书章句集注》的部分诠释，因而是否如他所说的，真能"如举标月指，出彼黑暗迷"，我们已无法断定。

在陈栎研究《四书》的50年生涯中，其研究重点无疑是《四书章句集注》，他所要"羽翼"的朱熹四书学，也无疑是《四书章句集注》。因为在宋代理学家的诸多著作中，唯有《四书章句集注》被视为经。如赵顺孙在《四书纂疏序》中说："子朱子《四书》注释，其意精密，其语简严，浑然犹经也。"③赵顺孙可能是最早将《四书章句集注》视为经的，陈栎虽然不满意赵顺孙的《四书纂疏》，但对他尊《四书章句集注》为"经"还是赞同的，所以也说"朱子《集注》浑然犹经"④。

《四书章句集注》的"定本"问题也是元代四书学中一个有争议的问题。这个争议同样发生在陈栎和胡炳文之间。

---

① 陈栎：《答胡云峰》，《陈定宇先生文集》卷一〇，见《元人文集珍本丛刊》第4册，台北：新文丰出版公司，1985年版，第381～382页。

② 陈栎：《自咏百七十韵》，《陈定宇先生文集》卷一六，见《元人文集珍本丛刊》第4册，台北：新文丰出版公司，1985版，第452页。

③ 赵顺孙：《四书纂疏》，《四书纂疏》卷首，见《文渊阁四库全书》第201册，台北：台湾商务印书馆，1983年版，第4页。

④ 陈栎：《论语训蒙口义自序》，《陈定宇先生文集》卷一，见《元人文集珍本丛刊》第4册，台北：新文丰出版公司，1985年版，第268页。

朱熹虽然早已关注《四书》,对《四书》的单书研究和《四书》的综合研究早已开始,但真正建构属于他自己的四书学,则始于淳熙四年(1177)《论孟集注》的修改(参见本书第一章),而完成于《四书章句集注》的刊印。绍熙元年(1190),朱熹在临漳刊刻的《四子》书(不存),是《四书章句集注》的第一个刊本,但这并不是定本,此后曾经过多次修订,直到他去世之前,还在修订《大学章句》的《诚意》章。朱熹去世后,其学生刘爚为国子司业时,曾向时任丞相的史弥远建议刊行《四书集注》[①],但刊行与否,不得而知。此后,则有冯去疾知兴国军时所刻的兴国本(不存)、当涂郡斋递修且完成于淳祐十二年(1252)的淳熙本等。在各种版本中,究竟哪一种是朱熹的最后定本,则众说不一。

胡炳文著成《四书通》后,曾托胡一桂转请陈栎指教。陈栎看过《四书通》后,尽管也说《四书通》"谓《纂疏》《集成》多有差缪,可谓先得我心"[②],但仍有诸多不同意处,最不满的便是胡炳文认为祝洙《四书集注附录》所据的"兴国本"并非定本。在给其外甥吴彬的信中,他说:

> 胡仲虎《四书通》,庭芳委校之,且令是否之。好处尽有,但鸡子讨骨头处甚多,最是不以祝本为定本,大不是。文公适孙鉴庚三总领题祝氏《附录》云:后以先公晚年绝笔所更定而刊之兴国者为据。今乃不信其亲孙之言,而信外人之言。[③]

在陈栎看来,朱熹《四书章句集注》的定本,应该以朱熹嫡孙朱鉴之说为最可靠。而朱鉴认为祝洙《四书集注附录》所据的"兴国本",便是根据朱熹的最终更定本而刊印的,应该就是"定本"。但胡炳文在《四书通》的"凡例"中却说:"祝氏以刊于兴国者为定本,今细考其文义,如'为政以德',旧本作'行道而有得于身',祝本作'有得于心',后本又改作'得于心而不失',祝未之见也。

---

① 《宋史》卷四〇一《刘爚传》,北京:中华书局,1977年版,第35册,第12171页。

② 陈栎:《答胡云峰》,《陈定宇先生文集》卷一〇,见《元人文集珍本丛刊》第4册,台北:新文丰出版公司,1985年版,第381～382页。

③ 陈栎:《答吴仲文甥》,《陈定宇先生文集》卷一〇,见《元人文集珍本丛刊》第4册,台北:新文丰出版公司,1985年版,第389页。

按，桐原胡氏侍坐武夷亭，先生执扇而曰：'德字须用不失训，如得人，此物可谓得矣，才失之则非得也。'此譬甚切。盖此句含两意，一谓得之于有生之初者，不可失之于有生之后；一谓昨日得之者，今日不可失之也。今必以祝本为定，未必先曰'得于心而不失'，然后改曰'行道而有得于身'，末又改曰'行道而有得于心'。故今不以祝本为定。"[①]在胡炳文看来，祝洙所据的"兴国本"（即他所说的"祝本"）并非定本，于是，陈栎便据此批评胡炳文"不信其亲孙之言，而信外人之言"，认为这是胡炳文的最大"不是"。

陈栎批评胡炳文不以"祝本"为《四书章句集注》的定本，实际上是想表明他的《四书发明》更忠实于朱熹。但《四书发明》已佚，我们已经无法详考陈栎依据的"祝本"与胡炳文所据的文本究竟有什么不同，只能从他的学生倪士毅所著的《四书辑释》一书中知道大概。倪士毅说："先师《发明》遵祝本，而又尝著《四书考异》一卷，详辨祝本与他本之得失，大节有三。其一则《大学》经中释诚意处；其二则《论语·为政以德》章释'德'字处；其三则《中庸》首章第一节下断语是也。"[②]

倪士毅所说的陈栎详辨的"他本"，指的是胡炳文所据的版本。胡炳文提到的《四书章句集注》版本有三种，即"旧本""祝本"和"后本"，其所谓"旧本"不知是哪一种版本，而"后本"或即现在所流行的"淳熙本"，因为在"淳熙本"中，朱熹的注文正作"得于心而不失"，与胡炳文所说的"后本"同[③]。在定本

① 胡炳文：《四书通凡例》，《四书通》卷首，见《文渊阁四库全书》第203册，台北：台湾商务印书馆，1983年版，第3～4页。

② 倪士毅：《四书辑释大成凡例》，转引自史甄陶：《家学、经学和朱子学》，上海：华东师范大学出版社，2013年版，第154页。

③ 按，史甄陶似乎也认为胡炳文所据的"后本"即"淳熙本"，如她说："倒是胡炳文所根据的版本，直到清代才被吴英视之为'定本'。"史甄陶：《家学、经学和朱子学》，上海：华东师范大学出版社，2013年版，第165页。

问题上，陈栎的观点虽然影响一时，但学界此后还是倾向于胡炳文的看法[①]。

“朱子忠臣”

陈栎的《四书发明》虽然是“羽翼”朱熹的《四书章句集注》之作，但他同样没有株守朱注。据陈栎的弟子倪士毅说，陈栎也说过要做朱熹的“忠臣”而不做“佞臣”：“先师尝自谓：‘愿为朱子忠臣，而不为朱子佞臣。’”[②]所谓“忠臣”，自然是对朱熹的学说有维护、捍卫的一面，同时也包含不苟同、不附和的一面，就如程钜夫所说的“不阿随又不诡异”，或如王朝璩评说饶鲁那样，对朱熹观点“意所未安，弗苟附和”。历代学者对陈栎坚持、捍卫朱熹思想、学说的一面较为强调，而对他“弗苟附和”的一面则较少谈及。

陈栎对朱熹《四书章句集注》的不苟同，在对《中庸》第二十七章“故君子尊德性而道问学，致广大而尽精微，极高明而道中庸。温故而知新，敦厚以崇礼”的诠释上得到突出表现。朱熹对此节文字的解释是：

> 尊者，恭敬奉持之意。德性者，吾所受于天之正理。道，由也。温，犹燖温之温，谓故学之矣，复时习之也。敦，加厚也。尊德性，所以存心而极乎道体之大也。道问学，所以致知而尽乎道体之细也。二者，修德凝道之大端也。不以一毫私意自蔽，不以一毫私欲自累，涵泳乎其所已知，敦笃乎其所已能，此皆存心之属也。析理则不使有毫厘之差，处事则不使有过不及之谬，理义则日知其所未知，节文则日谨其所未谨，此皆致知之属也。盖非存心无以致知，而存心者又不可以不致知。故此五句，大小相资，首尾相应，圣贤所示入德之

---

① 按，现在流行的《四书章句集注》的版本，主要依据清嘉庆辛未（1811）吴志忠的刊本，如商务印书馆《国学基本丛书》本、中华书局《四部备要》排印本、世界书局缩印《铜板四书五经》本（上海书店重印改名《宋元人注四书五经》）、中华书局《新编诸子集成》本等均以吴志忠刊本为底本。吴志忠刊本即据“淳熙本”刊行，而吴志忠之父吴英曾作《四书章句集注定本辨》（载《新编诸子集成》本《四书章句集成》），认为“淳熙本”即为《四书章句集注》的定本。

② 转引自史伯璇：《四书管窥》卷八，见《文渊阁四库全书》第 204 册，台北：台湾商务印书馆，1983 年版，第 943 页。

方，莫详于此，学者宜尽心焉。①

陈栎对朱熹的上述诠释则表示“不能无疑”，他说：

> 《章句》分“极高明”以下为两类，每每读之不能无疑。盖“道中庸”难属致知；“温故”“知新”一事耳，不当分为两事；“敦厚”“崇礼”亦是一事，观“以”字可见，尤不当分为两事。意欲云：“‘致广大’所以‘尊德性’也，‘尽精微’所以‘道问学’也。‘极高明’言‘道问学’之事，‘道中庸’又言‘尊德性’之事也。‘温故’‘知新’所以‘道问学’也，‘敦厚’‘崇礼’所以尊德性也。‘尊德性’属力行，‘道问学’属致知，知之与行交勉并进。首言‘尊德性而道问学，致广大而尽精微’，先行而后知也。继言‘极高明而道中庸’，温故、知新而敦厚、崇礼，先知而后行也。欲尽修德凝道之工夫，知、行二者不可举一而废一，故先后交互言之。②

陈栎不同意朱熹以“存心”诠释“尊德性”、以“致知”诠释“道问学”，认为这是将“致知”与“力行”分为两事，于是，他以知、行“先后交互言之”以纠正朱熹之失。

但陈栎的诠释当时就为胡炳文所否定，胡炳文说：“读此者往往因陈氏谓存心是力行工夫，遂疑高明、温故知新属知。殊不知《章句》但曰‘存心’‘致知’，未尝曰‘力行’‘致知’。朱子不曰‘尊德性所以力行’，而必曰‘存心’何也？《大学》补传取程子或问十二节，即致知之事，末后五节所以涵养本原之地，即存心之事也。若谓‘存心’便是‘力行’，下文有曰‘非存心无以致知’，谓之‘非力行无以致知’，可乎？大抵先要看本文‘大’字与‘尊’字，道体至大，心体本亦至大，尊之则能存此心之大，所以能极乎此道之大，恐未便说到力行

---

① 朱熹：《四书章句集注·中庸章句》，《朱子全书》第6册，上海：上海古籍出版社，合肥：安徽教育出版社，2002年版，第53页。

② 陈栎：《四书发明》，转引自史伯璇：《四书管窥》卷八，见《文渊阁四库全书》第204册，台北：台湾商务印书馆，1983年版，第942页。

处。窃以为存心不过是存其心体之本然者，致知是欲推极夫事理之当然者。”①

陈栎的诠释不仅与胡炳文相异，也不符合朱熹的本意，所以史伯璇说：“《发明》正是蹈袭双峰之说而小变之，以为已有者也。《通》者之言，乃其对证之药，惜乎其不之取也。且先知后行，圣学不易之序。《发明》以为先行后知、先知后行、先后交互言之，吾未见圣贤论为学次序有如此紊乱无定序者。”②

陈栎援引饶鲁与朱熹相异的观点，远不止上述。如诠释《中庸》“民鲜能久矣”句时，他也与胡炳文一样，采用了饶鲁说而不用朱熹说，所以在引述《发明》“此处释‘中’字，只以无过不及之‘中’言，‘庸’字以训在前，不再出。《论语集注》亦只言无过不及。二处俱不言不偏不倚”之后，史伯璇指出：“此是暗主饶说，而引证以显《章句》之不然也。”③

四、程复心及其《四书章图》

元代蓬勃兴起的四书学中，还出现了一部体例独特的著作——《四书章图》，其著者为程复心。

程复心（1258—1341，一说 1257—1340）字子见，号林隐，婺源人，被学者称为“林隐先生”。据汪幼凤所撰的程复心传载，复心“性敏悟敦厚，自幼嗜书，师朱文公从孙洪范，而友云峰胡炳文，中年益笃学力行”。在朱洪范的影响下，他为学便以朱学为依归。

程复心的治学以四书学为长。他几乎用了毕生的精力研究《四书》。程

① 胡炳文：《四书通·中庸通》卷三，见《文渊阁四库全书》第 203 册，台北：台湾商务印书馆，1983 年版，第 94 页。按，胡炳文对陈栎的批驳表明，《四书通》虽然成书于陈栎的《四书发明》之前，刊印却在《四书发明》之后。

② 史伯璇：《四书管窥》卷八，见《文渊阁四库全书》第 204 册，台北：台湾商务印书馆，1983 年版，第 942 页。

③ 史伯璇：《四书管窥》卷六，见《文渊阁四库全书》第 204 册，台北：台湾商务印书馆，1983 年版，第 877 页。

复心研究《四书》的基点就是朱熹所开拓的四书学，尤其是《四书章句集注》。在此基础上，他又融会辅广、黄榦之说而折衷之，然后分章为图，间附己意，历时30余年，完成了《四书章图》(一作《四书章图总要》)。元仁宗皇庆二年(1313)，浙江儒学提举司曾将程复心的著作进于行省，行省又进于朝廷，翰林史院考订其书，率皆称赞，时任翰林学士的赵孟頫(1254—1322)甚至请置诸馆阁，以阐明大典，只是由于平章李道复[①]不同意，遂罢，仅决定擢用程复心为江南某路教授。复心此时已年届六十，便以亲老固辞，最终以特授徽州路儒学教授致仕。

程复心最重要的著作就是《四书章图》，当时著名学者，如方回、程钜夫、王约、元明善、邓文原、虞集、杨载、范德机诸人，都著文盛称此书[②]。在《四书章图》之外，据说程复心还取朱熹的《语录》诸书，辨证同异，增损详略，著有《纂释》(全称《四书语录纂释》)20卷，以发明濂洛诸儒未尽之旨[③]。此外，传世的《孔子论语年谱》《孟子年谱》，亦署名"程复心撰"，但清修的《续文献通考》认为，这两部《年谱》均为"曹溶《学海类编》所载，疑出伪撰"[④]。

程复心《四书章图》最为引人注目之处，是采取以"说"附"图"的阐释形式，形成别具一格的著述体例。但若从徽州地区的学术演进角度看，我们觉得《四书章图》更值得关注的是它所表现出来的南宋到元代前期新安理学的新走向，或者说，是在《四书章图》中所折射出的南宋到元代前期新安理学的新特点。

---

① 按，李道复即李孟(1255—1321)，号秋谷，潞州上党(在今山西长治市)人，为后唐沙陀贵族后裔。他少时即博学强记，倜傥有大志，后通贯经史，曾开门授徒，远近争从之。仕元后，为元成宗、武宗、仁宗所赏识，曾三入中书，官至中书平章政事，元代延祐恢复科举的第一次科考即由其主持。仁宗去世，铁木迭儿专权，李孟为其谗构诬谤，而被夺爵，并降职为集贤侍讲学士。著有《秋谷文集》(已佚)。

② 以上参见汪幼凤:《程教授复心传》，见程敏政辑:《新安文献志》卷七一，合肥:黄山书社，2004年版，第2册，第1755页。

③ 按，据汪幼凤的"程复心传"，《四书章图》与《纂释》似为两书，但程敏政在《新安文献志》卷首的《先贤事略》中说:"(程复心)所著有《四书章图纂释》二十卷，授徽州路学教授致仕。"似乎《四书章图》与《纂释》即为一书。

④ 参见清代官修《续文献通考》卷一六四，上海:商务印书馆，1936年版《万有文库·十通》本《续文献通考》第二册，第4161页。

在《四书章图》中究竟表现或折射出南宋末至元初新安理学的哪些新走向或新特点呢?

第一,研究领域向四书学转移。

由于宋元易代之际的学界已经将朱熹的《四书章句集注》上升到经的地位,《四书章句集注》及《四书》的研究,也就自然成为学界研究的热点,对《四书》进行通释的著作也一时大量出现①。

对生活于朱熹故里的徽州学者来说,热衷于四书学的研究是很自然的。于是,四书学便成为新安理学在易学之外的又一个重点研究领域。在元代,四书学研究卓然成家的徽州学者,当以程复心为最早,王约②在谈到程复心及其《四书章图》时说:"逮我朝鲁斋先生许公出,道学、《四书》复盛,然从之者多,而真知者寡;坐谈者易,而行之者难。……予观子见撰述如此之富,去就如此之明,质诸所学而不诡,庶几服膺吾夫子之训者欤?"③

自《四书章图》问世之后,徽州地区便相继出现了陈栎的《四书发明》、胡炳文的《四书通》《四书辨疑》和倪士毅的《四书辑释》等《四书》通释的著作,对《四书》作单书研究的著述,更是数不胜数。

第二,尊崇朱学而不株守朱学。

程复心著《四书章图》,原本就是"取文公《四书集注》,分章析义,各布为图"④,即以《图》《说》形式对朱熹《四书章句集注》所作的诠释,是一部"羽翼"

① 按,《四书章句集注》问世之后,南宋时期先后出现了祝洙的《四书集注附录》、胡升的《四书增释》、胡仲云的《四书管窥》、陈普的《四书讲义》及《四书句解钤键》、黄仲元的《四书讲稿》、郑朴翁的《四书指要》、董鼎的《四书疏义》、吴梅的《四书发挥》、黄干(字尚质,亦朱熹弟子,但非黄榦)的《四书纪闻》、真德秀的《四书集编》、赵顺孙的《四书纂疏》、吴真子的《四书集成》、饶鲁的《四书纪闻》等对《四书》通释的著作,只是大多已佚。

② 王约(1252—1333)字彦博,号豫斋,祖籍为汴,其祖通北徙,遂为真定(今河北正定)人。其生而颖悟,博览经史,工文辞。至元十三年(1276),由翰林学士王盘荐,为从事承旨。官至枢密副使、集贤大学士,卒赠文定公。

③ 王约:《四书章图序》,转引自朱彝尊《经义考》卷二五五,见《文渊阁四库全书》第680册,台北:台湾商务印书馆,1983年版,第292~293页。

④ 黄虞稷:《千顷堂书目》卷三,见《文渊阁四库全书》第676册,台北:台湾商务印书馆,1983年版,第87页。

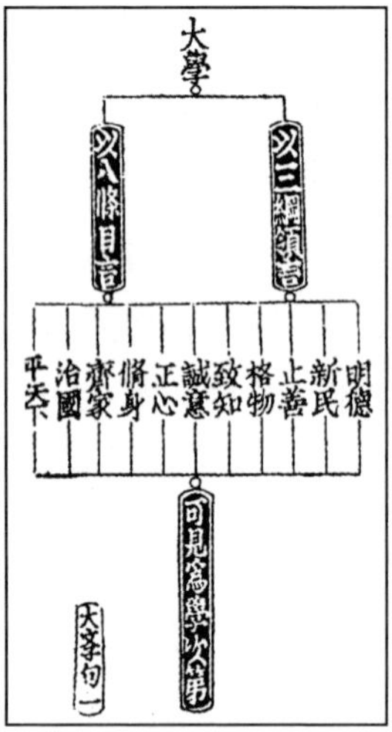

朱熹四书学之作，且他又师从朱熹从孙朱洪范，尊崇朱学也就成为他的自然立场。如他的《大学句一》图（其图见右）[①]，就是根据朱熹对《大学》的诠释包括朱熹所说“此三者（指《大学》首句的“明明德”“亲民”“止于至善”），《大学》之纲领也”而作的图解。

但程复心又不是完全执守朱学。明代学者薛瑄[②]就曾指出程复心对朱熹的太极观作过修正，他说：“程复心《大学章句图》，首画太极图，中间着一‘气’字，是以气言太极。周子‘无极而太极’，专以理言也。程说曰：‘太极未有象，惟一气耳。’是即汉儒异端之说，又岂识所谓太极哉。”[③]

“专以理言”太极，是周敦颐的观点，也是朱熹的观点。若如薛瑄所说，程复心将“理”换成“气”，确实表现出“气本论”的倾向。这显然与朱熹的“理本论”不同。薛瑄还进一步指出，程复心接受的是“汉儒涵三为一、老庄指太极为气之说”[④]，“其失周子、朱子之旨远矣”[⑤]，即认为程复心在宇宙本体观上，

---

① 《四书章图·大学句一》之图，引自倪士毅《四书辑释·大学》，见《续修四库全书》第160册，上海：上海古籍出版社，2002年版，第1页。

② 按，薛瑄（1389—1464）字德温，号敬轩，河津（今山西运城市万荣县）人。永乐十九年（1421）进士，官至通议大夫、礼部左侍郎兼翰林院学士，去世后谥文清。薛瑄崇奉朱学，为明代北方“河东之学”的创立者，门徒遍山西、河南、关陇，号称“明初理学之冠”。著有《薛文清公全集》。

③ 薛瑄：《读书录》卷一〇，见《文渊阁四库全书》第711册，台北：台湾商务印书馆，1983年版，第693页。按，在合编于倪士毅《四书辑释》的《四书章图》中，我们没有看到薛瑄所说的《大学章句图》，不知其图究竟载于《四书章图》的什么版本。

④ 按，薛瑄所说的“汉儒涵三为一、老庄指太极为气之说”，或源自张敦实，他在《发微论》中说：“有物混成，先天地生，强而名之，是为道、太极、玄气，涵三为一。”张敦实：《发微论》，载于司马光《潜虚》的附录，见《文渊阁四库全书》第803册，台北：台湾商务印书馆，1983年版，第283页。陈淳也说：“《汉志》谓‘太极涵三为一’，乃是指做天地人三个气形已具，而浑沦未判底物。《老子》说‘有物混成，先天地生’，此正是指太极。《庄子》谓‘道在太极之先’，所谓‘太极’亦是指三才未判浑沦底物。”见陈淳《北溪字义》卷下，北京：中华书局，1983年版，第43～44页。

⑤ 薛瑄：《读书录》卷八，见《文渊阁四库全书》第711册，台北：台湾商务印书馆，1983年版，第671页。

接受的是汉儒和老庄的思想。

第三,对朱学和陆学的融通。

侯外庐等在他们主编的《宋明理学史》中曾说:“元代的朱学人物,除了那些墨守师说的人以外,都在不同程度兼取陆学的本心论,而蔚为一时的‘风会’。”[①]又说:“虽然在朱学的传人中,也有专事理学的人物,但是,他们不能严守朱学门槛。例如朱熹的再传,即黄榦门下的饶鲁到吴澄,虽事于理学,然其说‘多不同于朱子’,以致吴澄在‘和会朱陆’中,被人目为陆学。至于詹初、曹建、符叙这些朱熹的及门和再传人物,则‘往来(朱陆)其间’,胡长孺、汤巾、汤汉竟至‘由朱入陆’。”[②]他们关于朱学人物兼取陆学的论断,用于元代新安理学家,是最合适不过的了。元代的新安理学家虽多为“朱学人物”,但大多在不同程度上兼取陆学。这一倾向在南宋末便已见端倪,在元代前期就日见明晰。它不仅在胡炳文、陈栎等学者那里得以表现,在程复心的《四书章图》中也有所表现。

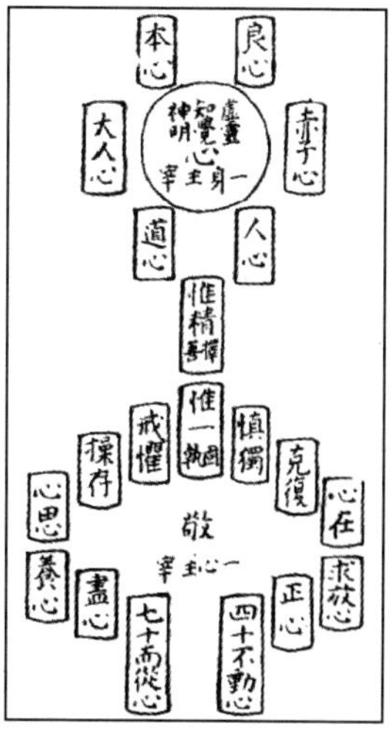

程复心在其《四书章图·中庸章图檃括总要》中有一幅《圣贤论心之要图》(其图如右)[③],在此图之后附有程复心的《图说》。程复心在《图说》中说:“赤子心,是人欲未汩之良心,人心即觉于欲者;大人心,是义理具足之本心,道心即觉于义理者。此非有两样心,实以生于形气,则不能无人心,原于性命,则所以为道心。自精一择执以下,无非所以遏人欲而存天理之工夫也。慎独以下是遏人欲处工夫,必至于不动心,则富贵不能淫,贫贱不能移,威武不能屈,可以见其道明德立矣。戒惧以下是存天

① 侯外庐、邱汉生、张岂之主编:《宋明理学史》上册,人民出版社,1984年版,第782页。

② 侯外庐、邱汉生、张岂之主编:《宋明理学史》上册,人民出版社,1984年版,第750页。

③ 《圣贤论心之要图》引自倪士毅《四书辑释·中庸章图檃括总要》,见《续修四库全书》第160册,上海:上海古籍出版社,2002年版,第49页。

理处工夫，必至于从心，则心即体，欲即用；体即道，用即义。声为律，而身为度。可以见不思而得、不勉而中矣。要之，用工之要，俱不离乎一敬。盖心者一身之主宰，而敬又一心之主宰也。学者熟究于主一无适之说、整齐严肃之说，与夫其心收敛、常惺惺法之说，则其为工夫也尽，而优入于圣域亦不难矣。”①

程复心的这幅《圣贤论心之要图》很值得玩味，它其实就是一幅融通朱学和陆学之图。

在《圣贤论心之要图》中，程复心特别拈出“心”“敬”二字，这表明他的《圣贤论心之要图》是对朱学的继承，尤其是对朱熹“中和新说”的继承。如前所述，朱熹在“中和新说”中提高了“心”的范畴在其理论系统中的地位，并认为涵养用“敬”应贯穿于“未发”“已发”。程复心围绕“心”“敬”建立两个范畴体系，似乎是想系统地表现朱熹的心性修养理论。

也是在《圣贤论心之要图》中，程复心还提出“良心”“本心”两个范畴。他认为，“良心”就是“人欲未汩”之心，则“良心”与“本心”就是同质的范畴。而程复心将“良心”“本心”置于本图的最高位置，则意味着他把“本心”看作“圣贤”的理论前提和出发点，当然也就是他本人的理论前提和出发点了。朱熹在评论陆学时曾说：“其病却在尽废讲学而专务践履，却与践履之中要人提撕省察，悟得本心，此为病之大者。”②由此可见，以“悟得本心”为目的的“本心之学”，是陆学的标志性理论，是它的本体论。因此，由程复心将“本心”视为其论述“心”“敬”的出发点，我们也就可以认定他倾向于陆学，或有陆学的倾向。

而且，在《圣贤论心之要图》中，“良心”“本心”这两个范畴与“心”“敬”这两个范畴，都不是各自独立存在的。程复心将“良心”“本心”置于“心”“敬”之

---

① 转引自倪士毅《四书辑释 · 中庸章图檃括总要》，见《续修四库全书》第160册，上海：上海古籍出版社，2002年版，第49～50页。

② 朱熹：《答张敬夫(十二月)》，《晦庵先生朱文公文集》卷三一，《朱子全书》第21册，上海：上海古籍出版社，合肥：安徽教育出版社，2002年版，第1350页。

上，表明他认为"良心""本心"对"心""敬"这两个范畴体系具有统领的意味，也就是说，在《圣贤论心之要图》中表现出程复心有着以"本心之学"统领"心性修养"的企图。若实现了这一企图，也就把朱学与陆学融通了起来。

大概是程复心的《圣贤论心之要图》很巧妙地将朱学与陆学融通起来的缘故，它引起了明代主张调和朱学与陆学的程敏政的特别重视，程敏政于是将《圣贤论心之要图》易名为《心学图》，置于他所撰述的《心经附注》的卷首，并加了按语："程氏此图尽心学之妙，而所论亦足以发心学之要，故揭之编首，使学者知所向往，而为求端用功之地云。"[①]此后，韩国学者李滉（即李退溪）也将《圣贤论心之要图》及《图说》收入他的"圣学十图"，名之曰《心学图说》[②]。

当然，并不是凡讲"本心""心学"就是陆学。因为朱熹也说过，"自古圣贤皆以心地为本"，"圣贤千言万语，只要人不失其本心"[③]，甚至还作出"吾以心与理为一"[④]的论断。吴澄当年还特地对将"本心之论"与陆学等同起来的流行看法作出澄清，他说："夫孟子言心，而谓之本心者，以心为万理之所根，犹草木之有本，而苗茎枝叶皆由是以生也。今人谈陆之学，往往曰以本心为学，而问其所以，则莫能知陆子之所以为学者何如。是'本心'二字，徒习闻其名，而未究竟其实也。夫陆子之学，非可以言传也，况可以名求之哉？然此心也，人人所同有，反求诸身，即此而是。以心而学，非特陆子为然，尧、舜、禹、汤、文、武、周、孔、颜、曾、思、孟以逮邵、周、张、程诸子，盖莫不然。故独指陆子之学为本心之学者，非知圣人之道者也。"[⑤]

---

① 程敏政：《心经附注》卷首，见《四库全书存目丛书・子部》第 4 册，济南：齐鲁书社，1995 年版，第 802 页。

② 按，《心学图说》载于李滉《退溪全书・内集》，此处所引，系据贾顺先编：《退溪全书今注今译》第二册，成都：四川大学出版社，1993 年版，第 207～209 页。

③ 黎靖德辑：《朱子语类》卷一二，《朱子全书》第 14 册，上海：上海古籍出版社，合肥：安徽教育出版社，2002 年版，第 358 页。

④ 朱熹：《答郑子上》，《晦庵先生朱文公文集》卷五六，《朱子全书》第 23 册，上海：上海古籍出版社，合肥：安徽教育出版社，2002 年版，第 2689 页。

⑤ 吴澄：《仙城本心楼记》，《吴文正集》卷四八，见《文渊阁四库全书》第 1197 册，台北：台湾商务印书馆，1983 年版，第 500 页。

但将“本心之学”视为陆学，也没有错。人们之所以将“本心之学”独指陆学，是因为“本心”在陆学中处于本体的位置，而在朱熹那里，“心”之上还有更高的本体，即“理”。而吴澄所作的澄清，只是抽取了从古代的圣贤到宋代理学诸子关于“心性”的论述，回避了在二程及朱熹那里以“理”为最高本体的论述。吴澄在澄清时回避二程与朱熹关于“理”的论述，其目的或在于为他“和会朱陆”主张作铺垫，即既然关注“本心”是朱熹和陆九渊“莫不然”的，那么，朱学与陆学的界限也就泯灭了，区分朱学、陆学的依据也就失去了。

第六章　新安理学的兴盛:元代后期

新安理学在元代走向鼎盛,是由两波高潮推进的。如果说胡一桂、胡炳文、陈栎、程复心等是元代新安理学第一波高潮的代表性学者的话,那么,郑玉、朱升、倪士毅、汪克宽和赵汸便是其第二波高潮的代表性学者[①]。

进入第二波高潮的新安理学,与第一波有明显的不同,主要表现在:正式提出了"和会朱陆"的主张,"一以朱子为归"的学术局面被打破;借助于朱熹"求真是之归"的旗号,提出求"真是"的要求,为修正朱学提供了依据;在总结四书学的同时,使《春秋》学成为新安理学家研究的又一个学术领域,等等。

一、郑玉的"和会朱陆"主张及《春秋》研究

郑玉(1298—1358)字子美,号师山,歙县人。据汪克宽撰写的郑玉行状说,郑玉"自髫龀不与凡子伍,稍长颖敏,不治细务,唯嗜读书,禁无以家政关我"。他"才十岁,闻人诵朱子之言,则喜其契于吾心也;闻人论朱子之道,则

---

① 按,有学者将郑玉、朱升、赵汸、汪克宽等视为明代学者,其实,郑玉于至正十八年(1358)自殉,其时明王朝(1368—1644)尚未建立;朱升虽然仕明,但洪武三年(1370)已去世,赵汸与朱升同年去世,汪克宽也在洪武五年(1372)便去世,他们主要的学术活动均在元代,故我们将他们视为元代学者。

喜其切于吾身也。于是日诵《四书》,玩味朱子之说而细绎之,沉潜反复,久而融会贯通,得其旨趣”,简直就是朱学的天然接受者。

延祐二年(1315)开科取士后,年轻的郑玉也想走科举入仕之路。但他两次应进士试均不利,遂对科举失望,转而“弃举子业,求圣人之道于《六经》,研精覃思,优游涵泳,蕲必至古人之域”,从事学术研究和教学活动。

郑玉“弃举子业”之后,也放弃了通过其他渠道入仕的机会。他曾多次拒绝推荐征召,如“至顺(1330—1333)初,侍贞白公(郑玉之父郑千龄)游京师,阁老诸公览其所为古文,将交章荐之,先生竟奉亲南归,不屑也”;“元统(1333—1335)初,有司以先生德行文学纯备,才识达于治体,滋欲试之以政,上荐章于浙省,若江南行御史台。先生谢绝不就”;至正十三年(1353),浙省平章萨木丹巴勒“素知先生名德,欲举而用之,先生以手病辞”;至正十四年六月,“天子以大臣荐,遣使者谢嘉卿赍内府酒帛,以翰林待制、奉议大夫召先生于家……先生卧病不起,监郡强起之,乃拜受酒帛,固辞宣命,请以布衣入觐”。

郑玉拒绝入仕,已经不像由宋入元的新安理学家那样出于“夷夏之防”或“遗民”情怀。郑玉出生时,距宋亡近20年,他已经是元王朝的“践土食毛”之士,而不是宋代的“遗民”。郑玉也确以臣民的态度看待元王朝,至正十二年(1352),当他听到红巾军“陷江州,郡守李公黼死之”的消息后,竟“西乡(向)恸哭”;当红巾军由婺源破歙县时,主帅到处搜罗他,他竟想以死相拒;至正十四年(1354)冬,番阳(鄱阳)红巾军余部复陷郡城,郑玉此时已“偕使者至浙省”。江浙行省左丞相达实特穆尔与他一见甚欢,“剧论时事便宜,至暮弗倦”,还要在第二天宴请他,他则说:“敝邑为江浙屏翰,生民菹醢,丞相不亟拯救,而宠然燕礼,独何心欤?”言既,泣数行下。达实特穆尔为之改容,立即调兵征讨;他在浙省时,“浙东元帅巴尔斯布哈公、监郡呼都克岱尔公、太守郑公傅翼、歙县尹潘君从善,旬朔省起居,咨问安民、御寇方略”,他都一一作了回答,毫无“夷夏之防”的意思。

郑玉对元王朝的态度,更清楚地表现在他为元王朝的“身殉”上。至正十八年(1358)，红巾军相继破淳安、建德，进入徽州，他被逼迫至郡后，与红巾军主帅有下面这段对话：

> 主帅引见，命左右拽之跪拜，先生不为礼。
>
> 问："尔何不出？"
>
> 先生曰："昔元朝授以隆赐，命之显秩，尚辞不出，今何出耶？"
>
> 又问："尔隐山中，曷不为用？"
>
> 先生曰："我前日不仕，今复仕耶？"

此后，郑玉"高卧不食七日，八月一日，沐浴更衣，北乡(向)再拜，入寓馆自经而死"。死前，他为书喻诸生曰："人言食人之食，则死其事。未食其食，奚死？然揆之吾心，未获所安。先哲论殷三仁，胥获本心。士临事恶可不尽其本心哉？吾初欲慷慨杀身，以敦风化。既不获遂志，今将从容就死，以全节义耳。"[①]他把自裁看作效法"殷三仁"(指商末的微子、箕子和比干)，既为朝廷尽忠，也为自己全"节义"、为社会"敦风化"。

郑玉身后留下了《周易纂注》《程朱易契》《春秋经传阙疑》等著作，另外还有诗文集《余力稿》(后人皆称《师山集》)。

"和会朱陆"

在郑玉的学术思想中，最引人注目的是他所提出的"和会朱陆"主张。有学者甚至说，"和会朱陆"是郑玉的"学术标签"[②]。

提到"和会朱陆"，自然不能不说吴澄。因为"和会朱陆"最初是清代学者全祖望对吴澄"二师(指朱熹与陆九渊)之为教一也"[③]这一观点的概括。

---

① 按，以上郑玉生平介绍，均据汪克宽《师山先生郑公行状》，《环谷集》卷八，见《文渊阁四库全书》第1220册，台北：台湾商务印书馆，1983年版，第723～726页。

② 周晓光说："如果说'旁注诸经'是朱升的学术'标签'，那么，'和会朱陆'就是郑玉学术的'标签'了。"周晓光：《新安理学》，合肥：安徽人民出版社，2005年版，第127页。

③ 吴澄：《送陈洪范序》，《吴文正集》卷二七，见《文渊阁四库全书》第1197册，台北：台湾商务印书馆，1983年版，第290页。

吴澄(1249—1330)字幼清，晚年改字伯清，抚州崇仁(今属江西)人。曾师从程若庸，与程钜夫为同门。咸淳六年(1270)，吴澄乡贡中选，次年，就试礼部落第，遂归家从事讲学著述。因他以“草庐”题其居屋，学者遂以“草庐先生”称之。至元二十三年(1286)，程钜夫奉诏到江南搜罗人才，召吴澄至大都，但他不久即辞归。元贞(1295—1297)年间，他讲学于龙兴(今江西南昌)时，为江西行省左丞董士选所赏识，荐之于朝，先后授应奉翰林文字、江西等处儒学副提举，均未到任。至大元年(1308)，授国子监丞，四年，升司业，因与同僚意见不合，遂辞归。至治三年(1323)，超拜翰林学士。泰定元年(1324)，任经筵讲官，敕修《英宗实录》。元统元年(1333)因病卒于家，谥文正。著有《易纂言》《礼记纂言》《易纂言外翼》《书纂言》《仪礼逸经传》《春秋纂言》《孝经定本》《道德真经注》及《吴文正集》等。

吴澄虽出生于南宋，但其学术活动则主要在元代。吴澄的学术成就突出表现在经学领域，他对《五经》均有著述，因其经学著述多以“纂言”为名，故人们习惯合称之为《五经纂言》，如黄百家在评论吴澄时说：“幼清从学于程若庸，为朱子之四传。考朱子门人多习成说，深通经术者甚少。草庐《五经纂言》有功经术，接武建阳(即朱熹)，非北溪(即陈淳)诸人可及也。”[①]吴澄确有接武朱熹的志向，他 19 岁时就在其所作的《道统图》中说：“近古之统，周子其元，程、张其亨也，朱子其利也。孰为今日之贞乎？未之有也，然则可以终无所归哉？盖有不可得而辞者矣。”[②]这表明，吴澄隐然以为他就是“今日之贞”，即以接武朱熹自命。

吴澄同时也重视陆学。据虞集所撰的吴澄行状载，他在国子监时曾对学者说：“朱子道问学工夫多，陆子静却以尊德性为主。问学不本于德性，则其弊偏于言语训释之末。果如陆子静所言矣。今学者当以尊德性为本，庶几得

① 黄宗羲原本、全祖望修定：《宋元学案》卷九二《草庐学案》，《黄宗羲全集》第 6 册，杭州：浙江古籍出版社，1992 年版，第 573 页。

② 吴澄：《道统图并叙》，转引自虞集：《临川先生吴公(澄)行状》，《道园学古录》卷四四，见《文渊阁四库全书》第 1207 册，台北：台湾商务印书馆，1983 年版，第 624 页。

之。”当时就有人说他“为陆学,非许氏(许衡)尊信朱子之义”,虞集为吴澄辩白道:“然为之辞耳,初亦莫知朱、陆之为何如也。”[①]其实,吴澄接受陆学是渊源有自的。他曾师从程绍开[②],其“和会朱陆”主张便源自程绍开。

“和会朱陆”在当时并非孤立的学术现象。如程若庸另一位弟子程钜夫在《题象山先生遗墨后》中就说:“朱陆二公来往翰墨,情与甚真。若此帖者甚多,余家亦宝数纸,恨不使妄有异同者一一见之。”[③]他反对在朱陆之间“妄有异同”,实际上就是赞同“和会朱陆”。婺源学者滕堺[④]也是“会朱陆之学而得其同”的,祁门人李与廉大概也是“和会朱陆”论者,他虽年已四十,听说滕堺宣讲“会朱陆之学”,竟“率朋从往就讲习”[⑤],表现出对“会朱陆之学”的浓厚兴趣。

而在徽州地区倡导“和会朱陆”最有影响者,则要数郑玉,故全祖望把郑玉的“和会朱陆”主张看作对吴澄的继承,只是他认为郑玉和吴澄在朱陆之间有所倾向:“继草庐而和会朱陆之学者,郑师山也。草庐多右陆,而师山则右

---

① 虞集:《临川先生吴公(澄)行状》,《道园学古录》卷四四,见《文渊阁四库全书》第1207册,台北:台湾商务印书馆,1983年版,第627页。

② 按,程绍开(1212—1280)字及甫,号月岩,广信贵溪(今江西贵溪县)人。宝祐四年(1256)曾伏阙上书万言,指斥南宋时弊。至咸淳四年(1268)始中进士乙科,授从仕郎,差临汝教授,调宁海军节推,历礼、兵部架阁。丁大全当国时,退而闭户家居。他曾根据《孟子》“道一而已”之义,自创道一书院,后又主讲象山书院,在书院“设朱陆二先生像”(参见谢旻等监修《江西通志》卷二二《书院二》),提倡融合朱陆两家之说。

③ 程钜夫:《题象山先生遗墨后》,《雪楼集》卷二四,见《文渊阁四库全书》第1202册,台北:台湾商务印书馆,1983年版,第353页。

④ 按,滕堺(生卒年不详)字仲复,婺源人。《万姓统谱》说,滕堺“生宋末,入元义不仕。尝求文丞相遗墨,得所书《过金陵驿诗》,日悬于堂,焚香拜泣。过西湖,拜岳将军墓,赋诗以摅愤郁。时称其学‘会朱陆而得其同’云”。参见凌迪知:《万姓统谱》卷五七,见《文渊阁四库全书》第956册,台北:台湾商务印书馆,1983年版,第856页。

⑤ 黄溍:《祁门李君与廉墓志铭》,见程敏政辑:《新安文献志》卷八九,合肥:黄山书社,2004年版,第3册,第2183页。按,李与廉(1292—1347)字子常,祁门人,藏书家。据黄溍说,李与廉笃于伦理,与人交不论亲疏,各尽其情。平生最留意《大学衍义》。虽有志于致君泽民,但念兄弟唯己独存,不忍离亲远去,遂无仕进意。曾建阁藏书,后拟增广以为义塾,未果。

朱，斯所以不同。”①

其实，郑玉的“和会朱陆”思想虽然与吴澄同声相应，但并不是来自吴澄。如果要探讨郑玉“和会朱陆”思想的形成过程，则需要追溯他的学术历程。

郑玉的学术历程是从崇奉朱学起步的，他曾说：“余年十数岁时，蒙昧未有知识，于前言往行无所择，独闻人诵朱子之言，则疑其出于吾口也；闻人言朱子之道，则疑其发于吾心也。好之既深，为之益力，不惟道理宗焉，而文章亦于是乎取正。久而浸熟，不知我之学古人，而疑古人之类我也。”②这表明他早年接受以至迷恋的是朱学。

郑玉之父郑千龄作淳安尉时，他曾随侍于淳安。在此期间，郑玉师从淳安著名的陆学学者吴暾③。受业三年，郑玉对吴暾留下了难以忘怀的印象，他后来回忆道：“余往年尝留淳安，见其间深山长谷，多先生长者，因就学焉而有所得。则余之学也，亦淳安之学耳。……仆于朝阳（即吴暾），则师之矣。大之（即夏溥）、君实（即洪颐），则友之者也。盖学问本朝阳，而文字与大之相表里，君实又往来讨论，赞襄之力惟多。如是者两三年，而后仆于学问之渊源、文字之关键，始略识其一二。”④《宋元学案》也说他一直未忘吴暾之教：“虽为朱子之学，然追溯生平得力，必曰‘自朝阳先生’云。”⑤在淳安的三年，

---

① 黄宗羲原本、全祖望修定：《宋元学案》卷九四《师山学案》，《黄宗羲全集》第6册，杭州：浙江古籍出版社，1992年版，第677页。

② 郑玉：《余力稿序》，《师山集》卷首，见《文渊阁四库全书》第1217册，台北：台湾商务印书馆，1983年版，第3～4页。

③ 郑玉自言：“昔先君子作尉淳安，余在侍傍，得游淳安诸先生间，吴暾先生则所师也。”参见郑玉：《洪本一先生墓志铭》，《师山集》卷七，见《文渊阁四库全书》第1217册，台北：台湾商务印书馆，1983年版，第58页。又：吴暾（生卒年不详）字朝阳，是继钱时、夏希贤之后淳安的著名陆学学者。他8岁能诗文，后留心性理之学。元泰定二年（1325）进士，为番阳县丞，历官至峡州路（今湖北宜昌）经历，所至有声。未几，解印归里，授徒讲学，从之者户履云集，卒后追赠翰林修撰。吴暾深于《春秋》之学，时与宋梦鼎、鲁渊、张复并称“春秋四家”。著有《吴修撰集》（《千顷堂书目》《浙江通志》均作《青城集》）等。

④ 郑玉：《答童一清书》，《师山遗文》卷三，见《文渊阁四库全书》第1217册，台北：台湾商务印书馆，1983年版，第85页。

⑤ 黄宗羲原本、全祖望修定：《宋元学案》卷七四《慈湖学案》，《黄宗羲全集》第5册，杭州：浙江古籍出版社，1992年版，第1001页。

便是郑玉接受陆学的时期。

郑玉父亲在杭州去世,他扶榇回故里后,再度研求朱学。他说:“余既侍亲归新安,益读朱子之书,求朱子之道,若有所得者。”①并高度赞颂朱学:“吾新安朱子尽取群贤之书,析其异同,归之至当,言无不契,道无不合,号集大成,功与孔孟同科矣,使吾道在宇宙,如青天白日,万象灿然,莫不毕见;如康衢砥道,东西南北,无不可往;如通都大邑,千门万户,列肆洞开,富商巨贾,轮辏辐集,所求无不可见。而天地之秘,圣贤之妙,发挥无余蕴矣。”②

这时的郑玉虽然尊崇朱学,但不排斥陆学,并极力反对将朱学与陆学对立起来。他说:

> 近时学者未知本领所在,先立异同。宗朱子,则肆毁象山;党陆氏,则非议朱子。此等皆是学术风俗之坏,殊非好气象也。某尝谓陆子静高明不及明道,缜密不及晦庵,然其简易光明之说,亦未始为无见之言也。故其徒传之久远,施于政事,卓然可观,而无颓堕不振之习。但其教尽是略下功夫,而无先后之序,而其所见又不免有知者过之之失,故以之自修虽有余,而学之者恐有画虎不成之弊。是学者自当学朱子之学,然亦不必谤象山也。③

于是,他开始思考“朱陆异同”问题,并提出“和会朱陆”的主张:“玉惟:鹅湖之会,卒不能合朱陆之异同,而陆子犹曰江东也无朱元晦,江西也无陆子静。盖不以其学之不同,而废天下之公言也。”④

---

① 郑玉:《洪本一先生墓志铭》,《师山集》卷七,见《文渊阁四库全书》第1217册,台北:台湾商务印书馆,1983年版,第59页。

② 郑玉:《与汪真卿书》,《师山遗文》卷三,见《文渊阁四库全书》第1217册,台北:台湾商务印书馆,1983年版,第83页。

③ 郑玉:《与汪真卿书》,《师山遗文》卷三,见《文渊阁四库全书》第1217册,台北:台湾商务印书馆,1983年版,第83～84页。

④ 郑玉:《洪本一先生墓志铭》,《师山集》卷七,见《文渊阁四库全书》第1217册,台北:台湾商务印书馆,1983年版,第60页。

《送葛子熙之武昌学录序》[①]一文也是郑玉"和会朱陆"主张较为集中的表现。郑玉主张"和会朱陆",目的是以朱陆之"同"纠两家后学之"弊"。在他看来,朱陆两家思想的不同,只是反映了朱熹、陆九渊两人"气质"的不同,他们的学说在根本上是一致的:

> 陆子之质高明,故好简易;朱子之质笃实,故好邃密。盖各因其质之所近而为学,故所入之途有不同尔。及其至也,三纲五常、仁义道德,岂有不同者哉。况同是尧舜,同非桀纣;同尊周孔,同排释老;同以天理为公,同以人欲为私,大本达道,无有不同者乎。

而两家的后学都看重朱陆"异"的方面,以致加剧了两家的对立:"后之学者不求其所以同,惟求其所以异,江东(指朱熹后学)之指江西(指陆九渊后学),则曰'此怪诞之行也';江西之指江东,则曰'此支离之说也',而其异益甚矣。"郑玉接着指出,朱陆两家之学其实各有其"弊":

> 二家之学亦各不能无弊焉,陆氏之学其流弊也,如释子之谈空说妙,至于卤莽灭裂,而不能尽夫致知之功;朱氏之学其流弊也,如俗儒之寻行数墨,至于颓惰委靡,而无以收其力行之效。

造成这种弊端的仍然是朱陆两家的后学:"然岂二先生立言垂教之罪哉,盖后之学者之流弊云尔。"因此,在两家后学之间必须摒弃门户之争,而将两家学说融会起来,相互取长补短,"以倡明道学为己任",才能进入"大本达道"。

郑玉提出"和会朱陆"的主张,虽然赢得"其言皆辨别真伪、洞见症结,无讲学家门户之见"[②]之誉,但是,他没有指出消融朱陆"异同"的具体途径,更没有也不可能提出融会朱陆两家之学的理论架构,也就无法从根本上解决"朱陆异同"之争。

---

① 以下至下一注释号之前的引文,均出自郑玉:《送葛子熙之武昌学录序》,见《师山集》卷三,《文渊阁四库全书》第1217册,台北:台湾商务印书馆,1983年版,第25页。

② 永瑢、纪昀等:《四库全书总目》卷一六八《师山集》提要,北京:中华书局,1965年版,下册,第1454页。

郑玉的《春秋》研究

吴澄虽然从学于朱熹的三传弟子程若庸，但他在学术研究中并没有将重点放在最能体现朱学特征的四书学上，而是转入《五经》的研究。郑玉也是这样，他学术研究的重点也是《五经》，只是他的《五经》著作仅存《春秋经传阙疑》，我们也就只能讨论他的《春秋》研究了。

在《五经》中，《春秋》是较受冷落的一经，在宋代尤甚。故徽州学者汪藻说："本朝自熙宁以来，学者废《春秋》不用①，数十年间，笃学而好之者，盖不为无人，然一时章分句析之学胜，故虽《春秋》亦穿凿破碎，而不见圣人之浑全。"②两宋之际，虽有崔子方、叶梦得、吕本中、胡安国、陈傅良等人研究《春秋》，但与其他各经相比，《春秋》研究仍然显得冷清。从南宋后期到元代前期，朱熹的四书学流行，人们关注的焦点更是转向《四书》，《五经》中除《易经》外，其他各经则较少有人问津。其时徽州学者虽然也有研究《春秋》的③，但《春秋》学并不彰显，至多只是为此后徽州地区《春秋》学的兴起作了铺垫而已。元代后期，徽州学者的经学研究则发生了变化，研究的重点开始由《四书》转向《五经》，《春秋》更受到前所未有的关注，成为经学研究中的突出领域。在其时的《春秋》研究者中，郑玉便是颇有影响的一位。

郑玉研究《春秋》的成果，主要凝聚在《春秋经传阙疑》一书中。这是他竭

---

① 按，"熙宁废《春秋》不用"，系指王安石视《春秋》为"断烂朝报"，不列于学官，不用于贡举。参见周麟之《跋先君讲春秋序后》，《海陵集》卷二二，见《文渊阁四库全书》第1142册，台北：台湾商务印书馆，1983年版，第174页。

② 汪藻：《吴园先生春秋指南序》，《浮溪集》卷一七，见《文渊阁四库全书》第1128册，台北：台湾商务印书馆，1983年版，第152页。按，张根(生卒年不详)字知常，号吴园，德兴人。年二十一登进士第，大观中官至淮南转运使，以朝散大夫终于家。著有《吴园易解》《春秋指南》等。

③ 按，南宋末年至元代前期，徽州学者研究《春秋》(含《三传》)者，有朱申(著《春秋左传句解》)、黄智孙(著《春秋三传会要》，未完成)、俞皋(著《春秋集传释义》)、俞师鲁(著《春秋注说》)、胡炳文(著《春秋集解》《春秋指掌图》)、程直方(著《春秋诸传考正》《春秋会通》)、陈栎(著《春秋三传节注》)、程龙(著《春秋辨疑》)、刘伯证(著《左传本末》《三传制度辨》)等，但上述著作均佚。

大半生之力所完成的一部著作。郑玉所师从的吴暾，就是研究《春秋》学的著名学者，郑玉返乡后，便在他主讲的师山书院“日与诸生论说《春秋》”。至正十四年(1354)他避乱回师山书院后，又继续“删定所注《春秋》”。即使在被执之时，他仍惓惓以《春秋经传阙疑》为念，嘱托婺源王季温在他身后梓行已脱稿的《春秋经传阙疑》，并托他转请程文[①]作序，以使天下后世晓然“圣人作经之旨”和他本人“著述之意”[②]。

郑玉之所以如此看重《春秋经传阙疑》，是因为他认为这是“使经之大旨粲然复明于世”的著作。他说道：“至于三家之传，《左氏》虽若详于事，其失也夸；《公》《穀》虽或明于理，其失也鄙。及观其著作之意，则若故为异同之辞，而非有一定不可易之说。两汉专门名家之学，则又泥于灾祥、征应，而不知经之大用。唐宋诸儒，人自为说，家自为书，纷如聚讼，互有得失。程子虽得经之本旨，惜无全书。朱子间论事之是非，又无著述。为今之计，宜博采诸儒之论，发明圣人之旨，经有残阙，则考诸《传》以补其遗，《传》有讹舛，则稽诸经以证其谬。使经之大旨粲然复明于世，昭百王之大法，开万世之太平，然后足以尽斯经之用。”[③]

在郑玉以“其平生精力所注”[④]的这部著作中，究竟有哪些地方值得关注呢？

第一，对《春秋》的定性。

确定《春秋》是一部什么样的著作，是讨论《春秋》的前提。历来对《春秋》

---

① 按，程文(1289—1359)字以文，号黟南生，婺源人。曾束书游学四寒暑，穷研《六经》，博考诸子百氏，时称“家学得程朱之旨，文章有《史》《汉》之风”。程文挟策入京师，其文章行义甚为翰林虞集、欧阳玄、揭傒斯等所推许，受知虞集、揭傒斯尤深，但他安于恬淡，后因参与修撰《经世大典》，例授儒学教授，历任怀庆教授、临清漕运万户教授、监察御史、礼部员外郎等。元末，程文因事至杭州，时浙省已属张士诚、方国珍，程文乃主于其友、宪使贡师泰所。至正十九年(1359)病卒于杭。著有《蚊雷小稿》《师意集》《黟南生集》等。

② 郑玉：《属王季温刊春秋阙疑》，《师山遗文》卷三，见《文渊阁四库全书》第1217册，台北：台湾商务印书馆，1983年版，第86～87页。

③ 郑玉：《春秋阙疑序》(按，《师山集》卷三所收此文题为《春秋经传阙疑序》)，《春秋阙疑》卷首，见《文渊阁四库全书》第163册，台北：台湾商务印书馆，1983年版，第2～3页。

④ 参见永瑢、纪昀等：《四库全书总目》卷二八《春秋经传阙疑》提要，北京：中华书局，1965年版，上册，第227页。

的性质,有三种不同的看法,一是"经",二是"史",三是"亦经亦史"。这种分歧,直到今天仍然存在,只是有人把"经"换成"政治著作"。郑玉则极力维护《春秋》的"经"的地位,他认为,《春秋》是孔子"假一国之史书,寓百王之大法",其中"错举四时以为名者,圣人未修之《春秋》,鲁史之旧文也;法诸天地以立义者,圣人已修之《春秋》,帝王之大法也"。孔子修《春秋》的本意是"欲使与鲁史并行。学者求事之本末于史,而观理之曲直于经也",他打个比方说:"史则如今世吏人之文案,经则如前代主者之朱书"。但是,鲁史不存,本可以赖《左传》考其大概,但可能是"左氏当时所见鲁史已无全文,故于其残阙则妄为之说以补之,是以间有本末颠倒、是非错缪之失,而经之微旨不复可见"。他认为这是"《春秋》之大恨"[①]。

郑玉这段话是对孟子论《春秋》的发挥。孟子曾说:"王者之迹熄而《诗》亡,《诗》亡然后《春秋》作。晋之《乘》,楚之《梼杌》,鲁之《春秋》,一也。其事则齐桓、晋文,其文则史。孔子曰:'其义,则丘窃取之矣。'"[②]郑玉据此认为,未经孔子修纂的《春秋》是鲁史,经过孔子修纂的《春秋》,虽然仍用《春秋》之名,不过是表示"述而不作"的意思,它实际上已经是借鲁史以表现"百王之大法",是判定是非曲直的"理",而不再是史。郑玉还推断,当初孔子修《春秋》是想与作为鲁史的《春秋》并行,遗憾的是"鲁史不存",而《左传》对残缺的鲁史又"妄为之说以补之",于是便不能据以参详"经之微旨"。

从郑玉的论述可以看出,他是以"经"和"史"的著述体例与目的不同来说明《春秋》为"经"的。在他看来,"史"是叙"事"著作,目的是如实地记述事件,而"经"是阐"义"著作,目的是据"理"以判定曲直。这就像清代学者皮锡瑞所说:"孔子所作者,是为万世作经,不是为一代作史。经史体例所以异者,史是据事直书,不立褒贬,是非自见;经是必借褒贬是非,以定制立法,为百王不易

① 郑玉:《春秋阙疑》卷一,见《文渊阁四库全书》第 163 册,台北:台湾商务印书馆,1983 年版,第 4 页。

② 赵岐:《孟子注疏》卷八上,见阮元校刻:《十三经注疏》,北京:中华书局,1980 年版,下册,第 2727～2728 页。

之常经。”[1]胡适也说：“《春秋》的宗旨，不在记实事，只在写个人心中对于实事的评判。”[2]

第二，对《春秋》在《五经》中的重新定位。

大概因为《春秋》为孔子手订的缘故，故有人对其评价甚高，认为它是“天地之常经，古今之通谊”[3]。但不少人则将它看作一部“具列事实，亦人人可解”[4]的史书，如朱熹就是如此，他虽然未否认《春秋》为“经”，但他认为对待《春秋》就“只如看史样看”[5]，即用“史”的观点看待《春秋》，并没有将《春秋》与《五经》中其他经典等量齐观。而郑玉则不同，他说：

> 故《易》《诗》《书》言其理，《春秋》载其事。有《易》《诗》《书》而无《春秋》，则皆空言而已矣。[6]

他认为，如果《五经》中没有“载其事”的《春秋》，则《易》《诗》《书》就会流于空言。这就指出了《春秋》在《五经》中的特殊地位[7]。

第三，超越“今古文之争”。

在汉代，有两部用隶书写定以发掘《春秋》的“微言大义”为主要目的的著作，一部是《穀梁传》，一部是《公羊传》。汉初，立了《公羊》博士，汉宣帝时，又立《穀梁》博士，还有一部与《春秋》有关的著作——《左氏春秋》（又称《春秋左氏传》），则一直在学者中私下授受，汉平帝时曾立李封为《左氏》博士，因遭到群儒反对，李封卒后便没有补任，直到东汉桓、灵之际，学者才再次提议立《左

---

① 皮锡瑞：《经学通论》四《春秋》，北京：中华书局，1954 年版，第 2 页。

② 姜义华主编：《胡适学术文集・中国哲学史》（上），北京：中华书局，1991 年版，第 76 页。

③ 《汉书》卷五六《董仲舒传》，北京：中华书局，1964 年版，第 8 册，第 2523 页。

④ 永瑢、纪昀等：《四库全书总目》卷二六《春秋类一》，北京：中华书局，1965 年版，上册，第 210 页。

⑤ 黎靖德辑：《朱子语类》卷八三，《朱子全书》第 17 册，上海：上海古籍出版社，合肥：安徽教育出版社，2002 年版，第 2836 页。

⑥ 郑玉：《春秋阙疑序》，《春秋阙疑》卷首，见《文渊阁四库全书》第 163 册，台北：台湾商务印书馆，1983 年版，第 2 页。

⑦ 参见周晓光：《新安理学》，合肥：安徽人民出版社，2005 年版，第 134 页。

传》于学官。到晋代，杜预沿袭汉末经学家马融、郑玄“分传附经”的先例，将单行的《春秋》和《左传》合并起来注释，著为《春秋左氏经传集解》，在《春秋》学上便形成了“止是杜预一家”[①]的局面。

《左传》的盛行和《穀梁传》《公羊传》的式微，都与“今古文之争”有密切关系。东汉之后，“今文经学”衰微，“古文经学”占了上风，在《春秋》学领域中，作为“古文经”的《左传》则占据主导地位，而属于“今文经”的《穀梁传》《公羊传》自然不再流行。直到南宋，陈傅良著《春秋后传》，企图综合三《传》以阐发《春秋》，人们还认为《公羊》《穀梁》“实与《左氏》异师，合而求之，殊失其本”[②]。

但郑玉却要打破三《传》之间“今古文”之分的壁垒。他认为，不仅《左氏》失之于“夸”、《公》《穀》失之于“鄙”，而且“观其著作之意，则若故为异同之辞，而非有一定不可易之说”。他于是在体例上，便“叙事则专于《左氏》，而附以《公》《穀》，合于经者则取之；在立论上则先于《公》《穀》，而参以历代诸儒之说，合于理者则取之”[③]，这就完全超越了“今古文”之争。

第四，淡化“夷夏之辨”。

元代学者研究《春秋》，“内夏而外夷”的“夷夏之辨”将会成为重要障碍。因为《公羊传》认为，“内其国而外诸夏，内诸夏而外夷狄”[④]是《春秋》的基本精神，而建立元王朝的蒙古人便是“夷狄”。

郑玉对《春秋》的“内诸夏而外夷狄”精神是十分清楚的，他曾说：“其（指《春秋》）为纲也，则尊王而贱霸，内夏而外夷。”[⑤]那么，郑玉在《春秋阙疑》一

---

① 皮锡瑞：《经学通论》四《春秋》，北京：中华书局，1954 年版，第 43 页。

② 参见永瑢、纪昀等：《四库全书总目》卷二七《春秋后传》提要，北京：中华书局，1965 年版，上册，第 220 页。

③ 郑玉：《春秋阙疑序》，《春秋阙疑》卷首，见《文渊阁四库全书》第 163 册，台北：台湾商务印书馆，1983 年版，第 3 页。

④ 公羊高撰、何休解诂、徐彦疏：《春秋公羊传注疏》卷一八，见《文渊阁四库全书》第 145 册，台北：台湾商务印书馆，1983 年版，第 350 页。

⑤ 郑玉：《春秋经传阙疑序》，《师山集》卷三，见《文渊阁四库全书》第 1217 册，台北：台湾商务印书馆，1983 年版，第 16 页。按，《春秋阙疑》卷首所载的《春秋阙疑序》，“尊王而贱霸，内夏而外夷”作“尊王而贱霸，尊内而攘外”，殆为四库馆臣所改。

书中是如何处理“夷夏之辨”的呢？他的办法主要是“淡化”。在评论齐桓公、管仲与楚国的“召陵之盟”时说：“召陵之役，使桓公能禀天子命号召诸侯，申明大义，以告当世，然后竭天下之力，挫强楚之锋，岂惟周室是赖，万世纲常实由以定。惜乎桓公徒欲逞伯主之虚声，无尊王室之实意，始也既不禀命天王，终也又不申明大义。”继而他针对以“夷夏之辨”解释齐国伐楚的观点又说：“人心天理，初无夷夏之殊；私情曲说，乃起是非之辨。”[①]在他看来，从“人心天理”出发，则不会有“夷夏之殊”，而把齐国伐楚视为“夷夏之殊”而产生“是非之辨”，乃是出于“私情曲说”。由此可见，郑玉对“尊王”十分强调，而对“攘夷”则予以淡化。

郑玉淡化“夷夏之辨”，倒并不是出于对元王朝的忌讳。他之所以与讲究“气节”的元初士大夫对待元王朝的态度不同，一是因为时移势迁，郑玉生于元、长于元，已经不存在遗民的“气节”问题；二是因为随着元王朝“汉化”政策的日益推行，一些学者已经改变了对元王朝的看法，对元王朝开始认同。

从历史上看，历来谈“夷夏之辨”，并不只是以民族或种族差异为出发点和依据，主要还是从文化角度看。唐朝的韩愈就说过：“孔子之作《春秋》也，诸侯用夷礼则夷之，进于中国则中国之。”[②]南宋学者罗泌也说：“《春秋》用夏变[于]夷者则夷之，夷而进于中国，则中国之。”[③]所谓“进于中国”，就是依循中原地区的习俗、礼仪，采纳中原地区的价值观念。随着元王朝汉化程度的加深，像郑玉这样出生于元代的士人对元王朝的认同感也就自然地增强。特别是元王朝将程朱之学立为官学，将程朱著作作为科举考试的主要依据，更是对“夷夏之防”的消融。于是，郑玉在《春秋》的“尊王而贱霸，内夏而外夷”这两大主旨中，更突出“尊工”。如在诠释《春秋》“天王使宰咺来归惠公仲子

① 郑玉：《春秋阙疑》卷一三，见《文渊阁四库全书》第163册，台北：台湾商务印书馆，1983年版，第155～156页。

② 韩愈：《原道》，见马其昶：《韩昌黎文集校注·韩昌黎文集》卷一，上海：上海古籍出版社，1986年版，第17页。

③ 罗泌：《路史》卷二四《国名记》，见《文渊阁四库全书》第383册，台北：台湾商务印书馆，1983年版，第266页。

之赗”句时，他说：“愚按：春秋之前，王未有称‘天’者。王称‘天王’，《春秋》立法创制，圣人之特笔也。天子而知此，则必以‘天’自处，而不敢自轻；诸侯而知此，则必以‘天’事王，而不敢自肆。此则《春秋》以‘天’书王之意也。”[①]郑玉把“尊王”提到如此无以复加的地步，若比较他对《春秋》“内夏而外夷”这一主旨的阐释，更可见他对“夷夏之殊”的淡化。

二、朱升“求真是”主张与其“旁注诸经”

南宋末到元代初，不少徽州学者在尊朱同时也对朱学有所“是正”，有学者还提出“愿为朱子忠臣，而不为朱子佞臣”的口号，程钜夫更说，只有对“朱子之说”采取“不阿随又不诡异”的态度，才是“善学”朱学。这似乎都在预示着在尊崇朱学的学者群中正在学术上酝酿着某种突破。到朱升，终于以求“真知”、求“真是”的主张实现了这一突破。

朱升（1299—1370）字允升，号枫林，又号枫林病叟、隆隐老人、墨庄主人，被称为“枫林先生”，休宁人。8岁时从乡儒江敏求学，12岁后又从学于金斋谕，17岁开始，师从陈栎，他“剖击问难，多所发明，栎深器之”[②]。至正三年（1343），闻黄泽[③]讲道湓浦（即湓浦口，在江西省九江市西，为湓水入江处），他便偕赵汸往从游。次年春归，讲学于郡城紫阳祠。至正四年（1344）秋，朱升登进士第，因丁内艰，到至正八年（1348）始授池州路学正，至正十年（1350）到任。到任后，他发现虽然池州“官学之田，岁入富于他学”，但由于“官吏蠹

① 郑玉：《春秋阙疑》卷一，见《文渊阁四库全书》第163册，台北：台湾商务印书馆，1983年版，第8～9页。

② 朱同：《朱学士升传》，见程敏政辑：《新安文献志》卷七六，合肥：黄山书社，2004年版，第3册，第1854页。

③ 按，黄泽（1260—1346）字楚望，资州内江（在今四川）人，随其兄宦居九江。大德中，先后为江州景星书院、洪州东湖书院山长，后在家闭门授徒，以为生计。黄泽之学，精审于名物度数考核，而义理一宗程朱，《宋元学案》说“近代覃思之学，推泽为第一”。黄泽弟子中，以朱升、赵汸最为著名。

食之”，以致“弟子员日仅一饭，教养无方，师生解体”，于是，他“会出入，整斋厨，去宿弊，晨兴讲授，以身示法”，终使“江南北学者云集”。

至正十二年(1352)，朱升秩满南归。此时，蕲黄的红巾军到了徽州，朱升为避乱迁居至歙县石门山中，“虽避兵奔窜，往往闭户著述不辍”[①]。他隐居于石门时，号“隆隐”老人，俨然以诸葛亮自比。

朱升参加过元代的科举考试，并在元代任过职，这似乎表明他对元王朝已经有了认同感，但在反元兵兴之后，朱升对元王朝的态度发生了变化，他转而从“华夷之辨”的角度看待元王朝，如他后来说：“钟五行之秀者为人，吾同胞也，奚有华夷之分，内中国而外四夷也？唯中国尽其性而修其行也，而夷狄戕其性而亏其行也，与禽兽奚择焉？此所以严华夷之辨，天必眷中国而子之，远夷狄而外之也。元主中国，天厌之久矣。”[②]对元王朝态度的变化，是朱升投身反元的思想基础。

朱升曾为朱元璋参赞军务、罗致人才、制定典章。至正十七年(1357)，朱元璋兵下徽州，相传因邓愈举荐，召见朱升，问以时务，朱升即“首陈三策”：“高筑墙、广积粮、缓称王”。据说，这著名的“三策”深受朱元璋赞许。是年冬，朱升虽辞归，但嗣后连岁被征召，他均不辞。在朱元璋“东征婺州、诸暨、处州、巫子门、洋子江诸砦，俘获龙江；西伐铜陵、江州、洪都、武昌、安庆；北援寿春、金斗”以及征战陈友谅、张士诚等军事行动中，朱升都曾向朱元璋建言献策，而且“知无不言，言无不验”[③]。至正二十七年(1367)，朱元璋称吴王，授朱升翰林侍讲学士、中顺大夫、知制诰，同修国史。次年，朱元璋称帝，改元洪武，又晋朱升为翰林学士兼东阁学士、嘉议大夫。洪武二年(1369)，朱升“以年高，得请致政而归”。在他“致政”归歙县石门的次年，即洪武三年(1370)，就以疾终于家[④]。

---

① 朱同：《朱学士升传》，见程敏政辑：《新安文献志》卷七六，合肥：黄山书社，2004年版，第3册，第1854页。

② 朱升：《贺平浙江赋并序》，《朱枫林集》卷二，合肥：黄山书社，1992年版，第18页。

③ 参见朱元璋《免朝谒手诏》，载《朱枫林集》卷一，合肥：黄山书社，1992年版，第2～3页。

④ 一说朱升“致政”后，定居于今盐城北龙港镇南龙港庄，次年病逝于此。

朱升虽然在明王朝的建立中颇有建树,但一生的绝大部分时间还是在讲学著述中度过的。其子朱同曾说,朱升"自幼学至于捐馆,六十年间,虽出处不常,未尝一日释卷。编录考索,日益月加,动成卷帙"[①]。朱升所著书,涉及范围很广,有《易》《书》《诗》《周官》《仪礼》《礼记》《论语》《孟子》《大学》《中庸》《孝经》《小学》及《老子》《孙子》等诸经的"旁注"以及《书传缉》《书传补正》,此外,尚有《墨庄率意录》《刑统赋解》《地理阴阳五行书》《葬书内外杂传》《小学名数》、医家诸书等,另编有《小四书》《类选五言小诗》,其诗文则辑为《朱枫林集》。他的上述著作,现在大约存佚参半。

"真知""真是""至理"

学术史已经多次证明,一种思想、一个学派若陷入"株守"即教条化的境地,其结果必将走向衰微。朱熹去世之后,朱学便逐渐陷入这种境地,就如朱升所指出的:

> 濂洛既兴,考亭继作,而道学大明于世。然后学者往往循途守辙,不复致思其已明者。既不求其真知,而未明者遂谓卒不可知。[②]

在朱升看来,朱学并未结束对世界的认知,但由于朱熹后学的"循途守辙",不仅导致不能真正理解朱学的意蕴,更阻碍了对朱熹尚"未明者"的探究。为改变这一状况,他提出了"求其真知"的主张。

如何才能求得"真知"?朱升认为,首先需要探究儒学经典的原典和传注,即"考六书之源,究制作之始,以得名言之义;味笺注之旨,以畅指趣之归,而圣贤之心见于方册者,始可得而见。然后傍参之以传注之文,究极乎濂洛

① 朱同:《朱学士升传》,见程敏政辑:《新安文献志》卷七六,合肥:黄山书社,2004年版,第3册,第1857页。

② 引自朱同:《朱学士升传》,见程敏政辑:《新安文献志》卷七六,合肥:黄山书社,2004年版,第3册,第1855页。

之说，熟玩乎其所已明，而深究乎其所未明”[①]。但这只是一方面，另一方面，他认为“圣人精义入神之功，或寄于百家众技之末”，所以要“一事一物，莫不旁搜曲探，沿流溯源”，这就是所谓“格物”了。

朱升在提出求“真知”的同时，还提出求“真是”的要求，即对“先儒之说”，“必再三玩索体认，以求真是之归”，他认为这是“学者穷经最得力处”[②]。如果说求“真知”是朱升对“先儒之说”理解的准确性要求的话，那么，求“真是”则是他提出的判定“先儒之说”正确性的要求。也就是说，不仅要准确理解“先儒之说”，还要进而对“先儒之说”作出“对不对”的判定。这更是“循途守辙”所不能做到的了。

“求真是之归”原是朱熹提出的命题[③]。朱熹还用他的学术实践“诠释”了这一命题。朱熹的学术虽然肇始于程颐，但他并未株守程学，这正是“求真是之归”的体现。徽州学者所倡导的“求真是之归”命题，虽然源于朱熹，但这一命题则又成为他们反对“株守”朱学的理论工具。他们对朱学也要判定其正确性了。

朱升不仅是求“真知”“真是”的倡导者，也是其实践者。如他对“理”的重新诠释，便是在“求真”“求是”的思想指导下进行的。“理”是宋明理学的最基础范畴。无论是持“理本”论的二程和朱熹，还是持“心本”论的陆九渊，都很重视“理”，只是他们对“理”的阐释有所不同而已。朱升也同样讲“理”，但是，他既不盲从程颐和朱熹，将“理”看作宇宙的本原和天地万物的本质，也不赞同陆九渊所说的“人皆有是心，人皆具是理，心即理也”的观点，而是在总结和

---

① 引自朱同：《朱学士升传》，见程敏政辑：《新安文献志》卷七六，合肥：黄山书社，2004年版，第3册，第1855页。

② 朱升：《论语孟子旁注序》，《朱枫林集》卷三，合肥：黄山书社，1992年版，第33页。

③ 按，如朱熹在《吕氏家塾读诗记后序》中说：“此书（指《吕氏家塾读诗记》）所谓朱氏者，实熹少时浅陋之说，而伯恭父误有取焉。其后历时既久，自知其说有所未安，如《雅》《郑》邪正之云者，或不免有所更定，则伯恭父反不能不置疑于其间，熹窃惑之，方将相与反复其说，以求真是之归，而伯恭父已下世矣。”《晦庵先生朱文公文集》卷七六，《朱子全书》第24册，上海：上海古籍出版社，合肥：安徽教育出版社，2002年版，第3655页。

吸收前人学术成果的基础上，提出了自己对“理”的理解：“理者，文理之谓也。两间之物象，凡其自然生成者，莫不觉有文理存焉。交互者，谓之文；条达者，谓之理。”[①]即认为“理”只是事物的表现形式和属性，就像“身体之脉理，如枝干之纹理”一样。这样，“理”就不再是抽象的精神实体，而是物质实体的表现形式，即纹理、脉理。对于人而言，“理”则依附于“性”，是“性”的派生物：“自吾夫子之赞《易》也，有曰：‘穷理尽性，以至于命。’而后之言性者宗焉。夷考夫子之言而求其旨，盖以为理出于性，性原于命。……所谓理者，未尝以为在性之前也。”[②]

朱升将“理”解释为物质实体的表现形式或属性，将程颐、朱熹的“理”从形而上的范畴降到形而下的位置，即他所说的“所谓依乎天理、批大郤、导大窾者，非超乎物而言理也”[③]，但这并不意味着他否定形而上的“理”的存在，只是他将朱熹等宋代理学家所说的“理”置换成“至理”。

朱升也曾考虑宇宙的本原问题。“至理”这一具有终极真理内涵的概念，就是他用以表达宇宙起源和本体的概念。朱升的思维逻辑是，既然世界万物都各有纹理、脉理，那么，有没有什么东西能将形形色色的纹理、脉理“统会”起来呢？他认为有：“脉理、纹理皆不一也，而皆必有统会之处。”[④]“统会”形形色色纹理、脉理的就是“至理”。

什么是“至理”？朱升认为“至理”就是太极。他说：“太极者，大大高上统会之称而已。《易》书之仪之象之卦，两而生四，四而生八，以至于无穷，由本而末，由源而流，皆所谓至理也。”又说：“太极者，至理之浑然者也。浑然云者，如水之浑浊，然人之视之不见其中之所有，盖理之统会，其胚胎融聚者，固如此也。”[⑤]这就是他对“至理”或“太极”的描述和解释。

朱升对“至理”就是“太极”这一论断还有进一步的解释。他说：“试以开

① 朱升：《理斋铭并序》，《朱枫林集》卷七，合肥：黄山书社，1992 年版，第 113 页。
② 朱升：《理斋铭并序》，《朱枫林集》卷七，合肥：黄山书社，1992 年版，第 113～114 页。
③ 朱升：《理斋铭并序》，《朱枫林集》卷七，合肥：黄山书社，1992 年版，第 113 页。
④ 朱升：《跋性理字训后》，《朱枫林集》卷三，合肥：黄山书社，1992 年版，第 46 页。
⑤ 朱升：《跋性理字训后》，《朱枫林集》卷三，合肥：黄山书社，1992 年版，第 46 页。

卷太极之训言之，孔子赞《易》曰：'《易》有太极，是生两仪，两仪生四象，四象生八卦。'今训太极之字，当原乎此。其曰至理浑然，冲漠无眹者。"①又说："泉之未发曰冲；沙地旷远曰漠；眹者，目未开而有其罅隙也。曰冲，曰漠，曰无眹，皆以形容其浑然者也。其曰造化、枢纽、品汇、根柢者，气一嘘而万物盈，所谓造也；气一吸而万物虚，所谓化也。气之造物化物，犹户之一阖一辟也。"②

也就是说，朱升是把"太极"或"至理"看成浑然一体、旷远而无形的原初存在，而且"太极"或"至理"还掌握着世界万物的生灭，世界万物的生灭就在它的呼吸之间。"太极"或"至理"之所以具有生成功能，因为它是"气"，而"太极"或"至理"的生成过程，就像"门"的一开一合。由此可见，朱升虽然使用了"至理"这样的概念，其实他是"气本"论者，他是把"气"看作世界的本原和"造物化物"者。

朱升用"户之一阖一辟"比喻"太极"或"至理"的生成过程，使人很容易联想到《老子》所说的"天地之间，其犹橐籥乎！虚而不屈，动而愈出"。其实，他所说的"冲漠无眹"与"批大郤、导大窾"，也是出于《庄子》的《应帝王》和《养生主》两篇。这又使朱升思想表现出"援道入儒"的色彩。

总之，朱升所说"至理"，无论如何是不能与朱熹所说的"理"联系起来的，也无论如何是不能从陆九渊那里找到源头的。这正是他追求"真知""真是"的结果。

"旁注诸经"

有学者指出，"旁注诸经"是朱升的学术"标签"③。

什么是"旁注"？朱升说：

愚自中年以经书授徒教子，每于本文之旁着字以明其意义。其

① 朱升：《跋性理字训后》，《朱枫林集》卷三，合肥：黄山书社，1992年版，第45页。

② 朱升：《跋性理字训后》，《朱枫林集》卷三，合肥：黄山书社，1992年版，第46页。

③ 参见周晓光：《新安理学》，合肥：安徽人民出版社，2005年版，第127页。

有不相连属者，则益之于两字之间。苟有不明不尽者，则又益之于本行之外。学者读本文而览旁注，不见其意义之不足也。[①]

从朱升的这段话可知，所谓“旁注”，简言之，就是将注文标于经文之旁。经典的常见注疏方式，是将注文置于经文之下，疏文则又在注文之后。他认为，这样很容易导致经注相混、割裂经文，而“旁注”则恰可解决这一问题，因为“旁注”的特点是“以逐字顺附经文，实而不泛。离之则字各有训，贯之则篇章浑全”[②]，这就可以防止经注相混、割裂经文，不会导致经文误读、经义误解。

从朱升的介绍可以看到，他的“旁注”不过是注释形式的改变。为什么注释形式的改变，竟如此值得重视呢？朱升的答案是，“旁注”不只是“小学训诂”的问题，更重要的是这一形式有助于“研精造道”：“旁注之作也，知其粗者，以为小学训诂之入门；悟其妙者，知为研精造道之要法。平生之所以有得于圣经之蕴者以此。”[③]

朱升“发明”这种新的注释形式，是有针对性的。他曾批评过当时士人的治学状况，认为他们一方面“以词华浮靡之习荡其中，科举利禄之心诱于外”，从而导致“圣学明而实晦”；一方面又受到习用的注经方式的影响，“往往混诵经注”，以致因注经方式不合理而割裂经文，影响了对经文的准确理解，也妨碍了“知味乐学”：“先儒传注之意，所以求经之明也。而近世举业，往往混诵经注，既不能体味乎传注，而反断裂其经文，使之血脉不通，首尾不应。知味乐学，何所自乎？”[④]但是，由于“圣人之道载于六经，六经之旨明于传注”[⑤]，要想明“圣学”，又不能不加以传注，所以他说：

夫读书不可无注解，然注解与本文相离，学者若不能以意相附，

---

① 朱升：《易经旁注前图序》，《朱枫林集》卷三，合肥：黄山书社，1992 年版，第 34 页。

② 朱升：《大学中庸旁注序》，《朱枫林集》卷三，合肥：黄山书社，1992 年版，第 32～33 页。

③ 引自朱同：《朱学士升传》，见程敏政辑：《新安文献志》卷七六，合肥：黄山书社，2004 年版，第 3 册，第 1856 页。

④ 引自朱同：《朱学士升传》，见程敏政辑：《新安文献志》卷七六，合肥：黄山书社，2004 年版，第 3 册，第 1856 页。

⑤ 朱升：《六经源流》，《朱枫林集》卷六，合肥：黄山书社，1992 年版，第 91 页。

则非徒无益，而适滋其惑。故愚于诸经书往往与之旁注，使学者但读本文而览其旁注，一过则了然，无繁复之劳也。①

于是，他就使用了“旁注”这一注经形式。

朱升发明“旁注”这一注经形式，还有着更深层次的原因，那就是要达到求“真是”、求“真知”的目的，即力求准确地理解经典，从而“有得于圣经之蕴”，把握“圣学”的真谛。

“兼理数”

元代后期，徽州学者所重视的经学领域由元代前期的四书学转向了《五经》学。故朱升说：“大哉六籍之功乎，立天地之心，植生民之命，措斯民于至治，传是道于无穷。先圣后圣，因时而起，制作撰述，其事不同，而此心此理，则未尝异也。”②其实，在《五经》中，元代徽州学者最为关注的是《易》和《春秋》，故朱升在谈到“六籍”(实为《五经》)时特别提出《周易》和《春秋》，他说：“《周易》《春秋》，孔氏赞之修之，以为世教者也。”③而朱升所研究的则主要是《易》。

朱升对《易》的基本看法是，《易》本来只有图像，图像之外的一切都是为阐释图像所作的“注脚”：“《易》之为《易》，其本也图像而已。文王、周公、孔子之书，实为图像作注脚，故明此经者，不得不求其本也。”④按照朱升的看法，《易》的“经”就只限于六十四卦的卦象和三百八十四爻，不仅孔子所作的“十翼”是“传”，连文王、周公所作的爻辞和卦辞也是“传”。

既然《易》本来只有图像，那么，为了“求其本”，就需要特别重视《易》图。所以，朱升在《易经旁注》之前，便先列八图(指《周易旁注·前图》所列的《河图洛书合一图》《先天后天合一图》《周易序卦图》《六图》《三陈九卦图》《蓍卦

---

① 朱升:《小四书序》,《朱枫林集》卷四,合肥:黄山书社,1992年版,第51页。

② 朱升:《六经源流》,《朱枫林集》卷六,合肥:黄山书社,1992年版,第92页。

③ 朱升:《六经源流》,《朱枫林集》卷六,合肥:黄山书社,1992年版,第92页。

④ 朱升:《易经旁注前图序》,《朱枫林集》卷三,合肥:黄山书社,1992年版,第34页。

变占图说》《蓍七卦八图》《三十六宫图说》),并把搞清楚八图看作读《周易旁注》的前提:“八图为之前,而后《周易旁注》可得读矣。”[①]但四库馆臣认为“此八图仅敷衍陈抟之学,盖无可取”[②]。

不过,朱升在《周易旁注·前图》中,创意确实不多,除了“三大义”之外,多为援引他人的图与说而敷衍成书。但他关于《河图》《洛书》的看法似乎有独到之处,故一些学者对该书还是很关注。

朱升在《易》的起源问题上,也是“河图”“洛书”论者,如他说:“河出图,洛出书,天不爱道,泄诸象数……八卦成列,又因而重之,其传于今也。”[③]但他认为《易》既不是起源于《河图》,也不是起源于《洛书》,而是《河图》《洛书》两者。所以,他认为《河图》《洛书》也就不应该分为两图,合一就可以:“一可已,二何居?”于是,他作了“《河图》《洛书》合一”之图[④](如右图)。

河图洛书合一图

他认为,在他的《河图洛书合一图》中就包含了《河图》《洛书》两图,“交午取用”便是《河图》;“平衡取用”即为《洛书》。所谓“交午取用,为《河图》”,即将《河图洛书合一图》所环列成图的十个数,以一六、二七、三八、四九、五十为对取用,再以“五、十”一组为中心,排列成为“十字阵”图形,即成《河图》,即朱

① 朱升:《易经旁注前图序》,《朱枫林集》卷三,合肥:黄山书社,1992 年版,第 35 页。

② 永瑢、纪昀等:《四库全书总目》卷七《周易旁注图说》提要,北京:中华书局,1965 年版,上册,第 50 页。按,其实朱升很看重八图,认为先清楚八图,“而后《周易旁注》可得读”。他还说,在八图的“六图第四”后所附的《读易三大义》与淳安夏氏的《读易十字枢》二者,是“经传训释之机要”。他所说的“三大义”,是指“贞”“悔”“元”三者在占筮中的特殊意义,如“凡卦辞‘贞’字皆指内卦,爻辞‘贞’字皆指本爻。爻辞‘悔’字皆指变爻,勿生他义”,“卦辞‘元’字各有所指(《乾》《屯》《比》《大有》《随》《临》《无妄》《革》《鼎》皆指五;《坤》《升》指二;《蛊》指初;《复》指三)”;“爻辞‘元’字各指本爻,皆实象,勿泛观”。参见朱升:《周易旁注·前图上》,见《续修四库全书》第 4 册,上海:上海古籍出版社,2002 年版,第 247～248 页。因此,“三大义”与《易》理的阐释似乎没有关系。

③ 朱升:《易经旁注前图序》,《朱枫林集》卷三,合肥:黄山书社,1992 年版,第 34～35 页。

④ 本图及下 4 图均引自朱升《周易旁注·前图上》,见《续修四库全书》第 4 册,上海:上海古籍出版社,2002 年版,第 178、179 页。

升所说的“交午取用，五位内外相合为《河图》”之图。其图如下：

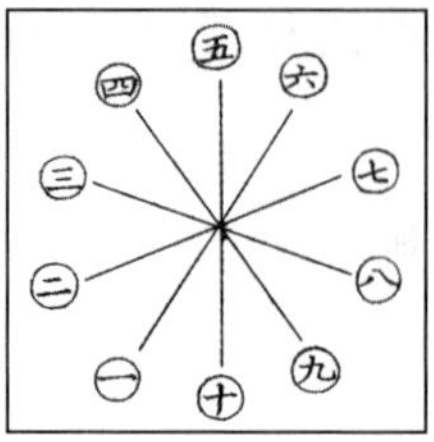

交午取用之图

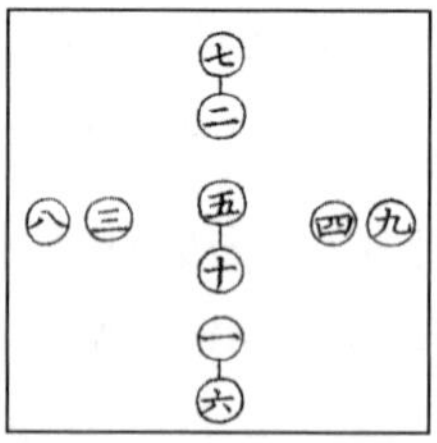

河图

所谓“平衡取用，为《洛书》”，即将《河图洛书合一图》中的 10 个数，取平行的四六、三七、二八、一九四组为对，并以五为中心组合起来，使四组数字与五合起来均为 15，就成《洛书》，即朱升所谓“平衡取用，八宫交午相对为《洛书》”之图。其图如下：

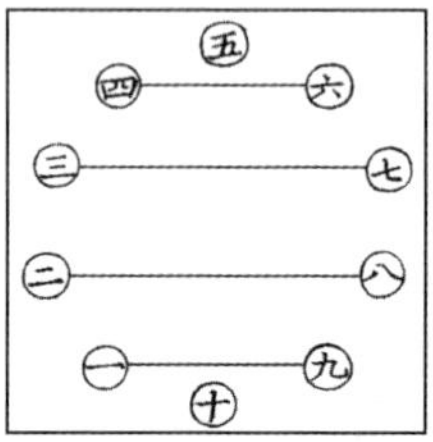

平衡取用之图

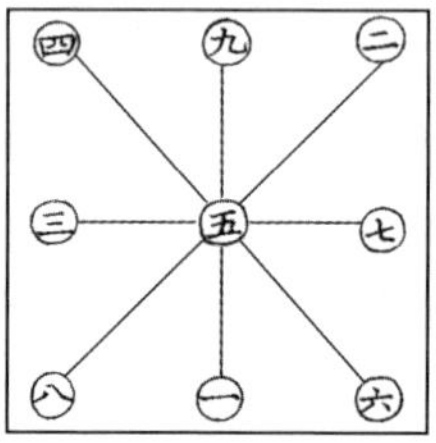

洛书

朱升对《易》图的重视，很容易给人造成他是属于易学象数派的印象，至少他的《周易旁注·前图》会使人看作象数派的著作①。但其实不然，他并不能被归为象数派易学家。如明代新安理学家范涞在评论朱升学术时就说：“其学以列圣传心为主，践履致用为功，务究极天人之蕴，兼理、数而一之。”②朱升本人在《六经源流》一文中也说过：

> 夫理者所以御数，数者所以寓理。京房吹律，其为数也，徒繁于推衍；王弼亡象，其为理也，遂荒于高虚。程子发明《易》之理，而加

① 按：《周易旁注·前图》有与《周易旁注》合刊本，也有单行本。这里指单行本。

② 范涞：《休宁理学名贤朱升传》，载《朱枫林集》卷九，合肥：黄山书社，1992 年版，第 140 页。

> 一倍法①之言，则知数者，莫程子若也。邵子发明《易》之数，而一动一静之间，天地人之至妙，邵子固以理而妙是数矣。夫天一至于地十，与夫盈天地间之物象，皆天地所以示人之数也。而其所以为数者，有理存焉。善有吉，否有凶，与夫致悔致吝之故，皆在人自然之理也。②

范涞说朱升"兼理、数而一之"，或即据此文。此文是朱升至正八年（1348）在江浙行省应春官试所作的策论，上引一段是对策题"京房沦于术数，王弼间以老庄，固无足论者。程子专于理，邵子专于数，朱子兼理数而专于占，可得闻乎？果合于古乎"之问的回答。他认为京房只讲数，则徒然"繁于推衍"；王弼不讲象，便"荒于高虚"。而程颐虽然重理，但从他以"加一倍法"评论邵雍的《易》数可知，他是知数的；而邵雍虽然重在发明数，但从他论《易》可以看出，他是以理才使数显得神妙的。即使自然界示人的是数，但也有理在其中。

从朱升的论述可见，他是以《易》的"理"和"数"为不可分割的统一体作出发点的，他提出数中有理、理依于数的观点，似乎想在易学上将义理派和象数派统一、融合起来，以便为易学研究开启新的途径。

三、倪士毅与《四书辑释》

元代后期虽然是新安理学在四书学领域退潮的时期，但在此期间也出现了一部有影响的四书学著作，这就是倪士毅的《四书辑释》。《四书辑释》是继胡炳文《四书通》、陈栎《四书发明》、程复心《四书章图》之后由徽州学者所著的又一部四书学力作。

---

① 按，"加一倍法"是程颐对邵雍所说的"是故一分为二，二分为四，四分为八，八分为十六，十六分为三十二，三十二分为六十四。故曰'分阴分阳，迭用柔刚，（故）易六位而成章'也"的归纳，朱熹则称之为"一分为二法"。《河南程氏外书》卷一二《传闻杂记》载："（程颐）谓尧夫（即邵雍）曰：'尧夫之数，只是加一倍法。以此知《太玄》都不济事。'尧夫惊抚其背曰：'大哥，你恁聪明！'"（《二程集》，北京：中华书局，1981 年版，第 2 册，第 428 页。）

② 朱升：《六经源流》，《朱枫林集》卷六，合肥：黄山书社，1992 年版，第 93 页。

倪士毅(1303—1348)字仲弘,休宁人,被学者称为“道川先生”。其曾祖机、祖父文虎、父良弼,皆以文学教授乡里[①],似乎是儒学世家,但家学对倪士毅究竟产生了什么影响,已不可考。稍长,他“潜心求道,师乡老儒朱敬舆[②]、陈定宇。学益以充”[③]。其家世代贫寒,至倪士毅而益贫。他无以为生,居常靠授徒以养。泰定二年(1325),他偶会汪泰初[④]于丰山,汪泰初对他“一见心孚”,次年,聘为诸子师。“自是,日与(汪泰初)诸子讲明朱子之书,阐明圣学。越三年,汪泰初为之辟地筑室,倪士毅奉父母挈家而居。(汪泰初)又于居之左构遗经楼,多集经史,以便来学之士。士毅方幸得昕夕炙教,主张吾道”[⑤],倪士毅遂在黟县专事教学,时达二十三年。在这二十三年中,倪士毅“守身制行,不为名高,而事亲至孝,接物以诚,非其人不交,非其有不取,非仁义道德之说尝论定于郡先师朱子者不以教人。凡卑污苟贱之事不接于身,利害得失、揣摩计较之辞不挂于口,虽大寒暑,未尝一日辍其业以嬉,终其身,人不见疾言遽色。是故黟人信其言,而尊其行”[⑥]。倪士毅“非仁义道德之说尝论定于郡先师朱子者不以教人”,表明他也是朱学的尊崇者和维护者。

倪士毅著有《四书辑释》《尚书作义要诀》《帝王传授图说》《道川集》等。现存者唯有《四书辑释》《尚书作义要诀》。

---

① 赵汸:《倪仲弘先生改葬志》,《东山存稿》卷七,见《文渊阁四库全书》第1221册,台北:台湾商务印书馆,1983年版,第358页。

② 按,朱以礼(生卒年不详)字敬舆,休宁人,通经学,一直隐居教授。参见《(弘治)徽州府志》卷九《人物三·隐居》。

③ 赵吉士:《寄园寄所寄》卷一一《泛叶寄·新安理学》,见《四库全书存目丛书·子部》第155册,济南:齐鲁书社,1995年版,第444页。

④ 按,汪泰初(?—1334)字希贤,黟县人。其父汪元曾以不坠家世儒学为嘱,泰初遂研求不怠,并尊贤礼士,急义周乏。他后以藏书著称,构有遗经楼,多集经史,以便来学。礼聘倪士毅为诸子师,日与诸子讲明朱子之学,一时名儒如陈栎、赵汸、汪克宽等皆与游,遗经楼遂成徽州学者集聚场所。

⑤ 参见倪士毅《汪希贤泰初行状》,载《全元文》卷一四八九,南京:江苏古籍出版社,2004年版,第49册,第41页。

⑥ 赵汸:《倪仲弘先生改葬志》,《东山存稿》卷七,见《文渊阁四库全书》第1221册,台北:台湾商务印书馆,1983年版,第358页。

《四书辑释》的撰著与刊行

倪士毅在其《四书辑释大成序》中，曾自述撰写《四书辑释》的缘起，他说：

> 先师定宇陈先生（讳栎，字寿翁）方编《四书发明》，时星源云峰胡先生（讳炳文，字仲虎）亦编《四书通》，彼此虽尝互观其书之一二，而未竟也。既而，二书因学者传入坊中，皆以板行。先师晚年颇欲更定其书而未果。及见《四书通》全书，遂手摘其说，盖将以附入《发明》，若《大学章句》，则尝下笔发其端矣，余未之及。士毅不揆浅陋，亦尝僭欲合二书为一，以自便观览，先师可之。元统甲戌春二月，先生考终。心丧既毕，乃即二书详玩，且以先生手摘者参酌而编焉，名曰《四书辑释》。所拟凡例，条具于后，狂僭之罪固不可逃，尚愿谋之同门，以广质于远近诸明理君子，更加商订，而求真是之归，则愚于此实拳拳云。①

从倪士毅上述的自述可知，他著《四书辑释》，意在整合陈栎的《四书发明》、胡炳文的《四书通》，这大概也是其书取名“辑释”的缘由。

不过，倪士毅所序的《四书辑释》，还只是其元统甲戌年（即至元三年，1337）所完成的初稿，并未刊行。至正辛巳年（即至正元年，1341），建阳书商刘叔简得其本而刻之，并改名《四书会极》。后两年，倪士毅犹虑其有未底于尽善，爰即旧本重加正是，这大概就是至正丙戌（即至正三年，1343）汪克宽序本。但据赵汸说，倪士毅“所注书曰《四书集释》，闽坊购其初稿刻之。尝别为纂释之例，甚精，书未脱稿，又将以次及他经，皆未就而卒”②，这个修订本在倪士毅生前似未刊行。明永乐四年（1406），坊间出现了与《四书章图》等合编

---

① 倪士毅：《四书辑释大成序》，《全元文》卷一四八九，南京：江苏古籍出版社，2004 年版，第 49 册，第 37 页。按，据倪士毅序文，则其书最初就被名为《四书辑释》，书名中的“大成”不知是原有还是后人所加。

② 赵汸：《倪仲弘先生改葬志》，《东山存稿》卷七，见《文渊阁四库全书》第 1221 册，台北：台湾商务印书馆，1983 年版，第 358 页。

的本子，但这个本子所收的《四书辑释》是不是倪士毅的修改本，则无从得知。

据四库馆臣说，明代宣德、正统间，刘剡[1]曾“因倪士毅《四书辑释》重为订正，更益以金履祥《疏义指义》、朱公迁《通旨约说》、程复心《章图》、史伯璇《管窥》、王善《通考》及当时诸儒著述，改题此名（指《四书通义》）”；又说，传为王逢[2]所作的《重订四书辑释》，此本又改题为《重订辑释章图通义大成》，“首行列士毅之名，次列新安东山赵汸同订，次列鄱阳克升朱公迁《约旨》，次列新安林隐程复心《章图》、莆田王元善《通考》，次列鄱阳王逢订定《通义》。书中亦糅杂蒙混，纷如乱丝，不可复究其端绪。是已为书贾所改窜，非士毅之旧矣”[3]。

《四书辑释》：宋元时期四书学的总结

倪士毅修订初稿拟再刊时，曾请汪克宽为《四书辑释》作序。汪克宽在序中写道：

> 《四书》者，六经之阶梯，东鲁圣师以及颜、曾、思、孟传心之要，舍是无以他求也。孟子殁，圣经湮晦千五百年，迨濂、洛诸儒先抽关发曚，以启不传之秘，而我紫阳子朱子且复集诸儒之大成，扩往圣之遗蕴，作为《集注章句》《或问》以惠后学，昭至理于皦日，盖皓皓乎不

---

① 刘剡（生卒年不详）字用章，号仁斋。曾受业于王逢，故自称“松坞门人”。嗜古好学，以校勘书籍知名，著有《少微通鉴节要》《宋元资治通鉴节要》等。

② 王逢（生卒年不详）字原夫，号松坞，乐平（今江西乐平市）人。据《（同治）乐平县志》卷八《人物志》载，其幼时颖异不凡，天性孝友，曾师事洪初，而初之学得于朱公迁，迁得于吴中行，中行得之饶鲁。他淹贯经史，厌科举业。宣德元年（1426），荐授富阳训导，不就，日与门人何英等相讲求，学益成。宣德三年（1428），复以明经辟，召见，仍坚辞不就职。

③ 永瑢、纪昀等：《四库全书总目》卷三七，北京：中华书局，1965 年版，上册，第 309 页。按，顾永新认为，《四书通义》与《重订四书辑释》实为一书，他说：“《四库全书总目》将浙江巡抚采进本《重订四书辑释》认定为王逢所作，江西巡抚采进本《四书通义》视为刘剡重定本，判为二书，分立名目。王重民先生亦以为有王逢和刘剡两种重订本。实际上，二者是同一部书，有王逢重订在先，有刘剡记其本末、缘起在后，最后由建阳詹氏进德书堂于正统二年（1437）至十年（1445）间刊刻、补修完成。”顾永新：《从〈四书辑释〉的编刻看四书学学术史》，《北京大学学报（哲学社会科学版）》2006 年第 2 期。

可尚已。而其词意浑然犹经,虽及门之士且或未能究其精微,得其体要,矧初学之昧昧乎。近世儒者惧诵习之难,于是取子朱子平生之所以语学者,并其弟子训释之辞,疏于朱子注文之左。真氏有《集义》,祝氏有《附录》,蔡氏、赵氏有《集疏》《纂疏》相继成篇,而吴氏《集成》最晚出,盖欲博采而统一之。但辨论之际,未为明备,去取之间,颇欠精神,览者病焉。比年以来,家自为学,人自为书,架屋下之屋,叠床上之床,争奇炫异,窃自附于作者之列,锓于木而传诸人,不知其几,益可叹矣。同郡定宇陈先生、云峰胡先生睹《集成》之书行于东南,辗转承误,莫知所择,乃各摭其精纯,刊剔繁复,缺略者足以己意,陈先生著《四书发明》,胡先生著《四书通考》,皆足以磨刮向者之敝,而陈先生晚年且欲合二书而一之而未遂也。友人倪君仲弘实从游于陈先生,有得于讲劘授受者盖稔且详,乃会萃二家之说,字求其训,句探其旨,鸠僝精要,考订讹舛,名曰《四书集释》,学者由是而求子朱子之意,则思过半矣。至正辛巳(1341),建阳刘叔简得其本而刻之,后二年倪君犹虑其有未底于尽善者,爰即旧本重加正是,视前益加精密。①

汪克宽这篇序文俨然是一篇宋元时期四书学简史。汪克宽之所以要提供这篇四书学"简史",显然是想从宋元时期四书学的演进过程来看《四书辑释》的意义。在汪克宽看来,朱熹《四书章句集注》问世之后,诠释著作迭出,但直到陈栎《四书发明》和胡炳文《四书通》出,才解决了"辨论之际,未为明备,去取之间,颇欠精神"和"家自为学,人自为书,架屋下之屋,叠床上之床,争奇炫异"等问题,而倪士毅的《四书辑释》不仅"会萃二家之说",且"字求其训,句探其旨,鸠僝精要,考订讹舛",使学者"求子朱子之意,则思过半"。在汪克宽看来,《四书辑释》不仅将元代四书学提到新的水平,也将宋元时期四

① 汪克宽:《重订四书集释序》,《环谷集》卷四,见《文渊阁四库全书》第1220册,台北:台湾商务印书馆,1983年版,第683～684页。

书学作了总结[①]。

对《四书辑释》给予高度评价的不独汪克宽，明清学者几乎普遍肯定倪士毅《四书辑释》对弘扬朱熹《四书章句集注》的意义。如明代学者杨士奇[②]便说："《四书辑释》，倪士毅编。朱子集注《四书》之后，儒先君子著述推广发明之者，无虑十数家，而今读《集注》者，独资《集成》及此书为多，他盖不能悉得也。《集成》博而杂，不若此书多醇少疵也。"[③]薛瑄更说："《四书集注章句》之外，倪氏《集释》最为精简。其他割裂旧说，附会己意，但欲起学者之观听，图己名之不朽，驳杂浩穰，害理尤甚。"[④]顾炎武则认为，明代所编的《四书大全》实际上是对倪氏《四书辑释》"小有增删"而成，并且《四书大全》"其详其简，或多不如倪氏"[⑤]。万经[⑥]也说："朱子《集注》既行，当时儒者惧后学诵习之难，因各诠释，于是勉斋有《通释》，而采语录附录于《大学章句》之下，始自西山真氏，名曰《集义》。祝氏宗道《四书附录》仿而成之，格庵赵氏有《纂疏》，克斋吴氏有《集成》，定宇陈氏有《发明》，云峰胡氏有《四书通》，仁山金氏有《指义》。

---

① 顾永新也说："倪氏此书荟萃陈、胡二家之说，实则集众家之长，是对南宋以来四书学的总结。"参见顾永新《从〈四书辑释〉的编刻看四书学学术史》，《北京大学学报（哲学社会科学版）》2006年第2期。

② 按，杨士奇（1366—1444）名寓，字士奇，以字行，号东里，江西泰和（今江西省吉安市泰和县）人。官至礼部侍郎兼华盖殿大学士，兼兵部尚书，在内阁为辅臣40余年，首辅21年，与杨荣、杨溥并称"三杨"，先后担任《明太祖实录》《明仁宗实录》《明宣宗实录》总裁。去世后赠太师，谥文贞。

③ 杨士奇：《四书辑释跋》，《东里集·续集》卷一七，见《文渊阁四库全书》第1238册，台北：台湾商务印书馆，1983年版，第584～585页。

④ 薛瑄：《读书录》卷八，见《文渊阁四库全书》第711册，台北：台湾商务印书馆，1983年版，第667页。

⑤ 顾炎武：《日知录》卷一八《四书五经大全》，《顾炎武全集》第19册，上海：上海古籍出版社，2011年版，第713页。

⑥ 万经（1659—1741）字授一，号九沙，自号小跛翁，鄞县（今浙江宁波）人，万斯大之子。康熙四十二年（1703）进士，选庶吉士，散馆授翰林院编修，曾官贵州学政，后定居杭州。曾续补其父《礼记集解》《春秋定哀二公》各数万言，重修万斯同《历代纪年》，又续纂其兄万言《尚书说》《明史举要》，遂成为万氏史学、经学的完成者。

由宋迄元,不下数十家,而义理明备,采择精当,莫如道川倪氏之《辑释》。"①

顾炎武所说的《四书大全》,人们均认为是以"倪士毅《四书辑释》稍加点窜"②而成的。因此,随着《四书大全》被"尊为取士之制",《四书辑释》的传播也登上了顶点,但也因此而导致了《四书辑释》的泯没。此后,人们便大多知道《四书大全》,却很少知道《四书辑释》③。问题更严重的是,随着《四书辑释》编为《四书大全》,无疑会使《四书辑释》被视为应对科举考试的高头讲章一类读物,从而不再使人关注它的学术价值,就像四库馆臣所说:"《大全》出而捷径开,八比盛而俗学炽。科举之文名为发挥经义,实则发挥'注'意,不问经义何如也。且所谓'注'意者,又不甚究其理,而惟揣测其虚字、语气,以备临文之摹拟,并不问'注'意何如也。盖自高头讲章一行,非惟孔、曾、思、孟之本旨亡,并朱子之《四书》亦亡矣。"④在这个意义上也可以说,《四书辑释》被编为《四书大全》也就成为终结宋元时期四书学的标志。

以陆学对朱熹《四书》诠释的修正

倪士毅虽然以尊崇和维护朱学自命,但他与元代很多徽州学者一样,并不株守朱学。

前面谈到陈栎对《中庸》"尊德性而道问学,致广大而尽精微,极高明而道中庸"句的诠释,倪士毅深知陈栎的诠释并不符合朱熹本意,他于是为之辩解道:"按:此一节,胡先生发明《章句》而未说到力行处,固得朱子之意矣。先师则自述所见,而以知行交互言之,于此似得子思之本意也。若以《章句》'存

---

① 引自朱彝尊《经义考》卷二五五,见《文渊阁四库全书》第680册,台北:台湾商务印书馆,1983年版,第301页。

② 永瑢、纪昀等:《四库全书总目》卷三七,北京:中华书局,1965年版,上册,第301页。

③ 万经说:"厥后《大全》行,而学者罕知有《辑释》矣。"引自《经义考》卷二五五,见《文渊阁四库全书》第680册,台北:台湾商务印书馆,1983年版,第301页。

④ 永瑢、纪昀等:《四库全书总目》卷三七,北京:中华书局,1965年版,上册,第307页。

心'为'力行'固不可，然《中庸》本文五句，未尝不可分知与行也。"[1]倪士毅的意思是，陈栎的诠释虽然与朱熹不合，但纠正了朱熹的诠释，使人们对《中庸》的理解回归到子思的本意。

倪士毅对陈栎的回护却遭到赵汸的批驳。赵汸在《答倪仲弘先生书》一函中，除了不同意倪士毅在本书之前使用"凡例"外，主要批驳了倪士毅的两个观点：第一，指出倪士毅将黄榦所提出的"天命之性不离乎气质"错误地视为朱熹的观点。他说："尊翰'太极不离乎阴阳，而亦不杂乎阴阳，则天命之性不离乎气质，明矣'。按此语须子朱子，而实出勉斋。勉斋曰：'天命之性，自其理言之，不杂乎气质而为言尔。'向亦未得其说，后见朱子有云：'某解太极图，云某此句当子细看，今于某解说尚未通，如何论太极。'因此求之，方悟朱子微意所在，盖非有以离乎阴阳也。一句是正说太极本体，二句是发明周子立言之旨，谓'无极而太极'五字，乃是即阴阳而指其本体，不杂乎阴阳而言之耳，非谓太极真不杂乎阴阳也。"

第二，不同意倪士毅将"尊德性"和"道问学"分别看作"存心"和致知、力行两者。赵汸说："尊翰云：'尊德性者，存心之事，静时工夫也；道问学兼致知、力行而言，动时工夫也；致广大而尽精微，存心而致知也；极高明而道中庸，存心而力行也。'此一节尤不能无疑。盖动静工夫皆是就心上说，如所谓'存养''省察'是也，与'致知'名义事意不同，可疑一也。且以'尊德性'专为静时工夫，则与'存心'而'致知''力行'者自相抵牾，可疑二也。谓'存心'为'尊德性'之事则可，谓'尊德性'为存心之事则不可，可疑三也。昔有以'问'为'致知'、'学'为'力行'者，朱子不以为然，今欲并包'力行'为说，可疑四也。"[2]

从赵汸的批驳可以看出，他对倪士毅的不满主要在于倪士毅以"尊德性"

---

① 转引自史伯璇：《四书管窥》卷八，见《文渊阁四库全书》第 204 册，台北：台湾商务印书馆，1983 年版，第 943 页。

② 赵汸：《答倪仲弘先生书》，《东山存稿》卷三，见《文渊阁四库全书》第 1221 册，台北：台湾商务印书馆，1983 年版，第 245～246 页。

统摄“道问学”，极为注重心灵主体的统摄作用，即“存心而致知”“存心而力行”。这一批驳，实际上是批驳倪士毅离开朱学而倾向于陆学的学术立场。

四、汪克宽及其学术

赵吉士曾在《寄园寄所寄》的“新安理学”条下列举15人作为新安学派的代表人物，汪克宽即在其中。徽州学者数以百计，赵吉士将汪克宽视为新安理学的15位代表人物之一，表明汪克宽也是一位在新安学术中不可忽视的学者。

汪克宽（1304—1372）字德辅，一字仲裕，号环谷，祁门人。6岁时，其外祖康鼎实便教之《孝经》《论语》《孟子》，汪克宽则随口成诵，日记数百言。两年后，其外祖对其父汪应新说：“吾老矣，不及教训诸外孙，汝第四子骨相匪凡，宜择师善教之。”自是开始从乡先生学。10岁时，其父见汪克宽所学弥进，便将其叔祖汪华问学于饶鲁时所录的讲授之书及当时问答之言给汪克宽观玩，这使汪克宽渐悟理学，他便取朱子《四书》，自定句读，昼夜诵读，似乎由此悟出了为学之要。他读书有时达旦不寐，其母看他勤苦太甚，谓其父说：“是儿读书过勤，脱或因是致疾，不可不戒。”于是其父谕之曰：“读书以养气为主，不宜过劳。”汪克宽回答道：“某自乐此，不为劳也。”此后又读《六经》、诸子、历代史、《通鉴纲目》等书，悉皆成诵。14岁时，乡里传录江浙秋试的3场题目，汪克宽一见，即挥笔成篇，乡先生惊异道：“此天才也。”次年，郡守礼请时任道一书院山长的胡炳文于郡庠开堂试，以激励后进，汪克宽则中郡学及堂试，其文章已可与庠序诸老成者相颉颃。

至治二年（1322），汪克宽随父之浮梁（今属景德镇市），问学于吴迂[①]，并

① 按，吴迂（生卒年不详）字仲迂，号可堂，浮梁（今属江西景德镇市）人。尝从饶鲁学，因应科举不第，遂隐居著述。知州郭郁曾延聘他为州学之师，以训诲学者，并兼长芗、双溪二书院山长，时称“可堂先生”。吴迂能“力探理窟”，在理学上颇有造诣，著有《四书语录》《经传发明》《春秋纪闻》等。

以所为文请吴迂评鉴，吴迂说："读书明理，蕲体诸身，文章异时可不学而能也。"遂笃志于圣贤之学。归后修葺故庐，辟书斋于居室之东偏，匾曰"思复"，铭于斋壁以自励。泰定三年(1326)春，吴暾任鄱阳丞，汪克宽特往从学。也在此年，他中江浙乡试，次年春至京会试，因论《春秋》与主司不合，又兼对策切直，遂见黜。汪克宽就此南归，绝意仕途，教授宣、歙间，从学者甚众。至正十二年(1352)，徽州陷于战乱，汪克宽率老幼避兵深山，所居房舍资财被焚掠殆尽，他处之晏如，直到战乱平定，始返故庐。

洪武二年(1369)正月，朝廷礼聘汪克宽至京参修《元史》。九月，《元史》修毕，朱元璋特旨，令参修《元史》者俱留仕，汪克宽则以老疾力辞，洪武五年(1372)十一月十二日卒于家①。

汪克宽自绝意科举后，即专意著述。著有《春秋经传附录纂疏》《春秋作义要诀》《春秋诸传提要》《程朱易传义音考》《诗集传音义会通》《经礼补逸》《周礼类要》《通鉴纲目凡例考异》及《六书本义》《左传分纪》等，另有《环谷集》传世。

汪克宽的《春秋》研究

程敏政曾说，汪克宽"六经皆有说，而《春秋》独盛"②，也就是说，汪克宽的经学研究虽然涉及《易》《诗》、三《礼》等各经，但最着力的则是《春秋》，他对后世学术影响最大的也是《春秋》研究。

汪克宽著有《春秋》学著作数种，但唯一传世的是《春秋经传附录纂疏》。关于此书，他的学生吴国英曾说："(汪克宽)乃取圣人手笔之《春秋》，博考诸说之同异得失，以胡文定公之传为主，而研究众说，会萃成书，名之曰《春秋经传附录纂疏》。"③

---

① 按，以上对汪克宽生平的介绍，系据吴国英《环谷汪先生克宽行状》，见程敏政辑：《新安文献志》卷七二，合肥：黄山书社，2004年版，第3册，第1767～1771页。

② 程敏政：《环谷先生汪公像赞》，《篁墩文集》卷五六，见《文渊阁四库全书》第1253册，台北：台湾商务印书馆，1983年版，第316页。

③ 吴国英：《环谷汪先生克宽行状》，见程敏政辑：《新安文献志》卷七二，合肥：黄山书社，2004年版，第3册，第1770页。

历代的《春秋》传注不下数十百种，汪克宽为什么要选择以胡安国的《春秋传》为主呢？他说：

《春秋》传注无虑数十百家，至于程子始求天理于遗经，作传以明圣人之志，俾大义炳如日星，微辞奥旨了然若视诸掌。胡文定公又推广程子之说，著书十余万言，然后圣人存天理、遏人欲之本意，遂昭焯于后世。①

在汪克宽看来，只有程颐将“天理观”贯穿进《春秋》，才使圣人之志得明；只有胡安国的《春秋传》才能推广程颐之说，将圣人“存天理、遏人欲”的本义昭揭于后世。

当然，汪克宽选择以胡安国《春秋传》为主，还有一个重要原因，就是胡氏的《春秋传》在元代已经成为官学，是科举考试中考试《春秋》的主要依据。他曾说：“国家设科，专用三《传》及胡《传》。然三《传》自有注疏全文，故今《纂疏》以胡氏为主。”②虞集在为《春秋经传附录纂疏》所作的序中也说：“国家设进士科以取人，治《春秋》者，三《传》之外，独以胡氏为说，岂非以三纲九法赫然具见于其书者乎？”但已经立为官学的《春秋传》没有“疏”，自是憾事。汪克宽著《纂疏》，似乎是要弥补这一缺憾。

汪克宽自称他撰著《春秋经传附录纂疏》有以下突出之点：

详注诸国纪年、谥号，而可究事实之悉备；列经文同异，而可求圣笔之真；益以诸家之说，而裨胡氏之阙遗；附以辨疑权衡，而知三传之得失。庶几初学者得之，不待遍考群书而辞义灿然，亦不为无助也。③

① 汪克宽：《春秋经传附录纂疏序》，《环谷集》卷四，见《文渊阁四库全书》第 1220 册，台北：台湾商务印书馆，1983 年版，第 680 页。

② 汪克宽：《春秋经传附录纂疏凡例》，见《文渊阁四库全书》第 165 册，台北：台湾商务印书馆，1983 年版，第 7 页。

③ 汪克宽：《春秋经传附录纂疏序》，《环谷集》卷四，见《文渊阁四库全书》第 1220 册，台北：台湾商务印书馆，1983 年版，第 681 页。

吴国英特别肯定了《春秋经传附录纂疏》的上述特点,他说:"(《春秋经传附录纂疏》)虽一以胡氏为主,而凡三《传》注疏之要语,暨诸儒传注之精义,悉附著之。且胡《传》博极群经子史,非博洽者不能知其援据之所自,与音读之所当。先生详究精考,一一附注于是。读是经者,不惟足以知胡氏作《传》之意,而且溯流寻源,亦可识圣人作经之大旨矣。"①可能正是这样,胡广在编纂《五经大全》时,其《春秋大全》便全采用了汪克宽的《春秋经传附录纂疏》。

汪克宽还说:"窃尝伏读圣人之经,一事之笔削,一言之增损,一字之同异,无非圣心精微之攸寓,而酌乎义理之至当。"这表明他对孔子在《春秋》中运用"笔削"或"一字褒贬"等很在意。他为此特别举例说,"如殊会,一也。而会王世子则书'及以会',以卑会尊之辞也,所以尊储君也;会吴则书'会以会',以此会彼之辞也,所以外裔夷也。同盟一也,而新城、鸡泽独于公会诸侯之下书某日同盟,盖新城乃赵盾主盟,而鸡泽单子与盟,故皆书日以系同盟之上,所以谨其渎君臣之分而异之也。楚成使宜申献捷、战泓围宋,皆贬书'人',所以贱僭窃;而会盂,书'爵'于陈、蔡、郑、许、曹君之上,以著其争霸之实"等②。他举出一系列的例证,目的就是突出"笔削"或"一字褒贬"的所谓"《春秋》书法"。汪克宽强调"《春秋》书法",虽说是对传统观念的延续,但也有对朱熹《春秋》观的背离之意。

汪克宽在《春秋经传附录纂疏》卷首的《先儒格言》中,选录了周敦颐、二程、朱熹、吴澄等对《春秋》的论述,其中引述朱熹的论述特别多,包括朱熹赞赏胡安国《春秋传》的言论,他还特别指出:"近代诸儒惟胡氏发明程子之意最详,朱子称其义理正当。"③这就给人造成这样的印象:汪克宽注疏《春秋传》,似乎是根据周敦颐、二程,特别是朱熹的意思。其实却不尽然。

---

① 吴国英:《春秋经传附录纂疏序》,转引自朱彝尊《经义考》卷一九九,见《文渊阁四库全书》第679册,台北:台湾商务印书馆,1983年版,第617页。

② 汪克宽:《春秋经传附录纂疏序》,《环谷集》卷四,见《文渊阁四库全书》第1220册,台北:台湾商务印书馆,1983年版,第680~681页。

③ 汪克宽:《春秋经传附录纂疏凡例》,见《文渊阁四库全书》第165册,台北:台湾商务印书馆,1983年版,第7页。

朱熹究竟是如何看待《春秋》和《春秋传》的呢？他在回答"《春秋》当如何看"之问时说:"只如看史样看。"并且不同意程颐所说的"以传考经之事迹,以经别传之真伪",认为"便是亦有不可考处"。将《春秋》视为史书,正是朱熹的高明处,也是他常常用以恢复历史真相的依据。朱熹还反对《春秋》学中流行的"一字褒贬"说,他说:"圣人亦只因国史所载而录之耳。圣人光明正大,不应以一二字加褒贬于人。若如此屑屑求之,恐非圣人之本意。"[①]朱熹的这些观点,都与胡安国《春秋传》的观点很不同。在回答"诸家《春秋》解如何"之问时,朱熹甚至还直接对《春秋传》提出异议,他说:"某尽信不及。如胡文定《春秋》,某也信不及。知得圣人意里是如此说否？今只眼前朝报差除,尚未知朝廷意思如何,况生乎千百载之下,欲逆推乎千百载上圣人之心。况自家之心又未如得圣人,如何知得圣人肚里事？某所以都不敢信诸家解,除非是得孔子还魂亲说出,不知如何。"[②]

朱熹在论述《春秋》和胡安国《春秋传》时,与上述类似的言论还有不少。但朱熹的这类论述,汪克宽都回避了。若将汪克宽回避朱熹的上述论述与他对"《春秋》书法"的强调联系起来,会让我们产生这样的疑问:他是不是纯粹的朱学传人？

汪克宽的学术渊源

怀疑汪克宽是不是纯粹的朱学传人,不是没有缘故的。

若从家学渊源来看,汪克宽似乎应为朱学的传人。程敏政就是这样看的,他曾说:"自我文公朱子一传为勉斋黄氏(黄榦),再传为双峰饶氏(饶鲁),三传为东山汪氏,即先生祖父,而先生实嗣其传。"他由此即断言"此(指汪克

---

① 均见黎靖德辑《朱子语类》卷八三,《朱子全书》第 17 册,上海:上海古籍出版社,合肥:安徽教育出版社,2002 年版,第 2836 页。

② 黎靖德辑:《朱子语类》卷八三,《朱子全书》第 17 册,上海:上海古籍出版社,合肥:安徽教育出版社,2002 年版,第 2844 页。

宽)考亭世适(同'嫡')门生第四人也"①。所谓"东山汪氏",即汪克宽祖父汪华②。程敏政正是从家学角度认定汪克宽是朱熹四代嫡传的。

汪克宽家学可以追溯到他的高祖汪侨。汪侨是汪氏家族迁居祁门韩溪之后中进士的第一人,也是汪氏家族成为儒学门第的奠定者。到汪克宽祖父辈时,更是"群从昆弟为诸经讲师,学问文章桀范乡邑"③,开始以学术著称乡里。朱学进入汪家便始于汪克宽的祖父辈,其祖父汪华曾与族兄汪相从学于饶鲁,他们也因此被视为朱熹的后学,《宋元学案》甚至说"祁邑理学之盛,自二人(即汪相、汪华)发之"④。汪克宽虽然没有直接受教于他的祖父,但他正是通过"观玩"饶鲁与汪华论学的记述,激发了研习朱熹《四书章句集注》的兴趣。

汪克宽的家学渊源不止于汪华。其外祖康鼎是一名贡士,曾亲授他《孝经》《论语》《孟子》,是他学术的启蒙者。其父汪应新也是一位"记识博洽,议论慷慨"的士人,他"尝著《便民二十条》,力陈当世要务,欲上之台省,不果,闻者惜之"⑤。

汪克宽的家学确实使他有成为朱学继承者的可能。但是,汪克宽的学术思想不仅来源于家学,还有师承。清初学者王士祯曾指出:"环谷之学受于云峰胡炳文、可堂吴仲迂(即吴迂),受《春秋》于严陵吴朝阳(即吴暾)。"⑥汪克宽从学吴暾是泰定三年(1326)春的事,其时,他与吴暾讨论《春秋》,吴暾还

---

① 程敏政:《环谷先生汪公像赞》,《篁墩文集》卷五六,见《文渊阁四库全书》第1253册,台北:台湾商务印书馆,1983年版,第315～316页。

② 按,汪华之兄汪灿无子,过继汪华之子汪应新为子,汪应新即汪克宽之父,故汪华实为汪克宽的亲祖父。

③ 吴国英:《环谷汪先生克宽行状》,见程敏政辑:《新安文献志》卷七二,合肥:黄山书社,2004年版,第3册,第1768页。

④ 黄宗羲原本、全祖望修定:《宋元学案》卷八三《双峰学案》,《黄宗羲全集》第6册,杭州:浙江古籍出版社,1992年版,第325页。

⑤ 吴国英:《环谷汪先生克宽行状》,见程敏政辑:《新安文献志》卷七二,合肥:黄山书社,2004年版,第3册,第1768页。

⑥ 王士祯:《居易录》卷九,见《文渊阁四库全书》第869册,台北:台湾商务印书馆,1983年版,第411页。

说:“子可谓真知作《春秋》之心法矣。”[①]对汪克宽的看法表示赞赏。如前所说,吴暾便是淳安著名的陆学学者。如果说,汪克宽师从胡炳文、吴迂(师从饶鲁),使他有可能成为朱学传人,那么,他受《春秋》于吴暾,则使他有了接受陆学的渠道,也就是说,汪克宽的学术并不纯粹来源于朱学,他通过吴暾也吸收了陆学。

因此,从汪克宽的学术渊源看,他并不完全如四库馆臣所说“其学以朱子为宗”[②],同时,对老师的选择也不是以学派为标准,而是“转益多师”。在“和会朱陆”业已逐渐成为学术风气的元代,“转益多师”大概也是自然的选择。

五、赵汸及其学术

元代后期,徽州地区还有一位大力倡导“和会朱陆”的著名学者,他就是赵汸。

赵汸(1319—1369)字子常,休宁人,因晚年隐迹于东山,故被学者称为“东山先生”。赵汸不慕荣利,一生都在读书、著述和教书中度过。其治学大体经历以下阶段:19 岁之前为第一阶段。这是赵汸开始接触朱学的时期。据赵汸弟子詹烜所作的行状载,赵汸“自孩抱闻读书辄能成诵,及就外傅,读朱子《四书》疑难不一,师告以‘初学,毋过求意’,辄不释,夜归,取《文公大全集》《语录》等书翻阅,五鼓始休。由是有悟,遂厉志圣贤之学,不事举子业”[③]。从至元三年(1337)即赵汸 19 岁起,到至正六年(1346),为第二阶段。这是赵汸负笈四方求学时期,他先后从学于黄泽、虞集等著名学者,师从黄泽,得以习其易学与《春秋》学;师从虞集,则得闻吴澄之学。自至正六年筑东

---

① 吴国英:《环谷汪先生克宽行状》,见程敏政辑:《新安文献志》卷七二,合肥:黄山书社,2004 年版,第 3 册,第 1769 页。

② 永瑢、纪昀等:《四库全书总目》卷一六八《环谷集》提要,北京:中华书局,1965 年版,下册,第 1460 页。

③ 詹烜:《东山赵先生汸行状》,见程敏政辑:《新安文献志》卷七二,合肥:黄山书社,2004 年版,第 3 册,第 1759 页。

山精舍到去世为第三阶段。这一阶段，除了至正十六年(1356)一度受聘为商山书院山长、洪武二年(1369)被征召到南京参与纂修《元史》外，赵汸主要从事教学工作和进行著述活动。其间，反元兵兴，他在避乱中曾寓于衢之柯山、结茅于婺源的古阆山，虽处于颠沛流离之中，进修之功不辍。洪武二年，赵汸于《元史》撰成后，即奏请还乡，就在这年冬，赵汸病逝。其著有《春秋师说》《周易文诠》《春秋左氏传补注》《春秋集传》《春秋属辞》等，另有诗文集《东山存稿》传世。

赵汸在学术上最值得学界注意的是"和会朱陆"主张和《春秋》学研究。

朱陆"合并于暮岁"说

赵汸与郑玉一样，也是"和会朱陆"的主张者，只是他对"和会朱陆"的论证与郑玉不同。郑玉特别强调"和会朱陆"的基础是朱学与陆学之"同"，如他说："况同是尧舜，同非桀纣；同尊周孔，同排释老；同以天理为公，同以人欲为私，大本达道，无有不同者乎。"既然朱、陆之间在基本学术主张即"大本达道"上有如此之多的"同"，朱学与陆学自然也可以"和会"起来。赵汸则不同，他认为，朱陆之间起初在"异"的方面是很明显的，"鹅湖之会"以后，他们在"同"方面日渐突出。赵汸于是据以提出了朱陆"合并于暮岁"说。

"合并于暮岁"说亦叫"始异而终同"说，是赵汸在《对问江右六君子策》这篇策论中阐述的。这是赵汸初游于虞集之门时，对虞集等所提出有关"江右六君子"的策问所作的回答。虞集在策问中曾以"拳拳朱陆之异同"为问，赵汸便作了"始异而终同"的回答。

赵汸首先肯定朱学与陆学之间确实有"异"："若夫陆先生之学与子朱子不同，则有非愚生之所能尽知者。然朱子之学，实出周、程，而周子则学乎颜子之学者也。程子亦曰：'孟子才高，学之无可依据，学者当以颜子为师。'至朱子之告张敬夫也，则又以伯子浑然天成，恐阔大难依，而有取于叔子以成其德焉，其自知也明矣。陆先生以高明之资，当其妙年，则超然有得于孟氏立心之要，而独能以孟子为师，且谓幼闻伊川之言，若伤我者。观其尚论古人者不同如是,则其入德之门,固不能无异矣。"[①]也就是说,朱熹所承继的是颜子之学,而陆九渊则以孟子为师,这种"入德之门"的不同,是造成他们学术之异的根本原因。接着,赵汸举出朱熹与陆九渊在义利问题和"无极而太极"命题上的争论,以展示他们在学术上之"异"的所在。他认为,在义利问题上,陆九渊虽然"深切明白",但他只依据"孟子之训",而不知有"气质之性";在"无极而太极"命题上,他们之所以往来"累千万言而不能相一",是因为陆九渊"不知不言无极,则太极同于一物,而不足为万化根本"的道理。

赵汸认为,正是不欢而散的"鹅湖之会",促使朱熹与陆九渊在学术上由"异"走向"同"。这是因为他们都不是固执己见的学者,"鹅湖之会"之后,都对对方观点的合理性和己方观点的不足作了认真的思考。他举例说:"子朱子之答项平甫也,其言曰:'自子思以来,教人之法惟以尊德性、道问学为用力之要。陆子静所说,专是尊德性事,而熹平日所论,却是道问学上多了。今当反身用力,去短集长,庶不堕于一偏也。'观乎此言,则朱子进德之序可见矣。陆先生之祭吕伯恭也,其言曰:'追惟曩昔,粗心浮气,徒致参辰,岂足酬议?'观乎斯言,则先生克己之勇可知矣。夫以二先生之言至于如是,岂鹅湖之论至是而各有合邪?使其合并于暮岁,则其微言精义必有契焉。"[②]

关于"义利之辨",赵汸则以朱熹请陆九渊讲学于白鹿书院,陆九渊讲了"君子喻于义,小人喻于利"一章,"朱子请其书而藏之"为例,表明朱陆在"义利"问题上的趋同[③]。

至于"太极之辨",赵汸则认为,朱熹是"以其无形而有理,故曰无极而太极;以其有理而无形,故曰太极本无极"。陆九渊兄弟之所以"谓太极上不当更加无极字,移书争之,往复数四,累千万言而不能相一",是因为他们与朱熹

---

① 赵汸:《对问江右六君子策》,《东山存稿》卷二,见《文渊阁四库全书》第 1221 册,台北:台湾商务印书馆,1983 年版,第 191 页。

② 赵汸:《对问江右六君子策》,《东山存稿》卷二,见《文渊阁四库全书》第 1221 册,台北:台湾商务印书馆,1983 年版,第 192 页。

③ 参见赵汸:《对问江右六君子策》,《东山存稿》卷二,见《文渊阁四库全书》第 1221 册,台北:台湾商务印书馆,1983 年版,第 191 页。

所论的侧重点不同:"夫以'中'训'极'者,是知太极之本体矣,而'中'非太极所以得名之实也;谓《易》有太极,不当言'无'者,是知论太极者之不当沦于高虚矣。"[①]因此,朱陆的分歧并非本质的分歧。

赵汸从朱熹、陆九渊思想互动的角度提出的"合并于暮岁"说或"始异终同"说,比笼统地以朱陆思想具有一致性而主张"和会朱陆",自然更有说服力,所以,作为倡导"和会朱陆"的吴澄的弟子,虞集立即表示赞同,他说:"子常生朱子之乡,而又有得于陆氏之说,其答斯问也,于前数君子既已各极其所蕴,而于二家之所以成己而教人者,反复究竟,尤为明白。盖素用力于斯事者,非缀缉傅会之比也。"[②]

赵汸的《春秋》研究

赵汸是元代后期继郑玉、汪克宽之后研究《春秋》的著名徽州学者。正是他,把新安理学的《春秋》研究推向了高峰。

直接对赵汸的《春秋》研究有重要影响的是资中(在今四川)学者黄泽。赵汸说:"(黄泽)于《春秋》以事实为先,以明书法为主,其大要则在考核三传,以求向上之功,而脉络尽在《左传》,作《三传义例考》。以为《春秋》有鲁史书法,有圣人书法,而近代乃有夏时冠周月之说,是史法与圣法俱失也,作《元年春王正月辨》。又以为说《春秋》有实义,有虚辞,不舍史以论事,不离传以求经,不纯以褒贬泥圣人,酌时宜以取中,此实义也;贵王贱霸,尊君卑臣,内夏外夷,皆古今通义,然人自为学,家自为书,而《春秋》迄无定论,故一切断以虚辞,作《笔削本旨》。……尝曰:说《春秋》须先识圣人气象,则一切刻削烦碎之说,自然退听矣。其但以为录实而已者,则《春秋》乃一直史可修,亦未为知圣人也。"[③]

---

① 参见赵汸:《对问江右六君子策》,《东山存稿》卷二,见《文渊阁四库全书》第1221册,台北:台湾商务印书馆,1983年版,第191页。

② 虞集:《书对问江右六君子策后》,见赵汸:《东山存稿》卷二,见《文渊阁四库全书》第1221册,台北:台湾商务印书馆,1983年版,第193页。按,虞集文的标题为笔者所加。

③ 赵汸:《黄楚望先生行状》,《东山存稿》卷七,见《文渊阁四库全书》第1221册,台北:台湾商务印书馆,1983年版,第339页。

赵汸曾两次问学于黄泽：第一次是至元三年（1337），他负笈求学之时，赵汸自述："汸自弱冠即往拜先生于九江，时先生年已七十有九，口授学《易》《春秋》致思之要，具有端绪。"①第二次是至正三年（1343），他与朱升同行，就学于黄泽。但此时，赵汸对《春秋》似乎尚未形成自己的观念，直到至正六年（1346），他方"于《春秋》大旨一旦若发蒙蔽"，于是"急往请教"黄泽，但等他到了九江，黄泽已"捐馆"。

赵汸从黄泽受《易》与《春秋》，在易学方面亦著有《周易文诠》，但四库馆臣认为，"汸平生学力多在《春秋》，所著说《春秋》之书亦最多，……其说《易》只有此本，流传颇罕，其中诠释义理，大抵宋儒绪论为多，不及《春秋》诸书之深邃"②。据赵汸自己说，他之所以学力多在《春秋》，是受健康状况所限："汸之生也，禀气甚薄，二十五六时，风痰之症，积成痼疾，手足头目日渐长大，而躯干与两臂独细弱如初，步履极艰，饮食甚少，如耄耋老衰者，其残废不堪人事之日久矣。迩岁以来，加以寒湿外感，身兼数症，药饵无功，医者厌于调治，友朋倦于馈给，温热间作，痞结怔忡，弗能食饮。……然汸所以得虚誉于时贤者，盖亦有说，早岁获见一二前辈，于经学稍知用心。既而，以久病故，仅守《春秋》一经，其他经皆不能复更，读史书仅考《左氏传》，亦不能记诵，其他自《史记》而下，治乱成败之说，皆力不能及。盖以久病早衰，不能勉强，非自弃也。"③为疾病所困扰，只得将精力集中于《春秋》一经，这反使赵汸在《春秋》研究上尤为"深邃"。

赵汸的《春秋》研究是以对黄泽《春秋》之学的总结为起点的。至正六年（1346），赵汸在办理黄泽丧事之后回乡，他便以所闻的黄泽之说，成《春秋师

---

① 赵汸：《春秋师说序》，转引自朱彝尊《经义考》卷一九八，见《文渊阁四库全书》第679册，台北：台湾商务印书馆，1983年版，第612页。按，周晓光将赵汸第一次见黄泽的时间定于至元四年（1338），参见《新安理学》，合肥：安徽人民出版社，2005年版，第143页。

② 永瑢、纪昀等：《四库全书总目》卷四《周易文诠》提要，北京：中华书局，1965年版，上册，第27页。

③ 赵汸：《答蔡参政书》，《东山存稿》卷三，见《文渊阁四库全书》第1221册，台北：台湾商务印书馆，1983年版，第243页。

说》3卷。至正八年(1348),他开始撰《春秋集传》,直到至正十七年(1357)方才成编,但赵汸对《春秋》的“史法”“经义”的阐释仍不满意,至正二十二年(1362),再作修订,但直到赵汸去世,仅写到“昭公二十八年”,此后的内容,系由他的学生、倪士毅之子倪尚谊“据属词义例续之”,始成《春秋集传》15卷。

就在赵汸对《春秋集传》初稿尚不满意之时,他受到《礼记·经解》篇所说的“属辞比事,《春秋》之教也”的启发,认为《春秋》乃孔子“经世之书”,但只有“使学者由‘《春秋》之教’”才能“以求制作之原”,若“制作之原既得,而后圣人经世之义可言矣”①,他由此而撰成《春秋属辞》一书。《春秋属辞》的完成,是赵汸《春秋》学成熟的标志。

赵汸治《春秋》学,是基于对《春秋》研究领域存在问题的分析。他在总结《春秋》注疏和研究的历史之后,发现存在以下问题:

> 自孟氏以来,鲜有能推是说以论《春秋》者,盖其失由三传始。《左氏》有见于史,其所发皆史例也,故常主史以释经,是不知笔削之有义也;《公羊》《穀梁》有见于经,其所传者,犹有经之佚义焉,故据经以生义,是不知其文则史也。后世学者,三传则无所师承,故主《左氏》,则非《公》《穀》;主《公》《穀》,则非《左氏》,二者莫能相一。其有兼取三传者,则臆决无据,流遁失中;其厌于寻绎者,则欲尽舍三传,直究遗经,分异乖离,莫知统纪。使圣人经世之道,暗而不明,郁而不发,则其来久矣。②

《春秋》学中存在的上述问题,集中起来是两个:第一,三传对《春秋》所见不同,《左传》有见于史,而《穀梁》《公羊》则有见于经,于是,导致后世“主《左氏》,则非《公》《穀》;主《公》《穀》,则非《左氏》,二者莫能相一”。第二,继而出现“兼取三传”和“尽舍三传”的分歧。由以上问题又引申出《春秋》学研究中

---

① 赵汸:《春秋属辞序》,《春秋属辞》卷首,见《文渊阁四库全书》第164册,台北:台湾商务印书馆,1983年版,第446页。

② 赵汸:《春秋集传原序》,《春秋集传》卷首,见《文渊阁四库全书》第164册,台北:台湾商务印书馆,1983年版,第3~4页。

的第三个问题，即《春秋》经本身的性质问题：是褒贬，还是实录？赵汸说：“其说经大旨不出二途，曰褒贬，曰实录而已。然尚褒贬者，文苛例密，出入无准，既非所以论圣人；其以为实录者，仅史氏之事，亦岂所以言《春秋》哉！是以为说虽多，而家异人殊，其失视三传滋甚。”[①]这一问题的焦点是，《春秋》仅是史事的实录，对是非的看法仅表现于史事的叙述之中，还是经过圣人的笔削，而寓褒贬于笔削之中？

赵汸的《春秋》学便是针对上述问题而构建起来的。宋濂曾对赵汸的研究思路作过概述，他说：“子常蚤受《春秋》于九江黄先生楚望。先生之志，以《六经》明晦为己任，其学以积思自悟、必得圣人之心为本。尝语于子常曰：‘有鲁史之《春秋》，则自伯禽至于顷公是已；有孔子之《春秋》，则起隐公元年至于哀公十四年是已。凡一事中皆具二义，必先考史法，然后圣人之笔削可得而求矣。’子常受其说以归，昼夜以思，忽有所得，稽之《左传》杜注，备见鲁史旧法粲然可举，亟往质诸先生，而先生殁已久矣。子常益竭精毕虑，几废寝食，如是者二十年，一旦豁然，有所悟入，且谓《春秋》之法，在乎‘属辞比事’而已，于是离析部居，分别义例，立为八体以布列之，集杜、陈（指陈傅良）二氏之所长，而弃其所短，有未及者，辨而补之。”[②]

宋濂很正确地指出了赵汸在《春秋》研究中对黄泽观点的吸收，特别是黄泽指出的要区分“鲁史之《春秋》”和“孔子之《春秋》”，即分清《春秋》中的“史法”和“书法”，即他所说的“鲁史书法”和“圣人书法”。了解“圣人书法”很重要，而了解“圣人书法”最好是搞清楚现存《春秋》中哪些是“鲁史书法”、哪些是“圣人书法”。但鲁史已经不存，这给了解“鲁史书法”带来困难。不过，《左传》作者是见过鲁史的，因此，从《左传》入手是理解“鲁史书法”的重要途径，自然也是区分“鲁史书法”与“圣人书法”的重要途径。所以他说：“必先考史

① 赵汸：《春秋左氏传补注原序》，《春秋左氏传补注》卷首，见《文渊阁四库全书》第164册，台北：台湾商务印书馆，1983年版，第329页。

② 宋濂：《春秋属辞序》，《文宪集》卷五，见《文渊阁四库全书》第1223册，台北：台湾商务印书馆，1983年版，第364页。

法而后圣人之法可求，若其本原脉络，则尽在《左传》。"[①]因此，"三传得失虽殊，而学《春秋》者必自《左氏》始"[②]。治《春秋》的自然顺序也就是由《左传》入手，再参之《穀梁》《公羊》，以求"圣人书法"。

了解"圣人书法"的目的是发掘孔子修《春秋》时的"笔削之旨"，探究《春秋》笔削的"义例"。但黄泽认为"鲁史有例，圣贤无例。非无例也，以义为例，隐而不彰，则又精矣"。那么，如何才可以探究孔子修《春秋》的"义例"呢？赵汸认为，只有用"属辞比事"的方法。他对朱升说：

> 今汸所纂述，却只是属辞比事法。其间异同详略，触类贯通，自成义例，与先儒所纂所释者殊不同，然后知以例说经，固不足以知圣人；为一切之说以自欺，而谩无统纪者，亦不足以言《春秋》也。是故但以"属辞"名书，而序文具见微意，明不可与《释例》《纂例》等书同论也。[③]

《释例》《纂例》是指晋代杜预的《春秋释例》、唐代陆淳的《春秋纂例》。赵汸强调，他的《春秋属辞》不是《春秋释例》《春秋纂例》可以同日而语的。

赵汸通过"属辞比事"究竟"自成"了哪些"义例"呢？他将他所"自成"的"义例"分为八类，即《春秋属辞》的八篇。这八类分别是"存策书之大体""假笔削以行权""变文以示义""辩名实之际""谨华夷之辩""特笔以正名""因日月以明类""辞从主人"。赵汸认为，沿此"义例"就可以探求《春秋》"制作之原"、了解圣人在《春秋》中所体现的"经世之义"[④]。

---

① 赵汸:《春秋左氏传补注原序》,《春秋左氏传补注》卷首，见《文渊阁四库全书》第164册，台北:台湾商务印书馆，1983年版，第329页。

② 赵汸:《春秋左氏传补注原序》,《春秋左氏传补注》卷首，见《文渊阁四库全书》第164册，台北:台湾商务印书馆，1983年版，第328页。

③ 赵汸:《与朱枫林先生允升学正书》,《东山存稿》卷三，见《文渊阁四库全书》第1221册，台北:台湾商务印书馆，1983年版，第237页。

④ 参见赵汸:《春秋属辞序》,《春秋属辞》卷首，见《文渊阁四库全书》第164册，台北:台湾商务印书馆，1983年版，第445～446页。按，"谨华夷之辩",《四库全书》本改作"谨中外之辩"。

赵汸以“属辞比事”之法,明《春秋》的“义例”,揭孔子的笔削大义,颇得学者的赞赏。如宋濂便说:“《左氏》之学既盛行,杜预氏为之注,其于史例推之颇详。杜氏之后,唯陈傅良氏因《公》《穀》所举之书法,以考正《左传》笔削大义最为有征,斯固读《春秋》者之所当宗。而可憾者,二氏各滞夫一偏,未免如前之蔽。有能会而同之,区以别之,则《春秋》之义昭若日星矣。奈何习者多忽焉而弗之察。其有致力于此,而发千古不传之秘者,则赵君子常其人乎!”[①]四库馆臣也说:“其入处只是属辞比事法,无一义出于杜撰云云。其论义例颇确。”[②]

---

① 宋濂:《春秋属辞序》,《文宪集》卷五,见《文渊阁四库全书》第1223册,台北:台湾商务印书馆,1983年版,第364页。

② 永瑢、纪昀等:《四库全书总目》卷二八《春秋属辞》提要,北京:中华书局,1965年版,上册,第228页。

第七章　新安理学由盛转衰:明代前期

在中国学术史上,似乎每个学派、每种思潮都无法避免盛极转衰的“宿命”。新安理学也是如此,它在元代达到高峰之后,虽然凭借其“惯性”,在明代前期仍然给人以兴盛的感觉,但其“惯性”很快便开始衰减,明代中期之后,新安理学走向衰微的局面就日渐显现出来。

新安理学由盛转衰的标志,是明代中期问世的徽州学者的两部著作,即《新安文献志》和《新安学系录》。这两部著作既是对迄于明初徽州学术所作的总结,又是新安理学由盛转衰的分水岭。自它们问世之后,新安理学就光辉不再,不光人们崇奉的朱学失去了创造力,即使几乎席卷徽州地区的湛(若水)、王(阳明)之学也没有给徽州学术注入新的活力。到了明清之际,新安学术向何处去更成了不可回避的问题。

与《新安文献志》和《新安学系录》同时出现的还有《道一编》和《闲辟录》。这两部围绕“朱陆异同”问题展开讨论的著作,似乎还想对新安理学的特征作出说明:新安理学究竟是“一以朱子为归”的学派,还是以朱学为主而又具有包容性的学派。

一、明代前期的徽州学术

明代前期,徽州学术已经看不到什么开拓与创新。它之所以还能给人们留下“兴盛”的印象，是因为朱升、汪克宽、赵汸等新安理学家的学术活动旺盛期虽然已经过去，但他们毕竟进入了明代，还在影响着明初的学界。同时，永乐年间《五经大全》《四书大全》《性理大全》在编纂时，采纳了不少徽州学者的著作，使他们的著作随着这些《大全》而跻身官学之列，这也给人们造成了新安理学依然“兴盛”的感觉。

跻身官学的徽州学者著作

明朝开国之后，继承了元代的科举制度。洪武三年(1370)，朱元璋便昭告天下：“自今年八月始，特设科举，务取经明行修、博通古今、名实相称者。朕将亲策于廷，第其高下而任之以官，使中外文臣皆由科举而进，非科举者毋得与官。”[①]并“专取四子书及《易》《书》《诗》《春秋》《礼记》五经命题试士”[②]。其中，“《四书》主朱子《集注》，《易》主程《传》、朱子《本义》，《书》主蔡氏《传》及古注疏，《诗》主朱子《集传》，《春秋》主《左氏》《公羊》《穀梁》三传及胡安国、张洽《传》，《礼记》主古注疏”[③]，与元代一样，仍然以宋代理学家的著述作为科考的主要依据。

永乐十二年(1414)，明成祖朱棣又命翰林院学士胡广、侍讲杨荣以及金幼孜等人纂修《五经四书大全》及《性理大全》。这是永乐朝的一项国家级文化工程，朱棣抓得很紧，其间曾“被诏催促”[④]，因此，仅用一年多的时间，便于永乐十三年(1415)九月完成了《五经四书大全》《性理大全》的编纂，朱棣还亲自制序，弁于卷首，并将《五经四书大全》分为《五经大全》和《四书大全》，与《性理大全》一起，由礼部刊赐天下，作为科举考试的依据。由此开始，便“废注疏不用。其后，《春秋》亦不用张洽《传》，《礼记》止用陈澔《集说》”[⑤]。

---

① 《明史》卷七〇《选举制二》，北京：中华书局，1974年版，第6册，第1695～1696页。

② 《明史》卷七〇《选举制二》，北京：中华书局，1974年版，第6册，第1693页。

③ 《明史》卷七〇《选举制二》，北京：中华书局，1974年版，第6册，第1694页。

④ 侯外庐、邱汉生、张岂之主编：《宋明理学史》下卷，北京：人民出版社，1987年版，第10页。

⑤ 《明史》卷七〇《选举制二》，北京：中华书局，1974年版，第6册，第1694页。

三部《大全》颁布之后，曾受到不少学者的批评，但也有学者给予了肯定。如清初学者陆陇其就对三部《大全》作了以下的评论："四书、五经、性理《大全》虽纂辑之臣如胡、杨、金、萧，无大儒在其间，故不无繁冗遗漏之病，而大义炳如，非程朱之学不载，足为学者准绳。盖当时承宋元诸儒理学大明之后，黑白昭然，不必登堂入室之士然后能知圣人之道。永乐之政未有善于此时者也，自成、弘以上，学术一而风俗同，岂非其明效耶。"①陆陇其特别肯定三部《大全》在"学术一而风俗同"方面发挥的作用，实际上是对程朱理学意识形态功能得到发挥的肯定。

胡广等人在编纂三部《大全》时，曾选录了大量徽州学者的著作。如朱彝尊说："胡广诸人止就前儒之成编一加抄录而去其名，如《诗》则取诸刘氏，《书》则取诸陈氏，《春秋》则取诸汪氏，《四书》则取诸倪氏，《礼》则于陈氏集说外，增益吴氏之《纂言》，《易》则天台、鄱阳二董氏，双湖、云峰二胡氏，于诸书外全未寓目。"②朱彝尊所说的"《书》则取诸陈氏"，指的是陈栎的《尚书集传纂疏》；所谓"《春秋》则取诸汪氏"，指的是汪克宽的《胡传纂疏》；所谓"《四书》则取诸倪氏"，指的是倪士毅的《四书辑释》；所谓"《易》则……双湖、云峰二胡氏"，指的是胡一桂的《周易本义附录纂疏》、胡炳文的《周易本义通释》等。朱彝尊这段话虽然是在批评胡广等人以极不负责任的态度编纂《五经大全》《四书大全》，但也道出了徽州学者有关《四书》《五经》的著作在学界的地位和影响。在官修的三部《大全》中，如此大量使用徽州学者的著作，足以表明徽州学者的《四书》《五经》著作在学界流传之广、影响之大。而随着三部《大全》颁于学官，上述徽州学者著作的影响更随之扩大。

明代前期的徽州学者

明代学者汪循在谈到元末明初徽州学术时曾说：

---

① 陆陇其：《松阳钞存》卷上，见《文渊阁四库全书》第725册，台北：台湾商务印书馆，1983年版，第636页。

② 朱彝尊：《经义考》卷四九，见《文渊阁四库全书》第677册，台北：台湾商务印书馆，1983年版，第541页。

> 元季国初之间,某尝自谓吾郡典章文物之盛,理学相传之真,在他郡或未之过也。定宇陈先生栎、道川倪先生士毅、风林朱先生升、东山赵先生汸、礼侍朱先生同、平仲范先生准之在休,云峰胡先生炳文、黟南程先生文、蓉峰汪先生叡之在婺,与夫师山郑先生玉之在歙、环谷汪先生克宽之在祁,其选也。始以朱子之乡,观望而起,能自得师于是乡邑之中,师友渊源,英才辈出,而其所以为学,皆务淑诸身心,尊乎德性,言必有裨于圣训,行必取法于古人,故修辞制行如诸先生者,如浑金美玉,有一亦自足以贵重于世,矧其多乎,矧下此或出自型模镕范之余,或得之相观私淑之懿者,不可胜数乎。是故文盛一郡,远余百年,在当时有东南邹鲁之称,朱子世嫡之号,信不诬也。①

汪循这段话,为我们勾勒出了一幅元末明初徽州学术兴盛的图景。其实,新安理学的兴盛期在元末已经过去,它之所以在明初还使人们产生兴盛的感觉,既是因为元代的新安理学家进入明代之后还闪烁着余晖,也因为明初出现了几位新秀。他们的影响力虽然无法与朱升等新安理学家相比,但毕竟使新安理学得以延续。

在明初继起的学者中,汪循所提到的朱同、范准便是较著者。在朱同、范准之外,汪循提到的汪叡,虽然与朱升、赵汸、汪克宽等人属于同辈学者,算不上新秀,但他入明之后生活了 30 余年,这 30 余年是汪叡学术活动的重要时期,所以我们也就将他视为明代前期的徽州学者。

明初新安理学新秀的出现,是徽州学术在代际之间传承的结果。如前所说,徽州学术代际传承的基本形式,是"家学"和"师承"。朱同便是依靠"家学"承接新安理学的典型。

---

① 汪循:《新安师友文集序》,《汪仁峰文集》卷七,见《四库全书存目丛书·集部》第 47 册,济南:齐鲁书社,1997 年版,第 269 页。按,《新安理学先觉会言》亦载此文,文字略有不同。

朱同(1339—1384[①])字大同,号石门,朱升之子。他曾取别号紫阳山樵,以志对朱熹的景仰,因其外家姓陈,故又号朱陈村民。据说,朱同资性超迈,为文敏捷。洪武十一年(1378)举明经,授本郡教授。在此期间,他曾重纂《新安志》,并进于朝。洪武十三年(1380),朱同通过"举人才"的途径荐授吏部司封员外郎。洪武十五年(1382)二月,又恩升为礼部侍郎。后来"坐事"废,"赐"自经[②]。朱同所著《新安志》已佚,仅有诗文集《覆瓿集》存世,而此文集也只保存了朱同诗文的十之二三。

范准侄孙范標曾说,朱同虽然"文才武略、图绘丹青,无所不精,时称为三绝",但这只是其"绪余"[③],他的真正优长在学术。而朱同的学术则如其挚友范准所说,是"明家学以底于成"[④]。范准回忆道,7岁时,他的舅舅聘请朱升教于家塾,朱同便"侍其尊父来同砚席"[⑤]。此后,朱升又授以《周官》《仪礼》。在朱升的训导下,朱同遂"尤崇正学"[⑥]。所以徽州学者范涞说,朱升与朱同

① 按,关于朱同的生卒年,没有史料记述。而与朱同同年出生的挚友范准在《书云溪归隐图后》一文中自述道:"七岁时,舅氏延前翰林学士枫林朱先生于家塾,而大同侍其尊父来同砚席。明年,先生由乡贡赴春官,越三年己丑,先生又来教云溪。"己丑年为元顺帝至正九年(1349),此年,范准与朱同均应为11岁,则他们当生于1339年。关于朱同的卒年,《明史》只说朱同"坐事死",未言其详,而人们多以为朱同之死,是因陷入"蓝玉案"。查"蓝玉案"发生于洪武二十六年(1393),而范准在《书云溪归隐图后》中说:"今春考满,由延安入陕,则始知吾大同之不幸也。"范文作于洪武乙丑年,即洪武十八年(1385),则朱同当死于1384年,而与"蓝玉案"无关。

② 关于朱同之死,四库馆臣说:"《明史》但载同坐事死,而不著其详。蒋一葵《尧山堂外纪》乃云:同以词翰受知,宫人多乞书便面,一日,御沟有浮尸,帝疑之,遂赐死。其说颇荒唐,未可信也。"参见永瑢、纪昀等:《四库全书总目》卷一六九《覆瓿集》提要,北京:中华书局,1965年版,下册,第1467页。

③ 范標:《覆瓿集跋》,见朱同:《覆瓿集》卷八,见《文渊阁四库全书》第1227册,台北:台湾商务印书馆,1983年版,第730页。

④ 范准:《书云溪归隐图后》,见朱同:《覆瓿集》卷八,见《文渊阁四库全书》第1227册,台北:台湾商务印书馆,1983年版,第727页。

⑤ 范准:《书云溪归隐图后》,见朱同:《覆瓿集》卷八,见《文渊阁四库全书》第1227册,台北:台湾商务印书馆,1983年版,第727页。

⑥ 施璜:《环古书院志》卷七《朱石门先生传》,见赵所生等编:《中国历代书院志》第8册,南京:江苏古籍出版社,1995年版,第592页。转引自周晓光:《新安理学》,合肥:安徽人民出版社,2005年版,第159页。

“是父是子,家学相承”。正是对家学的继承,方使朱同“文则羽翼六经”①。

但值得注意的是,“和会朱陆”在当时的徽州几乎成为风气。元代的徽州学者虽然大多尊崇朱学,但尊朱的学者未必排斥陆学。此风亦影响到朱同,他在《书先子临晦庵夫子书尊德性斋铭后赠曹子纯》一文中说:

> 曾子其曰“尊德性致广大极高明”者,存心之要;而“道问学尽精微道中庸”者,致知力行之事也。濂洛之学至吾考亭而集厥大成,搜寻疏剔,会元统宗,几无余蕴。然其智知仁行、勇强之说,与夫知及仁守、期月之守、颜子服膺者,不能吻合,诸如此类,虽矫时弊,而与经文本旨不能无遗憾焉。此陆氏之论所以不能同归,而先子每为之长太息也。此扁此铭,发明奥蕴、启迪后人者,尚复奚加,使子静复生,亦当敛衽。②

在此文中,朱同虽然对朱熹颇为敬重,但同时也流露出对陆学的关注。在朱同看来,只有“尊德性”才是“存心之要”,才是《中庸》的精神所在,而“道问学”只是“致知力行之事”,只是对《中庸》精神的认知和践履,所以,陆九渊不能对朱熹之论表示赞同,只有在朱熹接受陆九渊的“尊德性”说之后,才会吻合经文本旨,才能使陆九渊服膺。朱熹在《尊德性斋铭》中做到了这一点,因此,如果陆九渊复生看到此铭,他也会“敛衽”折服的。字里行间可以看出朱同对陆学的肯定。

朱同在文中所说的“此陆氏之论,所以不能同归,而先子每为之长太息也”,还透露出一个信息:“和会朱陆”也是朱升所考虑的问题。他说朱升也在考虑“和会朱陆”问题,我们毫不感到奇怪。对于高举求“真是”旗号的朱升来说,他虽然崇敬朱学,但绝不会有门户之见。朱同强调朱升对朱学与陆学“不能同归”“每为之长太息”,则表明他对陆学的肯定也是有原因的。

---

① 范涞:《覆瓿集原序》,见朱同:《覆瓿集》卷首,见《文渊阁四库全书》第1227册,台北:台湾商务印书馆,1983年版,第651页。

② 朱同:《书先子临晦庵夫子书尊德性斋铭后赠曹子纯》,《覆瓿集》卷六,见《文渊阁四库全书》第1227册,台北:台湾商务印书馆,1983年版,第712页。

如果说朱同是依靠“家学”而继承了新安理学的话，那么，范准承接新安理学便是依靠“师承”。

范准（1339—1385[①]）字平仲，休宁人。他在自述其学术渊源时曾说：“七岁时，舅氏延前翰林学士枫林朱先生于家塾，而大同侍其尊父来同砚席。明年，先生由乡贡赴春官，越三年己丑（即至正九年，1349），先生又来教云溪。明年，先生官池阳（指至正十年，1350，朱升赴池州，就任池州路儒学教授），余与伯静[②]受业东山精舍（即受学于赵汸）。又二年壬辰（即至正十二年，1352），江淮兵起，郡邑为墟，先生亦自池阳归，余与伯静束书避地石门山中肄业，涉三载，岁乙未（即至正十五年，1355），又侍先生，客玶溪。是秋，郡邑又复骚动，遂逃难骇散，而诗书之业荒矣。又三年戊戌（即至正十八年，1358），先生召余授徒石门曹氏，与大同讲学于家，一岁之间，灯火之联，诗酒之聚，此幸殆未始有也。”[③]范准的自述表明他的学术源自朱升、赵汸。

大概在至正十六年（1356）之后，范准便“绝意当世，以讲学为业。虽俯仰之资愈困，处之泰然。游于闽，从学者益重。久之，归隐云溪，辑东山诗文，并订《春秋集传》”。但在洪武十一年（1378），他还是“以明经举本邑训导”，洪武十四年（1381），又“召为葭川吴堡（今陕西吴堡县）令”。在任县令期间，范准

---

① 按，有学者认为洪武十八年（1385）春，范准“升为工部主事，到任刚刚一个月，即卒于官”，此说不确。范准在《书云溪归隐图后》一文中自言，洪武十八年（1385）春，他在陕西吴堡任满，三月出陕，至河北胙城访程伯静，不遇而至京，未几，“除工部主事，到任未及月，而遭诬不复能自明，因诬自诉以冀免，而卒罹咎钳缧近五十日”。据范准自述推之，他在任工部主事大概在洪武十八年三四月间，“不到一个月”也就是四五月。此时，范准并未去世，只是被诬而关押50多天。其年七月，范准还作有《书云溪归隐图后》，这说明范准去世是在洪武十八年（1385）七月之后。

又，程敏政曾说“准与礼部侍郎朱同、中军都督府断事程子静同庚、同师、同业、同仕，而死亦同，亦可怪也”（参见《新安文献志·先贤事略上》，合肥：黄山书社，2004年版，第1册，第46页），有人据以为范准与朱同、程伯静死于同时。这是对程敏政所说的“死亦同”的误解。程敏政所说的“死亦同”并非指他们死于同时，而是说他们死前都有着被诬下狱的经历。

② 按，伯静即程天。程天（1339—1385）字伯静，亦字子静，休宁人。受业于朱升、赵汸，洪武十四年（1381）以文学举卫辉府胙城知县，后升任中军都督府断事。

③ 范准：《书云溪归隐图后》，载朱同《覆瓿集》卷八，见《文渊阁四库全书》第1227册，台北：台湾商务印书馆，1983年版，第727页。

“开设旧治，安复流佣，振兴学校，清苦自甘”，颇有政声。任期满后，于洪武十八年(1385)“擢工部主事”，他就在此年卒于任上。由于范准为官清廉，他卒时“资无以殓，久之，始得归葬”。所著有《虀瓮稿》《西游率稿》《谬稿》《塞北稿》《何陋轩稿》等[①]。

范准的族孙范檩在谈到范准的学术时曾说：“尝忆族祖平仲公师事枫林先生，从隐石门三年，后举明经，以理学名世。”[②]范准自己也说，“孝悌忠信，为学之本。记诵词章之习，抑末耳。”所以范准的文章也因此而“弘议阔论，要在发明孔孟”[③]。

比起朱同、范准，汪叡名气更大一些，故程敏政在《新安文献志》中将他与赵汸、汪克宽等比肩，同置于“硕儒”之列。

汪叡(1323—1401)字仲鲁，婺源人。据《明史》载，元末战乱时，汪叡与其弟汪同曾集众保乡邑，并助元军攻复了饶州，故拟授他浮梁州同知，但他婉辞不就。后来，朱元璋的大将胡大海攻克休宁，汪叡兄弟来附，设星源翼分院于婺源，以汪同为院判，但汪叡仍请归田里。至正二十年(1360)秋，汪同将兵争鄱阳不克，遂弃妻孥亡之浙西，投张士诚，朝廷因此对汪叡产生怀疑，檄取汪叡及其夫人程氏入应天为质。后闻汪同为张士诚所杀，才释放了汪叡，并授安庆税令。至正二十二年(1362)夏，汪叡以奏请事宜还京师，而安庆为陈友谅所陷，夫人程氏窜入山谷得以保全。城府平定，汪叡方自京师复任，未逾月，朝廷选儒官，征汪叡参赞川蜀军事，他以疾辞，并得以归里，过着隐居生活。

洪武十七年(1384)，朝廷下征贤诏，朱元璋召见了汪叡，命他讲《尚书》的《西伯戡黎》篇，汪叡所讲《尚书》深惬朱元璋之意，遂任他为左春坊左司直。此后，汪叡受命续《薰风自南来》诗及作其他应制，皆能“称旨”，因而朱元璋对

---

① 本段引文均引自马步蟾纂修：《(道光)徽州府志》卷十一之三《人物一・儒林》，见《中国地方志集成・安徽府县志辑》第49册，南京：江苏古籍出版社，1998年版，第297页。

② 范檩：《覆瓿集跋》，见朱同：《覆瓿集》卷八，见《文渊阁四库全书》第1227册，台北：台湾商务印书馆，1983年版，第730页。

③ 转引自周晓光：《新安理学》，合肥：安徽人民出版社，2005年版，第155页。

汪叡很看重，颇能接受他的建议。如汪叡奏请春夏停决死罪，以体天地生物之仁，朱元璋立即就答应了，还曾用“善人”称呼汪叡。1 年之后，汪叡疾作，遂请假归乡。回乡 16 年之后，汪叡去世于家中[①]。

汪叡的学术也主要源于家学。据说，汪叡“赋性聪敏，颖悟过人，幼知务学，年十二能赋诗，十五能属文，夏不就凉，冬不附火”，其性情超迈和务学勤奋，受其族祖汪炎昶的欣赏，于是“收教之”，汪叡也更加奋发，他“日诵经传千余言，凡有疑难，必籍记逐一问辨”，由此学业日进。既冠后，汪叡“游于江淮、两浙，一时知名士莫不器重”。至正二年（1342）秋，汪叡应浙江乡试，因不合有司意，遂归家专心治学，常与倪士毅、郑玉、朱升、赵汸等相与讨论，此后又与族人至碧云庵玉莲僧舍，“穷日夜潜心于诸经子史，靡不研穷考订，融会贯通，性命道德之原，古今事物之变，至于山川岳渎、草木昆虫，凡天之所覆、地之所载者，莫不极其所以然之故，然后反诸身而自得之，体认操存，扩充其端，以实践焉”[②]，因而学术日益精进。其“为学推孔孟之道，必求诸其中。所为文章，深而博厚，淡而古雅，赋颂诗歌，其要咸归于正”[③]。所著有《浯溪集》等。

明代前期的徽州学者，除汪叡、朱同、范准外，尚有郑琏（字希汞，郑玉之弟）、郑忠（字以孝，郑玉族孙）、郑潜（字彦昭，郑玉族侄）、金居敬（字元忠，朱升、赵汸弟子）、黄枢（字子运，朱升、赵汸弟子）、杨琢（字季成，曾游于倪士毅之门）等[④]。他们也通过“家学”与“师承”这两条学术纽带，联入朱学的谱系之中。但他们在学术上基本无可述，故从略。在他们之外，该一提的是唐桂芳、唐文凤父子。

---

① 《明史》卷一三七《汪叡传》，北京：中华书局，1974 年版，第 13 册，第 3943 页。

② 程汝器：《贞一汪先生叡行状》，见程敏政辑：《新安文献志》卷七二，合肥：黄山书社，2004 年版，第 3 册，第 1772～1773 页。

③ 程汝器：《贞一汪先生叡行状》，见程敏政辑：《新安文献志》卷七二，合肥：黄山书社，2004 年版，第 3 册，第 1776 页。

④ 参见周晓光：《新安理学》，合肥：安徽人民出版社，2005 年版，第 157～160 页。

“唐氏三先生”之唐桂芳、唐文凤

唐桂芳、唐文凤父子之所以值得一提，是因为自唐元起，唐氏祖孙三代学术相承，为研究徽州学术的“家学”传承提供了很好的个案。大概程敏政就已经注意到了这个问题，他曾将唐元祖孙三代的三部文集《筠轩集》《白云集》《梧冈集》合刊为《唐氏三先生集》，这也是“唐氏三先生”名号的由来。

虽然唐元在元代中叶便已去世，但讨论“唐氏三先生”，还是需要从他说起。

唐元(1269—1349)字长孺，号敬堂，歙县人，被学者称为“筠轩先生”。唐氏在歙的始祖为唐承旷，宋王朝南渡后，他任歙州军州事，其子孙遂为歙人。承旷传九世至唐廷隽，因无嫡后，过继了婺源李玘之子李桂三。李氏为唐宣宗之子昭王李汭的后裔，因避黄巢之乱至篁墩，后迁婺源。李桂三过继后改名唐虞，字常道，号梅癯，他就是唐元之父[①]。

但是，造就“唐氏三先生”的并不是唐虞(李桂三)的皇族血统，唐氏门楣的光大靠的是世代相传的学术。据说，唐虞热衷经学，尤其是在《周礼》研究上颇有造诣，在主治《周礼》之外，他还有“理学诸文，多所发明，具载《六典精义》”[②]。这使唐元自幼就在家庭中受到学术熏染。

家庭的熏染直接影响了唐元的学术取向，使他日益接近理学。据程敏政说，唐元少时便“喜诵鹤山魏文靖公(魏了翁)之书，因有所悟入”，这应是他接受理学之始。后又与徽州学者洪焱祖、俞赵老(即俞魏卿，时为晦庵书院山长)为笔砚交，人称“新安三俊”，继而与“云峰胡文通公(胡炳文)、定宇陈先生(陈栎)、师山郑待制(郑玉)、黟南程礼部(程文)皆相友善”，相互切磋使唐元学术日益精进，也使他进入元代著名新安理学家行列。

---

① 参见唐文凤《明故和斋唐公墓志铭》，《梧冈集》卷八，见《文渊阁四库全书》第1242册，台北:台湾商务印书馆，1983年版，第633页。

② 唐元:《跋先君子梅癯先生讲篇后》，《筠轩集》卷一一，见《文渊阁四库全书》第1213册，台北:台湾商务印书馆，1983年版，第576页。

唐元虽然在学术上早已取得成功，但踏上仕途却很晚。程敏政说，他“既老矣，始以文学起家，为平江路(治所在今苏州)学录，再调分水(县治在今浙江桐庐县分水镇)教谕，迁南轩书院①山长，以徽州路教授致仕”②。看来，他即使入仕后，从事的也是教育活动，与学术有着密切的联系。

唐元是朱熹的私淑者，在各派理学中最倾向于朱学。他曾用这样的诗句勉励友人：“正色坐紫阳，师道可无怍。”③其实，这两句诗正是他的夫子自道。四库馆臣在评论唐元时也说他“于经术颇深，故议论亦不诡于正”④。这不仅肯定了唐元对经学有深入的研究，也肯定了他不悖于时为正统的朱学。

唐元在经学中尤重易学，他一方面推崇朱熹的易学，肯定“《易》至朱、程无余蕴矣”，一方面又认为程颐、朱熹“二家多不及象”，这意味着唐元在易学上与胡炳文等人一样，不主张离开象数谈义理，而主张将“象”“理”统一起来。唐元还感到“儒先于一爻二爻间有总论”而“六爻每无总论”，是一个缺陷，他于是“悉数考证陈备”，凡“互有不同，则疏于卦末”，撰成《易传义大意》，以弥补儒先的不足。其晚年所著的《闻见录》，还显出他于“理学渊源，名物巨细，事无不考，问无不知”⑤的治学特点。

关于唐元的著述，据记载，他除《易传义大意》《闻见录》之外，还著有《敬堂杂著》《思乐杂著》《吴门杂著》《分阳杂著》《金陵杂著》等，可惜这些著作均已散佚，唯有十三卷本的《筠轩集》尚存。

唐元之后能够继承唐氏家学的，是其子唐桂芳。

---

① 按，江苏句容、江西宜春等多地均建有南轩书院，唐元所迁往者为何处，不详。

② 以上均引自程敏政：《唐氏三先生集序》，《篁墩文集》卷二三，见《文渊阁四库全书》第1252册，台北：台湾商务印书馆，1983年版，第401页。

③ 唐元：《送尤山长归浮梁》，《筠轩集》卷一，见《文渊阁四库全书》第1213册，台北：台湾商务印书馆，1983年版，第435页。

④ 永瑢、纪昀等：《四库全书总目》卷一六七《筠轩集》提要，北京：中华书局，1965年版，下册，第1447页。

⑤ 以上所引，均见朱文选：《元故新安郡博士筠轩唐先生行状》，载程敏政辑：《唐氏三先生集》附录卷一，正德十三年(1518)刊本，转引自唐宸：《元代新安理学家唐元考论》，《黄山学院学报》2012年第4期。

唐桂芳(1308—1380)一名仲，字仲实，以字行，号白云，又号三峰，被学者称为“白云先生”或“三峰先生”，著有《白云集》。

程敏政曾说，唐桂芳的学术得自父师[①]。据史载，唐桂芳师从洪焱祖、陈栎、胡炳文，是在10岁之后，因此，10岁之前，他应该是受教于其父，唐桂芳自己也曾追忆说：“予幼承过庭之训。”[②]又说：“仲素有志科举之习，我先君该博，声号于人，学者云至，故幼而为之耳熟者，过庭之训，先君之意惓惓也。”[③]15岁之后，随侍其父至苏州，一度师从钱水村、龚子敬“攻举子、声律之学”。弱冠后，唐桂芳参加科举不利，便客寓金陵，受聘为明道书院山长，后调崇安教谕，被翰林待制杜清碧称为“清才懿德，为儒官第一”，升南雄路学正，以母丧不赴。会元末兵起，唐桂芳曾避乱山中不复仕，以诗酒自娱。元顺帝至正十七年(1357)，朱元璋驻跸新安，延访耆旧，卫国公邓愈荐以朱升、唐桂芳二人，朱元璋召见了他们。召见唐桂芳时，朱元璋首问平天下要道，唐桂芳“以不嗜杀人”对，他又向朱元璋力陈筑城之苦，随即罢役。朱元璋曾要唐桂芳出仕，他以疾辞。此后，镇守新安的驸马王克恭与知府魏均祥，强起唐桂芳为紫阳书院山长，但不久，唐桂芳就因丧明而辞归[④]。唐桂芳晚年曾患腹疽之症，竟伏枕近70日。疾虽小愈，但后来又复发。洪武十三年(1380)七月二十一日，在子孙环侍之时，唐桂芳作“两袖清风，千里白云”之赞后，萧然而逝。

唐桂芳对朱熹十分敬仰，常以生在朱熹故里为荣。他颇受乡里称道的是对紫阳书院的重建。徽州著名的紫阳书院曾毁于兵燹，战事平息之后，唐桂芳便极力“谋度地”，拟将紫阳书院“移建于东关县学旁”。在知府魏均祥、县

---

① 程敏政说：“三峰制作虽本之父师，而精采呈露，有脱颖出奇之意。”程敏政：《唐氏三先生集序》，《篁墩文集》卷二三，见《文渊阁四库全书》第1252册，台北：台湾商务印书馆，1983年版，第401页。

② 唐桂芳：《百云集原序》，《白云集》卷首，见《文渊阁四库全书》第1226册，台北：台湾商务印书馆，1983年版，第774页。

③ 唐桂芳：《赠陈生自新序》，《白云集》卷五，见《文渊阁四库全书》第1226册，台北：台湾商务印书馆，1983年版，第842页。

④ 参见程敏政：《唐氏三先生集序》，《篁墩文集》卷二三，见《文渊阁四库全书》第1252册，台北：台湾商务印书馆，1983年版，第401页。

丞胡子微等人的支持下，动员士林相助木植、瓦石，终于“构正祠三楹，两庑十楹，门屋三楹，中肖文公，傍肖西山勉斋，以配享焉”①，完成了紫阳书院的重建，恢复了徽州地区养育人才的重要场所。唐桂芳还反复以绍继朱熹学术激励新安士子，如他在紫阳书院讲学时说道：“我文公先生倡道东南，明伊洛以绍洙泗，谈者以人品不在孟子下，信哉斯言也。上世家歙之黄墩，其父吏部韦斋公尉尤溪，而先生生构楼在崇安五夫里，扁曰‘紫阳’，示不忘本也。况歙为桑梓之邦，衣冠文物、流风遗泽尚可征哉！”②

唐桂芳对唐元学术的继承，突出表现在易学上。他曾说：“予早受先人庭训，窃尝从事是经(指《易经》)。”唐桂芳特别继承了唐元易学以“象”言《易》、以“卦”求辞的观点，他说：“夫《易》自奇偶而八卦成，圣人各有所寓象。孔子曰：‘《易》者，象也。’苟舍象言《易》、弃卦求辞，则人自为《易》，家自为书，不期于异而《易》自异，况求其能自致哉?”但是，以“象”言《易》、以“卦”求辞的观点与程颐、朱熹的易学思想则不一致，所以，唐桂芳虽然肯定“程子之《传》，真知实践，揆于《易》为实效；朱子《本义》崇尚卜筮，稽诸经而有征”，但他还是强调：“舍卦象明《易》，奚可哉?”更是推崇汉魏以来注《易》者的“观象玩辞、观变玩占”：“颇观汉魏以来注疏家，年逾七旬，目盲益甚，尚愧观象玩辞、观变玩占之未工也。”③

“唐氏三先生”的第三代为唐文凤。

唐文凤(1347—1432)字子仪，号梧冈，唐桂芳的次子。他曾任教于紫阳书院，永乐中，荐授兴国县知县，后改任赵王府纪善。他在任知县期间，教民力本务农，尝出郊躬劝劳之；造士则日有程课，寒暑不辍，颇有政声。著有《梧冈集》。

---

① 钟亮：《白云先生唐公桂芳行状》，见程敏政编：《新安文献志》卷八九，合肥：黄山书社，2004年版，第3册，第2200页。

② 唐桂芳：《紫阳书院开讲序》，《白云集》卷五，见《文渊阁四库全书》第1226册，台北：台湾商务印书馆，1983年版，第843页。

③ 均引自唐桂芳《学易正言序》，《白云集》卷五，见《文渊阁四库全书》第1226册，台北：台湾商务印书馆，1983年版，第843页。

唐文凤曾说,他“幼读父书,粗承家学”[1]。唐文凤确实是唐氏家族的学术传承者,他时刻不忘自始祖唐承旿以来,唐氏“世守忠贞,家传清白,以仕宦称,以文学显,而书灯相续,十有五世矣,至今余烬未灭”的家族传统,并且自信“后必有以接其光,而炜然烨然者也”[2]。他似乎认为,自己就是“书灯相续”这一家族传统的“接其光”者。

唐文凤所要发扬光大的唐氏家族传统,便是在学术上尊崇朱学。他说:“况生于子朱子之邦,涵濡其遗泽,浸润其流波,而予祖筠轩翁讲贯其学,服行其道,而予父白云翁缵承而继述之,钻磨而瞻仰之,自有以得其要领者矣。”[3]所以唐文凤对朱熹及朱学尤为看重,他曾说:“自孔孟殁而斯道不传,至宋周子出,不由师传而独得于天,二程子承绪而倡明之,一传于罗豫章,再传于李延平,三传而至我朱子,集诸儒之大成,继往开来,大有功于斯道也。”唐文凤还借童孟韬[4]之口说:“朱子之道如日行天,后之人诵其诗、读其书,可不知其人乎?”[5]

唐文凤与唐桂芳一样,虽然没留下关于易学的专著,但时有谈《易》的言论。唐文凤谈《易》,也与唐元、唐桂芳一样,主张理、象的统一。如他说:“庄周有言:‘《易》以道阴阳。’盈天地间莫非阴阳奇耦之理,在知道者默而识之。朱子尝谓‘万物各具一太极’,程子有谓‘观兔可以画卦’,朱子又谓‘一草一木皆有奇耦’。而周子倡明道统,见于《通书》;邵子探蹑巽复,见于《观物》诗;张

---

① 唐文凤:《答谢子芳司训书》,《梧冈集》卷一〇,见《文渊阁四库全书》第 1242 册,台北:台湾商务印书馆,1983 年版,第 654 页。

② 唐文凤:《岩溪书舍记》,《梧冈集》卷六,见《文渊阁四库全书》第 1242 册,台北:台湾商务印书馆,1983 年版,第 603～604 页。

③ 唐文凤:《岩溪书舍记》,《梧冈集》卷六,见《文渊阁四库全书》第 1242 册,台北:台湾商务印书馆,1983 年版,第 604 页。

④ 按,童孟韬为临海(今浙江台州市所属临海市)人,永乐十九年(1421)进士,洪熙元年(1425),明仁宗为纂修实录,选差童孟韬采访永乐事迹,童孟韬因之至婺源,谒拜了朱氏家庙,他见家庙栋宇桡折,瓦甓解散,上漏旁穿,不蔽风雨,曾主持修复朱文公家庙。

⑤ 唐文凤:《赠进士童孟韬兴复朱文公家庙序》,《梧冈集》卷五,见《文渊阁四库全书》第 1242 册,台北:台湾商务印书馆,1983 年版,第 598 页。

子精思静坐，见于《正蒙》书。是皆显微阐幽，而有功于《易》也，其可不致思乎。大抵《易》之为道，理与象数而已，理寓于象数之中，而非求之于象数之外也。以故程子专主于理，朱子专主于象，邵子专主于数，盖可相有，而不可相无也。”①“理寓于象数之中”，正是唐门说《易》一以贯之的观点。

二、徽州学术的总结

徽州学术长期兴盛不替，成就斐然，令徽州士人引以为傲。但是，明初之前都没有一部记述徽州学术历史与成就的著作问世。直到明代中期，方出现两部展示徽州学术历史与成就的著作，这便是程敏政的《新安文献志》和程曈的《新安学系录》。这两部著作，不仅以丰富的文献和徽州贤达的学术成就展现了徽州地区的人文之光，也对徽州学术特别是新安理学作了总结。

程敏政与《新安文献志》

《新安文献志》的编纂者为程敏政。

程敏政(1446—1499)字克勤，休宁人。程敏政的学术起点也是家学。其父是历官30余年、以名臣闻于世的程信②。程敏政曾这样评论他的父亲：“公易直之行，确实之学，刚介之操，明决之才，折冲御侮之功，爱君忧国之志，始终不渝，可为一代之人豪。”③景泰中，程信迁四川参政，程敏政随侍其父，也

---

① 唐文凤：《学易斋记》，《梧冈集》卷六，见《文渊阁四库全书》第1242册，台北：台湾商务印书馆，1983年版，第610页。

② 按，程信(1417—1479)字彦实，号晴洲钓者，人称“晴洲先生”。程信祖籍休宁，因其祖父程社寿在洪武年间被谪戍河间(今为河北省沧州市属河间市)，程信便出生于河间。正统七年(1442)进士，授吏科给事中，后历任山东右参政、太仆卿、左佥都御史、兵部左侍郎、大理寺卿、南京参赞机务等职。成化十一年(1475)，辞职还，成化十五年卒，赠太子少保，谥襄毅。程信在瓦剌人也先进犯京师时，曾督军守西城，其后又督饷辽东，参与平定四川、贵州“都掌蛮”之乱。其著作由诸子所辑，计有《容轩稿》《尹东稿》《南征录》《晴洲集》《康宁窝稿》等。

③ 程敏政：《襄毅程公事状》，《篁墩文集》卷四一，见《文渊阁四库全书》第1253册，台北：台湾商务印书馆，1983年版，第28页。

就是此时,他为巡抚罗绮[①]所赏识,而被以"神童"荐于英宗。召试时,英宗对程敏政十分赞赏,诏令读书翰林院。程敏政在翰林院又为学士李贤、彭时成所爱重,李贤并以女妻之。成化二年(1466),程敏政中进士一甲第二名,授翰林院编修,继迁左春坊左谕德,直讲东宫。在翰林中,程敏政以学问该博为一时之冠,明孝宗嗣位后,擢少詹事兼侍讲学士,直经筵。

程敏政常以才高自负,往往俯视侪辈,由此招致妒忌。弘治元年(1488)冬,程敏政为御史王嵩等所弹劾,被迫致仕。弘治五年(1492,一作六年)诏还,不久,改授太常卿兼侍读学士,掌院事,进礼部右侍郎,专典内阁诰敕。

弘治十二年(1499),是程敏政受打击最严重的一年。这年,他与李东阳主会试,举人徐经、唐寅的预作文与试题合,给事中华昶弹劾程敏政鬻题。当时榜尚未发,便诏将其所录者由李东阳会同考官覆校,虽然覆校结果证明徐经、唐寅二人的试卷并不在程敏政所取的人员之内,但言者犹不放过,程敏政及徐经、唐寅、华昶均下狱。最后,因徐经尝贽见程敏政、唐寅尝从程敏政乞文,程敏政遂被勒致仕,华昶则因言事不实,调南太仆主簿。程敏政出狱后4天,痈发而卒。卒后赠礼部侍郎[②]。

程敏政的著述颇丰,主要著作有《宋遗民录》《宋纪受终考》《心经附注》《道一编》《篁墩文集》等,并辑录有《新安文献志》《明文衡》《唐氏三先生集》等。从讨论徽州地区学术史来说,最可关注的自然是他的《新安文献志》。

《新安文献志》这部100卷的巨著,是以"征引繁博,条理淹贯"为特征的文献集。它收文1087篇,诗1034首,较为全面地选录了与徽州有关的文章和人物事迹。四库馆臣在此书的提要中说:"六十卷以前为甲集,皆其乡先达

---

① 罗绮(生卒年不详),磁州(今河北省邯郸市磁县)人,宣德五年(1430)进士,授监察御史,后官大理寺右少卿,出使瓦剌还,以劳擢刑部左侍郎。景泰二年(1451),守四川松潘,在镇7年,威名甚震。天顺(明英宗二次登基后的年号)初,召为左副都御史。后为石亨忌恨下狱,降广东参政,但未赴。后有人奏其讥朝廷失政,遂被捕坐死,籍其家,家属戍边,妇女没入浣衣局。宪宗即位,方赦其为民,还其资产。

② 程敏政生平,系据《明史》卷二八六《文苑二》的"程敏政传",北京:中华书局,1974年版,第24册,第7343～7344页。

诗文，略依真德秀《文章正宗》之例分类辑录，其六十一卷以后，则皆先达行实，不必尽出郡人所论撰，分神迹、道原、忠孝、儒硕、勋贤、风节、才望、吏治、遗逸、世德、寓公、文苑、材武、烈女、方技十五目，其中有应行考订者，敏政复间以己意参核而附注之，征引繁博，条理淹贯。凡徽州一郡之典故，汇萃极为赅备，遗文轶事咸得借以考见大凡，故自明以来，推为巨制。”①

程敏政在说明编纂《新安文献志》的目的时曾说：“宣子聘鲁，而嘉周公典籍之大备；孔子说二代之礼，而叹杞、宋之难征。则生于其地，而弗究心于一乡之文献，非大阙与？凡吾党之士，抚先正之嘉言懿行萃于此，发高山景行之思，而日从事乎身心，由一家以达四海，使言与行符，华与实称，文章德业无愧前闻，又进而诵法程、朱氏，以上窥邹鲁，庶几新安之山川所以炳灵毓秀者，不徒重一乡，将可以名天下；不徒荣一时，或可以垂后世。而此编亦不为无用之空言也哉。”②他之所以花大力气萃集“先正之嘉言懿行”，目的有两个：一是令徽州士人“发高山景行之思”，使后人“文章德业无愧前闻”；二是“进而诵法程、朱氏，以上窥邹鲁”，使徽州学术“不徒重一乡，将可以名天下；不徒荣一时，或可以垂后世”。

《新安文献志》在保存乡邦先正的嘉言懿行上特别突出，所选之文，特别重视“表彰忠勇、刚直、信义、慈孝、节烈等具有高尚情操与品德的人或事”③。同时，为了使徽州学术“不徒重一乡，将可以名天下；不徒荣一时，或可以垂后世”，程敏政在道原、儒硕、风节、遗逸、文苑等部分，选录了大量反映徽州地区学术文化的人物资料，使徽州地区学术演进的历史得以展现。正是在这个意义上，我们将《新安文献志》也视为新安理学的总结。

在《新安文献志》中，程敏政虽然把“进而诵法程朱氏”作为编纂此书的重要目的，但他并没有门户之见。在书中，他不仅收录了程大昌、吴儆、王炎等

---

① 永瑢、纪昀等：《四库全书总目》卷一八九《新安文献志》提要，北京：中华书局，1965 年版，下册，第 1715 页。

② 程敏政：《新安文献志序》，《篁墩文集》卷二九，见《文渊阁四库全书》第 1252 册，台北：台湾商务印书馆，1983 年版，第 505 页。

③ 何庆善：《试论程敏政新安文献志》，《古籍研究》2002 年第 2 期。

与朱熹学术观点不尽相同的学者资料，还收录了钱时等属于陆学一派的学者资料。由此可见，程敏政虽然将朱学视为徽州学术的主干，但并没有将徽州学术看作朱熹一家的学术。

程敏政在《新安文献志》中，也将新安学术的“道原”追溯到二程，但他只是在理学的源头上作追溯，并没有强调二程是徽州人。在《新安文献志》的《凡例》中，他还特别解释道：“二程夫子之先虽新安人，然迁居河南已久，惟载其行实于乙集。”[①]这表现了程敏政对史实的尊重，与相传为赵汸所编纂的《程朱阙里志》[②]中援据欧阳修的《冀国公元白神道碑》力证二程为新安人不同。

程曈与《新安学系录》

如果说《新安文献志》的主要意义还只在于为总结新安理学提供资料，那么，出现于《新安文献志》之后的《新安学系录》，则是专为总结新安理学而著的系统性著作。其作者为朱学恪守者程曈。

程曈（1480—1560）字启皦，号莪山，亦号练江，休宁人。关于程曈生平，史籍的记载均很简略，所以我们能够知道的也就是他早年失恃，终身痛疚，待继母甚孝。弱冠就放弃走科举之路，“潜心于涵养致知之学，研精覃思《六经》、性理之要”。程曈曾说：“孟子没，圣人之学不传千有余岁，至我两夫子始得之于遗经，倡以示人，辟异端之非，振俗学之陋，而孔孟之道复明。又四传至我紫阳夫子，复溯其流、穷其源，折衷群言，集厥大成，而周程之学益著。”但

---

① 程敏政：《新安文献志凡例》，《新安文献志》卷首，合肥：黄山书社，2004 年版，第 1 册，第 3 页。

② 按，《程朱阙里志》虽署“赵汸编集”，雍正时重刊亦声明保持其书的原貌，而将所增的材料以《汇增》列于卷首，但是，不仅本书的“原序”为李攀龙等作于万历时，且正文也收录有万历时人的文章，如卷二所收的《明道书院祀三夫子议》便是万历时人方弘静所作（按，方弘静[1516－1611]字定之，号采山，歙县人，嘉靖二十九年[1550]进士，善诗，为天都社创始人之一），故将现存《程朱阙里志》视为赵汸所“编集”的原书，则颇可疑。但其系何人托名，或经何人改窜，则不得而知。

是，当正德、嘉靖之际，“禅陆盛行”，于是，程曈便致力于“抵排攘斥，崇正道，辟邪说”。著有《闲辟录》《阳明传习录考》《朱子晚年定论考》《朱子早年定论》《新安学系录》《新安经籍志》《紫阳风雅》等①。

《新安学系录》是以“人物志”形式展现宋代至明初徽州学术的著作。它所记述的徽州学人的学行，多达 111 位，为徽州学术史的研究提供了很好的资料和线索。

程曈在谈到他撰著《新安学系录》的原委时说：“新安介万山间，而中兴绝学之大儒与夫左右之者，胥此焉出，殆乾坤气运之所关，山川英灵之攸钟也，岂偶然哉。昔人谓之‘东南邹鲁’，良有以夫。曈枌榆小子，家世以来，幸获沾丐其残膏剩馥者。窃惟诵其诗、读其书，而不知其人、论其世，其善学者乎？乃不自揆，疏授受之序，采事行之实，萃为一编，目曰《新安学系录》，以致区区高山景仰之思。”②简言之，他著此书的目的，就是弘扬乡邦学术，以致景仰之思。

至于为什么以“学系”名书，程曈没有说，清初徽州学者吴曰慎（生平简介参见第九章）则作了解释，他说：“韩子曰：‘尧以是传之舜，舜以是传之禹，禹以是传之汤，汤以是传之文武周公，文武周公传之孔子，孔子传之孟轲。’此唐虞三代之道统，即唐虞三代之学系也。盖举道之全体而归于一人谓之统，承其统绪而垂于后世谓之系，其实一也。”③也就是说，“学系”就是“学统”，就是“道统”。只是用“学系”一语，更强调学术统绪的传承，侧重于学术的继承性和历史性。程曈编纂《新安学系录》的目的，便是展现徽州学术对儒学“学统”和儒家“道统”的延续。

当然，程曈并不是泛泛地展现徽州学术对儒学“学统”和“道统”的延续，在《新安学系录》中，他力求体现的一根主线，就是程朱之学，尤其是朱学的统

---

① 程曈的生平，参见何应松等修纂：《（道光）休宁县志》卷一二，见《中国地方志集成·安徽府县志辑》第 52 册，南京：江苏古籍出版社，1998 年版，第 246～247 页。

② 程曈：《新安学系录序》，《新安学系录》卷首，合肥：黄山书社，2006 年版，第 2 页。

③ 吴曰慎：《新安学系录序》，《新安学系录》卷首，合肥：黄山书社，2006 年版，第 4 页。

绪，所以他说："新安为程子之所从出，朱子之阙里也。故邦之人于程子则私淑之，有得其传者；于朱子则友之事之，上下议论，讲劘问答，莫不充然各有得焉。嗣时以还，硕儒迭兴，更相授受，推明羽翼，以寿其传，由宋而元，以至我朝，贤贤相承，绳绳相继，而未尝泯也。"[①]他撰著《新安学系录》，就是要记录下程朱之学尤其是朱学在徽州地区"硕儒迭兴，更相授受""贤贤相承，绳绳相继"的历史。

其实，程曈撰著《新安学系录》的动机有两个方面：一方面是试图记述朱学在徽州地区的传承历史，另一方面是回应在徽州地区日益弥漫的"和会朱陆"主张。这两个方面是二而一的，都是为了维护朱学在徽州学术中的尊崇地位。所以吴曰慎说：

> 朱子以迁闽未久，新安自表，而吾郡继起诸贤，笃守其学，代不乏人，其与金溪之顿悟、新会之静虚、姚江之良知[②]，不啻薰莸判也。是以道统归于程朱三夫子，而学系之正，莫如新安，故独标之，以见上自唐虞，下迨鲁邹，其所以相授受者，皆由此可溯其源、探其本也。然则此录之所关系，岂不重哉！[③]

吴曰慎清楚地道出《新安学系录》是程曈针对金溪之"顿悟"、新会之"静虚"、姚江之"良知"而著的，是以朱学与陆九渊、陈献章、王阳明之学相抗衡的。不过，在程曈著《新安学系录》时，陈献章、王阳明之学尚未形成气候。因此，《新安学系录》所要抗衡的主要是陆学，是对"和会朱陆"主张的抵制。

---

① 程曈：《新安学系录序》，《新安学系录》卷首，合肥：黄山书社，2006年版，第1页。

② 按，金溪、新会、姚江分别为陆九渊、陈献章、王阳明的籍贯。陈献章（1428－1500）字公甫，号石斋，别号碧玉老人、玉台居士、江门渔父、南海樵夫、黄云老人等，新会（现为广东江门市辖区）人，生于新会都会村，10岁时随祖父迁居白沙村，故世称"白沙先生""陈白沙"。景泰二年（1451）会试落第后，拜吴与弼为师，半年后归白沙里，筑阳春台，读书静坐，10年间足不出户。成化二年（1466）复游太学，祭酒邢让惊为真儒复出。成化十九年（1483）授翰林院检讨，乞终养归。著作有后人所汇编的《白沙子全集》。其在学术上主张"以静为主"，贵知疑、贵独立思考，提倡较为自由的学风，逐渐形成一个有特点的学派，史称"江门学派"。

③ 吴曰慎：《新安学系录序》，《新安学系录》卷首，合肥：黄山书社，2006年版，第4～5页。

尽管程曈撰著《新安学系录》带有抵制“和会朱陆”的目的，从而使这部著作蒙上了学术论争的色彩，但它毕竟提供了大量有关新安理学的资料与线索，是研究徽州学术的一部很有参考价值的著作。

《新安学系录》问世之后也受到了訾议，如四库馆臣就说：“夫圣贤之学，天下所公也，必限以方隅，拘以宗派，是门户之私矣。至程子一生，无一字及新安，而遥遥华胄，忽尔见援，以例推之，则朱出于邾，《姓源》可证，今峄山之士，不又引朱子为乡党乎？此真为夸饰风土而作，不为阐明学脉而作也。《江南通志》列曈于《儒林传》中，称所著《新安学系》与朱子合者存，背者去，足尽是书之大旨矣。”[①]四库馆臣指责《新安学系录》为“门户之私”，似乎有点过甚其辞，程曈作为朱熹故里之所出，维护朱学是可以理解的，即使他“为夸饰风土而作”，也属于常情，但四库馆臣指出二程与徽州地区已经没有什么关系，还是有道理的。

三、朱陆异同之争的激化

程曈不仅以《新安学系录》抵制“和会朱陆”说，还针对程敏政的《道一编》著有《闲辟录》，围绕“和会朱陆”与程敏政展开辩论，从而将原来只是在徽州学者中随文表述的“朱陆异同”问题，激化为以专著形式进行的一场论战。

程敏政的《道一编》

在元代学界，“和会朱陆”是十分流行的主张，几乎蔚为一股学术潮流，吴澄、郑玉、赵汸等，就是坚持这一主张的著名学者。但是，在学者们那里，“和会朱陆”只是随文提及，或存于典籍的注疏之中，尚未有人以专著形式作过论证。最早论证“和会朱陆”主张的专著，大概要数程敏政的《道一编》。

“道一”一词出于相传为孔子弟子子夏所作的《子夏易传》。《子夏易传》

---

① 永瑢、纪昀等：《四库全书总目》卷六一《新安学系录》提要，北京：中华书局，1965年版，上册，第551页。

在诠释《坎》卦“象”辞的“象曰：水洊至，习坎，君子以常德行，习教事”句时说：“水至柔而顺，刚中而信，故能险而不滞也。虽洊流而至，其道一也。”[①]在《子夏易传》中，“道一”只是对多股水流循同一水道而至的描述。后来，孟子在表述“道”的一元性、一致性时，也使用了“道一”，他说：“夫道一而已矣。”[②]程绍开则开始以“道一”表达他的“和会朱陆”主张，他还建立了道一书院，在书院中设朱熹和陆九渊的画像，以表明书院取名“道一”的含义。程敏政将其书取名为《道一编》，他的“道一”，显然也是为“和会朱陆”服务的。程敏政认为，“道”只有一个：“宇宙之间，道一而已。”[③]尽管朱、陆原初的思想有分歧，但他们最后都归于“道”，即在“道”的基础上，朱、陆思想是一致的。

《道一编》初问世时，程敏政可能没有在书上署名，故四库馆臣在编纂《四库全书》时，看到的还是“不著撰人名氏”的本子，后从陈建的《学蔀通辨》中才得知其书为程敏政所著，如《道一编》的提要说：“《道一编》，不著撰人名氏。编朱、陆二家往还之书，而各为之论断，见其始异而终同。考陈建《学蔀通辨》曰，程篁墩著《道一编》，分朱、陆异同为三节，始焉如冰炭之相反，中焉则疑信之相半，终焉若辅车之相依。朱、陆早异晚同之说于是乎成矣。王阳明因之，遂有《朱子晚年定论》之录，与《道一编》辅车之说正相唱和云云。然则此书乃程敏政作也。”[④]

朱熹、陆九渊在学术上“始异而终同”这一观点，就是程敏政在《道一编》的序中提出来的，他说：

> 朱、陆二氏之学，始异而终同，见于书者可考也。……以今考

---

① ［旧题］卜子夏撰：《子夏易传》卷三，见《文渊阁四库全书》第 7 册，台北：台湾商务印书馆，1983 年版，第 44 页。

② 赵岐注、孙奭疏：《孟子注疏》卷五上《滕文公章句上》，见阮元校刻：《十三经注疏》，北京：中华书局，1980 年版，下册，第 2701 页。

③ 程敏政：《道一编目录跋》，《道一编》卷首，见《四库全书存目丛书·子部》第 6 册，济南：齐鲁书社，1995 年版，第 616 页。

④ 永瑢、纪昀等：《四库全书总目》卷九五《道一编》提要，北京：中华书局，1965 年版，上册，第 808 页。

之，志同道合之语著于奠文，反身入德之言见于义跋，又屡有见于支离之弊，而盛称其为己之功，于其高弟弟子杨简、沈焕、舒璘、袁燮之流，拳拳致意，俾学者往资之，廓大公无我之心，而未尝有芥蒂异同之嫌。[①]

在他看来，朱熹与陆九渊在学术上"始异而终同"是客观存在的事实，从他们的著作中就可以清楚地看出这一点。于是，他便编辑了朱、陆的往还书信，以证明他们的"始异而终同"，这便成《道一编》一书。

《道一编》问世后，曾受到宗朱学者的指责，认为程敏政偏向于陆王之学。程敏政自然不会接受这一指责，他辩白道："仆生朱子之乡，服其遗教，克少有立者，实有罔极之恩，而恨报之无所也。故诵其遗书，玩索细绎，颇自以为勤苦。"[②]

但是，不论程敏政如何辩白，都不能否认他的思想中有陆学的痕迹。这一痕迹在他所编撰的《心经附注》中就有所表现。

《心经附注》是程敏政以真德秀的《心经》为基础扩展而成的论述心性问题的著作。《天禄琳琅书目》在介绍《心经附注》的内容时说："前敏政序，次德秀《心经》总目并赞，次宋颜若愚跋，次宋程复心《心学图》并《说》，后敏政后序、明汪祚识语，末李滉《心经论》。按：敏政是书，以真西山《心经》为纲，采摭程朱以下大儒之言互有发明者，附之于后，故名《附注》。"[③]

《心经附注》不仅将程复心《四书章图》中有融通朱陆倾向的《圣贤论心之要图》易名为《心学图》置于其书的卷首，在诠释"人心惟危，道心惟微。惟精惟一，允执厥中"句时，程敏政为了说明"道心"与"人心"就是"一心"，还特别援引了朱熹的以下论述：

---

① 程敏政：《道一编序》，《道一编》卷首，见《四库全书存目丛书·子部》第6册，济南：齐鲁书社，1995年版，第613页。

② 程敏政：《复司马通伯宪副书》，《篁墩文集》卷五四，见《文渊阁四库全书》第1253册，台北：台湾商务印书馆，1983年版，第278页。

③ 于敏中、王际华等纂：《钦定天禄琳琅书目》卷九，见《文渊阁四库全书》第675册，台北：台湾商务印书馆，1983年版，第534页。

又曰：道心杂出于人心之间，微而难见，故必须精之一之，而后中可执。然此又非有两心也。陆子静云，舜若以人心全为不好，则须说使人去之，今止说危者，不可据以为安耳。①

程敏政似乎想借朱熹之口道出朱、陆在心学上的一致。

在《道一编》中，程敏政更是选编了朱熹与陆九渊的大量言论，证明他们在思想上由"异"走向了"同"。如他继前引的"宇宙之间，道一而已"句之后，接着就说："道之大原出于天，其在人则为性，而具于心。心岂有二哉？"②他在这里所提出的"道具于心"论断，显然与陆九渊的"心即理"命题颇为相近。

一方面崇奉朱学，一方面又受到陆学的影响，这显然是矛盾。于是，程敏政便想将朱陆之学统一起来。而"鹅湖之会""太极之辨"等所显示的朱陆之间学术差异，却是无法掩盖的事实。为消融事实上存在的矛盾，程敏政便与赵汸一样，提出了"始异终同"说。与赵汸"合并于暮岁"说不同的是，程敏政既提出朱熹"早年未定之论"问题，又将朱陆"始异终同"分为三个阶段，他说：

斋居之暇，过不自揆，取无极七书、鹅湖三诗，钞为二卷，用著其异同之始，所谓早年未定之论也。别取朱子书札有及于陆子者，厘为三卷，而陆子之说附焉。其初则诚若冰炭之相反，其中则觉夫疑信之相半，至于终则有若辅车之相倚，且深取于孟子道性善、收放心之两言。读至此而后知朱子晚年所以兼收陆子之学，诚不在南轩、东莱之下。③

程敏政继而指出，以"道问学"与"尊德性"强分朱、陆之学，实际上是对"道一"的否定："至谓朱子偏于道问学，陆子偏于尊德性，盖终身不能相一也。呜呼，

① 程敏政：《心经附注》卷一《书·大禹谟人心道心章》，见《四库全书存目丛书·子部》第4册，济南：齐鲁书社，1995年版，第803页。

② 程敏政：《道一编目录跋》，《道一编》卷首，见《四库全书存目丛书·子部》第6册，济南：齐鲁书社，1995年版，第616～617页。

③ 程敏政：《道一编序》，《道一编》卷首，见《四库全书存目丛书·子部》第6册，济南：齐鲁书社，1995年版，第613页。

是岂善言德行者哉。夫朱子之道问学，固以尊德性为本，岂若后之分章析义者，毕力于陈言；陆子之尊德性，固以道问学为辅，岂若后之守玄悟空者，悉心于块坐。走诚惧夫心性之学将复晦且尼于世，而学者狃于道之不一也。”[①]在他看来，朱、陆之学实际上都既含有“尊德性”又含有“道问学”。此两者在朱、陆之学中，都是相辅而行的。

程敏政不仅认为朱、陆之学最终归于“道一”，他还进而反对“尊朱而斥陆”，认为“尊朱而斥陆”的学者，都是“以其(系指朱熹)早年未定之论，而致夫终身不同之决(按：‘决’，《四库全书》本《篁墩文集》作‘说’)；惑于门人记录之手，而不取正于朱子亲笔之书”[②]。

程敏政这番言论，自然不会为“尊朱而斥陆”的学者所接受。反对他的声音终于出现，其最强音便是程曈的《闲辟录》。

程曈的《闲辟录》

程曈不仅以《新安学系录》维护朱学，还撰了《闲辟录》，与在学界甚为流行的“和会朱陆”主张相抗衡。其矛头的直接指向便是程敏政的《道一编》[③]。

程曈以“闲辟”名书，表明他有所捍卫，有所批驳[④]。很显然，他要捍卫的是朱学，而所要批驳的则是陆学和为陆学辩护的言论。但程曈不是泛泛地捍朱批陆，而是围绕“和会朱陆”这一当时甚为流行的主张，批驳那种认为朱、陆之间在学术上有共同性或最终同归的观念，同时也附带地批驳了以陈亮、叶

---

① 程敏政：《道一编目录跋》，《道一编》卷首，见《四库全书存目丛书·子部》第6册，济南：齐鲁书社，1995年版，第617页。

② 程敏政：《道一编序》，《道一编》卷首，见《四库全书存目丛书·子部》第6册，济南：齐鲁书社，1995年版，第613页。

③ 施璜说：“程篁墩著《道一编》，谓朱陆早异晚同。先生(指程曈)深以为非，乃采朱子《年谱》《文集》《语类》有辨陆学者，考其岁月先后，以明《道一编》之颠倒，名其书曰《闲辟录》。”施璜等《紫阳书院志》卷九《程莪山先生》，见赵所生等主编：《中国历代书院志》第9册，南京：江苏古籍出版社，1995年影印本，第554页。

④ 按，“闲”有“捍卫”之意，如《孟子》“闲先圣之道”句，朱熹便注曰：“闲，卫也。”“辟”则有批驳之意，如“辟邪说”之“辟”。

适为代表的浙学功利派，以达到捍卫朱学纯洁性的目的。程曈在《闲辟录》的自序中很明确地表达了这一目的，他说：

> 昔我新安朱夫子倡明圣学于天下，时则有若陆氏兄弟，浙之吕、陈，亦各以其学并驰争骛而号于世。陆则过高而沦于空虚，浙则外驰而溺于卑陋。夫子惧其诬民而充塞仁义也，乃斥空虚者为异端、为禅学、为佛老，卑陋者为俗学、为功利、为管商，辞而辟之，以闲圣道而正人心焉。而其忧之深、辨之严、任之重，涣然见诸遗书，与自以承三圣者，夫岂有所异哉。①

程曈认为，朱熹当年就担心陆氏兄弟、吕祖谦、陈亮之学"诬民而充塞仁义"，曾"辞而辟之，以闲圣道而正人心"，于是，他希望人们能够"秉夫子之旌旗，捣陆氏之巢穴，以收摧陷廓清之功"②，即继承朱熹的批判精神，以"崇正道，辟邪说"。为此，他则率先发难，编撰了《闲辟录》。

程曈《闲辟录》所批驳的重点是《道一编》所持的朱陆"始异终同"说。例如，为了批驳朱熹在鹅湖之会前后对陆九渊的态度有所变化的观点，程曈在摘引朱熹给吕祖谦等人的书信及相关语录之后，加了如下的按语：

> 曈按：朱子未识子静时，答东莱子约（即吕子约）书谓："其议论颇宗无垢（即张九成），脱略文字，直趋本根，诠释禅学。"及鹅湖既会之后，答南轩书谓："其尽废讲学，专务践履，要人提撕省察，悟得本心，此为病之大者。自信太过，规模窄狭，不复取人之善，将流于异学。"而此南康再会，答东莱书谓："其旧日规模终在，不为禅学者几希。"则子静之学与夫讲论之异同，不言可喻矣。前此答立之（即曹立之，陆九龄弟子）书云："极欲一见渠兄弟，更深究此。"此书云："再与子细商

---

① 程曈：《闲辟录序》，《闲辟录》卷首，见《四库全书存目丛书·子部》第7册，济南：齐鲁书社，1995年版，第201页。

② 程曈：《闲辟录序》，《闲辟录》卷首，见《四库全书存目丛书·子部》第7册，济南：齐鲁书社，1995年版，第201～202页。

订。”可见圣贤不轻绝人也。意见朱陆不同之关键，学者宜谛究之。[①]

此外，为了证明朱熹与陆九渊在学术上一直水火不容，他们之间并不存在“始异终同”的情况，程曈还围绕人心道心、天理人欲、无极太极等问题，援引了朱熹《文集》《朱子语类》及《年谱》等著述中的资料。

主张“和会朱陆”的学者往往认为，经过鹅湖之会，坚持“道问学”的朱熹与坚持“尊德性”的陆九渊在学术上经过相互吸收，因而接近起来，就朱熹来说，则是从陆九渊那里接受了“尊德性”思想。程敏政在《道一编》中就持有这样的看法，如他在朱熹《答刘季章书》之后的按语中说：“按：此书乃朱陆不同之肯綮。盖陆子方以学者口耳为忧，欲其以尊德性为先，以收放心为要。朱子乃欲学者依文句玩味，意趣自深。又欲其趁此光阴，排比章句，玩索文理，正与象山之教相左。然朱子晚岁乃深有取于陆子之说。”[②]

如果“朱子晚岁乃深有取于陆子之说”的论断成立，则朱、陆之间“始异终同”说也就成立了；而且朱、陆之间的“终同”还是朱熹从陆九渊那里接受了“尊德性”思想，是陆九渊在朱、陆之间的学术关系上处于主导地位。这当然不会为程曈所接受。于是，他在《闲辟录》的按语中极力辩驳朱子晚岁有取于陆子之说，他说：

> 后世学者率不究朱子本意，顾谓朱子道问学工夫多，子静却以尊德性为主。问学不本于德性，则其弊偏于言语训释之末，果如子静所言（吴草庐语学者）。朱子集诸儒之大成者，子静尊德性也（刘学士定之[③]《宋论》）。以此书（按：指朱熹《答项平父书》）为征，曈窃

---

① 程曈：《闲辟录》卷四，见《四库全书存目丛书·子部》第7册，济南：齐鲁书社，1995年版，第224～225页。

② 程敏政：《道一编》卷二，见《四库全书存目丛书·子部》第6册，济南：齐鲁书社，1995年版，第624页。

③ 按，刘定之（1409－1469）字主静，号呆斋，江西永新（今属吉安市）人。正统元年（1436）进士，历官编修、洗马，成化二年（1466）入直文渊阁，旋进工部右侍郎兼翰林学士。成化四年（1468）迁礼部左侍郎，次年卒，赠礼部尚书，谥文安。著有《周易图释》《否泰录》《呆斋集》及《宋伦》三卷等。

疑焉。……朱子《答程允夫书》曰："讲学近见延平先生，始略窥门户。此事以涵养本原为先，讲论经旨，特以辅此而已。"则在绍兴壬午以前。《答张南轩书》曰："累日潜玩，其于实体似益精明，觉得如水到船浮，解维正柁，而沿洄上下，惟意所适。"又曰："乃知浩浩大化之中，一家自有一个安宅，所谓体用一源，显微无间者，乃在于此。"乃在乾道己丑。以是推之，则朱子之尊德性，授受于师、讲明于友久矣，岂俟至此而始集子静哉？[①]

在持朱、陆"始异终同"说的学者中，与认为朱熹"尊德性"取于陆九渊之说相应的，是说朱熹接受了陆九渊对其治学有"支离"之弊的批评。程敏政的《道一编》在朱熹《答陆子书》后的按语中说："朱子此书谓'迩来日用工夫颇觉有力，无复向来支离之病'，盖'支离'二字始见于此。……朱子既自以支离为病，陆子亦复以过高为忧，则二先生胥会，必无异同可知。惜其未及胥会，而陆已下世矣。"[②]在朱熹《答吕子约书》后又加按语道："此书谓'方始实见得向日支离之病，虽与彼中证候不同'，盖指陆子而言。谓或以支离而失之，或以过高而失之，其所病异而失则一也。"[③]而程曈则认为朱熹《答吕子约书》所说的"支离"，是对吕子约（即吕祖俭，吕祖谦之弟）的批评，因而也是对浙学的批评，并不是朱熹对自己治学有"支离"之弊的反省。他还引朱熹在《答叶公谨书》中所说的"子约书来，大段说得支离"云云，以证实他的看法，认为"篁墩程氏以为朱子自言己失，非也"。又根据朱熹在《答潘叔昌书》中所说的"彼中朋友不肯于《论语》《孟子》《大学》《中庸》深下工夫"及朱熹在《答孙季和书》中所

---

① 程曈：《闲辟录》卷四，见《四库全书存目丛书·子部》第7册，济南：齐鲁书社，1995年版，第226～227页。

② 程敏政：《道一编》卷四，见《四库全书存目丛书·子部》第6册，济南：齐鲁书社，1995年版，第648～649页。

③ 程敏政：《道一编》卷四，见《四库全书存目丛书·子部》第6册，济南：齐鲁书社，1995年版，第649页。

说的“彼中学者，未曾理会读书修己”等语，证明“篁墩以为指子静而言，亦非也”[①]。其实，程敏政认为朱熹所说的“迩来日用工夫颇觉有力，无复向来支离之病”，是朱熹的自我反省，这并不错，程曈显然是曲解朱熹语意以就己说。

再如，朱熹在《答吴伯丰书》说：“然觉得今世为学，不过两种，一则径趋简约，脱略过高；一则觉得外驰，支离烦碎。其过高者固为有害，然犹为尽本，其外驰者，谲诡狼狈，更不可言。吾侪幸稍平正，然亦觉欠却涵养本原工夫，此不可不自反也。”程敏政加按语说：“朱子谓两种为学之人，其一‘径趋简约，脱略过高’，盖指陆子之门人；其一‘觉得外驰，支离烦碎’，殆谓己之门人也。然陆子晚年益加穷理之功，朱子晚年益致反身之诚，取是编前后所书考之，则二先生之学，所谓去短集长、兼取众善者，真入道进德不易之法程也。”[②]程敏政对朱熹文意的理解本不误，但程曈却说：“径趋简约、脱略过高者，指陆学也；觉得外驰、支离烦碎者，指浙学也。幸稍平正者，谦而自谓也；欠却涵养本原工夫者，自责以警伯丰也。篁墩之论，恐为不然，读者审之。”[③]朱熹在《答吴伯丰书》中所说的“欠却涵养本原功夫”云云，实在是对朱学的反省，并无批评浙学之意。在学术上勇于自我反省，本是朱熹的高明处，程曈曲为之解，反而有所掩盖。类似这样以曲解而回护朱熹的情况，在《闲辟录》中尚有多处。

对于《闲辟录》，四库馆臣似乎颇不以为然，其在此书的提要中说：“是编录朱子集中辨正异学之语，以辟陆、王之说，凡九卷，其末一卷则杂取《宋史》以下诸家之论朱、陆者，其说不为不正，而门户之见太深，词气之间激烈已甚，殊非儒者气象。与陈建《学蔀通辨》均谓之善骂可也。”[④]不过，我们认为《闲

---

① 程曈：《闲辟录》卷五，见《四库全书存目丛书·子部》第7册，济南：齐鲁书社，1995年版，第234～235页。

② 按，《道一编》此按语失载，此段文字引自程敏政：《篁墩文集》卷三八《书朱子答吴伯丰书》，见《文渊阁四库全书》第1252册，台北：台湾商务印书馆，1983年版，第672页。

③ 程曈：《闲辟录》卷八，见《四库全书存目丛书·子部》第7册，济南：齐鲁书社，1995年版，第275页。

④ 永瑢、纪昀等：《四库全书总目》卷九六《闲辟录》提要，北京：中华书局，1965年版，上册，第810页。

辟录》中倒没有什么骂语,其问题主要在于用曲解的方式回护朱熹。典型的例子是在引述《朱子语类》“象山死,先生率门人哭之,既罢,良久曰‘可惜死了告子’”之后,程曈加按语道:“曈惟:‘哭之者,故旧之私情,曰可惜死了告子者,斯文之公议。仁之至,义之尽也。’……或曰:‘既哭之,而又讥之,大贤固如此乎?殆记者之误也?’曰:‘以《答赵然道书》征之,可见非记者之误云。’”①临祭而讥之,本是不合乎情理的行为,但程曈却以“斯文之公议”解之,并认为是朱熹“仁之至,义之尽”的表现,实在是为了维护朱熹的形象而曲为之解。

其实,程曈过分强调朱、陆之“异”,也违背了朱熹生前就已表明的关于朱、陆异同的态度。朱熹曾说:

> 愚意比来深欲劝同志者兼取两家之长,不可轻相诋訾。就有未合,亦且置勿论,而姑勉力于吾之所急。……义理,天下之公,而人之所见有未能尽同者,正当虚心平气,相与熟讲而徐究之,以归于是,乃吾党之责。而向来讲论之际,见诸贤往往皆有立我自是之意,厉色忿词,如对仇敌,无复长少之节、礼逊之容。盖尝窃笑,以为正使真是仇敌,亦何至此。但观诸贤之气方盛,未可遽以片辞取信,因默不言,至今常不满也。②

朱熹很清楚地指出了学术讨论与门户之争的区别,他认为,学术讨论的目的是“兼取两家之长”而“不可轻相诋訾”;在学术讨论中,应当“虚心平气,相与熟讲而徐究之,以归于是”,而不能“立我自是之意,厉色忿词,如对仇敌”。

总之,程曈批评“和会朱陆”主张可谓不遗余力。但他并没有因此而使朱学在徽州地区得以重振,只不过是将原存在于徽州学者内部的“朱陆异同”之争加以激化,从而成为与程敏政之间展开的一场论战而已。

---

① 程曈:《闲辟录》卷九,见《四库全书存目丛书·子部》第7册,济南:齐鲁书社,1995年版,第276页。

② 朱熹:《答诸葛诚之》,《晦庵先生朱文公文集》卷五四,《朱子全书》第23册,上海:上海古籍出版社,合肥:安徽教育出版社,2002年版,第2539～2540页。

第八章　新安理学由盛转衰:明代中后期

明代中后期,是新安理学的主导性学说发生变化的时期。湛若水、王阳明之学在徽州地区广泛流行,改变了南宋以来新安理学一直以朱学为主的格局,从而在新安理学中占据了主导地位。

导致湛王之学在新安理学中占据主导地位的原因,是明代中期学术主潮发生了变化。程朱理学在明代虽然仍为官学,但已经呈现衰微之势,这便为湛王之学的崛起创造了条件,并使湛王之学尤其是王学取代了程朱理学,成为学界的主流。这便是导致新安理学主导学说发生改变的宏观学术背景。

所以,我们讨论明代中后期的新安理学,需要从湛王之学的崛起说起。

一、心学:明代中后期的理学形态

清代张廷玉曾对明代学术作过如下概括:

> 原夫明初诸儒,皆朱子门人之支流余裔,师承有自,矩矱秩然。

> 曹端[①]、胡居仁[②]笃践履，谨绳墨，守儒先之正传，无敢改错。学术之分，则自陈献章、王守仁始。宗献章者，曰江门之学，孤行独诣，其传不远；宗守仁者，曰姚江之学，别立宗旨，显与朱子背驰，门徒遍天下，流传逾百年，其教大行，其弊滋甚。嘉、隆而后，笃信程朱、不迁异说者，无复几人矣。[③]

张廷玉这段概括，很清晰地描述了明代理学的变化，即在理学中，占主导地位的学说逐渐由程朱之学转向陈献章、王阳明之学，只是明代中期影响学界的已经不是陈献章本人而是他的弟子湛若水。

程朱理学的衰微与明初的学术转向

明代的理学为什么会发生如张廷玉所指出的变化？

张廷玉虽然正确地指出了明代理学的转向，但在他看来，似乎是因为心学的泛滥，才导致“笃信程朱、不迁异说者，无复几人”。其实恰恰相反，正是程朱理学的衰微才使心学兴起并流行开来。

程朱理学衰微的一个很重要的原因，是它的官学化。

程朱理学官学化萌芽于南宋后期，正式确定其官学地位的是元代后半期科举制度的恢复。但元王朝还没有等到程朱理学官学化的后果显现出来就

---

① 按，曹端(1376—1434)字正夫，号月川，渑池(今属河南三门峡市)人。其少年时曾事农耕，闲暇苦读，18岁后专习儒学，永乐六年(1408)举人。曾任霍州学正16年，卒于官。其学服膺朱熹，以躬行实践为务，而以存养性理为大端，《明史》称他为“明初理学之冠”。

② 按，胡居仁(1434—1484)字叔心，号敬斋，余干(今属江西上饶市)人。幼时聪敏，时谓“神童”。弱冠后，奋志圣贤之学，师从吴与弼，遂绝意科举，筑室于梅溪山中，以讲学为业。他认为“气之有形体者为实，无形体者为虚；若理则无不实也”。在穷理上最重行事，他说：“读书得之虽多，讲论得之尤速，思虑得之最深，行事得之最实。”常与友人陈献章、娄谅、谢复、郑侃等游，曾主白鹿书院，以布衣终身，万历中追谥文敬。

③ 《明史》卷二八二《儒林一》，北京：中华书局，1974年版，第24册，第7222页。按，《明史》所说的“王学”是较为泛化的概念，它应包括湛若水之学。湛学虽然也属于“心学”，但与狭义的王学并不完全一样，甚至还是与王学相对峙的心学派别。所以，在本章的叙述中，有时将它们加以区分，或称为“湛王之学”。

灭亡了。明王朝建立以后，继承了元代的文化政策，洪武三年(1370)，朱元璋便决定以程朱理学家对儒学经典的诠释作为乡试、会试的主要依据，程朱理学的官学地位也得以持续。

永乐十二年(1414)，明成祖朱棣又命翰林学士胡广等纂修《五经大全》《四书大全》及《性理大全》(简称"三部《大全》")。他对三部《大全》编纂的目的讲得很清楚，就是"使天下之人获睹经书之全，探见圣贤之蕴，由是穷理以明道，立诚以达本，修之于身，行之于家，用之于国，而达之天下，使国不异政，家不殊俗，大回淳古之风，以绍先王之统，以成熙皞之治"①，也就是说，他要通过三部《大全》的编纂，使政统与道统、学统一体化，使明王朝的政权得到意识形态的支撑，以维护和加强其统治。

三部《大全》的颁布，虽然进一步强化了程朱理学的官学地位，造成了"敢于诬孔、孟，必不敢非程朱"的"世儒习气"②，但并没有使程朱之学兴盛起来。一方面，对于那些追求功名的士人来说，程朱理学成了他们猎取功名的工具，进入仕途的敲门砖，连程朱的著作都成为他们占哔咿唔的材料，其结果只能是导致学风的浮滥③。明代学者何良俊④在当时就指出：

> 太祖时，士子经义皆用注疏，而参以程朱传注。成祖既修《五经四书大全》之后，遂悉去汉儒之说，而专以程朱传注为主。夫汉儒去圣人未远，学有专经，其传授岂无所据？况圣人之言广大渊微，岂后世之人单辞片语之所能尽。……自程朱之说出，将圣人之言死死说定，学者但据此略加敷演，凑成八股，便取科第，而不知孔、孟之书为何物矣。以此取士，而欲得天下之真才，其可得乎！呜呼，朝廷求士

---

① 朱棣：《四书大全序》(即《明成祖文皇帝御制序》)，转引自朱彝尊：《经义考》卷二五六，见《文渊阁四库全书》第680册，台北：台湾商务印书馆，1983年版，第307页。

② 陈确：《与黄太冲书》，《陈确集》上册，北京：中华书局，1979年版，第147页。

③ 参见林庆彰：《明代考据学研究》上册，上海：华东师范大学出版社，2015年版，第16页。

④ 按，何良俊(1506—1573)字元朗，号柘湖，松江华亭(今上海市奉贤柘林)人。嘉靖时为贡生，荐授南京翰林院孔目。因仕途不得意，辞官归隐，自称与庄周、王维、白居易为友，题书房名为"四友斋"。著有《柘湖集》《何氏语林》《四友斋丛说》。

之心其切如此,而有司取士之术其乖如彼,余恐由今之日以尽今之世,但用此辈布列有位,而欲致隆古之治,是犹以酖毒愈疾,日就羸惫,必至于不可救药而后已耳。[①]

在何良俊看来,程朱理学沦为科举考试的工具而走向教条化,使它无法培育真才。希望依靠这样的科举制度选拔人才、治理国家,必然就像"以酖毒愈疾"一样,其结果只会"日就羸惫",直到"不可救药而后已"。

另一方面,程朱理学官学化,也使士人形成了程朱之学是对理学终极阐发的观念,即使是当时一些号称理学大儒的著名学者,也认为程朱之学特别是朱学,已经穷尽了理学的意蕴,后人只要学习和实行就可以,没有进一步发明理学义理的必要。如章懋[②]就认为,"自程朱后,不必再论,只遵闻行知可也";薛瑄也说,"自考亭以后,斯道大明,无烦新著"[③]。

程朱理学到了这个地步,自然也就失去了理论上的创造力,丧失了它的社会政治功能。这又导致一些学者对程朱理学不满,主张为儒学寻求新的出路。

为什么程朱理学的衰落恰恰导致了心学的兴起呢?这与明初的特定政治因素有着密切关系。

促使心学兴起的政治因素,首先是朱元璋对《孟子》的阉割。明代开国伊始,刘基、宋濂等理学家在与朱元璋讨论治国经邦时,曾提出以孔、孟之书为经典,以程朱诠释为依据,建立起官方意识形态。这使朱元璋对《孟子》产生了兴趣。但他在洪武二年(1369)读到《孟子》所说的"君之视臣如手足,则臣视君为腹心;君之视臣如犬马,则臣视君为国人;君之视臣为草芥,则臣视君

---

① 何良俊:《四友斋丛说》卷三,北京:中华书局,1959年版,第22页。

② 按,章懋(1436—1521)字德懋,兰溪(今为浙江金华市属兰溪市)人。成化二年(1466)进士,选为庶吉士,授翰林编修。曾因直谏被贬为临武知县,改为南京大理寺左评事,后调任福建按察司佥事,逝后追赠太子太保,谥文懿。著有《枫山语录》《枫山集》等。他所主纂的《兰溪县志》是现存的兰溪县最早县志。

③ 参见侯外庐、邱汉生、张岂之主编:《宋明理学史》下卷,北京:人民出版社,1987年版,第3页。

如寇仇”时，不禁愤愤地说，孟子的话“非臣子所宜言”，要“议罢其配享”[①]，他甚至还说：“使此老（指孟子）在今日，宁得免耶？”[②]洪武二十二年（1389），朱元璋终于命刘三吾负责，由钱宰等 27 人参订《孟子》。

对《孟子》“参订”的结果，是删去了《孟子》中 85 条文字，定名为《孟子节文》[③]。《孟子节文》是对孟子思想的严重阉割。这次阉割，不只是使明代读书人难以窥见《孟子》全貌，更重要的是抽掉了《孟子》书中的“民贵君轻”等民本思想。这使程朱理学家很难堪。因为孟子的民本思想正是开明理学家政治思想的根基。同时，在阉割了民本思想的《孟子》之中，心性之学和“动心忍性”的修养功夫便突出来了。宋代理学家号称遥继在孟子那里中断的儒家道统，也就成了只是对孟子心性之学的继承。这对心学的崛起无疑起到了铺垫作用。

而对心学兴起起到催生作用的，则是朱棣的“靖难之役”。

“靖难之役”是指朱棣以“清君侧”名义起兵从他侄子建文帝朱允炆手里夺取皇位的一次政治事件。“靖难之役”实际上是一次“武装政变”，它给程朱理学信奉者带来的难题是：朱棣夺取政权是否具有合理性？朱熹当年在评论李世民时曾说过：“唐太宗分明是杀兄劫父代位。”[④]这显然是对李世民夺取政权合理性的质疑。按照朱熹对李世民的质疑推论下去，人们也就会问：朱棣从他侄子朱允炆手里夺取皇位，是合理的吗？

朱棣夺取政权的合理性当时就受到质疑。质疑者便是方孝孺。

方孝孺（1357—1402）字希直，一字希古，号逊志，是颇有社会影响的学者型官员。朱允炆即位后对他颇为倚重。“靖难之役”后，朱棣很想由方孝孺起草即位诏书，但方孝孺在朱棣召见时却“悲恸声彻殿陛”，朱棣劝慰道：“先生毋自苦，予欲效周公辅成王耳。”方孝孺立即质问：“成王安在？”朱棣说：“彼自

---

① 《明史》卷一三九《钱唐传》，北京：中华书局，1974 年版，第 13 册，第 3982 页。

② 全祖望：《辨钱尚书争孟子事》，《鲒埼亭集》卷三五，《全祖望集汇校集注》，上海：上海古籍出版社，2000 年版，上册，第 660 页。

③ 参见杨海文：《孟子节文是怎么回事》，《中文读书报》2011 年 6 月 15 日，第 15 版。

④ 黎靖德：《朱子语类》卷一三七，北京：中华书局，1986 年版，第 8 册，第 3259 页。

焚死。”方孝孺接着逼问：“何不立成王之子？”朱棣回答道：“此朕家事。”即使如此，朱棣还是坚持说：“诏天下，非先生草不可。”方孝孺却投笔于地，且哭且骂道：“死即死耳，诏不可草！”尽管朱棣起兵时，他最信赖的谋臣姚广孝曾告诫说，即使方孝孺不归附，也不能杀了他，否则，天下将没有读书种子。但朱棣一怒之下还是将方孝孺“磔诸市”，即处以车裂的极刑，并“灭十族”（即在九族之外加上其门生）。就刑前，方孝孺作了这样的绝命词：“天降乱离兮，孰知其由。奸臣得计兮，谋国用犹[①]。忠臣发愤兮，血泪交流。以此殉君兮，抑又何求。呜呼哀哉兮，庶不我尤。”[②]

与方孝孺以身殉方式质疑朱棣武装政变的合理性不同的是，建文朝的一大批官员却依附了朱棣，其中就包括解缙和后来历仕四朝（成祖、仁宗、宣宗、英宗）而成为明代台阁重臣的杨士奇、杨荣、杨溥等信奉程朱理学的官员。他们都是明代学界颇有影响的人物，方孝孺之死，对他们无疑是严峻的拷问：归附朱棣与程朱理学所说的“忠”是否相悖？这是程朱理学家遇到的又一个难题。

但在整个明代，上述问题都没有人回答，甚至没有人提起。这倒不是因为明代学者心中不存在上述问题，只是一旦公开提起，则会使信奉程朱之学的理学家们陷入难堪的境地。于是，一些士大夫或辞官（如薛瑄），或拒绝出仕（如吴与弼），以疏远政治的方式，回避了对上述问题的回答。人们还把吴与弼拒绝出仕赞为“高尚其志”[③]，疏远政治似乎成为士人的最佳选择，正如

① 按，犹，兽名，猴类，亦称犹猢。《尔雅·释兽》：“犹，如麂，善登木。”方孝孺借以斥责建文朝那些转而投靠朱棣的官员都是善于攀附的禽兽。

② 方孝孺事参见《明史》卷一四一《方孝孺传》，北京：中华书局，1974 年版，第 13 册，第 4019 页。

③ 按，邓士龙《謇斋琐缀录》四按语：“吴与弼为溥之子，粗衣敝履，举动效古，见明道见猎有喜心，益知圣学为必可学。小楼坐卧，收敛身心，其不为俗所染可知。观其承英宗之聘，辞谕德之官，殆易所谓‘不事王侯，高尚其志’者，有士如此，取其节焉足矣。……然稽之我明二百年，如与弼者盖不数数得也，所谓乡贤之最者，吾谁与归？”邓士龙辑：《国朝典故》卷五六尹直撰《謇斋琐缀录》四，北京：北京大学出版社，1993 年版，中册，第 1286～1287 页。

元末明初诗人张昱所说："见人斫轮只袖手，听人谈天只钳口。"①

程朱理学所遇到的尴尬很快便投射到学风上，新的学术取向开始出现在士人之中。孔孟所确立的儒学目标原本就是"为政"，是"学而优则仕"，即使是程朱等理学宗师，也很重视《大学》所确立的"三纲领""八条目"，他们讲"格物""致知""诚意""正心""修身""齐家"，终极目的也是为了"治国平天下"，同时，他们还特别强调"学以致用"，将学术与政事统一起来。但是，这时的士人们开始从学术与政治的一致性转向学术与政事的疏离，政治问题已经不再处于他们学术话语的中心位置②，治学的终极目标也由"治国平天下"转向了自我道德修养，转向独善己身，即少谈"外王"而多讲"内圣"。从吴与弼开始，学者就特别注重"存心"以"涵养德性本原"，注重"静坐""夜思"等冥悟的修养方法。吴与弼的学生陈献章更是将"静坐"看作冥悟"作圣"之功。他说，所谓"作圣之功"，就是"舍彼之繁，求吾之约，唯在静坐"，认为通过"静坐"就可以发现"吾此心之体"③，"静坐"也就成了成圣的主要途径。于是，从吴与弼到陈献章，日渐显示出理学变化的趋势：由程朱理学向心学转化。他们已经成为心学崛起的前奏。

王学的形成及其在徽州地区的传播

王阳明（1472—1529）名守仁，字伯安，余姚（今属浙江宁波市）人，因曾筑室于会稽山阳明洞，故自号阳明子，学者便称之为"阳明先生"，习称"王阳明"。他于弘治十二年（1499）登进士第，历任刑部主事、庐陵知县、右佥都御史、南赣巡抚、两广总督，晚年官至南京兵部尚书、都察院左都御史。王阳明因平定宸濠之乱封为新建伯，隆庆年间追赠新建侯，谥文成。清代学者王士

---

① 张昱：《可闲老人集》卷一《寄河南卫镇抚赵克家叙旧》，见《文渊阁四库全书》第1222册，台北：台湾商务印书馆，1983年版，第517页。

② 参见张德建：《论明代学术思想体系的建构与分裂》，《求是学刊》2014年第3期。

③ 陈献章：《复赵提学》，转引自《明儒学案》卷五《白沙学案上》，《黄宗羲全集》第7册，杭州：浙江人民出版社，1992年版，第83页。

祯在评论王阳明时说:“王文成公为明第一流人物,立德、立功、立言,皆踞绝顶。”[①]而王阳明对后世影响最大的还在“立言”方面,即他所阐发的心学体系。

王阳明原是程朱之学的信奉者,弘治五年(1492)中举后,住在父亲的任所,曾系统研读过朱熹的著作,对朱学颇为尊崇。就在这时,发生了一件虽不算大但很有名的事——“格竹子”。历来认为这是让王阳明对朱学发生怀疑、动摇的开始,但王阳明自己不这样看,他在谈到“格竹子”时说:“众人只说格物要依晦翁,何曾把他的说去用?我着实曾用来。初年,与钱友同论做圣贤,要格天下之物。如今安得这等大的力量?因指亭前竹子,令去格看。钱子早夜去穷格竹子的道理,竭其心思,至于三日,便致劳神成疾。当初说他,这是精力不足,某因自去穷格,早夜不得其理。到七日,亦以劳思致疾。遂相与叹:圣贤是做不得的,无他大力量去格物了!”[②]

从这段自述可以看出,王阳明对人们只是口讲程朱理学却不能身体力行很不满,也表明他深感自己的功力还不足以通过“格物”而“致知”,以达到“圣贤”的地步,但从中很难得出他因此而对程朱学说产生怀疑的结论。

促使王阳明对程朱之学发生动摇的,可能是王阳明与吴与弼弟子娄谅[③]的见面。“格竹子”事件的三年之前(1489),王阳明在迎亲途中经过广信(今江西省上饶市信州区)时,拜见了娄谅。此时仅18岁的王阳明,听娄谅谈“宋儒格物之学”,对娄谅所说的“圣人必可学而至”,“深契之”[④]。王阳明与娄谅

---

① 王士祯:《池北偶谈》卷九《王文成》,北京:中华书局,1982年版,第201页。

② 王阳明:《传习录下》,《王阳明全集》卷三《语录三》,上海:上海古籍出版社,1992年版,上册,第120页。

③ 按,娄谅(1422—1491)字克贞,别号一斋,广信(今江西上饶)人。明景泰间举人,官至成都训导,曾师从吴与弼。其学以“收心放心”为居敬之门,以“何思何虑,勿忘勿助”为居敬要旨。著有《日录》《三礼订误》等。

④ 钱德洪、王汝中辑:《王阳明年谱》,《王阳明全集》卷三三《年谱一》,上海:上海古籍出版社,1992年版,下册,第1223页。

的见面，不仅使他对娄谅产生了敬意[①]，也在他思想上打开了一扇通向心学的窗户。故黄宗羲认为，他们这次会面是王阳明学术变化的发端[②]。

娄谅埋进王阳明心中的心学种子，在王阳明被贬谪到龙场期间终于萌发。明正德元年(1506)，专权的宦官刘瑾排斥打击大学士刘键、谢迁等，激起士人共愤，南京户科给事中戴铣[③]等21人或独自、或联名上疏声援，刘瑾逮捕了戴铣等21人，时任兵部主事的王阳明不顾刘瑾权势的煊赫，上疏救援，并提出"宥言官，去权奸""有政事得失，许诸人直言无隐"等建议，请求明武宗朱厚照"开忠谠之路"[④]。结果触犯了刘瑾，被廷杖，贬为龙场(在今贵州修文县)驿丞。

龙场驿是一个十分偏僻的驿站。正德三年(1508)春，王阳明赶到龙场后，便自筑草棚栖身，自种菜蔬自给。因为龙场地处穷荒，虽然闲暇，但无书可读，他就日绎旧闻。在学术回顾与思考中，王阳明"忽悟格物致知，当自求诸心，不当求诸事物。喟然曰：'道在是矣！'遂笃信不疑。"[⑤]这就是在中国学术史、哲学史上很有名的"龙场悟道"。

王阳明在"龙场悟道"中悟出"心即理"的命题，为他的思想找到了新的支点。第二年，王阳明在贵州府城的文明书院阐发了他的"知行合一"论，正德十五年(1520)，又在江西南昌提出了"致良知"论。至此，王阳明由"心即理"论、"致良知"论和"知行合一"论所建构的心学体系，就最后完成了。

---

① 按，王阳明在平定朱宸濠叛乱后，曾厚礼安葬了娄谅的孙女、朱宸濠的妃子娄素珍(黄宗羲以为娄妃是娄谅之女，但明人夏尚朴《东岩集》卷五《冰溪娄先生墓志铭》记为娄谅孙女，墓志当不至妄言)，或许就是出于对娄谅的敬意。

② 黄宗羲：《明儒学案》卷二《崇仁学案二・教谕娄一斋先生谅》，《黄宗羲全集》第7册，杭州：浙江人民出版社，2005年版，第38～39页。

③ 按，戴铣(1464—1506)字宝之，号翀峰，婺源人。弘治九年(1496)进士，曾任兵科给事中、光禄少卿，后调南京户科。正德元年(1506)，因与一批官员上疏声援被宦官刘瑾迫害的大学士刘键、谢迁，受廷杖而死。

④ 王阳明：《乞宥言官去权奸以章圣德疏》，《王阳明全集》卷九，上海：上海古籍出版社，1992年版，上册，第291～292页。

⑤ 《明史》卷一九五《王守仁传》，北京：中华书局，1974年版，第17册，第5168页。

王阳明“致良知”论的出发点是,“吾心”是宇宙万物的本原,如果认识了存在于“吾心”之理,就是认识了事物之理。这个理就是“良知”。而“良知”是不问圣愚,不论古今,人人都具有的[①],连天地鬼神都是从“良知”而来的。只有“良知”才是“真己”,是人的真实本质,也是人和万物的生命所系:“有之即生,无之即死。”[②]由此可见,王阳明所说的“良知”,既是道德意识,也指最高本体。它实际上是人的主观精神的升华和膨胀,是一种超越了时间也超越了空间的主观精神。按照他“致良知”学说的逻辑,结论只能是张扬人的个性和人的主体性,重视人的生命价值和人的主观能动精神。沿着这样的思路,必然使王阳明用内在的“良知”冲决程朱理学外在的“理”的束缚,而与“存天理、灭人欲”的道德目标相背离。他确实得出了肯定“人欲”合理性的结论,认为人的“喜怒哀惧爱恶欲”等“七情”都是“人心合有的”[③]。

王阳明虽然在嘉靖八年(1529)去世,但他所创立的学派不仅没有随着他的去世而消沉,反而如日中天,服膺王学的学者几乎遍天下。黄宗羲在《明儒学案》中所记述的明代中后期的学派中,属于王学的差不多占 80%,著名的有浙中、江右、南中、楚中、粤闽、北方、泰州等学派。

王阳明心学出现之后,与程朱之学的冲突就势成必然。王阳明的好友、徽州学者汪循便是王学的最早质疑者之一。

汪循(1452—1519)字进之,号仁峰,休宁人。自幼锐志求道,不为举业所局限。弘治九年(1496)进士,次年选宰永嘉,政绩较著。正德初,刘瑾擅权,汪循一月三上抗疏,请裁革中官,又上“内修外攘”十策,语甚剀切,为刘瑾所忌,遂乞养母而归。刘瑾被诛后,汪循又被起用为顺天府通判。他在学术上悦濂溪、考亭之学,以求周、孔之源。范涞在《休宁理学先贤传》中曾为其立

---

① 王阳明:《传习录中·答聂文蔚》,《王阳明全集》卷二《语录二》,上海:上海古籍出版社,1992 年版,上册,第 79 页。

② 王阳明:《传习录上》,《王阳明全集》卷一《语录一》,上海:上海古籍出版社,1992 年版,上册,第 36 页。

③ 王阳明:《传习录下》,《王阳明全集》卷三《语录三》,上海:上海古籍出版社,1992 年版,上册,第 111 页。

传，将其视为休宁理学九贤之一。著有《汪仁峰先生文集》。

汪循与王阳明是挚友，王阳明曾这样评说汪循："不有洪钟，岂息瓦缶；发蒙警聩，以倡绝学，使善类得有所附丽，非吾仁峰，孰与任之？"[①]汪循则不仅盛赞王阳明剿灭寇盗是"儒者之功，仁人之勇，而为吾道增光"，还赞王阳明所说的"学贵实行而不事空谈"是"真知道者之言"[②]。但是，汪循与王阳明毕竟不是学术上的同道者。在汪循将他所作的"与学者辩论朱陆异同一编"向王阳明"求印正"[③]时，他们的学术分歧便表现出来了。

汪循也是程曈的挚友，与程曈为学术上的同道。当程曈作《闲辟录》时，他也作了《闲辟辩》与之呼应，从而卷入了程曈与程敏政之间的"朱陆异同"之争。他所说的"近与学者辩论朱陆异同一编"，指的就是《闲辟辩》。

汪循曾将《闲辟辩》寄给王阳明。王阳明见到《闲辟辩》后，复函汪循说：

> 远承教札，兼示《闲辟辩》，见执事信道之笃、趋道之正，喜幸何可言。自周、程后，学厖道晦，且四百余年。逃空寂者，闻人足音，跫然喜矣，况其亲戚平生之欢乎？朱陆异同之辩，固守仁平日之所召尤速谤者，亦尝欲为一书，以明陆学之非禅，见朱说亦有未定者。又恐世之学者先怀党同伐异之心，将观其言而不入，反激怒焉，乃取朱子晚年悔悟之说，集为小册，名曰《朱子晚年定论》，使具眼者自择焉，将二家之学不待辩说而自明矣。[④]

王阳明在《朱子晚年定论》所宣扬的朱陆"早异晚同"说，其实并不新鲜，与赵汸的"合并于暮岁"说、程敏政的"先异后同"说并无什么区别。王阳明以

---

① 王阳明致汪循函，见《汪仁峰先生外集》卷三，见《四库全书存目丛书·集部》第47册，济南：齐鲁书社，1997年版，第596页。

② 汪循：《复王都宪》，《汪仁峰先生文集》卷五，见《四库全书存目丛书·集部》第47册，济南：齐鲁书社，1997年版，第243页。

③ 汪循：《复王都宪》，《汪仁峰先生文集》卷五，见《四库全书存目丛书·集部》第47册，济南：齐鲁书社，1997年版，第244页。

④ 王阳明致汪循函，载于《汪仁峰先生外集》卷三，见《四库全书存目丛书·集部》第47册，济南：齐鲁书社，1997年版，第596～597页。

为他用辑录朱熹言论的办法宣扬朱陆“早异晚同”说，就可以使“二家之学不待辩说而自明”，更不会引起争论。但他没有想到汪循一见其书，就立即质疑，在复王阳明的函中，他说：“微词奥义，有非老昧浅陋之所及知者，不能无疑焉。”①于是，汪循与王阳明之间关于“朱陆异同”之争也就由此展开。

汪循在给王阳明的复函中，对《朱子晚年定论》的质疑主要在以下四个方面：

第一，认为王阳明在《朱子晚年定论》序中说的“洙泗之传至孟子而息千五百余年，濂溪、明道始复寻其绪”，不如仍沿用程颐在《明道先生墓表》中所说的“千四百余年”。汪循说，程颐说的“千四百余年”是“举其成数”，“今执事云千五百余年，虽或考据之精，然非义理所关键，不若因之之不见自异于先儒”。王阳明与汪循关于“千四百年”“千五百年”的争论是有玄机的，若推迟100年，则不仅否定了二程创建理学之功，也使理学兴起的时间延迟到陆九渊的时代。

第二，针对王阳明所说的“自后辨析日详，亦日就支离决裂，旋复淹晦”，汪循说：“愚以为辨析支离决裂之弊，罗仲素、李延平以前窃恐无之，多言乱道，此正学朱学者之弊也。窃探执事之意，概掩朱子著述之功。”

第三，针对王阳明所说的“乃知从事正学而于众说之纷挠疲苶、茫无可入，因求诸老、释，欣然有会于心，以为圣人之学在此矣”，汪循说：“执事既以陆氏之学为时流所忌而避去之，而复不讳于此，不又骇人耳目乎？”

第四，针对王阳明所说的“独于朱子之说有相抵牾云云，至世所传《集注》《或问》之类，乃其中年未定之论，自咎以为定本之误，思改正而未及”，汪循说：“愚以为朱子之说有相抵牾者，正在于与陆子攻诋辨论之时，与夫学者群居议论训释之习耳，初不在于传注之间也。……若谓朱子平日之所教人与夫其所注释，而其言有所抵牾者，窃恐无之。某尝僭谓吾朱子之训释经子，与孔子删述《六经》同功。……朱子集周、程而下诸儒之说而成一家之言，其于经

① 汪循：《复王都宪》，《汪仁峰先生文集》卷五，见《四库全书存目丛书·集部》第47册，济南：齐鲁书社，1997年版，第248页。

书毫分缕析，昭如日星，启我后人，明道之功岂可少哉！”[①]

不过，汪循对王阳明的质疑，已经无法阻止湛王之学进入徽州地区，使心学在徽州地区广泛流行开来。早在王阳明学说传入徽州之前，明代心学的先驱者吴与弼便已经对徽州学者有了影响。谢复便是受吴与弼影响的徽州学者之一。

谢复(1441—1505)字一阳，别号西山，祁门人。当他听说吴与弼讲学于小陂书院(即康斋书院，在今江西崇仁)时，便立即放弃参与科举考试的机会，投到吴与弼的门下。谢复师从吴与弼三年后返乡，一直恪守吴与弼所传之学，并务求自得、身体力行。谢复晚年卜室于祁门的西山之麓，继续潜心治学。他在学术上的最突出主张是知行并进，或曰“知行合一”。据说，曾有人问他什么是“行”，他回答道：“知。”有人又问他什么是“知”，他回答道：“行。”在谢复看来，“知”便是“行”，“行”便是“知”，“知行合一”便是“学之要”，若不如此，就将落于记诵、故训的窠臼。谢复的“知行合一”观点，或为王阳明“知行合一”说的先声。

谢复虽与陈献章为同门，但四库馆臣说，他“笃实胜于献章”[②]。这或许意味着谢复虽然受到吴与弼心学思想的影响，却并未完全放弃朱学。谢复的著作主要有《西山类稿》《日钞》《语录》等[③]。

直接受到王阳明思想影响的徽州学者，可能以吴淳为最早。吴淳(生卒年不详)字清甫，歙县人。他与王阳明同为弘治十二年(1499)进士，也与王阳明一样因弹劾刘瑾而落职，以江西道监察御史退居林下。大概由于与王阳明

---

① 以上4段中的引文均引自汪循：《复王都宪》，《汪仁峰先生文集》卷五，见《四库全书存目丛书·集部》第47册，济南：齐鲁书社，1997年版，第248～249页。按，本节对汪循与王阳明学术关系的阐述，曾参考钱明：《王学在新安地区的遭遇和挫折》，载《黄山学院学报》，2008年第4期。

② 永瑢、纪昀等：《四库全书总目》卷一七五《西山类稿》提要，北京：中华书局，1965年版，下册，第1560页。

③ 谢复生平，系据《明史》卷二八二《儒林一》“谢复传”(北京：中华书局，1974年版，第24册，第7241页)；黄宗羲：《明儒学案》卷二《崇仁学案二·谢西山复》(《黄宗羲全集》第7册，杭州：浙江人民出版社，2005年版，第39页)。

既为同年又同样有反刘瑾经历的缘故，吴淳与王阳明的关系颇为密切。王阳明曾说，他与吴淳“心一遇同，相得欢甚，朝夕谈道，上下古今时事，未尝不为之慨叹”[①]。吴淳还曾请王阳明为吴氏家谱作序，王阳明的序便刊于歙县吴氏的《冲山家乘》中。

另一位直接受到王阳明思想影响的徽州学者是江铨（字元衡，婺源人）。他是一位早慧的学者，15岁时就表现出诗歌创作的才华。稍长之后，不愿走科举之路的江铨，听说王守仁在讲学倡道，便去晋谒他，与他“上下其论”。著有《原学》《大学论正》《性学辨微》《桂山摭稿》等书[②]。

徽州学者洪启蒙（字有本，歙县人，郡诸生）也是王阳明的仰慕者。他曾“潜心阳明文集，恍然有得，遂屏卮辞，默存解悟。凡所论说，大都发南越微旨”。王门学者耿定向[③]曾说他“直探理窟，不坠言诠，士林罕见其匹”[④]。

另外，程默（字子木，休宁人，官至广州府同知）也曾“负笈千里，从学阳明”。但是，他在病重时，曾指着“六经”对其子说：“当从其中寻我，莫视为陈言也。”[⑤]据此，则程默虽从学于王阳明，很可能并未像其他王门后学那样，完全走向主观体认的路子。

王阳明虽然传学于徽州学者，但他本人并没有到过徽州，王学在徽州的

① 王阳明：《新安吴氏家谱序》，《王阳明全集》卷三二，上海：上海古籍出版社，1992年版，下册，第1198页。

② 马步蟾等纂修：《（道光）徽州府志》卷一一之三《人物志·儒林》，见《中国地方志集成·安徽府县志辑》第49册，南京：江苏古籍出版社，1998年版，第307页。

③ 按，耿定向（约1524—1596）字在伦，别号楚侗，黄安（今湖北红安）人。嘉靖三十五年（1556）进士，初授行人，继任御史，曾出按甘肃，还，督南京学政，擢大理右寺丞。高拱掌吏部时，谪为横州判官。拱罢，量移衡州推官，后累官右副都御史，曾拟任户部尚书，督仓场，因耿定向力辞求退，章屡上，乃许，居天台山，与弟定理、定力设书院，讲学授徒，被学者称为“天台先生”。其在学术上宗王学，曾召李贽至黄安，后交恶。著有《冰玉堂语录》《硕辅宝鉴要览》及《天台文集》等。

④ 马步蟾等纂修：《（道光）徽州府志》卷一一之三《人物志·儒林》，见《中国地方志集成·安徽府县志辑》第49册，南京：江苏古籍出版社，1998年版，第309页。

⑤ 参见黄宗羲：《明儒学案》卷二五《南中王门学一》，《黄宗羲全集》第7册，杭州：浙江人民出版社，2005年版，第675页。

传播主要靠他的弟子。如清初徽州学者汪佑说：

> 自阳明树帜宇内，其徒驱煽熏炙，侈为心学，狭小宋儒。嗣后，新安大会多聘王氏高弟阐教，如心斋（即王艮）、绪山（即钱德洪）、龙溪（即王畿）、东廓（即邹守益）、师泉（即刘邦采）、复所（即杨起元）、近溪（即罗汝芳）诸公迭主齐盟。自此，新安多王氏之学，有非复朱子之旧者。①

王门高足入徽讲学，遂使王学在徽州流传开来。于是，在一向以朱学为宗的徽州，竟出现了“新建（即王阳明）之说，沦人骨髓”“闽洛绝响，遵者寥寥”②的局面，不少徽州籍学者和官员都成为王学的信奉者。

从王阳明弟子那里接受王学的徽州学者，主要有“受学绪山（即钱德洪）”的程大宾（字汝见，号心泉，歙人，任贵州参政）、“及东郭之门”的郑烛（字景明，歙人，曾任河间府通判）③、以“默识二字，终身味之不尽”的潘士藻（字去华，号雪松，婺源人，著有《暗然堂日录》等）④以及从邹守益游并受知于耿定向的余纯似（字孝甫，婺源人，被学者称为“宏斋先生”）⑤，此外，还有师从钱德洪的吴林⑥，师从王畿的葛文韶、张懋、李逢春⑦，与邹守益、聂豹为莫逆友的金瑶（字德温，休宁人，著有《周礼述注》《六爻原意》《十七史摘奇》《栗斋文

---

① 转引自施璜等：《紫阳书院志》卷一六《会纪》，见赵所生等主编：《中国历代书院志》第9册，南京：江苏古籍出版社，1995年影印本，第587页。

② 施璜：《还古书院志》卷七《吴抑庵先生》，载赵所生等编：《中国历代书院志》第8册，南京：江苏古籍出版社，1995年版，第596页。

③ 参见黄宗羲：《明儒学案》卷二五《南中王门学一》，《黄宗羲全集》第7册，杭州：浙江人民出版社，2005年版，第675页。

④ 参见周晓光：《明代中后期心学在徽州的传播和影响》，《安徽史学》2003年第5期；另见周晓光：《新安理学》，合肥：安徽人民出版社，2005年版，第196～197页。

⑤ 马步蟾等纂修：《（道光）徽州府志》卷一一之三《人物志·儒林》，见《中国地方志集成·安徽府县志辑》第49册，南京：江苏古籍出版社，1998年版，第308页。

⑥ 参见万斯同：《儒林宗派》卷一五，见《文渊阁四库全书》第458册，台北：台湾商务印书馆，1983年版，第581页。

⑦ 参见王畿：《颖滨书院会记》，《龙溪王先生全集》卷五，见《四库全书存目丛书·集部》第98册，济南：齐鲁书社，1995年版，第338页。

集》等）以及“负笈访道”于罗汝芳的陈履祥（字文台，祁门人，有《四书翼》《易会通》等）[①]、“慕邹守益之学，往师之”的余时英（字景淳，婺源人，著有《孝经集义》）[②]等。

此外，徽州士人詹轸光（字君衡，婺源人，万历七年[1579]举人，曾署亳州，升任平乐知府。后解组归，著书自见，著有《清隐山书》《蓟门草》《白门草》《浮海寓言》《会讲百八箴》等）于万历十六年（1588）公车北上，过金陵时，时值耿定向讲道金陵，遂受业于耿定向，接受了王学[③]。他们都是明代中后期徽州地区王学的代表人物，在徽州地区形成崇奉王学的学者群。

在接受王学的徽州学者中，最著名的可能要数汪道昆。

汪道昆（1525—1593）一名守昆，字伯玉，号南溟，又号太函，歙县人，嘉靖二十六年（1547）进士。他出身于盐贾之家，直到汪道昆时始业儒。汪道昆早年即擅长古文辞，工诗词，颇以此见重于时，人们将他与余曰德、魏裳、张佳胤、张九一并称“后五子”。汪道昆还是一位民本意识颇强的学者，任襄阳知府时，曾筑堤千丈余，以防汉水泛滥，深得人心。在湖广巡抚任上，他不畏权贵，曾将藩室不法者治于法。汪道昆还兼长武略，为义乌令时，曾教民习武，以备倭寇；在任福建兵备道时，协助戚继光扫平扰闽倭寇，以功擢按察使，后转佥都御史等，位至兵部侍郎。由于他与王世贞在文坛齐名，且都任过兵部侍郎，故与王世贞并称为“南北两司马”。万历三年（1575），汪道昆以亲老乞归。此后的 18 年，他便一直乡居，以著文自娱，直至去世。汪道昆的著述颇多，主要有《太函集》《南溟副墨》《北虏纪略》等。汪道昆还是剧作家，留有《五湖游》《高唐梦》《洛水悲》《远山戏》等杂剧数种，合刊为《大雅堂杂剧》。

---

① 马步蟾等纂修：《（道光）徽州府志》卷一一之三《人物志·儒林》，见《中国地方志集成·安徽府县志辑》第 49 册，南京：江苏古籍出版社，1998 年版，第 307 页。

② 马步蟾等纂修：《（道光）徽州府志》卷一一之三《人物志·儒林》，见《中国地方志集成·安徽府县志辑》第 49 册，南京：江苏古籍出版社，1998 年版，第 308 页。

③ 马步蟾等纂修：《（道光）徽州府志》卷一一之三《人物志·儒林》，见《中国地方志集成·安徽府县志辑》第 49 册，南京：江苏古籍出版社，1998 年版，第 308 页。

歙县的史学家谢陛[①]曾说，汪道昆“于学则远推象山，近推东越（即王阳明）”[②]。汪道昆虽然未能见到王阳明，但对王阳明十分推崇，他不仅仰慕王阳明“具文武才”[③]，更高度认同王学，推崇王阳明的文章。如他在谈到王阳明学术时说：“吾道自孔氏以来，无任之者。宋儒自以为得道，规规然以言行求之。即彼居之不疑，未免毫厘千里。王文成崛起东越，倬为吾党少林。”[④]所谓“倬为吾党少林”，是称赞王阳明像达摩创立禅宗一样为儒学开辟了新境界，将儒学推进到新高度，是超越了宋儒而真正“得道”。在评论王阳明之文时，汪道昆说：“夫文始于虞夏殷周，降而先秦两汉，滥觞于魏，浸淫于六朝。唐初以骈俪求工，韩柳更始，至宋欧曾代起，诸儒则以吾道鸣。至东越而主良知，悉屏口耳，文之变，至是乎穷矣。即后有作者，不师古则师心。”[⑤]“不师古则师心”这一命题的提出，表明汪道昆已经将王阳明的心学融入他的文论。

生长于朱熹故里的汪道昆，在推许王学的同时，却对程朱后学颇有微词，他说：“世之丧道者二，其一俗学，其二俗儒。大音既希，徒占毕以比里耳，则俗学也；雅道不作，徒籍濂洛关闽为口实，以传同声，则俗儒也。”[⑥]所谓“徒籍濂洛关闽为口实”的“俗儒”，自然是指程朱后学。

---

① 按，谢陛（1547—1615）字少连，一字少廉，歙县人。少攻举子业，明末为邑诸生，乡试屡挫，遂专攻古文。他在史学上接受了朱熹以蜀承汉的观点，在所著的三国史《季汉书》中，便以蜀帝作本纪，而列魏、吴帝为世家。万历年间，他曾主纂《歙志》（主修者为县令张涛），这是歙县的第一部县志。另著有《定唐书》《读书论》《花乘》《黄山总记》等。

② 谢陛等：《歙志》卷五《文苑》汪道昆传，转引自《太函集》附录二，合肥：黄山书社，2004年版，第4册，第2829页。

③ 汪道昆：《南赣督府奏议序》，《太函集》卷二〇，合肥：黄山书社，2004年版，第1册，第435页。

④ 汪道昆：《王子中》，《太函集》卷九七，合肥：黄山书社，2004年版，第3册，第2001页。

⑤ 汪道昆：《尚友堂文集序》，《太函集》卷二六，合肥：黄山书社，2004年版，第1册，第558页。

⑥ 汪道昆：《处士方太古传》，《太函集》卷三二，合肥：黄山书社，2004年版，第2册，第699页。

湛若水与徽州学术

心学在徽州地区广泛传播的更有力的推动者，应该是与王阳明同时的心学宗师湛若水。

湛若水（1466—1560）字元明，号甘泉，增城（今广州市属增城市）人。他于弘治五年（1492）中举人，弘治十八年（1505）中进士第二名，选为庶吉士，后授翰林院编修，历官南京祭酒、礼部侍郎及南京礼部、吏部、兵部尚书等职。湛若水是一位长寿的学者，去世时已是 95 岁高龄。其一生著述颇多，主要有《春秋正传》《二礼经传测》《格物通》《心性图说》《新泉问辩录》《古乐经传》《非老子》《杨子折衷》及《湛甘泉先生文集》等。

弘治七年（1494），湛若水往江门就学于陈献章，走上了心学之路，当时 29 岁。其弟子李春芳①在谈到他的学术渊源时曾说："明熙洽二百余年，人心丕变，文教大兴。白沙陈公身任斯道，昌明正学，溯濂洛以接洙泗，为一代儒宗。吾师甘泉湛先生蚤游其门，独得其传，乃与阳明王公日相讲明绝学，振作斯文。"②不过，陈献章年轻时虽然信奉程朱之学，但此时已经不再"溯濂洛以接洙泗"，而是认为学须"以静为主"，主张"端坐澄心，于静中养出端倪"③，表现出摆脱濂洛之学而走向心学的明显倾向。

湛若水从陈献章那里继承的便是心学。他说过："万事万变皆本于心，千圣千贤皆是心学。"④又说："圣人之学，皆是心学。所谓心者，非偏指腔子里

---

① 按，李春芳（1510—1584）字子实，号石麓，兴化（今江苏泰州市属兴化市）人。嘉靖二十六年（1547）状元及第，授翰林修撰，升翰林学士，历官太常少卿、礼部右侍郎、礼部左侍郎、吏部侍郎、礼部尚书等，嘉靖四十四年（1565）以武英殿大学士入阁，隆庆二年（1568）为首辅大学士，隆庆五年（1571）致仕。著有《贻安堂集》。

② 李春芳：《甘泉湛先生文集叙》，《湛甘泉先生文集》卷首，见《四库全书存目丛书·集部》第 56 册，济南：齐鲁书社，1995 年版，第 516 页。

③ 永瑢、纪昀等：《四库全书总目》卷一七〇《白沙集》提要，北京：中华书局，1965 年版，下册，第 1487 页。

④ 湛若水：《格物通》卷一九，见《文渊阁四库全书》第 716 册，台北：台湾商务印书馆，1983 年版，第 174 页。

方寸内与事为对者也，无事而非心也。尧舜允执厥中，非独以事言，乃心事合一。允执云者，吻合于心，与心为一，非执之于外也。”①他还进一步把“心”视为万事万物的本体、万事万物生存变化的根据，即“心也者，万事万化之大原”②。

湛若水也讲“天理”，如他说：“礼也者，理也，天理也。天理也者，天之道也。”③但他认为，作为“天之道”的“天理”与作为万事万物本体的“心”是同一的，即“天理者非他，即吾心之本体也”④，又说：“心也者，包乎天地万物之外，而贯夫天地万物之中者也。中外非二也，天地无内外，心亦无内外。”⑤

湛若水虽然与王阳明同主张心学，但他认为自己的心学与王阳明并不一样，他说：

> 盖阳明与吾看心不同。吾之所谓心者，体万物而不遗者也，故无内外；阳明之所谓心者，指腔子里而为言者也，故以吾之说为外。⑥

按照湛若水的说法，则他所说的“心”，是包含着宇宙本体的客观精神与人的主观精神的统一；而王阳明所说的“心”，则纯属主观精神。

李春芳也曾比较过湛若水的心学与王阳明的区别，他认为，湛若水心学的特点在于“舍天理非良知，舍随处体认非致良知”，他说：

---

① 转引自黄宗羲：《明儒学案》卷三七《甘泉学案一》，《黄宗羲全集》第8册，杭州：浙江人民出版社，1992年版，第165页。

② 湛若水：《格物通》卷一九，见《文渊阁四库全书》第716册，台北：台湾商务印书馆，1983年版，第179页。

③ 湛若水：《春秋正传自序》，《春秋正传》卷首，见《文渊阁四库全书》第167册，台北：台湾商务印书馆，1983年版，第39页。

④ 湛若水：《格物通》卷三，见《文渊阁四库全书》第716册，台北：台湾商务印书馆，1983年版，第36页。

⑤ 湛若水：《心性图说》，转引自《黄宗羲全集》第8册《明儒学案》卷三七《甘泉学案一》，杭州：浙江人民出版社，1992年版，第142页。

⑥ 湛若水：《答扬少默》，《湛甘泉先生文集》卷七，见《四库全书存目丛书·集部》第56册，济南：齐鲁书社，1995年版，第571页。

> 王公语人则曰“致良知”，先生语人则曰“随处体认天理”。夫道在人心，昭明洞达，靡所不贯，靡所不烛，舍天理非良知，舍随处体认非致良知。盖道一言一而教亦一也。[①]

李春芳拈出“随处体认天理”作为湛若水心学的代表性命题[②]，确实很准确。主张“舍天理非良知，舍随处体认非致良知”，正是陈献章的正传，而与王阳明有异。湛若水曾反复强调“学之要，在随处体认天理而已。体认者，心思之用也”。在他看来，“心”是宇宙的本体，也是体认万事万物之理的主体。“心”的体认是“随处”的，即超越时空的，而且是以内外一“心”、内外一“天理”为出发点和归宿的。而从体认的主体来说，则是合知行的，如他说：“诚意、正心、修身、齐家、治国、平天下，皆随处体认天理以格物者也，岂徒讲说而已邪？”[③]湛若水讲“格物”，就是合知行而言的，如他说：“《大学》之书，全功在乎格物。而格物之要，其道本乎知行。”[④]由此可见，湛若水的思想虽不同于程朱，但也并没有完全隔断与程朱之学的联系。

湛若水曾对王阳明说：“盖兄之格物之说，有不敢信者四。”即他们的“格物”说也不同。其不同分别是：其一，湛若水说：“自古圣贤之学，皆以天理为头脑，以知行为工夫。”而王阳明则“训‘格’为‘正’，训‘物’为‘念头之发’”这就把“正念头”看作“格物”的首务；其二，王阳明说，“于上文‘知止能得’为‘无’，承于古本下节以修身，说‘格致’为‘无取’”，把“格物”纯看作“修身”的事，湛若水认为这也是不可的；其三，王阳明将“‘格物’训云‘正念头’”，湛若

① 李春芳：《甘泉湛先生文集叙》，《湛甘泉先生文集》卷首，见《四库全书存目丛书·集部》第56册，济南：齐鲁书社，1995年版，第516页。

② 按，“随处体认天理”这一命题为陈献章最早提出。弘治十一年(1498)三月，陈献章在复湛若水的信中就说：“来书甚好，日用间随处体认天理，着此一鞭，何患不到古人佳处也。”参见陈献章：《遗言湛民泽》，《陈白沙集》卷二，见《文渊阁四库全书》第1246册，台北：台湾商务印书馆，1983年版，第70页。

③ 湛若水：《格物通》卷五，见《文渊阁四库全书》第716册，台北：台湾商务印书馆，1983年版，第55、253～254页。

④ 湛若水：《上格物通表》，《格物通》卷首，见《文渊阁四库全书》第716册，台北：台湾商务印书馆，1983年版，第9页。

水认为“念头”之“正”与否，是主观的东西，释、老也自以为是“正”，杨、墨也自以为是“正”，其实，他们都是“不知其所谓正者，乃邪而不自知也”，这是因为“无讲学之功，无始终条理之实，无智巧之妙”的缘故；其四，针对王阳明的“正念头”，湛若水指出，自古以来都是“尊德性”与“道问学”并重。在《尚书》的《说命》与《周书》以及孔子、颜子那里都是如此。如果像王阳明那样徒“正念头”，则孔子只要讲“德之不修”就可以了，他为什么要说“学之不讲”呢？为什么还要说“信而好古敏求者”呢？子思也只要说“尊德性”就可以了，为什么还说“道问学”呢？[①]

为了强调合知行，湛若水还援引了程颐的“涵养须用敬，进学在致知”这一著名论断并加以发挥，说：“涵养须用敬，进学在致知，如车两轮。夫车两轮，同一车也，行则俱行，岂容有二？而谓有二者，非知程学者也。鄙见以为，如人行路，足目一时俱到，涵养进学，岂容有二？自一念之微，以至于事为讲习之际，涵养致知，一时并在，乃为善学也。故程子曰：‘学在知所有，养所有。’”[②]

在修养论上，湛若水也吸收了程颐的“主敬”说，并对他最为敬重的老师陈献章的“静坐”主张有微词，他说：“古之论学，未有以静坐为言者，而程氏言之，非其定论，乃欲补小学之缺，急时弊也。后之儒者遂以静坐求之，过矣。古之论学，未有以静为言者，以静为言者皆禅也。故孔门之教，皆欲事上求仁，动时着力。何者？静不可以致力，才致力，即已非静矣。故《论语》曰‘执事敬’，《易》曰‘敬以直内，义以方外’，《中庸》‘戒慎’‘恐惧’‘慎独’，皆动以致其力之方也。何者？静不可见，苟求之静焉，骎骎乎入于荒忽寂灭之中，而不可入尧舜之道矣。故《易》曰：‘复其见天地之心乎？’复也者，一阳动也。非复，则天地之心不可得而见矣。天地之心不可得而见，则天理或几乎息矣。

---

① 湛若水：《答阳明王都宪论格物》，《湛甘泉先生文集》卷七，见《四库全书存目丛书·集部》第56册，济南：齐鲁书社，1995年版，第571～572页。

② 湛若水：《答太常博士陈惟浚》，《湛甘泉先生文集》卷七，见《四库全书存目丛书·集部》第56册，济南：齐鲁书社，1995年版，第564页。

故善学者必合动静一于敬。敬立而动静混矣。”[①]由于湛若水常常游走于心学和程颐之学之间，所以他有时甚至说陆九渊不若程颐，如谓：“仆因言，学者欲学象山，不若学明道，故于时有《遵道录》之编，乃中正不易之的也。若于象山，则敬之，而不敢非之，亦不敢学之。”[②]在心学学派中，湛若水可以算是较为接近程颐之学的学者。

湛若水不仅阐发了与王阳明分庭抗礼的心学体系，还非常重视讲学。他所“馆谷”过的书院多达28所，这些书院分布于新会、广州、南海、扬州、池州、徽州、武夷等地区，据说他的学生有近4000人。这使湛若水思想影响的地域非常广泛，其中就包括徽州地区。

湛若水与徽州地区的关系，最早也反映在吴氏《冲山家乘》中。在《冲山家乘》中保存有湛若水于嘉靖十八年(1539)所作的《先儒可筠先生墓表》一文，此文是应吴淳之请而作的，墓主便是吴淳的祖父吴逊[③]（吴逊[1378—1459]字以恭，号可筠。研精易理，善诗文，著有《可筠稿》）。湛若水之所以为吴逊作墓表，可能是因为他同王阳明一样，与吴淳为同僚且政治观点一致的缘故。

在嘉靖年间，湛若水亲临徽州地区讲学。徽州地区的紫阳书院、天泉书院、斗山书院，都曾是他的讲学之所[④]，不少徽州学人师从他，洪垣便是湛若水在徽州地区的著名弟子。

洪垣(1504—1593[⑤])字峻之，号觉山，婺源人。嘉靖十一年(1532)进士，

---

① 湛若水：《答余督学》，《湛甘泉先生文集》卷七，见《四库全书存目丛书·集部》第56册，济南：齐鲁书社，1995年版，第562页。

② 湛若水：《寄崔后渠司成》，《湛甘泉先生文集》卷七，见《四库全书存目丛书·集部》第56册，济南：齐鲁书社，1995年版，第581页。

③ 参见汪庆元《徽州的家族文献与宗族文化——以歙县吴氏〈冲山家乘〉为中心》，《安徽史学》2001年第1期。

④ 参见周晓光：《新安理学》，合肥：安徽人民出版社，2005年版，第194页。

⑤ 按，洪垣的生卒年，史籍没有明确记载，此处所标的生卒年，系据《明儒学案》所说的“丁未秋，偕同邑方瓘卒业广东”及“归凡四十六年而后卒，年近九十”推算而得的。嘉靖丁未年为嘉靖二十八年(1547)，洪垣落职即与方瓘去新会湛若水处，当即此年。他“归凡四十六年而后卒”，则其卒年应为明神宗万历二十一年(1593)，而《明史》曾明确说洪垣是“年九十”而卒，由其卒年推算，则其生年当为弘治十七年(1504)。

授永康知县，后征授御史。他在御史任上，曾先后上疏，提出“罢巡幸、选宫僚、革余盐、清选法、黜贪污”[①]等主张。还因疏劾文选郎中黄祯贿选及知州王显祖、知县何瑚等选任非制，结果“一疏而御史、曹郎以下得罪者至二十余人”。出按广东时，洪垣以安南款附增俸一级，寻任温州知府。嘉靖二十六年(1547)，因坐温州饥民杀闭籴者事件而落职归[②]。落职之后，他40余年不仕，致力于著述。著有《周易玩词》《觉山绪言》《洪子闻言》《觉山史说》等。

据黄宗羲《明儒学案》载，洪垣“为弟子时，族叔熺从学文成，归而述所得，先生颇致疑与精一博约之说不似”，便对王学产生了怀疑。他中进士时，值礼部侍郎湛若水在京师讲学，洪垣便“执贽”入湛若水之门，湛若水对他颇欣赏，曰：“是可传吾钓台风月者。”将他视为学术传人。嘉靖二十六年(1547)，洪垣落职后，便与同里方瓘往广东从湛若水卒业，湛若水则建二妙楼以居之。洪垣在得知湛若水去世消息时，立即赶赴其家吊唁，直“越两月而归”[③]。他始终追随湛若水，并成为湛若水的四大弟子之一[④]。

洪垣虽然是湛若水的追随者，但《明史》曾说，当“一时学者遂分湛王之学”时，洪垣则“主于调停两家，而互救其失”，故“不尽守师说”[⑤]。黄宗羲也说，洪垣认为“体认天理，是不离根之体认，盖以救师门‘随处’之失”，企图“调停王、湛二家之学”[⑥]。

黄宗羲概括了洪垣的思想：“先生为体认天理，是不离根之体认，盖以救

---

① 赵宏恩等监修：《江南通志》卷一六四《儒林二》，见《文渊阁四库全书》第511册，台北：台湾商务印书馆，1983年版，第705页。

② 参见《明史》卷二〇八《洪垣传》，北京：中华书局，1974年版，第18册，第5509～5510页。

③ 参见黄宗羲《明儒学案》卷三九《甘泉学案三·郡守洪觉山先生垣》，《黄宗羲全集》第8册，杭州：浙江人民出版社，1992年版，第200页。

④ 《明史》谓：“湛氏门人最著者，永丰吕怀、德安何迁、婺源洪垣、归安唐枢。”参见《明史》卷二八三《儒林二·湛若水传》，北京：中华书局，1974年版，第24册，第7267页。

⑤ 参见《明史》卷二八三《儒林二·湛若水传》，北京：中华书局，1974年版，第24册，第7267页。

⑥ 参见黄宗羲《明儒学案》卷三九《甘泉学案三·郡守洪觉山先生垣》，《黄宗羲全集》第8册，杭州：浙江人民出版社，1992年版，第200页。

师门'随处'之失，故其工夫全在'几'上用。几有可见，未几则无见也。以几为有无接续之交，此即不睹不闻，为未动念时，独为初动念时之旧说也。不知周子之所为几者，动而未形有无之间。以其湛然无物，故谓之无；以其炯然不昧，故谓之有，是以有无合言，不以有无分言也。若自无而至有，则仍是离根之体认矣。先生调停王、湛二家之学，以'随处'体认，恐求理于善恶是非之端，未免倚之于显，是矣。以致良知似倚于微，知以知此理，以无心之知为真知，不原先天，不顺帝则，致此空知何用。夫知主无心，所谓不学不虑，天载也，帝则也。以此知为不足恃，将必求之学虑，失却道心之微，则倚之于显者，可谓得矣。得无自相矛盾乎？"①

"几"这一概念出自《易·系辞下》的"知几其神乎。君子上交不谄，下交不渎，其知几乎？几者，动之微，吉［凶］之先见者也。君子见几而作，不俟终日"。所谓"几"，本指事情发生之前的细微征兆，如孔颖达说："几，微也。是已动之微，动谓心动、事动，初动之时，其理未著，唯纤微而已。若其已著之后，则心事显露，不得为几。若未动之前，又寂然顿无，兼亦不得为几也。"②但洪垣对"几"的解释则援引周敦颐的言论，认为"几"是"动而未形有无之间"③。他特别对"有""无"作了诠释，认为"以其湛然无物，故谓之无；以其炯然不昧，故谓之有"，强调"几"是"以有无合言，不以有无分言"。黄宗羲认为，洪垣在"几"上下功夫，是防止由湛若水"随处体认天理"命题走向"求理于善恶是非之端，未免倚之于显"，从而与王阳明"致良知"的"似倚于微"相冲突。所以黄宗羲说他是在"调停王、湛二家之学"。

洪垣虽然企图"调停王、湛二家之学"，但还是较为倾向于湛若水。他曾说："盈天地之间，一气也。其为形色，一体也。一体浑然，孰为之善？孰为之

---

① 黄宗羲：《明儒学案》卷三九《甘泉学案三·郡守洪觉山先生垣》，《黄宗羲全集》第8册，杭州：浙江人民出版社，1992年版，第200～201页。

② 孔颖达：《周易正义》卷八《系辞下》，见阮元校刻：《十三经注疏》，北京：中华书局，1980年版，上册，第88页。

③ 周敦颐：《通书·圣第四章》，《周元公集》卷一，见《文渊阁四库全书》第1101册，台北：台湾商务印书馆，1983年版，第423页。

恶？自有善恶之说分，而后去取之念起。去取之念起，而后天下之为学者，日从事于刻核名实之辨，躯壳一丝，畦径方丈，忘则弗可见之矣。”[①]这些议论就很有针对王阳明著名的“四句教”的意味。王阳明的“四句教”，即“无善无恶心之体，有善有恶意之动，知善知恶是良知，为善去恶是格物”[②]，正是围绕“善恶”来谈的，即使“良知”这一王学最核心、最基础的概念，也是由知“善恶”来决定的。而洪垣则认为，学者一旦热衷于善恶的区分，就会产生“去取之念”，而“去取之念起，而后天下之为学者”就会“日从事于刻核名实之辨”，也就因此而“失却道心之微”[③]。

湛若水在徽州地区的另一位较著名的弟子是谢显。谢显（生卒年不详）字惟仁，号一墩，祁门人。据《祁门县志》载，谢显苦志学问，其家贫，或劝之治生，谢显曰：“治生孰若治心？”他弱冠为人师时，严毅方正，为乡里所敬惮，其时，已博综经史，尤深于《易》。湛若水讲学于南京时，谢显尝从之学，但谢显屡问，湛若水屡不答，于是，谢显茫然自失，感到其所学均为外学，便退而静坐，求之于心，久而有得，令湛若水为之惊讶。谢显曾说：“此学如过独木桥，绝无倚靠立脚处。”又说：“一念差，一言差，则天地万物为之解体。”督学耿定向评之曰：“迹其所至，已在善信之间；充其所志，不底圣人不已。”谢显被檄祀于乡贤祠[④]。著有《一墩遗稿》。

与谢显同师于湛若水的徽州学人，还有谢显的堂叔谢芊及婺源人方瓘等。谢芊（生卒年不详）字时春。谢显师事湛若水于留都时，谢芊“慕其学，同往事之”，若水称芊学“真确”。“归，与东南人士讲道，从者益众，自号凤山子，

---

① 湛若水：《赠余九阳》，转引自黄宗羲：《明儒学案》卷三九《甘泉学案三·郡守洪觉山先生垣》，《黄宗羲全集》第8册，杭州：浙江人民出版社，1992年版，第222页。

② 王阳明：《传习录下》，《王阳明全集》卷三《语录三》，上海：上海古籍出版社，1992年版，上册，第117页。

③ 转引自黄宗羲：《明儒学案》卷三九《甘泉学案三·郡守洪觉山先生垣》，《黄宗羲全集》第8册，杭州：浙江古籍出版社，1992年版，第201页。

④ 谢显生平，参见周溶、汪韵珊等修纂：《（同治）祁门县志》卷二三《儒林二》，见《中国地方志集成·安徽府县志辑》第55册，南京：江苏古籍出版社，1998年版，第277页。

学者称凤山先生”[①]。方瓘字时素，号明谷。“初从甘泉于南都，甘泉即令其为诸生向导。甘泉北上及归家，皆从之而往，以学为急，遂不复仕。”[②]

此后，与湛若水交往的徽州士人还有李希士。李希士（生卒年不详）字圣始，黟县人。他少年时见先儒语录曾说：“学问须心上做始得。”[③]于是便负笈入张公山，默坐观心。后来遇邹守益、湛若水，与他们创立了兴中书院，讲学于其中。著有《三经约言》。

湛若水与李希士诸人创兴中书院时，徽州士人汪济（字君楫，黟县人，廪生，著有《继善录》《达观语录》《培稗文集》等）也曾参与。汪济还是徽州地区讲会活动的积极参与者和组织者，他参与讲会，“大会六邑学者，相与阐明圣道，济值会期，虽病必赴。又创里人讲会，作六歌以励，俗学者翕然宗之”[④]。

此外，徽州士人张振德（字觉之，祁门人，所著有《语录》《会纪》），“闻谢一墩讲学，悦之，遂弃诸生，集同志讲学邑会，季举郡会，岁举徽宁池饶四郡大会，于每岁暮春，举于四郡之中，至老不倦”[⑤]。张振德也是湛若水之学的信奉者和徽州讲会活动的组织者。

讲会：湛王之学传播的重要形式

随着书院的出现，讲会也伴之而生。

什么是讲会？清人施璜说：“明代数建书院，诸生肆举子业于其中，实繁

---

① 周溶、汪韵珊等修纂：《（同治）祁门县志》卷二三《儒林二》，见《中国地方志集成·安徽府县志辑》第55册，南京：江苏古籍出版社，1998年版，第276页。

② 黄宗羲：《明儒学案》卷三九《甘泉学案三·郡守洪觉山先生垣》，《黄宗羲全集》第8册，杭州：浙江古籍出版社，1992年版，第201页。

③ 马步蟾等纂修：《（道光）徽州府志》卷一一之三《人物志·儒林》，见《中国地方志集成·安徽府县志辑》第49册，南京：江苏古籍出版社，1998年版，第297页。

④ 马步蟾等纂修：《（道光）徽州府志》卷一一之三《人物志·儒林》，见《中国地方志集成·安徽府县志辑》第49册，南京：江苏古籍出版社，1998年版，第307页。

⑤ 马步蟾等纂修：《（道光）徽州府志》卷一一之三《人物志·儒林》，见《中国地方志集成·安徽府县志辑》第49册，南京：江苏古籍出版社，1998年版，第307页。

有徒，谓之课艺。其坐皋比、主讲席，诸学者环列以听，乃谓之讲会。”[①]也就是说，讲会是一种进行学术宣讲和交流的讲学形式。它最初仅依托于书院，后来也依托于家祠、寺庙等。

一般认为，讲会萌芽于南宋，朱熹与张栻乾道三年(1167)的岳麓之会，是讲会的滥觞；朱熹与陆九渊的“鹅湖之会”，实际上也是一次讲会活动。同时，陆九渊的弟子在东南地区的讲学活动，如“慈湖(杨简)开讲于碧沚，沈端宪(沈焕)讲于竹州，絜斋(袁燮)则讲于城南之楼氏精舍”[②]，也是采用了讲会的形式。

元代是书院快速发展期，但也是官方对书院加强控制的时期。元政府对书院普遍委派了山长，使书院逐渐官学化，讲会这种以学术宽松为前提的学术活动也就自然受到削弱。到明代中叶，讲会才进入兴盛期，并逐渐制度化。胡居仁是明代讲会的有力推动者，据黄宗羲说，胡居仁为广见闻，曾出外访学，“归而与乡人娄一斋(娄谅)、罗一峰(罗伦)、张东白(张元祯)为会于弋阳之龟峰、余干之应天寺，提学李龄、钟城相继请主白鹿书院，诸生又请讲学贵溪桐源书院”[③]。

明代中叶之后，湛王之学兴起，讲会更为风行，王阳明则是明代中叶讲会之风的直接推动者。正德十三年(1518)，王阳明修葺江西的濂溪书院，使四方学者辐辏；嘉靖三年(1524)，王阳明又在会稽的稽山书院“发《大学》万物同体之旨”，环坐听者300余人，这都是王阳明亲自主持的讲会活动。王阳明的弟子更是极力为讲会推波助澜。嘉靖五年(1526)，刘邦采在安福创惜阴会，间月为会五日，使讲会制度化；嘉靖十三年(1534)，邹守益在祭酒致仕后，与刘邦采等筹建复古书院以倡导王学，并将惜阴会扩充为四乡会，春秋二季合

---

① 施璜等:《紫阳书院志》卷一六《会纪》，见赵所生等主编:《中国历代书院志》第9册，南京:江苏古籍出版社，1995年影印本，第587页。

② 黄宗羲原本、全祖望修定:《宋元学案》卷五一《东莱学案》，《黄宗羲全集》第5册，杭州:浙江古籍出版社，1992年版，第38页。

③ 黄宗羲:《明儒学案》卷二《崇仁学案二·文敬胡敬斋先生居仁》，《黄宗羲全集》第7册，杭州:浙江人民出版社，2005年版，第21页。

五郡于青原山举行大会，故又称青原会①。王阳明去世后，“绪山（钱德洪）、龙溪（王畿）所在讲学，于是泾县有水西会，宁国有同善会，江阴有君山会，贵池有光岳会，太平有九龙会，广德有复初会”②，讲会便遍及徽州的周边地区。

就在此时，讲会也开始风靡于徽州。如汪佑不仅指出“新安大会多聘王氏高弟阐教”，且说：“新安大会，自正德乙亥（1515）至天启辛酉（1621），历百有七年。会讲大旨，非良知莫宗，主教诸贤，多姚江高坐。”施璜也说，据“六邑大会录”记载，其时讲会纷立，“往往于歙则斗山、汪村、崇文、向杲寺、等觉寺、福田寺，与休则天泉、建初、汶溪、落石、山斗、还古、白岳，于婺则福山、虹东、雪源、普济寺、天仙观、三觉寺、黄连山房，于黟则中天、延庆，于祁则东山、十王山、洞元观、谢氏方氏马氏诸宗祠，于绩则太平山房、许氏家祠，自嘉靖以讫于明末皆是也”③。由此可见，自明代中叶至明末，讲会已经遍布徽州，举办讲会的目的，也是宣扬王学，如汪佑所说：“近来会讲宗尚《传习录》，群目朱子为支离、为逐外，岁岁轮讲，一本于直指本心之新建（即王阳明）。”④

湛王之学依托讲会风行，便是明代中后期徽州学术的一大特点。

二、《新安理学先觉会言》

我们一直以为“新安理学”的概念是由尊崇朱学的徽州学者范涞首先提出来的，直到2009年，见到刘效梅的《一本极其珍贵的文献——评抄本新安理学先觉会言》一文才知道，最先提出“新安理学”概念的，却是尊崇湛王之学

① 参见夏冰月《试论书院讲会制度的演变、特点及现代启示》，《法制与社会》2009年第19期。

② 黄宗羲：《明儒学案》卷二五《南中相传学案》，《黄宗羲全集》第7册，杭州：浙江人民出版社，2005年版，第672页。

③ 施璜等：《紫阳书院志》卷一六《会纪》，见赵所生等主编：《中国历代书院志》第9册，南京：江苏古籍出版社，1995年影印本，第587页。

④ 转引自施璜等《紫阳书院志》卷一六《会纪》，见赵所生等主编：《中国历代书院志》第9册，南京：江苏古籍出版社，1995年影印本，第588页。

的徽州学者[①]。"新安理学"这一概念赫然出现在署名韩梦起、谢文烨所编选的《新安理学先觉会言》一书的标题中。

《新安理学先觉会言》

《新安理学先觉会言》这部文献集计两卷,卷一题为《会叙原述》,主要收录了徽州地区六邑大会、乡邑会、家会等各类讲会"会约"的序、记以及湛若水的一组《勉立六邑会书》等,共30余篇,只是首篇王阳明的《紫阳书院(集)序》[②]一文,并非直接为讲会而作;卷二题为《会讲缉编》,收录了湛若水、王畿等外来学者以及洪垣、谢显等徽州学者在讲会中所发表的"讲论"(讲论稿或讲论记录)等24篇。无论是序文作者还是讲论者,都是新安讲会的组织者、参与者,这便使《新安理学先觉会言》成为记录徽州讲会很有价值的文献。《新安理学先觉会言》的价值主要在于:

第一,为了解徽州地区以传播湛王之学为宗旨的讲会提供了第一手材料。

在此之前,我们对徽州地区传播湛王之学的讲会的了解,主要依据《紫阳书院志》所载的汪佑等人的论述和散见于其他著作中的一些片段记述。这些记述比较笼统和零散,反映不出讲会的具体情况,因此,我们对讲会的了解也就甚为笼统。《新安理学先觉会言》则以第一手资料将新安六邑主要讲会的形成、发展、骨干学人及活动内容等具体地呈现了出来。从《新安理学先觉会言》可知,宣扬湛王之学的新安六邑讲会,可追寻到嘉靖十六年(1537)。是年,湛若水"北上过新安,会六邑同志于斗山,郑子烛、吴子林、程子嗣光、徐子

---

① 按,刘效梅女士的文章发表于《大学图书情报学刊》2009年10月号。《新安理学先觉会言》手抄本现藏于安徽省图书馆,是用民国年间安徽通志馆稿纸抄录的。从抄本所使用的稿纸可以推定,它是20世纪30年代由安徽通志馆访得并抄录。既然是抄录,自应有原本,但原本已不可见;相传《新安理学先觉会言》曾有刊本,迄今也没有人见到。

② 按,《新安理学先觉会言》收录此文,题作《紫阳书院序》,但在《王阳明全集》卷七中题为《紫阳书院集序》。此文原为《紫阳书院集》所作的序,故当据《王阳明全集》补"集"字。

文清辈，遂白郡大夫三石冯公，即其地为精舍”[①]，这就是斗山讲会，著名的斗山精舍也就由此产生，后与紫阳书院、福山书院一起成为当时徽州地区的三大书院。不过，其时的讲会大概尚未制度化。

嘉靖二十九年(1550)，湛若水、邹守益“两先生先后临之，与诸人士盟，岁以秋九，轮修会事”[②]，这可能是徽州六邑讲会制度化的开端。邹守益对此记述道：“予与师泉刘子(即刘邦采)游齐云，谒紫阳祠，以宿书院，六邑同志咸集，依依不能别。至度翚岭，冒雪冲泥，聚水西之崇庆，出六邑大会籍，订轮年之约以征言，首祁门，次歙，次婺源，次休宁，周而复始，期以共明斯学，无愧于先哲。”[③]也就是说，这时已经有了“六邑大会籍”(所谓“会籍”，可能就是“会员登记册”)，有了“轮修会事”的约定，这应该是六邑大会正式形成的标志。与此同时，参与讲会的人数也陡然增多，据刘邦采说，此次仅在斗山，“徽郡之同志聚”有“二百人”之多，而他到福山，则“再见衣冠之盛”[④]。嘉靖三十六年(1557)，与会人士更是大增，以致斗山书院“因众不能容”，于是“改卜”福田山房[⑤]。隆庆六年(1572)，绩溪第一次举办六邑大会时，“六邑长幼先后辈群率而赴，有越郡、省而至者”，赴会的同样有“不下数百十人”[⑥]。六邑大会参与人数之多，足以改变当代学者所得出的“当地(指徽州地区)精英几乎很少有人随声附和(湛王之学)、由朱入王者”[⑦]的结论。随着与会人士的增多，为

---

① 洪垣：《斗山精舍记》，《新安理学先觉会言》卷一，安徽通志馆手抄本，安徽省图书馆藏。

② 祝世禄：《书六邑白岳会籍》，《新安理学先觉会言》卷一，安徽通志馆手抄本，安徽省图书馆藏。

③ 邹守益：《斗山书院记》，《新安理学先觉会言》卷一，安徽通志馆手抄本，安徽省图书馆藏。按，新安六邑讲会的制度化，耿定向可能也起了作用，如彭好古说：“新安自东廓聚山斗，天台耿夫子以学使者继督之，故新安六郡岁有会。”见彭好古《书六邑白岳会籍》，《新安理学先觉会言》卷一，安徽通志馆手抄本，安徽省图书馆藏。

④ 刘邦采：《福山书院序》，《新安理学先觉会言》卷一，安徽通志馆手抄本，安徽省图书馆藏。

⑤ 王畿：《福田山房序》，《新安理学先觉会言》卷一，安徽通志馆手抄本，安徽省图书馆藏。

⑥ 翟台：《书绩溪会册》，《新安理学先觉会言》卷一，安徽通志馆手抄本，安徽省图书馆藏。

⑦ 参见钱明：《王学在新安地区的遭遇与挫折》，《黄山学院学报》2008 年第 4 期。

"使赴者有定所,至者有资粮",徽州士人于是"谋聚金买田为会费"[①]。对于徽州六邑讲会来说,有固定的资金和物质保障十分重要,这是使讲会得以长期维持的重要保证。

在徽州地区,除了六邑大会这种在州郡范围举行的大型讲会之外,还有在邑、乡范围内举办的讲会和家会。《新安理学先觉会言》所记述的"程休倩以万历戊寅率子弟为月会于其乡,已而又联五城十滩岭南诸人士为季会",以及此后发展而成的"四仲之会"[②]和"聚处凡数十人,晨夕相观……以相订绎"[③]的婺源同志会、在石墅潜源精舍举办的尚志会、在古黟新政乡举办的都学会等,便属于在乡、邑所举行的讲会。

家会是以家族为基础举行的讲会。《新安理学先觉会言》中所记载的家会,就有余氏家会、清原潘氏家会、李川李氏家会、狮山于氏家会、黟南韩氏家会以及祁门谢氏家会等。王阳明著名弟子之一的钱德洪,曾把家会的出现视为王学广泛而深入传播并扎根于社会最底层的标志,他说:

> 自吾师倡学,而天下始有同志之会。始会于师门,既会于四方。迩年以来,各率族党子弟以会于家。夫道始于家邦,终于四海,三代之常也。绝学难兴,应志而起者,非超达特立不可得。故始会于师门,尚寥寥也;会于四方,则信乎者博,无择地矣;会于家族,则信乎者益博,无择人矣。[④]

徽州学者谢芊还认为,以"一会一家,联聚约束"为特征的家会,更有着"交师

---

① 潘士藻:《书六邑白岳会籍》,《新安理学先觉会言》卷一,安徽通志馆手抄本,安徽省图书馆藏。

② 祝世录:《四仲会籍序》,《新安理学先觉会言》卷一,安徽通志馆手抄本,安徽省图书馆藏。

③ 王畿:《婺源同志会约》,《新安理学先觉会言》卷一,安徽通志馆手抄本,安徽省图书馆藏。

④ 钱德洪:《书婺源叶氏家会籍》,《新安理学先觉会言》卷一,安徽通志馆手抄本,安徽省图书馆藏。

互法,著诚去伪”[①]的作用。

第二,有助于了解徽州地区讲会创立的目的。

对于湛若水及王门弟子在徽州地区大力开展讲会的目的,休宁令祝世禄曾作过阐述,他说:

> 夫会胡为而立哉?古者德艺出于一,而稽德考艺之权操之自上,譬彼的然下之人争中之。近世德行不[尊],制科独右文艺外,博士有月考,郡守邑令有季考,部使者有岁考,人士莫不争,有刮磨为文章,乃德行直弁髦视之。夫不修其德而艺焉,是崇虚车之谓,故有志者合志以考德。夫合众火以成大冶,则煅炼为烈;合众水以成大浸,则停蓄弘而渐渍为深。[②]

祝世禄认为,建立讲会的主要目的,在于改变当时的学风。由于士人对科举考试的热衷,导致他们争相在文章上“刮磨”,而鄙视(“弁髦”)德行的培育,这就将“德”“艺”割裂开来。建立讲会,目的就是为了聚集志同道合者考校德行,并利用群体的相互激励以创造尊德氛围。

王畿在谈到家会的作用时也说:

> 吾人之学始于家庭,言行善否不容伪饬,二三君子因此自考自证,彻底澄湛,以消余滓,使足为一家父子兄弟之法,岂徒化行于一家,德将日崇,业将日广,此学之日充日显,由一家以达于一邑一郡,以风动于四方。[③]

在王畿看来,举办家会的出发点同样是磨砺德行,而且以家族为单位所举办的家会,由于与会者生活起居的亲密相处,更有“言行善否不容伪饬”的特点,

---

① 谢芊:《王源谢氏家会序》附录,《新安理学先觉会言》卷一,安徽通志馆手抄本,安徽省图书馆藏。

② 祝世禄:《四仲会籍序》,《新安理学先觉会言》卷一,安徽通志馆手抄本,安徽省图书馆藏。

③ 王畿:《余氏家会籍题辞》,《新安理学先觉会言》卷一,安徽通志馆手抄本,安徽省图书馆藏。

容易收“自考自证，彻底澄湛”之效。同时，家族是社会的基础，一个家族的德行提升就不止“化行于一家”，而可以“由一家以达于一邑一郡，以风动于四方”，从而对社会风气产生广泛的影响。

对儒家学者来说，修德的终极目标则是“作圣”，故湛若水说：“《论语》开卷首章，作圣之事已具。物我同体，上达天德，圣人之道备矣。”[①]徽州学者陈履祥也说：“惟皓皓乎不可尚者，圣人也。诸君子之会，将欲作圣乎？请自潜源始。潜之义大也，潜则见而飞矣，不潜则亢也。人之异于禽兽者，潜亢之分也，诸公试验之父子兄弟之不亲友、君臣夫妇朋友之不义信，别者此心亢也。君子之尚志，甚（‘甚’疑为‘其’字之误）无亢而已。不亢则潜，非退然不胜也。”[②]他借《易》的“潜龙勿用”“亢龙有悔”谈修德治学的目的，认为“父子兄弟之不亲友、君臣夫妇朋友之不义信”等失德行为，就是出于“此心亢”，因此，君子如要崇尚“作圣”之志，就必须“无亢”。什么是“潜”？陈履祥说：“心体无为而无不为，性天未发而常发。为而发者，乃无意之意，无情之情。顺而存之，勿助勿忘，一毫不得加损，夫是谓之潜。是故戒惧不睹、恐惧不闻而后潜，正目而视、倾耳而听而后潜。潜则虚，虚则足以受人；潜则诚，诚则足以动物。”[③]因此，所谓“潜”，也就是致力培育谦抑敬畏、因应顺存的心境和行为。与“潜”相对的“亢”，则是指热衷于追逐名利而忘却尊贤尚礼，只是追求“上达”而不顾“下学”，且张扬到无以复加的地步。刘邦采也认为，举办讲会的目的是讲求“圣人之学”，而“圣人之学，性命之学也。人之得其性也为心，命也为意；其心意之明照也，为知；常感应善恶分而万事出也，为物。是故学也者，

---

① 湛若水：《福山临讲学习章旨》，《新安理学先觉会言》卷二，安徽通志馆手抄本，安徽省图书馆藏。

② 陈履祥：《石墅潜源精舍尚志会序》，《新安理学先觉会言》卷一，安徽通志馆手抄本，安徽省图书馆藏。

③ 陈履祥：《石墅潜源精舍尚志会序》，《新安理学先觉会言》卷一，安徽通志馆手抄本，安徽省图书馆藏。

将穷理以尽性焉，以至命焉。外此，则非圣学之大宗矣”[①]。

第三，有助于了解湛王之学何以会在徽州地区风行。

为什么在徽州地区根深蒂固的朱学，突然之间就会为湛王之学所替代？细读《新安理学先觉会言》或许可以找到答案。

无论是外来学者还是本地学者，在徽州地区宣扬的湛王之学，主题主要有两个，其一是“良知”。如王畿曾说：“新安旧有六邑同志大会，每岁予与绪山钱君迭主会事，每会不下百数十人，惟绩溪信从者寡，心窃讶之。今年秋杪，予复如期赴会，绩溪葛生文韶、张生烋、李生逢春，以休邑金生承息为介，追谒于斗山，意专辞恳，且云：某等深信阳明夫子良知之学，丁卯岁发愿，誓同此心，以此学为始终。”[②]刘邦采也说：“会稽先师揭良知以唱四方，四方之士一时响应，而婺源之共学者日增。”[③]

其一是“知行合一”。如湛若水说：“《论语》开卷首章，作圣之事已具。物我同体，上达天德，圣人之道备矣。‘学’字解作‘觉’，从见为觉，从子为学，其实一也，属知，《中庸》学问、思辨之事是也。‘习’字从羽，从日，解如鸟数飞，属行，《中庸》笃行之事是也。程子云：‘学者，将以行之也。’最为明切。不具知行，不足以言圣学。”[④]湛若水在诠释《孟子·尽心》章旨时又说：“盖《孟子》此章虽两段言之，其实一段，工夫即尽即存，非今日尽明日乃存也。即知即行，知行并进，非今日知明日行也。”[⑤]无论是“良知”之学还是“知行合一”之学，都属于与朱学不同的心学体系。故有学者认为，“王学著名学者之所以如

① 刘邦采：《福山书院序》，《新安理学先觉会言》卷一，安徽通志馆手抄本，安徽省图书馆藏。

② 王畿：《书绩溪颖滨书院同心会籍》，《新安理学先觉会言》卷一，安徽通志馆手抄本，安徽省图书馆藏。

③ 刘邦采：《圣学端绪辩》，《新安理学先觉会言》卷二，安徽通志馆手抄本，安徽省图书馆藏。

④ 湛若水：《福山临讲学习章旨》，《新安理学先觉会言》卷二，安徽通志馆手抄本，安徽省图书馆藏。

⑤ 湛若水：《天泉临讲尽心章旨》，《新安理学先觉会言》卷二，安徽通志馆手抄本，安徽省图书馆藏。

此热衷于赴新安讲学，目的无非是想通过‘动拈本体，揶揄晦庵’而突破徽州地区这个王学传播过程中的坚固堡垒”①。

“致良知”和“知行合一”都是湛王之学的核心命题，但是，湛若水及王门学者说，他们在徽州地区宣扬“良知”和“知行合一”，并不是与朱学争夺地盘，而是为了弘扬朱学。如邹守益说：“新安之先哲曰徽国文公，以继往开来之绪，学者仰之，为泰山北斗，非擅文明之祥乎？由徽国以溯周、程，达于孔、孟，择最胜而居之，毋溷于善，毋夺于志，力挽是柄，以斡旋斯文之机，使山斗之仰于身亲见之，尚以为兹会光。”②这就把湛王之学看作对朱学的赓续。彭好古也说：“新安为紫阳托迹之所，自宋至今，道脉在人心，昭揭如中天，而一线真传，缕缕如丝几绝而复续。”③这更是明确将湛王之学看作对不绝如缕的朱学的“复续”。总之，无论是湛若水及王门弟子，抑或新安士人，都未将湛王之学与朱学看作相互对立的学说。这应该是湛王之学在徽州地区畅行的重要原因。

然而，湛王之学毕竟与朱学是不同的思想体系，朱学与湛王之学的“异同”是无法回避的问题。如何消弭它们的差异？王阳明解释道，王学不同于朱学的议论是针对朱熹后学而发，并非针对朱熹，如他说：“豫章熊侯世芳之守徽也，既敷政其境内，乃大新紫阳书院，以明朱子之学，萃七学之秀而躬教之。于是校士程曾氏采摭书院之兴废为集，而弁以白鹿之规，明政教也。……朱子白鹿之规，首之以五教之目，次之以为学之方，又次之以处事接物之要，若各为一事而不相蒙者，斯殆朱子平日之意，所谓‘随事精察而力行之，庶几一旦贯通之妙也’欤？然世之学者，往往遂失之支离琐屑，色庄外驰，而流入于口耳声利之习，岂朱子之教使然哉？故吾因诸士之请，特原其本以相勖，

---

① 参见钱明：《王学在新安地区的遭遇与挫折》，《黄山学院学报》2008年第4期。

② 邹守益：《斗山书院序》，《新安理学先觉会言》卷一，安徽通志馆手抄本，安徽省图书馆藏。

③ 彭好古：《书六邑白岳会籍》，《新安理学先觉会言》卷一，安徽通志馆手抄本，安徽省图书馆藏。

庶几乎操存讲习之有要，亦所以发明朱子未尽之意也。”[①]所谓“世之学者”，当然就是朱熹的后学。王阳明认为，在人们所崇奉的朱学中出现“支离琐屑，色庄外驰，而流入于口耳声利之习”等种种弊端，并不是“朱子之教”，他正是要“原”朱学之“本”，使“操存讲习之有要”，以“发明朱子未尽之意”。

当时曾有学者主张回避王学与朱学“异同”之争：“或者曰：婺源为紫阳阙里，今日之论不免有所异同，盍讳诸？”王畿针对这一主张回答道，两者的“异同”是不必回避的，他提出“殊途同归”说，认为王学与朱学的差别只是“入门下手之稍殊”，就“为圣”的目的来说，则是殊途同归的。所以他说：“噫，鄙哉，是何待晦翁之薄，而视吾道之不广也。夫道，天下之公道；学，天下之公学，公言之而已。今日之论，不能免于异同者，乃其入门下手之稍殊，至于此志之必为圣人，则固未尝有异也。”在王畿看来，一种学说在发展中出现“异同”并不奇怪，如果没有“异同”即没有不同观点和思想出现，这种学说就不会发展；如果不看到“异”并将“异”归于“同”，这一学说就不能会通起来，成为全面的学说：“盖非同异不足以尽其变，非析异以归于同，则无以会其全。虽使千圣同堂而坐，其言论风旨亦不能以尽合。道固如是，学固如是也。譬之五味相济，各适其宜而止。若以水济水，孰从而和之哉？”[②]他还用“五味相济”来比喻不同观点的并呈，并不表明它们必然是对立的关系，而恰恰相反，这正是一种学说丰富和发展的条件。

在徽州学者那里，更不会将湛王之学与朱学对立起来。如谢存仁在《新安理学先觉会言序》中就说：“新安自徽国文公倡道，遂得称文献地。今其俗尚仰高山、景哲行，不致悬然若绝。郡人士岁有会，邑则以季。当其岁举也，即旁郡诸名公时俨然而辱临之。”[③]他以模糊的方式将湛王之学与朱学衔接

① 王阳明：《紫阳书院（集）序》，《新安理学先觉会言》卷一，安徽通志馆手抄本，安徽省图书馆藏。按，“集”字系据《王阳明全集》卷七《紫阳书院集序》补。

② 王畿：《婺源同志会约》，《新安理学先觉会言》卷一，安徽通志馆手抄本，安徽省图书馆藏。

③ 谢存仁：《新安理学先觉会言序》，《新安理学先觉会言》卷首，安徽通志馆手抄本，安徽省图书馆藏。

起来，避开了它们的异同问题。陈履祥也将谢显等人看作朱熹的继承者，如他说："新都之学，自紫阳夫子而来，中兴于谢一墩（即谢显）、方明谷（即方瓘）诸公，得泒（"派"字的异体）江门。"①

否认或弱化湛王之学与朱学的差异与对立，自然也就消减了湛王之学在徽州地区传播的阻力。

第四，有助于对"新安理学"概念的重新认识。

一直以来，很多学者都把"一以朱子为归"看作新安理学的最基本特征。现在，考察由尊崇湛王之学学者提出的"新安理学"概念，还能说新安理学最根本特征是"一以朱子为归"吗？

其实，将新安理学的基本特征归结为"一以朱子为归"，既不符合朱熹的思想，也不符合新安理学的实际。当我们将朱熹视为理学乃至儒学的集大成者的时候，就已经意味着将朱学看作一个开放性的学术体系。朱熹虽然对宋代理学家的一些观点有所批评、有所修正，但并没有完全排斥这些理学家的思想，即使对陆九渊也是如此。兼容或包容，才是朱学的基本特征。

提出"新安理学"概念的徽州学者，虽然尊崇湛王之学，但他们同样没有将理学看作具有排他性的思想和学说，也没有认为湛王之学是与朱学对立的学派。如徽州学者祝世禄就说："新都自子朱子兴以理学，鸣者云集，称东南小邹鲁，五百年来羽翼斯绪，代不乏人。嘉靖间，湛增城（即湛若水）、邹安成（即邹守益）两先生先后临之，与诸人士盟，岁以秋九，轮修会事，余间辱席末，未尝不艳其斌斌盛也。"②他丝毫没有将湛王之学与朱学对立起来的意思。徽州学者李芳也说："吾里心乔韩子修其先人乔山公之业，溯道脉于紫阳，证讲盟于梓里，虽淹淹卧榻，而潜心理学无息少懈。固其学有渊源，所性盖天植也。一日，与其叔涌泉、松岗，兄思智、爱乔，弟怀宇、念墩、乔野诸君议，以里

① 陈履祥：《狮山于氏同志会序》，《新安理学先觉会言》卷一，安徽通志馆手抄本，安徽省图书馆藏。

② 祝世禄：《书六邑白岳会籍》，《新安理学先觉会言》卷一，安徽通志馆手抄本，安徽省图书馆藏。

中岁会逖隔,暴不胜寒,欲订家会,聚族而时讲焉。因出所撰会约,属予为叙。"[①]李芳一方面将韩心乔潜心的"理学"追溯到朱熹,一方面又说"欲订家会,聚族而时讲焉"(其所讲的自然是湛王之学),表明他也是将湛王之学与朱学一样,都纳入"理学"范畴的。再加之徽州学者往往把当时盛行的湛王之学视为朱学的赓续,于是,使用"新安理学"概念,将湛王之学与朱学一起纳入"新安理学"的框架,也就很自然了。

值得注意的是,王门著名学者王畿在徽州地区讲学时,还提出不拘师说的主张。他说:"今日之学,惟以发明圣修为事,不必问其出于晦翁、出于先师,求诸其心之安而已。求诸心而安也,虽其言之出于刍荛,不敢以为非也,况先师乎?求诸心而未安也,虽其言之出于孔子,未敢信也,况晦翁乎?夫古今学术必有所辩,所望在会诸君益坚其志行,以身明之,不徒耳目闻见之腾,庶无愧于师门,无愧于晦翁之乡人也已。"[②]

王畿不拘师说之论或出于他的"学贵自然"说。王畿曾说过:"世之人寖趋于欲,不知所以自养。卑者动于声利,而高者动于功能。间有觉其非而思反之者,则复溺于闻见,滞于格套,激于意气,矫持于末流,而忘其本原之所自。是汩其清静之体,而窒其时出之用。所趋虽殊,其为失养则一而已。夫君子之学,贵于自然。无所澄而自不汩也,无所导而自不窒也。"[③]当他在批评"溺于闻见,滞于格套"时,或许就将"师说"也包含于其中,因为"溺""滞"便不是出于"自然",也不能"求诸心而安"。

王畿在徽州地区提出"不拘师说"论,或许有为王学的传播扫清障碍的意图。但"不拘师说"论在客观上则有利于打破学术壁垒,实现王学与朱学的相互包容。而包容性正是新安理学的特征。

---

① 李芳:《李氏家学会序》,《新安理学先觉会言》卷一,安徽通志馆手抄本,安徽省图书馆藏。

② 王畿:《婺源同志会约》,《新安理学先觉会言》卷一,安徽通志馆手抄本,安徽省图书馆藏。

③ 王畿:《心泉说》,《龙溪王先生全集》卷一七,见《四库全书存目丛书·集部》第98册,济南:齐鲁书社,1997年版,第619页。

范涞对“新安理学”概念的接受

《新安理学先觉会言》编成后，编纂者曾向“学宗程朱、期以实践”[①]的范涞征序。范涞虽然婉言拒绝了作序之请，但接受了“新安理学”概念。万历四十四年(1616)刊印朱升的《朱枫林集》，其书扉页上所署的“新安理学名儒朱枫林集”字样，就很可能是范涞所为，因为在《朱枫林集》的编辑者和校订者中，只有他接触过“新安理学”这一概念。

范涞(1538—1614)字原易，号晞阳，休宁人(按：其出生地林塘现属于黄山市屯溪区)，万历二年(1574)进士，授江西南城知县，行转南京刑部主事，历户部郎中、南昌知府、浙江按察使、福建布政左使。在任地方官时，劝农兴学，善政毕举。海瑞曾谓“南中得个半人，涞其一也”[②]。著有《休宁理学先贤传》《朱子语录纂述》《范子哤言》《两浙海防类考续编》及《晞阳文集》等。在《休宁理学先贤传》中，范涞选取了程大昌、吴儆、程若庸、陈栎、倪士毅、朱升、赵汸、范准、汪循等 9 人，为之立传，记述了休宁先贤对理学的传承。

范涞的思想较为集中地表现于《范子哤言》之中。《哤言》为范涞的一部笔记体著作，分为两册，第一册系从其 20 卷的笔记中录出的 8 卷，起自万历九年辛巳(1581)，终于万历三十六年戊申(1608)；此后又增 2 卷为第二册，起自万历三十七年己酉(1609)，终于万历四十一年癸丑(1613)，他自称所录《哤言》“于《四书》、六经每有发明”[③]。

人们虽然将范涞视为“学宗程朱”的学者，但《范子哤言》却表明，他并不是完全遵从程朱之学。如在本体论上，范涞看似继承朱熹“理在气先”和“理气合一”的观点，然而，他却将“理”解释为“元气”，提出“元气即理”命题。如他说：

---

① 何应松修纂：《(道光)休宁县志》卷一二《人物·硕儒》，《中国地方志辑成·安徽府县志辑》第 52 册，南京：江苏古籍出版社，1998 年版，第 248 页。

② 赵宏恩等监修：《江南通志》卷一六四《儒林二》，见《文渊阁四库全书》第 511 册，台北：台湾商务印书馆，1983 年版，第 706 页。

③ 范涞：《再题哤言后二卷》，《范子哤言》卷首，见《续修四库全书》第 941 册，上海：上海古籍出版社，2002 年版，第 736 页。

万类之可见者皆是气,而气之所以生所以成,便是理。气有聚散,理无聚散。或曰元气亦无聚散,有聚散者,游气耳。不知元气即理也。[①]

他在这里似乎也把“理”看作“气”的生成者,但转而申明,“元气”就是“理”,这就与程朱的“理本论”不同,而走向了“气本论”。从“气本论”出发,范涞还将“太极”看作“气母”,并以此为基础,主张“理气不相离”:“一阴一阳之谓道,阴阳者气也,道即太极,昔人所谓气母是也。无声无臭者,无极也。虽如此分别,理气却不相离。”[②]

朱熹在心性论上,曾接受张载将人性区分为“天地之性”与“气质之性”的二分观点,将人性区分为“天命之性”与“气质之性”。范涞也不同意对人性所作的这种区分,他认为“性即理”,否定在人的本性之外还有“气质之性”,他说:“自宋儒出而后言有气质之性,然言愈详而性愈晦。……夫性即理也,谓气质为理可乎?既云气质,则不可言性矣。孟子曰‘夫道一而已矣’,若本性之外又有气质之性,是乃二性矣,可乎?”[③]尽管“性即理”也是程颐提出的命题,并不失为程朱理学的观点,但毕竟否定了朱熹的观点。

范涞在工夫论上也讲“格物致知”,但他对“格物”的理解也不同于朱熹。朱熹说:“格,至也;物,犹事也。穷至事物之理,欲其极处无不到也。”[④]而范涞则认为,“心意七情”也是“物”,也是“格”的对象,他说:“格物之物,不离事不离身。内而心意七情,外而家国天下,皆物也。离事以为格,则虚空寂灭;离身以为格,则汗漫支离。格物一关乃儒释道初分门路之处,致知工夫全在

① 范涞:《范子咙言》卷六,见《续修四库全书》第941册,上海:上海古籍出版社,2002年版,第792页。

② 范涞:《范子咙言》卷六,见《续修四库全书》第941册,上海:上海古籍出版社,2002年版,第791页。

③ 范涞:《范子咙言》卷五,见《续修四库全书》第941册,上海:上海古籍出版社,2002年版,第787页。

④ 朱熹:《四书章句集注·大学章句》,《朱子全书》第6册,上海:上海古籍出版社,合肥:安徽教育出版社,2002年版,第17页。

于此。”[①]将“心意七情”视为“物”，视为“格”的对象，实际上是把“反省内求”的致思方式也纳入“格物”范畴。如此诠释“格物”，反倒与王阳明接近起来。王阳明曾说：“夫物理不外于吾心，外吾心而求物理，无物理矣。”[②]

从范涞上述论述可以看出，他虽然在很多问题上没有“顺着”朱熹说，没有“一以朱子为归”，但在阐述自己思想时所使用的范畴、所阐述的命题，依然是程朱理学的范畴和命题。从这个意义上说，他也算不上程朱理学的背离者，说他“学宗程朱”也不是毫无道理。

人们既然把范涞看作“学宗程朱”的学者，信奉湛王之学的《新安理学先觉会言》编纂者为什么还要向他征序呢？这可能与范涞没有门户之见有关。范涞与王门学者有颇多交往，曾经向朝廷力荐属于王门江右一派的学者章潢、邓元锡、刘元卿等。范涞之所以婉拒作序，可能是认为用“新安理学先觉”称湛王一派学者不妥，于是在复信中虽然婉拒了作序之请，却提议在《新安理学先觉会言》中选录汪循的《新安师友文集序》一文，以表明徽州学术的原委：

> 工部集(指汪循文集)三帙，侑览中有《新安师友文集》一序，略见前辈典刑，佳编以新安名，似宜于篇端叙其源委也。[③]

韩孟鹏等采纳了范涞的意见，将《新安师友文集序》载于《新安理学先觉会言》的卷首。范涞建议在《新安理学先觉会言》中收录与王阳明之学相左的汪循所作的《新安师友文集序》，很可能是想把汪循在文中所列举的陈栎、倪士毅、朱升、赵汸、朱同、范准、胡炳文、程文、汪叡、郑玉、汪克宽等徽州学者视为“新安理学”的正宗。而韩孟鹏等采纳了范涞的意见，这表明以“新安理学”命名徽州学术，是朱熹后学与尊崇湛王之学的学者的共识。

---

① 范涞:《范子咙言》卷一，见《续修四库全书》第941册，上海:上海古籍出版社，2002年版，第737页。

② 王阳明:《答顾东桥书》，《王阳明全集》卷二《语录二》，上海:上海人民出版社，1992年版，上册，第42页。

③ 范涞:《答先觉会言序帖》，《新安理学先觉会言》卷首，安徽通志馆手抄本，安徽省图书馆藏。

第九章　新安理学的终结:明清之际

湛王之学在徽州地区占主导地位之后,新安理学的命运便与湛王之学特别是王学联系在一起。盛行于明代中后期的王学,也没能避免盛极而衰的命运。当王学在明清之际走向衰落而为"实学"思潮所代替时,新安理学也就走向终结。

在批判王学的声浪中,一些学者曾将程朱之学作为批判王学的工具,加之清初继续将程朱理学立为官学,遂使一些学者产生程朱理学复兴的感觉,也使一些徽州学者产生了振兴新安理学的愿望。在这样的背景下,出现了《紫阳书院志》。

但是,《紫阳书院志》的问世并没有成为新安理学复兴的标志,而只是为新安理学画上了句号。

一、王学的衰落与"实学"的兴起

新安理学的终结与它的产生一样,与外部学术环境的变化有着密切关系。明清之际,导致新安理学走向终结的外部学术环境变化的主要表现,是王学走向衰落和"实学"思潮蓬勃兴起。这就是我们从王学衰落和"实学"兴起等角度讨论新安理学终结的原因。

王学的衰落

为什么盛行一时的王学会走向衰落？

一个学术派别的衰落，其主要原因往往出自这一学派的内部。如果说，朱学衰落的主要原因是热衷于科举考试的士人将它变成占哔之学，成为踏进仕途的敲门砖，而那些理学大儒又认为朱学已经到了理学的极致，而将其教条化，遂使其失去理论的活力。那么，王学衰落的原因，则主要由于它将学术的关注点放在了人的主观体认上，逐渐远离了人伦物理，淡化了对治国平天下的关注。当时的学者将王学的这一状况称为"虚"病。如孙奇逢说：

> 门宗分裂，使人知反而求之事物之际，晦翁之功也。然晦翁殁，而天下之实病不可不泄。词章繁兴，使人知反而求之心性之中，阳明之功也。然阳明殁，而天下之虚病不可不补。[①]

李塨同样认为："天地之道，极则必反。实之极必趋于虚，虚之极必归于实。"而"今之虚学可谓盛矣，盛极将衰，则转而反之实"[②]。

什么是"虚"病？所谓"虚"病，首先指的是王门后学只讲"本体"不讲"工夫"的学术倾向。

在王阳明亲炙弟子中，最清楚地表现出只讲"本体"不讲"工夫"学术倾向的是王畿[③]，他曾说："先师良知之说仿于孟子，不学不虑，乃天所为，自然之良知也。惟其自然之良(知)，不待学虑。故爱亲敬兄，触机而发，神感神应。

① 转引自嵇璜等：《清朝文献通考》卷二二五《经籍考一五》，见《十通》，杭州：浙江古籍出版社，1988年版，第6878页。

② 李塨：《送黄宗夏南归序》，《恕谷后集》卷一，上海：商务印书馆，1935年版，第1～2页。

③ 王畿(1498－1583)字汝中，号龙溪，绍兴府山阴(今浙江绍兴)人，被学者称为"龙溪先生"。嘉靖十三年(1534)进士，授南京兵部主事，迁郎中。给事中戚贤等荐畿，首辅夏言斥王畿之学为伪学，乃谢病归，而讲学于苏、浙、闽、皖、赣等地40余年。为王门的"浙中派"创始人。后人曾将其著述、语录等辑为《王龙溪先生全集》。

惟其触机而发,神感神应,然后为不学不虑,自然之良知也。”[①]王畿所说的“不学不虑,自然之良知”,是指不需要借助于修为,“良知”就会自然内化。对于个人来说,“良知”(即“本体”)是先天的存在,并且“触机而发”,当然也就无需去“致”(即修为)了。

王畿提出“天然良知”(又叫“现成良知”)观点后,曾受到罗洪先[②]反对。罗洪先“虽宗良知学,然未尝及守仁之门”[③],并不是王阳明的亲炙弟子,而早年师从的是李中[④],李中受学于杨珠(字玉斋),而杨珠“自传注以溯濂、洛,能躬理道”[⑤]。罗洪先可能因为受到杨珠、李中影响的缘故,“恒举《易大传》‘寂然不动’、周子‘无欲故静’之旨以告学人”,主张由工夫求本体。他虽与王畿交好,但对王畿忽略工夫则给予批评,如说:“自来圣贤论学,未尝有不犯做手一言,未有学而不由做者,惟佛家则立跻圣位,此龙溪极误人处。”[⑥]罗洪先还指出:“世间那有现成良知?良知非万死工夫断不能生也,不是现成可得。今

---

① 王畿:《致知议辨》,《龙溪王先生全集》卷六,见《四库全书存目丛书·集部》第98册,济南:齐鲁书社,1997年版,第357页。

② 按,罗洪先(1504—1564)字达夫,号念庵,吉水(今江西吉安市吉水县)人。年十五,读王守仁《传习录》即好之,欲往受业,其父罗循不可而止,乃师事同邑李中。嘉靖八年(1529)进士第一名,授翰林院编修。次年,丁父艰,告归,继丁内艰。嘉靖十八年(1539),召拜左春坊赞善,逾年至京。时嘉靖帝热衷于道教修炼,常不御朝。是年十二月,罗洪先与唐顺之、赵时春联名疏请以来岁元日皇太子御文华殿,受百官贺,嘉靖帝怒道:“是料朕必不起也。”将他们三人皆黜为民。嘉靖三十七年(1558),严嵩为相,起用了唐顺之,并因同乡故,擢假边才起用,唐顺之也亟挽之,罗洪先皆力拒。隆庆元年(1564)去世(黄宗羲《明儒学案》作嘉靖四十二年[1563]去世),诏赠光禄少卿,谥文恭。著有《易解》《周礼疑》及《念庵集》等。

③ 《明史》卷二八三《儒林二·罗洪先传》,第7279页。

④ 按,李忠(1478—1542)字子庸,江西吉水人,居里名谷平,学者称“谷平先生”。正德九年(1514)进士,授工部主事,因抗疏谪广东通衢驿丞。王阳明抚赣州时,曾檄李中参其军事,预平宸濠。后历官广西提学副使、四川右参政、山东巡抚,嘉靖间官至总督、都察院副御史,总督南京粮储,守官廉洁。他少学于同里杨珠,既而扩充之,沉潜邃密。其为学主存养省察,强调理一分殊。

⑤ 黄宗羲:《明儒学案》卷五三《诸儒学案下一·中丞李谷平先生中》,杭州:浙江古籍出版社,1992年版《黄宗羲全集》第8册,第592页。

⑥ 罗洪先:《杂著》,引自黄宗羲:《明儒学案》卷一八《诸儒学案下一·中丞李谷平先生中》,杭州:浙江古籍出版社,1992年版《黄宗羲全集》第7册,第493页。

人误将良知作现成看，不知下‘致良知’工夫，奔放驰逐无有止息，茫荡一生有何成就？”[①]他认为王阳明的“致良知”命题本身就包含了对工夫的重视。

但是，王畿不同意罗洪先“世间那有现成良知”的观点，他说：“（念庵）至谓‘世间无有现成良知，非万死工夫，断不能生’。以此较勘世间虚见附和之辈，未必非对病之药。若必以现在良知与尧舜不同，必待工夫修整而后可得，则未免于矫枉之过。曾谓昭昭之天与广大之天有差别否？”[②]故黄宗羲评论王畿道：“夫良知既为知觉之流行，不落方所，不可典要，一着工夫，则未免有碍虚无之体，是不得不近于禅。”[③]

其次，所谓“虚”病，是指在经学研究中，只重视对经典的主观体认，否定了训诂、广闻对经学研究的意义。

这一思想，在王阳明那里就已经出现。他曾说，“孔、孟既没，圣学晦而邪说横。教者不复以此为教，而学者不复以此为学”，因而“圣学之门墙遂不复可睹，于是乎有训诂之学，而传之以为名；有记诵之学，而言之以为博；有词章之学，而侈之以为丽。若是者纷纷籍籍，群起角立于天下，又不知其几家，万径千蹊，莫知所适”。而“记诵之广，适以长其傲也；知识之多，适以行其恶也；闻见之博，适以肆其辨也；辞章之富，适以饰其伪也。是以皋、夔、稷、契所不能兼之事，而今之初学小生皆欲通其说、究其术。其称名僭号，未尝不曰吾欲以共成天下之务，而其诚心实意之所在，以为不如是则无以济其私而满其欲也。呜呼！以若是之积染，以若是之心志，而又讲之以若是之学术，宜其闻吾圣人之教，而视之以为赘疣枘凿，则其以良知为未足，而谓圣人之学为无所用，亦其势有所必至矣”[④]。由此可见，王阳明是把“训诂之学”与记诵之学、

① 罗洪先：《松原志语》，《罗洪先集》卷一六，南京：凤凰出版社，2007年版，下册，第696页。

② 王畿：《松原晤语》，《龙溪王先生全集》卷二，见《四库全书存目丛书·集部》第98册，济南：齐鲁书社，1997年版，第283页。

③ 黄宗羲：《明儒学案》卷一二《浙中王门学案二·郎中王龙溪先生畿》，杭州：浙江古籍出版社，1992年版《黄宗羲全集》第7册，第270页。

④ 王阳明：《答顾东桥书》，《王阳明全集》卷二《语录二·传习录中》，上海：上海古籍出版社，1992年版，上册，第55～56页。

词章之学一起，与圣学对立起来的。

同时，王阳明还以为，当时的学界不仅“学术不明”，而且呈现一片“乱象”。他把造成“乱象”的表现归结为三个方面，即“乱经”“侮经”“贼经”，他说：“六经之学其不明于世，非一朝一夕之故矣。尚功利、崇邪说，是谓乱经；习训诂、传记诵，没溺于浅闻小见以涂天下之耳目，是谓侮经；侈淫辞、竞诡辩，饰奸心盗行，逐世垄断，而自以为通经，是谓贼经。若是者，是并其所谓记籍者而割裂弃毁之矣，宁复知所以为尊经也乎？”[①]这又把“习训诂、传记诵”看作“侮经”。

王阳明上述论述，本意是要将人们从训诂之学、记诵之学、词章之学中解脱出来，从程、朱末流的徒务占哔之中解脱出来，通过体认之功，将潜在于人们内心的主体精神、自由精神焕发出来。但王阳明的思想却被王门弟子无限放大，将他所倡导的主体精神、自由精神放大到“掀翻天地，前不见有古人，后不见有来者”的地步，其弊端亦由此而生[②]。诚如日本学者冈田武彦所说，这就会很自然地“导致了所谓经学、训诂之学的衰微，出现了即使解经也喜欢依照主观体认而独创见解的风潮”[③]。

再次，所谓“虚”病，还包括学术与事功的脱离。

朱熹在其著作中曾反复强调“全体大用”这一概念。所谓“全体”，是指通过“格物”所获得的“众理”；所谓“大用”则指“修己治人”的各种行为，包括道德伦理实践与政治实践。他把“全体大用”看作统一体，即“心具众理而应万事”，且特别指出“大用”对社会秩序和政治秩序的意义：“是其全体大用，盖无时而不发见于日用之间。事亲事长，饮食起居，其所当然各有明法。……能

---

① 王阳明：《稽山书院尊经阁记》，《王阳明全集》卷七《文录四》，上海：上海古籍出版社，1992年版，上册，第255页。

② 按，林庆彰曾说，王阳明“挣脱宋学桎梏，开创新学风言之，乃是一种求解放、求自由之运动。然王门弟子单提阳明狂放之处而肆意发挥，其弊也生。至隆庆、万历以后，人心败坏，礼法荡然，盖王学末流有以导之也”。参见林庆彰：《明代考据学研究》上册，上海：华东师范大学出版社，2015年版，第18～19页。

③ ［日］冈田武彦：《王阳明与明末儒学》，上海：上海古籍出版社，2000年中文版，第1页。

自明其明德，则能治其天下国家，而有以新民矣。”[①]元代学者熊禾曾对“全体大用”作了如下阐释：

> 惟文公之学，圣人全体大用之学也。本之身心，为德行；措之国家天下，则为事业。其体，有健顺、仁义、中正之性；其用，则有治、教、农、礼、兵、刑之具；其文，则有《小学》《大学》《语孟》《中庸》《易》《诗》《书》《春秋》《三礼》《孝经》、图书、《西铭》传义及《通鉴纲目》《近思录》等书。学者学此而已。今但知诵习公之文，而体用之学曾莫之究，其得谓之善学乎？矧曰体其全而用其大者乎？[②]

在熊禾看来，“全体大用”是朱学的纲领，朱学也就是“全体大用”之学。只是他把“全体”界定为“健顺、仁义、中正之性”；把“大用”界定为包括“治、教、农、礼、兵、刑”等属于事功范畴的诸多方面。明代学者邱濬在谈论《大学》时也说：“《大学》一书，儒者全体大用之学也。原于一人之心，该夫万事之理，而关系乎亿兆人民之生。其本在乎身也，其则在乎家也，其功用极于天下之大也。”[③]所以，冈田武彦说：“朱子不说‘体’而说‘全体’，认为心本来就是虚而具万理；不言‘用’而言‘大用’，认为心本来就是灵而应万事。在朱子看来，心虽是浑然的虚体，但其中具有森然的人伦条理，并显现为具体的实际事功。”他又说：“朱子的全体大用，从他的《舍仓法》和《仪礼经传通解》来看，那是就政治、经济、礼制等具体实事来加以考虑的。这是他所提出的全体大用思想对于陆王来说所独有的特色。”[④]

南宋之后，在学界似乎出现了这样的观念：一种学问，如果只是追求外在的知识、外在的功用，而忽略内心的自得和体认，则会失去“大本”而走向支离

---

① 朱熹：《经筵讲义》，《晦庵先生朱文公文集》卷一五，《朱子全书》第20册，上海：上海古籍出版社，合肥：安徽教育出版社，2002年版，第700页。

② 熊禾：《考亭书院记》，《勿轩集》卷二，见《文渊阁四库全书》第1188册，台北：台湾商务印书馆，1983年版，第778页。

③ 邱濬：《大学衍义补原序》，《大学衍义补》卷首，北京：京华出版社，1999年版，上册，第2页。

④ [日]冈田武彦：《王阳明与明末儒学》，上海：上海古籍出版社，2000年中文版，第18页。

琐屑；如果只是陷于内在的自得和体认，而忽略了外在的知识、外在的功用，则又会使学术走向虚寂，或变得狂放不羁。所以，为学之要在于把握“内外浑一”之道的真髓①。

王阳明似乎认识到这一点，所以，他并不把自己的学说与朱学对立起来，而常常宣称“所以发明朱子未尽之意”②。他曾这样界定“理”：“理也者，心之条理也。是理也，发之于亲则为孝，发之于君则为忠，发之于朋友则为信，千变万化，致不可穷竭，而莫非发于吾之一心。”③也就是说，在他的“心即理”命题中，同样包含有政治伦理秩序，它们都自然地存在于人们的内心。但是，到王门后学那里，便完全专注于内在自得和体认，“实际事功”这方面就逐渐淡化乃至消失，而为心灵“体认”所替代，这也是孙奇逢所说的“虚”病的表现。

王阳明虽然反对把理学流为词章之学，但王学却很快就影响到文坛。明代中叶之后涌现的唐宋派、前后七子以及公安派、竟陵派，他们提出的“师古”或“性灵”等主张，都与王学尤其是王学左派有着密切关系。即使是以李梦阳为代表的复古运动以及其提出的“师古”主张，也卷入反对程朱理学的漩涡，如林庆彰所指出，“复古之具体主张为‘文必秦汉，诗必盛唐’。以为唐宋以来之文不足法，是亦一种反宋学运动”。于是，“明代中叶之学术环境，既由心学家与复古运动相激荡而形成一种浅薄浮泛之风”④。

王学的日渐风行，更导致知识界弥漫着“束书不观、游谈无根”的“清谈”风气。吴晗就指出：“谈性理者以‘实践’标榜掩其不读书之陋，谈文学者以‘复古’号召倡不读汉后书之说，两家互相应和，形成一种浅薄浮泛的学风。即有一二杰出之士，亦复泛涉浅尝，依傍门户，不能自立一说，进一解。蝇袭

① 参见[日]冈田武彦：《王阳明与明末儒学》，上海：上海古籍出版社，2000 年中文版，第 33 页。

② 王阳明：《紫阳书院集序》，《王阳明全集》卷七，上海：上海古籍出版社，1992 年版，上册，第 240 页。

③ 王阳明：《书诸阳伯卷》，《王阳明全集》卷八，上海：上海古籍出版社，1992 年版，上册，第 277 页。

④ 林庆彰：《明代考据学研究》上册，上海：华东师范大学出版社，2015 年版，第 19、22 页。

蛙传，风靡一时。”①

以上种种“虚”病，逐渐成为王学的痼疾。所以，王学的风靡并不是王学之福。随着王学的风靡，上述种种“虚”病日渐显现出来，成为它走向衰落的内在原因。黄宗羲就指出这一点，他说：

> 阳明先生之学，有泰州、龙溪而风行天下，亦因泰州、龙溪而渐失其传。泰州、龙溪时时不满其师说，益启瞿昙之秘而归之师，盖跻阳明而为禅矣。然龙溪之后，力量无过于龙溪者，又得江右为之救正，故不至十分决裂。泰州之后，其人多能赤手以搏龙蛇，传至颜山农、何心隐一派，遂复非名教之所能羁络矣。顾端文曰：“心隐辈坐在利欲胶漆盆中，所以能鼓动得人。只缘他一种聪明，亦自有不可到处。”羲以为非其聪明，正其学术也。所谓祖师禅者，以作用见性。诸公掀翻天地，前不见有古人，后不见有来者。释氏一棒一喝，当机横行，放下拄杖，便如愚人一般，诸公赤身担当，无有放下时节，故其害如是。②

黄宗羲尖锐地指出，王门后学将王学引向了两个方向：一是王畿“益启瞿昙（按：‘瞿昙’为释迦牟尼之姓‘乔答摩’的异译）之秘而归之师，盖跻阳明而为禅”，也就是使王学走向虚寂；一是王艮及其传人颜山农、何心隐，把王学引向狂放不羁，“遂复非名教之所能羁络”，都失去了为学“内外浑一”之道。王学受到批判已经是势所必然。

“实学”思潮的兴起

“实学”思潮是在对王学的批判中兴起的。

---

① 吴晗：《胡应麟年谱》，《清华学报》1934 年九卷一期，转引自林庆彰：《明代考据学研究》上册，上海：华东师范大学出版社，2015 年版，第 19 页。

② 黄宗羲：《明儒学案》卷三二《泰州学案》，《黄宗羲全集》第 7 册，杭州：浙江人民出版社，2005 年版，第 821 页。

王阳明在世时，就有学者对他的学说不满。如王廷相[①]就说："诸生多从讲学，此儒者第一事。但近世学者之弊有二：一则徒为泛然讲说，一则务为虚静以守其心，皆不于实践处用功，人事上体验。往往遇事之来，徒讲说者，多失时措之宜。盖事变无穷，讲论不能尽故也；徒守心者，茫无作用之妙，盖虚寂寡实，事机不能熟故也。"[②]其后，吕坤[③]也对因王学盛行而导致"终日谈本体，不说工夫。才拈工夫，便指为外道"的风气深致不满[④]。甚至在王学内部也出现了批评的声音，如王学浙中学派的传人周汝登[⑤]就批评王艮[⑥]的"淮南格物说"[⑦]，认为其说是"舍却家国天下心意，另求一物"[⑧]。

对王学的严厉批判，来自明末的东林学派。东林领袖顾宪成与高攀龙首

---

① 按，王廷相(1474—1544)字子衡，号浚川，仪封(今河南兰考)人，祖籍潞州(今山西长治市)。弘治八年(1495)举人，弘治十五年(1502)进士，授庶吉士，后任兵科给事中，官至南京兵部尚书、都察院左都御史，卒后谥肃敏。明代前七子之一，传世著作有《王氏家藏集》《王浚川所著书》二种。《王氏家藏集》为其诗文作品，《王浚川所著书》除奏稿外，含《慎言》《雅述》《丧礼备纂》等学术著作。

② 王廷相：《与薛君采二首》之二，《王氏家藏集》卷二七，《王廷相集》第2册，北京：中华书局，1989年版，第478页。

③ 按，吕坤(1536—1618)字叔简，一字心吾、新吾，自号抱独居士，归德府宁陵(今河南商丘宁陵)人，隆庆五年(1571)进士，授襄垣知县，调大同令，后升吏部主事，转至郎中，出为山东参政，历山西按察使、陕西布政使、右副都御史巡抚、升刑部右侍郎后转左，卒赠刑部尚书。他刚正不阿，为政清廉，与沈鲤、郭正域被誉为万历年间天下"三大贤"。著有《呻吟语》《实政录》《去伪斋集》等10余种。

④ 吕坤：《呻吟语》卷一《谈道》，南京：江苏古籍出版社，2002年版，第74页。

⑤ 按，周汝登(1547—1629)字继元，别号海门，嵊县(今属浙江)人，万历五年(1577)进士。擢南京工部主事，历兵、吏二部郎官，官至南京尚宝司卿。师从罗汝芳，尊崇王学，著有《圣学宗传》《王门宗旨》《东越证学录》及《海门先生集》等。

⑥ 按，王艮(1483—1541)字汝之，号心斋，泰州安丰场(在今江苏东台市)人。出身盐户，家贫，商游四方，有任道之志，随身携带《孝经》《论语》《大学》等，逢人质难。他曾师事王阳明8年，为王门高弟，与王畿齐名。阳明去世，他即回到泰州授徒讲学，自立门户。

⑦ 按，"淮南格物"说是王艮的代表性观点之一。王艮认为，"格物之物，即物有本末之物"，"格"如格式之格，即"絜矩"(指行为端正，合乎法度)；他强调吾身是"本"，是个"矩"；家国天下是"末"，是个"方"，矩正则方正。这是以身为家国天下的根本、以"安身立命"为道德修养的出发点对"格物"所作的诠释，也就是他的"淮南格物"说(因泰州在淮河以南，故名)。

⑧ 周汝登：《与赵学博怀莲》，《东越证学录》卷一〇，见《四库全书存目丛书·集部》第165册，济南：齐鲁书社，1997年版，第619页。

先打出批判王学的旗帜。

顾宪成(1550—1612)字叔时，别号泾阳，人称泾阳先生，南直隶无锡县(今属江苏无锡市)人。万历八年(1580)进士，授户部主事，后改吏部主事、补验封主事等职。万历十五年(1587)，因上疏语侵执政，谪桂阳州判官，不久迁处州推官。丁母忧，服除后，补泉州推官，后擢吏部考功主事，历员外郎。因屡上疏，与朝廷意不合，被革职为民，返无锡家居，遂潜心于学。万历三十二年(1604)，他修复无锡的东林书院，与高攀龙、钱一本、于孔兼等讲学和集会于此。在讲习之余，往往讽议朝政，裁量人物。不满于朝政的士大夫闻风相附，以至于学舍不能容纳。黄宗羲曾这样谈论顾宪成："先生讲学，与世为体。尝言官辇毂，念头不在君父上；官封疆，念头不在百姓上；至于水间林下，三三两两相与求性命，切磨德义，念头不在世道上，即有他美，君子不齿也。"[①]顾宪成的上述言论显然有针对王门后学的意味。

其实，顾宪成与王学还是有瓜葛的。他曾师从薛应旂(字仲常，号方山，1500—1575)，而薛应旂曾师从欧阳德(字崇一，号南野，1496—1554)，欧阳德则是王阳明的亲炙弟子，故顾宪成也就是王阳明的三传弟子。但他不但批判王门后学，而且公开批判王阳明，特别是王阳明的"无善无恶心之体"说[②]。顾宪成认为，王阳明"四句教"所说的"无善无恶""是最玄语、最巧语，又是最险语"，他认为，其"险"就"险"在"其法，上之可以张皇幽渺而影附于至道，下之可以侥名侥利而曲济其无忌惮之私"，而"世之浮游于两端之中，而内以欺己，外以欺人者，大率就此播弄耳。"[③]顾宪成进而认为，"无善无恶"说还导致了本体与工夫的分离，他说："学者学以求尽乎其心也。心本有善无恶，故圣人之教人也，惟曰为善去恶。为善，因其有而有之也；去恶，因其无而无之也。本体如是，功夫如是，其致一而已矣。今以'无善无恶'语心，以'为善去恶'语

---

① 黄宗羲：《明儒学案》卷五八《东林学案一》，《黄宗羲全集》第8册，杭州：浙江人民出版社，2005年版，第731页。

② 张祥浩：《王守仁评传》，南京：南京大学出版社，1997年版，第483页。

③ 顾宪成：《朱子二大辨序》，《泾皋藏稿》卷六，见《文渊阁四库全书》第1292册，台北：台湾商务印书馆，1983年版，第82～83页。

格物，似不免判而两歧。”①

另一位东林学派的领袖高攀龙也是王学的批判者。高攀龙（1562—1626）初字云从，后更字存之，别号景逸，南直隶无锡（今属江苏无锡市）人。万历十七年（1589）进士，授行人。因疏论辅臣王锡爵，谪官广东揭阳县典史。后卸职归故里，与顾宪成一起修复并讲学于东林书院。天启元年（1621），召为光禄寺少卿，历官太常少卿、大理寺右少卿、太仆卿、刑部右侍郎、都察院左都御史等职。后因弹劾宦官魏忠贤，削籍为民。天启六年（1626），锦衣卫追捕东林党人，高攀龙赴水死，崇祯初昭雪，赠太子太保、兵部尚书，谥忠宪。

高攀龙与顾宪成一样，不满于王阳明的“四句教”，认为其“无善无恶心之体”说“足以乱教”，他说：“善一而已矣。一之而一元，万之而万行，为物不二者也。天下无无念之心，患其不一于善耳。一于善即性也。今不念于善，而念于无，无亦念也。若曰患其著焉，著于善，著于无，一著也。著善则拘，著无则荡，拘与荡之患，倍蓰无算。故圣人之教，必使人格物。物格而善明，则有善而无著。今惧其著，至夷善于恶而无之，人遂将视善如恶而去之，大乱之道也。故曰足以乱教。”高攀龙是“性善”论者，他认为“善”就是“性”，“无善无恶”是不能成为“性”的。高攀龙还认为，王阳明说“有善有恶者意之动”，这是“以善属之意”，是把“善”看作意念，按照王阳明的逻辑，只有在意念所及之处，外物才与人发生联系，才会产生“善”，这就违背了圣人之教，而与佛教的“以善为念”“以善为事”的观念相混。针对王阳明“四句教”所说的“为善去恶是格物”，高攀龙认为，既然“心无善恶”，那么“为善去恶”的“格物”就把“善”与“恶”一样看作外在之物，遂使人将“善”与“恶”一样看作“无”而“去之”。这就实足以乱大道②。高攀龙所说的“圣人之教”和“道”，指的主要就是孟子的“性善”论。

---

① 顾宪成：《顾端文公遗书·证性编》卷六《质疑下》，见《四库全书存目丛书·子部》第14册，济南：齐鲁书社，1995年版，第475页。

② 高攀龙：《方本庵先生性善绎序》，《高子遗书》卷九上，见《文渊阁四库全书》第1292册，台北：台湾商务印书馆，1983年版，第547页。

就在东林学者对王学展开批判之时，程朱一派的学者也起而对王学作出反击。明末清初的理学家张履祥就是其代表。张履祥（1611—1674）字考夫，又字渊甫，号念芝，桐乡（今浙江嘉兴市属桐乡市）人，因世居桐乡的杨园村，故被学者称为“杨园先生”。清人周镐于嘉庆二十三年（1818）刊《杨园先生全集》时，在为其书所作的序中说：“（先生）渡江游蕺山之门，归而肆力于程、朱之书，知阳明之学非是，乃洞揭阳释阴儒之隐，以为炯戒。甲申（崇祯十七年，1644）后，弃诸生，隐居杨园村舍，修己教人，一以居敬穷理、躬行实践为主。尝言三代以上，折衷于孔、孟；三代以下，折衷于程、朱。著书三十卷，论者谓其笃实宏远，朱子后一人。”①著有《读易笔记》《愿学记》《近古录》《补农书》等，后人辑有《杨园先生全集》。

张履祥对王学的批判，本于程朱之学，而直指王阳明的“良知”说。他曾说：“良知之教，使人直情径行，其敝至于废灭礼教，播弃先典。今人不知惩其敝，方将攘臂怒目，与人争胜，亦可哀已。”②他认为王阳明的“良知”说实际上是借用孟子的概念而佐证其“直捷径情”之说：“姚江‘良知’二字，特其借用名目，其意只欲佐成直捷径情之说耳。因孟子有不学而能、不虑而知之语，故借之作证佐，实未尝服膺孟子也。”③张履祥甚至把王阳明看作“释氏之雄杰”，如他说：“学者第一是先去己私，己私莫大于骄吝。姚江著书立说，无一语不是骄吝之私所发，又其言闪烁善遁，使人不可把捉，真释氏之雄杰也。”④

与张履祥同时批判王学的还有理学家陆陇其。陆陇其（1630—1692）原名龙其，因避讳改名陇其，字稼书，平湖（今为浙江嘉兴市所属平湖市）人。康熙九年（1670）进士，历官江南嘉定、直隶灵寿知县，四川道监察御史等。陆陇

① 转引自张祥浩：《王守仁评传》，南京：南京大学出版社，1997 年版，第 488 页。

② 张履祥：《杨园先生全集・备忘》卷三，见《四库全书存目丛书・子部》第 165 册，济南：齐鲁书社，1995 年版，第 70 页。

③ 张履祥：《杨园先生全集・备忘》卷二，见《四库全书存目丛书・子部》第 165 册，济南：齐鲁书社，1995 年版，第 50 页。

④ 张履祥：《杨园先生全集・备忘》卷四，见《四库全书存目丛书・子部》第 165 册，济南：齐鲁书社，1995 年版，第 84 页。

其是清初著名的清官，其离任时，只有图书几卷及其妻的织机一部。去世后，追谥为清献，加赠内阁学士兼礼部侍郎衔，从祀孔庙。著有《困勉录》《读书志疑》《三鱼堂文集》等。

陆陇其在批判王学时，特别指出其“阳儒阴释”的学术倾向，他说：“自阳明王氏倡为良知之说，以禅之实而托儒之名，且辑《朱子晚年定论》一书，以明己之学与朱子未尝异。龙溪、心斋、近溪、海门之徒从而衍之，王氏之学遍天下，几以为圣人复起，而古先圣贤下学上达之遗法灭裂无余，学术坏而风俗随之。其弊也至于荡轶礼法，蔑视伦常，天下之人恣睢横肆，不复自安于规矩绳墨之内，而百病交作。”①

晚明学者不仅批判王学，还提出学术转变问题。最早提出这一问题的是东林学派的学者。他们把王学以“发明本心”为中心的理论和修养称为“虚病”，提出从“虚”返“实”的要求。如高攀龙说：“古今学术于此分歧……便分两路去了：一者在人伦、庶物、实知、实践去；一者在灵明、觉知、默识、默成去。……宇内之学，百年前是前一路，百年来是后一路，两者递传之后，各有所弊。毕竟实病易消，虚病难补。今日虚病见矣，吾辈当相与稽弊而反之于实。知及仁守，莅之以庄，动之以礼，一一着实做去，方有所就。”②为了克服“虚病”，他与顾宪成等起而倡导“实学”。他们所说的“实学”，虽然主要是指程朱理学，但并不是指理学高谈“性命”的方面，而是要恢复学术经世致用的传统。几社的创始人陈子龙等还编辑了《皇明经世文编》，为提倡经世“实学”张本。

但是，明末学者提倡的“实学”还未形成气候，明王朝就灭亡了。这场“天崩地解”（黄宗羲语）般的社会变化，刺激学者们对明亡的原因进行反思。在反思中，清初学者几乎众口一词地得出“学术误国”的结论，将明朝的亡国归咎于由王学盛行而带来的空虚学风。如陆陇其说：“至于崇祯之际，风俗愈

---

① 陆陇其：《学术辨上》，《三鱼堂文集》卷二，见《文渊阁四库全书》第1325册，台北：台湾商务印书馆，1983年版，第15页。

② 高攀龙：《讲义·知及之章（庚戌）》，《高子遗书》卷四，见《文渊阁四库全书》第1292册，台北：台湾商务印书馆，1983年版，第397页。

坏,礼义扫地,以至于不可收拾。其所从来,非一日矣。故愚以为明之天下,不亡于寇盗,不亡于朋党,而亡于学术。学术之坏,所以酿成寇盗朋党之祸也。”[①]顾炎武也说:“刘、石乱华,本于清谈之流祸,人人知之,孰知今日之清谈,有甚于前代者!昔之清谈谈老庄,今之清谈谈孔孟。未得其精而已遗其粗;未究其本而先辞其末……以明心见性之空言,代修己治人之实学。股肱惰而万事荒,爪牙亡而四国乱,神州荡覆,宗社丘墟。”[②]

在“学术误国”的共识下,学界对王学的批判更为猛烈。与此同时,则再度把“实学”作为拯救空虚学风的“良药”。如王敔在谈到其父王夫之时说,王夫之当时就“参伍于濂、洛、关、闽,以辟象山、阳明之谬,斥钱(德洪)、王(畿)、罗(汝芳)、李(贽)之妄”,“明人道以为实学,欲尽废古今虚妙之说而返之实”[③]。颜李学派的代表人物颜元[④]也说:“实学不明,言虽精,书虽备,于世何功,于道何补。”[⑤]其弟子李塨同样认为:“天地之道,极则必反。实之极必趋于虚,虚之极必归于实”,“今之虚学可谓盛矣,盛极将衰,则转而反之实。”[⑥]连王门学者也主张用程朱理学之“实”补王学之“虚”,前引孙奇逢所说的“天下之虚病不可不补”就是在这样的背景下提出来的。孙奇逢号为学界泰斗,时人将他与李颙、黄宗羲一起称为清初“三大儒”,很受学者尊崇。由孙奇逢提倡用朱熹理学弥补王学的空虚,号召力自然很大,也容易得到程朱派理学家的支持,这就使程朱理学得以张扬,连孙奇逢的学生汤斌(1627—1687)也走向程朱理学,成为清初的理学名臣。

---

① 陆陇其:《学术辨上》,《三鱼堂文集》卷二,见《文渊阁四库全书》第1325册,台北:台湾商务印书馆,1983年版,第15~16页。

② 顾炎武:《夫子之言性与天道》,《日知录》卷七,《顾炎武全集》第18册,上海:上海古籍出版社,2011年版,第307~308页。

③ 王敔:《大行府君行状》,《船山全书》第16册,长沙:岳麓书社,1996版,第73页。

④ 按,颜元(1635—1704)字易直,又字浑然,号习斋,直隶博野(今属河北保定市)人。他一生以行医、教学为业,在教育上主张“习动”“实学”“习行”“致用”并重,以培养文武兼备、经世致用的人才。著有《四存编》《习斋记余》。

⑤ 颜元:《存学编》卷三《性理评》,《颜元集》上册,北京:中华书局,1987年版,第76页。

⑥ 李塨:《送黄宗夏南归序》,李塨:《恕谷后集》卷一,上海:商务印书馆,1935版,第1~2页。

盛行一时的王学，就这样逐步在学坛消沉下去。流行于徽州地区的湛王之学，也就在这样的背景下消亡。

二、明清之际的徽州朱学

前章说过，王阳明学说在刚出现的时候，便受到徽州学者汪循的质疑。但汪循的质疑并没有能够阻止湛王之学在徽州地区的流行，它的作用只是将几乎贯穿整个元代的“朱陆异同”之争转向了“朱王异同”[①]之争，唤起了一些徽州学者起而维护朱学，反对王学。于是，在明清之际的徽州，形成了两个不同的学术营垒：一是由湛若水、王阳明的崇拜者、追随者所组成的心学阵营；二是由朱熹学术的传承者、维护者所组成的朱学阵营[②]。

晚明的徽州朱学

在汪循之后，晚明时期维护朱学的徽州学者尚有：游震得、汪应蛟、范涞（已见上章）、余懋衡、汪璲、汪宗讯、朱存仁、洪德常等人。其时徽州朱学阵营的骨干就是他们。

游震得（生卒年不详）字汝潜，婺源人，嘉靖十七年（1538）进士，授行人，改给事中，历官江西副使、湖广参政，后督抚八闽。嘉靖时，游震得因在论列东宫礼仪中，不愿附和祠官祝鳌，得罪仁宗，处以廷杖。他在创卧中依然读《易》不辍，并著《怡晚录》。归乡后，创建了虹东书院，讲学于其中。其著作除《怡晚录》外，尚有《周易传义会通三书附注》《性理纂要》《谈艺要录》《湖北民隐录》等[③]。

---

① 按，徽州学者江世育就著有《朱王异同辨》四卷，表明“朱王异同”已经成为当时争论的问题。参见马步蟾等纂修：《（道光）徽州府志》卷一一之三《人物志·儒林》，见《中国地方志集成·安徽府县志辑》第49册，南京：江苏古籍出版社，1998年版，第309页。

② 周晓光：《明代中后期心学在徽州的传播和影响》，《安徽史学》2003年第5期。

③ 马步蟾等纂修：《（道光）徽州府志》卷一一之三《人物志·儒林》，见《中国地方志集成·安徽府县志辑》第49册，南京：江苏古籍出版社，1998年版，第297页。

汪应蛟(1550—1628)字潜夫，号登原，婺源人，万历二年(1574)进士，授南京兵部主事，历官南京礼部郎中、兴泉宪副、济南参政、山西按察使、右都御史代天津巡抚与保定巡抚、工部右侍郎、兵部左侍郎，累迁至南京兵部尚书、北京户部尚书。其致仕陛辞时，曾疏引宋儒语，以宦官、宫妾为戒，为学主诚敬，出处辞受，一轨于义[①]。著有《中诠寤言》《古今彝语》《独言独语》《诗礼学略》《乡约记》等百余卷[②]。

余懋衡(1561？—1629)字持国，号少原，婺源人。万历二十年(1592)进士，授永新知县，后征授御史，巡按陕西时，劾税监梁永，为梁永贿膳夫下毒几死，上疏极论，梁永不久撤还，关中始安。天启初，召为大理卿，迁兵部侍郎，升南京吏部尚书，未就，引疾归。懋衡曾于新安紫阳书院倡兴理学，后又与邹元标、冯从吾于京师构首善书院。魏忠贤毁书院，懋衡亦坐削夺。所著有《乾惕斋集》《语录》《经翼》诸书。

汪璲(生卒年不详)字文仪，号默庵，休宁人。他 9 岁便善属文，16 岁，慨然有希贤志，后从无锡高世泰[③]游，讲学于东林，严于阳儒阴释之辨。离开东林后，汪璲流寓江汉，筑密窝，潜心治《易》，著《读易质疑》20 卷，凡八易稿始定。他在病革时，犹手答吴门蔡方炳论格物致知之义，娓娓数千言不倦。殁后祀于东林书院，被学者称为“默庵先生”。所著除《读易质疑》外，尚有《语余漫录》《大学章句释义》《周易补注便读》《评点学蔀通辨》及《悠然草》等[④]。四库馆臣评论《读易质疑》道：“其书置象数而专言理，其凡例有云：今说《易》之

---

① 参见《明史》卷二四一《汪应蛟传》，北京：中华书局，1974 年版，第 21 册，第 6265～6267 页。

② 马步蟾等纂修：《(道光)徽州府志》卷一一之三《人物志·儒林》，见《中国地方志集成·安徽府县志辑》第 49 册，南京：江苏古籍出版社，1998 年版，第 298 页。

③ 按，高世泰(1918—1981)字汇旃，无锡(今属江苏无锡市)人，东林学派著名学者高攀龙从子，崇祯十年(1637)进士，授礼部主事，入清后，官至湖广提学佥事。他一生致力于传播东林之学，在湖广时，曾与湖湘学者合作，倡导张(栻)、朱之学。晚年重建东林书院燕居庙等屋，讲学其中。著有《三楚四朝文献录》《紫阳通志录》等。

④ 马步蟾等纂修：《(道光)徽州府志》卷一一之三《人物志·儒林》，见《中国地方志集成·安徽府县志辑》第 49 册，南京：江苏古籍出版社，1998 年版，第 310 页。

家谓《易》以道阴阳,务以圆妙幽渺,笼罩影响,如捕风,如捉影,无当实用。故愚以为,学《易》当就平实切近处用功,云云,其宗旨可见。故随文诠释,无所穿凿,而亦无所发明。"①

汪宗讯(生卒年不详)字君畴,黟县人。他性嗜学,结庐复山之岩,涉猎经史,贯穿古今,闻邹南皋(即邹元标)倡学江右,负笈问业,叹曰:道学正传,其在是乎!归而杜门不出,穷究理学,以程、朱为的,士林宗之。所著有《秋鸿草》《蘧庐草》《独居录》《证学吟》等书②。

朱存仁(生卒年不详)字体元,黟县人,朱熹的后裔。布衣终身。他对六经、四子及濂洛关闽之书,探索融会,务在躬行实践。万历间,诸儒讲学,推他为坛长,远近来学者,户外之屦常满。著有《性理宗旨》《溉心录》《岩溪家训》《乾一子》等③。

洪德常(生卒年不详)字常伯,歙人。少有远志,研心六籍及宋元明诸儒之书。著有《中庸要领》《周程张朱五子学约》《知行合一录》《养生格言》等④。

但是,这些学者维护朱学,并没有给徽州地区的朱学带来生机,更不能抵制湛王之学在徽州地区的流行。直到明末,徽州地区依然是"文成之教盛行,讲会者大都不诣紫阳(指紫阳书院)"⑤。

清初的徽州朱学

清代初年,随着清王朝政权的稳定、文化政策的调整,明清之际掀起的

---

① 永瑢、纪昀等:《四库全书总目》卷一〇《读易质疑》提要,北京:中华书局,1965 年版,上册,第 80 页。

② 马步蟾等纂修:《(道光)徽州府志》卷一一之三《人物志·儒林》,见《中国地方志集成·安徽府县志辑》第 49 册,南京:江苏古籍出版社,1998 年版,第 310 页。

③ 马步蟾等纂修:《(道光)徽州府志》卷一一之三《人物志·儒林》,见《中国地方志集成·安徽府县志辑》第 49 册,南京:江苏古籍出版社,1998 年版,第 310 页。

④ 马步蟾等纂修:《(道光)徽州府志》卷一一之三《人物志·儒林》,见《中国地方志集成·安徽府县志辑》第 49 册,南京:江苏古籍出版社,1998 年版,第 310 页。

⑤ 施璜:《紫阳书院志》卷一二《列传·汪县尹》,见赵所生等主编:《中国历代书院志》第 9 册,南京:江苏古籍出版社,1995 年影印本,第 560 页。

“实学”思潮渐渐平息下去。

“实学”思潮的平息，并不意味着它是不结果实的花朵。程朱理学呈现“复兴”之势，便是其“果实”之一。在“实学”思潮中，对王学的强烈批判，则为程朱理学的复起廓清了道路；一些学者以“实学”名义倡导程朱理学，更使清初士人较为广泛地接受了程朱理学，学界出现了由王返朱的趋向。如张履祥就曾“少读阳明、龙溪书，则慨然有志于学”，而“其后念台刘公（即刘宗周）设教山阴，以‘慎独’‘主静’为宗，先生闻而往师之”，遂“壹心程、朱”[①]；孙奇逢所倡导的“由虚返实”之“实”，指的也是朱学。尤其是在顺、康时期，魏裔介、魏象枢、熊赐履、李光地、张伯行、张鹏翮、陆陇其等一大批理学名儒涌现于学界，并进入庙堂，成为理学名臣。这都使程朱理学显现出“复兴”的景象。

程朱理学的复起，与清王朝对文化政策的调整有密切关系。调整后的文化政策，基本精神就是“稽古右文”，其中包括以行政力量推行朱学。康熙帝曾以帝王之尊亲自鼓吹朱学，他在康熙五十一年(1712)敕谕满汉大学士及九卿等讨论如何“崇礼表彰”朱熹时，就说：“朕自冲龄，笃好读书，诸书无不览诵。每见历代文士著述，即一句一字于义理稍有未安者，辄为后人指摘，惟宋儒朱子注释群经、阐发道理，凡所著作及编纂之书，皆明白精确，归于大中至正，经今五百余年，知学之人无敢疵议。朕以为孔孟之后有裨斯文者，朱子之功最为弘巨。”[②]经过“内阁、九卿、詹事、科道会同详议”，朱熹被提升到十哲之列，配享孔子，并刊行《朱子全书》颁发全国。同年，康熙帝又亲撰《理学论》一文以推崇朱学，他说：“自宋儒起而有理学之名，至于朱子能扩而充之，方为理明道备。后人虽杂出议论，总不能破万古之正理。”[③]

清王朝文化政策的调整、程朱理学呈现的复兴之势，使徽州学者以为出

① 邵懿辰：《张杨园先生传》，《半岩庐遗集·遗文》，见《续修四库全书》第1536册，上海：上海古籍出版社，2002年版，第613页。

② 玄烨：《谕满汉大学士九卿等》，《圣祖仁皇帝御制文集》第四集卷一，见《文渊阁四库全书》第1299册，台北：台湾商务印书馆，1983年版，第400页。

③ 玄烨：《理学论》，《圣祖仁皇帝御制文集》第四集卷二一，见《文渊阁四库全书》第1299册，台北：台湾商务印书馆，1983年版，第532页。

现了振兴新安理学的良机。于是，他们便企图乘机起衰振弊，鼓吹朱学。这使得崇奉朱学的徽州学者也陡然多了起来。据《紫阳书院志》载，“皆生于紫阳之乡，而昌复紫阳之绪者也，言行无缺，于人伦事功，克勤于书院，当不愧学者之称”的就“十有五人”①。下面便是这 15 人的事略：

汪德元(1577—1666)，字正叔，号旭林，歙人。“由岁贡知广西苍梧县，多惠政。为人言行端方，可为世范，耄而好学。先是胜国时，文成之教盛行，讲会者大都不诣紫阳。崇祯六年(1633)，陆太守(陆锡明)新书院，正叔时以诸生董其役，即有志兴复焉。至顺治十六年(1659)，始同杨瑞呈(即杨泗祥)集讲于紫阳，作联床引，招聚生徒。自是，春秋萃聚为常。学者推尊典型，必以为首称。莅会之年，已八十有三，在院七年而卒”。

杨泗祥，字瑞呈，号杏传，休宁人。“一生精力，以会友讲学为当务之急。年十七，随从祖至还古书院，即有希贤志。寻登紫阳山，瞻礼朱子，益以斯道为己任。乃谋之汪正叔，启请六邑之士，以暮春为期，五日为节。有‘携资自给饮食，何碍于箪瓢释菜。升堂将享，无嫌于两簋’之语。遂于顺治己亥(顺治十六年，1659)，联集同人，订紫阳会规，一洗前明之习，异学不得而托焉。凡会讲，虽病必赴，讲义多为世所传诵”。

江恒，字于常，歙人。“性敏而悫，澹于势利，修德不求人知，非其义一介弗取。崇祯丁丑之岁(崇祯十年，1637)，即弃诸生业，日奉程朱之言，与月岩、星溪、匏更诸宿儒讲学紫阳书院，言简理析，有矩度，为众所钦”。“所著有《王学类禅臆断》一书，辩别《传习录》所论之非，共百三十二则，高汇旃(世泰)、吕晚村(留良)及孝感相国熊文端公(即熊赐履)皆深契之，谓其闲辟功，与陈清澜(即陈建)之《学蔀通辨》、程莪山(即程曈)之《传习录考》同一苦心，洵吾道之干城也。”

汪知默，字闻增，号月岩。“明末为邑诸生，后弃去。性拘执，不与流俗伍。冠婚丧祭，必持古礼。少与洪常伯德常讲学，常伯著《中庸要领》《程朱五

① 施璜等：《紫阳书院志》卷一二《列传(衍绪斋)》，见赵所生等主编：《中国历代书院志》第 9 册，南京：江苏古籍出版社，1995 年影印本，第 560 页。

子学约》《会规六事》，皆月岩为之折衷。晚与诸子讲学于紫阳书院，曹太守雅重之。集讲六年，常彻夜静坐，寒不炉。年八十，犹徒步紫阳，讲道为乐，群以会宗推焉。所编《紫阳通志录》，锡山高汇旃一见即梓行之。其他著有《本书》《畏书》《笃行录》《理学归一》《书黄图撮要》等编”。

吴汝遴，字慎先，号抑庵，休宁人。“见《朱子语录》有曰‘玉藻九容，宜细心体认’，遂法斯语，身体力行”。“生平以讲学为重，与诸子讲学紫阳、还古，不以风雨疾病而阻。负担道脉，称有力焉。尤悯世之学者惑于陆、王门庭，必力争反正而后已。尝语星溪曰：‘知行必相须而后合一。戒惧慎独，乃儒门两铁柱，何事纷纷翻案乎。’凡阅诸儒语录，有崇尚朱子者，必手录，盈箧衍所。著《诗经集解》《大学臆书》诸书。”

汪学圣，字惕若，号石樵，休宁人。“发明程朱之理，必求躬行实践。梁溪高汇旃特重之，延请东林讲学，而于紫阳、还古两书院尤拳拳焉。与诸子互相难诘，斥邪扶正之功，赖以不坠。所著有《读易》《述学庸章句》《绎语孟偶存》《闲存录》诸书。

胡渊，字蘖明，号匏更，歙人。“元儒云峰先生之后……品行端悫。为邑诸生，声振庠序。鼎革后，绝意仕进，与同志倡立信会，讲学雷溪，崇尚程朱，潜修实践。又萃六邑尊朱之士，讲学紫阳书院，析理明快，曹太守（即曹鼎望）折节下之。所著诗文讲录，奇古博要，尤长于乐府，学者多喜师之。”

陈二典，字书始，祁门人。“穷诘理学，以程朱为的。弃举子业，杜门著书，不与显者通。六邑会讲，壹以紫阳为宗。与诸会长先后迭主坛坫，抑王尊朱，具见于会讲序中。临殁，预写铭旌曰‘紫阳学者’云。”

汪佑，字启我，号星溪，休宁人。“幼嗜学，言动循礼。弱冠见河水滔滔，悟至诚无息之理。由是暗然潜修。明季，就杨维斗先生讲学吴门。后遭世变，归隐山中，以事亲守身为本务。与杨瑞呈、汪泰茹同志为道义交，毕力于紫阳、还古两书院者几三十年，订会籍，定会规。尝著《朱子升祔议》，欲请尊为敬圣，升祔四配之班。又谓金溪不从祀于宋，而祀于阳明尊陆右陈之后，盖预为阳明地也。故于会语备述王学之非，谓应罢其祀。东林高汇旃与启我千里神交，特纂《星溪纂言》，入《紫阳通志录》。为人端谨和平，邃于涵养，居家，冠婚丧祭，悉遵文公《家礼》。为学以'以实心穷实理，以实功成实修'二语自勖，晚年更孜孜不倦。年七十四。所著有《诗传阐要》《礼记问答》《大乐嘉成》《四书讲录》《五子近思录》《明儒通考》《明儒性理汇编》《星溪文集》《紫阳会籍日记》《家礼仪节补订》等书"。

朱宏，字济臣，号圭峰，休宁人。他曾说："省身欲学曾子，闻过欲法子路。""尝与施诚斋（即施璜）书曰：'天理原自洁净，人心原自磊落。我于平地自起风波，坦途自生荆棘，何哉？当贫贱而有忮求之心，则日之所为，夜之所思，皆是邪枉，而于本分所当为者，必反弃去不行。处富贵而有骄佚之心，亦是相连病根，如何做得官长，治得百姓，扶持得天下？此种子须锄灭无遗，乃是豪杰。不然，何得复有人理也。'在紫阳讲会，勤而不倦。著有《读书存问集》。"

汪浚，字泰茹，号括斋，休宁人。"性颖敏，就外傅时，即口不绝吟，手不停批。少长，博览群书，四子、六经，一过辄成诵；诸子百家，亦各究其原委，而以程朱为宗主。弱冠，人争师之，辞不获。其教人也，先躬行，而次文艺，率以身为准式。讲学紫阳、还古两书院，笃于实学。……尝语弟子曰：'学问以穷理为先，慎独为要，主敬畏入手，至诚为要终。'又曰：'君子为政，凡非鳏寡孤独、疲癃残疾而为僧尼乞食者，宜厉禁。'年六十有四。所著有札记、文集行世"。

谢天达，字兼善，号容岩，祁门人。"幼异凡儿，少长，言笑取与皆不苟。初攻制艺，已而，念其先助教公游朱子之门，遂与陈书始为性命交，负笈讲学，而于紫阳尤乐从事焉。乙酉（康熙四十四年，1685），入闽游武夷山，见壁上有'不宗朱子原非学，看到武夷方是山'之句，喟然兴叹曰：'今之学人务为新说，畔朱子者多矣。不知朱子集诸儒之大成，实集群圣之大成也，乌可畔乎！'尝辑明儒笃信朱子者十数家，题曰《明儒语要》以自随。客有病其少者，先生曰：'学得其要，一言可毕，岂多乎哉？'"

吴苑（1638—1700），字楞香，晚号鳞潭，歙人。"性刚直，耿介不阿，以非礼干者，必正色却绝，人恒惮之。康熙壬戌（康熙二十一年，1682）成进士，累官国子监祭酒，振兴文教，严绝苞苴，每疏陈国学所宜行者，皆如所请，六馆诸生翕然推戴。尝奏请御书'学达性天'扁，悬挂紫阳书院，以光坛席，一时学道之士鼓厉奋兴。时寓书紫阳诸儒，深究太极、西铭、河洛之理。迨奉假省觐，入院释菜，复更相诘难。既，又念书院倾圮，前后垣墉弗属，中无燕息之堂，弗称巨观，乃寓书朝士捐修，工未鸠而即世，其二子（即吴瞻泰、吴瞻淇）衣衰以董其成，而讲坛又一兴焉。著书十余种，名《北黟山人集》。"

吴曰慎，字徽仲，号敬庵，歙人。"自年十五岁迄八十，深潜易学，无须臾不在爻画间，于是有《周易本义翼》《周易愚按》《周易集粹爻征》各若干卷。《爻征》者，取史以证象，尤晓然于贞胜之旨焉。相国李文贞公见其《周易愚按》，采择数十则上陈，入《周易折衷》，附明儒后。先生之学，盖于斯而一显云。其《本义翼》二十卷，仪封张中丞清恪公抄弆以俟行世。其他所著《学庸章句翼》《太极图说翼》《孝经刊误》《西铭通书讲义》《朱子性理吟》《圣学约旨》《春秋约义》《朱子感兴诗解》《就正录》及诸文集数十余万言，或杀青，或散轶友人家，而清恪亦摭拾十数种去，要其学醇正无疵，其书必愈久而不没也。先生少时与锡山高汇旃续讲东林，中年与施诚斋主教紫阳，垂老不倦，学者称敬庵先生。"

施璜（？—1706）字虹玉，号诚斋，休宁人。与吴曰慎同为清初积极复兴朱学的徽州学者。他"少即有为圣贤之志，稍长，作《思诚录胪》，存心、行事、读书、接人、吐论为目，体认于彝常，以及礼乐兵刑、安危治乱之大，靡不研究其极。汪星溪手录《紫阳会规》授之，遂司会事四十余年。初，先生好学，明体达用，辄不自是。闻四方有名贤，徒步千里，考论同异。过梁溪，访高汇旃，主东林讲席。过语溪，诣吕晚村，诘对累日。应聘金陵，与孝感相国熊文端公（即熊赐履）论学，尤相契。尝上文端书曰：'学统闲道之书也，颜、曾、思、孟、周、程、朱八子，既为正统，象山、姚江为杂统，则学宫配位，宜升祔周、程、朱，与颜、曾、思、孟并列，而黜陆、王，则邪正是非明，而学术定矣。'文端再相，又贻书曰：'国家岁漕东南，粟输京师累巨万，如使畿甸及中州、山东西相水利，以兴稻田，则数百万之粟，可取之如反掌也。'又尝襆被谒孔林，升阙里之堂，观古乐器，欣然忘疲。及归，不复出，以振兴讲坛、接引后学为己任。其重葺紫阳，改凭虚阁为道原堂，彻像易主，定左右从祀，一切多与敬庵指画焉。侍亲最孝，在金陵，闻母疾心动，倍道而归。所著《诚斋问答》《性理发明》《易书诗四书太极图西铭绎注》《五经臆说》《订学庸或问》《辨学汇言》《四礼要规》《新安塾讲录》《紫阳通志续录》。其《五子近思录发明》《小学发明》二书，海内尤争相传诵，称为'诚斋先生'。没后，大中丞张清恪公檄行无锡县，与敬庵同祀东林书院"①。

施璜曾师事于著名诗人、学者施闰章②，施闰章对他颇为欣赏，曾说："近有敝门人海阳(休宁古名)施璜虹玉者，壮年弃举子业，专力理学。其为人悃幅无华，而所至学者倾动。其后来成就，远近不可知，要是尊信谨守一流人。"③

明清之际崇奉朱学的徽州学者，除《紫阳书院志》所举的 15 位外，道光年间纂修的《徽州府志》尚载有以下数人：

郑旼(1632—1683)，字慕倩，歙人。"尤嗜理学"，有《败经斋》《致道堂》《正己居》等集。

胡璇，字衡可，婺源人。"以性命之学自任，闭户殚精，阐明四子经传之秘"。

潘显道，字焕斗，婺源人。"其教人以辨天理、人欲为入门"。著有《四书讲义》《尚书汇纂》《人物考删》《爱日堂存稿》等。

汪荣祖，字仁仲，婺源人。"高文粹行"，著有《家训要语》《删补家礼》《经

---

① 以上参见施璜等：《紫阳书院志》卷一二《列传》，见赵所生等主编：《中国历代书院志》第 9 册，南京：江苏古籍出版社，1995 年影印本，第 560～565 页。

② 按：施闰章(1619—1683)字尚白，号愚山，晚号矩斋，江南宣城(今安徽省宣城市宣州区)人，顺治六年(1649)进士，授刑部主事。顺治十八年(1661)举博学鸿儒，授侍讲，预修《明史》，进侍读。在清初诗坛享有盛名，与宋琬齐名，有"南施北宋"之称。著有《学馀堂文集》《试院冰渊》等。

③ 施闰章：《复汤孔伯》，《学余堂文集》卷二七，见《文渊阁四库全书》第 1313 册，台北：台湾商务印书馆，1983 年版，第 333 页。

书要旨》。

汪于沚，字圣如，婺源人。潜心经史、儒先语录。尝曰："行根于心，则心为行基；心符于行，则行为心准。即躬行心得四字，便是知行合一、主敬存诚工夫。开物成务、感天孚人，莫不由此。"

潘第，字仲高，婺源人。"潜心圣学，精研性理诸书，于程朱奥旨多所阐发"。

俞鲲化，字云鹏，婺源人。"以理学自任，书程子《四箴》座右以自省"。

余元昌，字得全，婺源人。"入乡庠，日取关、闽、濂、洛之书，博综精研"。

程思聪，字谋伯，号钝庵，歙人。"读书不屑章句，日与其徒阐明格物致知之义"。

叶正蕃，字国于，婺源人。"甘于恬退，构涉圃精舍，聚子弟其中，讲程朱理学"。

王朝玥，字丹玉，婺源人。"研精理学，以朱子、双溪为宗"。

胡行学，一名兆佐，字尔辅。"笃学力行，专求程朱遗绪"。著有《灵石斋性理图说》《语录》等。

王祺，字乃吉，婺源人。"尤研理学，辑《五子性理编》《四书定解》《易经定解》"等。

施大业，字与三，婺源人。"年逾九十，犹挑灯夜坐，校订《朱子遗书》"。著有《周易集解》①。

文献记载有这样一大批尊崇朱学的徽州学者，而查道光年间纂修的《徽州府志》，信奉王学的则只有詹绍庆等一二人，这表明王学在徽州地区确实衰落了。但这是不是意味着朱学在徽州地区的复兴呢？研究徽州学术的学者们的回答却是否定的。他们认为，崇奉王学和朱学的徽州学者在数量上的急速消长，并不足以证明朱学的复兴，更不足以证明新安理学的重振。如周晓光说："尽管从人数上看，（信奉朱学）尚有十数人，但主要由这些学者组成的

---

① 以上参见马步蟾等纂修：《（道光）徽州府志》卷一一之三《人物志·儒林》，见《中国地方志集成·安徽府县志辑》第49册，南京：江苏古籍出版社，1998年版，第310～314页。

清初新安理学阵容，与前朝前代相比，已经萎缩到几乎无法支撑一个学派存在的程度。……曾经盛极一时、人才辈出的新安理学，至此已经是明日黄花，芬芳不再了。”①

其实，在上述崇奉朱学的徽州学者中，真正在学界知名的学者，只是汪佑、吴曰慎、施璜少数几位。周晓光说此时的新安理学已经萎缩到“无法支撑一个学派存在的程度”，是有道理的。

三、《紫阳书院志》

明清之际，值得一提的徽州学者的著作是《紫阳书院志》。

《紫阳书院志》是由施璜编纂，吴瞻泰、吴瞻淇兄弟增补的一部书院志，共18卷，汇集了从南宋淳祐六年（1246）至清雍正时期徽州紫阳书院的有关记载，分为图考、建制、祀典、朱松与朱熹“本末”、列传、表奏、会规、会纪、土宇、艺文等部分，后附《四书讲义》5卷。

吴瞻淇曾记述《紫阳书院志》的编纂至成书的过程。他写道：“昔白鹿洞有志，程朱阙里有志，而紫阳无志。志之，自虹玉施先生始。盖先生草创之于前，余与伯兄修饰之于后，而讨论润色则大宗伯张清恪（即张伯行）、大中丞鄂毅庵（即鄂尔泰）两先生之功为钜。书凡二十三卷，以授剞氏，鄂中丞时为方伯，捐俸倡其端，少参程君封延董其后，用告成事，爰纪于此。”②卷首载有张伯行、鄂尔泰所作的序。从《紫阳书院志》卷十八《艺文》所收录的鄂尔泰《与吴漪堂书》来看，鄂尔泰、张伯行确实对《紫阳书院志》的内容和体例提出了很多具体意见，对这部书院志的编纂给予了很好的指导。将他们所作的序冠于卷首，则与借“名人效应”以抬高书的身价者迥异。

由施璜所草创的书院志有两部：一部是《还古书院志》。此志由施璜草

① 周晓光：《新安理学》，合肥：安徽人民出版社，2005年版，第208页。

② 吴瞻淇：《紫阳书院志后序》，《紫阳书院志》卷末，见赵所生等主编：《中国历代书院志》第9册，南京：江苏古籍出版社，1995年影印本，第705页。

创，尚未完成，施璜便去世，后由施璜之孙施澴于乾隆六年(1741)续成，离施璜去世已35年。另一部便是《紫阳书院志》。

施璜编纂《紫阳书院志》的目的，是继承和弘扬朱学。施澴在谈到《还古书院志》的编纂缘起时曾说："当今圣天子重道崇儒，宏昭理学。自宸翰天章以暨举贡课试、学校选造，莫不一以朱子之学为的，况生朱子之乡、读朱子之书、讲朱子之学以传朱子之泽者，顾不详其源流，后之人虽欲殚见洽闻，而图史漫无所考，安能继继承承，使微言大义炳如日星乎？"[①]如将施澴这段话移诸《紫阳书院志》，也很适用。紫阳书院是徽州士人以祭祀形式缅怀朱熹、以讲会形式讨论朱学和通过教学传授朱学的最重要场所。在施璜看来，有必要以书院志的形式，记述紫阳书院的沿革、规制以及讲习活动，使紫阳书院的功能得以进一步发挥，继续成为坚守朱学的阵地。在《紫阳书院志》中，施璜、吴瞻泰、吴瞻淇等记载了顺治十六年(1659)至雍正三年(1725)的诸儒讲会多达44次[②]。记载如此频繁的理学讲会活动，显然是为了表明紫阳书院应该是坚定的朱学阵地[③]。

施璜草创《紫阳书院志》的目的，也为反对湛王心学，以恢复朱学在徽州地区的主导地位。陈二典曾说："紫阳祠子朱子，书院设，未有会讲者。新安有讲会，始自吾祁谢一墩氏。布衣芒履，跋涉宣、皖、池、饶之间者三年，而讲始成。其亦闻王、湛二子之风而起者，与嗣是郡之绅衿襄助，六邑轮延名贤主

---

① 施澴：《还古书院志缘起》，《还古书院志》卷首，见赵所生等主编：《中国历代书院志》第8册，南京：江苏古籍出版社，1995年影印本，第538页。

② 张敏：《紫阳书院研究》，浙江大学2012年硕士学位论文，第17页。

③ 按，紫阳书院并非与湛王之学绝无关系。据绩溪人周绅的《颖滨书院讲会会序》载，陈献章就曾"躬诣紫阳，聚六邑人士每岁一会，定有条例"(清恺等纂修《[嘉庆]绩溪县志》卷一一，见《中国地方志集成·安徽府县志辑》第54册，南京：江苏古籍出版社，1998年版，第733页)。正德年间，熊桂知徽州时，不仅重修紫阳书院，且"随续以明正德乙亥(1515)九月，大会于紫阳书院。阳明时为南鸿胪，未尝临会，而尊之曰主教。阳明王先生附以答问，弁以书院集序"(施璜等：《紫阳书院志》卷一六，见赵所生等主编：《中国历代书院志》第9册，南京：江苏古籍出版社，1995年影印本，第586～587页)。只不过对紫阳书院来说，这不是常态。参见张敏《紫阳书院研究》，浙江大学2012年硕士学位论文，第13页。

坛阐释,如王如邹、如钱如周,章章者而讲始大。呜呼,可不谓盛与!然予尝得其会语读之,虽间有发明,而中多贬斥朱子以申其师说之新奇,而禅澜即缘此而炽。岁当吾祁,其聘主座者,为桐城方本庵氏(即方学渐)。方本庵者,学宗朱子者也。其时有东廓之孙在座,闻拈说大恚,拂衣去。高梁溪先生有云:'生文公之乡,其尊朱学也易。'若是果可谓之易与?……然梁溪又有云:'生今之时,知崇朱学也不易。'盖自万历甲辰,东林创讲,如冯如顾,南北树帜,拨乱反正,而此学中天,孔孟兵符久矣已不在姚江诸人之手,而新安人犹有喁喁其唾余者,何也?夫讲之所在,惟在其正,不惟其盛。宁谓此为吾东家某而阿私之乎?不然也。昔文公之答东莱书云:'原非较两家已往之胜负,实以定学者今日趋向之邪正。'兹亦岂容有歧旨与?彼主心学之说者,于孔子操舍存亡之章,并其出而亡者,不分真妄,而皆以为神明不测之妙,此正阳明之秘密藏也。不知朱子先已判断之曰:'心之体用始终,虽有真妄邪正之分,其实莫非神明不测之妙。虽皆神明不测之妙,而真妄邪正又不可不分也。'呜呼,即此一端,何其理全而说圆也。彼主心黜理者,不当废然返与紫阳坛下,如汪月岩、星溪、泰茹、胡匏更及吾亡友吴抑庵,皆能崇朱学于二三十年之前者也?"[①]使徽州讲学由王学回归"紫阳坛下",岂不正是施璜草创《紫阳书院志》的目的?

促使施璜草创《紫阳书院志》的直接原因,可能是施璜在康熙年间参与倡导紫阳书院的修葺。明朝末年,魏忠贤窃权,为了打击东林人士,曾禁毁书院,以防止东林学者借讲学议论时政,抨击阉党。紫阳书院也受到殃及。魏忠贤下台后,紫阳书院虽然得到重修,但接着便是明清的改朝换代,战火蔓延到徽州,紫阳书院的活动几乎停止,建筑也逐渐倾圮。顺治年间,看守紫阳书院凭虚阁的道士甚至在阁中奉起三清像。康熙三十一年(1692),施璜便与吴曰慎等人一起倡议修书院的大堂。康熙三十三年(1694),吴苑回乡省亲,曾释菜于紫阳书院,并思大修书院,但他不久便去世。吴苑去世前,曾遗命其子

---

① 陈二典:《紫阳书院会讲序》,施璜等《紫阳书院志》卷一八《艺文》,见赵所生等主编:《中国历代书院志》第9册,南京:江苏古籍出版社,1995年影印本,第638~639页。

吴瞻泰、吴瞻淇兄弟大修书院。康熙四十年(1701),在吴瞻泰、吴瞻淇以及施璜、吴曰慎、汪芹等人主持和参与下,历时5个月,终于使一座规模更大、规制更完备的紫阳书院修缮告竣[①]。也可能正是这一经历,直接唤起了施璜草创《紫阳书院志》的愿望。

由施璜草创,经吴瞻泰、吴瞻淇增订的《紫阳书院志》于雍正三年(1725)完成。《紫阳书院志》较为详细地记载了这所著名书院的创建、沿革、生源、管理以及祀典等情况。由于施璜与吴瞻泰、吴瞻淇都是关心乡邦文献的徽州学者,经他们的广搜博采,与鄂尔泰、张伯行的讨论斟酌,终使该书内容较为详赡,体例较为规整,这就为书院史研究提供了很好的个案。

《紫阳书院志》对徽州学术史的研究也颇有意义。其意义主要表现于以下几个方面:

第一,为徽州学术史研究提供重要资料。

《紫阳书院志》立有朱松与朱熹的"本末"两卷(卷四、卷五)、列传8卷(卷六至卷十三,其卷六所记的蔡元定传,称"献靖公祠配享先贤";卷七所记的朱熹6名弟子,称"左右配享先贤";卷十一所记的9名倡导朱学的徽州郡守、县令,称"卫道诸儒",皆非徽州人),记载了约80人的生平,实际上构成了新安学术人物志,为了解徽州各个时期的主要学术人物提供了较为丰富的资料和线索。

第二,反映了徽州地区的学术变迁。

南宋之后,徽州地区一直是朱学传播的重要地区,崇奉朱学一直成为徽州学术的主流。但到明代中期,湛王之学开始流入徽州。正德十年(1515)的新安大会,则是湛王之学开始在徽州盛行的标志。湛王之学在徽州的流行情况,在《紫阳书院志》所录的汪佑、吴曰慎等人的言论和文章中曾得到充分的反映。如汪佑记述道:"自阳明树帜海内,其徒驱煽熏炙,侈为心学,狭小宋儒。嗣后,新安大会多聘王氏高弟阐教,如心斋(即王艮)、绪山(即钱德洪)、

---

① 参见张敏:《紫阳书院研究》,浙江大学2012年硕士学位论文,第16页。

龙溪（即王畿）、东廓（即邹守益）、师泉（即刘邦采）、复所（即杨起元）、近溪（即罗汝芳）诸公迭主齐盟。自此，新安多王氏之学，有非复朱子之旧者矣。其徒尤而效之，潜尚虚无，有并非阳明之旧者矣。"施璜继之说："星溪之言，至为明畅。然其时六邑大会录记载混淆，罔有宗尚。故其时人人口说紫阳，而足迹不践紫阳之堂。往往于歙则斗山、汪村、崇文、向杲寺、等觉寺、福田寺，于休则天泉、建初、汶溪、落石、山斗、还古、白岳，于婺则福山、虹东、雪源、普济寺、天仙观、三贤寺、黄连山房，于黟则中天、延庆，于祁则东山、十王山、洞元观、谢氏方氏马氏诸宗祠，于绩则太平山房、许氏家祠。自嘉靖以讫明末，皆是也。地非紫阳之地，学背紫阳之学，而徒聚讼纷争，侈为大会，非唯正学之弗明，当亦朱子所不乐也。"[①]汪佑又说："在昔吾徽，乃屡延叛朱淆孔之流为师资，以单拈直指之说为圣学哉。夫六邑人士岁讲轮集，莫盛于新安；高悬皋比、礼聘名硕，尤莫盛于新安，顾郡城会讲，三历坛盟，独不一诣紫阳。何居？则其故可思也。维时嘉靖丁酉，甘泉湛先生主教于斗山；庚戌，东廓邹先生联会于三院。厥后，心斋王、绪山钱、龙溪王、师泉刘诸先生递主齐盟，或主教于歙斗山，或缔盟于休天泉、还古，或振铎于婺福山、虹东，以及祁东山、黟中天诸书院，亦既莅止，未有一赴紫阳者。岂紫阳固不可会讲与？抑主教诸先生阐扬道术，皆尊其师说，往往以紫阳为口实。既以紫阳为口实，则登其堂而哆侈之、扬簸之。饮其醇而索其瘢，操吾戈以入其室，诚有所不便也，故宁他适之为安也。而新安之学骎非紫阳之学矣。新安主教多海内名硕，名硕皆王氏之徒，而天下之学恐亦非紫阳之学矣。"[②]

第三，揭示了明清之际徽州学者与东林学派的密切关系。

明清之际，宗朱的徽州学者与反对王学颇为激烈的东林学派关系极为密切，他们几乎结成了反王学的同盟。余懋衡、汪璲、江恒、汪知默、汪学圣、汪

---

① 转引自等《紫阳书院志》卷一六《会纪》，见赵所生等主编：《中国历代书院志》第 9 册，南京：江苏古籍出版社，1995 年影印本，第 587～588 页。

② 汪佑：《紫阳书院会讲序》，施璜等《紫阳书院志》卷一八《艺文》，见赵所生等主编：《中国历代书院志》第 9 册，南京：江苏古籍出版社，1995 年影印本，第 640～641 页。

佑、吴曰慎、施璜等，均与东林学者有密切往来，从前面的生平介绍中看得出，他们中一些人还在东林书院讲过学。汪佑还自述道："佑自弱冠，即切仪刑，三十年来，矢志盟会。向偕同人续还古、复天泉，因得与六邑尊朱崇正诸君子订盟坛下，岁讲而切劘之，盖逾一纪于兹，日见志同方而营同术，又渐播声气于东林正学诸君子，益忻德邻广而圣学明。"[①]

第四，我们还注意到，《紫阳书院志》在追溯徽州学术的源头时，仅追溯到朱松和朱熹，这表明编纂者只把朱熹视为新安理学的宗师，而与程曈在《新安学系录》中将徽州学术溯源到二程不同。由此可见，《紫阳书院志》在新安理学的源头问题上较为尊重历史。

《紫阳书院志》也有不足，其不足之处最突出地表现在以下两个问题上：

其一，是所谓"十二高弟"问题。

施璜说："文公归里，乡先正受学者甚众。今论定高弟，弟子十二人列于从祀。"[②]程曈所说"十二高弟"是指程先、程洵、滕璘、祝穆、李季札、程永奇、滕珙、吴昶、汪莘、谢琎、汪清卿、许文蔚等 12 位徽州学者。但是，细考这 12 位学者，真正是朱熹第二次"归里"时所收的弟子，只有程永奇、滕璘、滕珙、汪清卿等人，而汪清卿虽为朱熹弟子，能否算作"高弟"则是问题；李季札、吴昶虽为朱熹弟子，但入朱熹之门已在朱熹晚年，而非他"归里"之时，祝穆成为朱熹弟子则在福建崇安，且祝穆向未回过新安，自然不会是在朱熹"归里"时成为他的弟子；谢琎、许文蔚与朱熹是否曾经谋面，尚在疑似之间，说他们"亲受业于文公之门"就更是问题；程先与程洵是否可视为朱熹弟子，也值得讨论[③]。

其二，是朱熹第三次回婺源并为天宁大会主教问题。

施璜说："宋宁宗庆元二年丙辰(1196)九月，新安大会于郡城天宁山房，

---

① 汪佑：《紫阳书院会讲序》，施璜等《紫阳书院志》卷一八《艺文》，见赵所生等主编：《中国历代书院志》第 9 册，南京：江苏古籍出版社，1995 年影印本，第 641 页。

② 施璜：《紫阳书院志》卷八《列传》，见赵所生等主编：《中国历代书院志》第 9 册，南京：江苏古籍出版社，1995 年影印本，第 540 页。

③ 关于朱熹的第二次归里是否收有"十二弟子"问题，可参见本书第二章。

主教晦庵朱夫子。时乡先正受学者几三十人。其学行最著及有纪述文字之可传者凡十有八人。婺源则李明斋（季札）、滕溪斋（璘）、蒙斋（珙）、德玉（玶）、程克庵（洵）及从子翠林（枟）、汪湛仲（清卿）、季英（端雄）；歙则祝和甫（穆）并弟（癸）、吴友堂（昶）、程士华（实之）；休宁则程东隐（先）及子格斋（永奇）、汪方壶（莘）、汪太和（楚材）、许衡父（文蔚）；祁门则谢公玉（琎）。其守令之师事文公者三人，徽守赵（师端）、余杭令赵（师恕）、休宁令祝（汝玉）。"[①]江永曾著文认为朱熹第三次回新安"事属子虚"，他的理由是：朱熹既有第三次回婺源之事，朱熹门人李方子作年谱怎么会遗漏？《婺源志》《府志》及《天宁寺本注》为什么也没有记载？程洵当时官庐陵参录，怎可预天宁之讲会？同时，程实之先世已迁德兴，久不隶歙籍，其宗谱也未载其事[②]。

其实，朱熹第三次回新安说的破绽不止江永所说。即从《紫阳书院志》所列的与会者名单看，其中不少人就不可能与会。如朱熹淳熙三年（1176）第二次回新安时，程先已70余岁，庆元二年（1196）他即使在世也90余岁，还能参与天宁之会吗？其子程永奇在"庆元党禁"后即隐于休宁东山，此后便没有与朱熹再见面的记载，其参与天宁之会也是不可能的。程洵是不是朱熹的弟子，这里姑且不论，他卒于庆元二年（1196）九月八日，自然也不可能参与天宁之会。汪楚材、许文蔚、谢琎都没有与朱熹见面的记载，祝穆与弟祝癸在"庆元党禁"之后与朱熹是否见过面，也不见记载，说他们参与天宁之会，显然证据不足。再如赵师端为徽州太守在嘉定六年（1213）五月，嘉定八年（1215）六月转朝请郎、改除司农寺丞[③]，即离开了新安，如何能以"徽守"身份参与天宁

① 施璜：《紫阳书院志》卷一六《会纪》，见赵所生等主编：《中国历代书院志》第9册，南京：江苏古籍出版社，1995年影印本，第586页。

② 参见江永：《天宁寺会讲辩》，江永《考订朱子世家》附录，见《四库全书存目丛书·史部》第87册，济南：齐鲁书社，1995年版，第181～182页。

③ 彭泽主修、汪舜民等纂：《（弘治）徽州府志》卷四《郡县官属》，上海：上海古籍书店，1982年影印《天一阁藏明代方志选刊》本。

之会？赵师恕嘉定八年(1215)为余杭令[①]，同样不可能以“余杭令”身份参与庆元二年天宁之会。祝汝玉淳熙十三年(1186)为休宁令、淳熙十六年(1189)即已离任[②]，又如何会在庆元二年以“休宁令”身份参与天宁之会？这些人连与会的可能性都不存在，不正好表明《紫阳书院志》关于天宁之会的记载是难以相信的吗？

朱熹三次回新安说并不是《紫阳书院志》首先提出来的，它最早见于《朱子实录》和《南溪书院志》(《紫阳书院志》的朱熹三次回新安的说法即转自这两部书)。此后，尊崇王学的汪六符在《新安学会录》中又援引其说，并载朱子答问语录 14 条于天宁大会之下。尊崇朱学的施璜、汪佑、胡昺等人虽然否定了与陆、王之学相接近的朱熹 14 条语录，但接受了朱熹三次回新安及主教天宁大会之说。如汪佑说：“昔子朱子自闽归徽省墓星源，绍兴庚午一至，淳熙丙申再至，则西山蔡氏从之游。其时思返故庐，迟留数月，教泽所振兴起，郡从执弟子礼者三十人。庆元丙辰，主教天宁，赵师端兄弟咸师事焉。”[③]

那么，人们为什么要杜撰朱熹三次回新安的说法呢？而且王门后学还与朱熹后学一样，都对朱熹三次回新安说感兴趣呢？从施璜在《紫阳书院志》中所写的按语似乎可以看出答案。施璜说：“星溪汪氏(即汪佑)有言，汪六符氏作《新安学会录》，载朱子答问十四条于天宁大会之下，世远无征，抄籍不载也。又言，《学会录》首载宋淳熙八年辛丑二月大会于白鹿洞书院，主教为象山陆先生，发明君子小人义利之辩，晦庵请笔于简，以为学的，明南康守之尊陆也。嗣载庆元丙辰九月新安大会于郡城天宁山房，主教为晦庵朱先生，采

---

① 嵇曾筠、沈翼机等修纂：《浙江通志》卷一四九《名宦》，见《文渊阁四库全书》第 523 册，台北：台湾商务印书馆，1983 年版，第 79 页。

② 参见彭泽主修、汪舜民等纂：《(弘治)徽州府志》卷四《郡县官属》，上海：上海古籍书店，1982 年影印《天一阁藏明代方志选刊》本。按，祝禹圭字汝玉，信安人，乾道七年(1171)为全州教授，淳熙中知休宁县事，为政清简，其间曾建新安道院，朱熹为之作《新安道院记》。嘉定(1208—1224)初，除尚书右郎，未几归，立义学训族子弟，置义庄以赡贫者。尝注《东西铭解》。

③ 汪佑：《紫阳书院建迁源流记》，见张佩芳、刘大櫆修纂：《(乾隆)歙县志》卷一七《艺文志(中)》，台北：成文出版社有限公司影印乾隆三十六年(1771)刊本，第 1525～1526 页。

择语录中微合‘良知’之旨者，演为书院中答问。随续以明正德乙亥九月大会于紫阳书院，阳明时为南鸿胪，未尝临会，而尊之曰主教阳明王先生，附以问答，弁以书院集序。详观前后推宗大旨，而缀缉之意跃如矣。”[①]施璜又说：“观星溪所言，知答问十四条非天宁会时语，故不录，录当年会集诸贤姓氏，以志仰止之怀，并使后之学者知其时虽未立书院，而紫阳讲学实肇于此，故列为《会纪》书首。”[②]

经过施璜的说明才知道，王门后学之所以宣扬“子虚乌有”的朱熹第三次回婺源，并主持天宁之会，目的是借以宣扬陆、王心学与朱学之“同”，证明陆、王心学存在的合理性；而朱熹后学赞成朱熹三次回新安说，则是为了与湛王后学争讲会的“初创权”，以便为振兴新安理学张本。

但是，新安理学已经随着王学的衰微而走向终结，靠与王学争胜去振作新安理学已经无济于事。

徽州学术的振兴，需要另辟蹊径。

---

① 施璜：《紫阳书院志》卷一六《会纪》，见赵所生等主编：《中国历代书院志》第9册，南京：江苏古籍出版社，1995年影印本，第586～587页。

② 施璜：《紫阳书院志》卷一六《会纪》，见赵所生等主编：《中国历代书院志》第9册，南京：江苏古籍出版社，1995年影印本，第587页。

徽学文库

从新安理学到皖派朴学

——徽州学术流变

下册

张成权　詹向红◎著

北京师范大学出版集团
BEIJING NORMAL UNIVERSITY PUBLISHING GROUP
安徽大学出版社

目　录

MULU

下编　皖派朴学

下编　皖派朴学

第十章　皖派朴学的先导:黄生与姚际恒

新安理学的终结,并不意味着徽州学术就此消亡,只是使徽州学术面临着又一次转型。

如果说徽州学术的前一次转型是发生在新安理学内部,即新安理学由以朱学为主导转向以湛王之学为主导,那么,这次转型就如美国学者艾尔曼的一本著作的中文译名所显示的那样,是"从理学到朴学"①。转型的结果便是皖派朴学的产生。

徽州学术的转型和皖派朴学的产生,可以追溯到明清之际。黄生、姚际恒便是皖派朴学的先导者。

一、黄生及其朴学建树

民初青年学者支伟成曾说:"清初,明季遗儒越在草莽,砥砺名节,耻事新朝,相继刊落声华,专治朴学。惩明儒之空疏无用,其读书以通大义为先,惟求经世之务。因痛宗社之变,则好研究古今史迹成败、砥砺山川厄塞,以为匡复之图。因读古书欲求真解,则好研究训诂名物、典章制度诸学,而从事考

① 按,艾尔曼的 *From Philosophy to Philology* 一书,直译为《从哲学到文献学》,而中文版的翻译者赵刚则很确切地意译为《从理学到朴学》。

证。凡斯诸端，实开清代朴学之风。”[①]徽州学者黄生便是支伟成所说的“开清代朴学之风”的“朴学先导大师”之一。

支伟成还对黄生评论道：“扶孟先生僻处于岩阿郁曲之中，非如清初诸大师之广涉博览，切磋交通；乃不假师承，无烦友质，上下古今，钩深致远，声音回转，训诂周流，反胜于诸人之犹有所滞焉。综厥学业之绩，品谊之醇，确乎坚贞。”[②]支伟成所说的“上下古今，钩深致远，声音回转，训诂周流”，正是黄生学术的朴学特征。

黄生的生平与著作

黄生（1622－1696）字生父，庠名起溟，谱名琯，字扶孟，一字房孟，歙县人。自以为钟灵秀于黄山、白岳，因就己姓而号白山，别号曰冷翁。又梦中作黄山诗，醒而遗之，止记“莲花史”三字，故又号莲花外史。

据说黄氏原籍江夏，远祖黄积仕晋为考功员外郎，后随晋元帝渡江，任新安太守，卒后葬于郡西姚家渡。黄积之子黄寻庐于墓，于是便定居于其地，并改地名为黄墩[③]。唐中宗时，黄璋迁居郡西九里黄潭，其四世孙黄芮之父黄光卒后葬于潭渡，黄芮庐墓终身，其子黄文瓒“因即庐墓为家焉”，遂成潭渡黄氏[④]。此后，潭渡黄氏又逐渐分为思养、永思、敦睦、贻安、存诚、春晖、思诚、蓼莪等八门，形成“合则为一、分则为八的宗族体系”[⑤]，黄生便出于春晖堂这一支。

也是出于春晖堂的中国画学大师黄宾虹（1865－1955）曾作有黄生小传，他在小传中写道：

---

① 支伟成：《清代朴学大师列传》卷一《序目》，长沙：岳麓书社，1998 年版，第 1 页。

② 支伟成：《清代朴学先导大师列传》卷一《黄生》，长沙：岳麓书社，1998 年版，第 19 页。

③ 戴廷明、程尚宽在《新安名族志》中说：“黄出嬴姓，陆终受封于黄，世奉黄帝之祀，子孙以国为氏，世望江夏。晋有讳积者为考功员外郎，从元帝渡江，任新安太守，卒葬郡西姚家墩。积生寻，庐于墓，遂家焉，改曰‘黄墩’。”见《新安名族志》前卷，合肥：黄山书社，2004 年版，第 152 页。

④ 参见戴廷明、程尚宽：《新安名族志》前卷，合肥：黄山书社，2004 年版，第 152～153 页。

⑤ 参见范伟军：《黄生及其〈杜诗说〉研究》，安徽大学 2006 年博士学位论文，第 6 页。

崇祯癸未(1643)，年二十二，以诸生高尚不仕。康熙甲寅(1674)，耿藩之党罗其熊由饶至徽州，官军与战于绩溪翚岭。寇至，家破。丙辰(1676)，又遭非意之累，借宅居外。自云拯溺者濡，因有"公冶师门雪，曾参母氏猜"之句。馆吴蓉城司训家近十载，后复以书招，谢未往。蒋太史超督学京师，客其幕三年，别去，书谢太史，且劝其休致。太史报书云：辱教言言肝膈，倘我侥幸生还，当弃妻子入山学道，千秋事业让公矣。公所交王不庵炜、龚野遗贤、屈翁山大均、王华夫、释成时坚密、洪方舟舫，皆知名士。不庵尝与论定杜诗，兼通禅理。又有眉庵和尚，驻锡青莲庵，以蒋太史旧知，公请师止黄山楼结夏。当己未(1679)乱平之后，有书五车，自言庭除喜广，妻子同欢，作《园居十咏》诗，有鹤巢、古修堂、延霄楼、花榻山房、藓圃诸胜。宅后为人所占，虞在公为筑室居之，名之曰"吾庐"。公自国变后，至于晚年，以为书不可不尽读，友不可不尽交，天下之名山大川不可不尽游，历钱塘，渡大江，与屈翁山相遇于淮海之间，典裘沽酒，高咏唱和，两人之意气，旁若无人。公乃终自敛然，于倦游归里之日，闭户著书，抱膝长吟于三十六峰之下，破千金之产，买经史子集不下数千卷。山居不出者三十年，一意著作。

黄宾虹继而介绍黄生的著作道：

所著有《一木堂诗稿》十二卷、《文稿》十八卷、《内稿》二十五卷、《外稿》三十卷，门侄采思公为之付梓。所辑有一木堂字书四部、杂书十六种。所评有《古文正始》、《经世名文》、《文筏》三十卷、《诗筏》二十卷、《杜诗说》十二卷，云间张九峰彦之作序。甫刊行，康熙间即为仇太史兆鳌《详注》所采录，入四库别集类存目。又选《唐诗摘抄》，康熙辛丑(1721)程紫峰志淳作序。未几，《一木堂集》因禁消毁，评辑诸书多散佚，所著《三礼会龠》《三传会龠》等书，亦不传，惟《字诂》一卷、《义府》二卷采进，时乃戴东原太史耳公名，未见公书，迫属当事访求而后得者。春谷(黄承吉①的号)公后起嘉道间,当经学极盛之秋,言观公二书,其汲汲致力于文字之声义者,乃实有见于声与义之相因而起,为从来先儒之所未明。前乎公,虽汉之巨儒,未观其深;后乎公,即本朝诸儒尤者之一二,虽复见及,亦尚未能由此探究古人制字之本原。公书虽卷册无多,其于声音之道,为汉晋以来诸家所无。通贯之造境,不独当明代束书不观时,公独为其铮铮佼佼而已也。道光己亥(1839)之春,春谷公又就文宗阁抄出,延至三载,重为雠校,遂于各条下缀按语,申明公意,借称合按,免使二书相离。庚子三月,仪征刘文淇为之校字识跋于后,以付刊行。《四库提要》略云:是编取晋张揖《字诂》以名其书,于六书多所发明,每字皆有新义,而根据博奥,与穿凿者有殊。盖生致力汉学,而于六书训诂尤为专长,故不同明人之剿说。《义府》二卷,上卷论经,下卷论子史集,附以金石,又有所注《冥通记》,以异教之言缀于末焉。小学训诂,研究独深,论其精核,不在方以智《通雅》之下。②

从黄生的著作看,其关注的学术领域主要是两个:诗学和训诂考据之学。其《字诂》《义府》就属于训诂考据之作。本节讨论黄生,依据的主要就是这两部著作。

从理学到朴学

黄生曾自述其治学经历,他说:"少学时文,壮学古文辞及诗,中年而学道。"③

---

① 按,黄承吉(1771—1842)字谦牧,号春谷,黄生的族孙。嘉庆十年(1805)进士,历官广西兴安、岑溪等县知县。幼聪慧,博综群籍。与江藩、焦循、李钟泗友善,时有"江、焦、黄、李"之称。治经学宗汉儒,兼通历算,能辨中西异同,论史尤能独具只眼。著有《梦陔堂文集》《周官析义》及《文说》《读毛诗记》《经说》等。

② 黄宾虹:《歙潭渡黄氏先德录》,《黄宾虹文集·杂著编》,上海:上海书画出版社,1999年版,第442~444页。

③ 黄生:《一木堂诗稿·自序》,《一木堂诗稿》卷首,《黄生全集》第1册,合肥:安徽大学出版社,2009年版,第293页。

“少学时文”，表明他曾希望走科举之路。可能是明清易代打破了他通过科举入仕的梦想，于是转而“学古文辞及诗”。黄生中年为什么开始“学道”？他没有说；他所学的“道”究竟是什么“道”，他也没有说。或者他都说过，但由于《文稿》失传而使我们无从得知。我们从他的下述诗句揣摩，他所学的“道”很可能是程朱之“道”，他写道：

为学贵慎独，手目丛视指。内省期不疚，庶几在没齿。①

诗中“慎独”“内省”之类术语，在儒家典籍中虽然早已出现并屡见不鲜②，但在程朱著作特别是二程著作中似乎更受重视。黄生将其看作“为学”最重要的目的，可以看出他对程朱之学的追求。生长于朱学影响深厚的徽州地区的黄生，追求程朱之学并不奇怪。

不过，黄生对程朱之“道”并没有坚守，到晚年，他放弃了。题为《述意》一诗表明他在学术上又有了新的取向，他写道：

哲王不复作，大道如一线。孔孟缵遗绪，斯文晦复显。大义与微言，日星耿灿烂。暴秦烧其书，灰烬出炎汉。典籍半凋落，旨趣亦漫漶。历代多诠释，有功在经传。载祀余二千，弥缝岂无绽？遂令圣贤意，展转生枝蔓。小子效管窥，颇能测涯岸。欲畲邹峄田，敢让程朱畔。时俗骇其事，辄复生谤讪。昔人久入地，有喙奚置辩？知罪在古今，无闷吾何叹。③

在黄生看来，经秦火之后，由于“典籍半凋落，旨趣亦漫漶”，孔孟的“大义”“微

---

① 黄生：《辛亥岁贱日作》之三，《一木堂诗稿》卷二，《黄生全集》第1册，合肥：安徽大学出版社，2009年版，第312页。

② 按，“慎独”一语最早见于《礼记》，其《中庸》篇曰：“莫见乎隐，莫显乎微，故君子慎其独也。”“内省”一语最早见于《论语》，其《颜渊》篇曰：“子曰：‘内省不疚，夫何忧何惧。’”

③ 黄生：《一木堂诗稿》卷二《述意》之二，《黄生全集》第1册，合肥：安徽大学出版社，2009年版，第313页。按，“邹峄”指邹峄山，又名邹山，即古峄山，在山东邹县东南，邹县为孟子故里；“让畔”意为谦让，《史记》卷四《周本纪》：“西伯阴行善，诸侯皆来决平。于是虞、芮之人有狱不能决，乃如周。入界，耕者皆让畔，民俗皆让长。”“无闷”即无愁，《易·乾》卦《文言》说：“遁世无闷。”

言”已经隐晦不明，但经过历代的诠释，其“大义”“微言”又得以复显。值得注意的是他所说的“载祀余二千”，据此，则所谓“历代多诠释，有功在经传”，主要就是指汉儒对经传的诠释，或者说是由汉儒开其端的诠释。但两千多年相传的经传诠释，已经显露出不准确的“破绽”，使人们对圣贤之意的理解发生歧义：“载祀余二千，弥缝岂无绽？遂令圣贤意，展转生枝蔓。”而黄生很自负，他自认为有能力弥缝历代诠释的破绽，揭示圣贤的本意，并自以为在这方面对程朱也不遑多让：“小子效管窥，颇能测涯岸。欲畲邹峄田，敢让程朱畔。”但是，时俗却对他的诠释感到惊赫并进行谤讪。尽管如此，他仍然坦然对之，相信历史自会给予公正的评价：“知罪在古今，无闷吾何叹。”

这首《述意》简直就是黄生晚年的学术自白。他曾“山居不出者三十年”而“一意著作”。《述意》表明，他在这一时期的学术取向是通过诠释经传，弥缝两千年来对经传解释的讹误，揭示圣贤著述的真意。这表明他晚年的学术趋向已在朴学方面。

正是这一学术趋向，使黄生在朴学领域取得卓然成就[①]，《三礼会龠》《三传会龠》《字诂》《义府》等训诂考据著作就撰著于这一时期。黄生所说的“时俗骇其事，辄复生谤讪”，指的大概就是“时俗”对他这些著作的态度。但《三礼会龠》《三传会龠》这两部著作已经散佚，他的朴学著作现存的也就只有《字诂》《义府》。

《三礼会龠》《三传会龠》的散佚是很可惜的事。因为就清学发展到巅峰时期的乾嘉时代来说，人们对朴学的关注不仅在文字、音韵、训诂方面，还很重视典章制度及史实的考辨。在两部《会龠》中，很可能会涉及这些方面。由于它们已散佚，我们无法知道黄生的观点，也就只能通过《字诂》和《义府》这两部札记体的学术著作了解黄生在文字、音韵、训诂方面的研究了。

《字诂》全书1卷、124条，黄生取曹魏时张揖所著《古今字诂》一书中“字诂”二字为书名，想必是要表明《字诂》只是一部诠释字词的著作，但四库馆臣

---

① 许承尧《题黄凤六闪人潭渡村图，为宾虹作》云：“洸洸一木堂，训诂兼诗篇。开衢刘榛莽，勇导朴学先。”《疑庵诗》辛卷，合肥：黄山书社，1990年版，第186页。

对其评价却很高,说它“每于六书多所发明,每字皆有新义,而根据博奥,与穿凿者有殊。……盖生致力汉学,而于六书训诂尤为专长,故不同明人之剿说也”①。

《义府》为上下两卷,上卷论经,下卷论诸史、诸子、诸集,附以赵明诚《金石录》、洪适《隶释》、郦道元《水经注》所载古碑、陶弘景《周子良冥通记训诂》,考释词语 390 余条。四库馆臣对《义府》评价尤高,说:“生于古音古训皆考究淹通,引据精确,不为无稽臆度之谈。……虽篇帙无多,其可取者,要不在方以智《通雅》下也。”②方以智的《通雅》不仅分量很重,而且被誉为明代中后期训诂考据的总结之作,四库馆臣却认为《义府》“不在《通雅》之下”,可见其对《义府》的看重。

四库馆臣高度评价黄生及其《字诂》《义府》,当然不仅是因为黄生“致力汉学”,与他们为同调,更主要的是因为这两部著作表现了黄生“于六书训诂尤为专长”“于古音古训皆考究淹通”,具有较高的学术成就。

黄生的朴学建树

黄生的《字诂》《义府》在朴学上究竟有哪些建树呢?

清代学者段玉裁曾说:“小学有形、有音、有义,三者互相求,举一可得其二;有古形、有今形,有古音、有今音,有古义、有今义。六者互相求,举一可得其五。古今者,不定之名也。三代为古,则汉为今;汉魏晋为古,则唐宋以下为今。圣人之制字,有义而后有音,有音而后有形。学者之考字,因形以得其音,因音以得其义。……治经莫重于得义,得义莫切于得音。”③段玉裁说的“小学”,是指传统语言文字学,它包括文字的形、音、义研究。人们虽然以文

---

① 永瑢、纪昀等:《四库全书总目》卷四〇《字诂》提要,北京:中华书局,1965 年版,上册,第 343 页。

② 永瑢、纪昀等:《四库全书总目》卷一一九《义府》提要,北京:中华书局,1965 年版,上册,第 1029 页。

③ 段玉裁:《王怀祖广雅注序》,《经韵楼集》卷八,上海:上海古籍出版社,2008 年版,第 187 页。按,《王怀祖广雅注序》即《王念孙广雅疏证序》。

字形、音、义研究的侧重不同，将传统语言文字学分为文字学、音韵学、训诂学三个部分，但清代学者认为，这三者是不可分割的，段玉裁所说的“三者互相求，举一可得其二”，就包含这个意思，所以他提出“因形以得其音，因音以得其义”的“考字”原则。段玉裁还指出形、音、义都有古今的差异，这就有了古字形与今字形、古音与今音、古义与今义这 6 个文字学元素，他认为这六者同样是相互关联的，即“六者互相求，举一可得其五”，因此，要将它们联系起来研究。

段玉裁的论述，阐述了在文字训诂中需要以共时与历时相统一的视角探究词语的形、音、义的观点。这也是乾嘉时代很多学者的共识。而这一观点在黄生那里已现端倪，他在“考字”中，不仅对形、音、义作分别的探究，更重视将三者联系起来考察；形、音、义古今变化的语言现象，也为黄生所关注，这同样是他“考字”的一个视角。

下面分别从词语的形、音、义三个方面考察黄生的文字训诂之学。

对音韵的探究

黄生在音韵研究上下过一番大功夫。他对音韵的探究，突出表现于音转、上古轻重唇音不分和古四声未定等方面。

音转是黄生最为关注的语音现象。所谓“音转”又称“转音”“声转”“语转”等，是指词语在历史上、地域上或使用中发生语音变化的语言现象。

最先使用“音转”一词的可能是三国时魏国人张揖，他在《上广雅表》中说：“窃以所识，择撢群艺，文同义异，音转失读，八方殊语，庶物易名，不在《尔雅》者，详录品核，以著于篇。”[①]但张揖并没有对“音转”一语给以界定，此后也没有引起人们的注意，只有唐代颜师古（在《匡谬正俗》中）、林宝（在《元和姓纂》中），宋代朱熹（在《答欧阳希逊》一文中）、杨简（在《慈湖遗书》的《家记》中），明代杨慎（在《丹铅总录》“凸凹”条中）等人偶尔提到。直到明末清初，黄生才给予充分的注意。

---

① 张揖：《广雅表》，《广雅》卷首，见《文渊阁四库全书》第 221 册，台北：台湾商务印书馆，1983 年版，第 427 页。

在黄生那里,音转是很重要的音韵学范畴,是讨论语音变化及其与词形、词义关系的理论工具①。如释"太"字时,黄生说:"太,古音替,故或作世。如太叔为世叔(郑大夫游吉也)、太室为世室、太子为世子、太祖为世祖之类是也。观屉字从世,便得世、太转音之义。"②这就是黄生运用音转的典型例子。由此例可以看出,语音变化往往伴生着词形、词义的变化。

又如释"郎当",黄生说:"唐明皇自蜀还京,道中闻驼马所带铃声,谓黄幡绰曰:'铃声颇似人言语。'幡绰对曰:'似言"三郎郎当""三郎郎当"。'明皇愧且笑。郎当之转口即笼东,轻转即伶仃;笼东之搭舌即龙钟;郎当之仄声即落托。大抵皆失志蹭蹬之意,特古今方言转口有异耳。"③在黄生看来,郎当、笼东、伶仃、龙钟、落托等词的词义是相通的,本来语音也应该相同。但由于"古今方言转口"造成了语音上的差异,以至于词形也发生了变异,使它们成为一组意义相近的同源词。

再如释"打",黄生说:"古无打字,《说文》'打'乃徐铉新增字。按:古止借提字为上声,如《史记·文帝纪》'以冒絮提文帝'、《刺客传》'以药囊提荆轲'、《吴王濞传》'以博局提杀太子',其义皆即打字,为古今音转,故后人续制打字为用尔。"④黄生认为,"打"与"提"在词义上没有改变,但由于"转音"导致了词形发生变化。

在黄生那里,音转又称为"通转"。如他释"雁鼎"道:"《韩非子》云:'齐索谗鼎,鲁以其雁往。齐曰:雁也。鲁曰:真也。'雁当读为伪,古字音近而借用也,古为读如讹(《诗》'我生之初尚无为'叶'尚寐无讹')。又古之所谓雁,即今之所

---

① 如诸伟奇、鲍恒、陈道贵在《黄生全集前言》中说:"黄生在训诂中,经常运用'通、通用、转音、语音之转、音之转、语之转'等术语来揭示古韵的某些通转现象。"《黄生全集》第1册卷首,合肥:安徽大学出版社,2009年版,第30页。

② 黄生:《字诂》"太"条,《黄生全集》第1册,合肥:安徽大学出版社,2009年版,第45页。

③ 黄生:《字诂》"郎当"条,《黄生全集》第1册,合肥:安徽大学出版社,2009年版,第79页。

④ 黄生:《字诂》"打"条,《黄生全集》第1册,合肥:安徽大学出版社,2009年版,第62～63页。按,《史记·文帝纪》当为《史记·绛侯周勃世家》。

谓鹅。疑古雁正作鹅音，则雁、伪之声可通转矣。”[①]“雁鼎”见于《韩非子·说林下》，原文为：“齐伐鲁，索谗鼎，鲁以其雁往。齐人曰：‘雁也。’鲁人曰：‘真也。’齐曰：‘使乐正子春来，吾将听子。’鲁君请乐正子春，乐正子春曰：‘胡不以其真往也？’君曰：‘我爱之。’答曰：‘臣亦爱臣之信。’”“赝鼎”一语即出于此。黄生为证明“雁”与“伪”可通转，既指出“雁”的古音为“伪”，而“伪”字音旁之“为”，古读为“讹”，以证明“雁”“讹”为一音之转，又以古人所谓“雁”，即为今人所说的“鹅”，证明“雁”与“讹”可以相通。

黄生在运用音转原则时，曾发现音旁相同的词往往便是同源词。如释“纷、雰、鳻、衯、棼”，黄生道：“物分则乱，故诸字从分者皆有乱义。纷，丝乱也（《左传》‘犹治丝而棼之也’，借用棼）。雰，雨雪之乱也（《诗》‘雨雪雰雰’）。衯，衣乱也（《上林赋》‘衯衯裶裶’）。鳻，鸟聚乱也（或作翂，《庄子》‘翂翂翐翐’）。棼棼，乱貌也（《书》‘泯泯棼棼’，此借用字）”[②]。黄生认为这一组词皆从“分”，而“物分则乱”，故都有“乱”义，于是断言从“分”诸字都是以“分”为语根而分化的结果，即它们是同源词。

音转与假借的关系也是黄生关注的问题。如在释“尒”时，他说：“尒，语辞也，谐午省声，旁二直指出辞之气，借为称人之谓。古或借尔，或借汝，或借若，或借而，方土不同，各取其声之相近者耳。”[③]一般以为“尒”字是“尔”的异体，但黄生指出，“尒”乃“出辞之气”即语气词，作为“称人之谓”的代词，反是假借。同时还因“方土不同”，“各取其声之相近者”（即转音）而造成各地假借字的不一，或为“汝”、或为“乃”、或为“若”、或为“而”，但其源则同。

黄生还以音转作为工具，纠正典籍注疏的错误。如在释“自”时，黄生说：“自（都回切，俗作堆），小阜也。敦古有自音，故《尔雅》‘丘一成曰敦丘’，借用

① 黄生：《义府》卷下“雁鼎”条，《黄生全集》第1册，合肥：安徽大学出版社，2009年版，第229～230页。

② 黄生：《字诂》“纷、雰、鳻、衯、棼”条，《黄生全集》第1册，合肥：安徽大学出版社，2009年版，第25页。按，“鳻”字，在《字诂》中原作上下结构的“鳻”，现改作较为通用的左右结构的“鳻”。

③ 黄生：《字诂》“尒”条，《黄生全集》第1册，合肥：安徽大学出版社，2009年版，第7页。

‘敦’(注：都昆切)。俗有墩字，此或即自音之转，故注亦从俗音。又玉敦之敦音对。《尔雅》：‘如覆敦者，敦丘(注：音堆)。’此亦当即音对，或音顿。《诗》‘至于顿丘’或即借顿。疏以覆敦者音堆，以顿丘释丘一成者，并误。”[①]“丘一成曰敦丘”“如覆敦者，敦丘(注：音堆)”均见于宋代邢昺的《尔雅注疏》[②]，黄生认为，“丘一成曰敦丘”(“成”义为“层”)的“敦”，实际上是“自”(音堆)的音转，而“如覆敦者，敦丘”之“敦”，则当音“对”或“顿”，而不当音“堆”。至于“覆敦”之“敦”为什么既可以音“对”又可以音“顿”，黄生没有说，或许是因为古代四声未定的缘故。

除了音转之外，黄生还注意到声韵和四声的古今差异。

段玉裁曾说：“古四声不同今韵，犹古本音不同今韵也。”[③]他认为古代四声与今韵(指平水韵)是在声调体系上存在差异，因此提出了“古四声”的概念。早在段玉裁之前，黄生就看到这一差异，但他站在今韵的角度，认为古四声是处于向今韵过渡的未完成状态，于是提出了“古四声未定”的概念。如在释“在璿玑玉衡”时说：“《书·舜典》：‘在璇玑玉衡。’在之入声为察，古四声未定，故借在为察，非以察训在也。”[④]他认为，《舜典》的“在”字并非有“察”义，而是“察”的假借。为什么可以假借？是因为上古四声未定，“在”若读入声即为“察”，故可假借。又如在释“方舟”时，他说：“《礼》‘大夫方舟’，谓两船相并也。今长年谓并船为帮船，因悟古方字亦为帮音，今犹存其音，但昧其字耳。古无庚、青二韵，凡韵中皆与阳韵通。兼四声未定，故并亦呼为帮。而并舟之

① 黄生：《字诂》“自”条，《黄生全集》第1册，合肥：安徽大学出版社，2009年版，第12～13页。按，此条与《义府》“敦丘”条大同小异。

② 参见邢昺《尔雅注疏》卷七“释丘第十”，见阮元校刻：《十三经注疏》，北京：中华书局，1980年版，下册，第2616、2617页。

③ 段玉裁：《六书音均表一·古四声说》，《说文解字注》附录，上海：上海古籍出版社，1981年版，第815页。

④ 黄生：《义府》卷上“在璿玑玉衡”条，《黄生全集》第1册，合肥：安徽大学出版社，2009年版，第91页。

并，则专为方字，后借为四方字，本音遂泯。”[①]在此条中，黄生不仅借俗语解释古音，并得出古无庚、青二韵（在平水韵中，“并”属庚部）的结论，还以古四声未定为依据断言“并亦呼为帮”，而“并舟之并”则转为“方”，遂成“方舟”，其本音也随之消失。

既然古今四声是有差异的，那么，古四声是如何演化成今声的呢？段玉裁认为，从古四声向今声转变，是四声之间相互转换的结果，他说：“考周秦汉初之文，有平上入而无去。洎乎魏晋，上入声多转而为去声、平声多转而为仄声，于是乎四声大备而与古不侔。”这是段玉裁针对有人以今韵作为考察古韵的依据而发的，段玉裁指出，不仅唐人陆德明、宋人吴棫将古韵与今韵不合的现象称为“协句”[②]，连对古韵很有研究的顾炎武也视之为“平仄通押”[③]。与顾炎武大体同时的黄生，则观察到古今四声的变化，他在释“三郎郎当”时所说“郎当之仄声即落托”，即认为仄声（入声）的“落托”是原为阳平声的“郎当”的音转，也就是说，“郎当”转为“落托”，实质上就是通过四声的转换而实现的，这是古四声转为今韵。黄生认为，导致古无四声之别的另外一个原因，是“古人词缓”。如在解释“尒”转音为“尔、若、而、汝”，为什么独有“若”与“尒”的声母差远时，他说：“或疑诸声略近，独若声差远。不知若之上声即汝也。古人词缓，故无四声之别。”[④]

黄生的音韵学探究，不只涉及四声或韵母的变化，还涉及声母问题。唐代僧人守温受梵文字母的启发，对汉字按声进行分类，并给每一声类规定了一个代表字，这就是“字母”。宋人又将唐末 30 个字母增补为 36 个字母，这

① 黄生：《义府》卷上“方舟”条，《黄生全集》第 1 册，合肥：安徽大学出版社，2009 年版，第 133 页。按，“长年”指船工或船的主人。吴伟业《避乱》诗曰：“长年篙起舞，扁舟疾如箭。”

② 按，协句又称“协韵”，在音韵学中，指一种因不知古今音异而随意把某字临时改读为某音以求和谐的作法。开始于南北朝，盛行于宋。明末陈第始用语音演变的道理反对协句说，认为所协之音实即古本音，每字只有一个古音，而不应随文改读。

③ 段玉裁：《六书音均表一·古四声说》，《说文解字注》附录，上海：上海古籍出版社，1981 年版，第 815 页。

④ 黄生：《字诂》“尒”条，《黄生全集》第 1 册，合肥：安徽大学出版社，2009 年版，第 7 页。

便成了古代汉语的声母系统，习称“守温三十六字母”。

由于36个字母反映的只是宋代的语音系统，因此，往往与上古语音不合。这一现象引起了学者们的关注，“古无轻唇音”便是他们对古今声母系统差异研究所得出的结论之一。所谓“古无轻唇音”，是指在36个字母中，上古只有“帮滂并明”这组声母（重唇音），而不存在“非敷奉微”这组声母（轻唇音），直到唐宋时代，才从“帮滂并明”中分化“非敷奉微”。

人们一直认为发现“古无轻唇音”的是钱大昕。钱大昕确实说过：“如古之唇音，皆重唇也，后人于其中别出轻唇四母。”又说：“凡今人所谓轻唇者，汉魏以前读重唇，知轻唇之非古矣。”[①]钱大昕所谓“轻唇四母”，指的就是“非敷奉微”这组字母，他认为“非敷奉微”这组字母在上古均读作“帮滂并明”。实际上早在钱大昕之前，黄生便发现了“古无轻唇音”的现象。如他在释“虙、宓”时说：“古伏、虙、宓皆读如弼，故宓、虙皆以必为声。其虙妃、虙贱之借用宓者，音即随之而转，但俗人仍读如密，则为大谬。”[②]“虙、宓”若读为“伏”，则为后世的轻唇音，但黄生说“古伏、虙、宓皆读如弼”，并“皆以必为声”，则显然认为这些皆为重唇音[③]。

需要注意的是，黄生不是为研究音韵而探究音韵，他探究语音的目的是阐释词义，是“因声求义”，也就是黄承吉所说的：“全书之精，尤在于以古声通古义，为先儒所鲜及。”[④]如释“馯臂子宏”条，黄生说：“《史记·仲尼弟子传》：‘孔子传《易》于商瞿，瞿传楚人馯臂子宏。’馯姓，臂名，子宏字也。师古云：‘《汉书》《荀子》皆作子弓，此云子宏，误。’予谓宏当读为肱。盖宏旁有厶，此古肱字，以其名臂，故知字当为肱也。肱与弓音相近，故或呼为子弓。颜监知

① 钱大昕：《答问十二》，《潜研堂文集》卷一五，《钱大昕全集》第9册，南京：江苏古籍出版社，1997年版，第240、241页。

② 黄生：《字诂》“虙、宓”条，《黄生全集》第1册，合肥：安徽大学出版社，2009年版，第24页。

③ 按，有学者认为，黄生“伏、虙、宓”这几个字只是声近假借，而没有指出古无轻唇音。录以备考。参见陈波先《字诂考释札记》，《绵阳师范学院学报》第32卷第12期（2013年12月）。

④ 黄承吉：《字诂》“緆、坺、倚、番”条按语，《黄生全集》第1册，合肥：安徽大学出版社，2009年版，第81页。

子宏之误，不知子宏、子弓皆非其本字耳。”[①]“馯臂子宏”，无论是《史记》作“宏”还是《汉书》作“弓”，都与“臂”无关，这就不符合古人“字”与“名”相关的原则，于是，黄生由肱与弓音近推之，“宏”的本字当为“肱”。这便是“因声求义”。

“因声求义”是黄生对训诂学的贡献之一，正如黄承吉说：“从来罕有知训诂本于声音者，……则声通义转之精蕴，岂非自公发之！”[②]

对词义体系性的关注

四库馆臣说黄生“于六书多所发明，每字皆有新义”，黄生之所以在“每字”上皆有新义，原因之一是他对字词的诠释没有停留于传统训诂学，而是从语义学角度作了拓展。

语义学是现代语言学的分支，它与传统训诂学看起来很相似，都是着重于词义的研究，但有一点是明显不同的，即传统训诂学多限于对经典文献词义的诠释，不太注意词义的变化以及词义之间的关联。而语义学则侧重于词义本身的体系性分析和研究，侧重于词源、词义变化和词义系统的揭示，而不止于依托某部文献进行词义诠释。黄生之时虽然并没有语义学概念，但在训诂的实践中，他已经在无意之间使用了语义学的原则。

语义学对词义研究的出发点是将词义看作由本义、引申义、假借义构成的系统。这也是清代学者的普遍观念，如段玉裁说：“凡字有本义，有引申、假借之余义焉。守其本义而弃其余义者，其失也固；习其余义而忘其本义者，其失也蔽。”[③]但在清代之前，从事文字训诂的学者则很少有这样的观念，他们往往仅注意对典籍中单个词语的训释，而忽略词义的体系性。开启清代学者词义体系性研究的正是黄生。

---

① 黄生：《义府》卷下“馯臂子宏”条，《黄生全集》第1册，合肥：安徽大学出版社，2009年版，第180～181页。

② 黄承吉：《字诂》“以”条按语，《黄生全集》第1册，合肥：安徽大学出版社，2009年版，第62页。

③ 段玉裁：《济盈不濡轨传曰由辀以下曰轨》，《经韵楼集》卷一，上海：上海古籍出版社，2008年版，第10页。

黄生在词义研究中较为重视以下几点:

第一,注重词的本义、引申义、假借义的辨析。如释“醜”(今简体字为“丑”)字,黄生说:“醜,《说文》训‘可恶也’。按:鬼貌醜恶,故从鬼。凡事物难过目者,俱可借此称。故人貌陋者为醜,男女所讳处亦谓之醜,兼羞、恶二义。貌陋则可恶,此本义也。男女所讳处则羞于言,此可羞义也。《礼·内则》:‘鳖去醜。’当古人有此语,偶然以之命物。若醜类之醜,其义即俦,古音近而借用耳。”[①]黄生对“醜”的词义区分是:貌陋可恶是本义,表示羞于言的所讳处,则是引申义,而“醜类”之“醜”,则假借为俦。

又如释“屈戌”,黄生说:“屈戌,所以持门户之键也。其形屈曲,有似人之屈戌,故以名之。李贺诗‘屈戌铜铺锁阿甄’,卢照邻诗‘倡妇盘龙金屈戌’,其掩钱或饰以盘龙,故云。俗作曲戌,非。”[②]黄生认为“屈戌”的本义,是指设于门窗的铰具,而人的屈膝与其形似,故引申为屈膝。

第二,以《说文》作为确定字词本义的主要依据。黄生重视《说文》,可能认为《说文》出自汉代学者,其去古未远,较能反映字词原始意义的缘故。在分析词义时,他对本义的确定往往以《说文》为根据。如前面所举的“醜”,他诠释为“貌陋者为醜”,就是依据《说文》之训“醜”为“可恶”。

再如释“写”字,黄生曾详细阐述“写”的本义是“传置”,他说:“《礼记》:‘器之溉者不写,其余皆写。’注:‘谓传之器中是也。’盖传此器之物置之他器,谓之写。因借传此本书书于他本,亦谓之写。古云‘杀青缮写’,又云‘一字三写,乌、焉成马’,又云‘在官写书,亦是罪过’,皆此义也。今人以书字为写字,讹而不辨久矣。又如《邶风》‘驾言出游,以写我忧’,盖谓沉忧不能去怀,欲假出游暂为排遣,亦如将此忧传置他处耳。今人所谓写怀、写恨、写意,并袭而用之,孰知古人本义奇妙如此乎!”为什么“写”的本义是“传置”?他的根据便

---

① 黄生:《字诂》“醜”条,《黄生全集》第1册,合肥:安徽大学出版社,2009年版,第26～27页。

② 黄生:《字诂》“屈戌”条,《黄生全集》第1册,合肥:安徽大学出版社,2009年版,第16页。

是《说文》，在本条的开头，他就明确地说："《说文》：'写，传置也。'"①

推崇《说文》是清代学者的一大特点，而此风正开于黄生，所以黄承吉曾说："公（即黄生）书至服膺《说文》，其声通之处为诸儒所未逮者，亦多本许书喻明。……盖专研汉学而信《说文》者，实始于公。"②

不过，黄生虽然重视《说文》，但不盲从，他对《说文》也有所纠正。如《说文》训"好"曰："爱而不释也。女子之性柔而滞，有所好则爱而不释，故于文，女子为好。"黄生评论道："若如所训，则文中'子'字为赘设矣。予谓好，从女、从子。盖和合二姓以成配偶，所谓好也。《诗》'君子好逑''妻子好合'，乃其本义（解者读'好逑'字上声，读'好合'字去声，非）。借为凡相睦之称。《孟子》'言归于好'，《左传》'修旧好'（二好字旧读去声，并非），言和好如婚姻也。好为美德，故借为恶之对。人情慕好而恶恶，故转为去声，为爱慕之义。《说文》但以去声为训，是以借义为正义，于上声之训遂阙，此其谬也。"③

再如，《说文》训"孔"曰："嘉美之也。从乙、从子。乙，请子之候鸟也。乙至而得子，嘉美之也，故古人名嘉字子孔。"黄生则说："此以正、借两义溷训，解殊牵强。盖候鸟是正义，嘉美是借义。古孔、好二音相近，故孔亦训嘉。如鸿、骏俱训大，鸿本鸟，骏本兽，以与洪、俊字同音，故借用之，本训中岂有此义哉！"④

第三，注意词义的变化。词义的变化，一般分为词义扩大、词义缩小和词义转移等几种。这几种词义变化现象，黄生都有所接触。如关于词义扩大，黄生释"巾"说："古巾用以拭手，故佩于身，以便作事。又覆物亦谓之巾，其着于首者曰帻。后世覆物谓之帕，着首谓之巾。故谓在领者曰领巾，拭手者曰手巾，藉手者曰汗巾，以别于着首之巾。着首者亦或谓之头巾。又古或以帕

① 黄生：《字诂》"写"条，《黄生全集》第1册，合肥：安徽大学出版社，2009年版，第67页。

② 黄承吉：《字诂》"己亥（己亥）"条按语，《黄生全集》第1册，合肥：安徽大学出版社，2009年版，第6页。

③ 黄生：《字诂》"好"条，《黄生全集》第1册，合肥：安徽大学出版社，2009年版，第35页。

④ 黄生：《字诂》"孔"条，《黄生全集》第1册，合肥：安徽大学出版社，2009年版，第36页。

抹首，本武士之服。”[①]黄生认为，“巾”本为拭手之物，后世在领者、藉手者、着首者皆谓之巾，显然扩大了“巾”的词义。此条值得注意的是，它涉及单音词向双音词转化的一个特点，即以原来的单音词为基本词素，再加上限制成分而构成双音词，如以“巾”为基本词素，就构成了“领巾”“手巾”“汗巾”“头巾”等。

他释“素位”的“素”也是如此：首先指出“素”的本义是“丝之未染者”，继而引申为“本色”“本分”，再将引申的“素”转为词素，组成素心、素志、素位、素履等；同时，“素”作为“丝之未染者”，则呈为白色，因此，“素”也引申为“白”，而“白”又引申为“有其名而无其实”，于是，作为词素则构成素餐、素王、素封[②]等。在引申之中也表现出词义的扩大。

而在释“契阔”时，则表现了黄生对词义缩小的关注，他说：“今人谓久别曰契阔，本《诗·邶风》‘死生契阔’之语。按《诗》意，死生与契阔并对言，契，合也；阔，离也。‘死生契阔，与子成说。执子之手，与子偕老。’言有生必有死，有契必有阔，此人事之不可保者，然我与子必相偕老（偕老即偕死，所谓誓同生死也。不斥言死，故但云老）。……今人通以契阔为隔远之意，又读契为挈，皆承《诗》注之误。”[③]原来包含合、离两义的“契阔”，后来只有“隔远”一义。

在释“结发”时，黄生论及词义的转移。如他说：“结发，犹今人拢头之谓。《汉书》云：‘广结发与匈奴大小七十余战。’苏武诗：结发为夫妻，恩爱两不疑。’盖皆指其初拢头时而言。今人以结发之义单属夫妻，误也。”[④]黄生指出，流行的单属夫妻的“结发”，实际上是引申义，而“初拢头”才是“结发”的本义，但“结发”的本义已经消失，引申义反而成了它的基本义。

---

① 黄生：《字诂》“巾”条，《黄生全集》第1册，合肥：安徽大学出版社，2009年版，第20页。

② 黄生：《义府》卷上“素位”条，《黄生全集》第1册，合肥：安徽大学出版社，2009年版，第151页。

③ 黄生：《义府》卷上“契阔”条，《黄生全集》第1册，合肥：安徽大学出版社，2009年版，第111页。

④ 黄生：《义府》卷下“结发”条，《黄生全集》第1册，合肥：安徽大学出版社，2009年版，第180页。

黄生在考察词语时，对词义、词形与语音的关系同样很关注。如释“酩酊”，他说：“酩酊二字，古所无。《世说》‘茗艼无所知’，盖借用字。今俗云懵懂，即茗艼之转也。又《列子》：‘眠娗、諈诿。’张湛注：‘眠娗，不开通貌。’详注义，则眠娗当即读茗艼。”[①]他在分析由“茗艼”衍生出“酩酊”“懵懂”两词时，就是以音转为依据。

再如前引释“打”字，黄生就指出“打”与“提”在词义上虽然没有改变，但由于“转音”的结果导致词形发生了变化。

第四，“双声并义，不为假借”。这个问题最初是由郑樵(1104－1162)提出来的。什么是“双声并义”？郑樵认为，像“陶”(陶冶之陶)与“陶”(皋陶之陶)、“鹏”(都聊切，隼类)与“鹏”(陟交切，鹘鹏、鸲鹆)、“駣”(徒刀切，马四岁曰駣)与“駣”(他雕切，马三岁曰駣)、“鹞”(以照切)与“鹞”(音遥，雉也)、“杷”(补讶切，枋也)与“杷”(白加切，收麦器)等各组字，虽然字形一样，但读音和意义并不相同，这便是“双声并义”。他认为，凡属“双声并义”的字，便不可视为假借字：“凡此之类，并双音并义，不为假借者也。”[②]由此看来，所谓“双声并义”的字，也就是同形字。黄生同样认为，同形字不必然是假借字。他在释“刀”时说：“小船曰刀，字从舟省，会意，与刀斧之刀不同。此即赵古则[③]所谓‘双音并义，不为假借’也。《诗》‘谁谓河广，曾不容刀’可证。后人加舟作‘舠’，赘矣。”[④]黄生认为作为小船的“刀”与“刀斧”之“刀”便是“双音并义”字，而不是假借字。他强调“双声并义，不为假借”，实际上是要将同形字与假借字区别开来。

---

① 黄生：《义府》卷下“酩酊”条，《黄生全集》第1册，合肥：安徽大学出版社，2009年版，第226页。

② 郑樵：《通志》卷三四，北京：中华书局，1987年据《万有文库·十通》本影印，第1册，《志》第506页。

③ 按，赵古则(1351－1395)字为谦，后改名谦，余姚(今浙江余姚)人。洪武初征修《正韵》，为国子监典簿，罢归后，筑考古台述六书之旨。后复召为琼山教谕。尝言“六书明，则六经如指诸掌”，乃著《六书本义》。

④ 黄生：《字诂》“刀”条，《黄生全集》第1册，合肥：安徽大学出版社，2009年版，第5页。

在释“乙”时，黄生似乎也有意将同形字与假借字加以区分，他说：“《说文》：‘乚，益悉切，承甲，像人颈。’‘乙，乙黠切，玄鸟也。’按：此当即一字而有二义、二音。玄鸟之乙，本从鸟省，象形。甲乙之乙则又借其形，以指草木曲而未申之象。益悉、乙黠二切本一声之转。《律历志》云：‘旧轧于乙。’郑玄注《月令》云：‘乙之言轧。’则是甲乙之乙亦可音轧也。汤之名天乙，则是玄鸟之乙，亦可音乙也。后人以二声分属二义，许氏以二字别为二形，皆失其本。”[①]黄生此条实际上是辨析玄鸟之“乙”与甲乙之“乙”在音、义上不同但字形是同一的，甲乙之“乙”只是借玄鸟之“乙”的字形，而不是玄鸟之“乙”的假借，也就是说它们是同形字。

重视援引俗语方言

黄生很注意观察民俗，在词语训释中，往往以当时的民俗解释或印证词义。如他在释“�尘”时说：“《东方朔与公孙宏书》(见《北堂书钞》)：‘何必杭尘而游，垂发齐年偃伏以日数哉？’杭与模同。今小儿以碎碗底(方音督)为堲，抟土成饼，即此戏也。诸书载此皆讹为抚义，以致义遂不明也。”[②]在释“毁瓦画墁”时，他说：“《孟子》‘毁瓦画墁’，如今人以瓦片画墙壁为戏。盖指画墁所用，乃毁裂之瓦也。设言此人不足为功于我，而亦志在得食，将如之何？注‘无功有害’，是直谓毁人之瓦矣，人情断断所无者。虽设喻亦必不作此语。”[③]释“幕”字道：“《汉书·西域传》：‘罽宾国钱，文为骑马，幕为人面。’如淳音漫，非。按：今戏钱者名钱面为字，钱背为幕，正作幕本音读，《释名》：‘幕，络也。在表之称。’”[④]所谓“今小儿以碎碗底为堲，抟土成饼，即此戏也”、“今人以瓦片画墙壁为戏”以及“戏钱”等，都是当时的民俗。

① 黄生：《字诂》“乙”条，《黄生全集》第1册，合肥：安徽大学出版社，2009年版，第44～45页。

② 黄生：《字诂》“杭尘”条，《黄生全集》第1册，合肥：安徽大学出版社，2009年版，第48页。

③ 黄生：《义府》卷上“毁瓦画墁”条，《黄生全集》第1册，合肥：安徽大学出版社，2009年版，第144～145页。

④ 黄生：《义府》卷下“幕”条，《黄生全集》第1册，合肥：安徽大学出版社，2009年版，第175页。

黄生对民俗的关注，使他在词义训释中重视利用俗语方言，这也成为他突破限于经史典籍训释的传统训诂学的表现之一。如他释“痤”道：“《说文》：‘痤，小肿也。一曰族累。’《左传》(桓六年)‘瘯蠡’，陆德明引《说文》作‘瘯瘰’，云‘皮肥也’。按：肥即痱，古字通用，今俗谓之疖，吾乡人谓之痤。凡绳有结亦谓之痤，连言之则曰痤瘰。详吾乡转音之始，则痤字古当音坐耳。”[①]他这里便是以方言作为《说文》及陆德明诠释的佐证。

再如释“耐”字，黄生道：“《汉书·高帝纪》应劭《注》：‘轻罪不至于髡，完其耏鬓，故曰耐。’此说非也。耐正留发去须鬓之名。吾乡妇人以线缴(绞)面毛者，谓之耐面。其名犹沿古义，因此足订应误。”[②]这则是运用民俗和方言纠正应劭释“耐”字之误。

在关注方言中，黄生还发现一个重要的词语现象，即方言是在一定地域靠口头流传的，因此往往有音无字，文献在使用方言时，一般借字以表音。他说：“方言有有音无字者，经典多借字以寄其音。如《毛诗》‘夜如何其’及‘彼其之子’，二‘其’字皆当读基浊音。《檀弓》‘何居’，居字当读本声浊音。(按：束皙《补亡诗》中云‘彼居之子’，易其作居，益信其字不音记矣。《书》‘若之何其’，读如字亦误。)盖何其、何居皆发问之助语辞，二音皆无正字，故寄声于其、居之间。若彼其系指他人之词，犹今人之称渠(此字亦呼在居、渠之间)也。注家于何其音基，于何居音姬，而不发其借音之义，既已迷误后人，若彼其之音记，则谬之甚矣。”他还指出，在外来语如康居、龟兹、可汗之类的翻译中，也同样有“译语本无正字，故古人借字以寄音”的情况[③]，这都是产生假借的原因。

关注语音、文字、词义的历史演变

从前面所举诸例中不难看出，黄生很注意语音、文字和词义的历史演变。

---

① 黄生：《字诂》“痤”条，《黄生全集》第1册，合肥：安徽大学出版社，2009年版，第45～46页。

② 黄生：《义府》卷下“耐”条，《黄生全集》第1册，合肥：安徽大学出版社，2009年版，第175页。

③ 黄生：《字诂》“无字之音”条，《黄生全集》第1册，合肥：安徽大学出版社，2009年版，第68页。

如在诠释“虙、宓”时，黄生指出“古伏、虙、宓皆读如弼，故宓、虙皆以必为声”，就反映出他了解到轻、重唇音由不分到逐渐有了区别是在历史中形成的；在释“方舟”“尒”等的字里行间也反映了他认识到四声的形成有一个历史过程；黄生还认识到在词汇的使用过程中，词义会随时代变化而变化（如“巾”的词义的扩大）、词形虽然保留而原有的词义却已消失（如“写”的“传置”义及“结发”的“拢头”义等）、词义虽然保留但词形却有了变化（如由“提”变为“打”）等词义、词形变化的现象。

由明代考据学向清代朴学过渡的中间环节

黄生在朴学上的成就远不止于上述。但仅从上面所述已经可以表明，黄生开创的以声音通训诂、以训诂明经义的观点与方法，对乾嘉学术来说确实具有超前的意义。黄承吉就曾举例说明，与黄生同时或稍后很多学者的代表性观点，黄生早已提了出来。他说：

> 若夫公书中所辨正者，如其论《古文尚书》非原书，则在阎百诗征君之前；解《孟子》“气次焉”为次舍，在毛西河检讨之前；解“呭呭”“沓沓”为多言，在朱竹君学士之前；以追蠡之追即《考工记·凫氏》之隧，在江慎修明经之前；以毕郢为毕程，在刘端临广文之前；以《尔雅》“豹文鼮鼠”，谓《说文》二字属上，在邵二云学士之前；以《书》“涂炭”为染污，在王西庄阁学之前；以《凫氏》之衡为即甬上平处，在程易畴广文之前，以《易·艮》之夤当从肉而通胂，在段若膺大令之前；以坤字作巛为借用，在王伯申尚书之前。夫此等犹不过辨形迹于一文，而非会神明之全体。若声音明，则字义无乎不达。然即随举十端，公之先登，愈益可见。然则公之学洵可谓夐绝矣。①

黄承吉列举的一大批学者，皆是清代学界享有盛名的一时之选。将黄生与他

---

①　黄承吉：《字诂义府合按后序》，见《黄生全集》第1册，合肥：安徽大学出版社，2009年版，第283～284页。

们相比较，并指出黄生在诸多观点和论断上都先发于他们，不仅表明黄生在学术水平上的“敻绝”，也证明黄生在清代学术转型过程中的确居于“先登”者的位置，是名副其实的清学开拓者。

将黄生视为清代学术转型的“先登”者，并不是黄承吉一人的私见，与他同时的著名学者刘文淇[①]也说：“夫声音训诂之学，于今日称极盛，而先生实先发之。”[②]此后，视黄生为乾嘉学术先驱更成为学者的共识。章太炎阅过《清代朴学大师列传》一书的《序目》之后，在给支伟成的信中就说，“黄生研精小学，与专求篆隶、审正形体者不同”，认为他与明末清初著名学者朱鹤龄、陈启源一样，都“似宜并著‘先导’传中”[③]，即列入支伟成《清代朴学大师列传》一书的《清代朴学先导大师列传》。

不过，清代学者在高度评价黄生的同时，却将他与明代从事训诂考据的学者对立起来、割裂开来。如四库馆臣在评论《字诂》时便说：“生致力汉学，而于六书训诂尤为专长，故不同明人之剿说也。”四库馆臣割裂黄生与明代训诂考据之学的联系，无非是想表明训诂考据之学是有清一代学者的创获，以突出乾嘉学术在学术史上的地位。

但将训诂考据之学看作清代学者的创获，并不符合实际。早在明代中叶，就有学者开始从事训诂考据工作，到明代中晚期，从事训诂考据工作的学

---

① 按，刘文淇(1789—1854)字孟瞻，江苏仪征人。从学于包进臣、凌曙。嘉庆十二年(1807)中秀才，二十四年贡生。曾十四次应江南乡试不第，便一生以教书、校书为业。其精研古籍，贯穿群经，折中于毛、郑、贾、孔之书及宋、元以来经解，尤有志于继乾嘉诸儒之后为《左传》作新疏，纠正宋元以来学者以空言说经的偏蔽。经 40 年，成《左传旧注疏证》。与刘宝楠齐名，有“扬州二刘”之称。另著有《左传旧疏考证》《楚汉诸侯疆域志》《扬州水道记四卷图》《仪征县志》《艺兰记》《读书随笔》《青溪旧屋文集》《诗集》等。

② 刘文淇：《字诂义府跋》，见《黄生全集》第 1 册，合肥：安徽大学出版社，2009 年版，第 276 页。

③ 章太炎：《章太炎先生论订书》，见支伟成：《清代朴学先导大师列传》卷首，《清代朴学大师列传》上册，长沙：岳麓书社，1986 年据泰东图书局 1928 年版影印，第 2 页。

者不下数十家，著作不下百余种[①]。开启明代重视训诂考据之风的是杨慎[②]，继杨慎而起的较著者便有王鏊、陈耀文、胡应麟、焦竑、陈第等，明末清初，更有方以智集其大成。他们一方面将训诂考据之学看作与宋代义理之学相对立的学问，一方面将其溯源到汉儒，到汉代经学中去寻求借鉴。如杨慎便说："古之学者成于善疑，今之学者画于不疑。谈经者曰：'吾知有朱而已，朱之类义可精义也。'……宁为佞，不肯为忠；宁为僻，不肯为通。"[③]这显然是对崇奉朱学学者的不满。他又说："未知其粗，则其精者岂能知也。迩者未尽，则其远者岂能尽也。六经自火于秦，传注于汉，疏释于唐，议论于宋，日起而日变，学者亦当知其先后。近世学者往往舍传注疏释，便读宋儒之议论。盖不知议论之学自传注疏释出，特更作正大高明之论尔。"[④]这显然有对汉唐儒者传注疏释推崇之意。

杨慎之后，王鏊[⑤]等学者也极力倡导汉唐的传注疏释之学，如王鏊说：

---

① 参见林庆彰：《明代考据学研究序》，《明代考据学研究》上册，上海：华东师范大学出版社，2015 年版，卷首第 3 页。

② 按，杨慎(1488－1559)字用修，号升庵，新都(今成都市新都区)人，东阁大学士杨廷和之子，少年时聪颖，入京作《黄叶》诗，为李东阳所赞赏。正德六年(1511)进士第一，授翰林院修撰，禀性刚直，每事必直书。武宗微行出居庸关，上疏抗谏。世宗继位，任经筵讲官。嘉靖三年(1524)，因"议大礼"，违背世宗意愿，受廷杖，谪戍云南永昌卫(今云南保山市)，居云南 30 余年，死于戍地。据《明史》说，明代记诵之博，著作之富，推杨慎第一，其著作甚多，除诗文外，杂著多至百余种，主要作品收入《升庵全集》。

③ 杨慎：《丹铅续录原序》，《丹铅续录》卷首，见《文渊阁四库全书》第 855 册，台北：台湾商务印书馆，1983 年版，第 123 页。

④ 杨慎：《刘静修论学》，《升庵集》卷七五，见《文渊阁四库全书》第 1270 册，台北：台湾商务印书馆，1983 年版，第 750 页。按，杨慎《丹铅总录》卷一一此条下自注曰："述此条，见学者不可株守宋人，而略汉儒也。"

⑤ 按，王鏊(1450－1524)字济之，号守溪，晚号拙叟，学者称其为震泽先生，吴县(今江苏苏州)人。自幼聪颖，8 岁能读经史，12 岁能作诗，16 岁时国子监诸生即传诵其文，成化十一年(1475)进士。正德元年(1506)任吏部左侍郎，与吏部尚书韩文等请明武宗诛刘瑾等"八虎"，事败未成。同年，入阁拜户部尚书、文渊阁大学士。次年，加少傅兼太子太傅、武英殿大学士。卒时，明世宗为其辍朝一日，赠太傅，谥文恪。王鏊博学有识鉴，经学通明，制行修谨，文章修洁。善书法，多藏书，为文黜浮崇古，其文学观影响了一代文风。著有《震泽编》《震泽集》《震泽长语》《震泽纪闻》《姑苏志》等。

> 汉初六经，皆出秦火煨烬之末，孔壁剥蚀之余，然去古未远，尚遗孔门之旧。……郑玄之徒笺注训释不遗余力，虽未尽得圣经微旨，而其功不可诬也。宋儒性理之学行，汉儒之说尽废。然其间有不可得而废者，今犹见于《十三经注疏》。幸闽中尚有其板，好古者不可不考也。使闽板或亡，则汉儒之学几乎熄矣。[1]

从这里可以看出，明代从事训诂考据的学者对待宋代义理之学及汉唐传注疏释之学的态度，与清代乾嘉学者几乎一致。他们的训诂考据研究，实可视为乾嘉学术的权舆。

明代兴起的文字训诂之学曾引起黄生的关注。在《字诂》《义府》中，黄生就曾多次提到杨慎，引其说作训释的依据。如在《字诂》"杌尘"条中，黄生说："升庵谓若佛书沙语，亦影响。"[2]在《字诂》"凵"条中，黄生引杨慎的观点，以为凵"当是函字之省"[3]。在《字诂》"琼"条中，黄生为纠《说文》以"琼"为赤玉之误，也曾引杨慎语道："自《说文》以琼为赤玉，故知字学者见书史中以琼状白色，便谓其误。升庵不以为然，特引《雪赋》'林挺琼树'以证之。余谓《雪赋》尚是六朝人语，自《三百篇》之后，莫古于《楚辞》，其中用'琼'字不一而足，至'精琼靡(古糜字)以为粻'句，寓言以玉屑为米，确知琼是白玉。许氏之误审矣。"[4]在释"男紫女青"时，黄生同样以杨慎的诠释为根据，他说："《虞初志》载段成式鬼与温庭筠书，中有'男紫悲黄，女青惧绿'之语。按：《升庵集》：'男青，木名，见《罗浮山记》。女青，亦木名，见《道藏》有《女青鬼律》。'据此，

---

① 王鏊：《震泽长语》卷上，见《文渊阁四库全书》第867册，台北：台湾商务印书馆，1983年版，第191页。

② 黄生：《字诂》"杌尘"条，《黄生全集》第1册，合肥：安徽大学出版社，2009年版，第48页。按，杨慎原文为："抚尘谓童子之戏，若佛书所谓聚沙也。"(《丹铅余录》卷一〇，见《文渊阁四库全书》第855册，台北：台湾商务印书馆，1983年版，第58页。)

③ 黄生：《字诂》"凵"条，《黄生全集》第1册，合肥：安徽大学出版社，2009年版，第50页。

④ 黄生：《字诂》"琼"条，《黄生全集》第1册，合肥：安徽大学出版社，2009年版，第66～67页。

似以树木憔悴,喻人命将尽之意。"[①]

当然,黄生对杨慎的见解也不是一味赞同。在《字诂》的"干"条中,他就说:"晋人帖云'淡闷干呕',杨升庵曰:'淡,古淡液之淡;干,古干湿之干。今以淡作痰,干作乾,非也。'予谓此用修好古之过。痰字古诚未有,若乾字,《诗》之'乾糇',《春秋传》之'乾溪',《易》之'乾胏',岂得谓其非古,而必干字为古乎?干,本干橹之干,借为水际之干。《易》'鸿渐于干',郑注谓:'大水之旁,故停水处。'此指水旁乾地而言,故乾湿之乾,亦可借用干字。余又考《后汉书》(独行传)云:'明堂之奠,干饭寒水。'此又在晋人之先矣(用修语本黄伯思《东观余论》)。"[②]

在《义府》中,黄生也对杨慎有所纠正,如在"皋比"条中,他说:"《左传》(庄十年)'蒙皋比而先犯之'。杜注:'皋比,虎皮也。'疏:'《乐记》:"倒载干戈,包以虎皮,名之曰建櫜。"郑以为兵甲之衣曰櫜,或作皋。'按:疏引此以解皋为虎皮,而比字无释。予谓比,连也。以虎皮连合缝之,故谓之皋比。朱晦庵《张横渠赞》'勇彻皋比',是但知皋比为虎皮,不知皋比乃虎皮所制之物,岂可以之目讲席乎。杨升庵谓戴叔伦诗'猊座翻萧索,皋比喜接连',以皋比为讲席,唐世已然。第言古以虎皮包弓矢谓之櫜,櫜即皋,而不讥其用事之误,是升庵亦未晰皋比之义也。"[③]

又,黄生在"朐忍"条中说:"《汉书·地理志》:'巴郡朐忍县'师古音劬,《续汉·郡国志》亦作朐忍。惟《吴汉传》作朐䏰,注音劬忍,又引《十三州志》音春闰。详此为虫名,本方言无字,故第作朐忍,其䏰从肉傍,乃因朐字误加耳。……又杨升庵载李巽岩《朐䏰辩》引杜氏《通典》作朐䏰,音润蠢,则知徐

---

① 黄生:《义府》卷下"男紫女青"条,《黄生全集》第1册,合肥:安徽大学出版社,2009年版,第225页。

② 黄生:《字诂》"干"条,《黄生全集》第1册,合肥:安徽大学出版社,2009年版,第72页。

③ 黄生:《义府》卷上"皋比"条,《黄生全集》第1册,合肥:安徽大学出版社,2009年版,第123页。

铉之误盖本于此，乃杨反以杜氏之形声为正，而谓师古误音，则真莽浪也。”①

总之，不论是赞成还是不赞成杨慎的意见，都可以看出黄生是认真研读过杨慎《丹铅余录》②等著作的，他的很多条文甚至取材于杨慎的《丹铅余录》等书，如《丹铅余录》的“抚尘”条，作“《北堂书抄》载《东方朔与公孙弘书》云：‘同类之游，不以远近为故，士大夫相知，何必以抚尘而游，垂发齐年偃伏以日数哉？’抚尘谓童子之戏，若佛书所谓聚沙也。”黄生在“杌尘”条中所引的《东方朔与公孙弘书》，显然出自杨慎的“抚尘”条，并对《丹铅余录》“抚尘”条作了辨析。

黄生在文字、音韵、训诂之学中表现出来的历史感，给人们留下深刻的印象，我们也由此想到明代学者陈第③。陈第是以古音学研究而引人注目的，他所著的《毛诗古音考》《读诗拙言》《屈宋古音义》，对其后的古音学研究甚有影响，其中影响最大的可能是他的语音变化观。陈第曾说：“时有古今，地有南北，字有更革，音有转移，亦势所必至。”④他以这种语音变化观为出发点，力证古有定音，只是随着时间不同、地域不同，此后的语音有不同的变化。后来，顾炎武、江永等的古音研究，就大体沿着陈第所开拓的路子走。黄生的《文稿》已经失传，不知道他是否研读过陈第的著作，但他很可能受到过陈第的影响。

总之，黄生对明代中后期的训诂考据之学是有继承也有发展的。如果要对黄生作学术史的定位，那么，与其说他是皖派朴学的先驱，倒不如说他是明代训诂考据之学向皖派朴学过渡的桥梁。

---

① 黄生：《义府》卷下“朐忍”条，《黄生全集》第1册，合肥：安徽大学出版社，2009年版，第192页。

② 按，黄生所引杨慎之语，多见于《丹铅余录》。

③ 陈第（1541—1617）字季立，号一斋，连江（今福建连江）人。年少时喜谈兵，人以为狂，曾助戚继光破倭，曾任蓟镇游击将军，后致仕归里，专心研究古音，著有《毛诗古音考》《读诗拙言》《屈宋古音义》以及《尚书疏衍》《伏羲图赞》等，对清代古音学研究颇有影响。

④ 陈第：《毛诗古音考自序》，《毛诗古音考》卷首，见《文渊阁四库全书》第239册，台北：台湾商务印书馆，1983年版，第407页。

二、姚际恒及其学术

黄承吉在谈到黄生的学术际遇时曾说:“(黄生)《杜诗说》甫刊行,康熙间即已为仇太史兆鳌《详注》所采录。仇书呈进时,谅荷圣祖乙览及之。至《字诂》《义府》二书,学者皆未之见。”又说:“徽郡名儒,戴氏之前有江氏,江氏之前有公。公书罕传,故他方不知公之人;而公名甚籍,则近郡无不知公之有书。戴氏当奉诏征书之时,习知乡先辈之学之书,为寻访而献之,戴之美,书之幸也。”①也就是说,在黄生生前,人们只知道他在杜诗学研究上的成就,直到戴震督郡县访得《字诂》《义府》,并编入《四库全书》之后,黄生才为学界所知。因此,黄生生前的学术影响也就只限于“近郡”,他对徽州学术发展的作用,也就主要表现为营造徽州地区的朴学氛围,推进徽州地区的学术从理学向朴学转型。

而另一位重视朴学的徽州学者的影响力就不一样了。他一登上学术舞台,就引起学界的关注。这位学者便是姚际恒。

姚际恒的生平与著作

姚际恒(1647—1715?)字立方,号善夫,一号首源,休宁人,后寓居仁和(今浙江杭州),故也有人说他是仁和人。他的一生大体可以分为两个阶段:50岁以前,是其“折节读书”和从事词章之学的阶段;50岁以后,姚际恒转而潜心于学术研究和著述,他的学术著作基本上就完成于这一阶段。

姚际恒虽曾热衷词章之学,但留下的诗文作品却很少。现在能看到的仅寥寥几首诗,包括入选阮元等人所辑的《两浙輶轩录补遗》的长篇歌行体《宣和宝砚歌》和绝句《家藏东坡笠屐图貌似毛西河戏赠一绝》、潘学敏谈到的《西

① 黄承吉:《字诂义府合按后序》,见《黄生全集》第1册,合肥:安徽大学出版社,2009年版,第278页。

窗绝句》[1]，以及毛奇龄提到的姚际恒赠其兄毛万龄长律中的"城限山鸟白，亭下水花红。李固追随日，侯芭涕泪中。深怀因令弟，萦慕等蒙童"几句[2]。由于诗作流传甚少，他虽善于诗，但并不以诗见称，而以学术为时人所重。

姚际恒的学术兴趣可能是与他对词章之学的兴趣同时产生的，故吴焯[3]说"立方少折节读书，泛滥百氏"[4]，姚际恒之侄姚之骃也说，姚际恒自"束发受书，已能沉酣故籍"。此后，姚际恒虽"一生坎壈，兀兀穷年"，也"惟日手一编枯坐"。姚际恒出生于世代书香之家，其家原有丰富藏书，姚际恒"更搜之市肆，布函巾箱，汗牛充栋"，这使他有条件"泛滥百氏"。据说，姚际恒读书时还有做摘录的习惯，他"于暇时录其书于簿籍，计如干卷"[5]。据潘学敏说，其"家建海峰阁，西窗面湖，檐际悬旧窑霁红椀，夕阳射映，满室皆作霞光"[6]，这大概就是姚际恒的读书之所。

可能是自"束发受书"就"沉酣故籍"的缘故，姚际恒早已打下良好的学术基础。他的学识颇为时任仁和教官的毛万龄所赏识，毛奇龄回忆说："亡兄大千(即毛万龄)为仁和广文，尝曰：'仁和只一学者，犹是新安人。'谓姚际恒也。

---

① 均见阮元、杨秉初辑：《两浙辅轩录补遗》卷三，见《续修四库全书》第 1684 册，上海：上海古籍出版社，2002 年版，第 575 页。

② 毛奇龄：《西河诗话》，转引自陶元藻辑：《全浙诗话》卷四三，见《续修四库全书》第 1703 册，上海：上海古籍出版社，2002 年版，第 608 页。

③ 按，吴焯(1676—1733)字尺凫，号绣谷，晚号绣谷老人，钱塘(今杭州)人(一说歙县人)。著有《绣谷杂抄》《药园诗稿》《陆渚飞鸿集》《玲珑帘词》《经山游草》等，另与厉鹗、赵昱合撰有《南宋杂事诗》。他曾仿晁公武、陈振孙的书目体例，辑录《薰习录》(一作《绣谷亭薰习录》)，专记其所藏秘册，述其原委、购书及读书记。尚有《瓶花斋书目》，今已不传。

④ 吴焯：《薰习录》，转引自阮元、杨秉初辑：《两浙辅轩录补遗》卷三，见《续修四库全书》第 1684 册，上海：上海古籍出版社，2002 年版，第 575 页。

⑤ 以上均为姚之骃《好古堂书目序》语，《好古堂书目》卷首，转引自林庆彰主编：《姚际恒著作集》第 6 册，"中央研究院中国文哲研究所"，2004 年修订版，第 1 页。按，《姚际恒著作集》校点《好古堂书目》所用的底本，为南京中社 1929 年影印南京国学图书馆所藏之八千卷楼丁申所得的抄本。此本于"乃□搜之市肆，布□巾箱，□□充栋"及"计如□卷"等句有脱字(句中加方框□处，即为原文脱字处)，引文所脱之字补足者为《好古堂书目》校点者林耀椿。

⑥ 参见阮元、杨秉初辑：《两浙辅轩录补遗》卷三，见《续修四库全书》第 1684 册，上海：上海古籍出版社，2002 年版，第 575 页。

予尝作《何氏存心堂藏书序》以示兄，兄曰：'何氏藏书有几？不过如姚立方腹簏已耳。'"①

不过，姚际恒腹笥虽富，50岁之前却并未见有著述问世。他的著作都完成于50岁之后。故吴焯说，姚际恒此后便"尽弃词章之学，专事于经，年五十，曰：'向平婚嫁毕而游五岳②，予婚嫁毕而注九经。'遂摒绝人事，阅十四年而书成，名曰《九经通论》。又著《庸言录》若干卷，杂论经史理学诸子，末附《古今伪书考》。"③

"九经"概念出自《周礼》，原指九条南北向的大道，如《周礼·考工记·匠人》说："国中九经九纬，经涂九轨。"贾公彦疏曰："南北之道为经，东西之道为纬。"后来又指儒家治国的九项准则，如《礼记·中庸》说："凡为天下国家有九经。曰：'修身也，尊贤也，亲亲也，敬大臣也，体群臣也，子庶民也，来百工也，柔远人也，怀诸侯也。'"此后，"九经"常用以指九部儒家经典，在唐代使用较为普遍，但究竟指哪九部著作，则说法不一，据陆德明的《经典释文·序录》，指的是《易》《书》《诗》《周礼》《仪礼》《礼记》《春秋》《孝经》《论语》。

至于姚际恒的《九经通论》则是阐发九部儒家经典的著作，是包含九部各自独立著作的丛书。但《浙江通志》在著录《九经通论》时说："仁和姚际仁(恒)立方撰。存真类一百三十五卷，别伪类二十八卷。"④即认为姚际恒的《九经通论》是一部由"存真""别伪"两部分所组成的系统性著作。若据此，则

---

① 毛奇龄：《西河诗话》，转引自陶元藻辑《全浙诗话》卷四三，见《续修四库全书》第1703册，上海：上海古籍出版社，2002年版，第608页。

② 按，《后汉书》"向长传"曰："向长字子平，河内朝歌人也。隐居不仕，性尚中和，好通《老》《易》。贫无资食，好事者更馈焉，受之取足而反其余。王莽大司空王邑辟之，连年乃至，欲荐之于莽，固辞乃止。潜隐于家。读《易》至《损》《益》卦，喟然叹曰：'吾已知富不如贫，贵不如贱，但未知死何如生耳。'建武中，男女娶嫁既毕，敕断家事勿相关，当如我死也。于是遂肆意，与同好北海禽庆俱游五岳名山，竟不知所终。"《后汉书》卷八三《逸民列传》，北京：中华书局，1965年版，第10册，第2758～2759页。

③ 阮元、杨秉初辑：《两浙輶轩录补遗》卷三，见《续修四库全书》第1684册，上海：上海古籍出版社，2002年版，第575页。

④ 嵇曾筠等监修、沈翼机等编纂：《浙江通志》卷二四二，见《文渊阁四库全书》第525册，台北：台湾商务印书馆，1983年版，第533页。

《九经通论》又是一部《九经》的考据性通论。但从现存的《九经通论》来看，《浙江通志》所述似乎没有根据。

姚际恒花 14 年功夫完成的《九经通论》，除《诗经通论》尚完整保存外，其余则大多散佚。后来，有学者陆续发现阎若璩在《古文尚书疏证》中引了《古文尚书通论》、杭世骏在《续礼记集说》中引了《礼记通论》，于是，这两部《通论》遂有了辑本。相传近代学者伦明[①]曾购到《春秋通论》的残本[②]，1932 年，顾颉刚在杭州崔永安[③]处又发现了《仪礼通论》的写本 12 册，他抄录校阅后一起携带到北京，但抗战后，崔氏所藏的原本亡佚，顾氏抄本也下落不明，直到 1995 年，陈祖武在中国社科院历史研究所图书馆才发现了顾氏的《仪礼通论》抄本，遂使姚际恒的《九经通论》又多一种重见于世[④]。

从《九经通论》的现存部分看，姚际恒是很富有怀疑精神的学者。如他在《尚书通论》中力辨《古文尚书》为伪书、在《诗经通论》中力辨《诗经》毛序为伪、在《仪礼通论》中否定《仪礼》为经等。其论学，"谓周、张、程、朱皆出于禅，……至谓程朱之学不息，孔孟之道不著"[⑤]。故钱穆说："有清初叶，学者疑古辨伪之风骤张，而钱塘姚际恒立方尤推巨擘。独为《九经通论》，惜不尽传……姚氏既不信群经尽出一源，而能辨其先后真伪，故于后儒执《礼》解《礼》，混《周礼》《仪礼》《礼记》为说者，尤致掊击。"[⑥]《古今伪书考》更是姚际

---

① 按，伦明(1875—1944)字哲如，一作哲儒，广东东莞人，藏书家、学者。曾先后任北京师范大学、燕京大学、辅仁大学等校教授，编有《续书楼书目》。

② 参见顾颉刚：《古今伪书考序》，见姚际恒：《古今伪书考》卷首，朴社 1933 年再版，第 5 页。

③ 按，崔永安(1858—?)字磐石，广州驻防汉军正白旗人，光绪六年(1880)进士，官至护理北洋大臣、直隶总督。宣统元年(1909)十月，以病乞归，因喜杭州湖山之胜，遂卜居杭州，以书画自娱。

④ 按，林庆彰主编的《姚际恒著作集》(共六册)收录了姚际恒的《诗经通论》《礼记通论》《春秋通论》《古今伪书考》以及《续收书画奇物记》《好古堂家藏书画记》《好古堂书目》。由于《仪礼通论》于 1998 年始由中国社会科学出版社出版，故 1994 年出版的《姚际恒著作集》未来得及收入。但不知《姚际恒著作集》于 2004 年再版时，为何没有补收。

⑤ 永瑢、纪昀等：《四库全书总目》卷一二九《庸言录》提要，上册，第 1109 页。

⑥ 钱穆：《记姚立方礼记通论》，《中国学术思想史论》(八)，台北：东大图书公司，1980 年版，第 165 页。

恒“疑古辨伪”精神的集中体现。

《古今伪书考》

梁启超说：“辨伪的工作由来已久。《汉书·艺文志》明注‘依托’者七，‘似依托’者三，‘增加’者一，隋僧法经著《众经目录》，别立‘疑伪’一门，此皆有感于伪书之不可不辨。……宋人疑古最勇，如司马光之疑《孟子》，欧阳修之疑《易·十翼》、疑《周礼》《仪礼》，朱熹之疑《周礼》、疑《古文尚书》，郑樵之疑《诗序》、疑《左传》，皆为后世辨伪学先河。其他如《郡斋读书志》《直斋书录解题》等，指斥伪书亦不少。晚明胡应麟著《四部正讹》，始专以辨伪为业。入清而此学益盛。”[①]清代辨伪便始于姚际恒的《古今伪书考》。

《古今伪书考》是姚际恒考辨伪书的专著。此书原附载于《庸言录》，后经鲍廷博父子收入他们所刊刻的《知不足斋丛书》，方独立流传。在《古今伪书考》中，姚际恒考辨了经类 19 种、史类 13 种、子类 30 种，计 60 余种。他在该书的《序》中说：

> 造伪书者，古今代出其人，故伪书滋多于世。学者于此，真伪莫辨，而尚可谓之读书乎！是必取而明辨之，此读书第一义也。予辄不自量，以世所传伪书，分经史子三类，考证于后。明宋景濂有《诸子辨》，予合经史子而辨之。凡今世不传者，与夫琐细无多者，皆不录焉。其有前人辨论精确者，悉载于前，以见非予之私说云。四部有集，集者，别集，人难以伪，古集间有一二附益伪撰，不足称数，故不之及。子类中二氏之书，亦不及焉。[②]

从此《序》可以看出，第一，姚际恒辨伪的目的是“别伪求真”。梁启超说过：“无论做那门学问，总须以别伪求真为基本工作。因为所凭借的资料若属

① 梁启超：《中国近三百年学术史》，见朱维铮校注：《梁启超论清学史二种》，上海：复旦大学出版社，1985 年版，第 384～385 页。

② 姚际恒：《古今伪书考序》，见顾颉刚校点：《古今伪书考》，朴社 1933 年版，第 1 页。

虚伪，则研究出来的结果当然也随而虚伪，研究的工作便算白费。中国旧学，十有九是书本上学问，而中国伪书又极多，所以辨伪书为整理旧学里头很重要的一件事。”[①]从姚际恒所说的“学者于此，真伪莫辨，而尚可谓之读书乎”看，他把辨伪视为“读书第一义”，目的正在于“别伪求真”。

第二，怀疑精神是姚际恒辨伪的前提。梁启超说过，“清初最勇于疑古的人应推姚立方(际恒)”，而《古今伪书考》就是他“专为辨伪而作”[②]。姚际恒说：“明宋景濂有《诸子辨》，予合经史子而辨之。”他借此告诉我们，《古今伪书考》不是简单地扩大《诸子辨》的考据范围，同时还要“合经史子而辨之”，即将儒学经典放在与子、史同等地位加以考辨，将怀疑的目光投向儒家经典。也就是说，他的辨伪包括了“疑经”。其实，姚际恒早在撰著《古今伪书考》之前就已经开始“疑经”，如《古今伪书考》在《易传》条中说，“予别有《易传通论》六卷”；在《古文尚书》条中说，“予别有《通论》十卷”；在《大戴礼》条中说，“予前作《古文尚书通论》，其中辨《大戴礼》非本书，乃后人之伪”；在《周礼》条中说，“予别有《通论》十卷”；在《孝经》条中说，“予著《通论》止九经，其别伪类不及《孝经》”[③]。这都表明他在《九经通论》中已经对上述诸经质疑。从中国学术史上看，学术新局面的开创往往从“疑经”开始。即使在这个意义上，我们也可以将姚际恒视为皖派朴学的先驱。

第三，大量援引前人之说，以证明所辨伪书不是“私说”。《古今伪书考》所引前人之说颇多，顾颉刚说：“自《汉志》《隋书》而下，唐之柳子厚(宗元)，宋之晁子止(公武)、陈直斋(振孙)，明之宋景濂(濂)、胡元瑞(应麟)，并多撷取。”[④]此外，在《古今伪书考》中尚引有朱熹、马端临、杨慎、钱谦益、顾炎武诸

---

① 梁启超：《中国近三百年学术史》，朱维铮校注：《梁启超论清学史二种》，上海：复旦大学出版社，1985年版，第382～383页。

② 梁启超：《中国近三百年学术史》，朱维铮校注：《梁启超论清学史二种》，上海：复旦大学出版社，1985年版，第388页。

③ 参见顾颉刚：《古今伪书考跋》，顾颉刚校点：《古今伪书考》附录，朴社1933年版，第1～2页。

④ 参见顾颉刚：《古今伪书考跋》，顾颉刚校点：《古今伪书考》附录，朴社1933年版，第2页。

人之说，引《唐志》《崇文总目》《中兴书目》诸书为据。姚际恒说，他之所以要将“前人辨论精确者，悉载于前”，目的是表明其考辨的结论并非他个人的“私说”，而是“公论”。姚际恒大量征引前人的“辨论”，既表现出对其辨伪工作的自信，也为他的辨伪工作寻求到历史的支撑。

虽然姚际恒对他的辨伪工作十分自信，但后人还是颇多訾议。不过我们认为，姚际恒的古籍辨伪考证工作的意义主要不在于考辨古书的真伪，而是发扬了不盲目依从前人成说的怀疑精神。这种怀疑精神正是学术发展所需要的。从中国学术史上看，一个学术新局面的开创，往往是以怀疑思潮为先导。由于《古今伪书考》开启了清代学术的疑古风气，后人遂将姚际恒视为清代经学家中怀疑派的开山。

《仪礼通论》

在《九经通论》现存的几部《通论》中，尤值得注意的是《仪礼通论》。

《仪礼》虽为儒家十三经之一，但长期以来却少有人问津。元明时期，虽出现敖继公[①]的《仪礼集说》、郝敬[②]的《仪礼节解》，但《仪礼》研究并未形成气候。直到清代，才逐渐受到重视。陈祖武曾对《仪礼》的历史命运作过梳理，他说：“《仪礼》一书，多涉先秦名物度数，文古义奥，素称难读。郑《注》、贾《疏》，考证训诂，用力极勤，惜郑文古质，贾说蔓衍，终非尽善。北宋中理学勃兴，考证训诂演为论辨之学，辨郑、贾而立新论，遂成一代风气。熙宁间，崇

---

① 按，敖继公（生卒年不详）字君善，长乐（今福州长乐市）人，后寓居吴兴，赵孟頫曾从其受业。《宋元学案·艮斋学案》说，敖继公尝擢进士，因对策忤时相，遂不仕。后以江浙平章高彦敬荐，授信州教授，未至任而卒。《仪礼集说》成于大德辛丑年（1301），前有自序，称郑康成注“疵多而醇少”，于是，删其不合于经者；意义有未足，则取疏记或先儒之说以补之；又未足，则附以一得之见。

② 按，郝敬（1558－1639）字仲舆，号楚望，京山（今湖北京山）人。万历十七年（1589）进士，历知缙云、永嘉二县，并有能声，后授礼科给事中，改户科，乞假归养。久之，补户科。因事谪江阴知县。数有所论奏，不为权贵所喜，遂挂冠而归，筑园著书。著有《周易正解》《尚书别解》《毛诗原解》《毛诗序说》《周礼完解》《仪礼节解》《礼记通解》《春秋直解》《论语详解》《孟子说解》《四书摄提》《四书制义》等。

《周礼》而黜《仪礼》，传习乏人，其学寖微。南宋初，朱熹承亡继绝，复加表彰，以《仪礼》为经，《礼记》为传，结撰《仪礼经传通解》。立意虽善，而割裂旧文，取舍失当，亦难(原文作'虽')免后世訾议。""入清，以经学济理学之穷的潮流波澜壮阔，张尔岐《仪礼郑注句读》唱先声于北，姚际恒则以《仪礼通论》而异军突起于江南，北呼南应，后先而鸣，揭开了一代《仪礼》学复兴的序幕。"[①]

姚际恒在《仪礼通论》中对敖继公、郝敬甚为推崇，而对朱熹的《仪礼经传通解》则多所否定，如他说："《仪礼》，言仪之书也，古以《易》《诗》《书》《春秋》《礼》《乐》为'六经'，仪既非礼，则不得为经矣。然仪者所以辅礼而行，则谓礼经之传亦可也。朱仲晦以《仪礼》为经、《礼记》为传，明是反见。朱之说本袭唐陆德明，……陆之说又本于臣瓒，以《仪礼》为经礼。可见缪学自有一种流传如此。今不举臣瓒与陆，而举朱者，以朱为近世所宗，且实有《仪礼经传》之书故也。"[②]他又说："《仪礼经传通解》一书，经传颠倒，前已言之。然吾实不解作者意指：以为尊《仪礼》耶？全录注疏，毫无发明，一抄书吏可为也，尊之之义安在？以裁割《礼记》《周礼》、史传等书附益之为能耶？检摘事迹可相类者，合于一处，不别是非同异，一粗识文字童子亦可为也，又何以为能？其于无可合者，则分家、乡、学、邦国、王朝等名，凭臆变乱，牵强填塞，此全属纂辑类书伎俩，使经义破碎支离，何益于学？何益于治？"[③]虽然元明时期论《礼》的徽州学者也有不赞成朱熹观点的，但像姚际恒这样公然针对朱熹其人其书的，则还未之见。

姚际恒在《仪礼通论》中还说："《礼记》，言义理者也；《仪礼》，言器数者也。然言义理者，稍轶于中正之矩，即旁入二氏，是反不如言器数者之无弊也。夫言器数而误，则止于一器一数；言义理而误，则生心害政，发政害事，其患有不可胜言者矣。"[④]这实际上是在暗讽宋代理学家及其追随者的"言义

① 陈祖武：《仪礼通论点校说明》，《仪礼通论》卷首，北京：中国社会科学出版社，1998年版，第7～8页。

② 姚际恒：《仪礼论旨》，《仪礼通论》卷首，北京：中国社会科学出版社，1998年版，第6页。

③ 姚际恒：《仪礼论旨》，《仪礼通论》卷首，北京：中国社会科学出版社，1998年版，第13页。

④ 姚际恒：《仪礼论旨》，《仪礼通论》卷首，北京：中国社会科学出版社，1998年版，第7页。

理"已经堕入佛道二家,成为孟子所警告的"生心害政,发政害事"者。

就新安理学向朴学转换来说,在《仪礼通论》中,尤可注意的是姚际恒对器数与义理关系的论述。他说:

> 说者谓《仪礼》详于器数,略于义理,固矣,然不尽然。器数亦从义理而生,苟非义理,器数焉行?苟非器数,义理焉托?义理譬之规矩,器数则其方圆也。故愚于是书,多就器数中论其义理。学者有志考礼者,当研究于斯焉。①

所谓"器数"指的是行礼作乐所用的器物及规定②,属于名物制度范畴。研究"器数"则离不开训诂考据,于是,"就器数中论其义理"便是通过名物制度的考订以明义理。而通过名物制度的考据以明义理,正是皖派朴学特点的体现。因此,他所说的"就器数中论其义理",也就可以被视为皖派朴学治经方法的先声。

---

① 姚际恒:《仪礼论旨》,《仪礼通论》卷首,北京:中国社会科学出版社,1998年版,第7页。

② 叶适说:"孔子哀先王之道将遂湮没而不可考,而自伤其莫能救也,迹其圣贤忧世之勤劳,而验其成败因革之故,知其言语文字之存者犹足以为训于天下也,于是定为《易》《诗》《书》《春秋》之文,推明礼、乐之器数而黜其所不合(者),又为之论述其大意。"(《水心别集》卷五《进卷·总义》,《叶适集》第3册,北京:中华书局,1961年版,第694页。)其"器数"便是指礼乐实践中的器物及规定。

第十一章　从朱学到朴学:汪绂、江永

徽州地区的学术转型,是通过两条路径实现的:一是以黄生、姚际恒为代表的学者,继承了明代学者重视训诂考据的传统,成为皖派朴学的先驱;一是以汪绂、江永为代表的宗朱学者,在重视义理阐发的同时,兼重训诂考据,从而从朱学走向朴学。前者在上章已作了初步的阐述,本章所要讨论的便是后者。

一、汪绂:兼顾训诂考据之学的徽州学者

汪绂是朱学的笃信者,从主观上说,他是要维护朱学的,但他研究经学走的是重考据的路子。这就使他在客观上成为徽州学术向朴学转型的推进者。

汪绂的生平与著述

汪绂(1692－1759)原名烜,字灿人,婺源人,因村中祠前有二池,故自号双池。

汪绂的学业不是出于师承,而是受教于其母,即出于家学。汪绂的父亲汪士极因家贫未能卒儒业,于是出游于湘、楚、闽、越间,后又客幕于金陵,常年与家不通音问,对汪绂的教育便落在了其母江氏肩上。

汪绂之母为同邑庠生江砆伦之女，她生而颖悟，数岁时，其父曾于月下口授《大学》《中庸》，经三夜，她仍能对经文、章句熟背而不遗一字。稍长，益嗜典籍，精通诸经义疏、朱子《纲目》等，而对风云月露之词弗好。在汪士极不通音问的情况下，江氏对家庭困窘却晏然处之，只关心汪绂的教育，她曾说："贫富，命也，何足忧？惟子能读书成立，则幸事耳。"同时，由于家庭困窘，"艰于从师，又恐时师弗能教"，于是"乃自课"。汪绂尚在提抱时，江氏就举经书口授于他，汪绂也很聪颖，刚能言时就善记识，江氏口授经书，他听后即能成诵。5 岁时，江氏正式授以句读，她在室内置一长榻，坐治针黹，虚其一半置书，让汪绂坐于其旁的小几上，细为讲解，教其诵读。江氏虽为慈母，但是严师，授课要求极为严格，汪绂必须专心致志，不得左右顾，顾则施以夏楚[①]。汪绂 9 岁，其母开始授以《诗》。10 岁时，汪绂便已习熟四子书，13 岁开始习《尚书》。《尚书》则是汪绂外祖的家学，其外祖江砆伦及舅父江廷镛均治《尚书》，并以《尚书》教授乡里。汪绂成童后，曾习举子业，并旁及诗文，均为其母指授。其后，他"厌弃举业"，而"于四子书体验有年"[②]，成为朱学的信奉者。

汪绂 22 岁时，曾去金陵看望其父汪士极。汪士极虽在举业上是失败者，但学问的功底颇深，他不仅工古文词，而且精音韵及历算、律吕之学。汪绂的音韵、律吕之学，便得自汪士极，而接受汪士极的音韵、律吕之学便在此年。

汪绂弱冠后，其母即得病，饮食于床笫者数年，在汪绂 23 岁那年病逝。母亲去世后，汪绂因无以自活，便于次年到景德镇为佣，成为一名画碗的工匠。为佣期间，汪绂仍读书不辍。为佣而读书不辍，这在同行人看来是很奇怪的事，他也常为此受侮于侪辈，于是他离开景德镇，开始流离。在流离之际，幸得馆于乐平石家。25 岁后，又流寓于万年、弋阳、上饶、永丰之间。汪绂在《南征赋》中写道："嗟囊空兮羞涩，处羁旅兮乏食。将蹙蹙兮何之，当路

① 参见余龙光：《双池先生年谱》卷一，薛贞芳编：《清代徽人年谱合刊》上册，合肥：黄山书社，2006 年版，第 134 页。

② 参见汪绂：《四书诠义序》，《双池文集》卷五，见《续修四库全书》第 1425 册，上海：上海古籍出版社，2002 年版，第 99 页。

歧兮涕泣。用鼓腹兮吹篪，入市廛兮不耻，渺予心兮谁知。竖子拍手而群嗤兮，笑之既衣食之不谋。复尪尪而报疾，衣褴褛而百结。面黧黑而如漆，气五息而一言，行十步而三踬。几委顿于尘埃，痛壮心之安俟。”[①]这就是他当时境况的写照。

27岁时，汪绂到福建枫溪（现属福建浦城县），与沈蟠一见如故，遂主于其家，而姜载臣、金千总等均令其子从学于汪绂，汪绂便在枫溪坐馆授徒。自此就开春往、年暮归，往来于婺源与枫溪之间20余年。其间，他曾游于福建浦城、武夷等地，拜谒过朱熹在考亭的故居，并录朱熹的《敬箴》以自警[②]。34岁时，一度自枫溪客浦城，馆于郑朝选家。不久，郑朝选卒，汪绂复馆于枫溪。49岁年末回乡，在休宁蓝渡学馆中著书论学，直至病逝。

由于汪绂精研不辍，勤于撰述，故著作甚富。

汪绂始撰论著，是在他到枫溪之后。28岁时，撰成《物诠》《戊笈谈兵》两书。他在《物诠》的自序中说：“物外无道，道外无物。是以至赜而不可恶，至动而不可乱。”又说：“父母天地、胞与万物，苟事事寻向形而上者去，未必非吾心本然之知。”他本着人与天地万物一体、人心与道相应的观念，“偶录所得，集成此编”[③]，而成《物诠》一书。汪绂本喜谈兵，到枫溪之后，“所交游如沈卧庵、王陈素书、金廷贵、郑鹤舫，或将家子，或骁骑职，或客戎幕，或长百夫，并喜谈兵”[④]，《戊笈谈兵》大概是与他们的谈兵之作。

汪绂的经学著述，主要包括在《诠义》与《章句》《或问》这两个系列中。《诠义》系列包括《四书诠义》(1731)、《诗经诠义》(1732)、《书经诠义》(1733)、

---

① 汪绂：《南征赋》，《双池文集》卷一〇，见《续修四库全书》第1425册，上海：上海古籍出版社，2002年版，第184页。

② 汪绂在《南征赋》中写道：“拜朱子于考亭，录《敬箴》而自警。”《双池文集》卷一〇，见《续修四库全书》第1425册，上海：上海古籍出版社，2002年版，第184页。

③ 汪绂：《物诠序》，引自余龙光：《双池先生年谱》卷一，见薛贞芳编：《清代徽人年谱合刊》上册，合肥：黄山书社，2006年版，第142～143页。

④ 余龙光：《双池先生年谱》卷一，见薛贞芳编：《清代徽人年谱合刊》上册，合肥：黄山书社，2006年版，第144页。

《易经诠义》(1734)。汪绂为何以“诠义”名书？他说，是为了不忘高祖汪应蛟之训，继承和弘扬家学：“兹编以‘诠义’名者，绂实不才，而家世理学，惟高祖太傅大司农(即汪应蛟)实有《中诠》之著，所以得蒙《中诠》而有‘诠义’之名，以志不忘先训，实则惴惴然惟陨越家学之传是惧。”①

汪绂开始《章句》《或问》系列的撰述，虽早于《诠义》系列，其后则是与《诠义》系列交互撰成。这一系列著述包括《六礼或问》(1727)、《乐经或问》(1728)、《礼记章句》与《或问》(1736)、《孝经章句》与《或问》(1727)等。他以“章句”“或问”名书，显然是援据朱熹之例，他在《礼记章句序》中对此说得很明白：“窃附朱子《四书或问》之例，别著《或问》一编，以尽其说。”②

汪绂与经学有关的著作，除纳入上述两个系列的著述外，尚有《乐经律吕通解》(1743)、《春秋集传》(1745)、《参读礼志疑》(1754)、《诗韵析》以及《理学逢源》(1743)、《读近思录》(1754)、《儒先晤语》等。

除了经学(含理学)著作外，汪绂还著有《读困知记》(1757)，以及著作时间不明的《读读书录》《山海经存》《读阴符经》《读参同契》及《琴谱》《医林辑略探源》《双池文集》等。

汪绂的治学历程

余龙光在《双池先生年谱》中曾引述过汪绂的学术自述。汪绂自述道：“自有知识以来，未尝辍书。然三十以前，于经学犹或作或辍。三十以后，尽焚其杂著数百万言，而一于经。研经则参考众说，而一衷于朱子。”③这段汪绂的自述，系余龙光概括汪绂《焚稿文》而成，只是“数百万言”似乎不是汪绂的原意。汪绂在《焚稿文》中说：

---

① 汪绂：《四书诠义例言》，《四书诠义》卷首，道光六年(1826)刊本。

② 汪绂：《礼记章句序》，《双池文集》卷五，见《续修四库全书》第1425册，上海：上海古籍出版社，2002年版，第96页。

③ 余龙光：《双池先生年谱》卷一，见薛贞芳编：《清代徽人年谱合刊》上册，合肥：黄山书社，2006年版，第148页。

新安汪绂于丙申(即康熙五十五年,1716)、丁酉(即康熙五十六年,1717)二年之间,因道路流离,心无俚籍,每寓言托物,以抒离忧,多所著作,而未轨于道。有时文数百篇、杂诗百余首、杂文数十百首,中有圈者、点者、黈者、读者、句者、抹者、涂者、乙者、真者、草者、前后不相接续者,卷帙散乱,堆塞满笈。既乃悔之,曰:所贵乎立言者,欲其内有以益于身心,外有以关乎世教。前可以质乎圣贤,后可以闻乎来学也。靡蔓者何为?将聚而付之回禄。[①]

这篇《焚稿文》是汪绂31岁时对治学方向作出重要调整的记录。汪绂从此开始由对经学"或作或缀"转向"一于经"和"一衷于朱子"。朱筠也说,汪绂"自是,凡有述作,息神庄坐,振笔直书,博极两汉、六代诸儒疏义,元元本本,而一以宋五子之学为归,六经皆有成书,下逮乐律、天文、地舆、阵法、术数,无不究畅,卓然可传于后"[②]。

因此,我们把31岁视为汪绂治学历程的分水岭。他的学术生涯也就以此为界,分为前后两个阶段。前一阶段虽著有《物诠》《戊笈谈兵》等,但似乎与经学无涉,他的经学研究也就主要集中在后一阶段。

汪绂曾说:"吾婺之有朱子,千百载而一人。"他十分尊崇朱熹,更企望归依朱学,但在他看来,朱学十分渊深,把握朱学不是易事,即使"当日虽亲炙其门如二滕者,所得亦无可考,况百年而后如三胡辈,以言升堂或庶几焉,以言入室,则概乎皆未之及"[③]。于是他还是先河后海,从经学原著入手。

汪绂从事经学研究很艰辛。他曾说:"绂至愚不肖,又苦饥寒,稚弱之年,每鬻书以资口食。迄后奔走四方,心不忘学,则往往效匡衡故事,佣于多书之家而不取其值,因间得窃其书而读焉。书多杂乱无章,然会通亦时有心得。

---

① 汪绂:《焚稿文》,《双池文集》卷七,见《续修四库全书》第1425册,上海:上海古籍出版社,2002年版,第126页。

② 朱筠:《汪先生墓表》,《双池文集》卷首,见《续修四库全书》第1425册,上海:上海古籍出版社,2002年版,第5页。

③ 汪绂:《答洪霖雨书》,《双池文集》卷四,见《续修四库全书》第1425册,上海:上海古籍出版社,2002年版,第85页。

又其后，设席训蒙，乃获以馆谷买书，数年之间，经书乃略备，先儒性理亦时得窥半豹焉。顾此皆人人得读之书，而《仪礼经传通解》终于无从置买，心常阙然。其他难得之书，则又往往于友朋处得借阅之。故谓绂为博闻强识，则或有之，谓绂家为插架，必饶旧本，则实无可应付也。”[①]就是在这样的情况下，汪绂通过日积月累，博览了儒学典籍及历代注疏，完成了等身的经学论著，成为一位硕儒。清代学者夏炘曾将他与张履祥、陆陇其并称为“真能为朱子学”的大儒，他说：“昭代真能为朱子之学者，大儒三人焉，一为桐乡杨园张先生，一为平湖陆清献公，其一则婺源双池汪先生也。清献以清操正学受圣祖仁皇帝之知，‘乌台奏议’海内莫不宗仰，故名最著，而其从祀胶庠亦最早；杨园为晚明诸生，隐居不仕，清献虽屡称之，而名不得与清献埒；若双池，则僻处山邑，人或不能道其姓氏，其隐晦视张先生殆尤过之，然著述之继往开来，品谊之升堂入室，与张、陆两先生盖鼎立焉无或逊也。”[②]

义理与考据兼顾的治学方法

无论是汪绂的《诠义》之作，还是其《章句》《或问》诸书，看上去都是为阐释义理而著，那么，他对训诂考据是什么态度呢？

余龙光曾说，汪绂“干城斯道，在于所著书。其著书之旨意，在于所自序”[③]。也就是说，要了解汪绂对训诂考据之学的态度，主要渠道便是汪绂所作的诸书自序。不过，汪绂在一些信函中也谈到过训诂考据的问题，因此，考察汪绂对训诂考据之学的态度同样需要关注他的有关信函。

汪绂曾说：“窃自谓朱子而后，迄今五百余岁，微言欲绝，大义多乖。其真

---

① 汪绂：《答洪霖雨书》，《双池文集》卷四，见《续修四库全书》第1425册，上海：上海古籍出版社，2002年版，第85页。

② 夏炘：《双池先生年谱序》，余龙光《双池先生年谱》卷首，见薛贞芳编：《清代徽人年谱合刊》上册，合肥：黄山书社，2006年版，第126页。

③ 余龙光：《双池先生年谱凡例》，《双池先生年谱》卷首，见薛贞芳编：《清代徽人年谱合刊》上册，合肥：黄山书社，2006年版，第128页。

能笃信朱子，以升其堂、入其室，默契其心，而发挥其蕴者，绂窃有志焉。”[①]在《四书诠义》的《例言》中，更宣称他批评“阳朱阴陆”“讲章家因外注而反背内注”“治经只为时文计”以及“佛老异说”等学界的乱象，“非只卫朱，亦以卫道”和“非有阿私，亦以卫《注》（指朱熹《四书章句集注》），且卫经也”[②]。在给其侄汪方镏的信中，汪绂同样说过：“实学须亲从经史诸子中出，此亦在其人之自求。若徒为笺释典故以示之，则学者依旧宝此为抄袭捷径。”[③]

上述言论表明，汪绂确实有着宗朱卫道的学术志向。但由此并不能断言他对训诂考据之学就持否定或排斥态度。因为汪绂也说过：“四子之书非通于六经及性理群书者不能解，且天文地舆、鸟兽草木、古今书史、百家名物、众技群言，无不有当。士号穷经，安可置而不问？且穷格得来，无非性命，兹于合当考究处，亦备考其说。”[④]如果“天文地舆、鸟兽草木、古今书史、百家名物、众技群言”等“合当考究处，亦备考其说”，那就不能只限于义理的阐述，还需要兼顾训诂考据了。

汪绂在谈到他著述《诗经诠义》时还说，他的“《诠义》之作……务以发挥朱子之意；而于鸟兽草木之名，时或考据，以正其小误漏遗”[⑤]；在《诗经诠义》的自序中也说，“训诂、章句所以释经，循而求之，不无一得”[⑥]。从所说的“时或考据，以正其小误漏遗”和“循而求之，不无一得”可以看出，他并没有否定训诂考据之意。

汪绂还曾明确表达过对待训诂考据之学的态度。他说，“朱子《诗传》字

① 汪绂：《答洪霖雨书》，《双池文集》卷四，见《续修四库全书》第1425册，上海：上海古籍出版社，2002年版，第86页。

② 均见汪绂：《四书诠义例言》，《四书诠义》卷首，道光六年（1826）刊本。

③ 汪绂：《答方镏侄书》，《双池文集》卷三，见《续修四库全书》第1425册，上海：上海古籍出版社，2002年版，第67页。

④ 均见汪绂：《四书诠义例言》，《四书诠义》卷首，道光六年（1826）刊本。

⑤ 转引自余龙光：《双池先生年谱》卷一，见薛贞芳编：《清代徽人年谱合刊》上册，合肥：黄山书社，2006年版，第163页。

⑥ 汪绂：《诗经诠义序》，《双池文集》卷五，见《续修四库全书》第1425册，上海：上海古籍出版社，2002年版，第91页。

字皆以意逆志而后出之，是以能拔乎旧序之说，而独抉作者之心，至精至纯，无少遗憾”，所以主张要像朱熹那样，“章句以纲之，训诂以纪之，讽咏以昌之，涵濡以体之，而察之性情隐微之地，审之言行枢机之始”[①]。“章句以纲之，训诂以纪之”，便是他对训诂考据的基本态度。对经学来说，训诂考据虽然需要，但是第二位的。在给洪霖雨的信中，汪绂同样表达过这样的意思：“六经本身心之学，所问置闰之法及极度高下，此可缓，第二义也。顾读经而凡有疑义，亦岂可置之不考？”[②]“置闰之法”与“极度高下”自不是三言两语可以说清楚的，而需要下一番考核功夫。“岂可置之不考”表明汪绂没有否定对这类问题的考证，只是他认为考证工作只能放在第二位，而应该首先使经学研究有益于身心涵养。

汪绂还说过：“汉儒经学，口传心识，故授受类有专门。后世经学，贪多务得，涉猎不精，而经学益多庞杂。”[③]他之所以肯定汉儒而不满于后世经学，主要可能是由于汉代的经学在训诂考据上有坚实基础，而后世经学则疏于训诂考据的缘故。

二、江永：皖派朴学的奠基者

经过黄生、姚际恒、汪绂等徽州学者的铺垫，皖派朴学已经呼之欲出，就等着正式奠基了。江永便是皖派朴学的奠基者，他“崇尚汉学，沉潜精密，参互理数，融汇沿革，论者推为‘郑康成后一人’”[④]，恰是为皖派朴学奠基的不二人选。

---

① 汪绂：《诗经诠义序》，《双池文集》卷五，见《续修四库全书》第1425册，上海：上海古籍出版社，2002年版，第91页。按，朱熹语见《诗集传序》，《诗集传》卷首，《朱子全书》第1册，上海：上海古籍出版社，合肥：安徽教育出版社，2002年版，第351页。

② 汪绂：《答洪霖雨书》，《双池文集》卷四，见《续修四库全书》第1425册，上海：上海古籍出版社，2002年版，第81页。

③ 汪绂：《与江慎修论学书》，《双池文集》卷四，见《续修四库全书》第1425册，上海：上海古籍出版社，2002年版，第63页。

④ 余龙光：《双池先生年谱凡例》，《双池先生年谱》卷首，见薛贞芳编：《清代徽人年谱合刊》上册，合肥：黄山书社，2006年版，第129页。

江永的生平与著作

江永(1681—1762)字慎修,号慎斋,婺源人。其父江期寄籍江宁(今为南京市江宁区),为县学庠生,淹贯经史,是当时知名士。江永自幼聪颖,6岁时,江期为其启蒙,江永竟日记数千言,江期甚奇,以远大之器期之,开始为他口授《十三经注疏》。

江永此后的生活经历却很简单。根据江锦波(江永之孙)、王世重(江永门人)所撰的《江慎修先生年谱》记载,自27岁之后,江永就一直僻居乡里,在坐馆授徒、潜心著述中以诸生终其一生。在其经历中,可提的不过是他21岁时,补婺源县学子弟员;34岁时补廪膳生;62岁时为岁贡生。

江永一生离开徽州也仅有两次,一次是29岁那年,其父参加岁试,江永随侍赴江宁,并馆于同族江文义家,在江宁度过两年多的时间,31岁侍父归里。另一次是60岁时,应同郡编修程恂[①]之邀入都,在京度过一年时间,于次年八月返里。在京期间,光禄寺少卿梅瑴成、庶吉士熊晖吉、编修杭世骏、六部主事胡蛟龄等俱就江永论学[②];时任三礼馆总裁的方苞也曾与之论礼,戴震说,方苞"素负其学,及闻先生,愿得见,见则以所疑《士冠礼》《士昏礼》中数事为问,先生从容置答,乃大折服";"少于礼仪功深"的编修吴绂也与江永交,并"质以《周礼》中疑义",正是这次质疑,使江永此后有《周礼疑义举要》之作[③]。

朱筠曾说他"在京师,早闻江先生名"[④],这表明江永及其著作已经有了

---

① 程恂(1697? —1749?)字栗也,号燕侯,休宁人。雍正二年(1724)进士,授官至直隶定州知府。乾隆元年(1736),举博学鸿词科,名列二甲,授翰林院检讨,后任三礼馆纂修官。乾隆十三年(1748),任会试同考官。

② 参见江锦波、王世重:《江慎修先生年谱》,见薛贞芳编:《清代徽人年谱合刊》上册,合肥:黄山书社,2006年版,第62页。

③ 戴震:《江慎修先生事略状》,《东原文集》卷一二,合肥:黄山书社,1995年版《戴震全集》第6册,第413页。

④ 朱筠:《汪先生墓表》,《双池文集》卷首,见《续修四库全书》第1425册,上海:上海古籍出版社,2002年版,第4页。

广泛的影响。江永自京师回婺源之后，便蛰居乡里，专意讲学和著述，先后完成了《礼书纲目》(1721)、《四书典林》(1734)、《翼梅》(1740)、《近思录集注》(1742)、《推步法解》(1753)、《乡党图考》(1756)、《律吕阐微》(1757)、《春秋地理考实》(1758)、《古韵标准》(1759)、《四声切韵表》(1759)、《河洛精蕴》(1759)、《读书随笔》(1760)、《周礼疑义举要》(1760)、《音学辨微》(1763)等书，以及《礼记训义择言》《深衣考误》《律吕新论》《昏礼从宜》《四书古人典林》《考订〈朱子世家〉》等。其著作收入《四库全书》的有 16 种 150 多卷(其中 3 种为存目)。

江永的学术成就

戴震说："吾师江慎斋先生，生朱子之乡，上溯汉、唐、宋以来之绝学，以《六经》明晦为己任……震少览近儒之书，所心折者数人：刘原甫、王伯厚之于考核，胡朏明、顾景范、阎百诗之于水经地志，顾宁人之于古音，梅定九之于步算，各专精一家。先生之学力、思力实兼之，皆能一一指其得失，苴其阙漏，著述若此，古今良难。"[①]由此可见，江永在诸多学术领域都成就卓越，而其最突出的成就则是在礼学、音韵学、天文历算和易学等领域。

礼学

礼学是江永学术研究的开端，也是终其一生的研究课题。

据说，江永初就外傅时，"一日，见明丘氏《大学衍义补》[②]之书，内征引《周礼》，奇之，求诸积书家，得写《周礼》正文，朝夕讽诵"[③]。他对礼学的关注

---

① 戴震：《(江慎修七十)寿序》，附录于署名江永的《善余堂文集》(不分卷)，题作《附戴东原撰寿序》，上海：上海古籍出版社，2010 年版《清代诗文集汇编》第 248 册，第 431 页。

② 按，《大学衍义补》是明代邱濬(1418—1495)在真德秀《大学衍义》基础上加以补充和扩展的著作，"治国平天下"部分便是邱濬所补的。同时，其书经世致用的主题十分突出，在全书 160 卷中，专谈论经济(经邦济国)的部分多达 23 卷，其他各卷也常涉及经济问题，故被人们视为集古代行政理念和经验大全之作。

③ 戴震：《江慎修先生事略状》，《东原文集》卷一二，合肥：黄山书社，1995 年版《戴震全集》第 6 册，第 409 页。

就由此开始。其后，“以朱子晚年治《礼》，为《仪礼经传通解》，书未就，虽黄氏(即黄榦)、杨氏(即杨复)相继纂续，犹多缺漏。其书非完，乃为之广摭博讨，一从《周官经·大宗伯》吉、凶、军、嘉、宾五礼旧次”，“凡数易稿而后定”[①]，著成《礼书纲目》85卷，另附《论律吕》2卷、《深衣考误》1卷。后“值朝廷开馆定《三礼义疏》，纂修诸臣闻先生是书，檄下郡县，录送以备参订，知者亦稍稍传写”，遂使江永成学坛知名学者。四库馆臣对其评论道：“其书虽仿《仪礼经传通解》之例，而参考群经，洞悉条理，实多能补所未及，非徒立异同。……盖《通解》，朱子未成之书，不免小有出入，其间分合移易之处，亦尚未一一考证，使之融会贯通。永引据诸书，厘正发明，实足终朱子未竟之绪，视胡文炳辈务博笃信朱子之名，不问其已定之说、未定之说，无不曲为袒护者，识趣相去远矣。”[②]

自《礼书纲目》之后，江永撰著有关礼学著作有11种100余卷，除《礼书纲目》之外，尚有《周礼疑义举要》《仪礼释宫增注》《礼记训义择言》《仪礼释例》《昏礼从宜》等。

在江永的礼学研究中，最值得注意的是，他通过对《三礼》的全面考核和系统论述，建立了完整的礼学体系。他的礼学体系的基本框架，从形式上看，是以《礼书纲目》为总述，以《周礼》学、《仪礼》学、《礼记》学等为分述，基本上涵盖了礼学的方方面面。而在《三礼》之中，他则突出了《仪礼》，在他看来，“礼乐全经，废缺久矣。今其存者，惟《仪礼》十七篇，乃礼之本经，所谓‘周监二代，郁郁乎文者’，此其仪法、度数之略也。《周礼》为诸司职掌，非经曲(按：疑为‘典’之误)正篇，又逸其冬官，盖周公草创未就之书。《礼记》四十九篇，则群儒所记录，或杂以秦汉儒之言，纯驳不一，其冠昏等义，则《仪礼》之义疏

① 均引自戴震：《江慎修先生事略状》，《东原文集》卷一二，合肥：黄山书社，1995年版《戴震全集》第六册，第409页。

② 永瑢、纪昀等：《四库全书总目》卷二二《礼书纲目》提要，北京：中华书局，1965年版，上册，第179页。

耳"[1]。于是,他的礼学体系便以《仪礼》为主体,兼及《周礼》《礼记》。若从类型上看,江永的礼学体系则"涉及考证礼学(《周礼疑义举要》《仪礼释宫增注》《礼记训义择言》等)、体系礼学(《礼书纲目》)、实践礼学(《昏礼从宜》)","这在清代礼学史上是独一无二的,在整个礼学史上也罕有其匹"[2]。

江永的礼学研究,对徽州学术的转型具有重要意义。他在礼学研究中,特别注意文字的校勘、经传疑义的诠释和名物制度的考证,在训诂考据之中,多发新义,就如四库馆臣在评论《周礼疑义举要》时所说,是"融会郑《注》,参以新说,于经义多所阐发"。四库馆臣特别指出,"其解《考工记》二卷,尤为精核"[3]。《考工记》[4]虽然篇幅不大,但内容涉及颇广,对先秦时代的车制、兵器、礼器、钟磬、练染、建筑、水利等手工业技术以及天文、生物、数学、物理、化学等自然科学知识均有记述,只是在流传中出现颇多讹误,历来注释也错误甚多。江永通过细致的考辨,纠正了经传中的大量讹误。四库馆臣曾列举了江永的多方考证,表明历来的传注和对经文的理解"均不及永之所说确凿有征",认为江永"于古制,亦可谓考之详矣"[5]。他在撰著《礼书纲目》时,既宣称"尊经之意,当以朱子为宗;排纂之法,当以黄氏丧礼为式"[6],又"融会郑《注》,参以新说",这都为徽州地区的学术转型作出了示范。

总之,江永从训诂考据入手诠释经文、阐释名物、复原制度,不仅使江永在礼学形态上与一般的礼学家有所区别,也使他在皖派朴学的形成和发展中

---

① 江永:《礼书纲目序》,见《文渊阁四库全书》第133册,台北:台湾商务印书馆,1983年版,第43页。

② 徐到稳:《略论江永在清代礼学史上的地位》,《安徽文学(下半月)》2014年第2期。

③ 永瑢、纪昀等:《四库全书总目》卷一九《周礼疑义举要》提要,北京:中华书局,1965年版,上册,第157页。

④ 按,《考工记》现存于《周礼》,《周礼》原名《周官》,由"天官""地官""春官""夏官""秋官""冬官"等组成。西汉时,因"冬官"缺失,河间献王刘德便取《考工记》以补"冬官",西汉末,刘歆校内书时改书名为《周礼》,《考工记》也因此被称为《周礼·考工记》。

⑤ 永瑢、纪昀等:《四库全书总目》卷一九《周礼疑义举要》提要,北京:中华书局,1965年版,上册,第158页。

⑥ 江永:《礼书纲目序》,见《文渊阁四库全书》第133册,台北:台湾商务印书馆,1983年版,第44页。

起着重要作用。

音韵

音韵学是江永学术研究的又一重要领域。他在音韵学方面的著作，主要有《古韵标准》《四声切韵表》《音学辨微》诸作。

自顾炎武倡导“读九经自考文始，考文自知音始”[①]之后，“知音—考文—明经”便逐渐成为诸多学者的治经门径。江永就是在顾炎武的倡导下开始古音研究的。

四库馆臣在评论江永的《古韵标准》时说：“自昔论古音者不一家，惟宋吴棫，明杨慎、陈第，国朝顾炎武、柴绍炳、毛奇龄之书，最行于世，其学各有所得，而或失于以今韵部分求古韵，或失于以汉魏以下隋陈以前随时递变之音，均谓之古韵，故拘者至格阂而不通，泛者至丛脞而无绪。永是书惟以《诗》三百篇为主，谓之诗韵；而以周秦以下音之近古者附之，谓之补韵，视诸家界限较明。其韵分平上去声各十三部，入声八部，每部之首，先列韵目，其一韵岐分两部者，曰分某韵；韵本不通，而有字当入此部者，曰别收某韵；四声异者，曰别收某声某韵，较诸家体例亦最善。每字下各为之注，而每部末又为之总论，书首复冠以《例言》及《诗韵举例》一卷，大旨于明取陈第，于国朝取顾炎武，而复补正其讹缺，吴棫、杨慎、毛奇龄之书，间有驳诘，柴绍炳以下则自郐无讥[②]焉。古韵之有条理者，当以是编为最，未可以晚出而轻之也。”[③]

江永古音研究的出发点是纠正今古韵的混淆。今古韵混淆的突出表现便是“叶音”说，它看不到语音的历史发展，把古今音看作互不关联的语音系统，在以今音读上古韵文时，若发现韵脚不谐，便强改字音以求协韵。宋代的吴棫、朱熹都是“叶音”论者，在吴棫的影响下，朱熹的《诗集传》和《楚辞集注》

---

① 顾炎武：《答李子德书》，《顾亭林诗文集》卷四，北京：中华书局，1959 年版，第 73 页。

② 按，“自郐无讥”指以下不值得评论，语出《左传》。《左传·襄公二十九年》：“（吴公子札）请观于周乐，使工为之歌《周南》《召南》，曰：‘美哉！始基之矣，犹未也，然勤而不怨矣。’……自郐以下无讥焉。”

③ 永瑢、纪昀等：《四库全书总目》卷四二《古韵标准》提要，北京：中华书局，1965 年版，上册，第 369 页。

都采用了“叶音”说。到明代中后期和清代初期,“叶音”说曾受到杨慎、陈第、顾炎武等人的反对。陈第更是指出“叶音”说的根本错误在于没有以时间观点和地域观点看待语音的变化,因而提出“时有古今,地有南北,字有更革,音有转移,亦势所必至”的语音变化观。

江永很赞成陈第的语音变化观,他指出,陈第“最有功于《诗》者,谓古无叶音,《诗》之韵即是当时本音。此说始于焦竑弱侯,陈氏阐明之”[①],并接受了陈第的观点,认为:“时有古今,地有南北,音不能无流变。音既变矣,文人学士骋才任意,又从而汩之,古音于是益淆讹,如棼丝之不可理。”[②]

如何解决“叶音”说在古音系统上带来的“淆讹”?江永主张确立辨析古韵的标准,以还原古音。他认为,能够作为确立古韵标准依据的便是《诗经》:“《三百篇》者,古音之丛,亦百世用韵之准。……以《诗》为主,经传、骚、子为证。《诗》未用而古今韵异者,采它书附益之。标准既定,由是可考古人韵语,别其同异,又可考屈宋辞赋,汉魏六朝、唐宋诸家有韵之文,审其流变,断其是非,视夫泛滥群言,茫无折衷,概以后世淆讹之韵为古韵者,不有间乎。”为此,江永对《诗经》中的音韵作了统计和分析,指出,“稽其入韵之字,凡千九百有奇,同今音者十七,异今音者十三”。也就是说,古今韵之间有共同性、继承性,也有差别性、变异性。前者是主体,占了7/10,后者只占3/10。而造成古今韵的“淆讹”,正是由于人们对这3/10有差异的古今韵不加区分。于是,他提出“试用治丝之法分析其绪,比合其类,综以部居,纬以今韵,古音犁然。其间不无方语差池、临文假借,按之部分间有出入之篇章,然亦可指数矣”[③]。

明确古今韵存在同和不同之后,接下来便是讨论整理古韵的问题。江永所说的“比合其类,综以部居,纬以今韵,古音犁然”,便是他整理古韵的原则。

---

① 江永:《古韵标准例言》,《古韵标准》卷首,见《文渊阁四库全书》第242册,台北:台湾商务印书馆,1983年版,第485页。

② 江永:《古韵标准例言》,《古韵标准》卷首,见《文渊阁四库全书》第242册,台北:台湾商务印书馆,1983年版,第484页。

③ 江永:《古韵标准例言》,《古韵标准》卷首,见《文渊阁四库全书》第242册,台北:台湾商务印书馆,1983年版,第484～485页。

这一原则，主要用于韵部的划分。

对音韵的整理，实际上早就开始了，如唐宋时代出现的韵书、韵图。不过，这时的整理多出于实用的目的，即为了作诗押韵的方便，因此，整理的对象主要是唐宋时代的语音，即今音。最早对古音进行整理的，当数宋代的郑庠(996—1066)，他以宋代的语音系统为基础进行推测，而将先秦的韵部分为东、支、鱼、真、宵、侵六部。但他没有搞清楚古今语音的变化情况，且以今音推测古音，这样分部显然是不可靠的。到清初，顾炎武在《音学五书》中便另辟蹊径，以《诗经》的实际用韵为依据，以《唐韵》为支点，比较了古今音韵，对韵部作了重新划分，将古韵分为十部，如以平声韵为例，其十部便是东、脂、鱼、真、宵、歌、阳、耕、蒸、侵。

江永在古音研究上最服膺的是顾炎武，但他并不盲从顾炎武。如在《古韵标准》中，江永一方面说："近世音学数家，……而昆山顾炎武宁人为特出，余最服其言。"而接着就说："细考《音学五书》，亦多渗漏。盖过信古人韵缓不烦改字之说，于'天''田'等字皆无音。《古音表》分十部，离合处尚有未精，其分配入声多未当。此亦考古之功多，审音之功浅，每与东原叹惜之。"①于是，他对古韵另行分部。江永在古韵的分部上，与顾炎武的不同主要有两点：一是将平上去三声各分为十三部，比顾炎武所分的古韵多出三部，就平声而言，所多分的是，将顾炎武的鱼、宵两部分为鱼、宵、幽三部；将顾炎武的真部分为真、元两部；将顾炎武的侵部分为侵、谈两部。二是将入声单独分为屋、质、月、铎、锡、职、缉、盍等八部，这与顾炎武将入声与阴声合并为一部不同。总之，江永虽然不是清代古音研究的终结者，但他与顾炎武一样，是清代古音学的开拓者，直接影响到戴震、段玉裁、孔广森、王念孙、江有诰等人的古音研究。对入声的单独分部更表明，江永对入声的特点有较多的了解，这也是江永在古音研究上的独特之处之一。

江永对入声的注意，同样表现在《四声切韵表》中，四库馆臣在评论《四声

---

① 江永：《古韵标准例言》，《古韵标准》卷首，见《文渊阁四库全书》第242册，台北：台湾商务印书馆，1983年版，第486页。

切韵表》时就说，“是书……论入声尤详”[①]。江永论入声，主要表现在他提出“数韵同一入”的观点上。江永不同意顾炎武所说的“天之生物，使之一本，文字亦然”的观点，认为顾炎武“不知言各有当”，于是，提出“数韵同一入”的观点：“数韵同一入，犹之江汉共一流也，何嫌于二本乎？数韵同一入，非强不类者而混合之也，必审其音呤，别其等第，察其字之音转、偏旁之声、古音之通而后定。”[②]

所谓“数韵同一入”，是指上古的一个入声韵可以同时与几个阴、阳声韵相配，如入声“药”韵同时与阴声韵“鱼”韵、“宵”韵和阳声韵“阳”韵相配。段玉裁则将江永的“数韵同一入”称为“异平同入”。这是对皖派朴学的音韵学研究影响较为深刻的观点。正是在“数韵同一入”或“异平同入”的启示下，戴震设计了阴、阳、入三声相配的古韵格局，将入声分为九部，与阴、阳声韵相配，成为九类，在一定意义上揭示了古韵各类韵部之间的联系和转换的特点。戴震的学生孔广森又在此基础上提出了“阴阳对转”的概念，将古韵的阴、阳转换规律化。

对“等韵”之“等”作出界定，是江永在音韵学领域又一引人注意之点。“等韵”的概念很早就已经出现，“等韵学”[③]也早就成为传统音韵学的一个分支，但对“等”的界定却一直很模糊，直到江永才给以较为清晰的界定，他说：“音韵有四等，一等洪大，二等次大，三四皆细，而四尤细，学者未易辨也。辨

---

① 永瑢、纪昀等：《四库全书总目》卷四四《四声切韵表》提要，北京：中华书局，1965年版，上册，第393页。

② 江永：《四声切韵表》，见《续修四库全书》第253册，上海：上海古籍出版社，2002年版，第90页。

③ 按，等韵学是古人以审音为主的方式分析汉字音节结构、说明发音原理的学问，简称等韵。它用“字母”表示汉字的声母系统（即三十六母），用“五音”（指唇、舌、齿、牙、喉五音，古人将“五音”与宫、商、角、徵、羽相配）、“七音”（“五音”之外加半舌［来母］和半齿［日母］两类）说明字母的发音部位，用“清浊”描述声母的发音方法，用“等呼”分析韵母的结构，用“摄”（用于韵的归类的概念，如人们把《广韵》的二百零六韵归并为十六类，便称为“十六摄”）对韵加以归类，绘成“韵图”，以帮助人们掌握韵书的反切。

等之法，须于字母辨之。”[①]以“洪细”(即发音时开口度的大小)来区别四等，这是我国音韵学史上首次对等韵学中“等”这一核心概念所作的清晰的界定，至今还常为讲传统等韵学的论著或音韵学教材所征引。

在《四声切韵表》一书中，与“等韵学”有关的还有“呼”的问题。四库馆臣说：“是书(指《四声切韵表》)……其论古法七音、三十六母不可增减移易，凡更定者皆妄作，最为有见，……大旨谓顾炎武《古音表》务反旧说之非。”[②]四库馆臣所说“七音”，是指宋元时代等韵学家依据守温的“三十六字母”，在唇、舌、齿、牙、喉五音的基础上增加半舌音和半齿音两类，合称七音。江永便主此说，他说：“来为半舌，日为半齿，合五正音为七。”[③]四库馆臣所说的“旧说”，是指将《广韵》的二百零六韵分为十六类(即“十六摄”)，每摄分为两“呼”，即开口呼(指不圆唇的韵母)和合口呼(指圆唇韵母)。这就是所谓“旧法”。明清之际，有人又将开口呼分成开口呼、齐齿呼两类，将合口呼分为合口呼、撮口呼两类，于是便成为“四呼”。顾炎武是主张“四呼”的，江永不同意顾炎武的观点，认为“七音、三十六母不可增减移易”，并说：“音呼有开口、合口，合口者吻聚，开口者吻不聚也。……唯江讲绛觉四韵，牙音重唇喉音，开口呼；舌上正齿半舌，合口呼也。”[④]江永说顾炎武“审音之功浅”，也是就此而言的。

江永在音韵学研究中成就斐然，这是学界早就定论的。王国维在评论清代古韵学时就说过：“古韵之学，自昆山顾氏而婺源江氏，而休宁戴氏，而金坛段氏，而曲阜孔氏，而高邮王氏，而歙县江氏(即江有诰)，作者不过七人，然古

① 江永：《音学辨微・八辨等列》，见《续修四库全书》第253册，上海：上海古籍出版社，2002年版，第72页。

② 永瑢、纪昀等：《四库全书总目》卷四四《四声切韵表》提要，北京：中华书局，1965年版，上册，第393页。

③ 江永：《音学辨微》附《榕村等韵辨疑正误》，见《续修四库全书》第253册，上海：上海古籍出版社，2002年版，第81页。

④ 江永：《音学辨微・七辨开口合口》，见《续修四库全书》第253册，上海：上海古籍出版社，2002年版，第71页。

音廿二部之目，遂令后世无可增损。故训诂、名物、文字之类有待于来者甚多，至古韵之学，谓前无古人、后无来者，可也。”[①]我们在这里举江永音韵学的主要成就，只是为了表明其学术地位，特别是他对皖派朴学形成的作用。从王国维所举的江永之后的著名音韵学家看，基本上都属于皖派朴学一系，且都受到江永的影响。

如上所示，江永在音韵学上创获颇多，而对江永来说，音韵文字研究只是为了经学研究的需要。在古代的学术分类中，文字音韵之学本来就隶属于经学，是“通经”的途径，就像顾炎武所说，“考文”“知音”都是读经。只是到了后来，特别是乾嘉时期，文字音韵之学才由“附庸”而成“大国”，成为独立于经学之外的学问。但在江永，则仍然继承顾炎武的治学主张，将文字音韵之学看作经学研究的门径、阐发义理之学的手段，如他说：“古人训释义理，每借字声以明义，声近则义亦相通，如云仁者人也，义者宜也，诚者自成也，而道自道也，礼者犹体也。又云礼者履此者也，乐者乐也，德者得也，政者正也，刑者侀也，此类甚多。识得此例，方知《中庸》以人训仁，古人自有意思，当得诸言意之表。”[②]“借字声以明义”，正是皖派朴学的特点之一。

天文历算

天文历算是江永关注的又一学术领域。江永的天文历算研究，与梅文鼎[③]有密切关系。不过，他虽然早知梅文鼎之名，但真正接触梅文鼎著作却较晚。在自述其涉足天文历算及撰著《翼梅》一书缘起的《翼梅序》中，江永说：

---

① 王国维：《周代金石文韵读序》，《观堂集林》卷八，石家庄：河北教育出版社，2003年版，第202页。

② 江永：《随笔札记》，《善余堂文集》（不分卷），上海：上海古籍出版社，2010版《清代诗文集汇编》第248册，第411页。

③ 按，梅文鼎（1633—1721）字定九，号勿庵，宣城（今安徽省宣城市宣州区）人。清代著名的数学家、天文学家，著有《明史历志拟稿》《历学疑问》《古今历法通考》《平三角举要》《弧三角举要》《几何补编》《堑堵测量》《几何通解》《环中黍尺》《历学骈枝》《勿庵历算书目》。梁启超曾说：“我国科学最昌明者，惟天文算法，至清而尤盛，凡治经者多兼通之。其开山之祖，则宣城梅文鼎也。”

少好天官家言，始读《尚书》"闰月""璿玑"两注，即学布算。弱冠后，见黄石斋《答袁坤仪书》，始知地园。又得《游子六〈天经或问〉》，已诧为奇书。三十在金陵，有佴氏者，家有《崇祯历书》，乞假一观。永之历学是年骤进。既而，闻宣城有梅勿庵先生，历算第一名家，年已耄，欲得人传其学，且有为永介绍者，因牵于俗累不能往。一日游书肆，见残纸二幅，或云是梅书，试阅之，皆"授时""大统"之说，始疑先生之学盖主中而黜西。果而，则邢士登《律历考》，家有抄本，不烦褰裳问津矣，自是遂绝意于梅。又廿余年，先生久捐馆，有太平崔君尝游先生之门，携《勿庵书目》《历学疑问》《疑问补》三书假观，永始叹服，亟录之。又二年，始赚得兼济堂《历算全书》，乃望洋惊怖，追忆前二纸，则《历学骈枝》中语，此先生蚤年从通轨入手之书，后来研精西法，所诣大不尔也。因悔恨曩者既不获及先生之门，中间又为二残纸所误，且不肯求先生之书，及晚岁得之，则精神瞀昏，心力钝敝，不敢望哜胾于堂，矧能烛照于室乎？潜玩既久，渐启扃钥，三角堑堵，昭若发矇，历理复多所创获。如七政左旋、日食定交角、金水有岁轮，思之皆不可移。若余向论太阳中气过宫，不当用古次名，则一得之愚，与先生暗契，一若亲承指示者。惟是寡昧之识，胶守己见，如岁实消长、恒气注历之类，不能强同，爰就先生之书衍绎之，或补所未言，或发所未竟，信者阐明，疑者辨难，约得八卷，名曰《翼梅》。

在此《序》末，江永还说："先生尝言，禹服九州之大，必有同好，所冀共为阐发，俾古人之意晦而复昭，一线之传引而弗替，则生平之志愿已毕。其虚怀公善，跂望来学者如此。永与先生有同癖，虽不获抠衣其门，犹幸读其书，固当为之补苴而张皇也。此学甚孤，无可告语，欲是正于专家而未能，姑弆藏之，并序永之私淑先生始睽而终合之故。"①

① 江永:《翼梅序》,《翼梅》卷首,道光丁未年(1847)《海山仙馆丛书》本。

从《翼梅序》可以看出，梅文鼎的著作是激发江永对天文历算深入研究的关键。正因为如此，他自视为梅文鼎的“私淑”者。不过江永也未盲从梅文鼎，他宣称其书“或补所未言，或发所未竟，信者阐明，疑者辨难”，而“为之补苴”，故将其书署为《翼梅》，即羽翼梅文鼎之学。

《翼梅》是江永最主要的天文历算之作。它包括《历学补论》《岁实消长辨》《恒气注历辨》《冬至权度》《七政衍》《金水发微》《中西合法拟草》《算剩》八部。所以，与其说《翼梅》是一部专著，倒不如说是一部小型丛书。在这部小型丛书中，江永对梅文鼎的观点有阐明，有拓展，也有辨难。其中值得注意的有以下三个方面：

第一，对“地中”说的批判。

“地中”是中国传统天文学中的一个重要概念，也是中国古代宇宙结构理论的重要构成，直接影响到古代的天文测量工作。

所谓“地中”说，是认为大地存在一个中心点，在这个中心点上，可以准确测出日地的距离，确定四时交会、寒暑交替的时间，以及决定都城地址的选择等。“地中”概念很早出现在儒学典籍中，据《尚书》载，周朝初年，召公相地并经营洛阳时，在训诰中就曾说：“王来绍上帝，自服于土中。”①有人认为其“土中”便是“地中”。明确提出并使用“地中”概念的儒学典籍可能是《周礼》，《周礼·地官·大司徒》说：“以土圭之法测土深、正日景，以求地中。日南则景短，多暑；日北则景长，多寒；日东则景夕，多风；日西则景朝，多阴。日至之景，尺有五寸，谓之地中，天地之所合也，四时之所交也，风雨之所会也，阴阳之所和也。然则百物阜安，乃建王国焉，制其畿方千里而封树之。”②至于“地中”究竟在哪里，则说法不一，有昆仑山说、洛邑说、阳城说等。

由于“地中”说是以“天圆地方”说为前提的，在西方的地圆说传入中国之

---

① 孔颖达：《尚书正义》卷一五《召诰》，见阮元校刻：《十三经注疏》，北京：中华书局，1980年版，上册，第212页。

② 贾公彦等：《周礼注疏》卷一〇，见阮元校刻：《十三经注疏》，北京：中华书局，1980年版，上册，第704页。

后,“地中”说必然会受到冲击。最早否定“地中”说的著作,当为明末学者王英明所著的《历体略》[①]一书。他在此书中以地圆说否定了“天圆地方”说,并指出,人们所说的“地中”,“乃中国之中,并非天地之中,而中国在赤道之北故也”[②]。

“地中”说虽然受到地圆说的冲击,但并没有绝迹,它在清初仍有影响,如李光地、方苞等著名学者便依然持此说。于是,持地圆说的学者便起而反对,江永就是反对者之一。他继王英明之后同样认为,传统的“地中”说,只是就中国而言,而不能概言大地,并以王蕃为例说明“地中”说之误:“王蕃言北极出地三十六度,此不过就中土‘地中’洛阳北一带所见极高言之,非可以此概大地也。”[③]江永还特别指出,《尚书》所说的“土中”,实际上是“合九州道里形势而知之,非先制尺有五寸之土圭,度夏至景与圭齐,而后谓之土中也”,也就是说“土中”并非经过天文测量所得出的“天地之中”;江永又说:“经文本谓测景以建王国,则当时惟于东都王城测之……其真测景惟能知南北之差,若东西则随人所居而移。”[④]从江永所说的“若东西则随人所居而移”可知,他实际上是以地圆说否定“地中”说。若从地圆说出发,在纬度方向是可以测定大地中点的(实际上是中线),而在经度方向上,中点(或中线)是无法测定的,因为

---

① 按,王英明(? —1614)字子晦,自号太常吉星,开州澶渊人(今河南濮阳)。万历三十四年(1606)举人,翁汉麐在重刊《历体略》的序中说,王英明重“实学”,“才识渊博,于历律、兵屯、河防、水衡之事,无弗沉究”。《历体略》三卷撰成于万历四十年(1612),其书很可能是以李之藻所撰的《浑盖通宪图说》为基础,而李之藻之西学则源于利玛窦。王英明在《历体略》中所论皆天文学的梗概,不涉及天文测量的方法,故以“历体”名书。

② 王英明:《历体略》卷上,见《文渊阁四库全书》第789册,台北:台湾商务印书馆,1983年版,第959页。

③ 江永:《数学》(即《翼梅》)卷一,见《文渊阁四库全书》第796册,台北:台湾商务印书馆,1983年版,第611页。按,王蕃曾根据《周礼》记载,推测太阳距离其下临之地为八万里,用勾股法测算出太阳距离地中阳城(今河南登封)为八万一千三百九十四里三十步五尺三寸六分,再以阳城为中心,以阳城与日距离为半径,求得周天长度为五十一万三千六百八十七里六十八步一尺八寸三分(参见《晋书》卷一一《天文志上》,北京:中华书局,1996年版,第2册,第287页)。

④ 江永:《周礼疑义举要》卷二,见《文渊阁四库全书》第101册,台北:台湾商务印书馆,1983年版,第725页。

经度方向上的中点(或中线)是随着测量者位置不同而不同的,即所谓"东西则随人所居而移"。既然经度方向上的中点(或中线)无法测定,则大地的"地中"自然也就不存在了。

第二,对"西学中源"论的否定。

如果说江永对"地中"说的批判,表现了他对传统学术中不合理观念的抛弃,那么,他对"西学中源"说的否定,则反映了他实事求是地确认了西学属于与中学不同的学术体系。

西学的传入,曾受到徐光启、李之藻、王征、杨廷筠等人的肯定,但也遭到徐如珂、沈㴶、晏文辉等人的反对,在清朝初年,杨光先甚至掀起一场排斥以汤若望为代表的传教士和西方历法的"历案"。

传教士在中国传播天主教的"福音"及西学时,为了减少与中国文化的冲突,曾宣扬天主教的教义以及西学与儒家典籍相吻合的观点。到清初,与这一观点相应的是,在中国士大夫中滋生了"西学中源"说。黄宗羲便是"西学中源"论者,他说:"勾股之术,乃周公、商高之遗,而后人失之,使西人得以窃其传。"[①]方以智也是"西学中源"论者,他认为:"万历之时,中土化洽,太西儒来,脬豆合图,其理顿显。胶常见者,虢以为异,不知其皆圣人之所已言也。"在他们看来,西学不过是中国古代学术散失之后而在西方得到保存,即所谓"天子失官,学在四夷"[②]。著名数学家、天文学家王锡阐同样持"西学中源"说,他说:"今者西历所矜胜者不过数端,畴人子弟骇于创闻,学士大夫喜其瑰

① 全祖望:《梨洲先生神道碑文》,《鲒琦亭集》卷十一,朱铸禹:《全祖望集汇校集注》,上海:上海古籍出版社,2000年版,上册,第222页。

② 方以智:《游子六天经或问序》,《浮山文集后编》卷二,见《续修四库全书》第1398册,上海:上海古籍出版社,2002年版,第389页。按,"天子失官,学在四夷",语出《左传·昭公十七年》。

异，互相夸耀，以为古所未有，孰知此数端者悉具旧法之中，而非彼所独得乎！”①“西学中源”说还为康熙帝所肯定和宣扬，他曾谕巡抚赵宏燮道：“夫算法之理，皆出自《易经》，即西洋算法亦善，原系中国算法，彼称为‘阿尔朱巴尔’。‘阿尔朱巴尔’者，传自东方之谓也。”②

康熙对“西学中源”说的宣扬曾令梅文鼎很兴奋，他说：“御制《三角形论》言‘西学实源中法’，大哉王言！著撰家皆所未及。”③又说：“伏读圣制《三角形论》，谓古人历法流传西土，彼土之人习而加精焉尔，天语煌煌，可息诸家聚讼。”④

但是，康熙对“西学中源”的宣扬，并未能止息“诸家聚讼”。江永便不同意“西学中源”说。他60岁那年到京师，梅文鼎之孙梅瑴成听说江永日夕钻研梅文鼎著作，且著书羽翼梅氏之学，便于正月初三拜访了江永。他大概发现江永不同意“西学中源”说，故后来在江永返里时，送江永一柄扇，上录梅文鼎咏历代天文历志诗的结句：“能忘创始劳，万事有权舆。”又自书一联：“殚精已入欧逻室，用夏还思亚圣言。”表达了梅瑴成对其祖父“西学中源”说的坚持。但江永此后作了这样的回答：“尝阅历代史志，深知此事之艰。四千年积智，无逾郭若思。至今日而此学昌明，如日中天。重关谁为辟？鸟道谁为开？

---

① 王锡阐：《历策》，转引自阮元：《畴人传》卷三五《王锡阐下》，见《续修四库全书》第516册，上海：上海古籍出版社，2002年版，第344～345页。按，王锡阐（1628—1682）字寅旭，号晓庵，又号天同一生，江苏吴江人。生当明清之际，无意仕进，与同时著名学者顾炎武、张履祥等以志节相砥励，潜心经史。中年以后，疾病缠身，两手几废，仍著述不辍，尤重实测天象，无间寒暑，每遇日月食，甚至抱病观测。其学博深经史、声律，尤以历法最为专精。所撰《晓庵新法》《历说》《大统西历启蒙》《圜解》《三辰晷志》《历法表》诸书，以数学为根柢，会通中西，自立新法，于日月食测定，多有创获。梅文鼎认为，清初历学应首推王锡阐。

② 王先谦：《东华录·康熙八七》，见《续修四库全书》第370册，上海：上海古籍出版社，2002年版，第527页。

③ 梅文鼎：《雨坐山窗得程偕柳书寄到吴东岩诗扇依韵和之》自注，《绩学堂诗文抄·诗抄》卷四，合肥：黄山书社，1995年版，第326页。

④ 梅文鼎：《上孝感相国四首》（四之三）自注，《绩学堂诗文抄·诗抄》卷四，合肥：黄山书社，1995年版，第329页。按，以上参考江晓原：《试论清代“西学中源”说》，《自然科学史研究》1988年第2期。

则远西诸家其创始之劳,尤有不可忘者,或亦平心之论。”[①]

江永虽然重视中学,但他能客观地承认“远西诸家其创始之劳”,在当时是少有的。在清代前期,真正能够放弃一切都是中国“古已有之”的观念而兼容中西学的,江永大概是第一人;能够不顾康熙对“西学中源”说的肯定而坚持自己意见的,大概也只有江永。

第三,对梅文鼎观点的校正。

梅文鼎的天文历算之学早已享誉学坛,江永对梅文鼎之学便十分推崇。但江永不是人云亦云的学者,他在研读梅文鼎著作特别是《历算全书》时,不仅赞赏梅文鼎的学术成就,还对他的一些观点提出了校正。江永在《翼梅》序中所提到的“岁实消长”“恒气注历”等,便是他所校正的主要问题。

“岁实消长”是指回归年与岁差的关系问题。这一问题最初是由宋代杨忠辅在《大统历》(1199 年)中提出来的。他认为回归年数值并不是常量,而是古代大、当代小。元代制定《授时历》和明代制定《大统历》时,均采纳了“岁实消长”的观点,并将其数值定为每百年减少万分之一日,即所谓“百年消长一分”。梅文鼎基本接受了“岁实消长”的观点,只是对“百年消长一分”的说法有所怀疑。江永则认为,“平岁实本无消长,而消长之故在高冲之行,与小轮之改。两岁节气相距近高冲者,岁实稍赢,近最高者稍朒,犹定朔定望定弦之不能均,惟逐节气,算其时刻分秒,而消长可勿论也”[②]。在江永看来,所谓“平岁”本无消长的“消长”,是由“高冲”之行引出的。以今天的观点看,江永

① 江永:《(翼梅)又序》,《翼梅》卷首,道光丁未年(1847)《海山仙馆丛书》本。按,《四库全书》收录《翼梅》(由戴震改名为《数学》)时,删去江永的两篇序文,可能就因他序文中反对“西学中源”说,而与康熙看法不同的缘故。

② 江永:《数学》(即《翼梅》)卷二《岁实消长辨》,见《文渊阁四库全书》第 796 册,台北:台湾商务印书馆,1983 年版,第 627 页。

的意思是消长是由日平行和视行差引起的[①]。

“恒气注历”则是推算二十四节气的一种方法，即以冬至为记历的基点，将一个回归年平分为二十四等分，以对应二十四个节气，使节气之间平均为十五天多。由于这一推算的方法是将一个回归年平分以对应节气，故又称“平气注历”。我国古代节气的推算一直采用“恒气注历”的方法，明末、清初在修订历法时，则按照西法，改为“定气注历”。所谓“定气注历”，是以日行位置作为确定节气的方法，即以冬至点为起点，将黄道均分为十二份，每一份为一宫，以太阳交宫时刻为中气，交宫中点为节气。

由于改“恒气注历”为“定气注历”，将会使历日推算变得更为复杂，特别是可能出现一月有两中气或一岁有两个可闰之月的情况，导致闰月安排的错乱[②]，这使得“定气注历”受到一些学者反对。王锡阐、梅文鼎都持反对态度。江永则持“定气注历”说，他说：“改宪以来，用定气注历久矣。勿庵先生尝举康熙己未以后历年高行以及四正相距时日，别为一卷，而云：治历首务太阳，太阳重在盈缩。又云，西法最高卑之点在两至，后数度岁岁东移，故虽冬至亦有加减，不得以恒为定。此是西法中一大节目，则先生亦甚重定气矣。而《疑问补》等书谓，当如旧法之恒气注历，持论甚坚。永深思之，谓恒气与平气不同，冬至既不得以恒为定，则诸气节亦当用定，不可用恒。”[③]江永在这里不仅指出了梅文鼎在“恒气”与“定气”之间的摇摆，更是用梅文鼎的观点否定他的“恒气注历”说：既然梅文鼎认为“冬至亦有加减”，即太阳的远地点（冬至）都不是固定的，可见他还是“甚重定气”的。

---

① 参见郭世荣：《梅瑴成对江永〈翼梅〉引起的中西天文学之争》，《自然辩证法通讯》2005年第5期。按，“冲”是中国古代天文学的概念，当外行星运行到与地球、太阳成一条直线，而地球正处在这个行星与太阳之间的位置时，就称作“冲”。而“高冲”则是指太阳所在位置的最高点和最低点，江永认为，“高冲”处于由缩而赢的转折点上，即“高冲为缩末，盈初之端”（转引自江藩：《汉学师承记》卷五，北京：中华书局，1983年版，第75页）。

② 参见王广超：《明清之际定气注历之转变》，《自然科学史研究》第31卷，2012年第1期。

③ 江永：《数学》（即《翼梅》）卷三《恒气注历辨》，见《文渊阁四库全书》第796册，台北：台湾商务印书馆，1983年版，第642页。

江永的易学

学界对江永的关注，大多聚焦在他的礼学、天文历算和音韵训诂方面，对他的易学则多有忽略。江永的易学虽然与他走向朴学没有直接联系，但确为其学术的重要部分。

江永的易学思想主要表现在其晚年所著的《河洛精蕴》中。他在此书的自序中说：

> 所谓精者，自然流出，不假智力安排；所谓蕴者，包蓄无涯，不遗糟粕煨烬，两言足以尽易道之妙矣。更探本而言之，卦之精即图书之精，卦其右契，而图书其左券也。卦之蕴皆图书之蕴，卦其子孙，而图书其祖宗也。[①]

从江永这段自序，可以大体看出《河洛精蕴》的基本构架和基本思想。

周敦颐曾说："圣人之精，画卦以示；圣人之蕴，因卦以发。"[②]这大概就是《河洛精蕴》书名的由来。江永以"精""蕴"两个概念为中心，将九卷的《河洛精蕴》分为内、外篇。其内篇三卷，江永自言："凡论图书卦画之原，先天后天之理，蓍策变占之法，俱载此篇，是为河洛之精。"外篇六卷，江永自言："凡论图书、卦画所包函，推广他事可旁通者，俱载此篇，是为河洛之蕴。"[③]也就是说，以内篇为"精"、外篇为"蕴"，便大体形成《河洛精蕴》的框架。

至于《河洛精蕴》的基本思想，可注意的有以下几点：

第一，视《河图》《洛书》为"天地之大文章"。

江永说：

> 天不爱道，地不爱宝。河出马图，洛出龟书，天地之大文章也。

---

① 江永：《河洛精蕴序》，《河洛精蕴》卷首，北京：北京出版社，1997 年版《四库未收书辑刊》第 3 辑，第 23 册，第 249 页。

② 周敦颐：《周子通书·精蕴第三十》，上海：上海古籍出版社，2000 年版，第 40 页。

③ 江永《河洛精蕴》内、外篇的题解，《河洛精蕴》卷一、卷四，北京：北京出版社，1997 年版《四库未收书辑刊》第 3 辑，第 23 册，第 258、310 页。

天以光气昭烁于三辰，地以精华流衍为五行，其为文章也大矣。复假灵于神物，出天苞，吐地符，示之图焉，倍五为十而显其常；又示之书焉，藏十于九而通其变。常者俱无穷之变，变者皆自然之常。参伍而列，错综而居。天地不自匿其妙道至宝，所以牖圣人而启其聪明，发其神智，又将有不尽之文章于是乎起也。……虽圣人之聪明神智，仰观俯察，远求近取，随处皆可会心，而以天地自来之文章，心领而神契者必尤深。故曰："河出图，洛出书，圣人则之。"非虚言也。[①]

这段论述，反映了江永对易学源头的看法。

自《周易·系辞上》提出"河出图，洛出书，圣人则之"之后，汉代学者便多将《河图》《洛书》视为《易经》之源，认为《易》的八卦便是依据《河图》《洛书》推演出来的。但在宋代之前，《河图》《洛书》究竟为何物，却无人能讲清楚，直到陈抟提出《河图》《洛书》及"先天图""太极图"的图象之后，人们才有了《河图》《洛书》之象和《河图》《洛书》之数的概念，也因此围绕《河图》《洛书》发生了一系列的争论。《河图》《洛书》与易学的关系便是争论的问题之一。

在宋代，也有一大批学者将《河图》《洛书》视为易学之源，其中著名的学者有刘牧、李觏、朱震、程大昌、朱熹、蔡元定、雷思齐、吴澄、胡方平、胡一桂、张理等，他们虽然在对《河图》《洛书》涵义的具体理解上有所不同，但在将《河图》《洛书》视为易学之源上，则是一致的。而与其同时，也有很多学者否定《河图》《洛书》与易学的关系。如欧阳修在谈到八卦的起源时，就断言"河、洛不出《图》《书》"，对《河图》《洛书》的存在持否定的态度，甚至认为《河图》《洛书》是"害经惑世"的东西[②]；南宋学者薛季宣虽然没有否定《河图》《洛书》的存在，但他认为《河图》《洛书》"乃《山经》之类，在夏为《禹贡》，周为职方氏所

---

① 江永：《河洛精蕴序》，《河洛精蕴》卷首，北京：北京出版社，1997 年版《四库未收书辑刊》第 3 辑，第 23 册，第 248～249 页。

② 欧阳修：《易童子问》卷三，《欧阳修全集》第三册，北京：中华书局，2001 年版，第 1121 页。

掌，今诸路闰年《图经》，汉司空《舆地图》《地里志》之比”[①]，即像《山海经》之类的书籍一样无法稽考，否定了《河图》《洛书》与易学的关联；宋元之际的学者俞琰在谈到八卦起源时，虽然没有断然否定《河图》《洛书》为易学之源，但他强调八卦“不特取法于《河图》《洛书》二物而已”[②]，实际上动摇了《河图》《洛书》为易学之源说，而且在俞琰看来，所谓《河图》《洛书》，也与马、龟无关，它们不过是河源、洛水所产的玉石而已：“案：《书·顾命》云‘天球、河图在东序。’天球，玉也，河图而与天球并列，则河图亦玉也，玉之有文者尔。昆仑产玉，河源出昆仑，故河亦有玉；洛水至今有白石，《洛书》盖白石而有文者也。”[③]

《河图》《洛书》与易学关系的争论一直延续到明清之际。其时，方孔炤、方以智父子便是信奉《河图》《洛书》之学的代表者。如方以智说：“朱子曰：‘读《大戴礼》，其《明堂篇》有二九四七五三六一八之语，郑《注》云，法龟文也，然则汉人固以九数者为《洛书》矣。’关子明、邵康节皆以十为图、九为书。刘牧《钩隐图》易置之，言自范谔昌、许坚、李溉、种放得于希夷，邵子自李之才、穆修得之希夷，刘所传混耳。汉前《图》《书》本具，而中间隐晦，至宋乃显。潜老夫（按：潜夫为方孔炤之字）曰：《图》《书》一理，皆《易》道也。……理藏于象，象历为数，《易》以睹闻传。不睹闻，非待马、龟而具，特因马、龟而触其征耳。”[④]

但其时，顾炎武、黄宗羲、毛奇龄、胡渭等著名学者则否定《河图》《洛书》与易学的关系。如顾炎武说：“圣人之所以学《易》者，不过庸言、庸行之间，而

---

① 薛季宣：《河图洛书辨》，《浪语集》卷二七，见《文渊阁四库全书》第 1159 册，台北：台湾商务印书馆，1983 年版，第 416 页。

② 俞琰：《书斋夜话》卷二，见《文渊阁四库全书》第 865 册，台北：台湾商务印书馆，1983 年版，第 621 页。

③ 俞琰：《周易集说》卷三一，见《文渊阁四库全书》第 21 册，台北：台湾商务印书馆，1983 年版，第 310 页。

④ 方孔炤、方以智：《周易时论合编》卷一，见《续修四库全书》第 15 册，上海：上海古籍出版社，2002 年版，第 21 页。按，关于《周易时论合编》的作者，有方孔炤所著说、方以智所著说及方孔炤、方以智父子合著说，本书采用的是方孔炤、方以智合著说。

不在乎《图》《书》象数也。今之穿凿图象以自为能者，畔也。”[①]四库馆臣在评论《易图明辨》时则说：“(《易图明辨》)引据旧文，互相参证，以箝依托者之口，使学者知《图》《书》之说虽言之有故，执之有理，乃修炼、术数二家旁分易学之支流，而非作《易》之根柢，视所作《禹贡锥指》，尤为有功于经学矣。”[②]

在《河图》《洛书》与易学关系的争论中，江永是赞同《河图》《洛书》为易学之源的观点的，但又与《河图》《洛书》为易学之源的传统观点有所不同。他特别提出，《河图》《洛书》是天地所呈现的“大文章”，是自然的奥秘借助于马图、龟书而呈现。根据这一观点，研究《河图》《洛书》，也就成为对天地运行奥秘的揭示，这在很大程度上冲淡了《河图》《洛书》的神秘性。同时，江永提出“天地之大文章”，还很自然地将易学之源的两种观点统一起来。在《易传》中，存在着关于《易》的起源的两种不同观点，即“河出图、洛出书，圣人则之”说与圣人“仰观俯察”说。这也是在易学起源问题上引发争论的原因之一。江永认为，圣人的“仰观俯察”，是对“天地自来之文章，心领而神契”，而《河图》《洛书》就是“天地自来之文章”、天地的“妙道至宝”。于是，圣人的“仰观俯察”与“河出图，洛出书，圣人则之”也就一致起来。

第二，《河图》《洛书》与先、后天八卦图的生成。

易学之源的问题，讨论的主要是八卦的生成问题。

江永认为“画卦”也是一篇文章，是圣人的文章，如他说：“画卦者，圣人之文章也。一奇一偶，太极呈焉，仪象生焉。三画既成，八象肖焉，万汇该焉。自天地定位以至水火不相射者，先天之为体也。自帝出乎震以至成定乎艮者，后天之为用也。”[③]而既然《河图》《洛书》是“天地自来之文章”，于是，易学之源问题，也就成为“圣人之文章”与“天地自来之文章”的关系。江永将这两

① 顾炎武：《日知录》卷一《孔子论易》，见黄汝成：《日知录集释》上册，上海：上海古籍出版社，2006 年版，第 50 页。

② 永瑢、纪昀等：《四库全书总目》卷六，北京：中华书局，1965 年版，上册，第 40 页。

③ 江永：《河洛精蕴序》，《河洛精蕴》卷首，北京：北京出版社，1997 年版《四库未收书辑刊》第 3 辑，第 23 册，第 248～249 页。

者的关系视为派生的关系,即:“卦其子孙,《图》《书》其祖宗也。”[①]

那么,《河图》《洛书》是如何派生出八卦的呢?换句话说,“河出图,洛出书”之后,圣人是如何“则之”而作八卦的呢?自《周易·系辞上》提出“河出图,洛出书,圣人则之”之后,这个问题就没有人回答过。至清代,江永要回答了,他说:“相传《河图》出于伏羲之世,则圣人之作《易》也,必于《河图》为最先。《易》卦之作,所谓《易》有太极,是生两仪,两仪生四象,四象生八卦者也。夫《图》以点而卦以画,《图》数有十而卦止八,二者甚不相侔,何以言‘则’?既曰‘则之’,则必有确然不易之理数,与之妙合无间,然后可谓则《图》作《易》。”[②]江永认为,《易》卦之作,首先是效法《河图》,在《河图》内即含有太极、两仪、四象、八卦。但由《河图》而至画卦,需要解决两个问题:一是将《河图》之点变为卦之画;二是将《河图》之数十变为卦之数八。

为了解决上述问题,江永首先确定《河图》中宫的“五、十”即为太极,而《河图》的四方之数,皆为五、十所生。如《河图》中宫的十、五,各减太阳一数,便得西方的九、四;各减少阴的二数,便得东方的八、三;各减少阳的三数,便得南方的七、二;各减太阴的四数,则得北方的六、一。这样,就解决了《河图》之数与八卦之数不一致的问题,也为诠释圣人如何效法《图》《书》而作卦提供了基础。

在解决《河图》之数与八卦之数不一致问题之后,江永便对《图》《书》生成先天、后天八卦作出解释。在江永看来,《河图》是八卦的“阳仪”与“阴仪”两个序列画卦的依据,而《洛书》则是列卦之位的原则。他将八卦之各卦与《河图》之数相配如下:“《乾》为父得九,《震》长男得八,《坎》中男得七,《艮》少男得六;《坤》为母得一,《巽》长女得二,《离》中女得三,《兑》少女得四。”[③]他于是进而说:“愚谓《河图》之数,水北火南,木东金西,先天涵后天之位。而其所

---

① 江永:《河洛精蕴序》,《河洛精蕴》卷首,北京:北京出版社,1997年版《四库未收书辑刊》第3辑,第23册,第249页。

② 江永:《河洛精蕴》卷一《图说》,北京:北京出版社,1997年版《四库未收书辑刊》第3辑,第23册,第261页。

③ 江永:《河洛精蕴》卷一《圣人则洛书列卦图》,北京:北京出版社,1997年版《四库未收书辑刊》第3辑,第23册,第260页。

以成先天八卦者，乃是析《图》之九、四、三、八，以当《乾》《兑》《离》《震》之阳仪；分《图》之二、七、六、一，以当《巽》《坎》《艮》《坤》之阴仪。序列既定，然后中判，规而圆之，《乾》《兑》《离》《震》居左，则九、四、三、八亦居左；《巽》《坎》《艮》《坤》居右，则二、七、六、一亦居右，适与《洛书》八方相符焉。此《图》《书》、卦画所以有相为经纬、相为表里之妙。”①

江永对《河图》《洛书》生成先天、后天八卦问题的论述颇为细致，这里无法详述②，只能指出，他论述这一问题，并作《圣人则河图画卦图》与《圣人则洛书列卦图》两图的目的之一，是要解决易学研究中《图》与《书》不能贯通、卦与数不能融合的问题，如他说：“昔也《图》不能与《书》通，卦不能与数合。今则有绳贯丝联、操券符契之妙。是为河洛之精义，先儒欲发明之而未昭晰者，不可不为之补苴而张皇也。”③在江永看来，这正是他在易学上的一大贡献。

第三，“卦变”为《易》中的“要义”。

在易学研究上颇具盛名的黄寿祺，在其所作的《河洛精蕴》提要中曾说，“(《河洛精蕴》)其中如《大衍之数五十说》《参天两地以倚数说》《揲蓍说》《变占说》《占法考》《互卦说》《卦变说》《卦变考》《卦象说》等篇，均抉择精详，论列允当”④。在黄寿祺所提到的江永诸说中，“卦变”问题尤为人们所关注。

所谓“卦变”，是指在《易经》六十四卦（主要是《屯》《蒙》之后的五十六卦）之间所具有的一种变化关系。“卦变”说最早是由汉代荀爽、虞翻等易学家提出来的，但在魏晋到唐代这段时间内，“卦变”说曾经消沉，否定“卦变”说成为主流。到宋代，“卦变”说又再度兴起，李之才、程颐、苏轼、朱震、朱熹等都是“卦变”论者。

---

① 江永：《河洛精蕴》卷一《图说》，北京：北京出版社，1997年版《四库未收书辑刊》第3辑，第23册，第261页。

② 按，关于江永对《河图》《洛书》生成先天、后天八卦问题的论述，可参看乔宗方：《试论江永河洛变先后天八卦图式思想》一文，载《周易研究》2010年第1期。

③ 江永：《河洛精蕴》卷一《图说》，北京：北京出版社，1997年版《四库未收书辑刊》第3辑，第23册，第263页。

④ 黄寿祺：《易学群书平议》，北京：北京师范大学出版社，1988年版，第57页。

但是，在“卦变”说流行的同时，也有很多学者对其持否定态度，如汉代的郑玄就认为《易》“无卦变之义”。魏晋时期，王弼对主张“卦变”说的汉儒则以揶揄的口吻道：“互体不足，遂及卦变；变又不足，推至五行。一失其原，巧论弥甚。”清代初年，李光地、胡煦、李惇、焦循等学者同样否定“卦变”说[①]。

就在清初学界对“卦变”说争论不休之时，江永也提出了他的“卦变”说。江永“卦变”说的突出之点有以下几个方面：

首先，对“卦变”在易学中作了定位。

一些学者虽然承认“卦变”说，但并不认为“卦变”在易学中有什么重要地位，如朱熹就说，“以卦变为说”只是“《易》中之一义，非画卦作易之本指”[②]。江永则特别强调“卦变”在易学中的意义，他认为“卦变”不仅是“《易》中堂堂正正之一义，非若纤巧凿智者比”[③]，而且“在《易》中实一要义”，所以对其“不可视为绪余剩义而轻忽之”[④]。

其次，“卦变”是《易》中“易见之理”。

在江永看来，伏羲画卦之时就已经在卦中寓有“卦变”之理，诸儒却多有异说，他对此很不理解：“五十六卦之中，有因反易之理，而《彖》辞有曰往曰来者，自是《易》中所有之义。往来不出相反之卦，似亦易见之理，何以先儒于‘卦变’纷纷有异论耶？”[⑤]

再次，“卦变”的“义例”是“反对”。

在持“卦变”说的学者中，对“卦变”所依据的“义例”的看法并不一样。要之，有三种：一是以卦爻的“升降”为义例，荀爽、虞翻、李之才、朱熹等便持此

---

① 参见苏正道《江永“卦变”说浅析》，《湖南科技学院学报》2014 年第 4 期。

② 朱熹：《周易本义》卷首《易图 · 卦变图》注，《朱子全书》第 1 册，上海：上海古籍出版社，合肥：安徽教育出版社，2002 年版，第 23 页。

③ 江永：《河洛精蕴》卷五《卦变说》，北京：北京出版社，1997 年版《四库未收书辑刊》第 3 辑，第 23 册，第 324 页。

④ 江永：《河洛精蕴》卷五《总论》，北京：北京出版社，1997 年版《四库未收书辑刊》第 3 辑，第 23 册，第 330 页。

⑤ 江永：《河洛精蕴》卷五《卦变说》，北京：北京出版社，1997 年版《四库未收书辑刊》第 3 辑，第 23 册，第 323 页。

说；二是以“乾”“坤”相交为义例，程颐、苏轼等便持此说；三是以卦体“反对”为义例，俞琰、黄宗羲、胡渭等则持此说。江永也是以卦体“反对”为义例的论者，他曾将六十四卦分为“不可反易”和“可反易”两类，即“六十四卦不可反易者，《乾》《坤》《颐》《大过》《坎》《离》《中孚》《小过》；可反易者，《屯》《蒙》以下五十六卦”。他认为：“伏羲画卦，阴阳、奇偶必相对，此不易之体也。使如《乾》《坤》之例，《离》必对《坎》，《巽》必对《震》，则《水》《雷》《屯》之后，必将继以《火》《风》《鼎》乎。……天道、人事皆有反复、往来之理，故当兼反、对二义。不可反者，以对为序，可反者，虽有相对之理，必以相反为序。”[①]又说：“文王之《易》，以反对为次序，始读《易》即知之，从近身一卦取卦变，以求合经文，如拾芥之易，而先儒皆忽之。目能察秋毫，而泰山蔽于一掌，固有此事理也？”[②]

最后，《河图》《洛书》的旁通。

江永《河洛精蕴》的思想值得注意的还有他将《河图》《洛书》之学加以“旁通”，“推广他事”，所谓“河洛之蕴”就是指此。这表明，在江永看来，《河图》《洛书》不仅是“天地之大文章”即自然现象、自然奥秘的呈现，而且是天地的总规律、总法则，天地间万事万物的规律、法则都为《河图》《洛书》所包涵、所支配。古今中外的一切事物、一切知识都以《河图》《洛书》为源。例如，数学的勾股术，“究其根源，亦与《河图》《洛书》、八卦五行相联贯，学《易》者何可不深究乎？”[③]甚至连当时人们所乐道的“理分中末线”（即“黄金分割线”）也出自《河图》中宫的五与十：“中央五与十之勾股，则西人所谓‘理分中末线’者由此出，亦大

① 江永：《河洛精蕴》卷五《卦变说》，北京：北京出版社，1997年版《四库未收书辑刊》第3辑，第23册，第323页。

② 江永：《河洛精蕴》卷五《卦变说》，北京：北京出版社，1997年版《四库未收书辑刊》第3辑，第23册，第326页。

③ 江永：《河洛精蕴》卷六《论勾股之用至博》，北京：北京出版社，1997年版《四库未收书辑刊》第3辑，第23册，第340页。

奇矣。”[①]“西人秘惜其法,谓此线为‘神分线’,岂知神奇即在目前哉!”[②]

又如音律方面,所谓“五音六律”也与《河图》有密切关系。江永说:“制律吕、正声音,王者重大之事,亦造化最微妙之理。昔之言律吕者多矣,未有言其根源在《河图》《洛书》者。唯明宗室郑世子朱载堉始言黄钟律度取法《河图》《洛书》,神宗时进《律吕精义》,其说曰:‘臣尝闻朱子曰,《史记》说律数,盖自然之理,与先天图一般。’……朱子所谓与先天图一般者,先天图出于《河图》《洛书》者也。”[③]

再如中医学,江永从“天道中默具人道之理”的观点出发,认为:“人为三才之一,位居天地之中,本与天地相肖。则所谓《河图》《洛书》八卦,其理自与人身相通。……卦之所以应乎人身者,岂仅以形体粗迹比拟耶?人身有督脉……有任脉……此二脉即人身之乾坤,亦即九一二数之相表里。督统一身之阳,任统一身之阴。不惟人有之,鸟兽虫鱼皆有之,即果实之类亦有之。”[④]于是,五运六气、三部九侯,以及临床诊断、治疗法则,都蕴藏在《河图》《洛书》八卦之中,乃至“子午流注经”也正应“先天八卦横图”[⑤]。

江永还认为“《河图》为物理根源”,于是,方位、五星、五时、五事、五用、五性、四端等天文、地理、人事的根源均蕴于《河图》《洛书》之中。

总之,在江永的《河洛精蕴》中,似乎还可以看出新安理学的余韵,但也正是《河洛精蕴》终结了徽州地区的易学研究。此后,在徽州学者中便看不到《河洛精蕴》这样的易学著作了。

---

① 江永:《河洛精蕴》卷六《河图五勾股说》,北京:北京出版社,1997 年版《四库未收书辑刊》第 3 辑,第 23 册,第 341 页。

② 江永:《河洛精蕴》卷六《理分中末线出河图中宫说》,北京:北京出版社,1997 年版《四库未收书辑刊》第 3 辑,第 23 册,第 347 页。

③ 江永:《河洛精蕴》卷七《律吕声音本于河图洛书说》,北京:北京出版社,1997 年版《四库未收书辑刊》第 3 辑,第 23 册,第 349 页。

④ 江永:《河洛精蕴》卷九《人身督任脉手足经脉应洛书先天八卦图·图说》,北京:北京出版社,1997 年版《四库未收书辑刊》第 3 辑,第 23 册,第 380 页。

⑤ 江永:《河洛精蕴》卷九《人身督任脉手足经脉应洛书先天八卦图·图说》,北京:北京出版社,1997 年版《四库未收书辑刊》第 3 辑,第 23 册,第 381 页。

第十二章　不疏园:皖派朴学的摇篮

前面两章表明,黄生、姚际恒、汪绂、江永等徽州学者已经不再将理、气、性、命等形而上的问题作为探究的重点,他们开始重视文字、音韵、训诂之学,显示出以训诂考据方法治经的学术趋向。一股朴学之风已经“起于青萍之末”。

但是,黄生、姚际恒、汪绂等人的学术活动只表明徽州地区学术转型的趋向,而不意味着朴学学派已经形成。因为作为学派的皖派朴学,不仅需要具备成熟的朴学思想和有影响的领军人物,还需要形成遵循朴学的学术群体。这个学术群体在黄生、姚际恒、汪绂周围尚未出现,直到江永晚年时才形成。

提到朴学群体的出现,就不能不说不疏园。在不疏园中,不仅留下了皖派朴学两代领军人物——江永和戴震的足迹,徽州地区最初的朴学群体也是诞生在这里。不疏园也因此被誉为皖派朴学的摇篮。

一、不疏园的兴废

不疏园是清代歙县的一座私家园林。它位于歙县县城以西大约 6 公里的西溪古村（西溪亦名西沙溪）。西溪这座古村南临流经歙县西乡的丰乐河[①]，北靠黄山支脉的灵金山，西邻元代著名学者郑玉的故里郑村（20世纪50年代，西溪合并于郑村，成为郑村的西部）。不疏园这座文化氛围浓郁的私家园林，就坐落在枕山临流、环境清幽、文化底蕴深厚的西溪古村之中。

不疏园的始创者是"西溪汪氏"的汪泰安。西溪汪氏的始迁祖是汪人鉴（1230—1302），他于元世祖忽必烈至元二十八年（1291）始迁西溪之后，便枝叶蕃衍，形成望族，于是人们便把汪氏的西溪一支称为"西溪汪氏"。

"西溪汪氏"与徽州很多大族一样，有着"亦儒亦贾"的传统。使西溪汪氏打上"好儒"印记的，大概是第十代的汪良锺。汪良锺（1573—1659）字伯英，明万历中为太学生。据汪灼说，汪良锺耽风雅，好读书，曾"筑别馆于西溪村口，扁以'菉竹'。与董思白[②]、秦京[③]诸君子往来其间，徘徊乎四如之轩，相羊乎扶摇之阁，徙倚乎含香之亭"[④]。"西溪汪氏"的"好儒"之风便形成于这位儒雅风流的汪良锺。

但到汪良锺曾孙汪景晃时，又弃儒为贾，走上从商之路，于是，"西溪汪氏"也就成为"善贾"的门第。汪景晃（1666—1761）原名晃，字明若，号旭轩，在兄弟六人中行五。其长兄汪景昌仍走着学优则仕的路子，于康熙二十四年（1685）中进士，使西溪汪氏"好儒"的门风得以保留。但三年后汪景昌就病逝，撑持汪氏门户的担子便自然地落在愿意从商的汪景晃肩上。

---

① 据汪大白说，西溪即为丰乐河，"是立足于歙县县城而对丰乐河的指称"。参见汪大白：《文化西溪　风雅长流——序西溪村文化志》，安徽文化网，2011年9月10日。

② 按，董其昌（1555—1636）字玄宰，号思白、思翁，别号香光，谥文敏，松江（今上海松江）人，明代著名书画家。

③ 按，秦镐（生卒年不详）字京（一说字子京，但袁小修序《头责斋集》说："今人字皆两字，而京独一字，东汉以下无之矣。"袁说虽不确，但可证秦镐之字为京），汝阳（在今洛阳）人，崇祯时征辟不就，有诗名，著有《头责斋集》。

④ 汪灼：《半亩园赋序》，《渔村文集》卷二，转引自汪世清：《不疏园与皖派汉学》，《江淮论坛》1997年第2期。

据刘大櫆[①]撰写的《汪府君墓志铭》记载，汪景晃“生而仁慈，好施与。常谓其家人曰：‘一家饶裕，而族有四穷，耻也。’年二十二，弃儒术，操百缗以往贾于浙之兰溪。及艾（按：‘及艾’指五十岁，亦称艾寿）而归里，则尽传家事于其子，而一以施济为己事”[②]。刘大櫆所说的“尽传家事于其子”，指的就是汪景晃将“家事”（应主要是商事）传于其次子汪泰安。而汪泰安更是集“善贾”与“好儒”于一身，将汪氏家族“贾而好儒”传统表现得淋漓尽致。

汪泰安（1699—1761）字永宁，号盘石。当汪景晃“及艾而归里”时，汪泰安年方十七，但从汪梧凤所撰的《家父六十事略》中可以看出，汪景晃的商事正是靠汪泰安得以继承和光大。如汪梧凤写道：“初，家大父（即汪景晃）好施与，年逾艾而传家事，而一以笃于乡邻族党、急人之急为务。岁积费常百千，而财将不赡。家父（即汪泰安）不敢言，第忧无以称家大父之施与，恐家大父知之无以自乐也，乃私与家母谋，母曰：‘以母息子，利不穷。’遂出嫁时物，售其值得数千缗，用以益生产，佐大父施与之赀，于今数十年如一日。”[③]能够数十年如一日“益生产、佐大父施与之赀”，表明汪泰安确实很“善贾”；而他能够斥资创建不疏园，并“斥千金置书”于园中，如果没有雄厚的资金，则也是不可能办得到的，这更显示出他的“善贾”。

汪泰安“好儒”也是很出名的。他的“好儒”首先表现为勤读“书史”，汪梧凤就说过：“家父敬慎精勤，治事毕，则篝灯阅书史，至丙夜膏尽乃休。”作为一位商人，如此勤读书史，没有“好儒”之心，是办不到的。其次，表现在对其子的期待上。汪梧凤继而又说：“先是，梧凤学科举之学，父见之无一言。及从

---

① 按，刘大櫆（1698—1780）字才甫，一字耕南，号海峰，安徽桐城（其出生地汤沟镇陈家洲在今枞阳）人，为桐城派著名作家。二十多岁入京师，方苞见其文章极叹服，说：“如苞何足算哉！邑子刘生乃国士尔！”遂以古文名噪京师。其晚年执教于黟县和歙县，并主纂《歙县志》。与徽州学者多有交往，汪梧凤、吴定等皆从其学古文。

② 刘大櫆：《汪府君墓志铭》，《刘大櫆集》卷八，上海：上海古籍出版社，1990 年版，第 249 页。

③ 汪梧凤：《家父六十事略》，《松溪文集》（不分卷），北京：北京出版社，2000 年版《四库未收书辑刊》第 10 辑第 28 册，第 170～171 页。

游方朴山[1]、江慎斋二先生,读经史、治古文词,父见之乃大喜。”[2]所以当代徽州学者汪世清说,这表明汪泰安所希望于其子的,并不是由科举以取功名,而是穷经研史,成为好学之士[3]。汪泰安的“好儒”更表现在不疏园的创建上。不疏园创建于乾隆初年。汪梧凤在谈到汪泰安创建不疏园的目的时说:“先君子治田为园,园北有堂,颜之曰‘不疏’,盖取陶诗‘暂与田园疏’意而反之,亦欲使后之读书其中者,常守厥志,不致苟于利禄而饕餮于荣宠也。”[4]汪世清据此认为,“不疏”二字原是取为堂名,及园建成,而把“不疏”二字广为园名。不论是用“不疏”作堂名,还是作园名,都是意在告诫子孙应有读书之志,不可将追求功名利禄作为人生的目标[5]。

至于不疏园的规制,现在已经无从得知了,只是据说其面积约三亩[6],园中先后建成有“十二景”。所谓“十二景”,是指六宜亭、别韵、拜经草堂、松溪书屋、山泉响、勤思楼、双桐得夏阴、竹北华南、半隐阁、听雨、不浪舟、黄山一角等园内十二处建筑。在这十二处建筑中,至少有半隐阁、拜经草堂、松溪书屋、勤思楼、竹北华南等处都是藏书之所[7]。如此优雅的环境,且有丰富的藏书,俨然是“诵习讲贯”的好去处,充分体现了汪泰安创园的目的。

不疏园建成十年左右,戴震、江永便先后进入不疏园。汪中曾谈到江永、

---

① 按,方楘如(生卒年不详)字若文,一字文辀,号朴山,淳安人。曾受业于毛奇龄,笃信好学,以文章名天下。康熙四十五年(1706)中进士,授顺天丰润(今属河北省)知县,历官三年后,便家居力学,教书自给。曾在敷文、蕺山、紫阳书院讲学,其教以正心术、端品行为本。乾隆二年(1737),以经学被推举,钦召纂修三礼,但固辞不就,闭户著书。所著有《周易通义》《尚书通义》《毛诗通义》《集虚斋学古文》《离骚经解》及《朴山存稿》《朴山续稿》等。

② 汪梧凤:《家父六十事略》,《松溪文集》一卷本,北京:北京出版社,2000年版《四库未收书辑刊》第10辑第28册,第171页。

③ 汪世清:《不疏园与皖派汉学》,《江淮论坛》1997年第2期。

④ 汪梧凤:《勤思楼记》,《松溪文集》一卷本,北京:北京出版社,2000年版《四库未收书辑刊》第10辑第28册,第155页。

⑤ 汪世清:《不疏园与皖派汉学》,《江淮论坛》1997年第2期。

⑥ 按,汪柏树在《戴震与不疏园》一文中说:“2010年内部出版的《郑村志》根据对遗址测量,指出不疏园长53.55米,宽37.3米,面积1997.5平方米,约三亩。”《黄山学院学报》2015年第4期。

⑦ 参见汪柏树:《戴震与不疏园》,《黄山学院学报》2015年第4期。

戴震与不疏园的关系，他说：

> 国初以来，学士陋有明之习，潜心大业，通于六艺者数家，故于儒学为盛。迨乾隆初纪，老师略尽，而处士江慎修崛起于婺源，休宁戴东原继之，经籍之道复明始此。两人自奋于末流，常为乡俗所怪，又孤介少所合，而地僻陋，无以得书。是时歙西溪汪君独礼而致诸其家，饮食供具惟所欲。又斥千金置书，益招好学之士日夜诵习讲贯其中。久者十数年，近者七八年、四五年，业成散去。其后江君没，大兴朱学士来视学，遂尽取其书上于朝，又使配食于朱子。戴君游京师，当世推为儒宗。后数岁，天子修四库之书，征领局事。是时，天下之士益彬彬然向于学矣，盖自二人始也。抑左右而成之者，君信有力焉。①

汪世清认为汪中这段记述很重要，"它概括地叙述了江戴之学的兴起，而且首先当归功于江永和戴震，但'左右而成之'的是梧凤"。

但汪中所说的汪梧凤"左右而成之"，是不确切的。江永进入不疏园时，不疏园主人并不是汪梧凤，而是其父汪泰安，故汪世清对汪中的记述纠正道："其实，当时的不疏园主人是梧凤之父泰安，'斥千金置书'的是他，礼聘江永和戴震来馆不疏园教其子孙的也是他。梧凤当然也起到玉成其事的作用。于是在他父子的促成下，不疏园便成为当时经学研究的中心。"②但汪世清说戴震由汪泰安礼聘入不疏园也不确。戴震进不疏园，实际上是由汪梧凤聘请的。

汪泰安去世后，汪家的商业经营本应落到汪梧凤身上，但由于汪梧凤一意治学，在园中读书三十年，甚至"足迹不出园者十二年"③，刘大櫆书联的

---

① 汪中：《大清故贡生汪君墓志铭》，《新编汪中集·文集》第八辑，扬州：广陵书社，2005年版，第483页。

② 汪世清：《不疏园与皖派汉学》，《江淮论坛》1997年第2期。

③ 郑虎文：《汪明经梧凤行状》，见钱仪吉纂录：《碑传集》卷一三三，台北：明文书局，1985年版《清代传记丛刊》第113册，第578页。按，郑虎文（1714－1784）字炳也，号诚斋，浙江秀水人，乾隆七年（1742）进士，翰林院庶吉士，散馆授编修，迁赞善，曾提督广东学政。归后，主徽州紫阳书院及杭州紫阳、崇文两书院。所著有《吞松阁集》。

“半隐阁”,便是其主要读书之所,其家产业的经营与管理也就只能靠汪梧凤之弟汪漪。汪漪(1730—1779)原名思桐,字文波,又字鉴云。他不仅在经商中继承了其父以义取利的原则,还一遵祖父遗愿,赈济族中鳏寡孤独,并且也如其父汪泰安一样,为学者在不疏园中开展讲学与学术研讨活动提供有力的经济支持[①]。

继汪梧凤之后作不疏园主人的,是汪梧凤的次子汪灼。此时,不疏园仍然竹树扶疏、亭轩掩映,汪灼作有《不疏园十二咏》,以纪其盛。他还请其好友吴云绘制过《不疏园图》,并自作《秋南居士画赠不疏园图》七律二首,其诗中有“深谢吴郎图寸褚,四时风景一园该”之句[②]。可惜的是吴云所作的《不疏园图》没有保存下来。

自汪灼之后,不疏园便少见记述,仅在刘师培为汪宗沂所作的小传中一度提起。刘师培写道:“汪故巨族,世席丰厚,族众数百人。建不疏园以藏书,即婺源江氏、休宁戴氏读书所也。先生居园数年,手披口诵,以夜继昼。”[③]汪宗伊(1837—1906)字仲伊,号韬庐,为汪泰安的五世孙(系汪漪之后),不疏园的最后一位主人。但汪宗伊居不疏园的时间并不长,未经几年,太平军进入徽州,不疏园随之毁于兵燹。

不疏园自建至废,前后约 120 年。从不疏园的兴废可以看出,它似乎就是为皖派朴学而建的:不疏园始建不久,便成为皖派朴学的摇篮;而当不疏园被毁时,也是皖派朴学走向式微之时。园毁之后,皖派朴学作为学派便只留下余音遗响了。

附:汪灼《不疏园十二咏》并序

按:《不疏园十二咏》原载汪灼《渔村诗集》卷五,汪世清在致汪曾德函中

---

① 参见汪柏树:《戴震与不疏园》,《黄山学院学报》2015 年第 4 期。

② 汪灼:《秋南居士画赠不疏园图》二首之二,《渔村诗集》卷五,转引自汪世清:《不疏园与皖派汉学》,《江淮论坛》1997 年第 2 期。

③ 刘师培:《汪仲伊先生传》,见闵雨昌纂:《碑传集补》卷四一,台北:明文书局,1985 年版《清代传记丛刊》第 122 册,第 548 页。

曾附录。鉴于《渔村诗集》查阅不易，现据汪世清函转录于下：

园为先大父肥遁之所，扁（匾）以“不疏”，与陶诗“暂与田园疏”之意异矣。先君子暨余兄弟子姓咸涉艺其中，竹榻芦帘，焚芸啜茗，不期要路交，亦不绝高士迹也。随景锡名，纪之以诗。

六宜亭，莲舫巴慰祖书。联云：“雪月花时，宜酒、宜诗、宜画；山色水次，宜耕、宜钓、宜樵。”

孤亭蹑星汉，山弯水亦弯。坐观樵牧者，不及钓心闲。

别韵，诚斋郑虎文书，秀水人。

十一树梅开，香中别韵来。冲寒唯一色，身坠白云堆。

拜经草堂，笥河居士朱筠书，宛平人。

庚子拜五经，日程分卷读。皓首一经通，毛郑传家塾（先严著《诗学女为》，予著《诗经言志》）。

松溪书屋，让堂程瑶田书。

老松挟风雨，往往作龙鸣。秋夜桂花静，溪流月有声。

山泉响，盛唐山人鲁瑸书，桐城人。

叠石耸千峰，飞泉分两道。忽露米家山，淋漓当雨后。

勤思楼，密庵方辅书。

高楼何所有？二十四橱书。我尚惭王俭，陆澄知有无。

双桐得夏阴，东原戴震书，休宁人。

我桐三尺强，斗大高十丈；绿影散空阶，便生濠濮想。

竹北华南，古浣邓琰书，安庆人。小篆研空，两面如一；夜映烛光，字影射壁。

紫绶一层层，翠筠垂个个。四壁尽书围，逼坐青毡破。

半隐阁，海峰刘大櫆书，桐城人。

未欲金藏坞，何妨半俯池。看山开一面，晴雨总相宜。

听雨，朴山方槃如书，淳安人。

菡萏亭亭立，芭蕉树树阴。云根催雨足，散荡最清心。

不浪舟,容甫汪中书,江都人。

明月照平畴,动荡湖光满。风生浪不生,醉卧孤舟稳。

黄山一角,方外老渔(汪灼别名)自书。

六六峰殊状,青空一角秋。柔风香暗发,先满向南楼。

二、江永与不疏园

江永进入不疏园,是徽州地区学术史上的标志性事件。在不疏园中,他继续讲学和著述,推进了徽州学术的转型。还以他为中心,在不疏园形成了徽州地区最初的朴学群体。

但是,对江永进入不疏园这一事件,历来的记述却不甚清楚。记载不清的问题主要是:江永究竟何时进入不疏园?他在不疏园中坐馆究竟是多久?

江永究竟何时进入不疏园?

江永何时进入不疏园,涉及皖派朴学群体究竟形成于何时,即作为学派的皖派朴学是何时形成的问题。因此,确定江永进入不疏园的时间,也就成为讨论皖派朴学形成的时间必须解决的问题。

目前,对江永应汪泰安之聘而进入不疏园的时间,最有影响的说法是汪世清所提出的乾隆十七年(1752)说。他说:"梧凤自述:'忆余生二十五年,从游淳安方朴山先生,后三年从游星源江慎修先生。'梧凤生于雍正乙巳(即雍正三年,1725),至乾隆己巳(即乾隆十四年,1749)年二十五;后三年为壬申(即乾隆十七年,1752),从学江永当始于是年,这就是江永应聘来馆不疏园的一年。"[①]是年,江永72岁。

不过,汪世清的推算是有问题的。按照汪世清的推算,江永是在乾隆壬申年,即乾隆十七年(1752)进入不疏园的。他推算的依据是汪梧凤在师从方

---

① 汪世清:《不疏园与皖派汉学》,《江淮论坛》1997年第2期。

桼如三年后，才从学于江永。但是，根据程瑶田的《河西寓公叙略》一文记述，方桼如主讲紫阳书院的次年便离开徽州，如他说："吾师雪瓢先生姓方氏，讳粹然，字心醰，……岁己巳（即乾隆十四年，1749），为黄山之游，寓居吾徽城外之河西，自号'河西寓公'。瑶田数至先生寓，承讲画之益。明年（即乾隆十五年），遂与吾弟光莹及二三学者往受业焉。是年，朴山先生亦应郡守何公[①]之聘，来徽主紫阳讲席。瑶田以门下后学亦得饫闻朴山先生绪论。逾年，朴山先生辞归，先生亦随去。"[②]既然方桼如主讲紫阳书院的时间仅一年左右，那么，汪梧凤师从方桼如自然就不会长达三年之久，汪世清的推算也就失去了依据。

与汪世清说法不同的是江锦波、王世重的《江慎修先生年谱》。他们在《年谱》中将江永"馆歙邑西溪"记于乾隆十八年（1753）[③]。当代学者陈祖武也认为江永馆于不疏园是在乾隆十八年，他说："（乾隆）十七年，（戴）震应汪梧凤聘，执教歙县西溪汪氏家馆。翌年，江永亦来西溪，应聘主持汪氏家馆讲席。"[④]陈祖武的看法依据的就是江锦波、王世重的《年谱》。江锦波为江永之孙，并曾从学于江永，王世重也是江永的弟子，他们的说法当非无据。

江永坐馆不疏园究竟有多久?

对于江永坐馆于不疏园的时间，学界也大多依据汪世清的说法，认为是

---

① 按，何公即何达善（1700—1765）字子兼，别号澹庵，济源（今河南济源市）人。乾隆十四年（1749）以翰林为徽州郡守。《（道光）徽州府志》说："公爱民而好士，紫阳诸生肄业，必延名宿为之师。公暇时至书院，与诸生讲论，先器识后文艺，严立课程，稽其勤惰。近岁科名之盛，皆公陶冶之功也。"（马步蟾等纂修：《（道光）徽州府志》卷八之二《职官志·名宦》，见《中国地方志集成·安徽府县志辑》第48册，南京：江苏古籍出版社，1998年版，第578页。）

② 程瑶田：《河西寓公叙略》，《通义录·修辞余钞》，《程瑶田全集》第三册，合肥：黄山书社，2008年版，第351页。

③ 江锦波、王世重：《江慎修先生年谱》，薛贞芳编：《清代徽人年谱合刊》上册，合肥：黄山书社，2006年版，第63页。

④ 陈祖武：《戴震学说的历史命运》，首发于中华文史网，转引自豆丁网2013年3月16日。

“从壬申(乾隆十七年,1752)到戊寅(乾隆二十三年,1758),有七年之久”[①]。

汪世清的说法同样是值得商榷的。根据江锦波、王世重的《江慎修先生年谱》记载,江永于乾隆二十一年丙子(1756),便再次馆于婺源词川村的词源书院(上次馆于词源书院,是乾隆十六年,1751)[②]。按惯例,他当于乾隆二十年底(乾隆二十年为1755年,乾隆二十年底,当为1756年初)辞馆离开不疏园。也就是说,江锦波、王世重认为江永馆于不疏园的时间,是从乾隆十八年到乾隆二十年底,为三年左右。

我们认为,江永馆于不疏园三年的说法,是较为可信的。因为根据江锦波、王世重《江慎修先生年谱》的记载,乾隆二十一年(1756)四月,江永的继室汪氏去世,按理说,为处理丧事,江永应该在婺源,而不可能仍留在不疏园。正因为江永已经离开了不疏园,才有可能在乾隆二十一年(1756)再次馆于婺源的词源书院,并于乾隆二十二年(1757)离开词源书院,而“馆歙灵山方矩家”[③]。这也表明,江永自乾隆二十年底之后便没有再入不疏园。

江永坐馆不疏园三年的说法,可以使汪梧凤所说的“后三年从游星源江慎修先生”得到正确的解释。他所说的“三年”,是指“从游”方楘如一年之后,又师从江永三年,而不是在“从游”方楘如三年之后才从学于江永。

江永坐馆于不疏园三年的说法,还可以在江永所作的《律吕阐微·自序二》中得到印证。江永说:“乾隆丁丑年(即乾隆二十二年,1757)已七十有七,与同志旧友讲业于古歙之灵山。”他在序末还署曰:“乾隆丁丑仲秋之望,婺源江永慎修氏书于古歙之灵阳。”[④]“灵阳”亦即灵山。也就是说,乾隆二十二年他确实是“馆歙灵山方矩家”,而不在不疏园,自然也就不可能如汪世清所说,乾隆“戊寅”(乾隆二十三年,1758)尚在不疏园了。

---

① 汪世清:《不疏园与皖派汉学》,《江淮论坛》1997年第2期。

② 江锦波、王世重:《江慎修先生年谱》,薛贞芳编:《清代徽人年谱合刊》上册,合肥:黄山书社,2006年版,第64页。

③ 江锦波、王世重:《江慎修先生年谱》,薛贞芳编:《清代徽人年谱合刊》上册,合肥:黄山书社,2006年版,第64页。

④ 转引自汪世清:《不疏园与皖派汉学》,《江淮论坛》1997年第2期。

江永馆于不疏园的意义

汪世清曾说，馆于不疏园“对江永的学术进展来说，却是一段很重要的时期”[①]。江永三年左右的不疏园生活，其意义究竟是什么呢？

首先，馆于不疏园期间是江永朴学研究和著述的重要时期之一。不疏园的优雅环境和丰富藏书，为江永的研究和著述提供了很好的条件，江永不少著作就完成于不疏园，正如同治十一年(1872)汪梧凤的玄孙汪应溥在《松溪集》的附识中所说，“江慎修先生之学，以著述鸣世。……江先生所著书，强半在不疏园中。园有楼曰‘勤思’，江先生居之，遇考订时，不轻下楼。尝论深衣古制未定，松溪公命缝人依式制之，三易而后绘图，遂刻于《乡党图考》中”[②]。江永在谈到他著《律吕阐微》时也说：“昔闻明神宗时，郑王世子载堉有乐律书，屡求不可得。乾隆丁丑年(二十二年，1757)已七十有七，与同志旧友讲业于古歙之灵山，属记载堉书，乃得之藏书之家。余读之则悚然惊，跃然喜，不意律吕真理真数即在栗氏为量内方尺而园其外一语。”[③]他所说的“藏书之家”，指的自然就是不疏园的汪家。

其次，江永在不疏园时，身边集聚了一批优秀的弟子“日夜诵习讲贯”。于是，围绕着他便形成了志同道合的学术群体。在这个学术群体中，有江永入不疏园后所收的门人歙县方矩、金榜、汪梧凤、吴绍泽，还有江永入不疏园之前“已拜门下问业”的休宁郑牧、戴震，歙县汪肇龙、程瑶田[④]。江永与不疏园中从学弟子的教学关系，直到他离开不疏园之后仍没有中断。如江锦波、王世重的《江慎修先生年谱》于乾隆二十二年(1757)条下就载有“(江永)馆歙灵山方矩家，从学者如癸酉岁”。“癸酉岁”即乾隆十八年(1753)，所谓“从学

---

① 汪世清：《不疏园与皖派汉学》，《江淮论坛》1997年第2期。

② 转引自黄曦：《〈江慎修先生年谱〉证补》，华东师范大学2005年学位论文，第36页。

③ 江永：《律吕阐微·自序二》，转引自汪世清《不疏园与皖派汉学》，《江淮论坛》1997年第2期。

④ 参见江锦波、王世重：《江慎修先生年谱》，薛贞芳编：《清代徽人年谱合刊》上册，合肥：黄山书社，2006年版，第63页。

者如癸酉岁”，也就是说，江永馆于方矩家时所从学的弟子，与他乾隆十八年在不疏园中的弟子仍然一样。而《律吕阐微·自序二》所说的“与同志旧友讲业于古歙之灵山”之“同志旧友”，指的自然也是在不疏园中所从学的弟子。因此，馆于方矩家的这一年，实际上可以视为江永在不疏园教学活动的继续。

三、戴震与不疏园

戴震与不疏园也渊源颇深。他曾两次馆于不疏园，特别是第一次受聘进入不疏园的次年，江永也受聘进了不疏园。这使他们有了相互切磋的极好机会，戴震在学术上也得以精进，终成皖派朴学的又一位领军人物。故戴震弟子汪灼说：“先生名成于征聘（指入四库馆），而学之成原于两馆余家。”[①]

戴震前期的生平与学术

戴震（1723—1777）字慎修，一字东原，号杲溪，休宁人（其出生地隆阜，在今黄山市屯溪区）。

戴震曾经追述过戴氏的家族谱系，其远祖可以追溯到戴护，他引述记载道：“护公（南）唐天祐中为兵马使，本居歙之篁墩，因戍守婺，留居婺凤亭里。护公子曰寿公，为中书舍人。寿公子曰安公，官银青光禄大夫，谥忠恭，即今隆阜所追之一世。”但戴震认为“迁隆阜自颜公之子睿公”而不是戴安。戴颜一名戴奢，他与其次子戴睿方是隆阜戴氏的真正始祖；而自戴睿经十四传而至的戴外，才是戴震所属戴氏三门一支的始祖。戴外之后又经十四传，方是戴震之父戴弁[②]。

从戴震对戴氏家族谱系的追述中可以看出，在远祖戴护至戴安这段时期，是戴氏家族的“煊赫”时期。自戴睿而下，戴氏家族特别是隆阜戴氏三门

---

① 汪灼：《四先生合传》，《渔村文集》卷五，引自《戴震全书》第七册，合肥：黄山书社，1997 年版，第 42 页。

② 戴震：《族支谱序》，《戴震全书》第六册，合肥：黄山书社，1995 年版，第 397～398 页。

这一支便不再有“煊赫”的记忆。故洪榜在《戴先生行状》中也就只能这样地叙述戴震的先世:“曾祖景良,故,不仕;……祖宁仁,故,不仕;……父弁,封文林郎。”[①]所谓“不仕”,实际上是没有社会身份的委婉说法,戴震之父戴弁虽然有了“文林郎”的封衔,那也是由于戴震才得以封赠的,他本人只是一位以贩布为主、经营规模十分有限的小商贾。

但是,出身低微并未妨碍戴震成为学识渊博的学者乃至一代宗师。戴震得以登上传统学术巅峰,自然谈不上“家学”传承,而主要靠深邃的思考、坚毅的自学以及师承。

独立思考似乎是戴震与生俱来的“本能”。洪榜在《戴先生行状》中记述道:

> 生十岁,乃能言。就傅读书,过目成诵,日数千言不肯休。授《大学章句》“右《经》一章”以下,问其塾师曰:“此何以知其为孔子之言而曾子述之?又何以知其为曾子之意而门人记之?”师应之曰:“此先儒子朱子所注云尔。”即问:“子朱子何时人也?”曰:“南宋。”又问:“孔子、曾子何时人也?”曰:“东周。”又问:“周去宋几何时矣?”曰:“几二千年矣。”又问:“然则子朱子何以知其然?”师无以应,大奇之。[②]

这就是广为流传的“戴震难师”故事。这个故事或为传说,但梁启超十分看重。他认为:“此一段故事,非惟可以说明戴氏学术之出发点,实可以代表清学派时代精神之全部。盖无论何人之言,决不肯漫然置信,必求其所以然之故;常从众人所不注意处觅得间隙,既得间,则层层逼拶,直到尽头处;苟终无足以起其信者,虽圣哲父师之言不信也。此种研究精神,实近世科学所赖以成立。而震以童年具此本能,其能为一代学派完成建设之业固宜。”[③]

---

① 洪榜:《戴先生行状》,见《戴震全书》第七册,合肥:黄山书社,1997年版,第3页。

② 洪榜:《戴先生行状》,见《戴震全书》第七册,合肥:黄山书社,1997年版,第4页。

③ 梁启超:《清代学术概论》,见朱维铮校注:《梁启超论清学史二种》,上海:复旦大学出版社,1985年版,第28～29页。

梁启超对"戴震难师"故事的诠释，多少有点将故事"梁学"化之嫌。其实，不唯"近世科学所赖以成立"需要"此种研究精神"，即使在传统学术领域取得超越前人的成就，也需要有"此种研究精神"。当年朱熹提倡"善疑"，就是对"此种研究精神"的重视。

或许正因为戴震"生十岁乃能言"，即语言能力发展的迟滞，反而使他在思维能力的发展上得到补偿，养成了苦思冥想的思维习惯，显得"聪明蕴蓄者深矣"①。但是，只靠聪明或苦思冥想是成不了著名学者的，所以孔子说："学而不思则罔，思而不学则殆。"戴震不仅善思，而且力学，是一位思、学结合的学者。

戴震的"学"包括自学和从师两个方面，尤其是坚毅的自学，是他取得学术成就的重要途径。段玉裁说："先生十六七以前，凡读书，每一字必求其义，塾师略举《传》《注》训诂语之，意每不释。塾师因取近代字书及汉许氏《说文解字》授之，先生大好之，三年尽得其节目。又取《尔雅》《方言》及汉儒《传》《注》《笺》之存于今者，参伍考究。……由是尽通前人所合集《十三经注疏》，能全举其辞。先生尝谓玉裁曰：'余于《疏》不能尽记，《经》《注》则无不能倍诵也。'"②能够"取《尔雅》《方言》及汉儒《传》《注》《笺》之存于今者，参伍考究"，没有坚毅的自学精神是难以做到的。

依靠深思和力学，戴震在很年轻时就显示出卓越的学术才华。二十岁以后，他便进入著述阶段。乾隆九年（1744），完成《筹算》（后改名《算策》）；乾隆十年（1745），完成《六书论》；乾隆十一年（1746），完成《考工记图》，纪昀见到此书时曾说，"戴君语予曰：'昔丁卯戊辰间，先师程中允出是书以示齐学士次风先生，学士一见而叹曰：诚奇书也。今再遇子奇之，是书可不憾矣'"；乾隆十二年（1747），完成《转语》二十章；乾隆十四年（1749）又完成了《尔雅文字考》③。

---

① 段玉裁：《戴东原先生年谱》，见《戴震文集》附录，北京：中华书局，1980年版，第216页。

② 段玉裁：《戴东原先生年谱》，见《戴震文集》附录，北京：中华书局，1980年版，第216页。

③ 以上参见段玉裁：《戴东原先生年谱》，见《戴震文集》附录，北京：中华书局，1980年版，第217～219页。

戴震27岁之前便有了以上著述，他初见江永时，江永称其“盛年博学”①，也就不是虚夸之词了。所以，正如汪世清所说，戴震进入不疏园时已经“在治学上具有一定根底”②。

戴震师从江永的时间问题

戴震能够登上传统学术的高峰，“师承”也是重要条件之一。除塾师外，戴震先后师从过程恂、方楘如，但在学术上对他影响最深刻的老师则是江永。

戴震何时师从江永，古今学者的说法不一。有代表性的说法有三种，即“乾隆七年”说、“乾隆十五年”说与“乾隆十八年”说。

“乾隆七年”说见之于段玉裁的《戴东原先生年谱》。他在该谱的“乾隆七年(1742)壬戌，(戴震)二十岁”条下，记载了戴震与江永的初见：“是年(戴震)自邵武归。同邑程中允恂一见，大爱重之，曰：‘载道器也。吾见人多矣，如子者，巍科硕辅，诚不足言。’婺源江慎修先生永治经数十年，精于《三礼》及步算、钟律、声韵、地名沿革，博综淹贯，岿然大师。先生一见倾心，取平日所学就正焉。”③段玉裁将“先生一见(江永)倾心”记于此条之下，意味着他认为戴震初师江永是在乾隆七年(1742)，即他20岁时。

但洪榜《戴先生行状》的记载与“乾隆七年”说不同。根据洪榜《戴先生行状》的记载，戴震自邵武归到见江永，其间尚经历两件事：一是戴震曾随其父至江宁，并在江宁馆于同族戴瀚家；二是自江宁归后，首先师从的是方楘如。杨应芹根据洪榜《戴先生行状》所记述的“先生家极贫，无以为业……同族戴长源先生瀚以此(指科举文)名于时，家于江宁，文林公(戴震之父)因往江宁，命先生步随以从，就谒长源先生。……因馆于其家”，及戴震“自江宁归时，淳安方楘如先生掌教紫阳书院，一见先生文，深折服”④，认为戴震见程恂虽在

---

① 洪榜：《戴先生行状》，见《戴震全书》第七册，合肥：黄山书社，1997年版，第7页。

② 汪世清：《不疏园与皖派汉学》，《江淮论坛》1997年第2期。

③ 段玉裁：《戴东原先生年谱》，见《戴震文集》附录，北京：中华书局，1980年版，第217页。

④ 洪榜：《戴先生行状》，见《戴震全书》第七册，合肥：黄山书社，1997年版，第6～7页。

"自邵武归",但他初见江永是在"自江宁归"之后。而"自邵武归"与"自江宁归"相去数年,因此,戴震见程恂与见江永"不可同年而语"[①]。

"乾隆十五年"说见于钱穆《中国近三百年学术史》。他在此书中说:"(戴震)年十八,随父客南丰,设塾于邵氏,课童蒙自给。越二年乃归。时婺源江永慎修,治经数十年,精于《三礼》及步算、钟律、声韵、地名沿革,博综淹贯,岿然大师。先生(即戴震)与其县人郑牧、歙人汪肇龙、方矩、汪梧凤、程瑶田、金榜师事之。"又说:"东原始从江慎修游,当在其庚午至紫阳书院时。"[②]"庚午"年即乾隆十五年(1750),戴震28岁。

钱穆的看法可能是依据洪榜的《戴先生行状》一文。洪榜在该《行状》中记述道:"先生(戴震)自江宁归。时,淳安方楘如先生掌教紫阳书院,一见先生文,深折服,谓己所不及。继而叹曰:'今之徐子卿也。'"他紧接着又说:"时郡守何公常以月某日,延郡之名人宿学,讲论经义于书院之怀古堂。婺源江先生永治经数十年,精于《三礼》及步算、钟律、声韵、地名沿革,博综淹贯,岿然大师。先生一见倾心,因取平日所学就质正焉。江先生见其盛年博学,相得甚欢。"[③]由于洪榜在这里没有讲清楚江永受聘主讲紫阳书院的时间,致使钱穆误以为江永主讲紫阳书院也是乾隆十五年。

其实,"乾隆十五年"说也是有问题的。承认戴震于乾隆十五年师从江永,就意味着江永与方楘如同时讲学于紫阳书院。杨应芹认为这是不可能的,他特别指出:方楘如乃毛西河弟子,毛氏反程朱,方楘如也不乏贬词;而江永对同里先贤朱夫子恭敬之至,两人的学术观点大相径庭,他们同时讲学于紫阳书院,事实上是不可能的[④]。杨应芹所说不无道理。如果是这样,那么,何善达延聘江永于紫阳书院"讲论经义",就应在方楘如辞归淳安之后,即乾

① 杨应芹:《东原年谱订补》,见《戴震全书》第六册附录一,合肥:黄山书社,1995年版,第653～654页。

② 钱穆:《中国近三百年学术史》上册,北京:中华书局,1986年版,第306、313页。

③ 洪榜:《戴先生行状》,见《戴震全书》第七册,合肥:黄山书社,1997年版,第7页。

④ 杨应芹:《东原年谱订补》,见《戴震全书》第六册附录一,合肥:黄山书社,1995年版,第655页。

隆十六年或十七年(1751、1752)。

持“乾隆十八年”说者,以杨应芹为代表。杨应芹根据汪梧凤在《送刘海峰先生归桐城序》一文中所说的“忆余生二十五年,从游淳安方朴山先生。后三年,从游星源江慎斋先生”,推测道:“梧凤是出生在雍正四年。‘忆余生二十五年’,正是乾隆十五年庚午。据此,戴震始见江永当在乾隆十八年癸酉三十岁时。”[①]认为戴震与江永初见,是在汪梧凤从游方楘如三年之后,即乾隆十八年(1753)江永被汪泰安礼聘于不疏园时。

杨应芹认为戴震在乾隆十八年(1753)初见江永,也是值得商榷的。因为与江锦波、王世重的记载有冲突:江锦波、王世重在《江慎修先生年谱》的“乾隆十八年(1753),(江永)七十三岁”条下记述道:“(江永)馆歙邑西溪,歙门人方矩、金榜、汪梧凤、吴绍泽从学。休宁郑牧、戴震,歙汪肇龙、程瑶田前已拜门下问业,是年,殷勤问难,必候口讲指画,数日而后去。”[②]也就是说,戴震并不是在江永于乾隆十八年进入不疏园之后才师从江永,而是在江永进入不疏园之前就已经拜在江永门下问业。

那么,戴震究竟是什么时候师从江永的呢?对戴震师从江永的时间,最可靠的记载应该是乾隆十五年(1750)江永七十寿辰时戴震所写的《寿序》一文。他在此文中写道:

> 震少知向慕,既数年,始获一见。又数年,始拜先生于吾邑之斗山。所读诸经,往来问难,承口讲指画,然后确然见经学之本末。既而,先生就馆本邑,未能从学,深怅恨焉。[③]

戴震所说的“始拜先生于吾邑之斗山”为我们了解他师从江永的时间提供了

---

① 杨应芹:《东原年谱订补》,见《戴震全书》第六册附录一,合肥:黄山书社,1995 年版,第 655 页。

② 江锦波、王世重:《江慎修先生年谱》,薛贞芳编:《清代徽人年谱合刊》上册,合肥:黄山书社,2006 年版,第 63 页。

③ 戴震:《寿序》,见江永:《善余堂文集》附录,上海:上海古籍出版社,2010 年影印合众图书馆本,《清代诗文集汇编》第 248 册,第 431 页。

重要线索。查江锦波、王世重的《江慎修先生年谱》，江永馆于休宁斗山有两次，第一次是乾隆五年（1740）应程恂之请，馆其家，也就在这年八月，他随程恂入京；第二次是乾隆九年（1744）至十二年（1747），仍馆于程恂家[①]。戴震所说的“既数年，始获一见”，应表明江永第一次馆于程恂家时，戴震并未师从江永；戴震“又数年，始拜先生于吾邑之斗山”，应在江永第二次馆于程恂家时。乾隆十三年（1748）之后，江永便一直坐馆于婺源，与戴震所说的“就馆本邑”恰相符合。则戴震师从江永，当在乾隆九年至十二年（1744—1747）之间。

戴震两进不疏园

戴震进入不疏园要早于江永。他在乾隆十七年（1752），应汪梧凤之聘教授其子汪烽、汪灼，而第一次进了不疏园。程瑶田曾记述过此事，他说：“壬申（即乾隆十七年，1752）夏，松岑（即汪松岑，程瑶田姐丈、汪梧凤族兄）言于其从祖之弟在湘（在湘为汪梧凤之字），在湘因延东原至其家，以教其子，于是余数人时时与东原处，故知东原最深也。”[②]戴震的弟子汪灼也曾说：“予出就傅三年，先严延休阳学官弟子（即戴震）为兄弟之师，世人多咄咄称怪。”[③]这表明，汪梧凤延聘戴震时，戴震已为休宁县学生。据段玉裁《戴东原先生年谱》载，戴震“补休宁县学生”在乾隆十六年（1751），即 29 岁时。那么，汪梧凤聘请戴震也就在戴震 30 岁时。乾隆二十年（1755），戴震便负笈入京，离开了生活过三年的不疏园。

乾隆二十二年（1757）戴震离京，在扬州度过数年之后，于乾隆二十六年（1761）返回徽州，汪梧凤再聘戴震教其二子，这是他第二次入不疏园。次年，戴震因赴乡试，离开了不疏园。这次与戴震同在不疏园的只有汪肇龙，他们与汪梧凤一起研讨经学，“昕夕无他语，语必经义。义疑辄辨，辨必力持不相

---

① 参见江锦波、王世重：《江慎修先生年谱》，薛贞芳编：《清代徽人年谱合刊》上册，合肥：黄山书社，2006 年版，第 63 页。

② 程瑶田：《五友记》，见《戴震全书》第七册，合肥：黄山书社，1997 年版，第 39～40 页。

③ 汪灼：《四先生合传》，《渔村文集》卷五，引自《戴震全书》第七册，合肥：黄山书社，1997 年版，第 42 页。

下,则辨益疾"①。

以上便是戴震两进不疏园的大致情况。汪灼所说的"(戴震)学之成原于两馆余家",则指出了馆于不疏园对于戴震在学术上的意义。其间,戴震除教授汪梧凤二子外,主要学术活动有以下几个方面:

一是继续向江永"殷勤问难"。戴震对江永之学的周详精整非常钦服,同处于不疏园,则为戴震向江永"殷勤问难"提供了良机,戴震的历律、声韵之学也就是在这个时期受之于江永②。同时,他们师生之间也在学术上展开相互讨论、相互切磋。据说,江永曾举历算中数事问戴震:"吾有所疑,十余年未能决。"戴震对其书谛观之后,"为其剖析比较,言其所以然",江永惊叹道:"累岁所疑,一日而释,其敏不可及也。"③戴震还协助江永完成了《古韵标准》《诗韵举例》。

二是同门之间相互切磋。如汪灼说:"(戴震与)先严同学不疏园,南东异室处。偶读书有得,未尝不来先严处,分榻坐,执掌谈道,欢声达墙外。"④

三是读书著述。汪灼还说:"(戴震)与东方日俱起,所读之书,五色灿然。终朝握管,考核《礼经》,为古文辞,不作一行草书。"⑤戴震的《勾股割圜图》《诗补传》及《屈原赋注》《水地记》初稿诸书,"皆成于是时"⑥。

就戴震的学术进程来说,进入不疏园的更重要意义则在于进一步推进了戴震的学术转型。此前,戴震虽然在学术上有着由理学向朴学转换的倾向,但他并没有离开程朱之学。如在《经考》《经考附录》中,戴震就以十分尊重的态度大量征引了程朱的论述。《经考》《经考附录》两书是以辑录历代学者有

---

① 郑虎文:《明经汪氏肇龙家传》,见钱仪吉纂录:《碑传集》卷一三三,台北:明文书局,1985年版《清代传记丛刊》第113册,第578页。

② 洪榜:《戴先生行状》,见《戴震全书》第七册,合肥:黄山书社,1997年版,第7页。

③ 洪榜:《戴先生行状》,见《戴震全书》第七册,合肥:黄山书社,1997年版,第7页。

④ 汪灼:《四先生合传》,《渔村文集》卷五,引自《戴震全书》第七册,合肥:黄山书社,1997年版,第42页。

⑤ 汪灼:《四先生合传》,《渔村文集》卷五,见《戴震全书》第七册,合肥:黄山书社,1997年版,第42页。

⑥ 洪榜:《戴先生行状》,见《戴震全书》第七册,合肥:黄山书社,1997年版,第7页。

关《五经》《四书》的言论为主的札记体著作。在五卷本的《经考》中,戴震引述了 69 位历代学者的论述,其中程颐的论述 11 条、朱熹的论述 34 条,在引述程朱的言论时,戴震均以"子"(朱熹或称"朱文公")称之,而对其他学者除张载外均直称其名;在七卷本的《经考附录》中,戴震征引了 178 位学者的论述,其中程颢 2 条、程颐 7 条、朱熹 55 条,在引述时,同样对程颢称"程伯子"、对程颐称"程子"、对朱熹称"朱子"(或"朱文公"),其他学者除邵雍外也同样直称其名,从称谓便可看出戴震对程朱的敬仰之意①。

在《经考》《经考附录》中,戴震还专立很多条目阐述程朱的经学观点。如他立"理明义精之学"②一条,采录了程颐、张载、朱熹对《春秋》的论述,以示他对程朱理学的评价;立"理象数"条,引述道:"程子曰:'有理而后有象,有象而后有数。得其义,则象数在其中矣。……'又曰:'理,无形也,故因象以明理。理见乎辞矣,则可由辞以观象。故曰:得其义[理],则象数在其中矣。'"③戴震还特别重视程颐的《易传》,认为读《周易》"当读程子(颐)《易传》"④;又立"《易》为卜筮而作"条,引述了朱熹的多条论述,阐明朱熹对《易》的性质的观点,如:"朱子曰:'大抵《易》之书,本为卜筮而作。其所劝戒,亦以施诸筮得此卦、此爻之人。'"⑤

---

① 以上参见周兆茂:《戴震与程朱理学——兼论戴震哲学思想的形成与发展》,《哲学研究》,1992 年第 1 期。

② 戴震:《经考》卷五,《戴震全书》第二册,合肥:黄山书社,1995 年版,第 311～312 页。按,在现存文献中,赵汸最早以"理明义精之学"一语指以程、朱为代表的义理之学,他在《黄楚望先生行状》中阐述黄泽的学术时说:"先生(指黄泽)乃欲以近代理明义精之学,用汉儒博物考古之功,加以精思,没身而止。"参见赵汸:《黄楚望先生行状》,《东山存稿》卷七,见《文渊阁四库全书》第 1221 册,台北:台湾商务印书馆,1983 年版,第 346 页。清初学者阎若璩也曾用以指义理之学,而与训诂考据之学相对举,如:"窃惟马、郑两大儒,其理明义精之学或不如后代,而博物洽闻迥非后代所能仿佛。"参见阎若璩:《尚书古文疏证》卷五下,见《文渊阁四库全书》第 66 册,台北:台湾商务印书馆,1983 年版,第 280 页。

③ 戴震:《经考》卷一,《戴震全书》第二册,合肥:黄山书社,1995 年版,第 202 页。

④ 引自段玉裁:《戴东原先生年谱》,见《戴震文集》附录,北京:中华书局,1980 年版,第 248 页。

⑤ 戴震:《经考》卷一,《戴震全书》第二册,合肥:黄山书社,1995 年版,第 201 页。

如果说，戴震在易学上看重的是程颐，那么，他在《诗》学上看重的则是朱熹。他认为“先儒为《诗》者，莫明于汉毛、郑，宋子朱子”①，不仅将朱熹的论《诗》著作与毛苌、郑玄注疏等量齐观，看作对《诗》旨最清楚的阐明，而且以“子朱子”称呼朱熹。戴震对朱熹论《诗》的诸多观点都曾表示赞同，如在谈到“乐从诗”时，他引述道：“朱子曰：‘《诗》之作，本言志而已。方其诗也，未有歌也。及其歌也，未有乐也。以声依永，以律和声，则乐乃为诗而作，非诗为乐而作也。诗出乎志者也，乐出乎诗者也。诗者其本，而乐者其末也。’”②

在《经考附录》中，戴震不仅在多个条目中阐述了程朱的经学研究和他们的经学观点，还径直为程朱的观点辩护。如在《二程子更定大学》条的按语中，戴震说：“自程子发明‘格物致知’之说，始知《大学》有阙文。凡后儒谓‘格物致知’不必补，皆不深究圣贤为学之要，而好为异端，其亦谬妄也矣。”③在《变乱〈大学〉》一条中，戴震首先引述了黄震的以下论述：“《大学》自二程先生更定，至晦翁先生章句，益精矣。”既而在按语中针对南宋丞相董槐的《大学》“无阙文”观点，极力批驳道：“董氏诸人于程子、朱子‘格物致知’之说初未有得，遂谓《大学》无阙文，而欲以‘知止’至‘则近道矣’及‘听讼’节为‘格物致知’之义，其亦谬矣。”④众所周知，补《大学》“阙文”是学术史上长期聚讼的一段公案，自二程提出《大学》改本、朱熹补《大学》“格物传”之后，就有学者认为《大学》并无阙文，否定了程朱的《大学》有阙文说。争辩最力者则数王阳明，他认为朱熹《大学章句》“非圣门本旨”，“格物”一章“无缺传可补”，力倡恢复《大学》“古本”。戴震显然是站在程朱立场上，极力为他们辩护。

由上可见，戴震前期思想明显地倾向于程朱之学，尤其是朱学，故章学诚说：“戴君学术，实自朱子‘道问学’而得之，故戒人以凿空言理，其说深探本

---

① 戴震：《毛诗补传序》，《戴震全书》第一册，合肥：黄山书社，1995 年版，第 125 页。

② 戴震：《经考》卷三，《戴震全书》第二册，合肥：黄山书社，1995 年版，第 251～252 页。

③ 戴震：《经考附录》卷四，《戴震全书》第二册，合肥：黄山书社，1995 年版，第 546 页。

④ 戴震：《经考附录》卷四，《戴震全书》第二册，合肥：黄山书社，1995 年版，第 546～547 页。

原,不可易矣。”[①]当代有的学者甚至将早期戴震看作程朱理学的“干城”,如周兆茂说:“早期戴震无论从对程朱人格的尊崇方面,还是从学术立场及哲学基本观点方面,都不愧是程朱理学的干城。”[②]

但是,经过在不疏园的三年“孵化”,尤其是受江永的直接熏陶,戴震的治学趋向开始发生变化,对程朱之学的态度也有了改变,形成了“得失中判”的评价。如他在《与姚孝廉姬传书》中说:“先儒之学,如汉郑氏、宋程子、张子、朱子,其为书至为详博,然犹得失中判。”[③]所谓“得失中判”,即得失二分、有得有失。戴震给姚鼐的这封信写于乾隆乙亥年,即乾隆二十年(1755),是他离开不疏园第一次入京的那一年。从这封信中可以看出,经过在不疏园的治学经历之后,他对待程朱之学的态度已经由崇敬改为审视,认为包括朱学在内的宋儒之学,并非完备的学说。

戴震对程朱之学态度的变化,是他在治学趋向上进行调整的必然。他虽然从踏上治学之路的时候就重视文字训诂和考据,但在崇奉“理明义精”的理学的情况下,所谓“由字以通其词,由词以通其道”的治学方法只是作为苗头而存在。经过在不疏园期间的熏染,原来只是苗头的“由字以通其词,由词以达其道”的治学方法则成为主导性的治学原则。这一原则便是在不疏园期间定型的。如他其时在给是仲明的信这样说:“少时家贫,不获亲师,闻圣人之中有孔子者,定《六经》示后之人,求其一经,启而读之,茫茫然无觉。寻思久之,计于心曰:‘经之至者道也,所以明道者其词也,所以成词者字也。由字以通其词,由词以通其道,必有渐。’”[④]这是戴震对其治学思想所作的清晰表

① 章学诚:《书朱陆篇后》,见叶瑛:《文史通义校注》卷三,北京:中华书局,1985 年版,第 276 页。

② 周兆茂:《戴震与程朱理学——兼论戴震哲学思想的形成与发展》,《哲学研究》1992 年第 1 期。

③ 戴震:《与姚孝廉姬传书》,《东原文集》卷九,《戴震全书》第六册,合肥:黄山书社,1995 年版,第 372 页。

④ 戴震:《与是仲明论学书》,《东原文集》卷九,《戴震全书》第六册,合肥:黄山书社,1995 年版,第 370 页。

述，也是他学术思想变化的自觉宣布。他不仅将训诂考据看作治学的必要手段，而且将“通其道”视为治学的主要目标。这意味着一个学派——皖派朴学的领军人物即将“破茧”。

不过，戴震在学术上的成熟，还有待于对汉儒之学和宋儒之学的进一步认识。这个过程则开始于他走出不疏园之后。

四、不疏园中的朴学群体

在皖派朴学的发展史上，不疏园之所以值得大书，不仅是因为江永在这里完成了一系列著作，戴震在这里开始了学术观点的转换，更重要的是，以江永为中心的朴学群体就形成于这里。朴学群体的缔造标志了皖派朴学作为一个学派开始形成。

“江门七子”

较早关注不疏园中学术群体的当代学者是汪世清，他首先提出了“江门七子”概念。

汪世清的“江门七子”概念，是对在不疏园中从学于江永的汪梧凤、郑虎文诸人的概括。汪梧凤说，在不疏园受教于江永者，计有“休邑郑用牧、戴东原，吾歙汪稚川、程易田、方晞原、金榘中、吴惠川数人而已”[1]；郑虎文也说：“传江氏之学者，首称休宁东原戴氏震，歙松麓汪氏肇龙及郑氏用牧、程氏易田、汪氏在湘、方氏晞原、金氏榘中六七君，皆知名”[2]。汪世清认为，在郑虎文所列的“传江氏之学者”中无吴绍泽（即吴惠川），是因为吴绍泽转向词章之学，所以同在不疏园从江氏研习六经之学的，实际上就只有七人，他称之为

---

① 汪梧凤：《送刘海峰先生归桐城序》，《松溪文集》一卷本，北京：北京出版社，2000年版《四库未收书辑刊》第10辑第28册，第148页。

② 郑虎文：《明经汪氏肇龙家传》，见钱仪吉纂录：《碑传集》卷一三三，台北：明文书局，1985年版《清代传记丛刊》第113册，第580页。

“江门七子”[①]。

自从汪世清提出“江门七子”的概念,很多学者往往误以为“江门七子”全都是江永的朴学传人,如汪柏树就说:江永“乾隆十七年壬申至乾隆二十三年戊寅(1752—1758),任教不疏园,传学七子,奠定了徽派朴学的根基。”[②]这些学者忽略了汪世清同时还说:“创始时期的皖派汉学,也可并称为江戴程金之学。”所谓“江戴程金”,即江永、戴震、程瑶田、金榜。汪世清特别提出“江戴程金之学”[③]的概念,意味着他对江永门下的弟子是作了区分的,即只有戴震、程瑶田、金榜才是江永的朴学传人。在“江门七子”中,江永最重要的弟子当数戴震。所以郑虎文说:“汪氏(汪梧凤)精《三礼》,而戴于诸经所得独多,为江门大弟子。”[④]

不疏园中的朴学群体

汪世清对江永弟子作出区分,对讨论皖派朴学的形成是很必要的。因为江永在学术上既看重宋儒之学特别是朱学,又注重文字、音韵、训诂、考据之学,这使他的学术既有“朴学”倾向,也有“朱学”成分。因此,在不疏园受教于江永的“江门七子”,并不都是江永朴学的传承者,有的人所传承的则是江永的“朱学”,如郑牧便是。

郑牧(1714—1792)字用牧,休宁人,以岁贡生终其一生。吴定[⑤]在所撰的《郑用牧先生墓志铭》中对郑牧的学术思想曾有介绍,他说:“当是时,以考订之学名天下者,有戴东原、程易田、金檠中,以古文名者有吴蕙川,以制举之

---

① 汪世清:《不疏园与皖派汉学》,《江淮论坛》1997 年第 2 期。

② 汪柏树《戴震与不疏园》,《黄山学院学报》2015 年第 4 期。

③ 按,凌廷堪当年就写道:“国朝多通儒,吾郡尤粹深。江戴既云逝,存者程与金。”(凌廷堪:《题程易田先生让堂话别图》,《校礼堂诗集》卷九,见《续修四库全书》第 1480 册,上海:上海古籍出版社,2002 年版,第 70 页。)“程与金”便是程瑶田与金榜。凌廷堪实际上已经将“江戴程金”看作不疏园时期皖派的代表性学者。

④ 郑虎文:《明经汪氏肇龙家传》,见钱仪吉纂录:《碑传集》卷一三三,台北:明文书局,1985 年版《清代传记丛刊》第 113 册,第 578 页。

⑤ 按,吴定(1744—1809)字殿麟,号淡泉,歙县人,师从刘大櫆,著有《紫石泉山房文集》等。

文名者，则有潘在涧、胡澹中、胡珮声、胡授轂、方雨三、方晞原以逮先生。先生与此数君皆友善，数相过从，各以所长相攻错。然是时，汉儒之学盛行，求其于四子、六经之书，力宗程朱之释，而不可有片语之违者，则惟先生。故先生虽与诸君子相得甚欢，及讲论经义常至于不合而争。”[①]可见郑牧所宗的是程朱之学，而不是朴学。

吴定还说，方矩与郑牧一样是“以制举之文名”，这也意味着方矩虽师从江永，但同样不是江永朴学的传承者。方矩（1729－1789）又名根矩，字晞原，歙县人，著有《道古堂初刻》等。方矩曾师从刘大櫆，刘大櫆谈到他时曾说：“晞原志在返古，独从余相为劘切。遵唐（即唐顺之）、归（即归有光）之遗轨，而不惑于世俗之趋尚。一时与晞原同学者，操速化之术，多窃巍科以去，方且笑晞原之拙，而晞原以为得之有命，终不易其所守也。”[②]这表明，方矩所守的是以唐、归等以“古文为时文”的门径，讲求的是文章之学，而“以古文为时文”也是桐城派初起时戴名世、方苞所打出的旗号，故就方矩而言，其“返古”或许与朴学多少有些相通，但他的学术趋向并不在朴学。

这样，在“江门七子”中真正传承江永朴学的就只有戴震、程瑶田、金榜及汪肇龙、汪梧凤五人。戴震后期的学术思想以及程瑶田、金榜的学术，下章将要介绍，这里只简介一下汪肇龙与汪梧凤。

汪肇龙

汪肇龙（1722－1780，“肇龙”一作“肇泷”）原名肇瀧，字松麓，一字稚川，歙县人。郑虎文在《汪明经肇龙家传》中记述汪肇龙的生平道：“君少孤又善病，兄夭嫂寡而弟弱，家徒四壁立，年十三岁甫受书于童子师，寻废罢，力食以供饘粥。长习贾，则喟然曰：‘是非甚巧伪，不得称善贾。’立弃而归习篆刻，资铁笔以活者，久之，稍稍通六书。君族今侍御名存宽者器之，劝之学，则大喜，从受章句，年二十有二矣。自是委己于学，至忘寝食，通《四子书》《五经》《左》

① 吴定：《郑用牧先生墓志铭》，《紫石泉山房文集》卷一〇，上海：上海古籍出版社，2010年版《清代诗文集汇编》第408册，第379页。

② 刘大櫆：《方晞原时文序》，《刘大櫆集》卷三，上海：上海古籍出版社，1990年版，第97页。

《国》大义。已而,学制科文于方氏朴山及其子心醰之门,成一家言,论者谓如桃源中人,不知有汉,何论魏晋也。后游江门,专力治经,则阶梯于宋王氏伯厚、本朝阎氏百诗,而以汉康成为宗主。于是,《尔雅》《说文》诸小学书以及水经、地理、步算、钟律、音韵、器数、名物之学,无不博综,群籍考据精审,而于三《礼》尤功深。师友间咸服其精心果力,隐然以不朽之业相期待矣。庚辰,补学官弟子。壬午,东原举于乡,君亦以副榜贡入太学。乙酉,驾南巡,榘中应召试,授内阁中书舍人,君偕游京师。京师公卿知东原者亦知君,咸招致君。君顾独暱就余,延课余亡儿师雍,用是深知君。一日,挈师雍游太学,观石鼓文,曰:'是可注而读也。'退则摹其文而注释之,著《石鼓文考》,定为周宣王时史籀所篆,非后世物。君于尊彝钟鼎诸古篆云鸟蝌蚪之文,遇目辄辨,暗中可手扪而识之,盖古今绝学也。是年,应京兆试,下第归,归犹一赴省试,遂绝意进取,日读所未见书,悉资以考据,而学益深。庚寅,易田登贤书,壬辰,榘中举殿试第一,东原寻以经学征为四库馆纂修,授编修,而君故落落无所遇,箪瓢陋巷,晏如也。"①

从郑虎文的记述可知,汪肇龙在学术上经历了从程朱之学到朴学的转变。他早年虽然"稍稍通六书",但所学的主要是《四书》《五经》大义,通章句之学。后又与程瑶田、戴震、汪梧凤等一道师从方楘如,学制举文,直到拜入江永门下,才"专力治经,则阶梯于宋王氏伯厚、本朝阎氏百诗,而以汉康成为宗主。于是,《尔雅》《说文》诸小学书以及水经、地理、步算、钟律、音韵、器数、名物之学,无不博综,群籍考据精审",走上了朴学的路子,他尤精于石鼓文等古文字,谂熟这一"古今绝学"。

汪梧凤

汪梧凤(1725—1772)字在湘,号松溪。汪泰安礼聘江永,便是请其教授汪梧凤兄弟。郑虎文在其所作的《汪明经梧凤行状》中说:"君制义师淳安方氏楘如,古文师桐城刘氏大櫆,经学则与休阳戴氏震、同里汪氏肇龙同出婺源

① 郑虎文:《汪明经肇龙家传》,见钱仪吉纂录:《碑传集》卷一三三,台北:明文书局,1985 年版《清代传记丛刊》第 113 册,第 580～582 页。

江门。汪氏精三《礼》,而戴氏于诸经所得独多,为江门大弟子,其学与江相出入,君亚焉。"[①]郑虎文既然将汪梧凤的经学视为"江门大弟子"戴震之"亚",则汪梧凤当是江永朴学的传人。汪梧凤因去世较早,其著作存留者不多,现在能看到的仅有《诗学女为》(二十六卷)、《松溪文集》(不分卷)两书,他另有《屈原赋戴氏注音义》(三卷)(附于戴震《屈原赋注》),但已佚。此外,汪梧凤还拟作《毛诗义编》,未能完成。

在汪梧凤的现存著述中,能够反映其学术取向的,主要是《诗学女为》。汪梧凤在谈到《诗学女为》的著述经过时曾说:"予少攻词章之学,久而厌苦之,乃读经,从婺源慎斋江先生游,与同学休宁戴震,同里汪肇龙、程瑶田辈讲习辩难,久之,于《诗》者若独有所得,辄随笔存录,以便省览,然未有成书也。洎儿子灼既长,业《诗经》,时有质问,因历举古今传说异同,而通会以己意,计日程课,积而大备,乃命灼编次成集。"从其自述看,他是由词章之学走向经学的,在经学中,他独好《诗经》,后以《诗》课其子汪灼,《诗学女为》便是由汪灼将其讲授《诗经》的稿子编次成书的。汪梧凤告诫汪灼道:"《诗》以正性情,为修齐治平之本,而多识其余事也,资之以为文章,陋矣。"[②]他虽然认为"《诗》以正性情,为修齐治平之本",以"多识"为"余事",但在《诗学女为》中,还是十分重视考据。如汪梧凤在释《诗·邶风·新台》中的"新台"一词时说:"新台,《尔雅》:'四方而高曰台。'《水经注》:'鄄城北岸有新台。'《舆地广记》:'开德府观城县有新台。'《通典》:'魏州黄县有新台。'按:鄄城在今濮州,观城县属濮州,黄县在今东昌府,冠县春秋时晋邑。《通典》之说非也。濮为卫地,观城在濮州西北八十余里,而《水经注》云'鄄城北岸',则地当在鄄、观之间。明正统时,鄄城为河所圮,新台故迹,今不可考。"[③]这样的行文已经不像在说

① 郑虎文:《汪明经梧凤行状》,见钱仪吉纂录:《碑传集》卷一三三,台北:明文书局,1985年版《清代传记丛刊》第113册,第578页。

② 汪梧凤:《诗学女为序》,《诗学女为》卷首,见《续修四库全书》第63册,上海:上海古籍出版社,2002年版,第605页。

③ 汪梧凤:《诗学女为》卷三《新台》四则之一,见《续修四库全书》第63册,上海:上海古籍出版社,2002年版,第640页。

《诗》，俨然是地理的考订。又如他在释《新台》中的“河水”一词时，竟用数百字对河源作详细的考证，不厌其烦地纠正典籍的误说，以证明“河之大源，总以昆仑为主，即有伏流重发，亦别派之会合耳”[①]这一结论，这更让人感到，这数百字分明就是一篇考证河源的专文。

汪梧凤虽然也很重视朱熹的《诗集传》，但对《诗集传》中没有注释或注释不详的山川、地理、名物等方面，还是作了较为翔实的考订。如《诗·卫风·淇奥》中的“瞻彼淇奥，绿竹猗猗”“瞻彼淇奥，绿竹青青”“瞻彼淇奥，绿竹如箦”等句中的“绿竹”，朱熹解释道：“绿，色也。淇上多竹，汉世犹然，所谓淇园之竹是也。”汪梧凤则不同意朱说，他说：“愚谓淇上多竹，复有绿竹二草，而《诗》所咏则草也，非竹也。首章言其盛，故曰‘猗猗’；次章言其色，故曰‘青青’；卒章言其象，故曰‘如箦’，箦，箦床也，状二草之藉地既平且密，即所谓如茵如毯也。若以绿为竹之色，则与‘青青’复；以‘青’作‘菁’，为竹之盛，则又与‘猗猗’复；以‘箦’比竹，则竹之象直以疏，‘箦’之象横以密。其比物也不工，诗人必不如是也。”[②]

汪梧凤在《诗经》研究中，还特别注重运用考据方法揭示《诗》旨，或者说他的考据主要以阐发《诗》旨为目的。如《诗序》认为《诗·魏风·汾沮洳》的主旨为“刺俭”，即“其君俭以能勤”但“不得礼”，故“刺不得礼也”。孔颖达《毛诗正义》疏此诗时，也据《诗序》说，认为“作《汾沮洳》诗者，刺俭也。其君好俭而能勤，躬自采菜，刺其不得礼也”[③]。但汪梧凤不同意此说，他认为：“《汾沮洳》，愚以为刺遗贤，而非刺俭。”于是论证说：“按：‘莫’，冀州谓之乾绛，五方通谓之酸迷，陆《疏》所谓‘缫以取茧绪’者也。‘荬’，《尔雅》谓之牛唇，《毛传》谓之水舄，陆《疏》谓之泽舄。莫、桑、荬，下湿之产，比卑贱者，即下所云‘彼记

① 汪梧凤：《诗学女为》卷三《新台》四则之二，见《续修四库全书》第63册，上海：上海古籍出版社，2002年版，第641页。

② 汪梧凤：《诗学女为》卷五《淇奥》，见《续修四库全书》第63册，上海：上海古籍出版社，2002年版，第646页。

③ 孔颖达：《毛诗正义》卷五，见阮元校刻：《十三经注疏》，北京：中华书局，1980年版，上册，第357页。

之子'也。'公路',主君路车,以卿大夫之余子为之;'公行',主兵车之行列,以卿大夫庶子为之;'公族',主君同姓昭穆,以卿大夫之适子为之,皆世官也。莫可缫,桑可蚕,萎可药,不以生于沮洳之地遗之,乃美不可限量,如英如玉之子,非世家子弟所得比者,反以单寒弃之,是可惜也。童子备官而贤人放弃,魏所以卒并于晋哉!"①

以上的简单介绍足以表明汪梧凤对训诂考据的重视,将他视为江永的朴学传人应该是没有问题的。于是,在不疏园中,汪梧凤与戴震、汪肇龙、程瑶田、金榜等人便同声相应、同气相求,形成了一个讲求朴学的群体。这也是徽州地区的第一个朴学群体。

谈到不疏园的朴学群体,还有一人也可一提,那就是继汪梧凤之后为不疏园主人的汪灼。

汪灼

汪灼(1748—1821)字渔村,别号方外老渔,汪梧凤次子、戴震亲炙弟子。他幼年便从戴震学《说文》及经史之学。在不疏园的学术群体熏染下,对音韵之学颇有兴趣,著有《毛诗周韵诵法》,他在书中曾说:"古今韵书,名为韵,实类其音也。凡字一出顿注曰音,字终而音袅袅有所归曰韵。惟周氏德清中原十九韵,虽与刘渊、阴时夫兄弟并韵同病,而其吐字归音之法,实千载所权舆。"②汪灼还著有《诗经言志》,与其父汪梧凤的《诗学女为》"互有短长",所以洪湛侯说:"即此而论,汪灼不仅能世其家学,也不愧是徽派朴学的传人。"③此外,汪灼尚有《渔村文集》与《渔村诗集》传世。

---

① 汪梧凤:《诗学女为》卷三《汾沮洳》三则之一,见《续修四库全书》第63册,上海:上海古籍出版社,2002年版,第667页。

② 汪灼:《毛诗周韵诵法》,转引自洪湛侯:《徽派朴学》,合肥:安徽人民出版社,2005年版,第118页。

③ 洪湛侯:《徽派朴学》,合肥:安徽人民出版社,2005年版,第118页。

第十三章 戴震:皖派朴学新局面的开拓者

乾隆二十年(1755)是皖派朴学发展史上甚为重要的一年。这一年,33岁的戴震走出不疏园,到了京师[①]。戴震进入京师,不仅使他开始享誉学界,成为知名学者,也使孵化于不疏园的皖派朴学逐渐呈现出新的局面,让它不再是局限于徽州一隅的学术派别,而成为在全国学界有重大影响的学派。

一、走出不疏园的戴震

虽然戴震进入京师,对皖派朴学来说是一件大事,但其北上京师的原因很特别,并且与学术无关,通常的说法是"避祸"。

---

① 段玉裁:《戴东原先生年谱》,见《戴震文集》附录,北京:中华书局,1980年版,第220页。按,洪榜也认为戴震"于乾隆乙亥岁(即乾隆二十年,1755)北上京师"(洪榜:《戴先生行状》,见《戴震全书》第七册附录二,合肥:黄山书社,1997年版,第7页),段玉裁或即据洪榜说。但凌廷堪认为戴震是乾隆十九年(1754)"以避仇入京师"(《戴东原先生事略状》,《凌廷堪文集》卷三五,《凌廷堪全集》第三册,合肥:黄山书社,2009年版,第323页)。杨应芹则据王昶《戴东原先生墓志铭》、钱大昕自编《竹汀居士年谱》,定戴震入都在乾隆十九年(参见杨应芹《东原年谱订补》,见《戴震全书》第六册附录一,合肥:黄山书社,1995年版,第665页)。李开也认为戴震入都在乾隆十九年(参见李开:《戴震评传》,南京:南京大学出版社,1992年版,第86页)。

走出不疏园

戴震为什么要“避祸”?

段玉裁说:“盖先生是年(乾隆二十年)讼其族子豪者侵占其祖坟,族豪倚财结交县令,令欲文致先生罪,乃脱身挟策入都。”[①]凌廷堪也认为戴震是为“避仇”而入都的[②],只是他没有说戴震何以会“避仇”。

对戴震北上京师的原因,还有另一说,即因为他在所撰的《族支谱序》中,针对《隆阜戴氏宗谱》提出“信则传信”和“不从旧谱序列,不敢滥承”的看法,由此得罪了族中有势者,而被迫入京躲避[③]。此说也可以归为“避祸”说。

戴震北上京师,确实是因为“避祸”,但其情由可能不像段玉裁所说,是因为其祖坟为族中豪强者强占,戴震讼于县,而县令接受豪强者的贿赂,欲“文致”其罪;也不是他所撰的《族支谱序》得罪了族中有势者,在乾隆二十三年(1758)卢文弨[④]给进士程以道[⑤]的信中,我们看到对戴震“避祸”情由的另外说法。卢文弨的这封信很少有人注意,但它可能比其他记述更可靠,所以我们将其抄录于下:

> 贵乡戴东原兄,仆重其学问,与之定交。今闻其因祖坟事,与贤从兄弟将生嫌隙。此固戴氏不肖子孙为之,然其群子姓中苟少有人心者,自不容见其先世百余年藏魄之所,一旦受侵削震惊之患,亦漠然袖手缄口,不一校计。此在常情,尚不出此,况于贤者?在贵族初

---

① 段玉裁:《戴东原先生年谱》,见《戴震文集》附录,北京:中华书局,1980年版,第221页。

② 凌廷堪:《戴东原先生事略状》,《校礼堂文集》卷三五,《凌廷堪全集》第三册,合肥:黄山书社,2009年版,第323页。

③ 参见李开:《戴震评传》,南京:南京大学出版社,1992年版,第85页。

④ 按,卢文弨(1717—1795)字召弓,一作绍弓,号矶渔,又号檠斋、抱经,晚年更号弓父,人称抱经先生,仁和(今浙江杭州)人。乾隆十七年(1752)进士,授翰林院编修,历官左中坊左中允、翰林院侍读学士、广东乡试正考官、提督湖南学政。乾隆三十四年(1769),乞养归故里,历主江、浙各书院讲席,以经术导士。在文献整理上成绩卓著,尤精于校勘。

⑤ 按,查《(道光)休宁县志》卷九《进士》、卷十《举人》,只载有程学道,而不见程以道。其记述为:程学道字致堂,休宁率口人,乾隆二十二年(1757)进士。程学道与程以道或即同一人。

买之时,必不知为戴氏祖坟之地,今则已知之矣。卜地以葬,求其安吾亲也。今如所卜之地,恐吾先人亦将不安。夫利他人有不肖之子孙,而吾得乘其间而取之;使吾亦有如是之子孙,而人亦得乘其间而夺之。一彼一此,其情有异乎?否乎?贤者爱其亲以及人之亲,其必不肯陵人之亲以为孝也,明矣。今之堪舆家动以福利啗人。仆素不明此,然第以理观之,人方衔哀茹痛,积怨含怒,不量其力之不敌,而必欲起而为难,以求伸其为人子孙之志,事倘不济,而怨毒之气愈不能平,是在我方欲求福,乃反以之招怨而犯怒,讦讼由之而起,衅仇由之而深,恐亦非贵族之利也。年兄天属相关,诚宜及早调处。如其昭然远见,举地相让,以安两家之先灵,此其于仁智孝慈之道兼备无憾,戴氏子孙宜何如感戢也。若其势万不能已,亦慎毋相逼太甚,期于两安而已。年兄亦度其所能行者,而尽诚以相告焉,譬之窀而遇水石虫蚁,亦将不改卜乎?吾之为此言,诚私于戴君,然自年兄言之,则亦可谓忠于贵族矣。伫望覆示。①

卢文弨此信是为调停戴、程纠纷而写的,自然不能与事实相悖。按照卢文弨此信所说,第一,戴氏祖坟的坟地并不是被人侵占,而是被“戴氏不肖子孙”出卖的。第二,戴氏祖坟之地当时的所有者并不是“其族子豪者”,而是程姓子孙、程以道的从兄弟。因此,坟地之争也就发生在戴、程两姓之间,而不是戴氏同族之争。第三,既然坟地为程姓所买,关于坟地的诉讼自然对戴震不利,县令“文致”戴震于罪的说法也就难以成立。只是程氏在诉讼中是有利的一方,很可能得理不饶人,故卢文弨的信中有“慎毋相逼太甚”之说。至于程氏如何“相逼”,卢文弨没有说,但能够迫使戴震“避祸”京师,大概对戴震的威胁颇大,于是他不得不出走。

① 卢文弨:《与程致堂以道进士书》,《抱经堂文集》卷一八,见《续修四库全书》第1432册,上海:上海古籍出版社,2002年版,第701～702页。

享誉京师

这场坟地之争的结局如何，已经不得而知。不过，坟地之争如何收场，对皖派朴学的研究来说，已不那么重要了，值得关注的则是戴震入京对皖派朴学究竟有什么意义。

进京之前，徽州地区以外的学者知道戴震学识的大概只有齐召南①。纪昀在为《考工记图》所作的序中说："戴君语余曰：'昔丁卯戊辰间，先师程中允出是书以示齐学士次风先生（即齐召南），学士一见而叹曰：诚奇书也。'"②而京师学者则对戴震毫无所知。因此，他初到京师，举目无助，生活十分狼狈。段玉裁曾说，戴震"脱身挟策入都，行李衣服无有也。寄旅于歙县会馆，饘粥或不继"③；钱大昕也说，戴震"年三十余，策蹇至京师，困于逆旅，饘粥几不继，人皆目为狂生"④。这些描述应是实录。

戴震尽管生活处于困顿之中，却依然企望凭借自己的学识进入学界。他首先拜会的是钱大昕，并由钱大昕结识了秦蕙田⑤。钱大昕曾记有其事，他说："一日，（戴震）携其所著书过予斋，谈论竟日。既去，予目送之，叹曰：'天下奇才也。'时金匮秦文恭公蕙田兼理算学，求精于推步者，予辄举先生名。秦公大喜，即日命驾访之，延主其邸，与讲观象授时之旨，以为闻所未闻。秦

---

① 按，齐召南（1703—1768）字次风，号琼台，晚号息园，浙江天台人。幼有神童之目，16岁补诸生，22岁选拔贡成均。雍正十一年（1733）诏复词科之制，总督学使以博学鸿词荐。乾隆元年（1736）召试于保和殿，钦定二等第八名，改翰林院庶吉士，官至内阁学士，礼部侍郎。精于史地之学，先后充《大清一统志》《明鉴纲目》《大清会典》《续文献通考》纂修官，《续文献通考》馆副总裁。著有《水道提纲》《历代帝王年表》《后汉公卿表》《宝纶堂集》等。

② 纪昀：《考工记图序》，《纪文达公遗书》卷八，见《续修四库全书》第1435册，上海：上海古籍出版社，2002年版，第342页。

③ 段玉裁：《戴东原先生年谱》，见《戴震文集》附录，北京：中华书局，1980年版，第220页。

④ 钱大昕：《戴先生震传》，《潜研堂文集》卷三九，《钱大昕全集》第九册，南京：江苏古籍出版社，1997年版，第672页。

⑤ 按，秦蕙田（1702—1764）字树峰，号味经，金匮（今属江苏常州市）人，乾隆元年（1736）进士，授编修，历官右春坊右庶子、通政使司右通政、内阁学士、礼部侍郎，工部、刑部尚书等，两充会试正考官。其深于《礼》学，著有《五礼通考》《周易象日笺》《味经窝类稿》等。

公撰《五礼通考》,往往采其说焉。”于是,“一时馆阁通人河间纪太史昀、嘉定王编修鸣盛、青浦王舍人昶、大兴朱太史筠,先后与先生交,于是海内皆知有戴先生矣”[①]。由于钱大昕、秦蕙田的延誉,“海内皆知有戴先生”,于是,“一时馆阁通人”如纪昀、王鸣盛、王昶、朱筠等纷纷与他订交,王昶因在秦蕙田府中与其共事而更为亲近[②]。钱大昕在自撰《年谱》中也说:“无锡秦文恭公邀余商定《五礼通考》,休宁戴东原初入都,造居士(即钱大昕)寓,谈竟日,叹其学精博。明日言于文恭公,公即欣然与居士同车出,亲访之,因为延誉。自是知名海内。”[③]

戴震得以享誉京师,主要是因为他在天文历算、典章文物考据上所获得的卓越成就。如戴震与钱大昕“谈论竟日”,令钱大昕叹为“天下奇才”的,便是戴震在“算学”及“推步”之学方面的见解,钱大昕因此才会向秦蕙田推荐;戴震令秦蕙田感到“闻所未闻”的谈论,也是“观象授时”之旨;戴震更以一部《考工记图》而令纪昀惊异,纪昀在为此书所作的序中曾说:“戴君始为《考工记》作图也,图后附以己说而无注。乾隆乙亥夏,余初识戴君,奇其书,欲付之梓。迟之半载,戴君乃为余删取先后郑注(按:先郑指汉代郑兴、郑众父子,后郑指汉末的郑玄)而自定其说以为补注。又越半载书成,仍名之曰《考工记图》,从其始也。”纪昀还高度评价了戴震的学识:“戴君深明古人小学,故其考证制度字义,为汉已降儒者所不能及。以是求之圣人遗经,发明独多,《诗三百》、

① 钱大昕:《戴先生震传》,《潜研堂文集》卷三九,《钱大昕全集》第九册,南京:江苏古籍出版社,1997年版,第672～673页。

② 如王昶说:“余之获交东原,盖在乾隆甲戌之春。维时秦文恭公蕙田方纂《五礼通考》,延(戴震)至于味经轩,偕余同辑‘时享’一类,凡五阅月而别。”王昶:《戴东原先生墓志铭》,《春融堂集》卷五五,见《续修四库全书》第1438册,上海:上海古籍出版社,2002年版,第217页。按,王昶(1725－1806)字德甫,一字琴德,号述庵、又号兰泉,青浦(今上海青浦区)人,乾隆十九年(1754)进士,授内阁中书,协办侍读,擢刑部郎中。乾隆三十三年(1768)随大学士阿桂平定大小金川,奏檄多出于其手,以“久在军营,著有劳绩”擢为鸿胪寺卿,升为大理寺卿、都察院右副都御史。他于学无所不究,尤长于金石,虽攻读朱子书,但兼及薛瑄、王阳明诸家之学。著有《使楚从谭》《征缅纪闻》《春融堂诗文集》。

③ 钱大昕:《竹汀居士年谱》,《钱大昕全集》第一册,南京:江苏古籍出版社,1997年版,第13页。

《尚书》二十八篇、《尔雅》等皆有撰著。"[①]"为汉已降儒者所不能及"这句评语，是从学术史角度对戴震所作的评价，是对戴震学术超越前人的高度肯定。

乾隆二十一年(1756)，吏部尚书王安国[②]闻戴震名，即礼聘他教授其子王念孙。

戴震在秦蕙田、钱大昕为之延誉而名播京师之时，没有忘记他的老师江永。江永去世后，戴震在所作的《江慎修先生事略状》中说："戴震尝入都，秦尚书蕙田客之，见书笥中有先生历学数篇，奇其书。戴震因为言先生。尚书撰《五礼通考》，摭先生说入观象授时一类，而《推步法解》则取全书载入，憾不获见先生《礼经纲目》也。"[③]可见，戴震进京，带去的也就不仅是戴震之学，而是江、戴之学，是把兴起于徽州的朴学带进了京师。

戴、惠之会

乾隆二十二年(1757)，王安国去世，戴震结束了在王府一年左右的教学生涯，也结束了他在京师的寓居生涯，离京南下。

在途经扬州时，戴震访问了时在扬州任都转运使的卢见曾[④]，此后数年，他就逗留在卢见曾署内。卢见曾颇有诗名，且喜延揽文士。早在戴震拜见卢见曾的三年之前，学界享有盛名的惠栋就已经入了卢见曾的幕府。经卢见曾引见，戴震得以与惠栋相会。

---

① 纪昀:《考工记图序》,《纪文达公遗书》卷八,见《续修四库全书》第1435册,上海:上海古籍出版社,2002年版,第342页。

② 按,王安国(1694—1757)字书城,号春圃,高邮(今江苏高邮)人,王念孙之父。雍正二年(1724)殿试以榜眼及第,授翰林院编修,历官广东学政、左都御史兼领广东巡抚、礼部尚书、吏部尚书等。

③ 戴震:《江慎修先生事略状》,《戴震文集》卷一二,《戴震全书》第六册,合肥:黄山书社,1995年版,第413页。

④ 按,卢见曾(1690—1768)字澹园,又字抱孙,号雅雨,山东德州人,康熙六十年(1721)进士,历官洪雅知县、滦州知州、永平知府及长芦、两淮盐运使。乾隆三十三年(1768),两淮盐引案发,卢见曾因收受盐商价值万余的古玩被拘系,病死狱中。著有《雅雨堂诗文集》等,刻有《雅雨堂丛书》。纪昀与其为儿女亲家,盐引案发时因"漏言"(通风报信)获罪,戍乌鲁木齐。

戴、惠之会，是一位正崛起的学术领袖与早已成名的学术领袖之会。惠栋（1697—1758）字定宇，号松崖，被学者称为“小红豆先生”（因其父惠士奇有“红豆先生”之称），惠士奇[①]的次子，江苏元和（今江苏吴县）人。钱大昕在其所作的“惠栋传”中说，惠栋自幼笃志向学，家多藏书，日夜讲诵，自经、史、诸子、百家杂说、释道二《藏》，靡不津逮。惠士奇视学粤东时，惠栋从之任所。在惠士奇“毁家修城”时，惠栋往来京口（在今镇江市），饥寒困顿甚于寒素。中年课徒自给，陋巷屡空，处之坦如。乾隆十五年（1759），诏举经明行修之士，陕甘总督尹继善、两江总督黄廷桂交章论荐。会大学士、九卿索其所著书，未及呈进，罢归。年五十，专心经术，尤邃于《易》。钱大昕在“惠栋传”中还对他作了评论：“宋、元以来，说经之书盈屋充栋，高者蔑弃古训，自夸心得，下者剿袭人言，以为己有，儒林之名，徒为空疏藏拙之地，独惠氏世守古学，而栋所得尤精。拟诸汉儒，当在何邵公（即何休）、服子慎（即服虔）之间，马融、赵岐辈不能及也。”[②]他著有《九经古义》《易汉学》《孟喜易》《虞翻易》《京房易》《郑康成易》《荀爽易》《易例》《周易述》《明堂大道录》《禘说》《古文尚书考》《后汉书补注》以及《九曜斋笔记》《松崖笔记》《松崖文抄》《诸史荟最》《竹南漫录》《王士祯精华录训纂》等。自惠栋祖父惠周惕、父惠士奇至惠栋，皆治易学，在学界有三世传经的盛誉。

由于惠栋认为古字古音的诂训非经师不能辨，所以他治经便以汉儒为宗，以昌明汉学为己任，热衷于汉代的古文经学。当时，沈彤、江声、余萧客、褚寅亮、孙星衍、王鸣盛、钱大昕、王昶等一大批著名学者围绕在惠栋周围，形成了在乾嘉时期颇有影响的“汉学”群体。因为惠栋及其弟子多出于吴地，人们遂将这个学术群体称为吴派，惠栋也就被视为吴派的学术领袖。

---

① 按，惠士奇（1671—1741）字天牧，一字仲孺，晚号半农，人称“红豆先生”。康熙四十八年（1709）进士，官编修、侍读学士，曾典试湖南，督学广东。雍正间，以召对不称旨，罚修镇江城，以产尽停工削籍。乾隆初，再起为侍读。撰有《易说》《礼说》《春秋说》等，能传其父惠周惕之学。

② 钱大昕：《惠先生栋传》，《潜研堂文集》卷三九，《钱大昕全集》第九册，南京：江苏古籍出版社，1997 年版，第 667 页。

戴震见到惠栋这位年长于他 27 岁的一代名儒、学界前辈，自然十分敬重，惠栋对戴震也显得十分亲切。9 年后，戴震在回忆这段相会时写道："前九年，震自京师南还，始觌先生于扬之都转盐运使司署内。先生执震之手言曰：'昔亡友吴江沈冠云[①]尝语余，休宁有戴某者，相与识之也久。冠云盖寔见自著书。'震方心讶少时未定之见，不知何缘以入沈君之目，而憾沈君之不及觏，益欣幸获觏先生。"[②]

戴、惠之会后不久，惠栋便离开了卢见曾幕府，并于次年去世。尽管戴震与惠栋相聚仅仅几个月，但学术史家们对戴、惠之会却十分看重，认为这次会见是戴震学术思想的一大转折点。如钱穆说："东原于乾隆丁丑南游扬州，识松崖于盐运使卢雅雨见曾署，自是客扬州者四年。东原论学宗旨，其时以后盖始变。"甚至认为："乾嘉以往诋宋之风，自东原起而愈甚，而东原论学之尊汉抑宋，则实有闻于苏州惠氏之风而起也。"[③]李开的《戴震评传》也认为，戴、惠之会是戴震人生道路上的一件大事，惠栋的学术思想引起了青年戴震深刻的自我反思，使戴震的学术生涯发生了重大变化，最后促使他走上新的学术道路[④]。

但是，并没有什么材料让我们看到戴、惠之会使戴震的学术发生如钱穆、李开所说的那样变化，相反，我们看到的却是戴震开始意识到他与吴派在学术上的颇大差异[⑤]。

---

① 按，沈冠云即沈彤。沈彤(1688－1752)字冠云，号果堂。自少力学，受业于何焯，继游张伯行、杨名时之门，笃志群经，尤精三《礼》，论者谓亚于惠士奇而醇于万斯大。乾隆元年(1736)，内阁学士吴家骐荐举博学鸿词，复荐修《三礼书》及《一统志》。书成，授九品官，以亲老辞归。他长于考据，为乾嘉时期吴派的主要学者之一。

② 戴震：《题惠定宇先生授经图》，《戴氏杂录》，《戴震全书》第六册，合肥：黄山书社，1995 年版，第 504 页。

③ 钱穆：《中国近三百年学术史》上册，北京：中华书局，1986 年版，第 322 页。

④ 李开：《戴震评传》，南京：南京大学出版社，1992 年版，第 155 页。

⑤ 按，许苏民针对钱穆、李开的观点曾说过："与戴震的相见，很难说是戴震人生道路和学术生涯的转折点，戴震也没有因为与惠栋的相见而'走上了新的学术道路'。"许苏民：《戴震与中国文化》，贵阳：贵州人民出版社，2000 年版，第 52 页。吴根友也认为，钱穆对学术史的叙述"基本上不符合学术史的真实情况"。吴根友：《再论皖派与吴派的学术关系》，《中国高校社会科学》，2014 年第 3 期。

钱穆、李开提出上述观点的依据，主要是戴震的《题惠定宇先生授经图》一文。戴震在此文中，确实对惠栋很尊敬，对惠栋的学术有肯定，甚至说惠栋之学"直上追汉经师授受欲坠未坠霾蕴积久之业，而以授吴之贤俊后学，俾斯事逸而复兴"。但是，细读这段赞语，只是使我们感到他所赞的是惠栋上承汉儒、下开吴派，并没有表示出戴震本人有继踵惠栋的意思，而且戴震在下文中还说：

> 震自愧学无所就，于前儒大师，不能得所专主，是以莫之能窥测先生涯涘。然病夫六经微言，后人以歧趋而失之也。言者则曰："有汉儒经学，有宋儒经学，一主于训故，一主于理义。"此诚震之大不解也者。夫所谓理义，苟可以舍经而空凭胸臆，将人人凿空得之，奚有于经学之云乎哉？惟空凭胸臆之卒无当于贤人圣人之理义，然后求之古经；求之古经而遗文垂绝、今古悬隔也，然后求之训故。训故明则古经明，古经明则贤人圣人之理义明，而我心之所同然者乃因之而明。贤人圣人之理义非它，存乎典章制度者是也。松崖先生之为经也，欲学者于汉经师之训故，以博稽三古典章制度，由是推求理义，确有据依。彼歧训故、理义二之，是训故非以明理义，而训故胡为？理义不存乎典章制度，势必流入异学曲说而不自知，其亦远乎先生之教矣。①

细味此文不难看出，戴震不只表达了对惠栋的敬重，同时还表明了他与惠栋的学术分歧。他所说的"震自愧学无所就，于前儒大师，不能得所专主，是以莫之能窥测先生涯涘"，并非谦辞，而是婉转地表明他在学术上与惠栋并非同道。接着更提出了本文的主旨，即不赞成对汉、宋儒作出截然对立的区分："言者则曰：'有汉儒经学，有宋儒经学，一主于训故，一主于理义。'此诚震之大不解也者。"

---

① 戴震:《题惠定宇先生授经图》,《戴氏杂录》,《戴震全书》第六册，合肥：黄山书社，1995年版，第505页。

戴震为什么会“大不解”？因为“有汉儒经学，有宋儒经学，一主于训故，一主于理义”之说与他的治学主张相悖。戴震早已形成“由词通道”的治学主张，还在北上京师之前的乾隆十八年(1753)他就说过：“经之至者道也，所以明道者其词也，所以成词者字也。由子以通其词，由词以通其道，必有渐。”而对经学研究来说，“由词通道”实际上包含着训诂考据与义理探寻相统一的意思，所以他又说：“训诂明则古经明，古经明则贤人圣人之理义明。”[①]对经学作汉、宋的二分，并认为“一主于训故，一主于理义”，恰恰是将训诂考据与义理探寻分割开来、对立起来，它受到戴震的反对，也是必然的。

问题在于戴震的“大不解”是否针对惠栋。不少学者以《题惠定宇先生授经图》一文为据认为，扬州之会是戴、惠取得学术共识的一次会晤，于是，戴震的“大不解”也就与惠栋一派无关。但众所周知，以汉儒为依归而摒弃宋儒，正是惠栋乃至整个吴派的学术特征，惠栋甚至说过“宋儒之祸，甚于秦灰”[②]，极力贬斥宋代理学。由此出发，他们不仅将两千年的经学史归结为汉学与宋学“互为胜负”的历史[③]，还将汉、宋学看成共时性的，进而将同时代的经学家分为“汉学”“宋学”两个对立的营垒，他们则以“汉学家”自诩，而与“宋学家”相对立。因此，若将《题惠定宇先生授经图》一文置于乾嘉时代的学术环境中，则戴震的“大不解”是针对惠栋以及他所代表的吴派，也就很清楚了；他要与惠栋一派相区隔，也是很清楚的。

戴震为什么要与惠栋一派相区隔？戴震入京之后虽名噪一时，但为他延誉的主要是吴派学者，他们之所以为戴震延誉，是因为他们皆视戴震为“汉学家”，而戴震当时也没有觉察到其学术与吴派的不同。直到接触惠栋之后，他才看清了与吴派的学术差异，也才明确表明他与吴派的学术差异。因此，戴、

---

① 戴震：《与是仲明论学书》，《东原文集》卷九，《戴震全书》第六册，合肥：黄山书社，1995年版，第370页。

② 引自钱穆：《中国近三百年学术史》上册，北京：中华书局，1986年版，第321页。

③ 如纪昀主持编纂的《四库全书总目》在总括经学历史时就说：“自汉京以后垂二千年，儒者沿波，学凡六变。……要其归宿，则不过汉学、宋学两家互为胜负。”见永瑢、纪昀等：《四库全书总目》卷一《经部总叙》，北京：中华书局，1965年版，上册，第1页。

惠之会也可以被视为戴震与“汉学”自觉“脱钩”之始。

落第和漂泊

戴震享誉京师，但他的人生际遇并没有得到改变。他虽然在学术上不断精进，但在仕途上却屡遭挫折。

在扬州逗留约四年之后，戴震于乾隆二十六年(1761)返乡，应汪梧凤之聘，他再次馆于不疏园。这次入不疏园的时间很短，次年，他为应乡试就离开了不疏园。戴震正是在此次乡试中举，但时年已经四十。

戴震的中举，丝毫没有改变仕途蹭蹬的命运。自此至乾隆三十八年(1773)奉召入四库馆的十年间，他先后五次入京会试，但皆落第，功名也就一直止于举人。其间，为了生计，戴震曾多次辗转于冀晋间。如乾隆三十三年(1768)他应直隶总督方观承之聘，在直隶首府保定修《直隶河渠书》①；乾隆三十四年(1769)，戴震应朱珪之邀，客居朱珪的山西布政使司署，并应汾州太守孙和相之聘，纂修《汾州府志》；乾隆三十五年(1770)，寿阳县令龚导江延请戴震“点窜”(即删修)其所主修的《寿阳志》并审定目录，戴震又来到寿阳；乾隆三十六年(1771)，应汾阳县令之请，戴震又往山西主修《汾阳县志》；乾隆三十七年(1772)，戴震自汾阳入京会试，第五次落第后，先住于洪榜②寓所，此后又往浙东，主讲金华书院。直到乾隆三十八年(1773)奉召入四库馆，才结束了他的漂泊生涯。

---

① 按，因方观承于乾隆三十三年(1768)去世，《直隶河渠书》未完成。据段玉裁说，其书的清稿一藏于曲阜孔府，一藏于直隶总督周元理家。此后，周元理甥婿汪履泰将其书删削增补后，易名为《畿辅安澜志》，掩为己有，并缮写进呈，由武英殿刊印(参见段玉裁：《戴东原先生年谱》，见《戴震文集》附录，北京：中华书局，1980年版，第229页)。

② 按，洪榜(1745—1780)字汝登，一字初堂，歙县人。十五岁补邑庠生，乾隆三十三年(1768)举人。安徽学使梁国治对洪榜兄弟的文章颇为赏识，在评论洪榜的赋时说：“词霏玉屑，则弟胜于兄；文抱风云，则伯优于仲。”乾隆四十一年(1776)，洪榜应天津召试，冠其伍，授内阁中书。其兄弟均任中书，故时有“同胞三中书”之誉，并称“三凤”。洪榜少时曾从戴震、金榜游，粹于经学，其“生平学问之道服膺戴氏”，所著甚多，但多未成书，现仅存《四声均和表》五卷、《示儿切语》一卷。

戴震屡经仕途的挫折，对科举制度感受很深，在第三次会试落第后，他曾感叹道："自汉以来，取士之法不一，然未有不惟六艺之文首重者，而士气之振否，则宜循其本。《汉书·儒林传》'赞'曰：'一经说至百余万言，大师众至千余人，盖利禄之路然也。'斯言殆今古同讥。……若其流弊，苟焉皮傅，剿说雷同。学不一二年，目不睹全经，掇拾巍科高弟，不必素所蓄积也。故不见师友之盛如古昔，岂非徒趋利禄，加以得之固易哉。原上之贵士，士之贵学，岂如是而已哉。间有远寻汉经师授受，近接宋儒者之绪，其人世莫之知也。孤学而无友，泯焉而不彰。嘻，可慨惜也夫。"[①]"孤学无友"，倾吐了一位饱学之士的学识不被认可的愤懑与悲怆。

科举考试对学术的戕害，突出表现在规定以制义[②]作为应试文体上。这种文体名为"代圣贤立言"，实际上背离了圣贤之意，而把经世济民的经学变成以宋人"臆断"为依归的占哔之学，使文章失去载道之器、羽翼经典的功能。屡次参加会试又屡次落第加深了戴震对这种文体副作用的体会，他于是在《与某书》中指出，沉湎于制义不如致力于治经："夫文无古今之异，闻道之君子其见于言也，皆足以羽翼经传，此存乎识趣者也。……精心于制义一事，又不若精心于一经，其功力同也，未有能此而不能彼者。"[③]

戴震虽然不满以制义为科举考试的规定文体，但更不满的还是由此而对学风带来的危害。因此，他提出的精心于儒学经典的主张，并不是要求归依于汉儒或宋儒，而是要求学者从通经入手，"志存闻道"且"空所依傍"，成"自得之学"。他说：

> 治经先考字义，次通文理。志存闻道，必空所依傍。汉儒训诂

---

① 戴震：《辑五王先生墓志铭》，《东原文集》卷一二，《戴震全书》第六册，合肥：黄山书社，1995年版，第433页。

② 按，戴震所说的"制义"，即时文、八股文，如《明史·选举志二》说："其文略仿宋经义，然代古人语气为之，体用排偶，谓之八股，通谓之制义。"李开的《戴震评传》以为"制义"指"名物度数"等，系误。

③ 戴震：《与某书》，《戴震全书》第六册《戴东原先生文》，合肥：黄山书社，1995年版，第494～495页。

> 有师承,亦有时傅会,晋人傅会凿空益多;宋人则恃胸臆为断,故其袭取者多谬,而不谬者在其所弃。我辈读书,原非与后儒竞立说,宜平心体会经文。有一字非其的解,则于所言之意必差,而道从此失。学以牖吾心知,犹饮食以养吾血气,虽愚必明,虽柔必强。可知学不足以益吾之智勇,非自得之学也,犹饮食不足以增长吾血气,食而不化者也。[①]

在戴震心目中,虽然汉儒之学与宋儒之学都各有弊端,但宋儒"恃胸臆为断",弊端更甚。宋儒最大的弊端是违背了"圣人之道",将"圣人之道"与其本应包含的"情"和"欲"对立起来。在戴震看来,"情"与"欲"是人之所必有,而"情"与"欲"至于"纤微无憾"地步便是"理"。倡导扼杀人之"情"与"欲"的所谓"理",其结果则无异于"以理杀人",所以戴震对"后儒"抨击道:

> 圣人之道,使天下无不达之情,求遂其欲而天下治。后儒不知情之至于纤微无憾,是谓理。而其所谓理者,同于酷吏之所谓法。酷吏以法杀人,后儒以理杀人,浸浸乎舍法而论理,死矣,更无可救矣。[②]

戴震这里所说的"后儒",是指当世那些空谈性理、浅陋而迂腐的儒生,即"俗儒"。陆耀[③]就是将"后儒"解读为"俗儒"的,如他说:"来教举近儒理欲之说,而谓其以有蔽之心,发为意见,自以为得理,而所执之理实谬,可谓切中俗儒之病。"[④]戴震提出"以理杀人"这样的愤激之词,就是想引发人们对"后儒"将

---

① 戴震:《与某书》,《戴震全书》第六册《戴东原先生文》,合肥:黄山书社,1995年版,第495页。

② 戴震:《与某书》,《戴震全书》第六册《戴东原先生文》,合肥:黄山书社,1995年版,第496页。

③ 按,陆耀(1723—1785)字青来,江南吴江(在今苏州市吴江区)人。乾隆十七年(1752)举人,乾隆十九年(1754)考授内阁中书,充军机处章京,历官户部郎中、大理知府、湖南巡抚。他自幼即以古人自期,主张学兼体用。

④ 陆耀:《复戴东原言理欲书》,见王昶:《湖海文传》卷四五,见《续修四库全书》第1669册,上海:上海古籍出版社,2002年版,第51页。

学术引入背离“圣人之道”这一行为的思考。

乾隆三十八年(1773)春,戴震在主讲金华书院期间,曾研究顾炎武的《诗本音》,经“辨析章句,讽诵经文”,深感“顾氏始为之之不易”。在《诗本音》的基础上,他据《广韵》将古音分为七类①。乾隆四十二年(1777),又著《声类表》。这标志着戴震的古音学研究渐进“奥境”,他在《答段若膺论韵书》中最后将古音分为九类二十五部,即基于此②。

这期间,戴震除了完成《声韵考》《孟子字义疏证》初稿③等书外,很多精力都用在修志上。戴震曾将自己的地理观应用于修志,形成了对修志体例的看法,后来,即因此而与章学诚发生了修志之争。

戴震与章学诚的修志之争

乾隆三十八年(1773),戴震奉召入京,参与纂修《四库全书》。赴京之前,他至宁波见宁绍兵备道冯弼时,与章学诚相遇,和他围绕方志的修撰展开了争论。章学诚曾记述过这次争论,他说:“乾隆三十八年癸巳夏,与戴东原相遇于宁波道署,冯君弼方官宁绍台兵备道也。戴君经术淹贯,名久著于公卿间,而不解史学。闻余言史事,辄盛气凌之。见余《和州志例》,乃曰:‘此于体例则甚古雅,然修志不贵古雅,余撰汾州诸志,皆从世俗,绝不异人,亦无一定义例,惟所便尔。夫志以考地理,但悉心于地理沿革,则志事已竟,侈言文献,岂所谓急务哉?’余曰:‘余于体例求其是尔,非有心于求古雅也。……如余所见,考古固宜详慎,不得已而势不两全,无宁重文献而轻沿革耳。’”④

章学诚早年曾是戴震的崇拜者,他曾说过:“往仆以读书当得大意,又年

---

① 段玉裁:《戴东原先生年谱》,见《戴震文集》附录,北京:中华书局,1980年版,第233页。

② 参见李开:《戴震评传》,南京:南京大学出版社,1992年版,第306页。

③ 按,乾隆三十一年(1766)戴震第二次入京会试时,曾对段玉裁说:“近日做得讲理学一书。”(参见段玉裁:《戴东原先生年谱》,见《戴震文集》附录,北京:中华书局,1980年版,第228页。)所谓“讲理学一书”,就是《孟子字义疏证》的初稿。

④ 章学诚:《记与戴东原论修志》,见叶瑛:《文史通义校注》卷八,北京:中华书局,1985年版,下册,第869页。

少气锐，专务涉猎，四部九流，泛览不见涯涘，好立议论，高而不切，攻排训诂，驰骛空虚，盖未尝不惘然自喜，以为得之。独怪休宁戴东原振臂而呼曰：'今之学者毋论学问文章，先坐不曾识字。'仆骇其说，就而问之，则曰：'予弗能究先天后天，河洛精蕴，即不敢读"元亨利贞"；弗能知星躔岁差，天象地表，即不敢读"钦若敬授"；弗能辨声音律吕，古今韵法，即不敢读"关关雎鸠"；弗能考三统正朔，《周官》典礼，即不敢读"春王正月"。'仆重愧其言。因忆向日曾语足下所谓'学者只患读书太易，作文太工，义理太贯'之说，指虽有异，理实无殊。充类至尽，我辈于《四书》一经正乃未尝开卷，可为惭惕，可为寒心。"①但后来，章学诚对方志的看法与戴震不同，于是，便有了这场修志之争。

章学诚与戴震对方志看法的差异，集中表现在志书的性质上。章学诚认为志书属于史书范畴，他说："志为史裁，全书自有体例，志中文字俱关史法，则全书中之命辞措字，亦必有规矩准绳，不可忽也。"②并提出"志属信史"③概念。但戴震则认为方志属于地理范畴，即"志以考地理"，章学诚曾明确反对戴震这一观点，认为"地理之学，自有专门，州郡志书，当隶外史"④。于是，便在清代方志学领域中形成了两个颇有影响的学派：以戴震为代表的地理学派和以章学诚为代表的历史学派。

对方志性质看法的不同，导致了他们在修志的着重点上产生了不同的认识。戴震认为，修志的着重点应是地理沿革，即"志之首沿革也"⑤，"悉心于地理沿革，则志事已竟"，而反对章学诚的"侈言文献"；章学诚则说，"如余所

---

① 章学诚：《与族孙汝楠论学书》，《章氏遗书》卷二二，转引自《戴震全书》第七册附录二，合肥：黄山书社，1997 年版，第 161 页。

② 章学诚：《与石首王明府论志例》，见叶瑛：《文史通义校注》卷八，北京：中华书局，1985 年版，下册，第 861 页。

③ 章学诚：《修志十议》，见叶瑛：《文史通义校注》卷八，北京：中华书局，1985 年版，下册，第 846 页。

④ 章学诚：《释通》，见叶瑛：《文史通义校注》卷四，北京：中华书局，1985 年版，下册，第 377 页。

⑤ 戴震：《汾州府志例言》，《汾州府志》卷首，见《续修四库全书》第 692 册，上海：上海古籍出版社，2002 年版，第 230 页。

见，考古固宜详慎，不得已而势不两全，无宁重文献而轻沿革耳”，把文献看得比沿革更重。为了保证地理沿革描述的真实可靠，就必然要重视对象的核实和考证，重视考核方法的运用；而章学诚虽然也说“考古固宜详慎”，但从“重文献”出发，则往往只在文献的搜集和处理上下功夫，出现“重文献而轻沿革”的倾向。

修志之争之后，自以为最了解戴震的章学诚便与戴震交恶。直到戴震身后，章学诚对戴震的史识、修志原则乃至义理都没有停止批评。

进入四库馆

戴震最后的学术活动，主要是参与《四库全书》的修纂，汪灼说戴震“名成于征聘”，即指他参与《四库全书》的修纂。

戴震入四库馆，最初可能出于刘统勋等的提名。乾隆三十八年(1773)闰三月十一日，刘统勋等在奏折中说：“纂辑《四库全书》，卷帙浩繁，必须斟酌综核，方免罣漏参差。请将现充纂修纪昀、提调陆锡熊作为总办，原派纂修三十员外，应添纂修翰林十员。又查有郎中姚鼐，主事程晋芳、任大椿，学正汪如藻，降调学士翁方纲，留心典籍，应请派为纂修。又，进士余集、邵晋涵、周永年，举人戴震、杨昌霖，于古书原委，俱能考订，应请旨调取来京，令其在分校上行走，更资集思广益之用。”①于敏中也接受了纪昀、裘曰修等人的建议，上书推荐戴震，乾隆皇帝“素知有戴震者”，“故以举人特召”，戴震便“奉召充纂修官，仲秋至京师”，进了四库馆。以举人身份纂修《四库全书》者，实为寥寥，故段玉裁说戴震为四库馆纂修官是“旷典”②。不过，这距他生命的终点仅剩五年时间了。

戴震对《四库全书》编纂的主要贡献，是辑佚、校勘和撰写部分提要。辑

---

① 《清实录》卷九三〇，《清实录》第20册《高宗纯皇帝实录》(一二)，北京：中华书局，1986年影印，第514页。

② 参见段玉裁：《戴东原先生年谱》，见《戴震文集》附录，北京：中华书局，1980年版，第233页。

佚的主要依据是《永乐大典》,如戴震当年在给段玉裁的信中说:“数月来,纂次《永乐大典》内散篇,于《仪礼》得张淳《识误》、李如圭《集释》,于算学得《九章》《海岛》《孙子》《五曹》《夏侯阳》五种算经。皆久佚而存于是者,足宝贵也。”[①]乾隆三十九年(1774),戴震先后校成《水经注》《九章算术》《五经算术》等书,并作提要上呈。

乾隆四十年(1775)三月,戴震第六次参加会试,但他又一次落第。不过,落第后,他奉乾隆帝谕,“与乙未(即乾隆四十年,1775)贡士一体殿试,赐同进士出身,授翰林院庶吉士”[②]。但不幸的是,戴震于乾隆四十一年(1776)三月便罹足疾。而戴震入京后,生活却更显拮据,他曾对段玉裁说:“仆此行不可谓非幸邀,然两年中无分文以给旦夕。曩得自由,尚内顾不暇,今益以在都费用,不知何以堪之。”[③]即使有了进士身份和庶吉士职位,官俸也很微薄。生活的拮据,纂修《四库》的劳累,加之又罹足疾,曾使戴震滋生南还的念头,只是他所担负的《四库》纂修任务未毕,使他未能离京[④]。此后,戴震虽然多次想南归,但都未能如愿,在乾隆四十二年(1777)五月二十七日病逝于京。

在四库馆的近五年时间,戴震为《四库全书》的编纂作出了显著贡献,经其辑录校订的古籍多达十六种,为《水经注》《九章算术》《五经算术》《海岛算术》《周髀算经》《孙子算经》《张丘建算经》《夏侯阳算经》《五曹算经》《仪礼识误》《礼仪释宫》《礼仪集释》《项氏家说》《蒙斋中庸讲义》《大戴礼》《方言》等[⑤]。除此之外,戴震在此期间还完成了他的义理之学的建构。

---

① 戴震:《与段茂堂等十一札》第七札,《戴震全书》第六册,合肥:黄山书社,1995年版,第539页。

② 参见段玉裁:《戴东原先生年谱》,见《戴震文集》附录,北京:中华书局,1980年版,第235页。

③ 参见段玉裁:《戴东原先生年谱》,见《戴震文集》附录,北京:中华书局,1980年版,第235页。

④ 按,乾隆四十一年(1776)十一月,戴震在给段玉裁的信中说:“仆自三月初获足疾,至今不能行动,以纂修事未毕,仍在寓办理。拟明春告成,乞假南旋。”戴震:《与段茂堂等十一札》第八札,《戴震全书》第六册,合肥:黄山书社,1995年版,第540页。

⑤ 参见陈祖武、朱彤窗:《乾嘉学派研究》,石家庄:河北人民出版社,2007年版,第284页。

二、戴震义理之学的建构

戴震走出不疏园之后，学术上的突出表现是建构了属于他的学术体系，为皖派朴学奠定了新的理论基础。他的学术体系的突出特点是超越“汉学”“宋学”的二分，而将训诂考据与义理统一起来。

“十分之见”

戴震在京师虽然名声大振，受到学者们的广泛赞扬，但他似乎已经感觉到学者们在学术上看中他的，并不是他真正要追求的。于是，到京师不久，他就提出了自己的学术目标——“十分之见”。他说：

> 先儒之学，如汉郑氏，宋程子、张子、朱子，其为书至详博，然犹得失中判。其得者，取义远，资理闳。书不克尽言，言不克尽意。学者深思自得，渐近其区；不深思自得，斯草莽于畦而茅塞其陆。其失者，即目未睹渊泉所导，手未披枝肄所歧者也。而为说转易晓，学者浅涉而坚信之，用自满其量之能容受，不复求远者闳者。故诵法康成、程朱不必无人，而皆失康成、程朱于诵法中，则不至乎闻道之过也。诚能志乎闻道，必去其两失，殚力于其两得。既深思自得而近之矣，然后知孰为十分之见，孰为未至十分之见。①

戴震并对“十分之见”作了如下的阐释：

> 所谓十分之见，必征之古而靡不条贯，合诸道而不留余议，巨细毕究，本末兼察。若夫依于传闻以拟其是，择于众说以裁其优，出于空言以定其论，据于孤证以信其通，虽溯流可以知源，不目睹渊泉所导；寻根可以达杪，不手披枝肄所歧，皆未至十分之见也。以此治

---

① 戴震：《与姚孝廉姬传书》，《东原文集》卷九，《戴震全书》第六册，合肥：黄山书社，1995年版，第372～373页。

经,失"不知为不知"之意,而徒增一惑,以滋识者之辨之也。[①]

从以上论述可以看出,戴震之所以提出"十分之见"的学术目标,是因为他对汉儒、宋儒的治经都不满意,认为他们均"得失中判"。而诵法汉儒、宋儒,都必将失之于"不至乎闻道之过"。

戴震早年就以"闻道"为治学的依归,他曾说:"君子于书,惧其不博也;既博矣,惧其不审也;既博且审矣,惧其不闻道也。"[②]在师从江永之后,虽然戴震在文字音韵、训诂考据上造诣日深,对宋明理学也有微词,但并未放弃对义理之学的追求。入京之后,戴震虽然对宋明理学有批评之意,但他并非抛弃了义理之学,而是要以"存乎闻道"作为学术尺度,以六经作为依据,重建义理与训诂考据相统一的学术体系。所以当面对"汉学"与"宋学"相对立时,他便不禁发出"大不解"的疑问:"言者则曰:'有汉儒经学,有宋儒经学,一主于训故,一主于理义。'此诚震之大不解也者。"

《七经小记》的筹划

戴震不仅提出"十分之见"的学术目标,还对实现这一目标的学术架构提出了初步的设想。这个学术架构就体现在《七经小记》的著述计划中。

《七经小记》的撰述计划虽然没有完成,但从段玉裁在《戴东原先生年谱》的记述中可以看出其基本思路和内容。段玉裁说:"所谓'七经'者,先生云,《诗》《书》《易》《礼》《春秋》《论语》《孟子》是也。"[③]戴震欲作的《七经小记》,就是以这七部经典为研究对象。在"七经"中,《礼》是指《五经》中的《礼》,而不是指《十三经》中的《周礼》《仪礼》《礼记》,《春秋》也不包括《十三经》的《春秋

---

① 戴震:《与姚孝廉姬传书》,《东原文集》卷九,《戴震全书》第六册,合肥:黄山书社,1995年版,第372页。

② 戴震:《序剑》,《东原文集》卷一一,《戴震全书》第六册,合肥:黄山书社,1995年版,第389页。按,戴震《序剑》一文,为方琮(字友璜,徽州人)的《检书看剑图》而作,未注明写作时间,据王锐《宫体画的变调》(《艺术探索》2000年第5期)一文说,方琮于乾隆十六年(1751)随其师张宗苍入宫为宫廷画师,则疑戴震《序剑》作于乾隆十六年之前。

③ 段玉裁:《戴东原先生年谱》,见《戴震文集》附录,北京:中华书局,1980年版,第243页。

三传》。《十三经》中的《孝经》《尔雅》也不在“七经”的范围。

戴震究竟何时开始构想《七经小记》,他没有说。李开认为大约是在戴震进京之后,他说:“《七经小记》写作计划的正式提出,大约是在进京以后经过前一阶段的学问蕴蓄,著述成功,第二阶段朴学理论的完善,戴震酝酿成熟新的著述计划。因为段玉裁在京闻戴震朝夕言之,曾以戴震所言告钱大昕,故可证《七经小记》著述计划的提出在进京以后。大凡学问到家,思想成熟以后,提出新的庞大而系统的巨型计划是情理中的事。”①我们认为他的看法是较为符合实际的。

段玉裁曾对《七经小记》的基本框架有过记述,他说:

> 《七经小记》者,先生朝夕常言之,欲为此以治经也。所谓《七经》者,先生云《诗》《书》《易》《礼》《春秋》《论语》《孟子》是也。治经必分数大端以从事,各究洞原委。始于六书九数,故有《训诂篇》,有《原象篇》,继以《学礼篇》,继以《水地篇》,约之以《原善篇》,圣人之学,如是而已矣。②

从段玉裁的介绍可以看出,戴震的基本构想是:在分别对语言文字的训诂、典章名物的考据、天文历算的探究、社会人文的规范以及对人性的追寻的基础上,将它们统一起来,建立起新的学术体系,以揭示或再现“圣人之学”。

对于《训诂篇》《原象篇》《学礼篇》《水地篇》《原善篇》这《七经小记》的五个部分,段玉裁还分别作了介绍,如:

其一,《训诂篇》。段玉裁说:“《训诂篇》亦《七经小记》之一。经学非诂训不明,先生欲作此书而未及为,《转语》二十章,亦未卒业。然《尔雅文字考》《方言疏证》犹存,亦可稍窥涯略矣。”③从段玉裁对《训诂篇》的介绍可以看出,第一,在《七经小记》的整个体系中,语言文字的训诂是治学或治经入门的

---

① 李开:《戴震评传》,南京:南京大学出版社,1992年版,第94～95页。

② 段玉裁:《戴东原先生年谱》,见《戴震文集》附录,北京:中华书局,1980年版,第243页。

③ 段玉裁:《戴东原先生年谱》,见《戴震文集》附录,北京:中华书局,1980年版,第243页。

工具，即“经学非诂训不明”；第二，戴震虽然没有来得及作成《训诂篇》，但从戴震已完成的著作中可以看出他文字训诂方面的基本思想和思路；第三，从段玉裁认为《尔雅文字考》《方言疏证》可以“稍窥”戴震《训诂篇》的“涯略”来看，他似乎认为戴震将语言文字的训诂视为独立于经学的专门之学，而不是经学的附庸。

其二，《原象篇》。段玉裁说：“《原象》凡八篇，一篇、二篇、三篇、四篇，即先生之《释天》也。初名《释天》，以《尧典》‘璇玑玉衡’‘中星’，《周礼》‘土圭’，《洪范》‘五纪’四者命题，而天行之大致毕举。璇玑玉衡汉后失传，先生乃详其仪制于四篇之末。五篇、六篇、七篇，即《勾股割圜记》上、中、下三篇也。其八篇，则为矩以准望之详也。《迎日推策记》亦旧时所为。……至晚年，合九篇为《原象》，以为《七经小记》之一，天体算法全具于此。”[①]由此可知，《原象篇》也就是戴震的天学和算学。

其三，《学礼篇》。段玉裁说：“《学礼篇》，先生《七经小记》之一也，其书未成。盖将取六经礼制纠纷不治、言人人殊者，每事为一章发明之。今《文集》中开卷《记冕服》、[《记皮弁服》]（《戴震文集》点校者所加）、《记爵弁服》《记朝服》《记玄端》《记深衣》《记中衣裼衣襦褶之属》《记冕弁冠》《记冠衰》《记括发免髽》《记绖带》《记缫藉》《记捍决极》，凡十三篇，是其体例也。尝言此等须注乃明。”[②]《学礼篇》没有成书，按照段玉裁的揣测，它是戴震对历来在礼学中有争议的问题所作的专题性阐述，是由系列性的论文所组成的。从段玉裁所列的十三篇文章来看，《学礼篇》主要是对历来理解纷纭的“六经礼制”诸问题所作的考证。

其四，《水地篇》。段玉裁说：“《水地记》亦《七经小记》之一，使经之言地理者，于此稽焉。”段玉裁大概以为戴震的《水地记》是其《水地篇》的代表之作，故对《水地记》作了介绍。他虽然从洪榜的《戴先生行状》得知《水地记》的

---

① 段玉裁：《戴东原先生年谱》，见《戴震文集》附录，北京：中华书局，1980 年版，第 241 页。

② 段玉裁：《戴东原先生年谱》，见《戴震文集》附录，北京：中华书局，1980 年版，第242～243 页。

草稿有七册之多，但所看到的《水地记》是曲阜孔氏的微波榭本，只有一卷，故说："此书固非旦夕之所能成，先生志愿之大，以为必有能助之者，而不料其所成止此也。"[①]或许段玉裁认为戴震在《水经注》叙和《汾州府志发凡》中的阐述可以反映戴震在水地问题上的基本观点，故在介绍《水地篇》时曾加以引述，他说："国朝之言地理者，于古为盛，有顾景范、顾宁人、胡胐明、阎百诗、黄子鸿、赵东潜、钱晓征，而先生乃皆出乎其上。盖从来以郡国为主而求其山川，先生则以山川为主而求其郡县。其叙《水经注》曰：'因川源之派别，知山势之逶迤，高高下下，不失地防。'为《汾州府志发凡》曰：'以水辨山之脉络，而汾之东西山为干为枝，为来为去，俾井然就序。水则以经水统其注入之枝水，因而编(遍)及泽、泊、堤、堰、井、泉，令众山如一山，群川如一川。府境虽广，山川虽繁，按文而稽，各归条贯。'然则先生之《水地记》，固将合天下之山为一山，合天下之川为一川，而自《尚书》《周官》《春秋》之地名，以及战国至今，历代史志建置沿革之纷错，无不依山川之左右曲折，安置妥帖，至赜而不乱。"[②]由此可见，《水地篇》主要反映了戴震在地理学方面的成果。而戴震在地理学上则有两点与前人及当时的学者不同：一是重视"理"。戴震一直将"理"理解为文理、脉络。大地的文理是什么？他认为是山川，故建立了以山川为主干的地理叙述方法，这就将自《禹贡》以来以区域为单位的叙述纳入自然地理的叙述之中。二是重视"势"。由《水地记》可以看到戴震的另一地理叙述方法，即"自昆仑之虚至太行山而止"的由西向东的地理叙述。中国自然地理的大势是西高东低，山脉的走向、江河的流向便大体由西而东。按照这一"地势"叙述地理，也改变了传统的以区域为对象的地理叙述方法。

其五，《原善篇》。段玉裁说："《原善》卷上、卷中、卷下，孔户部所刊《戴氏遗书》第九，合为一册。始，先生作《原善》三篇，见于户部所刊文中者也。玉裁既于癸未抄写熟读矣。至丙戌，见先生援据经言疏通证明之，仍以三章者，分为建首，比类合义。古圣贤之言理义，举不外乎是。《孟子字义疏证》亦所

① 段玉裁：《戴东原先生年谱》，见《戴震文集》附录，北京：中华书局，1980年版，第243页。
② 段玉裁：《戴东原先生年谱》，见《戴震文集》附录，北京：中华书局，1980年版，第243页。

以阐明此恉也。为《七经小记》之一。先生之学，上承孔孟，于此可见。”[①]在段玉裁看来，戴震的《原善篇》主要包括《原善》和《孟子字义疏证》两部著作。

从段玉裁的介绍可以看到，《七经小记》若完成的话，将是以训诂考据为基础、以“存乎闻道”为目标的系列性著作，是一系列既有实证研究又有义理阐发、既不拘于“汉学”又不拘于“宋学”的独创性作品。戴震通过这样一个庞大的著述计划，想要建立一个超越汉儒和宋儒，从多方位、多角度阐述经学的学术体系。

可惜《七经小记》这样宏伟的撰述计划并没有完成，只留下与这个计划有关的一些著作。

《孟子字义疏证》

在现存与《七经小记》有关的著作中，戴震最看重的是《孟子字义疏证》。乾隆四十二年(1777)四月，即戴震去世之前的一个月，他在给段玉裁的信中说：

> 仆生平著述最大者，为《孟子字义疏证》一书，此正人心之要。今人无论正邪，尽以意见误名之曰理，而祸斯民，故《疏证》不得不作。[②]

戴震之所以特别看重《孟子字义疏证》，是因为此书是他义理之学的最终成果，是他仁民爱物思想的集中体现。

戴震在学术上一直沿着“始乎离词，中乎辨言，终乎闻道”的路径，对戴震来说，训诂考据的意义主要是工具性的，是揭示经典蕴涵的工具，其终极目的则是“闻道”，是发掘经典所蕴涵的价值体系，是阐发他的义理之学。他在治学历程中，不仅从没有放弃过对义理的追求，相反，建构新的义理体系正是他终极的学术目标。《孟子字义疏证》的问世，便标志着他的义理体系建构的完成。

① 段玉裁：《戴东原先生年谱》，见《戴震文集》附录，北京：中华书局，1980年版，第241页。
② 段玉裁：《戴东原先生年谱》，见《戴震文集》附录，北京：中华书局，1980年版，第241页。

戴震义理体系的建构并不是靠《孟子字义疏证》一蹴而就的，而是经历了20余年的过程。从《原善》开始，中经《绪言》《孟子私淑录》，再到《孟子字义疏证》，便是戴震建构义理体系所留下的轨迹。

戴震对义理的阐释，大概始于30岁，如段玉裁说："先生大制作，若《原善》上、中、下三篇，如《尚书今文古文考》，若《春秋改元即位考》三篇，皆癸未以前、癸酉甲戌以后，十年内作也。玉裁于癸未皆尝抄誊。记先生尝言：'作《原善》首篇成，乐不可言，吃饭亦别有甘味。'"[①]也就是说，在乾隆十八、十九年(即癸酉、甲戌年，1753、1754)，戴震便开始义理方面的著述，他时年31、32岁。到乾隆二十八年(癸未，1763)，他完成第一部阐释义理的《原善》。

戴震在通行本《原善》的小序中曾说：

> 余始为《原善》之书三章，惧学者蔽以异趣也，复援据经言疏通证明之。而以三章者分为建首，次成上中下三卷，比类合义，灿然端委毕著矣，天人之道、经之大训萃焉。以今之去古圣哲既远，治经之士，莫能综贯，习所见闻，积非成是。余言恐未足以振兹坠绪也，藏之家塾，以待能者发之。[②]

据此，则《原善》一书本身就经历了由三章本到三卷本的过程。段玉裁所见并抄誊之《原善》，或为三章本。直到乾隆三十一年(1766)，戴震才将三章本修订为三卷本，此后通行的就是此三卷本[③]。

《原善》作为戴震阐述义理之学的重要著作，重在揭示"善"的内涵及其与天道、人性、人道的关系。其开篇便说："善：曰仁，曰礼，曰义，斯三者，天下之大衡也。上之见乎天道，是谓顺；实之昭为明德，是谓信；循之而得其分理，是

---

① 段玉裁：《戴东原先生年谱》，见《戴震文集》附录，北京：中华书局，1980年版，第226页。

② 戴震：《原善》卷上，《戴震全书》第六册，合肥：黄山书社，1995年版，第7页。

③ 按，据说，《原善》的三卷本也有两种：一是与《绪言》合刊的清刻本，现藏中国国家图书馆；一是目前通行的本子，即刊于孔继涵《戴氏遗书》的微波榭本。这两种本子虽然分卷基本一致，但在内容与文字上有许多差异。参见《戴震全书·原善》点校者周兆茂的点校《说明》，《戴震全书》第六册，合肥：黄山书社，1995年版，第3页。

谓常。道,言乎化之不已也;德,言乎不可渝也;理,言乎其详致也;善,言乎知常、体信、达顺也;性,言乎本天地之化、分而为品物者也。"[①]在戴震看来,仁、礼、义不过是目,在这三者之上还有"善",只有达到"善"的境地,才是天道、人性("明德")、社会伦理("常")的最高体现,即"善,言乎知常、体信、达顺也"。

在《原善》中,戴震还提出"道"是生生不息的气化过程的观点,他说:"一阴一阳,盖言天地之化不已也,道也。一阴一阳,其生生乎,其生生而条理乎?以是见天地之顺,故曰'一阴一阳之谓道'。"[②]他更明确地指出,天地生生的过程,就是"气化"的过程:"《易》曰:'天地之大德曰生。'气化之于品物,可以一言尽也,生生之谓欤!"[③]又说:"天道,五行、阴阳而已矣。"[④]这就很接近将"道"视为物质性实体的观念,也表现出脱离程朱之学的"理本论"倾向。

但是,当戴震把仁、礼、义视为"善"之目或看作"善"的内涵时,则又意味着他并没有与程朱之学真正决裂。有学者甚至对戴震所说的"善"作了如下的解读:"'善'显示为上天的智慧和意志时,就是'命'(或'天命');'善'显示为自然界事物发展的秩序时,就是'道';人们遵循'善'的要求去处理日常事务而有常规时,此常规就是'理'。即是说,'善'集'命''道''理'(即天、地、人)于一身。显然,此处所言之'善'已不单纯是一个伦理道德范畴,而是一个包罗万有的精神实体,也就是说,戴震已用'善'代替原来的'道'作为万物的本体。这一从'道'到'善'的变化,有其深刻的内在原因,它反映了戴震对程朱理学更深层次的认同和把握。"[⑤]对戴震的"善"作如此解读不是没有道理的。在其时的戴震看来,程朱之学只是"得失中判"而并非一无是处,他并没

---

① 戴震:《原善》卷上,《戴震全书》第六册,合肥:黄山书社,1995年版,第7页。

② 戴震:《原善》卷上,《戴震全书》第六册,合肥:黄山书社,1995年版,第8～9页。

③ 戴震:《原善》卷上,《戴震全书》第六册,合肥:黄山书社,1995年版,第9页。

④ 戴震:《原善》卷上,《戴震全书》第六册,合肥:黄山书社,1995年版,第12页。

⑤ 周兆茂:《戴震与程朱理学——兼论戴震哲学思想的形成与发展》,《哲学研究》1992年第1期。

有与程朱之学“彻底决裂”①。

继《原善》之后，戴震又有《绪言》和《孟子私淑录》之作。如果说，《原善》是戴震建构他的义理体系的开端，那么，《绪言》和《孟子私淑录》便是他由《原善》到《孟子字义疏证》之间的过渡性著作。

关于《绪言》的写作时间，程瑶田与段玉裁的看法不同。程瑶田认为《孟子字义疏证》只是初稿，《绪言》才是定本，即《绪言》写于《孟子字义疏证》之后。段玉裁不同意程瑶田的观点，他说：

> 师在丙戌语玉裁云：“近做得道学书一本。”彼时玉裁无所知也，故亦不请读。今据先生札云：“壬辰师馆朱文正家，自言曩在山西方伯署中，伪病者十数日，起而语方伯：我非真病，乃发狂，打破宋儒家中《太极图》耳。盖其时著得《孟子字义疏证》。”玉裁于此乃觉了然“伪病十余日”，此正是造《绪言》耳。窃揣此书创始于乙酉(1765)、丙戌(1766)，成于己丑(1769)朱方伯署中。②

按照段玉裁的看法，则《绪言》当著于乾隆三十年(乙酉，1765)至乾隆三十四年(己丑，1769)之间。学界大都采纳了段玉裁的看法，我们也赞同其说。

段玉裁对《绪言》还作了如下介绍：

> 《绪言》三卷，上卷自立说，中卷尊孟子，下卷驳告子、荀子、扬子、周、程、张、邵、朱、王文成诸子及老、庄、释氏，言之綦详矣。③

段玉裁说的“自立说”，包括戴震对他在《原善》中提出的“道”为物质性实体的观点及“气化”观点的进一步阐发。戴震说：“气化生人生物以后，各以类孳生久矣。然类之区别，千古如是也。循其故而已矣，在气化，分言之曰阴阳，又

---

① 按，刘瑾辉认为，戴震在《原善》三卷本著成后，对其又进行了一次修改，遂与程、朱之学“彻底决裂”：“(戴震对)《原善》三篇到三卷本的不满，痛下决心，与程朱理学彻底决裂，‘阵痛’后，故有《绪言》生。”参见刘瑾辉：《清代孟子学研究》，北京：社会科学文献出版社，2007年版，第102页。

② 段玉裁：《答程易田丈书》，《经韵楼集》卷七，上海：上海古籍出版社，2008年版，第184页。

③ 段玉裁：《答程易田丈书》，《经韵楼集》卷七，上海：上海古籍出版社，2008年版，第183页。

分之曰五行,又分之,则阴阳五行杂糅万变。是以及其流形,不特品类不同,而一类之中又复不同。”①在戴震看来,就世界万物总的生成而言,是“气化”,就具体品类来说,是阴阳五行“杂糅万变”形成万物的差别性。他又说:“下而就男女万物言之,则阴阳五行乃其根柢,乃其生生之本,亦岂待别求一物为之根柢,而阴阳五行不足生生哉?”②他强调,“气化”的根源不在事物的外部,内在的阴阳五行才是其“生生之本”。值得注意的还有戴震对“理”的界定,他说:

> 阴阳流行,其自然也。精言之,期于无憾,所谓理也。理非他,盖其必然也。阴阳之期于无憾也,犹人之期于无失也。能无失者,其惟圣人乎!圣人而后尽乎人之理,尽乎人之理非他,人伦日用尽乎其必然而已矣。③

戴震将“理”界定为在阴阳五行自然流行中所表现出的必然性,实际上是对宋代理学家视为宇宙本体的“理”的否定。

当程瑶田与段玉裁在争论《绪言》与《孟子字义疏证》的著述先后时,他们都没有提到戴震在《孟子字义疏证》之前还有一部谈论义理的著作,即《孟子私淑录》。不仅程瑶田、段玉裁没有提到过《孟子私淑录》,后世学者在很长的时间内也没有提到此书。这大概是因为《孟子私淑录》只以抄本存在,极少流传而为世间罕见的缘故。1937 年,钱穆在北平书肆获见清人张海鹏“照旷阁”钞本《孟子私淑录》。因索价过昂,他只得录副藏于行箧。直到 1942 年,他才将《孟子私淑录》交由四川省立图书馆编辑的《图书季刊》创刊号刊出,此书方为人们所知。

在刊印《孟子私淑录》的同时,钱穆还写了《记钞本戴东原〈孟子私淑录〉》一文。在此文中,钱穆指出:“书分三卷,卷上十一条,卷中四条,卷下八条,大

---

① 戴震:《绪言》卷上,《戴震全书》卷六,合肥:黄山书社,1995 年版,第 90 页。
② 戴震:《绪言》卷上,《戴震全书》卷六,合肥:黄山书社,1995 年版,第 87 页。
③ 戴震:《绪言》卷上,《戴震全书》卷六,合肥:黄山书社,1995 年版,第 87 页。

体相当于《绪言》之上下卷。《私淑录》上中二卷，即《绪言》之上卷，《私淑录》卷下与《绪言》卷下略同，而缺《绪言》卷中各条。”他认为，《孟子私淑录》的写作时间当在《绪言》之后、《孟子字义疏证》之前，“为两书中间之过渡作品”①。

《孟子私淑录》与《绪言》一样，将批判的矛头指向了程朱。如在《孟子私淑录》中，戴震说：“问：《论语》曰：‘性相近也，习相远也。’朱子引程子云：‘此言气质之性，非言性之本也。若言其本，则性即是理，理无不善，孟子之言性善是也，何相近之有哉？’据此，似《论语》所谓性，与孟子所谓性者，其指各殊。孔子何以舍性之本而指气质为性？且自程朱辨别孰言气质孰言性，后人信其说，以为各指一性，岂性之名果有二欤？”②

在《孟子私淑录》中，戴震不仅反对程朱的性与气质“各指一性”观点，反对其“理气之辨”观点，反对其将“人道”的内涵定于三纲五常的观点，尤其反对的是程朱的“理本论”，反对宋儒“论阴阳必推本太极”的本体观。如他在回答“宋儒论阴阳必推本太极”问时说：“孔子以太极指气化之阴阳，承上文‘明于天之道’言之，即所云‘一阴一阳之谓道’，万品之流形，莫不会归于此。极有会归之义，太者无以加乎其上之称；以两仪、四象、八卦指《易》画。后世儒者以两仪为阴阳，而求太极于阴阳之所由生，岂孔子之言乎？”③

从《原善》到《绪言》《孟子私淑录》可以看到，经过长期酝酿，《孟子字义疏证》已经逐渐臻于成熟，尤其是《孟子私淑录》更以“孟子私淑”的名义，彰显了戴震“上承孔孟”、追求“圣贤之学”的治学目标。

戴震于 54 岁去世之前，在对《孟子私淑录》作进一步修改的基础上，完成了《孟子字义疏证》这部“大书”，也完成了属于他的义理体系的建构。正是这部著作，才使他进入中国哲学史上最优秀的哲学家之列。

---

① 参见钱穆：《记钞本戴东原〈孟子私淑录〉》，《中国学术思想史论丛》第 8 辑，台北：东大图书公司，1980 年版，第 206 页。按，钱穆对《孟子私淑录》著于《绪言》之后的看法，为当代多数学者所认同，但也有学者不同意这一看法，如周兆茂就主张《孟子私淑录》著于《绪言》之前（参见周兆茂：《戴震〈孟子私淑录〉与〈绪言〉写作先后辨析》，《中国哲学史》，1993 年第 2 期）。

② 戴震：《孟子私淑录》卷上，《戴震全书》卷六，合肥：黄山书社，1995 年版，第 37 页。

③ 戴震：《孟子私淑录》卷上，《戴震全书》卷六，合肥：黄山书社，1995 年版，第 40 页。

《孟子字义疏证》共三卷、八目四十四条，卷上释理（十五条），卷中释天道（四条）、性（九条），卷下释才（三条）、道（四条）、仁义礼智（二条）、诚（二条）、权（五条）。

戴震为什么将这部阐述义理之学的著作定名为《孟子字义疏证》？

先说“疏证”。“疏证”的一般含义是“阐释考证”，有时也作“疏”解，即对古籍注解所作的注解，如章学诚说：“古人云：‘诵其诗，读其书，不知其人可乎？’作者生平大节及其所著书名，似宜存李善《文选》注例，稍为疏证。”[①]戴震作书名的“疏证”一词，兼重考证与阐释，也就是训诂考据与义理揭示兼顾，是他所主张的“由字通词，由词通道”治学方法的实践。

次说“字义”。古人没有范畴的概念，往往以字、辞等词语表达范畴的含义，如程端蒙的《性理字训》、程若庸的《增广性理字训》、陈淳的《北溪字义》等，都是以“字”表达基本学术概念和范畴的。戴震这里所用的“字义”一词，也就是范畴的意思。不过，对戴震来说，使用“字义”一词还有方法论的意思。他一直主张“治经先考字义，次通文理”和“故训明则古经明，古经明则贤人圣人之义理明”，这是他治经的原则和方法。从“字义”入手，正是戴震治经方法的体现。

再说“孟子”。段玉裁曾说：“先生之学，上承孔孟，于此可见。”戴震确实标榜“上承孔孟”，不过，在孔、孟之间，他尤其钟爱孟子，不仅从《孟子》中拈出“善”字，著《原善》一书，还以“孟子私淑”者自居，著《孟子私淑录》。《孟子字义疏证》正是《原善》《孟子私淑录》等的“修订版”和“终极版”。在书名中标著“孟子”，体现了他建立义理之学的源头和研究的连续性。

戴震在书名中标出“孟子”，不只是表明他对孟子的倾心，还有着超越汉、宋儒的意思。众所周知，戴震虽然将治学的目标定位于阐明“贤人圣人之义理”，但他对尊崇宋儒义理之学的学者并不满意，曾说：“宋以来，儒者以己之

---

① 章学诚：《文史通义》卷六《和州文征序例》，见叶瑛：《文史通义校注》下册，北京：中华书局，1985 年版，第 696 页。

见，硬坐为古贤圣立言之意，而语言文字实未之知。”[①]戴震虽然重视训诂考据，但对尊崇汉儒的学者也有不满，认为“今之博雅文章善考核者，皆未志乎闻道，徒株守先儒而信之笃”。所以，在《孟子字义疏证》这部批判性很强的著作中，戴震将批判矛头既指向宋儒也针对汉儒。如果将戴震对宋儒和汉儒的批评联系起来看，就不难发现，他所建立的学术体系将既要克服宋儒“语言文字实未之知”，又要克服汉儒“未志乎闻道”。而在戴震看来，不仅汉儒因“未志乎闻道”而不知“道”，宋儒也因为“语言文字实未之知”而偏离或曲解了“道”。那么，如何才能实现他的学术目标呢？戴震的选择是：通过对《孟子》的“疏证”而发明“贤人圣人之义理”，实现对汉儒与宋儒的超越，从而回归孔孟之学。当然，他所阐发的义理之学是否真的就是孔孟之学，那又是另一回事。

皮锡瑞曾说：“戴震作《原善》《孟子字义疏证》，虽与朱子说经抵牾，亦只是争辩一理字。”[②]在《孟子字义疏证》中，戴震与宋儒相区隔的首先就是一个“理”字，所以他用了一卷十五条的篇幅阐释“理”。

对戴震来说，“理”是什么呢？

要了解戴震所说的“理”，首先要了解他对“形而上”和“形而下”的区分。

“形而上”和“形而下”这对范畴源自《易·系辞》，宋代理学家常常使用这对范畴阐述“理本体”论，将“理”看作宇宙的本体。如朱熹就说：“天地之间，有理有气。理也者，形而上之道也，生物之本也；气也者，形而下之器也，生物之具也。”[③]

戴震不同意宋代理学家的观点，他认为“形而上”和“形而下”的区分只在于是否具备形质，有形质者便为“形而下”、为“器”，而无形质者则为“形而上”、为“道”。阴阳五行之“气”，也有“形而上”和“形而下”两种存在状态，因

① 戴震：《与某书》，《戴震全书》第六册《戴东原先生文》，合肥：黄山书社，1995年版，第495页。

② 皮锡瑞：《经学历史》，见周予同注释：《经学历史》，北京：中华书局，1959年版，第313页。

③ 朱熹：《答黄道夫》，《晦庵先生朱文公文集》卷六八，《朱子全书》第23册，上海：上海古籍出版社，合肥：安徽教育出版社，2002年版，第2755页。

此也会有“形而上”和“形而下”的区分，即它们在未具形质之时，就是“形而上”的，在具有形质而成为具体事物之后，则是“形而下”的。如他说：

《易》“形而上者谓之道，形而下者谓之器”，本非为道器言之、以道器区别其形而上、形而下耳。形谓已成形质，形而上犹曰形以前，形而下犹曰形以后。阴阳之未成形质，是谓形而上者也，非形而下明矣。……不徒阴阳是非形而下，如五行水火木金土，有质可见，固形而下也，器也；其五行之气，人物咸禀受于此，则形而上者也。[①]

在戴震看来，“形而上”和“形而下”的区分，不是专对“道”（“理”）、“器”而言的，凡不具形质者，都是“形而上”的，而具备形质之后，都是“形而下”的。

戴震对“形而上”与“形而下”的诠释，实际上是为他对“理”的诠释作铺垫。他曾对“理”作以下的界定：

理者，察之而几微必区以别之名也，是故谓之分理。在物之质，曰肌理，曰腠理，曰分理（亦曰文缕。理、缕，语之转耳）。得其分则有条而不紊，谓之条理。[②]

曰“肌理”也好，曰“腠理”也好，曰“分理”“条理”也好，都表明“理”是可以诉诸视觉的，是依附于有形质的事物的，那它也就不可能是“形而上”的，而只能归之于“形而下”，是“形而下”的天地万物的表现形式。他还援引《孟子》《中庸》《乐记》郑康成注以及许慎的《说文》序，证明“古人所谓理，未有如后儒之所谓理者”[③]。由此可见，戴震对“形而上”和“形而下”的区分、对“理”的界定，都是针对理学家而言的，是对理学家将“理”视为“形而上”的本体的否定，也是对理学家将“气”视为“形而下”的“器”的否定。

---

① 戴震:《孟子字义疏证》卷中《天道》，《戴震全书》第六册，合肥:黄山书社，1995年版，第176页。

② 戴震:《孟子字义疏证》卷上《理》，《戴震全书》第六册，合肥:黄山书社，1995年版，第151页。

③ 戴震:《孟子字义疏证》卷上《理》，《戴震全书》第六册，合肥:黄山书社，1995年版，第151页。

其次，要了解戴震对“气化”的论述。

戴震对“形而上”与“形而下”的论述，目的是否定“理”的本体性，以便确立他的“气本体”思想。为此，他首先阐释了“气化”说。

“气化”概念并不是戴震首先提出来的，宋代张载就说过：“由气化有道之名。”①朱熹对张载所说的“由气化有道之名”这一命题颇为注意，在《朱子语类》中曾多次讨论，如他说：“‘由气化有道之名’，气化是那阴阳造化，寒暑昼夜、雨露霜雪、山川木石、金水火土皆是，只这个便是那太虚，只是便杂却气化说。”②他又说：“‘由气化有道之名’，是虚底物在实上见，无形底物因有形而见。所谓道者，如天道、地道、人道、父子之道、君臣之道、‘率性之谓道’是也。”③在答“气化何以谓之道”问时，他还说：“天地间岂有一物不由其道者。”④从朱熹对“气化何以谓之道”的诸多论述中可以看出，他所说的“道”就是“理”（有时是从“理一分殊”角度说的），就是“体”，而他所说的“气化”则是“用”，是“生成”。但他谈“气化”的生成的出发点，不是指天地万物都是由“气”生成的，而是“体用不二”思想，即“气化”是道体的气化，道体是“气化”的根源、主体，正是在这个意义上，他赞成张载“由气化有道之名”的命题。

戴震对“气化”的看法与朱熹迥然不同。他说：“道，犹行也。气化流行，生生不息，是故谓之道。”⑤他首先将“道”诠释为运动过程，即“行”。而“气化流行，生生不息”正是自然的流行和生息的运动，正是在这个意义上，“气化流行，生生不息”也可以被称为“道”。但在这个运动过程中，并没有超然的本体“道”或“理”的存在，它就是“气”自身的运动，“气”就是“气化”的主体，所以戴

---

① 张载：《正蒙·太和篇第一》，《张载集》，北京：中华书局，1978年版，第9页。

② 黎靖德辑：《朱子语类》卷六〇，《朱子全书》第16册，上海：上海古籍出版社，合肥：安徽教育出版社，2002年版，第1941页。

③ 黎靖德辑：《朱子语类》卷六〇，《朱子全书》第16册，上海：上海古籍出版社，合肥：安徽教育出版社，2002年版，第1943页。

④ 黎靖德辑：《朱子语类》卷六〇，《朱子全书》第16册，上海：上海古籍出版社，合肥：安徽教育出版社，2002年版，第1944页。

⑤ 戴震：《孟子字义疏证》卷中《天道》，《戴震全书》第六册，合肥：黄山书社，1995年版，第175页。

震又说:“在气化曰阴阳,曰五行,而阴阳五行之成化也,杂糅万变,是以及其流形,不特品物不同,虽一类之中又复不同。凡分形气于父母,即为分于阴阳五行,人物以类滋生,皆气化之自然。”①

如果说戴震对“形而上”与“形而下”的诠释是从两者相互排斥的角度论述的,是对“理”的“形而上”的性质所作的否定,那么,他对“气化”的诠释采用的是替代的方式,即用“气”(即阴阳五行)的生成功能取代“理”是天地万物产生根源的观念。

再次,要了解戴震关于“自然”与“必然”的论述。

在《绪言》中,戴震就曾将“理”界定为在阴阳五行的自然流行中所表现出的必然性。在《孟子字义疏证》中,戴震又说:

> 天地、人物、事为,不闻无可言之理者也,《诗》曰“有物有则”是也。物者,指其实体实事之名;则者,称其纯粹中正之名。实体实事,罔非自然,而归于必然,天地、人物、事为之理得矣。②

“实体实事,罔非自然”,其中,“实体实事”均为自生自长的自发过程,这个过程或为“气化流行”的结果;而“必然”则是“实体实事”在自发生成和发展的过程中所体现的常态、常规。如果这个常态、常规被人们所认识,那就是获得了“理”。在这个意义上说,“理”也就是人们所认识的“天地、人物、事为”的规律性现象。这个规律性既然是可认识的,那也就不是不可言的了(“不闻无可言之理”)。

戴震不仅将“自然”和“必然”这对范畴用于自然现象,还将它们应用于社会现象,即“人物、事为”方面,并讨论了理学家们常谈的“天理”“人欲”问题。

北宋张载提出“理”“欲”问题之后,立即引起了程颢、程颐的关注。从他们开始,“天理”“人欲”的关系便成为理学的核心问题之一。在二程那里,“天

① 戴震:《孟子字义疏证》卷中《性》,《戴震全书》第六册,合肥:黄山书社,1995年版,第179～180页。

② 戴震:《孟子字义疏证》卷上《理》,《戴震全书》第六册,合肥:黄山书社,1995年版,第164页。

理”“人欲”是一对相对立的范畴，如程颐说：“人心私欲，故危殆；道心天理，故精微。灭私欲，则天理明矣。”[①]朱熹虽然认识到不能简单地将人的欲望、“人心”与“私欲”相等同，承认了人的生存的基本需要的合理性，但他提出的“革尽人欲，复尽天理”的命题和“人只有个天理、人欲。此胜则彼退，彼胜则此退，无中立不进退之理”[②]的观点，毕竟会为后儒循着“天理”“人欲”相对立的方向加以发挥留下了很大的空间，更何况朱熹还说过“天理存，则人欲亡；人欲胜，则天理灭，未有天理人欲夹杂者”[③]这样的话。

戴震对宋儒提出的“存天理，灭人欲”的命题十分不满，但他不是以取缔“理”“欲”概念的方式反对这一命题，而是对“理”“欲”范畴作了重新诠释。他在《原善》中就说过：“生养之道，存乎欲者也；感通之道，存乎情者也。二者，自然之符。”[④]这里所谓“道”也就是“理”。戴震认为，无论是“理”或“欲”，都是自然生成的，都具有自然的属性。只是“理”不仅是自然生成的表象（如肌理、腠理、分理），同时还是“归于必然”的“条理”和“不可易”的法则。在《孟子字义疏证》中，戴震继续以“自然”和“必然”诠释“理”与“欲”，如诠释“理”：“实体实事，罔非自然，而归于必然，天地、人物、事为之理得矣。”还这样地诠释“欲”：“人生而后有欲，有情，有知，三者，血气心知之自然也。给于欲者，声色臭味也，而因有爱畏；发乎情者，喜怒哀乐也，而因有惨舒；辨于知者，美丑是非也，而因有好恶。”[⑤]

戴震通过对“理”与“欲”的诠释，将“欲”看作“自然”现象，将“理”看作“自然”而“归于必然”者，并以“自然”为基础将“理”与“欲”统一起来。这就使他

① 程颐：《伊川先生语》一〇，程颢、程颐：《二程集·河南程氏遗书》卷二四，北京：中华书局，1981年版，第1册，第312页。

② 黎靖德辑：《朱子语类》卷一三，《朱子全书》第14册，上海：上海古籍出版社，合肥：安徽教育出版社，2002年版，第390、389页。

③ 黎靖德辑：《朱子语类》卷一三，《朱子全书》第14册，上海：上海古籍出版社，合肥：安徽教育出版社，2002年版，第388页。

④ 戴震：《原善》卷上，《戴震全书》第六册，合肥：黄山书社，1995年版，第10页。

⑤ 戴震：《孟子字义疏证》卷下《才》，《戴震全书》第六册，合肥：黄山书社，1995年版，第197页。

在“理欲”观上与宋儒有了区别。

戴震批评宋儒正是以“理欲统一”论为出发点的。他认为宋儒“理欲”观的错误就在于主张“理欲之分”和“理欲”对立:“其所谓理,依然‘如有物焉宅于心’。于是辨乎理欲之分,谓‘不出于理则出于欲,不出于欲则出于理’,虽视人之饥寒号呼,男女哀怨,以至垂死冀生,无非人欲,空指一绝情欲之感者为天理之本然,存之于心。……凡以为‘理宅于心’、‘不出于欲则出于理’者,未有不以意见为理而祸天下者也。”[①]而宋儒所谓“理”(“天理”)既然脱离了“欲”,并与“欲”相对立,那么,其“理”也就只能是一己的主观见解、主观判断,即“意见”。在戴震看来,以“意见”为“理”,则必然将“祸天下”。他当年也就是在这个意义上有了“以理杀人”的说法。

戴震还在“理欲统一”论的基础上提出“理存乎欲”的命题。他曾设问道:“宋以来之言理也,其说为‘不出于理则出于欲,不出于欲则出于理’,故辨乎理欲之界,以为君子小人于此焉分。今以情之不爽失为理,是理者存乎欲者也,然则无欲亦非欤?”“理存乎欲”的命题,便是对“以情之不爽失为理”观点的提升,这正是戴震的观点。他对所设之问回答道:

> 孟子言“养心莫善于寡欲”,明乎欲不可无也,寡之而已。人之生也,莫病于无以遂其生。欲遂其生,亦遂人之生,仁也;欲遂其生,至于戕人之生而不顾者,不仁也。……己不必遂其生,而遂人之生,无是情也。然则谓“不出于正则出于邪,不出于邪则出于正”,可也;谓“不出于理则出于欲,不出于欲则出于理”,不可也。欲,其物;理,其则也。……理与事分为二而与意见合为一,是以害事。[②]

在戴震看来,“理”是“欲”的一种存在形式,是“欲”所表现出来的正常的法则,它正是通过“欲”而表现的,这就是“理存乎欲”。对于人来说,“欲”只能“寡

---

① 戴震:《孟子字义疏证》卷下《权》,《戴震全书》第六册,合肥:黄山书社,1995年版,第211页。

② 戴震:《孟子字义疏证》卷上《理》,《戴震全书》第六册,合肥:黄山书社,1995年版,第159～160页。

之”，而不能没有。以“欲”满足自己的生存需要，同时又能满足他人的生存需要，这就是“仁”；如果只是为了满足自己的生存需要，而戕害别人的生存，便是不仁。所以他认为，“理”“欲”只有邪正之别，而不是彼存此亡的截然对立关系。

戴震对“天理”的界定，同样是从“理存乎欲”命题出发的。如他说：“天理者，节其欲而不穷人欲也。是故欲不可穷，非不可有；有而节之，使无过情，无不及情，可谓之非天理乎！”[①]“天理”本来就存在于“人欲”之中，因此，探求“天理”，并不需要“穷”（即“革”）尽“人欲”，而只要将“人欲”加以节制，使其保持在正常范围，便是“天理”。如何确定“人欲”的正常范围？那就是“情”，“情”就是衡量“人欲”正常与否的尺度。所以戴震在答“古人之言天理，何谓也”之问时说：“理也者，情之不爽失也；未有情不得而理得者也。凡有所施于人，反躬而静思之：‘人以此施于我，能受之乎？’凡有所责于人，反躬而静思之：‘人以此责于我，能尽之乎？’以我絜之人，则理明。天理云者，言乎自然之分理也；自然之分理，以我之情絜人之情，而无不得其平是也。”[②]由于古人言“理”是就“情欲”求之的，这就与理学家所说的“理”不同：

> 古之言理也，就人之情、欲求之，使之无疵之为理。今之言理也，离人之情、欲求之，使之忍而不顾之为理。此理欲之辨，适以穷天下之人尽转移为欺伪之人，为祸何可胜言也哉！[③]

戴震所说的“为祸何可胜言”，虽然是指尽使天下之人变成“欺伪”之人，但更主要的还是指在政治伦理上的“为祸”。

戴震“理存乎欲”的命题颇受当代学者的看重，如有学者就说，这是戴震

---

① 戴震：《孟子字义疏证》卷上《理》，《戴震全书》第六册，合肥：黄山书社，1995 年版，第 162 页。

② 戴震：《孟子字义疏证》卷上《理》，《戴震全书》第六册，合肥：黄山书社，1995 年版，第 152 页。

③ 戴震：《孟子字义疏证》卷下《权》，《戴震全书》第六册，合肥：黄山书社，1995 年版，第 217 页。

在《孟子字义疏证》中提出的“最新的观念”。

其实,明清之际已有学者提出过类似“理存乎欲”的观点,如吕坤说:“世间万物皆有所欲。其欲亦是天理人情。天下万世公共之心,每怜万物有多少不得其欲处。”[①]刘宗周的弟子陈确也说:“人欲不必过为遏绝,人欲正当处,即天理也。……学者只时从人欲中体验天理,则人欲即天理矣,不必将天理人欲判然分作两件也。”[②]又说:“确尝谓,人心本无天理,天理正从人欲中见,人欲恰好处,即天理也。向无人欲,则亦并无天理之可言矣。”“欲即是人心生意,百善皆从此生,止有过不及之分,更无有无之分。”[③]王夫之也说:“礼虽纯为天理之节文,而必寓于人欲以见。……终不离欲而别有理。”他还说:“孟子承孔子之学,随处见人欲,即随处见天理。学者循此以求之,所谓‘不远之复’者,又岂远哉?”[④]这无异于将“寓于人欲见天理”的思想视为“圣学”。戴震可能继承了他们的思想,但就戴震来说,提出“理存乎欲”的命题,不只是为了批判理学家的“理欲”观,更主要的目的还是将“理存乎欲”由思想领域引入政治、伦理领域,从而为他的“体民之情、遂民之欲”主张提供理论的前提与基础。如他说:

> 人知老庄、释氏异于圣人,闻其无欲之说,犹未之信也;于宋儒,则信以为同于圣人,理欲之分人人能言之。故今之治人者,视古贤圣体民之情、遂民之欲多出于鄙细隐曲,不措诸意,不足为怪。而及其责以理也,不难举旷世之高节著于义而罪之,尊者以理责卑,长者以理责幼,贵者以理责贱,虽失,谓之顺;卑者、幼者、贱者以理争之,

---

① 吕坤:《呻吟语》卷五《外篇·治道》,《吕坤全集》中册,北京:中华书局,2008年版,第839页。

② 陈确:《近言集》,《别集》卷二《瞽言一》,《陈确集》下册,北京:中华书局,1979年版,第425页。

③ 陈确:《无欲作圣辨》,《别集》卷五《瞽言四》,《陈确集》下册,北京:中华书局,1979年版,第461页。

④ 王夫之:《读四书大全说》,《船山全书》第六册,长沙:岳麓书社,2011年版,第911、912页。

虽得，谓之逆。于是下之人不能以天下之同情、天下所同欲达之于上，上以理责其下，而在下之罪人人不胜指数。人死于法，犹有怜之者；死于理，其谁怜之！[①]

在严格的等级制度之下，离开“民情”“民欲”的“理”，只是“尊者”“上者”手中“责其下”的工具。用于政治，则是残民的手段。所以，戴震提出“体民之情、遂民之欲”的主张，认为只有“体民之情、遂民之欲”才是实行“王道”，他说：

《诗》曰：“民之质矣，日用饮食。”《记》曰：“饮食男女，人之大欲存焉。”圣人治天下，体民之情、遂民之欲，而王道备。[②]

戴震是民本主义者。“体民之情、遂民之欲”便是民本思想的戴震式表达。在他看来，实践“体民之情、遂民之欲”，首先要能推己及人，即“以我之情絜人之情”[③]；而对于士大夫来说，只有“修己”才能“及人”，故“体民之情、遂民之欲”也应是他们道德修养的要求，他说：“天下之事，使欲之得遂，情之得达，斯已矣。惟人之知，小之能尽美丑之极致，大之能尽是非之极致，然后遂己之欲者，广之能遂人之欲；达己之情者，广之能达人之情。道德之盛，使人之欲无不遂，人之情无不达，斯已矣。”[④]对学者来说，应本着经世致用的原则，将“体民之情、遂民之欲”作为治学的目的，即“古人之学在行事，在通民之欲、体民之情，故学成而民赖以生”[⑤]。正是在政治和道德层面上，戴震将《孟子字义疏证》看作“正人心之要”。

---

① 戴震：《孟子字义疏证》卷上《理》，《戴震全书》第六册，合肥：黄山书社，1995年版，第161页。

② 戴震：《孟子字义疏证》卷上《理》，《戴震全书》第六册，合肥：黄山书社，1995年版，第161页。

③ 戴震：《孟子字义疏证》卷上《理》，《戴震全书》第六册，合肥：黄山书社，1995年版，第152页。

④ 戴震：《孟子字义疏证》卷下《才》，《戴震全书》第六册，合肥：黄山书社，1995年版，第197页。

⑤ 戴震：《与某书》，《戴东原先生文》，《戴震全书》第六册，合肥：黄山书社，1995年版，第496页。

戴震"正人心之要"的还有"礼"。朱熹在诠释《论语》"克己复礼为仁"一语时说:"克,胜也。己,谓身之私欲也。复,反也。礼者,天理之节文也。为仁者,所以全其心之德也。盖心之全德,莫非天理,而亦不能不坏于人欲。故为仁者必有以胜私欲而复于礼,则事皆天理,而本心之德复全于我矣。"[①]戴震不同意朱熹将克制"私欲"作为走向"仁"即回归"天理"的途径,而对"克己复礼为仁"作了重新诠释,他说:

> 克己复礼之为仁,以"己"对"天下"言也。礼者,至当不易之则,故曰:"动容周旋中礼,盛德之至也。"凡意见少偏,德性未纯,皆己与天下阻隔之端。能克己以还其至当不易之则,斯不隔于天下,故曰:"一日克己复礼,天下归仁焉。"然又非取决于天下,乃断之为仁也,断之为仁,实取决于己,不取决于人。故曰:"为仁由己,而由人乎哉?"……就一身举之,有视、有听、有言、有动,四者勿使爽失于礼,与"动容周旋中礼",分安勉而已。[②]

戴震为什么把礼视为"至当不易之则"? 这是因为他将礼看作天地的法则,而不是一般事物的条理。而作为"天地之条理"的礼,则是礼的本性、礼的本质,是最高的法则("条理之极"),它是圣人制作"人文度数"的依据。他说:"礼者,天地之条理也,言乎条理之极,非知天不足以尽之。即人文度数,亦圣人见于天地之条理,定之以为天下万世法。"[③]当戴震将礼视为"至当不易之则"和"天地之条理"的表现时,表明他已经把"礼"看得比"理"更高更重。这已经在为徽州学者的学术研究领域由理学向礼学的转换埋下了伏笔。

戴震虽然肯定"欲"的合理性,但并没有否定"欲"也会过度膨胀而超出合

---

① 朱熹:《四书章句集注·论语集注》卷六《颜渊第十二》,《朱子全书》第6册,上海:上海古籍出版社,合肥:安徽教育出版社,2002年版,第167页。

② 戴震:《孟子字义疏证》卷下《权》,《戴震全书》卷六,合肥:黄山书社,1995年版,第214～215页。

③ 戴震:《孟子字义疏证》卷下《仁义礼智》,《戴震全书》卷六,合肥:黄山书社,1995年版,第206页。

理的限度。在戴震看来，如果不能“去私”，就会使人的欲望和情感失控，合理的欲望就会变成“私欲”，从而导致人情浇漓、风俗浮薄，人际关系就会蒙上虚伪的面纱，社会秩序就会出现混乱。这时，对人的情感和欲念就需要加以调整和控制。理学家对付“私欲”的办法是靠内在的修养以“存天理，去人欲”，而戴震则主张以礼加以调控，他说：

礼之设，所以治天下之情，或裁其过，或勉其不及，俾知天地之中而已矣。至于人情之漓，犹饰于貌，非因饰貌而情漓也，其人情渐漓而徒以饰貌为礼也，非恶其饰貌，恶其情漓耳。礼以治其俭陋，使化于文；丧以治其哀戚，使远于直情而径行。情漓者驰骛于奢与易，不若俭戚之于礼，虽不足，犹近乎制礼所起也。[①]

戴震还说过：“由其生生有自然之条理。观于条理之秩然有序，可以知礼矣；观于条理之截然不可乱，可以知义矣。”[②]在他看来，只有发挥礼的功能，社会才会秩然有序，只有建立适当的礼制，社会秩序才会井然而不出现混乱。

从《孟子字义疏证》上卷的专门谈“理”到下卷大量谈“礼”，是否也预示着从“理”到“礼”将是皖派朴学的发展趋向？

《孟子字义疏证》引发的争议

戴震自视为“生平论述最大者”和“正人心之要”的《孟子字义疏证》在问世之后，首先遭到的却是否定和指斥。

彭绍升是对《孟子字义疏证》加以指斥的第一人。他是笃信佛教而又兼容程朱之学的学者。戴震曾将《原善》及《孟子字义疏证》寄给他，他读后致书戴震说，《原善》及《孟子字义疏证》将使“先圣之微言滋益晦，其究也，使人逐

① 戴震：《孟子字义疏证》卷下《仁义礼智》，《戴震全书》卷六，合肥：黄山书社，1995年版，第206页。

② 戴震：《孟子字义疏证》卷下《仁义礼智》，《戴震全书》卷六，合肥：黄山书社，1995年版，第205页。

物而遗则，徇形色，薄天性，其害不细”[①]。戴震则复信彭绍升，明确表达了他的义理之学与彭绍升“截然殊致”：“孔子曰：‘道不同，不相为谋。’言徒纷然词费，不能夺其道之成者也。足下之道成矣，欲见仆所为《原善》，……虽《原善》所指，加以《孟子字义疏证》，反复辨论，咸与足下之道截然殊致，叩之则不敢不出。今赐书有引为同，有别为异；在仆乃谓尽异，无毫发之同。”[②]

戴震去世后，洪榜与朱筠师生之间围绕着《原善》《孟子字义疏证》又展开了辩论。

这次辩论是由洪榜撰写的《戴先生行状》引发的。洪榜在该《行状》中全录了戴震《与彭进士尺木书》，其师朱筠看到之后，认为戴震的《与彭进士尺木书》“可不必载，戴氏可传者不在此”。朱筠所说的“戴氏可传者”指的便是戴震阐发义理之作的《原善》《孟子字义疏证》。洪榜将朱筠反对的理由归纳为三条：“其一谓程朱大贤，立身制行卓绝，其所立说，不得复有异同，疑于缘隙奋笔加以酿嘲，夺彼与此。其一谓经生贵有家法，汉学自汉，宋学自宋，今既详度数、精训故，乃不可复涉及性命之旨，反述所短以掩所长。其一或谓儒生可勉而为，圣贤不可学而至，以彼矻矻稽古守残，谓是渊渊闻道知德，曾无溢美，必有过辞。”[③]虽然洪榜在信中与朱筠逐条辩论，认为“戴氏之学，其有功于六经、孔孟之言甚大，使后世学者无驰心于高妙，而明察于人伦庶物之间，必自戴氏始也”[④]，但戴震之子戴中立还是将戴震行状中所附的《答彭进士允初书》删去，所以在洪榜所作行状的通行本中便不见《答彭进士允初书》。直到江藩见到洪榜与朱筠辩论的信，才将洪榜的信录载于《国朝汉学师承记》的“洪榜传”中，并且叹曰：“洪君可谓卫道之儒矣。”[⑤]人们这才知道洪榜与朱筠

---

① 彭绍升：《与戴东原书》，《二林居集》卷三，见《续修四库全书》第 1461 册，上海：上海古籍出版社，2002 年版，第 328 页。

② 戴震：《答彭进士允初书》，《东原文集》卷八，《戴震全书》卷六，合肥：黄山书社，1995 年版，第 353 页。

③ 江藩：《国朝汉学师承记》卷六《洪榜》，北京：中华书局，1983 年版，第97～98 页。

④ 江藩：《国朝汉学师承记》卷六《洪榜》，北京：中华书局，1983 年版，第 100 页。

⑤ 参见江藩：《国朝汉学师承记》卷六，北京：中华书局，1983 年版，第 98 页。

辩论的这段公案。

另一位否定《孟子字义疏证》的著名学者是翁方纲。戴震当年在四库馆与钱载发生争论时，翁方纲曾为戴震辩护[①]，但当他看到《孟子字义疏证》时，便接受不了戴震的观点，于是作《理说驳戴震作》一文，认为戴震"不甘以考订为事，而欲谈性道以立异于程朱。就其大要，则言理力诋宋儒，以谓理者是密察条析之谓，非性道统絜之谓，反目朱子'性即理也'之训，谓入于释、老真宰真空之说，竟敢刊入文集"，指斥戴震论"理""可谓妄矣"[②]。

在戴震同时代的人中，否定《孟子字义疏证》价值的学者中影响最大的或是纪昀。他见到《孟子字义疏证》后，竟"攘臂扔之"，认为"非清净洁身之士，而长流污之行"[③]。这与他此前对戴震的评论恰成一百八十度大转弯。

综观当时的学界不难发现，对《孟子字义疏证》的否定来自两个方面：一是崇信"汉学"的学者，他们曾经极力推崇过戴震，但推崇的是戴震在训诂考据方面的成就，而当戴震转向义理的阐释时，这与他们对戴震的期许便显然不一致。于是，很多学者包括与戴震交好的学者，或缄口不提戴震的《孟子字义疏证》，或径直予以批评。二是崇信理学的学者，他们否定《孟子字义疏证》，并非在于戴震对义理的阐释，而是他在义理上与程朱之学相异。

乾嘉时期既是训诂考据之学鼎盛的时期，也是训诂考据之学弊端开始暴露的时期。其弊端主要表现在两个方面：一是如戴震所批评的，很多学者沉迷于训诂考据，背离了"明道"和"经世致用"的目标，而把作为治学手段的训

---

① 翁方纲说："昨萚石与东原议论相诋，皆未免于过激。戴东原新入词馆，斥詈前辈，亦萚石有以激成之，皆空言无实据耳。萚石谓东原破碎大道，萚石盖不知考订之学，此不能折服东原也。训诂名物岂可目为破碎？学者正宜细究考订训诂，然后能讲义理也。……今日钱、戴二君之争辩，虽词皆过激，究必以东原说为正也。"《理说驳戴震作》附录《与程鱼门平钱戴二君争论旧草》，《复初斋文集》卷七，见《续修四库全书》第1455册，上海：上海古籍出版社，2002年版，第419页。

② 翁方纲：《理说驳戴震作》，《复初斋文集》卷七，见《续修四库全书》第1455册，上海：上海古籍出版社，2002年版，第418～419页。

③ 引自章太炎：《释戴》，《章太炎全集》第四册《太炎文录初编·文录》卷一，上海：上海人民出版社，1985年版，第123页。

诂考据视为治学的目的；二是沉浸在训诂考据之中的学者热衷于一字一事的考据，使学术探讨走向“饾饤”化，学术成果显得支离而寡要，如李慈铭[①]批评臧庸[②]时就说：“臧氏之学，颇嫌饾饤，繁而寡要。”[③]于是，一些学者改变了对义理之学的否定态度，转而对《孟子字义疏证》表示赞赏。如焦循就特作《申戴篇》，为戴震《孟子字义疏证》张本。他指出，“东原生平所著书，惟《孟子字义疏证》三卷、《原善》三卷最为精善，知其讲求于是者，必深有所得，故临殁时往来于心，则其所谓义理之学可以养心者，即东原自得之义理，非讲学家《西铭》《太极》之义理也。……夫东原，世所共仰之通人也，而其所自得者，惟《孟子字义疏证》《原善》”[④]。焦循还作过《读书三十二赞》，表达他对清代“诸君子著述”的“向往”，其中就有《孟子字义疏证赞》，其《赞》曰：“性道之谭，如风如影。先生明之，如昏得朗。先生疏之，如示之掌。”[⑤]但这距戴震去世已经40多年了。

焦循之后，肯定《孟子字义疏证》的学者就日渐多了起来。其中最值得一提的是黄式三[⑥]，他在戴震去世近百年后，作了《申戴氏气说》《申戴氏理说》

---

① 李慈铭（1830—1894）初名模，字式侯，后改名慈铭，字爱伯，号莼客，室名越缦堂，晚年自署“越缦老人”，会稽（今浙江绍兴）人。光绪六年（1880）进士，官至山西道监察御史。他学识渊博，承乾嘉考据学的余绪，在经学、史学上均成就蔚然，被称为“旧文学的殿军”。其日记记录读书心得，30余年不断，颇有学术价值。

② 臧庸（1767—1811）本名镛堂，字在东，更字西成，号拜经，武进（今属江苏常州）人。与弟礼堂，俱师从卢文弨，并与钱大昕、段玉裁等有学术交往，后入浙江巡抚阮元幕府。著有《拜经日记》《拜经堂文集》《月令杂说》《说诗考异》《孝经考异》等。

③ 李慈铭：《越缦堂读书记·史部·史记》，上海：上海书店出版社，2000年版，第203页。

④ 焦循：《申戴》，《雕菰集》卷七，见《续修四库全书》第1489册，上海：上海古籍出版社，2002年版，第168～169页。

⑤ 焦循：《读书三十二赞》，《雕菰集》卷六，见《续修四库全书》第1489册，上海：上海古籍出版社，2002年版，第163页。

⑥ 按，黄式三（1789—1862）字薇香，号儆居，定海厅紫微乡（今舟山市定海区）人。幼受其父黄兴梧之教，嘉庆四年（1799）出就外傅，道光十二年（1832）岁贡生，道光十四年（1834）（1834）赴乡试时，母突病逝，遂驰归，誓不再应考，以馆课为业，并潜心经史。道光二十年（1840）鸦片战争爆发，避走镇海，此后除短暂游幕外，大多时间便侨居镇海，从事经史研究和著述。著有《论语后案》《易释》《尚书启幪》《春秋释》《周季编略》《儆居集》等。

《申戴氏性说》,这就是所谓黄氏“申戴三说”。在“申戴三说”中,黄式三极力维护戴震的义理之学,尤其是维护戴震的“气本体”论,否定理学的“理本体”论。如他在《申戴氏气说》一文中就重申了戴震“阴阳之气未成形以前为道,既成形则为器。五行即五气,成形则五器也”的观点,并说:“戴东原说甚憭,儒者不得其解,乃曰‘阴阳为器,所以阴阳者理,理乃为道’。离阴阳而言理,因离气以求道,能不入于空眇邪!”[①]肯定了戴震的“气本体”论;在《申戴氏理说》中,黄式三说:“戴氏东原作《孟子字义疏证》,言理、言天理,有异于昔儒。”接着列举了戴震对理、天理的论述与“昔儒”的七大差异,如他说:“昔儒言天理之超乎阴阳、气化者,曰‘阴阳,气也,形而下也;所以一阴一阳者,理也,形而上也’。是形而上之道,惟天理足以当之矣。戴氏则据《易》言‘一阴一阳之谓道’,又言‘立天之道曰阴与阳’,阴阳即为天道,不闻辨别‘所以阴阳始可当道’之称。《乐记》言天理,指人心中天然之分理,非阴阳而上别有所谓天理。”[②]在《申戴氏性说》中,黄式三也从七个方面比较了戴震与“昔儒”的对立。在比较中,他同样指出,戴震论性之所以与“昔儒”不同,根子还是在“昔儒”坚持的“理气之分”的观点上:“惟理气之分,程子创之,朱子承之,而戴氏力辨之耳。”[③]

到近代,随着戴震受到章太炎、刘师培、胡适、梁启超等人的高度重视,他的《孟子字义疏证》也同样受到高度评价。

---

① 黄式三:《申戴氏气说》,《儆居集·经说三》,上海:上海古籍出版社,2010年版《清代诗文集汇编》第563册,第480页。

② 黄式三:《申戴氏气说》,《儆居集·经说三》,上海:上海古籍出版社,2010年版《清代诗文集汇编》第563册,第481页。

③ 黄式三:《申戴氏性说》,《儆居集·经说三》,上海:上海古籍出版社,2010年版《清代诗文集汇编》第563册,第484页。

第十四章　皖派朴学的新群体

皖派朴学虽然形成于徽州，但没有止步于徽州。在清代乾嘉时期，它成了学界发展势头强劲的一个学派。

皖派能够成为势头强劲的学派，得益于戴震。戴震走出不疏园之后，不只是丰富和发展了他的学术思想，逐步建构起考据与义理相统一的学术体系，为皖派朴学提供了新的理论，还将皖派朴学的影响扩散到整个学坛，并形成以他为旗帜的新的学术群体。正是这个学术群体的形成，才使皖派成为乾嘉时期的主流学派。

一、皖派与皖派学术群体

澄清皖派的几个问题

皖派朴学作为学派，常常被简称为“皖派”。

学界虽然接受了皖派的概念，但是，在使用“皖派”概念的时候对其理解并不一致，因此，有几个问题需要澄清。

第一，皖派是地域性学派。

无论是“皖南”还是“皖”，都是地域性概念，用它们概称江永、戴震所开创的学派，难免会使人误以为皖派只是一个地域性学派，特别是将皖派与吴派对举的时候，更容易产生这一误会。

之所以不能把皖派理解为地域性学派，主要是因为该学派的学术群体，早已超出了徽州范围而几乎遍布全国。洪湛侯在《徽派朴学》一书的第五章中，便花了很大篇幅追寻皖派朴学在安徽以外的苏、浙、鲁乃至西南地区的广泛传布。同时，这个学术群体还以一大批杰出学者和斐然可观的学术成就展现了一个时代——乾嘉时代的学术辉煌。

第二，皖派是继吴派而起的学派。

从时间上看，皖派确实出现于吴派之后。到惠栋时，惠氏家族已经是四世传经的学术世家，在吴地有着广泛的影响。当戴震走出不疏园进入京师之时，惠栋的一批弟子已经以新科进士身份活跃在京师。戴震在扬州会见惠栋时，惠栋的弟子也名著江浙一带。这些情况都会使人产生皖派是继吴派而起的感觉。再加之江藩说："藩绾发读书，授经于吴郡通儒余古农、同宗艮庭二先生，明象数制度之原，声音训诂之学，乃知经术一坏于东西晋之清谈，再坏于南北宋之道学。元明以来，此道益晦。至本朝，三惠之学盛于吴中，江永、戴震诸君继起于歙。从此汉学昌明，千载沉霾，一朝复旦。"[①]他甚至认为戴震还曾对惠栋"执经问难，以师礼事之"[②]，就更加坐实了皖派是继吴派而起的学派。

其实，皖派自有源头。自顾炎武提出"经学即理学"命题之后，这一命题立即在徽州地区得到呼应，黄生、姚际恒就直承顾炎武，走上了文字、音韵、训诂和辨伪考据的路子；汪绂、江永则遥承了朱熹提倡的"汉、魏诸儒正音读、通训诂、考制度、辨名物"的治经方法，开拓了皖派朴学的经学研究。戴震与惠栋相会于扬州，可能有学术上的交流，但更重要的是，通过这次会晤，戴震看清了他与吴派之"异"，坚定了走"求是"的学术道路。如王鸣盛曾记述他与戴

---

① 江藩：《国朝汉学师承记》卷一，北京：中华书局，1983年版，第5～6页。

② 江藩：《国朝汉学师承记》卷二《惠周惕、惠士奇、惠松崖》，北京：中华书局，1983年版，第29页。

震的对话:“吾交天下士,得通经者二人,吴郡惠定宇,歙州戴东原也。间与东原从容语:‘子之学于定宇何如?’东原曰:‘不同。定宇求古,吾求是。’”①学术取向是如此不同,戴震如何会事惠栋以“师礼”呢?

总之,皖派活跃于学界虽然稍后于吴派,但只是时间差,而不是对吴派的继承,它们没有逻辑上的先后关联。

第三,皖派是“汉学”中的一派。

虽然如章太炎所说,清代“其成学箸系统者”即形成学术流派,是“自乾隆朝始”,但在乾嘉时期,人们对学派的看法,只有“汉学”“宋学”之称,而没有皖派、吴派之别。如纪昀在《四库全书总目》中,就曾以“汉学”和“宋学”概念概括学术取向的不同,甚至将汉代以后的学术史看作“汉学”“宋学”互为胜负的历史。他说:

> 自汉京以后垂二千年,儒者沿波,学凡六变。其初专门授受,递禀师承,非惟训诂相传,莫敢同异,即篇章字句,亦恪守所闻,其学笃实谨严,及其弊也拘。王弼、王肃稍持异议,流风所扇,或信或疑,越孔、贾、啖、赵,以及北宋孙复、刘敞等,各自论说,不相统摄,及其弊也杂。洛闽继起,道学大昌,摆落汉唐,独研义理,凡经师旧说,俱排斥以为不足信,其学务别是非,及其弊也悍。学脉旁分,攀缘日众,驱除异己,务定一尊,自宋末以逮明初,其学见异不迁,及其弊也党。主持太过,势有所偏,材辨聪明,激而横决,自明正德、嘉靖以后,其学各抒心得,及其弊也肆。空谈臆断,考证必疏,于是博雅之儒,引古义以抵其隙,国初诸家,其学征实不诬,及其弊也琐。要其归宿,则不过汉学、宋学两家,互为胜负。②

这是在官方编定的学术著作中正式使用了“汉学”“宋学”的概念,并用汉学、

① 王鸣盛:《古经解钩沉序》,《西庄始存稿》卷二四,见《续修四库全书》第1434册,上海:上海古籍出版社,2002年版,第315~316页。

② 永瑢、纪昀等:《四库全书总目》卷一《经部总叙》,北京:中华书局,1965年版,上册,第1页。

宋学"互为胜负"概括中国学术史。这表明,"汉学""宋学"的概念不仅在学界流行,也得到官方的认可。

"汉学""宋学"概念的流行,很容易使人们用"汉学"覆盖皖、吴两派。嘉庆年间,江藩在撰写《国朝汉学师承记》时,就是用"汉学"概念既指惠栋一派学者又指江永、戴震一派学者。此后,又进而把"吴派""皖派"看作"汉学"的分支,如民国初年,梁启超就说:"汉学派中也可以分出两个支派:一曰吴派,二曰皖派。"

但是,皖派学者并不接受"汉学"的称谓,从戴震起就不认为其学术属于"汉学",他曾说:

> 今之博雅能文章、善考核者,皆未志乎闻道,徒株守先儒而信之笃,如南北朝人所讥:"宁言周、孔误,莫道郑、服非。"①

戴震这里所说的"博雅能文章、善考核者"显然指的是"汉学家",在戴震看来,这些汉学家们只是株守郑、服,而"未有志闻道"。他还对当时学界将经学分为"汉学"和"宋学"表示"大不解"。戴震的后学也不赞成把皖派视为"汉学"的分支,他们认为"汉学"的称谓意味着只知株守汉人,而违背了皖派的"求是"原则,所以常常表达对"汉学"的不满。如王引之就说过:"惠定宇先生考古虽勤,而识不高,心不细。见异于今者则从之,大都不论是非。如说《周礼》'邱封之度'颠倒甚矣。它人无此谬也。来书言之,足使株守汉学而不求是者,爽然自失。"②所以,章太炎在提出"皖派"概念的同时也指出,"汉学"只是吴派的追求,而与皖派没有什么关系。他说,"惠栋殁,吴材衰,学者皆拥树戴氏为大师,而固不执汉学",而所谓"汉学"者,都是"造端吴学","戴(震)、程

---

① 戴震:《答郑丈用牧书》,《东原文集》卷九,北京:中华书局,1980 年版,第 143 页。按,合肥:黄山书社,1995 年版《戴震全书》第六册载此文,文字略不同。

② 王引之:《与焦里堂先生书》,《王文简公文集》卷四,见《续修四库全书》第 1490 册,上海:上海古籍出版社,2002 年版,第 392 页。

(瑶田)、段(玉裁)、王(念孙)未尝尸其名"①。

我们在前面曾提到,纪昀后来对戴震极其不满。只有了解皖派与"汉学"无关,才能明白纪昀何以对戴震先赞扬而后不满。纪昀之所以赞扬戴震,是因为误以为他与自己同调,也是"汉学"的践行者;见到戴震的《孟子字义疏证》之后,他才发现戴震并不是"汉学"者的同道,才将《孟子字义疏证》"攘臂扔之"。

皖派学术群体

所谓"学术群体",一般是指具有相同或相近的学术观念、价值取向、学术规范与行为的学者群。

任何一个学派都离不开作为基础、作为支撑的学术群体。所以,学术群体研究也就成为学派研究的重要内容。讨论皖派自不例外。

最早对皖派学术群体作系统研究的,应数江藩。他在撰写《国朝汉学师承记》时,就为惠栋一派学者和江、戴一派学者分别撰写传记,《国朝汉学师承记》的卷二到卷四便是惠派学者的传记,而卷五、卷六则是江、戴一派学者的传记。前者就相当于后世所说的吴派,后者则相当于后世所说的皖派②。而江、戴一派学者则包括江永、金榜、戴震、卢文弨、纪昀、邵晋涵、任大椿、洪榜、汪元亮、孔广森、李文藻、桂馥,这大概就是江藩心目中的"皖派"学术群体。

在《国朝汉学师承记》中,江藩还对皖、吴两派的学术群体分别进行了梳理,分析了其构成。如他在谈到皖派时就指出,与戴震"同时学者,郡人郑牧、方矩、程瑶田、汪龙。郑、方二人事迹不得其详。瑶田字易田,又字易畴,歙人,乾隆庚辰举人,太仓州校官,著有《通艺录》行于世。汪龙字蛰泉,乾隆丙午举人,著有《毛诗申成》《毛诗异义》,皆未刊行。亲受业者,高邮王念孙,字怀祖,乾隆乙未进士,授庶吉士,散馆,改主事,官至直隶永定河道。精于训

① 章太炎:《检论》卷四《学隐》,《章太炎全集》第三册,上海:上海人民出版社,1984年版,第480、481页。

② 参见漆永祥:《乾嘉考据学研究》,北京:中国社会科学出版社,1998年版,第111页。

诂，著有《广雅疏证》十卷。子引之，字伯申，嘉庆己未姚文田榜以第三人及第，今官翰林院侍讲学士，能世其学。段大令玉裁字若膺，一字懋堂，金坛人，乾隆庚辰举人，官四川巫山县知县。讲求古义，深于小学，著书满家，刊行者惟有《诗经小学录》四卷，《说文解字注》三十二卷。卢学士文弨、纪相国昀、邵学士晋涵、任侍御大椿、洪舍人榜、汪孝廉元亮，皆同志之友而问学焉。孔检讨广森，则姻娅而执弟子礼者也”[①]。这显然是将与戴震有学术联系的学者分为“同时学者”“亲受业者”“同志之友而问学者”等几种类型，是对皖派学术群体的构成作了初步的归纳。当然，由于江藩并不是严格地以学派为界限收录和介绍学者，所以在《国朝汉学师承记》中所介绍的学者并不能全面和准确地反映吴派与皖派学术群体的构成。

晚清时期，“今文经学”和“经世”思潮兴起于学界，朴学概念逐渐被淡化，朴学的学术群体也就不再受到关注。直到民国初年，朴学研究才又受到重视，朴学的学术群体也才再度受到关注。其中以章太炎、梁启超对皖派学术群体的讨论影响最大。

章太炎曾描述过以戴震为中心的皖派学术群体，他说：

> 震生休宁，受学婺源江永，治小学、礼经、算术、舆地，皆深通。其乡里同学有金榜、程瑶田，后有凌廷堪、三胡。三胡者，匡衷、承珙、培翚也，皆善治《礼》。而瑶田兼通水地、声律、工艺、谷食之学。震又教于京师，任大椿、卢文弨、孔广森，皆从问业。弟子最知名者，金坛段玉裁，高邮王念孙。玉裁为《六书音韵表》以解《说文》，《说文》明。念孙疏《广雅》，以经传诸子转相证明，诸古书文义诘诎者皆理解；授子引之，为《经传释词》，明三古辞气，汉儒所不能理绎。其小学训诂，自魏以来未尝有也。近世德清俞樾、瑞安孙诒让，皆承念孙之学。樾为《古书疑义举例》，辨古人称名抵牾者，各从条列，使人

① 江藩：《国朝汉学师承记》卷五《戴震》，北京：中华书局，1983 年版，第 90 页。按，任大椿、汪元亮应为戴震弟子而非“同志之友而问学”者。

> 无所疑眩，尤微至。世多以段、王、俞、孙为经儒，卒最精者乃在小学，往往得名家支流，非汉世《凡将》《急就》之侪也。凡戴学数家，分析条理，皆參（缜）密严瑮，上溯古义，而断以己之律令，与苏州诸学殊矣。①

有学者说章太炎这段论述“清晰地描述了‘皖派’形成和发展轨迹：领袖人物戴震的师承、同学，发源地经学情况、戴学所传和再传情况，以及此一系学者的主要学术成就”②。其实，章太炎这里所勾画的正是皖派学术群体的图像。他认为，这个学术群体主要包括以下两类：第一，乡里同学及后学，包括金榜、程瑶田、凌廷堪、胡匡衷、胡承珙、胡培翚等；第二，戴震教于京师所收的弟子及其再传弟子有任大椿、卢文弨、孔广森、段玉裁、王念孙，承念孙之学的俞樾、孙诒让。

1920年，梁启超著《清代学术概论》，他在此书中从清代学术史的角度讨论了皖派和吴派的治学特征与学术成就，其中也对皖派学术群体作了阐述。他指出：“其（指‘清代思潮’，梁启超称之为‘清之考证学’）全盛运动之代表人物，则惠栋、戴震、段玉裁、王念孙、王引之也，吾名之曰正统派。……正统派之中坚，在皖与吴。开吴者惠，开皖者戴。惠栋受学于其父士奇，其弟子有江声、余萧客，而王鸣盛、钱大昕、汪中、刘台拱、江藩等皆汲其流。戴震受学于江永，亦事栋以先辈礼。震之在乡里衍其学者，有金榜、程瑶田、凌廷堪、三胡——匡衷、培翚、春乔等。其教于京师，弟子之显者，有任大椿、卢文弨、孔广森、段玉裁、王念孙。念孙以授子引之。玉裁、念孙、引之最能光大震学，世称戴、段、二王焉。……惠、戴齐名，而惠尊闻好博，戴深刻断制。惠仅‘述者’，而戴则‘作者’也。受其学者，成就之大小亦因以异，故正统派之盟主必

---

① 章太炎：《检论》卷四《清儒》，《章太炎全集》第三册，上海：上海人民出版社，1984年版，第474页。

② 丁进：《“皖派经学”观念的形成及其经学史意义》，《湖南大学学报》（社会科学版），2012年第4期。

推戴。"[①]梁启超与章太炎一样，也将皖派学术群体分为两类：第一，在乡里衍戴震之学者，如金榜、程瑶田、凌廷堪、三胡（匡衷、培翚、春乔）；第二，教于京师时的突出弟子，主要有任大椿、卢文弨、孔广森、段玉裁、王念孙，并附念孙之子王引之。

支伟成在1925年出版的《清代朴学大师列传》中，更为清代370余位学者撰写了传记，其中立传的皖派学者54位，另有作为附录的皖派学者20位。这70余位学者是：江永（附汪绂）、戴震、金榜、程瑶田、洪榜（附弟梧）、汪龙、段玉裁、王念孙、任大椿、凌廷堪、孔广森（附族叔继涵、族弟广铭、广牧）、周永年、郝懿行、绩溪胡氏祖孙（匡衷、培翚，附胡澍）、胡秉虔、胡承珙（附胡世琦）、马宗琏（附子瑞辰）、孙志祖、丁杰（附周春）、阮元（附子福）、张惠言（附子成孙）、丁履恒、冯登府、嘉兴三李（富孙、超孙、遇孙）、徐养原、沈涛、临海洪氏兄弟（颐煊、震煊，附宋世荦）、李黼平、番禺侯氏兄弟（康、度）、焦循（附子廷琥、钟裦）、朱彬、宝应刘氏三世传（台拱、宝楠、恭冕）、凌堃、仪征刘氏四世（文淇、毓崧、寿曾、师培）、凌曙（附方申）、许桂林（附钟文蒸、梅毓）、陈奂、姚配中（附包世荣）、俞正燮、丁晏、成孺、陈玉树、郑珍（附王崧、王熙震）、俞樾、孙诒让等[②]。

支伟成在该书《皖派经学家列传》的《叙目》中还说：

> 自戴震崛起安徽，皖派经师，头角崭露。顾其同学及弟子，率长于《礼》，独程瑶田兼通水地、声律、工艺、谷食之学。及戴氏施教京师，而传者愈众。声音训诂传于王念孙、段玉裁，典章制度传于任大椿。既凌廷堪以歙人居扬州，与焦循友善；阮元问教于焦、凌，遂别

① 梁启超：《清代学术概论》，朱维铮校注《梁启超论清学史二种》，上海：复旦大学出版社，1985年版，第4页。

② 按，支伟成的《清代朴学大师列传》虽然汇辑了丰富的传记资料，为研究清代学术提供了一部颇有价值的参考文献，但就其所介绍的70余位皖派学者来看，收录的学者则较为驳杂，有的学者如大兴二朱（朱筠、朱珪）、纪昀以及"诂经、学海之士"（指从学于诂经精舍和学海堂中的学者）等，是不是皖派学者，就值得讨论，至于像周永年、冯登府等人是不是朴学家，都在疑似之间。

> 创扬州学派。故浙、粤诂经、学海之士，大都不惑于陈言，以知新为主，虽宗阮而实祧戴焉。若大兴二朱、河间纪昀，又均服膺戴说；后洊高位，莫不汲引朴学，皖派因益光大。曲阜诸孔，复传其学于山左。武进张惠言久游徽歙，主金榜家，乃取所得，流衍南方。晚近尚有俞樾、孙诒让、章炳麟，丕振坠绪。人才之盛，诚远迈他派矣！①

当代学者丁进曾对支伟成在《清代朴学大师列传》中所收录的皖派学者作了分类。他认为，这70余位学者可以分为两种：一种属于皖籍经学家，另一种为非皖籍。皖籍经学家又分为三类：第一类是江永和江永的弟子，包括江永、戴震、金榜、程瑶田、洪榜、洪梧等人；第二类是后辈经学家，包括汪龙、俞正燮、凌廷堪、胡匡衷、胡培翚等；第三类是倾慕皖派经学的其他皖籍人士，包括皖南胡承珙、胡世琦、姚配中、包世荣等。非皖籍经学家的构成则比较复杂，大致上可以分为四类：第一类是戴震的弟子和再传弟子；第二类是深受戴震影响的同时代人；第三类是私淑戴震或戴震弟子的传人；第四类是深受戴震或戴震传人影响的后辈经学家②。对《清代朴学大师列传》中所收录的皖派学者的分类，也反映了丁进对皖派学术群体构成的看法。

以上学者的论述，实际上都是对皖派学术群体的考察。对他们的考察，为我们进一步讨论皖派学术群体提供了有益的基础和启示。

二、皖派学术群体的主要学者

皖派在发展过程中曾经历了两个时期，即以江永为中心的时期和以戴震为中心的时期。在不同阶段上，学术群体的构成自然也就不同。皖派在不疏园时期的学术群体，我们在前面已经讨论过，还有一些学者，我们将在此后的

---

① 支伟成：《清代朴学大师列传·皖派经学家列传第六》，长沙：岳麓书社，1998年版，第76页。

② 丁进：《“皖派经学”观念的形成及其经学史意义》，《湖南大学学报》（社会科学版），2012年第4期。

章节中对他们进行讨论。本章所讨论的皖派学术群体，主要是围绕戴震所形成的新群体，有时也会追溯到江永时期。

综合以上各家对皖派学术群体的论述，我们可以把以戴震为中心的皖派群体大体分为以下几类：戴震的学侣、戴震的亲炙弟子、戴震的再传弟子及私淑者、戴震的讲友与同调。下面便对戴震的亲炙弟子、戴震的再传弟子和私淑者、戴震的讲友与同调分别加以介绍，而戴震的学侣则留待以后讨论。

戴震亲炙弟子

戴震在多处讲学，其弟子本当甚多，但在戴震身后传其学的弟子，有记载的则仅有王念孙、段玉裁、孔广森、任大椿、汪元亮、毕亨等人，其中以王念孙、段玉裁、孔广森、任大椿最为著名，故《清史稿》说："震卒后，其小学，则高邮王念孙、金坛段玉裁传之；测算之学，则曲阜孔广森传之；典章制度之学，则兴化任大椿传之，皆其弟子也。"[①]他们都是戴震离开不疏园之后所收的弟子，也是皖派发展到第二阶段的中坚。本节将重点介绍他们，并附述汪元亮、毕亨。

王念孙

戴震走出不疏园后的第一位弟子是王念孙。戴震享誉京师时，时任吏部尚书的王念孙之父王安国闻戴震之名，便延请他教授念孙，王念孙也就得以在早年就受学于戴震。

王念孙(1744—1832)字怀祖，号石臞，高邮(今江苏高邮市)人。他少聪颖，八岁能属文，十岁读《十三经》毕，旁涉史鉴，有神童之目。乾隆南巡时，念孙以大臣子迎銮，献文册，赐举人。乾隆四十年(1775)进士，选翰林院庶吉士，散馆改工部主事，洊升郎中，擢陕西道御史，转吏科给事中，在河道任上因事"休致"。去官之后，王念孙即日以读书著述自娱，时与钱大昕、卢文弨、邵晋涵、刘台拱等有"五君子"之誉。著有《广雅疏证》《读书杂志》《道河议》《河源纪略》等。

---

① 《清史稿》卷四八一《儒林二》，北京：中华书局，1977年版，第43册，第13200页。

王念孙师从戴震，为其治学打下了文字音韵的坚实基础。《清史稿》本传载，王念孙“初从休宁戴震受声音文字训诂，其于经，熟于汉学之门户，手编《诗三百篇》《九经》《楚辞》之韵，分古音为二十一部。于支、脂、之三部之分，段玉裁《六书音均表》亦见及此，其分至、祭、盍、辑为四部，则段书所未及也。念孙以段书先出，遂辍作。又以邵晋涵先为《尔雅正义》，乃撰《广雅疏证》。日三字为程，阅十年而书成，凡三十二卷。其书就古音以求古义，引伸触类，扩充于《尔雅》《说文》，无所不达。然声音文字部分之严，一丝不乱。盖借张揖之书以纳诸说，而实多揖所未知”①。王念孙对古籍中的文字假借尤有心得，他曾对其子王引之说：“诂训之指，存乎声音，字之声同声近者，经传往往假借，学者以声求义，破其假借之字而读以本字，则涣然冰释。……故毛公《诗》传多易假借之字而训以本字，已开改读之先。至康成笺《诗》注《礼》，屡云某读为某，而假借之例大明。后人或病康成破字者，不知古字之多假借也。”②

王念孙还精于校勘。他所著的《读书杂志》82 卷，对《逸周书》《战国策》《管子》《荀子》《晏子春秋》《墨子》《淮南子》《史记》《汉书》《汉隶拾遗》等古籍进行了细致的校勘，对各书的古义之晦、传钞之误、校改之妄，皆一一考辨。尤其是在考订《淮南子·内篇》时，他将其致误的原因归纳为 62 例，这 62 例几成后人校勘古籍的通例，对古籍校勘具有重要意义③。

王念孙在治学上一直秉承戴震的“求是”原则，反对门户之见。他曾说：“说经者，期于得经意而已。前人传注不皆合于经，则择其合经者从之；其皆不合，则以己意逆经之意，而参之他经，证以成训，虽别为之说，亦无不可。必欲专守一家，无少出入，则何邵公之墨守见伐于康成者矣。”王引之对王念孙的观念评论道：“故大人之治经也，诸说并列，则求其是；字有假借，则改其读。

① 《清史稿》卷四八一《儒林二》，北京：中华书局，1977 年版，第 43 册，第 13212 页。按，“张揖之书”指张揖所著的《广雅》。

② 王引之：《经义述闻叙》，《经义述闻》卷首，见《续修四库全书》第 174 册，上海：上海古籍出版社，2002 年版，第 250 页。

③ 洪湛侯：《徽派朴学》，合肥：安徽人民出版社，2005 年版，第 112 页。

盖孰于汉学之门户，而不囿于汉学之藩篱者也。”[①]

与王念孙齐名的戴震弟子是段玉裁。

段玉裁

段玉裁(1735—1815)字若膺，号懋堂，晚年又号砚北居士、长塘湖居士、侨吴老人，金坛(今江苏常州市属金坛市)人。据《清史稿》本传载，玉裁生而颖异，读书有兼人之资。乾隆二十五年(1760)举人，至京师，任景山万善殿教习，期满后得贵州玉屏县知县，不久，调四川，署富顺及南溪县事，又办理化林坪站务。时值征金川，挽输络绎，玉裁处分毕，辄篝灯著述不辍。后又任巫山县令，时年四十六，以父老引疾归，居苏州，键户不问世事者三十余年[②]。著有《说文解字注》《六书音均表》《古文尚书撰异》《毛诗故训传定本》《经韵楼集》等。

自段玉裁从学于戴震到戴震接纳其为弟子，历时六七年之久。乾隆二十八年(1763)，戴震会试不第，居新安会馆，段玉裁与汪元量、胡士震等好学之士从戴震讲学，这是段玉裁从学于戴震之始。其时，段玉裁尝请业于戴震，适戴震南归，玉裁便以简问安，自称弟子。乾隆三十一年(1766)，戴震至京则面辞之，在奉还段玉裁原札时说道：“古人所谓友，原有相师之义，我辈但还古之友道可耳。”直到乾隆三十四年(1769)，戴震乃勉从之[③]。段玉裁被戴震接纳为弟子后，终生对戴震尊崇有加，每逢朔望必重读戴震手札，直到八十高龄，提到戴震之名仍垂手拱立。

段玉裁不仅对戴震十分礼敬，更在治学上不忘戴震所确立的“求是”原

---

① 王引之：《经义述闻叙》，《经义述闻》卷首，见《续修四库全书》第174册，上海：上海古籍出版社，2002年版，第250页。

② 参见《清史稿》卷四八一《儒林二》，北京：中华书局，1977年版，第43册，第13201页。

③ 参见段玉裁：《戴东原先生年谱》，见《戴震文集》附录，北京：中华书局，1980年版，第227页。

则。如在与顾广圻[1]关于校勘问题的辩论中，他就说："夫校经者，将以求其是也。"又说："凡校书者，欲定其一是，明贤圣之义理于天下万世，非如今之俗子夸博赡、夸能考核也。故有所谓宋版书者，亦不过校书之一助，是则取之，不是则却之。"[2]

段玉裁治经是从音韵研究开始的。在京任教职时，段玉裁获读顾炎武的《音学五书》，由此开始有意于音韵。他在仕宦四川期间，公务之暇便潜心著述，完成了《六书音均表》五卷。段玉裁《六书音均表》在古韵的分部上，提出了"支、脂、之"分立，"幽、侯"分立和"真、文"分立的主张，将古韵分为十七部，从而突破了顾炎武的"十部"说、江永的"十三部"说，将古韵研究向前推进一大步。此外，段玉裁还提出了"古四声不同今韵"和"上古有平上入而无去声"等论点，揭示了不少汉语音韵发展的规律性现象。钱大昕后来见到《六书音均表》时，赞之为"凿破混沌"。戴震也说，《六书音均表》是"自唐以来讲韵学者所未发"[3]。

段玉裁最突出的学术成就表现在文字学方面，《说文解字注》就是他文字学研究成果的集中体现。这部从乾隆四十五年(1780)开始撰写到嘉庆十三年(1808)才成书的文字学巨著，花去了段玉裁近 30 年时间。在《说文解字注》中，段玉裁不仅阐明了许慎著述《说文》的体例，勘正了二徐(即徐铉、徐锴)本《说文》在传写和刊刻中的谬误，还继承和发展了戴震"四体二用"的六书理论和"以字考经，以经考字"的治经原则，将传统的"以形索义""因声求义"的释义方法发展为形、音、义"三者互求"的原则，以其训释词义，同时，段玉裁在词义训释中还注意由词的本义、引申义和假借义所构成的意义体系去

---

① 按，顾广圻(1766—1835)字千里，号涧苹、无闷子，别号思适居士，元和(今属江苏苏州市)人，嘉庆时诸生。他曾受业于江声，颖敏博洽，经史、训诂、历算、舆地、诸子皆能贯通，甚精于校雠，尤专于目录学，与卢文弨同为乾嘉时期著名的校雠家，孙星衍、张敦仁、黄丕烈、胡克家、秦恩复等先后延请他主持刻书。著有《思适斋集》，其校书、刻书的序跋多著录于此书。

② 段玉裁：《答顾千里书》，《经韵楼集》卷十一，上海：上海古籍出版社，2008 年版，第 298、300 页。

③ 参见《清史稿》卷四八一《儒林二》，北京：中华书局，1977 年版，第 43 册，第 13201 页。

揭示词义，从词义的演变中说明字词的替废原因。

段玉裁与王念孙一样，不仅继承了戴震的学术，还丰富和发展了戴震的学术，故《清史稿》说："玉裁与念孙俱师震，故戴氏有段、王两家之学。"①

孔广森

在京师接受戴学的还有孔子的后裔，孔广森便是其代表。

孔广森(1752—1786)字众仲，一字㧑约，号顨轩，曲阜(今山东济宁市属曲阜市)人，孔子七十代孙，乾隆三十六年(1771)进士，时年十九。散馆后，授检讨。据《清史稿》本传载，孔广森"年少入官，性淡泊，耽著述，不与要人通谒。告养归，不复出。及居大母及父丧，竟以哀卒"，卒年才三十五。本传又说："广森性聪颖特达，尝受经戴震、姚鼐之门，经、史、小学，沉览妙解。"②孔广森虽英年早逝，著作却甚丰，主要有《春秋公羊通义》《大戴礼记补注》《诗声类》《声类分例》《礼学卮言》《经学卮言》《少广正负术内篇》及《外篇》《骈俪文》《仪郑堂文集》《仪郑堂遗稿》《勾股难题》《割圆弧矢术》《新设三角形》等，合刊为《顨轩孔氏所著书》。

孔广森在学术上有两点值得注意，其一，在古文经学盛行的乾嘉时代，他却关注属于今文经学的《公羊》学，开了清代《公羊》学的研究之风，故《清史稿》特别提出他的《公羊》学研究："(广森)所学在《公羊春秋》，尝以《左氏》旧学湮于征南，《穀梁》本义汨于武子，王祖游谓何休志通《公羊》，往往为《公羊》疚病。其余啖助、赵匡之徒，又横生义例，无当于经，唯赵汸最为近正。何氏体大思精，然不无承讹率臆。于是旁通诸家，兼采《左》《穀》，择善而从，著《春秋公羊通义》十一卷，《序》一卷。凡诸经籍义有可通于《公羊》者，多著录之。"③他在《春秋公羊通义》中，以发明《公羊传》义例为主，曾就"公羊三世"和"三科九旨"等提出与何休《春秋公羊解诂》不同的见解。如何休以《春秋》当亲王为"一科三旨"，所见异辞，所闻异辞，所传闻又异辞为"二科六旨"，内

---

① 《清史稿》卷四八一《儒林二》，北京：中华书局，1977年版，第43册，第13203页。

② 《清史稿》卷四八一《儒林二》，北京：中华书局，1977年版，第43册，第13207页。

③ 《清史稿》卷四八一《儒林二》，北京：中华书局，1977年版，第43册，第13207～13208页。

其国而外诸夏，内诸夏而外夷狄为“三科九旨”。孔广森则以《春秋》上本天道、中用王法、下理人情为“三科”；而天道一指“时”、二指“月”、三指“日”，“王法”一指“讥”、二指“贬”、三指“绝”，“人情”则一指“尊”、二指“亲”、三指“贤”，这就是所谓“九旨”。

其二，对“测算之学”的关注。所谓“测算之学”即数学，他的《少广正负术》内外篇以及《勾股难题》《割圆弧矢术》《新设三角形》就是其数学著作。孔广森在数学上不仅精于传统数学中的“方田”“粟米”“差分”“少广”“商功”“均输”“方程”“勾股”“赢不足”诸问题，还专门对高次方程的解法和应用作了研究，《少广正负术》就是这方面的专著。不过，指出孔广森在数学上的关注，只是说明皖派朴学学术视野的广阔，就其数学成就来说，孔广森则远逊于戴震、钱大昕。

任大椿

戴震曾说，“理义不存乎典章制度，势必流入异学曲说而不自知”，所以他十分重视典章制度的研究。任大椿便是传戴震典章制度之学的亲炙弟子。

任大椿(1738—1789)字幼植，一字子田，兴化(今为江苏泰州市属兴化市)人。乾隆三十四年(1769)进士，历官礼部主事、员外郎、陕西道监察御史。四库馆开，以荐为《四库全书》纂修官，为八位非翰林而预纂修者之一。

大椿学术始于家学，其祖父任陈晋(1689—1766)字似武，乾隆四年(1379)进士，官徽州府教授，以通经闻，著有《易象大意存解》《燕喜堂文集》《后山诗集》等。《清史列传》任大椿本传关于其学行如此说：大椿家贫，尽色养，读书守道义，素不以空言讲学。服官行己，无愧古人。少工文词，既与休宁戴震同举于乡，习文论学，究心汉儒之学。初为袷禘、丧服等，辨驳孔、贾诸儒，兼难郑君。震以其思锐而议坚，引郑樵、毛奇龄贼经害道为戒。自是实事求是，所学淹通[①]。著有《弁服释例》《深衣释例》《释缯》《字林考逸》《小学钩沉》《子田诗集》等。

任大椿在学术上以考证名物制度著称。《清史列传》说：大椿"于《礼》尤长名物。始欲荟萃全经，久之，知其浩博难罄，因思即类以求，一类既贯，乃更求他类。"《弁服释例》《深衣释例》便是考证名物制度的代表作。阮元在序《弁服释例》时说："兹帙释弁服所用之例，以五礼区之，凡百四十余事。纵览经疏史志，发微订讹，灿然经纬毕著。"[②]在正文中，任大椿分别对爵弁服、韦弁服、皮弁服、朝服、元端（即"玄端"，为避玄烨讳改）详加考辨，于诸服极力搜讨，务求明备。

《深衣释例》刊印在《弁服释例》之先，但撰著则在《弁服释例》之后。任大椿在《深衣释例》的序中说："余曩著《经典弁服释例》凡十卷，曰爵弁服，曰韦弁服，曰皮弁服，曰朝服，曰元端，礼经所谓善衣也。又以深衣为善衣之次，因续著《深衣释例》三卷。首推原其所用，次详其制度，次载异名同实者，若长衣、中衣之类是也。《方言》谓禅衣，古之深衣，秦汉以后，禅衣名义日广，要皆深衣之流别，故亦附考焉。"[③]可见《深衣释例》与《弁服释例》一样，显示了任大椿在《礼》学研究中，将重点放在名物制度的考据上。

任大椿在小学研究中，对字书的辑佚十分重视。他的《字林考逸》《小学钩沉》就是小学的辑录之作。大椿认为，字书传世莫古于《说文》《玉篇》，而吕忱《字林》实承《说文》之绪，开《玉篇》之先。《字林》不传，则六书相传之脉，中

---

① 佚名：《清史列传》卷六八《儒林传下一》，北京：中华书局，1987 年版，第 17 册，第 5510 页。按，所谓戴震"引郑樵、毛奇龄贼经害道为戒"，指戴震的《与任孝廉幼植书》。在此信中，戴震曾说，"凡学未至贯本末、彻精粗，徒以意衡量，就令载籍极博，犹所谓'思而不学则殆'也。远如郑渔仲，近如毛大可，只贼经害道而已"，同时也肯定了任大椿"好学深思"，认为他"思之锐，辨议之坚而致，以此为文，直造古人不难"（《东原文集》卷九，《戴震全书》第六册，合肥：黄山书社，1995 年版，第 369、365 页）。

② 阮元：《任子田侍御弁服释例序》，《揅经室集·揅经室一集》卷一一，见《续修四库全书》第 1478 册，上海：上海古籍出版社，2002 年版，第 660 页。

③ 任大椿：《深衣释例序》，《深衣释例》卷首，见《续修四库全书》第 107 册，上海：上海古籍出版社，2002 年版，第 197 页。

阙弗续[①]。于是，他著《字林考逸》8卷。《小学钩沉》则专辑小学类的佚书，辑录佚文2300余条，按书分别编录，涉及佚书44种，俨然是一部小学类的辑佚丛书。

在戴震的亲炙弟子中，除王念孙、段玉裁等4位外，现在可查考的还有汪元亮、毕亨等人，且附述于此。

汪元亮

汪元亮（生卒年不详）字明之，一字竹香，元和（在今江苏苏州市及吴县东）人。为诸生时，有文誉，曾与其老师同郡余古农、薛香闻结诗社于城东，他睥睨余子，不可一世，直到乾隆壬午（乾隆二十七年，1762），与戴震同举于乡，相亲善，才究心于经义及六艺之学。乾隆二十八年（1763），戴震赴京应礼部试不第，寓于新安会馆时，汪元亮与胡士震、段玉裁一起从戴震讲学。据江藩说，汪元亮平生论学，则推东原及程君易畴；论诗文则推余古农。屡上公车不第，遂以教授生徒自给，以孝廉终。他少时曾得狂疾，忽已忽作，作时不省人事，日夕叫骂，缠绵几20年。所有著述，于疾作时皆投于火，仅存诗古文而已[②]。

毕亨

晚清学者杨以增[③]在给毕亨《九水山房文存》一书所撰写的《序》中说，毕亨"从休宁戴东原先生游，精汉人故训之学，尤长于《书》。虽为贴括家言，非其意也"。又说："先生（即毕亨）之学出于休宁，休宁犹时有据孤证意改故籍之弊，先生则非集众证不肯轻下一字。"[④]据杨以增说，毕亨也是戴震的弟子，

---

① 佚名：《清史列传》卷六八《儒林传下一》，北京：中华书局，1987年版，第17册，第5510～5511页。

② 江藩：《国朝汉学师承记》卷六《汪元亮》，北京：中华书局，1983年版，第101页。

③ 按，杨以增（1787—1855）字益之，字至堂、致堂，聊城（今山东聊城市东昌府区）人，著名藏书家，道光二年（1822）进士，任荔波县知县、松桃直隶厅同知、贵阳府知府，官至江南河道总督。

④ 杨以增：《九水山房文存叙》，《九水山房文存》卷首，上海：上海古籍出版社，2010年影印本，《清代诗文集汇编》第451册，第643页。

只是我们不清楚毕亨在什么时候从戴震游，也不清楚毕亨的学术所长，仅附述如下：

毕亨（1724—1777）原名以田，字恬溪，山东文登人，嘉庆十二年（1807）举人，道光六年（1826），以大挑知县分发江西，署安义县。据《清史稿》本传载，孙星衍撰《尚书今古文注疏》，多采其说，称其为经学无双[①]。著有《九水山房文存》二卷。

戴震的再传与私淑弟子

戴震的再传弟子及私淑者，与其亲炙弟子一样，是乾嘉时期皖派学术群体中的活跃分子，也是使皖派得以超越时空而传承的重要桥梁。

王引之

在戴震的再传弟子中，直到今天人们依然熟悉的学者，大概首推王引之。他的《经传释词》迄今还是研究古汉语虚词的必备参考书。

王引之（1766—1834）字伯申，号曼卿，王念孙之子，嘉庆四年（1799）一甲进士，授编修，四年后大考一等，擢侍讲，历官至工部尚书。著有《经义述闻》《经传释词》及《王文简公文集》等。王引之还曾奉旨勘订《康熙字典》的讹误，所撰的《字典考证》一直随《康熙字典》刊行。

王引之所传承的戴学，主要源自家学。其祖父王安国、父亲王念孙都以治名物训诂著称，王念孙更是戴震的高弟。王引之在自述治学经历及《经义述闻》的著述时曾说："引之受性梼昧，少从师读经，裁能绝句，而不得其解。既，乃习举子业，旦夕不辍，虽有经训，未及搜讨也。年廿一，应顺天乡试，不中式而归，亟求《尔雅》《说文》《音学五书》读之，乃知有所谓声音、文字、诂训者。越四年而复入都，以己所见质疑于大人前，大人则喜曰：'乃今可以传吾学矣！'遂语以古韵廿一部之分合，《说文》谐声之义例，《尔雅》《方言》及汉代经师诂训之本原。"自此之后，"引之过庭之日，谨录所闻于大人者以为圭臬，

① 参见《清史稿》卷四八一《儒林二》，北京：中华书局，1977年版，第43册，第13226页。

日积月累，遂成卷帙。既，又由大人之说触类推之，而见古人之诂训有后人之所未能发明者，亦有必当补正者，其字之假借有必当改读者，不揆愚陋，辄取一隅之见附于卷中，命曰《经义述闻》，以志义方之训。凡所说《易》《书》《诗》《周官》《仪礼》、大小《戴记》《春秋》内外传、《公羊》《穀梁》传、《尔雅》，皆依类编次，附以通说，其所未竟，归之续编，亦欲当世大才通人纠而正之，以祛烦惑云尔”①。

《经传释词》是诠释儒家典籍中虚词的专著，共收 160 个虚词，以喉、牙、舌、齿、唇音为序，并按照“因声求义”的原则，将声音相同、相近的词分组排列，对每个虚词的诠释，都力求“揆之本文而协，验之他卷而通”，这都显现出王引之在著述原则上对戴震倡导的训诂方法的遵循。

马宗梿

从王念孙、任大椿游的还有马宗梿。

马宗梿（？—1802）字器之，号鲁陈，桐城（今安徽桐城市）人，由举人官东流县教谕，嘉庆六年（1801）进士。姚鼐之甥，少从姚鼐学诗、古文词。后又从邵晋涵、任大椿、王念孙游，其学日进。他认为，解经必先通训诂，而载籍极博，未有汇成一编者，乃偕孙星衍、阮元、朱锡庚分韵编纂，但因南旋而中辍。其后，阮元视学江浙，萃诸名宿，编纂《经籍籑诂》，其凡例便是宗梿手订。

马宗梿生平敦实，寡嗜好，唯以著述为乐。他长于《毛诗》《周礼》和三《传》。著有《毛郑诗诂训考证》《周礼郑注疏证》《春秋左传补注》《穀梁传疏证》《说文字义广证》《战国策地理考》等②。

马宗梿之子马瑞辰（1777—1853）字元伯，嘉庆十五年（1810）进士，历官工部都水司郎中，因事遣戍沈阳。吉林将军富俊延主白山书院，生徒中式者二人，富俊以课士有效，奏赏主事，洊擢员外郎。后因事复遣戍黑龙江，未几释归。历主江西白鹿洞、山东峄山、安徽庐阳书院讲席。著有《毛诗传笺通

① 王引之：《经义述闻序》，《经义述闻》卷首，见《续修四库全书》第 174 册，上海：上海古籍出版社，2002 年版，第 250～251 页。

② 参见《清史稿》卷四八二《儒林三》，北京：中华书局，1977 年版，第 43 册，第 13240 页。

释》，该书以三家辨其异同，以全经明其义例，以古音、古义证其讹互，以双声、叠韵别其通借，治《毛诗》者，多推《毛诗传笺通释》与陈奂《毛诗传疏》两家[①]。

陈奂

在段玉裁的弟子中，长洲徐颋、嘉兴沈涛等俱知名，而以陈奂最能传其学。

陈奂(1786—1863)字硕甫，号师竹，晚自号南园老人，长洲(今江苏苏州)人，咸丰元年(1851)举孝廉方正，不就，而与王念孙、王引之、郝懿行、胡培翚、胡承珙、金鹗等缔交。据说王引之著《经义述闻》，每出一卷，必出示并请教陈奂。陈奂曾主藏书家汪适孙家先后达 20 年，此外，便家居授徒，从游者数十人。同郡管庆祺、丁士涵、马钊、费锷、德清戴望，是其弟子中的著名者。著有《毛诗传疏》《毛诗说》《毛诗音》《毛诗传义类》《郑氏笺考证》《诗语助义》《师友渊源记》等。

据《清史稿》载，陈奂始从江声之孙江沅治古学，段玉裁寓吴时与江声交善，尝曰："我作《六书音韵表》，惟江氏祖孙知之，余鲜有知者。"陈奂尽一昼夜便探其梗概。江沅尝借段玉裁《经韵楼集》，奂窃视之，并加朱墨。段玉裁见之，称其学识出孔、贾上，陈奂便由是受学于玉裁[②]。曾刊刻段玉裁《说文解字注》、胡承珙《毛诗后笺》《仪礼正义》、郝懿行《尔雅义疏》、金鹗《求古录》，为传播皖派朴学作出贡献。

汪龙

段玉裁在徽州的弟子，以汪龙最著。

汪龙(1742—1823)字辰叔，歙县人。乾隆五十一年(1786)举人，拣选知县。他一生安贫乐道，家居后，当事者钦其学，率多造访。汪龙则闭门不预外务，仅应聘主讲郡城古紫阳书院及一修志书而已。

汪龙嗜古博学，尤精于《诗》，尝读《诗》之《生民》《玄鸟》二篇，疑郑《笺》

---

① 参见《清史稿》卷四八二《儒林三》，北京：中华书局，1977 年版，第 43 册，第 13240～13241 页。

② 《清史稿》卷四八二《儒林三》，北京：中华书局，1977 年版，第 43 册，第 13295 页。

“迹乳卵生”之说，不若《毛诗》谓“姜嫄、简狄从帝喾祀郊禖”之为正，遂博稽《传》《笺》同异，用力于是经者数十年，成《毛诗异义》《毛诗申成》。今本《诗谱》多讹脱，汪龙复据各书校补，录附《异义》之后。他还熟于《说文》，所著书数自手写，点画悉宗六书，无一笔苟。

他年逾七十，始交段玉裁，得所著《说文》，取以补正《毛诗异义》若干事，重缮定本。段玉裁亦多采其说入《说文注》[①]。

顾凤毛

顾凤毛(1762—1788)字超宗，号小谢，兴化(今江苏泰州市属兴化市)人。据《清史稿》本传载，乾隆四十九年(1784)，南巡召试列二等，乾隆五十三年(1788)副榜贡生。

顾凤毛之父顾九苞(1738—1781)字文子，一字芍南，长于《诗》《礼》。九苞母任氏，为任大椿的祖姑，通经达史，九苞之学即为其母所教。顾九苞曾充任四库馆校录。乾隆四十五年(1780)中举，四十六年(1781)举进士后归里，途经天津，不幸颈疽突发，卒于逆旅，所携等身文稿巨著，散失殆尽。

顾凤毛受经于祖母，年十一，即通《五经》，人称“神童”。及长，与焦循同学，焦循就凤毛问难，始用力于经。凤毛又学音韵、律吕于嘉定钱塘，所撰《楚辞韵考》《入声韵考》《毛诗韵考》皆得钱氏旨。又撰《毛诗集解》《董子求雨考》《三代田制考》，未成而卒，年二十七[②]。

江有诰

江有诰(1773—1851)字晋三，号古愚，歙县人。

据《清史稿》本传载，江有诰通音韵之学，得顾炎武、江永两家书，嗜之忘寝食。谓江书能补顾所未及，而分部仍多罅漏，乃析江氏13部为21部，与戴震、孔广森多暗合。书成，寄示段玉裁，玉裁深重之，曰：“余与顾氏、孔氏皆一于考古，江氏、戴氏则兼以审音。晋三于前人之说择善而从，无所偏徇，又精

---

① 支伟成：《清代朴学大师列传·皖派经学家列传第六》，长沙：岳麓书社，1998年版，第81～82页。

② 参见《清史稿》卷四八二《儒林三》，北京：中华书局，1977年版，第43册，第13259页。

于呼等字母，不惟古音大明，亦使今韵分为二百六部者，得其剖析之故，韵学于是大备矣。”①

著有《诗经韵读》《群经韵读》《楚辞韵读》《先秦韵读》《汉魏韵读》《唐韵四声正》《谐声表》《入声表》《二十一部韵谱》《唐韵再正》《唐韵更定部分》，总名《江氏音学十书》②。

戴震的讲友与同调

戴震初到京师，钱大昕、秦蕙田、朱筠以及纪昀等都曾盛赞戴震学术，为之延誉，使戴震名满京师。但纪昀诸人其实是以“吴派”眼光看待戴震，把他视为“汉学”的同道，但最后他们还是与戴震分道扬镳。戴震去世十余年后，章学诚曾指出戴学与纪昀等人在学术上的差异，他说：“戴君所学，深通训诂，究于名物制度，而得其所以然，将以明道也。时人方贵博雅考订，见其训诂名物，有合时好，以谓戴君之绝诣在此。及戴著《论性》《原善》诸篇，于天人理气，实有发前人所未发者，时人则谓空说义理，可以无作，是固不知戴学者矣。”③章学诚所说的“时人”，指的便是纪昀等在京师盛赞戴震的学者。所以我们也就不再将这些学者视为戴震的讲友或同调。

另外，王昶说过：“余之获交东原，盖在乾隆甲戌(即乾隆十九年，1754)之春，维时秦文恭公蕙田方纂《五礼通考》，延致于味经轩，偕余同辑时享一类，凡五阅月而别。及余为中书舍人，东原始以乡试中式来于都，至余自蜀中归，则东原已被荐，擢翰林，同寓京师，而东原遽以病殁，盖余两人离合之迹如此。若东原之敦善行，精经谊，余虽不获企其少分，而定交之久与知东原之深，莫

① 《清史稿》卷四八一《儒林二》，北京：中华书局，1977年版，第43册，第13220页。

② 按，江有诰著作据《清史稿》本传，《音学十书》一般指《诗经韵读》《群经韵读》《楚辞韵读》《先秦韵读》《廿一部韵读》《汉魏韵读》《谐声表》《入声表》《四声韵谱》《唐韵四声正》十部。

③ 章学诚：《书朱陆篇后》，见叶瑛：《文史通义校注》卷三《内篇三·朱陆》附录，北京：中华书局，1985年版，上册，第275页。

如余也。”[1]据此可见，王昶认为他与戴震交久而知深。他与戴震也确为挚交，但他们并非学术上的同道，故也未将王昶视为戴震的讲友或同调。

下面所介绍的戴震讲友或同调，一般是与戴震有直接交往的学者，但也有例外，如汪中、焦循就没有与戴震谋过面。我们之所以要介绍汪中、焦循，是因为他们对戴学特别服膺，如焦循在戴震去世40年之后，还作《申戴》一文，极力肯定戴学。故将他们视为戴震的同调是不为过的。

洪榜

洪榜(1745－1780)一名初堂，字汝登，歙县人，乾隆二十三年(1758)举人，乾隆四十一年(1776)，应天津召试第一，授内阁中书。

据《清史稿》本传载，洪榜粹于经学，著《明象》未成，终于《益》卦。因康成《易赞》作《易述》2卷。又明声韵，撰《四声均和表》5卷，《示儿切语》1卷。江氏永切字616个，是书增补139字，有以字母见、溪等字注于《广韵》之目每字之上，以定喉、吻、舌、齿、唇五音，盖其书宗江、戴二家之说而加详焉。

洪榜是戴震的同乡，又是挚友，故戴震在京师时，常寓于洪榜所。洪榜十分了解戴学、服膺戴学。戴震所著《孟子字义疏证》，当时读者不能通其义，唯洪榜在《戴先生行状》中以为戴震著《孟子字义疏证》，其功不在禹下。如前所述，洪榜还与其师朱筠就戴震所著《孟子字义疏证》等著作进行辩论，极力捍卫戴学。

孔继涵

在曲阜孔氏中，与戴震关系最为密切的是孔继涵。

孔继涵(1739－1783)字体生，一字埔孟，号荭谷，别号南州，又号昌平山人，孔毓圻之孙，孔传钲之子，孔广森从父，乾隆三十六年(1771)进士，官户部主事，充《日下旧闻》纂修官，后以母疾乞归。

据《清史列传》本传载，继涵笃于内行，雅志稽古，于天文、地志、经学、字义、数算之书，无不博综。与休宁戴震友善，考证异同，良多资益。凡所钞校

---

① 王昶:《戴东原先生墓志铭》,《春融堂集》卷五五,见《续修四库全书》第1438册,上海:上海古籍出版社,2002年版,第217页。

者数千百帙，集唐以来金石刻千余种，与经义史志相比附。又汇梓罕存之本为《微波榭丛书》，及搜梓《算经》十书，皆为世所称[①]。著有《春秋世族谱》《春秋地名人名同名录》《春秋闰例日食例》《左国蒙求》《国语解订讹》《周官联事考工车度记补》《林氏考工记解》《句股粟米法》《释数同度记》《水经释地》《红榈书屋集》等。

孔继涵不仅与戴震是学术上的同道，他们还有姻亲关系，孔继涵的次子孔广根[②]就是戴震的女婿。戴震去世后，孔继涵曾将戴震的15种著作结集为《戴氏遗书》，与《算经十书》一起纳于《微波榭丛书》刊刻，这是戴震著作的第一次结集刊印。

卢文弨

卢文弨（1717－1795）字召弓，一作绍弓，号矶渔，又号檠斋、抱经，人称“抱经先生”，仁和（今浙江杭州）人，乾隆十七年（1752）一甲三名进士，授翰林院编修，历官左春坊左中允、翰林院侍读学士、广东乡试正考官、提督湖南学政。乾隆三十三年（1768），卢文弨乞养归故里，先后主讲江、浙的崇文、钟山、龙城等书院20余年，以经术导士。著有《礼仪注疏详校》《钟山札记》《龙城札记》《广雅释天以下注》及《抱经堂集》等。

卢文弨学识博洽，其最突出的学术成就是校勘古书，据《清史稿》本传载，卢文弨“潜心汉学，与戴震、段玉裁友善”。他在谈到校勘时说：“唐人之为义疏也，本单行，不与经注合。单行经注，唐以后尚多善本。自宋后附疏于经注，而所附之经注，必非孔、贾诸人所据之本也，则两相龃龉矣。南宋后又附《经典释文》于注疏间，而陆氏所据之经注，又非孔、贾诸人所据也，则龃龉更多矣。浅人必比而同之，则彼此互改，多失其真。幸有改之不尽，以滋其龃龉，启人考核者，故注《释文》，合刻似便，而非古法也。”其特识多类此[③]。戴

① 佚名：《清史列传》卷六八《儒林传下一》，北京：中华书局，1987年版，第17册，第5529页。

② 按，有学者以孔广根为孔继涵的长子，当误。孔继涵长子为孔广杕，而非孔广根。

③ 《清史稿》卷四八一《儒林二》，北京：中华书局，1977年版，第43册，第13191～13192页。

震对其赞曰："卢公雅才闳博，今之笃古君子也。"[①]

卢文弨对戴震也评价甚高，他在《戴氏遗书》的序中说："吾友新安戴东原先生，生于顾亭林、阎百诗、万季野诸老之后，而其学足与之匹。精诣深造，以求至是之归，胸有真得，故能折衷群言，而无徇矫之失。其著为说也，未尝使客气得参其间，泠然而入，豁然而解。理苟明矣，未尝过骋其辩以排击昔人，而求申其说。其为道若未足以变易当世之视听，而实至名归，一二名公卿贤士夫洒然异之，声誉遂隆隆起。"[②]

陈树华

陈树华(1730—1801)字芳林，元和(在今江苏苏州市及吴县东)人。乾隆元年(1736)荫贡生，授湖南武冈州州同，以诖误回籍。后复由县丞升知县，洊擢山西泽州府同知，以到任延迟，降补宁乡知县。

据《清史列传》本传载，树华勤学，有《左传》癖。他在官湖南时，得庆元间吴兴沈作宾分系诸经注本，乃弃官归里，备考他经传记、子史别集与《左氏》经传有异同者，撰成《春秋内传考证》51卷，戴震、卢文弨、金榜、王念孙等学者皆服其该洽。段玉裁自蜀归，读其书，叹为善本，因录其副，以订阮元《十三经校勘记》。其后，钱塘、严杰授以庆元时所刻的淳化善本，令树华精详捃摭，其是非难定者，玉裁为其折衷。树华又有《国语补音订误》及《诗集》[③]。

丁杰

丁杰(1738—1807)原名锦鸿，字升衢，号小疋，别号小山，归安(在今浙江湖州市)人，乾隆四十六年(1781)进士，官宁波府学教授。著有《小西山房文集》。

据《清史稿》本传载，丁杰少家贫，就书肆中读，肆力经史，旁及《说文》、音

---

① 戴震：《书卢侍讲所藏宋本广韵后》，《声韵考》卷四，《戴震全书》第三册，合肥：黄山书社，1995年版，第330页。

② 卢文弨：《戴氏遗书序》，《抱经堂文集》卷六，见《续修四库全书》第1432册，上海：上海古籍出版社，2002年版，第599页。

③ 佚名：《清史列传》卷六八《儒林传下一》，北京：中华书局，1987年版，第17册，第5518页。

韵、算数。初至都，适四库馆开，任事者延之佐校，遂与朱筠、戴震、卢文弨、金榜、程瑶田等相讲习。与戴震多有书信往还，在《戴震文集》尚保留两封给丁杰的复函。

丁杰为学，长于校雠，这与卢文弨最相似，若得一书必审定句读，博稽他本同异。他对《大戴礼》用功尤深，著有《大戴礼记绎》；又，《易》郑注久佚，宋王应麟裒辑成书，惠栋复有增入。丁杰审视两本，以为其中多羼入郑氏《易乾凿度注》，同时还指出《汉书注》所云郑氏，乃即注《汉书》之人，非康成，乃刊其讹，定其是，复摘补其未备，著成《周易郑注后定》。此外，胡渭的《禹贡锥指》号为绝学，而丁杰摘其误甚多；惠栋《尚书大传》辑本，丁杰以为疏舛甚多，如“鲜度作剕，以诘四方”，似误读《困学纪闻》，丁杰认为此为谬之甚者。而《五行传》文不类，他读《后汉书注》后，确定是误连《皇览》而造成的。

丁杰也颇致力于声韵研究。他认为，字母 36 字不可增并，不可颠倒：见、端、知、邦、非、精、照，为孤清，不可增浊声也；疑、泥、娘、明、微、来、日，为孤浊，不可增清声也。非即邦之轻唇，不可并于敷；微即明之轻唇，不可并于奉；影为晓之深喉，喻为匣之深喉，晓、匣、影、喻，不可颠倒为影、晓、喻、匣也。[①]

邵晋涵

邵晋涵(1743－1796)字与桐，又字二云，号南江，余姚(今浙江余姚市)人，乾隆三十六年(1771)进士。开四库馆时，特诏征晋涵及历城周永年、休宁戴震、仁和余集等入馆编纂，改翰林院庶吉士，授编修。乾隆四十五年(1780)，充广西乡试正考官。乾隆五十六年(1791)，大考迁左中允，擢侍讲学士，充文渊阁直阁事日讲起居注官。著有《孟子述义》《穀梁正义》《韩诗内传考》《皇朝大臣谥迹录》《方舆金石编目》《輶轩日记》《南江诗文钞》《南江札记》等。

据《清史稿》本传载：“晋涵左目眚，清癯，善读书，四部、七录，靡不研究。尝谓《尔雅》者，六艺之津梁，而邢疏浅陋不称，乃别为《正义》二十卷，以郭璞

---

① 《清史稿》卷四八一《儒林二》，北京：中华书局，1977 年版，第 43 册，第 13222～13223 页。

为宗，而兼采舍人、樊、刘、李、孙诸家，郭有未详者，它书附之。自是，承学之士多舍邢而从邵。”①

邵晋涵与戴震的交往，主要发生在两人都在四库馆效力时。其时，戴震负责“经”部，史部之书多由邵晋涵校定，提要亦多出其手。钱大昕曾说：“言经学则推戴吉士震，言史学则推君。”②

汪中

汪中（1744—1794）字容甫，江都（今属江苏扬州）人，祖籍歙县。

据《清史稿》本传载，汪中生七岁而孤，家贫不能就外傅，母邹，授以《四子书》。稍长，助书贾鬻书于市，因遍读经史百家，过目成诵，遂为通人。年二十，补诸生。乾隆四十二年（1777）拔贡生，以母老竟不朝考。乾隆五十一年（1786），侍郎朱珪主江南试，谓人曰：“吾此行必得汪中为选首。”不知其不与试也。汪中颛意经术，与高邮王念孙、宝应刘台拱为友，共讨论之。其治《尚书》，有《尚书考异》；治《礼》，有《仪礼》校本，《大戴礼记》校本；治《春秋》，有《春秋述义》；治小学，有《尔雅》校本及《小学说文求端》。另著有《述学》内外篇以及《周官征文》《左氏春秋释疑》《荀卿子通论》《经义知新记》《大戴礼正误》《遗诗》等。

汪中睥睨一世，少许可人，但对戴震则极为推重，曾说：“国朝古学之兴，顾炎武开其端；《河》《洛》矫诬，至胡渭而绌；中西推步，至梅文鼎而精；力攻古文者，阎若璩也；专治汉《易》者，惠栋也。凡此皆千余年不传之绝学，及戴震出，而集其大成。”③

刘台拱

刘台拱（1751—1805）字端临，宝应（今属江苏扬州市）人。

据《清史稿》本传载，台拱九岁作《颜子颂》，斐然成章，被观者称为神童。

---

① 《清史稿》卷四八一《儒林二》，北京：中华书局，1977年版，第43册，第13209页。

② 钱大昕：《日讲起居注官翰林院侍讲学士邵君墓志铭》，《潜研堂文集》卷四三，《钱大昕全集》第9册，南京：江苏古籍出版社，1997年版，第744页。

③ 《清史稿》卷四八一《儒林二》，北京：中华书局，1977年版，第43册，第13213～13214页。

乾隆三十五年(1770)举人,屡试礼部不第。是时开四库馆,海内方闻缀学之士云集,台拱在都,与学士朱筠、编修程晋芳、庶吉士戴震、学士邵晋涵及其同郡御史任大椿、给事中王念孙等交游,稽经考古,旦夕讨论。自天文、律吕至于声音、文字,靡不该贯。其于汉、宋诸儒之说,不专一家,而唯是之求。精思所到,如与古作者晤言一室,而知其意指之所在,比之阎若璩,盖相伯仲也。段玉裁每谓"潜心《三礼》,吾所不如"①。

朱彬在《刘端临行状》中说:"先生(即刘台拱)留京师授徒,值朝廷开四库馆,方闻缀学之士毕集,大兴朱学士筠、歙程编修晋芳以友天下之士为己任。休宁戴庶常震、余姚邵学士晋涵同被征,海内知名之士待召公车,歙则程君瑶田、嘉定钱君塘为之最。同郡官京师者,王观察念孙、任侍御大椿,并与先生为昆弟交,相约稽经考古,旦夕讲贯,务求底于至是而后安。先生齿最少,每发一义,诸老生气扬心折,以为好学深思,心知其义者,莫先生若也。先生为学,自六书九数,以至天文、律吕,穷极幽渺,而于声音文字尤深,其考证名物,研精理义,未尝离而二之。传注有未确,虽自古经师相传之训诂,亦不为苟同,于汉宋诸儒,绝无依傍门户之见。"②

又,《清史列传》说,刘台拱"慎于接物,而好奖掖后进,与王念孙及金坛段玉裁、江都汪中最称莫逆"③。著有《论语骈枝》《经传小记》《国语补校》《荀子补注》《方言补校》《淮南子补校》《汉学拾遗》及《文集》等,合刊为《端临遗书》。

张惠言

张惠言(1761—1802)原名一鸣,字皋文,一作皋闻,号茗柯,武进(今江苏常州)人,嘉庆四年(1799)进士,官编修。初工骈文,又工词,为常州词派创始人;后治古文,学韩愈、欧阳修,称"阳湖派";再治经学。

据《清史稿》本传载,张惠言生平精思绝人,尝从歙金榜问故,其学要归

① 《清史稿》卷四八一《儒林二》,北京:中华书局,1977 年版,第 43 册,第 13206 页。

② 朱彬:《刘端临行状》,《游道堂集》卷三,上海:上海古籍出版社,2010 年影印本,《清代诗文集汇编》第 437 册,第 630 页。

③ 佚名:《清史列传》卷六八《儒林传下一》,北京:中华书局,1987 年版,第 17 册,第 5530 页。

《六经》,而尤深《易》《礼》①。著有《周易虞氏义》《虞氏消息》《虞氏易礼》《虞氏易言》《虞氏易候》《周易郑氏义》《周易荀氏九家义》《周易郑氏荀义》《易义别录》《易纬略义》《易图条辨》《仪礼图》《读仪礼记》及《茗柯文编》等。

张惠言的《仪礼图》颇为学者所关注。他或受朱熹弟子杨复《仪礼图》的启示,在此书中提出研究《仪礼》必先明宫室之制的看法,故在书中以宫室图居首,然后随事立图,图不尽者,又以制表以明之,遂使《仪礼》条理井然。

张惠言曾馆于歙县江承之家。江承之字安甫,学于惠言,兼受《易》《礼》。著有《周易爻义》《虞氏易变表》《仪礼名物》《郑氏诗谱》。

任基振

任基振(生卒年不详)字领从,号松斋,江南高邮(今江苏高邮市)人。乾隆三十四年(1769)进士,授内阁中书。乾隆三十六年(1771),升宗人府主事。

据《清史列传》载,基振笃志研经,著《尔雅注疏笺补》,戴震序称其考索精详。震注《尔雅文字考》,多引其说②。

戴震在《〈尔雅注疏笺补〉序》中说:"丙戌(乾隆三十一年,1766)春,任君领从以所治《尔雅》示余,余读而善之。今又越七年,任君官京师,犹孜孜是学不已,更出其定本,属余撰序。夫今人读书,尚未识字,辄目故训之学不足为。其究也,文字之鲜能通,妄谓通其语言;语言之鲜能通,妄谓通其心志,而曰傅合不谬,吾不敢知也。任君勤于治经,盖深病夫后儒凿空之说,歧惑学者,欲使本诸《尔雅》,以正故训,故以是学先焉。书中考索精详,辨据明晰,则读其书者固自知之。"③

焦循

焦循(1763—1820)字理堂,一字里堂,甘泉(今属江苏省扬州市邗江区)人,嘉庆六年(1801)举人,阮元督学山东、浙江,俱招往游。后应礼部试不第,

① 参见《清史稿》卷四八二《儒林三》,北京:中华书局,1977年版,第43册,第13242页。

② 佚名:《清史列传》卷六八《儒林传下一》,北京:中华书局,1987年版,第17册,第5511页。

③ 戴震:《尔雅注疏笺补序》,《东原文集》卷三,《戴震全书》第六册,合肥:黄山书社,1995年版,第276～277页。

托足疾不入城市者十余年。修葺其老屋，曰“半九书塾”，复构一楼，名“雕菰楼”，读书著述于其中。

据《清史稿》本传载，焦循博闻强记，识力精卓。每遇一书，无论隐奥平衍，必究其源，以故经史、历算、声韵、训诂，无所不精。焦循壮年即名重海内，钱大昕、王鸣盛、程瑶田等皆推敬之。殁后，阮元为其作传，称其学“精深博大，名曰通儒”，世谓不愧①。著有《易章句》《易通释》《论语通释》《论语补疏》《孟子正义》《里堂学算记》《剧说》及《雕菰楼集》等。

戴震自视为“生平论述最大者”的《孟子字义疏证》，问世后曾招致学界众多的诘难，以至于长期没有刊本，几至隐没不传，直到戴震去世40年后，才由焦循阐扬。他在所作的《申戴》一文中强调：“东原生平所著书，惟《孟子字义疏证》三卷、《原善》三卷最为精善，知其讲求于是者，必深有所得，故临殁时往来于心，则其所谓义理之学可以养心者，即东原自得之义理，非讲学家《西铭》《太极》之义理也。”②并在《读书三十二赞》中，对《孟子字义疏证》赞曰：“性道之谭，如风如影。先生明之，如昏得朗。先生疏之，如示诸掌。人性相近，其善不爽。惟物则殊，知识罔罔。仁义中和，此来彼往。各持一理，道乃不广。以理杀人，与圣学两。”③

江戴之学在西南地区的传播

通过以上不完全的介绍，可以看出皖派学术群体在京师、安徽、江苏、浙江、山东等地的广泛分布。皖派学术群体的分布其实还不止于上述，他们已经进入西南等边远地区。凌廷堪的弟子程恩泽，便是皖派朴学在西南地区的传布者之一。

---

① 参见《清史稿》卷四八二《儒林三》，北京：中华书局，1977年版，第43册，第13257、13258页。

② 焦循：《申戴》，《雕菰楼集》卷七，见《续修四库全书》第1489册，上海：上海古籍出版社，2002年版，第168页。

③ 焦循：《读书三十二赞》，《雕菰楼集》卷六，见《续修四库全书》第1489册，上海：上海古籍出版社，2002年版，第163页。

程恩泽

程恩泽(1785—1837)字云芬,号春海,歙县人。嘉庆十六年(1811)进士,授翰林院编修,历官贵州学政、侍读学士、内阁学士,官至户部侍郎。

阮元在其所撰的程恩泽墓志铭中说:“公幼颖异,毁齿,经传皆成诵,尤好读古书,遇疑意,必考问释然而后快。乡先达曹文敏公(即曹文埴)、金辅之先生(即金榜)皆语学士(指程恩泽之父程昌期,曾为翰林院侍讲学士)曰:‘此子逾冠,所学不可限量。’乾隆六十年,学士卒于山东学政任,公甫十一岁,哀毁力学。及长,补学生员,益博综经史。从外祖(即项樛木,曾任总兵)学骑射,能挽强弓。最后乃从凌仲子先生游,及其阃奥。先生曰:‘天人并至,博而能精,将来所成者大也。’嘉庆甲子,乡试中式举人,居京师,益勤于学,天算、地志、六书、训诂、金石,皆精究之。”阮元又说:“公学之大,启于凌氏。约礼博文,实事求是。研究经义,及于子史。即以其学,望之于士。”[①]程恩泽的著述多未成书,现传者仅《国策地名考》,署程恩泽撰、狄子奇笺。此外,另有《诗文集》十卷。

《国策地名考》是一部地理学著作,其撰著大概在道光十一年(1831)程恩泽主讲钟山书院时。狄子奇在《国策地名考》的《后叙》中对其书的动议和撰著过程记述道:“礼拜程春海先生于钟山讲院,执所刻《孔孟编年》为贽,蒙先生不弃,以为可与道古,招致庑下,朝夕过从,意甚相得。一日,谓奇曰:‘我朝地理之书,最为精博,然皆详于《春秋》《史》《汉》,而不及《国策》,吾与子共成一编,以补其阙,可乎?’奇未敢应命,先生曰:‘某当标举大意,子为疏通证明之,何如?’则对曰:‘唯。’于是先生尽发行箧所携地志数十种,博观约取,条分件系,计得七百余事,共成十余万言,阅十月而书峻。每陈一义,批郤导窾,不特旧注之谬,如摧枯拉朽,无从枝梧,即历来名著,亦有一经驳正,而俯首帖服者。又以长夏余闲,绘为图而系以说,使列国形势如掌上螺纹,了然尺幅。于

① 阮元:《春海程公墓志铭》,《程侍郎遗集》卷首,见《续修四库全书》第1511册,上海:上海古籍出版社,2002年版,第188、190页。

是，是书遂为谈国策者不可无一、不能有二之作。”①

程恩泽的弟子何绍基说：“京师，才士之薮，魁儒硕生究朴学能文章者，辐辏鳞比，日至有闻。至于网罗六艺，贯穿百家，又巍然有声名位业，使天下士归之，如星戴斗，如水赴海，在于今日，惟仪征（即阮元）及司农两公而已。”②据此，则程恩泽与阮元一样，也俨然是学界领袖。

在皖派的发展史上，程恩泽有着特殊的地位，其特殊就在于将皖派朴学传于西南地区，在西南造就了两大儒者——郑珍和莫友芝。

莫友芝

抗战初期，章士钊曾在贵州写下这样的诗句：“西南两大儒，俱出牂柯巅。”③他所说的“两大儒”，指的就是莫友芝和郑珍，他们都是程恩泽任贵州学政时的弟子。

莫友芝（1811—1871）字子偲，自号郘亭，又号紫泉、眲叟，独山（今属贵州黔南布依族苗族自治州）人。据张裕钊说，（莫氏）世居江南之上元。明弘治中，其远祖曰先者，从征贵州都匀苗，遂留都匀。至高祖云衢又迁独山州，自是为独山州人。曾祖嘉能、祖强，州学生，皆以君考莫与俦贵，赠如其官。

莫友芝于道光十一年（1831）中举，“其后连岁走京师，朝士贵人争欲与之交，然君必慎择其可。有权贵介君友求书，辞不应。某相国欲招致授子弟读，婉拒之。既，屡试礼部，不得志，以咸丰八年（1858），截取知县，且选官顾君意所不乐，弃去，不复顾。以其年七月出都门，从胡文忠公（即胡林翼）于太湖。明年复从曾文正公（即曾国藩）于皖（安庆）。越四年，又从至金陵。胡文忠、曾文正公皆君尝所与游旧知君者也。今合肥相国李公（即李鸿章）巡抚江苏，请州县吏于朝，而是时，中外大臣尝密荐学问之士十有四人。诏征十四人往，

① 狄子奇：《国策地名考后叙》，《国策地名考》卷末，见《续修四库全书》第423册，上海：上海古籍出版社，2002年版，第150页。

② 何绍基：《龙泉寺检书图记》，《程侍郎遗集》附录，见《续修四库全书》第1511册，上海：上海古籍出版社，2002年版，第335～336页。

③ 章士钊：《访郑篇》，转引自龙先绪：《巢经巢诗钞注释·序言》，西安：三秦出版社，2002年版，第1页。

君其一也。于是文正公暨李相国及诸朋好争要君出仕，敦劝甚至，君一辞谢不就，携妻子居金陵，时独出往来于江淮吴越之交”。

莫友芝的仕途虽然坎坷，但在经学、诗歌创作和书法等方面成就卓著，张裕钊曾说：“子偲之学，于《苍》《雅》故训、六经名物制度，靡所不探讨，旁及金石、目录家之说，尤究极其奥赜，疏导源流，辨析正伪，无铢寸差失。所为诗及杂文，皆出于人人，而于诗治之益深且久。又工真、行、篆、隶书，求者肩相摩于门。”

张裕钊继而又说：“子偲体度温醇，居常好游览，善谈论。遇人无贵贱智愚，一接以和。暇日相与商较古今，评骘术业高下，正论诙嘲间作，穷朝昏不倦。自通州大邑，至于山陬岭海，公卿钜人，学士大夫，咸推子偲，以为不可及。下逮武夫小吏，闾巷学徒，语君名字，无不知及。其他尝与君晤，无不得其意以去者。然君虽乐易，而中故介然，有以自守。”著有《黔诗纪略》《声韵考略》《过庭碎录》《郘亭诗钞》《樗茧谱注》《唐本说文木部笺异》《遵义府志》（与郑珍合著）等，尚未完成的著作有《郘亭经说》《书典经眼录》《旧本未见书经眼录》《影山词》等。[①]

在程恩泽之前，莫友芝之父莫与俦就在西南地区倡导训诂考据之学，这就为程恩泽在西南地区传播朴学打下了基础。

莫与俦（1763—1841）字犹人，号杰夫（一说杰夫为字）、寿民，布依族。

据《清史列传》本传载，莫与俦嘉庆四年（1799）进士，改翰林院庶吉士，正是在翰林院时，他接触到一大批提倡训诂考据之学的著名学者。散馆后，莫与俦改任授四川盐源县知县。县俗，富民好买无征之田，贫人鬻产存赋，久辄逃亡。与俦责赋富人，而贳其隐占之罪。河西有宁远子税所横征。与俦言病民，得裁去。木里喇吗左所有山产银铜，郡守徇奸民之求，请布政司符县开矿，与俦觇知出银之山，实土官经堂所据，彼人重经堂视祖庙，且开厂聚众，滋扰夷境，患且不测，力持不可。上游是之，檄往覆勘。至则矿山果在经堂右，其众严兵以待，瞻与俦貌，又聆温语，皆解甲罗拜。县令入土司境，居有供，行

---

① 以上有关莫友芝的生平，均据张裕钊：《征君莫子偲墓志铭》，《郘亭遗诗》卷首，见《续修四库全书》第1537册，上海：上海古籍出版社，2002年版，第339～340页。

有馈，与俦尽却其物，又悬诸禁。比还，老幼遮道，多有垂涕者。举治行卓异，以父忧去职。服阕，事母十四年，终养后，改遵义府学教授，创祠汉三贤于学宫左。日以训诂考据之学倡其徒，举阎若璩"六经宗服郑，百行法程朱"之榜，以树依归。对清代大师所为故训，如《易》惠氏，《书》阎氏，《诗》陈氏，《礼》江氏，《说文》段氏、王氏，未尝隔三日不言。其示诸生，谓："学莫先于正趋向，趋向之正不正，视乎义利之明不明。"又谓："读书当求实用，经典所载，孰非师法？言言而求诸身，事事而思其用，则读一卷书，自有一卷书之益。"遵义之人，争就受业，学舍不足，僦居半城市。

《清史列传》又指出，自来言都匀地理者，率自五代后始有据依，与俦参互史籍，作《都匀府南齐以上地理考》。所为书有《二南近说》四卷、《仁本事韵》二卷、《诗文杂稿》四卷[①]。

曾国藩在所作的莫与俦墓表中说："教授，莫君者也。教授君，故名进士，日以朴学倡其徒，教其子弟。子偲独一意自刻厉，追其志而从之。当是时，遵义郑子尹珍亦从教授君游，与子偲相劘切以许、郑之学。积五六年，所诣益邃。黔中官师徒友交口推毂莫子偲、郑子尹，两人名遂冠西南。"[②]

郑珍

郑珍(1806—1864)字子尹，晚号柴翁，又号巢经巢主，别号五尺道人，贵州遵义人。道光十七年(1837)举人，以大挑二等，选荔波训导。咸丰间告归。同治二年(1863)，大学士祁寯藻荐于朝，特旨以知县分发江苏补用，卒不出，次年去世。

郑珍之子郑知同在所撰的郑珍《行述》中，对其父的家世、生平有以下记述：

郑珍的祖籍在江西吉水，始迁祖为郑益显，明万历二十八年(1600)，他以

---

① 按，莫与俦的生平，参见佚名：《清史列传》卷六九《儒林传二下》，北京：中华书局，1987 年版，第 18 册，第 5575～5576 页。

② 转引自张裕钊：《征君莫子偲墓志铭》，《郘亭遗诗》卷首，见《续修四库全书》第 1537 册，上海：上海古籍出版社，2002 年版，第 339～340 页。

刘綎部将从平播，留屯郡西六十里水烟，子孙遂家遵义西乡。四传至郑珍曾祖郑菘，迁天旺里河梁。再传郑珍祖父郑雪山，为郡诸生，始以儒起家，同时精岐黄术，活人无算。郑珍之父郑文清，例赠文林郎，禀性刚悫勤俭，言行必准规矩。嘉庆二十四年(1819)春，举室迁乐安溪，依外祖黎安理。

依外祖时，郑珍十余岁，就村塾读，仅攻帖括，恒意天下人所读书必不尽是。嘉庆二十五年(1820)，郑珍十五岁时，在浙江为县令的舅父黎恂归来，乃往受业，黎恂为之粗讲经义。十七岁补县学弟子员，旋食廪饩。黎恂知其非小就才，令多读古籍。郑珍于是发黎恂所藏书数千卷，统览古今，殚心四部，过目数万言。未几，既浅俗学为不足尚，尤惩涉猎为无所归，自忖非潜心宋五子之学，无以求圣人至道，终不能跻古儒者。由是，专一程朱，精研性理，德业大进。道光五年(1825)，拔贡成均，使者为程恩泽侍郎。程恩泽邃于古学，天下称文章宗伯，见郑珍之文，奇其才。不久，程恩泽视学湖南，郑珍廷试归，即招其至湖南，期以鸿博，为提倡当时的师儒家法，令其研习许、郑，郑珍乃博综五礼，探索六书，得其纲领。他居程恩泽门下年余，于道光八年(1828)辞归，程恩泽有"吾道南矣"之叹。

此后，郑珍家稍藏书，他颜其室为"巢经巢"。无者假诸舅氏，及遵义故家。时，莫与俦任遵义府学教授，莫友芝随侍其父，与郑珍同学于莫与俦，遂为挚友。郑珍以历试不售，益肆力于古往今来数家的书丛中，春秋讲贯。大旨先洞悉文字，根以穷经。文字自《说文》《玉篇》而外，该古今异文。经自注疏以下，极各家解义，罔不究心。他治学不立门户，一一为折衷持平，独深三《礼》。

郑珍认为，小学有三，曰形，曰声，曰义。形则三代文体之正，具在《说文》，若历代钟鼎款识，及汗简、古文、四声韵所收奇字，既不尽可识，亦多伪造，不合六书，不可以为常也；声则昆山顾氏《音学五书》，推证古音，信而有征，昭若发蒙，诚百世不祧之祖；义则凡字书、韵书、训诂之书，浩如烟海，而欲通经训，莫详于段若膺《说文注》，邵二云、郝恂九《尔雅疏》及王怀祖《广雅疏》，贯穿博衍，超越前古，是皆小学全体大用。别有汉隶，学号专门，即下至六朝行草，亦并当精识，然后兹学源流备举罔遗，阙一不可。

郑珍读《礼》经，恒苦前儒聚讼，营视惑听，赖有国初诸老出，权衡得失，审当莫如康成，爰奉为圭臬，反复参详，止求明注说，不遽诘难，厥功不亚孔、贾。乾嘉以还，积渐生弊，号宗高密[①]，又多出新义，未见有胜，十九舛驳，说愈繁而事愈芜，较前古为尤甚。故言三《礼》，墨守司农，不敢苟有出入。至于诸经，率依古注为多。谓宋后儒者喜变乱旧说，未免凭臆逞私，无足征信。郑珍以为，入清之后，学者专力复古，事必根据，然后敢言。故若胡朏明考《禹贡》，陈长发阐毛郑《诗》，张皋文通汉《易》之类，精确异常，绝学独有千古，确堪以之为师。他又以余力，旁通子史，类能提要钩玄。亦嗜书画古玩，恒陈列左右。书祖平原，时仿欧、褚；画宗思白，间摩文、沈。他曾说：此于学问中，特技艺耳，亦不可不善。

郑珍的为学宗旨与戴震一样，也不主张汉、宋之分。他尝对其子郑知同概述其为学要领道："尊德性而不道问学，此元、明以来程、朱末流高谈性理、坐入空疏之弊；明于形而下之器，不明形而上之道，此近世学者矜名考据、规规物事，陷溺滞重之弊，其失一也。程、朱未始不精许、郑之学，许、郑亦未始不明程、朱之理，奈何歧视为殊途，偏执之害后学？所当深戒。"

郑珍晚年谈到其著述时说："所痛年不及待，纂著未竟，经于《仪礼》十七篇，皆有发明，半未脱稿，所成《仪礼私笺》，仅有《士昏》《公食大夫》《丧服》《士丧》四篇而已；《周礼》亦多未成书，仅有《考工轮舆笺》《凫氏图说》；《礼记》有《深衣考》，小学有《说文逸字》《说文新附考》《汗简笺正》《说隶》，他者若《说文大旨》《转注考》《说文谐声》《释名证读》，皆未成。史有《郑学录》《世系一线图》；子有《亲属记》《老子注》《母教录》《樗茧谱》，别有《先秦古书读》一种，未成；集有《巢经巢诗钞》前后集、外集，《巢经巢文钞》《播雅》《明鹿忠节公无欲斋诗注》，唯谈理之作《危语》一种，全未属稿。"[②]

① 按，高密即郑玄，因郑玄为高密（今潍坊市属高密市）人，故以代指。

② 郑知同：《敕授文林郎征君显考子尹府君行述》，见郑珍：《巢经巢诗集·附录》，见《续修四库全书》第1534册，上海：上海古籍出版社，2002年版，第538～542页。

第十五章　程瑶田、金榜与皖派朴学

汪世清曾提出过“江戴程金之学”的概念，他所说的“程”即程瑶田，“金”即金榜。他们与戴震一样，亦师从江永，视训诂考据为“明道”之具，将训诂考据与义理之学融会为一体，并将朴学带出不疏园，为推动皖派发展为乾嘉时期主流学派作出了贡献。因此，讨论皖派朴学，便不能不说程瑶田和金榜。

一、程瑶田及其《通艺录》

郑虎文曾将汪梧凤的经学视为“江门大弟子”戴震之“亚”。但就终其一生的学术成就和影响而言，在徽州学者中可称为戴震之“亚”的当为程瑶田，其《通艺录》的学术成就远过于汪梧凤的《诗学女为》。

程瑶田生平与治学

程瑶田(1725—1814)字易田，后改易畴，一字伯易，歙县人。据说，程瑶田之所以名“田”，是因为其出生时手中有“田”字，故其父以“田”名之，曰“瑶田”。又因世居县城之荷花池，遂取屈原《湘夫人》“筑室兮水中，葺之兮荷盖”之语，而号葺荷，又号葺翁、葺郎，晚年号让堂，称“让堂老人”。

程瑶田所从出的程氏家族，自明初开始聚居于歙县县城。其世代为盐商，瑶田曾祖、祖父、父亲“皆席履丰厚，而好施与，有俭德，乡里称之”[①]，为影响一方的富商。

据罗继祖《程易畴先生年谱》记述，程瑶田的青少年时代似乎平平无奇，故直到乾隆七年(1742)程瑶田18岁时，才开始有“从汪云岫廷龙受制艺”[②]的记述。

不过，在陈康祺的《郎潜记闻》中，则记有一则关于程瑶田少年时代“言志”的轶闻，轶闻称：“程易畴先生瑶田少入塾，师谓童子：‘盍言尔志？’曰：‘无志，穷达由天。穷为匹夫，不得曰非吾志而却之也；达为卿相，不得曰吾志不及此而逃之也。’坐者起曰：‘是圣贤之志也。’先生曰：‘读书不当师圣贤耶？’”[③]许承尧在《歙事闲谭》中转述了这则轶事，并说：“(程瑶田)顾质鲁，读书百余遍，或不能成诵，然好深沉之思。”又说，程瑶田十分勤奋，他“平居鸡鸣而起，然灯达旦，夜分就寝，数十年如一日”[④]。如果这些记述属实，则表明程瑶田少年时代便立下“师圣贤”之志，但由于“质鲁”，便只有靠勤奋和深思实现其志向。

程瑶田初从汪廷龙“受制艺”，显然是为了走科举入仕的路子。但不幸的是，程瑶田在科举路上并不顺利，他九应乡试，但均落第，直到乾隆三十五年(1770)开“万寿恩科”，方“举于乡”，其时他已46岁。此后，程瑶田几赴礼闱，但皆“不售”，直到乾隆五十三年(1788)，他“大挑”二等，才授嘉定县教谕，其时已64岁。程瑶田“在嘉凡三载，廉洁自持，不通干谒，旌褒节烈，百废具

---

① 罗继祖：《程易畴先生年谱》，见薛贞芳编：《清代徽人年谱合刊》上册，合肥：黄山书社，2006年版，第315页。按，罗继祖(1913—2002)字奉高，后取鲁迅“俯首甘为孺子牛”诗意改字甘孺，晚年号鲠庵、鲠翁，祖籍浙江上虞，出生于日本京都。自幼与祖父罗振玉一起生活，受到较好的学术熏陶，后从塾师读古书、习书画，虽未受过学校教育，但学贯文史，博涉多通，尤其在文献学和东北史研究上成就突出。

② 罗继祖：《程易畴先生年谱》，见薛贞芳编：《清代徽人年谱合刊》上册，合肥：黄山书社，2006年版，第318页。

③ 陈康祺：《郎潜记闻二笔》卷八《程易畴先生言志》，北京：中华书局，1984年版，第475页。

④ 许承尧：《程易畴通艺录篇目》，《歙事闲谭》卷九，合肥：黄山书社，2001年版，上册，第301页。

举”。乾隆五十六年(1791)七月，程瑶田乞假还歙，临归时，“钱竹汀赠诗曰：‘本是经人师，原无温饱志。’王西庄鸣盛赠诗曰：‘官惟当湖陆，师则新安程。一百五十载，卓然两先生。’其景慕如此。邑人严有堂翼、钱可庐大昭等及弟子数十人，皆争作诗文送之。”[①]嘉庆元年(1796)，诏开孝廉方正科，安徽巡抚以程瑶田应，遂举孝廉方正，赐六品顶戴，其时72岁。嘉庆十三年(1808)，程瑶田84岁，继盲左目后又盲右目，但他依然“以著述为事”，并“口授孙等，成《琴音记续编》，以示门人”[②]。

纵览程瑶田的一生，他除了奔波于科举考试及任嘉定教谕三年外，其余时间基本上是在坐馆与著述中度过的。他先后坐馆于汪梧凤家(乾隆二十年)、都察院左都御史张若溎家(乾隆三十六年)、武邑县令何思温家(乾隆三十七年冬至乾隆四十年秋)、杭州汪氏学松师竹之斋(乾隆五十年)等处。辞嘉定教谕之后，他复馆于灵山方氏家(乾隆五十七年)。实际上坐馆也是程瑶田读书、著述的时机，如他著名的考据著作《九谷考》，就是坐馆于何思温家时完成的。在奔波于科举考试和坐馆于各地过程中，程瑶田还扩展了学术交流，扩大了学术影响。程瑶田与同时的著名学者，如钱大昕、段玉裁、王念孙、汪中、王鸣盛、翁方纲、金榜、凌廷堪、纪昀、阮元、任大椿、桂馥、陈寿祺、刘大櫆、丁杰等均有交谊。他“交游几乎囊括乾嘉学派最重要的学者”[③]，对皖派朴学的传播无疑是很大的推进。

在程瑶田的治学道路上，乾隆十四年(1749)是重要的一年。这一年，他结识了戴震。程瑶田对此记述道：“庚午、辛未(1750、1751)之间，余与稚川(即汪肇龙)及余姊婿汪松岑三人同研席，每论当世士可交而资讲习益者。余曰：‘戴东原也。’……先是己巳岁(1749)，余初识东原。当是时，东原方踬于

---

① 罗继祖：《程易畴先生年谱》，见薛贞芳编：《清代徽人年谱合刊》上册，合肥：黄山书社，2006年版，第335页。

② 罗继祖：《程易畴先生年谱》，见薛贞芳编：《清代徽人年谱合刊》上册，合肥：黄山书社，2006年版，第342页。

③ 陈冠明：《程瑶田全集序言》，《程瑶田全集》第一册卷首，合肥：黄山书社，2008年版，第1～2页。

小试，而学已粗成。出其所校《太傅礼》示余。《太傅礼》者，人多不治，故经传错互，字句讹脱，学者恒苦其难读，东原悉一一更正之。余读而惊焉，遂与东原订交。至是，稚川、松岑亦咸交于东原矣。”①

乾隆十四年(1749)之后，程瑶田与戴震曾有数年的相聚共学。如乾隆十五年(1750)，方楘如主讲紫阳书院时，程瑶田便与戴震俱从之游。次年，方楘如离开紫阳书院归淳安，郡守何达善礼聘江永讲学于紫阳书院，程瑶田又与戴震同师于江永。乾隆十七年(1752)，汪梧凤聘戴震教其二子汪烨、汪灼，不久，汪泰安礼聘江永于不疏园授徒讲学，于是，程瑶田不仅与戴震同向江永“殷勤问难”，同时还与汪梧凤、汪肇龙、金榜等江永弟子“时时与东原处”。经与戴震的多年交往，程瑶田认为他“知东原最深”②。

程瑶田与戴震交往时期，是程瑶田学术精进的时期。其间，程瑶田不仅受教于江永，接受了江永的学术，也深受戴震的影响。罗士琳在其所续的《畴人传》中就说过，程瑶田因“与休宁戴震相友善，故其经术最深”③。程瑶田的历算之学更是始学于戴震，如罗继祖记述道：“东原复为(程瑶田)言准望之法，因从学焉，是为先生学算之始。”④到乾隆二十二年(1757)，程瑶田不仅精于历算之学，且有创获，故罗继祖又说，“(程瑶田)馆汪在湘家，推求准望重测用较为法之理，疏记之，为三图，在湘奇之，戴东原见亦叹服”⑤。

程瑶田虽然与戴震交往甚久，关系甚密，对戴震甚为敬佩，但在学术上对戴震并不盲从。如乾隆四十一年(1776)，他“在京师闻戴震、金榜论水地，以

---

① 程瑶田：《五友记》，《通艺录》之一九《修辞余钞》，《程瑶田全集》第三册，合肥：黄山书社，1997年版，第314页。

② 程瑶田：《五友记》，《通艺录》之一九《修辞余钞》，《程瑶田全集》第三册，合肥：黄山书社，1997年版，第315页。

③ 阮元撰、罗士琳续补：《畴人传》卷四九《国朝续补一·程瑶田》，见《续修四库全书》第516册，上海：上海古籍出版社，2002年版，第489页。

④ 罗继祖：《程易畴先生年谱》，见薛贞芳编：《清代徽人年谱合刊》上册，合肥：黄山书社，2006年版，第320页。

⑤ 罗继祖：《程易畴先生年谱》，见薛贞芳编：《清代徽人年谱合刊》上册，合肥：黄山书社，2006年版，第322页。

为有未合，偶有所见辄录之，不以示人"，这是程瑶田"究心水地之始"，也是他重视学思结合的表现。此后，对所录加以修订付梓，便成为《通艺录》中的《禹贡三江考》一书①。在义理方面，程瑶田对戴震所说的"去私""去蔽"也曾提出过异议。

程瑶田虽不如戴震聪颖，但他依靠勤奋和深思，同样取得了颇为骄人的学术成就，并形成了自己的治学特点。他的学术成就和治学特点，集中表现在《通艺录》中。

《通艺录》

《通艺录》是程瑶田的主要著作，此外，他尚著有《周礼札记》《饮莲集》等。《周礼札记》系程瑶田早年的学术札记，且并非完稿，《饮莲集》是其诗集。他还打算撰著《仪礼经注疑直》《说文解字会极》《古今体诗》，但均未成书。因此，讨论程瑶田的学术成就和学术思想，也就主要依据《通艺录》。

《通艺录》是程瑶田的著作总汇。戴震想用《七经小记》为题汇集他的学术著作，但没有来得及完成便去世了；而程瑶田则幸运得多，他在生前便完成了《通艺录》的编纂。

支伟成在介绍程瑶田的学术成就和治学特点时说："先生自少迄老，笃志著述。其学长于涵咏经文，得其真解，不屑屑依傍传注。所撰《通艺录》十九种、《附录》七种，凡义理、训诂、制度、名物、声律、象数，无所不赅，而尤精者《仪礼》。"②

支伟成所说的《通艺录》十九种著作，为《论学小记》《论学外篇》《宗法小记》《仪礼丧服文足征记》《释宫小记》《考工创物小记》《磬折古义》《沟洫疆理小记》《禹贡三江考》《水地小记》《解字小记》《声律小记》《九谷考》《释草小记》

① 罗继祖：《程易畴先生年谱》，见薛贞芳编：《清代徽人年谱合刊》上册，合肥：黄山书社，2006 年版，第 326 页。

② 支伟成：《清代朴学大师列传・皖派经学家列传第六》，长沙：岳麓书社，1998 年版，第 79 页。

《读书求解》《数度小记》《九势碎事》《释虫小记》《修辞余钞》;附录的七种,为《让堂亦政录》《乐器三事能言》《琴音记原本》《濠上吟》《莲饮集》《藤笈编》《非能编》等。收入《通艺录》的著作不少是以"小记"为题,这让我们联想到程瑶田编纂《通艺录》,或许受到戴震以《七经小记》汇集学术著作构想的启发。

《通艺录》初刻于嘉庆八年(1803),其年程瑶田79岁。但收入现存《通艺录》中的《琴音记续编》以及《修辞余钞》中的《长孙锡露启攒文》(按:《程瑶田全集》作《露孙启殡奠文》)、《八十生日预示儿子文》《家献可孝廉家传》《后让泉记》《丞隐记》诸文,皆作于程瑶田79岁之后[①]。这或许表明现存的《通艺录》是其后的修订本。

由于《通艺录》中既含有专著,也包括诸多的单篇文章,所以,现在已经很难将其写作时间一一考察清楚。从总体上看,它表现出以下特点:一是涉及领域广泛,不仅包括文字音韵、名物制度、历史地理、历法算学、声律象数等方面的研究成果,还包括对义理的阐释,这就传统学术来说,属于经学(《通艺录》之"艺",指的就是"六艺""经艺"),而就现代学科来看,《通艺录》则主要涉及语言学、考古学、生物学、数学、艺术等方面[②];二是不依傍传注,而直接"涵咏经文",以求"得其真解",在解经上既不主张依附理学家,也不主张一味依附汉儒;三是以考据求其真、以义理求其是,将义理与考据融会贯通起来。有学者便因此而感到很难说他是"汉学家"还是"宋学家"[③],其实这正是程瑶田作为皖派朴学家的特点。

自从纪昀将经学史归结为"汉学"与"宋学""互为胜负"的历史之后,人们

① 罗继祖:《程易畴先生年谱》,见薛贞芳编:《清代徽人年谱合刊》上册,合肥:黄山书社,2006年版,第340页。

② 参见陈冠明:《程瑶田全集序言》,《程瑶田全集》第一册卷首,合肥:黄山书社,2008年版,第7页。

③ 如陈冠明说:"作为一位学者,既是汉学家,又是宋学家,亦是不难理解之事。而程瑶田亦正既是汉学家,又是宋学家。"并认为就"宋学家"而言,其"理学思想,按学派分,属于程朱学派"。陈冠明:《程瑶田全集序言》,《程瑶田全集》第一册卷首,合肥:黄山书社,2008年版,第11页。

往往以汉、宋学二分甚至汉、宋学对立的眼光看待清代学术和学者。江藩既作《汉学师承记》，又作《宋学渊源记》，便是本着纪昀之说以概述清代学术史。而重“考据”还是重“义理”便成为区分“汉学”和“宋学”的标准。

但是，“汉学”“宋学”的划分受到皖派朴学家的反对。他们虽然重视训诂考据，但要建立的则是义理与考据统一的学术体系。程瑶田也是如此。所以，虽然他精于考据，连戴震都说他“读书沉思核订，比类推致，震逊其密”[①]，但并不盲目追随汉儒，在《仪礼丧服文足征记》的小序中，程瑶田就说：“治经不涵泳白文，而惟注之徇，虽汉之经师，一失其趣，即有豪(毫)厘千里之缪。”他曾举例说：“吾于《丧服》末章‘长殇、中殇降一等’四句，知其确是经文，而郑君误以为传，故触处难通，不得不改经文以从其说。今余拈出，则文从字顺，全篇一贯。孔子欲说夏、殷之礼，而叹杞、宋之无征，则文献不足之故。今《丧服》经文具在，足则能征，知其解者旦暮遇之可也。”[②]他还说：

> 今世读书，其上者涉猎经史，讲六书，方考核，尚矣。然不原于道德仁义之意，而力去其求利达之心，则敦末捐本，欲其文章上追乎古之作者，盖亦难矣。又况乎况而每下，挟策呻吟，爱博而贵多，好怪而记丑，攟其饾饤，而不遗乎群碎，用以迎合于人而希弋获，则亦往往有幸而得隽者，于是旋其面目，一切弃去，曰：“吾仕矣，吾乌在其犹盗窃乎陈编为耶！”[③]

由此可见，程瑶田不仅主张直接研究经文而不那么信奉“汉之经师”，还认为当时“汉学家”的考订“不原于道德仁义之意，而力去其求利达之心”，只是“爱博而贵多，好怪而记丑，攟其饾饤，而不遗乎群碎”。一个这样看待“汉学”的

---

① 戴震：《再与卢侍讲书》，《东原文集》卷三，《戴震全书》第六册，合肥：黄山书社，1995年版，第293页。

② 程瑶田：《通艺录》之四《仪礼丧服文足征记》序，《程瑶田全集》第一册，合肥：黄山书社，2008年版，第190页。

③ 程瑶田：《通艺录》之二《论学外篇·觉梦篇》，《程瑶田全集》第一册，合肥：黄山书社，2008年版，第99页。

学者，自然不能把他看作“汉学家”。

程瑶田也很重视义理，但是，同样不能把他看作“宋学家”。其实，“宋学”是一个十分含糊的概念。清人所说的“宋学”，一般是指以程朱为代表的“理学”。但在宋代，阐述“义理”之学的不仅是程朱的“理学”派，还有王安石的“新学”、三苏的“蜀学”、司马光的“涑水学派”，南宋时期，又有以胡安国、胡宏、张栻为代表的“湖湘学”，以吕祖谦为代表的“婺学”，以陈亮、叶适为代表的“事功学派”等，所以漆侠在其所著的《宋学的发展和演变》一书中就特地对“宋学”概念加以辨析，不同意将“理学”与“宋学”两个概念混同起来①。

程瑶田虽然重视义理，不过他心目中的“义理”，并不同于程朱理学的义理。他在学术上与戴震很相似，走的是从训诂考据入手以通经明道的路子，他既不停留于文字音韵的训释和名物制度的考证，也不依傍于宋代理学家对义理的阐释，而是企图建立起一个超越于“汉学”和“宋学”而直追孔、孟的义理之学。所以，程瑶田虽然也引述过程朱之言，但他又说过：“人之言曰：‘天下止有一理。’余以为此亦一是非，彼亦一是非，乌在其为一理也?”②他所说的“人之言曰”的“人”，显然是指信奉程朱之学的理学家，而他对“一理”的否定，实际上是否定了“理”的唯一性和绝对性。不仅如此，他似乎还想以“气”取代“理”，以“气本论”取代“理本论”(参见下文)。

总之，程瑶田的考据是以“明经”为目的的考据；其义理是在考据基础上对“经义”所作的阐释。因此，虽然我们在下文从考据和义理两个方面介绍《通艺录》，但并不意味着可以将程瑶田的义理与考据分割开来。

《通艺录》的考据成就

《通艺录》问世之后，一些学者曾给予高度评价。如焦循在《读书三十二

---

① 参见漆侠：《宋学的发展和演变》，石家庄：河北人民出版社，2002年版，第5页。

② 程瑶田：《通艺录》之二《论学外篇·让室卮言》，《程瑶田全集》第一册，合肥：黄山书社，2008年版，第97页。

赞》中赞此书道:“实事求是,穷极微芒。允哉《通艺》,轶汉驾唐。”①汪喜孙也说:“今之经学书,无过《通艺录》《经义述闻》二种。”②但从他们的评论可以看出,当时学者看重《通艺录》,主要是它在考据方面的成就。直到当代,学者在评论程瑶田时依然如此,如张舜徽在谈到程瑶田时就说:“(程瑶田)与高邮王念孙,同为乾嘉朴学之巨子,瑶田之治名物,王氏之治训诂,终身以之,各有孤诣。”③

程瑶田在训诂考据方面确实成就斐然,其成就突出表现于词语的探源和名物制度的考证。

自戴震提出“由字通词,由词通道”的治学主张之后,这一主张几乎成了皖派朴学的治学纲领,程瑶田自不例外,他说:“夫读书之难,难在识字。弗知其字,弗通其义也。杜少陵所谓‘读书难字过’是也。”④程瑶田把“识字”又称为“解字”,又说:“所谓解字者,非徒认取字面,识其实义而已。”⑤这意味着程瑶田同样将“识字”或“解字”看作“通义”的途径。所谓“识字”或“解字”,自然包括对文字本义及其孳乳的考察和词义衍变的探究。

程瑶田又说:“昔吾友戴东原语余曰:‘《尔雅》《说文》二书,宝书也。’”⑥《说文》《尔雅》是重视诠释字词本义及词义衍变的文字学和训诂学著作,程瑶田听取戴震的意见,也认为“识字”或“解字”需从《尔雅》《说文》入手,尤其是

① 焦循:《读书三十二赞·通艺录》,《雕菰集》卷六,见《续修四库全书》第1489册,上海:上海古籍出版社,2002年版,第163页。

② 汪喜孙:《从政录》,转引自张舜徽:《清代扬州学记》,武汉:华中师范大学出版社,2005年版,第97页。

③ 张舜徽:《清人文集别录》卷七《通艺录》,北京:中华书局,1963年版,上册,第195页。

④ 程瑶田:《说文引经异同叙》,《通艺录》之一—《解字小记》,《程瑶田全集》第二册,合肥:黄山书社,2008年版,第522页。

⑤ 程瑶田:《郑注三江分于彭蠡“于”字解》,《通艺录》之九《禹贡三江考》,《程瑶田全集》第二册,合肥:黄山书社,2008年版,第420页。

⑥ 程瑶田:《说文引经异同叙》,《通艺录》之一—《解字小记》,《程瑶田全集》第二册,合肥:黄山书社,2008年版,第522页。

将《说文》视为“治经之圭臬”[①]。这表明他与戴震一样，认为汉儒去古未远，且学有师传，不像后人的凿空之谈，故当将其经解视为理解经义的门径，就像他所说：“《说文》之于字，虽不能全不缪于古义，而学有师传；许氏与郑氏同时，亦不能无龃龉，然皆不类后人为凿空影响之谈。然则说经者舍康成、叔重二氏，欲见古人门仞，盖亦难矣。”[②]因此，汉儒经解也就成为程瑶田追寻字词本义以通晓经义的津梁。他曾举例道：

> 《论语》“不使胜食氣”，《说文》“氣”作“既”，释之曰：“小食也。”引《论语》以证之。盖古文气息字作“气”，加米则为“氣禀”字，与“既”相通。然后世于“氣”字无不读为“气息”者，不有《说文》，则《论语》“食氣”二字难通其义矣。又，《孟子》“疾首蹙頞”，“頞”字《说文》释之曰：“鼻茎也。”蹙其鼻茎，乃与“疾首”相贯，是忧之形于面目者，若作“额顙”之字，与伸眉连文则可，人有所思，辄伸眉以蹙其额，蹙额非忧之容也。凡此之类，难遽数之以终其说。[③]

这就是说，汉儒在文字训释方面“虽不能全不缪于古义”，但并非“凿空”之谈，还是有参考价值的。

程瑶田在字词本义的探究中，对“转语”的研究最为著名。“转语”一词最早见于署名扬雄著的《方言》（全名为《輶轩使者绝代语释别国方言》），如《方言》释“煤”曰：“煤（呼隗反），火也。楚转语也，犹齐言：‘焜（音毁），火也’。”[④]即“煤”与“火”声母相同，故“煤”为“火”的音转，并与“火”义相通。此后，“转语”就作为训诂术语广为人们使用，如郭璞注《尔雅》便自觉地使用了“转语”

---

① 程瑶田：《说文统系图跋》，《通艺录》之一—《解字小记》，《程瑶田全集》第二册，合肥：黄山书社，2008年版，第523页。

② 程瑶田：《说文引经异同叙》，《通艺录》之一—《解字小记》，《程瑶田全集》第二册，合肥：黄山书社，2008年版，第522页。

③ 程瑶田：《说文引经异同叙》，《通艺录》之一—《解字小记》，《程瑶田全集》第二册，合肥：黄山书社，2008年版，第522～523页。

④ 扬雄：《方言》卷一〇，见《文渊阁四库全书》第221册，台北：台湾商务印书馆，1983年版，第343页。

概念，他在注“印”字时说：“印，犹姎也，语之转耳。”[1]

戴震对“转语”作过专门的研究，他著有《转语二十章》，可惜其书已佚，只留下《转语二十章序》。从此序可知，戴震把“转语”视为语言的自然现象，即“人之语言万变，而声气之微，有自然之节限”。而产生“转语”的原因主要有两个：一是因为发音部位相同而产生的转语，他把这类“转语”称为“同位”转语；二是因为发音方法相同而产生的转语，他把这类“转语”称为“位同”转语。他认为，“同位”转语为正转，“位同”转语为变转，即：“凡同位则同声，同声则可以通乎其义。位同则声变而同，声变而同则其义亦可以比之而通。更就方音言，吾郡歙邑读若‘摄’（失叶切）。唐张参《五经文字》、颜师古注《汉书·地理志》已然。‘歙’之正音读如‘翕’，‘翕’与‘歙’，声之位同者也。用是听五方之音及少儿学语未清者，其展转讹溷，必各如其位。斯足证声之节限位次，自然而成，不假人意厝设也。”[2]但是，由于戴震的《转语二十章》已经散佚，我们也就无法更多地了解他对转语的研究情况。

程瑶田是继戴震之后的转语研究者，现存的《果蠃转语记》一卷就是他研究转语的专著。“果蠃”一词出自《诗经·国风·豳风·东山》的“果蠃之实，亦施于宇”句，程瑶田借“果蠃”一词，连贯了 250 多个相关词语（主要为联绵词），撰成《果蠃转语记》，展示了它们的通转情况，形成了以“果蠃”为词源、以形音义通转为形式的同源语族系统。

但《果蠃转语记》不是以条分缕析的理论形式对同源词进行分类阐述，而是靠音义转换将两百多个词语串接起来，这使人读起来颇为困难。语言学家殷孟伦曾对《果蠃转语记》作过深入的研究，他分五个部分对《果蠃转语记》的内容作了介绍，俨然是为《果蠃转语记》作了很好的提要，极有助于对其内容的了解。他说：

---

① 郭璞注、邢昺疏：《尔雅注疏》卷一，见《文渊阁四库全书》第 221 册，台北：台湾商务印书馆，1983 年版，第 17 页。

② 以上引文均见戴震：《转语二十章序》，《东原文集》卷四，《戴震全书》第六册，合肥：黄山书社，1995 年版，第 304～305 页。

果蠃之转，疾读之则瓜也，此以瓜为始语也。瓜为始语，声转则名为“果”为“蓏”，《说文》别之以在木、在地，骈举之则曰果裸，施于物为栝楼、为土蜂、为鸟名，以形并圜全，故命名从同，此其一。圜全之义衍绎之而为曲屈，故舟之船艑、人之痀偻、车畚之枸篓、轮中之萬蒌，莫不皆然，此其二。圜全之义又衍绎之而为尃布周匝，故荷[名]芙蕖、绡名竹孚俞、蘱蒚华开貌，其体如是，并其邻类，此其三。圜全者，动非止静，若抽陀螺，故又衍绎之而为旋转之形。《方言》：“枢揄，旋也。”《尔雅》：“蚹蠃，螔蝓。”“扶摇谓之猋”之类称是，此其四。圜体连缀，复衍绎之而为稀疏适历，稀疏适历者，盖论其状，如岑岭之连蜷，浪潮之追逐，群辐之并建，情意之牵引也，故由孚俞转而为《方言》之“怤愉，悦也”。如扶胥，如宫隅城隅之角浮思，如婆娑、舞也，如容与、旌旗高低之貌者近之，此其五。[①]

经殷孟伦一番梳理，我们大体可以知道，《果蠃转语记》将“果蠃”这一同源语族系统又分为五个词群，即“圜全”义词群、“曲屈”义词群、“尃布周匝”义词群、“旋转”义词群及“稀疏适历”义词群[②]。

程瑶田在《果蠃转语记》中还表现出他在语源研究上的特点。在此文的开头，他说：

双声叠韵之不可为典要，而唯变所适也。声随形命，字依声立，屡变其物而不易其名，屡易其文而弗离其声。物不相类也，而名或不得不类；形不相似，而天下之人皆得以是声形之，亦遂靡或弗似

① 殷孟伦：《果蠃转语记疏证叙说》，《子云乡人类稿》，济南：齐鲁书社，1985 年版，第 265～266 页。

② 按，“圜全”即“圆”，如《说文》“圆，圜全也”；“尃”与“布”同义，如《说文》“尃，布也”，“布”为战国时钱币之一种。“尃布周匝”即像“尃布”一样环绕；“历”原字作“秝”，“适历”意为均匀协调地分布，如《说文》“秝，稀疏适秝也。”段玉裁注曰：“凡均调谓之适历。”“均调”即均匀协调之意。

也。姑以所云“果蠃”者推广言之。[①]

这段话可被视为程瑶田研究转语的纲领：他研究转语，虽以双声叠韵的复音词（联绵词）入手，但是，并不把双声叠韵视为“典要”，只是借由双声叠韵将转语研究由单音节词拓展为双音节词；其讨论的是音义通转以及“声随形命，字依声立”等诸问题，以“使学者读之，而知绝代异语、别国方言，无非一声之转”[②]；以“果蠃”一词为范例，加以“推广”，以揭示转语的表现形态，于是在文中，他便以“果蠃”为语源，推而广之，展现了 250 多个相关词语之间的通转情况。

程瑶田的《果蠃转语记》不仅注意到将转语研究的对象由单音词扩展到复音词，而且将转语的研究对象不限于文献，方言俗语等一切语言现象都在他的研究范围之内。正如王念孙所说：“盖双声叠韵出于天籁，不学而能，由经典以及谣俗，如出一轨。而先生独能观其会通，穷其变化。”[③]由于程瑶田将转语视为自然的普遍存在的语言现象，因而他主张通过对“来今往古，四方上下，大夫学士，老妪稚子，典册高文，鄙谚俚语”的言语中所广泛存在的转语加以归纳总结（“欣焉”），以发掘出其中的规律性（“兹为遗矩”）[④]。这就使转语研究由文字学课题转为语言学（语源学）课题。

程瑶田也确实发现了不少语言现象的规律。如他在谈以“果蠃”命名的事物时说：“里谚所称，虽妇人孺子，见物之果蠃然者，皆知以果蠃呼之。虽微草木之实，苟类是，即无不可与之以是名也。”[⑤]即凡是其形具有与果蠃相类

---

① 程瑶田：《果蠃转语记》，《通艺录》之二二《果蠃转语记》，《程瑶田全集》第三册，合肥：黄山书社，2008 年版，第 491 页。

② 王念孙：《果蠃转语记跋》，见《程瑶田全集》第三册，合肥：黄山书社，2008 年版，第 505 页。

③ 王念孙：《果蠃转语记跋》，见《程瑶田全集》第三册，合肥：黄山书社，2008 年版，第 505 页。

④ 程瑶田：《果蠃转语记》，《通艺录》之二二《果蠃转语记》，《程瑶田全集》第三册，合肥：黄山书社，2008 年版，第 504 页。

⑤ 程瑶田：《果蠃通义说》，《通艺录》之一一《解字小记》，《程瑶田全集》第二册，合肥：黄山书社，2008 年版，第 528 页。

特征的事物，人们便会以“果蠃”为其命名，这也就是他所说的“声随形命”。在《果蠃转语记》一文的最后，程瑶田还归纳道：

凡上所记，以形求之，盖有物焉而不方；以意逆之，则变动而不居。抑或恒居其所也，见似而名，随声义在，愚夫愚妇之所与知，虽圣人莫或易焉者也。①

程瑶田在名物考证方面尤为人们所瞩目。在《通艺录》中，名物考证不仅所占比重很大，成就也很卓越，故王国维把程瑶田看作清代在名物制度考证方面最具代表性的学者，如他说：“自汉以后，学术之盛莫过于近三百年。此三百年中，经学、史学皆足以凌驾前代，然其尤卓绝者则曰小学。小学之中，如高邮王氏、栖霞郝氏之于训诂，歙县程氏之于名物，金坛段氏之于《说文》，皆足以上掩前哲。”②他所说的“歙县程氏”即程瑶田。

人们之所以对程瑶田的名物考据给予高度评价，首先，是因为他的考证“辩论详确”。支伟成曾举例说明其“辩论详确”，他说：

先生自少迄老，笃志著述，其学长于涵泳经文，得其真解，不屑屑依傍传注。所撰《通艺录》十九种，附录七种，凡义理、训诂、制度、名物、声律、象数，无所不赅，而尤精者《仪礼》，《丧服·缌麻》章末“长殇、中殇降一等”四句，郑氏以为传文；《不杖期》章“惟子不报”传文，“公妾以及士妾为其父母”传文，郑氏以为失误；《大功》章“大夫之妾为君之庶子，女子子嫁者未嫁者为世父母叔父母姑姊妹”，旧读以“大夫之妾”为建首，下二“为”字皆贯之，郑氏谓“女子”别起贯下，斥传文为不词，皆一一援据经史，疏通证明，以规郑氏之失，成《仪礼丧服足征记》。《考工记》诸言磬句磬折，郑君度直矩解之，致与前后

① 程瑶田：《果蠃转语记》，《通艺录》之二二《果蠃转语记》，《程瑶田全集》第三册，合肥：黄山书社，2008 年版，第 504 页。

② 王国维：《周代金石文韵读序》，《观堂集林》卷八，石家庄：河北教育出版社，2003 年版《观堂集林(外二种)》，第 202 页。

经文不合，则谓："磬折不明，由于倨句不明；欲明倨句，先辨倨字。矩有直者有曲者，倨句之云，折其直矩而为曲矩也。"又曰："车人为耒曰倨句磬折，輈人为皋陶曰倨句磬折，匠人行莫水曰磬折者，以参伍此三磬折，不见倨句之度者，同乎磬氏之倨句，一矩有半为磬折也。"成《磬折古义》。自来言九谷者，粱稷不分，乃据《说文》"禾，嘉谷也。粟，嘉谷实也。米，粟实也。粱，米名也。稷，齐也，五谷之长。"证粱即今之小米连稿者，曰："禾实曰粟，粟实曰米，米曰粱。此谷古人贵之，故曰嘉谷，即今之高粱。其种最先，故曰五谷之长。"成《九谷考》。以扬州三江只一江，班固《地理志》三见扬州川者是，志职方之其川三江非。说《禹贡》主郑康成，正郦氏《水经注》之讹，成《禹贡九江考》。考匠人为沟洫之制，谓"沟，冓也，纵横之说也。名之曰沟，所以象其形。象形曰沟，会意曰洫。洫字从血，以洫承沟，是血脉之流通也。浍，会也，会上众水，以达于川，初分终合，所以尽水之性情，而不使有泛滥之害也。"成《沟洫疆理小记》。其余为《宗法小记》《释宫小记》《考工创物小记》《水地小记》《数度小记》《声律小记》《解字小记》《释草、释虫小记》《论学外篇》等，亦均根柢经传，辩论详确。①

支伟成列举的上述诸多例子表明，论证"详确"确实是程瑶田考据的一大特点，这也是他的考据大多令人信服的原因。

其次，是因为程瑶田在考据中特别注重实物资料（包括出土器物）的运用，并以实物资料与文献资料进行互证。如在考证《考工记》的"冶氏"所制戈、戟的形制时，程瑶田曾说："戟之制，初以未见古戟，唯据《记》文拟而图之，凡再易稿，付之开雕，于今十余年矣，后披览而疑焉。以古戈所见不下廿余事，而戟不应不一见。乃取所尝见诸戈之拓本观之，见内末有刃者数事，中有

① 支伟成：《清代朴学大师列传》上册《皖派经学家列传第六·程瑶田》，长沙：岳麓书社，1998年版，第79～80页。

其援更昂于他戈者,恍然曰:'是乃所谓戟也。刺非别为一物,内末之刃即刺也'。"[①]这是程瑶田在考证中重视以实物进行验证的典型例子。在绘制戈、戟形制时,他起初仅以《考工记》为据,但10余年后,新的实物证据的出现使他发现原先对戈、戟的认识有误,因而便立即修订原有结论。这不仅表现出程瑶田在考证时对实物证据的重视,也表现出他高度的实事求是的精神。正因如此,他对戈、戟的考证被学界视为定论,如孙诒让说:"戈戟之制,汉时所传已误,故二郑所说形制,与古器不合,《曲礼》孔疏亦沿其误。宋以后说戈制者,亦多不得其解。惟黄氏[②]、程氏(即程瑶田)据世所传古戈,就其形度,别为考订,其说特为精确,校以经文,亦无不密合,信为定论矣。"[③]

再次,是因为程瑶田在考证中运用了实地考察的方法,《九谷考》便是他运用实地考察的例子。所谓"九谷",是指黍、稷、稻、粱、麻、大豆、小豆、麦、苽。程瑶田"据《食医》之职与《月令》而知之,南方无黍,而稷、粱二者,言人人殊。披览旧章,弥增其惑",于是,乾隆甲午(1774)夏便在武邑对"九谷"作了考证。考证中,他不仅"采许叔重《说文解字》中言九谷者,类聚录之,次其先后而观之,有异名者并存之以备考",还作了实地考察:"既又博稽农民相沿之语,验之播获之时,参诸五方土宜之同异",然后方"论说之以著于篇"[④]。像程瑶田这样在考证中引入实地考察的做法,在考据学鼎盛的乾嘉时期也是不多见的。

程瑶田对制度的考辨,较为集中地表现在《礼》学方面。《礼》学研究的兴

---

① 程瑶田:《冶氏为戈戟考》,《通艺录》之六《考工创物小记》,《程瑶田全集》第二册,合肥:黄山书社,2008年版,第65～66页。

② 黄氏即黄伯思。黄伯思(1079－1118)字长睿,又字霄宾,号云林子,邵武(今属福建)人,元符三年(1100)进士,授磁州(今河北磁县)司户参军,历官通州(今江苏南通)司户、河南府户曹参军、秘书省校书郎,累迁秘书郎。曾任详定九域图志编修官,兼六典检阅文字,以文字学、书学名世。

③ 孙诒让:《周礼正义》卷七八《冬官·考工记·冶氏》,北京:中华书局,1987年版,第13册,第3246页。

④ 程瑶田:《九谷考》,《通艺录》之一三《九谷考》,《程瑶田全集》第三册,合肥:黄山书社,2008年版,第3、4页。

盛，是清代突出的学术现象之一，也是皖派朴学的突出领域之一。自江永起，继之戴震、程瑶田、金榜、凌廷堪、胡培翚等，多以治《礼》见称。与诸人相比，程瑶田在《周礼》《仪礼》的研究中尤重礼制的考辨。上述支伟成所举的《仪礼丧服文足征记》就是重要例证。阮元当年一见此书，便给予高度评价，他说："歙通儒程易畴孝廉方正之《通艺录》，所论说宗法、沟洫、古器、九谷、草木诸篇，精确不刊，海内深于学术者宗之久矣。嘉庆七年(1802)夏，先生来杭州，出所著《丧服文足征记》七卷见示。元案，《仪礼》此篇自子夏为传，郑康成氏间以为失误，后之儒者或疑郑注之非，率皆凭执空论，无有显证，终不足以明卜氏之传意。孝廉一以玩索经文为本，辨疑似于毫芒之间，圣人制礼精义一旦昭著，所以裨益经学，启迪后人，非浅鲜也。"[①]在《仪礼丧服文足征记》中，程瑶田不仅辨析经文与传文的多处相混，且考辨"高祖之不制服小功，末之可以娶妇，从父昆弟之孙不服缌麻，素食非白食，弟之妻称妇"诸问题，阮元称其考辨"精言善解，穷极隐微，明圣人制礼、贤人传礼之心于千百年后。非好学深思，心知其意，何以能之"[②]。

《通艺录》的义理阐释

由于程瑶田在名物考据上成就卓然，他对义理的阐释往往为其所掩，因而人们往往以为他只以考据名家。其实，程瑶田对义理之学也是很重视的，张舜徽就指出："瑶田亦严于饬躬，不废义理。观所为《论学小记》《论学外篇》，可以知其意趣。刻书时，取此二编以冠《通艺录》之首，盖以明其为学宗旨，固不徒在考证名物间也。"[③]

程瑶田对义理的阐述，主要表现在以下几个方面：

第一，"实有"为义理之学的基本范畴。

① 阮元：《仪礼丧服文足征记叙》，《仪礼丧服文足征记》卷首，《通艺录》之四《仪礼丧服文足征记》，《程瑶田全集》第一册，合肥：黄山书社，2008年版，第187页。

② 阮元：《仪礼丧服文足征记叙》，《仪礼丧服文足征记》卷首，《通艺录》之四《仪礼丧服文足征记》，《程瑶田全集》第一册，合肥：黄山书社，2008年版，第189页。

③ 张舜徽：《清人文集别录》卷七《通艺录》，北京：中华书局，1963年版，上册，第196页。

程瑶田弟子洪黻在《通艺录》的“识语”中说，在程瑶田看来，“吾儒之学，仁为己任，死而后已。既死不得不已，未生非所敢知。据其实有，不事虚无，吾所论学，论此学也”①。洪黻这里所提出的“实有”概念，颇值得注意。程瑶田阐发他的义理之学，正是以“实有”概念为前提和中心的。

程瑶田之所以提出“实有”概念，是他将“实有”看作儒学的特质，是儒学与佛教的根本区别。如他说：“吾学之道在有，释氏之道在无。有父子，有君臣，有夫妇，有长幼，有朋友。父子则有亲，君臣则有义，夫妇则有别，长幼则有序，朋友则有信。以有伦，故尽伦；以有职，故尽职。……凡吾学之所有者，释氏固未尝无也，而其道则在于‘无’。故道其所道，其于道所以背而驰也。然而吾学之有，实有也；其尽伦尽职者，实有之也。如不实有，则有者亦无。”②

程瑶田虽然由于历史的限制而没有接触到近现代哲学，但他提出“如不实有，则有者亦无”的命题，很容易使人联想到近现代哲学的“存在”范畴。产生于西方近现代哲学的“实有”和“虚无”，是阐述哲学本体论的一对范畴，是对“存在”这一本体论范畴所作的规定。也就是说，“存在”具有“实有”和“虚无”的两重性。当程瑶田说“有者亦无”时，其“有”就与“存在”颇相近，它可能是“实有”，也可能是“无”，也就是说，在他所说的“有”中，可以引导出“实有”和“虚无”这两种诠释。当然，程瑶田没有走向近现代哲学的本体论，虽然他看出“有”具有“实有”和“虚无”这两种矛盾的内涵，但他仍把这一对矛盾看作外在的，即儒学和佛学的矛盾，而不是看作“有”的、内在的，即“有”的自我肯定方面（“实有”）和否定方面（“虚无”）之间的矛盾。他仍然停留在中国传统哲学思维之中。

第二，“有气斯有道”。

---

① 洪黻：《论学小记题识》，《通艺录》之一《论学小记》附录，《程瑶田全集》第一册，合肥：黄山书社，2008 年版，第 88 页。

② 程瑶田：《述诚二》，《通艺录》之一《论学小记》，《程瑶田全集》第一册，合肥：黄山书社，2008 年版，第 46 页。

程瑶田虽然强调“实有”，但并不排除形而上的“道”的存在。他说：“然又非谓道之不玄妙也。尝试言之：天地之气，是谓阴阳；分布附丽，厥有五行。周流氤氲，化生万物。最秀极灵，惟人罕匹。继善成性，心官则思；察伦明物，不学而知。其为玄妙，孰有如斯者乎？故曰道自玄妙也。本其玄妙而出之，于是尽伦尽职，实事求是，人人可知，人人可能。故圣人不言玄妙，以知者不必言，言之未易晓也。然则是玄妙也，有生之初，亿万人之所同得，所谓‘天生蒸民，有物有则’是也。”[①]程瑶田所说的“玄妙”，就是指形而上的形态。在他看来，“道”之所以具有形而上的形态，是因为它是“气”在生成和衍化过程中所表现的法则，即“有物有则”，说得更明确一点，就是“有气斯有道”：

> 仰而望之，可见者非天乎？天非形乎？形非质乎？形质非气乎？是故天者，积气而已矣。有气斯有道，有道斯有命，有命斯有性，有性复有道。道一而已，气之流行者皆是也，莫非气也，即莫非道也。[②]

当程瑶田说“有气斯有道”时，表明他没有忘记“实有”观，更表明他将“气”视为生成天地万物的本体。他不仅认为“道”与“气”不能分割，更认为“道”只是在“气”的运动中所表现出来的规则、法则，没有“气”的运动，也就没有“道”：“道一而已，气之流行者皆是也，莫非气也，即莫非道也。”这实际上是把“气”看作本体。将“气”视为本体，正是程瑶田“实有”观的必然。

程瑶田将“气”视为本体，虽然不是直接针对程朱之学而发，但确与程朱的“理本论”不同，故陈冠明说：“这一点，恰与程朱理学相悖。朱熹认为：‘天地之间，有理有气：理也者，形而上之道也，生物之本也；气也者，形而下之器也，生物之具也。是以人、物之生，必禀此理，然后有性，必禀此气，然后有

---

① 程瑶田：《述玄妙》，《通艺录》之一《论学小记》，《程瑶田全集》第一册，合肥：黄山书社，2008 年版，第 84 页。

② 程瑶田：《述命》，《通艺录》之一《论学小记》，《程瑶田全集》第一册，合肥：黄山书社，2008 年版，第 51 页。

形。'又说:'有此理后,方有此气,既有此气,然后此理有安顿处。'"[①]

第三,"性"对"实有"的依附。

程瑶田不仅从他的"实有"观出发阐述了"气"的本体性,还以"实有"观论"性"。如他说:

> 孔、孟言"性",并主实有者而言之。如溯"性"于未有气质之前,此所以终日言"诚",茫然不解"诚"之所谓也。[②]

值得注意的是,程瑶田将儒学论"性"看作"主实有者而言之"。这样,"性"就不是独立存在的东西,它需要有所附丽。就人来说,"性"所附丽的就是"实有"的"气质",而不可能脱离"气质",在"气质"存在之前去寻求什么"性"。

程瑶田不仅认为人有"性"的问题,天地万物同样有"性"的问题。但天地万物之"性"与人之"性"一样,也对"实有"具有依附性:"有天地,然后有天地之性;有人,然后有人之性;有物,然后有物之性。有天地、人、物,则必有其质、有其形、有其气矣。有质、有形、有气,斯有其性,是性从其质、其形、其气而有者也。"[③]在他看来,天地、人、物都是形、质、气的统一体,有了这个统一体,才有"性",即"性从其质、其形、其气而有者也"。程瑶田还把质、形、气的统一体统称为"物",视为"实有",认为儒学所关注的就是"物":"吾学从物上致力焉者也。"[④]总之,在程瑶田看来,"性"是依附于"物"的,是"物"的属性、特性。

---

① 陈冠明:《程瑶田全集序言》,《程瑶田全集》第一册卷首,合肥:黄山书社,2008年版,第20页。

② 程瑶田:《述性四》,《通艺录》之一《论学小记》,《程瑶田全集》第一册,合肥:黄山书社,2008年版,第44页。

③ 程瑶田:《述性一》,《通艺录》之一《论学小记》,《程瑶田全集》第一册,合肥:黄山书社,2008年版,第38页。

④ 程瑶田:《述诚一》,《通艺录》之一《论学小记》,《程瑶田全集》第一册,合肥:黄山书社,2008年版,第45页。按,程瑶田所说的"物"是内涵甚广的概念,如他说:"吾学先格物,内而意也,心也,外而身也,皆物也。极之而至于家、国、天下,无非物也。盖无须臾之顷而不循乎物者也。"见程瑶田:《诚意义述》,《通艺录》之一《论学小记》,《程瑶田全集》第一册,合肥:黄山书社,2008年版,第31页。

程瑶田强调“性”只有通过“实有”才得以表现，目的是：

其一，为“性善”论提供依据。程瑶田是“性善”论者，他虽然认为人之“性”与物之“性”一样，都需要依附于质、形、气，但人之“性”所依附的质、形、气与物不同，因此，人之“性”与物之“性”也就不同：“人之所以异于物者，异于其质、形、气也。”其不同主要因为人一生下来就具备了仁义礼智等德性，而物则不具备，这就注定了人之“性”是“善”，而物之“性”则不然：“人生矣，则必有仁义礼知之德，是人之性善也。若夫物，则不能全其仁义礼知之德，故物之性，不能如人之性善也。”他还举例说：“虽虎狼有父子，蜂蚁有君臣，而终不能谓其性之善也。何也？其质、形、气，物也，非人也。物与物虽异，均不能全其仁义礼知之德也；人之质、形、气莫不有仁义礼知之德。故人之性，断乎其无不善也。”为什么人一生下来就具有“善”性呢？是因为人之“性”与天地之“性”一样，具有“善”德：“是故天地位矣，则必有元亨利贞之德，是天地之性善也。”[①]只是天地的“善”德是“元亨利贞”，而人的“善”德是“仁义礼智”。由此可见，程瑶田对“性善”的论证，与中国哲学史上“性善”论者一样，都不免有先验的色彩。

其二，不承认“理义之性”的存在，否定在“气质”之外还存在“人性”。他说：“气质之性，古未有是名。必区以别之曰：此气质之性也，盖无解于气质之有善恶，恐其有累于性善之旨，因别之曰有气质之性，有理义之性也。”他接着说：

> 虽然，性也安得有二哉！安得谓气质中有一性，气质外复有一性哉！且无气质则无人，无人则无心。性具于心，无心安得有性之善？故溯人性于未生之前。此天地之性，乃天道也。天道亦有于其形、其气，主实有者而言之。有天之形与气，然后有天之道，主于其

① 以上均引自程瑶田：《述性一》，《通艺录》之一《论学小记》，《程瑶田全集》第一册，合肥：黄山书社，2008年版，第38页。

气之流行不息者而言之，故曰“一阴一阳之谓道”也。[①]

古代确实没有“气质之性”的概念。这一概念最早出现于宋代，是由北宋张载提出来的。张载是“性二元论”者，他将人性分为两类，即“天地之性”和“气质之性”。“天地之性”是禀太虚之气而生的，这是人和物先天具有的共同本性，是“善”的来源；“气质之性”则是人由于禀受阴阳二气的不同而形成的，是人性中“恶”的来源。朱熹继承了张载的“性二元论”，认为张载的性二元论“极有功于圣门，有补于后学”[②]。于是，他也用“天地之性”“气质之性”表述人性论思想，不过，朱熹是从“理”“气”关系角度看待“天地之性”和“气质之性”的，他认为“天地之性”就是“理”，故说：“论天地之性，则专指理言；论气质之性，则以理与气杂而言之。未有此气，已有此性。气有不存，而性却常在。”[③]人性中所具有的“天地之性”也就成为“理义之性”。

“性二元论”在元明清时代影响甚广，但受到戴震的反对。他反对理学家将“性”二分为“天地之性”和“气质之性”，认为“性”是“气化”的结果，“气化”的结果形成人的气质，而“性”就依附于气质：“性者，分于阴阳五行，以为血气、心知、品物，区以别焉。举凡既生以后所有之事、所具之能、所全之德，咸以是为其本，故《易》曰‘成之者性也’。”[④]程瑶田与戴震一样是“性一元论”者，他继承了戴震对“性”的规定，认为“性”是依附质、形、气而存在的，即有了质、形、气才可能有“性”，所以，一切“性”都需要依附“气质”，都是“气质之性”，并不存在所谓“理义之性”。

从戴震和程瑶田对“理义之性”的否定来看，他们虽然没有明言否定的指

---

① 程瑶田：《述性二》，《通艺录》之一《论学小记》，《程瑶田全集》第一册，合肥：黄山书社，2008年版，第40页。

② 黎靖德辑：《朱子语类》卷四，《朱子全书》第14册，上海：上海古籍出版社，合肥：安徽教育出版社，2002年版，第199页。

③ 黎靖德辑：《朱子语类》卷四，《朱子全书》第14册，上海：上海古籍出版社，合肥：安徽教育出版社，2002年版，第196页。

④ 戴震：《孟子字义疏证》卷中《性》，《戴震全书》第六册，合肥：黄山书社，1995年版，第179页。

向，但否定的矛头显然是针对朱熹的。因为对“理义之性”谈得最多的就是朱熹。

第四，“性”“情”皆善论。

“性”“情”是中国哲学中重要的一对范畴，早在先秦时代就为儒家所关注。从汉代到初唐，人们对它们的关注一度冷淡下去。后来，由于受到佛学和道教心性之学的刺激，儒家在中唐以后对“性”“情”又再度重视起来，首先由韩愈、李翱将“性”“情”作为儒学心性论的范畴提了出来，继而是宋代学者特别是理学家又对“性”“情”作了广泛的阐述，使“性情”论成为宋明理学的重要构成。

理学家“性情”论的出发点是“性即理”的命题，因此他们多是“性善”论者，而“情”就要复杂些。虽然“情”由“性”生，但“情”是表现在现实的人性上，而在现实人性中则是“气质之性”，是由“气禀”而形成，因而也是千差万别的，故有“恶”的可能性。如朱熹就说：“以性而言，则才与情非有不善也，特气质之禀不齐，是以才有所拘，情有所徇，而不能一于义理也。”[①]于是，“情”就有产生“恶”的可能性，形成所谓“性善情恶”论。

“性善情恶”论并不是宋代理学家的发明。它萌芽于董仲舒，形成于李翱。李翱说：“人之所以为圣人者，性也；人之所以惑其性者，情也。喜、怒、哀、惧、爱、恶、欲七者，皆情之所为也，情既昏，性斯匿矣，非性之过也。”[②]理学家的“性善情恶”论，则是对李翱思想的继承。不过，朱熹又根据《中庸》的“未发”“已发”论性、情，认为情是“已发”，故“有善有不善”，如他针对其弟子德粹的话“性是性善，情是反于性，才是才料”，说：“情不是反于性，乃性之发处。性如水，情如水之流。情既发，则有善有不善。”[③]无论朱熹是如何论

① 朱熹：《四书或问·孟子或问》卷一一，《朱子全书》第 6 册，上海：上海古籍出版社，合肥：安徽教育出版社，2002 年版，第 982 页。

② 李翱：《复性书上》，《李文公集》卷二，见《文渊阁四库全书》第 1078 册，台北：台湾商务印书馆，1983 年版，第 106 页。

③ 黎靖德辑：《朱子语类》卷五九，《朱子全书》第 16 册，上海：上海古籍出版社，合肥：安徽教育出版社，2002 年版，第 1881 页。

"情",就他来说,"不善"只可能产生于"情"。

程瑶田则不同意"不善"出于"情"的观点,提出了"性""情"俱"善"的主张:

> 性善,情无不善也。情之有不善者,不诚意之过也。由吾性自然而出之谓情,由吾心有所经营而出之之谓意。心统性情,性发为情,情根于性。是故喜怒哀乐,情也。故曰:"喜怒哀乐之未发谓之中,发而皆中节谓之和。"其中节也,情也;其未发也,情之未发也;其中也,情之含于性者也;其和也,性之发为情者也。是故"心统性情"。情者,感物以写其性者也,无为而无不为,自然而出,发若机括,有善而已矣。[①]

从程瑶田对"性""情"皆"善"的阐释中可以看出,第一,"情"是"性"的自然流出,它是由"性"所决定的,即"沛然流于所性",因此,"情"也就只具有"善"的属性;第二,他不同意朱熹"性"是未发、"情"是已发的观点,认为"未发"也是"情之未发",只在"情"为"已发"时才有"中节"的问题。其实,在程瑶田看来,"性"与"情"之间还是本质和现象的关系,所以他又说:"性不可见,于情见之。"[②]"情"是"性"的表现形式,而"不可见"的"性"自然也就以本质而存在于"情"中了。

既然"性"和"情"都是"善",那么,"恶"又是如何发生的呢?程瑶田认为是"不诚意"的缘故。他说:"性生于心,而情出于性,意则心之动而主张乎情之发焉者也。情出于性,意出于心,情与意似不同其源,然性、情实具之于心。心之动也,动以萌其意者也。性则浑然具之于心,有善而无恶;情则沛然流于所性,亦有善而无恶。意萌于心以主张之,意岂独有恶哉?内而与情谋,外而与事谋,是情之与事交也,以意为之枢,经之营之,于是利害之分明,而趋避之

① 程瑶田:《述情一》,《通艺录》之一《论学小记》,《程瑶田全集》第一册,合肥:黄山书社,2008年版,第47页。

② 程瑶田:《述性三》,《通艺录》之一《论学小记》,《程瑶田全集》第一册,合肥:黄山书社,2008年版,第41页。

机习，丧其良心，不诚其意之危害大矣。”[①]

程瑶田所说的“意”，是指人的主观思想、主观意志。它是在“情”与“事”的交互作用中产生的，是在“情”与“事”的交织中经过主观盘算所得出的“主张”。“意”在初起时也未必就会产生“恶”：“其初萌也，固未有不善者也。”但是，程瑶田认为“情”与“事”交互作用日深，人们趋利避害的念头便越浓，于是“善”就会日亡，“不善”就会日积，“恶”念也就会由此产生，如他说：

> 意之萌也，未有不因乎事者也。事之乘我也，有吉有凶；而人之趋事也，有利有害。吉凶天降之，利害人权之，君子于此，亦未有不思就利而务去害也。主张之者，意而已矣。于是经营焉，曰：必如是，然后有利而无害也，然而善从此亡矣。曰：苟如是，则必得利而远害也，然而不善从此而积矣。[②]

在程瑶田看来，即使是“人之欲”，其先也是“善”：“或谓人之欲，乃固有之，安得无恶念居其先者？不知是欲也，必先有善，如耳、目、口、鼻、四肢之欲，其先岂必不善。有物必有则。孟子曰：‘性也，有命焉。’‘命’即‘则’之所从也（其曰‘命也，有性焉’，是‘性’即‘则’之所从也）。”[③]

但是，在如何保持“善”上，程瑶田则与戴震的看法不同。戴震认为，人在与外物接触中很容易被外物所干扰，引起心知的障碍，引发“恶念”的产生。而引发“恶念”的原因主要是“私”“蔽”：“私也者，生于其心为溺，发于政为党，成于行为慝，见于事为悖、为欺，其究为私已。蔽也者，其生于心也为惑，发于政为偏，成于行为谬，见于事为凿、为愚，其究为蔽之以已。”[④]因此，需要“去私”“解蔽”。但程瑶田不赞成戴震的观点，他说：

---

① 程瑶田：《述情三》，《通艺录》之一《论学小记》，《程瑶田全集》第一册，合肥：黄山书社，2008年版，第50页。

② 程瑶田：《述情一》，《通艺录》之一《论学小记》，《程瑶田全集》第一册，合肥：黄山书社，2008年版，第47、48页。

③ 程瑶田：《述性三》，《通艺录》之一《论学小记》，《程瑶田全集》第一册，合肥：黄山书社，2008年版，第41～42页。

④ 戴震：《原善》卷下，《戴震全书》第六册，合肥：黄山书社，1995年版，第23页。

> 今之言学者动曰“去私”“去蔽”。余以为“道问学”其第一义不在“去私”，致知之第一义亦非“去蔽”。盖本不知者，非有物以蔽之；本未行者，非必有所私也。若五金然，其性有光，能鉴物，是“明德”也；铄之、煎之、锻之、范之、镳之、厉之，是“明明德”也。鉴受尘则拭之，有垢则磨之，是“去蔽”“去私”之事也。是故崇德，“明明德”之事也；“道问学”以“尊德性”，所以“明明德”也。修慝，去私、去蔽之谓也；诚意者，崇德、修慝兼而有之者也。……问学之事，崇德一大端，大之大者也；修慝一大端，所以辅其崇德，大之次者也。今之言学者但知修慝为大端，认修慝为即以崇德，其根由于不知性善之精义，遂以未治之身为丛尤集愆之身，虽亦颇疑于性善，及其著于录也，不能不与荀子《性恶》篇相为表里。此说之所以不能无歧也。[①]

在程瑶田看来，若要排除外物对人的心智的干扰，首先需要靠德性的自觉去限制，然后才能“去私”“解蔽”，而不是舍弃德性的自觉去谈“去私”“解蔽”等后天修养。否则，就会与“荀子《性恶》篇相为表里”。

第五，以“事为”释“慎独”。

“慎独”一语出自《礼记》的《大学》《中庸》两篇。《大学》曰：“所谓诚其意者，毋自欺也。如恶恶臭，如好好色，此之谓自谦(慊)。故君子必慎其独也。小人闲居为不善，无所不至，见君子而后厌然，掩其不善而著其善。人之视己，如见其肺肝然，则何益矣。此谓诚于中，形于外。故君子必慎其独也。”[②]《中庸》也说：“天命之谓性，率性之谓道，修道之谓教。道也者，不可须臾离也。可离，非道也。是故君子戒慎乎其所不睹，恐惧乎其所不闻。莫见乎隐，莫显乎微。故君子慎其独也。”[③]宋明时期，理学家对“慎独”极其重视，把“慎

---

① 程瑶田：《诚意义述》，《通艺录》之一《论学小记》，《程瑶田全集》第一册，合肥：黄山书社，2008 年版，第 31 页。

② 孔颖达：《礼记正义》卷六〇《大学第四十二》，见阮元校刻：《十三经注疏》，北京：中华书局，1980 年版，下册，第 1673 页。

③ 孔颖达：《礼记正义》卷五二《中庸第三十一》，见阮元校刻：《十三经注疏》，北京：中华书局，1980 年版，下册，第 1625 页。

独”视为“居敬涵养”“惟精惟一”的重要修养工夫，以及道德自觉、自律的极高境界，从而使“慎独”成为理学的重要范畴。其中尤可注意的是朱熹的诠释，他说：“独者，人所不知而己所独知之地也。言幽暗之中，细微之事，迹虽未形而几则已动，人虽不知而己独知之，则是天下之事无有著见明显而过于此者。是以君子既常戒惧，而于此尤加谨焉，所以遏人欲于将萌，而不使其滋长于隐微之中，以至离道之远也。”[①]经朱熹这一番诠释，“慎独”便成为道德认知领域的事，是“迹虽未形而几则已动”时的主观防范，并且他还将“慎独”纳入“存天理、去人欲”的框架，使“慎独”成为“遏人欲于将萌”的意念。也就是说，“慎独”主要是一种内在的精神性的活动。

程瑶田虽然没有径直否定朱熹对“慎独”的诠释，但他显然不同意朱熹的诠释。在《慎独篇》中，程瑶田引述郑玄、王应麟的解释之后说：“乾隆甲寅二月，瑶田教授灵山，检上二条说‘慎独’者，皆就事为上治意，因补录于此，以俟知言者商之。”[②]从“事为上”理解“慎独”，本是郑玄与朱熹的不同处。如郑玄说：“慎独者，慎其闲居之所为。”[③]在郑玄看来，“慎独”并不是一种意念，而是“闲居”时对自我进行约束的一种行为。程瑶田从“事为上”看待“慎独”，虽非独自的心得，但他选择郑玄而不是朱熹的诠释，反映了他在汉儒、宋儒之间的学术倾向性。

第六，以“动”释“敬”。

与程瑶田以“事为”释“慎独”相近的，是他以“动”释“敬”。“敬”也是宋明理学的重要范畴，理学家几乎无不论“敬”，在胡广主持编纂的《性理大全》中，谈“持敬存养”的就有两卷之多。

“敬”的概念不是理学家的发明，它出现很早。但自先秦及其之后的很长

① 朱熹：《四书章句集注·中庸章句》，《朱子全书》第6册，上海：上海古籍出版社，合肥：安徽教育出版社，2002年版，第33页。

② 程瑶田：《慎独篇》，《通艺录》之一《论学小记》，《程瑶田全集》第一册，合肥：黄山书社，2008年版，第16页。

③ 参见孔颖达：《礼记正义》卷五二《中庸第三十一》，见阮元校刻：《十三经注疏》，北京：中华书局，1980年版，下册，第1625页。

时期，除了孔子说的“修己以敬”[①]之“敬”有修养论的意味、孟子以“陈善闭邪”对“敬”作出定义[②]之外，一般只是以“敬”表达尊重、尊敬、敬畏、恭敬之类的态度，直到宋代，理学家才使“敬”成为理学的重要范畴。

确立“敬”在理学范畴体系中重要地位的是二程，尤其是程颐。他们说过：“‘居处恭，执事敬，与人忠’，此是彻上彻下语，圣人元无二语。”[③]又说：“学者须先识仁。仁者，浑然与物同体。义、礼、知、信皆仁也。识得此理，以诚敬存之而已，不须防检，不须穷索。”[④]在二程谈“敬”的言论中，最著名的莫过于程颐“涵养须用敬，进学在致知”[⑤]的论断。朱熹很推崇程颐的这两句论断，他曾说：“大凡学者须先理会‘敬’字。敬是立脚去处。程子谓：‘涵养须用敬，进学在致知。’此语最妙。”[⑥]程颐、朱熹关于“敬”的一系列论述，奠定了理学的“主敬”说的基础。

理学家之所以提出“主敬”说，是为了取代“主静”说。在理学家中也有“主静”一派。“主静”说的经典依据是《礼记·乐记》所说的“人生而静，天之性也”。最早提出“主静”说的理学家是周敦颐，如他说：“圣人定之以中正仁义而主静，立人极焉。故圣人与天地合其德、日月合其明、四时合其序、鬼神合其吉凶。”[⑦]但程颐认为“主静”容易与释氏之学相混淆，于是主张以“敬”代

---

① 何晏集解、邢昺疏：《论语注疏》卷一四《宪问第十四》，见阮元校刻：《十三经注疏》，北京：中华书局，1980 年版，下册，第 2145 页。

② 按，孟子说：“陈善闭邪谓之敬。”孙奭《孟子注疏》卷七上《离娄章句上》，见阮元校刻：《十三经注疏》，北京：中华书局，1980 年版，下册，第 2717 页。

③ 程颢、程颐：《二先生语二上》，《河南程氏遗书》卷二上，《二程集》第一册，北京：中华书局，1981 年版，第 13 页。

④ 程颢、程颐：《二先生语二上》，《河南程氏遗书》卷二上，《二程集》第一册，北京：中华书局，1981 年版，第 16～17 页。

⑤ 程颐：《伊川先生语四》，《河南程氏遗书》卷一八，《二程集》第一册，北京：中华书局，1981 年版，第 188 页。

⑥ 黎靖德辑：《朱子语类》卷一二，《朱子全书》第 14 册，上海：上海古籍出版社，合肥：安徽教育出版社，2002 年版，第 376～377 页。

⑦ 周敦颐：《太极图说》，《周元公集》卷一，见《文渊阁四库全书》第 1101 册，台北：台湾商务印书馆，1983 年版，第 418 页。

“静”，他说：“才说静，便入于释氏之学也。不用静字，只用敬字。”[①]也就是说，程颐之所以提出“主敬”说，只是为了与释氏之学相区别，并不是对“主静”说的完全抛弃，其实也无法抛弃，因为在理学的建构过程中，本就参究了释道的虚无和无为之学。所以，以“敬”代“静”之后，理学家所说的“敬”在骨子里依然保有着“静”的观念，他们并未真正放弃“静”。如朱熹虽然赞同程颐“涵养须用敬”的观念，并认为“敬”贯有“动”“静”，是动静交替，“循环无端”，但他又说：“静为主，动为客。静如家舍，动如道路。”[②]可见，朱熹并未完全抛弃“静”的观念。

“主静”说还使一些理学家将“静坐”作为“主静”的具体方法，如朱熹说：“‘明道教人静坐，李先生（即朱熹的老师李侗）亦教人静坐。盖精神不定，则道理无凑泊处。’又云：‘须是静坐，方能收敛。’”[③]这种修习方法虽然受到訾议，但仍然得以流行。到明初，陈献章、吴与弼还进一步提出了“静时存养，动时省察”的修习原则，并把“静坐”看作对宋代理学家修习方法的继承。

程瑶田不赞成“主静”说，甚至不赞成“敬”中包含“静”的观点，于是提出了“敬之全功，用在动时”的主张：

> 窃谓敬之全功，用在事上，用在动时。人于日用之间，无时无地之非事，即无时无地之非动。语固是事，默亦是事，昼为固是事，夜卧亦是事。故《带铭》曰：“火灭修容，慎戒必恭。”是即夜卧时所应为之事也。盖一息尚存，即有一息之事。惟释氏绝去人伦，屏却世事，专一主静以求通慧。其实释氏亦犹人也，亦犹有身也，有身安得无

---

① 程颐：《伊川先生语四》，《河南程氏遗书》卷一八，《二程集》第一册，北京：中华书局，1981年版，第189页。

② 黎靖德辑：《朱子语类》卷一二，《朱子全书》第14册，上海：上海古籍出版社，合肥：安徽教育出版社，2002年版，第382页。

③ 黎靖德辑：《朱子语类》卷一二，《朱子全书》第14册，上海：上海古籍出版社，合肥：安徽教育出版社，2002年版，第379页。

事？其所谓静，自吾观之，终其身无静时也。[①]

由此可见，程瑶田以“动”释“敬”，是既出于对佛教“绝去人伦，屏却世事”的不满，也出于对理学家将佛教“主静”思想引入儒学的不满，从而维护儒学重视事功、重视实践的精神。故他又说：“余言敬之全功，用在动时，作《述敬》篇，反复以明吾儒实事求是之义，而不凭主静之说。”[②]并声明，他撰述《论学小记》、阐述义理之学的目的也就在此：“若夫终日枯坐，屏事息劳，闭目凝神，无所用心，是求静于外，以几于吾之丧我，吾儒无是学也。撰《述静》以为《论学小记》诸述篇之殿。”[③]

通过对程瑶田有关义理论述的粗略梳理可以看出，他在本体论、人性论以及工夫论诸方面都提出了与宋明理学不同的看法，他的论述甚至就是针对宋明理学而发的。所以，我们不认为程瑶田属于“宋学家”（即理学家）阵营，而与戴震一样，是不求依傍而对义理之学进行独立阐述的学者。

总之，考据不拘泥于汉儒，义理不依附于宋儒，既是程瑶田的学术特征，也是皖派朴学特征在程瑶田学术中的体现。

二、金榜及其《礼笺》

与戴震、程瑶田一起走出不疏园，将朴学带向全国学界的著名徽州学者还有金榜。只是与戴震、程瑶田较为全面地展现了朴学成就不同，金榜对皖派朴学的主要贡献在《礼》学，他走的是专门之学的路子。其代表作就是《礼笺》。

---

① 程瑶田：《述敬》，《通艺录》之一《论学小记》，《程瑶田全集》第一册，合肥：黄山书社，2008年版，第55页。

② 程瑶田：《述静》，《通艺录》之一《论学小记》，《程瑶田全集》第一册，合肥：黄山书社，2008年版，第85页。

③ 程瑶田：《述静》，《通艺录》之一《论学小记》，《程瑶田全集》第一册，合肥：黄山书社，2008年版，第86页。按，“吾丧我”为《庄子·齐物论》中语。

金榜的家世

徽州人困穷则服贾、贾裕则好儒、学优则入仕的人生选择，在金榜的家世和经历中体现得很充分。

吴定在其撰写的金榜《墓志铭》中，对金榜的家世是这样记述的："先世自杭州徙歙北呈坎，二十二传徙郡城，又六传，而先生之曾祖五聚徙歙北赵邨，祖公著自赵邨复徙岩镇，今为岩镇人。乾隆戊辰(1748)进士、官吏部稽勋司主事、讳长溥者，先生之父也；以翰林官御史、出为浙江督粮道、讳云槐者，先生之兄也。"[①]吴定对金榜家世的记述似乎本于其师刘大櫆。大櫆记述道："金氏之先有兄弟三人，自杭州西市迁歙西之呈坎，而其季弟曰子实。自子实历二十二世至华峰，复自呈坎迁郡城万年桥南；又六世而府君(即金公著)之父五聚自桥南迁歙北赵村。府君乃自赵村更迁岩镇。"[②]上述关于金榜家世的记述，很容易使人以为他出身于"望族"，而淹没了他的悲辛家史。

其实，在金氏自后晋时迁入歙县后的屡屡辗转播迁中，就可以看出其家族在歙县立足之艰难，而历近三十世都无人有行实可记，也说明金氏在歙的默默无闻。

金氏家族有"行实"可记的人物，勉强可以追溯到金榜的曾祖金五聚。关于金五聚的记述，首见于刘大櫆所撰的《金节母传》。金节母是金五聚之妻、金公著之母金许氏，刘大櫆写道："五聚之父文启早世，遗孤五聚才五岁，不能自存，乃从王母冒叶姓而同居于叶[③]。而五聚又复早世，遗孤公著才九阅月。时恭人年二十四，痛失其夫之旅榇未归，而姑年已老，呱呱者寄食他姓，欲死不可，乃忍死以图育金氏孤儿。当是时，金氏家本贫，及五聚客死在外，益无

---

① 吴定：《翰林院修撰金先生墓志铭》，《紫石泉山房文集》卷一〇，上海：上海古籍出版社，2010 年版《清代诗文集汇编》第 408 册，第 383 页。

② 刘大櫆：《金府君墓表》，《刘大櫆集》卷七，上海：上海古籍出版社，1990 年版，第 223 页。

③ 按，据金榜说，其"先曾王父从母适叶氏，其后叶更有子，家君援继父不同居之义，吁请于朝，复为金氏"(《礼笺》卷二《继父同居》，见《续修四库全书》第 109 册，上海：上海古籍出版社，2002 年版，第 41 页)。据此，则知金五聚是过继到母族的。

以为生，太恭人躬自灌园作苦，常杂和藜苋为糜，而一日多不再食。尝携其孤于园中采摘茶芽，茶未盈筐，而日晡饥饿，其孤牵裾欲还，乃母子相向悲泣。”[①]为了就食求生，连姓氏都不得不放弃，吴定笔下轻描淡写的“曾祖五聚徙歙北赵邨”一句背后，包含的就是这样的辛酸。

金氏穷困而服贾、贾裕而好儒，始于金公著。刘大櫆也记述过金公著的生平，他写道：“府君讳某，字公著，生九月而其父客死京师，赖许太恭人鞠养以至成人。”这时的金公著并未恢复本姓，仍然“冒姓”叶。刘大櫆继而写道：“府君以力农为业，而朝夕常苦其不给，乃去而学贾，往来吴、越及庐、凤间。其后居定远炉桥最久，而家乃渐至饶裕。”稍稍富裕之后的金公著，就开始了“好儒”，他“自以托迹市廛，不获读书为憾，及见儒生文士则悚然心亲而貌敬之。于是贤士大夫习见其内行无失，外应有余，皆乐与之交游。所居僻介丛山，村人以樵牧为务，而府君独市典籍，延师儒，课子孙以进士业”[②]。

金氏学优而仕，则自金长溥始。金公著有三子，长子长洪、次子长溥、季子长瀚。长溥为乾隆戊辰(1748)进士，官吏部稽勋司主事。金长溥“之才，人皆以为可致卿相”，而他“一登仕籍，即县(同‘悬’)车里门，杖履从容，示仪型于黄山白岳之间”。但在金长溥少年时，其家仍“贫窭”，他只得“朝出灌园，暮归读书，遂通六经、百家之旨”。金长溥几乎无法忘记他的艰难家世和且耕且读的岁月，常常“痛大母劬劳之苦节，念府君创业之艰难，回忆少年时且耕且读，辛勤拮据”，“俯仰数十年间，顾瞻废兴之际，有不胜其感叹者”[③]。

使金家真正富裕起来的是金长洪。刘大櫆说：“其家素贫，而用只手枝撑以渐至饶裕，创建祠宇，崇大其门闾，则自吏部(即金长溥)之兄长洪始。”他继而对金长洪作了如下的介绍：“长洪字师林，少从塾师读书，闻先生述古孝义长者英烈之事，窃听常罔倦。以家贫不暇攻举子业，而随其父服贾鸠兹(芜湖

① 刘大櫆：《金节母传》，《刘大櫆集》卷六，上海：上海古籍出版社，1990年版，第195页。

② 刘大櫆：《金府君墓表》，《刘大櫆集》卷七，上海：上海古籍出版社，1990年版，第223、224页。

③ 刘大櫆：《金复堂先生八十寿序》，《刘大櫆集》卷四，上海：上海古籍出版社，1990年版，第141、142页。

古地名)、庐、凤间。……君号善持筹,而动循礼法,取利必以义,不欲竞锥刀,以割剥愚懦。自处甚约,而多急人之难,尤厚于族姻里党。不治经生家言,而诸孙所习文艺,辄能披览其大略,有所指斥,必中其窾要。其于天下之务、时事之利弊,较然明白,如自观其掌。遇事之盘错,其精神常镇定,而卒能有剖决,以解其纷。见人有争讼,或手足骨肉相残伤,能以片言感悟之,使卒归于和好。盖其理人之才又如此。惜其不得尺寸之柄,使施之家国天下也。"[①]

从金长溥、金长洪兄弟的经历可以看出,金家到他们兄弟时便是亦贾亦儒、亦贾亦仕。金榜就出生在这样的家庭。

金榜的生平

金长溥有三子[②],长子金云槐,乾隆辛巳(1761)进士,任翰林院编修,历官浙江督粮道。次子即金榜。

金榜(1735—1801)字蕊中,又字辅之,歙县人(其出生地岩镇属今黄山市徽州区)。吴定说他"少负伟志,思博学深造为通儒,而不屑溺没聪明于科举之学"[③]。其实,金榜曾先后师从鲍倚云[④]、方楘如学制举文,并非无意于科举。大概在乾隆十八年(1753)江永馆于不疏园之后,金榜与方矩、汪梧凤、吴绍泽等师从江永,始"不屑溺没聪明于科举之学",转而致力于经学,并得以与戴震等切磋。据说,戴震曾以《司马法》赋出车徒二法难通,问于金榜,金榜则

---

① 刘大櫆:《乡饮大宾金君传》,《刘大櫆集》卷五,上海:上海古籍出版社,1990年版,第177～178页。

② 按,许承尧说,金长溥仅有二子。参见石国柱主修、许承尧总纂:《(民国)歙县志》卷七《人物志·文苑》"金长溥传",见《中国地方志集成·安徽省府县志辑》第51册,南京:江苏古籍出版社,1998年版,第290页。

③ 吴定:《翰林院修撰金先生墓志铭》,《紫石泉山房文集》卷一〇,上海:上海古籍出版社,2010年版《清代诗文集汇编》第408册,第383页。

④ 按,鲍倚云(1708—1778)字薇省,号苏亭、退余,歙县人。乾隆时优贡生,操履方严。工诗及书画,少以《红豆诗》见赏于吴瞻泰,后为诗文独抒性灵,一空依傍。他爱兰成癖,所撰《艺兰杂记》为最早提出兰花瓣形理论的兰谱。40岁后不赴举,教授于乡里,金榜即出其门下。著有《寿藤斋诗集》《退余丛话》等。

举《小司徒》正卒、羡卒以释之，谓《司马法》与《周官》相表里，洋洋洒洒写了累千余言，戴震一见大惊，以为金榜之论颇有益于为《周官》之学者[①]。此后，江永"与同志旧友讲业于古歙之灵山"，其"同志旧友"主要指不疏园中的诸弟子，金榜当亦在其中。也就是说，金榜从学江永可能达五年时间。

金榜不仅学经学于江永、戴震，学制举文于方檠如，还学诗、古文辞于刘大櫆。他曾对吴定说："予之获师友此数公者，生平之幸也。吾闻猿得木而捷，鱼得水而骛。士之有明师贤友也，犹百鸟依鸾皇，而毛羽因之改色也。君子其急求天下士广交之乎！"[②]

金榜虽然没有走科举之路的念头，但乾隆三十年(1765)，即他31岁那年，还是踏入了仕途。这年，乾隆皇帝南巡，金榜以献赋"蒙恩擢授中书舍人"，在军机处行走。越七年，在乾隆壬辰(1772)科的殿试中，金榜以一甲第一名及第，官翰林院修撰。他曾出为山西乡试副考官、会试同考官。但不久，因丁外艰归乡，遂不复出，自此悠游林下，以著述自娱。他夜读率尽油一盏，因自号"檠斋"。在读书著述外，金榜还延请吴定馆于其塾，以训其少子童孙。其间，往往漏三下，犹与吴定论学论文不辍。

当金榜毅然勇退、沉潜著述之时，曾有人劝他复登朝，金榜回答道："富贵者，一日之荣也。所谓夏日之裘，冬日之箑，时过则无所用之者也。君子纵不获争光日月，或者犹得比寿邱陵乎！"[③]于是，在悠游林泉中度过晚年岁月。

毅然勇退的金榜在经学研究上则成就卓越，他与戴震、程瑶田一样进入了"硕儒"行列。使金榜得以进入"硕儒"行列，主要靠的便是其代表作《礼笺》。

---

① 参见石国柱主修、许承尧总纂：《(民国)歙县志》卷七《人物志·儒林》"金榜传"，见《中国地方志集成·安徽省府县志辑》第51册，南京：江苏古籍出版社，1998年版，第278页。按，金榜于《礼笺·周官军赋》的小序中自记曰："岁丁亥，与戴东原同居京师，东原以《司马法》赋出车徒二法难通，余举《小司徒》正卒、羡卒释之，东原曰：此有益于为《周官》之学者。遂著录焉。"参见《礼笺》卷一，见《续修四库全书》第109册，上海：上海古籍出版社，2002年版，第9页。

② 吴定：《翰林院修撰金先生墓志铭》，《紫石泉山房文集》卷一〇，上海：上海古籍出版社，2010年版《清代诗文集汇编》第408册，第383页。

③ 吴定：《翰林院修撰金先生墓志铭》，《紫石泉山房文集》卷一〇，上海：上海古籍出版社，2010年版《清代诗文集汇编》第408册，第383页。

《礼笺》概说

金榜虽然一生读书著述不辍，但留下的著作并不多，仅有《礼笺》及《周易考占》，而《周易考占》实为《礼笺》卷一《周易占法》的初稿[①]，故其实有的著作仅《礼笺》一书。这表明金榜与戴震、程瑶田在治学上所展现的闳通风貌不同，他是以专精为特点的学者。

据金榜弟子方起泰、胡国辅说，金榜所著《礼笺》原为十卷，因为其书尚未定稿，故秘不示人。而“癸丑（乾隆五十八年，1793）冬，（金榜）以髀痛卧床褥间，因刺取其荦荦大者数十事，录寄大兴朱大中丞（即朱珪），大中丞既为之叙。泰等窃见远近承学之士愿睹先生书者众矣，辄不揆梼昧，将此帙依经叙录厘为三卷校刊之，资省览焉”[②]。传世的《礼笺》文本便是经方起泰、胡国辅所编辑的本子。据方起泰、胡国辅说，《礼笺》刊印于乾隆甲寅年（1794），但现在所看到的《礼笺》的卷首，刊有姚鼐写于嘉庆三年（1798）的《序》，因此，就不知道《礼笺》付梓时间究竟是乾隆甲寅年还是嘉庆三年，或是乾隆甲寅年付梓后增入姚鼐的序，如果真是后者，那么，《礼笺》问世当在嘉庆三年或之后。

《礼笺》是一部札记性的学术著作，含论《周礼》十五篇、论《仪礼》十七篇、论《戴记》十六篇，并附有图四、《答汪刚书》一。金榜之所以用“笺”名书，是因为其书是对郑玄《礼》注的笺释。故在书中很多地方，金榜都是先列郑玄的注，次列他的笺。

在《礼笺》问世之后，金榜及其书立即引起学界的关注。如朱珪一见《礼笺》，便“叹其词精义核，不必训诂全经，而以之宣译圣典，不失三代制作明备

---

① 参见徐道彬：《徽州学者金榜三论》，《安徽史学》2014 年第 5 期。按，在古代文献和现代著作中，或将《海曲拾遗》《海曲方域小志》著录于金榜名下，而这两部著作的作者实为通州的同名学者，而非歙县的金榜。并参见徐文。

② 方起泰、胡国辅：《礼笺序目》，《礼笺》卷首，见《续修四库全书》第 109 册，上海：上海古籍出版社，2002 年版，第 4 页。

之所在，岂独以礼家聚讼，姑以是为调人也哉”[①]。吴定说金榜“以经术显当世”[②]，认为他“所著有《礼笺》一书，详稽制度，卓然可补江、戴之缺，而尾随之，必传于后无疑也”[③]。姚鼐也对金榜及其《礼笺》作出高度评价，说：“要之，修撰（即金榜）为今儒之魁俊，治经之善轨，前可以继古人，俯可以待后世，则于是书足以信之矣。”[④]金榜弟子张惠言从《礼》学流衍的角度对金榜更是赞誉有加，他评论道：“六经同归，其指在《礼》，谁欤明之？北海郑氏。经唐涉宋，大论日芜，天鉴大清，笃生巨儒。乾隆之初，婺源江公，刊榛兑途，洒流就东。厥有继者，休宁之戴。先生起歙，并轡联佩。戴君宏通，众流并泳，志修年短，厥绪未竟。先生精研，思约理积，掉头庌庑，壶奥独辟。既启其室，遂周其藩，桴宊棨栭，既固既完。笺《礼》九篇，以郑正郑。惟其匡救，是谓笃信。一义之发，迩于睫眸，先生不言，千载其幽。较其所成，于戴盖多，婺源之传，岱华比峨。”[⑤]曾国藩则从徽州《礼》学崛起的角度评论：“《仪礼》一经，前明以来，几成绝学。我朝巨儒辈出，精诣鸿编，迭相映蔚，而徽州一郡尤盛。自婺源江氏永崛起为礼学大师，而同邑汪氏绂、休宁戴氏震，亦皆博洽，为世所宗。其后歙县金氏榜、凌氏廷堪，并有纂述，无惭前修。”[⑥]尽管也有学者对《礼笺》的个别结论有不同意见，曾撰文商榷，但在总体上对金榜及其《礼笺》都是给予高度肯定的。

《礼笺》之所以会受到学界的高度评价和关注，是因为它是一部有鲜明特

---

① 朱珪：《礼笺序》，《礼笺》卷首，见《续修四库全书》第109册，上海：上海古籍出版社，2002年版，第1页。

② 吴定：《娑罗园谳集序》，《紫石泉山房文集》卷一〇，上海：上海古籍出版社，2010年版《清代诗文集汇编》第408册，第349页。

③ 吴定：《翰林院修撰金先生墓志铭》，《紫石泉山房文集》卷一〇，上海：上海古籍出版社，2010年版《清代诗文集汇编》第408册，第383页。

④ 姚鼐：《礼笺序》，《惜抱轩诗文集·惜抱轩文集》卷四，上海：上海古籍出版社，1992年版，第61页。

⑤ 张惠言：《祭金先生文》，《茗柯文编·四编》，见《续修四库全书》第1488册，上海：上海古籍出版社，2002年版，第568～569页。

⑥ 曾国藩：《书仪礼释官后》，《曾文正公文集》卷四，见《续修四库全书》第1537册，上海：上海古籍出版社，2002年版，第648页。

色的专著。其特色主要表现于以下几个方面：

第一，“悉信亦非，不信亦非”的治经态度。

《四库全书总目》在评述乾嘉时代《礼》学的研究时说：“三《礼》并立，一从古本，无可疑也。郑康成注，贾公彦、孔颖达疏，于名物度数特详，宋儒攻击，仅摭其好引谶纬一失，至其训诂则弗能逾越。”[①]由此可见，其时学者不仅“一从古本”、崇信郑注，对贾公彦、孔颖达的疏也笃信不疑，一味信古，几乎成为乾嘉时代研究《礼》学的风气。而金榜著《礼笺》，就是针对这一信古倾向而著的，如朱珪说：“新安殿撰金君，枕葄六经，尤邃于《礼》。以郑氏书为言《礼》者之舌人[②]，而病贾、孔二疏不能补其漏疏，宣其奥密，非善译郑氏者，乃自著论数十篇。”[③]

金榜对郑玄的《礼》学很重视。自述其治学时，他说：“榜幼承义方，治《礼》宗郑氏学。长而受学于先师江慎修先生，遂窥礼堂论赞之绪，其间采获旧闻，或摭秘逸，要于郑氏治经家法不敢诬也。昔郑氏笺《诗》云：注《诗》宗毛为主，毛义若隐略，则更表明，如有不同，即下己意，使可辨识也。《礼笺》之名，盖首其义。”[④]在《礼笺》中，金榜也多引郑玄的三《礼》注。学者因此断言金榜学宗郑氏，如支伟成说：“先生邃于经学，尤长三《礼》，一以高密为宗。”[⑤]

不过，金榜虽然重视郑注，但并不迷信郑注。他不仅引述郑玄笺毛苌《诗经》注时所说的“如有不同，即下己意”，甚至还将尊重而不迷信郑注上升到治学原则的高度，声明他的治学原则就是“悉信亦非，不信亦非”。

“悉信亦非，不信亦非”一语出自魏人郑小同的《郑志》。据《郑志》载，郑

---

① 永瑢、纪昀等：《四库全书总目》卷一，北京：中华书局，1965 年版，上册，第 149 页。

② 按，“舌人”为古代专事翻译的官员。如《国语・周语中》“故坐诸门外，而使舌人体委与之”，韦昭注曰：“舌人，能达异方之志，象胥之官也。”“象胥”为周代翻译官员之称。

③ 朱珪：《礼笺序》，《礼笺》卷首，见《续修四库全书》第 109 册，上海：上海古籍出版社，2002 年版，第 1 页。

④ 金榜：《礼笺序目》，《礼笺》卷首，见《续修四库全书》第 109 册，上海：上海古籍出版社，2002 年版，第 3 页。

⑤ 支伟成：《清代朴学大师列传》上册《皖派经学家列传第六・金榜》，长沙：岳麓书社，1998 年版，第 151 页。

玄在答赵商问时曾说:“天下之事,以前验后,其不合者,何可悉信?是故悉信亦非,不信亦非。”[①]金榜不仅引述了郑玄所说的“悉信亦非,不信亦非”,还表示:“斯言也,敢以为治经之大法。故郑义所未衷者必纠正之,于郑氏家法不敢诬也。”[②]他在这里所说“郑氏家法”,指的就是郑玄所说的“悉信亦非,不信亦非”。这种以实事求是为学术准绳而不以宗派、门派决定取舍的学术态度,同样体现了皖派朴学家的学术传统。

正因为金榜本着“悉信亦非,不信亦非”的治学态度,所以在《礼笺》中,他不只是采纳郑玄的观点,同样也补其疏漏,正其错失。例如,对《周礼·冬官·考工记·冶氏》“是故倨句外博”句,郑玄仅注曰:“博,广也,倨之外、胡之里也,句之外、胡之表也,广其本以除四病而便用也。俗谓之曼胡。”金榜则笺曰:“外,读如大防外納之外。戈广二寸,广于二寸外者,谓之外博。胡上邪与援接,取圆磬折者为倨。由倨下度之,博逾二寸者,为倨之外博。故外为胡里也。胡下横与援接如矩者为句。由句上度之,博逾二寸者,为句之外博。故外为胡表也。如此,则无已倨已句、援短援长之病。”[③]“倨、句(同‘钩’)”是指援、胡的弯曲度,“大防外納”原指大堤(大防)外侧向内收缩(“納”意为削减),不如内侧宽(收缩度是有定制的),金榜引以比喻戈戟之援、胡的形制[④]。金榜通过对“外”“博”“援”“胡”“倨”“句”等关键词的诠释,将戈、戟的形制讲得比郑玄要清楚得多了。

---

① 郑小同:《郑志》卷上,见《文渊阁四库全书》第182册,台北:台湾商务印书馆,1983年版,第332页。

② 《清史稿》卷四八一《儒林二·金榜》,北京:中华书局,1977年版,第43册,第13201页。按,金榜所说的“敢以为治经之大法”,见金榜:《礼笺》卷三《禘》篇,见《续修四库全书》第109册,上海:上海古籍出版社,2002年版,第72页。

③ 金榜:《礼笺》卷一《戈戟》,见《续修四库全书》第109册,上海:上海古籍出版社,2002年版,第30页。

④ 按,孙诒让根据程瑶田等人的考订,曾对援、胡作过诠释,他说:“盖戈戟本制(本来的形制),并横着于柲(横着安装在柄上,与矛直着安装在柄上不同)。戈上一横刃,平出而微昂,谓之援。援之下直下,其半为刃,半无刃,附于柲(紧靠着柄)者,谓之胡。与援相接,横贯于柲(从柄上卯眼横穿过去)者,谓之内(即枘,榫头)。戟则二刃,援、胡与戈正同。”孙诒让:《周礼正义》卷七八《冬官·考工记·冶氏》,北京:中华书局,1987年版,第13册,第3253页。

再如,《周礼·天官·大府》的"凡万民之贡,以充府库"句,郑玄仅注曰:"此九职之财。充,犹足也。"金榜则笺曰:"万民之贡,即九赋所敛者是也。九赋给九式之用,其藏中余见者,则职内叙其财,以待邦之移用,若遗人掌邦之委积,以待施惠;仓人掌粟入之藏,有余则藏之,以待凶而颁之,皆其充府库者也。"[①]"万民之贡",郑玄仅以"九职之财"释之,所谓"九职之财",即九种职业(贡献于府库)的财物(税赋)。但金榜认为,"凡万民之贡以充府库"者,不仅是赋税的收入问题,还有分配、贮备和荒政等"以待邦之移用"的问题,所以他在笺中便连带提及"遗人""仓人"的职掌,从《周礼》的制度体系出发,以揭示赋入和赋出两个方面。

如果说以上两例反映的是金榜对郑玄在名物制度训释中过于简略的补苴的话,那么,从下面几例则可看出金榜对郑玄诠释错误的批驳和修正。例如,郑玄在注《周礼·司常》"掌九旗之物名"句时说:"凡九旗之帛皆用绛。"金榜便直斥之曰:"郑君遂谓九旗之帛皆用绛,失之。"[②]他在《九旗》篇中,便通过详尽考证以证明周代旗帜并非一概用绛色。又如,在《都鄙公邑异同》篇"都鄙不著里"句下,金榜说:"郑君注云:'百里、五十里、二十五里为三等。'似臆说。"[③]再如,在《君子子为庶母慈己者》篇中,金榜更说:"郑君援《内则》'慈母食母'以与此'庶母慈己'相比附,皆失经义。"[④]在《特牲馈食礼祭服》篇中,金榜还对郑玄诠释"韠象裳色"批评道:"郑君据'君朱大夫素'之文差其裳色,则'士爵韦'何以不与裳色相应?然则谓韠象裳色,为未审也。"[⑤]在《士虞礼

① 金榜:《礼笺》卷一《九赋九式》,见《续修四库全书》第109册,上海:上海古籍出版社,2002年版,第8页。

② 金榜:《礼笺》卷一《九旗》,见《续修四库全书》第109册,上海:上海古籍出版社,2002年版,第18页。

③ 金榜:《礼笺》卷一《都鄙公邑异同》,见《续修四库全书》第109册,上海:上海古籍出版社,2002年版,第12页。

④ 金榜:《礼笺》卷二《君子子为庶母慈己者》,见《续修四库全书》第109册,上海:上海古籍出版社,2002年版,第45页。

⑤ 金榜:《礼笺》卷二《特牲馈食礼祭服》,见《续修四库全书》第109册,上海:上海古籍出版社,2002年版,第55页。

祝辞》篇中，金榜还引述万斯大的论述以批评郑玄，他说："记云：'始虞用柔日，曰哀荐祫事；再虞皆如初，曰哀荐虞事；三虞，卒哭，他用刚日，亦如初，曰哀荐成事。'鄞人万斯大曰：'详玩记文，始虞用柔日，再虞皆如初，包有三虞，故于哀荐虞事下出三虞二字以足之。三虞不与下卒哭连读。《檀弓》曰卒哭曰成事。故祝辞曰哀荐成事也。'榜按，此说可正郑注之失。"①

由上可见，金榜在对《礼》的阐释中，确实实践了以"悉信亦非，不信亦非"为"治经之大法"。故姚鼐说："修撰所最奉者康成，然于郑义所未衷，纠举之至数四。夫其所服膺者，真见其善而后信也；其所疑者，必核之以尽其真也。"②

第二，寓义理于名物制度的考辨。

金榜"长而受学于先师江慎修"，不仅使他在《礼》学上得以"窥礼堂论赞之绪"，也使他继承了江永的经典诠释方法，即重视文字音韵的训诂和名物制度的考辨。

众所周知，皖派朴学的学术特点是从文字音韵和名物制度的诠释、考辨入手，走着"由故训以通义理"的路子。这个路子是在顾炎武"读九经自考文始，考文自知音始"这一观点启示下，由江永、戴震所开启的。金榜作为皖派朴学的学者，同样是以文字音韵、名物制度为着手处，走着以训诂考据阐明经义的路子。

其实，通过名物制度考据以明义理的路子，不是江永、戴震最早提出来的，清初的姚际恒就有"多就器数中论其义理"的主张，他说："器数亦从义理而生，苟非义理，器数焉行？苟非器数，义理焉托？义理譬之规矩，器数则其方圆也。故愚于是书，多就器数中论其义理。学者有志考礼者，当研究于斯焉。"③只是直到江永、戴震、程瑶田时才形成气候。金榜也是在这一气候下

① 金榜：《礼笺》卷二《士虞礼祝辞》，见《续修四库全书》第109册，上海：上海古籍出版社，2002年版，第50页。

② 姚鼐：《礼笺序》，《惜抱轩诗文集·惜抱轩文集》卷四，上海：上海古籍出版社，1992年版，第60页。

③ 姚际恒：《仪礼论旨》，《仪礼通论》卷首，北京：中国社会科学出版社，1998年版，第7页。

乘势而上的学者。

学界常把清代《礼》学著作分为"考礼"和"议礼"两大类。而在乾嘉时期,训诂考据之学兴盛,在《礼》学研究领域则出现"考礼"者多而"议礼"者少的局面,所以陈澧评论说:"国朝儒者之于《礼》学,为宋以后所不及。然考证《礼》文者多,发明《礼》意者少。"①所谓"发明《礼》意"也就是"议礼"。而徽州学者江永、戴震、程瑶田显然是重视"议礼"的,只是他们未必像宋明礼学家那样,将"《礼》意"看作"天理"。

金榜在《礼笺》中重视"考礼"是没有问题的,但他是否也重视发明"《礼》意"即"议礼"呢?若从金榜著《礼笺》包含着对孔、贾的《礼》疏不能"宣其(指郑注)奥密"的不满来看,他应该是重视的。只是金榜"议礼"多寓义理于名物、制度的考辨之中,就如姚际恒所说,是"就器数中论其义理",因而"议礼"往往为"考礼"所掩。如前面所述,金榜笺郑玄注"凡万民之贡,以充府库",从《周礼》的制度体系出发,揭示赋入和赋出两个方面,便具有"议礼"的性质。又如在《九赋九式》篇中,金榜对"九赋""九式"的详尽考辨,目的在于强调"九赋敛财贿,九职任万民,大府受货贿之官,而掌九功之贰者"是为了"重民职";而认为司会之职的"以九赋之法令、田野之财用,以九功之令民职之财用",则是为了"明民职为财用之本"②,也同样具有"议礼"的性质。再如在《禘》篇中,金榜说:"天祭莫大于圜丘,地祭莫大于方泽,与宗庙禘其祖之所自出,三者皆禘,见于郑君释《周官经·大司乐》。后儒习知宗庙有禘,疑禘非祭天地之名,惟郑君识古,能述其义。"③这更是在"议礼"。

第三,"贯弗(串)群言,折中一是"的归纳方法。

朱珪曾说,《礼笺》"大而天文、地域、田赋、学校、郊庙、明堂,以及车旗、服

---

① 陈澧:《赠王玉农序》,《东塾集》卷三,见《续修四库全书》第1537册,上海:上海古籍出版社,2002年版,第270页。

② 金榜:《礼笺》卷一《九赋九式》,见《续修四库全书》第109册,上海:上海古籍出版社,2002年版,第7页。

③ 金榜:《礼笺》卷三《禘》,见《续修四库全书》第109册,上海:上海古籍出版社,2002年版,第69页。

器之细，罔弗贯弗群言，折中一是”①。朱珪所说的“贯弗群言，折中一是”，与现在所说的归纳思维很接近。这是考据之学与以演绎思维为主的义理之学在治学方法上的一大差异。运用归纳思维，首先需要充分占有资料，这就是俗话说的“例不十，法不立”；然后在对资料进行分析的基础上，归纳出一般性的结论，朱珪说的“贯弗群言，折中一是”，就是这样的过程。

虽然归纳思维主要表现在研究过程中，不是在叙述过程中，但从金榜在叙述过程中的广征博引还是可以看出他对归纳思维的运用。如在《明堂》篇中，金榜提出“汉以来言明堂者，人各异说，由未辨于其地，以王居听政之明堂，与合诸侯之明堂溷而一也”这一问题后，便对王居听政之明堂与合诸侯之明堂分别进行考辨。为证明“所谓王居听政之明堂，即路寝。路寝者，大寝也”和“所谓合诸侯之明堂”为“诸侯觐于天子”之所，他首先引述了《礼记·月令》的青阳、明堂、总章、元(玄)堂左右之位以及郑玄、郑众的诠释，继而引述《考工记》所述的“周人明堂”，此后，便广征博引，先后援引了《大戴礼记》的《盛德》《朝事义》，《礼记》的《玉藻》，《仪礼》的《士丧礼》，《周礼》(《周官》)的《典瑞》《隶仆》《宫人》《司马》《司仪》《觐礼》《大宗伯》诸篇，以及《尚书》《孝经》《春秋》《荀子·强国篇》《书大传》《左传》《后汉书·礼仪志》注引的魏文帝诏、蔡邕《明堂月令论》、吴仁杰《两汉刊误补遗》和《逸礼·王居明堂之礼》《孔子三朝记》等。《礼笺》的其他各篇也大体如此。从金榜的考辨中可以看出，他的结论是建立在大量文献资料的基础上的，朱珪所说的“贯弗群言，折中一是”，并非虚言。

① 朱珪:《礼笺序》,《礼笺》卷首,见《续修四库全书》第109册,上海:上海古籍出版社,2002年版,第1页。

第十六章　后戴震时期的皖派朴学(一)

——凌廷堪的以礼代理

戴震去世之后，皖派朴学进入了后戴震时期。

后戴震时期皖派朴学的突出特点是礼学(特别是《仪礼》学)成为最主要的学术领域，使徽州学术实现了由理学向礼学的转换。这一学术转换是由凌廷堪完成的。

凌廷堪似乎就是为了完成皖派朴学这一学术转换而登上学术舞台的。他不仅以《礼经释例》一书奠定了皖派礼学的学术基础，还提出了"以礼代理"这一极具时代特点的学术命题，在学界引发了"礼、理之争"，为清代中后期礼学的发展提供了新的学术趋向。

一、凌廷堪的生平与著述

徽州学者真可谓将"贾而好儒"演绎到极致。乾嘉时期登上全国学坛的几位学者，如戴震、程瑶田、金榜，都有着经商的家庭背景，甚至本人就有着服贾的经历(如戴震)。继戴震之后的凌廷堪，也是这样。

凌廷堪的生平

凌廷堪(1757—1809)字次仲，一字仲子，祖籍歙县。

歙县凌氏远祖可以追溯到唐代的凌安。唐显庆二年(657),凌安任歙州州判,后卒于官,凌氏遂家于歙,凌安便成为凌氏迁歙的始祖。凌安之后传三十三世至凌子任。子任为明万历壬午(万历十年,1582)科举人,仕至广西平乐府永安州知州,他大概是廷堪之前凌氏家族的唯一出仕者。凌子任之子凌坤元,为邑庠生,是凌廷堪的高祖,著有《长松室》《稳香舍》二稿。其曾祖凌济生,字方平,生平无可考。祖凌易�,为国学生,少任侠,骑射、马稍皆绝伦,曾数次向理学名臣、时任河道总督的张鹏翮①陈述河工利弊,为张鹏翮所看重,欲延之幕下,但凌易筠辞不就。他后来又以御准噶尔策晋谒西北的清军统帅岳钟麒,因钟麒未即用其策,遂辞归,从此便不复出,终老于家。凌廷堪之父凌文焻,字灿然,曾为国学生,因谋食至海州(今灌云县,现属连云港市)之板浦,依外祖父许世贞经营盐业,遂家于海州,凌廷堪即于乾隆二十二年(1757)出生于此。凌文焻有二子,长子凌廷尧,字致堂,一字华峰,随父服贾,次子即凌廷堪②。

凌廷堪自幼聪颖,但6岁时就丧父,家境便陷入困顿之中,全赖其兄经商养母。次年,凌廷堪的生母王氏靠鬻簪珥送凌廷堪就塾师。就塾师的几年,虽然对凌廷堪来说只是“粗记姓名而已”③,但毕竟为他以后自修经学奠定了阅读的基础。由于家贫,凌廷堪13岁时不得不弃学服贾。但此后10年的服贾经历表明,凌廷堪并不是一个很合格的商业经营者,于是,23岁那年他又弃贾从学。凌廷堪在自述其弃贾从学的原因时说:“廷堪春秋二十有三,托迹

① 按,张鹏翮(1649—1725)字运青,号宽宇、信阳子,遂宁(在今四川省遂宁市)人。康熙九年(1670)进士,历任刑部主事、苏州及兖州知府、河东盐运使、大理寺少卿、浙江巡抚、兵部右侍郎提督江南学政、左都御史、刑部尚书、河道总督等,官至文华殿大学士兼吏部尚书,时称第一清官。卒后谥“文端”。张鹏翮工诗文,论诗主性情,开清代性灵派的先声。著有《冰雪堂稿》《如意堂稿》等著作多种,后人辑为《遂宁张文端公全集》。

② 参见张其锦:《凌次仲先生年谱》,见《凌廷堪全集》第四册,合肥:黄山书社,2009年版,第332~333页。

③ 阮元:《次仲凌君别传》,《揅经室二集》卷四,见《续修四库全书》第1479册,上海:上海古籍出版社,2002年版,第110页。又,参见凌廷堪:《手抄诸经跋》,《校礼堂文集》卷三〇,《凌廷堪全集》第三册,合肥:黄山书社,2009年版,第267页。

溟海，抱影穷巷，为贾则苦贫，为工则乏巧，心烦意乱，靡所适从，用是慨然有向学之志焉。”①

相传凌廷堪弃贾向学，是其母王氏的决定。王氏是一位颇有见地的母亲，她看到凌廷堪虽然业贾无所成，但在文学上却颇有天赋，如他15岁时，“偶在友人家见《词综》《唐诗别裁集》，携归就灯下读，遂能诗及长短句”；16岁时，便在诗词写作上显露了才华，“浙人张宾鹤②见其诗词，大奇之”③。于是，她便根据凌廷堪的材质，让他转而就学，并要求凌廷堪“通经立行”，走“古儒”之路，如她说：

> 汝为贾而耻与人争利，恐难成，宜从事于学。然学非蕲为博士弟子之谓也，必通经立行，为古之儒焉。且独学无友，则孤陋而寡闻。吾有汝兄侍养，汝其游四方，就师友以成之。④

凌廷堪就这样挟书出游，走上治学之路。阮元曾说：“次仲生东海僻陋之乡，非太孺人勖之以游，则郁郁与驵侩老矣，乌能显名于天下哉?”⑤

凌廷堪的治学并不是从治经开始，他首先接触的是戏曲。早在19岁时，凌廷堪曾助吴恒宜修《云台山志》。吴恒宜(1727—?)是徽州籍的著名戏剧家，著有《双仙记》《义贞记》等传奇。助修工作给了凌廷堪学习戏曲的机会。凌廷堪认为“词曲虽小道，亦音律之一端，于是留心于南北曲之学”，于是20

---

① 凌廷堪:《辨志赋序》,《校礼堂文集》卷二,《凌廷堪全集》第三册,合肥:黄山书社,2009年版,第13页。

② 按,张宾鹤(1724—1790?)字仲谋,号云汀,又号尧峰,浙江钱塘(今属杭州)人。为人不拘小节,时有“张疯”之号。少即负诗名,后以诗名家,屡试不得志,曾馆于怡亲王弘晓府邸十余年,与朱文震、郑板桥、敦诚、敦敏等均有唱和,著有《云汀诗钞》。其书法法颜鲁公,亦颇著名。

③ 江藩:《国朝汉学师承记》卷七《凌廷堪》,北京:中华书局,1983年版,第120页。

④ 阮元:《凌母王太孺人寿序》,《揅经室三集》卷五,见《续修四库全书》第1479册,上海:上海古籍出版社,2002年版,第237页。

⑤ 阮元:《凌母王太孺人寿序》,《揅经室三集》卷五,见《续修四库全书》第1479册,上海:上海古籍出版社,2002年版,第237页。

岁时便称“能曲”[①]。乾隆四十四年(1779),凌廷堪应其表兄、仪征税课司大使许执中聘为文案,遂出游,并客仪征。乾隆四十五年(1780),两淮巡盐御史伊龄阿[②]奉旨删改古今杂剧传奇中的违碍处,次年,因凌廷堪“能曲”,伊龄阿便延请他襄助。在襄助伊龄阿的一年多时间,凌廷堪不仅结识了众多学界名流(时应童子试的阮元与凌廷堪成莫逆交,就在此时),同时也为他以后精研乐律奠定了基础。

就在凌廷堪留心南北曲的时候,李绳[③]赠诗予他,诗中有“莫将椽似笔,顾曲误垂名”句,他“于是感其言,复取诸经就枕上观览”。从此之后,凌廷堪便“有暇即默诵”,他因“艰于记忆”,还“自课以手抄代读”[④]。他此时虽然尚未开始经学的研究,但经学研究的基础则是在这时奠定的。

乾隆四十七年(1782),凌廷堪至京师,受到程晋芳、翁方纲等著名学者的赏识,翁方纲见其所作诗、古文辞及其他撰述,不禁感叹道:“此不朽之业也。”[⑤]因奇异其才,翁方纲还让时任四库总校的门生章维垣将凌廷堪荐入四库馆任校职,并亲授其时艺。凌廷堪在京师所结识的一大批名流中,还包括汪中。汪中虽然“于时流恒多否而少可”,是一位傲视一世的学者,但与凌廷堪“辩论古今,深为折服”,他还向凌廷堪出示了手书的钱大昕、钱塘等16位著名学者的姓名,继而对凌廷堪说:“此皆海内通人也,与吾素相交契者,今得君合十有七矣。”[⑥]对凌廷堪可谓推崇备至。

---

① 张其锦:《凌次仲先生年谱》,见《凌廷堪全集》第四册,合肥:黄山书社,2009年版,第336～337页。

② 按,伊龄阿(生卒年不详)佟佳氏,字精一,满洲镶黄旗人。乾隆间由笔贴式补主事,历任两淮盐政,浙江巡抚,官至工部右侍郎。工诗,能书画,尤善画梅、兰。

③ 按,李绳(1712－1792)字勉伯,号耘圃,江苏长洲(今苏州)人。乾隆六年(1741)举人,官平乐县知县,著有《葑田》《剡东》诸集。

④ 凌廷堪:《手抄诸经跋》,《校礼堂文集》卷三〇,《凌廷堪全集》第三册,合肥:黄山书社,2009年版,第267页。

⑤ 张其锦:《凌次仲先生年谱》,见《凌廷堪全集》第四册,合肥:黄山书社,2009年版,第340页。

⑥ 张其锦:《凌次仲先生年谱》,见《凌廷堪全集》第四册,合肥:黄山书社,2009年版,第342～343页。

凌廷堪自乾隆四十八年(1783)秋起,曾三应京兆试,但一再落第,直到乾隆五十三年(1788)方中“副车”(即备取的副榜),乾隆五十四年(1789)才举于江南省乡试,时年三十三。次年,凌廷堪会试已中,但因头场首艺经磨勘而停殿试,到乾隆五十八年(1793)补殿试,才得三甲二十六名进士。按例,凌廷堪本可授知县,但他却具呈吏部,自请改教职以养母。

乾隆五十九年(1794)秋、冬两季,凌廷堪在杭州客于布政使谢启昆[①]署。谢启昆的座师亦为翁方纲,此前凌廷堪已与之订交,其后交往甚多。此年十月,凌廷堪部选为宁国府学教授。

乾隆六十年(1795)二月初四,凌廷堪从杭州回祖籍歙县。他于乾隆五十年(1785)客居京师时与程瑶田结交,将近十年后回歙,又屡同程瑶田以及金榜等乡先生相聚。在《题程易田先生让堂话别图》一诗中,凌廷堪写道:“一别将十年,岁月何骎骎。喜君健犹昔,杖履时相临。呼酒命我饮,出卷索我吟。昨登修撰堂,方慰仰止忱。今与广文别,有增离索心。”[②]短暂的相聚,到闰二月初九,凌廷堪便离开歙县,赴安庆办理领凭手续,到宣城赴宁国府府学教授任,一直到嘉庆十年(1805)丁生母王氏忧才离任。

丁忧之后,凌廷堪便没有再入仕途,而是从事教书和著述,曾先后主讲宁国府的敬亭书院、徽州府的紫阳书院。嘉庆十四年(1809),凌廷堪卒于歙县的问政书塾。

凌廷堪的著述生涯

凌廷堪的著述生涯始于诗词创作。凌廷堪自称“十五学吟诗”,16岁时,张宾鹤游板浦,见凌廷堪诗词“大奇之”,遂“示以诗法”。乾隆四十二年

---

① 按,谢启昆(1737—1802)字良壁,号蕴山,又号苏潭,南康(在今江西星子县)人,乾隆二十六年(1761)进士,历官编修、乡试主考、知府、按察使、布政使、巡抚等,为著名学者、方志学家,著有《西魏书》《小学考》《树经堂文集》《树经堂诗初集》《树经堂诗续集》《树经堂咏史诗》及《粤西金石志》等。

② 凌廷堪:《题程易田先生让堂话别图》,《校礼堂诗集》卷九,见《续修四库全书》第1480册,上海:上海古籍出版社,2002年版,第70页。

(1777),凌廷堪在寄张宾鹤的诗中写道:"忆君在海上,授我为声诗。谓我下笔古,有若屈宋辞。"[①]自此之后,凌廷堪的诗词创作便终生未辍,留下《诗集》及词集《梅边吹笛谱》。这使他成为乾嘉时期少有的善于诗词的著名学者。此外,尚有《文集》传世。

凌廷堪学术研究的起点也不是经学,而是元好问《年谱》的撰著。乾隆四十六年(1781),凌廷堪应伊龄阿之聘客扬州时,因读元好问诗而爱之,于是"以年为经,以诗为纬",撰写了《元遗山先生年谱》初稿。此稿未立即付梓,曾呈翁方纲审阅,翁方纲见后大喜,曰:"昔者亦拟为此,今得子书,余可以不作矣。子其勉旃。"凌廷堪"嗣以牵与俗累,稿凡累易,终未成书。及就官宁国,稍稍得暇,乃取旧稿并杂采金、元《史》,《中州集》《归潜志》《元文类》洎金、元人文集撰著(之)等,钩稽校勘,厘为二卷:以仕金时事为上卷,北渡后事为下卷"。他撰写的原则是:"其可考者录之,其不可考者缺之,后人议论之诬、考证之疏者,则为辨之。"[②]历时十五六年,《元遗山先生年谱》终在嘉庆元年(1796)定稿。

凌廷堪平生用力最多的是《礼经释例》的撰著。《礼经释例》是他几乎倾其半生之力所完成的著作,先后撰了五稿。据张其锦的《年谱》载,凌廷堪于乾隆五十二年(1787)至扬州,五月,随谢启昆至南昌,八月初,转至河南,客于时任河南巡抚的毕沅署。在此期间,他撰写了《礼经释例》的初稿。乾隆五十九年(1794),凌廷堪在杭州撰写了二稿。嘉庆四年(1799),他在宁国府府学教授任上撰写了三稿。嘉庆九年(1804),他在宁国府学教授任上又撰写了四稿。嘉庆十三年(1808)春夏之间,他在歙县完成了五稿。五稿撰成的次年,凌廷堪即去世。

嘉庆八年(1803),凌廷堪又完成了名著《燕乐考原》。"全书六卷,第一卷

---

① 参见张其锦:《凌次仲先生年谱》,见《凌廷堪全集》第四册,合肥:黄山书社,2009 年版,第 336 页。

② 参见凌廷堪:《元遗山先生年谱序》,《元遗山先生年谱》卷首,见《凌廷堪全集》第二册,合肥:黄山书社,2009 年版,第 197～198 页。

为《总论》，引历代文献以证燕乐之制，第二至第五卷分别考证燕乐宫商角羽四旦之七调，第六卷《后论》，由《燕乐二十八调说》等十三篇专论与《燕乐表》等七表及相关说明组成。层次井然，结构严密。”“其结论是：燕乐之源，‘出于龟兹琵琶，惟宫商角羽四均，无徵声。一均分为七调，四均故二十八调也。’‘不用黍律，以琵琶弦叶之’，‘然二十八调实止十四调’，‘北宋乾兴以来，通用者六宫十一调，而自明至今，燕乐之宫调只七商一均而已’。此乃‘古今言乐之最要关键’。”[①]张其锦说：“先生生逢我朝学术昌明之会，为海内大儒，于学无所不通，说圣人之道而实之以礼，发千余年未发之覆。《礼经》而外，于乐律尤有神解，谓今世俗乐与古雅乐中隔唐人燕乐一关，爰悉心探索，著为此书。有总论，有后论，二十八调各有条辨，其说甚详，复为表以明之。凡乐家疑团，涣然冰释。学者得是书而读之，乐律之学，可以通雅俗，亦犹推步之学，有梅氏之《几何通解》《堑堵测量》等书，可以贯中西矣！”[②]

张寿安在谈到凌廷堪对乐的研究时也说：“廷堪对乐之研究与对乐教之重视，在当时罕有匹俦。所著《燕乐考原》，专考唐代之燕乐。唐天宝间分乐为三类：先王之乐为雅乐，前世之新声为清乐，合胡乐者为燕乐，而燕乐最贵。燕乐是周隋旧乐，也是稽求古乐之檠龠。礼仪要配合着音乐进行，音乐不只有乐还有器，廷堪对乐器之制造也很留意，尝访察乐师询问乐器制造之长短尺寸，以考证古乐声、谱、器间的配合。”[③]

张寿安在上述评论之前曾说：“礼以制外，乐以和内。”这似乎是暗示凌廷堪对乐的研究与他对礼的研究有密切关系，或者说他的礼、乐研究是互为表里的。张寿安的看法不是没有道理和根据的。凌廷堪本人在给阮元的信中就说过：“间为《燕乐考原》一书，中言二十八调，颇为自来讲乐家所未悟。其

---

① 纪健生：《凌廷堪全集前言》，见《凌廷堪全集》第一册卷首，合肥：黄山书社，2009年版，第5页。

② 张其锦：《燕乐考原跋》，见《凌廷堪全集》第四册，合肥：黄山书社，2009年版，第311～312页。

③ 张寿安：《以礼代理：凌廷堪与清中叶儒学思想之转变》，石家庄：河北教育出版社，2001年版，第59页。

不遽尔录寄者，缘此书及《礼经释例》尚为有关系之作，非杂文诗词可比，惧以未定之本流布于外人也。”[①]

嘉庆十三年(1808)，凌廷堪作了《晋泰始笛律匡谬》，以针砭晋荀勖的笛律。他说：“乐学之不明，由算数之说汩之也。……晋泰始末，荀公勖尝制笛律，乃以丝声之律度为竹声之律度，悉毁前人旧作，而乐学益晦。幸晋朝厢笛之制、列和所对之辞，以及梁武帝四通十二笛，尚存于史志，可因此考见其崖略。于是条分而件系之，作《晋泰始笛律匡谬》一卷。嗟乎，所匡者宁独荀公哉！”[②]包慎言曾受潘锡恩之托，校勘《晋泰始笛律匡谬》，他说，凌廷堪“尝作《述笛》，分别丝声、竹声之异，其援梁武十二笛以推阐列和所言，至为详悉”。在《晋泰始笛律匡谬》一书中，凌廷堪“谓梁武所制笛即列和之笛”，是可信的[③]。《晋泰始笛律匡谬》之作表明凌廷堪已由燕乐研究推阐到魏晋的古乐研究。

除上述著作外，凌廷堪还拟著《通鉴翼胡》《后魏书音义》。如他在给张其锦的信中说：“余拟撰《通鉴翼胡》《后魏书音义》二书，俟《礼经释例》终定稿之后，摒弃一切，以足其业，庶几史学之一斑乎。”[④]但很可能《通鉴翼胡》只是设想而没有动笔，《后魏书音义》则开始拟稿，所以洪亮吉在嘉庆七年(1802)[⑤]为其书作《叙》。洪亮吉在《叙》中说：“今春以事过宣城，值同年生凌君廷堪以

① 凌廷堪：《与阮伯元侍郎书》，《凌廷堪全集》第二册，合肥：黄山书社，2009年版，第157～158页。

② 凌廷堪：《晋泰始笛律匡谬序》，《凌廷堪全集》第二册，合肥：黄山书社，2009年版，第163页。

③ 包慎言：《晋泰始笛律匡谬跋》，《凌廷堪全集》第二册，合肥：黄山书社，2009年版，第193页。

④ 凌廷堪：《与张生其锦书》，《校礼堂文集》卷二五，《凌廷堪全集》第三册，合肥：黄山书社，2009年版，第193页。

⑤ 按，洪亮吉的《叙》未署年月，但他的《叙》写于“以罪戍边垂”“赦还”之后的春季。而据吕培等所撰的《年谱》载，嘉庆七年(1802)，旌德谭子文自建洋川书院，延洪亮吉主讲席，他遂以二月携第三子符孙、婿缪梓至洋川。参见吕培等撰的洪亮吉《年谱》，见《洪亮吉集》第五册，北京：中华书局，2001年版，第2348页。据此推断，洪亮吉所说的“今春以事过宣城”的“今春”，即为嘉庆七年春。

名儒教授此地，坐次出近所撰《魏书音义》四卷见示。余受而读之，而以为实获我心也。顾此书音义，亦有数难：一则代北复姓及命名等类字，或半出六书；一则《地形志》真君以后所改，西北诸郡县名，义例亦难概悉；一则释老等《志》，俗字极多，又多引浮屠氏等书，非精通彼教者，不足紬绎其义。君则经史之外，于道释二藏，本所素谙，凡诸训义，证以中经，参之内典，又自《方言》《说文》《释名》《广雅》以降，凡训诂之在唐以前者，无不旁搜毕采，遍旁字画之正俗，亦一一抉择其原。盖数阅寒暑乃成，且能以其暇为伯起辨诬，洵属史家不可少之书矣。"[①]从洪亮吉的《叙》看，《后魏书音义》或已完成初稿，否则，洪亮吉不会说凌廷堪"出近所撰《魏书音义》四卷"。但嘉庆八年(1803)，储嘉珩[②]在给凌廷堪的信中则说："《魏书音义》成，幸速寄我。凤凰芝草，先睹为快。"[③]据此可知，其书或未定稿。但因其书散佚，连洪亮吉所见的四卷《后魏书音义》亦不传，故最终定稿与否，则不得而知。

凌廷堪在乾隆五十二年(1787)八月至五十三年(1788)秋期间，曾参与《史籍考》的初纂[④]。倡修《史籍考》的是毕沅弟子周震荣，他以朱彝尊的《经义考》未及于史，以为是学途阙事，遂于乾隆五十二年向毕沅提出编纂《史籍考》，并推荐章学诚主其事，毕沅对编纂《史籍考》颇有兴趣，并安排洪亮吉、凌

---

① 洪亮吉：《后魏书音义叙》，《更生斋文甲集》卷三，《洪亮吉集》第三册，北京：中华书局，2001年版，第1015～1016页。

② 按，储嘉珩(生卒年不详)字太璞，随州(在今湖北随州市)人。乾隆五十九年(1794)举人、嘉庆元年(1796)进士。其祖籍潜山，于嘉庆元年省祖墓曾来潜，侨居数年，他纂《庐江县志》或在此时。储嘉珩于嘉庆八年(1803)去姑苏时过宣城，与凌廷堪相见，见其著述，不觉倾倒。

③ 参见张其锦：《凌次仲先生年谱》，见《凌廷堪全集》第四册《附录》，合肥：黄山书社，2009年版，第359～360页。

④ 按，《史籍考》的编纂曾时作时辍，随着毕沅的贬官和罚款，《史籍考》的编纂便完全中断。嘉庆三年(1798)，谢启昆对编纂《史籍考》发生了兴趣，曾招用章学诚，章学诚还为其撰写了《史考释例》。不过，他很快就因为与谢启昆意见不合而辞去。但不久，章学诚"盗卖"毕沅《史籍考》原稿的流言不胫而走，不仅章学诚因此背负了"盗卖"的"污名"，谢启昆也不愿担负"盗买"之名而放弃了《史籍考》的编纂。后来，《史籍考》的原稿辗转到了凌廷堪的学生潘锡恩之手，据说他曾请许瀚、刘毓松、包慎言等续纂《史籍考》，并拟定为300卷，后因太平军起，《史籍考》与潘家的藏书均焚于火(按，相传美国国会图书馆藏有潘锡恩主纂的《史籍考》，不知确否)。

廷堪参与其事。不过,乾隆五十三年(1788)秋,凌廷堪因应京兆试,就离开了毕沅幕府。大概是因为凌廷堪在《史籍考》的编纂中介入不深,故张其锦在凌廷堪的《年谱》中未提及此事。

又,张其锦在《年谱》中还提到凌廷堪著有《札记》六卷、手定《充渠新书》二卷[①]。但此二书除《年谱》外并不见他书著录,也没有看到有学者提及。

二、《礼经释例》

在凌廷堪的著作中,最重要的无疑是《礼经释例》。从凌廷堪所作的《七戒》看,他大概 28 岁时就接触了《仪礼》,30 岁下第回海州,曾手抄《仪礼》,次年,又取诸本对郑玄的《仪礼》注作了校对。不过,此时的凌廷堪对《仪礼》还没有撰述之意,他自称,直到乾隆丁未岁(乾隆五十二年,1787)才开始撰写《礼经释例》,历时 22 年,五易其稿,到嘉庆戊辰岁(即嘉庆十三年,1808)才完成这部著作[②]。

《礼经释例》这部几乎用了凌廷堪半生之力的著作,值得注意之处主要有以下几个方面:

《仪礼》:“礼之本经”

书名《礼经释例》中的“礼经”,指的就是《仪礼》。《四库全书总目》在《仪礼注疏》的提要中说,《仪礼》出残阙之余,传自汉代,当时有三种本子,一是戴德本,一是戴圣本,一是刘向《别录》本。其经文亦有二本,一是高堂生所传者,谓之今文,一是鲁恭王坏孔子宅,得亡《仪礼》56 篇,其字皆以篆书之,谓之古文。其书在郑玄之前绝无注本,郑玄之后有王肃注本,但唐代贾公彦在

---

① 参见张其锦:《凌次仲先生年谱》,见《凌廷堪全集》第四册《附录》,合肥:黄山书社,2009 年版,第 372 页。

② 参见凌廷堪:《礼经释例后序》(即《七戒》)“附记”,《礼经释例》卷首,《凌廷堪全集》第一册,合肥:黄山书社,2009 年版,第 10 页。

《疏》序中说，“《仪礼》所注，后郑而已”，“后郑”就是郑玄，则唐代就只有郑注，王肃注本已经散佚。为之义疏者，有北朝的沈重和无名氏二家，但皆不传，唯贾公彦的《疏》传了下来。我们今天能看到的最早的《仪礼》注疏，便是郑玄注、贾公彦疏。《仪礼》由于文古义奥，故传习者少，注释者亦代不数人，加之自明以来，刻本舛讹殊甚，故研究者很少[①]。

《仪礼》不仅研究者很少，它在经典中的地位也不像其他儒家经典那样稳定。在汉代，《仪礼》是在《五经》之列的，唐代虽然将《仪礼》与《周礼》《礼记》合称三《礼》，置于《九经》之中，但在纂修《五经正义》时，则以《礼记》取代《仪礼》，这就削弱了《仪礼》的经的地位。在北宋的熙宁间，《仪礼》还一度被从经书中剔除，它的经的地位被否定了，到元祐间才重新被视为经书。

元代之后，对《仪礼》是否属于经书，也时有争议。如明代的郝敬就认为《仪礼》出自后儒之手，不能视为经书，他对郑玄的注也颇为不满，曾大力抨击。继郝敬之后，清初的姚际恒也认为《仪礼》是“言仪之书”，而“仪既非礼，则不得为经”，姚际恒的看法还得到了毛奇龄等学者的支持，这又把《仪礼》是否为经书的问题提了出来。

既然《仪礼》是否属于经书是一个有争议的问题，那么，凌廷堪研究《仪礼》首先需要回答的也就是这个问题。所以，他在《礼经释例》的序中，开篇便说：“《仪礼》十七篇，《礼》之本经也。”[②]《仪礼》何以是《礼》之本经，凌廷堪曾作过说明，他说：“窃以《仪礼》一经，在汉与《易》《书》《诗》《春秋》并列为五，《史记・儒林传》《汉书・艺文志》皆以《仪礼》为《礼经》。后人不曰《礼经》而曰《仪礼》者，犹之《易》曰《周易》，《书》曰《尚书》也。若《周官》则另为一书，《汉志》附于礼家者，亦如《逸周书》附于《书》，《战国策》附于《春秋》，非《礼》之本经也。至于二戴氏之《记》，乃章句之余，杂记说《礼》之言，互相引证，不但

---

① 参见永瑢、纪昀等：《四库全书总目》卷二〇《仪礼注疏》提要，北京：中华书局，1965年版，上册，第158页。

② 凌廷堪：《〈礼经释例〉序》，《礼经释例》卷首，《凌廷堪全集》第一册，合肥：黄山书社，2009年版，第1页。

非《礼》之经，且与传注有间，盖犹《易》之有《经房易传》，《书》之有《伏生大传》，《诗》之有《韩诗外传》，《春秋》之有外传《国语》而已。故郑氏既注《礼经》，又注《戴记》；既注《尚书》，又注《伏传》，此其例也。自范蔚宗有三《礼》之称，而经传不分，后儒弁陋，束之不观，六籍遂缺其二。”①

在凌廷堪看来，《仪礼》在汉代就属于《五经》之列，故《史记·儒林传》《汉书·艺文志》中都称为《礼经》，《周官》是另外一书，并非《礼》的本经，《礼记》不仅不是《礼》的本经，甚至连称为传注都有问题。所以汉末郑玄既注《礼经》（即《仪礼》），又注《戴记》（即《礼记》），可见他是不把《礼记》视为《礼经》的。所以凌廷堪说：“《礼记》出于汉儒说《礼》者之言。”这样，在遇到《周礼》《礼记》与《仪礼》有异同的时候，便只能以《仪礼》纠正《周礼》《礼记》，而不是相反：“传记之文，有与经合者，有与经违者。当据经以正传记，未可强经以就传记也。”②

于是，《周礼》《礼记》也就只能以“传”的身份列入《十三经》，犹如《左传》《穀梁传》和《公羊传》是《春秋》经的“传”一样。

“礼例”：读《仪礼》的途径

四库馆臣曾说，《仪礼》“素称难读，儒者罕通”③。凌廷堪认为，《仪礼》之所以难读，是因为没有找到读《仪礼》的途径。其途径便是“礼例”：

> 其节文威仪，委曲繁重。骤阅之如治丝而棼，细绎之皆有经纬可分也；乍睹之如入山而迷，徐历之皆有途径可跻也。是故不得其经纬途径，虽上哲亦苦其难；苟其得之，中材固可以勉而赴焉。经纬

---

① 凌廷堪：《与阮伯元孝廉书》，《凌廷堪全集》第三册，合肥：黄山书社，2009年版，第188～189页。

② 凌廷堪：《礼经释例》卷一，《凌廷堪全集》第一册，合肥：黄山书社，2009年版，第46页。

③ 永瑢、纪昀等：《四库全书总目》卷一九《礼类一》序言，北京：中华书局，1965年版，上册，第149页。

途径之谓何？例而已矣。[①]

又说：

不会通其例，一以贯之，只厌其胶葛重复而已耳，乌睹所谓经纬途径者哉！[②]

于是，凌廷堪就以“释例”形式诠释《仪礼》。“例”是什么？凌廷堪曾举例说：“如《乡饮酒》，此饮食之礼也，而《有司彻》祭毕饮酒，其例亦与之同。”[③]据此，则所谓“例”，也就是按照《仪礼》中各项礼仪的共同性所作的分类。

凌廷堪还说，他以“释例”为体例诠释《仪礼》，是在研究中体悟出来的。他“初仿《尔雅》为《礼经释名》十三篇。如是者有年，渐觉非他经可比，其宏纲细目必以例为主，有非训诂名物所能赅者。乾隆壬子(乾隆五十七年，1792)，乃删芜就简，仿杜氏之于《春秋》，定为《礼经释例》”[④]。凌廷堪从《仪礼》中归纳出二百四十六例，又将二百四十六例归纳为八类，即通例四十、饮食例五十六、宾客例十八、射例二十、变例(即丧例)二十一、祭例三十、器服例四十、杂例二十一。

《礼经释例》的撰述旨意

凌廷堪说：“廷堪年将三十始肆力于是经，潜玩既久，知其间同异之文与夫详略隆杀之故，盖悉体夫天命民彝之极而出之，信非大圣人不能作也。学

① 凌廷堪：《礼经释例序》，《礼经释例》卷首，《凌廷堪全集》第一册，合肥：黄山书社，2009 年版，第 1 页。

② 凌廷堪：《礼经释例序》，《礼经释例》卷首，《凌廷堪全集》第一册，合肥：黄山书社，2009 年版，第 3 页。

③ 凌廷堪：《礼经释例序》，《礼经释例》卷首，《凌廷堪全集》第一册，合肥：黄山书社，2009 年版，第 1 页。

④ 凌廷堪：《礼经释例序》，《礼经释例》卷首，《凌廷堪全集》第一册，合肥：黄山书社，2009 年版，第 3 页。

者舍是，奚以为节性修身之本哉？”[①]他撰述《礼经释例》的目的，也就是通过“释例”以揭示在各项礼仪中所蕴含的圣人制礼之意，为节性修身提供经典文本的依据。例如他在释“凡卑者于尊者，皆奠而不授，若尊者辞，乃授”例时说：

> 授受之例，卑者先奠而不授，犹之入门例：先入门右；拜例：先堂下再拜稽首也。至尊者辞之，乃授，犹之入门例：尊者辞之，乃入门左；拜例：尊者辞之，乃升成拜也。其实奠而不授为卑者之正礼，犹之入门右为卑者入门之正礼，堂下再拜稽首为卑者拜之正礼也。其繁缛之中，有条而不紊，非比其例而观之，则圣人之亲亲之杀、尊贤之等何由而见乎？[②]

凌廷堪认为，通过礼例的归纳，可以使繁缛的礼文显得有条而不紊，从而显现出“圣人之亲亲之杀、尊贤之等”的制礼目的。

凌廷堪之所以特别拈出“亲亲”“尊贤”二义，是因为他认为这就是最基本的“礼意”，先王制礼，最重要的原则就是“亲亲”和“尊贤”。于是，阐述“亲亲”“尊贤”也就像主旋律一样贯串在《礼经释例》之中，揭示各个礼仪所体现的“亲亲”“尊贤”这一“礼意”，也就成为他撰述《礼经释例》的主要目的。为了集中阐述《仪礼》的“礼意”，他还特将《复礼》三篇载于《礼经释例》的卷首（参见下节）。

凌廷堪撰述《礼经释例》，另一个目的是为人们研读《仪礼》提供一个可读的文本，即为自己也为他人“聊借为治丝登山之一助”。如他在回顾《礼经释例》的撰述过程时说：

> 闻婺源江氏有《仪礼释例》，又见杭氏《道古堂集》有《礼例序》，

---

① 凌廷堪：《礼经释例序》，《礼经释例》卷首，《凌廷堪全集》第一册，合肥：黄山书社，2009年版，第3页。

② 凌廷堪：《礼经释例》卷二，《凌廷堪全集》第一册，合肥：黄山书社，2009年版，第70～71页。

> 虑其雷同,辍而弗作者经岁。后检《四库书存目》,载《仪礼释例》一卷,《提要》云:"江永撰。是书标目《释例》,实止《释服》一类,寥寥数页,盖未成之书。"复考杭氏《礼例序》,又似欲合《周礼》《仪礼》而为之者,且以《大射》为天子礼,《公食大夫》为大夫礼,则于《礼经》尚疏。然则江氏、杭氏皆有志而未之逮者。于是,重取旧稿,证以群经,合者取之,离者则置之;信者申之,疑者则阙之,区为八类……回忆草创之初,矻矻十余年,稿凡数易矣。困学之中,聊借为治丝登山之一助。知礼君子,矜其失之烦而规之,则幸甚焉。①

他认为,《仪礼》只有建立了"例"才能读懂,原先以为江永、杭世骏已经解决了这个问题,一度将书稿的撰写停了下来。后来,他发现江永、杭世骏"皆有志而未之逮",于是又继续完成他的书稿,作为"治丝登山"之助,即帮助人们读懂、读通《仪礼》。

由于《仪礼》一书历来极少有人研习,往往写刻讹误甚多,即使是郑玄注、贾公彦疏本,自明代以来,刻本也舛讹殊甚。为了提供可读的《仪礼》文本,不仅需要梳理出"礼例",校正其文字也非常必要。这也是凌廷堪在《礼经释例》中颇为用力的工作。如《祭例》在释"凡尸所食之肺脊,必先奠于菹豆,尸卒食,佐食始受之,加于肵俎"例时,凌廷堪引郑玄注曰:"加于俎,从其牲体也。"表明郑玄对经文的"加于肵俎"之"俎"未曾有疑。但凌廷堪提出疑问:"《特牲》《少牢》初献从俎,尸皆加于菹豆,《士虞》初献从俎,则加于俎。盖《特牲》吉祭,尸皆嘏主人;《士虞》尸不嘏主人,故不加于菹豆,而加于俎欤?"但他以为原因并不在此,而是经文有误:"窃谓以《特牲》《少牢》经文校之,则《士虞》'俎'字,恐是'菹'字之误。盖加于菹,即菹豆也。然经文不敢臆改,存以质知者。"②

总之,凌廷堪提出"证以群经,合者取之,离者则置之;信者申之,疑者则

① 凌廷堪:《礼经释例序》,《礼经释例》卷首,《凌廷堪全集》第一册,合肥:黄山书社,2009年版,第3～4页。

② 凌廷堪:《礼经释例》卷九,《凌廷堪全集》第一册,合肥:黄山书社,2009年版,第339页。

阙之”原则的目的，便是使《礼经释例》在文本上正确，在礼意上准确，使《仪礼》这部难读之经宜于诵读，使这部多有曲解之经得有正解。凌廷堪的《礼经释例》一问世，卢文弨就说：“君此书出，而天下始无有畏其难读者矣。”[①]这说明，凌廷堪在使《仪礼》得有正解、宜于诵读方面，达到了撰述的目的。

凌廷堪撰写《礼经释例》似乎还应有一个目的，即为他以礼学取代理学提供坚实的著作支撑。

三、“以礼代理”：凌廷堪的礼学思想

《清史稿》在凌廷堪的本传中说：“廷堪之学，无所不窥，于六书、历算以迄古今疆域之沿革、职官之异同，靡不条贯。尤专礼学，谓：‘古圣使人复性者学也，所学者即礼也。颜渊问仁，孔子告之者惟礼焉尔，颜子叹道之高坚前后，迨‘博文约礼’，然后‘如有所立’，即‘立于礼’之立也。礼有节文度数，非空言理者可托。’”[②]

《清史稿》对凌廷堪礼学所作的评述，其精神若概括起来，便是当代学者所说的“以礼代理”。

“以礼代理”说的提出

凌廷堪自认为是戴震的私淑者[③]，他不仅仰慕江永、戴震之学[④]，走的也是江、戴治学的路子，尤其是戴震的路子。

---

① 卢文弨：《校礼堂初稿序》，见《礼经释例》附录，《凌廷堪全集》第四册，合肥：黄山书社，2009年版，第318～319页。

② 《清史稿》卷四八一《儒林二》，北京：中华书局，1977年版，第43册，第13228页。

③ 凌廷堪在所撰的《戴东原先生事略状》中说：“廷堪于先生为同郡后生，爰综其论著及生平出处之大略，缀缉成篇，聊自附于私淑之末。”《校礼堂文集》卷三五，《凌廷堪全集》第三册，合肥：黄山书社，2009年版，第323页。

④ 《清史稿》的凌廷堪本传称，他“冠后始读书，慕其乡江永、戴震之学”。《清史稿》卷四八一《儒林二·凌廷堪》，北京：中华书局，1977年版，第43册，第13228页。

如前所述,戴震曾通过以下途径对宋明理学作了解构:第一,欲回归原始儒学,故在研究对象上以《五经》取代《四书》,似乎想以此推倒宋明理学赖以建立的文献基础;第二,将程朱视为形而上的本体的"理"诠释为"肌理""腠理""条理",即客观事物的表现形式,使"理"不再具有形而上的本体的性质;第三,提出"理存乎欲"的观点,肯定了"欲"的合理性,否定了"天理"与"人欲"的绝对对立;第四,在否定"理"具有形而上的本体属性的同时,却把"礼"视为"天地之条理"和"至当不易之则",已经含有以"礼"代"理"之意。

戴震对宋明理学的解构,深刻地影响了凌廷堪,他还在戴震对宋明理学解构的基础上进一步指出,"理"根本不是"圣学"的范畴,在圣人那里根本找不到对"理"的阐述:

> 《论语》记孔子之言备矣,但恒言礼,未尝一言及理也。
>
> 夫《论语》,圣人之遗书也。说圣人之遗书,必欲舍其所恒言之礼,而事事附会于其所未言之理,是果圣人之意邪?后儒之学本出于释氏,故谓其言之弥近理而大乱真。不然,圣学'礼'也,不云'理'也,其道正相反,何近而乱真之有哉![①]

凌廷堪这里所说的"后儒",指的就是宋明时代乃至清代的理学家。他认为,理学家所谈的"理",是掺杂了释氏的思想,与儒学之道正相反,宣扬理学是对儒学精神的搅乱和篡改,即"乱真"。于是,凌廷堪认为"圣学"也就是礼学:

> 夫人之所受于天者,性也;性之所固有者,善也;所以复其善者,学也;所以贯其学者,礼也。是故圣人之道,一礼而已矣。[②]

这就清楚地表达了抛弃理学而代之以礼学的意向,当代学者如张寿安等

---

① 凌廷堪:《复礼下》,《礼经释例》卷首,《凌廷堪全集》第一册,合肥:黄山书社,2009 年版,第 17、19～20 页。

② 凌廷堪:《复礼上》,《礼经释例》卷首,《凌廷堪全集》第一册,合肥:黄山书社,2009 年版,第 13 页。

便将这一意向概括为“以礼代理”①。

理虚礼实:提倡“以礼代理”的缘由

为了确立“以礼代理”的学术取向,凌廷堪颇致力于礼、理之辨。他首先指出,“圣学”被引向歧途,是为释氏禅学所乱的结果,而引禅学以乱“圣学”者,根子正在朱熹、王阳明那里:“鄙儒执洛闽以与金溪争,或与阳明争,各立门户,交诟不已。其于圣学,何啻风马牛乎!明以来讲学之途径虽多,总之不出新安、姚江二派,盖圣学为禅学所乱将千年矣。”②凌廷堪似乎认为宋儒的“理”就出自华严宗的“理事圆融”观,他说:

> 考《论语》及《大学》皆未尝有“理”字,徒因释氏以理事为法界,遂援之而成此新义。是以宋儒论学,往往理事并称。其于《大学》说“明德”曰“以具众理而应万事”,说“至善”曰“事理当然之极”,说“格物”曰“穷至事物之理”;于《中庸》说“道也者”曰“道者,日用事物当然之理”。其宗旨所在,自不能掩。又于《论语》说“知者”曰“达于事理”,说“仁者”曰“安于义理”,说“吾斯之未能信”曰“斯,指此理”,说“不知而作”曰“不知其理”,说“知及之”曰“知足以知此理”。至于“无违”下文明有三“礼”字,亦云“谓不背于理”。无端于经文所未有者,尽援释氏以立帜。其他如“性即理也”“天即理也”,尤指不胜屈。故鄙儒遂误以理学为圣学也。③

凌廷堪不厌其烦地说明宋儒的“理”是援释入儒,是对原始儒学的背离,目的

---

① 按,“以礼代理”实际上是钱穆在概述皖籍学者程廷祚的学术思想时所提出的概念,并认为这一概念颇为戴震后学所乐道,凌廷堪便是其中之一。如钱穆说:“至(程廷祚的)以礼代理,尤为戴氏以后传学者所乐道,如凌廷堪、焦循、阮元,其著者。”钱穆:《中国近三百年学术史》上册,北京:中华书局,1986年版,第255页。

② 凌廷堪:《好恶说下》,《校礼堂文集》卷一六,《凌廷堪全集》第三册,合肥:黄山书社,2009年版,第143页。

③ 凌廷堪:《好恶说下》,《校礼堂文集》卷一六,《凌廷堪全集》第三册,合肥:黄山书社,2009年版,第142页。

在于批亢捣虚，从根本上否定理学。

凌廷堪否定理学的另一个理由是“理虚礼实”。他说：

> 圣人之道，本乎礼而言者也，实有所见也；异端之道，外乎礼而言者也，空无所依也。①

在凌廷堪看来，只有以“实事”为依据，在学术上才不会发生争议，而从“虚理”出发，在学术上则会争论不休：

> 昔河间献王实事求是。夫实事在前，吾所谓是者，人不能强辞而非之；吾所谓非者，人不能强辞而是之也，如六书、九数及典章制度之学是也。虚理在前，吾所谓是者，人既可别持一说以为非；吾所谓非者，人亦可别持一说以为是也，如理义之学是也。②

出于反对“虚理”的目的，凌廷堪还进而认为，抽象的概念(如“仁义”“道德”等)都必然要表现为具体的形式、具体的事物、具体的关系，而表现它们的具体形式、具体事物、具体关系，便是“礼”。如在给钱大昕的信中，他说：“夫仁义非物也，必以礼焉为物；仁义无形也，必以礼焉为形。所谓道也，即君臣、父子、夫妇、昆弟、朋友五者，天下之达道也。”③又说：“故舍礼而言道，则杳渺而不可凭；舍礼而言德，则虚悬而无所薄。……孟子言仁言义，必继之曰‘礼则节文斯二者’，虽孟子亦不能舍礼而论性也。”他甚至认为“格物”的“物”也是指“礼”的“器数仪节”：“《记》曰：‘致知在格物。’物者，礼之器数仪节也。若泛指天下之物，有终身不能尽识者矣。”④

---

① 凌廷堪:《复礼下》,《礼经释例》卷首,《凌廷堪全集》第一册,合肥:黄山书社,2009年版,第18～19页。

② 凌廷堪:《戴东原先生事略状》,《校礼堂文集》卷三五,《凌廷堪全集》第三册,合肥:黄山书社,2009年版,第328页。

③ 凌廷堪:《复钱晓征先生书》,《校礼堂文集》卷二四,《凌廷堪全集》第三册,合肥:黄山书社,2009年版,第215页。

④ 凌廷堪:《复钱晓征先生书》,《校礼堂文集》卷二四,《凌廷堪全集》第三册,合肥:黄山书社,2009年版,第216、215页。

凌廷堪以“理虚礼实”为理由否定“理”，从学风上说，是对清初学界所倡导的“实学”的延续，也与乾嘉时代讲求“实事求是”的治学主张相切合。但正是“实学”思潮和“实事求是”的治学主张，导致清代很多学者尤其是以“汉学家”自诩的学者对具象性思维特别注重，而对抽象思维的意义则比较忽视，凌廷堪的思想中也存在这个问题。

礼与性的关系：因性、节性与复性

张寿安指出，凌廷堪虽然对本体论问题不大关心，但其礼学思想的建立则无法回避人性问题。凌廷堪的复礼主张的基础，正是他的人性观[①]。

不过，凌廷堪并未对人性问题作过专门的阐释，他虽然说过“人之所受于天者，性也；性之所固有者，善也”，但很难就此判定他是性善论者，因为他也说过“性之不善”这样的话。但在讨论“礼”时，凌廷堪确实又是与“性”联系起来谈的。如他说：“孟子以为人性善，犹水之无不下也；荀子以为人性恶，必待礼而后善。盖孟子言仁言义，必继之曰‘礼则节文斯二者’，虽孟子亦不能舍礼而论性也。”凌廷堪论“礼”与“性”，主要着眼于以下三个方面，即因性、制情节欲与复性。

“因性”是就礼的起源而言。凌廷堪认为，父子、君臣、夫妇、长幼、朋友这些人伦关系都是人性固有的，礼就是因顺这五者而产生的，他说：

> 《孟子》曰：“契为司徒，教以人伦：父子有亲，君臣有义，夫妇有别，长幼有序，朋友有信。”此五者，皆吾性之所固有者也。圣人知其然也，因父子之道，而制为士冠之礼；因君臣之道，而制为聘觐之礼；因夫妇之道，而制为士昏之礼；因长幼之道，而制为乡饮酒之礼；因朋友之道，而制为士相见之礼。[②]

---

① 张寿安：《以礼代理：凌廷堪与清中叶儒学思想之转变》，石家庄：河北教育出版社，2001年版，第42～43页。

② 凌廷堪：《复礼上》，《礼经释例》卷首，《凌廷堪全集》第一册，合肥：黄山书社，2009年版，第13页。

凌廷堪将父子、君臣、夫妇、长幼、朋友都看成人们的天然关系，当然是不对的。这五种关系中，除了父子关系外，其余四种关系都是人们在一定社会环境下形成的社会关系。即使是依靠血缘所形成的父子关系，也受着一定历史条件的影响和制约。但由此可以看出，凌廷堪提倡礼学的目的在于将理学的空谈玄理转到关注人伦关系上，用张寿安的话说，就是由"哲学"转向"社会学"①。

"节性"是就礼的防范意义而言。凌廷堪说："圣人之道……其所以节心者，礼焉尔，不远求夫天地之先也；其所以节性者，亦礼焉尔，不侈谈夫理气之辨也。"②

凌廷堪所谓"节性"实际上是指"节欲制情"，所以他又说：

> 夫人有性必有情，有情必有欲。故曰："饮食男女，人之大欲存焉。"圣人知其然也，制礼以节之，自少壮以至耆耄，无一日不囿于礼而莫之敢越也；制礼以防之，自冠昏以逮饮射，无一日不依乎礼而莫之敢溃也。③

凌廷堪认为，人有感官，就有感觉："人之性受于天，目能视则为色，耳能听则为声，口能食则为味，而好恶实基于此。"④所谓"好恶"就是"情"和"欲"⑤。"情"和"欲"虽生于"性"，但"性"是"至中"的，本不需节制，而"情"与"欲"则会

---

① 张寿安在《以礼代理：凌廷堪与清中叶儒学思想之转变》一书的《序言》中说："礼理之争……是探讨近世儒学从其哲学形态(理学)转向社会学形态(礼学)的重要课题。"张寿安：《以礼代理：凌廷堪与清中叶儒学思想之转变》，石家庄：河北教育出版社，2001年版，第8～9页。

② 凌廷堪：《复礼下》，《礼经释例》卷首，《凌廷堪全集》第一册，合肥：黄山书社，2009年版，第18页。

③ 凌廷堪：《荀卿颂序》，《校礼堂文集》卷一〇，《凌廷堪全集》第三册，合肥：黄山书社，2009年版，第74页。

④ 凌廷堪：《好恶说上》，《校礼堂文集》卷一六，《凌廷堪全集》第三册，合肥：黄山书社，2009年版，第139页。

⑤ 按，凌廷堪在《好恶说上》中说："盖好极则生喜，又极则为乐；恶极则生怒，又极则为哀。"则"好恶"显然属于"情"的范畴，但他又说："然则性者，好恶二端而已。"将"好恶"看作"性"的范畴，表现出他在"性"的阐述中显得有些混乱。

有过与不及，如果“过则溢于情，反则失其性”，这就需要以“礼”加以节制：“夫性具于生初，情则缘性而有者也。性本至中，而情则不能无过不及之偏。非礼以节之，则何以复其性焉。……非礼以节之，则过者或溢于情，而不及者则漠焉遇之。”[①]“礼”的作用就是防止“情”和“欲”的过与不及。

“复性”是就制礼的目的而言的。在凌廷堪看来，“复性”是学礼的重要目的，而学礼则是“复性”的重要途径。所以他说：“圣人不求诸理，而求诸礼。盖求诸理必至于师心，求诸礼始可以复性也。”[②]他之所以将学礼与复性联系起来，是因为“礼，不只是维系社会秩序的外在规范，亦兼具变化气质、端正人心的内在作用”[③]。在凌廷堪看来，唯有循礼，外遵礼的规范，内以礼变化气质，才可以复性。他说：

> 良金之在丱（同“矿”）也，非筑氏之熔铸不能为削焉，非栗氏之模范不能为量焉；良材之在山也，非轮人之规矩不能为毂焉，非辀人之绳墨不能为辕焉。礼之于性也，亦犹是而已矣。如曰舍礼可以复性也，是金之为削为量，不必待熔铸模范也；材之为毂为辕，不必待规矩绳墨也。如曰舍礼可以复性也，必如释氏之幽深微眇而后可。若犹是，圣人之道也，则舍礼奚由哉！[④]

凌廷堪认为，人生而获得的“性”，犹如未经熔铸、模范处理的矿石，未经规矩、绳墨处理的木材，它虽好也只是未雕之璞，只有经过“礼”的洗礼，才能焕发人性的光辉。也就是说，“礼”的熏陶是使人性由自在到自觉的必然条件、必然过程。而使人性由自在到自觉，就是“复性”。

---

① 凌廷堪：《复礼上》，《礼经释例》卷首，《凌廷堪全集》第一册，合肥：黄山书社，2009 年版，第 13 页。

② 凌廷堪：《复礼下》，《礼经释例》卷首，《凌廷堪全集》第一册，合肥：黄山书社，2009 年版，第 19 页。

③ 张寿安：《以礼代理：凌廷堪与清中叶儒学思想之转变》，石家庄：河北教育出版社，2001 年版，第 51 页。

④ 凌廷堪：《复礼上》，《礼经释例》卷首，《凌廷堪全集》第一册，合肥：黄山书社，2009 年版，第 14 页。

礼意与礼仪

在具体的礼典仪式中，无论是礼器还是礼的仪节(即礼仪)，都有一定的规定，这是礼的实践活动不可或缺的要素。但礼还有另外一面，即制礼的原则和精神，被习惯称为“礼义”或“礼意”。

对儒家学者来说，礼器和礼仪是重要的不可或缺的，所以孔子当年有“觚不觚”之叹。但最重要的还是它们所体现和蕴涵的原则和精神。所以孔子又说：“礼云，礼云，玉帛云乎哉？乐云，乐云，钟鼓云乎哉？”①当子贡“欲去告朔之饩羊”时，孔子又说：“赐也，尔爱其羊，我爱其礼。”②讲的都是对制礼的原则和精神的重视。《礼记・郊特牲》则更明确地说：“礼之所尊，尊其义也。失其义而陈其数，祝、史之事也。”③有了这种原则和精神即“礼义”或“礼意”，即使礼的具体规定不完善或不符合现实的需要，也可以据以进行修改和新订，即所谓“以义起”，如《礼记・礼运》说：“礼也者，义之实也。协诸义而协，则礼虽先王未之有，可以义起也。”④

那么，礼义或礼意的具体内涵是什么呢？人们发现，在不同的时代，礼器、礼仪都会发生变化，但礼中也有不变的存在，这不变的东西就是礼义或礼意。《礼记・大传》认为，“亲亲也，尊尊也，长长也，男女有别”这四者是不变的，礼意的具体内容也就是它们：

> 圣人南面而治天下，必自人道始矣。立权度量、考文章、改正朔、易服色、殊徽号、异器械、别衣服，此其所得变革者也。其不可得

---

① 何晏集解、邢昺疏：《论语注疏》卷一七《阳货》，见阮元校刻：《十三经注疏》，北京：中华书局，1980年版，下册，第2525页。

② 何晏集解、邢昺疏：《论语注疏》卷三《八佾》，见阮元校刻：《十三经注疏》，北京：中华书局，1980年版，下册，第2467页。

③ 郑玄注、孔颖达疏：《礼记正义》卷二六《郊特牲》，见阮元校刻：《十三经注疏》，北京：中华书局，1980年版，下册，第1455页。

④ 郑玄注、孔颖达疏：《礼记正义》卷二二《礼运》，见阮元校刻：《十三经注疏》，北京：中华书局，1980年版，下册，第1426页。

变革者则有矣,亲亲也,尊尊也,长长也,男女有别,此其不可得与民变革者也。①

张寿安注意到《大传》的这段论述,她认为,这"说明朝代更替礼乐制作纵使各有兴废,但亲亲、尊尊、长长、男女有别四个原则,则是万古不易的礼之大本"②。所谓"礼之大本",也就是礼义或礼意。她还认为,这四个原则并不是同等重要的,其中最重要的是"亲亲"和"尊尊",它们才是"儒家礼秩的两大基石",而"从思想上说,儒家的规范理论与社会稳定都得恃此二脉在运作时取得平衡,才能成立"③。也就是说,亲亲、尊尊、长长、男女有别这四个原则,尤其是亲亲与尊尊原则便是礼义或礼意的具体内涵。

在凌廷堪的礼学研究中,礼义或礼意同样处于重要位置。他所谓"礼意"就是"父子之亲""君臣之义""夫妇之别""长幼之序""朋友之信",如他说:

君子学士冠之礼,自三加以至于受醴,而父子之亲油然矣;学聘觐之礼,自受玉以至于亲劳,而君臣之义秩然矣;学士昏之礼,自亲迎以至于彻馔成礼,而夫妇之别判然矣;学乡饮酒之礼,自始献以至于无算爵,而长幼之序井然矣;学士相见之礼,自初见执贽以至于既见还贽,而朋友之信昭然矣。④

凌廷堪认为,人们所践行的礼仪若符合礼意,就可以在不知不觉之中得以复性:"盖至天下无一人不囿于礼,无一事不依于礼,循循焉日以复其性于礼而不自知也。"他还认为,即使在礼的器数之中也有礼意存在其间:

---

① 郑玄注、孔颖达疏:《礼记正义》卷三四《大传》,见阮元校刻:《十三经注疏》,北京:中华书局,1980年版,下册,第1506页。

② 张寿安:《十八世纪礼学考证的思想活力——礼教论争与礼秩重省》,北京:北京大学出版社,2005年版,第16页。

③ 张寿安:《从"亲亲尊尊"论儒学礼秩的情理结构》,见林庆彰、张寿安主编:《乾嘉学者的义理学》上册,台北:"中央研究院中国文哲研究所",2003年版,第131页。

④ 凌廷堪:《复礼上》,《礼经释例》卷首,《凌廷堪全集》第一册,合肥:黄山书社,2009年版,第14~15页。

是故礼也者,不独大经大法悉本夫天命民彝而出之,即一器一数之微,一仪节之细,莫不各有精义弥纶于其间,所谓"物有本末,事有始终"是也。[①]

凌廷堪在礼意与礼仪之间,同样更重视礼意,而在礼意中,他认为最重要的是"亲亲"和"尊贤",如他说:

《礼记·大传》:服术有六,一曰亲亲,二曰尊尊,三曰名,四曰出入,五曰长幼,六曰从服。郑注:术犹道也。亲亲,父母为首;尊尊,君为首。《丧服小记》亦云:亲亲尊尊,人道之大者也。亲亲尊尊二者,以为之经也;其下四者,以为之纬也。[②]

所谓"服术有六",即是六项礼意,而在这六项礼意中,"亲亲"和"尊尊"则是经、是纲。他有时又将"尊尊"置换为"尊贤",如说:

夫人之所以为人者,仁而已矣。凡天属之亲则亲之,从其本也,故曰:"人者,仁也,亲亲为大。"亦有非天属之亲,而其人为贤者则尊之,从其宜也,故曰:"义者,宜也,尊贤为大。"[③]

凌廷堪在《礼经释例》中还举例说明了"亲亲"和"尊贤"这两项原则是圣人制礼的最重要原则。但他认为,这两项原则在后世逐渐隐晦了。隐晦的原因,在于"亲亲"和"尊贤"这两项原则是在封建(即封邦建国)体制下形成的,随着历史条件的变化,以及封邦建国的历史条件的消失,人们已经不知道当初制礼的本意,于是,便凭己意任意揣度先王制礼的目的和意图:

先王制礼,合封建而言之,故亲亲与尊尊并重。封建既废,尊尊之

① 凌廷堪:《复礼中》,《礼经释例》卷首,《凌廷堪全集》第一册,合肥:黄山书社,2009 年版,第 17 页。

② 凌廷堪:《封建尊尊服制考》,《礼经释例》卷八《变例》附,《凌廷堪全集》第一册,合肥:黄山书社,2009 年版,第 293 页。

③ 凌廷堪:《复礼中》,《礼经释例》卷首,《凌廷堪全集》第一册,合肥:黄山书社,2009 年版,第 15 页。

义六朝诸儒或有能言之者。宋以后儒者因陋生妄，于其所不知，辄以己意衡量圣人，由是说《丧服》者日益多，而礼意日益晦，心窃惑焉。[①]

又说：

《丧服》经传当封建之世，合尊尊、亲亲而制者。汉以后封建既废，儒者不识尊尊之义，故于此经多失其旨。[②]

凌廷堪认为，后世之所以“不识尊尊之义”，主要是因为对所“尊”的对象不了解。在封建体制之下，人们所“尊”之“尊”，首先是指“受重者”，是指“所受宗庙、土地、爵位、人民之重”者[③]。而经、传所说的长子、众子、嫡子、庶子等，皆出于封建之制。而凡“传重者”即为长子，其余皆众子；若有妾子，则以“传重者”为嫡子，其余为庶子。因此，嫡子、庶子只是“传重不传重之分”，而与后世的理解不同。也就是说，在古礼中，以是不是“受重者”区分长子与众子、嫡子与庶子，而不像后世以是不是长子、嫡子决定是不是“受重者”。

凌廷堪在澄清古礼中长子与众子、嫡子与庶子与后世在理解上有区别的同时，还指出古礼中所“尊”的范围也与后世的理解不同。如在古礼中，“士”也在“尊尊”之列。他认为，郑玄注、贾公彦疏为了说明《仪礼·丧服》的“公士，大夫之众臣，为其君布带、绳屦”句中“士”不得为“君”，而把“士”解释为“卿士”，是错误的。古代所说的“君”，虽然是“至尊者也”，但“君”并非仅指天子、诸侯，而是“凡有土有臣者皆称为君”。经他考证，古之士同样有土、有臣，故也应在“尊”之列[④]。张寿安根据凌廷堪的理解进而指出：“君是指受有保土卫民和刑赏之重责之人。换言之，君之当尊，乃尊其职责，非尊其名位。至

---

① 凌廷堪：《封建尊尊服制考》，《礼经释例》卷八《变例》附，《凌廷堪全集》第一册，合肥：黄山书社，2009 年版，第 293 页。

② 凌廷堪：《封建尊尊服制考》，《礼经释例》卷八《变例》附，《凌廷堪全集》第一册，合肥：黄山书社，2009 年版，第 299 页。

③ 凌廷堪：《封建尊尊服制考》，《礼经释例》卷八《变例》附，《凌廷堪全集》第一册，合肥：黄山书社，2009 年版，第 295 页。

④ 参见凌廷堪：《封建尊尊服制考》，《礼经释例》卷八《变例》附，《凌廷堪全集》第一册，合肥：黄山书社，2009 年版，第 296～297 页。

于君专指南面帝王，则是唐以后的误谬。廷堪批评说，唐人治经坚守疏不破注之习，遂多讹信郑注，不及查究经传原文，致使士见黜于君之列，而不得受尊尊之礼。后世更以君专指南面之帝王，遂致尊尊演成尊君。”[①]“尊其职责，非尊其名位”，意味着古礼“尊尊”的真正用意在“尊贤”，与后世所理解的“尊君”是不同的。

凌廷堪在谈到“亲亲”时，还就生母、庶母、继母及养母的丧制问题一一作了考证和辨正。张寿安针对凌廷堪的考证和辨正指出：“尊尊固然是礼中之义，但也不能谬逆亲亲，所谓大义可以灭亲，然至亲亦可以掩义。《礼记》服术六项，首列亲亲，次属尊尊，即表明二者必须斟酌互用，才能协诸义而不失。后世不明尊尊之旨，曲解经义，遂至尊君太过，造成乖忤人情，违逆伦常，困苦人欲之弊病。”[②]张寿安指出，凌廷堪曾以“子为母丧”为例，讨论的就属于礼的种种现象。

所谓“子为母丧”，主要指《仪礼·丧服》的经文“继母如母”“慈母如母”及传对其所作的诠释。如“继母如母”，传曰：“继母何以如母？继母之配父，与因(注：因犹亲也)母同，故孝子不敢殊也。”又如“慈母如母”，传曰：“慈母者何也？传曰：妾之无子者，妾子之无母者，父命妾曰：‘女以为子。’命子曰：‘女以为母。’若是，则生养之终其身如母，死则丧之三年如母，贵父之命也。”凌廷堪据此认为：“夫慈母亦父妾也，非其所生，尚为之三年，而谓所生母不得三年乎？盖经所云‘继母如母’者，谓如适母也。‘慈母如母’者，谓如所生母也。”[③]也就是说，“父卒后，子为母齐衰三年之丧，此子应包括嫡子和庶子，母

① 张寿安：《以礼代理：凌廷堪与清中叶儒学思想之转变》，石家庄：河北教育出版社，2001年版，第71～72页。

② 张寿安：《以礼代理：凌廷堪与清中叶儒学思想之转变》，石家庄：河北教育出版社，2001年版，第73页。

③ 凌廷堪：《封建尊尊服制考》，《礼经释例》卷八《变例》附，《凌廷堪全集》第一册，合肥：黄山书社，2009年版，第299～300页。

则兼指父之正室、继室、妾室以及该子之养母”[①]。

张寿安在总结凌廷堪关于“尊尊”“亲亲”的论述时说：“据此礼意反观其思想，其崇礼却不减人情之旨，更明显可见。”[②]这是很有道理的。

四、“以礼代理”的回响

在皖派学者中，学术思想、学术主张一经提出，就在学界引起巨大反响的，除了戴震，大概就要数凌廷堪。正像林存阳所指出的：“‘以礼代理’思想的形成，却如一石激起千层浪，使前此的潜流喷薄而出，一时汇为潮流。”[③]“以礼代理”一问世，就有一批学者积极回应。

对“以礼代理”说的呼应

对凌廷堪“以礼代理”说呼应的，首先是与他关系密切的交游者，像“刘端临、汪容甫、宋守端、秦敦夫、焦里堂、阮伯元、杨贞吉、黄春谷”等知名学者，就“无不歆然而动”。其中，尤以身为“经学名臣最后一重镇”的阮元倡之最力[④]。

为了与凌廷堪的“以礼代理”说相呼应，阮元提出了“理出于礼”的命题，他说：

> 朱子中年讲理，固已精实，晚年讲礼，尤耐繁难，诚有见乎理必出于礼也。古今所以治天下者，礼也。五伦皆礼，故宜忠宜孝，即理也。[⑤]

---

① 张寿安：《以礼代理：凌廷堪与清中叶儒学思想之转变》，石家庄：河北教育出版社，2001年版，第73页。

② 张寿安：《以礼代理：凌廷堪与清中叶儒学思想之转变》，石家庄：河北教育出版社，2001年版，第75页。按，上文所述，系参考张寿安《以礼代理：凌廷堪与清中叶儒学思想之转变》第二章第五节《礼与礼意》。

③ 林存阳：《清初三礼学》，北京：社会科学文献出版社，2002年版，第318页。

④ 林存阳：《清初三礼学》，北京：社会科学文献出版社，2002年版，第319页。

⑤ 阮元：《书东莞陈氏学蔀通辩后》，《揅经室续集》卷三，见《续修四库全书》第1479册，上海：上海古籍出版社，2002年版，第494页。

阮元曾与纪昀一样，被视为汉学的“护法”。其实，阮元在汉、宋学的问题上与纪昀的观点并不一样，他曾说过：“两汉名教，得儒经之功；宋明讲学，得师道之益，皆于周孔之道，得其分合，未可偏讥而互诮也。”[①]所以并不赞成在经学上作“汉学”与“宋学”的二分，更不主张将“汉学”与“宋学”视为经学领域中壁垒分明的两大阵营。他的上述议论，显然没有排斥宋学之意，而是把朱熹也看成“理出于礼”论者。

但阮元毕竟不是理学家，他对理学家所张扬的“理”或“天理”则不感兴趣，所以对凌廷堪的《复礼》三篇特别欣赏，他对其评说道：“其尤卓然可传者，则有《复礼》三篇，唐宋以来儒者所未有也。”[②]嘉庆十三年(1808)秋，凌廷堪完成《礼经释例》后，曾访阮元于杭州节署，阮元一见《礼经释例》便赞赏有加，并于次年刻《礼经释例》于杭州节署，他还特地将《复礼》三篇置于此书的卷首，以表明他对“以礼代理”说的褒扬之意。

“以礼代理”的另一位呼应者是焦循。张寿安早已注意到焦循的一段言论：

> 君长之设，所以平天下之争也。故先王立政之要，惟在于礼。故曰：能以礼让为国乎，何有天下！知有礼而耻于无礼，故射有礼，军有礼，讼狱有礼，所以消人心之忿，而化万物之戾。渐之既久，摩之既深，君子以礼自安，小人以礼自胜，欲不治，得乎？后世不言礼而言理。九流之原，名家出于礼官，法家出于理官。齐之以刑，则民无耻；齐之以礼，则民且格。礼与刑相去远矣。惟先王恐刑罚之不中，务于罪辟之中，求其轻重，析其毫芒，无有差谬，故谓之理，其官即谓之理官。而所以治天下，则以礼，不以理也。[③]

---

① 阮元：《拟国史儒林传序》，《揅经室一集》卷二，见《续修四库全书》第 1478 册，上海：上海古籍出版社，2002 年版，第 548 页。

② 阮元：《凌次仲传》，《揅经室二集》卷四，见《续修四库全书》第 1479 册，上海：上海古籍出版社，2002 年版，第 112 页。

③ 焦循：《论语通释》，见《续修四库全书》第 155 册，上海：上海古籍出版社，2002 年版，第 47 页。

张寿安认为，焦循指出礼的功能不仅可以止争，还能达成教化人心、端正廉耻的道德作用。而理只是礼教失败必须诉诸讼狱以定其罪罚时，作为辨析的一种工具。因为理本身的目的只在于分清是非，所以往往两造各持一理，无法裁决，徒然增加更多争端①。焦循这段论述表现了他对礼的坚持，强调治天下只能以礼，而不是理。

江藩对凌廷堪的礼学也评价甚高，他说："（凌廷堪）本朝大儒，顾、胡之后，集惠、戴之成，精于三《礼》，专治十七篇，著《礼经释例》一书，上绍康成，下接公彦，而《复礼》三篇，则由礼而推之于德性，辟蹈空之蔽，探天命之原，岂非一代之礼宗乎！"②"上绍康成，下接公彦"未必是确评，说凌廷堪是"一代之礼宗"，则并非过誉，"以礼代理"的礼学思想和《礼经释例》一书，确实将凌廷堪推到了"一代礼宗"的位置。

钱大昕也曾称赞过凌廷堪的礼学思想。嘉庆八年（1803）五月，他在致凌廷堪的信中说："昌黎以后，无此绝识者，殆千年矣。《礼经》十七篇，以朴学人不能读，故郑君之学独尊。然自敖继公以来，异说渐滋。尊制一出，学者得指南车矣。"③嘉庆八年（1803），凌廷堪的《礼经释例》一书尚未定稿，钱大昕所说的"尊制"，究竟是指凌廷堪正在撰述中的《礼经释例》，还是指他的《复礼》三篇，我们尚不清楚。不过，他高度肯定凌廷堪的礼学思想，这一点表达得很清楚。

但他给凌廷堪的信，并不见于钱大昕的文集，而在凌廷堪的文集中也没有看到他给钱大昕的信。双方的通信都未收进各自的文集，其原因是什么则不得而知。我们揣想：这是不是因为他们后来发现彼此在礼学上并非同道的缘故？

---

① 参见张寿安：《以礼代理：凌廷堪与清中叶儒学思想之转变》，石家庄：河北教育出版社，2001年版，第113页。

② 江藩：《校礼堂文集序》，《校礼堂文集》卷首，见《续修四库全书》第1480册，上海：上海古籍出版社，2002年版，第103页。

③ 钱大昕：《与凌次仲书》，见《校礼堂文集》嘉庆十八年（1813）刊本卷首，引自《凌廷堪全集》第四册附录，合肥：黄山书社，2009年版，第290页。

“理礼之争”

尽管凌廷堪和阮元都不是“汉学”与“宋学”的二分论者，他们提出“以礼代理”和“理出于礼”等命题，在主观上也并非要以“汉学”排挤“宋学”，但“以礼代理”和“理出于礼”等命题毕竟不太在意理学家所看重的“理”，在客观上动摇了理学的地位。钱穆就指出过这一点，他说：“夫而后东原之深斥宋儒之言理者，次仲乃易之以言礼。同时学者里堂、芸台以下，皆承其说，一若以理、礼之别，为汉、宋之鸿沟焉。”①因此，凌廷堪、阮元提出“以礼代理”和“理出于礼”的命题之后，还是引起了坚持“宋学”立场的学者的不满，导致了“理、礼之争”。其中反对凌廷堪和阮元命题最力的是方东树。

方东树是以批判“汉学”而著称的学者。阮元“理出于礼”论刚问世，方东树就起而批评道：“此论出之最后、最巧、最近实，几于最后转法华。新学小生，信之弥笃，惑之弥众，争之弥力，主之弥坚。”方东树认为阮元“援朱子晚年修《礼经》诸说，此乃诬朱子中年言理，晚始悔而返之于礼者，与阳明《朱子晚年定论》其事恰相反，而其用意之私，为说之巧，伎俩则适相同”。又说：“今汉学家厉禁‘穷理’，第以礼为教。又所以称礼者，惟在后儒注疏名物制度之际，益失其本矣。使自古圣贤之言、经典之教，尽失其实而顿易其局，非亘古未有之异端邪说乎？夫谓理附于礼而行，是也；但谓当读《礼》，不当‘穷理’，非也。……夫言礼而理在，是就礼言理。言理不尽于礼，礼外尚有众理也。”②

“以礼代理”说与清代礼学的新走向

“以礼代理”说的问世，不仅将凌廷堪推到“一代礼宗”的位置，引发了“理礼之争”，同时，也影响到清代后期礼学的走向，推动“穷理即治礼”“理学即礼学”“礼学即理学”等礼学命题的出现。

---

① 钱穆：《中国近三百年学术史》，上册，北京：中华书局，1986年版，第495页。

② 方东树：《汉学商兑》卷中上，见《续修四库全书》第951册，上海：上海古籍出版社，2002年版，第568～569页。

“穷理即治礼”

“穷理即治礼”是黄式三提出的命题。

黄式三是受皖派朴学影响的学者。他对戴震很钦佩，曾作《申戴》三说（即《申戴氏气说》《申戴氏理说》《申戴氏性说》），以捍卫戴学。他也与皖派学者一样，反对汉学、宋学的二分，指出：“经无汉、宋，曷为学分汉、宋也乎？自明季儒者疏于治经，急于讲学，喜标宗旨，始有汉学、宋学之分。”①他虽然肯定江藩的《国朝汉学师承记》“可以救忘本失源之弊”，但又认为其“宗师惠、余，揽阎、江诸公为汉学，必分宋学而二之，适以增后人之惑”②。与反对汉学、宋学二分相应的是，黄式三认为在治经学时，理义虽然重要，考据训诂也不可忽视，他说：“夫理义者，经学之本原；考据训诂，经学之枝叶、之流委也。削其枝叶而干将枯，滞其流委而原将绝。”③

黄式三也十分重视礼学。他曾作《约礼说》《复礼说》《崇礼说》诸文，以申其礼说。在《崇礼说》一文中，他说：“君子崇礼以凝道者也，知礼之为德性也而尊之，知礼之宜问学也而道之，道问学所以尊德性也。”“后世君子，外礼而内德性，所尊或入于虚无；去礼而滥问学，所道或流于支离。此未知尊礼之为要也。不崇礼即非至德，何以能凝至道？”④

黄式三在礼学上与凌廷堪不同，他主张礼与理的统一，而不同意凌廷堪的不言理，他说：“凌次仲教授《礼经释例》首以《复礼》上、中、下。其下篇云：‘仁不能舍礼但求诸理。’又云：‘求诸理，必至于师心。’又云：‘圣学礼也，不云理也。’此因儒者舍礼言理，指心之微而难见者以为幽妙，有激而言，矫枉过

---

① 黄式三：《汉宋学辨》，《儆居集·经说三》，上海：上海古籍出版社，2010年版《清代诗文集汇编》第563册，第489页。

② 黄式三：《汉学师承记跋》，《儆居集·杂著一》，上海：上海古籍出版社，2010年版《清代诗文集汇编》第563册，第650页。

③ 黄式三：《汉郑君粹言叙》，《儆居集·杂著一》，上海：上海古籍出版社，2010年版《清代诗文集汇编》第563册，第645～646页。

④ 黄式三：《崇礼说》，《儆居集·经说一》，上海：上海古籍出版社，2010年版《清代诗文集汇编》第563册，第460页。

正。甲午四月望后，跋凌氏书已言之，但未详耳。阮刻凌书，径删下篇，不如驳而存之。”[①]为纠正凌廷堪的“矫枉过正”，他于是提出“穷理即治礼”的命题：

礼者，理也。古之所谓穷理者，即治礼之学也。尽性在此，定命在此。[②]

尽管黄式三对“儒者舍礼言理”同样不满，但他不愿抛弃“理”，于是提出超越于汉学、宋学对立的观念，把“穷理”视为“治礼之学”。

“理学即礼学”

继黄式三“穷理即治礼”命题之后，陈澧又提出了“理学即礼学”的命题。

陈澧(1810—1882)字兰甫、兰浦，号东塾，世称“东塾先生”，广东番禺(在今广州市)人。道光十二年(1832)举人，六应会试不中。先后受聘为学海堂学长、菊坡精舍山长。学贯经学、天文、地理、乐律、算术、书法诸领域，精于古文、骈文、诗词，著述有120余种，著名的有《东塾读书记》《汉儒通义》《声律通考》等。

陈澧也深受皖派朴学的影响。他曾自比程瑶田：“国朝儒者，于汉学、宋学、礼乐、书数、天文、地理，无不纵贯者，江慎修一人也。余所仰慕在此。今年已五十，不能及江慎修，亦不能及戴东原，但似程易畴(瑶田)耳。”[③]他与皖派学者一样，不同意说“汉儒”仅重视训诂考据而忽视义理、“宋儒”仅重视义理而忽视训诂考据的偏见，认为“汉儒善言义理，无异于宋儒。宋儒轻蔑汉儒者，非也。近儒尊汉儒而不讲义理，亦非也”[④]。

陈澧很重视凌廷堪的《礼经释例》。他曾设想取《仪礼》经文，“依吴中林《章句》，分节写之。每一节后，写张皋文之《图》，又以《释例》分写于经文之下，名曰

---

① 黄式三：《约礼说》，《儆居集·经说一》，上海：上海古籍出版社，2010年版《清代诗文集汇编》第563册，第459页。

② 黄家岱：《礼记笺正叙》，《嫔艺轩杂著》卷下，转引自林存阳：《清初三礼学》，北京：社会科学文献出版社，2002年版，第349页。

③ 杨寿昌：《陈兰甫先生澧遗稿》，《岭南学报》第2卷第3期(1932年6月)。

④ 陈澧：《东塾读书记》卷首《自述》，上海：上海古籍出版社，2012年版，第2页。

《仪礼三书合钞》”[①]。此设想虽未实施，但于此可见，他是把凌廷堪的《礼经释例》视为《仪礼》的最好诠释。正是在凌廷堪礼学思想的影响下，他提出了“理学即礼学”的命题：

> 《中庸》《大学》，后世所谓理学，古人则入于《礼记》者。《仲尼燕居》云：“子曰：礼也者，理也。”《乐记》云：“礼者，理之不可易者也。”故理学即礼学也。[②]

陈澧与凌廷堪一样，十分重视礼意。他在谈到礼意时，还进而认为“礼意”就是“天理、人情”：“分类者，礼文也。礼文之中有礼意焉，不可不知也。不明礼文，不可以求礼意。然明礼文而不明礼意，则或疑古礼不可行于后世，不知古今礼文异而礼意不异。礼意即天理也、人情也，虽阅百世不得而异也。”[③]

陈澧在礼学上虽然受到凌廷堪的深刻影响，但他的礼学思想与凌廷堪也不尽相同。其不同突出表现在对《仪礼》在礼学典籍中的定位上。陈澧是将《仪礼》与《周官》《礼记》同视为《礼经》的，他认为《周礼》虽然不尽是周公所作，但反映的是周代的典制：“周公制礼，至幽厉而废，至秦而燔灭。幸而《周礼》出于山岩屋壁，即不尽周公所作，终是周代典制，岂可排弃之乎？”[④]而《礼记》则是后人所述的古事、古制、旧说：“凡《礼记》所言‘记曰’，皆是古有此记也。记之从来远矣。”又说：“其述古事、述古制、述旧说，不敢自专而为疑辞。古人著书，谨慎如此。”[⑤]这都与皖派学者仅以《仪礼》为礼的“本经”的观点不同。他在拟作的《三礼表》中，还打算以《周礼》为主制作《三礼表》：“余欲著《三礼表》……盖读三《礼》者，苦其浩如烟海。幸有江氏《纲目》，整顿礼文，若名物制度之等差，作表以明之，可与《纲目》并行也。《纲目》，《仪礼》为主。此

① 陈澧：《东塾读书记》卷八《仪礼》，上海：上海古籍出版社，2012年版，第136页。
② 陈澧：《东塾读书记》卷九《礼记》，上海：上海古籍出版社，2012年版，第160页。
③ 陈澧：《赠王玉龙序》，《东塾集》卷三，见《续修四库全书》第1537册，上海：上海古籍出版社，2002年版，第270页。
④ 陈澧：《东塾读书记》卷七《周礼》，上海：上海古籍出版社，2012年版，第115页。
⑤ 陈澧：《东塾读书记》卷九《礼记》，上海：上海古籍出版社，2012年版，第146页。

则《周礼》为主。”[①]陈澧还认为,《仪礼》保存的主要是礼文,而《礼记》则主要是揭示礼意:“《仪礼》,礼之文也;《礼记》,礼之意也。”[②]这一观点使人感到他似乎对《礼记》更为看重。因此,陈澧虽然受到皖派学者的深刻影响,但并不能被视为皖派学者,这就是原因之一。

“礼学即理学”

“礼学即理学”是黄以周提出的命题。

黄以周(1828—1899)原名元同,后改以周,字元同,号儆季,黄式三的第四子。同治九年(1870)举人,历任遂昌、海盐县训导,处州府学教授,特荐为内阁中书。后应江苏督学黄体芳之聘,主讲江阴南菁书院达 15 年。黄以周自述其学道:“古圣既往,道载于文。六经之外……无所谓文。故欲谭道者,先通经;欲通经者,先识字。以周夙承庭训,治经有年,于训诂声音之学,宗守许书。其发明许学者,又服膺段、王两家。读菉友(按,菉友为王筠号)注,得许书之义例,读懋堂注,知经学之恉趣。”[③]他一生专力治经,尤精三《礼》,著有《礼书通故》《经训比义》《经说》,另辑有《军礼司马法》《子思子辑解》等。

黄以周论学,继承了黄式三“穷理即治礼”的观点,他说:

> 古人论学,详言礼而略言理。礼即天理之秩然者也。《虞书》曰:“天秩有礼。”《孔子燕居》曰:“礼也者,理也。”《乐记》曰:“礼也者,理之不可易者也。”节文度数,有至理寓焉矣。故考礼之学,即穷理之学也。[④]

黄以周不仅继承了黄式三的“穷理即治礼”命题,他还遥接了顾炎武的“经学即理学”命题,认为“经以载道,经学即是理学,经学外之理学为禅学,读《日知

① 杨寿昌:《陈兰甫先生澧遗稿》,《岭南学报》第 2 卷第 3 期(1932 年 6 月)。

② 陈澧:《赠王玉龙序》,《东塾集》卷三,见《续修四库全书》第 1537 册,上海:上海古籍出版社,2002 年版,第 270 页。

③ 黄以周:《说文解字补说叙》,《儆季文钞・文钞二》,上海:上海古籍出版社,2010 年版《清代诗文集汇编》,第 708 册,第 477 页。

④ 黄以周:《曾子论礼说》,《儆季文钞・文钞一》,上海:上海古籍出版社,2010 年版《清代诗文集汇编》,第 708 册,第 454 页。

录》可会之"[1]。由于黄以周还说:"古人言学,近之以治其身心,远之以治其国家,不越乎礼。"[2]故后人遂将黄以周的观点概括为"礼学即理学",如缪荃孙[3]说:"先生以经学为理学,即以礼学为理学。顾氏之训,至先生而始阐。"[4]

从黄式三、陈澧到黄以周等治礼的著名学者所提出的礼学命题来看,崇礼一直是清代学术的重要趋向,而这一趋向的形成,与凌廷堪的"以礼代理"命题有密切关系。所以有学者说:"自清初顾炎武'经学即理学'说肇端于前,清中叶凌廷堪、阮元倡'以礼代理'扬波于后,至晚清陈澧、黄以周畅发'理学即礼学''礼学即理学',清儒崇礼思想终得一成功总结。"[5]

不过,黄式三、陈澧、黄以周等学者已经生活在"汉、宋学之争"日渐缓和并逐渐走向终结的时期,融通汉、宋学已经成为很多学者的共识。这样的学术背景,使他们崇礼,却不陷入汉、宋学的对立。如黄式三就说:"后世君子,外礼而内德性,所尊或入于虚无;去礼而滥问学,所道或流于支离。此未知尊礼之要也。"为了"尊礼",他对汉学和宋学都批评。所以,他们的礼学命题中同样有淡化"一若以理、礼之别,为汉、宋之鸿沟"的意味。

---

① 黄以周:《南菁书院立主议》,《儆季文钞·文钞六》,上海:上海古籍出版社,2010年版《清代诗文集汇编》,第708册,第544页。

② 黄以周:《答周官问》,《儆季文钞·文钞四》,上海:上海古籍出版社,2010年版《清代诗文集汇编》,第708册,第503页。

③ 按,缪荃孙(1844—1919)字炎之,又字筱珊,晚号艺风老人,江苏江阴人,光绪年间进士。他幼承家学,11岁即修毕五经。17岁时,侍继母避兵淮安,肄业于丽正书院,习文字学、训诂学和音韵学。21岁,举家迁居成都,习文史,考订文字。24岁四川乡试举人。光绪二年(1876)中进士,授翰林院编修。此后历主南菁、泺源、龙城、钟山等书院讲席,创办过江南图书馆和京师图书馆。缪荃孙知识渊博,尤熟悉文史掌故。著有《艺风堂藏书记》《艺风堂金石文字目》《艺风堂文集》等。

④ 缪荃孙:《中书衔处州府学教授黄先生墓志铭》,见缪荃孙纂录:《续碑传集》第七十五卷《儒学五》,周骏富辑:《清代传记丛刊》第119册,台北:明文书局,1985年版,第322页。

⑤ 林存阳:《清初三礼学》,北京:社会科学文献出版社,2002年版,第355页。

第十七章 后戴震时期的皖派朴学(二)

——俞正燮的经世之学

在清代学术史上，嘉庆朝是一个很有意思的时期，它若与乾隆朝连用为“乾嘉”，就会使人联想到朴学(或习惯所称的“汉学”)兴盛的那个时代；如果与道光朝连用成“嘉道”，则意味着朴学走向式微、清代学术面临着又一次转型的时期。本章所要讨论的俞正燮，便是生活在这一时期的徽州学者。

嘉道时期的学术转型，主要表现为经世之学的兴起，学界涌现出一股经世思潮。俞正燮的学术思想就是在这一学术背景下形成的，它代表了皖派朴学重视经世的学术趋向。

一、嘉道经世之学的兴起

在中国古代，学术的命运往往为国家命运所牵动。嘉道时期，是清王朝国势急剧下滑的时期，日益严重的政治危机、社会危机使它呈现出“日之将夕，悲风骤至”[①]的情势。面对这样的政治社会情势，学术思想也自然会得到调整。

清王朝的政治、社会危机，其实可以追溯到乾隆时期。在乾隆朝后期，官

① 龚自珍:《尊隐》,《龚自珍全集》第一辑，上海:上海人民出版社，1975年版，第87页。

吏腐败、财政拮据、土地兼并等痼疾就已经十分严重。同时，在川、楚、陕三省的边境地区还聚集着来自川、楚及豫、皖、赣等省数以百万计的流民，这是一堆一点即燃的干柴。嘉庆元年(1796)，这堆干柴终于点燃了——川、楚地区爆发了白莲教起义。起义历时九年，波及川、楚、陕、豫、甘等省，清政府在镇压白莲教上所花的银两多达两亿，相当于四年的财政收入。经此沉重打击，清王朝元气大伤，社会矛盾更加尖锐，走向衰落的过程明显加快了。到道光时期，列强的虎视和入侵，更威胁着国家的主权和安全。而飘摇在内忧外患之中的清王朝这只巨船的掌舵者们，不仅没有挽狂澜于将倒而自救的得力举措，甚至连自我修复的意识也淡薄。

严峻的政治、社会危机，唤醒了一批有社会责任感的学者。他们不再满足于在故纸堆中翻腾，而将视线越来越多地投向现实，打出了“经世致用”的旗号。经世思潮便油然兴起。

清朝初年也曾出现过经世思潮。明清之际，学者们针对晚明的“空疏”学风，打出了“实学”旗号，纷纷倡导经世致用的治学原则，一股以经世为目标的学术主张遍及各个学术流派。不过，这场盛开的“实学”之花并没有结下理想的“经世”之果，它一方面重新确立了程朱理学在官方意识形态领域的统治地位；另一方面，顾炎武“经学即理学”的口号下，学界走向了以回归儒学原典为目标的经学研究。此时，一些学者虽然在经学研究中仍打着“通经致用”的旗号，其实离“致用”却越来越远。到乾嘉时期，经学研究虽然达到鼎盛，但“通经”与“致用”则更加疏离。他们在由训诂考据而“通经”方面取得了显著的学术成果，而对“致用”则考虑甚少。他们有时也说“经世”，如钱大昕在批判方苞的“古文义法”时便说：“夫古文……要其为文之旨有四，曰明道，曰经世，曰阐幽，曰正俗。有是四者，而后以法律约之，夫然后可以羽翼经史，而传之天下后世。”[①]但钱大昕并未真正使“经世”成为他的学术实践。所以乾嘉时期的学者往往给批评者留下不能“致用”的把柄。嘉庆年间，方东树在批评“汉

① 钱大昕:《与友人书》,《潜研堂文集》卷三三,《潜研堂集》,上海:上海古籍出版社,1989年版,第606～607页。

学"时,就以"通经致用"为抓手,猛批"汉学"家对"通经"和"致用"的疏离。他在肯定"训诂名物制度,实为学者所不可阙之学",主张义理、考据相结合,强调"义理、考据必两边用功,始得"的同时,针对"汉学"家对"通经"和"致用"的疏离,特为打出"通经致用"的旗号,要求经学研究应使"人己均获治经之益,国家获通经之用"①。方东树对"汉学"的批判或未免有门户之见,但他指出"汉学"存在将"通经"与"致用"相脱离的弊端,则是有道理的。

嘉道时期的学者将治学目光转向经世致用,这与他们对儒学命运的关注有关。"致用"是儒学政治社会功能的体现,也是儒学生命之所系。离开"致用"的"通经",则将使儒学成为僵化的纸上的学问。乾隆时期,考据学的极盛虽然将经学推向高峰,但轻忽"经世"显然削弱了儒学的政治社会功能。在依然呈现"烈火烹油,鲜花着锦之盛"的乾隆时代,儒学政治社会功能的削弱并没有引起人们广泛的关注,当时,虽然章学诚提出了"史学所以经世,固非空言著述"②的观点,响应者则寥寥。但到嘉庆时期则不同了。这时,清王朝"盛筵难再"的情势已经十分清晰了。面对日益突出、日益尖锐的政治和社会问题,确立"致用"的治学目标,就成为儒学的必然选择,"经世"思潮也就自然因之兴起。

梁启超曾对嘉道时期"经世"思潮的产生作过分析,他说:"清初'经世致用'之一学派所以中绝者,固由学风正趋于归纳的研究法,厌其空泛,抑亦因避触时忌,聊以自藏。嘉道以还,积威日弛,人心已渐获解放,而当文恬武嬉之既极,稍有识者,咸知大乱之将至。追寻根源,归咎于学非所用,则最尊严之学阀,自不得不首当其冲。"加之"'鸦片战役'以后,志士扼腕切齿,引为大辱奇戚,思所以自湔拔",于是"经世致用观念之复活",遂"炎炎不可抑"③。

---

① 方东树:《汉学商兑》卷下,见《续修四库全书》第951册,上海:上海古籍出版社,2002年版,第614页。

② 章学诚:《文史通义》卷五《内篇五·浙东学术》,见叶瑛:《文史通义校注》上册,北京:中华书局,1985年版,第524页。

③ 梁启超:《清代学术概论》,见朱维铮校注:《梁启超论清学史二种》,上海:复旦大学出版社,1985年版,第58~59页。

梁启超对嘉道时期学风转变的论述，原本是有道理的，但他却以今文经学的目光，提出了清代学术是“以复古为解放”的观点和“倒卷而缫演之”的演变模式。按照他的意思，乾嘉时期尊崇的许（慎）、郑（玄）之学属于东汉古文学，那么，“倒卷”上去就是西汉今文学，再往上，就是先秦的诸子学。

与梁启超相类似的观点也出现在今文学者皮锡瑞那里。他说过：“国朝（即清朝）经学凡三变。国初，汉学方萌芽，皆以宋学为根柢，不分门户，各取所长，是为汉、宋兼采之学。乾隆以后，许、郑之学大明，治宋学者已鲜。说经者皆主实证，不空谈义理。是为专门汉学。嘉、道以后，又由许、郑之学导源而上，……汉十四博士今文说，自魏、晋沦亡千余年。至今日而复明。实能述伏、董之遗文，寻武、宣之绝轨。是为西汉今文之学。”[①]

梁启超和皮锡瑞的观点在学界影响颇深，直到今天，仍有学者认为：“清代经学的发展，大致经历了从明末清初的汉宋兼采，到乾嘉时期的汉宋对立，再到清中晚期公羊学的崛起，直至清末的‘中体西用’与经学式微这样一个过程。与此相对应，清代经学的‘通经致用’，也大致经历了从明末清初的实学思潮，到乾嘉时期通经与致用的相互疏离，再到公羊学力倡经世致用，直至清末通经致用观念的消解这样一个过程。”[②]

所谓“公羊学力倡经世致用”，是把今文学者看作经世致用主张的最主要倡导者。其实，当时关心经世之学的并不只是今文学者，它已经成为不同学派、不同学术立场的很多学者的共同学术取向。持有公羊学倾向的学者如龚自珍、魏源等人，固然是经世之学的极力主张者，但倡导并实践经世之学的并不止他们，即就皖籍学者而言，就有包世臣、姚莹等。

包世臣（1775—1855）字慎伯，晚号倦翁、小倦游阁外史，泾县人。他虽博学工词章，但六应乡试，直到嘉庆十三年（1808）方中恩科举人。此后又 13 次

---

① 皮锡瑞：《经学历史·经学复盛时代》，见周予同注释：《经学历史》，北京：中华书局，1959 年版，第 341 页。

② 汪高鑫：《论“通经致用”的经学传统》，《安徽大学学报（哲学社会科学版）》2009 年第 2 期。按，清末学者皮锡瑞（1850—1908）在《经学历史》中，对清代经学的演进提出过类似的看法。

入京会试,均落第。道光十五年(1835)他 61 岁时,以大挑一等分发江西,但遇母亲去世,守制满三年后,才权知新喻县(今江西新余市)。而在任不到一年,便为抚、学两院弹劾罢官,结束了他短暂的仕途,继续幕宾生涯,乃至卖文为生。著有《安吴四种》(即《中衢一勺》《艺舟双楫》《管情三义》《齐民四术》四种合刊)及《说储》《小倦游阁集》等,其书法、书学亦颇著于世。

包世臣虽然仕途蹭蹬,但在公卿大夫中名声却颇大。《清史列传》说,包世臣"居金陵,布衣翛然。江省督抚遇大兵、大荒、河、漕、盐诸巨政,无不屈节咨询,世臣亦慷慨言之,虽有用有不用,而其言皆足传于后"[①]。向包世臣"屈节咨询"的,就包括陶澍、裕谦、杨芳等著名的封疆大吏。

包世臣能够以布衣名动公卿,得力于他的"经世"之学。他不再以"通经"为终极目的、以训诂考据为治学路径,而是从现实需要出发,以"救时之弊"为治学目标,在学术上涉及政治体制、农政、盐政、漕政、屯田以及行政区划设置等诸多方面,显示出他对现实问题的广泛关注。

与包世臣几乎同时的姚莹,也是力主经世之学的安徽籍学者。姚莹(1785—1853)字石甫,号明叔,晚号展和,又自号幸翁,桐城(今安徽桐城市)人,姚鼐的从孙。嘉庆十二年(1807)中举,次年为进士。此后曾游幕广东,在福建、江苏任过地方官。道光十六年(1836),权两淮盐运使。鸦片战争爆发时,他正在台湾道任上,与镇将达洪阿协力抗击英军。《南京条约》签订后,姚莹却被诬指"冒功欺罔",戴罪以知州分发四川,并两使西藏。道光三十年(1850),协助陆建瀛主持盐务。咸丰初,奉旨赴广西赞理军务,镇压太平军,后任湖南按察使,积劳卒于官。著有《东槎纪略》《康辅纪行》《寸阴丛录》《识小录》及《东溟文集》《诗集》《奏稿》等。

如果说,包世臣在学术上是不主一家的学者,那么,姚莹所持的则是程朱之学,崇奉"宋学",但他同样是经世之学的主张者和践履者。《清史列传》在谈到姚莹之学时说:"莹之学源于从祖鼐,于书无所不窥,顾不好经生章句,而

---

① 佚名:《清史列传》卷七三《文苑传四》,北京:中华书局,1987 年版,第十九册,第 6014 页。

慕贾谊、王守仁之为人。文章善持论，指陈时事利害，慷慨深切，异乎世以茶若枯涩为学桐城者。”[①]所谓“慕贾谊、王守仁之为人”，就是仰慕他们的事功。姚莹自己也说：“外蕃异域之事，学者罕习，心窃疑之。虽历代外夷，史皆有志，而今昔不同，要当随时咨访，以求抚驭之宜，非徒广见闻而已。……莹自嘉庆中，每闻外夷桀骜，窃深忧愤，颇留心兹事。”[②]他的“经世”之学主要表现在边疆史地的研究上，其所著的《东槎纪略》《康輶纪行》，便是嘉道间边疆史地研究的重要著作。

与包世臣、姚莹同时的还有另一位皖籍学者，也以倡导经世之学而负盛名，他便是皖派学者俞正燮。

二、俞正燮的生平与著作

俞正燮（1775—1840）字理初，黟县人。他没有显赫的家族背景，没有富裕的家庭条件，而是依靠作幕、坐馆和“佣书”，在艰难竭蹶中度过一生。但由于他一生读书不止，笔耕不辍，使他成为一位著作等身的学者。不过，由于他的很多著作是为“佣书”（即为他人编书和校书）而作，故留在他名下的著作反而不多，仅有《癸巳类稿》等寥寥几部。但就是这不多的著作，显示出他过人的学识，蔡元培对他能够“认识人权”“认识时代”就十分崇拜[③]，周作人更将他与汉代王充、明代李贽一起奉为“中国思想界三贤”[④]。

家族与家道

黟县俞氏也是迁自中原的家族。据俞正燮考订，俞氏的地望为河间，其

---

① 佚名：《清史列传》卷七三《文苑传四》，北京：中华书局，1987年版，第十九册，第5998页。

② 姚莹：《康輶纪行自叙》，《康輶纪行》卷首，北京：中华书局，2014年版，第1页。

③ 蔡元培：《俞理初先生年谱跋》，见《俞正燮全集》第3册附录四，合肥：黄山书社，2005年版，第282～285页。

④ 周作人：《读初潭集》，见《俞正燮全集》第3册附录一，合肥：黄山书社，2005年版，第221页。

先世于晋永嘉之乱时自河南徙居于歙。宋时，俞献卿[1]以刑部侍郎致仕后，卒于杭州，庆历六年(1046)返葬歙，这是河间俞氏徙居歙的可考者。而俞正燮据祠谱认为到明代中叶，俞氏方“由婺来居”黟县，至玄泗公(其名不详)，黟县俞氏始有世系可考[2]。

但是，俞氏迁黟之后，似乎也未出现过有声望的人物，俞正燮追溯其先人，提到其曾祖(启侯)、祖父(成洛)，仅记姓名而已，并无事迹可载。俞正燮之父俞献(字可亭)虽稍稍知名，也仅仅在乾隆四十二年(1777)为拔贡生，主讲过河南闻政书院，后官句容县训导、署望江县教谕。他所著的《星岩集》并没有传世，其学术影响自然也就无从谈起。

在世家林立、冠盖如云、学者群聚的徽州地区，像俞正燮这样的家庭，自然就显得较为低微了。

俞正燮不仅没有煊赫的家族背景，甚至连家道也常陷于艰难竭蹶之中。俞献有子六人，即正燮、正禧[3]、正馥、正祺、正枢、正佺，全靠其微薄薪俸抚育，以至于俞正燮少年时就因为家庭贫困，无力从师，只得受教于其父[4]。

---

① 按，俞献卿(生卒年不详)字谏臣，咸平二年(999)进士，授安丰县尉、昭州军事推官，后除殿中侍御史、三司盐铁判官。其时，淮、浙盐利不登，命献卿往经度之，他更立新法，岁增盐课缗钱甚众；陕西兵食不足，任用献卿为转运使，很快完成粮食调运，且呈奏周详的边防策略。后迁福建转运使、刑部郎中、盐铁副使，以右谏议大夫、集贤院学士知杭州。时杭州江潮决堤，献卿发卒凿西山，筑堤数十里。回京后，主管三班院，掌管通进、银台司，最后知应天府，以刑部侍郎致仕。

② 参见俞正燮:《俞氏世谱序》，见王中立纂辑、蔡元培参订:《俞理初先生年谱》，《俞正燮全集》第3册附录四，合肥:黄山书社，2005年版，第256页。

③ 按，俞正禧(生卒年不详)字鼎初，道光十七年(1837)举人，著有《艿林堂文集》二卷，但也未传世。参见王中立纂辑、蔡元培参订:《俞理初先生年谱》，《俞正燮全集》第3册附录四，合肥:黄山书社，2005年版，第257页。

④ 按，王立中在《俞理初先生年谱》中说，在俞正燮序汪子秀《千文音义汇略》中有“正燮少与共砚席”句，他揣测道:“岂可亭(即俞献)先生亦尝授徒?”(王中立纂辑、蔡元培参订:《俞理初先生年谱》，《俞正燮全集》第3册附录四，合肥:黄山书社，2005年版，第258～259页)但钟金才经考证认为，俞正燮在句容时，曾师从汪子秀(即汪梦桂)族祖汪廷榜(即汪仰山)(参见钟金才:《俞正燮考据学研究》，扬州大学2012年学位论文，第11～12页)。不过，即使俞正燮师从汪廷榜，那也早过了《礼记·内则》所说的“就外傅”之年。

求学

在俞献任句容训导期间，俞正燮依然随侍，读书于学署，而其父“学俸所入，尽给为买书费”，由此也可见其生活的拮据。但也正是因为俞献以学俸供俞正燮买书，遂使他得以“积轴万卷”，为他广泛涉猎创造了条件。而俞正燮的天资甚好，程恩泽就说过：“理初负绝人之资，笃好读书，自识字积发，素寝馈凡四五十年。其善于始也能入，其眇于终也能出。丛籍城拥手翻，翻不辍，辍辄大半成诵。”[①]靠所负的“绝人之资”和广泛涉猎，俞正燮年轻时就很博学。他学术上“博杂”的基础就奠定在这个时期。

乾隆五十二年(1787)，俞正燮与句容的王乔年同撰《阴律疑》，这是他从事撰述之始[②]。此时他18岁。

嘉庆元年(1796)，俞正燮离开句容赴京师求学。次年，自汶上泛舟至临清，转至京师，馆于朱珪家中，并捐为国子监监生[③]。

嘉庆三年(1798)，俞正燮可能读到秦蕙田的《五礼通考》，他作有《书〈五礼通考〉后》一文。王立中在《俞理初先生年谱》中摘引文中“据魏晋以后礼制，多本王肃、皇甫谧，其说不可不采，然宜附所引史志后，不宜附经后。引经止存汉传注本义，魏晋以后野文皆削之，宋元人平话、帖括两体文，尤不当载。而制度则案年次之。通考之体应如此，此书体例非也”一段之后，评论道：“按，《五礼通考》号称精博，先生讥其体例不是，真通识也。少年时已具此学力，宜有不朽之业。”[④]

---

① 程恩泽：《癸巳类稿又序》，《程侍郎遗集》卷七，见《续修四库全书》第1511册，上海：上海古籍出版社，2002年版，第280页。

② 俞正燮《颐正堂文序》曰：“正燮少时，尝与崧鹤作《阴律疑》，裁书满屋，朱墨灿然，崧鹤之力为多。”(《癸巳存稿》卷一二，《俞正燮全集》第2册，合肥：黄山书社，2005年版，第489页)按，“《阴律疑》”在《俞公崇祀乡贤事实十八条》中作“《阴律疑实》”，并谓其书为“穷理尽性之书”。

③ 参见钟金才：《俞正燮考据学研究》，扬州大学2012年学位论文，第8页。按，钟金才论文谓俞正燮于嘉庆元年(1796)即至京师，但俞正燮《会通河水道记》曰：“嘉庆丁巳秋，自汶上泛舟至临清，检书记之时，九月七日也。”则俞正燮至京师时，疑是嘉庆丁巳，即嘉庆二年(1797)，而嘉庆元年或为他自句容动身之时。

④ 参见王立中纂辑、蔡元培参订：《俞理初先生年谱》，《俞正燮全集》第3册附录四，合肥：黄山书社，2005年版，第260页。

奔走道途

嘉庆六年(1801),俞献逝于望江县教谕任上,俞正燮为奔父丧离开了京师。

由于父亲的去世,维持家庭生计的担子便落在了长子俞正燮的肩上。其时的俞家已经处于极度的困窘之中。俞献在生病期间已经举债不少,他去世时,家中除了书卷之外,便别无长物。失去父亲的薪俸,还要承担沉重的债务,这就是俞正燮所面临的严重困窘。他在此时所作的《短歌五章》中写道:

纷纷债务如尘积,今年明年朝复夕。心烦口吃无一言,出门泥途深几尺。艰难此事仗友生,贫交无计又空行。劳劳都为钱刀贵,几时买地事躬耕?①

家庭的困窘显然是俞正燮难以承受的,其弟俞正禩赴江西经商,大概就在这个时候。

"雨传秋信到,贫又故乡违。"②俞正燮在其父去世的次年,即嘉庆七年(1802)秋,便为贫困所迫,开始背起行囊书袋,离开故乡,以教书、"佣书"和作幕养家糊口,时年28岁。自此之后,他便游走于燕、齐、宋、卫之间③,过着"南北饥驱,踪迹无定"④的"劳劳"生活,以至于"足迹半天下"⑤。他的忘年友张

① 俞正燮:《短歌五章》之二,《四养斋诗稿》卷一,《俞正燮全集》第3册,合肥:黄山书社,2005年版,第7页。

② 俞正燮:《睡起》,《四养斋诗稿》卷二,《俞正燮全集》第3册,合肥:黄山书社,2005年版,第34页。

③ 吴甸华:《俞理初文序》,《俞正燮全集》第3册附录二,合肥:黄山书社,2005年版,第225页。

④ 俞正燮:《读左小记序》,《俞正燮全集》第3册《诗文辑补》,合肥:黄山书社,2005年版,第87页。

⑤ 张穆:《癸巳存稿序》,《俞正燮全集》第3册附录二,合肥:黄山书社,2005年版,第230页。

穆[1]曾记述道："(俞正燮)顾以家贫性介，知其学者寡，奔走道途四十年，缟纻余润不足赡妻孥。年逾六十，犹不能一日安居，遂其读书著书之乐也。"[2]

俞正燮"奔走道途"，始于北上山东。据王立中的《年谱》载，嘉庆七年(1802)五月，他在滋阳县(现名兖州县，隶属济宁市)撰写了《古本大学石刻记》，王立中在《年谱》中摘录了其文并说："此篇箴朱、王学末流，可谓婉而虐矣。"[3]俞正燮最早涉及对理学的态度，大概就是此文。

嘉庆九年(1804)，俞正燮30岁时，"谒孙渊如观察于兖州。时观察既为伏生建立博士，复求左氏后裔，理初因作《左丘明子孙姓氏论》《左山考》《左墓考》《申杂难篇》。观察多采其文，以折众论，而理初陈古刺今之识，亦由是益坚。故其议论学术，与观察恒相出入也"[4]。他也由此卷入了当时学界的"左邱公案"[5]争论。《左山考》等文之作，初步显示了俞正燮考史的学术特征，即重视对史事的实地考察。

---

① 按，张穆(1805－1849)初名瀛暹，字石舟，亦字石州，号殷斋，平定(今属山西阳泉市)人。其祖父张佩芳任过歙县、合肥县令，寿州、泗州知州，博史通经，纂修过《歙县志》《黄山志》，其父亲张敦颐任过殿试收掌官。道光十一年(1831)贡生，候选知县。后无意仕进，一心著述，遂以地理学、书法名家。著有《顾亭林年谱》《阎潜邱年谱》《延昌地形志》《俄罗斯事补辑》《元裔表》《蒙古游牧记》《海疆善后宜重守令论》及《乌斋诗文集》等。

② 张穆：《癸巳存稿序》，见《俞正燮全集》第3册附录二，合肥：黄山书社，2005年版，第230页。

③ 王中立纂辑、蔡元培参订：《俞理初先生年谱》，《俞正燮全集》第3册附录四，合肥：黄山书社，2005年版，第262页。

④ 张穆：《癸巳存稿序》，见《俞正燮全集》第3册附录二，合肥：黄山书社，2005年版，第230页。按，张穆将俞正燮谒孙渊如的时间含糊地记为"理初方年二十余，负其所业，北谒孙渊如观察于兖州"。但王立中《年谱》将俞正燮见孙渊如事系于"嘉庆九年"条下，时年三十。这里从《年谱》。

⑤ 按，"左邱公案"指清代嘉庆年间发生的有关左邱明姓氏、里籍、冢墓与后裔的一场论争。左邱明所著《左传》在东汉后一直立于学官，左邱明也因之被尊为"先儒"，而受历代祭祀，但其家世、生平缺乏文献可征。明末山东肥城县出现的《左传精舍志》，称左邱明故里为肥城，肥城衡鱼(今肥城市石横镇衡鱼村)的邱氏即其苗裔。清嘉庆年间，山东巡抚铁保奏请授肥城邱氏为翰林院五经博士，但遭到纪昀的反对，由此引发了一场关于《左传精舍志》及左邱明姓氏、里籍、冢墓与后裔的论争。铁保、刘凤诰、谢振庭、俞正燮及纪昀、段玉裁等皆卷入这场论争，遂使这场论争成为清代经学史上的一桩公案。

就在嘉庆九年(1804)冬,俞正燮在京师为大学士彭元瑞、编修刘凤诰撰《五代史补注》,这大概是俞正燮“佣书”之始。次年,俞正燮再至京师,受时任清会典馆总纂的叶继雯之请,于会典馆撰《大清会典》。自此,“佣书”便成为俞正燮谋生的重要手段。

俞正燮并非不乐仕进者,大概忙于生计的缘故,使他无暇参加科举考试。直到道光元年(1821),他方以附监生的身份参加乡试,中第 115 名举人,时已 48 岁。此次科考,俞正燮差一点因疑为“徽商”出身而落榜。王立中在《年谱》中曾引述载熙《习苦斋笔记》的述记道:“入都会试。谒副主考熊遇泰,则曰:‘尔与我朱卷刻本,我未见尔文也。’疑正考取中,副未寓目。谒正主考汤金钊,则又曰:‘尔与我朱卷刻本,我未见尔文也。’骇问故,曰:‘尔卷监临属副主考,拟细阅此卷,副疑且怒,置不阅。揭晓日,先拆尔卷,见黟县人,问曰:“此徽商耶?”予曰:“若是黟县俞某,则今之通人也。”副主考幡然曰:“然则中矣!”其实我两人均未见尔文,故欲一读耳。’”[①]在正、副主考均未曾阅其试卷的情况下,差点落榜,最终却又中式,这在科举史上也是奇闻。

俞正燮参加会试就不那么幸运了。道光二年(1822)他参加恩科会试,但不幸落榜。道光十三年(1833),俞正燮第二次参加会试,再次落榜。张穆曾记述了俞正燮再次落榜的情况,他说:“越年(即道光十三年)春,仪征太傅(即阮元)主会试,命下,诸巨公辄相与贺曰:‘理初入彀矣!’闱文出,穆为效写官之役,经义、策问皆折衷群言,如读唐人《正义》、马氏《通考》,而汰其繁缛也。

---

① 王中立纂辑、蔡元培参订:《俞理初先生年谱》,《俞正燮全集》第 3 册附录四,合肥:黄山书社,2005 年版,第 271～272 页。按,徐珂《清稗类钞·考试类》“俞理初乡试红卷”条亦载其事,文略不同,录附于下:“黟县俞理初正燮博学久困,道光辛巳(即道光元年)江南乡试,监临苏抚某遍谕十六同考官,谓某字号试卷必留意,盖红号试卷,外帘有名册可稽,故监临知之也。是科正主考为汤文端公金钊,副主考为熊遇泰,同考某呈荐于熊,并述监临之言。熊大怒曰:‘他人得贿,而我居其名,吾宁为是? 中丞其如予何?’遂摈弃不阅。同考不敢再渎,默然而退,以为卷既荐,吾无责焉矣。填榜日,监临主考各官毕集至公堂,中丞问两主司,某字号卷曾中式否? 汤曰:‘吾未之见也。’熊莞尔而笑曰:‘此徽州卷,其殆盐商之子耶?’监临曰:‘鄙人诚愚陋,抑何至是? 此乃黟县俞正燮,皖省积学之士,罕有伦比者也。’熊爽然,亟于中卷中酌撤一卷,以俞卷易之,未尝阅其文字也。俞遂中式。”

榜发，竟报罢。”为什么“报罢”？张穆说，是主考官曹振镛出于对俞正燮学术的不满：“已知其卷在通州王菽原（即王藻）礼部房，礼部固力荐之，而新安相国（即曹振镛）深嫉迂诞之学，捆束置高阁，仪征初未之见也。”[①]

此后，俞正燮又继续为生计奔波，碌碌于“佣书”、教书，便没有再应科举考试。据说，在俞正燮辛苦忙碌的一生中，只有两个时期是“比较顺境”的，一是林则徐聘他纂修《湖北通志》时期，一是主讲江宁惜阴书院的时期[②]。俞正燮于道光十五年（1835）和道光十七年（1837）两次客两湖总督林则徐幕：第一次是应林则徐之聘，纂《两湖通志》；第二次是为林则徐参订先人旧稿和校订《海国记闻》。其间，林则徐均给予很好的礼遇。道光十九年（1839），他拜访时简放江宁提督学政的祁寯藻于江阴。此年七月，祁寯藻邀其至金陵，并推荐他掌教江宁惜阴书院，这也使得他的生活得以安宁。但安宁的生活持续时间并不长，不到一年，俞正燮便于次年的四月卒于惜阴书院，结束了颠沛坎坷的一生。

著述生涯

俞正燮的一生虽然生活清苦、际遇坎坷，但他读书不辍，著述不辍。这本应使他成为多产的学者，但他大量的著述和校勘工作都是出于“佣书”，即为他人捉刀代笔，所以他虽然著作等身，而留在他名下的著作却只有《癸巳类稿》《癸巳存稿》以及《四养斋诗稿》等寥寥几种，而为他人所撰和所校的著作，经于石先生梳理的就有以下几种：

嘉庆九年（1804），为大学士彭元瑞、编修刘凤诰撰《五代史补注》。

嘉庆十年（1805），为叶继雯撰《大清会典》；同年冬，为湖南提督太子太保杨芳校《六壬书》。

嘉庆十五年（1810），回黟县时，襄助黟县知县吴甸华纂辑《黟县志》。

---

① 张穆：《癸巳存稿序》，载于《俞正燮全集》第 3 册附录二，合肥：黄山书社，2005 年版，第 229 页。

② 参见余敏辉：《俞正燮生平学行述评》，《黄山学院学报》2009 年第 6 期。

道光六年(1826),为祁寯藻、程恩泽校《钦定春秋左传》。

道光十年至十一年(1830—1831),为张井纂《续行水金鉴》。

道光十二年(1832),为礼部侍郎陈用光作《校顾氏方舆纪要》。

道光十五年(1835),应林则徐之邀,任其所主修的《两湖通志》总纂。

道光十七年(1837),参订林则徐先人旧稿,并校订《海国记闻》;同年,为祁寯藻校《宋本说文系传》。

道光十九年(1839),为祁寯藻校写《三古六朝文目》。

此外,俞正燮还为孙星衍编纂《古天文说》,为孙冯翼辑《纬书》等[①]。

以上或编或校诸书,虽出于俞正燮之手或由俞正燮参与编纂,但大多未署俞正燮之名,所以讨论俞正燮的学术,也就只能主要依据《癸巳类稿》《癸巳存稿》以及《四养斋诗稿》等著作。

《癸巳类稿》《癸巳存稿》是两部笔记体的学术著作,在考订经史之外,其书还涉及诸子、医理、舆地、道梵、方言等各方面,因征引繁富、考订精审,而一直为学者称道。

《癸巳类稿》首刊于道光十三年(癸巳,1833)。此年,俞正燮会试落榜,但为其房师王藻所赏识。俞正燮落第后,王藻仍"延入邸中,索观所著书",并"为醵金付雕,于是天下始得读所谓《癸巳类稿》者"[②]。这便是《癸巳类稿》最初所刊刻的求日益斋本,计分 15 卷,收文 249 篇。俞正燮晚年曾对其书加以修订,1934 年,《安徽丛书》第三期所收的《癸巳类稿》,便是俞正燮晚年的手订本[③]。

《癸巳存稿》则为道光二十八年(1848)张穆首刊。他曾记其事曰:"当议刻《类稿》之时,发箧摊书几上,属日照许君印林及穆为检之,择其较易缮写者得若干篇,分类排次,以付梓人。前所刻十五卷是也。及《类稿》既竣,卖其书

---

① 以上参见于石:《俞正燮编撰批校书目考》,《文献》1996 年第 1 期。

② 张穆:《癸巳存稿序》,见《俞正燮全集》第 3 册附录二,合肥:黄山书社,2005 年版,第 230 页。

③ 参见于石、马家骅、诸伟奇校点:《俞正燮全集》之《前言》,《俞正燮全集》第 1 册卷首,合肥:黄山书社,2005 年版,第 20 页。

稍有余资，乃觅钞胥，为写未刻之稿，又得尺许，即今所刻是也。”①张穆所刊的《癸巳存稿》，后收于灵石杨氏②的《连筠簃丛书》，亦分为 15 卷，收文 527 篇。时俞正燮已去世 8 年。《癸巳存稿》似乎在俞正燮生前即已定名，他曾作有《记癸巳存稿稿本》一文，其文曰：“道光丙戌，检旧笔记之存者，写粘为八册，后复多涂改。癸巳夏，王菽原先生索以付刊，检八册中稍清晰者刊《癸巳类稿》十五卷。其待重厘者，订为《癸巳存稿》三册，立目以便检阅。”③据此，则《癸巳存稿》刊前，俞正燮不仅为其书定名，且厘定了篇目。

《癸巳存稿》的连筠簃刊本问世之后，同样受到欢迎，到光绪年间，便“购诸书肆，杳不可得”。此时，余杭姚清祺得到《癸巳存稿》的抄本，并辗转借得连筠簃本，经“搜罗散佚”，反复校雠，订正讹错，补入刊本所未收者，使之较连筠簃本更为完善，于光绪十年(1884)刊印④。此本仍厘为 15 卷，但篇数扩到 560 篇。此后流行的《癸巳存稿》主要是这一刊本。

在上述两部著作之外，俞正燮还有诗集《四养斋诗稿》3 卷存世。此稿乃俞正燮之侄俞懋麟于咸丰二年(1852)所刊家刻本，收诗 155 首。此外，在于石、马家骅、诸伟奇校点的《俞正燮全集》中，除收有上述著作外，还辑有诗文数篇。故《俞正燮全集》就大体囊括了俞正燮存世的全部著作。

---

① 张穆：《癸巳存稿序》，见《俞正燮全集》第 3 册附录二，合肥：黄山书社，2005 年版，第 230 页。

② 按，杨氏即杨尚文。杨尚文(1807—?)字墨林，号仲华，山西灵石(现属山西晋中市)人。他曾说：“吾非薄仕宦也，方事亲无暇也。”虽因侍母而未入仕途，但仍勤学不辍，博览群书，虚怀敬友，遍交贤士。张穆、何绍基、郑复光、陈颂南等均是其座上客。道光、咸丰间，他以北京寓所“连筠簃”为名，刊印了大型丛书《连筠簃丛书》，并由张穆校勘、作序，何绍基题签，内容涉及历史、地理、金石、声韵、数学诸领域，且雕版精美，张之洞在《书目答问》中曾极力推荐。我国第一部光学专著、歙县人郑复光所著的《镜镜诊痴》，便赖这一丛书得以问世。

③ 俞正燮：《记癸巳存稿稿本》，《俞正燮全集》第 3 册《诗文辑补》，合肥：黄山书社，2005 年版，第 98 页。

④ 参见姚清祺：《癸巳存稿序》，见《俞正燮全集》第 3 册附录二，合肥：黄山书社，2005 年版，第 231～232 页。

三、俞正燮的经世之学

程恩泽在谈到俞正燮学术时曾说:“吾里学派,自江、戴昌之,程、金承之,其绪蕃变,率以治经为宗,都说经铿铿。尤善治史部,则有吾师凌次仲先生。与师角立不倚,则有吾友俞理初先生。”①在程恩泽看来,俞正燮是继凌廷堪之后由治经转而治史的皖派代表性学者。

其实,俞正燮不是一般地转向史学,而是转向经世史学。中国传统史学一直受到两个观念支配,即“求真”和“经世”。所谓“求真”,是指求记述历史之真、复原历史之真,这是史学的根本性原则,是史学“经世”的基础;而所谓“经世”,则是指发挥历史的认知功能和历史的“资治”功能,这是史学对于社会、政治乃至个人的意义所在,也是社会、政治、个人对史学的要求。“求真”和“经世”对史学来说,本质上应该是一致的、统一的。但在乾嘉时期,学者的目光主要放在古史上,而且更热衷于“考史”,于是,随着在经学领域的“通经”与“致用”疏离,在史学领域也出现了“求真”与“经世”的疏离,即重“求真”而忽“经世”、重古史的复原而轻对现实的鉴戒。面对日益严重的内忧外患,纠正这一倾向便成为对史学的必然要求,经世史学也就应运而生。这也是俞正燮经世史学产生的社会和学术背景。

俞正燮的经世史学,主要表现于具有现实意义的边疆史地领域和财经史领域的研究。

俞正燮的边疆史地研究

边疆史地研究是嘉道时期经世史学的热门课题。早在鸦片战争之前,就

① 程恩泽:《癸巳类稿叉序》,《程侍郎遗集》卷七,见《续修四库全书》第1511册,上海:上海古籍出版社,2002年版,第280页。

有祁韵士[①]、徐松[②]等学者开始关注边疆史地，并留有这方面的著述。如祁韵士著有《西域释地》《西陲总统事略》《藩部要略》《西陲要略》诸书，徐松则著有《西域水道记》《元史西北地理考》《西夏地理考》《新疆识略》等。此时，作为清王朝"龙兴"之地的东北史地也受到关注，出现了杨宾的《柳边纪略》、吴振臣的《宁古塔纪略》等。鸦片战争之后，出于"以求抚驭之宜"的动机，更涌现出姚莹、魏源、徐继畬、沈垚、龚自珍、张穆、何秋涛、朱一新、曹廷杰、黄沛翘、屠寄等一大批关注边疆史地的学者，边疆史地的研究一时兴起，宛有成为"显学"之势。俞正燮的经世史学便产生在这股日渐高涨起来的边疆史地研究的潮流之中。

俞正燮的边疆史地研究第一个关注点是东南海疆。

在东南海疆的研究中，俞正燮有鉴于荷兰"恃巨炮大舶"，"垂涎台湾，窥伺澳门"[③]，于是对台湾、澳门格外注目，先后撰写了《台湾府属渡口考》《台湾事辑》《澳门纪略跋》等文。

在《台湾府属渡口考》一文中，俞正燮追溯了台湾的历史沿革、风土人情及抗击倭寇的史实，重点记述了郑成功收复和开发台湾的过程。在记述中，他特别肯定了郑成功对台湾的开发之功："郑氏既有台湾，名之曰'东都'。值耿氏开藩福建，海禁弛，乃招徕客民，漳、泉、惠、潮习水者趋地利，泛海寄居，

---

① 按，祁韵士(1751—1815)字鹤皋，又字谐庭，别号筠渌，寿阳(今属山西晋中市)人。乾隆四十三年(1778)进士，授翰林院编修，后充国史馆纂修官，历时8年，撰成《蒙古回部王公表传》。因揭露官场贪腐得罪权臣和珅，宦途屡受挫，40岁才补授右春坊中允，1年后改补户部主事。嘉庆年间，因宝泉局的亏铜案被陷入狱，遣戍伊犁，受到伊犁将军松筠的赏识与保护，这也使他有条件致力于西北史地研究。

② 按，徐松(1781—1848)字星伯，原籍浙江上虞(今绍兴市上虞区)，后迁顺天大兴(今北京大兴)，嘉庆十三年(1808)进士，授翰林院编修，道光年间任礼部主事、江西道监察御史等，著有《唐两京城坊考》《登科记考》。嘉庆十七年(1812)，因事被流放伊犁，时任伊犁将军的松筠想徐松继祁韵士之后修订志书，遂使徐松亲历边疆实地考察，成就他的边疆著述。

③ 程鸿诏：《黟两先生传》，见《俞正燮全集》第3册附录一，合肥：黄山书社，2005年版，第209页。

地遂富庶，声势遥连金门、厦门。”[①]清廷收复台湾后，有人主张“内徙台地人民而弃其地”，俞正燮引施琅的话说：“是资荷兰也。”他赞扬了施琅“力持不可”的立场[②]。在《台湾事辑》一文中，俞正燮征引了有关荷兰占据台湾与郑成功收复台湾的大量史料，并借高拱乾在《台湾府志》中所说的“(台湾)自入版图以来，山不伏莽，海不扬波，皆台湾捍御之力焉”[③]，表明台湾在边防中的重要作用。

《澳门纪略跋》是俞正燮读《澳门纪略》之后所写的跋语。《澳门纪略》是一部记述澳门地理、历史及风情的志书，也是澳门唯一的志书，作者为印光任[④]、张汝霖[⑤]。他们先后任澳门同知，负有“专理澳夷事务，兼管督捕海防”的职责，自然需要了解澳门的地理、历史、风土人情，特别是西人对澳门的占据和经营，以及明清两代政府对澳门的管辖。多年任职于澳门及其周边地区，也使他们有可能对澳门各个方面作直接观察和考察。这就为他们撰著《澳门纪略》提供了条件。

《澳门纪略》分为上下两卷。上卷包括《形势》《官守》两篇：《形势》篇主要记载澳门的地理形势、山海胜迹，附述潮汐风候；《官守》篇则主要记述历史沿

---

① 俞正燮：《台湾府属渡口考》，《癸巳类稿》卷九，《俞正燮全集》第1册，合肥：黄山书社，2005年版，第418页。

② 俞正燮：《台湾府属渡口考》，《癸巳类稿》卷九，《俞正燮全集》第1册，合肥：黄山书社，2005年版，第420页。

③ 俞正燮：《台湾事辑》，《癸巳存稿》卷五，《俞正燮全集》第2册，合肥：黄山书社，2005年版，第203页。

④ 按，印光任(1691—1758)字黻昌，号炳岩，江南宝山(今上海市宝山区)人。雍正四年(1726)，印光任由廪生举孝廉方正，分发广东，历任石城、广宁、高要、东莞等知县，颇有政声。乾隆十一年(1746)调任南澳同知，为澳门的第一任同知，后升任广西庆远及太平两府知府，因事去职，晚年归乡家居，终年68岁。著有《炳岩诗文集》等多种，但现仅存《澳门纪略》。

⑤ 按，张汝霖(1709—1769)字芸墅，安徽宣城人。乾隆初，由拔贡生保举知县事，历任广东河源、香山、阳春等知县，乾隆十一年(1746)权澳门同知事，乾隆十三年(1748)实授澳门同知。此年四月，发生葡萄牙兵士杀死两名中国人案，张汝霖经反复交涉，最后案件得以解决。他并与香山县知县暴煜一起制定《澳夷善后事宜》12条勒石刊布，但葡兵凶手却被其兵头“擅遣”，张汝霖因此受朝廷申斥，并去任。他遂家居，不复为官。张汝霖除著《澳门纪略》外，尚有《辛辛草》《吴越吟》《耳鸣集》等，但多散佚。

革，附载有关政令，在对澳门历史的记述中，印光任、张汝霖尤其重视对西人占据澳门的经过和明清两代中国政府在澳门设官置守、施行管辖的记述。下卷则为《澳蕃》篇，简要地记述了西人（主要是葡萄牙人）的体貌服饰、习俗风尚、物产器具、船炮技术、语言文字等诸方面[①]，书中尤其“于山海之险要、防御之得失，言之最悉”[②]。这大概正是俞正燮特别看重这部著作的主要原因。

俞正燮在跋语的开篇，曾引述康熙五十五年（1716）康熙皇帝的“圣训”，“圣训”说：“海外如西洋等国，千百年后，中国恐受其累。此朕逆料之言，伏惟思患豫防。”[③]俞正燮在文中也指出：“澳门，则弗朗机、意大里亚、荷兰先后窥视……此数国者，远隔重洋，辛苦远戍，其用意甚深。”[④]在跋语的最后，他还说：“澳门南有十字门[⑤]二重，其真为天主教窟穴乎？抑澳门终如台湾，为民居设重镇，西洋人船行避十字乎？久之必有定也。”[⑥]俞正燮的论述，显然意在警示人们关注东南海疆的安全，提醒人们防范西方列强“甚深”的用心。

俞正燮还提醒人们，英国正取代荷兰将成为中国面临的威胁：“而今英吉利日强，西并米里干，东并望买、打拉者阿，英假满答拉沙、明雅辖彻里庚、新埠、莽孤芦、旧柔佛，又东南越海并俺门，徜徉海中，占地多于荷兰。”[⑦]

---

① 参见赵春晨：《澳门纪略前言》，印光任、张汝霖《澳门纪略》卷首，广州：广东高等教育出版社，1988年版，第7页。

② 永瑢、纪昀等：《四库全书总目》卷七四《澳门纪略》提要，北京：中华书局，1965年版，上册，第649页。

③ 俞正燮：《澳门纪略跋》，《癸巳类稿》卷九，《俞正燮全集》第1册，合肥：黄山书社，2005年版，第420页。

④ 俞正燮：《澳门纪略跋》，《癸巳类稿》卷九，《俞正燮全集》第1册，合肥：黄山书社，2005年版，第420～421页。

⑤ 按，澳门在《明史》中称濠镜澳，“其南有四山，离立海水，交贯成十字，曰十字门，今称澳门。”参见永瑢、纪昀等：《四库全书总目》卷七四《澳门纪略》提要，北京：中华书局，1965年版，上册，第649页。

⑥ 俞正燮：《澳门纪略跋》，《癸巳类稿》卷九，《俞正燮全集》第1册，合肥：黄山书社，2005年版，第422页。

⑦ 俞正燮：《澳门纪略跋》，《澳门纪略》附录一，广州：广东高等教育出版社，徜1988年版，第133页。按，这段文字及此后“荷兰今亦不奉天主教”九字，不见于求日益斋本及《俞正燮全集》本的《癸巳类稿》。

俞正燮在注意到英国继荷兰之后已“徜徉海中”的同时，还关注鸦片问题，写了《鸦片烟事述》一文。在此文中，俞正燮不仅考证鸦片作为“药烟”传入我国的历史、药用功能、炼制方法以及人们吸食鸦片的工具和方式等，还特别阐述了吸食鸦片之害。他首先援引余文仪《台湾府志》所记述“红毛”①利用鸦片占据咬留巴(今雅加达)的教训：“咬留巴本轻捷好斗，红毛制鸦片烟诱使食之，遂疲羸受制，其国竟为所制。”继而又引述嘉庆十四年(1809)八月闽浙总督所奏蔡牵事：“言询之弁兵，皆谓牵船碎落水，该逆素食鸦片，身体羸弱，不能扶板浮起，溺毙深洋。”再引道光十二年(1832)八月广东奏瑶事：“言调至连州军营战兵，多有吸食鸦片烟者，兵数虽多，难于得力。”②俞正燮用这些例子力证鸦片对国家的严重危害。在《鸦片烟事述》的文末，俞正燮还附了他的同乡程尚甄的话：“鸦片危害，使民贫，尚可变通；使民弱，则所关甚大。”③以表明鸦片问题是关系国家和民族存亡的大事。

俞正燮还用鸦片的药性解释其对人体的危害。他说，鸦片作为药料原本“涩肺”，加之“入汁力猛”，“涩肺愈甚”，久之，则“着肺不去”，“故食鸦片者有朋”。“朋”即瘢，它会影响肺的活动，需要“仍以鸦片攻之”，才能使“朋”软化，使肺“稍通畅”，若“不食则肺瘢挈搐”，其结果便是“手足指甲、十二脉起讫处皆痛，手足无力，就畏寒状，颈缩肩耸”，继续食，则“肺液尽”④。

俞正燮反复申说西人对中国的虎视眈眈和鸦片的严重危害，显然是对东南海疆危机发出的预警。就在俞正燮病逝的那年(1840)，英国“果犯海疆”。鸦片战争的爆发，验证了俞正燮的预警⑤。

---

① 按，红毛初指荷兰人，后泛指西洋人。

② 俞正燮：《鸦片烟事述》，《癸巳类稿》卷一四，《俞正燮全集》第1册，合肥：黄山书社，2005年版，第668页。

③ 俞正燮：《鸦片烟事述》文末，《癸巳类稿》卷一四，《俞正燮全集》第1册，合肥：黄山书社，2005年版，第669页。

④ 俞正燮：《鸦片烟事述》，《癸巳类稿》卷一四，《俞正燮全集》第1册，合肥：黄山书社，2005年版，第668页。

⑤ 参见张扬：《俞正燮的经世史学》，淮北师范大学2013年学位论文，第12页。

俞正燮边疆史地研究所关注的第二个重点，是西北边疆问题。如前所述，嘉道间研究西北边疆史地的学者甚多，俞正燮的西北边疆史地研究与其他学者的不同之处，在于他把俄罗斯问题放在西北史地研究的重要位置。

俞正燮对俄罗斯的考察，第一是它的历史。他首先介绍了俄罗斯国边境的四至及罗刹的立国：

> 俄罗斯在黑龙江四部喀尔喀、雅尔、左右哈萨克、图理雅斯科北，西至荷兰、英吉利海，又南抵务鲁木居国也。其先起于右哈萨部西鄙，其人曰罗刹，亦曰药杀。当南北朝魏太和（“太和”为北魏孝文帝年号）时，罗刹始立国曰俄罗斯。其人用天主教，欲杀佛，佛遇恶物奇怪，辄以“罗刹”名之。[1]

继而他对俄罗斯的历史作了如下阐述：

> 罗刹地小，声名文物皆不著。传七百余年，部人漫衍至西海，由怛罗斯城以北至计由居焉。蒙古太宗时，诸王莽赉叩击奇卜察克，进兵俄罗斯，降之。元末，诸王外镇者势离析，罗刹内乱，俄罗斯部长伊番瓦什里玉持乞援于其西北之西费雅斯科，而割国西之那尔瓦城赂之，而自立为汗，其国寖强。明嘉靖时，南灭库程汗、阿斯坦拉汗，迁其人于阿尔泰山北，遂南与鞑靼瓦剌邻，东曰西毕尔斯科，接今黑龙江喀尔喀，西曰喀山斯科，接雅尔哈萨克、图理雅斯科。自伊番瓦什里玉持汗二十二传，至额勒克舍靡汗罗费持，都莫斯克洼斯科，是为察罕汗，最强盛，有大斯科七，曰莫斯刻洼斯科、曰计由斯科、曰思玛廉斯科、曰佛罗尼使斯科、曰郭罗多阿尔哈连斯科、曰西毕尔斯科、曰喀山斯科。斯科者，若中国省治、府城，一斯科所属小斯科数十，柏兴数百。柏兴，若县治也。其地东西北三面临海，广三

---

① 俞正燮：《俄罗斯事辑》，《癸巳类稿》卷九，《俞正燮全集》第1册，合肥：黄山书社，2005年版，第428页。

万余里，山川城郭人物，畜牧种植，五方风气，部类别处，罗卫与中国同。[①]

在当时，学者对域外了解甚少，俞正燮能对俄罗斯作如此介绍，给人们展示了较为清晰的俄罗斯早期发展的历史梗概，使得《俄罗斯事辑》犹如“一篇很早的‘俄国简史’”[②]，确实是难能可贵的。

俞正燮是一位重考据的学者，他对俄罗斯历史的介绍也是以史料的考证为基础。他撰写的《俄罗斯长编稿跋》一文，便是对俄罗斯有关史事所作的考证。《俄罗斯长编稿》可能是俞正燮参与纂修《大清会典》和校勘《海国图志》时收集的有关俄罗斯的史料，可惜这个“长编稿”已经不存，只留下这篇《跋》。在此文中，他介绍了定俄罗斯立国的时间为“南北朝魏太和”的依据：“谈俄罗斯者，若《西域见闻录》之流，不详不实，无足深怪。俄罗斯之始起，说者不同，今以其国自言者为定。顺治十四年，其国表文自署俄罗斯一千一百六十五年。推之，当南北朝癸酉岁，为齐永明十一年、魏太和十七年，始有俄罗斯名，其先盖名罗刹。”[③]其他史事的考证也类如此。

俞正燮对俄罗斯历史的关注，是出于了解中俄关系史的需要。如在《俄罗斯事辑》中，他对俄罗斯的历史作简要介绍之后，便追溯了中俄关系史，其中对俄罗斯“东南略地，夺雅克萨、尼布楚地”和清政府自卫反击以及签订尼布楚条约的记述尤为详细。他写道：

时太宗文皇帝大兵方定黑龙江索伦达瑚拉及使犬使鹿两部俄罗春，东北际海，为自古疆域所不及。而俄罗斯亦东南略地，夺雅克萨、尼布楚地，树木城居之，两师相值，各罢兵。既又南向侵扰布拉

① 俞正燮：《俄罗斯事辑》，《癸巳类稿》卷九，《俞正燮全集》第1册，合肥：黄山书社，2005年版，第428～429页。

② 赵俪生：《论晚清西北之学的兴起》，《赵俪生史学论著自选集》，济南：山东大学出版社，2009年版，第353页。

③ 俞正燮：《俄罗斯长编稿跋》，《癸巳存稿》卷六，《俞正燮全集》第2册，合肥：黄山书社，2005年版，第220页。

特乌梁海，夺四佐领。崇德四年(1639，崇德为后金皇太极年号)，大兵再定黑龙江，毁其木城归，而未议置戍也。……世祖章皇帝顺治十一年(1654)，于黑龙江征之。十五年，调高丽兵征之。又数遣大臣督兵，皆以饷不至，半途返。顺治十二年(1655)、十七年(1660)，俄罗斯两附贸易商人至京城者，奏书于世祖，而绝不及边界事。康熙初，又屡用兵，十五年(1676)，贸易商人尼果赖等至，圣祖仁皇帝召见之，赐察罕汗书，论边界事，而察罕汗久之未答也。二十一年(1682)，定策屯田，大出师征之，收其人及火器，编其人为佐领，隶京师镶黄旗满洲。二十三年(1684)，萨布素将刈取雅克萨、尼布楚田禾，以船载归，未果。二十四年(1685)五月甲申，我师拔雅克萨，纵城中罗刹归去，而二十五年(1686)正月，俄罗斯复来城之，我师往争，俄罗斯人以死守，不肯去。……九月，乃遣书中国议和。二十六年(1687)七月，使费耀多罗等至喀尔喀图舍图汗境，文书往返。二十八年(1689)十二月丙子，定边界，以额尔古讷为界，归我雅克萨尼布楚，定市于哲卜尊丹巴胡图克图之库伦，而磨崖刻会议七条，满、汉、拉提诺、蒙古、俄罗斯五体字于黑龙江之吉尔巴齐河东岸，其汉字则行书也。①

在个人著述中，对雅克萨之役和《尼布楚条约》签订经过记载的清晰程度，大概莫过于此了。

中俄之间不仅有边界纠纷和边界战争，也有外交往来和文化交流。俞正燮对此也给予了关注，如他记载道：

康熙五十二年(1713)七月四日，使臣谓托波尔噶噶林曰："尔商人乞准送能通经典之人，中国大臣代奏，皇上恩准，所有行教番僧、外科良医，我等自土尔呼忒回，可以携去。"

---

① 俞正燮：《俄罗斯事辑》，《癸巳类稿》卷九，《俞正燮全集》第1册，合肥：黄山书社，2005年版，第429～431页。

雍正五年(1727),俄罗斯国遣其官生鲁喀、佛多、德宜宛、喀喇希木四人来学,即旧会同馆设学。

雍正五年(1727),修京城俄罗斯馆。来京读书幼童及教习等,官给养赡,愿回者听。

雍正六年(1728),俄罗斯迁子弟入学(此俄罗斯人,《会典·国子监》:鄂罗斯学助教二人,掌分教鄂罗斯子弟。又,《内阁》:俄罗斯学则八旗学生二十四人,学俄罗斯语,为番译者),其替换,由俄罗斯拣选喇嘛及习满汉话学生,送库伦办事大臣代奏。其学蒙古接骨大夫者,仅康熙一年。[①]

在研究中俄关系史中,俞正燮还较为详细地记述了另外两事,即"俄罗斯佐领"和厄鲁特蒙古土尔扈特部的来归。

"佐领"是满语"牛录"的汉译,原为早期女真人兵农合一的临时性组织,以十人为一个组合体,其中一人为首领,其余九人隶属于首领,这一组合体被称为"牛录"。努尔哈赤则将牛录改造为有严格纪律和统属关系的大型组织,作为户口和兵籍的基本单位。其首领世袭,亦称"牛录"。顺治十七年(1660),牛录则改称汉名"佐领",隶属于参领。

在镶黄旗满洲第四参领中,有一支特殊的佐领,即由俄罗斯人组成的第十七佐领,习称"俄罗斯佐领"。俞正燮根据记载统计,先后编入俄罗斯佐领的俄罗斯人有近百人,其中:"顺治五年(1648)一人(即最早归附中国的伍朗格里,曾授副佐领)、康熙七年(1668)宜番等,二十二年(1683)三十三人,二十三年(1684)、二十四年(1685)七十二人,而遣归者十二人,总得罗刹近百人,居东直门内胡家圈胡同。"[②]

在清史研究中,"俄罗斯佐领"问题一直很少有人关注。俞正燮通过广泛

---

① 俞正燮:《俄罗斯长编稿跋》,《癸巳存稿》卷六,《俞正燮全集》第2册,合肥:黄山书社,2005年版,第224页。

② 俞正燮:《俄罗斯佐领考》,《癸巳类稿》卷九,《俞正燮全集》第1册,合肥:黄山书社,2005年版,第428页。

钩稽史籍和文档的记述，著成《俄罗斯佐领考》，才较为详细地展现了俄罗斯佐领组建的来龙去脉、管理情况以及迁至京师安置情况和享有的待遇，等等。故有学者将俞正燮的《俄罗斯佐领考》称为俄罗斯佐领的“先行性研究”①。

厄鲁特蒙古土尔扈特部的回归，是乾隆年间发生的重大历史事件。土尔扈特部是厄鲁特蒙古的四大部之一（另三部为准噶尔、和硕特、杜尔伯特），原来在塔尔巴哈台（今新疆维吾尔自治区塔城）附近过着游牧生活。明末因受准噶尔部的威胁，被迫西迁至额济勒河（今俄罗斯伏尔加河）下游地区定居下来。沙俄后来向土尔扈特部兴兵，迫其臣服。彼得一世登基后，俄国逐渐强大起来，对土尔扈特人的压迫也逐渐加剧，不仅向土尔扈特人征收苛捐杂税，为了攻打土耳其，还连年向他们征兵，导致土尔扈特部人口不断减少。土尔扈特部不堪沙俄的统治，曾进行多次反抗。当土尔扈特部得知准噶尔部被清王朝镇压之后，于乾隆三十六年（1771）一月，土尔扈特汗渥巴锡率领族众 3 万多户 17 万多人开始返回故土。他们历时近半年，行程上万里，经历与沙俄追袭部队的多次战斗，忍受着严重的饥饿和疾病折磨，终于有 43000 多人到达伊犁。

乾隆皇帝对土尔扈特部东归十分重视。他在木兰围场接见了渥巴锡及其随行人员，封渥巴锡为克里克图（蒙语英勇、刚毅之意）汗，并仿照西藏布达拉宫在避暑山庄建造普陀宗乘庙，并在庙前立碑，用满、汉、蒙古、藏四种文字分别镌刻了乾隆皇帝撰写的《土尔扈特全部归顺记》和《优恤土尔扈特部众记》。

俞正燮很关注这段历史，尤其注意澄清土尔扈特来归的有关事实。在土尔扈特部来归时，朝中诸大臣认为“纳俄罗斯属部，是兴兵端”，俞正燮说：“土尔扈特部之来归也，实由舍愣唆抢伊犁，俄罗斯故置之，不敢追。至无可奈何而归顺，我岂能拒之，使必致死于我？俄罗斯始闻其抢我伊犁，寇发自彼，不

① 刘小萌：《关于清代北京的俄罗斯人——八旗满洲俄罗斯佐领历史寻踪》，《清史论丛》2007 号（商逵鸿先生百年诞辰纪念专辑），北京：中国广播电视出版社，2006 年版，第 266 页。又，参见张扬：《俞正燮的经世史学》，淮北师范大学 2013 年学位论文，第 17 页。

能止之,及其归顺,则又望我兴数百万师徒,尽执土尔扈特数十万人送还之,无是理也。故我于俄罗斯,不为纳其属部,俄罗斯于我,亦非绝置部属于不言,其势固有所难言也。"他还针对土尔扈特来归导致对俄罗斯闭关的说法,写道:"乾隆二十三年闭关,三十六年土尔扈特始来。《四裔考》次之二十六年,又云'三十年闭关',外间小说遂谓二十年后,以土尔扈特嫌,绝不与通。揣拟失旨,此其落落大者,故详考事实著于篇。咨于故实,此庶近焉。"①

俞正燮在《书西域闻见录后》一文中,还针对"西人多谤土尔扈特者"以及《西域闻见录》作者轻信无根之谈,使"土尔扈特独蒙恶声",而为土尔扈特部来归辩诬。他指出,土尔扈特来归"非以抢伊犁之故",而是"早有来归圣主之意";也不是因为"其部众不思勤俭立业",而是因为受到"方今中外一家,均无歧视"的感召而"归心中国"②。当然还有宗教的原因,即俄罗斯不兴且排斥黄教,而渥巴锡则希望借助于清王朝信奉黄教之地"以安部众"③。

俞正燮边疆史地研究所关注的第三个重点,是边疆少数民族问题。中国边疆多为少数民族聚居的地方,所以就国内来说,边疆问题主要就是少数民族问题,故俞正燮对其十分重视,他所撰写的一系列有关边疆史地的文章,如《蒙古》《喀尔喀伊犁》《阿拉善》《书西域闻见录后》等,都涉及民族关系问题,尤其是洋洋万余言的《驻札大臣原始》,更是较为集中地涉及边疆民族关系问题。

驻札大臣为清代设置的驻札于外蒙古、青海、西藏、新疆等地区的军政长官,其职衔包括将军、都统、参赞大臣、办事大臣、领队大臣等,皆为武职。将军、副将军为统辖一地的军政长官;参赞大臣、都统协助将军办事,并管辖其下各路大臣;办事大臣管辖一城之军政事务,略同于专城副都统;领队大臣分

---

① 俞正燮:《俄罗斯事辑》,《癸巳类稿》卷九,《俞正燮全集》第1册,合肥:黄山书社,2005年版,第434～435页。

② 俞正燮:《书西域闻见录后》,《癸巳存稿》卷六,《俞正燮全集》第2册,合肥:黄山书社,2005年版,第228～230页。

③ 俞正燮:《驻扎大臣原始》,《癸巳类稿》卷八,《俞正燮全集》第1册,合肥:黄山书社,2005年版,第407页。

管游牧部落事务。驻札大臣主要由满洲、蒙古人充任，汉人较少，初任驻札大臣，多以正二品副都统衔就任，其级别相当于内地的总督。

在《驻札大臣原始》这篇长文中，俞正燮“综合叙述了自清朝开国以来，历康、雍、乾三世，与北方、西方诸少数民族打交道的过程，和管理这些少数民族事务的机构之逐渐设置”的情况[①]，文中涉及蒙古、回、藏、维吾尔等民族。他还通过新疆、西藏等地驻札大臣设置的由来的记述、原因的分析，钩稽了清代前期及中叶边疆民族关系中的一些重大事件，如清廷与喀尔喀蒙古的会盟、戡定准回及羁縻西藏的经过等，最后开列了嘉庆十一年(1806)驻札大臣在各地的分布[②]。俞正燮通过对驻札大臣的考索，使《驻札大臣原始》一文成为展示清政府对西部边疆地区实施有效管辖、维护多民族国家的统一和版图完整的重要文献。

此外，俞正燮还撰写了《缅甸东北两路地形考》，钩稽了缅甸与中国、暹罗关系的起伏，表明了俞正燮对南疆的情势也同样十分留意。

俞正燮的经济思想

俞正燮的经世史学在经济方面的主要表现，一是对与人们日常生活息息相关的经济作物和食材、食品的考证，一是对经济思想和经济主张的阐述。他考证过棉花、烟叶、萝卜、桂花、芭蕉、西瓜、芍药、蚕豆、芝栭(灵芝、木耳一类菌类)以及盐、带皮羊肉、面条、酒、牢丸(即汤团)等，不过，我们最关心的还是俞正燮的经济思想和经济主张。

在俞正燮的经济思想中，最突出的是农商并重思想。俞正燮是在讨论对商贾是否应该征税时提出他的农商并重思想。当时，对商贾是否应该征税有两种不同的观点：一是主张不征，认为这是“仁政”的表现，其依据是《孟子》所主张的“关市讥而不征”；一是主张重征，这是商鞅提出来的，他从“重本抑末”

---

① 赵俪生：《论晚清西北之学的兴起》，《赵俪生史学论著自选集》，济南：山东大学出版社，2009年版，第465页。

② 参见张扬：《俞正燮的经世史学》，淮北师范大学2013年学位论文，第13页。

观点出发，主张重征以抑制商贾，汉代桑弘羊继承了商鞅的观点，认为“富商大贾无所牟大利，则返本”，这一主张得到后世很多人的支持。于是，形成两种相对立的观点：“分持孟子、商君之说，或曰非仁政，或曰抑末返本。”[①]

俞正燮对上述两种观点都持反对态度。他首先从社会身份立论，认为士、农、工、商的划分只是社会分工的不同，就其社会身份而言，则“四民皆王者之人”[②]，他们是平等的，没有差别的。其次，俞正燮认为商贾同样是“民之正业”，故均“不得以为贱，又斥之为末”[③]。至于对商贾征税，也应该与农民一样，既不能不征，以为是“仁政”，也不应重征，以为“抑末返本”。他说，既然“四民皆王者之人”，那么，“君臣之义，无所逃于天地之间，不应商贾独以仁政不事君，专以征科苛责农民”，而“上下相接以义。商贾若是末，则圣王循天理，则不应因末为利。若云重征以抑末，则何如禁绝之，乃反诱而征之哉”。所以他的结论是：“不征商，非仁政也；征商，非抑末也。夫征商与征农，其义一也。”[④]

俞正燮正是在“征商”的有关论述中表现出他商、农并重的思想。他在论述“征商”中指出，“征商”是商贾应尽纳税义务，也是对商业这一职业和商贾这一群体的正名。他正是“凭着他那超前意识，仿佛预见到商业在社会生活中愈来愈大的作用”[⑤]，以其对商业和商贾社会意义的确认和肯定，迎接正在到来的“重商”潮流。

俞正燮不是经济学家，他从经世观念出发，最为关心的是现实经济政策。

---

① 俞正燮：《征商论》，《癸巳类稿》卷三，《俞正燮全集》第1册，合肥：黄山书社，2005年版，第122页。

② 俞正燮：《征商论》，《癸巳类稿》卷三，《俞正燮全集》第1册，合肥：黄山书社，2005年版，第122页。

③ 俞正燮：《征商论》，《癸巳类稿》卷三，《俞正燮全集》第1册，合肥：黄山书社，2005年版，第121页。

④ 俞正燮：《征商论》，《癸巳类稿》卷三，《俞正燮全集》第1册，合肥：黄山书社，2005年版，第122页。

⑤ 于石：《俞正燮以传统反传统》，郭因主编：《学术百家》，合肥：安徽人民出版社，2009年版，第243页。

“摊丁入亩”(他称之为“摊丁入地”)便是他最为关心的政策之一。

“摊丁入亩”是清王朝前期的一项重大赋役制度改革。所谓“摊丁入亩”,简言之,就是将一定行政区域的人丁应出的徭役折成银两,平均摊入土地之中,与田赋一同缴纳。它通过丁役与田赋的合并,取消了“人头税”,简化了税种,也减轻了人民的人身依附关系;通过以不可移动的田亩为计税单位,使征税得以落实,税负在一定程度上得以均平,也保证了政府的税收。从中国的赋役制度史来看,它符合中国古代赋役制度变化的趋势,即计征对象和标准逐渐由人丁为主向以田亩为主;税目逐渐由繁多向简化发展;地租形式逐渐由劳役地租、实物地租转向货币地租。所以,“摊丁入亩”的实施,使中国的赋役制度又前进了一步。

我们虽然将“摊丁入亩”视为一项改革措施,但并不意味着这是清王朝自觉实施的改革。它是在土地兼并严重、人丁大量隐匿和逃亡导致赋役负担严重不均的情况下,所采取的应对措施。土地兼并和人丁隐匿、逃亡,导致“丁额无定,丁银难征”,严重影响了政府财政,这才迫使清政府不得不考虑赋税制度的改革。于是,从康熙时代起,政府开始讨论是否施行“摊丁入亩”,并进行了试点;到雍正年间在全国全面推开,成为“雍正新政”的重要举措;再到乾隆时期,大体完成了这项改革,前后经历了半个多世纪。

俞正燮对“摊丁入亩”十分关注。他曾详细列举了顺治时期至嘉庆十七年(1812)的地丁变化情况,并特别指出其中的重要节点,如在记述“康熙五十年,二千四百十七万九百九十九丁”后加按语说:“此年丁数,为地丁之根”;在记述“康熙五十一年二月壬午,谕将直隶各省,现今征收钱粮册内有名人丁,永为定数,嗣后所生人丁,免其加增钱粮,但将实数另造清册具报”之后,他说:“岂特有益于人,亦一盛事也。”同时,记述了“康熙五十二年三月十八日万寿恩诏,但据康熙五十年丁册,定为常额,续生人丁,永不加赋”[1]。

雍正五年(1727),是全面推行“摊丁入亩”的重要节点。俞正燮在记述

---

[1] 俞正燮:《地丁原始》,《癸巳类稿》卷一二,《俞正燮全集》第1册,合肥:黄山书社,2005年版,第583、584页。

“雍正四年谕，丁粮派于各地粮内。以雍正五年为始”之后，追记了“摊丁入亩”从动议到实施的过程：康熙五十三年，御史董之燧上疏“请统计丁粮，按亩均派”，但“部议不便更张而止”。“然舍此更无长策，故广东、四川两省先行之。雍正元年，直隶抚臣请行之。二年，山西抚臣请行之。三年，山东抚臣请行之。五年，竟通行之”[①]。

此后，则主要记述人口的增加：从乾隆初年的16000余万口，到嘉庆十七年(1812)增加到36000余万口。当时的人口最主要的是农业人口。俞正燮试图以人口的增长表明“摊丁入亩”的成效。

通过对“摊丁入亩”实施过程及其成效的记述，俞正燮对其给予了高度肯定。他说：“天下以户口为重，古人或虞其脱漏，言版籍者议论纷然。自丁归地，而赋额不亏，吏民不扰，熙皞之盛，皆康熙五十年圣恩之所留。”[②]他之所以撰写《地丁原始》，是鉴于“旧赋役全书及通志、府志、州县志，于康熙五十一年以后户口，或题以滋生人丁，或题以不加赋人丁，因沿改修，并此名目无之”，以致“士人日抱古书以谈丁赋者，多溪刻愁苦之词，求之于时事，而不见其迹，不知古人何故作此语”，于是，他便“就所见官书及《京报》中之文排比之，以谂修赋役全书及修志者，共知盛事原起焉”[③]。

俞正燮对“摊丁入亩”的肯定，也是他对历代赋役制度进行比较后得出的结论。他曾研究过南宋景定(宋理宗的年号)年间的“公田法”、唐代的“两税法”以及明代的“一条鞭法”。

“公田法”是南宋初年提出的经济措施。在金国南侵、抗金战争紧张进行之际，南宋王朝的军费严重不足。为解决军费问题，有人提出将学校、寺院使用之外的“公田”卖断给私人这一措施。所谓“公田”，是指南宋政府手里掌握

① 俞正燮：《地丁原始》，《癸巳类稿》卷一二，《俞正燮全集》第1册，合肥：黄山书社，2005年版，第584页。

② 俞正燮：《地丁原始》，《癸巳类稿》卷一二，《俞正燮全集》第1册，合肥：黄山书社，2005年版，第586～587页。

③ 俞正燮：《地丁原始》，《癸巳类稿》卷一二，《俞正燮全集》第1册，合肥：黄山书社，2005年版，第587页。

的没收不法官僚的土地、逃户等留下的没人耕种而为政府收回的土地、江河淤积的沙田以及军队开垦的营田等。“公田”私有化建议为政府所接受，于是，从绍兴元年(1131)开始卖断“公田”，但此举受到不少大臣反对，到光宗绍熙四年(1193)便停了下来。理宗景定四年(1263)，“陈尧道、曹孝庆、虞虑、张希颜等依限田议，于官民逾限田，抽三分之一买充公田，得千万亩，则有六七万斛之入，可饷军，可免籴，可以重楮”。俞正燮认为，“其意甚善”，但应像屯田、屯卫那样，“必系官田而后可”，另外，贾似道强行的“官田法”，“其法本以重楮，则会子之给，亦权宜之制，而杂以告牒，又一切予以亩二斗之价，而所谓银半分者，……则亦银关，银关一两当会子钱三贯，亦皆空纸也”[①]。由于“官田法”以限田为依据而抽取逾制的土地，侵犯了一大批官僚、地主的利益，遭到他们强烈的抵制；利用“官田法”支撑纸币的想法，随着滥发纸币、纸币急剧贬值，所给的纸币，无论是会子还是银关，都成为无法兑换金属货币的“空纸”，德祐元年(1275)，“谢太后诏以公田还与田主”[②]，不得不放弃“官田法”。

俞正燮在研究“官田法”的同时，还研究了“两税法”和“一条鞭法”。唐代初年，实行“租庸调”制。这是一种以人丁为基础的赋役制度，即所谓“有田则有租，有身则有庸，有户则有调”。安史之乱之后，中央政府已经无法控制户口及田亩籍帐，土地兼并更为剧烈，加以军费紧张，各地军政长官便以各种名目任意摊派，于是杂税林立，赋税制度非常混乱。唐德宗建中元年(780)，宰相杨炎建议颁行“两税法”。“两税法”是以原有的地税和户税为主，统一各项税收而制定的新税法。由于分夏、秋两季征收，故称“两税法”。“两税法”虽然简化了税目，在一定程度上减轻了农民的负担，但它“不立田制，不抑兼并”，允许土地自由买卖，更加剧了土地的兼并。且推行不久，便“赋役重

① 俞正燮:《宋景定公田法》,《癸巳存稿》卷八,《俞正燮全集》第2册,合肥:黄山书社,2005年版,第320～321页。

② 俞正燮:《宋景定公田法》,《癸巳存稿》卷八,《俞正燮全集》第2册,合肥:黄山书社,2005年版,第321页。

出"[①],失去推行"两税法"的本意。这也是宋代实行"官田法"的背景之一。"官田法"失败之后,元、明政府都曾采取过合并税目的措施,到明嘉靖时,便实行了"一条鞭法",即把各州县田赋、徭役和其他杂征总为一条,合并征收银两,"量地计丁,丁粮毕输于官"。"一条鞭法"的实施,对缓和农民负担、扩大农民人身自由、减低课税成本、增加财政收入,本可起到积极作用,但实行不久,便"诸役名罢实存,有司追征如故"。俞正燮认为,"一条鞭法"失败的原因之一,是没有广泛告知而使政策失去对执行者的约束,他说:"夫税目因时,不得不并,当详列沿革,使儒生胥吏共知之。"[②]他认为,实行"摊丁入亩"也存在这个问题:"我朝上下忙收地丁及漕米输兑,康熙、雍正年间有大沿革,非草野及书吏所尽晓者。"只有李光坡提出过警告:"通计丁额折银,匀田亩之内,万一行之既久,大农、方牧忘并丁于粮之制,谓未有丁折,而复丁折之条,则万世之害,实由于此。"俞正燮认为这是难能可贵的"远虑",建议对"摊丁入亩"中"所裁者、所并者,皆当详记之"[③],以保持赋税政策不致发生变乱。

俞正燮在讨论财政问题时,还对财政和仓储加以区分。《大学》曾说:"生财有大道,生之者众,食之者寡;为之者疾,用之者舒,则财恒足矣。"而惠士奇将其"财"理解为粮食,他说:"知财贿为粟米。"针对惠士奇的理解,他解释道:"此所云生之、食之、为之、用之,皆府库财贿,非仓廪米粟也。"中国古代一直有着"积谷防饥"的思想,为了使"积谷防饥"得以保障,相应地建立了"常平仓"制度,修建仓廪储备粮食以救荒。俞正燮认为,"实则府库财不关农事",财政收支的是货币而不是粮食。他认为自古以来就是如此:"圣人必重农,然

---

① 俞正燮:《书河南府施志后》,《癸巳存稿》卷一二,《俞正燮全集》第 2 册,合肥:黄山书社,2005 年版,第 484 页。

② 俞正燮:《书河南府施志后》,《癸巳存稿》卷一二,《俞正燮全集》第 2 册,合肥:黄山书社,2005 年版,第 484 页。

③ 俞正燮:《书河南府施志后》,《癸巳存稿》卷一二,《俞正燮全集》第 2 册,合肥:黄山书社,2005 年版,第 484～485 页。

书各有义。《大学》实不曾说重农,不必改财货为米粟,失古人本意。”①

俞正燮对水利问题的关注

中国长期处于农业社会,农业是社会经济的主要基础。而水利则是农业的命脉,所以兴修水利、根除水患也就成为从中央政府到地方政府必须承担的职责。为治水服务的河渠水利著作,也因此层出不穷。到清代,河渠水道更为有经世意识的学者所关注,因而,出现了大量的相关著作,如黄宗羲的《今水经》、姜宸英的《江防总论》和《海防总论》、傅洪泽等的《行水金鉴》、齐召南的《水道提纲》、赵一清的《直隶河渠志》、戴震的《直畿河渠书》、程瑶田的《水地小记》、徐松的《西域水道记》等。俞正燮也是十分关注河渠水道的学者,著有《会通河水道记》《高家堰》《总河近事考》等。

会通河因起始于临清会通镇而得名,最初只是指临清到须城(明代并入东平州)这段运河,后来,扩大为临清到徐州以北的运河河段,是我国人工运河中以多级船闸调节运河水深的河道,故又有“闸河”之称。

明洪武二十四年(1391),黄河在原武(今河南原阳西北)决口,会通河三分之一河段被毁,导致大运河中断,漕粮从运河北上被阻。永乐九年(1411),明成祖命工部尚书宋礼负责重开会通河,宋礼采纳汶上老人白英的建议,在戴村附近的汶水上筑新坝,将汶水余水拦引至南旺,注入济州河,增加了济州河北段的水量,大幅度提高了通航能力。此后,对这一分水工程又作了改进,即放弃元朝的分水设施,将汶水全部引进南旺分流,并在这里建南北两坝闸以控制水量,使汶水三分南流,南会泗水,七分北流,注入御河。同时,还采取疏浚河道、整顿闸坝等措施,进一步提高了会通河的通航能力,使会通河成为大运河的重要河段。到清代,会通河更成为与“三大政”中的河、漕两政(另一项为“盐政”)有关联的重要水道。

参加过《续行水金鉴》修纂的俞正燮,不仅十分熟悉水道,对会通河的重

---

① 俞正燮:《食之者寡义》,《癸巳类稿》卷三,《俞正燮全集》第1册,合肥:黄山书社,2005年版,第148～149页。

要性也十分了解。在所撰写的3000余字的《会通河水道记》中,他通过广征博引、详尽考证,梳理了会通河修建、治理过程中的重大事件,以及由黄河改道、河水泛滥所引起的会通河的环境变迁,使其文成为记载会通河历史的翔实资料,也为会通河的治理提供了重要参考。

俞正燮所关注的另一水利设施是高家堰。高家堰即洪泽湖大堤,原为淮阴县高堰村附近的一段淮河堤防,相传为东汉时广陵郡太守陈登主持修建。明万历六年(1578),潘季驯为综合解决黄河、淮河、运河交会地区的问题,兴修了洪泽湖水库,高家堰则成为水库的主坝。此后,它决而复修、毁而复建,历经兴废,一直延续到今天,还在发挥着防洪抗洪的作用。

俞正燮考察了高家堰所处的河、淮、运结合部的地理,细致梳理了高家堰从淮河堤防到洪泽湖大堤的变化过程,以及明清各代高家堰的溃决、修复和扩建的经过,撰成《高家堰》一文。他通过详细的考证和写实性的叙述,展现了这一长15000余丈[①]、雄冠世界的水利工程修建的作用和意义。

俞正燮留下的又一份水利史资料是《总河近事考》。在清代"三大政"中,"河政"处于首位。这里的"河",专指黄河。黄河虽然是中华文明最主要的发源地之一,由其大量泥沙沉积所形成的冲积平原对农业生产十分有利,但它又是一条经常溃决和改道而难以驯服的大河,因此有"自古水患,惟河为大"[②]之说。黄河水患不只是危害水患区人民生命财产安全,还关系到运河的漕运。特别是"自十五世纪初定都北京后,明清两代政府都必须通过运河向北方的首都源源不绝地运输大批粮食和其他物资"[③],使得明清两代都十分关心黄河的治理,在中央设立了治黄的专门机构,相关区域的地方政府也要负起防灾和救灾的责任。俞正燮的《总河近事考》便是对明清时期中央政

---

① 参见俞正燮:《高家堰》,《癸巳存稿》卷五,《俞正燮全集》第2册,合肥:黄山书社,2005年版,第191页。

② 玄烨:《河臣箴》,《圣祖仁皇帝御制文集》第二集,卷三十五,见《文渊阁四库全书》第1298册,台北:台湾商务印书馆,1983年版,第663页。

③ 王振忠:《河政与清代社会》,《湖北大学学报》1994年第2期。转引自张扬:《俞正燮的经世史学》,淮北师范大学2013年学位论文,第35页。

府设置治黄机构和职官所作的考察和记述。

俞正燮将治黄的职官设置追溯到宋代。他指出，“河之南合淮、泗，始宋、金时”，宋时的府州长史兼河堤使，通判兼河堤判官，地方行政正副长官便负有治黄的责任，下设“有都水监，有外都水监，有都水提举，有修河司金”等属官，专司其事。在“府州长、贰提举（掌管）河防”的同时，县长、贰也要“勾管（管理）河防”。“元泰定二年（1325），立行都水监于汴梁，至正六年（1346），又立行都水监于郓城，为总治河防使。此总治专官之始。”[①]也就是说，从至正六年（1346）起，便设置专职官员统筹治河。

俞正燮重点考察的是明清两代的治河机构和职官的设置。他指出，在明初，治河官员只是“派遣”，并没有专门机构和专职人员负责治河。成化七年（1471），曾设总理河道官，但次年便裁撤。正德三年（1508），设总理河道侍郎，四年，兼佥都御史，驻济宁。嘉靖四十四年（1565），设总督河道漕运官，旋裁。隆庆四年（1570），总理河道官加提督军务，两直隶、山东、河南有河地方兵备道俱属焉。万历六年（1578），裁总理河道、总督漕运，而设总理河漕官。七年，给山东、河南、北直、南直巡抚专敕，管河道，以漕运兼河道。万历十二年（1584），有总督漕运、巡抚凤阳、兼管河道、右副都御史一员；巡抚保定管河道、右佥都御史一员；巡抚河南管河道、右副都御史一员；巡抚山东管河道、右副都御史一员。十六年（1588），复设总督河道官，驻济宁。二十六年（1598），又并总理河漕官，三十年（1602），分河、漕。三十三年（1605）以后，称总理河道，亦称总督河道。天启七年（1627），以中官总督河漕[②]。从俞正燮的梳理可以看出，明代的治河机构和职官的设置经历了从无定制、无专管到设立专职总理（或总督）河道的过程。

俞正燮对清代治河机构和职官沿革的考察更为细致。清代从顺治朝起，

---

① 俞正燮：《总河近事考》，《癸巳类稿》卷一二，《俞正燮全集》第1册，合肥：黄山书社，2005年版，第587页。

② 参见俞正燮：《总河近事考》，《癸巳类稿》卷一二，《俞正燮全集》第1册，合肥：黄山书社，2005年版，第588页。

便一直设置河道总督一职，到底以尚书衔还是以侍郎衔担任总督，则视其人而定。至于总督之下的副总河与协理的设置，则没有定制，或设或裁，各个时期并不一样；而总督如何设置，是总设一人，还是按地区分设两三名，各个时期也不一致。与此同时，俞正燮“还列举大量事实，介绍了河道总督、地方督抚以及中央河防专员共同参与治河事务的三重河道管理模式的形成过程”①。

在《总河近事考》一文的最后，俞正燮还附录了自顺治元年(1644)至道光十三年(1833)历年河道总督的名单及生平、任职等的简略介绍，这为研究清代的“河政”提供了有意义的资料和线索。担任河道总督、副总督、协理以及参与治河的中央官员，在他所附的这个人事名单中，都一目了然。

在《工程图式考》一文中，俞正燮还记述了清代治河工程图绘制的特点。其特点主要有：第一，悬图和几案图的方位不同。俞正燮说：“凡舆地悬图，宜以北为上，其几案展阅之图，宜以南为上，以坐阅多向明也。”其实，真正的原因可能还是因为皇帝几案坐北朝南，如果进呈的几案图按上北下南方位绘制，则观览不便，乾隆帝就曾指出这一点，如俞正燮文中所援引的乾隆五十一年(1786)十一月寄湖广总督的上谕曰：“武陵白沙堤工图样，南北倒置，不便阅看，嗣后勿再舛错。”所谓“不便阅看”，主要是不便皇帝阅看。第二，重要而复杂的工程图，需附有局部放大图。俞正燮说：“地要工多、一图丛记者，当于全图中声明此处别展一图。”他援引乾隆四十一年(1776)五月乾隆帝对南河秦挑湖口引河移下清口坝，挑陶庄以上引河图的批示道：“将所圈处放大样贴说来，庶便观览。”第三，工程图河道需用不同颜色绘制。如乾隆五十四年(1789)闰五月，两江总督奏引河图颜色相同，乾隆帝批曰：“可谓不用心之至。”五十九年(1794)八月，山东巡抚奏南河丰工拦坝图，乾隆帝上谕说：“黄河堤工自应分为两色，庶可一目了然，乃一色绘画，竟似河流分为两道，眉目不清，且不吉祥。嗣后图样宜分别颜色。”第四，大型工程图需采用分图的形

① 参见张扬：《俞正燮的经世史学》，淮北师范大学2013年学位论文，第36页。

式。俞正燮说:“一图不能尽者,当分图。”①

在俞正燮的上述记述中,我们不仅可以看出清代治河工程图绘制的精细要求,还可以看出清代对治河的重视程度。

四、男女平等:俞正燮的妇女观

俞正燮作为皖派朴学后期的代表人物之一,在考据方面取得十分引人注目的成就。他考据的范围,除了上述与现实密切相关的问题之外,还涉及文字音韵、天文历法、名物制度、历史人物和历史事件等有关经史的诸多方面。虽然俞正燮在考据上成绩斐然,但他尤为令人瞩目的还是在义理方面,特别是在妇女问题上所提出的卓越见解。有学者甚至说:“俞正燮思想的光辉处并不在他曾从事过考据学研究,而在于他发表了一系列有关男女平等的言论,用以抨击汉儒董仲舒的‘夫为妻纲’说,启蒙了当时人的思想。”②

俞正燮男女平等思想的出发点,是人的天然平等思想。如他说:

> 《士冠礼记》《冠义》《郊特牲》皆云:天子之元子,士也,天下无生而贵者也。言冠然后知贵贱。太古天子元子未冠,与庶人之子未冠者同,是总角之士无贵贱,故庶人子未冠娶亦通谓之士,知是常言之士,非颁爵之士也。③

他以“士”的称谓为例,反复强调了举行“冠”礼是士的社会身份得以确认的标志。就人的天然身份来说,是没有贵贱之分的,而只是到行“冠”礼之后,人的社会身份才得以确认,才有了贵贱差别。因为行“冠”就有了是否“颁爵”

---

① 以上均引自俞正燮:《工程图式考》,《癸巳存稿》卷九,《俞正燮全集》第 2 册,合肥:黄山书社,2005 年版,第 376 页。

② 刘惠恕:《中国政治哲学发展史:从儒学到马克思主义》,上海:上海社会科学院出版社,2001 年版,第 556～557 页。

③ 俞正燮:《释士补仪礼篇名义》,《癸巳类稿》卷七,《俞正燮全集》第 1 册,合肥:黄山书社,2005 年版,第 307 页。

的因素，就使人打上了后天的社会身份的烙印。

当俞正燮把人的天然身份平等的观念移用到对婚姻关系的考察时，便得出男女平等的结论。郑玄注《周礼·地官·大司徒》“本俗六，三曰联兄弟”曰：“联，合也；兄弟，婚姻嫁娶也。”俞正燮接着诠释道：“异姓男女非兄弟，以兄弟之名联之，使成夫妇，此廉耻之道也。”又说：“新昏曰‘兄弟’，何也？未成妇不可称妇，又不能直名之为女；新婿称主人，又不可称女曰宾，故新昏夫妇之间称为兄弟。此名以义起，即礼也，即正名也。”①

俞正燮为什么要详辨异姓男女结为夫妇则称为“兄弟”？因为兄弟关系，是手足关系，夫妇关系若如兄弟，则表明他们之间的地位是平等的。他显然是企图用“兄弟”关系恢复夫妇之间平等的天然本性，纠正男尊女卑观念对夫妇关系的扭曲。这无异于是对“夫为妻纲”的传统观念提出的挑战。

俞正燮还认为，古代女子不仅在夫妻之间的地位是平等的，在家庭和社会上也是受到尊重的。如他在考证“娘子”称谓时说：“房山石经山云居寺有辽清宁四年镌《经记》碑，称刺史子妇‘司徒娘子耶律氏’，女‘小娘子三宝奴’。京城悯忠寺辽石函字有云：‘玉钱一，韩家小娘子施。’盖娘子以称内主，其闺女则称小娘子也。”②他进而指出：“公婆、公姥对，娘子、郎君对。乾州唐乾陵有石刻《金皇弟都统经略郎君行记》，‘郎君’是奴称主，知‘娘子’亦奴称主也。”③既然“娘子”称谓原来是用于“奴称主”的，那么，后来用于称呼女子，正证明了对女子的尊重。

此外，俞正燮还通过对“姬”的训释，证明“姬”是对女子的美称，表明古人对女子的尊重。他说：“姬者，美女之称。……盖自周时，人皆以王姬为贵。女子美者称姬，犹男子贤者称君子矣。”有人认为“君子”是“君之子”，而“姬”

---

① 俞正燮：《嗣为兄弟义》，《癸巳类稿》卷三，《俞正燮全集》第 1 册，合肥：黄山书社，2005 年版，第 114、115 页。

② 俞正燮：《女人称谓贵重》，《癸巳存稿》卷四，《俞正燮全集》第 1 册，合肥：黄山书社，2005 年版，第 176 页。

③ 俞正燮：《女人称谓贵重》，《癸巳存稿》卷四，《俞正燮全集》第 2 册，合肥：黄山书社，2005 年版，第 177 页。

则出于“姬”姓，俞正燮则否定这种说法，他说：“君子不必是君之子，姬何必定姬姓乎。”①

无论是以“娘子”称呼妇女，还是对女子使用“姬”这一美称，都表明古代对女性与男子同样的尊重。俞正燮想通过“娘子”与“姬”的释义为女性争取与男子同等的社会地位，而对于贬低女性社会地位的记载，他则极力反对。如《礼记·表记》说：“母，亲而不尊；父，尊而不亲。”俞正燮则认为：“慈者，父母之道也。”他由此指出：“此汉儒失言。于母，则违‘严君父母’及‘养父母日严’之训，于父，则违慈孝之谊。”②“严”有庄重、郑重、敬重的意思，古人提到“严”，都是父母并举的。所以俞正燮说汉儒所说的“母，亲而不尊”，违背了古人的“严君父母”及“养父母日严”之训。

俞正燮甚至认为在古代的政治领域，男女同样是平等的，女性同样可以在权力巅峰上与君主一样发号施令、左右万民。如他说：“《易·正义》云：‘《大象》传’称君子者，通天子、诸侯、公卿、大夫有地者言。惟施之天子，不兼包在下者，则称先王，其称后者，兼诸侯也。’案：《泰》传‘后以财成天地之道，辅相天地之宜，以左右民’；《复》传‘先王以至日闭关，商旅不行，后不省方’；《姤》传‘后以施命诰四方’，是三者不言诸侯也。《说文》云：‘后，继体君也。施令以告四方。发号者，君后也。’《复》传‘先王’‘后’连文，故《说文》之言如此，然不能通之《泰》《姤》。又，《剥》传‘上以厚下安宅’，《离》传‘大人以继明照于四方’，《易》之称不一。此三言者，则实为周之王后也。”③

如果说，俞正燮上述关于男女平等的思想还散见于他对古代文献的诠释和考证之中，不易引人注意的话，那么，他对传统“节妇”观、“贞女”观的批判，他为“女人妒为恶德”的辨诬等，则写有《节妇说》《贞女说》《妒非女子恶德论》

---

① 俞正燮：《姬、姨》，《癸巳存稿》卷四，《俞正燮全集》第2册，合肥：黄山书社，2005年版，第177页。

② 俞正燮：《严父母义》，《癸巳存稿》卷四，《俞正燮全集》第2册，合肥：黄山书社，2005年版，第151、152页。

③ 俞正燮：《大象传后义》，《癸巳类稿》卷一，《俞正燮全集》第1册，合肥：黄山书社，2005年版，第2～3页。

等专文,这就很容易为人们所瞩目了。正是这些“惊世骇俗”之论,冲击了根深蒂固的传统礼俗,也使他成为近代呼吁男女平等、呼吁女权的先驱。

“节”和“贞”是封建时代加给女性的紧箍咒,是使女性丧失权益的两条精神绳索。俞正燮撰《节妇说》《贞女说》两文,从男女平等的理念出发,对传统的贞节观给予了尖锐的抨击。如他在《节妇说》中写道:

> 《礼·郊特牲》云:“一与之齐,终身不改,故夫死不嫁。”《后汉书·曹世叔妻传》云:“夫有再娶之义,妇无二适之文。故曰夫者天也。”按:“妇无二适之文”,固也,男亦无再娶之仪!圣人所以不定此仪者,如“礼不下庶人,刑不上大夫”,非谓庶人不行礼,大夫不怀刑也。自礼意不明,苛求妇人,遂为偏义。古礼,夫妇合礼同尊卑,乃或卑其妻?古言“终身不改”,言“身”,则男女同也。七事出妻,乃七改矣。妻死再娶,乃八改矣。男子理义无涯涘,而深文以罔妇人,是无耻之论矣。[①]

俞正燮是一位睿智的学者,他以“解经”的方式给男女平等的思想找到了儒学根据,而使那些持男尊女卑观点者成为儒学精神的曲解者,他们反对妇人再嫁,也就是用曲解经典的办法对妇人的“苛求”、是“深文以罔妇人”,是“无耻之论”。

既然夫妇是“同尊卑”的,那么,男子有再娶之仪,妇人也就自然有再嫁的自由了。于是,俞正燮在文章的最后理直气壮地提出了他的观点:“其再嫁者,不当非之;不再嫁者,敬礼之斯可矣。”[②]

在《贞女说》中,俞正燮更是用血淋淋的事实对“守贞”论予以鞭挞。如果说“守节”论是对已婚之妇的束缚,那么,“守贞”论则是对未婚之女的摧残。俞正燮引述《列女传》关于罗静“守贞”的记载道:“丹阳罗静者,广德罗勤女,

---

① 俞正燮:《节妇说》,《癸巳类稿》卷一三,《俞正燮全集》第1册,合肥:黄山书社,2005年版,第629～630页。

② 俞正燮:《节妇说》,《癸巳类稿》卷一三,《俞正燮全集》第1册,合肥:黄山书社,2005年版,第631页。

为同县朱旷所聘，昏礼未成，勤遇病丧没，邻比断绝，旷触冒经营，寻复病亡。静感其义，遂誓不嫁。有杨祚者，多将人众，自往纳币，静乃逃窜。祚劫其弟妹，静惧为祚所害，乃出见之曰：‘实感朱旷为妾父而死，是以托身亡者，自誓不贰。辛苦之人，愿君哀而舍之。如其不然，请守之以死。’乃舍之。”俞正燮对其评说道：“后世女子，不肯再受聘者，谓之贞女，其义实有难安。未同衾而同穴谓之无害，则又何必亲迎，何必庙见，何必为酒食以召乡党僚友，世又何必有男女之分乎？此盖贤者未思之过。”继而引一诗道：

> 闽风生女半不举，长大期之作烈女。婿死无端女亦亡，鸩酒在尊绳在梁。女儿贪生奈逼迫，断肠幽怨填胸臆。族人欢笑女儿死，请旌借以传姓氏。三丈华表朝树门，夜闻新鬼求返魂。

此诗对“守贞”论所带来的不通人情而惨烈的后果，可谓表现得淋漓尽致。俞正燮对其慨叹道：“呜呼，男儿以忠义自责则可耳，妇女贞烈，岂是男子荣耀也！”①

在《妒非女子恶德论》中，俞正燮开宗明义便说：“妒在士君子为恶德，谓女人妒为恶德者，非通论也。”②俞正燮经过寻根求源，认为女人“妒”的根子在多妻制：“《汉书·贡禹传》言：‘诸侯妻妾或至数百人，豪富吏民蓄歌者数十。’时无限制。……夫妇之道，言致一也。夫买妾而妻不妒，则恝也，恝则家道坏矣。”③所谓“恝”，即是无情，即是冷漠。如果主妇对其家事冷漠无情、漠不关心，其家道还能存在吗？她不“妒”，反而违背了“夫妇之道，言致一也”的专一、平等的精神。因此，对女人来说，“妒”是自然的必然的反应，而对士君子来说，才是“恶德”。

---

① 以上均引自俞正燮：《贞女说》，《癸巳类稿》卷一三，《俞正燮全集》第1册，合肥：黄山书社，2005年版，第631页。

② 俞正燮：《妒非女子恶德论》，《癸巳类稿》卷一三，《俞正燮全集》第1册，合肥：黄山书社，2005年版，第632页。

③ 俞正燮：《妒非女子恶德论》，《癸巳类稿》卷一三，《俞正燮全集》第1册，合肥：黄山书社，2005年版，第634页。

从俞正燮对女性的看法来说，正如蔡元培所说，“无一非以男女平等之立场发言者”[①]，他认为，俞正燮“从各方面证明男女平等的思想”，“至今还觉得有表彰的必要”[②]。

① 蔡元培：《俞理初先生年谱跋》，载于《俞正燮全集》第3册附录四，合肥：黄山书社，2005年版，第283页。

② 蔡元培：《我青年时代的读书生活》，《蔡元培全集》第六卷，北京：中华书局，1988年版，第550页。

第十八章　后戴震时期的皖派朴学(三)

——胡培翚与《仪礼正义》

当皖派朴学风生水起的时候，地处徽州的绩溪却显得很沉静。而当皖派朴学开始走向式微的时候，绩溪却令人瞩目起来，在这里出现了被称为“礼学三胡”[①]的胡匡衷、胡秉虔与胡培翚等礼学名家。

“三胡”中，最为著名的是胡培翚。他以《仪礼正义》一书完成了由江永、戴震发轫的皖派礼学系统的建构。

一、胡培翚的家世、生平与著作

胡培翚(1782－1849)字载屏，号竹邨(一说“竹邨”为培翚之字)，一号紫蒙，是一位成长于胡氏学术世家的学者。因此，若要追溯胡培翚的学术渊源，就要追溯这个家族的学术传承史。

学术世家

胡培翚所出的胡氏，是徽州地区的大姓望族之一，在绩溪聚居尤多。不

---

① 按，“三胡”有两种说法：一指胡匡衷、胡秉虔与胡培翚；一指胡匡衷、胡承珙与胡培翚。

过，徽州地区的胡氏虽然同姓，却未必同宗，在绩溪便有“明经胡氏”“金紫胡氏”“遵义胡氏（亦称‘尚书胡氏’）”及“龙川胡氏”四个主要宗派，他们各有始祖、各有宗祠、各有谱牒记载，世系脉络非常清楚。胡培翚所出的胡氏，按其宗派则属于“金紫胡氏”[①]。

在绩溪“四胡”中，“金紫胡氏”是人才辈出的胡氏之一，它自唐代胡宓[②]始迁于徽州之后，在宋代和明清时期涌现了大量的学术人才。南宋时的著名学者汪藻曾说：“大江之东以郡名者十，而士之慕学，新安为最。新安之属以县名者六，而邑小士多，绩溪为最。绩溪为民以族名者无虑百余，而学传子孙，胡氏为最。”[③]汪藻所说的“学传子孙，胡氏为最”，指的就是宋朝自胡策至胡咸、胡舜陟三代。

胡策（生卒年不详）字文举，与其兄伯符、仲筠以好施与著称，里谚有“东吴三佛”之誉。宣抚使范仲淹驻守西北时，军中粮馈不足，胡策曾以赀财 10 万捐助，因此得“诏补社斋郎，寻试将仕郎、铅山县尉”。胡策虽然不以学术著名，但他要求其子“必千里求师”，终使其长子胡宏成进士，仕至处州司法参军，其三子胡咸更自少便刻意于学，自六经及司马迁、班固、范宁、陈寿史书，皆手抄成诵。于诸经皆得其指归，尤邃于《易》。是时，士集京师以千计，胡咸则颖然出其间，为之领袖[④]。其孙胡舜安、胡舜陟、胡舜举皆游学成进士，舜陟更为宋代名臣[⑤]。胡培翚也说：“吾胡氏自宋诚甫公（即胡咸）邃于六经、三

---

① 按，“金紫胡氏”是因胡舜陟在宋时封赠“金紫光禄大夫”而得名。

② 按，胡舜陟说：“族出湖广岳州，自始祖胡广汉灵帝时为司徒，加太傅上公，由是子孙居之。后，胡琰仕晋，为山东安抚使，子孙居青州府濮阳县板桥村。祖宓仕唐，为散骑常侍，迁歙城之乌聊山下寓居。祖沼仕南唐，为客都之官，遂迁于绩溪，东市建宅，西市为库，其富盛矣。”胡舜陟：《绍兴始修原谱序》，载胡广植等修纂：《（光绪）金紫胡氏家谱·五童公支系上册》卷首，光绪三十三年(1907)木活字本。

③ 汪藻：《朝散郎胡君墓志铭》，《浮溪文粹》卷一三，四川大学古籍整理研究所编，见《宋集珍本丛刊》第 34 册，北京：线装书局，2004 年版，第 441 页。

④ 汪藻：《朝散郎胡君墓志铭》，《浮溪文粹》卷一三，四川大学古籍整理研究所编，见《宋集珍本丛刊》第 34 册，北京：线装书局，2004 年版，第 441 页。

⑤ 以上参见胡广植等纂修：《（光绪）金紫胡氏家谱》卷首上《传志·策公传》，光绪三十三年(1907)木活字本。

史，游太学，为诸生领袖。厥后，三山公（即胡舜陟）、苕溪公（即胡仔）继之，理学、词章为世宗仰。”[①]这一时期，“金紫胡氏”最著名的学者便是胡舜陟与胡仔。

胡舜陟（1083—1142）字汝明，晚号三山老人，徽宗大观三年（1109）进士，任山阴县簿，会州、秀州教谕，迁监察御史，钦宗时任侍御史。宋高宗即位后，胡舜陟以集英殿修撰出知庐州，以政绩由徽猷阁待制知建康府，调知临安府，累迁广西经略使，于绍兴七年（1137）封绩溪开国男，进封子爵。绍兴八年（1138）上疏弹劾秦桧十大罪状，被秦桧指使御史中丞常同上奏罢免，绍兴十年（1140）复任，进封新安伯，赠金紫光禄大夫。他素与岳飞交好，岳飞遇害，曾上疏为岳飞辩诬而为秦桧所恶，后为转运副使吕源所诬下狱死。经其妻江氏诉冤，得以昭雪，诏赠少师。著有《奏议文集》《论语义》《师律阵图》《咏古诗》等，今仅存胡培翚所辑的《胡少师集》六卷。

胡仔（1110—1170）字元任，胡舜陟次子，以父荫补将仕郎，授迪功郎，监潭州南岳庙，又升从仕郎。绍兴六年（1136），胡仔随父去广西，为广西经略安抚司书写机宜文字，后就差于广西提刑司干办事。绍兴十三年（1143），其父遇害，他遂隐居浙江湖州之苕溪，“日以渔钓自适”，自号苕溪渔隐。著有《苕溪渔隐丛话》前、后集及《孔子编年》等。

“金紫胡氏”学术兴盛的第二个时期，是晚明至清代，特别是清代中后期。胡培翚曾说：“延至编修宗器公六七传，咸登仕版，编修公后，读书者多不显于时。至东峰公讳永淳，为明诸生，治《尚书》有声，戴致远先生骝[②]深器重之。传至公（即胡匡宪）八世，皆积学敦孝友，列庠序。公之祖瑜公游学京师，名公卿交相称许，而公顾不乐仕进，归而以所学教后人，著有《周易臆见》《五经解》《随笔》等书，即培翚之高祖也。……吾家学至瑜公公而益显，梅溪公、思平公

---

① 胡培翚：《叔祖绳轩公行状》，《研六室文钞》卷九，见《续修四库全书》第1507册，上海：上海古籍出版社，2002年版，第473页。

② 按，戴骝（生卒年不详）字致远，号宏斋，绩溪人。明成化十年（1474）举人，授福建安溪知县，官至堂邑知县，致政归里，撰有《绩溪志稿》。

承父志，力学著书，益振励之，故其后人人皆知自奋于儒术，以诗书为世业。"[①]俞樾也说："绩溪胡氏自明诸生东峰先生以来，以经学世其家。"[②]

胡培翚所说的"瑜公"，即胡廷玑(1654－1730)。他是康熙二十五年(1686)的拔贡生，候选教谕。入国子监，祭酒翁叔元、司业彭定求见其文，以为理致精深，不事雕琢，咸器重之。后以亲老假归，不就铨选，闭户穷书。胡廷玑邃于易学，著有《周易臆见》《五经解》《随笔》，皆亡佚。"梅溪"即廷玑之子胡清焘(1686－1774)，为县增生，著有《思孝录》《梅溪集》。"思平"则是胡清焘之弟清聚(1691－1762)，为岁贡生，候选训导，研治群经，著有《尚书存真》《诗经积疑》《礼经辨误》《春秋两端》《四书注说参证》等，亦亡佚[③]。

胡清焘、胡清聚之后，"金紫胡氏"又出了胡匡衷、胡匡宪等经学家。胡匡衷(1728－1801)字寅臣，号朴斋，胡清焘的第四子，曾以岁贡生候补训导，赠承德郎，官户部广东司主事，赠资政大夫。他笃学好古，治学严谨，以实事求是为治学原则，以不苟与先人同异为治学信条，在礼学上成就卓然，著有《仪礼释官》《三礼札记》《周礼井田图考》《井田出赋考》《畿内授田考》《郑氏仪礼目录校证》《礼记官职考》《侯国官职考》等，此外，尚有《周易传义疑参》《左传翼服》《论语古本证异》《论语补笺》《庄子集评》《离骚集注》诸作，其所作诗文编为《朴斋生集》。胡匡宪(1743－1802)字懋中，号绳轩，胡清聚的第三子，亦精于经学，著有《毛诗集释》《绳轩读经记》《石经详考》以及《读史随笔》等。

胡氏家族不仅学者济济、成就斐然，还形成了相互切磋的学术风气。胡培翚曾目睹其祖辈学术交流的生动场面，他说："培翚生晚，不及见诸伯祖，唯见叔祖别庵公(即胡匡定，胡清聚的第四子)、性山公(即胡匡宪)及吾祖(即胡匡衷)而已。当时咸授徒城内，以力学相切磋。吾家世居绩溪市东，先祖与别庵公居新巷内，公与性山公居新巷外(性山公后移居巷内)。巷口有楼亭，下

---

① 胡培翚：《叔祖绳轩公行状》，《研六室文钞》卷九，见《续修四库全书》第1507册，上海：上海古籍出版社，2002年版，第473页。

② 俞樾：《孙宜人传》，《春在堂杂文三编》卷二，南京：凤凰出版社，2010年影印《春在堂全书》，第4册，第170页。

③ 参见张文：《绩溪金紫胡氏家学考述》，《徽学》第7卷(2011年)。

可憩息。每于日晡自书塾归，会于巷口，各以所疑相质证。一义之异，高声辨论，断断不休。自远闻者惊以为争，及前乃知其讲学于此，咸敬异之，一时巷口有齐稷下之目。呜呼，此培翚儿时抠衣侧耳所亲炙者，尔时虽不解言中之义，而其景象至今忆之，犹如目前也。”[①]

“金紫胡氏”在胡培翚同时或稍后，依然涌现了众多学者。在赵之谦的《汉学师承续记》中，立传的胡氏家族学者，除胡匡宪、胡培翚外，尚有胡秉元、胡廷绶，附传的有胡肇昕、胡澍、胡绍勋、胡绍煐以及胡培系、胡培字、胡培孝等[②]。这个家族学者如此丛集，俨然成为一个经学研究的学术群体。

胡培翚就出身于这个以家族为基础的学术群体。

求学之路

胡培翚的人生经历，大体可分为三个阶段：即嘉庆二十四年(1819)以前的读书求学阶段；嘉庆二十四年至道光十年(1819—1830)出仕阶段；道光十一年(1831)以后的讲学著述阶段[③]。

胡培翚的求学生涯，是从接受家学开始的。他在回顾自己的学术经历时曾说：“培翚少时受经于先祖，年十三岁而从学于公，沐公之教。”[④]他所说的“先祖”即胡匡衷，所说的“沐公之教”之“公”，指的是其叔祖胡匡宪。

胡培翚不仅自幼便受到家族中浓郁的学术氛围的熏染，而且刚踏上求学之路，便受到这两位学术造诣较高的祖辈的亲自教诲，这就为他此后的治学

---

① 胡培翚：《叔祖绳轩公行状》，《研六室文钞》卷九，见《续修四库全书》第1507册，上海：上海古籍出版社，2002年版，第473页。

② 赵之谦：《汉学师承续记》，见漆永祥：《汉学师承记笺释》附录二，上海：上海古籍出版社，2013年版，下册，第961～983页。按，赵之谦的《汉学师承续记》为未完成之作，系以手稿存世，由漆永祥整理，发表于2002年出版的《中国典籍与文化论丛》第7辑，后收为《汉学师承记笺释》一书的附录。

③ 参见陈功文：《胡培翚生平与著述考》，《淮北师范大学学报(哲学社会科学版)》2012年第2期。

④ 胡培翚：《叔祖绳轩公行状》，《研六室文钞》卷九，见《续修四库全书》第1507册，上海：上海古籍出版社，2002年版，第475页。

奠定了良好的基础,正如胡朴安在《胡培翚传》中所说的,“(胡培翚)幼颖悟,受经于其祖朴斋先生,即笃志励学”,13 岁从学于胡匡宪之后,更是“益自奋勉,而所学大进”[①]。

胡培翚在秉受家学的同时还接受了师教。他先后受学于汪廷珍、夏銮、汪莱和凌廷堪,这使得他的学术得以益进。

汪廷珍[②]于嘉庆七年(1802)督学安徽,他一见胡培翚的文章便很赏识,遂以第一名补为县学生。第二年,胡培翚又以一等第一食廪饩。这是胡培翚成为汪廷珍门人之始。汪廷珍离开安徽以后,胡培翚仍与他书信往还不断,在撰写《燕寝考》时,胡培翚还专函征求了汪廷珍的意见。

嘉庆十年(1805),夏銮[③]任徽州府学训导,时为博士弟子的胡培翚虽然以师事之,但夏銮却视胡培翚为忘年友,“与(胡培翚)讲论自周秦而下逮国初诸儒学术源流、人品邪正,与夫立身治家之要、居官涉事之宜,言无不至”。此后,夏銮“虽违讲席”,仍与胡培翚“邮函来往,岁无虚月”[④]。从学夏銮,使胡培翚“于诸经已悉得要领”[⑤],夏銮对胡培翚也很赏识,嘉庆十四年(1809)春,夏銮还聘请胡培翚馆于其家,教授诸子。

嘉庆十一年(1806),经夏銮推荐,胡培翚又受学于汪莱。汪莱(1768—1813)字孝婴,号衡斋,歙县人。在数学、天文、经史、音韵、训诂和乐律等领域均造诣很深,尤精于数学。主要著述有《参两算经》《校正九章算术》《戴氏订讹》《十三经注疏正误》《声谱》《说文声类》《今有录》《诗文集》等。师从汪莱,

---

① 胡韫玉(即胡朴安):《胡培翚传》,《国粹学报》1911 年第 2 号(总 76 期)。

② 按,汪廷珍(1757—1827)字瑟庵,江苏山阳(今江苏淮安)人。乾隆五十一年(1786)举人,乾隆五十四年(1789)进士,授编修,历官礼部侍郎、礼部尚书,卒谥文端。著有《实事求是斋诗文集》。

③ 按,夏銮(1760—1829)字德音,号朗斋,当涂人,嘉庆元年(1796)由朱珪推举孝廉方正,后以优贡官徽州府学训导。夏銮为学宗程朱,务笃行,不事著述。他训士极严,但有屈辱必为之直,尝谓士习宜整顿,亦宜培养。

④ 胡培翚:《徽州府训导夏先生墓志铭》,《研六室文钞》卷一〇,见《续修四库全书》第 1507 册,上海:上海古籍出版社,2002 年版,第 481 页。

⑤ 胡韫玉:《胡培翚传》,《国粹学报》1911 年第 2 号(总 76 期)。

扩大了胡培翚的学术领域，也扩展了胡培翚的学术视野。

嘉庆十二年(1807)，胡培翚就学于歙县紫阳书院，开始师事凌廷堪。夏銮、汪莱都对胡培翚的学术有很大的影响，但对胡培翚学术生涯影响最大的，当数凌廷堪。师事凌廷堪，不仅使胡培翚开始自觉地赓续江永、戴震开创的皖派朴学传统，还直接影响到胡培翚对礼学的研究。嘉庆十三年(1808)，胡培翚便开始研究《礼》经，从此，胡培翚就与《仪礼》结下不解之缘。

嘉庆十五年(1810)，胡培翚举于乡，次年，赴京参加会试。自此之后，胡培翚便多次往来京师，一直到嘉庆二十四年(1819)中恩科进士。

在京师期间，胡培翚常寓于他的族叔胡秉虔处。胡秉虔(约1770—1840)字伯敬，一字春乔，胡匡宪之子，嘉庆四年(1799)进士，官刑部主事，改甘肃灵台县知县，擢丹噶尔同知，卒于官。秉虔自幼嗜学，博通经史。肄业成均时，夜读必尽烛两条，应酬纷纭，课不少减。胡秉虔成进士系出彭元端、朱珪、阮元之门，且与姚文田、王引之、张惠言等为同年友，师友切磋，更使其学术根柢深厚。胡秉虔尤精于声音训诂，其《古韵论》三卷，辨江、戴、段、孔诸家之说，细入毫芒；《说文管见》三卷，发明古音古义，多独得之见。另著有《周易小识》《尚书小识》《论语小识》《卦本图考》《尚书叙录》《汉西京博士考》《经义闻斯录》《槐南丽泽编》《月令小识》《四书释名》《小学卮言》《对床夜话》《惜分斋丛录》等。胡培翚寓于胡秉虔处，再得家学之传，这对胡培翚走上通训诂以明经义的学术道路颇有影响。

嘉庆十八年(1813)，胡培翚在京与胡承珙定交。胡承珙(1776—1832)字景孟，号墨庄，泾县人。嘉庆十年(1805)进士，授编修，后补台湾兵备道，在官三年，旋乞假归里。承珙归里后，究心经学，尤专意于《毛诗》，著有《毛诗后笺》，曾与陈奂就《毛诗》往复讨论。胡承珙对《仪礼》也很关注，著有《仪礼古今文字疏义》，胡培翚在《仪礼正义》中讨论《仪礼》今古文的时候，就多引胡承珙之说。

居官京师

嘉庆二十四年(1819)，胡培翚中进士，授内阁中书、实录馆详校，后擢户部广东司主事。据《清史稿》本传说，胡培翚“居官勤而处事密，时人称其治官如治经，一字不肯放过。绝不受财贿，而抉隐指弊，胥吏咸惮之”①。胡培翚弟子汪士铎②也说：“窃见故户部主事绩溪胡竹邨先生，行为士则，学蔚儒宗，练校足以干事，贞悫足以厉俗，严毅足以正奸，廉介足以风世。”③尽管胡培翚居官时颇获好评，但并未因此显扬于官场，而一直浮沉在郎署的职位上。

道光八年(1828)十月，胡培翚任户部捐纳房差。捐纳房是为捐官买爵特设的机构，也是贪腐案件多发的机构。胡培翚任捐纳房差期间，尽管兢兢业业、小心谨慎，仍然发生了一起“假照案”④。此案牵连司员数十人，胡培翚与蔡绍江虽然经查无污，但他还是因随同画诺而受“镌级”处分。道光十三年(1833)，胡培翚本可“奉旨准捐复原官”，但他以亲老有恙而归里，从事教学和著述。胡培翚在回忆这一经历时说：“翚在任每办一稿，必先核对册籍，稽查例案，然后将书吏拟稿改定，其有事关重大者，则自行起稿。每日进署与吏为仇，晚则将册籍带回寓内，钩稽查核，夜分而后已。不幸失察假照，被议镌级。癸巳岁奉旨准捐复原官，君上之恩，实出望外，然是时先严年近八旬，旧恙复发，不忍远离。迨养亲事毕，精力就衰，不堪为朝廷驱策矣。”⑤

在胡培翚居官的十余年中，使他最得益的是与学者的广泛交往。他曾说

---

① 《清史稿》卷四八二《儒林三·胡培翚》，北京：中华书局，1977年版，第43册，第13272页。

② 按，汪士铎(1802—1889)初名鏊，字振庵，一字晋侯，号梅村，晚号悔翁，江宁(今江苏南京市)人，道光二十年(1840)举人。他一生以游幕和授徒为业，曾为胡林翼、曾国藩幕僚。著有《汪梅村先生集》《悔翁笔记》《南北史补志》《水经注图》等。在《汪悔翁乙丙日记》中，汪士铎对人口问题作了深入的讨论，有学者称他为“中国的马尔萨斯”。

③ 汪士铎：《答高淳夏渊如书》，《汪梅村先生全集》卷一〇，见《续修四库全书》第1531册，上海：上海古籍出版社，2002年版，第692页。

④ 按，清王朝沿袭明代的捐纳制度，凡遇有军需、河工、赈灾、垦荒等项而财政无法支付时，即允准捐纳钱、物(如粮食、马匹等)，而给以官职、封典、贡监等作为回报(实为卖官)。道光十年(1830)闰四月，户部奏报安徽林德先等捐纳职衔的证照造假，道光帝接奏后，连发两道上谕要求严查。经查，户部捐纳房帖写蔡绳祖等案犯相互勾结，从嘉庆十九年(1814)起便“雕刻部监假印，私办贡监职衔封典文照，致冒名器，累月终年，得赃难以数计，且敢勾结帖写常醇等，偷出稿件，窜改弥缝”。所谓“假照案”即指此。

⑤ 胡培翚：《上罗椒生学使书》，《研六室文钞》补遗，见《续修四库全书》第1507册，上海：上海古籍出版社，2002年版，第489页。

过:“培翚年二十余始知厉学,广求师友,见有方正博闻之士,必就谘访。”[①]在京师,正是他“广求师友”的极好机会,也是他“广求师友”的重要时期。他在这期间所结识的学者,首先是任会试总裁的王引之,并由此结识王引之之父王念孙。王念孙八十寿辰,他撰文为之上寿道:“先生博学以综之,精思以审之,伟识以断之,集诸家之大成,为后学之津导。其始出入经史百家、儒先传注,浸淫衍释,以自得其指归,其后即以所得者鉴别乎经史百家之书,而是非疑似无不立辨。盖能会音形义三者之大原以言文字,使古籍之传得存真面目于天壤者,千百年来,先生一人而已。”[②]此外,尚有郝懿行[③]及胡培翚的同年陈奂等。郝懿行的遗著《春秋说略》《春秋比》便是由胡培翚谋划付梓,道光七年(1827)刻成,胡培翚曾为二书作《刻郝氏春秋二种序》。

在京期间,胡培翚还与一众学者考订郑玄生日,并祀郑玄于万柳堂。参与考订、祭祀者有蒋廷恩、陈用光、钱仪吉、光聪谐、陈奂、陈兆熊、冯启蓁、魏源、张成孙及朱琦、胡承珙、徐璈等[④],他们都可谓是胡培翚学术上的同调,治学中的益友。另外,胡培翚与江筠、方体等学者也多有学术交往[⑤]。

---

① 胡培翚:《石埭训导汪先生行略》,《研六室文钞》卷九,见《续修四库全书》第1507册,上海:上海古籍出版社,2002年版,第461页。

② 胡培翚:《王石臞先生八十寿序》,《研六室文钞》卷六,见《续修四库全书》第1507册,上海:上海古籍出版社,2002年版,第436页。

③ 按,郝懿行(1757—1825)字恂九,号兰皋,山东栖霞人。乾隆五十三年(1788)“恩科”举人,但到十年后的嘉庆四年(1799)方参加进士考试,中进士后因无缺可补,只是任“额外主事”,直到嘉庆二十五年(1820)已六十六岁那年,才“奉旨”补缺,任户部江南司主事。郝懿行一生“性嗜学”,且勤于著述,著有《尔雅义疏》《春秋说略》《易说》《书说》《诗说》《郑氏礼记笺》《诗经拾遗》《汲冢周书辑要》《竹书纪年校正》《荀子补注》《山海经笺疏》《宋琐语》《晋宋书故》《宝训》以及《诗文集》等。

④ 参见胡培翚:《汉北海郑公生日祀于万柳堂记》附记,《研六室文钞》卷八,见《续修四库全书》第1507册,上海:上海古籍出版社,2002年版,第452页。

⑤ 参见林存阳:《胡培翚与〈仪礼正义〉》,中国社会科学院历史研究所明清史研究室编《清史论丛》2003—2004年号。

讲学江南

汪士铎曾用“道崇位卑”概括自胡培翚高祖至胡培翚的命运，他说：“惟先生自高祖以来，世传经术，道崇位卑。先生虽从政农部，而奸蠹布濩，未竟厥施。”“道崇位卑”似乎是胡氏几代人的“宿命”，胡培翚也未逃脱这一“宿命”，最后还是走执教的路子：“名臣硕辅，延主皋比。钟山、惜阴，士饫其教。讲舍百数十人，服膺归仁，拳拳弗忘。”[①]

胡培翚讲学大概始于道光十二年(1832)。是年，他应时任两江总督陶澍之请，讲学于钟山书院。清代的钟山书院为两江总督查弼纳(1683—1731)所倡立，始建于雍正二年(1724)。查弼纳曾以“为人首在立品，立品全在讲学，讲学首重明伦，明伦全在忠孝”作为钟山书院的办学宗旨[②]。雍正皇帝也赐额曰“敦崇实学”，当时所谓“实学”，指的主要是理学，故书院初创时主要宣扬的是程、朱理学。到乾隆时，卢文弨、钱大昕掌教于钟山书院，遂将重经史考据的学风带进了钟山书院。此后，姚鼐自乾隆五十五年(1790)至嘉庆二十年(1815)，一直任钟山书院山长。姚鼐虽然重程、朱理学，但以倡导古文为主，并主张义理、考据、词章三者不可偏废，故并没有使钟山书院的学风发生根本性改变。

胡培翚讲学于钟山书院期间，对钱大昕甚为推崇，他不仅重刊了钱大昕的《学约》以贻在院之士，还建议将钱大昕入祀钟山书院[③]。胡培翚在讲学之余，编辑了《钟山书院课艺》，他在为这部时文选本所作的《序》中说，科举之文虽然在表现形式上可以“清奇浓淡之迹”不一，但其中有“至一”者，其“至一”者便是“理之精也，辞之足也，气之盛也，法之备也”。因此，即使是作时文，平

---

① 汪士铎：《户部主事胡先生墓志铭》，《汪梅村先生集》卷一一，见《续修四库全书》第1531册，上海：上海古籍出版社，2002年版，第703页。

② 汤椿年纂辑：《钟山书院志》卷六《文告》，见赵所生等主编：《中国历代书院志》第7册，南京：江苏古籍出版社，1995年影印本，第538页。

③ 胡培翚：《钱竹汀先生入祀钟山书院记》，《研六室文钞》卷八，见《续修四库全书》第1507册，上海：上海古籍出版社，2002年版，第453页。

居也需要“博观载籍，汲汲皇皇若唯恐不得乎圣贤立言之指，而其于天文地舆、河工水利、积贮教化、武备刑法，治世之大政，无不讲明切究，熟悉于中”，这样，在进入考场时，才可以“称心而出，无剿袭之弊，无寒俭之容，无依仿束缚之态”[①]。也就是说，即使是“科举之学”，即使是撰写时文，也不能忘记学以经世。

胡培翚回乡后，于道光十四年(1834)至道光十七年(1837)主讲泾川书院[②]。泾川书院初创于道光十二年(1832)，他在泾川书院讲学期间，特别强调“士子之学，必以通经为先，而志尤不可不立”，而“通经”的途径则是“必熟其本文，详其注释，深求乎圣贤立言之旨，以得乎修己治人之方”，他还要求士人效法先贤“讲明正学、著为事功”，同时，“以博学敦行为务”[③]，力求通经致用。

道光十八年(1838)，胡培翚主讲太仓娄东书院。十九年(1839)，又主讲松江府云间书院。其时，原由张海鹏所编辑的《墨海金壶》因为“抉择未当，又板毁殆尽”，钱熙祚[④]“乃尽出藏书，聚同志商榷去取，讨论真赝，反复雠对，民间乏善本，则准之以文澜阁本，或注案语，或系札记，其取材分类，略仿张例，而后出之书未入著录者，亦附之。凡十易寒暑而后竣”，完成了《守山阁丛书》的纂辑，参与者有顾观光、李长龄、张文虎、钱熙泰等。是年秋，胡培翚与小他

---

① 胡培翚：《钟山书院课艺序》，《研六室文钞》卷六，见《续修四库全书》第1507册，上海：上海古籍出版社，2002年版，第434页。

② 按，胡培翚在《泾县神龙庙碑》中说：“蒹塘顾侯(即顾翰)宰泾之明年乙未夏，旱，祷于神。”乙未为道光十五年(1835)，则顾翰宰泾县在道光十四年(1834)。又说：“侯之来，培翚适承乏泾川讲席，相与处此四年矣。”(载于《研六室文钞》补遗，见《续修四库全书》第1507册，上海：上海古籍出版社，2002年版，第495页。)据此，则胡培翚讲学泾川书院当在道光十四年至十七年。

③ 参见胡培翚：《泾川书院志学堂记》，《研六室文钞》卷八，见《续修四库全书》第1507册，上海：上海古籍出版社，2002年版，第455～456页。

④ 按，钱熙祚(？－1844)字锡之，一字雪枝，江苏金山(今属上海)人。生平好古今秘籍，收藏极多。道光十七年(1837)于钱氏祠堂后建阁贮书，名曰“守山阁”，聘名士如顾观光、李长龄、张文虎等于藏书楼中校勘、抄录书籍。先后辑成并刊印《守山阁丛书》《珠丛别录》《指海》《式古居汇抄》等丛书多种，由于校勘精审，故世称善本。

二十余岁的张文虎[①]相遇于西湖，他自述道："余己亥(即道光十九年，1839)主讲云间，……是秋，游寓西湖，与君(钱熙祚)弟鲈香(即钱熙辅)、张君啸山(即张文虎)寓居相接，过从谈论间，以《丛书》相质，于鄙见甚洽。其后，邮函来往，讲求善本，遂属序于余。"胡培翚遂有《守山阁丛书序》之作[②]。张文虎也说，"岁己亥秋，晤君武林，倾盖如故，订忘年交"[③]。三年后，胡培翚还请张文虎为其《燕寝考》作序，已经名播学坛的胡培翚能请一位学界后生为其书作序，既显示他有闻道不在先后的观念，也表现了他对张文虎学识的特别器重。

道光二十二年(1842)，陶澍又邀胡培翚任惜阴书院山长。惜阴书院是陶澍在金陵博山之阳新建的一所书院，他建这一书院是为择取钟山、尊经两书院高才生肄业于其中，课以经、史、文三者，使诸生日讲求于有用之学，无仅耗心力于时艺[④]。但不久，胡培翚便因足疾复发辞去惜阴书院山长回乡，结束了他的执教生涯。回乡前，胡培翚作《惜阴书院别诸生文》，谆谆告诫诸生道："经者，制行之准，然非寻章摘句之谓，必体验乎圣贤修己治人之道，以淑身心。""愿诸生日有就，月有将，无忽乎'惜阴'之称，无昧乎经史文之义，无急功名而薄气节，无骛浮华而忘实践。异时羽仪王国，本所学以用于世，俾朝廷收得人之效，与周之治内治外比烈焉。"[⑤]

---

① 张文虎(1808－1885)字孟彪，一字啸山，江苏南汇(今属上海市)人。贡生出身，保举训导，对戴震推崇备至，称其为"学之本原"。客居钱熙祚家时所校之《守山阁丛书》等，素称善本。同治十年(1871)，与李善兰同为曾国藩幕僚，其校刊《王船山遗书》颇为曾国藩所赞赏。同治十二年(1873)，曾以"天目山樵"为笔名评点《儒林外史》。著有《舒艺室杂著》《鼠壤余蔬》《周初朔望考》《怀旧杂记》《舒艺室随笔》《古今乐律考》《春秋朔闰考》《湖楼校书记》以及《诗存》《诗续存》《尺牍偶存》等。

② 胡培翚：《守山阁丛书序》，《研六室文钞》补遗，见《续修四库全书》第1507册，上海：上海古籍出版社，2002年版，第490页。

③ 张文虎：《燕寝考序》，见《续修四库全书》第110册，上海：上海古籍出版社，2002年版，第552页。

④ 参见胡培翚：《惜阴书院别诸生文》，《研六室文钞》补遗，见《续修四库全书》第1507册，上海：上海古籍出版社，2002年版，第486页。

⑤ 胡培翚：《惜阴书院别诸生文》，《研六室文钞》补遗，见《续修四库全书》第1507册，上海：上海古籍出版社，2002年版，第486、487页。

著作概述

据蒋元卿的《皖人书录》著录，胡培翚的著作有以下七种：《研六室文钞》《研六室杂著》《仪礼正义》《仪礼宫室定制考》《禘祫问答》《燕寝考》《胡少师年谱》[①]。陈功文曾对蒋元卿的著录作了增补，他指出，除蒋元卿著录的著作外，胡培翚还著有《郑公传考证》《孔子编年注》，前者见胡培翚的《汉北海郑公生日祀于万柳堂记》，他在文中说："培翚春闱报罢，将出都门，墨庄宗兄邀宿斋中度夏。闲暇无事，遂搜取各书与《后汉书》本传参考，补其缺略，成《郑公传考证》一卷。"《孔子编年注》见于《清史稿》卷一四六《艺文二》载。陈功文还根据胡培翚《上罗椒生学使书》一函，认为胡培翚曾打算著《仪礼贾疏订疑》《宫室提纲》《仪礼释文校补》等，但均未能完成[②]。而现存的胡培翚著作，除《研六室文钞》外，仅有《燕寝考》《禘祫问答》《仪礼正义》《胡少师年谱》等。下面且对它们的编纂和刊行情况略作介绍。

《燕寝考》

这是胡培翚的第一部专著，大概酝酿于嘉庆十七年(1812)，付梓于道光十七年(1837)，前后历时25年。撰写《燕寝考》之时，胡培翚曾征求过汪廷珍的意见，汪廷珍虽赞成他的观点，但还是想看到其书，而其时胡培翚的《燕寝考》尚未完成，于是，他便"撮其大略"，成《东房西室疑问》一文以呈。此后，胡培翚又征询了王引之的意见，这才将《燕寝考》定稿，这应该是嘉庆二十四年(1819)之后的事了[③]。《燕寝考》本二卷，因胡培翚将《东房西室疑问》一文刊于卷首，故一说三卷。

---

① 蒋元卿：《皖人书录》，合肥：黄山书社，1989年版，第724～725页。

② 陈功文：《胡培翚生平与著述考》，《淮北师范大学学报(哲学社会科学版)》2012年第2期。

③ 胡培翚曾说："培翚初为《燕寝考》，以管见所及，时请正于山阳汪文端师，师许可，索书，书尚未就，因先撮其大略，为此篇呈之。后又请正于高邮王文简师，《燕寝考》始定稿焉。时嘉庆癸酉岁也。越今丁酉二十五年矣，检录付梓，敬识于此。"《东房西室疑问》附记，《研六室文钞》卷一，见《续修四库全书》第1507册，上海：上海古籍出版社，2002年版，第358页。

《燕寝考》最早收于阮元主编的《清经解》,但有讹错。道光二十三年(1843),又经钱熙祚覆校付梓,他在此书的跋语中写道:"古今考宫室之书,往往略于燕寝。绩溪胡氏竹村先生据《诗·斯干》笺得古燕寝之制,钩稽群籍,为《考》二卷,而以旧著《东房西室疑问》冠于卷首,阐明古义,可为高密功臣矣。仪征相国(即阮元)督两粤时,尝编入《皇清经解》,校者失检,误分《东房西室疑问》别为一卷,又以其第一、第二页与原本第一卷之第一、第二页互错,致文义不接,读者茫然。夏间,先生以原稿及序目邮视,为之一快。因覆校付梓,缀学之士庶识庐山真面目云尔。"[①]

在《燕寝考》一书中,胡培翚辨析了与燕寝有关的诸家观点,详考了天子、士大夫燕寝的古制,阐发了燕寝的形制、房室关系等问题,使《燕寝考》成为对古代宫室研究的一部重要著作。这部著作的问世,受到不少学者的赞扬,但也引起洪颐煊、张聪咸、胡承珙、包孟开等学者的质疑。胡培翚为了回答他们的疑问,写了一系列的信函。这些信函已经成为胡培翚研究燕寝古制成果的组成部分,故在编辑以阐述学术为主的《研六室文集》时,也将这些信函收入其中。

《胡少师年谱》

胡少师即胡舜陟。胡培翚在将《三山公年谱》收入《绩溪金紫胡氏家谱》时,加"识语"说,因有感于"旧《谱》纪公事实未详",故"考《宋史》及各书,参互钩比,成《年谱》一卷。但南宋杂史有资考证者,如《靖康要录》《建炎以来系年要录》之类,尚未得见,恐遗漏舛误,均所不免。兹特摘其确有依据者录之,而其余将俟续加考订,为别本以行云。"《家谱》的修纂者胡广植于此后又加小注道:"《三山公年谱》,培翚公修谱时所辑也。光绪甲申(光绪十年,1884),培系公乃采摭南宋杂史,如《靖康要录》《建炎以来系年要录》之类,以补其缺略,分为上下两卷,遵培翚公所编总集之例,题曰《胡少师年谱》以行于世,其于三山

① 钱熙祚:《燕寝考跋》,《燕寝考》附录,见《续修四库全书》第110册,上海:上海古籍出版社,2002年版,第576页。

公事迹较加详焉。”[①]

根据上文记述，胡培翚编纂《胡少师年谱》，当在嘉庆二十四年(1819)续修胡氏《家谱》他担任“纂修”时。光绪十年(1884)，该《年谱》经胡培系[②]增补、胡廷桢校勘，方正式刊印[③]，这是《胡少师年谱》的初刊本[④]。这一版本以及现存的秦翰才手抄的《胡少师年谱》，应为胡培翚与胡培系合著本；《绩溪金紫胡氏家谱》所载的《三山公年谱》，才是胡培翚的独著本。

《胡少师年谱》的刊印，虽然动机是“表彰先德”，但也有为胡舜陟辨诬的目的。俞樾就说过：“士君子身后得列名史策，岂非甚幸，乃史家但事钞撮，漫无别白，使后人但于《高登传》中见公姓名，则且以公为桧(即秦桧)党矣，恶知其固与岳忠武同死于桧者哉。赖有贤子孙于七八百年后补作年谱，考论其事，使史家之诬大白于世。此余所以甚为公幸，而又为青史痛哭者也。”[⑤]

《禘祫问答》

禘祫是帝王祭祀始祖的古礼，大概在汉代关于这一古礼的文献就已经散

---

① 胡广植等纂修：《(光绪)金紫胡氏家谱》卷首上《传志·三山公年谱》，光绪三十三年(1907)木活字本。

② 按，胡培系(1813—1888)字子继，号坞霞，胡培翚堂弟。少时受业于父，父卒后，入徽州府紫阳书院。时胡培翚以朴学倡，培系沐其风教。后以岁贡生授宁国府教谕。著有《仪礼宫室提纲》《小檀室笔谈》《教士迩言》《十年读书室文存诗存》等，并辑有《皇朝经世文续钞》《风雨怀人录》《绩溪金紫胡氏家藏录》等。他是胡培翚的仰慕者，不仅对《胡少师年谱》作了增补，其《仪礼宫室提纲》就是为完成胡培翚著《宫室提纲》的宿愿而作，还曾仿胡培翚《仪礼正义》撰《周礼述义》，其体例便一仍《仪礼正义》。

③ 按，俞樾《宋赠少师三山胡公年谱序》说：“主政(即胡培翚)昆弟惓怀先泽，撮拾遗文，年经月纬，体例秩然，又有曰廷桢字荻洲者，力任校刊之役，皆可嘉焉。”《春在堂杂文四编》卷五，南京：凤凰出版社，2010年影印《春在堂全书》第4册，第303页。

④ 按，有人说，现存《胡少师年谱》还有光绪四年(1878)的世德堂本(参见陈功文《胡培翚生平与著述考》，《淮北师范大学学报》2012年第2期)。但光绪三十三年(1907)续修的《金紫胡氏家谱》说，胡培系增补《胡少师年谱》在光绪甲申(光绪十年，1884)，而俞樾《宋赠少师三山胡公年谱序》也作于光绪十年，这都表明，《胡少师年谱》的初刊本应为光绪十年本，所谓光绪四年本或为著录之误。

⑤ 俞樾：《宋赠少师三山胡公年谱序》，《春在堂杂文四编》卷五，南京：凤凰出版社，2010年影印《春在堂全书》第4册，第302～303页。

失,如《魏书·礼志》说:"暨秦燔《诗》《书》,鸿籍泯灭。汉氏兴求,拾缀遗篆,淹中之经,孔安所得,唯有卿大夫士馈食之篇,而天子诸侯享庙之祭、禘祫之礼尽亡。"①胡培翚以郑玄之说为主,钩稽古籍,对禘、祫之义及其礼仪详加考证,成《禘祫问答》一卷。

《禘祫问答》问世后,曾传说其著者为胡匡衷,宗源瀚②在此书的《跋》中特为澄清,他说:"《研六室文钞》中《与陈硕甫论禘祫书》有'拙著《禘祫问答》'语,其为竹邨先生书无疑。乃家无传稿,子继广文(即胡培系)见金山钱氏所刻书目,知此书刊入《艺海珠尘》壬集。丁亥来虞山,就余访钱氏书。余按钱氏所刻《珠尘》壬集,毁于兵火,余所未见此书,惟吴江沈氏《昭代丛书》收之,而以与《侯国职官表》同刊,又误为朴斋先生之作。禘祫久为礼家聚讼,竹邨先生有此实事求是之说论,乃以传播未广,几于若存若亡,而钱氏、沈氏之刻,又互异其名,传之后来将来,将无所传信。余故特命写官竟录以贻子继,亟谋刊布,并正其为竹邨先生之书,以告天下后世焉。"③

《仪礼正义》

胡培翚致力最多、最显其功力、最有影响的经学著作,便是《仪礼正义》。

胡培翚对《仪礼》的研究,大概始于嘉庆十三年(1808)④,而《仪礼正义》的草创则始于嘉庆十九年(1814)⑤。

---

① 《魏书》卷一〇八《礼志二》,北京:中华书局,1974年版,第八册,第2759页。

② 宗源瀚(1834—1897)字湘文,江苏上元(今南京)人,官至浙江温处兵备道。精于地理,收藏图书颇富。其纂、著有《湖州府志》《国朝右文掌录》《国朝严州诗录》《辨志文会初集》及《颐情馆诗钞》等。

③ 宗源瀚:《禘祫问答跋》,《禘祫问答》附录,见《续修四库全书》第110册,上海:上海古籍出版社,2002年版,第585页。

④ 按,胡培翚在《上罗椒生学使书》中说:"忆翚从事《礼经》,自戊辰始,经今四十余年矣。"(《研六室文钞》补遗,见《续修四库全书》第1507册,上海:上海古籍出版社,2002年版,第488页)戊辰即嘉庆十三年(1808),这应该是他研究《仪礼》之始,而不是撰述《仪礼正义》之始。

⑤ 如胡培翚在《福建台湾道胡君别传》中说:"嘉庆甲戌,培翚在都,馆于君邸,时方草创《仪礼疏》,昕夕与君谈论。"见《研六室文钞》卷一〇,见《续修四库全书》第1507册,上海:上海古籍出版社,2002年版,第479页。

胡培翚曾将重疏《仪礼》的想法告诉过夏銮，他说："培翚旅寓都门，仍借舌耕为谋食计，每日课徒外，惟治经为事。……比入都来，见为《毛诗》学者尚不乏人，独三《礼》之书讲求者少。今夏因校先祖《仪礼释官》，取《仪礼》全经覆读之，而贾氏之《疏》疏略，失经、注意者，视《诗》孔疏更甚焉，遂有重疏《仪礼》之志。然此事甚大，非浅学所能任；而以昔日粗闻先祖，及丁卯、戊辰间从次仲师游，窃窥涂径，又有未敢自诿者。伏惟先生教之，俾知从事，幸甚！"[①]尽管他感到"此事甚大"，但还是决定重疏《仪礼》。

自嘉庆十九年(1814)至道光二十九年(1849)的30余年间，胡培翚就从未间断过《仪礼正义》的撰著。道光二十五年(1845)四月，他已"患风痺"，"犹力疾从事，左手作书，以族侄肇昕留心经学，命助校写"。道光二十九年(1849)夏，胡培翚在寄给族侄胡肇智[②]的信中说："假我数月，全书可成。"但不久，胡培翚便背疽复发，"遽于七月弃世"。他去世时，书稿尚有《士昏礼》《乡饮酒礼》《乡射礼》《燕礼》《大射仪》五篇未完成，而由其弟子杨大堉与族侄胡肇昕根据其初稿"补缀成篇"，才使《仪礼正义》这部多达40卷的礼学巨帙成为完璧[③]。

《仪礼正义》完稿之后，刊印却几经周折。咸丰二年(1852)，时任两江总督的陆建瀛请陈奂对《仪礼正义》作了校勘之后，交汤晋苑局开雕。不久，太平军攻占南京，陆建瀛战死，印事遂停了下来。虽经兵燹，所幸《仪礼正义》书板尚存，后辗转移运至京师，同治七年(1868)，陆建瀛之孙陆光祖将书板交给胡肇智，《仪礼正义》才得以刊印，这就是现存的署"木犀香馆家刻藏版"和"苏

---

① 胡培翚：《复夏朗斋先生书》，《研六室文钞》卷四，见《续修四库全书》第1507册，上海：上海古籍出版社，2002年版，第400页。

② 按，胡肇智(1807—1871)字季临，号霁林、砚畬。他曾教读里中，后入徽州府学，补廪膳生。道光十七年(1837)拔贡，次年朝考一等，任吏部行走，道光二十一年(1841)补主事，咸丰三年(1853)任考功司主事，旋升文选司员外郎。此后历任稽勋司郎中、福汀州知府、汀漳龙道台、福建省军需局务、陕西按察使、顺天知府、吏部右侍郎等。曾参与监修天安门和大清门内朝房，天安门工程告竣，赐在紫禁城内骑马。因积劳多病，同治十年(1871)卒于京邸。

③ 以上未注出处的引文，均引自胡肇智：《仪礼正义书后》，见段熙仲点校：《仪礼正义》附录一，南京：江苏古籍出版社，1993年版，下册，第2434页。

州汤晋苑局刊印"的《仪礼正义》刊本。此后，王先谦编纂的《清经解续编》、中华书局编纂的《四部备要》以及商务印书馆编纂的《国学基本丛书》均有收录。

二、《仪礼正义》概述

《仪礼正义》作为胡培翬的代表作，是一部颇具特点的著作。其特点主要在于：

第一，清代第一部以《仪礼》为本经的《仪礼》全疏本。

清代是礼学复兴的时代。但清代礼学是以"三《礼》并立"[①]为特征的，无论是官修礼书还是私人著述，多将《周礼》《礼记》与《仪礼》同视为经。而徽州礼学家则多把《仪礼》视为"本经"，将《周礼》(《周官》)和《礼记》视为传，甚至认为《礼记》连传、记都算不上。

以《仪礼》为本经而撰著的第一部通论性著作，是凌廷堪的《礼经释例》。他为了表明《礼经释例》是以《仪礼》为本经，不仅在其书的标题中标明"礼经"，还对杭世骏在《礼例序》中将"礼例"覆盖到《周礼》表示了不满，他说："复考杭氏《礼例序》，又似欲合《周礼》《仪礼》而为之者。"[②]在他看来，既然《周礼》不属于"礼经"，自然也就不存在"礼例"的问题。

不过，凌廷堪的《礼经释例》虽然是一部《仪礼》的"通论"性著作，但它以"礼例"为纲，对《仪礼》内容重新作了分类安排，其中"间有旁通他经者，则又各为之考，附于所释之后"[③]，而以"例"释经，毕竟改变了《仪礼》的本来面貌。

《仪礼正义》虽说是在凌廷堪的影响下所著的礼学著作，但它与《礼经释例》不同，是一部按《仪礼》原来面貌诠释《仪礼》的全疏本。胡培翬在谈到引起他撰著《仪礼正义》的因由时曾说，他原专力于《毛诗》，"比入都来，见为《毛

---

① 永瑢、纪昀等：《四库全书总目》卷一一《礼类》，北京：中华书局，1965 年版，上册，第 149 页。

② 凌廷堪：《礼经释例序》，《礼经释例》卷首，《凌廷堪全集》第一册，合肥：黄山书社，2009 年版，第 4 页。

③ 林存阳：《清初三礼学》，北京：社会科学文献出版社，2002 年版，第 316 页。

诗》学者，尚不乏人，独三《礼》之书，讲求者少。今夏因校先祖《仪礼释官》，取《仪礼》全经覆读之，而贾氏之《疏》疏略，失经、注意者，视《诗》孔疏更甚焉，遂有重疏《仪礼》之志。然此事甚大，非浅学所能任，而以昔日粗闻于先祖，及丁卯、戊辰间从次仲师游，窃窥涂径，又有未敢自诿者”[①]。由此可见，胡培翚“重疏”《仪礼》，是要撰著一部新《疏》取代贾《疏》。

《仪礼正义》作为“疏”，是要诠释“注”的。胡培翚在《仪礼正义》中全录了郑玄的注文，并对郑《注》作了诠释，这才使《仪礼正义》“疏”的性质得以体现。但也正由于《仪礼正义》全录了郑《注》，这就给人造成他“以郑《注》为宗”的印象。其实这是误解。如前所述，在他所立的“义例”中，就包含“补郑君注所未备”“申郑君注义”和“郑君注义偶有违失，详为辨正”诸条，也就是说，胡培翚的《疏》是要“破注”的，与贾《疏》遵循唐人“疏不破注”原则不同。这就谈不上“以郑《注》为宗”了。

第二，超越了汉、宋学。

胡培翚继承了戴震对汉、宋学的态度，明确反对在经学中作汉学、宋学的二分。如前所述，他曾说：“人之言曰：‘汉学详于训诂名物，宋学详于义理。’以是歧汉、宋而二之，非也。汉之儒者未尝不讲求义理，宋之儒者未尝不讲求训诂名物，义理即从训诂名物而出者也。”为了超越汉、宋学，他为汉、宋学存在的合理性提供了理由：“运会”。他认为，无论汉儒于名物训诂特详，还是宋儒言心言性，都是“运会”使然(“运会”参见下节)。这就以汉、宋学“历时性”的必然，化解了汉、宋学“共时性”的对立，否定了清代长期绵延的“汉、宋学之争”，也为他超越汉、宋学提供了理论的支撑：既然汉、宋学的产生是“运会”使然，那么，当汉、宋学赖以产生的学术情势已经发生变化的时候，它们也就失去了存在的合理性，再拘于汉学或宋学也就不合时宜了。

为超越汉、宋学，胡培翚不仅反对汉、宋学的二分，还举起了“求是”旗帜，以“求是”作为学术评价的尺度和标准。在“求是”的原则下，胡培翚的《仪礼

---

① 胡培翚：《复夏朗斋先生书》，《研六室文钞》卷四，见《续修四库全书》第1507册，上海：上海古籍出版社，2002年版，第400页。

正义》既征引江永的《仪礼释宫增注》、胡匡衷的《仪礼释官》、洪颐煊的《礼经宫室答问》、盛世佐的《仪礼集编》、蔡德晋的《礼经本义》、凌廷堪的《礼经释例》、阮元的《仪礼注疏校勘记》、王士让的《仪礼纠解》、江筠的《读仪礼私记》、金榜的《礼笺》、张惠言的《读仪礼记》、姜兆锡的《仪礼经传内外篇》、段玉裁的《仪礼汉读考》、程瑶田的《仪礼经注疑直》、吴廷华的《仪礼疑义》、朱轼的《仪礼节略》等被认为是“汉学家”的著作，又征引聂崇义、陈祥道、朱熹、黄榦、杨复、魏了翁、敖继公、李如圭、张淳、方苞等被视为“宋学家”的著作与言论[①]，也就不奇怪了。

第三，融通今、古文经学。

梁启超曾说:“综观二百余年之学史，其影响及于全思想界者，一言蔽之曰:‘以复古为解放。’第一步，复宋之古，对于王学而得解放。第二步，复汉唐之古，对于程朱而得解放。第三步，复西汉之古，对于许郑而得解放。第四步，复先秦之古，对于一切传注而得解放。夫既已复先秦之古，则非至对于孔孟而得解放焉不止矣。”[②]

梁启超所说的“第二步”，便发生在乾嘉时期，是梁启超所说的以惠栋、戴震为代表的清学鼎盛期，江永、凌廷堪便生活在这个时期;所谓“复汉唐之古”，指的便是复兴东汉古文经学，最有代表性的学者便是许慎、郑玄。而“第三步”，则指道咸时期;所谓“复西汉之古”，则指复兴东汉的今文经学。

我们之所以重提今、古文经学问题，是因为在清学鼎盛期的礼学领域，出现一个迄今少有人提起的现象，即作为乾嘉时期重要学者的江永、凌廷堪，在礼学领域盛行三《礼》学的时候，却否定了属于古文经学的《周礼》为《礼》经，而将属于今文经学的《仪礼》定为《礼》的“本经”。

到胡培翚诠释《仪礼》时，则更进一步表现出今、古文经学兼容的倾向。

---

① 参见陈功文:《胡培翚〈仪礼正义〉研究》，北京:中华书局，2019 年版，第 397～398 页。

② 梁启超:《清代学术概论》，见朱维铮校注:《梁启超论清学史二种》，上海:复旦大学出版社，1985 年版，第 6 页。

如陈功文指出："培翚在疏解过程中是古今兼容的。"①他还列举了《仪礼正义》今、古文兼采的大量例证，如谓："作为古文派经学家，培翚在疏解《仪礼》时也常常采用今文家言，如其征引《诗经》之说时，除了毛《传》、郑《笺》之外，也常引用《韩诗》《鲁诗》等今文《诗》学作为例证。"又说："对于春秋三《传》而言，《正义》也是兼容的。据统计，《正义》征引今文经《公羊传》70次，何休注30次；征引今文经《穀梁传》29次，范宁注1次，征引古文经《左传》243次"②。陈功文认为，胡培翚"兼采今、古文，主要是为了疏解的需要"，它或引金文家言以校勘，如前引'《释文》：翳，韩《诗》作殪'；或引今文家宴以训诂，如前引'据《韩诗》说，爵、觚、觯、角、散，总名曰爵'等"③。陈功文认为，胡培翚在疏解《仪礼》的过程中兼引今、古文，"与郑玄当年会通今、古文是一脉相承的。当然，此种做法也可视为宗守郑注之表现"④，不过他又说，胡培翚在《仪礼正义》中兼引今、古文，"反映培翚在疏解《仪礼》时惟求其是、不拘一格的治经态度"⑤。其实，与其说胡培翚与郑玄"一脉相承"，倒不如说他在注疏《仪礼》时充分表现了徽州学术的"求是"精神和学术的包容性。

第四，融通"情"与"理"。

张寿安曾提出"情理结构"概念，她说："儒家的礼秩序原则不是单一的理，当然也不是单一的情，而是一种'结构'（structure）。这个结构，兼摄情理，故称之为'情理结构'。"她根据《礼记·中庸》所说的"仁者，人也，亲亲为大。义者，宜也，尊尊为大。亲亲之杀，尊贤之等，礼之所由生也"，认为"若以礼学的概念来说"，"情理结构""就是兼摄仁义、亲亲尊尊二系并列"⑥。

在清儒的礼学思想中，尤其是徽州礼学中，确实存在"情理结构"。徽州礼学"情理结构"的形成过程，几乎就是一部徽州的礼学发展史。

---

① 陈功文：《胡培翚〈仪礼正义〉研究》，北京：中华书局，2019年版，第388页。

② 陈功文：《胡培翚〈仪礼正义〉研究》，北京：中华书局，2019年版，第388、389页。

③ 陈功文：《胡培翚〈仪礼正义〉研究》，北京：中华书局，2019年版，第389页。

④ 陈功文：《胡培翚〈仪礼正义〉研究》，北京：中华书局，2019年版，第388页。

⑤ 陈功文：《胡培翚〈仪礼正义〉研究》，北京：中华书局，2019年版，第389页。

⑥ 张寿安：《十八世纪礼学考证的思想活力》，北京：北京大学出版社，2005年版，第312页。

儒家最早提出以“情”为制礼原则的是《礼记》。如《礼记·坊记》说:“礼者,因人之情而为之节文,以为民坊者也。”[①]但这一原则到宋代被抛弃了。宋儒提出“礼者,天理之节文”这一命题后[②],便把“存天理、灭人欲”观念引进礼学领域,在礼学中形成了“情”与“理”的对立[③],礼便成为以“天理”抑制“人欲”的工具。

明清之际,一些思想家针对宋儒的“存天理、灭人欲”观念提出了“理存于欲”的思想。戴震接受了“理存于欲”[④]的观点,否定了“理”与“欲”的对立,认为:“天理者,节其欲而不穷人欲也。是故欲不可穷,非不可有;有而节之,使无不过情,无不及情,可谓之非天理乎?”[⑤]他由此进而提出“遂欲达情”论:“人生而后有欲,有情,有知。三者,血气心知之自然也。……有是身,故有声色臭味之欲;有是身,而君臣、父子、夫妇、昆弟、朋友之伦具,故有喜怒哀乐之情。唯有欲有情而又有知,然后欲得遂也,情得达也。天下之事,使欲之得遂,情之得达,斯已矣。”[⑥]同时,戴震又从“理存于欲”观点出发,提出了“理”依于“情”的观点,他曾反复说:“理也者,情之不爽失也。未有情不得而理得者也。”“在己与人皆谓之情,无过情无不及情之谓理。”[⑦]以“情”定义“理”,实

---

① 孔颖达:《礼记正义》卷五一《坊记》第三十,见阮元校刻:《十三经注疏》,北京:中华书局,1980年版,下册,第1618页。

② 按,朱熹诠释《论语》“克己复礼为仁”句说:“礼者,天理之节文也。”朱熹:《四书章句集注·论语集注》卷六《颜渊第十二》,《朱子全书》第6册,上海:上海古籍出版社,合肥:安徽教育出版社,2002年版,第167页。

③ 按,古代学者往往把“情”视为“人欲”,如段玉裁注“情”曰:“董仲舒曰:‘情者,人之欲也。’人欲之谓情,情非制度不节。《礼记》曰:‘何谓人情?喜怒哀惧爱恶欲,七者不学而能。’《左传》曰:‘民有好恶喜怒哀乐,生于六气。’”见段玉裁:《说文解字注》第十篇下,上海:上海古籍出版社,1981年版,第502页。

④ 参见本书第十三章第二节《戴震义理之学的建构》。

⑤ 戴震:《孟子字义疏证》卷上《理》,《戴震全书》第六册,合肥:黄山书社,1995年版,第162页。

⑥ 戴震:《孟子字义疏证》卷下《才》,《戴震全书》第六册,合肥:黄山书社,1995年版,第197页。

⑦ 戴震:《孟子字义疏证》卷上《理》,《戴震全书》第六册,合肥:黄山书社,1995年版,第152、153页。

际上表述了他对“理”“情”关系的看法：“理依于情”，并将这一关系引入礼学。他认为：“礼者，天地之条理也。言乎条理之极，非知天不足以尽之。即仪文度数，亦圣人见于天地之条理，定之以为天下万世法。礼之设，所以治天下之情，或裁其过，或勉其不及，俾知天地之中而已。”[①]通过“礼”对“情”的调节，使“情”无过无不及，也就合乎“理”了。

戴震曾说：“为学须先读《礼》，读《礼》要知得圣人礼意。”[②]他在将“情理”关系引入礼学的同时，还认为“仪文度数”就是圣人见于天地之条理而定下来的，通过“仪文度数”则可以了解圣人制礼的意图，即礼意。于是，自戴震起，“一时学者多以治《礼》见称”，由“仪文度数”以明礼意也成为一时的学术风尚，戴震、程瑶田、金榜、段玉裁、王念孙、胡匡衷等皖派学者都在考礼、议礼方面取得了显著成绩。到凌廷堪、胡培翚时，便出现“通论性”的礼学著作——《礼经释例》与《仪礼正义》。

凌廷堪与胡培翚“通论”《仪礼》，是徽州礼学“情理结构”完成的标志。凌廷堪也曾引《礼记·中庸》“仁者，人也，亲亲为大。义者，宜也，尊尊为大。亲亲之杀，尊贤之等，礼之所由生也”，并认为这是“仁与义不易之解”[③]，以此表达他对“礼义”（“礼意”）的重视，只是他将“尊尊”易为“尊贤”。凌廷堪对“亲亲”“尊尊”的特别注意，还表现于他专撰了《封建尊尊服制考》。在此文中，他针对宋明时期以“尊尊”为主、以“亲亲”为辅，而导致“君权独尊”（张寿安语）的历史，特别强调了“亲亲”与“尊尊”的并重，他说：“先王制礼，合封建而言之，故亲亲与尊尊并重。封建既废，尊尊之义六朝诸儒或有能言之者。宋以后儒者因陋生妄，于其所不知，辄以己意衡量圣人，由是说《丧服》者日益多，而礼意日益晦，心窃惑焉。”又说：“《丧服》经传当封建之世，合尊尊、亲亲而制

---

① 戴震：《孟子字义疏证》卷下《仁义礼智》，《戴震全书》第六册，合肥：黄山书社，1995年版，第206页。

② 参见段玉裁：《戴东原先生年谱》，《戴震文集》附录，北京：中华书局，1980年版，第248页。

③ 凌廷堪：《复礼》中，《礼经释例》卷首，《凌廷堪全集》第一册，合肥：黄山书社，2009年版，第15页。

者。汉以后封建既废,儒者不识尊尊之义,故于此经多失其旨。”[1]

胡培翚在《仪礼正义》中则继承了凌廷堪的思想,主张“亲亲”“尊贤”。如前所述,他在引述朱熹、凌廷堪的论述后,加按语道:“今案:孔子云:亲亲之杀,尊贤之等,礼所生也。贵贵即尊贤之义。”他将朱熹所说的“贵贵”修正为“尊贤”,表明他与凌廷堪一样,不愿将“尊尊”变成“君权独尊”的思想来源。

凌廷堪、胡培翚的上述观点,按照张寿安的看法,应该就是在建构“兼摄仁义、亲亲尊尊二系并列”的“情理结构”。

三、《仪礼正义》与皖派朴学的学术取向

俞樾曾说:“绩溪胡氏自明诸生东峰先生以来,代有撰述。至国朝而言经学者,必推绩溪之胡,与婺源之江、休宁之戴,并为海内所宗仰。”[2]俞樾这里所说的“绩溪之胡”,指的主要是胡培翚。在他看来,出自学术世家的胡培翚,是与江永、戴震“并为海内所宗仰”的皖派学者。

胡培翚之所以“为海内所宗仰”,不仅是因为他在《仪礼正义》中系统地建构了《仪礼》学体系,还在于他在《仪礼正义》中体现了皖派朴学新的学术取向。

“运会”使然的学术发展观

前面说过,自惠栋提出“汉学”概念之后,经沈彤、江声、余萧客、褚寅亮、孙星衍、王鸣盛、钱大昕、王昶等一大批学者的宣扬,遂使“汉学”风靡开来,纪昀甚至将两千多年的经学史归结为“汉学”与“宋学”“互为胜负”的历史。于是,人们往往以汉、宋学二分乃至汉、宋学对立的眼光看待清代学术和清代学者。

---

① 凌廷堪:《封建尊尊服制考》,《礼经释例》卷八《变例》附,《凌廷堪全集》第一册,合肥:黄山书社,2009 年版,第 293、299 页。

② 俞樾:《宋赠少师三山胡公年谱序》,《春在堂杂文四编》卷五,南京:凤凰出版社,2010 年影印《春在堂全书》第 4 册,第 302 页。

胡培翚是重训诂考据的学者，他走的是“以训诂明经义”的路子，在《仪礼正义》中，训诂考据占了很大篇幅，于是，人们常常将他归到“汉学家”阵营。但胡培翚却不认可，相反，他连对汉、宋学的二分都持反对态度，如他说：

人之言曰：“汉学详于训诂名物，宋学详于义理。”以是歧汉、宋而二之，非也。汉之儒者未尝不讲求义理，宋之儒者未尝不讲求训诂名物，义理即从训诂名物而出者也。特汉承秦焚书之后，典籍散亡，老师宿儒之传不绝如线。汉儒网罗搜讨，务期博采而兼收之，故于名物训诂特详。宋承五代之敝，人心盲昧，正学不明，故宋儒以言心言性为急，此亦运会使然，非其有偏重也。考据之学至今特盛者，宋之大儒，研求性命精微之旨，先其大者，而亦不遗乎小。后人得其糟粕，耳食空谈，一切儒先古谊，轻于背弃，以致声音训诂之不详，而讹文脱字日多；制度名物之不讲，而蔑古荒经者众。国朝诸儒乃特矫而正之，详加厘定，一一必求其实据，不敢逞私臆断，亦运会使然，非以争胜于前人也。①

胡培翚反对汉、宋学的二分，不仅指出“汉学详于训诂名物，宋学详于义理”这一说法与事实不符，还以“运会”使然对汉学、宋学产生的必然性和存在的合理性作出解释。在他看来，无论是汉儒、宋儒还是清儒，无论是训诂考据之学的兴起，还是义理之学的流行，都是由“运会”使然的，是由不同时代的学术情势所造成的，是出于救正学术积弊的需要应运而生的，连清代儒学也不例外。因此，学术的变化并不是为了与前人争胜，也不是刻意对前人学术的否定，只是为了纠正前人的弊端，所以，汉儒并不否定义理，只是“于名物训诂特详”；宋儒也“非其有偏重”，只是对义理更加强调而已。

胡培翚还认为，任何一种学术都不可避免地会久必生弊。清代训诂考据之学的兴盛，就是为了遏止元、明时期的空疏学风所导致的经学日衰趋势。

---

① 胡培翚：《答赵生炳文论汉学宋学书》，《研六室文钞》卷五，见《续修四库全书》第1507册，上海：上海古籍出版社，2002年版，第423页。

但清代训诂考据之学在乾嘉时期走向鼎盛时，其弊端也同时日渐暴露、日渐严重，于是，学术又面临着调整和变革，也需要调整和变革。不少学者都看出这一点。如与胡培翚大体同时的陈澧便说："盖百年来，讲经学者训释甚精，考据甚博，而绝不发明义理，以警觉世人。其所训释考据，又皆世人所不能解。故经学之书汗牛充栋，而世人绝不闻经书义理。"他还认为，那些高谈"汉学"的学者，实际上已经不知"汉学"为何物，他们已经与"汉学"毫不相干，只不过是在妄谈"汉学"而已："近来朋友说经者，只乾隆、嘉庆数十年间学派，若与论康熙、雍正以前学问，便不晓得，何况汉、唐、宋耶？云汉学者，妄语耳。"[①]与胡培翚一样，陈澧也同样认为汉儒讲义理，尊汉儒而不讲义理也是错误："汉儒言理无异于宋儒。宋儒轻蔑汉儒者，非也；近儒尊汉儒而不讲义理，亦非也。"[②]所以，他也不同意汉、宋学的二分。早在陈澧之前，黄式三也对"汉、宋学"之分有所怀疑，他说："经无汉、宋，曷为学分汉、宋？自明季儒者疏于治经，急于讲学，喜标宗旨，始有汉学、宋学之分。"由此可见，摒弃汉、宋学的畛域之见，已经成为嘉道时期很多学者的共识。

那么，可不可以将胡培翚视为"汉宋兼采"的学者呢？也不可以。所谓"汉宋兼采"，是以承认汉、宋学二分为前提的，"兼采"只是破除了门户之见，在两者之间不分轩轾而已。在《仪礼正义》中，胡培翚征引前人和时人的著作，确实是不问什么"汉儒""宋儒"和"汉学""宋学"的，但他的前提是破除汉、宋学的畛域，而不是对汉、宋学分野的承认，也就是他所说的"歧汉、宋而二之，非也"。所以他反复强调汉学并非不讲义理，宋学并非不讲训诂考据。他反对的是汉、宋学的区分，而不是对其"兼采"。

破除汉、宋学畛域的主张，并不是胡培翚的发明，而是他对戴震学术主张的继承。戴震当年就对人们所说的"有汉儒经学，有宋儒经学，一主于训故，一主于理义"表示"大不解"，只是戴震看得更多的是汉儒、宋儒之失，即他们都有着"不至乎闻道之过"。所谓"不至乎闻道"，既指"汉儒经学"对闻道的忽

---

① 杨寿昌整理：《陈兰甫先生澧遗稿》，《岭南学报》第 2 卷第 3 期(1932 年 6 月)。

② 陈澧：《自述》，《东塾读书记》卷首，上海：上海古籍出版社，2012 年版，第 2 页。

略，也指“宋儒经学”对“闻道”的扭曲，因此，他的学术研究也就重在超越汉、宋儒，追求“十分之见”的学术目标。而胡培翚则认为，汉、宋儒各有其长，因此，在学术上应该抛弃汉、宋之分，把汉儒、宋儒的合理部分都视为前人的学术遗产，以便利用它们为建构完备的经学服务。故胡培翚的《仪礼正义》也就成为不分古今、不分汉宋的集大成式的礼学著作。

“求是”的撰著原则

《仪礼正义》成为一部礼学名著与它遵循严格的“义例”不无关系。所谓“义例”，是指对著述的主旨和体例所作的原则性规定。那么，《仪礼正义》的“义例”是什么呢？

胡肇智在刊印《仪礼正义》时说，由于《仪礼正义》的稿本及书板屡经周折，已经无法了解胡培翚为《仪礼正义》所定的“义例”：“惜书之义例，仅见于罗椒生先生序中数语，而其余皆不存。杨君与族弟肇昕又皆物故，无从补叙。”[①]

罗椒生即罗惇衍[②]。他在《仪礼正义序》中说：

> 先生自述其例有四，曰补注，补郑君注所未备也；曰申注，申郑君注义也；曰附注，近儒所说，虽异郑恉，义可旁通，附而存之，广异闻、祛专己也；曰订注，郑君注义偶有违失，详为辨正，别是非、明折衷也。[③]

---

① 胡肇智：《仪礼正义书后》，见段熙仲点校：《仪礼正义》附录一，南京：江苏古籍出版社，1993 年版，下册，第 2434 页。按，胡培翚“自述”的“义例”见于《上罗椒生学使书》，胡肇智当时或未见到此文。

② 按，罗惇衍（1814—1874）字星斋，号椒生，广东顺德人。道光十五年（1835）进士，选庶吉士，授编修，道光十七年（1837）督四川学政，累官至左副都御史、刑部侍郎，兼权吏部，署翰林院掌院学士。同治八年（1869）以母忧归，卒于家，谥文恪。曾于道光二十六年（1846）督安徽学政。他一生崇尚理学，著有《集义编》《庸言》等。

③ 罗惇衍：《仪礼正义序》，《仪礼正义》卷首，南京：江苏古籍出版社，1993 年版，上册，第 1 页。

其实,罗惇衍所提到的胡培翚"自述"的"义例",就是胡培翚为《仪礼正义》所确立的"义例"。在给罗惇衍的信中,胡培翚说:

> 翚撰《正义》,约有四例:一曰补注,二曰申注,三曰附注,四曰订注。何谓补注?郑君康成生于汉世,去古未远,其视经文多有谓无须注解而明者。然至今日,非注不明,故于经之无注者一一疏之,疏经即以补注也。何谓申注?郑君之注通贯全经,囊括众典,文辞简奥,必疏通而证明之,其义乃显。昔人谓读经凭注,读注凭疏,是故疏以申注,乃疏家之正则也。然六朝、唐人之作疏,往往株守注义,不参众说,故有"宁言周、孔误,莫道郑、服非"之谣。又,孔冲远作《五经正义》,于《礼》则是郑而非杜,于《左传》则又是杜而非郑,令人靡所适从,此岂非疏家之过乎?今惟求之于经,是非得失,一以经为断,勿拘"疏不破注"之例,凡注后各家及近儒之说,虽与注异,而可并存者,则附录之,以待后人之参考,谓之附注。其注义有未尽确者,则或采他说,或下己意以辨正之,必求其是而后已,谓之订注。此翚作《正义》之大略也。[①]

胡培翚的自述表明,他撰述《仪礼正义》的"义例"就是"补注""申注""附注""订注"。但他通过这些"义例"所追求的基本原则,则是广搜博采,不主一家;择善而从,不专己意,而最根本的原则便是"求其是"。

确立"义例"是对归纳思维的一种运用。胡培翚大概较善于运用归纳思维,他在谈到乾嘉学术时,就曾作了这样的归纳:"一曰辨群经之伪";"一曰存古籍之真";"一曰发明微学";"一曰广求遗说";"一曰驳正旧解";"一曰创通大义"[②]。这就将乾嘉学术提纲挈领、条理清晰地展示了出来。对一个时代的学术能作如此概括,没有居高临下、统揽全局的学术视野是办不到的。胡

---

① 胡培翚:《上罗椒生学使书》,《研六室文钞》补遗,见《续修四库全书》第1507册,上海:上海古籍出版社,2002年版,第488页。

② 胡培翚:《国朝诂经文钞序》,《研六室文钞》卷六,见《续修四库全书》第1507册,上海:上海古籍出版社,2002年版,第424～425页。

培翚为《仪礼正义》所立的“义例”，同样表现了他对历代和当代《仪礼》研究的统揽，对《仪礼》研究史全面深入的把握。

大概是把胡培翚也视为“汉学家”的缘故，人们在评述《仪礼正义》时，往往以为胡培翚也是“以郑注为宗”①。但从其所立的“义例”可以看出，他虽然在撰著《仪礼正义》时，以郑玄所注的《仪礼》作为研究《仪礼》的文本依据，以郑玄的注作为《仪礼》注的代表而加以全录，从而将他的“正义”置于“疏”的地位②，但他并非一味依从郑注、贾疏。就胡培翚所立的“义例”看，其“补郑君注所未备”“申郑君注义”和“郑君注义偶有违失，详为辨正”等“义例”，显然是以不盲从郑注为原则的。而在他看来，贾公彦的疏“或解经而违经旨，或申注而失注意，其书相传已久，不可无辨”③，所以驳正尤多，甚至打算另著《仪礼贾疏订疑》。至于“近儒所说，虽异郑恉”，若“义可旁通”，他也“附而存之”，这更与“以郑注为宗”无涉。黄侃在谈到清代的礼学研究时曾说：“清世礼家辈出，日趋精密，于衣服、宫室之度，冠昏丧祭之仪，军赋官禄之制，天文地理之说，皆能考求古义，罗缕言之。……其考释经记，宣明古训，往往超越汉、唐之儒，而亦有不分师说之病。至于笃守专家，按文究例，守唐人疏不破注之法者，亦鲜见其人也。”④胡培翚自然也不会坚守唐人的“疏不破注”原则，一以郑注是从。因为他追求的是“求是”。黄侃将“不分师说”视为清代礼家之“病”，其实这正是胡培翚等礼家的长处。

---

① 陆建瀛：《校刊仪礼正义序》，《仪礼正义》卷首，南京：江苏古籍出版社，1993 年版，上册，第 1 页。

② 按，胡培翚《仪礼正义》的命名或借鉴了唐代孔颖达的《五经正义》，而孔颖达的“正义”就是“疏”。

③ 胡培翚：《上罗椒生学使书》，《研六室文钞》补遗，见《续修四库全书》第 1507 册，上海：上海古籍出版社，2002 年版，第 488 页。

④ 黄侃：《礼学略说》，《黄侃论学杂著》，北京：中华书局，1964 年版，第 452～453 页。

以“考礼”揭示“礼意”

《仪礼》素称难读，韩愈当年就有过“苦《仪礼》难读”之叹[①]。黄侃对治礼之难作过分析，他说：“礼学所以难治，其故可约略说也：一曰古书残缺；一曰古制茫昧；一曰古文简奥；一曰异说纷纭。”[②]《仪礼》更是如此。因此，研究《仪礼》，尤需做恢复古书残缺、复原古代礼制、训释古奥文义、抉择各种异说等工作。

不过，胡培翚虽然认为《仪礼》的郑注有阙文[③]，但并不认为《仪礼》有伪托。他虽然说过“自诸侯去籍，而后礼文散逸，五家之传(指高堂生、萧奋、孟卿、后仓及戴德、戴圣叔侄等五家)，不绝如线，以为残缺不全，固有之矣”，但又说：“忆培翚初治是经，每于静夜无人时，取各篇熟读之，觉其中器物陈设之多，行礼节次之密，升降揖让裼袭之繁，无不条理秩然，每篇循首至尾，一气贯注，有欲增减一字不得者。呜呼，此岂后儒所能缀辑也哉！”[④]这就否定了《仪礼》经文曾被后人改窜的说法。于是，他把著《仪礼正义》的主要工作放在训释《仪礼》的经文、复原古礼的型制、甄别古今的异说上。由于他在古奥文字的训释、名物制度的考证和古今异说的搜罗与评说上花了大量的精力，这使得《仪礼正义》的训诂考据尤为引人注目，如张舜徽就说：“培翚经学湛深，考据邃密。所论礼制名物，皆直求之经文传注，融会钩稽，实有所得，故精确创辟者为多。”[⑤]

然而，皖派朴学虽然重训诂考据，但并不主张为训诂考据而训诂考据，训

① 韩愈：《读仪礼》，刘真伦、岳珍：《韩愈文集汇校笺注》第一册，北京：中华书局，2010 年版，第 124 页。

② 黄侃：《礼学略说》，《黄侃论学杂著》，北京：中华书局，1964 年版，第 444 页。

③ 参见胡培翚：《校仪礼・聘礼及郊注脱字》，《研六室文钞》卷二，见《续修四库全书》第 1507 册，上海：上海古籍出版社，2002 年版，第 384 页。

④ 胡培翚：《仪礼非后人伪撰辨》，《研六室文钞》卷三，见《续修四库全书》第 1507 册，上海：上海古籍出版社，2002 年版，第 386 页。

⑤ 张舜徽：《清人文集别录》卷一四《研六室文钞》，北京：中华书局，1963 年版，第 380 页。

诂考据的目的是揭示经典所蕴含的义理。胡培翚既仰慕江永、戴震，又直接师承凌廷堪，他在礼学上走“以训诂明经义”的路子便很自然。因此，胡培翚在《仪礼正义》中不仅注重礼文、礼器、礼仪的训诂考据，同时也注意通过训诂考据揭示礼文、礼器、礼仪所含的“礼意”，将“考礼”与揭示“礼意”结合起来。

胡培翚与凌廷堪一样，在揭示《仪礼》所蕴含的礼意时，对“亲亲”与“尊尊”十分重视。他曾引述朱熹、凌廷堪的以下论述：

> 朱子云：夏、商而上，大概只是亲亲长长之意，到得周来，则又添得许多贵贵底礼数。如始封之君不臣诸父兄弟，封君之子，不臣诸父而臣昆弟，期之丧天子诸侯绝，大夫降。然诸侯大夫尊同，则亦不绝不降。姊妹嫁诸侯者，则亦不绝不降。此皆贵贵之义。上世想皆简略，到得周公搜剔出来，立为定制，更不可易。《礼经释例》云：《礼记·大传》服术有六，一曰亲亲，二曰尊尊，三曰名，四曰出入，五月长幼，六曰从服。郑注：术，犹道也。亲亲，父母为首；尊尊，君为首。《丧服小记》亦云：亲亲尊尊，人道之大者也。亲亲、尊尊二者以为经，其下四者以为之纬也。

引述朱熹、凌廷堪的论述之后，他接着加按语道：

> 今案：孔子云：亲亲之杀，尊贤之等，礼所生也。贵贵即尊贤之义。古者丧期无数，《虞书》言：三载四海遏密八音。《孟子》言：尧崩，三年之丧毕。则三年之丧，自虞已然。但殷以前质，至周更参以贵贵之制，而五服等杀益明。今之律令，言服制必本是篇。古礼之行于今者，此其最著也，后人安可视为无用而忽之哉？[①]

从胡培翚的按语可以看出，他继承了“亲亲”“尊贤”是制礼出发点的看法，即认为它们是“礼所生也”。但他对后世所提出的“贵贵”有不同的理解，他认为

---

① 胡培翚：《仪礼正义》卷二一《丧服一》，南京：江苏古籍出版社，1993 年版，中册，第 1341～1342 页。

所谓“贵贵”并不在于对身份名位的尊重,其实质乃在于“尊贤”。

胡培翚否定“贵贵”,是有针对性的。张寿安曾将“亲亲”“尊尊”概括为“二系并列的情理结构”,她在讨论“亲亲尊尊二系并列”时曾指出:程朱理学兴起,在“天理”观念下出现的独主“尊尊”,造成“三纲纲纪”的礼秩观,使君为臣纲、父为子纲、夫为妻纲走向单向化。学界称之为“礼学的理学化”。明以后专制君权的极端发展,与此直接相关。而清儒通过《礼》经考证恢复了“亲亲尊尊二系并列”的礼秩理念,同时又根据《仪礼·丧服》之研究指出礼学思想的“尊尊”和程朱理学的“尊君”完全背驰,为“尊君”提出新诠①。张寿安的这些观点,对于我们理解凌廷堪、胡培翚对“亲亲”“尊尊”等礼意的阐述,颇有启迪。如果从张寿安的观点去看胡培翚将朱熹所说的“贵贵”易为“尊贤”,就不难明白其学术的现实意义了。

礼学的“效用于世”

嘉道时期,是经世之学兴起的时期,也是皖派朴学对学以经世更为注意的时期。

活跃于嘉道时期的胡培翚,是有着强烈经世意识的皖派学者。他曾说:“翚之始志,思欲效用于世。”②他不仅以经世自励,同时还以经世励人,如他教导学生说:“国家设立书院,造就人才,原欲其讲明修己治人之道,备他日任使,非徒以膏火月廪周其空乏,亦并非望其博取科第,为一身之荣已也。诸生当思未得第以前,立身行己以何者为修省之资;既得第以后,居官治民以何者为敷施之本。则读经可不急哉!”③在《仪礼正义》中,胡培翚同样注重经世,甚至可以说他撰著《仪礼正义》的目的就是为了经世,就是为了使礼为万世遵

① 张寿安:《十八世纪礼学考证的思想活力》,北京:北京大学出版社,2005 年版,第16~17 页。

② 胡培翚:《上罗椒生学使书》,《研六室文钞》补遗,见《续修四库全书》第 1507 册,上海:上海古籍出版社,2002 年版,第 488 页。

③ 胡培翚:《泾川书院志学堂记》,《研六室文钞》卷八,见《续修四库全书》第 1507 册,上海:上海古籍出版社,2002 年版,第 455 页。

行："《礼》当为天下万世遵行，不当为一二人立制。"[①]

胡培翚将经世作为撰著《仪礼正义》的重要目的，是基于礼自身所具有的功能。由于"礼的范围甚为广泛，大而国家体制、宗教礼仪、典章制度；小而个体生活规范、风俗习惯、意识形态、行为模式，无不涵盖于其内"[②]，礼的功能也就表现于政治、社会及个人行为等各个层面。

礼的功能虽然表现于政治、社会及个人行为等不同的层面，但就儒学看来，礼的各个层面的功能是统一的。如《礼记·大传》说："亲亲故尊祖，尊祖故敬宗，敬宗故收族，收族故宗庙严，宗庙严故重社稷，重社稷故爱百姓，爱百姓故刑罚中，刑罚中故庶民安，庶民安故财用足，财用足故百志成，百志成故礼俗刑，礼俗刑然后乐。"[③]这里讲的就是礼所体现的以宗法为基础的政治功能、社会功能和对人行为的规范功能的统一。到西汉时期，经过董仲舒的改造，礼的"尊尊"原则便演变为"君为臣纲、父为子纲、夫为妻纲"的"三纲"，从而成为封建社会立法、司法的指导原则，于是，礼的政治功能也就更为突出。

胡培翚也很关注礼的政治功能。他引述方苞的论述道："盖士旅食者及庶子，即他日之命士卿大夫也，犹乡射之弟子，即他日之学士可宾兴者也。使之观礼，则志气有所感兴；使之习事，则政事日以练达，所以成其德，达其材，即于是乎寓焉。"[④]这就将习礼与政治人才的培养联系起来。

不过，胡培翚更重视的则是礼的化民成俗功能。中国古代有吉礼（祭祀之事）、嘉礼（冠婚之事）、宾礼（宾客之事）、军礼（军旅之事）、凶礼（丧葬之事）等"五礼"之说。所谓"五礼"就包括了生、冠、婚、丧等人生礼仪。这些礼仪的教育和施行的目的，便是使男女、尊卑、长幼等人伦关系得以培育，风俗习惯

---

① 胡培翚：《仪礼正义》卷二三《丧服三》，南京：江苏古籍出版社，1993 年版，中册，第 1499 页。

② 王家俭：《清代礼学的复兴与经世礼学思想的流变》，《汉学研究》第 24 卷第 1 期（2006 年 6 月）。

③ 郑玄注、孔颖达疏：《礼记正义》卷三四《大传》，见阮元校刻：《十三经注疏》，北京：中华书局，1980 年版，下册，第 1508 页。

④ 胡培翚：《仪礼正义》卷一五《大射三》，南京：江苏古籍出版社，1993 年版，中册，第 930 页。

得以形成。顾炎武曾说过:“目击世趋,方知治乱之关,必在人心风俗。而所以转移人心、整顿风俗,则教化纪纲为不可阙矣。”[①]他所说“教化纪纲”,指的就是礼教。胡培翚同样认为,对《仪礼》来说,“其中冠、昏、丧、祭,切于民用;进退、揖让,昭明礼意。若乡邑中得一二讲习之士,使众略知礼让之风,即可消兵刑于未萌。此翚所以急欲成书也”[②]。在《仪礼正义》中,胡培翚引述方苞的下述论述,所要表达的就是他对礼的化民成俗功能的重视:“至于祭祀之有旅酬,所以尽宾主之敬,又以使族姻乡党,情意周洽,而潜消其怨争斗辨之萌,燕、大射之有旅酬,所以溥君公之恩,又以使少长尊卑,分谊详明,而即是为协恭和衷之本。圣人缘情制礼,遍布周密,本末兼该,而一以贯之如此。”[③]

① 顾炎武:《与人书九》,《顾亭林诗文集》卷四,北京:中华书局,1959年版,第97页。

② 胡培翚:《上罗椒生学使书》,《研六室文钞》补遗,见《续修四库全书》第1507册,上海:上海古籍出版社,2002年版,第489页。

③ 胡培翚:《仪礼正义》卷一五《大射三》,南京:江苏古籍出版社,1993年版,中册,第930页。

余论:对礼学的回归

——徽州学术的流变趋向

一

前面,我们用十八章的篇幅梳理了徽州学术的流变,希图展现徽州学术由新安理学到皖派朴学的演进过程。

从新安理学到皖派朴学,是从学术派别的层面反映了徽州学术流变的基本趋势。学术派别的转换是以学术形态的转换为前提的,而徽州学术形态转换的过程则是以理学为主流学术向以礼学为主流学术的转换。这是徽州学术流变的又一表现。

不过,前面对徽州学术流变的梳理重点是放在学术派别的转换上,而没有集中地系统地再现徽州地区学术形态的转换。为了全面反映徽州学术流变的趋势,在余论中,我们将补论徽州地区从以理学为主到以礼学为主的学术形态转换。

二

如果对中国学术史作一鸟瞰就不难发现,从理学到礼学的学术形态转换,实际上是一次学术回归:使儒学回归到理学产生之前的形态。

理学与礼学都是儒学的一种形态。但是,它们的出现并不是同时的,礼学的产生显然要比理学早得多。所以,在中国学术史上实际上就存在一个从礼学到理学的过程。

礼学是以礼与礼制为研究对象的学术。讨论礼学自然要从礼的出现谈起。

关于礼的起源,一直众说纷纭。其中较有代表性的,一是"事神"说。在《说文》中,许慎对礼的解释是:"礼,履也,所以事神祈福也。"①这实际上是认为礼萌芽于原始社会祭神敬祖的仪式,是鬼神崇拜和祖先崇拜(上古的鬼神崇拜即含祖先崇拜)的产物。二是调节欲物关系说。荀子说:"礼起于何也?曰:人生而有欲,欲而不得,则不能无求;求而无度量分界,则不能不争;争则乱,乱则穷。先王恶其乱也,故制礼义以分之,以养人之欲,给人之求,使欲必不穷乎物,物必不屈于欲,两者相持而长,是礼之所起也。"②三是起源"人情"说。司马迁说:"洋洋美德乎!宰制万物,役使群众,岂人力也哉?余至大行礼官,观三代损益,乃知缘人情而制礼,依人性而作仪,其由来尚矣。"③

以上三种关于礼的起源论,以荀子的观点为最早。他以思想家的视野看待礼的本源,认为礼的产生是出于对人欲与物力关系进行调节的需要。在他看来,对欲望的追求是人生而有之的本能,在追求中如果没有"度量分界"就会产生纷争,就会出现混乱,就会造成物力枯竭。为了避免人的欲望不致因为物力的原因而得不到满足,也避免为了满足人的欲望而使物资枯竭,让物与欲"两者相持而长",于是便产生了礼。

荀子不仅从人的先天需要和客观物力的关系方面说明礼产生的必要,还从人的生存环境和社会关系方面揭示礼的内涵,提出了"三本"说:"礼有三本:天地者,生之本也;先祖者,类之本也;君师者,治之本也。无天地恶生?

① 许慎:《说文解字》卷一上,北京:中华书局,1963年版,第7页。

② 王先谦:《荀子集解》卷一三《礼论第一九》,北京:中华书局,1988年版,第346页。

③ 《史记》卷二三《礼书第一》,北京:中华书局,1959年版,第四册,第1157页。

无先祖恶出？无君师恶治？三者偏亡，焉（义同乃、则）无安人。故礼，上事天，下事地，尊先祖而隆君师，是礼之三本也。”[①]荀子的“三本”说把礼的内涵归结为事天事地、尊先祖、隆君师，礼就是体现这些内涵的仪式。

这种求神祭祖的仪式什么时候成为礼的呢？杜佑认为是在伏羲时代，他说：“故自伏羲以来，五礼始彰。尧舜之时，五礼咸备。”[②]班固则认为礼的发生在夏商二代，他说：“王者必因前王之礼，顺时施宜，有所损益，即民之心，稍稍制作，至太平而大备。周监于二代，礼文尤具，事为之制，曲为之防。”[③]这是根据孔子的说法，孔子是把礼的起源追溯到夏、商两代，认为周礼是经过对夏、商到两代礼的“损益”才礼制大备的。

不过，夏礼和殷礼是什么样子，已经无法考证，现在说到礼，最早的则是周礼。周礼的完备程度远超夏礼和殷礼，故孔子有“郁郁乎文哉”之叹，并主张遵从周礼。

相传周礼的制定者是周公（即姬旦），是他在周王朝建国初期所制定的典章制度和礼乐规范的总称，其内容主要为“嫡长子继承”制、“畿服”制、“爵谥”制以及祭祀、朝觐、封国、巡狩、丧葬等典礼的规制和用乐的规定。经过周公的“制礼作乐”，中国的上古礼制便大体完备了。

三

随着礼制的完备，礼学也开始产生。最早的礼学究竟讨论过那些问题呢？

上古的礼学文献保存下来的很少，《左传》则是保存上古礼学文献较多的著作之一。它虽然是一部记录春秋时代历史的史籍，但也记录了春秋时代及春秋之前人们关于礼的观点、论述，反映当时人们关于礼的观念。其观念主要有：

---

① 王先谦：《荀子集解》卷一三《礼论第一九》，北京：中华书局，1988 年版，第 349 页。

② 杜佑：《通典》卷四一《礼一 · 礼序》。北京：中华书局，1988 年版，第 1119 页。

③ 《汉书》卷二二《礼乐志第二》，北京：中华书局，1964 年版，第四册，第 1029 页。

“义以出礼”

西周时代,是人的意识开始觉醒的时代,是提出“皇天无亲,为德是辅;民心无常,唯惠是怀”①的命题、由“神文化”走向“人文化”的时代。在这一背景下,人们对礼的看法也有了改变,认为礼是人们按照一定社会法则(“义”)所制定的规范,从而削弱了礼的神秘性,增加了礼的世俗性。于是,出现了“义以出礼”说。

最初提出“义以出礼”说的是谁,我们不清楚,现在能看到最早提出这一观点的是春秋时代的师服。其时,晋穆侯之夫人姜氏因为在“条之役”时生太子,就起名为“仇”,太子的弟弟是在“千亩之战”生的,就起名为“成师”。师服觉得很奇怪,于是评论道:“异哉,君之名子也。夫名以制义,义以出礼,礼以体政,政以正名。是以政成而民听,易则生乱。”②所谓“义以出礼”,也就是“礼从义出”,“义”成了产生礼的根据。而《释名》曰:“义,宜也。裁制事物,使各宜也。”即“义”有正当、合理的意思。“礼从义出”也可以理解为所谓礼就是按照正确的道理、法则行事,即“奉义顺则谓之礼”③。或曰:“义而行之,谓之德礼。”④

立国之本

经过周公“制礼作乐”,礼的地位有了很大的提高,人们已经把礼视为天经地义的法则。如子产就说过:“夫礼,天之经也,地之义也,民之行也。天地之经,而民实则之。”⑤子产的继承者子太叔(即游吉)也说:“礼,上下之纪,天

---

① 《尚书正义》卷一七《蔡仲之命》,见阮元校刻:《十三经注疏》,北京:中华书局,1980年版,下册,第227页。

② 《春秋左传正义》卷五《桓公二年》,见阮元校刻:《十三经注疏》,北京:中华书局,1980年版,下册,第1743页。

③ 《国语》卷二《周语中》,北京:中华书局,1978年版,上册,第85页。

④ 《春秋左传正义》卷一九上《文公七年》,见阮元校刻:《十三经注疏》,北京:中华书局,1980年版,下册,第1846页。

⑤ 《春秋左传正义》卷五一《昭公二十五年》,见阮元校刻:《十三经注疏》,北京:中华书局,1980年版,下册,第2107页。

地之经纬也，民之所以生也，是以先王尚之。”①

礼的地位提高还表现在人们将礼视为立国之本上。齐国晏子说过：“礼之可以为国也，久矣，与天地并。君令臣共，父慈子孝，兄爱弟敬，夫和妻柔，姑慈妇听，礼也。”②礼之所以能够作为立国之本，是因为它可以稳定政治秩序和社会秩序。

春秋时代，人们甚至将遵循周礼视为政权巩固的表现。据《左传》载，齐桓公想伐鲁，曾问臣下：“鲁可取乎？”此时，刚出使鲁国的大夫仲孙湫回答道：

> 不可。（鲁国）犹秉周礼。周礼，所以本也。臣闻之：国将亡，本必先颠，而后枝叶从之。鲁不弃周礼，未可动也。③

尽管仲孙湫出使鲁国期间发现鲁国问题很多，但认为鲁国还没有到放弃周礼的程度，这就意味着鲁国根本未动摇，因此不可征伐它。

“所以正民”

将礼视为立国之本，实际上是对礼的政治功能的肯定，而礼的政治功能的更全面的说法，就是“经国家，定社稷，序民人，利后嗣”④，即礼具有维护国家、稳定社会、分别尊卑、有利子孙的功能。这一政治功能的核心是“序民人”，即建立上下有序的社会关系，这也就是鲁国大夫曹刿所说的“正民”：

> 夫礼，所以正民也。是故先王制诸侯，使五年四王、一相朝，终则讲于会，以正班爵之义，帅长幼之序，训上下之则，制财用之节，其间无由荒殆。⑤

---

① 《春秋左传正义》卷五一《昭公二十五年》，见阮元校刻：《十三经注疏》，北京：中华书局，1980年版，下册，第2108页。

② 《春秋左传正义》卷五二《昭公二十六年》，见阮元校刻：《十三经注疏》，北京：中华书局，1980年版，下册，第2115页。

③ 《春秋左传正义》卷一一《闵公元年》，见阮元校刻：《十三经注疏》，北京：中华书局，1980年版，下册，第1786页。

④ 《春秋左传正义》卷四《隐公一一年》，见阮元校刻：《十三经注疏》，北京：中华书局，1980年版，下册，第1736页。

⑤ 《国语》卷四《鲁语上》，北京：中华书局，1978年版，上册，第153页。

在曹刿看来，先王为诸侯所定下的礼制，规定他们每五年派使臣觐见四次，诸侯亲自觐见一次，然后一起讲习礼仪，以此确定爵位尊卑、长幼次序、上下法度、贡赋标准，并保证在执行中不致荒殆，其目的就是“正民（人）”，即确定人在社会关系中的地位。

“礼，人之干”

礼的功能不仅表现在国家、社会层面，也表现于个人的层面，对个人的思想和行为具有指导和制约意义。如鲁昭公时任司空的孟僖子去世前对其子孟懿子、南宫敬叔等人说：“礼，人之干也。无礼，无以立。”[①]在孟僖子看来，礼就是人的骨干，没有礼的支撑，人便无法站立（比喻不循礼，便不能为人）。郑国大夫游吉则认为，人们对人性的纠正而达到礼的过程，就是“成人”的过程：“人之能自曲直以赴礼者，谓之成人。”[②]因此，人们需要按照礼的要求约束自己，故《左传》作者左丘明在评论邾国黑肱“以滥（‘滥’为邑名）”投奔鲁国一事时说：“君子动则思礼，行则思义，不为利回，不为义疚。”[③]也就是说，人们在行动之前就要考虑礼的要求。

对礼意的重视

大概在西周时期，人们便开始对礼和仪加以区分。如在《诗经》的《相鼠》一诗中有这样的句子：“相鼠有皮，人而无仪！人而无仪，不死何为？”“相鼠有体，人而无礼！人而无礼，胡不遄死？”[④]诗中的“无仪”，是指外表；“无礼”，是指不加约束的行为。但当时人们没有止步于对礼和仪的上述理解，还进一步去探究（或赋予）礼的内涵。《左传》所载的晋侯与叔齐以下的一段对话，就涉

---

① 《春秋左传正义》卷四四《昭公七年》，见阮元校刻：《十三经注疏》，北京：中华书局，1980年版，下册，第2051页。

② 《春秋左传正义》卷五一《昭公二十五年》，见阮元校刻：《十三经注疏》，北京：中华书局，1980年版，下册，第2108页。

③ 《春秋左传正义》卷五三《昭公三十一年》，见阮元校刻：《十三经注疏》，北京：中华书局，1980年版，下册，第2126页。

④ 《毛诗正义》卷三《鄘风·相鼠》，见阮元校刻：《十三经注疏》，北京：中华书局，1980年版，上册，第319页。

及礼与仪的内涵问题：

> 公(鲁昭公)如晋，自郊劳至赠贿，无失礼。晋侯谓女叔齐曰："鲁侯不亦善于礼乎?"对曰："鲁侯焉知礼?"对曰："何为自郊劳至于赠贿，礼无违者，何故不知?"对曰："是仪也，不可谓礼。礼所以守其国，行其政令，无失其民也。今政令在家，不能取也；有子家羁，弗能用也；奸大国之盟，陵虐小国。利人之难，不知其私。公室四分，民食于他。思莫在公，不图其终。为国君，难将及身，不恤其所。礼之本末，将于此乎在，而屑屑焉习仪以亟，言善于礼，不亦远乎?"[①]

因为礼的实质在于"守其国，行其政令，无失其民"，这不是仅靠外部行为规范(仪)就可以做到的。

其实，女叔齐所说的礼，已经是"礼意"而不是仪式化的礼，只是当时还没有"礼意"这一概念，直到战国时代"礼意"概念才出现，如《庄子·大宗师》说："子贡趋而进曰：'敢问临尸而歌，礼乎?'二人相视而笑，曰：'是恶知礼意。'"[②]这里所说的"礼意"，指的是《礼经》的深意。对女叔齐来说，"守其国，行其政令，无失其民"就是《礼经》的含义，故我们把它视为礼意。到汉代，则明确提出重"礼意"或"礼义"的思想，并把"礼意"或"礼义"看作治国的真谛，如《礼记·郊特牲》说："礼之所尊，尊其义也。失其义，陈其数，祝史之事也。故其数可陈也，其义难知也。知其义而敬守之，天子之所以治天下也。"[③]

四

周公"制礼作乐"，造就了西周初年的安定局面，史称"成康之际，天下安

① 《春秋左传正义》卷四三《昭公三十一年》，见阮元校刻：《十三经注疏》，北京：中华书局，1980年版，下册，第2041页。

② 郭庆藩：《庄子集释》卷三上《大宗师第六》，北京：中华书局，1961年版，第一册，第266页。

③ 《礼记正义》卷二六《郊特牲》，见阮元校刻：《十三经注疏》，北京：中华书局，1980年版，下册，第1455页。

宁,刑错四十余年不用”。但随着时间的推移,西周的国运日渐式微,相继出现昭王时的“王道微缺”、穆王时的“王道衰微”[①]、懿王时的“王室遂衰”[②]局面,“礼崩乐坏”呈现出端倪。到春秋时期,虽然有不少人还在维护周礼,而“礼崩乐坏”已经成为不可挽回的趋势,以致孔子也不禁兴“觚不觚”[③]之叹。所以,尽管在《左传》中还可以看到维护周礼的大量记载,但这已不表明春秋时期仍然是周礼兴盛的时期。

孔子不仅对西周礼乐制度走向崩溃发出了慨叹,还想竭力恢复周礼。在孔子看来,西周礼乐制度遭到破坏的一大原因是种种僭越行为导致名实不符,即“名不正”,于是,他想从“正名”入手恢复周礼:

> 子路曰:“卫君待子而为政,子将奚先?”子曰:“必也正名乎!”子路曰:“有是哉?子之迂也!奚其正?”子曰:“野哉,由也!君子于其所不知,盖阙如也。名不正,则言不顺;言不顺,则事不成;事不成,则礼乐不兴;礼乐不兴,则刑罚不中;刑罚不中,则民无所措手足。故君子名之必可言也,言之必可行也。君子于其言,无所苟而已矣!”[④]

通过“正名”,重新建立“君君、臣臣、父父、子子”[⑤]的政治秩序和社会秩序。

孔子虽然主张恢复周礼,但他并不主张原封不动地搬用周礼。第一,他赋予礼以“仁”的内涵。孔子曾说:“人而不仁,如礼何?”[⑥]如果没有“仁”,谈

---

① 均见《史记》卷四《周本纪第四》,北京:中华书局,1959年版,第一册,第134页。

② 《史记》卷四《周本纪第四》,北京:中华书局,1959年版,第一册,第140页。

③ 《论语注疏》卷六《雍也第六》:“子曰:‘觚不觚,觚哉!觚哉!’”见阮元校刻:《十三经注疏》,北京:中华书局,1980年版,下册,第2479页。

④ 《论语注疏》卷一三《子路第十三》,见阮元校刻:《十三经注疏》,北京:中华书局,1980年版,下册,第2506页。

⑤ 《论语注疏》卷一二《颜渊第十二》:“齐景公问政于孔子,孔子对曰:‘君君、臣臣、父父、子子。’”见阮元校刻:《十三经注疏》,北京:中华书局,1980年版,下册,第2503～2504页。

⑥ 《论语注疏》卷三《八佾第三》,见阮元校刻:《十三经注疏》,北京:中华书局,1980年版,下册,第2466页。

礼还有什么意义呢？他并把“复礼”看作实现“仁”的途径，即“克己复礼为仁”：

> 颜渊问仁，子曰：“克己复礼为仁。一日克己复礼，天下归仁焉。为仁由己，而由人乎哉？”颜渊曰：“请问其目？”子曰：“非礼勿视，非礼勿听，非礼勿言，非礼勿动。”①

在孔子那里，“仁”具有多重含义。其本初含义是“爱亲”，如孔子弟子有子说：“君子务本，本立而道生。孝悌也者，其为仁之本与？”②所谓以“孝悌”为本，也就是以敬爱父兄为仁的出发点。继而由“爱亲”扩展到“爱人”，如“樊迟问仁，子曰：‘爱人。’”③将“爱人”视为仁的内涵，是对仁的内涵的扩展。将“爱亲”与“爱人”同视为仁的内涵，既体现了孔子的仁爱胸怀，也体现了儒家“爱有等差”思想。

第二，他将“礼让为国”视为礼的重要原则。“卑让”似乎是春秋时代普遍提倡的一种精神，如《左传》说：“卑让，礼之宗也。”④孔子继承了这一精神，并将“卑让”改为“礼让”，用作治国的原则，他说：“能以礼让为国乎，何有？不能以礼让为国，如礼何？”⑤这讲的是以礼治国的问题。在谈以礼治国时，孔子特别提出“礼让”，是有针对性的，他所针对的是春秋时期国与国之间的争斗、争战，因为各种争斗、争战，与他所赞叹的尧舜法天而治、所主张的“无为而治”是相冲突的。

---

① 《论语注疏》卷一二《颜渊第十二》：“齐景公问政于孔子，孔子对曰：‘君君、臣臣、父父、子子。’”见阮元校刻：《十三经注疏》，北京：中华书局，1980 年版，下册，第 2502 页。

② 《论语注疏》卷一《学而第一》，见阮元校刻：《十三经注疏》，北京：中华书局，1980 年版，下册，第 2457 页。

③ 《论语注疏》卷一二《颜渊第十二》，见阮元校刻：《十三经注疏》，北京：中华书局，1980 年版，下册，第 2504 页。

④ 《春秋左传正义》卷四二《昭公二年》，见阮元校刻：《十三经注疏》，北京：中华书局，1980 年版，下册，第 2029 页。

⑤ 《论语注疏》卷四《里仁第四》，见阮元校刻：《十三经注疏》，北京：中华书局，1980 年版，下册，第 2471 页。

第三,他将礼视为人的立身之本,即做人的根本。孔子说:"不学礼,无以立。"[①]这就使礼成为儒家修身养性的依据。

第四,他提出以"忠恕"践行礼。据《论语》载,曾子曾用"忠恕"阐释孔子的"一以贯之"思想:

子曰:"参乎,吾道一以贯之。"曾子曰:"唯。"子出,门人问曰:"何谓也?"曾子曰:"夫子之道,忠恕而已矣。"[②]

有人认为:"'忠恕'是仁的两个方面:忠从积极层面论述仁,从正面引导人们依仁行礼;而恕则是从消极层面诠释仁,从反面约束人们的'不仁'和'非礼'的行为。"[③]这一看法是有道理的,因为《左传》就说过:"忠信,礼之器也。"[④]又说:"恕而行之,德之则也,礼之经也。"[⑤]其对忠、恕的理解就与曾子所说的"忠恕"意思基本一致,只是没有将忠、恕合成一词而已。

第五,他确立礼的目标为和谐。《论语》载有子之言曰:"礼之用,和为贵。先王之道,斯为美。小大由之,有所不行。知和而和,不以礼节之,亦不可行也。"[⑥]我们知道,凡记入《论语》中的孔子学生的言论,都代表了孔子的思想,有子所说的"和为贵"也是如此。它表明孔子将礼的最终目的置于和谐上,包括政治和谐、社会和谐和人与人之间关系的和谐。

值得注意的是,有子在谈到"和为贵"时还说:"知和而和,不以礼节之,亦

① 《论语注疏》卷一六《季氏第十六》,见阮元校刻:《十三经注疏》,北京:中华书局,1980年版,下册,第2504页。

② 《论语注疏》卷四《里仁第四》,见阮元校刻:《十三经注疏》,北京:中华书局,1980年版,下册,第2471页。

③ 赵炎峰:《孔子礼学思想的哲学诠释及其政治文化意义》,河南大学2007年硕士学位论文,第24页。

④ 《春秋左传正义》卷四二《昭公二年》,见阮元校刻:《十三经注疏》,北京:中华书局,1980年版,下册,第2029页。

⑤ 《春秋左传正义》卷四《隐公十一年》,见阮元校刻:《十三经注疏》,北京:中华书局,1980年版,下册,第1737页。

⑥ 《论语注疏》卷一《学而第一》,见阮元校刻:《十三经注疏》,北京:中华书局,1980年版,下册,第2458页。

不可行也。”意思是：凡事若为和谐而和谐，而不用礼加以节制，那也是不可行的。在孔子及其弟子看来，第一，“和”与“同”不一样，它不是无差别的一致，而是有差别的一致；第二，“和”不是无原则的一致，而是有原则的统一，其原则便是礼。

经过孔子对礼的阐释和改造，“礼”便“成为建立在宗法血缘关系基础上的伦理，从而奠定了儒家的礼学思想”①。到汉武帝“独尊儒术”的治国方略确立之后，“礼”更成为政治治理原则、人的行为规范而被高度重视，甚至成为综合政治、伦理、宗教、审美等价值的意识形态。

魏晋南北朝时期是儒学式微的时期，这一趋势一直延续到唐代。儒学在唐代虽然没有振兴，但在儒学史上有一件事值得一提，那就是《五经正义》的编纂。《五经正义》肇始于唐太宗时，史载，唐太宗先以经籍去圣久远，文字多讹谬，遂诏颜师古考订《五经》，颁于天下。后“又以儒学多门，章句繁杂，诏国子监祭酒孔颖达与诸儒撰定《五经》义疏，凡一百七十卷，名曰《五经正义》，令天下传习”②。历时三十年，到唐高宗时方完成《五经正义》这部义疏体经学巨著，也是由官方组织编纂的解经著作。

但是，唐代认可的儒学经典是“九经”，礼学著作方面除《礼记》外，尚有《周礼》《仪礼》，《五经正义》并不含有这两部著作，于是，贾公彦继而著《周礼义疏》五十卷、《仪礼义疏》四十卷③，于是，继郑玄“三礼”注之后，又有了“三礼”义疏，这使处于式微中的儒学显出一抹亮色。

五

汉唐时期，是佛教传入中国并逐渐完成中国化的时期，是外来文化与本

① 雷永强：《论荀子对孔子礼学的发展》，《沈阳大学学报》2006年第6期。

② 《旧唐书》卷一八九上《列传》第一三九上《儒学上》，北京：中华书局，1975年版，第15册，第4941页。

③ 《旧唐书》卷一八九上《列传》第一三九上《儒学上》，北京：中华书局，1975年版，第15册，第4950页。

土文化发生冲突与交融的时期。其时,佛学以绵密的“心性”理论挑战热衷于章句义疏的儒学,对儒学形成压力。中唐之后,一些不愿看着儒学从“独尊”位置衰败下去的学者,开始了振兴儒学的努力。以复兴儒学为目的的“古文运动”就在这样的背景下发生了。

在唐宋之际,为了应对大讲从人的本性中寻求自我约束根据的佛学义理,主张复兴儒学的学者对汉唐儒学作了反思,放弃了章句义疏之学,转而从儒学原典中发掘“心性”意蕴,着手重构儒学。

儒家的心性理论,最早是由孟子和子思阐发的,存在于战国时代的中原地区。汉代以后,除了个别思想家涉及“人性论”外,就很少有人关心心性问题了。面对大讲“心性”的佛教义理,重建心性理论就成为复兴儒学的一项理论任务,而作为儒学新形态的理学(性理学)便由此诞生,中国学术也由此进入了理学占主导地位的时代。

理学(性理学)作为儒学的新形态,它与以前的儒学究竟有什么不同呢?

首先,思想核心不同。理学是以“理”(或“天理”)为核心范畴建立起来的。这个“理”是独立于客观事物的,在天地万物之先就存在的,但它又隐藏在万事万物的背后,成为万事万物的本质。这个思想似乎是道家的东西,儒家原来是没有的。

其次,理论体系不同。理学(性理学)从“理”(或“天理”)出发,通过主客、理事、心性、体用等关系的讨论,提出以“主静”“居敬”的存养工夫,来“穷理”、来“存天理,去人欲”,以完成“修身、齐家、治国、平天下”的人生目标和社会目标。这个理论体系,也是以前儒家所没有的。

这个理论体系,体现了儒家“内圣外王”的精神,充满了儒者继往开来的抱负、与天地一体的气象。这种精神、抱负和气象,集中表现在张载的“横渠四句”中:“为天地立心,为生民立命,为往圣继绝学,为万世开太平。”①

再次,表现形态不同。汉唐时代的经学,注重对儒学经典的名物考据、文

---

① 张载:《近思录拾遗》,《张载集·拾遗》,北京:中华书局,1978年版,第376页。

字注疏,它要求通过考据、注疏,了解圣人的本意或圣人隐藏于字里行间的"微言大义"。理学虽然也重视儒家经典的诠释,但它的重点是阐发义理,是借助于传统的经典讲自己的话。这种形态可以在"玄学"和佛教的讲疏中找到源头,汉唐的经学则不是这样。

最后,崇奉儒家经典的侧重不同。汉代经学重视的儒家经典是"五经",唐代经学虽然扩展到"九经",但最基本的还是"五经"。当时对最重要的儒家经典所做的注疏,就是在唐高宗李治时代完成的、由孔颖达等人主持编纂的《五经正义》。而理学所崇奉的儒家经典,最突出的是"四书",即《大学》《中庸》《论语》《孟子》。经学以"五经"为依据,理论的重点是"礼学",是以外在的政治伦理规范约束人的行为;理学则以"四书"为依据,理论的重点是"心性"之学,是靠内在的道德理性自觉地支配人的行为。

如前所述,理学诞生之路十分坎坷,当它在北宋问世时,不仅受到诸多学派的反对,还受到来自官方的压制,一些学者甚至遭受政治迫害,直到南宋后期才得到官方承认而取得合法地位。元代后期恢复科举考试之后,规定以程、朱对儒学经典的解释为权威根据,理学作为封建社会后期意识形态的地位才开始确立。明代继承了元代的政策,继续以理学为官学,以二程、朱熹等宋代理学家所诠释的"四书""五经"为科举考试的主要依据,遂使理学(性理学)在中国封建社会后期居于意识形态的地位达数百年之久。

六

理学问世之后,礼学并没有消失,而是由理学家用"理"对"礼"作了诠释之后,使礼学失去存在的独立性。

理学家主要通过以下命题,实现以"理"释"礼",使"礼"附属于"理",从而使礼学失去独立性的:

第一,"礼也者,理也"。

"礼也者,理也"命题本是《礼记》提出来的。《礼记》载:"子曰:'礼也者,理也；乐也者，节也。君子无礼不动，无节不作。”[①]又说：“礼也者，理之不可易者也。”[②]《礼记》虽然在“礼”与“理”之间划了等号，但它所说的“理”并不同于宋代理学家所说的“理”，如《礼记正义》疏“理”字曰：“理，谓道理。言礼者使万事合于道理也。”[③]在这里，“理”的意思只是通常所说的道理，并不具备理学家所赋予的本体论涵义。

到了宋代，理学家对“理”则作了新的诠释。理学创立者周敦颐说：“礼，理也；乐，和也。阴阳理而后和。君君臣臣、父父子子、兄兄弟弟、夫夫妇妇，万物各得其理后和，故礼先而乐后。”[④]从“阴阳理而后和”句看，周敦颐是把“理”理解为燮理、协和的意思。二程也接过“礼也者，理也”命题，但赋予“理”的涵义则不一样，如谓：“视听言动，非理不为，即是礼。礼即理也。不是天理，便是私欲。”[⑤]这就将“礼”的含义由道理变为天理。朱熹更进而认为礼乐全出于“天理之自然”，他说：“礼乐者，皆天理之自然。节文也是天理自然有底，和乐也是天理自然有底。……所谓礼乐，只要合得天理之自然，则无不可行也。”[⑥]

第二，“礼必本于大一”。

《礼记》本有对礼的终极性依据的探寻，如谓：“是故夫礼，必本于大一。”什么是“大一”？《礼记正义》疏“大一”曰：“必本于大一者，谓天地未分混沖之元气也。极大曰天，未分曰一。其气既极大而未分，故曰大一。礼理既与大

---

① 《礼记正义》卷五〇《孔子燕居》，见阮元校刻：《十三经注疏》，北京：中华书局，1980年版，下册，第1614页。

② 《礼记正义》卷三八《乐记》，见阮元校刻：《十三经注疏》，北京：中华书局，1980年版，下册，第1537页。

③ 《礼记正义》卷五〇《孔子燕居》，见阮元校刻：《十三经注疏》，北京：中华书局，1980年版，下册，第1614页。

④ 周敦颐：《周濂溪集》卷五《通书·礼乐第十三》，上海：商务印书馆，1936年版，第99页。

⑤ 程颐：《入关语录》，《河南程氏遗书》卷一五，程颢、程颐：《二程集》第一册，北京：中华书局，1981年版，第144页。

⑥ 黎靖德辑：《朱子语类》卷八七，《朱子全书》第17册，上海：上海古籍出版社，合肥：安徽教育出版社，2002年版，第2973页。

一而齐，故制礼者用至善之大理以为教本，是本于大一也。”[1]所谓“大一”就是元气，在《礼记》中，礼的终极性依据便是元气。

理学家也想为礼建立终极的依据。如程颐在诠释“礼云，礼云，玉帛云乎哉？乐云，乐云，钟鼓云乎哉”句时说：“此固有礼乐，不在玉帛钟鼓。先儒解者，多引‘安上治民莫善于礼，移风易俗莫善于乐’。此固是礼乐之大用也，然推本而言，礼只是一个序，乐只是一个和。只此两字，含畜多少义理。”[2]在程颐看来，先儒强调礼乐的安上治民和移风易俗作用本没有错，但这只是礼乐的“用”，而不是礼乐的“体”，不是礼乐的根本内涵。礼乐的根本内涵是“序”与“和”，即秩序（礼）与和谐（乐）。而秩序与和谐不仅是人类社会生存和发展的根本原则，也是自然万物生存和发展的根本原则。这个根本原则，在理学家那里，就是“理”或“天理”。

第三，“礼者，天理之节文”。

这是朱熹注释《论语·颜渊》首章“克己复礼为仁”句时提出的命题。其注文为：“仁者，本心之全德。克，胜也。己，谓身之私欲也。复，反也。礼者，天理之节文也。”[3]朱熹将“礼”与“己”相对待，而“己”指的又是私欲，那么“礼”自然就是“天理”，是“天理”的表现形式，故可以用“天理之节文”释“礼”。

朱熹提出“礼者，天理之节文”的命题，还有一个目的，就是使形而上的无形无影的“天理”能够指导人们视听言动。他说：“所以礼谓之‘天理之节文’者，盖天下皆有当然之理。今复礼，便是天理。但此理无形无影，故作此礼文，画出一个天理与人欲与人看，教有规矩可以凭据，故谓之‘天理之节

---

① 《礼记正义》卷二二《礼运》，见阮元校刻：《十三经注疏》，北京：中华书局，1980年版，下册，第1426页。

② 程颐：《伊川先生语四》，《河南程氏遗书》卷一八，《二程集》第一册，北京：中华书局，1981年版，第225页。

③ 朱熹：《四书章句集注·论语集注》卷六《颜渊第十二》，《朱子全书》第6册，上海：上海古籍出版社，合肥：安徽教育出版社，2002年版，第167页。

文’。”[①]

经过理学家的诠释，“礼”便纳入理学的范畴体系，礼学也纳入以“存天理、灭人欲”为主要宗旨的理学体系。

第四，“质乃礼之本”。

我们在前文征引过《左传》所载的晋侯与女叔齐论礼。他们在论礼中已经涉及礼和仪的区分问题，女叔齐认为鲁侯访问晋国的言行举止虽然合乎诸侯相见的行为规范，但他遵循的只是“仪”而不是“礼”。对此，有学者认为：“此时的‘礼’已不再仅是外在的制度、仪式等形式化的、具体的事物，而主要是一种内在的政治与伦理的价值观念，是一种形而上的意识形态。‘礼’与‘仪’在政治与社会生活中也随之有了本与末的区别，其实质也正是礼乐的‘质’与‘文’的差异。”[②]

“质”“文”这两个概念最初是由孔子提出来的，他曾说：“质胜文则野，文胜质则史，文质彬彬，然后君子。”在孔子那里，文、质是指文华和质朴两种不同的人的品格，它们是相互并列的概念，并不存在“本”“末”关系，故邢昺疏曰：“‘文质彬彬，然后君子者’，彬彬，文、质相半之貌，言文华、质朴相半彬彬然，然后可为君子也。”[③]孔子也将质、文看作两种不同的文化类型，如他说：“虞夏之质，殷周之文，至矣。虞夏之文不胜其质，殷周之质不胜其文。”[④]虞、夏与殷、周就是质、文两种文化形态的交替。

到宋代，理学家则将文质论思辨化。如程颐认为“文”“质”的关系是“相对待”的，他说：“质必有文，自然之理也。理必有对，生生之本也。有上则有

---

① 黎靖德辑：《朱子语类》卷四二，《朱子全书》第15册，上海：上海古籍出版社，合肥：安徽教育出版社，2002年版，第1494页。

② 冯兵、乐爱国：《理学视阈中的礼乐文质论》，《社会科学战线》2010年第8期。

③ 《论语注疏》卷六《雍也第六》，见阮元校刻：《十三经注疏》，北京：中华书局，1980年版，下册，第2479页。

④ 《礼记正义》卷五四《表记第三十二》，见阮元校刻：《十三经注疏》，北京：中华书局，1980年版，下册，第1642页。

下，有此则有彼，有质则有文。”[①]程颐所谓“对”，指的就是相对待、相依存的另一面，这是古代对对立统一关系的一种表达。朱熹在诠释“物相杂，故曰文”句时也说：“是两物相对待在这里，故有文；若相离去，不相干，便不成文矣。卦中有阴爻，又有阳爻，相间错，则为文。若有阴无阳，有阳无阴，如何得有文？”[②]他也是将“对待”看作具有对立统一含义的哲学范畴。

同时，理学家有时也以“本末”范畴看待“质”与“文”。“本末”范畴出现于魏晋时期，当时的玄学家曾以“本末”表述宇宙本源与天地万物、物的本体与现象关系[③]。一些宋代理学家则援用魏晋玄学的“本末”范畴讨论本质与现象、宇宙本体与天地万物关系，他们也把“文”“质”这对范畴视为“本末”关系，认为礼之“质”为本、礼之“文”为末。如朱熹说：“然凡物之理，必先有质而后有文，则质乃礼之本也。”[④]他这里所说的“质乃礼之本”，指的便是“质”是礼的本体、本质。

七

朱熹总结过秦汉之后儒学学术形态的转换以及转换后儒学所出现的问题。他说：

> 尝窃谓秦汉以来，圣学不传，儒者惟知章句训诂之为事，而不知复求圣人之意，以明夫性命道德之归。至于近世，先知先觉之士始

① 程颢、程颐：《河南程氏粹言》卷一《论道篇》，《二程集》第四册，北京：中华书局，1981年版，第1171页。

② 黎靖德辑：《朱子语类》卷七六，《朱子全书》第16册，上海：上海古籍出版社，合肥：安徽教育出版社，2002年版，第2599页。

③ 按，“本末”问题是魏晋玄学讨论本体与现象关系的课题。如王弼在《老子指略》中说：“《老子》之书，其几乎可一言而蔽之。噫！崇本息末而已矣。”见楼宇烈：《王弼集校释》上册，北京：中华书局，1980年版，第198页。

④ 朱熹：《论语集注》卷二，《朱子全书》第6册，上海：上海古籍出版社，合肥：安徽教育出版社，2002年版，第84页。

发明之，则学者既有以知夫前日之为陋矣。然或乃徒诵其言以为高，而又初不知深求其意。甚者遂至于脱略章句，陵籍训诂，坐谈空妙，展转相迷，而其为患反有甚于前日之为陋者。呜呼，是岂古昔圣贤相传之本意，与夫近世先生君子之所以望于后人者哉！①

在朱熹看来，秦汉之后的儒学走上了“惟知章句训诂之为事”的路子，而不再“求圣人之意，以明夫性命道德之归”。直到宋代，“先知先觉之士”始揭示秦汉以来儒学存在的弊端，使学者得以知“前日之为陋”，对儒学进行了重建，使儒学向“求圣人之意，以明夫性命道德之归”发展，于是，形成了儒学的新形态——理学。但是，儒学转换形态后又出现新的弊端，即“徒诵其言以为高，而又初不知深求其意。甚者遂至于脱略章句，陵籍训诂，坐谈空妙，展转相迷，而其为患反有甚于前日之为陋者”。

朱熹上述论断似乎是在预示理学的未来走向。明清之际，学界“陵籍训诂，坐谈空妙”和“以明心见性之空言，代修己治人之实学”的空谈“心性”习气发展到极端之时，果然有学者起而倡导“实学”，形成了席卷学界的“实学”思潮，主张“由虚转实”成为学术立场迥异的学派和学者的共识，“经世致用”也成为他们共同的价值取向。就在这时，顾炎武倡导“经学即理学”，主张以经学济理学之穷，将“实学”思潮引向对儒学原典的回归。为避免出现前人由“六经注我”而导致对儒学经典的误解、曲解，造成“祸经”的后果，顾炎武还提倡以声音文字的训释、典章制度的考证作为治经的途径，并付诸学的实践，他的《音学五书》便是为研究音韵而作，《日知录》便是考证典章制度的典范。

随着清王朝政权的日渐巩固，“实学”思潮逐渐平息下来。不过，顾炎武所倡导的治学方法则影响犹在，阎若璩、胡渭，尤其是阎若璩，便是顾炎武治学主张突出的践行者。阎若璩曾以《古文尚书疏证》一书震撼了学界，被赞为

① 朱熹：《中庸集解原序》，《晦庵先生朱文公集》卷七五，《朱子全书》第 24 册，上海：上海古籍出版社，合肥：安徽教育出版社，2002 年版，第 3640 页。

"反复厘剔，以祛千古之大疑，考证之学，则固未之或先"[①]。阎若璩还不满于"今人信孔子不如信孟子，信孟子不如信程朱"[②]的学术风气，对程朱颇有微词，在对前人注疏的取舍上采取了"主汉不主宋"[③]的立场。这显示出清初"实学"向乾嘉学术过渡的趋向。

在回归儒学原典的过程中，大概因为《礼经》不是空言玄谈所能讲清楚的，同时，又与规范政治社会秩序和化民成俗息息相关，于是，礼学日益受到重视，"三礼"（《周礼》《仪礼》《礼记》）日渐成为儒学研究的重要领域。作为礼学研究的先导，顾炎武的《日知录》在考证典章制度中，便广泛涉及礼制、礼仪和礼俗，他还以石经对《仪礼》作了校勘，并提出周公之治、孔子之教就是依靠于礼的观点："然则周公之所以为治，孔子之所以为教，舍礼其何以焉？"他认为："据石经，刊监本，复立之学官，以习士子，而姑劝之以禄利，使毋失其传，此又有天下者之责也。"[④]

与其同时，被顾炎武称为"独精三礼，卓然经师"[⑤]的张尔岐，更以其力作《仪礼郑注句读》揭开了清代"三礼"学研究的序幕。万斯大的《学礼质疑》、万斯同的《庙制图考》以及他以徐乾学之名刊刻的《读礼通考》[⑥]，则成为清代"考礼"的先声。与程、朱相颉颃的颜李学派也将礼学作为重要研究对象，李塨更撰著了《禘祫考辨》《郊社考辨》《宗庙考辨》和《田赋考辨》，也为"考礼"之风的形成作了铺垫。此外，还有李光地、李光坡、方苞等儒学名臣，都以擅于

---

① 永瑢、纪昀等：《四库全书总目》卷一二《古文尚书疏证》提要，北京：中华书局，1965年版，上册，第102页。

② 阎若璩：《又与石企斋书》，《潜邱札记》卷六，见《文渊阁四库全书》第859册，台北：台湾商务印书馆，1983年版，第544页。

③ 阎若璩：《与吴亦韩书》，《潜邱札记》卷六，见《文渊阁四库全书》第859册，台北：台湾商务印书馆，1983年版，第529页。

④ 顾炎武：《仪礼郑注句读序》，《顾亭林诗文集·亭林文集》卷二，北京：中华书局，1959年版，第34、35页。

⑤ 按，顾炎武在《广师》一文中说："独精三礼，卓然经师，吾不如张稷若。"《顾亭林诗文集·亭林文集》卷六，北京：中华书局，1959年版，第140页。

⑥ 按，《四库全书总目》中《读礼通考》的提要称："一时通经学古之士如阎若璩等亦多集其门，合众力以为之，故博而有要，独过诸儒。"

礼学而著称。礼学的兴起成为清初学界十分重要的现象。

在清初兴起的礼学潮流中，十分显眼的是徽州学者。如刘师培在谈论徽州学术时就说：

> 徽州学派……于礼学咸有专书；如江永作《礼经纲目》《周礼疑义举要》《礼记训义择言》《宫室补》，戴震作《考工记图》，而金、胡、程、凌于《礼经》咸有著述，此徽州学者通“三礼”之证也。[①]

刘师培所提到的“金、胡、程、凌”是指金榜、胡匡衷、程瑶田与凌廷堪这几位徽州学者。他的这段话告诉我们，礼学是清代徽州学者所关注的重要领域，而徽州朴学家则是关注礼学的重要学者。

八

其实，徽州学者关心礼学比刘师培所举的学者还要早。在湛王之学流行于徽州地区的晚明时期，就有学者究心于礼学。如徐道彬指出：“在礼学研究层面上，表现为以考证古礼为核心内容，以古礼证今俗为实践目的，陆续出现了如金瑶（字德温，号栗斋，休宁人）《周礼述注》、程明哲（字如晦，歙县人）《考工记纂注》、姚应仁（字安之，徽州人）《檀弓原》及黄生《字诂》《义府》对礼经文字音训的考证与阐释。”[②]

皖派朴学产生之后，礼学更在其中占有重要地位。作为皖派朴学先驱的姚际恒，不仅以《九经通论》的撰著践行了回归儒学原典的学术取向，在礼学研究中，他撰著了《仪礼通论》，提出了“就器数中论其义理。学者有志考礼者，当研究于斯焉”的主张[③]，成为徽州礼学以“考礼”揭示“礼意”的礼学研究

---

① 刘师培：《南北学派不同论》，《刘师培史学论著选集》，上海：上海古籍出版社，2006 年版，第 197 页。

② 徐道彬：《晚明徽州考证礼学的发展——以金瑶、程明哲、姚应仁为中心》，载《徽学》第十二辑，北京：社会科学文献出版社，2019 年版，第 178 页。

③ 姚际恒：《仪礼论旨》，《仪礼通论》卷首，北京：中国社会科学出版社，1998 年版，第 7 页。

方法的滥觞。

在皖派朴学奠基者江永那里，礼学研究更是引人注目。他所留下的礼学著作多达十一种，涉及《周礼》学研究（如《周礼疑义举要》）、《仪礼》学研究（如《仪礼释宫增注》《仪礼经传通解》）、《礼记》学研究（如《礼记训义择言》）以及通礼研究（如《礼书纲目》）、杂礼研究（如《昏礼从宜》）等礼学研究的诸多领域。在江永的这些礼学著作中，显示出他企图建构以《礼书纲目》为总述，以《仪礼》为本经，涵盖《周礼》学、《礼记》学的礼学体系的构想，这在礼学史上是很少见的构想。特别是他在礼学研究中，以《仪礼》为本经，将《周礼》《礼记》都降到“传”的地位，并从训诂考据入手诠释经文、阐释名物、复原制度，形成了徽州礼学的特色。

在徽州礼学形成和发展过程中，有一个非常明显的趋向，即与理学逐步疏离，并欲以礼学取代理学。

皖派朴学先驱者姚际恒就强烈批判了程、朱之学，如他在《仪礼通论》中针对朱熹的《仪礼经传通解》说：“《仪礼经传通解》一书，经传颠倒，前已言之。然吾实不解作者意指：以为尊《仪礼》耶？全录注疏，毫无发明，一抄书吏可为也，尊之之义安在？以裁割《礼记》《周礼》、史传等书附益之为能耶？检摘事迹可相类者，合于一处，不别是非同异，一粗识文字童子亦可为也，又何以为能？其于无可合者，则分家、乡、学、邦国等名，凭臆变乱，牵强填塞，此全属纂辑类书伎俩，使经义破碎支离，何益于学？何益于治？”[①]姚际恒虽然在当时的学界颇有影响，但他对程朱之学的批评，在徽州学者中却反响不大。

江永则与姚际恒不同，他提出了“尊经之意，当以朱子为宗；排纂之法，当以黄氏《丧礼》为式”的礼书编纂原则，而没有公然将礼学研究从朱学中独立出来，其《礼书纲目》在体例上更是脱胎于朱熹的《仪礼经传通解》一书，但这并不表明江永没有疏离理学之意，如有学者就指出，与姚际恒相比，“江永对朱熹的批判”只是“稍微间接而委婉、含蓄而蕴藉”而已，“其《礼书纲目》《乡党

---

① 姚际恒：《仪礼论旨》，《仪礼通论》卷首，北京：中国社会科学出版社，1998 年版，第 13 页。

图考》《近思录集注》等书就是对朱熹著述思想的纠谬与补正,意欲通过古代礼制的考证,回归原典,绕过宋明理学的理欲之辨,而直接探讨古圣贤礼制的本始意蕴”。“江氏针对朱熹‘凭臆变乱,牵强填塞’,曲‘礼’而言‘理’的做法,不做正面攻击,而是反其道而行之,以文献考证手段对待之,名为‘集注’,实为纠偏”,其结果“便是弃‘理’而言‘礼’,寓批判于‘不言’之中”①。

戴震走出不疏园之后,也将在不疏园中孕育的皖派朴学带出不疏园。而他得以享誉于京师,并使徽州学术传播于京师,靠的也是礼学著作——《考工记图》。乾隆二十年(1755),纪昀一见《考工记图》,便“奇其书”,欲将其付梓。戴震自已也表明他对礼学的重视,曾说:“为学须先读《礼》,读《礼》要知得圣人礼意。”②所以他虽然没有礼学专书,但循着“故训明则古经明”的治经原则,写下了《明堂考》《三朝三门考》《匠人沟洫之法考》《乐器考》《记冕服》《记皮弁服》《记爵弁服》《记朝服》《记玄端》《记深衣》《记中衣裼衣襦褶之属》《记冕弁冠》《记冠衰》《记括发免髽》《记绖带》《记缫藉》《记捍决极》等文。刘师培曾高度评价戴震有关礼学诸文,赞赏戴震“潜心典章制度,拟作《学礼篇》,取六经礼制之纠纷者,事各为类,折衷众说,萃为一编。虽所成仅十三篇(按:‘十三篇’指上列《文集》中自《记冕服》以下各篇),然诠释礼制,以类相求,简约详明,远驾江氏《礼书纲目》上”③。

戴震曾对当时流行的所谓汉儒经学“一主于故训”、宋儒经学“一主于义理”的观点,表示了“大不解”,对“汉学家”的泥古倾向也提出过批评,似乎在汉儒与宋儒之间不分轩轾,但从其学术取向上看,对宋儒的否定要多得多,他尤其不满于宋代理学家所持的“理在气先”的“天理”观、“天理”和“人欲”相对立的“理欲”观,同时,他提出的“故训明则古经明”的治经原则,也与宋儒治经大异其趣。坚持“故训明则古经明”一说的前提是“贤人圣人之理义”“存乎典

① 参见徐道彬:《论戴震礼学研究的特色与影响》,《安徽大学学报(哲学社会科学版)》,2015年第1期。

② 段玉裁:《戴东原先生年谱》,《戴震文集》附录,北京:中华书局,1980年版,第248页。

③ 刘师培:《戴震传》,见《戴震全书》第七册附录二,合肥:黄山书社,1995年版,第83页。

章制度”，其目的是通过训诂考据揭示经义，以求其“是”；而理学家的治经则是为了由经“穷理”，是为了求索和印证先天存在的“理”，其结果往往以经就己，甚至改经就己。所以，戴震虽然也有汉儒、宋儒不分轩轾的言论，而实际上他的思想是离宋儒及理学越来越远。正是戴震对理学的疏离，引发了“以礼代理”主张的提出。

与戴震一起走出不疏园的程瑶田、金榜，也是以礼学研究著称的。程瑶田不仅撰有《周礼札记》，还在《通艺录》中大量考礼、论礼，其“援据经史，疏通证明，以规郑氏之失”而成的《仪礼丧服足征记》，就是一篇考礼、论礼的名文。金榜更是以一部《礼笺》使自己成为研礼的专家。凌廷堪的《礼经释例》问世和“以礼代理”命题的提出，则意味着徽州学术对礼学体系和礼学思想的重构。

九

其实，戴震早已以他的学术思想为礼学重构廓清了道路。钱穆曾经指出：“徽州之学成于江永、戴震，江戴之学自《礼》入。东原出而徽学遂大，一时学者多以治《礼》见称。”[①]戴震不仅使“一时学者多以治《礼》见称”，还为徽州礼学的转型与重构奠定了基础。

如前所述，戴震对理学与“理”的疏离，是通过对“理”的重新诠释实现的。他曾用“条理”诠释“理”：“理者，察之而几微必区以别之名也，是故谓之分理；在物之质，曰肌理，曰腠理，曰文理；得其分则有条而不紊，谓之条理。”[②]这就使在理学家那里作为形而上的最高范畴的“理”，成为形而下的事物的表现形态。而他同样用“条理”界定“礼”：“礼者，天地之条理也；言乎条理之极，非知

① 钱穆：《国学概论》，北京：商务印书馆，1997年版，第275页。

② 戴震：《孟子字义疏证》卷上《理》，《戴震全书》第六册，合肥：黄山书社，1995年版，第151页。

天不足以尽之。即礼文度数，亦圣人见于天地之条理，定之以为天下万世法。”[①]这样，“礼”与“理”便几乎成为同质的范畴。这就为此后“以礼代理”命题的提出提供了合乎逻辑的依据。他还说：“理义不存乎典章制度，势必流入异学曲说而不自知。”[②]这则无异于在说“理存于礼”。

戴震在通过重新诠释使“理”成为形而下的范畴的同时，则将“礼”视为调控“天下之情”使人们“知天地之中”的根本原则。他在论述“礼者，天地之条理也”之后接着说：“礼之设，所以治天下之情，或裁其过，或勉其不及，俾知天地之中而已矣。”[③]这就把汉儒“缘人情而制礼”的命题又重新提了出来[④]，把理学家最为关心的“理”“欲”关系置换成“礼”“情”关系，并为戴震的“体民之情，遂民之欲”观念张本。

通过戴震对“礼”在观念上的廓清，戴震的私淑弟子凌廷堪便以三篇《复礼》和一部《仪礼释例》，对徽州礼学进行了重构。

凌廷堪对礼学的重构，首先表现于“以礼代理”命题的提出，使“礼”成为儒学的核心范畴。凌廷堪继戴震之后进一步疏离理学，彻底否定了“理”与“圣人之道”的关联，而把“礼”看作“圣人之道”的唯一体现。他说：“圣人之道，至平且易也。《论语》记孔子之言备矣，但恒言礼，未尝一言及理也。”他认为，只有释氏者流才言心言性，而“圣人之道不如是也。其所以节心者，礼焉尔，不远寻夫天地之先也；其所以节性者，亦礼焉尔，不侈谈夫理气之辨也”[⑤]。对于儒家而言，求道和复性是研习儒学经典的重要目的，而凌廷堪则

---

① 戴震：《孟子字义疏证》卷下《仁义礼智》，《戴震全书》第六册，合肥：黄山书社，1995年版，第206页。

② 戴震：《题惠定宇先生授经图》，《戴氏杂录》，《戴震全书》第六册，合肥：黄山书社，1995年版，第505页。

③ 戴震：《孟子字义疏证》卷下《仁义礼智》，《戴震全书》第六册，合肥：黄山书社，1995年版，第206页。

④ 按，如司马迁便说过，“观三代损益，乃知缘人情而制礼，依人性而作仪，其所由来尚矣”。《史记》卷二三《礼书第一》，北京：中华书局，1959年版，第4册，第1157页。

⑤ 凌廷堪：《复礼》下，《礼经释例》卷首，《凌廷堪全集》第一册，合肥：黄山书社，2009年版，第18页。

认为："夫舍礼而言道，则空无所附；舍礼而复性，则茫无所从。"①于是，儒学也就是礼学，"圣人之道，一礼而已"，"礼之外，别无所谓学也"②。

其次，是将《仪礼》视为礼的"本经"。张寿安曾说："仪礼学在清代兴起是一件非常值得留意的事。《仪礼》一书以仪为名，内容全是仪节度数，古代礼典就是通过这些仪文来呈现礼意。故仪礼学的兴起绝不仅是名物制度之学大盛，也意味着寻觅儒学思想另有他途。"③不过，张寿安对《仪礼》学的评说，是站在"三礼"学角度说的。而徽州礼学家对《仪礼》的重视，则是把它视为礼的"本经"，是礼学的唯一经典，而把《周礼》《礼记》剔出经的范围。凌廷堪在《礼经释例》的序中，开宗明义就说"《仪礼》十七篇，礼之本经也"。他认为，《仪礼》一书，"其间同异之文与夫详略隆杀之故，盖悉体夫天命民彝之极而出之，信非大圣人不能作也。学者舍是，奚从为节性修身之本哉"④。凌廷堪所说的"大圣人"，指的是周公。为了说明《仪礼》是礼的"本经"，他断言《仪礼》为周公所作；同时，否定了《周礼》与《礼记》的经的地位，明确指出"《周官》则另为一书"，"非礼之本经"；而《礼记》，则连《传》《注》都算不上，更不要说是经："至于二戴氏之《记》，乃章句之余，杂记说礼之言，互相引证，不但非礼之经，且与传注有间。"⑤

徽州学者最初是否定《仪礼》为经的。如姚际恒接受了明代学者郝敬的观点，认为《仪礼》是"言仪之书"，而"仪既非礼，则不得为经"。最早主张《仪礼》为礼的"本经"的徽州学者是江永，可能因为他的观点是接着朱熹的意思讲的，故在批评理学声浪日高的学界这一观点没有引起注意。直到被"汉学

① 凌廷堪：《荀卿颂并序》，《校礼堂文集》卷一〇，《凌廷堪全集》第三册，合肥：黄山书社，2009年版，第74页。

② 凌廷堪：《复礼》上，《礼经释例》卷首，《凌廷堪全集》第一册，合肥：黄山书社，2009年版，第13页。

③ 张寿安：《十八世纪理学考证的思想活力》，北京：北京大学出版社，2005年版，第53页。

④ 凌廷堪：《礼经释例序》，《礼经释例》卷首，《凌廷堪全集》第一册，合肥：黄山书社，2009年版，第3页。

⑤ 凌廷堪：《与阮伯元孝廉书》，《校礼堂文集》君二二，《凌廷堪全集》第三册，合肥：黄山书社，2009年版，第74页。

家”们引为同调的凌廷堪作出“《仪礼》十七篇，礼之本经”的论断时，才引起一些学者的响应，并使江永当年的主张得以实现。

张寿安曾指出确立《仪礼》的本经地位对清代儒学的意义，她说：“事实上，也惟有清儒坚信《仪礼》是三礼之本经，首尾一贯，条理井然，内蕴圣人制作之精义，清代仪礼学才得循校勘、注疏、训诂、图、表、释例、正义一步步展开，而儒家礼学秩序背后的意义才得以重现。”[①]她所讲的“一步步展开”的仪礼学，正是由徽州礼学实现的。徽州礼学也正是由此而在清代《仪礼》学乃至整个礼学领域中别树一帜。

再次，从“礼例”入手，探寻《仪礼》的内容体系。凌廷堪说，《仪礼》“节文威仪，委曲繁重。骤阅之如治丝而棼，细绎之皆有经纬可分也；乍观之如入山而迷，徐历之皆有途径可跻也。是故不得其经纬途径，虽上哲亦苦其难；苟得之，中材固可以勉而赴焉。经纬途径之谓何？例而已矣”。为探寻“礼例”，凌廷堪对《仪礼》研究了多年，他“初仿《尔雅》为《礼经释名》十二篇”，“为是者有年，渐觉非他经可比，其宏纲细目必以例为主，有非诂训名物所能赅者”[②]。于是，经过细致梳理，凌廷堪从《仪礼》中发现了二百四十六个礼例，并将它们归纳为八类：通例、饮食之例、宾客之例、射例、变例、祭例、器服之例、杂例，他的《礼经释例》一书的结构，便是以这八类礼例安排的。

凌廷堪以“例”释《仪礼》，不仅解决了《仪礼》的“节文威仪，委曲繁重”而难读的问题，也弥缝了由于只注重“考礼”而出现的弱点。《仪礼释例》是在乾嘉时期训诂考据之学走向鼎盛的背景下出现的。这时的训诂考据之学确实成就斐然，考礼的成果也同样煌煌可观，但弱点也开始暴露。其弱点主要表现在两个方面：一是就治学方法说，过于繁琐的弊端已经显现，学界也开始有了“饾饤”之讥；一是沉溺于对古经的声音文字的训诂和典章制度的考辨，使儒学“经世”意义淡化。凌廷堪的礼学研究，对其有着明显的针对性。他重视

① 张寿安：《十八世纪理学考证的思想活力》，北京：北京大学出版社，2005年版，第53页。

② 凌廷堪：《礼经释例序》，《礼经释例》卷首，《凌廷堪全集》第一册，合肥：黄山书社，2009年版，第1、3页。

“礼例”的归纳，揭示了《仪礼》“非诂训名物所能赅者”的方面，从而使《仪礼》作了体系性的展现，避免了“饾饤”化的倾向，以达到“通经”明“义”的目的。同时，凌廷堪重视礼的“化裁”功能，将发挥《仪礼》的化民成俗作用作为礼学研究的目的。

十

张寿安曾总结过清代《仪礼》学的研究“进路”，她说：“总之，《仪礼》的研究，从经书文字之校勘、辑佚，到厘清经、传、记、注，分章句、明训诂，再到一名一物之考释，节次之划分，仪文度数之厘清，宫室、服饰之绘图、制表，再到释例、正义，终至通论著作之出现，终于使得古代礼制灿然重现。可以说是，端赖乎此一层层内卷的考证进路。”[①]

张寿安所说的“进路”，其实更适用于徽州礼学。她所说的“释例、正义”，指的就是凌廷堪的《礼经释例》、胡培翚的《仪礼正义》；她所说的“终至通论著作之出现”，指的也是这两部著作。正是凌廷堪与胡培翚这两部著作，完成了清代礼学的“进路”，“终于使得古代礼制灿然重现”。

早在清末民初的时候，徐珂[②]也曾概述过清代《仪礼》学的发展，他说：“张尔歧于《仪礼》首正郑注句读，廓清之功，比于武事。专考讹脱者，则有卢文弨、金曰追诸人。专习汉读者，则有段玉裁、胡承珙诸人。分类专考者，则有任其运、程瑶田诸人。若胡培翚者，博闻笃志，阅数十年，上推周公、孔子垂教之旨，发明郑康成、贾疏之得失，旁逮鸿儒经生之议，成《正义》四十卷，唐宋

① 张寿安：《十八世纪理学考证的思想活力》，北京：北京大学出版社，2005年版，第50页。

② 按，徐珂(1869—1928)原名昌，字仲可，杭州人，光绪十五年(1889)举人。曾在袁世凯的幕府，但很快离开袁世凯，先后担任了《外交报》、商务印书馆、《东方杂志》的编辑及《东方杂志》“杂纂部”部长。他掌握了非常丰富的清代史事和朝野掌故，于是仿《宋稗类钞》《明稗类钞》，编纂了《清稗类钞》，将13000余条朝野掌故、遗闻轶事、人物事迹以及风俗民情等等，以事类相从，汇为一编，使《清稗类钞》成为一部规模宏大的笔记体著作。此外，徐珂还编有《历代白话诗选》《古今词选集评》以及《天苏阁丛刊》《康居笔记汇函》等。

以来,罕有其匹。”[1]徐珂的概述表明,清代《仪礼》学的发展,主要靠的就是皖派学者的推动,而《仪礼》研究的完成,则更仰仗于胡培翚。

胡培翚的《仪礼正义》,确为一部集大成之作。它较为全面地吸收了清代考礼、议礼的成果,对《仪礼》作了系统的疏释,成为一部《仪礼》的通论性著作,一部《仪礼》学的集大成之作。但是,《仪礼正义》也终结了徽州礼学。此后,在徽州学者中,乃至清代的礼学界,再也没有出现过超越《仪礼正义》的著作。

徽州礼学的终结,也宣告了以礼学作为主要研究领域的皖派朴学的终结。它从此便不再作为一个学派而存在。洪湛侯将胡培翚去世的那年,即道光二十九年(1849),作为他所编的《徽州朴学大事简表》的终点[2],大概也是这个原因。

---

① 徐珂:《清稗类钞》第八册《经术类·三礼之精义》,北京:中华书局,1984年版,第3839~3840页。

② 洪湛侯:《徽派朴学》,合肥:安徽人民出版社,2005年版,第333页。

附录:徽州学术记事

年代	徽州学术记事	相关事件
宋淳熙三年 (1176)	四月十二日,朱熹第二次回到祖籍婺源,下榻汪清卿之敬斋,敬斋成"日与乡人讲学"之所。 滕璘、程永奇及汪清卿师从朱熹,成为朱熹在徽州地区最早弟子。 程洵尝以"道问学"名斋,晦庵易其匾曰"尊德性"。 六月,朱熹离婺源之前,为县学作《徽州婺源县学藏书阁记》一文。 七月,朱熹返闽,修改《论孟精义》。	黄榦由刘清之推荐入朱熹门下。
宋淳熙四年 (1177)	六月,朱熹《论孟精义》修改完成,易名《论孟集注》。《论孟集注》的撰著是朱熹四书学建构完成的标志。 程大昌完成《禹贡山川地理图》(含《禹贡论》二卷、《山川地理图》二卷、《后论》一卷)	—
宋淳熙五年 (1178)	吴儆任满,经张栻力荐,被召陛对。	魏了翁生。了翁字华父,号鹤山,邛州蒲江(今属四川)人。 真德秀生。德秀字实夫,后改字景元、希元,号西山,人称西山先生,浦城(今福建浦城县)人。
宋淳熙六年 (1179)	金朋说于铅山师从朱熹。 三月三十日,朱熹到南康任。	—
宋淳熙七年 (1180)	程大昌出知泉州。	—

续表

年代	徽州学术记事	相关事件
宋淳熙八年(1181)	滕璘举进士。 程大昌辑成《考古编》。 福建路市舶彭椿年嘱州学教授陈应行刊印程大昌《禹贡论》于郡庠。	吕祖谦卒。祖谦字伯恭,婺州(今浙江金华)人。
宋淳熙十年(1183)	吴儆致仕,筑竹洲,四方之士至者数百人。是年吴儆卒。	—
宋淳熙十一年(1184)	罗愿卒。	—
宋淳熙十三年(1186)	祝汝玉为休宁令,淳熙十六年(1189)离任。	—
宋淳熙十四年(1187)	滕珙举进士。	—
宋绍熙元年(1190)	加程大昌宝文阁直学士,徙知明州,寻奉祠。 许文蔚举进士。 汪楚材举进士。	光宗赵惇嗣位。 陆九渊任荆门军知军。时值金兵南侵,九渊主持构筑荆门城,开挖护城河,荆门始有城。 耶律楚材生。楚材字晋卿,号湛然居士,契丹人。
宋绍熙四年(1193)	—	饶鲁生。鲁字伯舆,一字仲元,号双峰,饶州余干(今江西万年)人。
宋绍熙五年(1194)	程大昌以龙图阁学士致仕,回乡创"西山书院"。 宁宗下诏求言,汪莘"三叩天阍,论天变人事、民穷吏污之弊,行师布阵之,不报"。杨简见其书,曰:"真爱君忧国之言也。"	赵汝愚拥立光宗次子、嘉王赵扩继位,是为宁宗,光宗被"尊"为太上皇,史称"绍熙内禅"。
宋庆元元年(1195)	朱熹赴京,任焕章阁待制兼侍讲。 "伪学"难作后,程永奇隐于邑东山。 厉"伪学"之禁时,荐举改官悉令漕帅取状方得擢用。金朋说时任鄱阳知县期满,上状言:"素师朱熹,讲孔孟及程氏《遗书》,实不知为伪。"遂解职归。 李季札带程洵所撰李缯行状到考亭,欲请朱熹为李缯铭墓,他由此师从朱熹。 程大昌卒,谥文简。	刘德秀进言要求"考核真伪,以辨邪正",揭开"庆元党禁"序幕。
宋庆元二年(1196)	"伪学"难作后,吴昶徒步走寒泉精舍,就正所学,得文公心印。	—

续表

年代	徽州学术记事	相关事件
宋庆元五年（1199）	—	舒璘卒。《（康熙）徽州府志》："舒璘乾道举进士，为徽州教授。"
宋庆元六年（1200）	朱熹卒。在"门生故旧至无者"情况下，辛弃疾则"为文往哭之"。 程永奇闻朱熹去世，"合同志者设位恸哭，曰：'吾道已矣！'"其所作挽章有"此道终难绝，他年有是非"句。	—
宋嘉泰二年（1202）	林士谦知祁门县，谢琎佐林士谦兴建庙学。	—
宋开禧元年（1205）	—	董梦程举进士，官朝散郎、钦州（今广西境内）通判。
宋开禧三年（1207）	—	韩侂胄北伐失败，本人被杀，史弥远登上相位，"庆元党禁"结束。
宋嘉定元年（1208）	二月，宁宗于下诏谥朱熹曰文。	—
宋嘉定三年（1210）	五月，追赠朱熹为中大夫、宝谟阁直学士。	—
宋嘉定四年（1211）	秘书省著作郎李道传建议"诏有司取《四书》（朱熹《论语孟子集注》《大学中庸章句》《或问》）颁之太学"。	—
宋嘉定五年（1212）	宋宁宗以朱熹所撰《四书集注》《白鹿洞书院学规》颁于太学。	八月，张衍编成陆九渊遗文集。 九月，袁燮刊《象山集》。
宋嘉定六年（1213）	五月，赵师端为徽州太守，于府学讲堂之北创建朱夫子祠。	—
宋嘉定九年（1216）	许月卿生。月卿字太空，后改字宋士，徽州婺源人。	—
宋嘉定十年（1217）	江润身生。润身字明德，号民斋，徽州婺源人。	—
宋嘉定十四年（1221）	十二月五日，程永奇卒。	—
宋嘉定十六年（1223）	袁甫以著作郎知徽州。	—
宋嘉定十七年（1224）	胡斗元生。斗元原名梦季，字声远，号勉斋，徽州婺源人。	—

续表

年代	徽州学术记事	相关事件
宋宝庆三年(1227)	正月,特赠朱熹太师,追封信国公。	—
宋绍定二年(1229)	九月,改封朱熹徽国公。	—
宋绍定三年(1230)	许月卿"从介轩先生董公梦程游"。	—
宋绍定六年(1233)	—	史弥远病死,宋理宗亲政,改元"端平",革除史弥远时期诸多弊政,史称"端平更化"。
宋淳祐元年(1241)	—	正月,理宗诏令周敦颐、张载、程颢、程颐、朱熹从祀孔子。 封周敦颐为汝南伯、张载为郿伯、程颢为河南伯、程颐为伊阳伯。
宋淳祐五年(1245)	许月卿"赐进士及第"。 十二月,韩补任徽州郡守。	—
宋淳祐六年(1246)	韩补于府城南门外的紫阳山麓建书院,理宗赐额"紫阳书院"。 胡一桂生。一桂字庭芳,自号双湖居士,徽州婺源人,胡方平之子。卒年不详。	—
宋淳祐七年(1247)	程显道生。显道字元吉,号松谷,徽州婺源人,黄智孙门人。	熊禾生。禾字去非(亦名铢,字位辛),号勿轩,晚号退斋,建阳(今福建南平市建阳区)人。
宋淳祐九年(1249)	—	吴澄生。澄字幼清,抚州崇仁(今属江西)人。卒谥文正。 程钜夫生。钜夫名文海,避元武宗讳以字行,号雪楼,又号远斋。
宋淳祐十年(1250)	胡炳文生。炳文字仲虎,号云峰,徽州婺源人,胡斗元之子。 冯去疾创临汝书院,聘程若庸为山长。	—
宋淳祐十二年(1252)	陈栎生。栎字寿翁,所居堂曰"定宇",被称为定宇先生,徽州休宁人。	王约生。约字彦博,号豫斋,祖籍为汴,其祖北徙,遂为真定(今河北正定)人。
宋宝祐二年(1254)	—	赵孟頫生。孟頫字子昂,号松雪道人、水晶宫道人,浙江吴兴(今浙江湖州)人。 饶鲁补授饶州教授。

续表

年代	徽州学术记事	相关事件
宋宝祐三年(1255)	—	李孟生。孟字道复,号秋谷,潞州上党(在今山西长治市)人,后唐沙陀贵族后裔。
宋宝祐六年(1258)	程复心生。复心字子见,号林隐,徽州婺源人,人称林隐先生。	邓文原生。因籍贯绵州古属巴西郡,故人称邓巴西。
宋景定三年(1262)	洪焱祖生。焱祖字潜夫,徽州歙县人。 汪复举进士。	—
宋景定五年(1264)	程若庸教授于临川郡之临汝书院。程若庸(生卒年不详)字达原,号勿斋、徽庵,徽州休宁人。从饶鲁、沈贵珤学。 胡炳文师从朱熹从孙朱洪范。	吴澄与程钜夫同学于程若庸。
宋咸淳元年(1265)	江润身举进士,授庐州梁县尉。	—
宋咸淳四年(1268)	程若庸举进士,为福建武夷书院山长。 胡次焱举进士。	—
宋咸淳五年(1269)	唐元生。元字长孺,号敬堂,徽州歙县人,被称为筠轩先生。	—
宋咸淳七年(1271)	程若庸为湖州安定书院山长。	程端礼生。端礼字敬礼、敬叔,号畏斋,原为歙人,后迁庆元(今浙江宁波市鄞州区),遂为庆元人。
元忽必烈至元二十三年(1286)	许月卿卒。至元十八年(1281),元兵攻下钱塘,许月卿便“深居一室,但书‘范粲寝所乘车’数字,于是不言,五年而卒”。	程钜夫奉诏搜罗江南才俊,其同窗吴澄得以引荐。
元忽必烈至元二十四年(1287)	—	吴澄至大都,不久辞归。
元忽必烈至元二十五年(1288)	胡一桂撰成《易本义附录纂注》(即朱熹《易本义》之胡一桂初注本)。	—
元忽必烈至元二十六年(1289)	程文生。程文字以文,号黟南生,徽州婺源人。	—
元大德三年(1299)	朱升生。升字允升,号枫林,人称枫林先生,徽州休宁人。	—

续表

年代	徽州学术记事	相关事件
元大德七年(1303)	倪士毅生。士毅字仲弘,徽州休宁人,人称道川先生。	—
元大德八年(1304)	汪克宽生。克宽字德辅(一字仲裕),号环谷,徽州祁门人。	—
元至大元年(1308)	唐桂芳生。桂芳一名仲,字仲实,号白云,又号三峰。少从洪焱祖学。 胡一桂重订《易本义附录纂注》。	吴澄授国子监丞。
元皇庆二年(1313)	胡一桂纂成《周易本义启蒙翼传》。 浙江儒学提举司将程复心《四书章句》进于行省,行省进于朝。	—
元延祐二年(1315)	—	元代开科取士。 吴澄升司业。因与同僚意见不合,辞归。
元延祐三年(1316)	朱升师从陈栎。 胡炳文撰成《周易本义通释》。 陈栎撰成《四书发明》。	—
元延祐五年(1318)	—	程钜夫卒。
元延祐六年(1319)	赵汸生。汸字子常,徽州休宁人,晚年隐迹东山,被称为东山先生。 郑玉之父郑千龄任建德路淳安县尉,郑玉随侍,并师从陆学学者吴暾。	—
元至治二年(1322)	汪克宽随父之浮梁(今属景德镇市),问学于饶鲁弟子吴迂(字仲迂)。	—
元泰定元年(1324)	胡炳文完成《四书通》。	—
元至治三年(1323)	汪叡生。叡字仲鲁,徽州婺源人。	—
元泰定二年(1325)	倪士毅偶会汪泰初于丰山。	—
元泰定三年(1326)	春,吴暾任鄱阳丞,汪克宽往从学。 汪泰初聘倪士毅为诸子师。 邓文原为胡炳文《四书通》作序。	—
元泰定五年(1328)	洪焱祖卒。	—

续表

年代	徽州学术记事	相关事件
元至顺二年(1331)	程显道卒。	—
元元统元年(1333)	胡炳文卒。	顺帝即位。朱元璋“以帝知顺天命退避而去,特加其号曰顺帝”。
元元统二年(1334)	陈栎卒。	—
元后至元三年(1337)	赵汸负笈往拜黄泽于九江。	黄泽字楚望,资州内江(在今四川)人,随其兄宦居九江。大德中,先后为江州景星书院、洪州东湖书院山长。
元后至元五年(1339)	朱同生。朱同字大同,自号紫阳山樵,朱升之子。 范准生。范准字平仲,徽州休宁人。师从朱升。	—
元至正元年(1341)	程复心卒。	—
元至正二年(1342)	倪士毅《四书辑释》日新堂初刻本问世。	—
元至正三年(1343)	黄泽讲道湓浦(九江市西湓水长江入口处),朱升偕赵汸往从游。 汪克宽序本倪士毅《四书集释》刊印。	—
元至正四年(1344)	秋,朱升举进士,因丁内艰,至正八年始授池州路学正,至正十年到任。	—
元至正五年(1345)	—	程端礼卒。
元至正六年(1346)	赵汸筑东山精舍。	—
元至正七年(1347)	唐文凤生。文凤字子仪,号梧冈,唐桂芳次子。	—
元至正八年(1348)	赵汸始撰《春秋集传》。赵汸去世后由倪士毅之子倪尚谊续成。 倪士毅卒。	—
元至正九年(1349)	范准舅氏延朱升于家塾,朱同侍其父而与范准同砚席。 唐元卒。	—

续表

年代	徽州学术记事	相关事件
元至正十年(1350)	朱升任池州路儒学教授,范准与程天师从赵汸。	—
元至正十五年(1355)	郑玉《春秋阙疑》(亦作《春秋经传阙疑》)撰成。	—
元至正十六年(1356)	赵汸受聘为商山书院山长。 范准"绝意当世,以讲学为业"。	—
元至正十七年(1357)	朱元璋兵下徽州,相传因邓愈举荐,召见朱升,问以时务,朱升呈"高筑墙、广积粮、缓称王"三策。	—
元至正十八年(1358)	是年,红巾军进入徽州,郑玉被逼至郡,高卧不食七日,在寓馆自经死。	—
元至正十九年(1359)	程文卒。	—
元至正二十六年(1366)	—	杨士奇生。士奇官至华盖殿大学士兼兵部尚书,与杨荣、杨溥并称"三杨"。
元至正二十七年(1367)	授朱升翰林侍讲学士、中顺大夫、知制诰。	朱元璋称吴王。
元至正二十八年(1368)	晋朱升为翰林学士兼东阁学士、嘉议大夫。	朱元璋称帝,改元洪武。
明洪武二年(1369)	朱升以年高,请致政,归歙县石门。 正月,朝廷礼聘汪克宽、赵汸参修《元史》。《元史》修毕,朱元璋特旨令参修《元史》者俱留仕,汪克宽以老疾力辞,赵汸也奏请还乡。 冬,赵汸病逝。	—
明洪武三年(1370)	朱升卒。	五月,朱元璋颁发科举诏令。
明洪武五年(1372)	汪克宽卒。	—
明洪武十一年(1378)	朱同举明经,任本郡教授,重纂《新安志》。	—
明洪武十三年(1380)	朱同通过"举人才"途径荐授吏部司封员外郎。 唐桂芳卒。	—
明洪武十五年(1382)	二月,朱同恩升礼部侍郎。	—

续表

年代	徽州学术记事	相关事件
明洪武十七年(1384)	朱同“坐事”“赐”自经。 朝廷下征贤诏，朱元璋召见汪叡，命讲《尚书·西伯戡黎》。	—
明洪武十八年(1385)	汪叡疾作，遂请假归乡。 范准“擢工部主事”。此年卒。	明代以进士授翰林官之始。
明洪武二十二年(1389)	—	薛瑄生。瑄字德温，号敬轩。河津(今山西万荣)人。
明建文三年(1401)	汪叡卒。	—
明永乐十二年(1414)	陈栎《尚书集传纂疏》、汪克宽《胡传纂疏》、倪士毅《四书辑释》、胡一桂《周易本义附录纂疏》、胡炳文《周易本义通释》收入《五经四书大全》。	朱棣命胡广、杨荣以及金幼孜等纂修《五经四书大全》及《性理大全》。永乐十三年(1415)九月完成。
明宣德七年(1432)	唐文凤卒。	—
明正统六年(1441)	谢复生。复字一阳，别号西山，徽州祁门人。从学于吴与弼。	—
明正统十一年(1446)	程敏政生。敏政字克勤，中年后号篁墩、篁墩居士，徽州休宁人。	—
明景泰元年(1450)	—	王鏊生。鏊字济之，号守溪，晚号拙叟，被称为震泽先生，吴县(今苏州)人。
明景泰三年(1452)	汪循生。循字进之，号仁峰，徽州休宁人。	—
明天顺八年(1464)	—	薛瑄卒。
明成化二年(1466)	程敏政举进士一甲第二名，授翰林院编修。继迁左春坊左谕德，直讲东宫。	湛若水生。若水字元明，号甘泉，广州府增城县甘泉都(今广州增城区新塘)人。
明成化八年(1472)	—	王阳明生。王守仁字伯安，余姚(今属浙江宁波市)人，因曾筑室于会稽山阳明洞，故自号阳明子，被称为阳明先生，习称王阳明。
明成化十六年(1480)	程曈生。曈字启皦，号莪山，亦号练江，徽州休宁人。	—

续表

年代	徽州学术记事	相关事件
明弘治元年（1488）	—	杨慎生。慎字用修，号升庵，新都（今成都市新都区）人。
明弘治三年（1490）	程敏政《新安文献志》纂成。	—
明弘治十年（1497）	程敏政编纂《新安文献志》初刻于徽州休宁。	—
明弘治十一年（1498）	程敏政擢礼部右侍郎，任《大明会典》副总裁，专掌内阁诰敕。	—
明弘治十二年（1499）	程敏政涉徐经、唐寅科场案被诬鬻题下狱。出狱四天后卒。	—
明弘治十五年（1502）	彭泽主修、汪舜民等纂《徽州府志》刊印。	—
明弘治十八年（1505）	谢复卒。	—
明正德二年（1507）	洪垣生。洪垣字峻之，号觉山，徽州婺源人（今属江西），湛若水高弟。	—
明正德三年（1508）	程曈辑撰《新安学系录》成。	—
明正德七年（1512）	熊桂知徽州，重修紫阳书院。	—
明正德十年（1515）	九月，熊桂大会于紫阳书院，阳明时任南鸿胪，虽未临会，亦尊为主教。 程曈撰《闲辟录》成。	—
明正德十四年（1519）	汪循卒。	王阳明平定宸濠之乱。
明嘉靖八年（1529）	—	王阳明卒。
明嘉靖十一年（1532）	洪垣举进士，授永康知县，后征授御史。	—
明嘉靖十六年（1537）	湛若水北上过徽州，会徽州六邑学者于斗山，斗山讲会由此诞生。	—
明嘉靖十七年（1538）	谢芊、谢显创全交馆，作为家会之所。	—

续表

年代	徽州学术记事	相关事件
明嘉靖二十九年(1550)	戴廷明、程尚宽等《新安名族志》刊印。 邹守益与湛若水先后临徽州,与徽州学者相约"岁以秋九,轮修会事"。 湛若水建议全交馆改名为神交馆。	—
明嘉靖三十一年(1552)	程敏政《道一编》五卷本(汪宗元刻本)刊印。	—
明嘉靖三十九年(1560)	程曈卒。	湛若水卒。
明嘉靖四十一年(1562)	—	高攀龙生。攀龙初字云从,后更字存之,别号景逸,南直隶无锡(今属江苏无锡市)人。
明万历二十年(1592)	祝世禄任县令时,始建还古书院,万历二十二年(1594)完工。	—
明万历二十一年(1593)	韩梦鹏等编成《新安理学先觉会言》。 洪垣卒。	—
明万历三十八年(1610)	—	黄宗羲生。宗羲字太冲,号南雷,别号梨洲老人,学者称梨洲先生,余姚县(治所在今余姚市)人。
明万历三十九年(1611)	—	张履祥生。履祥字考夫,又字渊甫,号念芝,桐乡(今浙江嘉兴市属桐乡市)人。 方以智生。以智字密之,号曼公,别号龙眠愚者,出家后名大智,字无可,别号弘智,人称药地和尚。南直隶桐城(今安徽桐城)人 陆世仪生。世仪字道威,号刚斋,又号桴亭,太仓(今属江苏)人。
明万历四十一年(1613)	—	顾炎武生。炎武本名绛,字忠清、宁人,自署蒋山佣,南都败后改名炎武,南直隶昆山(今江苏昆山)人。
明万历四十四年(1616)	朱升的五世孙朱时新"阅辑"、朱时登"参阅"及范涞校订的《朱枫林集》刊印,"新安理学"这一概念第一次出现于正式出版物上。	—

续表

年代	徽州学术记事	相关事件
明万历四十七年(1619)	—	施闰章生。闰章字尚白，号愚山，宣城（今安徽宣城市宣州区）人。
明天启二年(1622)	黄生生。黄生字生父。庠名起溟，谱名琯，字扶孟，一字房孟，别号曰冷翁，又号莲花外史，歙县人。	—
明崇祯六年(1633)	—	胡渭生。渭初名渭生，字朏明，号东樵，德清（今属浙江省湖州市）人。
明崇祯九年(1636)	—	阎若璩生。若璩字百诗，号潜邱，祖籍山西太原，其五世祖迁居淮安，康熙元年阎若璩改归故籍。
明崇祯十一年(1638)	吴苑生。苑字楞香，晚号鳞潭，歙县人。	—
清顺治四年(1647)	姚际恒生。际恒字立方，号善夫，一号首源，休宁人，后寓居仁和（今浙江杭州），故一说仁和人。	—
清康熙七年(1668)	—	方苞生。苞字灵皋，亦字凤九，晚年号望溪，亦号南山牧叟。江南桐城（今安徽桐城市）人。
清康熙十年(1671)	—	惠士奇生。士奇字天牧，一字仲孺，晚号半农，人称红豆先生，江苏吴县人。
清康熙二十年(1681)	江永生。永字慎修，号慎斋，婺源人。	—
清康熙二十一年(1682)	吴苑举进士，累官国子监祭酒。	—
清康熙二十七年(1688)	—	沈彤生。彤字冠云，号果堂，吴江人。
清康熙二十九年(1690)	—	卢见曾生。见曾字澹园，又字抱孙，号雅雨，山东德州人。
清康熙三十年(1690)	—	程廷祚生。廷祚字启生，又字锦庄，号青溪居士
清康熙三十一年(1692)	汪绂生。绂原名烜，字灿人，婺源人，因村中祠前有二池，故自号双池。	—

续表

年代	徽州学术记事	相关事件
清康熙三十二年(1693)	汪祐编《五子近思录》家刻本刊印。	—
清康熙三十五年(1696)	黄生卒。	—
清康熙三十六年(1697)	—	惠栋生。栋字定宇,号松崖,人称小红豆先生,士奇次子,江苏元和(今江苏吴县)人。 刘大櫆生。大櫆字才甫,一字耕南,号海峰,安徽桐城人。
清康熙四十年(1701)	由施璜、吴曰慎、吴瞻泰、吴瞻淇及汪芹等主持和参与,历时五个月,修缮紫阳书院告竣。	秦蕙田生。蕙田字树峰,号味经,金匮(今属江苏常州市)人。
清康熙四十二年(1703)	—	三月,胤禛请阎若璩至府邸,尊为上宾,“呼先生而不名”。 六月,若璩病卒。
清康熙四十三年(1704)	—	全祖望生。祖望字绍衣,号谢山,鄞县(今浙江宁波市鄞州区)人。
清康熙四十五年(1706)	施璜卒。璜(生年不详)字虹玉,号诚斋,徽州休宁人。	—
清康熙四十八年(1709)	—	惠士奇举进士,官编修、侍读学士。
清康熙五十一年(1712)	—	裘曰修生。曰修字叔度,一字漫士,江西南昌新建人。
清康熙五十四年(1715)	姚际恒卒。	—
清康熙五十六年(1717)	—	卢文弨生。文弨字召弓,一作绍弓,号矶渔,又号檠斋、抱经,人称抱经先生,仁和(今浙江杭州)人。
清康熙六十年(1721)	汪肇龙生。汪肇龙原名肇漋,字松麓,一字稚川,徽州歙县人,师从江永。	—
清雍正元年(1723)	戴震生。戴震字慎修,一字东原,号杲溪,休宁人(在今黄山市屯溪区)。	—

续表

年代	徽州学术记事	相关事件
清雍正二年 (1724)	—	纪昀生。昀字晓岚，又字春帆，号石云，直隶献县（今河北献县）人。 王昶生。昶字德甫，号述庵，又号兰泉。江苏青浦（今属上海市）人。
清雍正三年 (1725)	施璜草创、吴瞻泰与吴瞻淇增订的《紫阳书院志》刊印。 程瑶田生。瑶田字易田，一字易畴，号让堂，徽州歙县人，师从江永。	—
清雍正六年 (1728)	—	钱大昕生。大昕字晓征，又字及之，号辛楣，晚年自署竹汀居士，江苏嘉定人（今属上海）。
清雍正七年 (1729)	方矩生。矩又名根矩，字晞原，徽州歙县人，师从刘大櫆、江永。	朱筠生。筠字竹君，一字美叔，人称笥河先生，大兴（今北京大兴区）人。
清雍正十年 (1732)	—	余萧客生。萧客字仲林，别字古农，惠栋弟子，江苏吴县人。
清雍正十一年 (1733)	—	翁方纲生。方纲字正三，一字忠叙，号覃溪，晚号苏斋，大兴人。
清雍正十三年 (1735)	金榜生。榜字蕊中，又字辅之，徽州歙县人（其出生地岩镇今属徽州区），师从江永。	段玉裁生。玉裁字若膺，号懋堂，晚年又号砚北居士、长塘湖居士，金坛（今常州金坛市）人。
清乾隆三年 (1738)	—	任大椿生。大椿字幼植，一字子田，江苏兴化人。
清乾隆四年 (1739)	—	孔继涵生。继涵字体生，一字埔孟，号荭谷，自称昌平山人，山东曲阜人。
清乾隆六年 (1741)	—	惠士奇卒。
清乾隆七年 (1742)	汪龙生。龙字辰叔，徽州歙县人。段玉裁弟子。	—
清乾隆九年 (1744)	—	王念孙生。念孙字怀祖，自号石臞，江苏高邮人。戴震弟子。
清乾隆十年 (1745)	洪榜生。榜字汝登，一字初堂，徽州歙县人。	—

续表

年代	徽州学术记事	相关事件
清乾隆十三年（1748）	汪灼生。灼字渔村，别号方外老渔，汪梧凤次子、戴震亲炙弟子。	—
清乾隆十四年（1749）	程瑶田与东原订交。汪肇龙亦交于戴震。	方苞卒。
清乾隆十五年（1750）	洪梧生。梧字桐生，一字植恒，徽州歙县人。	—
清乾隆十六年（1751）	—	刘台拱生。台拱字端临，一字江岭，清江苏宝应人。 孔广森生。广森字众仲，号㧑约，又号䢼轩，山东曲阜人。
清乾隆十七年（1752）	戴震应汪梧凤聘，馆于不疏园汪氏家馆，教授汪梧凤之子汪烜、汪灼。	钱大昕入都。 卢文弨举进士，授翰林院编修。 沈彤卒。
清乾隆十八年（1753）	江永应汪泰安聘主持汪氏家馆，弟子有方矩、金榜、汪梧凤、吴绍泽，之前从学弟子郑牧、戴震、汪肇龙、程瑶田等同聚不疏园，形成了以江永为领袖，以戴震、程瑶田、金榜、汪梧凤、汪肇龙为成员的徽州朴学群体，江永众多重要著作亦完成于此。 戴震作《诗补传》。	孙星衍生。星衍字伯渊、渊如，阳湖县（今常州市区）人。
乾隆十九年（1754）	汪绂重订《书经诠义》成，又撰成《读近思录》《读问学录》《参读礼志疑》。	纪昀、王鸣盛、钱大昕、王昶、朱筠等举进士，“吴派”盛行京师。
清乾隆二十年（1755）	戴震“避讼”入京，寓于歙县会馆。这是皖派朴学走向全国学界之始。 是年，戴震造访钱大昕，并由钱大昕结识秦蕙田，馆于秦氏味经轩。 纪昀为戴震《考工记图》作序梓行。 秦蕙田全载戴震《勾股割圜记》于《通考》。 戴震与姚鼐论学，提出“十分之见”的学术目标。姚欲以戴震为师，戴婉辞。	全祖望卒。
清乾隆二十一年（1756）	纪昀因纂修《热河志》，与钱大昕一起扈从热河伴驾，同受乾隆嘉奖。 王安国礼聘戴震教其子王念孙。 汪绂《易经诠义》定本撰成。	—

续表

年代	徽州学术记事	相关事件
清乾隆二十二年(1757)	戴震结束王府教学生涯,离京南下。过扬州,在卢见曾署与惠栋相识。 戴震作《大戴礼记目录后语》《金山志》。 凌廷堪生。凌廷堪字仲子,一字次仲,徽州歙县人。 汪绂《读困知记》《儒先晤语》撰成。	王安国卒。 郝懿行生。懿行字恂九,号兰皋,山东栖霞人。
清乾隆二十三年(1758)	江永《春秋地理考实》撰成。 戴震《勾股割圜记》刊印。	纪昀任武英殿纂修。 惠栋卒。
清乾隆二十四年(1759)	戴震乡试落第。 汪绂卒。	—
清乾隆二十五年(1760)	戴震《屈原赋注》刊印。 戴震寄书卢文弨谈校《大戴礼》。	段玉裁入都,始见顾炎武《音学五书》,遂有意于音韵之学。
清乾隆二十六年(1761)	戴震再寄书卢文弨谈校《大戴礼》。	段玉裁入京会试不第,以举人教习景山万善堂官学。 江声始撰《尚书集注》。 江藩生。藩字子屏,号郑堂,本籍旌德,其祖迁甘泉(今扬州)。 张惠言生。惠言字皋文,号茗柯,武进(今常州)人。
清乾隆二十七年(1762)	戴震举于乡。 戴震作《江慎修先生事略状》。 江永卒。	正月到五月初,纪昀伴驾南巡。五月,以提督学政视学福建。
清乾隆二十八年(1763)	戴震会试落第,居新安会馆。段玉裁往从受学,投书称弟子,戴震谦辞。	焦循生。焦循字理堂,一字里堂,甘泉(今扬州邗江区)人。 莫与俦生。与俦字犹人,号杰夫、寿民,独山兔场人,布依族。
清乾隆二十九年(1764)	—	阮元生。阮元字伯元,号芸台,晚号怡性老人,江苏仪征人。 李富孙生。李富孙字既汸,一字芗沜,浙江嘉兴人。 秦蕙田卒。著有《五礼通考》《周易象日笺》等。
清乾隆三十年(1765)	戴震入都,经苏州,题《惠定宇授经图》。 戴震定《水经》。	—
清乾隆三十一年(1766)	戴震居新安会馆,嗣后,授馆裘曰修邸。 戴震撰《杲溪诗经补注》《声韵考》成。 戴震于休宁会馆始识章学诚。	王引之生。引之字伯申,号曼卿,江苏高邮人,念孙长子。

续表

年代	徽州学术记事	相关事件
清乾隆三十二年(1767)	凌廷堪开始学贾。	江声撰《尚书集注》成。 钱大昕始撰《廿二史考异》。 时任湖南学政的卢文弨,因为条陈学政事宜"不当"交部议处。 程廷祚卒。
清乾隆三十三年(1768)	戴震应直隶督方观承聘,修《直隶河渠书》,未成而方卒,戴震辞职入都。 汪莱生。汪莱字孝婴,号衡斋,徽州歙县人。	纪昀服母丧期满回朝,乾隆留在身边。同年四月,擢为翰林院侍读学士。 六月,卢见曾得罪,纪昀为姻亲,漏言夺职,戍乌鲁木齐。 卢见曾卒。
清乾隆三十四年(1769)	戴震会试落第,应朱珪聘,与段玉裁偕往。 戴震应汾州聘修府志。 戴震始草《绪言》。 戴震勉从段玉裁之请,接受其为弟子。	王念孙入都会试,落第。在都时,常与朱筠谈六书精义。 任大椿举进士,授礼部主事。
清乾隆三十五年(1770)	戴震修成《汾州府志》,点校《寿阳县志》。 戴震还京,待会试。	段玉裁任贵州玉屏县知县。 钱大昕始研究声音文字训诂之学。
清乾隆三十六年(1771)	戴震会试仍不第,复游晋,修《汾阳县志》。 黄承吉生。黄承吉字谦牧,号春谷,黄生族孙,徽州歙县人,寓居江都。	纪昀自戍所召还,授编修。 朱筠任安徽学政。 王念孙入都会试,落第。 孔广森十九岁举进士。 段玉裁署富顺县。
清乾隆三十七年(1772)	戴震撰成《绪言》。 戴震自汾阳入都会试,再落第。	朱筠上《购访遗书及校刻〈永乐大典〉意见折》,次年,成立《永乐大典》辑佚处,将著录书籍总汇名《四库全书》。编纂《四库全书》自此始。 段玉裁入都,见戴震于洪榜寓所,以《六书音均表》请益于戴震。 王念孙客朱筠幕,与刘台拱、汪中等订交。
清乾隆三十八年(1773)	戴震主讲金华书院。 戴震奉召入京,参与纂修《四库全书》。 戴震在宁波宁绍兵备道冯弼处与章学诚相遇,围绕修志展开辩论。 仲秋,戴震至京师,进四库馆。	开四库馆。 裘曰修任《四库全书》馆总裁。 裘曰修卒,谥"文达"。 纪昀任四库馆总裁,戴震、邵晋涵、周永年等被征召入馆。
清乾隆三十九年(1774)	戴震在四库馆,校成《水经注》《九章算术》《五经算术》。	王念孙馆于朱筠椒花吟舫,撰成《说文考异》。

续表

年代	徽州学术记事	相关事件
清乾隆四十年(1775)	三月,戴震第六次参加会试,仍落第。奉乾隆谕,与乙未贡士一体殿试,赐同进士出身,授翰林院庶吉士。 俞正燮生。俞正燮字理初,黟县人。	段玉裁《六书音均表》撰成。 王念孙举进士。 钱大昕丁父忧,自广东学政任归里。 江藩始师从余萧客。 包世臣生。包世臣字慎伯,号倦翁,又号小倦游阁外史,安徽泾县人。
清乾隆四十一年(1776)	戴震完成《孟子字义疏证》。 程瑶田影抄戴震《绪言》写本。 胡承珙生。胡承珙字景孟,号墨庄,安徽泾县人。	段玉裁始撰《说文解字读》。 王念孙自是年后四年独居于湖滨精舍,专事著述。
清乾隆四十二年(1777)	戴震撰成《声类表》。 四月,戴震作《答彭进士绍升书》。 戴震卒。	—
清乾隆四十三年(1778)	段玉裁使人至徽州,厚赠戴东原遗族。	段玉裁补巫山县知县,暇作《毛诗故训传定本小笺》。 钱大昕为钟山书院院长,重订《廿二史考异》。 余萧客卒。
清乾隆四十四年(1779)	洪榜卒。	焦循应童子试,为刘墉赏识。 王念孙于湖滨精舍校正《方言》,后与戴本对勘,所见多同。 王鸣盛撰成《尚书后案》。 李富孙卒。
清乾隆四十五年(1780)	凌廷堪客仪征。 汪肇龙卒。	王念孙入都,供职翰林院。 段玉裁称疾,致仕归里。始撰《说文解字注》。 刘大櫆卒。
清乾隆四十六年(1781)	凌廷堪游扬州,与阮元相识。	朱筠卒。 徐松生。松字星伯,原籍浙江上虞(今绍兴市上虞区),后迁大兴(今北京大兴区)。
清乾隆四十七年(1782)	胡培翚生。胡培翚字载屏,一字竹村、紫蒙,徽州绩溪人。	马瑞辰生。马瑞辰字元伯,安徽桐城人。

续表

年代	徽州学术记事	相关事件
清乾隆四十八年(1783)	凌廷堪客京师，读戴氏遗书而好之。 凌廷堪经程晋芳推引受业于翁方纲，致力于经史之学。 洪朴、洪梧与邵晋涵、任大椿、王念孙、周永年、程晋芳等定交。 凌廷堪在京师名噪一时。	王引之入都，入国子监。 崔述始撰《考信录》。 孔继涵卒。
清乾隆四十九年(1784)	凌廷堪客扬州，与汪中定交。 凌廷堪经汪中介绍与江藩定交。	段玉裁始撰《毛诗故训传定本小笺题词》。 王筠生。王筠字贯山，号箓友，山东安丘(今山东安丘市)人。 程晋芳卒。
清乾隆五十年(1785)	凌廷堪再赴京师。 程恩泽生。恩泽字云芬，号春海，徽州歙县人。	钱大昕任娄东书院山长。 毕沅为河南巡抚。 林则徐生。林则徐字元抚，又字少穆、石麟，晚号俟村老人等，福建侯官(今福州市区)人。 姚莹生。姚莹字石甫，一字明叔，号展和，晚号幸翁，安徽桐城人。
清乾隆五十一年(1786)	凌廷堪应试不第。 凌廷堪与孔广森、武亿订交，相互论学论文。 凌廷堪在都与章学诚相识。再客扬州与秦恩复、焦循、李钟泗有交往。	阮元举乡试，初入京，得交王念孙、邵晋涵、任大椿。 陈奂生。陈奂字硕甫，号师竹，晚自号南园老人，长洲(今苏州)人。 孔广森卒。
清乾隆五十二年(1787)	凌廷堪撰成《礼经释例》初稿。 夏，凌廷堪从翁方纲至南昌。 秋，凌廷堪至大梁，依毕沅。	王念孙始作《广雅疏证》。 焦循馆扬州寿家，修改《毛诗鸟兽草木虫鱼释》，始撰《毛诗地理释》。
清乾隆五十三年(1788)	凌廷堪自大梁入都应试，中副榜。	王念孙补陕西道监察御史。始作《广雅疏证》；作《与刘端临第一书》，论校订《方言》《广雅》事。
清乾隆五十四年(1789)	凌廷堪举本省乡试。 方矩卒。	卢文弨主讲常州龙城书院。 王念孙转京畿道监察御史，仲秋与段玉裁结识于京师。 王引之入都，撰成《春秋名字解诂》。 阮元举进士，任翰林院庶吉士。 刘文淇生。刘文淇字孟瞻，仪征人。 任大椿卒。

续表

年代	徽州学术记事	相关事件
清乾隆五十五年(1790)	凌廷堪举进士,例授知县,自请改教职,入选宁国府学教授。	朱珪任安徽巡抚。 焦循撰《群经宫室图》。 王引之入都,始撰《周秦名字解诂》。
清乾隆五十六年(1791)	—	段玉裁撰成《古文尚书撰异》。 刘宝楠生。刘宝楠字楚桢,号念楼,宝应人。
清乾隆五十七年(1792)	黄承吉与焦循、李滨石(钟泗)赋诗饮酒、切磋学问。 凌廷堪易《礼经释名》为《礼经释例》。	段玉裁编辑《戴东原先生文集》。 十月,段玉裁移家苏州,始与黄丕烈、顾广圻相识。 焦循作《后汉书训纂序》,指出传世的十五卷本非惠原著。 姚配中生。姚配中字仲虞,旌德人。
清乾隆五十八年(1793)	—	段玉裁作《周礼汉读考序》。 阮元督学山东,撰《山左金石志》。 王念孙擢吏科给事中。
清乾隆五十九年(1794)	凌廷堪与藏书家鲍廷博相晤。	段玉裁作《说文解字读》。 焦循始撰《加减乘除释》。 孙星衍始撰《尚书今古文注疏》。 魏源生。魏源字默深,又字墨生,号良图,湖南邵阳人。 汪中卒。
清乾隆六十年(1795)	凌廷堪任宁国教授。	王念孙撰成《广雅疏证》。 阮元任浙江学政。 焦循寄书孙星衍,论考据等。 焦循于山东临清校士馆结识武亿。 王引之应顺天乡试中举。
清嘉庆元年(1796)	凌廷堪撰成《元遗山年谱》。 凌廷堪应阮元之聘教授其子阮常生。	焦循寄书台拱,讨论考据之学。 阮元为段玉裁作《周礼汉读考序》。 章学诚刊印《文史通义》。 卢文弨卒,段玉裁为之作墓志铭。 邵晋涵卒。

续表

年代	徽州学术记事	相关事件
清嘉庆二年(1797)	程瑶田来苏，始与段玉裁相见。 凌廷堪谒座主朱珪。	张惠言撰《周易虞氏义》。 焦循《加减乘除释》撰成。 王引之《经义述闻》付梓。 毕沅卒。 王鸣盛卒。
清嘉庆三年(1798)	凌廷堪至宁国。 姚鼐为金榜《礼笺》作序。	阮元聚诸生纂成《经籍籑诂》。 王引之撰成《经传释词》。 焦循与王引之再论考据之非。 秋九月，省试落选，继续修改《释弧》。
清嘉庆四年(1799)	凌廷堪撰成《礼经释例》。	焦循撰成《毛诗鸟兽草木虫鱼释》《天元一释》。 十月，阮元奉署浙江巡抚，次年正月实授。 阮元撰成《畴人传》初编。 钱大昕、王引之为阮元《经籍籑诂》作序。 钱大昕编定《十驾斋养新录》。 正月，王念孙密疏劾大学士和珅黩货揽权。 洪亮吉上书陈时政得罪，发戍伊犁。 王引之、张惠言举进士，同出阮元之门。 江声卒。
清嘉庆五年(1800)	—	冬，焦循、李锐同客阮元武林节署，共论经史。 赵翼《二十二史札记》刊行。 洪亮吉由伊犁释回。
清嘉庆六年(1801)	凌廷堪始识姚鼐于皖。 金榜卒。	焦循撰《开方通释》。 阮元建诂经精舍，延王昶、孙星衍主讲席。 包世臣教学于鸠兹(芜湖)，半年后游江、浙，至扬州。 王引之散馆放贵州乡试正考官。 章学诚卒。

续表

年代	徽州学术记事	相关事件
清嘉庆七年 (1802)	秋，程瑶田与焦循结识于浙。	焦循会试不第，在京作《文章强弱辨》；秋，焦循赴浙；冬，家居，成《禹贡郑注释》。 包世臣至常州，住李兆洛府七个月尽读《日知录》。 张惠言卒。
清嘉庆八年 (1803)	俞正燮游历山东。 程瑶田自序《通艺录》。 洪梧主讲于梅花书院。	郝懿行始撰《山海经笺疏》。 焦循《毛诗地理释》撰成。 刘文淇肄业于梅花书院。 八月，汪莱访问焦循。 十二月，王念孙署山东运河道。
清嘉庆九年 (1804)	凌廷堪撰成《燕乐考原》。	焦循著《论语通释》，始撰《易通释》。 阮元编成《两浙金石志》《积古斋钟鼎彝器疑识》。 刘文淇与包世臣相识。 钱大昕卒。
清嘉庆十年 (1805)	—	阮元丁父忧归里，撰成《十三经注疏校勘记》。 焦循完成《剧说》。 崔述《考信录》撰成。 纪昀卒。 刘台拱卒。
清嘉庆十一年 (1806)	洪梧辞扬州梅花书院主讲。	刘文淇始设帐授徒。 郑珍生。珍字子尹，晚号柴翁，贵州遵义人。 王昶卒。
清嘉庆十二年 (1807)	凌廷堪回歙县主讲紫阳书院。	段玉裁与顾广圻辩《王制》“郊学”。 焦循撰成《北湖小志》。
清嘉庆十三年 (1808)	—	段玉裁《说文解字注》撰成。 郝懿行《山海经笺疏》成书、始撰《尔雅义疏》，并撰《竹书纪年校正序》。 阮元入都，进《四库》未收书六十种，并作《提要》。 阮元再次抚浙。 王念孙序段玉裁《说文解字注》。

续表

年代	徽州学术记事	相关事件
清嘉庆十四年(1809)	春,凌廷堪客扬州。 夏,凌廷堪返歙,卒。	阮元为郝懿行刻印《山海经笺疏》。 洪亮吉卒。
清嘉庆十五年(1810)	—	王念孙始撰《读书杂志》。 阮元迁侍讲,兼国史馆总纂。 马瑞辰举进士,选翰林院庶吉士。 陈澧生。陈澧字兰甫,亦作兰浦,号东塾,世称东塾先生,广州府,番禺(今广州市番禺区)人,祖籍江苏江宁(今南京)。
清嘉庆十六年(1811)	程恩泽举进士,授翰林院编修。	包世臣入都,与恽敬等交游。 莫友芝生。友芝字子偲,自号郘亭,又号紫泉,贵州独山。
清嘉庆十七年(1812)	—	陈奂受业段玉裁于苏州。 王念孙《读书杂志》付梓。 段玉裁《说文解字注》付梓,陈奂任校雠。
清嘉庆十八年(1813)	汪莱卒。	段玉裁寄书时在徽州的外孙龚自珍,嘱向程瑶田问业。 焦循完成《易通释》《易图略》。
清嘉庆十九年(1814)	程瑶田卒。	段玉裁编《戴东原年谱》。 阮元调抚江西,刻《十三经注疏》。 焦循撰成《易学三书》初稿。完成《礼记郑氏注》《里堂道听录》。 王引之任山东学政。
清嘉庆二十年(1815)	—	孙星衍完成《尚书今古文注疏》。 焦循编成《雕菰楼易学三书》,撰成《扬州足征录》和《邗记》。 王念孙为汪中撰《述学序》。 段玉裁卒。 姚鼐卒。
清嘉庆二十一年(1816)	—	阮元调抚河南,迁湖广总督。 焦循作《论语补疏》。 崔述卒。

续表

年代	徽州学术记事	相关事件
清嘉庆二十二年(1817)	洪梧卒。刘文淇撰《祭洪桐生师文》,与包世臣、凌曙、包世荣、薛传均、翟慎典等同祭。	阮元调任两广总督。 王念孙以《说文解字注》赠汪喜孙。 龚自珍致信江藩,论《汉学师承记》的名目有"十不妥"。 陈奂至京师。
清嘉庆二十三年(1818)	—	焦循撰成《群经补疏》。 陈奂应顺天乡试,时王引之为座主,陈奂因之得交王念孙、引之父子。 王引之任礼部左侍郎,放浙江乡试正考官。 龚自珍中举,入都。 孙星衍卒。 翁方纲卒。
清嘉庆二十四年(1819)	—	焦循《孟子正义》撰成。 王引之充会试总裁,十一月授吏部右侍郎。 龚自珍会试不第,从刘逢录受《公羊春秋》。
清嘉庆二十五年(1820)	—	阮元始立学海堂。 龚自珍为内阁中书。 汪喜孙撰《荣甫先生年谱》。 焦循卒。
清道光元年(1821)	程恩泽入直南书房。 俞正燮中举。 汪灼卒。	王念孙左手左足偏枯,不能步履,唯观异书。 龚自珍上书国史馆总裁,论塞外形势,撰《蒙古图志》。 刘恭冕生。恭冕字叔俛,号勉斋,江苏宝应人,刘宝楠次子。 俞樾生。樾字荫甫,自号曲园居士,浙江德清人。
清道光二年(1822)	—	郝懿行《尔雅义疏》撰成。 李兆洛在扬州,编《皇朝文典》。
清道光三年(1823)	黄承吉与刘文淇相识。 汪龙卒。	李兆洛主讲江阴暨阳书院。 龚自珍撰《五经大义始终论》。

续表

年代	徽州学术记事	相关事件
清道光四年(1824)	—	方东树入阮元幕，撰《汉学商兑》及《待定录》。 李兆洛为刘逢录刻《公羊释例》。 龚自珍转治佛典。
清道光五年(1825)	—	阮元始辑《皇清经解》。 方东树撰《书林扬觯》于阮元幕。 包世臣刻《中衢一勺》。 龚自珍始撰《古史钩沉论》。 李兆洛纂集《八代全文》成。 郝懿行卒。
清道光六年(1826)	—	阮元调云贵总督。 陈澧考取县学生员，次年恩科第一。 方东树撰《汉学商兑序例》。 魏源为贺长龄编《经世文编》。
清道光七年(1827)	马步蟾等纂修《徽州府志》完成。	王引之充武英殿总裁，奉旨校刊《康熙字典》。
清道光八年(1828)	—	刘宝楠、刘文淇、陈立(卓人)相约新撰经疏，刘宝楠任《论语》、刘文淇任《左传》、陈立任《公羊》。 龚自珍成《尚书序》《泰誓答问》《尚书马氏家法》。 黄以周生。以周字元同，号儆季，浙江定海(今浙江舟山市定海区)人，黄式三之子。
清道光九年(1829)	—	阮元主纂之《皇清经解》刻成。 龚自珍举进士。 刘逢录卒。
清道光十年(1830)	—	王引之调礼部尚书。《经义述闻》镌刻完成，《康熙字典》校刻完成。 阮元丁父忧归里，撰成《十三经注疏校勘记》。 李慈铭生。慈铭字爱伯，号莼客，室名越缦堂，晚年自署“越缦老人”，会稽(今浙江绍兴)人。 翁同龢生。同龢字叔平，号松禅，别署均斋、瓶笙，晚号瓶庵居士，江苏常熟人。

续表

年代	徽州学术记事	相关事件
清道光十一年(1831)	—	王念孙刊印《读书杂志》。 方东树刊印《汉学商兑》《书林扬觶》。 刘文淇与刘宝楠赴金陵应试落第。
清道光十二年(1832)	俞正燮客陈用光家,校顾祖禹《方舆纪要》。 胡承珙卒。	章学诚刊印《文史通义》。 王念孙卒。阮元为之撰墓志铭。
清道光十三年(1833)	俞正燮春闱下第,门人醵金刻《癸巳类稿》,程恩泽定其篇第并作序。	—
清道光十四年(1834)	—	刘文淇赴金陵应试落第。 王引之卒。
清道光十五年(1835)	林则徐聘俞正燮纂《湖北通志》。 黄承吉为刘文淇撰《左传旧疏考正序》。	阮元拜体仁阁大学士。
清道光十七年(1837)	程恩泽卒。	刘文淇赴金陵应试落第,自此不再应试。是年撰《扬州水道志》。
清道光十八年(1838)	—	阮元致仕,定居扬州。 刘文淇刊印《春秋左氏传旧疏考正》。
清道光十九年(1839)	黄承吉由文宗阁《四库全书》过录黄生之《字诂》《义府》,并加以按语,刊为《字诂义府合按》。	龚自珍弃官出都,在扬州遇阮元、魏源,至江阴见李兆洛。是年,作《己亥杂诗》。
清道光二十年(1840)	刘文淇为《字诂义府合按》校字识跋,并付刊印。 俞正燮卒于江宁。	鸦片战争开始。 刘宝楠举进士,授文安县知县。 陈澧被聘为学海堂学长。 宋翔凤成《论语说义》《孟子赵注补正》。
清道光二十一年(1841)	—	陈澧赴会试,过扬州谒阮元。 龚自珍卒。 李兆洛卒。
清道光二十二年(1842)	黄承吉卒。	清朝被迫与英签订《南京条约》。 魏源撰《海国图志》《圣武记》。 刘文淇代阮元撰《校刻宋元镇江府志序》并作《宋元镇江府志校勘记》。

续表

年代	徽州学术记事	相关事件
清道光二十三年(1843)	—	完成《大清一统志》修订。 魏源寄请包世臣审定《圣武记》。 李富孙卒。
清道光二十四年(1844)	—	魏源举进士。 陈澧再赴会试，再谒阮元于扬州。 包世臣刻《安吴四种》。 刘文淇校勘《旧唐书》。 姚配中卒。
清道光二十五年(1845)	—	唐鉴撰成《清儒学案》。 刘文淇与人合撰《旧唐书校勘记》。
清道光二十六年(1846)	—	宋翔凤撰《四书纂言》。 朱一新生。一新字鼎甫，号蓉生，浙江义乌人。
清道光二十七年(1847)	—	刘文淇与刘毓崧纂辑《舆地记胜校勘记》。 汪喜孙卒。
清道光二十八年(1848)	—	陈澧撰成《汉书地理志水道图说》。 仪征知县延请刘文淇为重修《仪征县志》总纂。 孙诒让生。诒让字仲容，号籀膏居士，浙江瑞安人。 徐松卒。
清道光二十九年(1849)	胡培翚卒。	阮元卒，谥文达。
清咸丰三年(1853)	—	马瑞辰卒。
清咸丰四年(1854)	—	刘文淇卒。
清咸丰五年(1855)	—	刘宝楠卒。
清同治二年(1863)	—	陈奂卒。

续表

年代	徽州学术记事	相关事件
清同治三年（1864）	—	郑珍卒。
清光绪七年（1881）	—	朝旨赏陈澧五品卿衔。
清光绪八年（1882）	—	三月，陈澧病逝于广州。

主要参考文献

（一）

陈栎：《陈定宇先生文集》，见《元人文集珍本丛刊》第 4 册，台北：新文丰出版公司，1985 年版。

陈栎：《东山存稿》，见《文渊阁四库全书》第 1221 册，台北：台湾商务印书馆，1983 年版。

陈栎：《四书发明》，史伯璇《四书管窥》，见《文渊阁四库全书》第 204 册，台北：台湾商务印书馆，1983 年版。

程大昌：《考古编・续考古编》，北京：中华书局，2008 年版。

程大昌：《演繁露》，见《文渊阁四库全书》第 852 册，台北：台湾商务印书馆，1983 年版。

程大昌：《易原》，见《文渊阁四库全书》第 12 册，台北：台湾商务印书馆，1983 年版。

程端蒙：《性理字训》，见《文渊阁四库全书》第 709 册，台北：台湾商务印书馆，1983 年版。

程恩泽：《程侍郎遗集》，见《续修四库全书》第 1511 册，上海：上海古籍出版社，2002 年版。

程敏政:《心经附注》,见《四库全书存目丛书·子部》第4册,济南:齐鲁书社,1995年版。

程敏政:《道一编》,见《四库全书存目丛书·子部》第6册,济南:齐鲁书社,1995年版。

程敏政:《篁墩文集》,见《文渊阁四库全书》第1252册,台北:台湾商务印书馆,1983年版。

程敏政编:《新安文献志》,合肥:黄山书社,2004年版。

程若庸:《增广性理字训》,见《四库全书存目丛书·子部》第4册,济南:齐鲁书社,1995年版。

程曈:《闲辟录》卷八,见《四库全书存目丛书·子部》第7册,济南:齐鲁书社,1995年版。

程曈:《新安学系录》,合肥:黄山书社,2006年版。

程洵:《尊德性斋集》,见《知不足斋丛书》,上海:古籍流通处,1921年版。

程瑶田:《程瑶田全集》(共四册),合肥:黄山书社,2008年版。

戴震:《戴震全书》(共七册),合肥:黄山书社,1995年版。

范涞:《范子咙言》,见《续修四库全书》第941册,上海:上海古籍出版社,2002年版。

韩梦鹏、谢文烨等编纂:《新安理学先觉会言》,安徽通志馆的手抄本,现藏于安徽省图书馆。

胡炳文:《四书通》,见《文渊阁四库全书》第203册,台北:台湾商务印书馆,1983年版。

胡炳文:《云峰文集》,见《元人文集珍本丛刊》第4册,台北:新文丰出版公司,1985年版。

胡炳文:《周易本义通释》,见《文渊阁四库全书》第24册,台北:台湾商务印书馆,1983年版。

胡培翚:《研六室文钞》,见《续修四库全书》第1507册,上海:上海古籍出版社,2002年版。

胡培翚:《仪礼正义》,南京:江苏古籍出版社,1993 年版。

胡一桂:《易附录纂注》,见《文渊阁四库全书》第 22 册,台北:台湾商务印书馆,1983 年版。

胡一桂:《周易启蒙翼传》,见《文渊阁四库全书》第 22 册,台北:台湾商务印书馆,1983 年版。

黄生:《黄生全集》(共四册),合肥:安徽大学出版社,2009 年版。

江永:《古韵标准》,见《文渊阁四库全书》第 242 册,台北:台湾商务印书馆,1983 年版。

江永:《河洛精蕴》,北京:北京出版社,1997 年版《四库未收书辑刊》第 3 辑,第 23 册。

江永:《近思录集注》,扬州:江苏广陵古籍刊印社,影印清同治江苏书局刊本。

江永:《礼书纲目》,见《文渊阁四库全书》第 133 册,台北:台湾商务印书馆,1983 年版。

江永:《善余堂文集》(不分卷),上海:上海古籍出版社,2010 年版《清代诗文集汇编》,第 248 册。

江永:《四声切韵表》,见《续修四库全书》第 253 册,上海:上海古籍出版社,2002 年版。

江永:《翼梅》,道光丁未年(1847)《海山仙馆丛书》本。

江永:《音学辨微》,见《续修四库全书》第 253 册,上海:上海古籍出版社,2002 年版。

江永:《周礼疑义举要》二,见《文渊阁四库全书》第 101 册,台北:台湾商务印书馆,1983 年版。

金榜:《礼笺》,见《续修四库全书》第 109 册,上海:上海古籍出版社,2002 年版。

凌廷堪:《凌廷堪全集》(共四册),合肥:黄山书社,2009 年版。

倪士毅:《四书辑释》,见《续修四库全书》第 160 册,上海:上海古籍出版社，2002 年版。

唐桂芳：《白云集》，见《文渊阁四库全书》第 1226 册，台北：台湾商务印书馆，1983 年版。

唐文凤：《梧冈集》，见《文渊阁四库全书》第 1242 册，台北：台湾商务印书馆，1983 年版。

唐元：《筠轩集》，见《文渊阁四库全书》第 1213 册，台北：台湾商务印书馆，1983 年版。

汪道昆：《太函集》（共四册），合肥：黄山书社，2004 年版。

汪绂：《双池文集》，见《续修四库全书》第 1425 册，上海：上海古籍出版社，2002 年版。

汪绂：《四书诠义》，一经堂道光十四年（1834）版。

汪克宽：《春秋经传附录纂疏》，见《文渊阁四库全书》第 165 册，台北：台湾商务印书馆，1983 年版。

汪克宽：《环谷集》，见《文渊阁四库全书》第 1220 册，台北：台湾商务印书馆，1983 年版。

汪莘：《方壶存稿》，见《文渊阁四库全书》第 1178 册，台北：台湾商务印书馆，1983 年版。

汪梧凤：《诗学女为》，见《续修四库全书》第 63 册，上海：上海古籍出版社，2002 年版。

汪梧凤：《松溪文集》，北京：北京出版社，2000 年版《四库未收书辑刊》第 10 辑，第 28 册。

汪循：《汪仁峰先生文集》，见《四库全书存目丛书·集部》第 47 册，济南：齐鲁书社，1997 年版。

吴定：《紫石泉山房文集》，上海：上海古籍出版社，2010 年版《清代诗文集汇编》，第 408 册。

吴儆：《竹洲文集》，见《宋集珍本丛刊》第 46 册，北京：线装书局，2004 年版。

许月卿:《先天集》,见《续修四库全书》第1320册,上海:上海古籍出版社,2002年版。

林庆彰主编:《姚际恒著作集》(共六册),台北:“中央研究院中国文哲研究所”,2004年再版。

姚际恒:《仪礼通论》,北京:中国社会科学出版社,1998年版。

俞正燮:《俞正燮全集》(共三册),合肥:黄山书社,2005年版。

湛若水:《春秋正传》,见《文渊阁四库全书》第167册,台北:台湾商务印书馆,1983年版。

湛若水:《格物通》,见《文渊阁四库全书》第716册,台北:台湾商务印书馆,1983年版。

湛若水:《湛甘泉先生文集》,见《四库全书存目丛书·集部》第56册,济南:齐鲁书社,1995年版。

赵汸:《春秋集传》,见《文渊阁四库全书》第164册,台北:台湾商务印书馆,1983年版。

赵汸辑:《程朱阙里志》,雍正三年(1725)重刊本。

郑玉:《春秋阙疑》,见《文渊阁四库全书》第163册,台北:台湾商务印书馆,1983年版。

郑玉:《师山集》,见《文渊阁四库全书》第1217册,台北:台湾商务印书馆,1983年版。

郑珍:《巢经巢诗集》,见《续修四库全书》第1534册,上海:上海古籍出版社,2002年版。

朱升:《周易旁注》,见《续修四库全书》第4册,上海:上海古籍出版社,2002年版。

朱升:《朱枫林集》,合肥:黄山书社,1992年版。

朱同:《覆瓿集》,见《文渊阁四库全书》第1227册,台北:台湾商务印书馆,1983年版。

朱熹:《朱子全书》(共 27 册),上海:上海古籍出版社,合肥:安徽教育出版社,2002 年版。

(二)

陈第:《毛诗古音考》,见《文渊阁四库全书》第 239 册,台北:台湾商务印书馆,1983 年版。

陈傅良:《止斋集》,见《文渊阁四库全书》第 1250 册,台北:台湾商务印书馆,1983 年版。

陈澧:《东塾读书记》,上海:上海古籍出版社,2012 年版。

陈澧:《东塾集》,见《续修四库全书》第 1537 册,上海:上海古籍出版社,2002 年版。

陈亮:《陈亮集》(修订本),北京:中华书局,1987 年版。

陈确:《陈确集》,北京:中华书局,1979 年版。

陈献章:《陈白沙集》,见《文渊阁四库全书》第 1246 册,台北:台湾商务印书馆,1983 年版。

程珌:《洺水集》,见《宋集珍本丛刊》第 71 册,北京:线装书局,2004 年版。

程颢、程颐:《二程集》,北京:中华书局,1981 年版。

程钜夫:《雪楼集》,见《文渊阁四库全书》第 1202 册,台北:台湾商务印书馆,1983 年版。

戴表元:《剡源文集》,见《文渊阁四库全书》第 1194 册,台北:台湾商务印书馆,1983 年版。

段玉裁:《经韵楼集》,上海:上海古籍出版社,2008 年版。

段玉裁:《说文解字注》,北京:中华书局,1981 年版。

方东树:《汉学商兑》,见《续修四库全书》第 951 册,上海:上海古籍出版社,2002 年版。

方孔炤、方以智:《周易时论合编》,见《续修四库全书》第 15 册,上海:上海古籍出版社,2002 年版。

方以智:《浮山文集后编》,见《续修四库全书》第 1398 册,上海:上海古籍出版社,2002 年版。

方岳:《秋崖集》,见《文渊阁四库全书》第 1182 册,台北:台湾商务印书馆,1983 年版。

卢文弨:《抱经堂文集》,见《续修四库全书》第 1432 册,上海:上海古籍出版社,2002 年版。

陆九渊:《陆九渊集》,北京:中华书局,1980 年版。

高攀龙:《高子遗书》,见《文渊阁四库全书》第 1292 册,台北:台湾商务印书馆,1983 年版。

龚自珍:《龚自珍全集》,上海:上海人民出版社,1975 年版。

顾宪成:《顾端文公遗书》,见《四库全书存目丛书·子部》第 14 册,济南:齐鲁书社,1995 年版。

顾宪成:《泾皋藏稿》,见《文渊阁四库全书》第 1292 册,台北:台湾商务印书馆,1983 年版。

顾炎武:《顾亭林诗文集·亭林文集》,北京:中华书局,1959 年版。

顾炎武:《顾炎武全集》,上海:上海古籍出版社,2011 年版。

韩愈:《韩愈文集汇校笺注》,北京:中华书局,2010 年版。

何良俊:《四友斋丛说》,北京:中华书局,1959 年版。

郝经:《陵川集》,见《文渊阁四库全书》第 119 册,台北:台湾商务印书馆,1983 年版。

黄榦:《勉斋先生黄文肃公文集》,见《宋集珍本丛刊》第 68 册,北京:线装书局,2004 年版。

黄式三:《儆居集》,上海:上海古籍出版社,2010 年版《清代诗文集汇编》,第 563 册。

黄以周:《儆季文钞》,上海:上海古籍出版社,2010 年版《清代诗文集汇编》,第 708 册。

黄宗羲:《黄宗羲全集》,杭州:浙江人民出版社,1992 年版。

惠栋:《易汉学》,见《文渊阁四库全书》第 52 册,台北:台湾商务印书馆,1983 年版。

洪亮吉:《洪亮吉集》,北京:中华书局,2001 年版。

胡寅:《五峰集》,见《文渊阁四库全书》第 1237 册,台北:台湾商务印书馆,1983 年版。

胡祇遹:《紫山大全集》,见《文渊阁四库全书》第 1196 册,台北:台湾商务印书馆,1983 年版。

揭傒斯:《文安集》,见《文渊阁四库全书》第 1208 册,台北:台湾商务印书馆,1983 年版。

李翱:《李文公集》,见《文渊阁四库全书》第 1078 册,台北:台湾商务印书馆,1983 年版。

李慈铭:《越缦堂读书记》,上海:上海书店出版社,2000 年版。

李塨:《恕谷后集》,上海:商务印书馆,1935 版。

李清馥:《闽中理学渊源考》,见《文渊阁四库全书》第 460 册,台北:台湾商务印书馆,1983 年版。

黎靖德辑:《朱子语类》,上海:上海古籍出版社,合肥:安徽教育出版社,2002 年版,《朱子全书》,第 14～18 册。

凌迪知:《万姓统谱》,见《文渊阁四库全书》第 957 册,台北:台湾商务印书馆,1983 年版。

刘辰翁:《须溪集》,见《文渊阁四库全书》第 1186 册,台北:台湾商务印书馆,1983 年版。

刘大櫆:《刘大櫆集》,上海:上海古籍出版社,1990 年版。

刘克庄:《后村集》,见《文渊阁四库全书》第 1180 册,台北:台湾商务印书馆,1983 年版。

刘牧:《易数钩隐图》,见《文渊阁四库全书》第 8 册,台北:台湾商务印书馆,1983 年版。

陆德明:《经典释文》,北京:中华书局,1983年版。

陆陇其:《三鱼堂文集》,见《文渊阁四库全书》第1325册,台北:台湾商务印书馆,1983年版。

陆陇其:《松阳钞存》,见《文渊阁四库全书》第725册,台北:台湾商务印书馆,1983年版。

罗念庵:《罗洪先集》,南京:凤凰出版社,2007年版。

吕坤:《吕坤全集》,北京:中华书局,2008年版。

吕祖谦:《东莱集》,见《文渊阁四库全书》第1150册,台北:台湾商务印书馆,1983年版。

梅文鼎:《绩学堂诗文抄》,合肥:黄山书社,1995年版。

纪昀:《纪文达公遗书》,见《续修四库全书》第1435册,上海:上海古籍出版社,2002年版。

江藩:《国朝汉学师承记》,北京:中华书局,1983年版。

焦循:《雕菰集》,见《续修四库全书》第1489册,上海:上海古籍出版社,2002年版。

焦循:《论语通释》,见《续修四库全书》第155册,上海:上海古籍出版社,2002年版。

欧阳修:《欧阳修全集》,北京:中华书局,2001年版。

皮锡瑞:《经学历史》,周予同注释,北京:中华书局,1959年版。

彭绍升:《二林居集》,见《续修四库全书》第1461册,上海:上海古籍出版社,2002年版。

钱大昕:《钱大昕全集》,南京:江苏古籍出版社,1997年版。

全祖望:《全祖望集汇校集注》,朱铸禹校注,上海:上海古籍出版社,2000年版。

丘濬:《大学衍义补》,北京:京华出版社,1999年版。

任大椿:《深衣释例》,见《续修四库全书》第107册,上海:上海古籍出版社,2002年版。

阮元、杨秉初辑:《两浙辅轩录补遗》,见《续修四库全书》第1684册,上海:上海古籍出版社,2002年版。

阮元:《揅经室一集》,见《续修四库全书》第1478册,上海:上海古籍出版社,2002年版。

阮元:《揅经室二集》,见《续修四库全书》第1479册,上海:上海古籍出版社,2002年版。

阮元:《揅经室三集》,见《续修四库全书》第1479册,上海:上海古籍出版社,2002年版。

阮元校刻:《十三经注疏》,北京:中华书局,1980年版。

阮元撰、罗仕琳续补:《畴人传》,见《续修四库全书》第516册,上海:上古籍出版社,2002年版。

邵懿辰:《半岩庐遗集·遗文》,见《续修四库全书》第1536册,上海:上海古籍出版社,2002年版。

邵雍:《皇极经世书》,见《文渊阁四库全书》第803册,台北:台湾商务印书馆,1983年版。

沈彤:《果堂集》,见《文渊阁四库全书》第1328册,台北:台湾商务印书馆,1983年版。

史伯璇:《四书管窥》,见《文渊阁四库全书》第204册,台北:台湾商务印书馆,1983年版。

施闰章:《学余堂文集》,见《文渊阁四库全书》第1313册,台北:台湾商务印书馆,1983年版。

舒璘:《舒文靖集》,见《文渊阁四库全书》第1157册,台北:台湾商务印书馆,1983年版。

宋濂:《文宪集》,见《文渊阁四库全书》第1223册,台北:台湾商务印书馆,1983年版。

孙诒让:《周礼正义》,北京:中华书局,1987年版。

王昶:《春融堂集》,见《续修四库全书》第1438册,上海:上海古籍出版社,2002 年版。

王昶:《湖海文传》,见《续修四库全书》第 1669 册,上海:上海古籍出版社,2002 年版。

王夫之:《船山全书》,长沙:岳麓书社,2011 年版。

王懋竑:《朱熹年谱》,北京:中华书局,1998 年版。

汪士铎:《汪梅村先生全集》,见《续修四库全书》第 1531 册,上海:上海古籍出版社,2002 年版。

王士祯:《池北偶谈》,北京:中华书局,1982 年版。

王士祯:《居易录》,见《文渊阁四库全书》第 869 册,台北:台湾商务印书馆,1983 年版。

王廷相:《王廷相集》,北京:中华书局,1989 年版。

王子材、冯云濠合撰,张寿镛校补:《宋元学案补遗》,上海:上海书店,1994 年影印《四明丛书》本,《丛书集成续编》,第 34 册。

王畿:《龙溪王先生全集》,见《四库全书存目丛书·集部》第 98 册,济南:齐鲁书社,1997 年版。

王鸣盛:《西庄始存稿》,见《续修四库全书》第 1434 册,上海:上海古籍出版社,2002 年版。

王阳明:《王阳明全集》,上海:上海古籍出版社,1992 年版。

王引之:《经义述闻》,见《续修四库全书》第 174 册,上海:上海古籍出版社,2002 年版。

王引之:《王文简公文集》,见《续修四库全书》第 1490 册,上海:上海古籍出版社,2002 年版。

汪中:《新编汪中集·文集》,扬州:广陵书社,2005 年版。

汪藻:《浮溪文粹》,见《宋集珍本丛刊》第 34 册,北京:线装书局,2004 年版。

翁方纲:《复初斋文集》,见《续修四库全书》第 1455 册,上海:上海古籍出版社,2002 年版。

吴澄:《吴文正集》,见《文渊阁四库全书》第1197册,台北:台湾商务印书馆,1983年版。

吴潜:《履斋遗稿》,见《文渊阁四库全书》第1178册,台北:台湾商务印书馆,1983年版。

阎若璩:《潜邱札记》,见《文渊阁四库全书》第859册,台北:台湾商务印书馆,1983年版。

阎若璩:《尚书古文疏证》,见《文渊阁四库全书》第66册,台北:台湾商务印书馆,1983年版。

颜元:《颜元集》,北京:中华书局,1987年版。

熊禾:《勿轩集》,见《文渊阁四库全书》第1188册,台北:台湾商务印书馆,1983年版。

徐珂:《清稗类钞》,北京:中华书局,1984年版。

许慎:《说文解字》,北京:中华书局,1963年版。

薛季宣:《浪语集》,见《文渊阁四库全书》第1159册,台北:台湾商务印书馆,1983年版。

薛瑄:《读书录》,见《文渊阁四库全书》第711册,台北:台湾商务印书馆,1983年版。

杨慎:《丹铅续录》,见《文渊阁四库全书》第855册,台北:台湾商务印书馆,1983年版。

杨慎:《丹铅余录》,见《文渊阁四库全书》第855册,台北:台湾商务印书馆,1983年版。

杨慎:《升庵集》,见《文渊阁四库全书》第1270册,台北:台湾商务印书馆,1983年版。

杨士奇:《东里集·续集》,见《文渊阁四库全书》第1238册,台北:台湾商务印书馆,1983年版。

姚鼐:《惜抱轩诗文集》,上海:上海古籍出版社,1992年版。

姚燧:《牧庵集》,见《文渊阁四库全书》第1201册,台北:台湾商务印书馆，1983 年版。

姚莹：《康辅纪行》，北京：中华书局，2014 年版。

耶律楚材：《湛然居士集》，北京：中华书局，1986 年版。

叶适：《叶适集》，北京：中华书局，1961 年版。

于敏中、王际华等纂：《钦定天禄琳琅书目》，见《文渊阁四库全书》第 675 册，台北：台湾商务印书馆，1983 年版。

俞琰：《书斋夜话》，见《文渊阁四库全书》第 865 册，台北：台湾商务印书馆，1983 年版。

俞琰：《周易集说》，见《文渊阁四库全书》第 21 册，台北：台湾商务印书馆，1983 年版。

俞樾：《春在堂杂文》，南京：凤凰出版社，2010 年影印《春在堂全书》，第 4 册。

虞集：《道园学古录》，见《文渊阁四库全书》第 1207 册，台北：台湾商务印书馆，1983 年版。

袁桷：《清容居士集》，见《文渊阁四库全书》第 1203 册，台北：台湾商务印书馆，1983 年版。

张惠言：《茗柯文编》，见《续修四库全书》第 1488 册，上海：上海古籍出版社，2002 年版。

张穆：《阎潜邱先生若璩年谱》，台北：台湾商务印书馆，1978 年《新编中国名人年谱集成》影印本。

张宁：《方洲集》，见《文渊阁四库全书》第 1247 册，台北：台湾商务印书馆，1983 年版。

张履祥：《杨园先生全集》，见《四库全书存目丛书・子部》第 165 册，济南：齐鲁书社，1995 年版。

张栻：《三先生祠记》，《南轩先生文集》，上海：商务印书馆，1936 年版，《丛书集成初编》，第 2 册。

张舜民：《画墁集》，见《文渊阁四库全书》第 1117 册，台北：台湾商务印书馆,1983 年版。

张载:《张载集》,北京:中华书局,1978 年版。

章学诚:《文史通义校注》,叶瑛校注,北京:中华书局,1985 年版。

真德秀:《大学衍义补》,北京:京华出版社,1999 年版。

真德秀:《西山文集》,见《文渊阁四库全书》第 1174 册,台北:台湾商务印书馆,1983 年版。

赵吉士:《寄园寄所寄》,见《四库全书存目丛书·子部》第 155 册,济南:齐鲁书社,1995 年版。

赵顺孙:《四书纂疏》,见《文渊阁四库全书》第 201 册,台北:台湾商务印书馆,1983 年版。

周必大:《文忠集》,见《文渊阁四库全书》第 1147 册,台北:台湾商务印书馆,1983 年版。

周敦颐:《周元公集》,见《文渊阁四库全书》第 1101 册,台北:台湾商务印书馆,1983 年版。

周密:《齐东野语》,北京:中华书局,1983 年版。

周汝登:《东越证学录》,见《四库全书存目丛书·集部》第 165 册,济南:齐鲁书社,1997 年版。

朱筠:《双池文集》,见《续修四库全书》第 1425 册,上海:上海古籍出版社,2002 年版。

朱彝尊:《经义考》,见《文渊阁四库全书》第 680 册,台北:台湾商务印书馆,1983 年版。

朱震:《汉上易传》,见《文渊阁四库全书》第 11 册,台北:台湾商务印书馆,1983 年版。

（三）

《史记》,北京:中华书局,1959 年版。

《宋史》,北京:中华书局,1977 年版。

《元史》,北京:中华书局,1976 年版。

《明史》,北京:中华书局,1974 年版。

《清史稿》,北京:中华书局,1977 年版。

沧洲樵叟:《庆元党禁》,见《文渊阁四库全书》第 451 册,台北:台湾商务印书馆,1983 年版。

陈邦瞻:《宋史纪事本末》,北京:中华书局,1977 年版。

戴廷明、程尚宽:《新安名族志》,合肥:黄山书社,2004 年版。

黄虞稷:《千顷堂书目》,见《文渊阁四库全书》第 676 册,台北:台湾商务印书馆,1983 年版。

嵇曾筠、沈翼机等修纂:《浙江通志》,见《文渊阁四库全书》第 523 册,台北:台湾商务印书馆,1983 年版。

嵇璜等:《清朝文献通考》,见《十通》,杭州:浙江古籍出版社,1988 年版。

缪荃孙纂录:《续碑传集》,台北:明文书局,1985 年版周骏富辑《清代传记丛刊》,第 119 册。

钱仪吉纂录:《碑传集》,台北:明文书局,1985 年版《清代传记丛刊》,第 113 册。

施璜:《还古书院志》,南京:江苏古籍出版社,1995 年影印本,见赵所生等主编:《中国历代书院志》,第 8 册。

施璜:《紫阳书院志》,南京:江苏古籍出版社,1995 年影印本,见赵所生等主编:《中国历代书院志》,第 9 册。

屠寄:《蒙兀儿史记》,《元史二种·蒙兀儿史记》,上海:上海古籍出版社、上海书店,1989 年影印 1934 年刊本。

万斯同:《儒林宗派》,见《文渊阁四库全书》第 458 册,台北:台湾商务印书馆,1983 年版。

王国维:《观堂集林》,石家庄:河北教育出版社,2003 年版。

王先谦:《东华录》,见《续修四库全书》第 370 册,上海:上海古籍出版社,2002 年版。

王英明:《历体略》,见《文渊阁四库全书》第 789 册,台北:台湾商务印书馆,1983 年版。

佚名:《庙学典礼》,杭州:浙江古籍出版社,1992 年版。

佚名:《清史列传》,北京:中华书局,1987 年版。

永瑢、纪昀等:《四库全书总目》,北京:中华书局,1965 年版。

郑樵:《通志》,北京:中华书局,1987 年据《万有文库·十通》本影印。

(四)

何应松等修纂:《(道光)休宁县志》,见《中国地方志集成·安徽府县志辑》第 52 册,南京:江苏古籍出版社,1998 年版。

胡广植等纂修:《(光绪)金紫胡氏家谱》,光绪三十三年(1907)木活字本。

嵇曾筠、沈翼机等修纂:《浙江通志》,见《文渊阁四库全书》第 523 册,台北:台湾商务印书馆,1983 年版。

罗濬撰:《宝庆四明志》,见《文渊阁四库全书》第 487 册,台北:台湾商务印书馆,1983 年版。

罗愿:《新安志》,北京:中华书局,1990 年版,《宋元方志丛刊》,第 8 册。

马步蟾等纂修:《(道光)徽州府志》,见《中国地方志集成·安徽府县志辑》第 48～49 册,南京:江苏古籍出版社,1998 年版。

彭泽主修、汪舜民等纂:《(弘治)徽州府志》,上海:上海古籍书店,1982 年影印《天一阁藏明代方志选刊》本。

石国柱主修、许承尧总纂:《(民国)歙县志》,见《中国地方志集成·安徽省府县志辑》第 51 册,南京:江苏古籍出版社,1998 年版。

吴鹗总纂:《(光绪)婺源县志》,光绪九年(1883)刊本。

谢旻等监修:《江西通志》,见《文渊阁四库全书》第 513 册,台北:台湾商务印书馆,1983 年版。

张佩芳、刘大櫆修纂:《(乾隆)歙县志》,台北:成文出版社有限公司,影印乾隆三十六年(1771)刊本。

赵宏恩等监修、黄之隽等撰:《江南通志》,见《文渊阁四库全书》第 511 册,台北:台湾商务印书馆,1983 年版。

周溶、汪韵珊等修纂:《(同治)祁门县志》,见《中国地方志集成·安徽府县志辑》第 55 册,南京:江苏古籍出版社,1998 年版。

(五)

陈功文:《胡培翚〈仪礼正义〉研究》,北京:中华书局,2019 年版。

陈荣捷:《朱子门人》,台北:学生书店,1982 年版。

陈尚君:《唐代文学丛考》,北京:中国社会科学出版社,1997 年版。

陈祖武、朱彤窗:《乾嘉学派研究》,石家庄:河北人民出版社,2007 年版。

方勇:《南宋遗民诗人群体研究》,北京:人民出版社,2011 年版。

高亨:《周易大传今注》,济南:齐鲁书社,1979 年版。

洪湛侯:《徽派朴学》,合肥:安徽人民出版社,2005 年版。

侯外庐、邱汉生、张岂之主编:《宋明理学史》上卷,北京:人民出版社,1984 年版。

侯外庐、邱汉生、张岂之主编:《宋明理学史》下卷,北京:人民出版社,1987 年版。

黄宾虹:《黄宾虹文集·杂著编》,上海:上海书画出版社,1999 年版。

黄侃:《黄侃论学杂著》,北京:中华书局,1964 年版。

黄寿祺:《易学群书平议》,北京:北京师范大学出版社,1988 年版。

姜义华主编:《胡适学术文集·中国哲学史》,北京:中华书局,1991 年版。

蒋元卿:《皖人书录》,合肥:黄山书社,1989 年版。

李开:《戴震评传》,南京:南京大学出版社,1992 年版。

梁启超:《清代学术概论》,朱维铮校注:《梁启超论清学史二种》,上海:复旦大学出版社,1985 年版。

林存阳:《清初三礼学》,北京:社会科学文献出版社,2002 年版。

林庆彰、张寿安主编:《乾嘉学者的义理学》,台北:“中央研究院中国文哲研究所”,2003年版。

林庆彰:《明代考据学研究》,上海:华东师范大学出版社,2015年版。

刘成群:《元代徽州理学家群体与新安理学的传承发展》,北京:中华书局,2015年版。

刘惠恕:《中国政治哲学发展史:从儒学到马克思主义》,上海:上海社会科学院出版社,2001年版。

刘瑾辉:《清代〈孟子〉学研究》,北京:社会科学文献出版社,2007年版。

刘师培:《刘师培史学论著选集》,上海:上海古籍出版社,2006年版。

刘师培:《清儒得失论》,北京:中国人民大学出版社,2004年版。

漆侠:《宋学的发展和演变》,石家庄:河北人民出版社,2002年版。

漆永祥:《乾嘉考据学研究》,北京:中国社会科学出版社,1998年版。

史甄陶:《家学、经学和朱子学》,上海:华东师范大学出版社,2013年版。

束景南:《朱熹年谱长编》,上海:华东师范大学出版社,2001年版。

束景南:《朱子大传》,北京:商务印书馆,2003年版。

谢辉:《元代朱子易学研究史》,北京:人民出版社,2020年版。

许承尧:《歙事闲谭》,合肥:黄山书社,2001年版。

许承尧:《疑庵诗》,合肥:黄山书社,1990年版。

许苏民:《戴震与中国文化》,贵阳:贵州人民出版社,2000年版。

徐道彬:《皖派学术与传承》,合肥:黄山书社,2012年版。

薛贞芳编:《清代徽人年谱合刊》,合肥:黄山书社,2006年版。

杨应芹:《东原年谱订补》,《戴震全书》第六册附录一,合肥:黄山书社,1995年版。

殷孟伦:《〈果赢转语记〉疏证叙说》,《子云乡人类稿》,济南:齐鲁书社,1985年版。

袁珂:《山海经校注》,成都:巴蜀书社,1992年版。

张立文、祁润兴:《中国学术通史·宋元明卷》,北京:人民出版社,2004年版。

张寿安:《十八世纪礼学考证的思想活力》,北京:北京大学出版社,2005年版。

张寿安:《以礼代理:凌廷堪与清中叶儒学思想之转变》,石家庄:河北教育出版社,2001年版。

张舜徽:《清代扬州学记》,武汉:华中师范大学出版社,2005年版。

张舜徽:《清人文集别录》,北京:中华书局,1963年版。

张祥浩:《王守仁评传》,南京:南京大学出版社,1997年版。

章太炎:《章太炎全集》第三册,上海:上海人民出版社,1984年版。

章太炎:《章太炎全集》第四册,上海:上海人民出版社,1985年版。

章毅:《理学、士绅和宗族——宋明时期徽州的文化与社会》,杭州:浙江大学出版社,2017年版。

支伟成:《清代朴学大师列传》,长沙:岳麓书社,1998年版。

周春健:《元代四书学研究》,上海:华东师范大学出版社,2008年版。

周晓光:《新安理学》,合肥:安徽人民出版社,2005年版。

朱伯昆主编:《易学基础教程》,北京:九州出版社,2003年版。

(六)

陈功文:《胡培翚生平与著述考》,《淮北师范大学学报(哲学社会科学版)》,2012年第2期。

陈冠明:《〈程瑶田全集〉序言》,《程瑶田全集》第一册,合肥:黄山书社,2008年版。

陈祖武:《戴震学说的历史命运》,豆丁网,2013年3月16日。

丁进:《"皖派经学"观念的形成及其经学史意义》,《湖南大学学报(社会科学版)》,2012年第4期。

胡韫玉(即胡朴安):《胡培翚传》,《国粹学报》,1911年第2号(总76期)。

纪健生:《〈凌廷堪全集〉前言》,《凌廷堪全集》第一册卷首,合肥:黄山书社,2009年版。

江晓原:《试论清代"西学中源"说》,《自然科学史研究》,1988年第2期。

林存阳:《胡培翚与〈仪礼正义〉》,《清史论丛》,2003—2004年号。

刘小萌:《关于清代北京的俄罗斯人——八旗满洲俄罗斯佐领历史寻踪》,《清史论丛》,2007年号。

钱明:《王学在新安地区的遭遇和挫折》,《黄山学院学报》,2008年第4期。

苏正道:《江永"卦变"说浅析》,《湖南科技学院学报》,2014年第4期。

陶清:《新安理学盛衰始终的内因探微》,《合肥学院学报(社会科学版)》,2008年第4期。

唐宸:《元代新安理学家唐元考论》,《黄山学院学报》,2012年第4期。

汪柏树:《戴震与不疏园》,《黄山学院学报》,2015年第4期。

汪大白:《文化西溪　风雅长流——序〈西溪村文化志〉》,安徽文化网,2011年9月10日。

汪高鑫:《论"通经致用"的经学传统》,《安徽大学学报(哲学社会科学版)》,2009年第2期。

汪庆元:《徽州的家族文献与宗族文化——以歙县吴氏〈冲山家乘〉为中心》,《安徽史学》,2001年第1期。

汪世清:《不疏园与皖派汉学》,《江淮论坛》,1997年第2期。

王广超:《明清之际定气注历之转变》,《自然科学史研究》,第31卷(2012年第1期)。

王家俭:《清代礼学的复兴与经世礼学思想的流变》,《汉学研究》,第24卷第1期(2006年6月)。

夏冰月:《试论书院讲会制度的演变、特点及现代启示》,《法制与社会》,2009年第19期。

解光宇:《徽人关于"朱、陆异同"的对立及其影响》,《安徽史学》,2002年第2期。

解光宇:《论新安理学家程洵》,《黄山学院学报》,2006年第4期。

解光宇、王凡:《论新安理学家汪循》,《朱子学刊》,2008年第一辑。

徐到稳:《略论江永在清代礼学史上的地位》,《安徽文学(下半月)》,2014年第2期。

徐道彬:《从"理"到"礼":明清徽州礼学的转型与建构》,《中国社会科学报》,2015年7月27日第4版。

徐道彬:《徽州学者金榜三论》,《安徽史学》,2014年第5期。

徐道彬:《论戴震礼学研究的特色与影响》,《安徽大学学报(哲学社会科学版)》,2015年第1期。

许家星:《朱子门人补证》,《中国哲学史》,2010年第4期。

吴晗:《胡应麟年谱》,《清华学报》,1934年九卷一期。

吴根友:《再论皖派与吴派的学术关系——以戴震与惠栋为例》,《中国高校社会科学》,2014年第3期。

于石、马家骅、诸伟奇校点:《俞正燮全集》第1册卷首《前言》,合肥:黄山书社,2005年版。

于石:《俞正燮编撰批校书目考》,《文献》,1996年第1期。

于石:《俞正燮以传统反传统》,郭因主编:《学术百家》,合肥:安徽人民出版社,2009年版。

余敏辉:《俞正燮生平学行述评》,《黄山学院学报》,2009年第6期。

张德建:《论明代学术思想体系的建构与分裂》,《求是学刊》,2014年第3期。

张文:《绩溪金紫胡氏家学考述》,《徽学》,第7卷(2011年)。

周春健:《元代新安学派的四书学》,《中国哲学史》,2007年第2期。

周晓光:《明代中后期心学在徽州的传播和影响》,《安徽史学》,2003年第5期。

周晓光:《试论新安理学向皖派经学的转变》,《安徽师范大学学报(社会科学版)》,1988 年第 4 期。

周元侠:《〈论语集注〉的"集注"体例及其意义》,《中国哲学史》,2013 年第 1 期。

周兆茂:《戴震〈孟子私淑录〉与〈绪言〉写作先后辨析》,《中国哲学史》,1993 年第 2 期。

周兆茂:《戴震与程朱理学——兼论戴震哲学思想的形成与发展》,《哲学研究》,1992 年第 1 期。

朱昌荣:《皖派朴学述论》,《清史论丛》,2005 年。

诸伟奇、鲍恒、陈道贵:《黄生全集》第一册卷首《前言》,合肥:安徽大学出版社,2009 年版。

何俊:《庆元党禁的性质与晚宋儒学的派系整合》,《中国史研究》,2004 年第 1 期。

何庆善:《试论程敏政〈新安文献志〉》,《古籍研究》,2002 年第 2 期。

杨镰:《元诗文献研究》,《文学遗产》,2001 年第 1 期。

(七)

陈功文:《胡培翚〈仪礼正义〉研究》,扬州大学 2011 年博士学位论文。

范伟军:《黄生及其〈杜诗说〉研究》,安徽大学 2006 年博士学位论文。

黄曦:《〈江慎修先生年谱〉证补》,华东师范大学 2005 年硕士学位论文。

汤慧兰:《〈孟子字义疏证〉之文献学研究》,南昌大学 2006 年硕士学位论文。

单智伟:《考据学风下程瑶田的义理学》,华东师范大学 2011 年硕士学位论文。

舒拥军:《朱熹〈集注〉〈集传〉训诂研究》,华中师范大学 2007 年硕士学位论文。

张萌:《论〈左传〉中的礼》,吉林大学 2011 年硕士学位论文。

张敏:《紫阳书院研究》,浙江大学 2012 年硕士学位论文。

张循:《论十九世纪清代的汉宋之争》,复旦大学 2007 年博士学位论文。

张扬:《俞正燮的经世史学》,淮北师范大学 2013 年硕士学位论文。

钟金才:《俞正燮考据学研究》,扬州大学 2012 年硕士学位论文。

周晓光:《徽州传统学术文化地理研究》,复旦大学 2005 年博士学位论文。

后　记

安徽省朱子研究会龙念、秦德文两任会长都反复强调要加强新安理学研究，我们接手这个课题后，在诸伟奇会长的支持下，又将课题扩展到皖派朴学，于是，该课题便成了徽州地区学术史的研究。

俗话说："事非经过不知难。"着手研究之后，才感到这是一块"硬骨头"。不仅课题涉及面广，需要讨论的问题多，面临的资料量大，而且不少流行的观点乃至学界巨擘如梁启超、钱穆等的论定，都需要审视。这也是我们花了4年时间才完成这部书稿的主要原因。

但开展研究之后，我们也感到徽州学术是很有意义的研究对象。虽然徽州处于皖南一隅，但新安理学、皖派朴学都不是区域性的学术现象。且不说皖派朴学在清代乾嘉时期乃至道咸时期在全国学术界的深刻影响，单就新安理学来说，以其易学、四书学以及《春秋》学的研究，矗立于元代至明初的学术界，在永乐年间编纂的三部《大全》中，大量辑录徽州学者的著作，便显示出新安理学在全国学术界的重要位置。而当学术史家在感叹元代学术贫乏时，他们恰恰没有注意到徽州学者的学术贡献。就凭这一点，研究徽州学术也是很有意义的。

现在，安徽大学出版社接受了我们的书稿。在本书即将付梓之际，我们深深感谢安徽大学出版社使这部书得以问世，而不至于尘封在我们的书房中。同时,也感谢责任编辑李加凯先生,他在编校上的精心与辛勤,很让我们感动。

我们还要向徽州学术的研究者们表示感谢。他们的研究曾给我们以借鉴,曾引发我们思考,并在本书中引述了他们不少研究成果(凡所引用,皆在脚注注明,这里就不一一提出他们的大名)。

借本书付梓机会,我们还要对安徽大学徽学研究中心的张小坡博士及其研究生深表谢意。在炎夏时节,他们为我们抄录了《新安理学先觉会言》这部藏于安徽省图书馆的手抄本,为我们省却了往返抄录之劳。

作者

二〇二二年五月十八日